WG— Neupreis
~~85,—~~
60.—

DIESER BAND IST DER DRITTE BAND DES GESAMTWERKES

DIE KUNSTDENKMÄLER DER SCHWEIZ

HERAUSGEGEBEN
VON DER
SCHWEIZERISCHEN GESELLSCHAFT FÜR
ERHALTUNG HISTORISCHER KUNSTDENKMÄLER

MIT EIDGENÖSSISCHEN, KANTONALEN UND
PRIVATEN SUBVENTIONEN

BIRKHÄUSER VERLAG BASEL
1932

DIE KUNSTDENKMÄLER DES KANTONS BASEL-STADT

BAND I
VORGESCHICHTLICHE, RÖMISCHE UND FRÄNKISCHE ZEIT;
GESCHICHTE UND STADTBILD; BEFESTIGUNGEN,
AREAL UND RHEINBRÜCKE; RATHAUS UND STAATSARCHIV

VON C. H. BAER

MIT BEITRÄGEN VON AUGUST HUBER, RUDOLF RIGGENBACH,
HANS KOEGLER, FRITZ GYSIN, R. LAUR-BELART UND
H. G. WACKERNAGEL SOWIE AUF GRUND DER
VORARBEITEN VON GUSTAV SCHÄFER

UNVERÄNDERTER NACHDRUCK 1971

MIT NACHTRÄGEN VON FRANÇOIS MAURER

MIT 1 FARBTAFEL, 40 TAFELN SCHWARZWEISS UND 681 ABBILDUNGEN

BIRKHÄUSER VERLAG BASEL
1932

ALLE RECHTE VORBEHALTEN — TOUS DROITS RÉSÉRVÉS
COPYRIGHT 1932 BY
E. BIRKHÄUSER & CIE., BASEL

ALLE RECHTE VORBEHALTEN — TOUS DROITS RÉSERVÉS
© BIRKHÄUSER VERLAG BASEL, 1932, 1971
ISBN 3-7643-0585-1
PRINTED IN SWITZERLAND

VORWORT

Als die *Schweizerische Gesellschaft für Erhaltung historischer Kunstdenkmäler* sich entschloss, im Anschluss an ihre zweibändige Veröffentlichung der Kunstdenkmäler des Kantons Schwyz und gleichzeitig mit der Bearbeitung der Kunstdenkmäler der Kantone Zug und Zürich auch die Herausgabe der Kunstdenkmäler des Kantons Basel-Stadt in Angriff zu nehmen, wurde ihr auf ihr Ersuchen von der hohen Regierung des Standes Basel-Stadt eine Subvention von zunächst 20000 Fr. in vier Jahresraten bewilligt. Die Basler Kommission zur Herausgabe der Kunstdenkmäler der Stadt Basel, deren Vorsitz Herr Regierungsrat Dr. F. HAUSER übernahm, genehmigte sodann im Einverständnis mit dem Arbeitsausschuss der Gesellschaft ein Programm, das den gesamten Denkmälerbestand der Stadt Basel in zwei Bänden vereinigen sollte, und zwar die öffentlichen, profanen und kirchlichen Denkmäler in den beiden ersten Halbbänden, die bürgerlichen in den beiden anderen. Mit den Vorarbeiten und dann mit der Abfassung der einleitenden Kapitel sowie der Abschnitte über die Befestigungen, die Rheinbrücke und das Rathaus wurde Dr. GUSTAV SCHÄFER beauftragt, der alle seine Manuskripte Dr. LINUS BIRCHLER, als dem von der Gesellschaft ernannten Redaktor des Gesamtwerkes „Die Kunstdenkmäler der Schweiz", vorzulegen hatte.

Schon bald zeigte es sich, dass das geplante Programm nicht durchführbar war: Der vorgesehene Rahmen erwies sich für die überraschende Menge bedeutender Kunstwerke zu eng; die Vorarbeiten, auf die man abstellen zu können glaubte, waren nur für einzelne Gebiete erschöpfend vorhanden; und die Mannigfaltigkeit der namentlich im ersten Bande zu behandelnden Themen machte es unmöglich, alle Bearbeitungen einer Persönlichkeit anzuvertrauen. Als sich dann noch herausstellte, dass die Arbeiten infolge der besonderen Verhältnisse bedeutend mehr Zeit beanspruchen würden als angenommen worden war, und dass daher auch die vorhandenen Mittel zur dauernden Anstellung eines Bearbeiters nicht ausreichten, Dr. Gustav Schäfer ausserdem Anfang 1931 eine längere Auslandsreise unternahm, sahen sich Arbeitsausschuss und Basler Kommission gezwungen, das Unternehmen in anderer Weise zu organisieren.

Zunächst musste der vorgesehene Inhalt des ersten Bandes in etwas gekürzt werden: Von den öffentlichen Gebäuden konnte nur das Rathaus in ihm Aufnahme finden, alle anderen, wie auch die Gesellschaftshäuser, die Sammlungen und die öffentlichen Brunnen sind für einen späteren Band zurückgestellt worden. Dann gelang es, aus diesem vereinfachten Programm einzelne Abschnitte auszuscheiden und dafür besondere Mitarbeiter zu gewinnen. So übernahm Staatsarchivar Dr. AUGUST HUBER die Bearbeitung der Kunstdenkmäler des Staatsarchivs, insbesondere der einzigartigen Folge von kaiserlichen Goldbullen; der Denkmalpfleger Dr. RUDOLF RIGGENBACH schrieb die Kapitel über den „Schmuck der Mauern und Tore" und die „Wandgemälde des Rathauses", im XV. und XVI. Jahrhundert, Dr. FRITZ GYSIN, Assistent am Historischen Museum Basel, die Abschnitte über die „Plastiken des Spalentores" und die „Glasgemälde des Rathauses". Von Dr. HANS KOEGLER, Dr. R. LAUR-BELART und Dr. H. G. WACKERNAGEL stammen kleinere Beiträge über das „Basler Stadtbild von 1535 von Conrad Morand", über das „Alamannische Gräberfeld am Bernerring" und über den „Namen Basel". Dr. ALFRED HARTMANN hat die Übertragungen der lateinischen Inschriften im Rathause übernommen und Dr. RUDOLF KAUFMANN die Ausarbeitung der Orts-, Namens- und Künstlerverzeichnisse besorgt.

Von den Vorarbeiten Dr. GUSTAV SCHÄFERS lag das wertvolle Verzeichnis der Basler Bilddokumente in den öffentlichen Sammlungen der Stadt vollendet vor; es hat im vorliegenden Bande vielfach ausführliche Verwendung gefunden und wird für die Bearbeitung aller weiteren Denkmäler eine unentbehrliche Grundlage bilden. Die übrigen Arbeiten Dr. Schäfers aber waren bei ihrer Ablieferung noch nicht genehmigt und abgeschlossen, insbesondere fehlte die Beschreibung der prähistorischen, römischen und fränkischen Denkmäler; auch die Abschnitte über das Stadtbild, die Befestigungen, die Tore und die Rheinbrücke mussten wesentlich ergänzt und umgearbeitet werden. Ganz neu waren die Kapitel über Geschichte und Münzwesen Basels, über Strassen, Plätze und Wasserläufe der Stadt und über die Geschichte und den baulichen Bestand des Rathauses zu schreiben. Ebenso war das gesamte Abbildungsmaterial, von dem nur die von der Kommission ausgewählten Bilddokumente in Photos und etwa 100 weitere Abbildungsvorschläge vorlagen, zu beschaffen. Alle diese Arbeiten sowie die Gruppierung des gesamten Stoffs übernahm der Unterzeichnete, der auch den Verkehr mit dem Verlag besorgte und die Drucklegung beaufsichtigte.

Das vornehmste Bestreben des Bearbeiters war, den vorliegenden ersten Band der Kunstdenkmäler des Kantons Basel-Stadt nach Inhalt, Quellen und Literatur zur zuverlässigen Grundlegung auch für die späteren Veröffentlichungen zu machen und ihn trotz der verschiedenen Mitarbeiter wie der Vielfältigkeit des Stoffs einheitlich zu gestalten. Dass dies einigermassen gelang, ist nicht nur dem regen Interesse und der steten Bereitwilligkeit aller Beteiligten, sondern auch dem Entgegenkommen der staatlichen Behörden zuzuschreiben, die wir um Rat und Unterstützung baten. So bin ich besonders den Herren Staatsarchivar Dr. AUGUST HUBER, dem Konservator des Historischen Museums Basel, Dr. E. MAJOR, Dr. CARL ROTH von der Universitätsbibliothek, Dr. HANS KOEGLER und Fräulein Dr. ADELE STOECKLIN vom Kupferstichkabinett, Dr. WALTER UEBERWASSER von der Öffentlichen Kunstsammlung, sowie den Denkmalpflegern W. R. STAEHELIN und Dr. RUDOLF RIGGENBACH für vielfachen Rat und stete Hilfe zu aufrichtigem Dank verpflichtet, nicht weniger Herrn Dr. FRITZ GYSIN, der die Beschreibung der prähistorischen, römischen und fränkischen Denkmäler durchsah und mir besonders für das Kapitel über die „Prägungen der Basler Münzstätten" wertvolle Unterlagen vermittelte. Schliesslich sei auch den Herren Beamten des BAUDEPARTEMENTS und des STAATSARCHIVS, vor allem den Herren SÄUBERLIN (†)

und FUCHS für ihre unermüdliche Hilfsbereitschaft gedankt und nicht zuletzt dem Rathausweibel Herrn OTTO, der immer liebenswürdig unsere häufigen Besuche betreute und auf alle Fragen Antwort wusste.

Auch vielen Privatpersonen ist zu danken. Sie öffneten bereitwilligst ihre Häuser zu nötigen Besichtigungen und stellten ihr vielfaches Wissen oder, wie Frau M. ISELIN-MERIAN und die Herren Professor Dr. D. BURCKHARDT-WERTHEMANN, Dr. AUGUST HUBER, Architekt E. VISCHER, Professor Dr. WILHELM VISCHER, Dr. ERNST STÄCHELIN sowie Maler EMIL SCHILL in Kerns, Zeichnungen, Stiche und alte Photographien ihrer Sammlungen zur Reproduktion zur Verfügung. Herr Dr. EDWIN SCHEIDEGGER hat uns eine grosse Anzahl vortrefflicher photographischer Neuaufnahmen für diesen Band und spätere Bände überlassen, Herr J. PELLEGRINI den Grundriss des Grossratssaales für die Reproduktion aufgezeichnet.

Damit ist unsere Dankesliste aber noch nicht beendet. Drei Basler Forschern schulden wir ganz besonderen Dank, den Herren Professor Dr. DANIEL BURCKHARDT-WERTHEMANN, Dr. KARL STEHLIN und Professor FELIX STÄHELIN, die durch ihre grundlegenden Arbeiten das vorliegende Buch erst ermöglichten und sich zu jeder Auskunft bereit finden liessen. Ebenso der HISTORISCHEN UND ANTIQUARISCHEN GESELLSCHAFT ZU BASEL, die eine Benützung ihrer reichhaltigen Bildersammlung, vor allem ihrer „Architectura Basiliensis", erlaubte.

In allen, oft schwierigen Fragen — und es waren im Laufe der Arbeit nicht wenige — hat mich mein Freund Dr. LINUS BIRCHLER in Schwyz rasch und zuverlässig beraten, er hat auch das ganze Werk vor der Drucklegung sorgfältig durchgesehen; ihm danke ich persönlich aufs herzlichste.

Dem Verlag und der Druckerei E. BIRKHÄUSER & CIE., Basel, sei schliesslich noch mit wenigen, aber aufrichtigen Worten gedankt; sie haben, allen Wünschen und Anregungen zu entsprechen versucht und durch sorgfältigste Clichierung, Drucklegung und Ausstattung wesentlich zum Gelingen des Werkes beigetragen.

Auf den Inhalt des vorliegenden ersten Bandes der Kunstdenkmäler des Kantons Basel-Stadt hier einzugehen, erübrigt sich. Er bringt manches Unbekannte, vieles in neuer Darstellung, und alles möglichst knapp und doch erschöpfend in übersichtlicher Gruppierung als Wegbereiter aller kommenden Bände. Deren Programm ist heute noch nicht endgültig festgelegt; Arbeitsausschuss und Basler Kommission werden je nach den Vorarbeiten und den zur Verfügung stehenden Mitteln wie Arbeitskräften ihre Entschliessungen fassen. Sie haben dementsprechend zum zweiten Band des Basler Denkmälerwerks eine umfassende Veröffentlichung des *Basler Münsterschatzes* bestimmt, dessen Bearbeitung Dr. R. F. BURCKHARDT übernommen hat. Dieser Band soll Ende 1933 zur Ausgabe gelangen und wird das hier begonnene Werk in einzigartiger Weise fortführen.

Basel, im Oktober 1932.

C. H. BAER.

INHALTSVERZEICHNIS

	Seite
VORWORT	V–VII
INHALTSVERZEICHNIS UND VERZEICHNIS DER TAFELN	VIII–XII
GRUNDSÄTZE für die Herausgabe der „Kunstdenkmäler der Schweiz" durch die Schweizerische Gesellschaft für Erhaltung historischer Kunstdenkmäler	XIII–XIV
DIE ARCHIVALISCHEN QUELLEN für die Bearbeitung der Kunstdenkmäler des Kantons Basel-Stadt	XV
GEOGRAPHISCHE UND STATISTISCHE ÜBERSICHT	1–14
Geographische Übersicht. Von *Gustav Schäfer*	1
Statistische Übersicht. Von *Gustav Schäfer*	12
DIE PRÄHISTORISCHE, RÖMISCHE UND FRÄNKISCHE ZEIT	15–62
Zeittafel über das erste Jahrtausend	17
Zusammenfassender Überblick. Von *Gustav Schäfer, C. H. Baer*	17
Der Name „Basel". Von *H. G. Wackernagel*	24
Funde und Denkmäler. Von *C. H. Baer, R. Laur-Belart*	26
Funde aus der Bronzezeit	26
Funde aus der Eisenzeit	27
Funde und Denkmäler aus gallorömischer und römischer Zeit	27
Funde aus alamanischer Zeit	47
Funde und Denkmäler aus fränkischer Zeit	51
GESCHICHTE UND BILD DER STADT BASEL	63–142
Eine Zeittafel der Geschichte Basels	65
Basel als bischöfliche und freie Stadt	65
Basel als eidgenössischer Ort	69
Die Prägungen der Basler Münzstätten. Von *C. H. Baer*	75
I. Die ältesten Münzen	75
II. Die bischöflichen Münzen	77
III. Die kaiserlichen Münzen	77
IV. Die Münzen der Stadt Basel	78
Das Stadtbild von Basel. Von *Gustav Schäfer, C. H. Baer, Hans Koegler*	83–142
Zusammenfassung	83
Die Bilddokumente	89
I. Stadtansichten in illustrierten Handschriften des 15. und 16. Jahrhunderts	89
II. Das alte Stadtbild	92
III. Handzeichnungen aus dem 16. Jahrhundert	94
IV. Stadtansichten in illustrierten Druckwerken des 15. und 16. Jahrhunderts	98
V. „Grundlegungen", Schaubilder und Planveduten des 16. und 17. Jahrhunderts	107
VI. Veduten, Prospekte und Panoramen des 18. und 19. Jahrhunderts	126
VII. Das Basler Stadtbild um 1535, ein Werk von Conrad Morand. Ein Exkurs	136
DIE BEFESTIGUNGEN DER STADT BASEL	143–298
Die Befestigungsanlagen der Stadt Basel. Von *C. H. Baer, Gustav Schäfer*	145
I. Überblick über Entstehung und Ausbau	145
II. Die Befestigungen der Stadt Basel nach ihren Bilddokumenten	162
III. Die 1849 noch vorhandenen Stadtbefestigungen	167
IV. Die Entfestigung der Stadt Basel	169
Bilddokumente der abgetragenen Befestigungen Basels aus dem 18. und 19. Jahrhundert in den öffentlichen Sammlungen der Stadt Basel. Von *Gustav Schäfer*	174
I. Der innere Befestigungsring Gross-Basels	174
II. Der äussere Befestigungsring Gross-Basels	180
III. Die Befestigungen von Klein-Basel	190

Schmuck der Mauern und Tore. Von *Rudolf Riggenbach*	195—221
Die noch vorhandenen Reste der Basler Stadtmauern und Türme. Von *C. H. Baer*	221—236
I. Reste der inneren Ummauerung von Gross-Basel	221
II. Reste der äusseren Stadtmauer Gross-Basels	224
III. Reste der Rheinmauer auf Gross-Basler Seite	230
IV. Reste der Schanzen	230
V. Reste der Ummauerung von Klein-Basel	232
Die noch vorhandenen Basler Stadttore. Von *C. H. Baer, Gustav Schäfer, Fritz Gysin*	237—298
I. Das St. Albantor	237
Die Bilddokumente	237
Der heutige bauliche Bestand	240
II. Das Spalentor	244
Die Bilddokumente	244
Aus der Baugeschichte	249
Der bauliche Bestand des Haupttores	254
Der Skulpturenschmuck des Haupttores	268
Der bauliche Bestand des Spalenvortores	277
Der Skulpturenschmuck des Spalenvortores	279
III. Das St. Johanntor	285
Die Bilddokumente	285
Der heutige bauliche Bestand	288
STRASSEN, PLÄTZE UND RHEINBRÜCKE ZU BASEL	299—336
Wasserläufe, Strassen und Plätze von Gross- und Klein-Basel. Von *C. H. Baer*	310—314
Die Rheinbrücke zu Basel. Von *Gustav Schäfer, C. H. Baer*	315—336
I. Der ehemalige Bestand	315
Allgemeines	315
Die wichtigsten Baunachrichten	316
Die Bilddokumente der Rheinbrücke	320
Die Bilddokumente des Rheintors	322
Aufbau und Konstruktion der ehemaligen Rheinbrücke	325
II. Die noch vorhandenen Baureste	328
DAS RATHAUS ZU BASEL	337—646
Die Geschichte der Rathaus-Bauten. Von *C. H. Baer*	339—361
I. Die Rathäuser bis zum Erdbeben 1356	339
II. Das Rathaus des 14. Jahrhunderts und seine Erweiterung im 15. Jahrhundert	340
III. Der Rathausbau von 1504—1514 und seine Erweiterung und Ausstattung im 16. und 17. Jahrhundert	344
IV. Die Instandsetzungen, Umbauten und Erweiterungen des 18. und 19. Jahrhunderts	354
V. Quellen und Literatur	358
VI. Vertragsurkunden	360
Die Bilddokumente vom Rathaus und Marktplatz zu Basel. Von *Gustav Schäfer*	361—362
Die erhaltenen Architekturteile und Einrichtungsstücke der alten Rathausbauten. Von *C. H. Baer*	363—478
I. Eine Übersicht der Denkmäler nach dem derzeitigen Standort	363
Aussenarchitektur	364
Innenarchitektur und Ausstattung	364
Wandgemälde	367

	Seite
II. Die Denkmäler der Bauperiode von 1504—1514	367
Die äussere Architektur	367
Innenarchitektur und Ausstattung	393
Spätgotische Bauteile benachbarter Häuser	412
III. Die Denkmäler der Bauperiode von 1517—1530	412
IV. Die Denkmäler der Bauperiode von 1534—1547	416
V. Die Denkmäler von 1580 und 1581	438
VI. Ausstattungsstücke des 16. Jahrhunderts	445
VII. Die Denkmäler der Bauperiode 1606—1611	450
VIII. Ausstattungsstücke aus dem 17.—19. Jahrhundert	464

Die Glasgemälde des Rathauses zu Basel. Von *Fritz Gysin* . . . . 479—516

I. Die Glasgemälde in der Stube des Kleinen Rats	479
Geschichtliche Nachrichten	479
Beschreibung	481
Rekonstruktion und Würdigung	490
II. Die Glasgemälde in der Vorderen Ratsstube (Regierungsratssaal)	491
Geschichtliche Nachrichten	492
Beschreibung	493
Würdigung	512
Anthoni Glaser	514
Die Forschung über die Rathausscheiben	516

Die Wandgemälde des Rathauses zu Basel aus dem XV. und XVI. Jahrhundert. Von *Rudolf Riggenbach* . . . . 517—608

I. Die Wandmalereien vor Holbein	517
Die Dekoration der Fassaden	517
Der Heilige Christophorus	520
Das jüngste Gericht von Hans Dyg	522
II. Der Grossratssaal und die Wandbilder Hans Holbeins d. J.	530
Das Verding und die Entwürfe	531
Das Schicksal der Wandbilder	540
Der Grossratssaal von 1521	553
Die Wandbilder Holbeins	562
Die zwei Propheten Martin Hoffmanns	569
Die Pläne des Grossratssaales	574
Die Bilddokumente	579
Quellen, Urkunden, Nachrichten und Literatur	591

Die Wandgemälde des Rathauses zu Basel aus dem XVII.—XIX. Jahrhundert. Von *C. H. Baer* . . . . 609—646

I. Die Fassadenmalereien von Hans Bock d. Ä. und ihre Schicksale	609
Die Wandmalereien der Marktfassade	610
Die Wandmalereien der Hoffassaden	616
Die Fassadenmalereien Hans Bocks	622
II. Die „Historien" von Hans Bock d. Ä.	625
Die Wandmalereien in der Halle, im Hof und auf der Galerie	626
Die Wandgemälde im Vorzimmer des Regierungsratssaales	634
Die „Historien" als Bilderfolge	641
III. Quellen und Literatur	641
IV. Bittschriften des Malers Hans Bock d. Ä.	642

DAS STAATSARCHIV BASEL . . . . 647—686

Das Staatsarchiv und seine Goldbullen. Von *August Huber* . . . . 648—686

I. Im Neubau verwendete alte Architekturteile und Ausstattungsstücke	649
II. Die Goldbullen und silbervergoldeten Siegelschalen	651
III. Die Wappenbücher	678
IV. Die Hilfssammlungen	681

XI
Seite

NACHTRÄGE UND VERZEICHNISSE . . . . 687—712
    I. Nachträge . . . . 688—694
    II. Ortsverzeichnis . . . . 695—701
    III. Namenverzeichnis . . . . 702—705
    IV. Verzeichnis der Künstler und Handwerksmeister . . . . 706—709
    V. Verzeichnis der Künstler und Handwerksmeister nach Berufsgruppen . . . . 710—711
    VI. Verzeichnis der Abbildungsquellen und Photographen 712

NACHTRÄGE 1971
von François Maurer

Farbtafel und Hinweis im Titelbogen XVI
Vorwort des Verfassers 715
Zu den Hoheitszeichen 717
Zur prähistorischen, römischen und fränkischen Zeit 721
Zur Geschichte und zum Bild der Stadt Basel 739
Zu den städtischen Befestigungen 740
Zum Rathaus 747
Zu den Rathausbildern Hans Holbeins d. J. 770

VERZEICHNIS DER TAFELN

Taf. 1. *Älteste Siegel der Stadt Basel* . . . . nach S. 14
Taf. 2. *Relief-Überreste vom „Römerdenkmal" in Basel* . . . . nach S. 14
Taf. 3. *Aus dem alamannischen Gräberfeld am Bernerring zu Basel.* Bronzefassung eines Holzeimers; Bronzenes Beschlagblech einer Holzkasette . . . . nach S. 62
Taf. 4. *Taler und Dublonen der Stadt Basel* . . . . nach S. 62
Taf. 5. *Fernsicht auf Basel vom Grenzacher Horn, 1623/24.* Aquarellierte Federzeichnung von Matthäus Merian d. Ä. — Kupferstichkabinett Basel . . . . nach S. 142
Taf. 6. *Blick vom Riehentor in Klein-Basel nach St. Klara, 1624.* Getuschte Federzeichnung von Matthäus Merian d. Ä. — Kupferstichkabinett der Staatlichen Museen, Berlin . . . . nach S. 142
Taf. 7. *Blick auf die St. Johannvorstadt von Basel, wohl vor 1700.* Bleistiftzeichnung von Johann Rudolf Huber. — Kupferstichkabinett Basel . . . . nach S. 142
Taf. 8. *Ansicht von Basel rheinaufwärts, 1790.* Kolorierte Radierung von Johann Jakob Biedermann. — Basler Privatbesitz . . . . nach S. 142
Taf. 9. *Blick auf Basel von St. Margarethen, 1823.* Leicht kolorierte Bleistiftzeichnung von Samuel Birmann. — Kupferstichkabinett Basel . . . . nach S. 142
Taf. 10. *Das Basler Stadtbild am Rhein um 1535.* Linke Hälfte. Kolorierte Federzeichnung von Conrad Morand. Natürliche Grösse. — Historisches Museum Basel . . . nach S. 142
Taf. 11. *Das Basler Stadtbild am Rhein um 1535.* Rechte Hälfte. Kolorierte Federzeichnung von Conrad Morand. Natürliche Grösse. — Historisches Museum Basel nach S. 142
Taf. 12. *Kaiser Heinrich an der Pfalz zu Basel.* Statue um 1515. — Teilansicht . . . nach S. 142
Taf. 13. *St. Thomas am Thomasturm zu Basel, 1783.* Getuschte Federzeichnung von Daniel Burckhardt-Wildt. — Privatbesitz Basel . . . . nach S. 210

XII

Taf. 14. *Der „Reiter am Rheintor" zu Basel, 1619.* Studie von Hans Bock zu seinem Wandgemälde. — Kupferstichkabinett Basel . . . . nach S. 210

Taf. 15. *Ansicht des Spalentors zu Basel von Südwesten, 1821.* Bleistiftzeichnung von Domenico Quaglio. — Staatsarchiv Basel . . . . nach S. 276

Taf. 16. *Die Marienstatue an der Westfront des Spalentors zu Basel, um 1420* . . . . . nach S. 276

Taf. 17. *Die beiden Prophetenstatuen an der Westfront des Spalentors zu Basel, um 1420* nach S. 276

Taf. 18. *Die beiden Schildhalter an den Mittelzinnen des Spalen-Vortors zu Basel, um 1474.* Nach den Gipsabgüssen. — Phot. Staatsarchiv . . . . nach S. 276

Taf. 19. *Überblick über das Stadtzentrum von Gross-Basel.* — Fliegeraufnahme . . . . nach S. 314

Taf. 20. *Blick vom Rheinsprung auf die Rheinbrücke und Klein-Basel, 1767.* Entwurf. Federzeichnung von Emanuel Büchel. — Staatsarchiv Basel . . . . nach S. 314

Taf. 21. *Der Kornmarkt, der Marktplatz zu Basel, 1651.* Kupferstich von M. Jacob Meyer. — Staatsarchiv Basel . . . . nach S. 362

Taf. 22. *Das Rathaus zu Basel am Markt* vor dem Umbau von 1898—1904 . . . . . nach S. 362

Taf. 23. *Blick aus der Erdgeschosshalle des Rathauses zu Basel,* nordwärts nach dem Portal der Kanzleitreppe, 1932 . . . . nach S. 362

Taf. 24. *Das Uhrgehäuse an der östlichen Hoffassade des Rathauses zu Basel.* Messbildaufnahme vor 1898. — Staatsarchiv Basel . . . . nach S. 362

Taf. 25. *Das Steinrelief der Muttergottes im Baldachingewölbe* des Regierungsratssaales im Rathaus zu Basel. Nach dem Gipsabguss . . . . nach S. 392

Taf. 26. *Aus den beiden mittleren holzgeschnitzten Deckenfriesen* des Regierungsratssaales im Rathaus zu Basel, 1932 . . . . nach S. 392

Taf. 27. *Das Standbild des Munatius Plancus* von Hans Michel, 1580, im Hofe des Rathauses zu Basel, 1932 . . . . nach S. 440

Taf. 28. *Die Justitia* von Daniel Heintz, 1581, am Wandeltreppengehäuse im Vorzimmer des Regierungsratssaales im Rathaus zu Basel, 1932 . . . . nach S. 440

Taf. 29. *Der Portalbau von Franz Pergo, 1595,* im Regierungsratssaal des Rathauses zu Basel. Aufnahme J. Koch vor 1898. — Staatsarchiv Basel . . . . nach S. 478

Taf. 30. *Eines der drei schmiedeeisernen Gittertore der Marktarkade des Rathauses zu Basel,* Oberlicht von 1611. Aufnahme J. Koch, vor 1898. — Staatsarchiv Basel nach S. 478

Taf. 31. *Die Türe des Mathis Giger, 1615/16 im Rathaus zu Basel,* heute im Turmzimmer. Messbildaufnahme vor 1898. — Staatsarchiv Basel . . . . nach S. 478

Taf. 32. *Die Standesscheibe von Zürich* in der Vorderen Ratsstube des Rathauses zu Basel nach S. 478

Taf. 33. *Die Standesscheibe von Luzern* in der Vorderen Ratsstube des Rathauses zu Basel nach S. 496

Taf. 34. *Die Standesscheibe von Schaffhausen* in der Vorderen Ratsstube des Rathauses zu Basel . . . . nach S. 496

Taf. 35. *Hans Holbein d. J. Samnitische Gesandte.* Fragment aus dem Wandgemälde des „Marcus Curius Dentatus", 1522, im Grossratssaal zu Basel. Halbe OriginalGrösse. — Öffentliche Kunstsammlung Basel . . . . nach S. 554

Taf. 36. *Hans Holbein d. J. Fragment aus dem Wandgemälde des „Rehabeam" von 1530* im Grossratssaal zu Basel. — Halbe Originalgrösse. — Öffentliche Kunstsammlung Basel . . . . nach S. 554

Taf. 37. *Hans Holbein d. J. Fragment aus dem Wandgemälde des „Rehabeam", 1530, im Grossratssaal zu Basel.* — Originalgrösse. — Öffentliche Kunstsammlung Basel nach S. 554

Taf. 38. *Hans Holbein d. J. Fragment aus dem Wandgemälde des „Rehabeam", 1530, im Grossratssaal zu Basel.* — Originalgrösse. — Öffentliche Kunstsammlung Basel nach S. 554

Taf. 39. *Hans Holbein d. J. Fragmente aus dem Wandgemälde des „Rehabeam", 1530, im Grossratssaal zu Basel.* — Originalgrösse. — Öffentliche Kunstsammlung Basel nach S. 608

Taf. 40. *Hans Bock d. Ä. Bauer aus dem Wandgemälde „Moses und Aaron", 1612, im Rathaushof zu Basel.* — Historisches Museum Basel . . . . nach S. 608

GRUNDSÄTZE FÜR DIE HERAUSGABE DER KUNSTDENKMÄLER DER SCHWEIZ
durch die Schweizerische Gesellschaft für Erhaltung historischer Kunstdenkmäler

I. Allgemeine Grundsätze.

1. Die Publikation hat den Zweck, die Kunstdenkmäler der Schweiz wissenschaftlich aufzunehmen. Sie dient damit dem Schutze und der Erhaltung dieser Denkmäler.
    Der Begriff Kunstdenkmal ist dabei im weitesten Sinne zu nehmen.
2. Der Inhalt des Werkes umfasst in seinem beschreibenden Teile die Zeit vom frühen Mittelalter bis zur Mitte des 19. Jahrhunderts. In einer Einführung werden die prähistorische und die römische Epoche behandelt.
3. Alle Baudenkmäler kirchlichen und profanen Charakters sollen berücksichtigt werden. Bewegliche Kunstgegenstände in öffentlichem Besitz sind, soweit sie nach ihrem ursprünglichen Standort bekannt sind, ausnahmslos, solche in Privatbesitz nach Möglichkeit aufzunehmen und am Ort ihrer Herkunft einzureihen.
4. Aus allgemeinen, für eine Gegend charakteristischen Bautypen (Bauern- und Stadthäuser) sind unter Aufzählung des ganzen Bestandes geeignete Beispiele hervorzuheben.
5. Nicht mehr vorhandene Baudenkmäler und Kunstgegenstände aus öffentlichem und privatem Besitz sind mit Hinweis auf die Literatur anzugeben.

II. Art der Bearbeitung.

1. Die Publikation soll in erster Linie der Heimatkunde dienen. Sie soll den Sinn und das Verständnis für den Denkmalbestand der einzelnen Gegenden wecken und fördern und damit zu dessen Erhaltung beitragen. Sie soll aber auch eine wissenschaftliche Quellensammlung für alle Gebiete der Kunst- und Kulturgeschichte darstellen.
2. Die Bearbeitung erfolgt nach Kantonen und innerhalb derselben nach Landesgegenden oder Bezirken.
3. Der Beschreibung jedes Kantons ist ein kurzes, orientierendes Vorwort voranzustellen, das die geschichtliche, kirchliche und kulturelle Entwicklung behandelt; eine kunstgeschichtliche Übersicht soll am Schlusse eines jeden Bandes gegeben werden.
4. Bei jedem einzelnen Orte ist eine geographisch-historische Einführung zu geben, die auch die ältesten geschichtlichen Daten (und die ersten Namensformen) enthalten, auf die wichtigste Literatur hinweisen und die alten Abbildungen anführen soll.
    Dem Charakter des Unternehmens entsprechend wird auf eine zusammenfassende Darstellung der Baugeschichte besonderer Wert gelegt.
5. Die Ausführlichkeit der Beschreibung richtet sich nach der kunstgeschichtlichen Bedeutung des Gegenstandes.
    Bauliche Veränderungen und Restaurationen sollen erwähnt und wenn möglich zeitlich festgelegt werden.
6. Mittelalterliche Inschriften sind wörtlich zu transkribieren. Bei späteren ist zum mindesten der Inhalt anzugeben. Dies gilt namentlich für Grabdenkmäler, bei deren Angabe die genauen Daten (mit Monats- und Tageszahlen) nicht fehlen dürfen. Bauinschriften, Autor- und Glockeninschriften sind stets im Wortlaut anzuführen.

7. *a)* Die schweizerischen Bestände der schweizerischen *historischen Museen* sollen, soweit ihr Herkunftsort bekannt ist, stets dort eingeordnet und behandelt werden, wo sie herstammen. Alle Objekte unbekannter schweizerischer Provenienz werden als Museumbestände inventarisiert. Objekte ausländischer Herkunft sollen nur dann aufgenommen werden, wenn sie in irgendwelchen Beziehungen zur schweizerischen Kunstentwicklung oder zu schweizerischen Orten, Persönlichkeiten und Gebräuchen stehen (z. B. Augsburger Silberarbeiten, oberrheinische Holzplastiken u. a. m.). Alle übrigen ausländischen Objekte können zusammenfassend erwähnt werden, falls sie internationalen Wert besitzen. Von den schweizerischen oder zu der Schweiz in irgend einem Verhältnis stehenden Gegenständen sind die bedeutenderen nach Möglichkeit abzubilden, die ausländischen Objekte nur in Ausnahmefällen.

b) Von den Beständen der schweizerischen *Kunstsammlungen* (Gemälde, Handzeichnungen, Plastiken) sind jeweils die in einem Museum vorhandenen Werke schweizerischer Künstler zusammenfassend in zeitlicher Reihenfolge zu nennen (mit Angabe der Meister, Dimensionen und Technik) unter Vermeidung bekannter Abbildungen und unter Hinweis auf etwa vorhandene amtliche Kataloge. Objekte, die nachweisbar ursprünglich für ein noch vorhandenes Bauwerk bestimmt waren (Altargemälde, Wandgemälde usw.), sollten auch bei der Behandlung des Provenienzortes erwähnt werden. Werke ausländischer Künstler können zusammengefasst erwähnt werden, wenn es sich um Objekte internationaler Bedeutung handelt. Abbildungen sind hier nur in seltenen Fällen notwendig.

c) Von den Urkunden, Handschriften und Buchbeständen der schweizerischen *Archive und Bibliotheken* kommen nur die Objekte für die Inventarisierung in Betracht, die irgendwelchen künstlerischen Wert besitzen. Es ist dann nach den unter *b)* aufgestellten Grundätzen zu verfahren.

d) Der Inhalt schweizerischer *privater Kunst- und kunstgewerblicher Sammlungen*, der in der Regel mobiler ist als jener der staatlichen Institute, sollte, wenn Erlaubnis und Möglichkeit dazu vorhanden sind, vollständig inventarisiert und alles irgendwie für die Schweizerkunst Wertvolle dabei abgebildet werden. Ist die Provenienz einzelner schweizerischer Objekte genau bekannt, sollen sie auch bei der Behandlung des Provenienzortes erwähnt werden. Sammlungen von nur bedingt künstlerischem Wert oder von Werken aussereuropäischer Provenienz sind zusammenfassend zu charakterisieren. Gleiches gilt von bedeutenden Sammlungen moderner Kunst.

8. Abbildungen sollen in möglichst grosser Zahl und bester Ausführung gegeben werden. Wichtige alte Ansichten, Pläne und Modelle sind zu reproduzieren.
9. Jedem Band ist eine Karte des behandelten Gebietes in genügendem Masstabe beizugeben.
10. Jedem Band ist ein ausführliches Namen- und Sachregister beizugeben.
11. Die Publikation erscheint in für sich abgeschlossenen Bänden von gleichem Format, die einzeln verkäuflich sind.

III. Organisatorisches.

1. Die Publikation wird von der schweizerischen Gesellschaft für Erhaltung historischer Kunstdenkmäler mit behördlicher Unterstützung herausgegeben.
2. Die Herausgabe besorgt ein Arbeitsausschuss, welcher dem Gesellschaftsvorstand alljährlich Bericht und Rechnung abzulegen hat.
3. Die Bände sollen nach Massgabe der vorhandenen Mittel erscheinen.

DIE ARCHIVALISCHEN QUELLEN
für die Bearbeitung
der Kunstdenkmäler des Kantons Basel-Stadt

Fast der gesamte Besitz Basels an archivalischem Stoff ist heute im *Staatsarchiv* vereinigt und übersichtlich geordnet allgemein zugänglich. Dank der frühzeitigen Entwicklung des Basler Archivwesens und einer von Anfang an verständigen Pflege der Archivalien, reicht ihr Bestand verhältnismässig weit zurück und ist trotz empfindlicher Verluste beim Brande des Münsters 1128 und beim Erdbeben 1356 ohne erhebliche Lücken gut erhalten auf uns gekommen. Ein 1904 erschienenes *Repertorium des Staatsarchivs zu Basel* gibt Anleitung zu seiner Benützung.

Für die Erforschung der Kunstdenkmäler des Kantons Basel-Stadt sind vor allem die nachfolgenden Abteilungen des Basler Staatsarchivs von Wichtigkeit:

Von den Ratsbüchern. Ratsbücher A: Rotes Buch (A 1) 1357—1493; Leistungsbuch I (A 2) 1351—1392; Leistungsbuch II (A 3) 1390—1473; Grosses Weisses Buch (angelegt 1388), 1256—1761 (A 4); Kleines Weisses Buch (angelegt 1405), 1339—1685 (A 5); Schwarzes Buch (angelegt 1523), 1520—1774 (A 6); Liber diversarum rerum 1417—1463 (A 7); Spruchbuch, 1462—1469 (A 8); Heimlicherbüchlein, 1459 (A 9); Notizen der Kanzlei, 15. Jahrhundert—1529 (A 10). — Ratsbücher B: Erkantnisbuch I—V, 1482—1614 (B 1—5); Decreta et Mandata I und II, 1521—1613 (B 6 und 7); Ratserkantnisse 1608—1720 (B 6—17). — Ratsbücher C: Urkundenbuch I—XIV, 1403—1721 (C 1—14), zwanzig weitere Urkundenbücher, 1707—1865 (C 15—34). — Abscheidbuch 1526—1705 (D 1—9).

Von den Protokollen: Offnungsbücher 1—9, 1438—1610; Ratsbüchlein 1, 2, 1553—1587, Protokolle des Kleinen Rats 1—127, 1587—1882; Protokolle des Grossen Rats 1—32, 1690—1882.

Missiven: A 1—341, 1409—1530; B 1—61, 1531—1712.

Bauakten: A—A A A.

Brunnakten: A—X.

Aus den Finanzakten: Jahrrechnungsbücher 1362—1476 (C 1—4). — Fronfastenrechnungsbücher, 1404—1476 (D 1—4). — Wochen-Einnahmen- und Ausgabenbuch, 1371—1386 (E 5). — Wochen-Ausgabenbücher 1401—1799 (G 1—84.) — Jahrrechnungen 1444/45—1610/11; Fronfastenrechnungen 1444/45—1699/1700; Summenrechnungen 1445/46—1580/81; Kerbrechnungen 1445/46—1699/1700 (H). — Stadtrechnungen 1666—1796/97 (J 1—3). — Fronfastenrechnungen 1700/01—1727/28 (K). — Kerbbüchlein 1700/01—1797/98, 98 Bände (L). — Brett-Konti 1691—1867, 142 Bände (M).

Als wertvolle Erläuterung dient die Arbeit von August Bernoulli, *Chronikalien der Ratsbücher 1356—1548*, in „Basler Chroniken", herausgegeben von der Historischen und Antiquarischen Gesellschaft in Basel, Bd. IV, Leipzig 1890, S. 3—105 und Beilage I, *Die Ratsbücher*, S. 109—131, mit genauer Beschreibung und Inhaltsangabe: a. Das Rothe Buch; b. Das Leistungsbuch I; c. Das Leistungsbuch II; d. Das Kleine Weissbuch; e. Das Rufbuch; f. Liber diversarum rerum; g. Die Öffnungsbücher.

Die Vertreter des Volkes vor Rehabeam. Bruchstück eines Wandbildes aus dem einstigen Grossratssaal im Hinteren Rathaus, 1530 gemalt von Hans Holbein d.J. (28×28 cm). Restauriert von Paolo Cadorin 1971. Kunstmuseum Basel.

Diese farbige Neuaufnahme ist ein Hinweis auf die
NACHTRÄGE 1971 VON FRANÇOIS MAURER S. 713–776

GEOGRAPHISCHE UND STATISTISCHE ÜBERSICHT

Abb. 1. Das Wappen der Stadt Basel, von zwei Basilisken gehalten. 16. Jahrhundert.
Bemalte Reliefskulptur in Sandstein (Höhe 112 cm, Breite 122 cm), wahrscheinlich vom alten Spital an der Freienstrasse, jetzt im Historischen Museum Basel, Inv. No. 1900 39.

GEOGRAPHISCHE ÜBERSICHT.

Lagebedeutung der Stadt Basel. Jenseits der geographisch geschlossenen Schweizerlandschaft von Alpen, Mittelland und Juragebirge liegt der *Stadtkanton Basel*. Sein urbanes Gebiet befindet sich im südlichsten Teil der *Oberrheinischen Tiefebene* selbst, während sein schmächtiger ruraler Anteil beim Dinkelberg auf die triasische Vorbergzone des *Schwarzwaldes* übergreift.

Basel (Höhe über Meer 243,91 m[1]) ist durch sein Lageschicksal in einen Erdraum hineingestellt, der durch seine morphologische Erschlossenheit von europäischer Bedeutung ist. Durch die Oberrheinische Tiefebene, die eine ungestörte Achsenentwicklung nach Norden aufweist, steht die Stadt Basel mit der Wirtschaft und der Kultur der *atlantisch-nordseeischen Gebiete* in Verbindung. Aber die Oberrheinische Tiefebene ist für Basel auch in den Beziehungsmöglichkeiten nach Westen und Osten bedeutungsvoll. Denn die

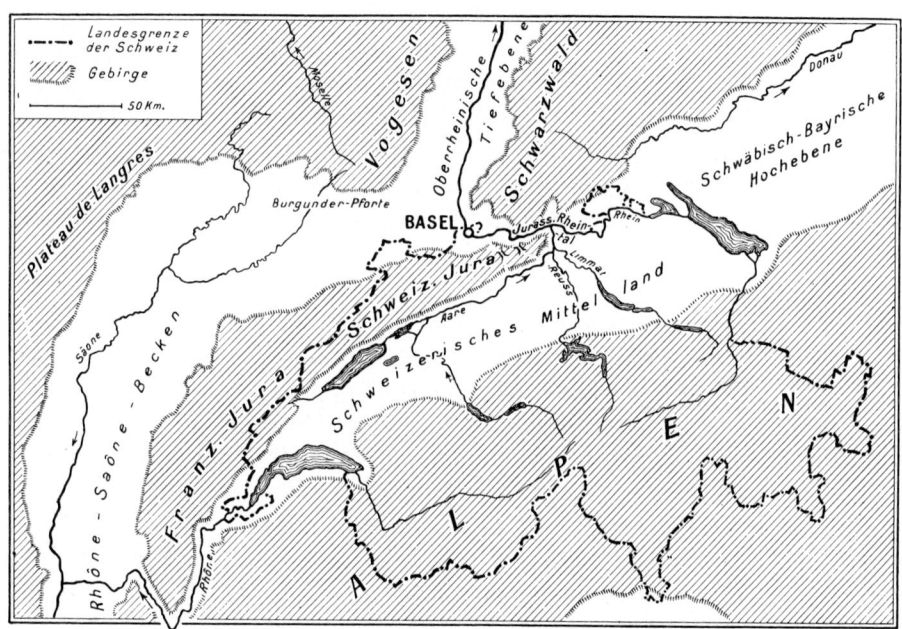

Abb. 2. Die Lagebedeutung der Stadt Basel.
Masstab 1 : 3 500 000. — Nach Originalzeichnungen von Gustav Schäfer.

---

[1] Neuer Nullpunkt des Basler Rheinpegels von der Schifflände (alt = 247,17 m). Statistisches Jahrbuch des Kantons Basel-Stadt 1930, Basel 1931, S. 3.

randliche Gestaltung ihres südlichsten Teiles ist äquatorial geöffnet. Unmittelbar westlich von Basel führt die niedrige Wasserscheide der *Burgunderpforte* (Höhe über Meer etwa 350 m) von der Rheinebene hinüber nach dem Becken der Saône. Dieses entwickelt sich durch die Rhônefurche frei nach den Gestaden des *Mittelmeeres* hin. Im Osten von Basel durchschneidet das *Jurassische Rheintal* den Gebirgszusammenhang des Schweizerischen und Schwäbischen Juras und erschliesst einen allerdings wirtschaftlich weniger genutzten Weg zur Bayrischen Hochebene und weiterhin, dem Lauf der Donau entlang, bis zu den *Pontischen Ländern* (Abb. 2, S. 3).

Die ausschlaggebende Bedeutung für Basel kommt dem *Jurassischen Rheintal* zu. Der jurassische Gebirgssporn, der sich verkehrshemmend zwischen den Rheinlauf und die Aare im schweizerischen Mittelland legt, wird durch südliche Seitentäler des Rheins dem Passverkehr erschlossen. Die südlichen Zuflüsse des jurassischen Rheines, die *Ergolz* und der *Sisselnbach*, haben rückwärtserodierend das Gebirgsland des Jura talmässig eröffnet. Dadurch wurde es dem Verkehr von und nach Basel ermöglicht, in fahrbarem Anstieg die Passhöhen am Unteren *Hauenstein* (Höhe über Meer: 694 m) und am *Bötzberg* (Höhe über Meer: 573 m) zu gewinnen. Dass für Basel diese Verbindung mit dem Schweizerischen Mittelland über den Jura von vitaler Bedeutung wird, beruht in den lokalen Situationsverhältnissen der Stadt:

Basel ist *Brückenstadt*. Sie liegt mit ihren Altstadtkernen von Gross- und Kleinbasel westlich und östlich des Rheines, dort, wo der mächtige Fluss in grossem Bogen aus dem jurassischen Rheintal kommend, endgültig nach Norden in die weite Oberrheinische Tiefebene hinausschwenkt. Bereits bei Hüningen begann der jetzt regulierte Strom mäandrierend Inseln zu bilden und floss gleichsam uferlos in einem amphibischen Gebiet von unpassierbaren Auen und Sümpfen dahin. Dieses Verhalten des Rheinlaufes unterhalb von Basel bringt erst die Lage dieser Stadt zur vollen Geltung. Bei Basel strömt der Rhein noch in einem tiefeingesenkten Bett dahin, und es ist bezeichnend, dass wir bis zur Mitte des neunzehnten Jahrhunderts hier in Basel die erste und einzige feste Rheinbrücke in der ganzen südlichen Oberrheinischen Tiefebene finden. Der meridionale Verkehr von Norddeutschland zur Schweiz und Italien, derjenige von Osten nach Westen, aus dem jurassischen Rheintal hinüber zur Burgunderpforte, und endlich der Austausch der Güter von links- und rechtsrheinischer südlicher Oberrheinischer Tiefebene musste in erster Linie den Rhein bei Basel überschreiten.

Diese Tatsache findet eine gesteigerte Bedeutung durch die *politisch-geographischen Lageverhältnisse*. Denn die südliche Oberrheinische Tiefebene ist, entsprechend den durch den Rheinstrom geschiedenen zwei Hälften, Gefäss getrennter politischer Interessengebiete, augenblicklich der badisch-deutschen und der elsässisch-französischen. Vor diese politischen Gebiete legt sich quer unmittelbar am Ausgang des jurassischen Rheintales in die

Abb. 3. Die Stadt Basel beidseits des Rheines.

Blick von Norden nach Südosten rheinaufwärts von der Johanniterbrücke aus, mit Mittlerer Rheinbrücke und Wettsteinbrücke.

Oberrheinische Tiefebene links- und rechtsrheinisches Ufer verbindend, das politisch einheitliche Schweizergebiet, dem der Kanton Basel-Stadt angehört.

Die lokale Flächenanlage des Kantons Basel-Stadt. *Flächenangaben:* Stadt Basel: 2402,24 ha; ländlicher Teil, Gemeinden Riehen (1091,23 ha) und Bettingen (213,11 ha): 1304,34 ha; Gesamtareal: 3706,58 ha.[1])

Der Kanton Basel-Stadt als nordwestlichster Randkanton der Schweizerischen Eidgenossenschaft liegt zu beiden Seiten des Rheinstromes. Er berührt rechtsrheinisch das Gebiet des Deutschen Reiches (Baden), linksrheinisch das *Frankreichs* (Elsass). Der übrige Verlauf der linksrheinischen Grenzlinie stösst an das schweizerische Gebiet des Kantons Basel-Land.

Die *Fläche des Kantons Basel-Stadt* dies- und jenseits des Rheines (Abb. 4, S. 7) ist arealmässig ungleich entwickelt. Das grössere Gelände befindet sich rechtsrheinisch am Talausgang des Wieseflusses, ist aber hier nicht symmetrisch zu beiden Seiten des Flusses angelegt. Im Nordwesten von Riehen berührt die Kantonsfläche gerade noch im Tüllingerhügel (Schlipf, Lokalbezeichnung) die rechte Talseite der Wiese und schliesst somit einen Teil der tertiären Schwarzwaldvorbergzone in ihren Bereich ein. Der mittlere grösste Teil enthält hauptsächlich zur Linken des Wieselaufes das weite Auen- und Uferterrassengelände des Flusses selbst. Der östliche Teil greift geschlossen ins eigentliche Gebiet des Dinkelberges hinauf (triasische Vorbergzone des Schwarzwaldes), dessen höchster Punkt, der durch die weithin sichtbare Kirche gekrönte Chrischonaberg (Terrasse: Höhe über Meer: 522,19 m), noch zum Kantonsgebiet gehört. Das kleinere Gebiet des Kantons Basel-Stadt liegt linksrheinisch. Es umschliesst völlig das Mündungsgebiet des Birsigbaches und berührt den Unterlauf der Birs. Nur mit einem Zipfel greift das Kantonsgebiet auf das Bruderholz (Batterie, Höhe über Meer 366,40 m), ein Riedel des Sundgauerschotterplateaus, hinauf.

Zur Hydrographie des Kantons Basel-Stadt. Die grösste lineare Gliederung erfährt das Gebiet des Kantons Basel-Stadt durch die Konfluenz landschaftlich bedeutsamer Wasserläufe. Der mächtige *Rheinstrom* wälzt in breitem Bett (etwa 200 m) seine quirlenden Fluten rasch dahin (Jahresmittel der mittleren Monatsabflussmenge, 1930=1212 qm/sec).[2]) Ihm kommt die Bedeutung als Erosionsbasis zu. Sein nach Nordosten geöffneter Bogen empfängt von rechts und links Nebenflüsse, ein typisches Zeichen für die bergnahe Lage unseres Gebietes, das sich am südlichen Ende des beckenförmigen Abschlusses der Oberrheinischen Tiefebene befindet. Aus dem Schwarzwald und der ihm angelagerten Vorbergzone fliesst die *Wiese* von Norden zum Rheinfluss hin. Von Süden her aus dem Schweizer Jura kommt der *Birsfluss* und aus dem nahen

---

[1]) Statistisches Jahrbuch des Kantons Basel-Stadt 1930, Basel 1931, S. 3.
[2]) Statistisches Jahrbuch des Kantons Basel-Stadt 1930, Basel 1931, S. 13. Die mittlere Monatsabflussmenge ist jährlichen Schwankungen unterworfen; die angegebene Menge kann erst im Vergleich mit der im Statistischen Jahrbuch 1930, S. 13, gegebenen Beobachtungsreihe der Jahre 1909–1930 ein anschaulicheres Bild geben.

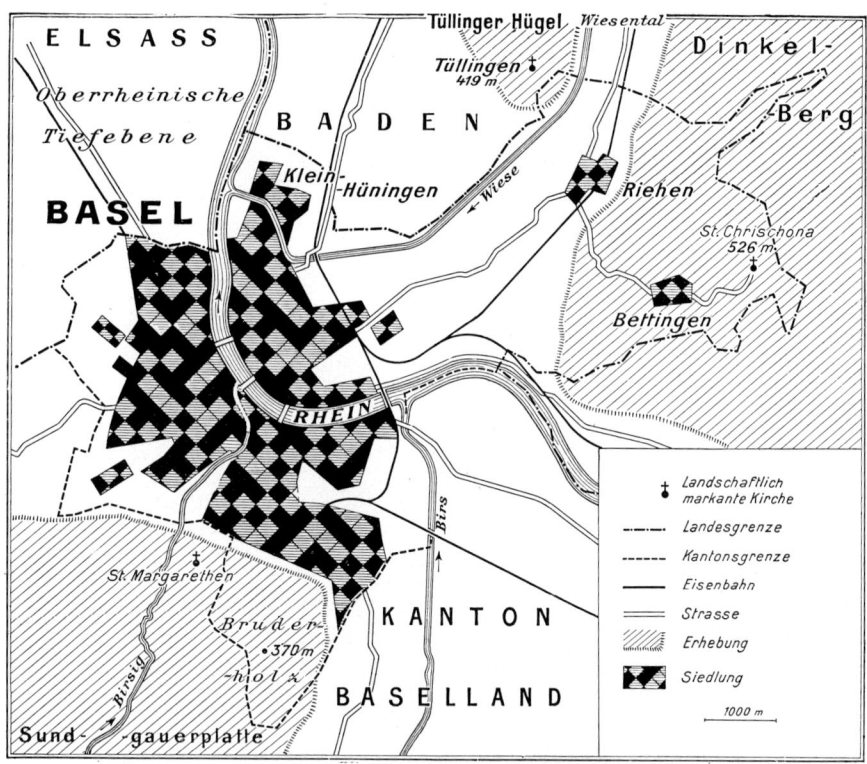

Abb. 4. Übersichtskarte des Kantons Basel-Stadt, 1930/31.
Masstab 1 : 100 000. — Nach Originalzeichnungen von Gustav Schäfer.
Die lose Siedlungsbebauung am Rande der Stadt, auf dem Bruderholz, an der Strasse nach Riehen und am Westhang des Dinkelbergs ist nicht eingezeichnet.

Juravorland (Leimental) der kleine Wasserlauf des *Birsig*. Alle diese Nebenflüsse biegen mit rheinabwärts verschleppter Mündung in den Rheinstrom ein.

Der *Rhein* selbst, der hier bei Basel seinen geographisch wichtigsten Bogen zieht, blickt gegen Nordosten in die Nebentalebenheit der Wiese hinaus. Gegen Südwesten dagegen stösst der Stromlauf in seiner Prallstelle auf das von ihm mehrfach gestufte Niederterrassenplateau auf, das vor dem Sundgauerhügelland liegt. In dieses Niederterrassenplateau hat der *Birsigbach* ein tiefes, aber nur engsohliges Tal eingesenkt. Das linksrheinische Plateau der Niederterrasse setzt sich ungestört stromabwärts fort, stromaufwärts dagegen wird es durch das breite Sohlental des mündenden *Birsflusses* gekappt und dadurch um so eindrücklicher abgetrennt von den fluhen- und steinbruchreichen Buckeln des Plateaujuras (Zone der Rheintalgrabenflexur).

Die Siedlungen des Kantons Basel-Stadt. Das Gebiet des Kantons Basel-Stadt trägt drei Gemeinden mit den Ortschaften Basel (Stadtgemeinde), Riehen und Bettingen (Abb. 4).

Bettingen, das im Jahre 1930 eine mittlere Wohnbevölkerung von 540[1]) Seelen aufwies, ist ein bäuerlicher Ort. Er liegt in guter Nestlage, in einer kesselartigen Talerweiterung zwischen den offenen Plateauflächen des Dinkelberges. Ausser dem Bettinger Dorfbach ist dieser Abschnitt des Dinkelbergplateaus ohne hanggliedernde Wasserläufe. Der geologische Untergrund ist Muschelkalk über Buntsandstein. In dem durchlässigen Kalk versickert das Oberflächenwasser karstartig, soweit nicht die Vegetationsdecke und Lehmbedeckung das Wasser zurückhalten. Wirtschaftlich ist Bettingen durch die nahe politische Landesgrenze im Osten und im Süden eingeengt, und nur nach Westen hin, gegen das Wiesetal, geöffnet. Durch eine Landstrasse, die in ihrer östlichen Verlängerung bis hinauf nach St. Chrischona reicht und sich durch den Reichtum angezweigter Steinbruchwege auszeichnet, steht das Dorf mit der Verkehrsstrasse aus dem Wiesetal nach Basel in Verbindung.

Riehen ist Dorf der Wiesetalebenheit. Die durch einen gotischen Keildachkirchturm mit Dachreiterchen ausgezeichnete Siedlung gab im Jahre 1930 6280[1]) Menschen Wohnung. Der bäuerliche Ort liegt auf der Hochuferterrasse der Wiese, wo sich diese dem westlichen Dinkelbergabhang nähert und von wo aus die landwirtschaftlich verschiedenen Gegebenheiten von Ebene und Berghang mühelos erreichbar sind. Die lokalwichtige Landstrasse von Basel ins weitere Wiesetal hinauf hat dem Dorf Riehen seine Südnord-Achse gegeben. Eine Entwicklungslinie der Siedlung in östlicher Richtung ist der Verlauf des Dorfbaches (Aubach). Aber um diese alten Siedlungszeilen herum lagern sich überall in der obstbaumreichen Umgebung zerstreut die städtischen Villen der modernen Zeit, deren hauptsächlichste Anordnungsachse die Trambahnlinie nach dem Zentrum Basel ist.

Basel. A. Die morphologischen Gegebenheiten der Siedlung. Die Stadt, die im Jahre 1930 eine mittlere Wohnbevölkerung von 147220 Menschen zählte[1]), liegt auf morphologisch verschieden und eigenartig gestaltetem Gelände. Dort, wo der Rhein vom Jurassischen Rheintal her seinen grossen Bogen gegen die Oberrheinische Tiefebene hinauszieht, befindet sich beiderseits der halbkreisähnlichen Stromschleife die Stadt Basel. Der rechtsufrige Stadtteil trägt den Namen Kleinbasel, der linksufrige den Namen Grossbasel. Kleinbasel liegt auf dem flachen, unzerteilten Gleithanggelände des nordöstlichen inneren Uferbogens, wogegen Grossbasel am äusseren, südwestlichen Strombogen auf einem hier in der Oberrheinischen Tiefebene reliefmässig ausserordentlich lebhaften Gelände gebaut ist. Unmittelbar vom Rheinstromniveau weg erhebt sich mit der Steilböschung des aus fluviatilen Schottern bestehenden Prallhanges ein Niederterrassenplateau, das auf seiner Oberfläche mehrfach rheinstromparallel gestuft ist. Es erhält seine siedlungsanziehende Kraft dadurch, dass es bis auf die Rheinsohle durch den gewundenen Lauf des Birsigbaches zertalt ist. Der eingesenkte

---

[1]) Statistisches Jahrbuch des Kantons Basel-Stadt 1930, Basel 1931, S. 106.

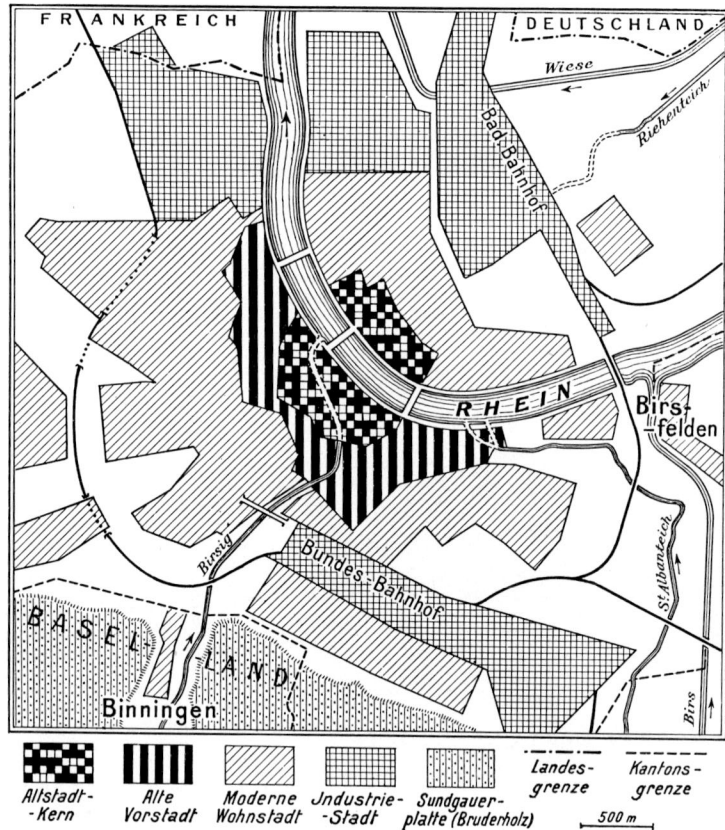

Abb. 5. Die Arealbedeutung der Stadt Basel 1930/31.
Masstab 1 : 50000. — Nach Originalzeichnungen von Gustav Schäfer.
Auch hier ist die lose, in steter Entwicklung begriffene Siedlungsbebauung am Rande
der Stadt nicht eingezeichnet (vgl. Abb. 4).

Mündungslauf des Birsigbaches bietet an und für sich mit seiner allerdings schmalen Talsohle eine ausgezeichnete Siedlungsschutzlage. Aber wichtiger erscheint die Tatsache, dass der mündende Birsigbach durch sein Tal eine S-förmige Kerbe in den Niederterrassenzusammenhang eingesenkt hat. Denn dadurch schafft er zwei riedelartige Ebenheiten: Durch die letzte Biegung des Birsigbaches im Verein mit der Steilböschung des Rheinbordes entsteht zur Rechten des Birsig der Sporn des Münsterberges; durch die zweitletzte Biegung des Birsigbaches im Verein mit dem Kohlenbergtälchen wird zur Linken der Sporn des Leonhardberges geschaffen. Es ist bezeichnend, dass schon um 1200 die mittelalterliche Ummauerung Grossbasels diese beiden strategisch wichtigen Hügelsporne in ihren Bereich einschloss.

Die Mündung des Birsigtales, die das sonst abweisende Steilufer des Rheinbordes durchbricht, ist für die Verkehrsbedeutung Grossbasels von grösster Wichtigkeit geworden. Hier mussten der nordost-südwestliche Fährverkehr und späterhin auch die Brücke über den Rhein Fuss fassen. Hier war der Landungsort des Längsverkehres auf dem Rhein, die Schifflände. Hier bedingte der Längsverkehr auf dem Grossbasler Gelände eine Brücke über den, heute im unteren Lauf völlig eingedeckten, Birsig.

Pauluskirche Antoniuskirche Spalentor Elisabethenkirche Münster Heiliggeist-
Markthalle Bundesbahnhof

Abb. 6 und 7. Panorama der Stadt Basel

B. Die flächenhafte Erscheinung der Stadt (Abb. 5, S. 9). Die hausverbaute Stadtfläche, wie sie sich heute dem Betrachter darbietet, ist das Ergebnis aktueller und historischer stadtbaulicher Ereignisse, die sich unter Auslassung von Feinheiten in grosse, zonalverbundene Gruppen gliedern.

Ungefähr im Herzen der rheinstromgeteilten Stadtfläche liegt der Altstadtkern Basels. Seine Grossbasler Seite fügt sich in halbkreisähnlichem, genetisch gewordenem Umriss an den Rheinbogen an, wird aber durch den S-förmigen Lauf des Birsigbaches in zwei arealgleiche Hälften getrennt.

Der Altstadtkern Kleinbasels ist mit rechteckigem Grundriss und einfachlinigem Strassennetz gebildet, was die in kurzer Zeitspanne entstandene Siedlung verrät. Seine Schmalseiten entsprechen in der Lage den Ansätzen des älteren Grossbasler Stadtkernes, so dass von einer symmetrischen Anordnung der alten Stadtkerne am Rheinbogen gesprochen werden kann.

Die mittlere Rheinbrücke (alte Rheinbrücke), die geographisch an den Talausgang des Birsigbaches gebunden ist, befindet sich in bezug auf das Areal der Altstadtkerne nach Nord-Nordwesten verschoben. Für Kleinbasel mit seinem rechteckigen Grundriss auf ebenem Gelände ist diese Tatsache auffällig und verrät seine Nebenstellung zu Grossbasel.

kirche   Getreidespeicher   Blauen   Tüllinger Höhe   Riehen Wiesental

vom Bruderholzrain nach Norden.

In Kleinbasel ist mit dem Vorhandensein seines Altstadtkernes die mittelalterlich-barocke Häuserfläche, abgesehen von kleinen Wachstumsfingern, beschlossen. Anders dagegen in Grossbasel! Um seinen gesamten Altstadtkern zieht sich eine weitere historische Stadtzone, die die mittelalterlich-barocken St. Johannvorstadt, Spalenvorstadt, Steinenvorstadt, Aeschenvorstadt und St. Albanvorstadt in sich schliesst. Diese nur auf die Grossbaslerseite beschränkte altstadtvergrössernde Kraft wirkt sich bezeichnenderweise längs Weglinien aus, die von der Birsigtalmündung linksrheinisch nach N und W (Elsass), nach S (Birsigtal) und nach O (Ergolz-Sisseln-tal — Jurapässe — Schweizerisches Mittelland) ausgehen. Der östlichste Zipfel der alten Vorstadt Grossbasels allerdings, der gegen den mittelalterlich siedlungstoten Winkel der Birsmündung vorstösst, ist durch eine historische industrielle Gegebenheit begründet. Die mittelalterliche Ummauerung umschloss hier noch die Mündung des von der Birs abgeleiteten St. Albanteiches (Name des Industriekanals selbst), der die für die Konzils-, Buchdrucker- und Universitätsstadt Basel lebenswichtigen Papiermühlen trieb.

C. Die moderne Stadt Basel zeigt auf beiden Rheinufern ihre ausgedehnten Wohnhausflächen, die das mittelalterlich-barocke Basel vollständig umschliessen. An diesen Wohn- und Geschäftskörper der Stadt schliessen sich die Industrieviertel an. Diese verraten durch ihre Bestimmung auf eindrückliche Weise die wirtschaftliche Besonderheit der Stadt Basel. Im Nordosten Kleinbasels und im Süden Grossbasels befinden sich die grossen Bahnhofanlagen und bahnhofständigen industriellen Bauten, die die sichtbaren Zeugen der verkehrsreichen Lage Basels zwischen Deutschland (Badischer Bahnhof), der Innerschweiz und Elsass-Frankreich (Bundesbahnhof mit Elsässerbahnhof) sind. Im Norden Basels liegt zu beiden Seiten des Rheines seine ausgesprochen produktive Industriestadt. Ihre vorwiegende Erzeugung chemischer Stoffe ist in einer Hinsicht geographisch bedingt, nämlich durch den Abwasser-wegführenden Rheinstrom. Noch weiter rheinabwärts auf dem Kleinbasler Ufer (auf Zeichnung Nr. 4 nicht mehr dargestellt) dehnt sich neuerdings das technisch-industrielle Gelände des Rheinhafens aus, der als südlichster Punkt der nordseeverbundenen Rheinschiffahrt Bedeutung als Güterumschlagplatz für die ganze Schweiz hat. In unmittelbarer Stadtnähe, östlich der Birsmündung liegt der Basler Flughafen, der, entsprechend der europäischen Lagebedeutung der Stadt, im Jahre 1930[1]) die Luftlinien der Oberrheinischen Tiefebene, des Rhonetales wie des jurassischen Rheintales vereinigte, und sie mit denen aus dem schweizerischen und schwäbischen Alpenvorland verband. *Gustav Schäfer.*

STATISTISCHE ÜBERSICHT.

Zur politischen Einteilung des Kantons Basel-Stadt. Der Halb-Kanton Basel-Stadt ist an Flächenausdehnung der kleinste Kanton der Schweiz. Er besteht aus der Stadtgemeinde Basel (mit Kleinhüningen) und den beiden ländlichen Gemeinden Riehen und Bettingen (mit St. Chrischona).

Das *Wappen* des Kantons Basel-Stadt ist der sogenannte „Basel Stab" (schwarz auf weissem Feld), eine Zusammensetzung von bischöflichem Krummstab und dekorativ in drei Lanzetten ausgehendem Unterteil, der vom Krummstab durch einen Querbalken getrennt ist. Dieses Wappenbild entnahm die Stadt im XIV. Jahrhundert dem Wappen des Bischofs von Basel, der das gleiche Abzeichen, aber rot im weissen Felde, führte. 1512 verlieh der Papst der Stadt einen goldenen Stab, der jedoch nur wenige Jahre, bis zur Reformation, in Gebrauch war.

---

[1]) Statistisches Jahrbuch des Kantons Basel-Stadt 1930, Basel 1931, S. 256.

Dieser sogenannte Baselstab ist nichts anderes als das bischöfliche Pedum, bestehend aus Krümmung, Stab und metallener Spitze, wie es noch auf dem Banner des Basler Bistums in der Zürcher Wappenrolle vorkommt. Später läuft der Stab stets in drei Spitzen aus, die heraldische Stilisierung der in das untere Ende des Stabes eingelassenen eisernen Spitze und der beiden Stabecken. Andere Interpretationen (z. B. Pedum und Fischerhaken) sind abzulehnen. Auch die Wahrscheinlichkeit der Hypothesen von Cahier S. J. (Charactéristiques, p. 2—7), die drei Spitzen seien das Velum oder Sudarium, das als dreilappiges Tuch an das Pedum gehängt gewesen wäre, ist nicht gross[1]). Der Baselstab steht zumeist im Schilde aufrecht, selten von oben rechts nach unten links gelehnt. Der Schild wird bald von Basilisken, wilden Männern, Engeln oder auch Löwen gehalten.

Im *Siegel* der Stadt erscheint 1257 die Choransicht des Münsters, die von 1798 bis zur Mediationsakte (1803) durch das Symbol der Helvetik, die Figur Tells mit seinem Knaben, ersetzt worden ist; 1904 wurde ein neues Stadtsiegel mit dem Baselstab geschnitten. Das Sekretsiegel der Stadt zeigt seit 1356 eine Darstellung der Krönung Mariae[2]). Ein Siegel Klein-Basels kommt erstmals 1278 vor (Tafel 1).

Zu den wirtschaftlichen Verhältnissen des Kantons Basel-Stadt. Basel als Stadt ist das wirtschaftliche Zentrum des Kantons. Riehen und Bettingen sind ländliche Orte von unbedeutender agrarischer Produktion, die allerdings, gemessen an der agrarisch genützten Bodenfläche, die Stadt übertreffen[3]).

Die Gliederung der Wohnbevölkerung des Kantons Basel-Stadt nach Berufsgruppen vermag eine Vorstellung seiner wirtschaftlichen Stellung zu geben. Nach dem Beobachtungsjahr 1920[4]) stehen die Gewerbe- und Industrietreibenden an erster Stelle (46,9% der Gesamtbevölkerung). Unter ihnen nehmen die Baugewerbetreibenden den ersten Platz ein (9,8%), eine Erscheinung, die für den Kanton von nur augenblicklicher und lokaler Bedeutung ist. Der zweite Platz kommt den in der Chemischen Industrie Arbeitenden zu (8,2%), der dritte den in der Metall-Industrie Tätigen (7,9%). Für den Kanton Basel-Stadt als Verbraucher hat die Chemische Industrie nur Teilbedeutung; sie ist aber ausschlaggebend für den ausländischen, europäischen und überseeischen Handel des Kantons Basel-Stadt.

Zu den kirchlichen Verhältnissen des Kantons Basel-Stadt. Durch die Aufhebung des religiösen Bekenntniszwanges der staatlichen Behörde wurde die Trennung von Kirche und Staat eingeleitet. Dies hat im Kirchenwesen des Kantons Basel-Stadt anstelle der nach der Reformation ausschliesslich protestantischen Kirche

---

[1]) E. A. Stückelberg, Zur Darstellung des Baselstabes. Anzeiger für schweizerische Altertumskunde, Bd. VII, 1892—1895, S. 58 f.
[2]) E. Schulthess, Die Städte und Landessiegel der Schweiz. Ein Beitrag zur Siegelkunde des Mittelalters, Zürich 1853; S. 86—92. Die Siegel des Kantons Basel. — Paul Kölner, Unterm Baselstab, Kulturgeschichtliche Skizzen, Basel 1918, S. 28—32. Städtische Siegel.
[3]) Schweiz. Statistische Mitteilungen, VII. Jahrg. 1925, 3. Heft, Bern o. J.
[4]) Statistisches Jahrbuch des Kantons Basel-Stadt 1930, Basel 1931, S. 20,

eine Vielheit von Glaubensbekenntnissen entstehen lassen. Im Jahre 1930 gehörten 63% der Gesamtbevölkerung des Kantons Basel-Stadt der protestantischen Konfession an, 29,8% der römisch-katholischen, 1,7% der christkatholischen, 1,7% der isrealitischen und 3,8% anderer oder keiner Konfession an[1]).

Die *Evangelisch-Reformierte Kirche*, die unter bedingter Oberaufsicht des Staates steht, weist in ihrer Kirchgemeinde-Gliederung regionale Verbreitung auf. Im Basler Stadtbezirk gehören ihr die fünf Kirchgemeinden mit meistenteils mittelalterlichen Kirchbauten an: zum Münster, zu St. Peter, zu St. Leonhard, zu St. Theodor und zu Kleinhüningen, im Landgebiet die Kirchgemeinden Riehen und Bettingen.

Die Basler *Römisch-Katholische Kirchgemeinde* ist dem Bistum Basel-Lugano mit dem Bischofssitz in Solothurn zugeteilt. Ihre Kirchen sind ausser der teilweise gotischen Clarakirche moderne Bauten, die sich in dem neuen Stadtareal ausserhalb der mittelalterlich-barocken Stadtverbauung befinden.

Die *Christkatholische Kirchgemeinde* Basels, die zum Schweizerischen Christkatholischen Bistum gehört, steht unter bedingter Oberaufsicht des Staates. Ihren Kultzwecken dient die gotische Predigerkirche.

Literatur. GEOGRAPHISCHES LEXIKON DER SCHWEIZ, 1. Bd., Neuenburg 1902, S. 151ff.: Basel-Stadt, mit einem Plan der Arealentwicklung Basels (S. 160) und Literaturangabe des bis 1902 Erschienenen. — Historisch-Biographisches Lexikon der Schweiz, Bd. I, Neuenburg 1921, S. 518—600; Bd. II, Neuenburg 1924, S. 1—30. Mit zahlreichen Karten und Abbildungen. — EWALD BANSE'S Lexikon der Geographie, Bd. I, Braunschweig und Hamburg 1923, S. 149: Basel, von Hugo Hassinger. — G. BURCKHARDT, Basler Heimatkunde, eine Einführung in die Geographie der Stadt Basel und ihrer Umgebung, Band I, Basel 1925: Im nahen Umkreise Basels. Angabe der einschlägigen Literatur und kartographischen Hilfsmittel, S. 12 ff. In den Anmerkungen jeweilen Zitierung der Spezialliteratur und der Quellen; Band II, Basel 1927: Die Stadt Basel und ihre Nachbarstädte. Mit einem Abschnitt über Basels Klima von W. Mörikofer. — HUGO HASSINGER, Basel, ein geographisches Städtebild. Aus den Beiträgen zur Oberrheinischen Landeskunde. Festschrift zum 22. Deutschen Geographentage 1927, herausgegeben von Friedrich Metz, Breslau 1927, S. 103. Auch als Separatum erschienen. Mit einer übersichtlichen Zusammenstellung der Karten und der Literatur nach den Gruppen: Allgemeine Darstellungen zur physischen Geographie, zur Geschichte und zum Grund- und Aufriss, zu Bevölkerung, Wirtschaft und Verkehr. — STATISTISCHES AMT DES KANTONS BASEL-STADT, Statistisches Jahrbuch des Kantons Basel. Seit 1923. Statistische Angaben über Areal- und Naturverhältnisse, Bevölkerung, allgemeine wirtschaftliche Verhältnisse, Produktion, Handel und Verkehr, Vor- und Fürsorgeeinrichtungen, Finanzen, Politik, Unterrichtswesen, Verwaltung. — G. BURCKHARDT, Basel, Geographische Grundlage, Festschrift zum 25 Schweizerischen Lehrertag, Basel 1931, S. 9 ff. — F. MANGOLD, Die Statistisch-volkswirtschaftliche Gesellschaft zu Basel 1870—1930, Basel 1931. Abschnitt I, Die wirtschaftliche Entwicklung Basels seit 1825. — HERMANN MULSOW, Mass und Gewicht der Stadt Basel bis zum Beginn des 19. Jahrhunderts. Dis. Freiburg i/B., Lahr 1910 *Gustav Schäfer.*

---

[1]) Statistisches Jahrbuch des Kantons Basel-Stadt 1930, Basel 1931, S. 19.

Tafel 1

1. Stadtsiegel (erstmals erwähnt 1225) 1257; benützt bis Ende des 18. Jahrh. Siegelstock (D = 72 mm), Staatsarchiv Basel. 2. Stadtsiegel von Klein-Basel, 1278—1300. Siegelstock (D = 50 mm), Staatsarchiv Basel. 3. Sekretsiegel der Stadt Basel, 1356—1406 (D = 51 mm); 1408 durch ein ähnliches Siegel ersetzt. 4. Sekretsiegel der Stadt Basel, 1640 (D = 58 mm); benutzt bis 1853. 5. Schultheissengerichts-Siegel, 1385. Silberner Siegelstock (D = 56 mm), British Museum London. Galvanoplastik, Historisches Museum Basel, Inv. Nr. 1906, 28 28. 6. Schultheissengerichts-Siegel, 17. Jahrhundert, Siegelstock (D = 51 mm), Staatsarchiv Basel.

Älteste Siegel der Stadt Basel

Relief-Überreste vom „Römerdenkmal" in Basel. — Historisches Museum Basel

DIE PRAEHISTORISCHE, RÖMISCHE UND FRÄNKISCHE ZEIT

Abb. 8. Blick auf den mittleren Teil des Münsterhügels in Basel,
umgrenzt von Freiestrasse, Bäumleingasse und Rhein. Vgl. den Übersichtsplan S. 25.
Fliegeraufnahme aus 300 m Höhe.

ZEITTAFEL
ÜBER DAS ERSTE JAHRTAUSEND[1])

374. Basel wird als „Basilia" erstmals als Ort des römischen Reichs erwähnt[2]).
Zwischen 390 und 413 wird Basel als „Civitas Basilensium" zum ersten Male als Bischofssitz genannt[3]).
455 endet die römische Epoche Basels infolge des Einbruchs der Alamannen[4]).
Zwischen 496 und 537 wird Basel eine Stadt des Frankenreichs[5]).
615 und 620 ist Ragnacharius als erster Bischof von Augst und Basel[6]) gesichert.
Um 802—823 dauert die Regierungszeit des Basler Bischofs Haito (Hatto), des von Karl dem Grossen begünstigten Erneuerers des Bistums[7]).
843 kommt Basel durch den Vertrag von Verdun an das fränkische Mittelreich Kaiser Lothars.
870 kommt Basel („Bazela") durch den Vertrag von Mersen an das ostfränkische Reich.
912/919 wird Basel unter König Rudolf II. von Burgund eine Stadt Burgunds[8]).
917 wird Basel durch die Ungarn zerstört und Bischof Rudolf II. getötet; Zerfall des Bistums[9]).
999—1025. Regierungszeit des Bischofs Adalbero II., zunächst unter Burgund, dann unter Kaiser Heinrich II., dem Wiederhersteller des Bistums[10]).
1006 kommt Basel als Pfand von Burgund an das Deutsche Reich.

ZUSAMMENFASSENDER ÜBERBLICK

Die Lage der Stadt Basel am Knie des Rheins und am Kreuzungspunkt uralter und wichtiger Verkehrs- und Handelswege macht es erklärlich, dass bereits in ältesten Zeiten in ihrem Gebiet menschliche Niederlassungen vor-

---

[1]) Angaben und Nachweise verdanken wir Herrn Dr. A. Pfister.
[2]) Ammianus Marcellinus, XXX, 3, 1, vgl. S. 21, Anm. 8.
[3]) Notitia Galliarum, vgl. S. 22, Anm. 6.
[4]) Sidonius Apollinaris, Carm. 7, 372 ff., vgl. Felix Stähelin, Die Schweiz in römischer Zeit, II. Aufl. Basel 1931, S. 308 ff.
[5]) Der Übergang Basels an das Frankenreich ist zeitlich nicht genau zu bestimmen, muss aber in den Jahren zwischen der Schlacht bei Zülpich (496) und der Annexion Raetiens durch das Frankenreich (537) stattgefunden haben.
[6]) „Ragnacharius episcopus Augustanae et Basileae", Vita Sti. Eustasii in J. Trouillat, Monuments de l'histoire de l'ancien évêché de Bâle, Bd. I, Porrentruy 1852, N⁰ 26. — Nach Burckhardt-Biedermann, Die Kolonie Augusta-Raurica, 1910, S. 24, 34 f. war Augst Fluchtort für den Bischof.
[7]) Haito, 802—823, gestorben 836, ist durch verschiedene, wenn auch sagenhafte Überlieferungen, gesichert; u. a. in den Centuriatoren vgl. Wurstisen, Epitome Historiae Basilensis, Basel 1577, S. 67 und Basler Chroniken, Bd. VII, Leipzig 1915, S. 467.
[8]) Der Übergang Basels an das Königreich Burgund ist zeitlich nicht genau zu bestimmen, muss aber in den Jahren zwischen dem Regierungsantritt König Rudolfs II. von Hochburgund (912) und dem Zusammenstoss zwischen König Rudolf II. und dem Herzog von Alamannien in der Schlacht bei Winterthur (919) stattgefunden haben.
[9]) Vgl. S. 55; Datum nicht ganz gesichert.
[10]) Begründung der weltlichen Macht durch Schenkungen: 999 Münster-Granfelden (Moutier-Granval) durch König Rudolf III.; ferner Hard und vermutlich Binningen sowie Pfeffingen durch Heinrich II.

handen waren. Dazu kommt, dass dem morphologisch bedeutsamsten Teil des Stadtgeländes, dem Terrassensporn des heutigen Münsterhügels (Erstreckung von Südosten nach Nordwesten), eine hervorragende Schutzlage zukommt, die nachweisbar bereits in vorrömischer Zeit ausgenutzt worden ist[1]).

Reste aus der Steinzeit sind im Gebiet des Kantons Basel-Stadt bis heute keine entdeckt worden. Die Funde aus der Bronzezeit (um 1000 v. Chr.), die frühesten menschlichen Spuren im heutigen Ausbreitungsgebiet der Stadt Basel, wurden allerdings nicht auf dem Münsterhügel gemacht, sondern an einem der uralten Handelswege im Verlauf der heutigen Elisabethenstrasse[2]).

Drei keltische (gallische) Siedlungen der späten La Tène-Zeit (erstes Jahrhundert v. Chr.) sind die ersten Spuren menschlicher Behausung im Gebiet der heutigen Stadt Basel. Zwei dieser prähistorischen Wohnanlagen verschwanden bereits im ersten vorchristlichen Jahrhundert, so vor allem die in primitiven hausbaulichen Formen gehaltene *spätgallische „Wohngrubensiedlung"* im Gebiet der heutigen *Gasfabrik* (Grossbasel) im Norden am Rheinufer (siehe Übersichtsplan S. 25)[3]). Ihre durch Keramikfunde gegebene zeitliche Fixierung auf die Mitte des ersten vorchristlichen Jahrhunderts[4]), das völlige Fehlen römischer Gegenstände, der Mangel an Waffen, an sonstigem Metall, überhaupt an brauchbaren Objekten[5]) und der Fund von steinernen Kornmühlen, von denen zwei vollständig und gut erhalten sind[6]), setzen diese gallische Siedlung in vermutlichen Zusammenhang mit dem Auszug der Helvetier und Rauriker im Jahre 58 v. Chr. nach Gallien[7]), der uns in Caesars Bellum Gallicum überliefert ist[8]). Alles deutet darauf hin, dass diese Ansiedlung eines Tages freiwillig und friedlich verlassen worden ist. Da Caesar bezeugt, dass die Helvetier jedem der Auswanderer die Mitnahme eines Vorrates von Mehl oder Dauerbrot für drei Monate vorschrieben und auch die Rauriker zu demselben Beschluss überredeten[9]), ist es sehr wohl zu verstehen, dass man die schweren Mühlsteine nicht mitnahm[10]) (vgl. Text und Abbildungen S. 30 ff.). Nachdem die gallischen Auswanderer durch Caesar bei Bibracte (westlich von Autun in Burgund) geschlagen und zur Rückkehr

---

[1]) Wilhelm Vischer, Kleinere Schriften, 1878, Bd. II, S. 395. — Dass der Münsterhügel in Basel schon vor der „vorrömischen Eisenzeit" eine Volksburg, ein befestigter Zufluchtsort für die Talbewohner war, und zwar eine „Zungenburg" wie etwa die allerdings viel kleinere Lurley-Burg am Rhein oberhalb St. Goar, ist nicht unwahrscheinlich. Vgl. Karl Schuchardt, Die Burg im Wandel der Weltgeschichte, Berlin 1931, S. 43 f. und 116 f.

[2]) E. Major, Historisch-biographisches Lexikon der Schweiz, 1921, Bd. I, S. 579.

[3]) Die gesamte Literatur über die keltische Siedelung im Gebiet der heutigen Gasfabrik Basels, vgl. S. 35.

[4]) Felix Stähelin, Das älteste Basel, 2. Aufl. Basel 1922, S. 16 f. und E. Major, Hist.-Biograph. Lex. d. Schweiz, 1921, Bd. I, S. 579.

[5]) Felix Stähelin, Das älteste Basel, 2. Aufl., Basel 1922, S. 17.

[6]) E. Major, Anzeiger f. Schweiz. Altertumskunde N. F., Bd. XIX, 1917, S. 231, Anm. 2.

[7]) Felix Stähelin, Das älteste Basel, 2. Aufl., Basel 1922, S. 18.

[8]) Caesar, Bellum Gallicum, lib. I, 5.

[9]) Caesar, Bellum Gallicum, lib. I, 5, 3.

[10]) Felix Stähelin, Das älteste Basel, 2. Aufl., Basel 1922, S. 18.

gezwungen worden waren, haben sie ihre ehemalige Wohnstätte auf dem Areal der heutigen Gasfabrik offenbar nicht mehr bezogen[1]).

Die andere *spätgallische Niederlassung*, die ebenfalls eine Grubensiedlung war, lag im Gebiet des heutigen *Klybeck*, auf dem Areal der Gesellschaft für Chemische Industrie, Klybeckstrasse, Kleinbasel. In ihrem Dasein hat sie die linksrheinische, ihr gegenüberliegende Siedlung des heutigen Gasfabrikareals überdauert. Sie mag noch bis ums Jahr 30 v. Chr. bewohnt gewesen sein[2]).

Nur eine einzige *gallische Grubensiedlung* im Gebiet der heutigen Stadt Basel ist im ersten vorchristlichen Jahrhundert nicht erloschen, sondern bestand in der Zeit der römischen Herrschaft in gallo-römischer Mischkultur weiter. Sie befand sich auf dem bereits morphologisch beschriebenen *Münsterhügel*[3]), und war im Südosten kurz vor seinem Zusammenhang mit dem übrigen Gelände und dort, wo eine Mulde des Birsigtales die Breite des Plateaus natürlich verringerte, durch Anlage eines tiefen Grabens künstlich gesichert[4]) (vgl. den Übersichtsplan, Abb. 9, S. 25).

Das Auftreten der Römer. Unmittelbar nach Caesars Tode ist nach seinem Plane, vermutlich noch im Jahre 42 v. Chr., von Lucius Munatius Plancus auf dem Boden des heutigen Augst an der Kreuzung zweier wichtiger Verkehrswege, der Bötzberg- und der Hauensteinstrasse, Colonia Raurica gegründet worden, eine Bürgersiedlung, die wohl gleichzeitig mit Augsburg, vielleicht während des Aufenthaltes des Kaisers Augustus in Gallien (16—13 v. Chr.), zum nördlichen Stützpunkt der helvetischen Hauptstrasse am Rhein verstärkt und zur Colonia Augusta Raurica erhoben wurde. Ungewiss ist, ob Augst ein Glied der Kette von Befestigungen war, die Drusus im Angriffskrieg gegen die Germanen (12—9 v. Chr.) den Rhein entlang anlegte und durch

---

[1]) Felix Stähelin, Das älteste Basel, 2. Aufl., 1922, S. 19. — Emil Vogt bezweifelt die Richtigkeit dieser Annahme und glaubt, auf Grund des vergleichenden Studiums der keramischen Funde in anderen gleichzeitigen Stationen, auf ein längeres Bestehen der Siedelung bis gegen Christi Geburt schliessen zu müssen. — Emil Vogt, Vom ältesten Basel. Vortrag, gehalten in der Historischen und Antiquarischen Gesellschaft in Basel am 16. II. 1931. Referate: Nat.-Ztg. Nr. 80, 17. II. 31; N. Zürch. Ztg. Nr. 332, 22. II. 31. — Emil Vogt, Bemalte gallische Keramik aus Windisch (Kt. Aargau). Anzeiger für Schweizer. Altertumskunde, N. F. Bd. XXXIII, 1931, S. 51—55.
[2]) E. Major, Hist.-Biograph. Lex. d. Schweiz, Bd. I, 1921, S. 579.
[3]) Felix Stähelin, Das älteste Basel, 2. Aufl., Basel 1922, S. 13 ff. und Abb. 3.
[4]) Felix Stähelin, Das älteste Basel, 2. Aufl., Basel 1922, S. 5 ff. mit Abb. 1 und 2, sowie Die Schweiz in römischer Zeit, 2. Aufl., Basel 1931, S. 38 und Abb. 64. — E. Vogt bestreitet, dass die vor der Südfront des Münsters 1913 festgestellten Gruben gallischen Ursprungs seien, und hält auch die Frage für ungelöst, ob die beiden Keramikgruppen der Funde von 1921 beim Schulhaus „zur Mücke" (Andlauer-Hof, Münsterplatz), von denen die eine Verwandtschaft mit den Keramiken aus dem Gelände der Gasfabrik zeigt, die andere aus frührömischen Sigillaten (15—9 v. Chr.) besteht, gleichzeitig sind oder nicht. Auch den gallischen Ursprung des Grabens an der Westseite der Bäumleingasse, zu dessen Datierung keine Funde vorliegen, hält E. Vogt für ungewiss. Er macht darauf aufmerksam, dass neuere Ausgrabungen römischer Befestigungsanlagen in Deutschland vor der Kastellmauer einen mächtigen Graben ergeben haben, der bis zu 18 m der Mauer vorgelagert ist (Altripp in der Rheinpfalz, Einig in Bayern) und dass daher der hier 16 m vor der spätrömischen Kastellmauer hinziehende Graben sehr wohl ebenfalls erst aus dem 4. Jahrhundert stammen könnte. Emil Vogt, Vom ältesten Basel. Vortrag, gehalten in der Historischen Gesellschaft Basel am 16. Februar 1931. Referate: Nat.-Ztg., Nr. 70, 17. II. 31 und Neue Zürcher Ztg., Nr. 332, 22. II. 31.

die grosse römische Heerstrasse verband, die von Worms und Strassburg immer am linken Rheinufer entlang über Cambete (Kembs) und Arialbinum (Artalbinum, möglicherweise der Name der Rauriker-Siedlung in der Gegend der Basler Gasfabrik)[1]) nach Augusta Raurica führte zum Anschluss an die Strasse nach Osten über Bregenz und Augsburg; denn in Augusta Raurica sind bis jetzt keinerlei Anzeichen einer militärischen Garnison unter Augustus gefunden worden. Im heutigen Basel bezeichnen die Gellertstrasse, die St. Albanvorstadt, der Blumenrain und die St. Johannvorstadt den einstmaligen Zug dieses römischen Heerweges[2]).

Auch Basel könnte eines der *Kastelle der Drususlinie* gewesen sein, da die in Basel ausgegrabenen Sigillaten fast alle aus dem 1. Jahrhundert n. Chr. stammen und zu jenen frührömischen Aretiner Fabrikaten gehören, die diesseits der Alpen nicht verhandelt wurden und „am Rhein sonst vorwiegend in militärischen Lagern der ersten Kaiserzeit auftreten"[3]).

Mit dem Auftreten der Römer und dem Fallen der gallischen Unabhängigkeit ist, wie Scherbenfunde wiederholt, auch bei den letzten Ausgrabungen 1928 und 1929, bewiesen haben[4]), die *gallische Kultur* nicht getilgt worden, sondern sie geht neben der römischen einher. Fundorte gallo-römischer Spuren sind das Münsterplatzplateau, die Bäumleingasse und das unterste Ende des Birsigbachtales, hauptsächlich der Hang des Münsterhügels. Wenige Funde sind auch am linken Birsigtalgehänge gemacht worden (siehe den Übersichtsplan, Abb. 9, S. 25).

Die Spuren der eigentlichen *römischen Kultur* sind auf den Münsterhügel und seine nächste Umgebung beschränkt. Sie finden sich ebenfalls längs den römischen Strassenzügen, der Rittergasse, dem Verlauf der St. Albanvorstadt im Osten, dem Blumenrain und der St. Johannvorstadt im Nordwesten. Jedenfalls ist sicher, dass in Basel schon unter oder bald nach

---

[1]) Felix Stähelin, Das älteste Basel, 2. Aufl., Basel 1922, S. 20 f.
[2]) Felix Stähelin, Die Schweiz in römischer Zeit, 2. Aufl., Basel 1931, S. 339 u. 349; nach dem Vortrag von Dr. Karl Stehlin, in der Hist.-Antiquar. Gesellschaft zu Basel, 21. Febr. 1921. Referate: Basler Nachrichten, 1921, Nr. 80; National-Zeitung 1921, Nr. 89.
[3]) Felix Stähelin, die Schweiz in römischer Zeit, 2. Aufl., Basel 1931, S. 113 und S. 112, Anm. 4. Emil Vogt glaubt, dass die Funde, die 1928 und 1929 bei den Neubauten Flügel und Sarasin an der oberen und unteren Bäumleingasse sowie bei Umbauten der Bank Paravicini-Christ am Albangraben gemacht wurden, diese Vermutung Felix Stähelins zur Tatsache erheben. Denn es fanden sich in den, ähnlich wie bei der Gasfabrik, in den gewachsenen Boden eingelassen Gruben unter den Resten dreier genau zu bestimmender Perioden (um 10 v. Chr., um 15 n. Chr. und Ende des 1. Jahrhunderts) neben keltischer bemalter Keramik und südgallischem Geschirr wiederum eine unverhältnismässig grosse Menge Tafelgeschirr des Sigillata-Typus. Dieses frührömische Kastell oder Lagerdorf (canabae) war, wie E. Vogt annimmt, zwischen Rhein, Bäumleingasse, Luftgässlein und Albangraben gelegen (vgl. den Übersichtsplan, Abb. 9. S. 25). Emil Vogt, Das älteste Basel. Vortrag, gehalten in der Historischen und Antiquarischen Gesellschaft in Basel am 16. Februar 1931. Referate: Nat.-Ztg. Nr. 80, 17. II. 31; Neue Zürcher Ztg., Nr. 332, 22. II. 31. — Die Ergebnisse der letzten Funde in der Bäumleingasse in Basel sind noch nicht zusammenfassend veröffentlicht worden; Mitteilungen finden sich in O. Schulthess, Die römische Forschung in der Schweiz 1929, S. 84 und 1930, S. 73, Frauenfeld 1930, 1931 und Emil Vogt. Bemalte gallische Keramik aus Windisch, Anzeiger f. schweiz. Altertumskunde N F. Bd. XXXIII 1931, Heft 1/2, S. 51 f., S. 54 f., S. 59.
[4]) Felix Stähelin, Die Schweiz in römischer Zeit, 2. Aufl., Basel 1931, S. 112 u. Anm. 4, und Emil Vogt, a. a. O.

Augustus eine römische Niederlassung vorhanden war, die nach den aufgefundenen Resten ihrer monumentalen Bauwerke und Denkmäler gewisse Bedeutung besass und, was Inschriften und Fundstücke sicherstellen, einen römischen Tempel an Stelle des heutigen Münsters umschloss[1]).

Diese blühende römische Niederlassung wurde wahrscheinlich zwischen 260 und 270 von den *Alamannen* bei ihren Einfällen zerstört[2]), ist dann aber, als die beiden Kaiser Diocletian (284—305) und Maximian (285—305) zur Abwehr weiterer Barbaren-Angriffe 288/89 n. Chr. in Mailand eine durchgreifende Befestigung der Reichsgrenzen beschlossen, in dieses Befestigungssystem mit einbezogen worden. Von dieser zweiten römischen Niederlassung zeugen vor allem die Reste der Ummauerung des Münsterhügels, bei deren Erbauung zahlreiche Trümmer von Bauten und Denkmälern der älteren römischen Niederlassung Verwendung gefunden haben. Es ist wahrscheinlich, dass dieser Mauerring, der den Kern der Civitas Basilensium umzog, auch die Stelle der heutigen Martinskirche einschloss[3]).

Die Anhaltspunkte über die *stadtorganisatorische Struktur*, sowie über die genauere Namengebung der erwähnten gallo-römischen Siedlung auf dem heutigen Stadtgebiete Basels werden von den Forschern nicht einheitlich gedeutet. Nach der archäologischen Behandlung des Stoffes von Felix Stähelin ist auf dem jetzigen Münsterhügel sowohl die römische Zivilsiedlung, wie auch die römische Amtssiedlung zu suchen, im Birsigtal jedoch eine nur aus Wohnungen einer gewerbetreibenden Bevölkerung bestehende Siedlung[4]). Dagegen halten E. Major in seiner archäologischen Darstellung[5]) und Hugo Hassinger in einer geographischen Studie[6]) Berg- und Talbesiedlung für zwei sich gegenseitig ausschliessende stadtorganisatorische Funktionen: auf dem jetzigen Münsterhügel sei die Akropolis der alleinige Herrensitz gewesen, unten im Birsigtal die Stadt der Gewerbetreibenden.

Der *Name Basel*, in der lateinischen Form Basilia, vermutlich keltischen Ursprungs[7]), wird urkundlich erst sehr spät, im Jahre 374 n. Chr., von Ammianus Marcellinus[8]) erwähnt, wobei er mitteilt, dass Kaiser Valentinian ein befestigtes Werk bei Basel erbauen liess, das die Anwohner Robur nennen.

---

[1]) Felix Stähelin, Das älteste Basel, 2. Aufl., Basel 1922, S. 31 u. Abb. 3 sowie S. 46; Die Schweiz in römischer Zeit, 2. Aufl., Basel 1931, S. 232, 541.
[2]) Felix Stähelin, Das älteste Basel, 2. Aufl., Basel 1922, S. 35 u. Anm. 2; Die Schweiz in römischer Zeit, 2. Aufl., Basel 1931, S. 255.
[3]) Felix Stähelin, Das älteste Basel, 2. Aufl., Basel 1922, S. 36 ff., S. 40/41 u. Übersichtsplan; Die Schweiz in römischer Zeit, 2. Aufl. Basel 1931, S. 280 f.
[4]) Felix Stähelin, Das älteste Basel, 2. Aufl., Basel 1922, S. 41, 42.
[5]) E. Major, Auf den ältesten Spuren von Basel, Anzeiger für schweizer. Geschichte, 1919, S. 144.
[6]) H. Hassinger, Basel ein geographisches Städtebild. In den Beiträgen zur Oberrheinischen Landeskunde und Festschrift zum 22. deutschen Geographentag zu Karlsruhe, 1927, S. 109.
[7]) Felix Stähelin, Das älteste Basel, 2. Aufl., Basel 1922, S. 12, Anm. 2; Die Schweiz in römischer Zeit, 2. Aufl., Basel 1931, S. 38. Vgl. auch S. 25/26.
[8]) Ammianus Marcellinus, Rerum gestarum libri, um 390 n. Chr. Rec. Eyssenhardt, XXX, 3, 1: „Valentiniano post vastatos aliquos Alamanniae pagos munimentum aedificanti prope Basiliam, quod appellant accolae Robur, offertur praefecti relatio Probi docentis Illyrici clades."

Der Aufenthalt des Kaisers wie der Name der Feste sind auch durch einen kaiserlichen Erlass aus Robur vom 10. Juli 374 gesichert[1]). Weder „Basilia" selbst noch das „Munimentum Robur" sind von der Forschung einheitlich lokalisiert worden. *Basilia* wird von Felix Stähelin mit der befestigten und seit gallischer Zeit fortlaufend bewohnten Siedlung auf dem Münsterhügel in Beziehung gebracht[2]). Die Lage der Festung *Robur* wird von ihm nicht festgelegt; immerhin erscheint ihm ihr Standort auf dem einstigen Kleinbasler Gelände „auf Burg" nicht ausgeschlossen (Gelände zwischen Römergasse und Burgweg, Kleinbasel)[3]). Demgegenüber geht die Ansicht von E. Major[4]) und Hugo Hassinger[5]) dahin, dass Basilia in der Siedlung im Birsigtal zu suchen sei, während Robur in dem befestigten Platz auf dem Münsterhügel zu erblicken wäre.

Wie sich das *christliche mittelalterliche Basel* aus der gallo-römischen Siedlung am linken Ufer des Rheinknies gebildet hat, ist in den einzelnen Zügen bis heute nicht sicher zu erfassen. Dass Basel bereits ums Jahr 400 n. Chr. ein bedeutender Ort war, zeigt ein in der sogenannten Notitia Galliarum enthaltenes Verzeichnis wahrscheinlich kirchlicher Ortschaften in Gallien. Hier wird Basel als eine civitas, d. h. als ein Bischofssitz, genannt und Städten wie Nyon, Avenches und Besançon gleichgesetzt[6]). Die zum Bischofssitz notwendigerweise gehörende bischöfliche *Kathedrale*, ein Münster, löste nach der archäologischen Forschung bereits zu Beginn des 4. Jahrhunderts den bestehenden römischen Tempel ab[7]).

Die alamannische und fränkische Zeit. Im Jahre 455 brechen die vordringenden *Alamannen* in unser Gebiet ein. Bereits früher, zur Zeit der Erbauung der Festung Robur bei Basel, hatte sich eine *alamannische Sippe* auf dem rechten Rheinufer am östlichsten Ende des heutigen Kleinbasel (ehemaliger Gotterbarmweg) angesiedelt[8]). Das Vorhandensein dieses, hier völkisch neuen alamannischen Elementes, dessen Ausbreitung das Erlöschen des Römertums in unserer Gegend bedeutet, tritt uns auch auf der Grossbaslerseite in den Funden

---

[1]) Codex Theodosianus, Instrux. Gustavus Hänel. C. 33. De cursu publico lib. VIII, tit. V „Dat. VI. Id. Jul. Robore."

[2]) Felix Stähelin, Das älteste Basel, 2. Aufl., Basel 1922, S. 42.

[3]) Felix Stähelin, Das älteste Basel, 2. Aufl., Basel 1922, S. 45; Die Schweiz in römischer Zeit, 2. Aufl. Basel 1931, S. 294/295; G. Burckhardt, Basler Heimatkunde, Bd. 2, 1927, S. 115.

[4]) E. Major, Hist.-Biograph. Lex. d. Schweiz, Bd. I, 1921, S. 580.

[5]) Hugo Hassinger, Basel ein geographisches Städtebild, in Beiträgen zur Oberrheinischen Landeskunde, Festschrift zum 22. Deutschen Geographentag in Karlsruhe, 1927, S. 109, Anm. 1.

[6]) Notitia Galliarum (um 400 n. Chr.) Ed. Th. Mommsen, in Monumenta Germaniae historica Auctor. antiquissi. mor. tom. IX. Chronicor. minor. saec. IV, V, VI, VII, vol. I, p. 552. Zu Beginn des 5. Jahrhunderts gab es im gallischen Teil der Schweiz ausser dem grösstenteils nicht in der Schweiz gelegenen Sprengel Besançon (civitas Vesontiensium) folgende Bischofssitze: Nyon (civitas equestrium); Avenches (civitas Helvetiorum, id est Aventicus); Basel (civitas Basilensium, id est Basilia); dazu als Residenzen von Hilfsbischöfen: Windisch bzw. Altenburg bei Brugg (castrum Vindonissense); Yverdon (castrum Ebrodunense); Kaiseraugst (castrum Rauracense). Felix Stähelin, Das älteste Basel, 2. Aufl., Basel 1922, S. 46 ff.; Die Schweiz in römischer Zeit, 2. Aufl., Basel 1931, S. 546 ff.

[7]) Felix Stähelin, Das älteste Basel, 2. Aufl., 1922, S. 46.

[8]) Emil Vogt, Das alamannische Gräberfeld am alten Gotterbarmweg in Basel. Anz. f. Schweiz. Altertumsk. N. F., Bd. XXXII. 1930, S. 145 ff.

spätrömischer alamannischer Gräberfelder zwischen der heutigen St. Elisabethenstrasse und der Aeschenvorstadt, sowie am Bernerring entgegen[1]).

Über das Erlebnis der Stadt Basel in dieser Zeit gehen die Meinungen auseinander. Der sogenannte Geograph von Ravenna, der nach älteren, die Zustände von 496 schildernden Quellen berichtet, nennt auch „Bazela" als den Alamannen zugefallen[2]). August Bernoulli[3]) nimmt eine vollständige Zerstörung des damaligen Basel durch die Alamannenhorden an. Nach anderer Auffassung bleibt die Stadt in den Alamannenstürmen des 5. Jahrhunderts bestehen[4]), was nach Felix Stähelin auch daraus hervorgeht, dass ihr antiker Name „Basilia" bis heute erhalten geblieben ist[5]). Allerdings, die Bischöfe mussten während der Stürme der Völkerwanderung verschiedentlich ihren Sitz von Basel vorübergehend hinter die Mauern des Castrums von Augst verlegen, so beispielsweise im 6. und 7. Jahrhundert[6]), und die gallo-römische Bevölkerung Basilias geht im Alamannentum auf und bleibt alamannisch auch dann, als Anfang des 6. Jahrhunderts Basel eine Stadt des *Frankenreiches* wird[7]). In diese Zeit der fränkischen Herrschaft fällt die Gründung der St. Martinskirche auf dem nordwestlichen Teil des Münsterhügels, deren Namengebung auf den fränkischen Nationalheiligen, St. Martin, zurückgeht. Der Bischofssitz und die von Andreas Heusler vermutete königliche Pfalz von Basel[8]) wurden von einem Mauerring umschlossen (heutiger Lokalname des Münsterberges: „Auf Burg", nicht zu verwechseln mit derselben Ortsbezeichnung in Kleinbasel), dessen Anlage mit der ehemaligen römischen Castrumsmauer in Zusammenhang steht[9]).

Der erste *Basler Bischof*, der geschichtlich überliefert ist, war der Franke Ragnachar, der 615 und 620 als Bischof von Basel und Augst genannt wird (vgl. S. 17). Über die folgenden zwei Jahrhunderte *merowingischer* und *karolingischer* Herrschaft ist fast nichts bekannt, wenn auch Namen und ungefähre Reihenfolge der Mehrzahl der Bischöfe von „Erzbischof" Walau, der im 8. Jahrhundert lebte, bis zu Beringer, dem 1072 verstorbenen Vorgänger Burchards von Hasenburg, aus einer Handschrift des Klosters Münster im Elsass[10]) bekannt sind[11]).

---

[1]) S. 49, 50 und E. Major, im Hist.-Biograph. Lex. d. Schweiz, Bd. I, 1921, S. 580, Sp. 2.
[2]) Geogr. Rav., 4, 26. — Felix Stähelin, Die Schweiz in römischer Zeit, 2. Aufl., Basel 1931, S. 309.
[3]) August Bernoulli, Basler Jahrbuch 1920, Basel, S. 295 ff.
[4]) Rud. Wackernagel, Geschichte der Stadt Basel, Bd. I, Basel 1907, S. 1.
[5]) Felix Stähelin, Das älteste Basel, 2. Aufl., Basel 1922, S. 48; Die Schweiz in römischer Zeit, 2. Aufl., Basel 1931, S. 310.
[6]) Th. Burckhardt-Biedermann, Die Kolonie Augusta-Raurica, Basel 1910, S. 22 ff.; S. 33 ff.
[7]) Vgl. S. 17; E. Major, Basel, Stätten der Kultur, Leipzig 1911, S. 6.
[8]) Andreas Heusler, Basler Gerichtswesen im Mittelalter, 100. Neujahrsblatt, Basel 1922, S. 5.
[9]) Felix Stähelin, Das älteste Basel, 2. Aufl., Basel 1922, S. 48.
[10]) Veröffentlicht in J. Trouillat, Monuments de l'histoire de l'ancien évêché de Bâle, T. I, Porrentruy 1852, p. 186, Nr. 123, und bei S. Marthène und Durand, Thesaurus Anecdotorum, III, p. 1385.
[11]) E. A. Stückelberg, Zur alten Basler Bistumsgeschichte, Anzeiger für schweizerische Geschichte N. F., Bd. IX, 1903, S. 170–173. — August Bernoulli, Zum ältesten Verzeichnis der Basler Bischöfe. Basler Zeitschrift für Geschichte und Altertumskunde, III. Bd., 1904, S. 59 ff.

Im Verlauf der Weltgeschichte gelangt Basel 843 als linksrheinische Stadt zum Reiche Lothars (Vertrag von Verdun). Im Jahre 870 (Vertrag von Mersen) kommt Basel an Ludwig den Deutschen, und um oder etwas nach 912 wird Basel als Stadt im Reiche des Welfen Rudolf II. *hochburgundisch.* Im Jahre 917 wurde Basel von den Vorstössen der *Magyaren* erreicht, dem Erdboden gleich gemacht und sein amtender Bischof Rudolf II. erschlagen, wie die Inschrift seines im Münster noch vorhandenen Sarkophags meldet (vgl. S. 53 ff.). Damit endet die erste Periode der Geschichte der Stadt Basel. Sie ist noch vielfach ungeklärt und durch Jahrhunderte hindurch völlig dunkel; aber aus den wenigen Berichten und sorgfältigen Forschungen geht doch hervor, dass Basel von Anfang an als Durchgangs- und Umschlagsort, wie als weit vorgeschobenes Kulturzentrum eine Stadt von grosser Bedeutung war.

Literatur. Eine umfassende Zusammenstellung aller Fundberichte und der gesamten Literatur von den ältesten Zeiten bis 1910 gibt KARL STEHLIN, Bibliographie von Augusta Raurica und Basilia. Basler Zeitschrift für Geschichte und Altertumskunde 1911, Bd. X, S. 38 ff. — Ausserdem: RUDOLF WACKERNAGEL, Geschichte der Stadt Basel, Bd. I, Basel 1907. — E. MAJOR, Im gallischen Basel. Die Schweiz, 1918, S. 437. — E. MAJOR, Auf den ältesten Spuren von Basel. Anzeiger für schweizerische Geschichte, 1919, S. 144. — E. MAJOR, Basel, in Historisch-biographisches Lexikon der Schweiz, 1921, Bd. I, S. 579. — FELIX STÄHELIN, Das älteste Basel. Basler Zeitschrift für Geschichte und Altertumskunde, 1920, S. 127—175; II. Auflage, Basel 1922. — G. BURCKHARDT, Basler Heimatkunde, Bd. II, 1927, S. 109 ff. — FELIX STÄHELIN, Die Schweiz in römischer Zeit, herausg. durch die Stiftung von Schnyder von Wartensee, Basel 1928; 2. Aufl., Basel 1931. — K. SCHUMACHER, Prähistorische Zeitschrift, VI, S. 240/241. — O. SCHULTHESS, Die römische Forschung in der Schweiz 1929 und 1930. Frauenfeld, 1930 und 1931.

Gustav Schäfer, C. H. Baer.

DER NAME „BASEL"

Das älteste Zeugnis für den Ortsnamen Basel findet sich bei Ammianus Marcellinus. Dieser lateinische Geschichtsschreiber des 4. nachchristlichen Jahrhunderts erwähnt beiläufig einen Ort namens *Basilia*[1]). Nicht viel später — um 400 n. Chr. — erscheint das davon abgeleitete Adjektiv *Basiliensis*[2]). Die Form *Basilia* ist dann auch im frühesten Mittelalter — 6. bis 8. Jahrhundert — in Gebrauch, wie u. a. Aufschriften auf merowingischen Münzen lehren[3]).

Anstelle von *Basilia* tritt ungefähr von Beginn des 9. Jahrhunderts an immer mehr *Basilea*, eine Form, die dann im ganzen lateinischen Mittelalter vorherrscht[4]). Der schon auf den ersten Blick auffällige Wechsel zwischen *e* und *i* ist für das mittelalterliche Latein nicht nur nicht auffällig, sondern eigentlich charakteristisch[5]). Zu bemerken wäre hier noch, dass neben substantivischem *Basilea* fast durchwegs adjektivisches *Basiliensis* steht.

---

[1]) 30, 3, 1. Älteste Handschrift, allerdings erst aus dem 9. Jahrhundert! Vgl. auch S. 21, Anm. 8.
[2]) civitas Basiliensium in der Notitia Galliarum (9, 4 p. 597 Mommsen), einem Verzeichnisse der Provinzen und Städte des römischen Galliens. Handschrift 6. Jahrhundert!
[3]) Belfort, Monnaies Mérovingiennes T. I, Paris 1892, Nr. 800, 801.
[4]) Vgl. u. a. Oesterley, Hist.-geogr. Wörterbuch des deutschen Mittelalters, Gotha 1883, S. 44f.
[5]) Bonnet, Le Latin de Grégoire de Tours, Paris 1890, p. 105ff.

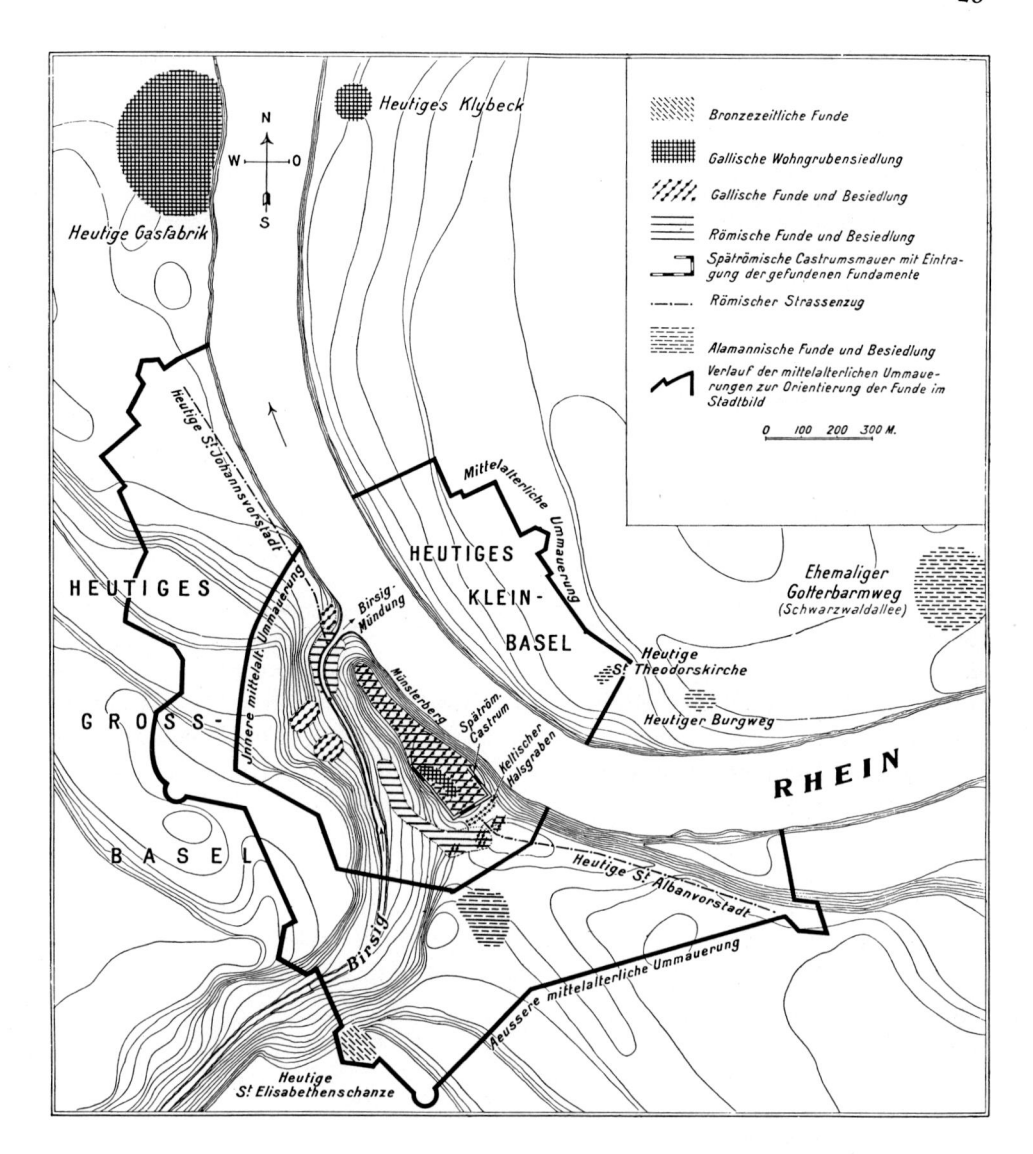

Das 1931 aufgedeckte *alamannische Gräberfeld am Bernerring*, auf dem Plateau des linken Birsigufers südlich der Pauluskirche, liegt ausserhalb des auf der Karte umfassten Stadtgebietes.

Abb. 9. Übersichtsplan der vormittelalterlichen Besiedelungen und Funde auf dem Gebiet der heutigen Stadt Basel. — Masstab 1:20000.

Originalzeichnungen von Gustav Schäfer (1931) unter Benützung des Übersichtsplanes der Stadt Basel 1:5000, herausgegeben vom Grundbuchgeometerbureau des Kantons Basel-Stadt (1920) und der Rekonstruktion der Basler Terrassen 1:5000, von Paul Haberbosch (1924), die vom Bearbeiter in liebenswürdiger Weise zur Verfügung gestellt worden ist.

Ausser *Basilea* und *Basilia* kommen vom Ende des 8. Jahrhunderts an hauptsächlich noch folgende lateinische oder latinisierte Formen vor: *Basala, Basela, Basila, Basula*. Soweit nicht — wie ja so oft im Mittelalter — Schreiberwillkür oder Nachlässigkeit in sprachlichen Dingen vorliegen, darf wohl in diesen Wortgestaltungen vor allem deutscher, einheimischer Einfluss gesehen werden. Deutsche Formen des Namens werden allerdings erst im 13. Jahrhundert allgemein. In Basler Urkunden aus dieser Zeit stehen neben altertümlicherem *Basele, Basile* die Formen *Basel* und *Basil*[1]). Von ungefähr Mitte des 14. Jahrhunderts an siegt die noch heute gebrauchte Form *Basel*[2]). Als Adjektiv wird im Mittelalter normalerweise *Baseler*, seltener *Basler* gebildet.

Wie bei vielen noch aus dem Altertum stammenden Ortsnamen ist die ursprüngliche Bedeutung des Namens Basel dunkel. Immerhin sei darauf hingewiesen, dass ein ganz hervorragender Kenner der keltischen Sprachen, Rudolf Thurneysen, — allerdings „mit allem Vorbehalt" — *Basilia* zu *basios*, dem keltischen Wort für Eber, stellen möchte. Basilia würde dann etwa Eberstadt bedeuten[3]). Möglich wäre ferner, dass der römische Kaiser Julianus Apostata (361—363 n. Chr.) einer städtischen Siedelung am Rheinknie den bedeutsamen — griechischen — Namen der *Königsherrschaft* (Basileia) verliehen hätte[4]). *H. G. Wackernagel.*

FUNDE UND DENKMÄLER.

Die Funde und Denkmäler aus den ältesten Zeiten der Stadt Basel bis etwa zum Jahre 1000 sind nicht allzu zahlreich und auch nicht von überragender künstlerischer Bedeutung; aber sie sind wissenschaftlich von grösster Wichtigkeit. Die gallischen Funde bei der Gasfabrik, die römischen an der Bäumleingasse wie die alamannischen am Gotterbarmweg und Bernerring, geben vielfach Aufklärungen über die Kultur jener Völker und erlauben sichere Datierungen. Aber auch die wenigen erhaltenen Denkmäler aus der fränkischen Zeit müssen mit zu den wertvollen und aufschlussreichen Resten jener Periode gezählt werden. So sind die in Basel erhaltenen Zeugnisse jener frühen Jahrhunderte entsprechend der Bedeutung, die der Stadt Basel schon damals zukam, nicht nur von schweizerischem, sondern von allgemeinem kunst- und kulturgeschichtlichem Interesse.

Funde aus der Bronzezeit.

Der **Sammelfund** aus der Bronzezeit (um 1000 v. Chr.), der 1858 beim Abtragen der Schanzen unmittelbar innerhalb der äusseren Ummauerung bei der St. Elisabethenschanze gemacht wurde, besteht aus Werkzeugen, Waffen und Schmucksachen aus Erz nebst Scherben roher Töpferwaren, und befindet sich im Historischen Museum Basel. Es seien daraus erwähnt:

Sichel aus Bronze, Depotfund 1858 beim Hirtenturm, Elisabethenschanze. Inv. Nr. 1906 659. — Länge 14,2 cm (Abb. 10, S. 27).

---
[1]) Urkundenbuch der Stadt Basel, Basel 1890 ff., I. II. III.
[2]) a. a. O. IV.
[3]) Felix Stähelin, Das älteste Basel, II. Aufl., Basel 1922, S. 12f.
[4]) Felix Stähelin in „Basel", Festschrift zum Schweizer. Lehrertag 1931, S. 7ff.

Abb. 10. Sichel aus Bronze.
Bronzezeit. Depotfund Elisabethenschanze
Basel. Historisches Museum Basel.

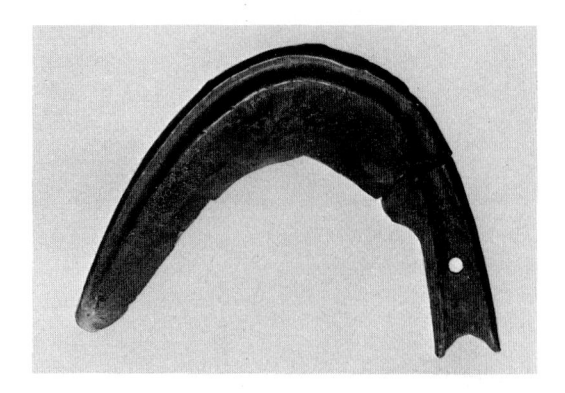

Armspange aus Bronze, mit Linienornamenten verziert, Depotfund 1858 beim Hirtenturm, Elisabethenschanze (Inv. Nr. 1906, 659). Durchmesser ca. 8 cm, Breite ca. 4 cm (Abb. 11).

Literatur. PROTOKOLLE DER ANTIQUARISCHEN GESELLSCHAFT (Gesellschaft für vaterländische Altertümer) in Basel 1842—1875. Im Archiv der Historischen und Antiquarischen Gesellschaft in Basel. Staatsarchiv Basel. — WILHELM VISCHER, Kleinere Schriften, Basel, 1878, Bd. II, S. 395 ff.

Funde aus der Eisenzeit.

Die spätgallische Siedelung bei der Gasfabrik.

Im Frühjahr 1911 stiess man beim Bau eines neuen Gasbehälters im Norden der Stadt links vom Rhein auf der ersten etwa 12 m über dem Fluss sich erhebenden Stufe der Rheinebene, ungefähr 300 m vom Ufer und etwa 500 m von der elsässischen Grenze entfernt (vgl. Übersichtsplan Abb. 9, S. 25) auf eine grössere dorfähnliche Ansiedelung der Rauriker aus der späten *La Tène-Zeit* (nach E. Major vor 58 v. Chr., vgl. S. 18)[1]), deren Name möglicherweise auf die römische Strassenstation Arialbinum (Artalbinum) übergegangen ist[2]). Alle Funde werden im Historischen Museum Basel aufbewahrt.

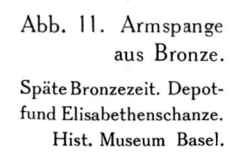

---

[1]) Vgl. die gesamte *Literatur* S. 35.
[2]) Felix Stähelin, Das älteste Basel, 2. Aufl., Basel 1922, S. 20 f.; ausserdem Die Schweiz in römischer Zeit, 2. Aufl., Basel 1931, S. 41 f.

Abb. 11. Armspange aus Bronze.
Späte Bronzezeit. Depotfund Elisabethenschanze.
Hist. Museum Basel.

Die Anlage der Siedelung. Umfassende und sorgfältige Grabungen ergaben mehr als 50 „*Wohngruben*"[1]), deren Mehrzahl an der vom Rhein abgewandten Seite durch einen durchschnittlich etwas über 2 m breiten Umfassungsgraben mit Palissadenzaun geschützt wurde. Nordwärts auf der Seite gegen den Rhein hin stiess ein zugehöriger Friedhof an mit flachliegenden, kreuz und quer orientierten Gräbern[2]), südwärts die Gehege für die Rinder, Pferde und Schweine.

Der *Grundriss der Gruben* war bei der Mehrzahl kreisrund, nicht selten auch elliptisch mit einem oberen Durchmesser von 1,5 bis 3 m, und nur bei zweien von ausgesprochen rechteckiger Form. Dem Querschnitt nach zerfallen die Gruben in zwei Arten: bei den einen waren die Wandungen senkrecht und wohl mit lehmüberstrichenem Holzgeflecht ausgefüttert, der Boden fast eben; ihre Tiefe betrug im Durchschnitt 2 bis 2,5 m. Die anderen hatten einen schalenförmigen Querschnitt und waren oft mit einer Lehmdecke ausgeschlagen. Ihre Tiefe betrug wohl selten mehr als die Hälfte des oberen Durchmessers. Vermutlich waren unmittelbar auf den Rand der Gruben konische Stroh- oder Schilfdächer aufgesetzt. Der Inhalt der Gruben bestand zuunterst aus einer bis zu 1,5 m mächtigen Kotschicht, die offenbar nach und nach aus dem Laub- oder Strohbelag des Bodens und dem niemals ausgekehrten Schmutz entstanden ist. In diesem Grubenkot lagen zerstreut zahlreiche Tierknochen und Tonscherben, verhältnismässig selten auch Bronze- und Eisensachen; daneben fanden sich beim Ausheben der Gruben vielfach regelmässig begrenzte, auf den Kotschichten aufliegende Belage von dichtgereihten Kieselsteinen oder aus einem 10 cm dicken, an der Oberfläche glatt abgeriebenen Gemenge von Lehm und nuss- bis eigrossen Kiessteinen. Dünne Kohlenschichten auf dem Belag und der oben rot und hart gebrannte Lehm lassen mit Sicherheit darauf schliessen, dass diese Anlagen *Feuerstellen* waren, die mit dem Anwachsen des Grubenkots immer entsprechend höher verlegt wurden und deshalb niemals zuunterst auf dem Grubenboden lagen. Auch die faust- bis fussgrossen, oft angebrannten und zersprungenen Kieselsteine, die sich vielfach zwischen den Scherben und Knochen fanden, stehen wohl im Zusammenhang mit den Kochstellen; sie dienten vermutlich dazu, die auf das Feuer gesetzten Töpfe zu stützen. Diese Feuerstellen, die allerdings nur in Gruben mit senkrechten Wänden sicher beobachtet werden konnten, scheinen zu beweisen, dass diese Gruben nicht nur Kellerräume unterhalb von oberirdischen Hütten waren, sondern dass die Be-

---

[1]) E. Vogt bestreitet, dass die untersuchten Gruben Wohngruben gewesen seien; es spreche dagegen ihr verhältnismässig bescheidener Durchmesser (rd. 2,4 m) und ihre geringe Tiefe, ferner die Tatsache, dass die Feuerstellen nicht auf der Sohle, sondern beträchtlich höher liegen, und schliesslich auch die Art der Einfüllung der Gruben. Ausserdem hätten die Kelten, wie man wisse, bereits im 5. Jahrhundert Pfostenhäuser gebaut. Die Gruben seien also wohl Keller von Hütten gewesen, gelegentlich auch als Abfallgruben verwendet worden. Vortrag, gehalten in der Historischen Gesellschaft Basel am 16. Februar 1931. Referat: Nat.-Ztg. Nr. 80, 17. II. 31; Neue Zürcher Ztg. Nr. 332, 22. II. 31.

[2]) Eine Veröffentlichung des Friedhofs und der in ihm gemachten Funde ist in Vorbereitung.

wohner in den Gruben selbst hausten; die schalenförmigen Gruben mögen als Schlafstätten oder Vorratsräume gedient haben (vgl. die Abb. 12—15).

Die Reste des Hausrats der Grubenbewohner, Schmucksachen, Waffen, Werkzeuge und Arbeitsgeräte gehören ebenso wie die keramischen Erzeugnisse sämtlich ein- und derselben Kulturperiode an und geben somit ein

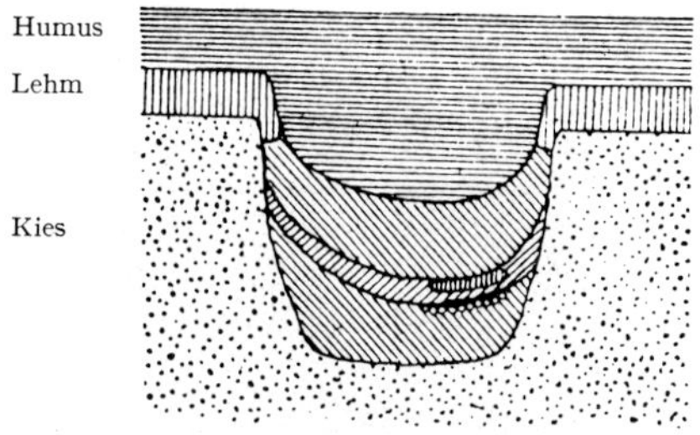

Abb. 12. Grube 15, mit kreisförmigem Grundriss. Querschnitt, Masstab 1 : 100.

Drei Schichten Grubenkot, auf der untersten Kieselpflasterung mit dünner Kohlenschicht, auf der zweiten eine Schicht von rotgebranntem Lehm.

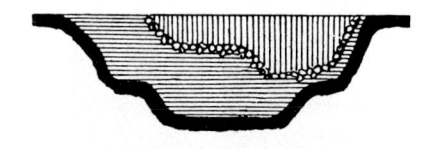

Abb. 13. Mittlere Grube am Elsässer-Rheinweg mit ovalem Grundriss, Querschnitt, Masstab 1 : 100.

Die Vertiefung im Boden diente vielleicht dazu, die weiche Erde aufzunehmen, in die die Spitzen der Amphoren eingesteckt wurden. Die Grube wurde nach dem gleichen Schema umgebaut und auf dem Grubenkot mit einer Pflasterung aus Kieselsteinen versehen.

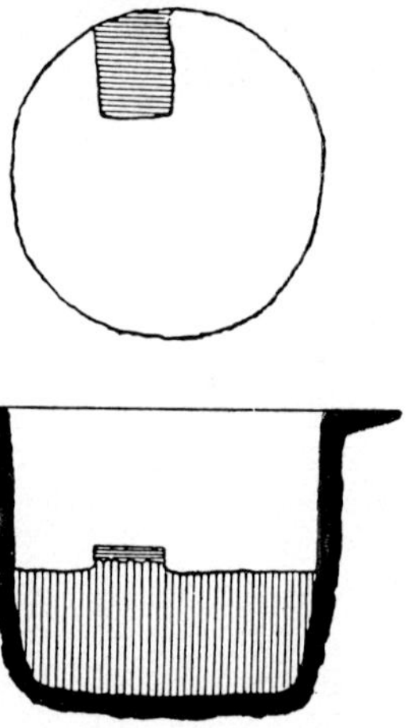

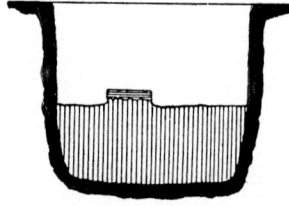

Abb. 14 und 15. Grube 4, mit kreisförmigem Grundriss. — Grundriss und Querschnitt, Masstab 1 : 100.

Die oberen Schichten sind abgetragen. Die Herdfläche aus Lehm und Kieselsteinen, die auf einer Schicht Grubenkot liegt, stösst an den Grubenrand an.

„Wohngruben" der spätgallischen Siedelung bei der Gasfabrik in Basel.
Nach Anz. f. Schweiz. Altertumskunde N. F., XV, 1913.

fast lückenloses Bild der späten La Tène-Kultur. Die Dorfschaft dieser gallischen Bevölkerung muss geraume Zeit bestanden haben, „denn die Keramik zeigt neben den primitivsten auch die vollendetsten Formen"; ihr jüngster Hausrat reicht knapp an die römische Zeit heran, weist aber keine Gegenstände römischer Herkunft auf. „Spuren gewaltsamer Zerstörung haben sich einerseits nirgends feststellen lassen, anderseits konnte den Gruben kein einziges vollständiges Gefäss enthoben werden, die Metallfunde wieder sind im Vergleich zur Tonware eher spärlich zu nennen" (vgl. S. 18). Ein Zusammenhang des *Goldfundes von St. Louis*[1]) mit der Rauriker-Siedelung bei der Gasfabrik ist nicht nachweisbar.

Die Reste von *Waffen* und *Werkzeugen* aus Eisen, *Armringe* aus Glas oder Ton, *Tonscheibchen*, die durchlocht als Webegewichte, Spinnwirtel oder Halsschmuck, undurchlocht als Spielzeuge dienten, *Kratzer* und ein *Knochenkamm*, der vom Töpfer zum Ornamentieren der Topfflächen verwendet wurde, seien hier nur erwähnt, die 1915/16 dem Boden enthobenen

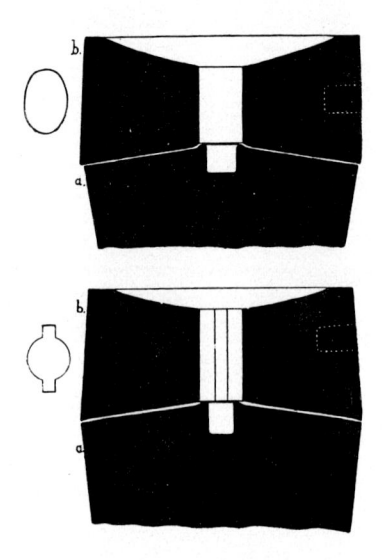

Abb. 16 und 17. Zwei Kornmühlen.
Aus der gallischen Siedelung bei der Gasfabrik in Basel.
Historisches Museum Basel. — $^1/_{10}$ nat. Grösse.
Nach Anzeiger für Schweiz. Altertumskunde,
N.F., Bd. XIX, 1917.

zwei Kornmühlen aber kurz beschrieben und abgebildet (Abb. 16 u. 17). Diese *Mahlsteine* aus hartem gelbgrauem Kalkstein (Inv. Nr. 1915, 222a und 1916, 451a) verkörpern den eigentlichen Typus der gallischen Mühlen, wobei die Dicke des Läufers auffällt. Sie sind fast gar nicht abgenutzt und ausgezeichnet

---

[1]) Der Goldschatz von St. Louis ist „non loin des bords du Rhin, entre Saint-Louis et Bâle, mais encore sur le territoire alsacien" gefunden worden. Er bestand aus einem goldenen Armband mit Spiralverschluss, mehreren Golddraht-Fingerringen, dem 18 cm langen Teil eines goldenen Halsringes („grand torque creux") zwei schweren, engen goldenen Reifen, sowie aus etwa 50 teilweise gekerbten goldenen Schüsselmünzen (meist Boiermünzen) und befindet sich zum grösseren Teil im Musée des Antiquités Nationales de Saint-Germain, zum anderen Teil zerstreut in Privatbesitz. Über Herkunft und Datierung des Fundes schreibt Robert Forrer (Les monnaies gauloises et celtiques, S. 65): „Je maintiens donc la date que j'ai donnée à ce trésor dans ma Kelt. Num. p. 338, 339, en le mettant en rapport avec l'incursion célèbre des Cimbres et Teutons dans la Gaule méridionale, entre 113 et 109 (Agen) av. J. C. C'est, à mon avis, de l'or boijen frappé quelque part dans la région danubienne de l'Allemagne de Sud. — Le voisinage immédiat du terrain de la trouvaille de celui de la station helvète-rauraque de Saint-Louis — Bâle permet de conclure qu'il s'agit d'un trésor déposé dans cette station qui existait par conséquent déjà lors de ces événements historiques. Par contre, ce trésor n'a rien à voir avec la fin de cette station qui, d'après M. Major, correspondrait avec l'émigration des Helvètes et Rauraques en l'année 57 avant J. C." Auch Felix Stähelin ist der Ansicht, dass selbst „wenn tatsächlich die Gasfabrik der Fundort wäre, doch alle Umstände dafür sprechen, dass es sich um einen Dépôtfund handelt, d. h. um einen vergrabenen Schatz... dessen Existenz offenbar in der letzten Zeit der Bewohnung unserer Station vergessen war." — Literatur: Robert Forrer, Keltische Numismatik der Rhein- und Donaulande, Strassburg 1907, S. 218, 1; 220 f.; 242; 338. — Felix Stähelin, Das älteste Basel, 2. Aufl., Basel 1922, S. 16, Anm. 2. — Robert Forrer, Les monnaies gauloises ou celtiques trouvées en Alsace, Mulhouse 1925, S. 54—65.

EISENZEIT 31

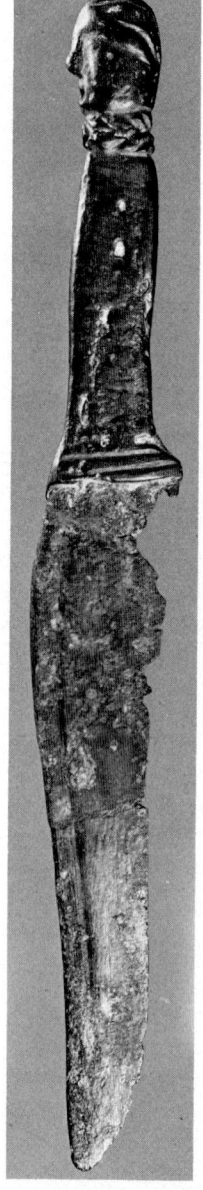

Abb. 18, 19, 20. Gallisches
Bronze-Messer
mit männlichem Kopf.

Aus der Siedelung bei der
Gasfabrik in Basel.
Historisches Museum Basel.

erhalten; die Formen ihrer Bodensteine als Unterteil eines gestürzten Kegels und die der Läufer als ansteigende Kegel sind durch die Stellung der mit dem Läufer durch einen seitlich eingetriebenen Holzzapfen verbundenen Drehstange bedingt und haben den Zweck, das senkrecht am Bodenstein herabrieselnde Mehl in einem sauberen, etwas abstehenden Ring zu sammeln. Im Achsenloch des Läufers war ein kräftiges Rundholz als Drehachse unbeweg-

3 — Kunstdenkmäler, III, Basel-St. I.

lich eingerammt, das mit einem Zapfen im Achsenloch des Bodensteins lagerte[1]). Da das Mittelloch des Läufers zugleich als Einlaufloch für das in die Läufermulde aufzuschüttende Korn dienen musste, ist es dazu entweder durch zwei kantige Rinnen oder eirund erweitert worden. Zwischen den Mahlflächen der Steine, die nirgends gerippt sind, war ein kleiner Zwischenraum, so dass die ganze Last des Läufers auf dem zapfenförmigen Achsenende ruhte[2]).

Ein *Bronzemesser* mit menschlichem Kopf am Griffende ist das Hauptstück unter den Bronzefunden (Helmkamm, Fibeln, Armring, Gürtelschnalle, Beschlagreste) (Abb. 18—20, S. 31)[3]). Es ist 18,3 cm lang, in einem Stück gegossen; seine elegant geschweifte Klinge (ca. 10,5 cm lang) wird auf der einen Flachseite durch eine dem Rücken parallel laufende Rinne gegliedert, der langsam vierkantig werdende Griff (etwas über 7,5 cm lang) ist unten beidseitig durch einfache Linearornamente gegen die Klinge abgeschlossen, oben durch einen bartlosen menschlichen Kopf von ausgesprochen gallischem Typus mit breitem Halsring (torques) und der bei Diodor beschriebenen, den Galliern eigentümlichen Haartracht. (Historisches Museum Basel, Inv. No. 1912, 98). Robert Forrer und E. Major möchten die Entstehung dieses Messers in eine frühere Periode der La Tènezeit (5. Jahrhundert v. Chr.) verlegen, „was nichts gegen die Datierung der ganzen Ansiedelung in die Mitte des 1. Jahrhunderts v. Chr. beweisen würde, da sich solche Waffenstücke ja auch während Jahrhunderten erhalten und vererben konnten".[4])

Die keramischen Funde können in drei Gruppen geteilt werden:

1. Die *Amphoren* mit rübenförmigem Bauch, der unten langsam in einen knaufartigen Fuss übergeht und oben über kräftig ausgebildeter Schulter zwischen zwei dicken, im Querschnitt eirunden Henkeln in einen langgestreckten, walzenförmigen, am oberen Ende verschiedenartig gerandeten Hals ausläuft. Diese Amphoren sind, wie neuerdings nachgewiesen wurde[5]), entgegen früheren Annahmen römischer Herkunft und deuten auf weitverzweigte Handelsbeziehungen. Vielleicht war diese Raurikersiedelung bei Basel ein Handelsemporium, in dem mit den, von den Galliern nach Poseidonios[6]) leidenschaftlich geliebten, südländischen Weinen gehandelt wurde[7]).

2. Die wahrscheinlich in der Ansiedelung selbst hergestellte, ziemlich roh geformte, rauhwandige „*Grobe Tonware*", und die schimmernde „*Geglättete*

---

[1]) Über die Drehtechnik vgl. A. Maurizio, Verarbeitung des Getreides zu Fladen seit den urgeschichtlichen Zeiten, Anz. f. schweiz. Altertumsk. N. F., Bd. XVIII, 1916, S. 1 ff. (S. 13 „Dreh- und Handmühlsteine", insbesondere S. 18, Abb. 27 und 28). — Karl Stehlin, zu den prähistorischen Handmühlen, Anz. f. schweiz. Altertumsk., N. F., Bd. XIX, 1917, S. 120.
[2]) E. Major, Anz. f. schweiz. Altertumsk. N. F., Bd. XIX, 1917, S. 164 ff. und Abb. 5, 6, 7.
[3]) E. Major, Gallisches Bronzemesser aus Basel, Jahresbericht des Historischen Museums zu Basel 1911 und Anz. f. schweiz. Altertumsk., N. F., Bd. XVI, 1914, S. 4 f. und Tafel 1a.
[4]) Felix Stähelin, Das älteste Basel, 2. Aufl., Basel 1922, S. 17.
[5]) Felix Stähelin, Die Schweiz in römischer Zeit, 2. Aufl., Basel 1931, S. 42/43. — O. Bohn, Germania 7, 8 ff., 9, 79.
[6]) Poseid. frg. 116, Jacoby bei Diodor 5, 26, 3.
[7]) Felix Stähelin, a. a. O., S. 43.

Abb. 21. Gallische Schale, Typus III.
1/5 natürlicher Grösse.

Aus der Siedelung bei der Gasfabrik in Basel.
Historisches Museum Basel.

Aus der Siedelung bei der Gasfabrik in Basel.

Historisches Museum Basel.

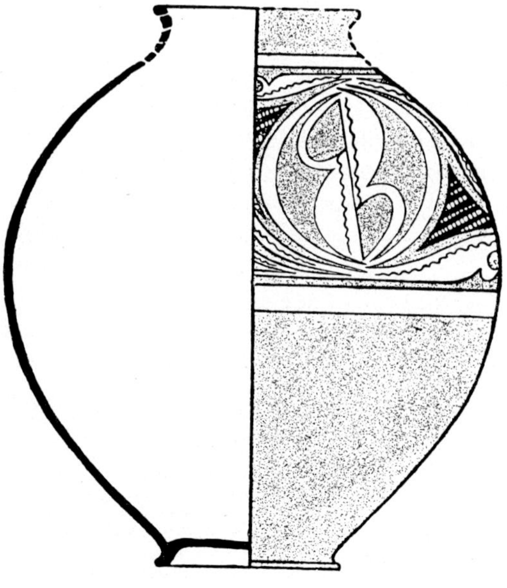

Unten: Abb. 22.
Gallischer Krug Typus I.
Lilabraun auf weiss.
1/5 natürlicher Grösse.

Oben: Abb. 23.
Abgerollter ergänzter Zierstreifen des Kruges, Typus I.
1/3 natürlicher Grösse.

Nach Anzeiger für Schweizerische Altertumskunde N. F. Bd. XXI, 1919.

Ware": Töpfe, Kochhäfen, Krüge, Flaschen, Tonnen, Humpen, Näpfe, Schalen und Teller, z. T. mit einfachsten Linien-, Grübchen- oder Zackenornamenten.

3. Eine Gruppe *bemalter Keramik*, die in der Vielseitigkeit der Schmuckformen, in Farbenfreude und bisweilen in künstlerischem Empfinden die sonst in der Schweiz gefundene bemalte gallische Ware übertrifft[1]). „Da sind ungetönte (braune) Gefässe mit fliederfarbenen Gurtbändern. Dann die unverzierten, dunkelrot bemalten Gefässe, deren Scherben, aus der Erde gezogen, wie Terra sigillata aussehen, und rotgrundige Gefässe, die bald mit schwarzen Querstreifen dicht überzogen, bald von weissen Gurtbändern umfangen, bald mit reichen schwarzen Ornamentmustern bedeckt sind. Endlich die weissgrundigen Gefässe, die teils mit rohen, bräunlichen oder fliederfarbenen Gurtbändern geschmückt, teils mit schwarzem Netzwerk belegt, teils von phantastischen lilabraunen Ornamenten übersponnen sind." (E. Major.) Zwei dieser Gefässe sind hier abgebildet:

Eine Schale (Inv. Nr. 1915, 363) aus hellem, rötlichbraunem Ton (H. = 9,8 cm, obere Randweite 25 cm) mit schwarzen Ziermustern (Rauten, Kreise und Kreissegmente zwischen Linien und Netzwerk aus schräg gekreuzten Linien und Wellenlinien) auf dunkelrotem Grund[2]) (Abb. 21, S. 33). „Die noch in grossen Teilen erhaltene Schale, deren Ton eine helle, rötlichbraune Färbung zeigt, darf wegen der vollendeten Ausformung ihrer dünnen Wandungen, wegen der Formenschönheit ihres Aufbaus und der wirkungsvollen Eigenart ihrer farbigen Ornamentik als ein ganz hervorragendes Beispiel spätgallischer Kunsttöpferei angesprochen werden." (E. Major.)

Ein *weissgrundiger, kugelförmiger Krug* mit Schlingwerkmustern, aus verschiedenen Fundstücken zusammengesetzt (Inv. Nr. 915, 362, Abb. 22, 23, S. 33). Der Krug war wahrscheinlich zirka 37 cm hoch, seine grösste Bauchweite beträgt 33 cm[3]). „Die untere Hälfte des Kruges ist ungetont und bietet sich in der dunkelbraunen Naturfarbe des Tones dar. Diese schmucklose Einfarbigkeit dient der reichen Musterung der oberen Gefässhälfte als Folie. Hier ist die Wand schimmernd weiss bemalt und mit einem lilabraunen, gemusterten, 14,5 cm breiten Bande überkleidet, das bis an den Halsansatz läuft. Ein Schlingwerk gebogener und geschweifter, langausgezogener Gebilde, wie es in dieser Art nur der keltischen Kunst eigentümlich ist, zeugend von übersprudelnder Gestaltungskraft und einer geradezu staunenswerten malerischen Kunstfertigkeit." (E. Major.)

Dieses ausserordentlich fein bemalte Geschirr stammt nicht aus unserer Gegend, ist aber wichtig „als ein Glied innerhalb der Entwicklungsgeschichte der dekorativen Kunst der Gallier."[4]) Parallelen fanden sich in Genf und

---

[1]) E. Major, Anz. f. schweiz. Altertumsk., N. F., Bd. XXI, 1919, S. 1–8, 65–78; Taf. I–III.
[2]) E. Major, Anz. f. schweiz. Altertumsk., N. F., Bd. XXI, 1919, S. 7 ff.; Abbildungen z. T. farbig; Abb. 1, Fig. 19–22; Taf. II, Fig. 1–2; Abb. 3, Fig. 4.
[3]) E. Major, Anz. f. schweiz. Altertumsk., N. F., Bd. XXI, 1919, S. 68 ff.; Abbildungen z. T. farbig; Abb. 1, 36; Taf. I, Fig. 1–7; Abb. 3, 5; Abb. 4, 2; Taf. III, Fig. 1–4.
[4]) Felix Stähelin, Die Schweiz in römischer Zeit, 2. Aufl., Basel 1931, S. 43.

Bern, sowie in den weit abgelegenen Gallierstädten Bibracte (Mont Beuvray westlich von Autun) und in dem oppidum der Boier auf dem Hradischt bei Stradonitz südwestlich von Prag, was wiederum auf die regen Handelsbeziehungen hinzuweisen scheint, die damals aus dem Haeduerlande durch die burgundische Pforte über Basel rheinaufwärts und über die Donau bis nach Böhmen gepflegt wurden.

Literatur. K. STEHLIN, Anzeiger für schweizer. Altertumskunde N. F., Bd. XV, 1913, S. 1 ff. — H. G. STEHLIN, P. REVILLOD und E. MAJOR, Anzeiger für schweizer. Altertumskunde, N. F., Bd. XVI, 1914, S. 1 ff. — E. MAJOR, Die prähistorische (gallische) Ansiedlung bei der Gasfabrik in Basel, Anzeiger für schweizer. Altertumskunde N. F., Bd. XIX, 1917, S. 161 ff., S. 230 ff.; Bd. XX, 1918, S. 11 ff., S. 70 ff.; Bd. XXI, 1919, S. 1 ff., S. 65 ff.; Bd. XXIII, 1921, S. 172 ff. — E. MAJOR, Basler Zeitschrift für Geschichte und Altertumskunde, Bd. 17, S. VI f.; Bd. XVIII, S. VIII. — K. SCHUMACHER, Prähistorische Zeitschrift VI, 1914, S. 240 f.; Sied. I, 141 f., 239. — FELIX STÄHELIN, Basler Zeitschrift für Geschichte und Altertumskunde 1920, 140 f. — FELIX STÄHELIN, Das älteste Basel, 2. Aufl. Basel 1922, S. 15 ff. — G. BURCKHARDT, Basler Heimatkunde, Bd. II, 1927, S. 1 ff. — FELIX STÄHELIN, Die Schweiz in römischer Zeit, 2. Aufl., Basel 1931, S. 41 ff. — EMIL VOGT, Vom ältesten Basel, Vortrag gehalten in der Historischen Gesellschaft Basel, 16. II, 1931. Referate Basler Nachrichten 1931, Nr. 47; National-Zeitung 1931, Nr. 80; Neue Zürcher Zeitung 1931, Nr. 332. — EMIL VOGT, Bemalte gallische Keramik aus Windisch (Kt. Aargau). Anzeiger für Schweiz. Altertumskunde N. F., Bd. XXXIII, 1931, Heft 1/2. Gasfabrik S. 51—55.

Der vorrömische Halsgraben des Münsterhügels sicherte das sonst nach allen Seiten steil abfallende Plateau und das darauf angelegte Oppidum der Rauriker südöstlich an der Stelle, wo infolge eines ungefähr der heutigen Bäumleingasse entsprechenden Muldeneinschnitts nur noch eine schmale horizontale Verbindung mit dem grossen Alluvialplateau vorhanden war. Er zog nach Beobachtungen in den fünfziger Jahren des vergangenen Jahrhunderts und nach genauen Untersuchungen im September 1901 und im Jahre 1902 vermutlich von Norden vom Rhein kommend und in einem Viertelkreis umbiegend innerhalb des Fürstengässlein nach Südwesten, überquerte in einem Winkel von 85° die Rittergasse und setzte sich jenseits derselben hinter den Häusern der Bäumleingasse vermutlich in derselben Richtung fort, um schliesslich westwärts in die natürliche Mulde überzugehen. Der Graben war etwa 5 m tief und zwischen den oberen Rändern seiner beidseitigen Böschungen 19,8 m breit; der Neigungswinkel der äusseren Grabenwand betrug 28°, jener der inneren 40°.

Bei den Grabungen, die 1901 anlässlich des Neubaus des Alioth-Vischerschen Hauses auf der Ostseite der Rittergasse vorgenommen wurden, zeigte sich, dass der Graben hier zwischen senkrechten, 9,5 m von einander entfernten Mauern verlief, deren innere auf der hintersten Seite (nach der Turnhalle zu) künstlich hinterfüllt war. Da in dieser Hinterfüllung Bauteile (Platten, Quader, Sockel- und Gesimsstücke) zweifellos römischer Herkunft und in der unteren Schicht der späteren Grabenauffüllung über der annähernd horizontalen Grabensohle römische Scherben gefunden wurden, schliesst Felix Stähelin daraus, dass die senkrechten Grabenmauern jünger sind und dass der einst auch an dieser Stelle breitere Graben aus vorrömischer Zeit stammt.

Die Abmessungen des Basler Keltengrabens stimmen im wesentlichen mit denen eines 1910 in Vindonissa entdeckten Halsgrabens überein, der wie Scherbenfunde bezeugen, bald nach 15 n. Chr., nach der ersten Zeit der römischen Besiedelung, aufgefüllt und überbaut worden sein muss und vorher vermutlich das helvetische Oppidum an der schmalsten Stelle der einzigen, von der Natur nicht gesicherten Plateau-Seite schützte.

Literatur: STAATSARCHIV BASEL, Protokoll der Delegation für das alte Basel, 1899, S. 27; 1900, S. 15; 1902, S. 5. Grössere Blätter „Delegation für das alte Basel", Nrn. 12 und 13. — FELIX STÄHELIN, Das älteste Basel, 2. Aufl., Basel 1922, S. 5—12; Abb. 1 und 2 und Übersichtsplan. — FELIX STÄHELIN, Die Schweiz in römischer Zeit, 2. Aufl., Basel 1931, S. 38 und Abb. 64.

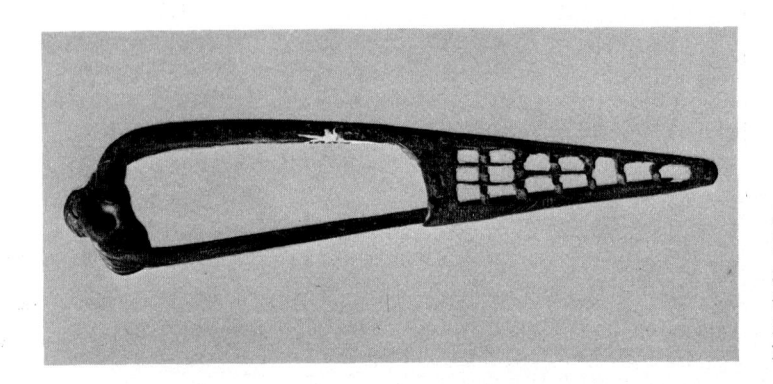

Abb. 24.
Fibel aus Bronze.
Spät-La Tène-Typus, gefunden Augustinergasse in Basel. — Historisches Museum Basel.

Die spätgallischen Funde auf dem Münsterhügel[1]) **und an der Bäumleingasse,** wo 1928 mindestens sechs „Wohngruben" mit Lehmresten und Spuren von Rutengeflechten gefunden wurden[2]), sind alle im Historischen Museum Basel aufbewahrt, aber in künstlerischer Beziehung ohne besonderes Interesse. Immerhin ist eine Bronze-Fibel vom Spät-La Tène-Typus, die an der Augustinergasse vor 1907 gefunden wurde (Inv. Nr. 1907, 619), hier abgebildet (Abb. 24). Die Fibel ist 11,8 cm lang, auf dem Rücken mit einfachem Linienornament verziert und am Fuss mit rechteckigem Netzwerk durchbrochen.

Literatur: Staatsarchiv Basel, Protokoll der Delegation für das alte Basel 1902, Juli—September, S. 4. — E. A. STÜCKELBERG, Basler Nachrichten 1907, Nr. 200; vgl. Anzeiger für Schweizer Geschichte 1918, S. 233; 1919, S. 83 f.; S. 145 f. — FELIX STÄHELIN, Das älteste Basel, 2. Aufl., Basel 1922, S. 13—15.

---

[1]) Spätgallische Reste auf dem Münsterhügel wurden in den Jahren 1895, 1902, 1907, 1913/1914, 1917 und 1921 aufgedeckt, vgl. Felix Stähelin, Das älteste Basel, 2. Aufl., Basel 1922, S. 13—15. — Emil Vogt nimmt an, dass der Münsterhügel nicht vor 20 v. Chr. besiedelt gewesen sei. Anzeiger für schweizer. Altertumskunde, N. F., Bd. XXXIII, 1931, S. 54.

[2]) Felix Stähelin, Die Schweiz in römischer Zeit, 2. Auf., Basel 1931, S. 112, Anm. 4.

Die spätgallischen Funde an der Klybeckstrasse in Klein-Basel, wenige Scherben, die 1917 gehoben wurden, befinden sich im Historischen Museum Basel (Inv. Nr. 1918, 52—105 und 111) und sind noch nicht publiziert. Sie kommen für ein Verzeichnis der Kunstdenkmäler nicht in Betracht.

Literatur: EMIL VOGT, Bemalte gallische Keramik aus Windisch (Kt. Aargau); Anzeiger für Schweizer. Altertumskunde, N. F., Bd. XXXIII, 1931, S. 55.

Funde und Denkmäler aus gallo-römischer und römischer Zeit.

Die spätrömische Castrumsmauer des Münsterhügels, deren Zug am südöstlichen Ende des Hügels in einer Länge von 160 m fragmentarisch ergraben und auch am Südwestabhang in Resten festgestellt werden konnte[1]), ist der baulich greifbarste Fund aus römischer Zeit auf Basler Boden. Der südöstliche Teil der Mauer, der auch die östliche Grenze des bischöflichen Atriums, der „Burg", auf dem Areal des heutigen Münsterplatzes, bildete, verlief vom Rheinufer gegen Süden am Rande der natürlichen Abdachung nach der Bäumleingasse und war an einer Stelle noch in einer Höhe von 1,80 m erhalten. Grosse Quader aus rotem Sandstein, Muttenzer Rogenstein oder weissem, kreideartigem Kalkstein, häufig mit Profil-, Inschriften- oder Skulpturresten versehen, lagen unmittelbar auf dem gewachsenen Boden meist zu zweit in der Längsrichtung nebeneinander und bildeten, bisweilen durch quergelegte Binder unterbrochen, aber untereinander unverbunden, die 2 m breite Fundamentplatte der eigentlichen, nur 1,20 m starken Mauer[2]). Auch Steine mit sogenannten Schwalbenschwänzen und zahlreiche kleinere Tuffsteine, wie sie die Römer zu Gewölbebauten verwendeten, fanden sich in dem alten Mauerkern, der, wie die Fundamente des Kaiseraugster Kastells aus Resten der alten Stadt Augusta Raurica, offenbar aus den Trümmern z. T. sehr grosser Bauwerke einer älteren römischen Siedelung und von Grabmälern jener Zeit, die wohl an der nach Osten führenden Strasse standen, erbaut worden ist. Münzfunde aus der Spätzeit, die hinter dem Domhof gemacht wurden, bestätigen die Annahme, dass dieser Mauerzug dem 4. Jahrhundert zuzuschreiben ist.

„Die etwas schwächere Südwestmauer des Kastells, sie war im Fundament 1,35 m, im aufgehenden Mauerwerk 1,20 m stark, muss am Rande des nach der heutigen Freienstrasse schroff abfallenden Abhangs hingezogen sein[3]). Von ihr wurden im August 1921 Mauerreste unter der Westfront des unteren

---

[1]) Im vorigen Jahrhundert sind Spuren einer spätrömischen Stadtmauer zutage getreten: 1837 bei der Tieferlegung des Strassenniveaus „hinter dem Münster" (Rittergasse); 1860/61 beim Abbruch des Diesbacherhofes und nochmaliger Tieferlegung der Strasse; 1885 beim Bau der Unteren Realschule; 1887 beim Abbruch der St. Ulrichskirche; 1895 beim Bau des Gerichtsgebäudes hinter dem Domhof.

[2]) Archiv der Historischen und antiquarischen Gesellschaft, Architectura Basilensis 287, Fundamente und Ausgrabungen Nr. 5; die Dicke der Basis beträgt 2 m an dem westlichen Mauerstück zwischen den Gärten des Domhofs und des Hauses zum Kamel, s. Architectura Basilensis 285, Fundamente und Ausgrabungen Nr. 3, Punkte C, D—H, E—G.

[3]) Ein von Th. Burckhardt-Biedermann a. a. O. S. 486 erwähntes, 1894 zutage getretenes Mauerstück, das vom Hof der „Mücke" (Schlüsselberg 14) über den Schlüsselberg quer gegen die Haustüre des Hauses Schlüsselberg 13 zulief, darf nicht für die Westmauer in Anspruch genommen werden, da es weit innerhalb des jetzt bekannten Tracés derselben liegt". Felix Stähelin, Das älteste Basel, S. 40, Anm. 1.

Gymnasiums und nach Norden anschliessend unter dem Andlauerhof und dem Reinacherhof (Münsterplatz 17 und 18) gefunden."

Die nordöstliche Längsmauer ist nicht weit vom Rheinufer zu suchen; „es ist wahrscheinlich die in alten Urkunden als alte Stadtmauer bezeichnete Mauer, welche an der Südgrenze des kleinen Münsterkreuzgangs hinführte und vielleicht ihre Fortsetzung unter dem heutigen Hause der Lesegesellschaft hatte[1]. Der nordwestliche Abschluss wird oberhalb des Rheinsprungs etwa beim Brunnen der Augustinergasse zu suchen sein."[2]. Wahrscheinlich umschloss die Mauer aber auch die Stelle der heutigen Martinskirche; ihre mutmassliche Seitenlänge betrug dann gegen 490 m, ihr ganzer Umfang etwa 1130 m und der von ihr umschlossene Flächeninhalt rund 54000 m^2 (vgl. den Übersichtsplan, Abb. 9, S. 25).

Literatur: KARL STEHLIN, Architectura Basiliensis, 285—289, Fundamente und Ausgrabungen, Nrn. 3—7, im Archiv der Hist. und Ant. Gesellschaft, Staatsarchiv Basel. — TH. BURCKHARDT-BIEDERMANN, Älteste römische Niederlassung in Basel. Anzeiger für schweizerische Altertumskunde, Bd. VII, 1892—1895, S. 482 ff. — FELIX STÄHELIN, Das älteste Basel, 2. Aufl., Basel 1922, S. 37 ff., Abb. 2 und Übersichtsplan. — FELIX STÄHELIN, Die Schweiz in römischer Zeit, 2. Aufl., Basel 1931, S. 278 f. und Abb. 64.

Römische Baureste auf dem Münsterhügel. Als Dr. Karl Stehlin 1913 anlässlich der Fassadenrenovation des Münsters vor der Hauptfassade nachgraben liess, kamen, abgesehen von den Resten gallischer Gruben (vgl. S. 36, Anm. 1) auch römische Mauerzüge zum Vorschein, die sicher älter sind als die ältesten Teile des Münsters und mit dessen Fundamenten der Lage nach korrespondieren[3]. „Es ist vielleicht nicht allzu gewagt", schreibt Felix Stähelin, „an dieser Stelle den bedeutendsten, vielleicht den einzigen *Tempel der römischen Niederlassung* zu vermuten und ihm diese Mauerreste zuzuschreiben." Ein römisches *Säulenstück* mit dem Rest eines Astragals (Historisches Museum Basel, Inv. Nr. 1902 181), das 1902 bei der Kanalisation vor dem Antistium gefunden wurde[4], dürfte von demselben Heiligtum stammen. Auch im Rollerhof ist 1914 beim Museums-Neubau eine römische *Säulentrommel* gefunden worden[5].

Auf die beim Bau der spätrömischen Stadtmauer verwendeten zahlreichen *Architekturteile* wurde oben (S. 37) verwiesen. Die an die nordöstliche Stadtmauer innen rechtwinklig anschliessenden *Quermauern*[6]) sind wohl Reste

---

[1]) K. Stehlin, Basler Urkundenbuch II, 519; Baugeschichte des Basler Münsters, Basel 1895, S. 5, Not. 4, S. 247.
[2]) Th. Burckhardt-Biedermann, a. a. O., S. 486.
[3]) Karl Stehlin, Vortrag in der Historischen und Antiquarischen Gesellschaft zu Basel am 1. Dez. 1913; Referat: Basler Nachrichten 1913, Nr. 563, Beilage II.
[4]) Staatsarchiv Basel, Protokoll der Delegation für das alte Basel 1902, S. 8.
[5]) Staatsarchiv Basel, Delegation für das alte Basel, grössere Blätter Nr. 54.
[6]) Staatsarchiv Basel, Archiv der Historischen und Antiquarischen Gesellschaft, Architectura Basilensis 288, Fundamente und Ausgrabungen Nr. 6, Punkt C, F, G; Architectura Basilensis 285, Fundamente und Ausgrabungen Nr. 3, Punkt F. — Vgl. Th. Burckhardt-Biedermann, Anzeiger für schweizer. Altertumskunde 1895, S. 485.

von Kasernenbauten. Ob der „antike Boden" mit mehreren darin liegenden, sehr grossen Pfeilerkapitälen, Architrav- und Gesimsstücken (Historisches Museum Basel, Inv. Nr. 1905 2340, 2342, 2348 und 2355), der 1883 hinter dem Mentelinhof beim Bau des Obern Gymnasiums zutage trat[1]), ein Gebäuderest war oder ein Teil des Fundaments der südwestlichen Kastellmauer (gegen den Birsig), ist nicht mehr feststellbar.

Schliesslich wurde 1917 auch ausserhalb der Kastellmauern auf dem Areal des Olsbergerhofes (Rittergasse 27) **Mauerwerk eines römischen Hauses** gefunden.

Literatur: FELIX STÄHELIN, Das älteste Basel, 2. Aufl., Basel 1922, S. 30, 31, 39.

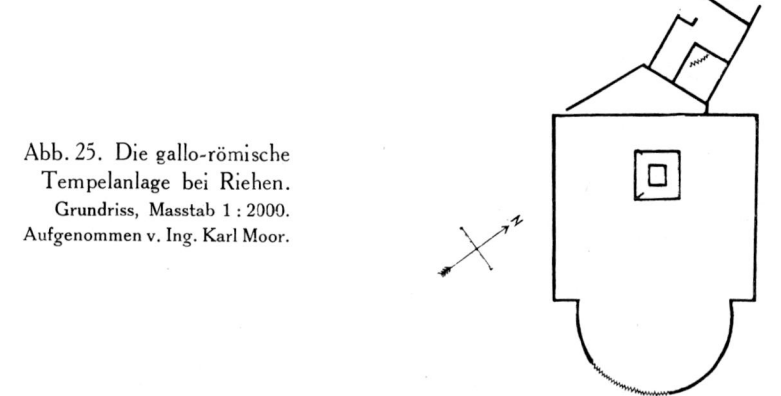

Abb. 25. Die gallo-römische Tempelanlage bei Riehen.
Grundriss, Masstab 1 : 2000.
Aufgenommen v. Ing. Karl Moor.

Die Fundamente eines Tempels am Pfaffenlohweg südlich von Riehen[2]) sind 1921 aufgedeckt und aufgenommen worden. Das fast quadratische Tempelhaus misst etwa 4,00 × 4,50 m, sein Umgang etwa 10,00 × 10,50 m; es liegt nordöstlich aus der Mitte gerückt in der oberen Hälfte eines weiten Hofraums, von 38,00 × 43,00 m Seitenlänge, dessen Umfassungsmauern 0,50 bis 0,60 m stark sind und an der südöstlichen Seite eine etwas eingezogene, schwach hufeisenförmige Ausbuchtung umschliessen. An die nordwestliche Mauer des Hofraums sind die Mauerzüge eines zu Tempel und Hof schräg gestellten mehrräumigen Wohn- oder Nutzbaues angeschlossen. Gefunden wurden drei Bronzemünzen (Domitian, Hadrian, Marc Aurel vom Jahre 171), ein Bronzeschlüssel und Scherben, teils von rohem Geschirr, teils von Sigillataware.

Die Anlage wurde bisher als „Garten mit Pavillon zu der nordwestlich anstossenden Villa gehörend" gedeutet, ist aber nach Felix Stähelin zweifellos

---

[1]) Th. Burckhard-Biedermann, Anzeiger für schweizer. Altertumskunde 1895.
[2]) Über Riehen führte die rechtsrheinische römische Strasse, die wohl in den Jahren 73/74 gebaut wurde und von Waldshut über Grenzach und um das Grenzacher Horn herum und dann in scharfer Wendung nordwärts das Basler Rheinknie abschneidend über Weil, Haltingen und Eimeldingen zog. Vgl. Vortrag von Karl Stehlin in der Historisch-Antiquarischen Gesellschaft zu Basel am 24. Januar 1921; Referat in Basler Nachrichten 1921, Nr. 38. — Felix Stähelin, Die Schweiz in römischer Zeit, II. Aufl. Basel 1931, S. 209/10.

der Überrest eines gallo-römischen Tempels, während die „Villa" eine Priester- und Küsterwohnung, eine Pilgerherberge oder ein Geschäfts- und Wohnhaus für Händler gewesen sein dürfte. Der südliche halbrunde Mauerzug, in dem Professor Fr. Drexel ein primitives Theater vermutet, könnte nach Felix Stähelin auch nur eine Erweiterung der Hofmauer sein.

Literatur: KARL STEHLIN im 13. Jahresbericht der Schweizerischen Gesellschaft für Urgeschichte 1921, S. 85. — L. E. ISELIN, Geschichte des Dorfes Riehen, Basel 1923, S. 16, Anm. 8. — FELIX STÄHELIN, Die Schweiz in römischer Zeit, II. Aufl., Basel 1931, S. 535—537 (Abb. 166).

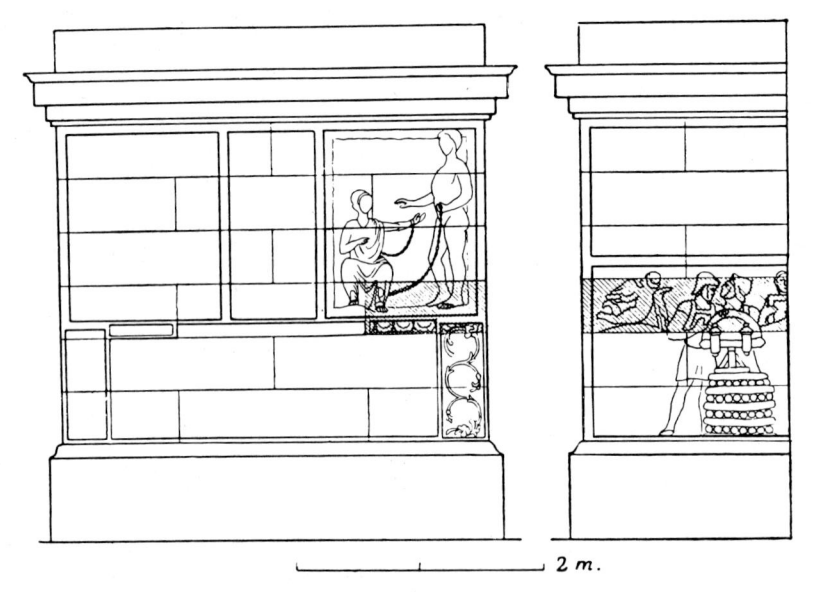

Abb. 26. Das Römerdenkmal von Basel.
Mutmassliche Gestalt des Monuments in Vorder- und Seitenansicht nach Angaben und mit freien Ergänzungen von Karl Stehlin.

Das sogenannte Basler Kriegerrelief im Historischen Museum Basel (Inv. Nr. 1895, 97) ist in figürlicher Hinsicht das wertvollste Fundstück aus der gallo-römischen Periode Basels. Es wurde 1895 im Domhofgarten im Zug der spätrömischen Kastellmauer entdeckt, ist aus weissem Kalkstein und an der einen Vorderseite sowie an der linken Schmalseite mit figürlichen Darstellungen in Hochrelief und Ornamenten in flacherem Relief versehen. Der Hintergrund der Hauptdarstellung zeigte bei der Auffindung noch Spuren blauer Farbe (Höhe 43 cm, Vorderseite 168 cm lang, Schmalseite 93,5 cm breit).

Auf der linken, jetzt schmäleren Seite zeigt der Stein in nischenartiger Vertiefung zwei nackte Füsse eines Mannes, daneben den Unterschenkel einer sitzenden, der Bekleidung nach weiblichen Figur und zwischen beiden die Reste einer Kette mit 8-förmigen Gliedern. Auf der anderen Seite des Steines schwebt links aussen ein geflügelter Genius, der angstvoll zurückblickt. Ganz rechts ist das reich umlockte Haupt einer stehenden Figur zu erkennen, die eine Tafel mit den Resten eines Gorgonenhaupts vor sich trägt, und in der Mitte die Oberkörper zweier römischer Krieger, die wie erschrocken über eine von oben her drohende Gefahr einen Schild mit der Innenseite über ein Torsionsgeschütz zu halten sich mühen (Tafel 2). Felix Stähelin erklärt die linke Schmalseite des Steins als Reste einer mythologischen Darstellung, und zwar der Befreiung der Hesione durch Herakles, „die auch sonst mit leicht verständlicher Symbolik als zarter Ausdruck der Unsterblichkeitssehnsucht auf Grabdenkmälern abgebildet wurde". Das Relief auf der anderen Seite des Steines ergibt mit Sicherheit, dass es sich um ein Grabdenkmal handelt, und zwar nach der geistvollen Deutung Felix Stähelins um das eines Kriegsingenieurs.

Karl Stehlin hat auf Grund dieser Erklärungen und mit Hülfe der Masse des Quaders und der auf ihm vorhandenen menschlichen Körperteile eine überzeugend wirkende Rekonstruktion des Denkmals versucht (Abb. 26, S. 40). Darnach muss sich die Befreiungsszene als mythologische Darstellung auf der Vorderseite des zwischen Sockel und Abschlussgesims aus sechs Schichten von je 43 cm Höhe aufgebauten Denkmals befunden haben, während die Kriegergruppe einen Teil der rechten Seitenfront bildete, die am rechten Ende an eine Mauer anstiess. Der Heroenszene entsprach, nach dem Vorschlag Karl Stehlins, ein Gegenstück auf der linken oberen Hälfte der Vorderseite des Monuments. In dem Mittelstück zwischen den beiden Reliefs war vielleicht eine Porträtbüste des Verstorbenen aufgestellt und zwischen dem teilweise vorhandenen senkrechten Rankenornament sowie dem Blattfries unter den Figuren und ihren wahrscheinlichen Wiederholungen auf der gegenüberliegenden Seite über die ganze untere Breite des Denkmals eine Inschrifttafel eingelassen, die auf den ungeschmückten Teil unter dem oberen Mittelstück die Buchstaben D M trug, die bei Grabschriften übliche Anfangszeile. Die Felder über den Reliefs der Schmalseiten waren wohl mit Trophäen oder Inschriften gefüllt. Die Skulpturen gehören in das zweite Jahrhundert n. Chr., in die Zeit Trajans oder Marc Aurels, und zeigen in der Tracht der Krieger am meisten Verwandtschaft mit Reliefs der Trajans- oder Antoninssäule.

Literatur. TH. BURCKHARDT-BIEDERMANN, Älteste römische Niederlassung in Basel. Anzeiger für schweizer. Altertumskunde, Bd. VII, 1892—1895, S. 435—487, Taf. 39/40, Fig. 2a, 2b. — FELIX STÄHELIN und KARL STEHLIN, Das Römerdenkmal in Basel. Mit 3 Abbildungen. Basler Zeitschrift für Geschichte und Altertumskunde, Bd. XXVII, 1925, S. 155—165. Daselbst ist auch die ältere Literatur mit Hinweisen auf ihre Abbildungen verzeichnet. — FELIX STÄHELIN, Die Schweiz in römischer Zeit, 2. Aufl., Basel 1931, Abb. 108 und 109.

Bruchstück eines Denkmals mit einer bärtigen, bekleideten, männlichen Figur, in Hochrelief auf der Vorderseite, und einer kleineren weiblichen Figur, nackt von der Hüfte aufwärts, ebenfalls in Hochrelief auf der linken Schmalseite, beide in Nischen. Gefunden 1861 hinter dem Münster, jetzt im

Historischen Museum Basel (Inv. Nr. 1904, 111). Material: Weisser Rogenstein. Höhe 57 cm; Vorderseite Breite 116 cm (davon glatte Fläche 34 cm); Schmalseite Breite 52 cm.

Literatur. WILHELM VISCHER, Römische Altertümer in Basel. Anzeiger für schweizer. Geschichte und Altertumskunde, 1861, S. 28. Abgedr. in VISCHERS kleinern Schriften II, S. 407. Mit 3 Abbildungen. — TH. BURCKHARDT-BIEDERMANN, Älteste römische Niederlassung in Basel. Anzeiger für schweizerische Altertumskunde, Bd. VII, 1892—1895, S. 488; Tafel 39/40, Fig. 3a und 3b.

Grabsteine und Inschriften. *Grabstein* mit Inschrift, gefunden 1895 hinter dem Domhof, jetzt im Historischen Museum Basel (Inv. Nr. 1895, 98). Rötlicher Sandstein, reichlich versetzt mit Quarzstückchen, 147,5 cm hoch, 57,5 cm breit (Abb. 28, S. 43). Im oberen Teil des Steines eine vertiefte Fläche (47,5 cm auf 38 cm) mit der Inschrift:

> D (is) M (anibus)
> R H E N I C I O
> R E G A L I (/)
> R H E N I C V S
> P A T E R V I (/)
> V S P O S V I T

wobei D M oberhalb des übrigen Textes auf dem höheren Rand steht. Die Buchstaben, 5,5 bis 6,5 cm hoch, haben kurze, schräg aufwärts gerichtete Querstriche und waren beim Fund noch rot gefärbt. Die Schrift scheint dem 3. Jahrhundert anzugehören.

Literatur. TH. BURCKHARDT-BIEDERMANN, Älteste römische Niederlassung in Basel. Anzeiger für schweizerische Altertumskunde, Bd. VII, 1892—1895, S. 486 f. — FELIX STÄHELIN, Das älteste Basel, 2. Aufl., Basel 1922, S. 27 f. und Anm. 5. — FELIX STÄHELIN, Die Schweiz in römischer Zeit, 2. Aufl., Basel 1931, S. 464, Anm. 13. — Corpus inscriptionum Latinarum XIII, 11548 (R = RIESE, Das rheinische Germanien in den antiken Inschriften, 3887).

Abb. 27. Relief von einem römischen Grabstein.
Historisches Museum Basel.
Nach der Zeichnung von E. A. Stückelberg.

Grabstein mit drei hochrechteckigen Schriftfeldern. Gefunden 1837 hinter dem Münster, unmittelbar vor dem Eingang der ehemaligen Ulrichskapelle in den Fundamenten der spätrömischen Kastellmauer. Jetzt im Historischen Museum Basel (Inv. Nr. 1904, 137). Material: Weisser Kalkstein. Höhe 76 cm, Breite 150 cm, Dicke ca. 30 cm. Über dem ersten Schriftfeld zwei Tauben, beidseitig einer Traube über einer Henkelvase (Abb. 27),

Abb. 28.
Römischer Grabstein.
Historisches Museum Basel.

über den beiden anderen je ein Giebel mit Rosette, zwischen diesen eine Mondsichel. Die erste und zweite Tafel sind leer (bzw. sind ihre Inschriften unleserlich), auf der dritten findet sich die Inschrift:

D (is) M (anibus)
BELLINVS
DIVIXT (o)
FILIO

Die Ansicht E. A. Stückelbergs, der in diesem Grabstein „das älteste christliche Monument" zu erkennen glaubte (vgl. Literatur), wird von Felix Stähelin abgelehnt. (Die Schweiz in römischer Zeit, II. Aufl., S. 544, Anm. 6.)

Literatur: F. D. GERLACH, Basilia und Rauricum. Schweizer. Museum für historische Wissenschaften, Bd. II, 1838, S. 334. — TH. BURCKHARDT-BIEDERMANN, Älteste römische Niederlassung in Basel, Anzeiger für schweizerische Altertumskunde, Bd. VII, 1892—1895, S. 482 f. — E. A. STÜCKELBERG, Aus der christlichen Altertumskunde 1904, 34, und Denkmäler zur Basler Geschichte, I, 1907 (mit Zeichnung des Verfassers). — FELIX STÄHELIN, Das älteste Basel, 2. Aufl., Basel 1922, S. 26, Anm. 4. — CORPUS INSCRIPTIONUM LATINARUM, XIII, 5281 (R. 3762) oder MOMMSEN, Inscr. confoed. Helvet. Nr. 289.

Grabinschrift, die 1887 beim Abbruch der Ulrichskapelle in ihren Fundamenten gefunden wurde. Jetzt im Historischen Museum Basel (Inv. Nr. 1906, 1153). Material: Weisser Kalkstein. Masse: Höhe 114 cm, Breite 74 cm, Breite der Inschrift-Fläche 39,5 cm.

Die Inschrift lautet:

D (is) m (anibus) Ti (berii)
In (g) enui Sattonis, et
Sabiniani fil (i), med (ici)

und ist deswegen vor allem interessant, weil der Arzt Tiberius Ingenuvius Satto zwei Namen von echt gallischem Klang führt.

Literatur: TH. BURCKHARDT-BIEDERMANN, Korrespondenz aus Basel. Anzeiger für schweizerische Altertumskunde 1887, S. 568. — FELIX STÄHELIN, Das älteste Basel, 2. Aufl., Basel 1922, S. 25, Anm. 3; S. 27, Anm. 5.; S. 29. — FELIX STÄHELIN, Die Schweiz in römischer Zeit, 2. Aufl., Basel 1931, S. 455, Anm. 7; S. 464. — CORPUS INSCRIPTIONUM LATINARUM XIII, 5277 (R 2083).

Inschriftfragment mit einer Dedikation des L. Sollius an Epona, die gallorömische Patronin des Fuhrwesens (epo-keltisch das Pferd), gefunden 1899 am Birsigufer in der Richtung des Kronengässleins, etwas unterhalb der heutigen Börse, jetzt im Historischen Museum Basel (Inv. Nr. 1904, 248). Material: gelblicher Sandstein. Masse: Höhe 47 cm, Breite 43,5 cm.

Die Inschrift auf vertiefter Fläche lautet:

I N H (onorem) D (omus) [D (ivinae)]
D E A E E P O [N A E]
L. S O L L I V S F . .
[S] O [L L] I V S

wobei die Buchstaben in eckigen Klammern fehlen. Die Buchstaben der ersten Zeile sind 9,5 cm, die übrigen 5 cm hoch. Da der Stein an einer Stelle gefunden wurde, ,,wo vermutlich die dem linken Rheinufer folgende Heerstrasse die Richtung nach dem Elsass einschlug", war er vielleicht Teil einer römischen Birsigbrücke, jedenfalls ein Zeichen, dass dieser Stelle Bedeutung als Verkehrspunkt zukam.

Literatur. TH. BURCKHARDT-BIEDERMANN, Zwei neue römische Inschriften in Basel und Kaiseraugst. Anzeiger für schweizerische Altertumskunde, N. F., Bd. II, 1900. S. 77 f. — FELIX STÄHELIN, Das älteste Basel. 2. Aufl., Basel 1922, S. 30. — FELIX STÄHELIN, Die Schweiz in römischer Zeit, 2. Aufl., Basel 1931, S. 484. — CORPUS INSCRIPTIONUM LATINARUM, XIII, 11539 (R 2734).

Abb. 29. Mercurius (Hermes),
Bronzefigürchen.
11 cm hoch.
Historisches Museum Basel.

Firmenstempel auf einem Bleibarren, gefunden 1653 im Garten des Klingentals im Kleinbasel, jetzt in zwei Stücke zerteilt im Historischen Museum Basel (Inv. Nr. 1905, 6636 a—b). Höhe 7,5 cm; ursprüngliche Gesamtlänge 52 cm; untere Breite 9,5 cm; Gewicht 33 kg. Der Stempel bezeichnet den Barren als Eigentum

societat (is) S (exti et) T (iti) Lucreti(orum)

(der „Handelsgesellschaft Sextus und Titus Lucretius"); wahrscheinlich stammt er aus der Ladung eines römischen Rheinschiffs, das „mit einem Transport aus den von dieser Firma ausgebeuteten britannischen, gallischen oder spanischen Bleigruben einst hier angelegt hat, vielleicht auch gesunken ist".

Literatur. WILHELM VISCHER, Basel in römischer Zeit (Vortrag, gehalten an Winckelmanns Geburtstag 1867 in der öffentlichen Sitzung der Antiquarischen Gesellschaft zu Basel). Abgedruckt in VISCHERS kleinern Schriften II, S. 405. — CAGNAT, Cours d'épigraphie latine, 4, 337. — M. BESNIER, Rev. archéol. 5, 13, 1921, 74 f. — FELIX STÄHELIN, Die Schweiz in römischer Zeit, 2. Aufl., Basel 1931, S. 418. — CORPUS INSCRIPTIONUM LATINARUM XIII, 10029, 26 (D = DESSAU, Inscriptiones latinae selectae, 8707; R 4605).

Bronzen. *Mercurius (Hermes)* aus Bronze, gefunden 1885 hinter dem Domhof, beim Bau der untern Realschule, jetzt im Historischen Museum Basel (Inv. Nr. 1906, 205). — Höhe 11 cm (Abb. 29).

Literatur. Th. Burckhardt-Biedermann, Älteste römische Niederlassung in Basel. Anzeiger für schweizerische Altertumskunde, Bd. VII, 1892—1895, S. 488, Taf. 39/40, Fig. 8.

Sitzender Jupiter aus Bronze, gefunden 1885 hinter dem Domhof, beim Bau der unteren Realschule, jetzt im Historischen Museum Basel (Inv. Nr. 1906, 206). — Höhe 5,5 cm.

Literatur. Carl Brun, Kleinere Nachrichten, Anzeiger für schweizerische Altertumskunde, 1885, S. 194. — Th. Burckhardt-Biedermann, Älteste römische Niederlassung in Basel. Anzeiger für schweizerische Altertumskunde, Bd. VII, 1892—1895, S. 488, Taf. 39/40, Fig. 9.

Sucellus, aus Bronze. Fundort unbekannt, aus dem alten Bestand des Fäschischen Kabinetts, jetzt im Historischen Museum Basel (Inv. Nr. 1906, 163). — Höhe 5,8 cm.

Stehendes Figürchen in gallischer Gewandung mit bärtigem, jupiterartigem Kopftypus. Der linke Arm mit Hand, die wohl den Doppelhammer schwang, ist abgeschlagen; die rechte Hand hält einen Topf. Um den Leib ist ein Strick geschlungen, dessen Ende vorne bis an den unteren Rand der Tunika herunterhängt. (Sucellus, Himmelsgott, Herr des Donnerhammers, Spender ländlicher Fruchtbarkeit und Beschützer des Gerstentrankes, besonders im östlichen Gallien verehrt.)

Literatur. Daniel Bruckner, Versuch einer Beschreibung historischer und natürlicher Merkwürdigkeiten der Landschaft Basel, 1748—1763, S. 2912; Taf. XXI, 6 (hier abgebildet als „popa"). — S. Reinach, Repertoire III, 227, Nr. 6. — J. J. Bernoulli, Katalog für die Antiquarische Abteilung des Museums in Basel, 1880, S. 55, Nr. 163. — Felix Stähelin, Aus der Religion des römischen Helvetien und Anzeiger für schweizerische Altertumskunde N. F., Bd. XXIII, 1921, S. 17 f., S. 24 f., Abb. 3. — Felix Stähelin, Die Schweiz in römischer Zeit, 2. Aufl., Basel 1931, S. 493 ff; Abb. 137.

Sigillaten. Die Basler *Keramiken* und *Sigillata* (von Augustus bis ins 4. Jahrhundert) sind zumeist im Historischen Museum Basel aufbewahrt. Eine Topfermarke Vepotalus, die 1928 beim Abbruch des Hauses Bäumleingasse 20 gefunden wurde, ist nach Aug. Oxé der älteste bekannte „helvetische" Stempel. Aus der gleichen Fundstätte, aber aus anderen Gruben, stammen Sigillaten aus der Zeit um 10 v. Chr. mit den Stempeln Senti, Sise(nnae) (Grube III A) und aus der Zeit um 15 n. Chr. (Grube IV). Eine Scherbe, die 1917 beim Olsbergerhof (Rittergasse 27) gefunden worden ist, entstammt der Werkstatt des Vitulus (VITVLV), einige andere derjenigen des Ateius. Eine davon, die 1925 an der Rittergasse unweit des Oekolampad-Denkmals gehoben wurde (im Besitz des Finders Emil Vogt), zeigt ausserdem in Kursivschrift den Eigentümervermerk *Minni* (Minnius ein echt römischer Name) eingeritzt. Die früher bekannt gewordenen Sigillaten vom Münsterplatz stammen, nach Angaben von Emil Vogt, fast durchweg aus dem 1. Jahrhundert n. Chr., die meisten aus der Zeit des Tiberius und des Claudius (14—54).

Literatur: Aug. Oxé und Emil Vogt, 20. und 21. Jahresbericht der Schweizerischen Gesellschaft für Urgeschichte 1928, S. 61; 1929, S. 84. — O. Schulthess,

Abb. 30.
Schüssel in Terra sigillata.
Höhe 9,3 cm.
Historisches Museum Basel.

Die römische Forschung in der Schweiz 1929, S. 84, 1930, S. 73, Frauenfeld 1930, 1931. — FELIX STÄHELIN, Die Schweiz in römischer Zeit, 2. Auflage, Basel 1931, S, 112, Anm. 4; S. 113, Anm. 1, 2. — EMIL VOGT, Vom ältesten Basel, Vortrag, gehalten in der Historischen Gesellschaft Basel am 16. Februar 1931; Referate: Basler Nachtrichten 1931, Nr. 47; National Zeitung 1931, Nr. 80; Neue Zürcher Zeitung 1931, Nr. 332.

Schüssel, in Terra sigillata, Bodenfund Bäumleingasse 10/12, jetzt im Historischen Museum Basel (Inv. Nr. 1929, 1279). — Höhe 9,3 cm, oberer Durchmesser 20,6 cm. Mitte des 1. Jahrhunderts (Abb. 30).

Funde aus alamannischer Zeit.

Ein alamannisches Gräberfeld ist 1915 bei Strassenarbeiten am ehemaligen Gotterbarmweg (heutige Schwarzwaldallee, nicht am heutigen Gotterbarmweg) auf der rechten Seite des Rheines oberhalb Kleinbasels, nordwestlich von der linksrheinischen Einmündung der Birs in den Rhein und ungefähr 250 m vom Flussufer entfernt, angeschnitten und darnach systematisch erforscht worden (vgl. Abb. 9, S. 25). Die 34 Gräber, die aufgedeckt werden konnten, waren alle etwa 70 cm breit; die Skelette, ohne Steinsetzungen oder Särge, auf Mörtelschichten beerdigt, lagen alle ostwestlich orientiert. Die Münzfunde stammen aus der Mitte des 4. Jahrhunderts (Bronzemünze des Decentius (351—353) bis in die erste Hälfte des 5. Jahrhunderts (Silbermünze des Kaisers Jovinus 411—413). Die zu den Gräbern gehörige Siedlung ist noch zu suchen; die nachweisbar mittelalterliche Siedlung um die St. Theodorskirche liegt westlich vom Gräberfeld etwa einen Kilometer davon entfernt. Alle Funde werden im Historischen Museum Basel aufbewahrt.

An *Grabbeigaben*, die sich durch Reichhaltigkeit und künstlerischen Wert auszeichnen, fanden sich: Silberne Halsringe, zum Teil mit Perlen aus farbigem Glasfluss geziert, silberne Fibeln und Haarnadeln, zum Teil mit Vergoldungen (darunter Falkenfibeln, die Augen mit Almandin ausgelegt, und Nadeln, die mit Falken- und Tierköpfen endigen), silberne Schliesshaken und Gürtelschnallen, farbige Glasperlen und Chalcedonperlen; ein zweireihiger Kamm aus Bein mit eisernen Nieten und ein dreieckiger Kamm aus Bein; Drahtringe, Haarzangen und eine Fibel aus Bronze; eiserne Schnallen, Lanzenspitzen, ein Schwert mit Resten der dazu gehörigen Scheide aus z. T. vergoldetem Silber und Eisen mit Almandinen, sowie Reste eines Schildbuckels; dazu Gefässe aus terra nigra mit eingeglättetem Zickzackband und handgemachte dickwandige Gefässe mit brauner bis schwarzer Oberfläche.

Der *Silberschatz* allein zählt 45 Schmuckstücke, darunter 21 Silberfibeln, zwei Halsringe in Silber, ein silbernes Armband, zwei silberne Gürtelschnallen und sechs silberne Nadeln.

Die *Fünfknopf-Fibel* aus Silber, mit gut erhaltener Vergoldung, die hier abgebildet ist (Inv. Nr. 1915, 49, Abb. 31), stammt aus Grab 3 und gehört zu Abergs Gruppe mit gleichmässig breitem Fuss[1]), nach E. Vogt zeitlich ans Ende des 5. oder in die erste Hälfte des 6. Jahrhunderts. Sie ist 8,4 cm lang; die Feder (verloren, wohl aus Eisen) war zwischen ösenförmige Träger gespannt. „Die Umrahmung der Kopfplatte, sowie die Mittelrippe des Bügels und des Fusses sind nicht vergoldet und zeigen sogenannte Niellierungen in Form von schwarz eingelegten Dreiecken, durch die ein Zickzackband ausgespart wird. Wie ein erhaltenes Beispiel an dieser Fibel zeigt, dienten diese eingelegten Dreiecke als Unterlage einer Vergoldung,

---

[1]) N. Aberg. Die Franken und Westgoten in der Völkerwanderungszeit. Upsala 1922, S. 22 f., Verbreitungskarte IV.

Abb. 31. Fibel aus Silber, zum Teil vergoldet.
Länge 8,4 cm.
Aus dem alamannischen Gräberfeld am Gotterbarmweg in Basel.
Historisches Museum Basel.

Doppelkonischer schwarzer Topf aus Grab 5, Höhe 16 cm.   Becher aus grauem Ton aus Grab 17, Höhe 7,3 cm.

Abb. 32. Keramik aus dem alamannischen Gräberfeld am Bernerring in Basel.
Historisches Museum Basel.

die fast stets durch ihre Feinheit und durch den Gebrauch verloren ging."
(Vogt, a a O., S. 148, Abb. Taf. VII, 1.)

Literatur. EMIL VOGT, Das alamannische Gräberfeld am alten Gotterbarmweg in Basel. Anzeiger für schweizer. Altertumskunde N. F., XXXII. Bd., 1930, S. 145 ff.   *C. H. Baer.*

Alamannisches Gräberfeld am Bernerring. Im Herbst und Winter 1931/32 untersuchte das Historische Museum 38 Gräber eines zweiten alamannischen Gräberfeldes am Bernerring in der Nähe des alten Lettengutes, mitten in der Ebene, etwa 500 m westlich vom Birsig und 300 m nördlich von der Anhöhe des Holees, im Westen Gross-Basels. Die Skelette lagen in einer Tiefe von 65 bis 240 cm in Gruben, deren Grösse sich nach der Menge der Beigaben richtete (grösste Grube: 175 × 290 cm) und die z. T. noch Spuren von Holzverschalungen aufwiesen; sie waren von Südwest nach Nordost orientiert.

Nach den *Beigaben* liessen sich unter den Bestatteten 12 Männer, 14 Frauen, drei Knaben und fünf Mädchen feststellen. Die Krieger waren ausgerüstet mit Spatha, Schild (Umbo) und Messer, z. T. auch mit Speer und kurzem Skramasax, einer ausserdem mit einem Angon (lange Wurflanze). Die Frauengräber enthielten Halsketten aus bunten Glas- und Bernsteinperlen, Anhänger und allerlei Haushaltungsgerät, wie Spinnwirtel aus Ton und Glas, Messer, Nähnadeln aus Bein und Bronze, Scheren. Andere Fundsachen: Einfache Gürtelschnallen mit beginnendem Schilddorn aus Silber, Bronze und Eisen, schildförmige Ziernägel, ein- und zweireihige Kämme aus Bein, Feuerstahl mit Silex, Pfrieme aus Eisen. Seltene Stücke: zwei Glasgefässe zum Trinken, zwei Pferdetrensen aus Eisen, eine zierliche Schnellwage aus Bronze, eine einseitig zugespitzte Beinnadel unbekannter Verwendung, vier angescheuerte Schneckenhäuschen, eine Goldmünze des sechsten Jahrhunderts von barbarischem Gepräge. Die Schmucksachen waren weniger häufig als am Gotterbarmweg: zwei Scheibenfibeln, silbervergoldet, mit goldunterzogenen roten Glaseinlagen, zwei gleiche aus Bronze, eine Falkenfibel, eine radförmige Zierscheibe aus Bronze in Elfenbeinring.

Von grossem wissenschaftlichem Interesse ist die in der Schweiz seltene, hier aber reich vertretene *Keramik*. Von den 28 Gefässen aus grauschwarzem Ton gibt Abb. 32, S. 49, zwei Beispiele (Historisches Museum Basel, Inv. Nr. 1931, 515 und 1931, 639). Ein Frauen- und ein Männergrab (Nr. 27 und 33) stachen hervor durch ihre reichen Beigaben. Aus jenem stammt das auf Tafel 3 abgebildete bronzene *Beschlagblech einer Holzkassette* mit getriebener Kreisdekoration und eingeschlagenen Punktreihen, aus diesem die *Fassung eines Holzeimers* mit Eisenhenkel, dekorativ gestalteten bronzenen Henkelbeschlägen und 12 dreieckigen Bronzeblechlappen, die in getriebener Technik neben linearen Verzierungen je eine menschliche Fratze tragen. Auch die prächtige, massivsilberne *Gürtelschnalle* (Abb. 473) mit zwei Pferdeköpfchen, zwei kleinen Delphinen und aufgesetztem Spiraldekor fand sich im Kriegergrab 33.

Die *Datierung* ergibt sich aus einer stempelfrischen Silbermünze des Ostgotenkönigs Baduila oder Totila (541—552 n. Chr.) aus dem Kindergrab 8 (Inv. No. 1931, 552; Abb. 33 und 34) und den Gürtelschnallen mit beginnendem Schilddorn, die nach Åberg (l. c.) hauptsächlich während der zweiten Hälfte des 6. Jahrhunderts auftreten. Das Gräberfeld vom Bernerring ist demnach jünger als dasjenige vom Gotterbarmweg (S. 47). Im Vergleich zu diesem ist eine Verarmung an ornamentiertem Edelmetallschmuck, dagegen grösserer Reichtum an Waffen, Keramik und Haushaltungsgerät festzustellen.

R. Laur-Belart.

Abb. 33 und 34. Silbermünze (¹/₄ Siliqua) des Ostgotenkönigs Totila.
Aus Grab 8 des alamannischen Gräberfeldes am Bernerring in Basel.
Doppelte natürliche Grösse. — Historisches Museum Basel.

Revers: D N BADVILA REX (Dominus noster Baduila rex) in Lorbeerkranz. — *Avers:* [D N ANASTA]SIVS PF AVG. Büste des Kaisers Anastasius von Byzanz (491—518 n. Chr.) mit Diadem nach rechts. (Die letzten Ostgotenkönige prägten aus Opposition auf ihre Münzen nicht den Kopf des ihnen feindlich gesinnten Kaisers Justinian, sondern denjenigen des früheren Kaisers Anastasius I.)

Abb. 35 und 36. Eine frühmittelalterliche Fenstersäule aus Basel.
Linke Seiten- und Vorderansicht. — Historisches Museum Basel.

Funde und Denkmäler aus fränkischer Zeit.

Eine frühmittelalterliche Fenstersäule aus zwei Quadern von rotweissem Sandstein, gefunden 1925 in der Mauer des Hauses Kellergässlein 4 in Basel, auf der Seite gegen den Fischmarkt, jetzt im Historischen Museum Basel (Inv. Nr. 1925, 158). Masse: Gesamthöhe 67 cm, Breite 22 cm, Tiefe 42 cm.

Die beiden Steine (Abb. 35 und 36, sowie Abb. 37, S. 53) bildeten den Mittelpfosten einer zwei- oder mehrteiligen, gerade abgedeckten Fensterreihe eines profanen Gebäudes und sind auf ihren schmalen Vorderseiten durch ein Bündel von drei, aus dem Steine herausgearbeiteten Halbsäulen gegliedert, die zusammen ein an beiden Ecken beidseits halbkreisförmig abgeschrägtes Würfelkapitäl tragen. Während der mittlere, schwach halbkreisförmige und tauartig gewundene Schaft unten aus einer Schräge herauswächst und oben unvermittelt an das Kapitell anläuft, sind die im Durchschnitt voll halbkreisförmigen glatten Ecksäulchen oben mit einem Ringwulst, unten mit zwei gleichen Ringwulsten abgeschlossen, und stehen auf Sockeln, die wohl die

Form umgekehrter Trapezkapitelle hatten. Die vordere, unten halbkreisförmig begrenzte Schildfläche des abschliessenden Kapitells ist mit einem von tiefer Schräge umrandeten konzentrischen Kreis gefüllt, den eine Querlinie halbiert und der oben und unten je mit einem rechteckigen Ansatz versehen ist. Wahrscheinlich umschloss dieser Kreis eine ornamentale Dekoration von geringem Relief, die heute verschwunden ist. Die Seitenansichten beider Steine sind besonders in konstruktiver Hinsicht aufschlussreich. Die eigentlichen Fenstergewände werden beidseitig von den schmäleren und weniger hohen Fensterleibungen durch verhältnismässig tiefe Fälze getrennt, den Anschlag für hölzerne Verschlussläden, die wohl nur lose eingestellt und durch einen quergestellten Verschlussbalken festgehalten wurden. Zur Einführung dieses Balkenverschlusses dienten in den Fensterleibungen einerseits eine abwärts gebogene Laufrinne, andererseits eine hochrechteckige Vertiefung, die sich entsprechend an den übrigen Leibungen der Fenstergruppe wiederholten und deren Unterkanten jeweils auf gleicher Höhe lagen; das Querholz wurde zunächst in die rechteckige Vertiefung eingesteckt und dann in der Rinne nach unten geführt[1]). Die Löcher unmittelbar neben dem Anschlag sind wohl später zur Befestigung von Kloben für Laden oder Fensterflügel angebracht worden; das Loch im Fenstergewände unter dem Kapitell aber könnte älter sein; vielleicht hat es eine Querstange getragen, an der in Ringen ein Vorhang als verschiebbarer Fensterverschluss hing.

Die Dekoration von Flächen durch Kreise mit korbboden- oder schildbuckelartigen Ornamenten wie auch mit Masken kommt schon früh vor, so an den konsolenartig wirkenden Anhängern der Gewölbegurten in der Halle der westgotischen Könige von Asturien, heute St. Maria de Naranco (Mitte des 9. Jahrhunderts)[2]), oder gemalt in den runden Sonnenmasken, mit denen die Kreuzungen der Bildrahmen der karolingischen Wandmalereien in der Klosterkirche St. Johann zu Münster in Graubünden belegt waren (nach Zemp 780—840)[3]).

Der interessante Baurest eines profanen Gebäudes wird als karolingisch bezeichnet, könnte aber seiner formalen Gestaltung nach durchaus *merovingisch-fränkisch* sein und stammt vermutlich von einem Saalbau, der wohl bei der Zerstörung Basels durch die Ungarn 917 zugrunde ging. Der Fundort der beiden Steine am Fusse des Petersberges gibt natürlich keinerlei Aufschluss über den einstigen Standort dieses Palas. Wenn man aber berücksichtigt, dass schon in den ältesten Zeiten am Hang des linken Birsigufers, der Petersgasse und dem Nadelberg entlang, der Adel seine Höfe hatte,

---

[1]) Vgl. F. Ostendorf, Über den Verschluss des Profanfensters im Mittelalter. Zentralblatt der Bauverwaltung XXI. Jahrg., Berlin 1901, S. 177, 187, 192, 205.

[2]) A. Haupt, Die älteste Kunst, insbesondere die Baukunst der Germanen von der Völkerwanderung bis zu Karl dem Grossen, Leipzig 1909, S. 208 f. u. Taf. 131.

[3]) Josef Zemp und Robert Durrer. Das Kloster St. Johann zu Münster in Graubünden. Kunstdenkmäler der Schweiz, Mitteilungen der Schweizer. Gesellschaft für Erhaltung historischer Kunstdenkmäler, N. F. V (1906), VI (1908), VII (1910).

FRÄNKISCHE ZEIT 53

Abb. 37. Eine frühmittelalterliche
Fenstersäule aus Basel.
Rechte Seitenansicht.
Historisches Museum Basel.

wäre es nicht unmöglich, dass auch dieser karolingische oder merovingische
Saalbau hier gestanden hat. Eine königliche Pfalz wird in den Verordnungen
des Bischofs Hatto [1]) erwähnt (um 800).

Der Steinsarkophag des Bischofs Rudolf II., der heute als Depositum
des Historischen Museums (Inv. Nr. 1893, 300) in der Galluskapelle des
Münsters aufgestellt ist, stand ursprünglich in der südlichen Altarnische der
Krypta des Münsters und wurde 1893 in den Hof des Historischen Museums
übertragen (Abb. 38, S. 54). Trog und Deckel sind aus verschiedenem Material
und aus verschiedenen Zeiten. Der schwach trapezförmige *Trog*, aus einem
Kalkstein-Block gehauen, ist 215 cm lang, am Kopf- und Fussende 43 bzw.
33 cm hoch, sowie 67 bzw. 40 cm breit und aussen mit einer primitiven Ornamentik verziert, mit der die Längsstruktur des Holzes und die Quergürtung
durch Beschläge nachgeahmt wird. Dieser ältere Steintrog ist bei der Wiederverwendung zur Beisetzung des Bischofs Rudolf II. mit einem neuen *Deckel*
aus roh bearbeitetem rotem Sandstein geschlossen worden, dessen oberes
Ende etwas geglättet und durch horizontal gezogene Linien zur Aufnahme

---
[1]) R.Thommen, Beiträge zur vaterländischen Geschichte, N. F., V, S. 257 und 260.

von fünf Schriftzeilen vorbereitet war. Rechts und links werden Anfang und Ende der Zeilen durch senkrechte Linien vorgezeichnet, unten ist ausserdem noch Platz für eine sechste Inschriftzeile gelassen. Nur in die oberen drei Zeilen wurde folgende Inschrift eingemeisselt:

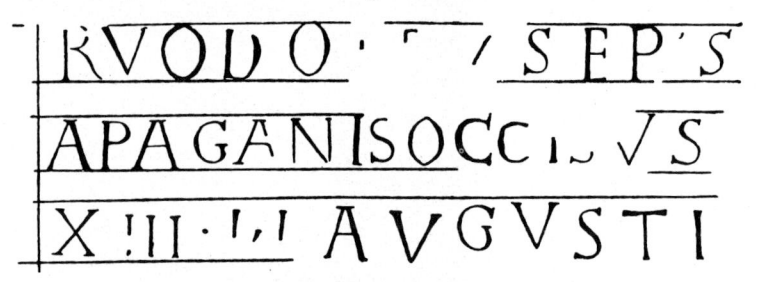

RVODO · / S EP · S
APAGANIS OCC I_ VS
XIII · L^ AVGVSTI

Aufnahme von E. A. Stückelberg. — Freiwillige Basler Denkmalpflege, Jahresbericht 1928, S. 1.

RVODOLFVS EP (iscopu) S
APAGANIS OCCISVS
XIII (KL?) AVGVSTI

„Bischof Rudolf von den Heiden erschlagen am 13. Tag vor den Kalenden des August (20. Juli)."

Abb. 38. Der Steinsarkophag des Bischofs Rudolf II. im Münster in Basel.

Die Länge dieser Schriftzeilen beträgt durchschnittlich 40 cm, die Höhe der drei Zeilen zusammen 13,5 cm. Die Buchstaben (2,5 bis 3 cm hoch) „zeigen nicht mehr die klassische Form der Karolingerzeit, wohl aber die der lateinischen Kapitalen, wie sie bis zum Aufkommen der romanischen Majuskeln des 12. Jahrhunderts gebräuchlich waren; Ligaturen fehlen." (E. A. Stückelberg, vgl. Literatur.)

Nach den Untersuchungen von August Bernoulli (vgl. Literatur) wird jetzt allgemein angenommen, dass der in dem beschriebenen Sarkophag beigesetzte Bischof Rudolf nicht der im ältesten Verzeichnis der Bischöfe von Basel genannte und dort in die Zeit des Papstes Hadrian II. gesetzte Bischof Rudolf ist, der um 870 regierte und nach einem Eintrag im Jahrzeitbuch des Klosters Reichenau an einem 29. Juli starb, sondern ein im oben genannten Verzeichnis nicht aufgeführter Bischof Rudolf II., der als Nachfolger des durch eine 915 gemachte Stiftung bekannten und an einem 15. Mai gestorbenen Bischofs Adalbero am 20. Juli 917 bei der Zerstörung Basels durch die Ungarn getötet wurde. Da er demnach höchstens zwei Jahre regiert hat, nach der Zerstörung Basels das Bistum wahrscheinlich durch den Bischof des benachbarten Strassburg verwaltet wurde und der nächstfolgende Bischof Wichard erst zum Jahre 948 nachgewiesen werden kann, ist es erklärlich, warum dieser Bischof Rudolf II. „weder im Verzeichnis genannt, noch durch eine Urkunde bezeugt wird, sondern einzig und allein durch die Inschrift auf seinem Sarge" (August Bernoulli). Der 20. Juli, der Todestag Bischof Rudolfs, wäre dann auch das richtige Datum für Basels Zerstörung durch die Ungarn im Jahre 917.

Literatur. E. A. STÜCKELBERG, Zur älteren Basler Bistumsgeschichte, Anzeiger für schweizerische Geschichte N. F., Bd. IX, 1903, S. 170—173. — AUGUST BERNOULLI, Zum ältesten Verzeichnis der Basler Bischöfe. Basler Zeitschrift für Geschichte und Altertumskunde, Bd. III, 1904, S. 62 ff. — E. A. STÜCKELBERG, Denkmäler zur Basler Geschichte, I, 1907, älteste Zeit (mit zwei zeichnerischen Originalaufnahmen). — A. B., Eine Jahrtausend-Erinnerung. „Basler Nachrichten", 20. Juli 1917.

Das Steinrelief des Bischofs Landelous, 1904 bei baulichen Reparaturen in der 1516 neu gebauten Verenakapelle in Herznach[1]), einer der ältesten Kultstätten des Kantons Aargau, gefunden, befindet sich jetzt im Kantonalen Antiquarium in Aarau (Inv. Nr. 1106). Die Platte aus gelblichem Kalkstein, „nach der Aussage von Professor Mühlberg nicht schweizerischer Provenienz[2]), an der Oberfläche rötlich gefärbt" (Anz. f. schweiz. Altertumskunde N. F., Bd. VI, 1904/05, S. 169), ist 95 cm hoch, 50 cm breit und ca. 16 cm dick. Das Relief zeigt, umrahmt von breitem rechteckigem Schriftband, Christus am Kreuz zwischen Stefaton und Longinus; die seitlichen Figuren sind stark beschädigt, auch die untere Hälfte des Gesichtes Christi ist zerstört, der untere Teil der Darstellung wie der untere Querrahmen sind abgeschlagen. Das Haupt des Erlösers mit langen Haaren und Kreuznimbus ist nach links

---

[1]) Jacob Stammler, Die Pflege der Kunst im Kanton Aargau, Aarau 1903, S. 80: „Laut dem von Stadtschreiber Heinrich Huber in Brugg 1518 geschriebenen Jahrzeitbuch von Herznach wurde die Kapelle am Fest der hl. Margaretha (20. Juli) 1516 durch den Weihbischof von Basel rekonziliiert und darin anstelle eines ältern ein neuer Altar errichtet (in ea novum altare erectum antiqo (!) destructo) und zu Ehren der hl. Verena, des hl. Abtes Egidius, des hl. Bischofs Elogius und der hl. Jungfrau Agatha konsekriert." (Spätgotischer Flügelaltar, heute im Kantonalen Antiquarium in Aarau, Inv. Nr. 1100.)

[2]) Auch das von E. A. Stückelberg als merovingisch bezeichnete Relief des Gekreuzigten mit Maria und Johannes (58 auf 42 cm gross) in der Kirche von Münchenwyler (Kt. Bern) ist aus weissem feinkörnigem Sandstein nicht schweizerischen, sondern wahrscheinlich französischen Ursprungs. L. GERSTER, Der Kruzifixus von Münchenwyler (Kt. Bern). Blätter für Bernische Geschichte, Kunst und Altertumskunde, II. Bd., 1906, S. 33 ff. (mit Abb.).

geneigt; seine Arme liegen leicht gekrümmt auf dem breiten Querbalken; seine Lenden sind von einem vorn geknüpften Tuch umgürtet, das über die Hälfte die Oberschenkel bedeckt; seine Füsse stützen sich auf das Subpedaneum. Am oberen Ende des Kreuzesstammes ist an einer schmäleren Verlängerung der Titulus mit der griechischen Aufschrift I C X P ('Ιησοῦς Χριστὸς) angebracht, an seinem Fuss, der in einer schmäleren Spitze ausläuft, ist irgend eine Darstellung abgeschlagen. Unter den Querarmen des Kreuzes stehen zwei Krieger, links der mit der Lanze, rechts derjenige mit dem Schwamm oder Ysopstengel, die auf den hier etwas schmäleren seitlichen Rändern mit vertieften Kapitalen und Unzialen entgegen dem Brauch des Mittelalters links als (ST) EFATON †, rechts als LONGINUS † bezeichnet werden; auf Longinos folgt nach der Annahme E. A. Stückelbergs E T. Die beiden Krieger, deren Körperformen und Kleidung nur noch undeutlich zu erkennen und deren Unterschenkel und Füsse, wie oben erwähnt, fehlen, treten über den Rahmen hinaus und sind mit leicht gebogenen Knien dargestellt, „wie wenn sie auf das Kreuz zuschritten". Auf dem oberen Teil der flachen Umrahmung findet sich, ebenfalls in vertieften, aber etwas grösseren Kapitalen und Unzialen folgende von links nach rechts verlaufende, am Anfang und Ende verstümmelte Inschrift:

† L A N D E L O V S E P S h O C O P V S F I E R I I V S S I T †
womit das Denkmal datiert wird, da Bischof Landelous von Basel urkundlich 961 bezeugt ist[1]).

Die Inschriften sind, wie E. A. Stückelberg hervorhebt, auch dadurch interessant, dass alle E rund, dass das H und zweimal das U die Form der Unziale und das A keine horizontale, sondern eine gebrochene Verbindung der Hastae hat. Diese Buchstabenformen veranlassten Dr. W. Merz zu der Vermutung, die Inschrift sei überarbeitet worden. Nach der Ansicht jüngerer Paläographen ist dagegen das Nebeneinander von Kapitalen und Unzialen für das 10. Jahrhundert normal. Man beschäftigte sich damals nachweisbar mit alter Epigraphik (es existieren aus dieser Zeit Kopien römischer Inschriften) und kannte demnach die antiken Kapitalen. Auch das C (statt Σ) in Jesus, die Ligatur in Landelous am Wortende und die oben hervorgehobenen Buchstabenformen seien gerade für das 10. Jahrhundert charakteristisch.

Die vom Beschauer aus rechte Schmalseite der Relieftafel ist in ganzer Höhe mit einem Riemengeflecht verziert, dessen „galons" „einfache Falzung zeigen, wie dies in Burgund Regel ist, während in Italien doppelte Fälze Übung waren" (E. A. Stückelberg). Vgl. Abb. 40, S. 58.

Der Landelous-Stein, das einzige inschriftlich als Arbeit des 10. Jahrhunderts beglaubigte Steinbildwerk der Schweiz, stammt wahrscheinlich von einem Altarhaus oder einer Chorbrüstung, könnte also 1518, als die Verenakapelle in Herznach einen neuen Altar erhielt (vgl. S. 55, Anm. 1), seinem

---

[1]) J. Trouillat, Monuments de l'histoire de l'ancien évêché de Bâle, T. I, Porrentruy 1852, p. 134, N⁰ 180.

Abb. 39. Das vom Basler Bischof Landelous gestiftete Steinrelief
aus der Verenakapelle in Herznach (Kt. Aargau) im Kantonalen Antiquarium in Aarau.

ursprünglichen Zweck entfremdet worden sein. Dass das Relief von Anfang an für die Kapelle in Herznach bestimmt war, scheint bei seiner Grösse und künstlerischen Bedeutung kaum wahrscheinlich. Auch sein nichtschweizerisches Steinmaterial dürfte dagegen sprechen. Vielmehr könnte angenommen werden, dass das Bildwerk zur Ausschmückung des nach der Zerstörung durch die Ungarn wieder aufgebauten Basler Münsters diente und erst später nach Herznach kam.

Stand das Relief links eines Durchgangs oder war es der rechte abschliessende Teil einer Reihe von Darstellungen, erklärt sich damit die einseitige Dekoration der rechten Schmalseite. Auch epigraphisch ist das Relief von grösstem Interesse. Die bemerkenswerte Kühnheit, mit der die Henker über den Rahmen hinaustreten, kennzeichnet eine starke, barocke Auflockerung des Stils. Auf die Parallelen in der Komposition, die birnförmige Ovalform der Köpfe, die kreisrunden Augen mit konzentrischen Pupillen, die Faltung des Kreuznimbus, sowie die Behandlung der Haare und Gewandfalten sei ausserdem aufmerksam gemacht. J. Baum (vgl. Literatur) möchte das Landelous-Relief stilistisch etwa dem Kreuzbild an der Front von S. Mesme zu Chinon vergleichen (Abb. Porter, Romanesque Sculpture of the Pilgrimage Roads, 1923, N° 827). Ein enger stilistischer Zusammenhang besteht aber vor allem mit dem Stuckrelief der Taufe Christi, das jetzt in der Nordwand der Klosterkirche St. Johann zu Münster in Graubünden eingelassen ist und nach Zemp zur Ausstattung des Hauptaltars von 1087 gehört haben könnte[1]), infolge seiner Verwandtschaft mit dem Landelous-Stein

Abb. 40. Vom Landelous-Stein.

---

[1]) Josef Zemp und Robert Durrer, Das Kloster St. Johann zu Münster in Graubünden. Kunstdenkmäler der Schweiz, Mitteilungen der Schweizerischen Gesellschaft für Erhaltung historischer Kunstdenkmäler, N. F. V (1906); VI (1908); VII (1910), S. 44, Taf. XXXVI und S. 113, Taf. LXII.

aber wohl älter sein dürfte. Wie dieses Relief nach seiner Restauration, so hat auch der Herznacher Stein ursprünglich gewiss nicht seine heutige „saloppe Derbheit" gezeigt, sondern war wohl ebenfalls „von fast kleinlicher Schärfe, die auf einen Einfluss der Elfenbeinschnitzerei und Goldschmiedekunst schliessen lässt" (Zemp, a. a. O., S. 113, Taf. LXII). Alle beim Landelous-Stein hervorgehobenen Besonderheiten finden sich auch beim Relief in Münster, die vorgedrückten Knie der Schächer z. B. bei der Gestalt des Täufers. Dass das Herznacher Bildwerk in Basel oder von Meistern geschaffen worden sein könnte, die auch für Basel gearbeitet, lässt seine Verwandtschaft mit den zwei frühen Kapitellen, die in Basel selbst gefunden worden sind, vermuten.

Literatur: Aarau, Kantonales Antiquarium. Neue Erwerbungen. Anzeiger für schweizerische Altertumskunde N. F., Bd. VI, 1904/05, S. 169 (mit Abb.). — Nüscheler, Arg. XXIII, S. 191 f. — L. Gerster, Der Kruzifixus von Münchenwyler (Kt. Bern), Blätter für bernische Geschichte und Altertumskunde, II. Bd., 1906, S. 7—9 (mit Abb.). — E. A. Stückelberg, Denkmäler zur Basler Geschichte I, 1907, Taf. 6, mit Text. — A. Gessner-Siegfried, Katalog des Kantonalen Antiquariums in Aarau, 1912, S. 134, Taf. XXI, Fig. 105. — Julius Baum, Die Malerei und Plastik des Mittelalters II, Deutschland, Frankreich und Britannien (Handbuch der Kunstwissenschaft, 1930), S. 127 (Abb.) und S. 134.

Zwei frühmittelalterliche Kapitelle aus feinkörnigem, rotem Sandstein, das eine mit figürlichen Darstellungen (A), 1889 am Steinenbachgässlein in Basel ausgehoben, das andere mit nur ornamentalem Schmuck (B), 1893 in der Liegenschaft St. Albantal 36 in Basel gefunden, beide heute im Historischen Museum Basel (Inv. Nr. 1909, 247 und 1893, 266). Beide Kapitelle haben dieselben Abmessungen: Höhe 35,5 cm; Seitenlänge der quadratischen Deckplatte (A) 47,5 cm, (B) 48,0 cm; Länge einer der untern Achteckseiten 13,0 cm, und, da sie sich auch nach Material und Ausführung völlig gleichen, gehören sie trotz verschiedener Fundstellen zusammen. Sie sind auch insofern verwandt, als sie beide auf allen vier Seiten ihren Skulpturenschmuck in identischer Form wiederholen. Merkwürdigerweise sind beide Kapitelle nachträglich zu irgendwelcher anderweitigen Verwendung wiederum in gleicher Weise zu halbkugelförmigen Becken ausgehöhlt und mit je einem seitlichen Ablaufloch versehen worden. Ob die Kapitelle schon dabei zerbrachen oder erst später, ist ungewiss; Kapitell A wurde in drei Stücken gefunden und wieder zusammengesetzt, von Kapitell B, das auf der durchlochten Seite ausbrach, fehlt ein Teil der Abdeckplatte.

Bei Kapitell A, bei dem sich noch Spuren ehemaliger Polychromie fanden (Abb. 41, S. 60), sind die vier leicht nach innen geschwungenen Schrägen, die aus dem Wulst des Fussringes von der Achteckform zur rechteckigen Deckplatte überleiten, mit je einer aus der Basis aufsteigenden, im Relief einmal gekerbten Palmette ohne Mittelrippe geziert. Der Abakus zeigt auf allen vier Seiten in vertieften, von einer Leiste umrahmten Feldern je vier abwechselnd aufrecht und gestürzt gezeichnete, wiederum einmal gekerbte Palmetten. Die vier

Abb. 41. Ein frühmittelalterliches Kapitell (A) aus Basel.
Historisches Museum Basel.

trapezförmigen Schildseiten des Kapitells sind mit vier fast völlig gleichen, geflügelten, männlichen Brustbildern gefüllt, deren Köpfe von birnförmiger Ovalform mit niedrigen Stirnen, langen, vielleicht bärtigen Kinnen und aufgerissenen, elliptischen Augen mit konzentrischen Pupillen, von gefälteltem Kreisnimben umrahmt sind. Die Falten des Ärmelkleides sind wulstig, die linke Hand liegt auf der Brust, die rechte macht die Gebärde des lateinischen Segens. Unter den Unterarmen rafft sich das Gewand, bei den vier figürlichen Darstellungen verschieden, einmal in konzentrischen Tellerfalten, zweimal in parallelen Winkelfalten und einmal auf der einen Seite in halbkreisförmigen Wurf aufgenommen, um auf der anderen Seite senkrecht niederzufallen. Die beiden Flügel, blattartig doppelt gefiedert, mit wiederum einmal gekerbten Federn, füllen elegant je den Rest der vier Flächen; an ihren Spitzen sind, um allen Raum restlos zu zieren, kleine Voluten eingeschoben.

Beim Kapitell B (Abb. 42) steigen über der Rundung des Fussrings aus einem Kranz aufrechtstehender, gerippter und oben rund abgeschlossener Blätter acht palmettenartige Ornamente empor: auf den vier Schrägen einmal gegürtete, bäumchenartige Gebilde, die oben in ein Herzblatt auslaufen, auf den vier Schildflächen ähnliche baumartige Zierglieder, die in lilienartigen Gipfeln endigen. Sie sind unter den Verastungen gegürtet und ihre unteren Blätter durch wurmartig geschwungene Ranken mit den unteren Zweigen

Abb. 42. Ein frühmittelalterliches Kapitell (B) aus Basel.
Historisches Museum Basel.

des Oberastes verbunden. Den Abakus ziert jeweils in vertieftem, umrandetem Feld ein Wellenband mit dreilappigen Blättern. Alle Ornamente sind auch hier einmalig gekerbt und die Skulpturen, wie bei Kapitell A, tiefschattig in die Fläche eingeschnitten.

Die beiden Kapitelle, die nach Art und Reichtum ihrer Dekoration nur von einem bedeutenderen kirchlichen Bauwerk stammen können und durch ihre Masse, ihre Bearbeitung auf allen vier Seiten und ihre verhältnismässig gute Erhaltung eine Verwendung im Äusseren, an Portalen wie im Langhaus oder in einer Krypta ziemlich sicher auszuschliessen scheinen, waren nach E. A. Stückelbergs einleuchtender Vermutung Teile eines Ziborien-Altares. „Hier waren die beiden Baustücke vor Reibung geschützt, hier eignete sich Kapitäl A mit dem Engelsbild für den Schmuck des vorderen, Kapitäl B für den des hinteren Säulenpaars." Das würde übereinstimmen mit der Deutung, die neuerdings Pfarrer Richard Wiebel dem dekorativen Schmuck der Kapitelle gegeben hat[1]). Er sieht in den Brustbildern keine Engel und auch keine Evangelisten, sondern „die Verklärung (Nimbus und Segensgeste) eines Gerechten und seine Aufnahme in den Himmel (Flügel für das Emporschweben)". Dazu ergänzend will Wiebel in den Deckplattenfriesen des Kapitells A ein Motiv des Fliegens und in den Palmzweigen der Abschrä-

---

[1]) Schreiben v. Pfarrer Richard Wiebel, Irrsee bei Kaufbeuren an Dr. Linus Birchler vom 19. März 1931.

gungen Symbole für Sieg, Paradies und ewiges Leben erkennen. „Es liegt der Gedanke nahe, den die ‚Commendatio animae' und der Begräbnisritus oft wiederholen: Occurrite Angeli Domini, suscipientes animam eius.... in sinum Abrahae Angeli deducant te.... ut cum Lazaro quondam paupere aeternam habeas requiem....."

Kapitell B würde nach Wiebel in den kandelaberartig aufgebauten Lebensbäumen und den auf Leben, Lebenslauf und ewiges Leben bezugnehmenden Wellenbändern der Deckplattenfriese in Gegenüberstellung zur Himmelfahrt des Gerechten das ewige Leben symbolisieren. Auch Wiebel vermutet wie Stückelberg, dass zwei weitere Kapitelle vorhanden waren „mit den Gegenteildarstellungen, Sünder in der Gewalt des Teufels und Hölle, die ornamental als Bandgeschlinge öfters dargestellt wird; so hätten wir wieder ein Figuren- und ein Ornamentkapitäl."

Martin Wackernagel charakterisiert diese Kapitelle als „im Stile des 9.—11. Jahrhunderts"[1]). E. A. Stückelberg möchte sie, darin unterstützt von dem verewigten vorzüglichen Kenner frühmittelalterlicher Kunst, Prälat D. Schneider, Mainz, in die Wende vom 8. und 9. Jahrhundert setzen; er möchte sie dem Altarziborium eines vielleicht von Bischof Hatto erbauten oder neu ausgestatteten Münsters in Basel zuteilen und verweist zum Beweis, dass derartige Altarbauten auch am Oberrhein vorkommen, auf die Verse, die Bischof Hatto von Basel für ein auf der Reichenau 823 geweihtes Altarziborium dichtete[2]). Die stilistische Ähnlichkeit der beiden Kapitelle mit dem Landelous-Stein ist aber derart gross, dass sie zeitlich wohl in dessen Nähe (961) gerückt werden sollten, ja, dass derselbe Kunstkreis angenommen werden könnte. Besonders in der Behandlung des Figürlichen ist die Übereinstimmung in die Augen springend. Dieselben Kopfformen mit der nämlichen Augen- und Haarbehandlung, dieselben wulstigen Gewandfalten (Oberarm der Schächer und der Gerechten), die gleichgekerbten Kreuz- und Kreisnimben u. a. m. Die Vermutung, dass alle drei Stücke zusammen die Reste eines von Bischof Landelous errichteten prachtvollen Altarwerks im Münster zu Basel gewesen seien, bei dem unter einem Baldachin aus rotem Sandstein Reliefs in weissem Kalkstein aufgestellt waren, sei wenigstens ausgesprochen.

Literatur. E. A. STÜCKELBERG, Zwei frühmittelalterliche Kapitelle. Basler Zeitschrift für Geschichte und Altertumskunde, V. Bd., 1906, S. 413—419, mit Tafel III und IV. — E. A. STÜCKELBERG, Denkmäler zur Basler Geschichte, I. Bd., 1907, Karolingische Kapitelle. Taf. 5 mit Text.

Die Basler Münzen der fränkischen und burgundischen Könige werden in der Übersicht über die „Prägungen der Basler Münzen" behandelt und abgebildet (vgl. S. 75 ff. und Abb. 45, 46 und 47). *C. H. Baer.*

---

[1]) Basel, Leipzig 1912, S. 2 u. Abb. 3.
[2]) Walahfrid Strabo bei R. THOMMEN in: Beiträge zur vaterländischen Geschichte, N. F. V, S. 159.

Tafel 3

Oben: Bronzefassungen eines Holzeimers und drei von den 12 Bronzeblechlappen;
unten: Bronzenes Beschlagblech einer Holzkassette. — Historisches Museum Basel
Aus dem alamannischen Gräberfeld am Bernerring zu Basel

5 — Kunstdenkmäler, III, Basel-St. I.

Tafel 4

1 und 2 Avers und Revers von Guldentalern von 1576. — 3 und 4 Doppeltaler (ohne Jahr) von Justinus de Beyer. — 5 und 6 Avers und Revers von Talern von 1741 von J. J. Handmann I (Revers von einem Goldabschlag). — 7 und 8 Avers und Revers von Golddublonen von 1795.

Taler und Dublonen der Stadt Basel
Natürliche Grösse. — Historisches Museum Basel

GESCHICHTE UND BILD
DER STADT BASEL

Abb. 43. Das älteste Basler Stadtbanner

aus der zweiten Hälfte des 15. Jahrhunderts, weisser italienischer Seidendamast mit Granatapfelmuster, der schwarze Baselstab aufgenäht. Höhe 100 cm, Breite 122 cm. — Historisches Museum Basel, Inv. Nr.1905, 5559.

„Dihs eerenpanner", das „villicht der zyt alls ein statt Basell vor vil jaren vor Endingenn (do dann die Wurtembergischenn grafen, als herren zu Richenwylr, kriegßwyß gegen einer statt Basell unnd gegen andern stettenn gewesen) hoch beschedigt und gelittenn, von handen khommen sin möchtt" war in einem Gelass der Pfarrkirche zu Reichenweier i. E. aufbewahrt, wurde von dort entwendet und 1548 dem Rat von Basel ausgehändigt, der dem Überbringer mit Urkunde vom 12. Januar 1548 ein Leibgeding von 40 ₰ aussetzte. Da die Niederlage im Endingerkrieg sich am Lukastag 1367 ereignete, kann dieses Banner das damals verloren gegangene Feldzeichen nicht sein; es befand sich bis 1862 im Staatsarchiv, dann in der mittelalterlichen Sammlung. — Das gerettete Basler Banner 1548, Basler Jahrbuch 1882, S. 232—234.

EINE ZEITTAFEL DER GESCHICHTE BASELS.

Die Kunstdenkmäler eines Landes sind Auswirkungen seiner Geschichte und nur durch sie völlig begreifbar; auch in Basel spiegelt sich der Stadt politischer, wirtschaftlicher und kultureller Aufstieg wie Niedergang in Bauten und Kunstwerken. Eine Übersicht über die historischen Ereignisse der Stadt Basel wird daher zum Verständnis ihrer Darstellung und Beschreibung dienen.

Die Geschichte des heutigen Standes Basel beginnt um die Jahrtausendwende. Was vorher war, ist nur in grossen Umrissen erkenntlich und verschwindet im allgemeinen Geschehen. Aber vom Jahre 1000 ab wird Basels schicksalhafte Entwicklung deutlich.

Basel als bischöfliche und freie Stadt bis 1501.

Die kaiserliche und bischöfliche Stadt und die ersten Anfänge ihrer Selbständigkeit.

1006 übernimmt Kaiser Heinrich II. (1002—1024) die Stadt Basel von König Rudolf II. von Burgund als Pfand für die Abtretung seines ganzen Reiches und erhebt den Bischofssitz zu neuer Bedeutung, indem er des Bischofs weltliche Herrschaft über die Stadt, wenn nicht begründet, so doch wiederhergestellt, den Neubau des Münsters fördert und mit kostbaren Reliquien ausstattet.

1033 nimmt Kaiser Konrad II. Basel, das er bereits 1025 nach dem Tode Kaiser Heinrichs II. (1024) „unterjocht" hatte[1]), im Verband des Königreichs Burgund endgültig für das deutsche Reich in Besitz[2]).

1061. In Basel findet eine Reichsversammlung und Synode statt. Auf ihr werden dem jungen Kaiser Heinrich IV. die von den Römern übersandte Krone überreicht und Bischof Cadulus von Parma zum Papst Honorius erhoben.

1072—1107 regierte Bischof Burckard von Hasenburg, ein treuer Anhänger Kaiser Heinrichs IV. Er befestigte um 1080 die Talstadt mit Einschluss des Birsiglaufes erstmals mit einer Mauer und gründete ausserhalb der Stadt 1083 das erste Kloster Basels, St. Alban.

1146 gewinnt Abt Bernhard von Clairvaux durch seine begeisternde Predigt im Münster den Bischof von Basel, Ortlieb von Frohburg (1137—1146), zur Teilnahme am zweiten Kreuzzug.

1209 in der Koblenzer Zollordnung werden erstmals Basler Handelsschiffe auf dem Rhein erwähnt.

1212 anerkennt Kaiser Friedrich II., der seine ersten Erlasse an das Reich aus der „nobilis civitas Basilea" richtete, die Selbständigkeit des städtischen Rates, der sich für ihn erklärt hatte, musste aber bereits

1218 dieses Privileg auf Betreiben des damaligen Bischofs Heinrich von Thun wieder aufheben (vgl. Abschnitt: Staatsarchiv, Goldbulle König Friedrich II. von 1218).

1225 wird der Rheinbrückenbau unter Bischof Heinrich von Thun vollendet. In unmittelbarem Zusammenhang damit steht die planmässige Anlage von Kleinbasel und seine Verschmelzung mit dem rechtsrheinischen Dorfe um St. Theodor.

---
[1]) Harry Bresslau, Jahrbücher des deutschen Reichs unter Konrad II., Bd. I, Leipzig 1879, S. 82—85.
[2]) J. Trouillat, Monuments de l'Histoire de l'ancien évêché de Bâle, T. I, Porrentruy 1852, N° 105.

1226. Mit dem Stiftungsbrief der Kürschner, der ältesten bekannten Zunfturkunde der Schweiz, treten die Handwerker, organisiert als Zünfte, erstmals unter der Bewohnerschaft Basels hervor, die sich bisher aus Geistlichen, ritterlicher Dienstmannschaft des Bischofs und Kaufleuten zusammengesetzt hatte.

1247 stürmt und verbrennt die für die Staufer Partei nehmende Bürgerschaft den bischöflichen Hof.

1252 wird Ritter Heinrich Steinlin zum ersten Bürgermeister Basels ernannt.

1263 erhält die Stadt von Bischof Heinrich von Neuenburg eine „Handveste", durch die Wahl und Verfassung des Rates geregelt werden.

1268. Die gegen Habsburg gerichtete Territorialpolitik der Basler Bischöfe führte zum Krieg zwischen Bischof Heinrich von Neuenburg und dem Grafen Rudolf von Habsburg und zur Spaltung der Basler Ritterschaft in die zum Bischof haltenden „Psitticher" und die habsburgisch gesinnten „Sterner", die aus der Stadt vertrieben wurden. Rudolf von Habsburg, der bereits 1253 im Krieg mit Bischof Berthold von Pfirt das hart vor der Stadtmauer gelegene Steinenkloster verwüstet hatte, verbrannte die St. Johannvorstadt und belagerte 1273 die Stadt Basel.

Die Auseinandersetzung mit Österreich und die weitere Entwicklung zur Selbständigkeit.

1273. Durch die unerwartete Wahl Rudolfs von Habsburg zum deutschen König wird der Feldzug gegen Basel ohne weiteren Schwertstreich zu Gunsten der Stadt entschieden. Die Stadt huldigt dem König, der seine Hoftage in Basel abzuhalten liebt.

1281 wird die Gemahlin Rudolfs von Habsburg, Königin Anna, die in Wien starb, in feierlichem Leichenzug nach Basel überführt und im Münster neben ihrem 1276 hier beerdigten Söhnlein Karl beigesetzt.

Anfangs des 14. Jahrhunderts löst sich die Stadt mehr und mehr von der Herrschaft der Bischöfe; diese, vom Papst in Avignon unter französischem Einfluss und unter Ausschaltung des Domkapitels gewählt, verfeindeten sich mit Österreich und verlegten, der Stadt überdrüssig, ihre Residenz nach Pruntrut, St. Ursanne und Delsberg. Als Basel gegen Österreich die Partei König Ludwigs des Bayern, des Feindes des Papstes, ergriff, verfiel es den Strafen der Kirche, die es schwer bedrückten. Erst mit der Königswahl Karls IV. erfolgte die endgültige Absolution der Stadt.

1305 wird erstmals das Oberzunftmeisteramt erwähnt und

1345 den Zünften durch eine Handveste des Bischofs Johann Senn eine Vertretung im Rate eingeräumt.

1326 schliesst Basel mit Strassburg und Freiburg i. Br. einen Landfriedensbund und

1345 zusammen mit dem Bischof ein Bündnis mit Zürich.

1349 dezimiert die Beulenpest die Einwohnerschaft Basels (es sollen 14 000 Personen gestorben sein); eine Judenverfolgung vernichtet die erste jüdische Gemeinde.

1351 erklärt Basel, das 1350 mit der Herrschaft Österreich und den Städten Strassburg und Freiburg einen fünfjährigen Bund geschlossen hatte, dem eidgenössisch gewordenen Zürich den Krieg und beteiligt sich an der ersten Belagerung der Stadt Zürich durch die Österreicher.

1356. Ein gewaltiges Erdbeben zerstört die Stadt; aber bereits sechs Jahre darnach war nach der Staatsrechnung von 1361/62 die gesamte städtische Schuld getilgt.

1365 wird Basel durch bretonische Söldnerbanden, die „Engländer", bedroht, aber durch den Zuzug von 1500 Bernern geschützt.

1372 wird das Schloss Istein von den Baslern genommen.

1373 verpfändet Bischof Johann von Vienne der Stadt Basel gegen zwei grosse Darlehen sein Zoll- und Münzrecht.

1375 wird der Streit zwischen der Stadt und dem Bischof sowie dem Herzog Leopold III. von Österreich (Safrankrieg) beigelegt. Der Bischof verpfändet die Stadt Kleinbasel an Leopold III.

1376. Die Stadt Basel gerät durch den Sühnevertrag, den sie als Folge der „Bösen Fastnacht" eingehen musste, und die Besetzung der Reichsvogtei über Basel mit Herzog Leopold in demütigende Abhängigkeit von Österreich.

1382 erhalten die Zunftmeister der 15 Zünfte im Rat Sitz und Stimme.

1385. Bischof Imer von Ramstein versetzt der Stadt Basel das Schultheissenamt (die Gerichtsbarkeit) in Gross- und Kleinbasel.

1386 befreit der Kriegertod des Herzogs Leopold bei Sempach die Stadt Basel vom österreichischen Druck. Durch rasches diplomatisches Eingreifen gelingt es dem Rat, von König Wenzel die nun erledigte Reichsvogtei (Blutgerichtsbarkeit) zur Besetzung zu erhalten; gleichzeitig treten des gefallenen Herzogs Söhne die Pfandschaft Kleinbasel an den Rat ab.

1392 werden Gross- und Kleinbasel vereinigt, indem Bischof Friedrich von Blankenheim die mindere Stadt an Bürgermeister und Rat abtritt.

1398 wird der bereits 1362 begonnene Bau der äusseren, alle Vorstädte umziehenden Ringmauer beendet.

Der Versuch territorialer Erweiterung. Konzilszeit und Universitätsgründung.

1400 geht Basel mit Bern und Solothurn ein zwanzigjähriges Friedens-Schutzbündnis ein. Gleichzeitig kauft es vom Bischof die Stadt Liestal, Stadt und Schloss Waldenburg sowie die Feste Homburg.

1407 erwirbt Basel das vom Bischof an Österreich verpfändete Olten als Pfand, das es bis 1426 behält, und erteilt den Bewohnern von Delsberg sowie des Delsberger- und Münstertales für sich und ihre Nachkommen das Basler Bürgerrecht. Allein 1434 aberkennt das Kaiserliche Hofgericht diese Bürgerrechtsverleihungen und durchkreuzt damit Basels Territorialpolitik im westlichen Jura.

1409. Zweite Eroberung und endgültige Schleifung der Doppelfeste Istein.

1417 wird Basel durch einen Stadtbrand schwer geschädigt.

1425 erobert und zerstört Basel in der Fehde seines Bischofs Johann von Fleckenstein mit dem Grafen Diebold von Neuenburg das achttürmige Schloss Héricourt.

1431—1448 tagt in Basel das vom Papst Eugen IV. einberufene Konzil: 1433 empfängt der Rat die von Prokop geführte Hussiten-Gesandtschaft; 1433/34 verweilte Kaiser Sigismund nach seiner Krönung in Rom sieben Monate in der Stadt; 1439 bricht die Pest aus; im gleichen Jahr wird in der „Mücke" der frühere Herzog Amadeus von Savoyen zum Papst gewählt und als Felix V. auf dem Münsterplatz feierlich gekrönt.

1441 schliesst Basel mit Bern und Solothurn ein zweites zwanzigjähriges Schutzbündnis mit der Spitze gegen Österreich.

1444. Als nach der Schlacht bei St. Jakob der drohende Angriff der von Österreich gegen die Eidgenossen zu Hilfe gerufenen Armagnaken auf Basel unterblieb, schloss die Stadt mit dem Dauphin Frieden.

1449. Die „Breisacher Richtung" beendete den Krieg zwischen Basel und Österreich nebst seinen Herren und Rittern und brachte der Handelsstadt neben politischer Selbständigkeit den nötigen freien und gesicherten Verkehr.

1459/60 gelingt dem Rat durch glückliche Ausnützung der Wahl des Basel wohlgesinnten Enea Silvio Piccolomini zum Papst Pius II. die Neugründung der Universität, die bereits zur Konzilszeit (1432—1448) bestanden hatte.[1]

1461 kauft Basel Schloss und Herrschaft Farnsburg samt der Landgrafschaft im Sisgau und rundet diesen Besitz

---

[1] Virgil Redlich, Histor. Jahrbuch, I. Heft 1929; Staatsarchiv Basel, Sammelband B 545.

1464—1467 durch weitere Käufe ab.

1471 erteilt Kaiser Friedrich III. der Stadt Basel das Recht, alljährlich zwei vierzehntägige Handelsmessen in ihren Mauern abzuhalten.

1474—1478 nimmt Basel am „Burgunderkrieg" teil, um der Gefahr der Umklammerung zu entgehen, die ihm durch die 1469 erfolgte Verpfändung der um Basel liegenden Besitzungen Herzog Sigismunds von Österreich an Karl den Kühnen von Burgund drohte.

1478 versuchte Bischof Kaspar zu Rhein, wie schon sein Vorgänger Johann von Venningen, die gesunkene bischöfliche Macht durch Einlösung des der Stadt verpfändeten Stadtschultheissenamtes zu heben. Die Stadt verweigerte die Annahme des Pfandschatzes, worauf Bischof und Stadt die Sache vor den Kaiser brachten, der Basel, als es sich herbeiliess, auf seine Rechte als eine der sieben Freistädte teilweise zu verzichten, 1488 ein allen städtischen Wünschen entsprechendes Privileg ausstellte. 1487 kaufte die Stadt Basel Eptingen und Diegten.

1499 im „Schwabenkrieg" wahrt Basel unter schwierigsten Verhältnissen seine Neutralität mit der Erklärung, dass es weder gegen das Reich noch gegen die Eidgenossen sein wolle. Aber dadurch wird sein Verhältnis zu den oberrheinischen Städten erschüttert; Reich und Österreich überlassen Basel nach dem Frieden seinem Schicksal, und das Baselbiet, von Solothurn aufgehetzt, droht der Stadt verloren zu gehen.

* * *

Die *kulturelle Entwicklung* Basels in diesen Jahren ihres politischen Aufbaus schildert Rudolf Wackernagel folgendermassen:

„Neben dem Leben in der Universalität der Kirche hatte Basel sein Recht und seine Verpflichtung in den Angelegenheiten des deutschen Reiches. An der Menge und Macht solcher Beziehungen sich nährend, fühlte die Stadt ihre Kräfte wachsen, ihren Geist reifen. Immer bewusster drängte sie zur Selbständigkeit. Der Kampf des Rates mit dem Bischof, der Kampf der Plebs mit der Vornehmheit bewegten Jahrhunderte, bis zum schliesslichen Siege von Städtertum und Demokratie im Zeitalter der Renaissance."

„Und wie das Gemeinwesen wächst und sich umgestaltet, hat es auch seine mächtigen geistigen Erlebnisse. Es empfängt den Besuch des Petrarca und beherbergt die grossen Denker und Redner des Konzils. Schon im 15. Jahrhundert besitzt Basel die vielleicht grösste Sammlung griechischer Literatur im Norden der Alpen. Bis dann 1460 die Gründung der Universität geschieht, als Tat nicht eines Fürsten, sondern einer Stadt, die im Gefühl vom ewigen Dasein des Geistigen diesem hier eine Herrschaft einräumt.

Das unter solcher Herrschaft stehende städtische Leben breitet sich seitdem vor uns aus wie ein grosses strahlendes Bild. Es hat eine Kraft und Gesinnung gewonnen, die sich in verschiedenen Formen mehr oder weniger intensiv äussert. Wie zur geschichtlichen Erscheinung Basels überhaupt die Vielseitigkeit, die Fülle individuellen Strebens gehört, so kann diese merkwürdige Stadtpersönlichkeit, altbegründet, voll feinen Lebensgenusses, durch viele Möglichkeiten des Weltverkehrs und ihrer ökonomischen Stärke gefördert, auch auf eine überreiche Gestaltung ihrer — mehr wissenschaftlichen und künstlerischen als literarischen — Kultur hinweisen."[1]

Eigenartig und in gewissem Sinne tragisch, dass es Basel gleichwohl nicht gelang, seine geographische Lage zur Bildung eines weithin herrschenden Gemeinwesens

---

[1] Dieses Zitat und alle folgenden sind der ausgezeichneten Einführung entnommen, die Rudolf Wackernagel dem Bändchen „Basel" der Serie Schweizer Städte der Editions d'Art Boissonas, Genf, vorangestellt hat.

zu verwerten. Der nach Norden orientierten Stadt standen das Erzhaus Österreich, der Markgraf von Baden, der Bischof und mit diesen viele kleinere Herren in undurchbrechbarem Ring entgegen. So suchte Basel in südlicher Richtung politischen Anschluss und territoriale Erweiterung. Aber auch hier gelang nur die Erwerbung des Sisgaus; Basel blieb der vereinzelte Stadtstaat.

Das Münster, die Kirchen und die Klöster mit Bildwerken und Grabmälern, der Bischofshof, der Saalbau im „Schönen Haus" am Nadelberg, der Engelhof und der Fischmarktbrunnen, die Rheinbrücke und die Stadtmauern mit Türmen und Toren sind charakteristische Denkmäler dieser Epoche.

Basel als eidgenössischer Ort.

Neue Verfassung und Lösung von der bischöflichen Herrschaft.

1501 wird Basel als ein mit den acht alten Orten gleichberechtigter Ort in den Bund der Eidgenossen aufgenommen. Am Heinrichstag (13. Juli) 1501 fand auf dem Marktplatz zu Basel die feierliche gegenseitige Eidesleistung statt.

1503—1516 beteiligte sich Basel an den Mailänder Feldzügen: 1503 Bellenzer Zug; 1507 Zug nach Genua; 1510 Chiasser Zug; 1511 „Kaltwinterfeldzug"; 1512 Pavierzug und Einnahme Mailands; 1513 Novara-Zug und Dijon-Zug; 1515 Marignano; 1516 ewiger Friede mit Frankreich.

1506 schloss Basel mit Mülhausen ein zwanzigjähriges Bündnis ab.

1512 verbietet der Rat seinen Bürgern Pensionen und Dienstgelder von fremden Fürsten anzunehmen.

1513 kauft Basel das Dorf Bettingen,

1515 Münchenstein, Muttenz sowie Wartenberg, und

1523 Schloss und Herrschaft Ramstein, nachdem es das Schloss bereits 1519 gewaltsam in Besitz genommen hatte.

1516 wird erstmals ein Mitglied der Zünfte, Jakob Meyer zum Hasen, der Meister der Hausgenossenzunft, zum Bürgermeister gewählt und

1521 die alte Ratsverfassung aufgehoben. Die Stadt sagte sich von Eid und Pflicht gegen den Bischof und von jeder Beteiligung desselben an der Ratswahl los; die Ratswahl erfolgte durch den abgehenden Rat, und beide Räte wählten die zwei Häupter, Bürgermeister und Oberzunftmeister.

1524. Die Stadt weigerte sich, dem Bischof den Martinszins zu zahlen, den der Bischof als Stadtherr bisher alljährlich von allen Hofstätten der inneren Stadt bezog.

1525. Ein Aufstand der Bauern des Baselbiets wird durch Vermittlung eidgenössischer Orte beigelegt; die Untertanen erhalten Erleichterungen ihrer Lasten; im gleichen Jahre werden die Dörfer Reinach, Therwil, Ettingen, Allschwil sowie Stadt und Amt Laufen ins Basler Burgrecht aufgenommen.

1529. Johann Oekolampad, 1482 zu Weinsberg geboren, väterlicherseits ein Schwabe, mütterlicherseits aus Basel stammend, liess sich 1522 in der Stadt nieder, bereitete die Reformation vor und verfasste die Reformationsordnung, die nach dem Bildersturm vom 8. Februar 1529 von Bürgermeistern und Räten erlassen wurde. Auch das Schulwesen wurde reorganisiert und der Universität 1532 eine neue Verfassung gegeben.

1531. Basel hatte im Kappelerkrieg auf Mahnung Zürichs 500 Mann den Glaubensgenossen zu Hilfe geschickt, die auf dem Zugerberg am Gubel von den katholischen Orten geschlagen wurden.

1534 verpfändete der Bischof der Stadt Binningen und Bottmingen und darauf

1547 auf Grund einer Handveste vom 10. August die Ämter Birseck, Zwingen, Laufen, Delsberg, St. Ursitz und Freienberg.
1575 Beginn der Gegenreformation im Bistum.
1585. Basel vergleicht sich auf Grund eines Vorschlags eidgenössischer Schiedsleute für immer mit dem Bischof, damals Blarer von Wartensee. Gegen Bezahlung von 200000 Gulden wird es von allen dessen Ansprüchen in der Stadt los und ledig erklärt, muss aber andererseits alle protestantischen Gemeinden des Bistums, die es in sein Burgerrecht aufgenommen hatte, wieder daraus entlassen.
1594. Der „Rappenkrieg", eine Rebellion der Landleute, die sich weigerten, die zur Aufbringung des „Lösegelds" an den Bischof erhobene Verbrauchssteuer auf Wein zu bezahlen, wird durch den Ratsherrn Andreas Ryff friedlich beendet.

* * *

In der Not und Verwirrung der Zeit, im Gefühl der völligen Isoliertheit, in die Basel durch seine Neutralität im Schwabenkriege geraten war, entschloss sich die Stadt, „Rücken und Schirm" bei der Eidgenossenschaft zu suchen, die damals auf der Höhe des Kriegsruhms bereit war, durch den Bund mit Basel Sundgau, Breisgau, die Waldstädte am Rhein und den Schwarzwald im Schach zu halten und sich zu öffnen.

„Basel fand Ruhe, aber um hohen Preis. Nicht nur, dass seine territorialen Absichten jetzt auch von der eidgenössischen Seite her vereitelt wurden; seine politische Stellung überhaupt war fortan beeinträchtigt. Basel blieb im Bunde die spät hinzugetretene Stadt der Kaufleute und Gelehrten, die rheinische Stadt. Tauglich als Bollwerk am grossen Strome, als Tor der schweizerischen Lande; aber beim Raten und Handeln der Bundesgenossen selbst in die hintere Linie gewiesen. Mit der Freiheit seiner Politik war es vorbei...."

Gleichwohl war auch diese Periode vielfach ausgezeichnet; man hat sie die goldene Zeit genannt, „da Basel als eine Wohnstätte der Musen, als die den Gelehrten liebste Stadt gilt, da inmitten der städtischen Weltbildung und Geschäftigkeit ein Zustand freien geistigen Wirkens gedeiht, den kein Geringerer als Erasmus enthusiastisch preist. Aber er selbst ist es vor allem, der diesem Zustand leuchtenden Glanz gibt; Basel strahlt im splendor Erasmicus. Die Kenntnis seiner grossen Drucker, der Unternehmungsgeist seiner Buchhändler, die Dankbarkeit der in Scharen herkommenden Humanisten tragen diesen Ruhm in alle Welt.

Das erasmische Basel ist zugleich das holbeinische. Und neben dem einen Holbein steht noch ein grosser Kreis von Künstlern; um sie alle aber, sie erregend und durch sie bewegt, geht die Macht künstlerischen Wesens durch das ganze Dasein Basels. Es ist die Zeit, in der hier eine festliche Stadt und Menschheit vor uns steht." (Rudolf Wackernagel.)

Das Rathaus und Kaufhaus, die Schützenhäuser, die Geltenzunft und der Spiesshof, Brunnensäulen, Grabdenkmäler und Wappenscheiben sind charakteristische Denkmäler dieser Epoche.

Das 17. und 18. Jahrhundert.
Niedergang und Erstarrung des gemeinen Wesens. Blüte von Industrie und Handel, Wissenschaft und Baukunst.

1618—1648. Im dreissigjährigen Krieg blieb Basel neutral und veranlasste, auf den Tagsatzungen während der zwanziger Jahre hauptsächlich durch Ratsherrn Johann Rudolf Faesch, später durch den Zeugherrn Johann Rudolf Wettstein vertreten, auch die Eidgenossenschaft zu diesem Verhalten. Für die Verteidigung der Stadt war Basel völlig auf sich selbst angewiesen. Es vervollständigte seine

Der kleine Masstab der Karte macht es unmöglich, die verschiedenen Besitzverhältnisse deutlich anzugeben. Es sei daher hier festgestellt, dass folgende Gemeinden ursprünglich nicht zum bischöflichen Gebiet zählten:
1. Die ehemals zur Herrschaft Farnsburg gehörigen Gemeinden (Arisdorf, Maisprach, Wintersingen u. a. m.).
2. Die Gemeinden des Eptingertales von Eptingen bis Zunzgen, Sissach, Böckten, Itingen, Nusshof, Hersberg, Giebenach, Augst, Pratteln, Muttenz mit Birsfelden, Münchenstein.
3. Rotenfluh und Anwil.
4. Die Enklave Biel-Benken.
Arlesheim und das Birseck links der Birs kamen mit Ausnahme der beiden Dörfer Binningen und Bottmingen, die 1534 vom Bischof an die Stadt verpfändet wurden, erst 1815 zu Basel.   *Carl Roth.*

Abb. 44. Die Basler Bistums- u. Stadtgebiete zur Zeit der Reformation.
Masstab 1 : 1 000 000.
Nach Originalzeichnungen von Gustav Schäfer.

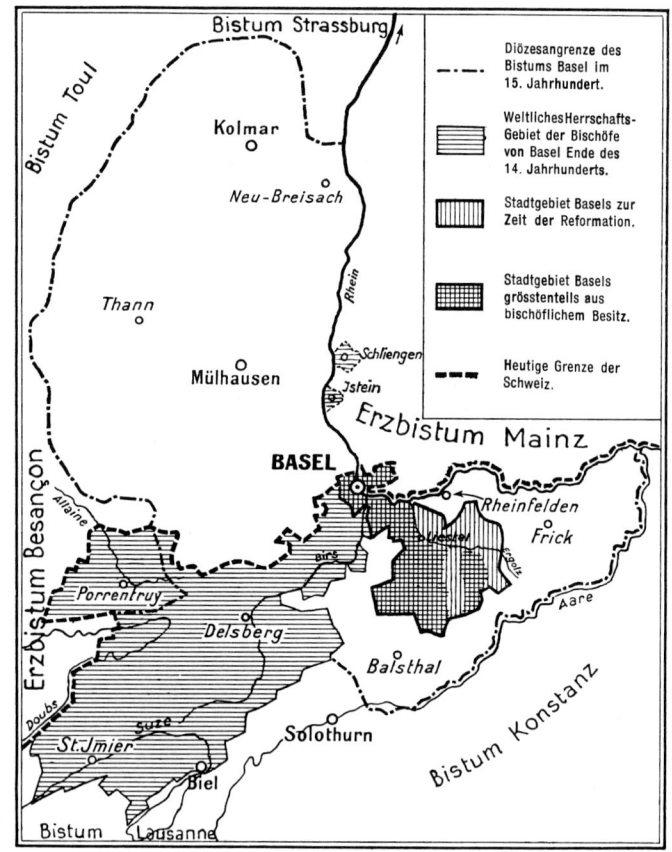

Befestigungen durch den Bau von Bastionen; gleichwohl führten die Operationen kaiserlicher und schwedisch-französischer Völker zu zahlreichen Gebietsverletzungen und erschwerten die Durchführung der Neutralität. 1634 brechen in Basel infolge der Aufnahme von Kriegsgeschädigten Pest und Hungersnot aus.

1640 kauft Basel das Dorf Klein-Hüningen.

1646—1648. Auf dem Friedenskongress zu Münster erlangte Bürgermeister Johann Rudolf Wettstein (1594—1666) als eidgenössischer Gesandter die Anerkennung der Unabhängigkeit der Schweiz.

1653. Im Bauernkrieg hatten sich die Baselbieter der vom Entlebuch ausgehenden allgemeinen Erhebung des Landvolkes zunächst angeschlossen, unterwarfen sich dann aber nach den Niederlagen der Luzerner und Berner Bauern. Trotzdem sind die Rädelsführer mit aussergewöhnlicher Härte bestraft worden.

1661. Rat und Universität kaufen auf Veranlassung des Bürgermeisters Wettstein das Amerbachsche Kunstkabinett, eine von Bonifacius Amerbach (1495—1562), vor allem aber von seinem Sohn Basilius (1534—1591) angelegte Sammlung, den Grundstock der heutigen öffentlichen Kunstsammlung.

Seit 1680 erbaut Vauban vor den Toren Basels die französische Festung Hüningen.

1682 überträgt der Rat das Basler Postwesen dem „Direktorium der gesammten Kaufmannschaft".

1691. Das Übergewicht der Herrenzünfte, die Konzentration der obrigkeitlichen Gewalt auf wenige Geschlechter, Missbräuche bei den Wahlen und der Besetzung der Ehrenstellen und einträglichen Beamtungen wurden die Ursache gewaltsamer Unruhen, die „das 1691er Wesen" genannt werden. Aus der Landschaft beorderte Mannschaft schlug den Aufruhr rasch nieder; die drei Hauptschuldigen, Dr. Johann Fatio, sein Schwager Johann Konrad Moris und der Weissgerber Johann Müller, sind mit dem Schwerte hingerichtet worden.

1696 beschliesst der Rat, dass neu angenommene Bürger weder in den kleinen noch in den Grossen Rat gelangen können. 1700 wird die Aufnahme neuer Bürger auf sechs Jahre, 1706, „qualifizierte Objekte" ausgenommen, auf weitere zehn Jahre eingestellt und 1718 beschlossen, überhaupt keine neuen Bürger mehr aufzunehmen.

1718 wird durch die „Ballotierordnung" die Besetzung der erledigten Amtsstellen durch das Los eingeführt, ein Verfahren, das 1740 eine Revision erfuhr.

Erst 1758 wird das Basler Bürgerrecht in beschränktem Masse wieder zugänglich gemacht. Im Jahre 1779 hatte Basel nach der ersten Volkszählung nur 15 000 Einwohner. Der Zuwachs an Neubürgern betrug im Verlauf des 18. Jahrhunderts (seit 1691) kaum 100.

* * *

Auch aus den Zeiten des Niedergangs, die Basel im 17. und 18. Jahrhundert durchzumachen hatte, ist Erfreuliches zu berichten. Durch die andauernde Einwanderung von Refugiantenfamilien aus Frankreich, dem Elsass und aus Holland, erhielt die Stadt einen „teils sofort, teils in der Folgezeit höchst fördernden Zuwachs und eine reiche Erfrischung seines kommerziellen und wirtschaftlichen Lebens." Schon 1541 war Johannes Bauhin, der Stammvater eines der berühmtesten Basler Gelehrtengeschlechter, als einer der ersten französischen Glaubensflüchtlinge nach Basel gekommen, 1565 die Socin, 1596 die Passavant, 1606 die Miville und 1622 die Bernoulli und Christ (Chrestien). Ihnen folgten 1628 die Sarasin, 1633 die De Bary, 1637 die Forcart und 1641 die Raillard, um nur einige der heute noch blühenden Refugiantengeschlechter zu nennen.

Ganz gross geartet war sodann das 18. Jahrhundert. Rudolf Wackernagel schreibt darüber: „Das überlieferte Sein war vielfach in Ermüdung und Starrheit befangen; aber daneben das hinreissende Brausen eines neuen Lebensstromes von Westen her, die mächtige französische Zeitmode. Ihr Werk ist die Stimmung der grossen Herren in der Kaufmannschaft, ihr Werk die lange Reihe von prächtigen Landhäusern, stolzen Stadtpalästen, reichgeformten Gärten, die hier entstehen. Wir empfinden sie als Zeugnisse eines neuen Geistes, der mit der alten, den Beschauer gleichsam abweisenden Baugesinnung nichts gemein hat. Sie sind Schöpfungen eines das Stadtbild glänzend bereichernden Impulses.

Aber dies ist doch nur Vergängliches im Vergleiche mit den geistigen Grossmächten, die zur Zeit über Basel walten.

In drei Generationen der Familie Bernoulli erwachsen eine Mehrzahl ungewöhnlich bedeutender Mathematiker und bieten damit eine in der Gelehrtengeschichte der Welt vereinzelte Erscheinung. Zur selben Zeit tragen auch andere Basler den Gelehrsamkeitsruhm ihrer Heimat an auswärtige Akademien. Und vollends erhebt sich die merkwürdige wissenschaftliche Produktivität Basels zu ihrer Höhe in Leonhard Euler. Dieser ist einer der grössten Mathematiker aller Zeiten."

Unterdessen lebt in Basel der Ratsschreiber Isaac Iselin (1728—1782); er schreibt eine „Geschichte der Menschheit" und er gründet 1777 mit Gleichgesinnten „die Gesellschaft des Guten und Gemeinnützigen" sowie mit Freunden aus anderen Schweizerstädten „die helvetische Gesellschaft", um sich bei der geistigen Verarmung und der Erstarrung des gemeinen Wesens in Basel wie in dem allgemeinen Niedergang im Ausharren und in der Hoffnung auf eine bessere Zukunft gegenseitig zu stärken. „Wir können sagen, dass Iselin in seiner hohen Ratsstelle ein bestimmtes Geistiges der Stadt gewissermassen amtlich verkörpert."

Neuzeit. Kantonstrennung und Wiederaufbau.

1790. Unter dem Einfluss der französischen Revolution hob der Grosse Rat durch Publikation vom 20. Dezember die Leibeigenschaft auf der Landschaft auf.

1797. General Napoleon Bonaparte wurde auf seiner Reise aus Italien zum Rastatter Friedenskongress im Baselbiet und besonders in Liestal begeistert begrüsst und von der Stadt Basel feierlich empfangen.

1798. Nach unblutiger Revolution nahm die gesamte Bürgerschaft am 19. Januar die von der Landschaft gestellten Forderungen an, wonach das Untertanenverhältnis aufgehoben und Gleichheit für Stadt- und Landbürger geschaffen wurde. Aber bevor die Nationalversammlung eine neue Staatsverfassung entwerfen konnte, verlor der Kanton Basel auf Grund der von Peter Ochs geschaffenen und von Frankreich der Schweiz aufgedrungenen helvetischen Verfassung seine Selbständigkeit und ging als Verwaltungsbezirk im helvetischen Einheitsstaat auf. Der Basler Johann Lukas Legrand wird als erstes Mitglied des Vollziehungsdirektoriums der Helvetischen Republik gewählt.

1803—1814. Nach dem Rückzug der französischen Truppen und der Beseitigung der Helvetischen Regierung durch einen allgemeinen Volksaufstand wird die Schweiz durch die Mediationsakte abermals ein Staatenbund, in dem auch Basel, in die drei Bezirke Stadt Basel, Liestal und Waldenburg eingeteilt, eine besondere kantonale Verfassung erhält. Zweimal, 1806 und 1812, war Basel Vorort der Schweiz und sein regierender Bürgermeister Landammann der Schweiz.

1813/14. Im Dezember 1813 erschienen die Heere der Alliierten vor Basel und zogen am 21. Dezember über die Rheinbrücke; am 10. Januar 1814 folgten die Kaiser Alexander von Russland und Franz von Österreich sowie König Friedrich Wilhelm von Preussen und nahmen mehrere Wochen im Segerhof, im Blauen Hause und im Deutschen Hofe Quartier.

1815. Die Festung Hüningen, die Basel bombardiert hatte, wurde, nachdem sie durch österreichische und schweizerische Truppen unter Erzherzog Johann von Österreich belagert und zur Übergabe gezwungen worden war, auf Grund des zweiten Pariser Friedens vom 20. November 1815 geschleift. Basel zahlte an die Schleifungskosten gegen 200 000 Franken.

1815—1830 war eine Zeit des Wiederaufbaus des öffentlichen und kirchlichen Lebens.

1830—1833. Durch die französische Juli-Revolution von 1830 beeinflusst, erhob sich die Landschaft in offenem Aufruhr, der nach der militärischen Niederlage der Stadt am 3. August 1833 zu der Trennung des Kantons in zwei Halbkantone Basel-Stadtteil und Baselland, führte. Die Bezeichnung Basel-Stadt erhielt der Kanton erst durch die Bundesverfassung von 1848.

* * *

Die Trennung des Kantons ist durch die eidgenössische Tagsatzung in härtester Weise durchgeführt worden. Die Stadt verlor ihr gesamtes linksrheinisches „Landschafts"-Gebiet. Aber sie ist dadurch nicht zur Resignation, sondern zum Selbstbewusstsein getrieben worden. Basel „reorganisiert", wie Rudolf Wackernagel a. a. O. hervorhebt, „sein erschüttertes öffentliches Wesen. Die Behandlung durch die Eidgenossenschaft vergilt es vornehm, indem es ihr, da sie sich umbildet, die staatswirtschaftlichen Gedanken und für deren Durchführung die Männer gibt. Es erweist hohe Gesinnung und Kraft vor allem dadurch, dass es sich die Universität rettet und dass es sie weiterführt unter schweren Opfern und wenn nicht in reichlicher Weise, doch überaus würdig. Es gewinnt eine auserlesene Schar akademischer Lehrer; schon ein Jahrzehnt nach der Katastrophe öffnet es in einem erhabenen Neubau das erste grosse und umfassende Museum der Schweiz."

Die sich aufraffende Stadt nahm auch an Einwohnerzahl zu; waren es im Jahre 1837 bereits 22000 Seelen, so 1853 schon 27000. Mit der Entfestigung Basels und der mächtig eingreifenden Vergrösserung seiner Stadtfläche seit 1859 endet für uns seine Stadtgeschichte.

Aber auf den Voraussetzungen des also Geschehenen beruhen auch Gegenwart und Zukunft. „Nicht das Allgemeine nur hat zu gelten, dass ein mit bedeutenden Weltberührungsmöglichkeiten ausgestatteter Kleinstaat der prädistiniert günstige Ort ist für eine starke Kultur. Mehr noch das Besondere und *Baslerische:* diese an zentraler Stelle gelegene Stadtrepublik vermag den Fehlbetrag ihrer politischen Geschichte nur dadurch auszugleichen, dass sie sich und das Gute ihrer nicht preisgegebenen Eigenart in den Dienst geistigen Lebens stellt." (Rudolf Wackernagel).

Literatur.

CHRISTIAN WURSTISEN, Baßler Chronick, Basel 1580; II. Ausg., Basel 1765—1779. — P. OCHS, Geschichte der Stadt und Landschaft Basel, 8 Bde., Basel 1786 ff. — J. TROUILLAT, Monuments de l'Histoire de l'ancien évêché de Bâle, 5 vols., Porrentruy 1852—1867. — L. A. BURCKHARDT, Der Kanton Basel, historisch, geographisch-statistisch geschildert. Erste Hälfte, Basel Stadtteil (Auch u. d. Titel: Historisch-geographisch-statistisches Gemälde der Schweiz, Elftes Heft), St. Gallen und Bern 1841. — ANDREAS HEUSLER, Verfassungsgeschichte der Stadt Basel im Mittelalter, Basel 1860. — HEINRICH BOOS, Geschichte der Stadt Basel im Mittelalter, Basel 1877. — GUSTAV SCHÖNBERG, Finanzverhältnisse der Stadt Basel im 14. und 15. Jahrhundert, Tübingen 1879. — RUDOLF WACKERNAGEL, Bruderschaften und Zünfte zu Basel im Mittelalter; Basler Jahrbuch 1883, Basel, S. 222 ff. — TRAUGOTT GEERING, Handel und Industrie der Stadt Basel. Zunftwesen und Wirtschaftsgeschichte bis zum Ende des 17. Jahrhunderts aus den Archiven dargestellt, Basel 1886. — Historisches Festbuch zur Basler Vereinigungsfeier 1892, Basel, o. J., darin u. a. S. 1 ff.: ANDREAS HEUSLER, Wie Gross- und Kleinbasel zusammenkamen; S. 43 ff.: ALBERT BURCKHARDT-FINSLER, Geschichte Kleinbasels bis zum grossen Erdbeben 1356. — JOHANNES BERNOULLI, Die Kirchgemeinden Basels vor der Reformation. Basler Jahrbuch 1894, Basel, S. 220 ff.; 1895, S. 99 ff. — RUDOLF THOMMEN, Basel und das Basler Konzil. Basler Jahrbuch 1895, Basel, S. 188—225. — AUGUST HUBER, Die Refugianten in Basel. 75. Neujahrsblatt, herausgegeben von der Gesellschaft zur Beförderung des Guten und Gemeinnützigen 1897, Basel 1896. — Festschrift zum vierhundertsten Jahrestage des Ewigen Bundes zwischen Basel und den Eidgenossen 13. Juli 1901, Basel 1901; darin u. a.: S. 3—33: RUDOLF WACKERNAGEL, Vorgeschichte, Abschluss des Bundes; S. 34—67: RUDOLF LUGINBÜHL, Reformation und Gegenreformation; S. 68—106: FRANZ FÄH, Das Zeitalter des dreissigjährigen Krieges und der Absolutismus; S. 107—156: ALBERT BURCKHARDT-FINSLER, Aufklärung und Revolution; S. 157—216: TRAUGOTT GEERING, Der neue Bund. — RUDOLF WACKERNAGEL, Geschichte der Stadt Basel, Bd. I, Basel 1907, Bd. II, 1. und 2. Band 1911 und 1916; Bd. III, Basel 1924. — ALBRECHT BURCKHARDT, Demographie und Epidemiologie der Stadt Basel während der letzten drei Jahrhunderte 1601—1900. Programm zur Rektoratsfeier der Universität Basel 1908, Basel 1908. — BERNHARD HARMS, Der Stadthaushalt Basels im ausgehenden Mittelalter 1360—1535, I.—III. Teil, Tübingen 1909, 1910, 1913. — WILHELM VISCHER, Die Basler Universität seit ihrer Gründung. 89. Neujahrsblatt, herausgegeben von der Gesellschaft zur Beförderung des Guten und Gemeinnützigen, Basel 1911. — ANDREAS HEUSLER, Geschichte der Stadt Basel, III. Aufl., Basel 1918. — RUDOLF WACKERNAGEL, Einleitung zu Schweizer Städte, Basel, Genf, o. J. — MARTIN WACKERNAGEL, Basel, Berühmte Kunststätten, Bd. 57, Leipzig 1912. — E. MAJOR, Basel, Stätten der Kultur, Bd. 28, Leipzig, o. J. — W. R. STAEHELIN, Basel, ein kunsthistorischer Führer, Basel, o. J. — PAUL KÖLNER, Unterm Baselstab, Basel 1918, II. Folge Basel 1922. — HISTORISCH-BIOGRAPHISCHES LEXIKON DER SCHWEIZ, Bd. I, 1921, S. 580 ff.; Bd. II, 1924, S. 1 ff. — PAUL GANZ, Basels künstlerische Kultur, Vortrag, gehalten an der Generalversammlung des Schweizer. Ing.-u. Arch.-Vereins in Basel, Schweizer Bauzeitung, Zürich 1926. — K. SCHÖNENBERGER, Das Bistum Basel während des grossen Schismas 1378—1415, Basel 1928, S. A. aus Basler Zeitschrift für Geschichte und Altertumskunde, Bd. 16, 17. — ERNST STAEHELIN, Die Reformation in Stadt und Landschaft Basel (1529). Zu ihrem 400jährigen Jubiläum erzählt, Basel 1929. — PAUL KÖLNER, Anno Dazumal, Ein Basler Heimatbuch, Basel 1929. — EDUARD SCHWEIZER, Eine Revolution im alten Basel (Das Einundneunziger Wesen) 109. Neujahrsblatt, herausgegeben von der Gesellschaft zur Beförderung des Guten und Gemeinnützigen 1931, Basel 1930. — BASEL, Festschrift zum 25. Schweizerischen Lehrertag, Basel 1931. — PAUL ROTH, Das Basler Konzil 1431—1448, Bern 1931. — JULIUS SCHWEIZER, Das Basler Konzil, Basler Nachrichten, Sonntagsblatt, Nr. 37, 13. IX. 1931. — ALFRED HARTMANN, Basilea latina, Lateinische Texte zur Zeit- und Kulturgeschichte der Stadt Basel im 15. und 16. Jahrhundert, Basel 1931.

DIE PRÄGUNGEN DER BASLER MÜNZSTÄTTEN
I. Die ältesten Münzen.

Nur wenige Städte der Schweiz waren so früh schon Münzstätten wie Basel. Bereits in *merovingischer* Zeit wurde in Basel gemünzt, was zwei Trientes unter den merovingischen Münzen in der Sammlung der Bibliothèque Nationale zu Paris beweisen[1]) (Abb. 45). Aus *spätkarolingischer Zeit* stammt ein Silberdenar des Münzkabinetts im Historischen Museum Basel, den E. A. Stückelberg als „Zweifürstenmünze" nach der Umschrift HLVDOVICVS PIVS Ludwig IV. dem Kind (899 bis 911) und nach den auf der Rückseite der Bezeichnung BASILEA angehängten Buchstaben R S Ludwigs Zeitgenossen König Rudolf I. von Burgund zuschreibt (Abb. 46, S. 76)[2]).

[1]) Maurice Prou, Les Monnaies mérovingiennes, Paris 1892, S. 277/78, Nr. 1273, 1274, Taf. XXI, 11.
[2]) E. A. Stückelberg, Denkmäler des Königreichs Hochburgund, Zürich 1925, S. 23, Taf. VI, Abb. 2.

Abb. 45. Gold-Triens, unter den Merovingern in Basel geprägt.
Doppelte natürliche Grösse. — Bibliothèque Nationale, Paris. Profilkopf nach links gerichtet mit Krone, Umschrift BAS(I)LIA FIT. Kreuz auf drei Stufen, Umschrift GV(NSO) MN, unten BONO (verdorben aus CONOB).

Abb. 46. Denar, unter König Ludwig IV
(899—911) in Basel geprägt.
Natürliche Grösse.
Historisches Museum Basel.

Von König Konrad von *Burgund* (937—993), dem Enkel jenes Königs Rudolf I., sind Denare und Obolen Basler Prägung im Basler Münzkabinett erhalten. Sie zeigen meist das Kreuz, aber auch einen bartlosen Kopf von vorne (wahrscheinlich einen Christuskopf mit dem Kreuznimbus) oder einen Profilkopf mit den Buchstaben REX auf der Krone; dazu die Umschrift CHVONRADVS, ausnahmsweise CHVONRADVS REX, und auf der Rückseite kranzförmig BASILEA CI oder in zwei Zeilen BASILEA und am senkrechten Mittelstab CIVITS. Die späteren Gepräge zeigen ein turmartiges Gebäude mit den Buchstaben S. S. (von Demole R S gelesen), woraus E. A. Stückelberg schliesst, dass diese Münzen von König Konrad gemeinsam mit einem Bischof von Basel ausgegeben sein könnten, dessen Name mit S beginnt und schliesst; sie bezeugten, wie die Bischöfe des burgundischen Reiches im 10. Jahrhundert die königlichen Regalien an sich zu ziehen wussten[1]).

---

[1]) E. A. Stückelberg, Denkmäler des Königreichs Hochburgund, Zürich 1925, S. 24, 25, Taf. VI, Abb. 10—17.

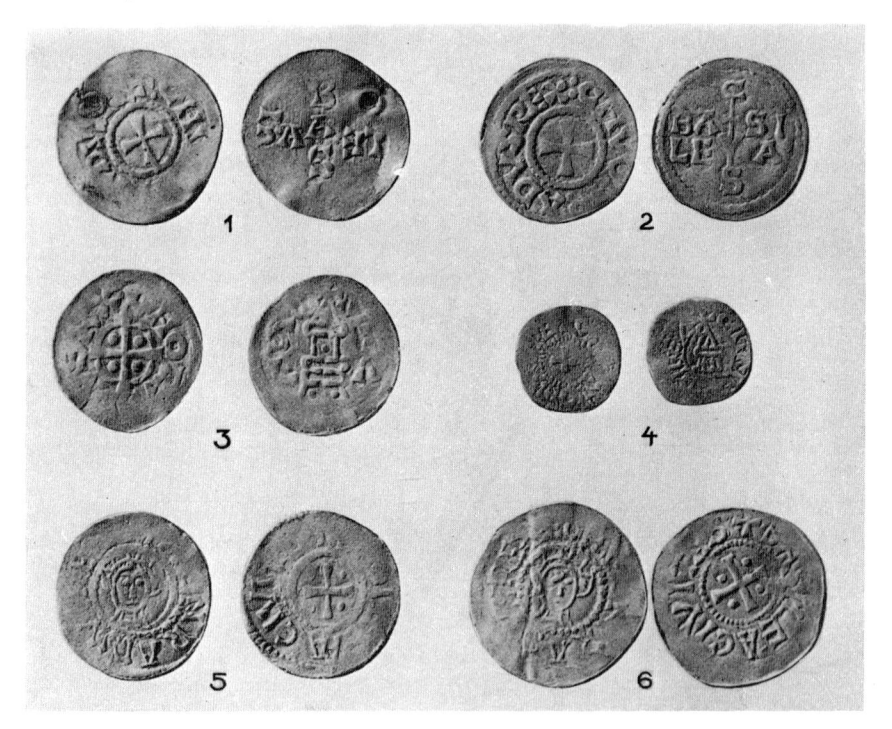

Abb. 47. Denare (1-3, 5 u. 6) u. Oboli (4), unter König Konrad II. v. Burgund (937-993) in Basel geprägt.
Natürliche Grösse. — Historisches Museum Basel.

Nr. 1—6, Bischöfliche Brakteaten, 13. und
14. Jahrhundert; Nr. 3 wohl von Bischof
Peter II. von Aspelt (1297—1305).

Unten: Avers und Revers von Goldgulden ohne Jahr, geprägt unter Kaiser Sigismund (1411—1437)
(ohne das Weinsberger Wappen).

Abb. 48. Bischöfliche und Kaiserliche Münzen in Basel geprägt
Natürliche Grösse. — Historisches Museum Basel.

II. Die bischöflichen Münzen.

Bereits im 11. Jahrhundert schreiben die Bischöfe Adalbero II. und Adelrich ihren ganzen Namen auf das Geld, womit die bischöfliche Münzprägung in Basel beginnt. 1146 am 15. Mai bestätigt Papst Eugen III. dem Bischof Ortlieb das Münzrecht, das König Konrad III. 1149 den 1. Brachmonat dahin ergänzt, dass für die bischöfliche Münze ein besonderes Gepräge geschlagen wurde, das niemand nachahmen durfte[1]).

Schon 1028 hatte Kaiser Konrad II. dem Bischof von Basel die im Breisgau gelegenen *Silberbergwerke* verliehen, was Kaiser Heinrich IV. 1073 am 20. Mai, Kaiser Lothar 1131 am 24. Juni, sowie Papst Innocenz II. 1139 am 14. April bestätigten und Kaiser Friedrich I. in der zweiten Hälfte des 12. Jahrhunderts dahin erweiterte, dass Bischof Ortlieb und seinen Nachfolgern das alleinige Recht zur Aufsuchung und Ausbeute von Silberminen in ihrem Bistum zustand.

Die damals angefertigten Münzen waren zunächst auf beiden Seiten geprägte *Halbbrakteaten* (Denare), die den Namen des Bischofs als Münzherrn, denjenigen Basels als Münzstätte und als Münzbild meist ein Kreuz oder ein turmartiges Gebäude zeigten. Im 13. und 14. Jahrhundert liessen die Bischöfe von Basel lediglich *Brakteaten* anfertigen, die wegen des auf ihnen dargestellten Bischofskopfes mit Mitra „Mönchskappen" genannt wurden (Abb. 48, 1—6).

III. Die kaiserlichen Münzen.

1429 am 19. September errichtete König Sigismund in Basel eine Münzstätte zur Prägung von *Goldmünzen*, die weder von der Stadt noch vom Bischof geschlagen werden durften. Diese Münzstätte wurde dem Basler Bürger PETER GATZ („...dem ...Peter Gaczen von Basel...") verliehen und der Rat beauftragt, einen Münzwart

---

[1]) Heinrich Boos, Geschichte der Stadt Basel im Mittelalter, Basel 1877, S. 30—33.

zur Kontrolle zu bestellen. Aber bereits 1431 zog der Kaiser die Münze wieder an sich und übergab sie zusammen mit jener von Frankfurt und von Nördlingen seinem Erbkämmerer und Rat KONRAD VON WEINSBERG als Pfand für ein Darlehen von 5450 Gulden. Da die kaiserlichen Pfandbriefe niemals eingelöst wurden, liessen die Weinsberg und von 1504 ab der Tochtermann des Philipp von Weinsberg, Graf EBERHARD VON KÖNIGSTEIN, wie unter Kaiser Sigismund auch unter Albrecht II., Friedrich III. und Maximilian I. in Basel Goldmünzen schlagen, bis Graf Eberhard von Königstein nach der Aufnahme der Stadt Basel in den Bund der Eidgenossen 1509 die kaiserliche Münze zu Basel nach der den Weinsberg s. Zt. ebenfalls verpfändeten Münzstätte Augsburg verlegte.

Diese kaiserlichen Goldmünzen, sogenannte „*Goldgulden*", zeigen auf dem Avers den Reichsapfel und als Umschrift den Namen des Kaisers, auf dem Revers die Madonna mit dem Kinde, meist über dem Weinsbergschen Wappen (drei kleine Schildchen in einem grösseren Schild), und die Umschrift „Moneta nova Basiliensis" (basili' oder basilien'); die Jahreszahl fehlt meistens, doch gibt es Goldstücke mit Jahrbezeichnungen zwischen 1491 und 1509 (Abb. 48, unten, S. 77).

IV. Die Münzen der Stadt Basel.

Schon Mitte des 13. Jahrhunderts besassen die Bürger von Basel ein gewisses Aufsichtsrecht über die bischöfliche Münze gemeinsam mit dem Bischof, dem jedoch der Schlagschatz allein zufiel.

1373 am 12. März verpfändete der Basler Bischof Johann von Vienne sein Münzrecht vorübergehend an die Stadt Basel für 4000 Florentiner Gulden.

1385 verpfändete der Bischof sein Münzrecht abermals an die Stadt.

Ende des 14. oder Anfang des 15. Jahrh. ging das Münzrecht an die Stadt Basel über, die damals anfing, mit ihrem Hoheitszeichen, dem Baselstab, zu münzen.

1419 bestätigte Bischof Hartmann der Stadt u. a. auch die Verpfändung der Münze.

1512 am 28. Dezember erteilte Papst Julius II. der Stadt Basel das Recht, *Goldmünzen* zu schlagen, das

1516 am 10. Januar von Kaiser Maximilian bestätigt wurde.

1585/86 ist anlässlich des Vergleichs zwischen der Stadt Basel und dem Bischof Jakob Christoph Blarer von Wartensee auch eine endgültige Vereinbarung über den Übergang des Münzrechtes an die Stadt getroffen worden.

1825 trat Basel dem Münzkonkordat der sieben Kantone vom 16. April dieses Jahres bei. Aber auch zur Zeit der Helvetischen Republik, die das schweizerische Münzwesen zentralisierte, war die Basler Prägstätte nicht ganz geschlossen.

* * *

Goldmünzen. Der wohl erste *Goldgulden* der Stadt Basel zeigt auf dem Avers die Umschrift: „monet'(a) avr'(ea) basilie'(nsis)" und Maria mit dem Kinde,

Abb. 49 und 50. Die beiden ältesten Goldgulden der Stadt Basel von 1512 und 1513.
Natürliche Grösse. — Historisches Museum Basel.

PRÄGUNGEN DER BASLER MÜNZSTÄTTEN 79

Städtische
Brakteaten

„Stäbler"
14.—16. Jahrh.

1 und 2. Halbtaler von 1542
mit dem Bilde von L. Munatius
Plancus. Von Hans Schweiger.

6. Halbtaler von 1542,
wurde auch als Revers von
Halbtaler 2 gebraucht.

3 und 5. Reverse von Dicken
vom Jahre 1520.
Von Urs Graf, vgl. S. 81.

4. Revers eines Batzens von 1533.
Von Jörg Schweiger.
7. Avers eines Groschens 1499.

Abb. 51 Silbermünzen der Stadt Basel.
Natürliche Grösse. — Historisches Museum Basel.

darunter das Wappen der Stadt, auf dem Revers die Umschrift: „jvlivs papa secundus 1512" und den Reichsapfel (Abb. 49). Der Basler Goldgulden von 1513 trägt auf dem Avers die Umschrift: „monet'(a) no'(va) avr'(ea) civi(tatis) basil'(iensis)" sowie das Baslerwappen auf durchgehendem Kreuz und „1513", auf dem Revers die Umschrift: „jvlivs II pon'(tifex) maxi'(mus)" und Maria mit dem Kinde (Abb. 50).

1 und 4, Plappart ohne Jahr (15. Jahrhundert). — 2 und 5, Doppelassis von 1623 (Revers von einer Klippe). — 3 und 6, Assis von 1708. — 7 und 8, Avers und Revers von Dreibatzen von 1765. — 9 und 10, Batzen von 1809.

Abb. 52. Silbermünzen der Stadt Basel.
Natürliche Grösse. — Historisches Museum Basel.

Im 17. und gegen Ende des 18. Jahrhunderts sind von der Stadt Basel ausser Goldgulden auch Doppelgulden, ferner Doppeldukaten *(Dublonen)*, einfache, halbe und Vierteldukaten geprägt worden mit Aufschriften und Münzbildern ähnlich den Silbertalern (Tafel 4).

Die ersten *Silbermünzen* der Stadt Basel waren *Brakteaten* mit dem Baselstab (Stäbler) (Abb. 51, S. 79, oben; vgl. auch Basler Denkmalpflege, Jahresbericht 1921, Tafel 4). Auf den doppelseitigen Silbermünzen erscheint zunächst wie auf den Goldprägungen die Madonna mit dem Kinde als Brustbild sowie mit der Umschrift „Ave Maria Gracia Plena" und dem Stadtwappen; auf Groschen, Doppelvierern und Vierern lauten die Umschriften auch „Gloria in Excelsis Deo" oder „Salve Regina" o. ä. (Abb. 51, S. 79).

1535 nach Einführung der Reformation wurde auf den Münzen der Stadt Basel statt der Madonna der zwei- oder einköpfige Reichsadler mit dem Spruch „Domine Conserva nos in Pace" angebracht, später der Baselstab, oft im Schild von Basilisken gehalten, und auf den Talern Stadtansichten (Abb. 51, S. 79, Abb. 52, sowie Tafel 4).

Im 15. Jahrhundert liess Basel hauptsächlich *Vierer* = 2 Rappen, und *Doppelvierer* = 4 Rappen, herstellen, die in Basels Nachbarschaft gangbare Münze der 1403 gestifteten sogenannten ,,Genossenschaft der Rappenmünze". Doch sind schon 1433 in Basel auch ,,*Groschen*" (Grossus) und ,,*Plapparte*" im Wert von 2 Schillingen angefertigt worden (Haller, a. a. O. II. S. 9) und nach Schöpflin schon 1378 ganze *Batzen*, 15 für einen Gulden (Abb. 52, S. 80).

Grössere Silbermünzen, nämlich dreifache, doppelte und einfache ,,*Dicken*", wurden in der Basler Münzstätte erst gegen Ende des 15. Jahrhunderts geprägt, 1520 auch halbe Dicken. 1542 liess die Stadt Basel erstmals *Taler*, die ursprünglich zu 17 Batzen gewertet waren, herstellen, dann in der ganzen zweiten Hälfte des 16. und im 17. Jahrhundert ausser Talern auch halbe und Vierteltaler (Abb. 51, S. 79), und seit 1564 den Goldgulden gleichwertige *Guldentaler* mit der Wertangabe von 60 (Kreuzern) im Reichsapfel, der auf der Brust des Doppeladlers angebracht war. Von dieser Geldsorte, die hauptsächlich für den Verkehr mit dem deutschen Reiche diente, kamen auch halbe Guldentaler zur Ausgabe (Tafel 4).

Im Anfang des 17. Jahrhunderts wurden zuerst, ohne Jahrbezeichnung dann mit den Jahreszahlen 1623, 1624, 1634 und 1638, *Doppelassis* = 4 Schillingen (= 16 Cts.) und von 1663—1708 auch einfache *Assis* = 2 Schillingen ausgegeben, eine Münzsorte, die sonst nirgendwo vorkommt (Abb. 52). 1764 prägte die Stadt Basel die dem späteren Schweizerfranken gleichwertigen $^1/_3$ *Taler*, sowie $^1/_6$ *Taler* = 5 Batzen.

Die letzten grösseren Münzen Basels sind Taler von 1796, halbe Taler von 1797 und *Dublonen* von 1795/1796 (Tafel 4); im Anfang des 19. Jahrhunderts wurden nur noch Stücke zu 5, 3, 1 und ½ *Batzen* sowie zu 2 und 1 *Rappen* geprägt (Abb. 52).

Die zahlreichen *Medaillen*, die in Basel geprägt worden sind, werden an anderer Stelle behandelt.

Als *Stempelschneider*[1]) sind zu nennen:

URS GRAF, geb. ca. 1485, als Basler Stempelschneider erwähnt, 1520, gest. 1527/28[2]).
JÖRG SCHWEIGER, in Basel zünftig 1507, als Basler Stempelschneider erwähnt 1533, 1534 als verstorben erwähnt[3]).
HANS SCHWEIGER, als Basler Stempelschneider erwähnt 1542 und 1564, gest. vor 1579[4]).
GABRIEL LE CLERC, als Stempelschneider zwischen 1683 und 1694 in Basel tätig[5]).
JUSTINUS DE BEYER, geb. 1671, in Basel 1716 und 1724 erwähnt, gest. 1738[6]).

---

[1]) M. A. Ruegg-Karlen, Basler Münzmeister, Stempelschneider und Medailleure. Schweizer. Numismatische Rundschau, Bd. XX, Genf 1915, S. 97—123.

[2]) Emil Major, Urs Graf, Ein Beitrag zur Geschichte der Goldschmiedekunst im 16. Jahrhundert, Studien zur deutschen Kunstgeschichte, Heft 77, Strassburg 1907. — Walter Lüthi, Urs Graf und die Kunst der alten Schweizer, Zürich und Leipzig, o. J. (S. 42 f.). — Schweizerisches Künstlerlexikon, Bd. I. Frauenfeld 1905, S. 607—612 (P. Ganz); Bd. II, Frauenfeld 1908, S. 708; Bd. IV, Frauenfeld 1917, S. 180 (E. Major); S. 529, 530 (E. Major). — Thieme-Becker, Allgemeines Lexikon der bildenden Künstler, Bd. XIV, Leipzig 1921. S. 486—488 (Lucie Stumm).

[3]) J. Cahn, Die Baseler Stempelschneiderfamilie Schweiger im 16. Jahrhundert. Revue suisse de Numismatique, Genève 1898, S. 274—294. — Schweizerisches Künstlerlexikon, Bd. III, Frauenfeld 1913, S. 96 (Daniel Burckhardt); Bd. IV, Frauenfeld 1917, S. 399 (E. Major).

[4]) J. Cahn, Die Baseler Stempelschneiderfamilie Schweiger im 16. Jahrhundert. Revue suisse de Numismatique, Genève 1898, S. 274—294. — Schweizerisches Künstlerlexikon, Bd. IV, Frauenfeld 1917, S. 398 (M. A. Ruegg).

[5]) Schweizerisches Künstlerlexikon, Bd. I, Frauenfeld 1905, S. 305, fälschlich mit dem Vornamen Daniel (Hahn); Bd. IV, Frauenfeld 1917, S. 102, 103 (Ad. Fluri; M. A. Ruegg). — Revue suisse de numismatique, t. XXI, Genève 1917, S. 168—170 (E. Major).

[6]) Schweizerisches Künstlerlexikon, Bd. I, Frauenfeld 1905, S. 124 (L. Gerster); S. 647; Bd. IV, Frauenfeld 1917, S. 33. — Thieme-Becker, Allgemeines Lexikon der bildenden Künstler, Bd. III, Leipzig 1909, S. 567 (Johann oder Justin).

Johann Jakob Handmann I, geb. 1711, Münzen von ihm seit 1740, gest. 1786[1]).
Johann Jakob Handmann II, geb. 1758, Münzen von ihm seit 1770, gest. 1793[2]).
Johann Ulrich Samson, geb. 1729, gest. 1806.[3])

* * *

Die ältesten *Prägstätten* der Stadt Basel lagen am Fischmarkt nahe den Bänken der Wechsler und dem für den Münzschlag notwendigen Wasserlauf; die Goldmünze war vorübergehend im Hause „zum Löwen" Ecke Sporen- und Eisengasse untergebracht, das 1487 der „Goldmünzermeister und Hindersass zu Basel Thoman Brunner" kaufte[4]) und das von da an den Namen „zur goldenen Münz" führte (heute Warenhaus Globus). Nach 1623 kaufte der Rat das Haus „zum Kessel" im Kuttelgässlein[4]), eine ehemalige Metzgerei am Rümelinbach, und verlegte die Münze dorthin, worauf das Kuttelgässlein den Namen Münzgasse erhielt. Die Einrichtung der Münze bestand aus zwei, durch ein Wasserrad getriebenen Streckwerken und einem Rappenwerke, aus dem Prägehaus, dem Münzgewölbe, dem „Formhüsli" und der Schmelzofenwerkstätte. Seit den 1760er Jahren liess Basel in der besser eingerichteten Münze in Bern prägen; der Wasserbau und die Werkstätten der „alten Münz" (Münzgasse 7 und 9) dienten von da ab verschiedenen industriellen Zwecken; in der Wohnung des Münzmeisters wurde 1824 unter Schulmeister Heinrich Weiss eine Taubstummenanstalt eingerichtet[5]).

V. Literatur.

Gottl. Em. von Haller, Schweizerisches Münz- und Medaillenkabinett, 2 Bd., Bern 1780/81. — H. Meyer, Die Denare und Bracteaten der Schweiz, Zürich 1858, S. 46—61. — Joseph Albrecht, Mitteilungen zur Geschichte der Reichs-Münzstätten zu Frankfurt a. M., Nördlingen und Basel, Heilbronn 1835. — C. F. Trachsel, Eine reiche Spezialsammlung von Baselschen Münzen; Blätter für Münzkunde, III. Jahrg. 1867, I. Bd., S. 74/75. — Albert Sattler, Geschichte und Goldgulden der Reichsmünzstätte zu Basel, Bulletin de la Société suisse de Numismatique, 1882. — Alfred Geigy, Katalog der Basler Münzen und Medaillen der im Historischen Museum zu Basel deponierten Ewig'schen Sammlung, Basel 1899. — Maurice Prou, Catalogue des Monnaies françaises de la Bibliothèque Nationale: Les Monnaies mérovingiennes, Paris 1892, S. 277/78, Taf. XXI, N° 11. — Leodegar Coraggioni, Münzgeschichte der Schweiz, Genf 1896 (Basel, S. 83—88). — A. Michaud, Les monnaies des Princes-évêques de Bâle, Chaux-de-Fonds 1905. — Bernhard Harms, Die Münz- und Geldpolitik der Stadt Basel im Mittelalter, Tübingen 1907. — M. A. Ruegg-Karlen, Basler Münzmeister, Stempelschneider und Medailleure; Schweizer. Numismatische Rundschau, Genf 1915, Bd. XX, S. 97—123. — Alfred Bissegger, Die Silberversorgung der Basler Münzstätte, Basel 1917. — E. A. Stückelberg, Denkmäler des Königreichs Hochburgund, vornehmlich der Westschweiz (888—1032); Mitteilungen der Antiquarischen Gesellschaft in Zürich, Bd. XXX, Heft 1, Zürich 1925 (Die Münzen der Könige von Hochburgund, S. 22—27, Taf. VI). *C. H. Baer.*

---

[1]) Schweizerisches Künstlerlexikon, Bd. II, Frauenfeld 1908, S. 13 (E. Major); Bd. IV, Frauenfeld 1917, S. 201, 202 (E. Major; M. A. Ruegg). — Thieme-Becker, Allgemeines Lexikon der bildenden Künstler, Bd. XV, Leipzig 1922, S. 583.

[2]) Schweizerisches Künstlerlexikon, Bd. II, Frauenfeld 1908, S. 13 (E. Major); Bd. IV, Frauenfeld 1917, S. 202 (E. Major; M. A. Ruegg). — Thieme-Becker, Allgemeines Lexikon der bildenden Künstler, Bd. XV, Leipzig 1922, S. 583.

[3]) Fritz Gysin, Johann Ulrich Samson. Jahrbuch für Kunst und Kunstpflege in der Schweiz, Bd. V, Basel 1930, S. 329—339 (mit 3 Tafeln). — Schweizerisches Künstlerlexikon, Bd. III, Frauenfeld 1913, S. 10, 11 (Daniel Burckhardt); Bd. IV, Frauenfeld 1917, S. 381 (M. A. Ruegg).

[4]) Staatsarchiv Basel, Historisches Grundbuch der Stadt Basel.

[5]) Paul Kölner, Anno dazumal, Basel 1929, S. 91/92.

DAS STADTBILD VON BASEL.

Zusammenfassung.

Die Schilderung einer Stadt im Bilde, ihre Topographie in kartographischen Grundrissen, beschreibenden Aufrissen und malerischen Veduten hat im Laufe der Jahrhunderte eine Entwicklung durchgemacht, die abhängig war von Aufnahmevermögen, Absichten und Darstellungsmitteln wie von der Art des künstlerischen Sehens des schöpferischen Meisters, aber auch des für die Masse arbeitenden Vervielfältigers. An dieser Entdeckung, Gestaltung und Vollendung des Stadtbildes, und zwar nicht nur des schweizerischen, war Basel als Objekt wie durch seine Aufträge und Künstler anregend und mitschaffend in hervorragender Weise beteiligt.

Für die Zwecke eines Inventars der Kunstdenkmäler, insbesondere für die Erforschung der Bauwerke, sind alte Stadtbilder, Gesamtansichten wie Einzelaufnahmen, von hohem Wert. Doch müssen zur Beurteilung ihrer Verwendungsmöglichkeit Auffassung und Darstellungsart, Naturtreue und Zuverlässigkeit berücksichtigt werden. Nach diesen Gesichtspunkten lassen sich unter den Stadtdarstellungen vier verschiedene Gruppen unterscheiden.

1. Illustrationen zu Textschilderungen, die durch annähernd richtige Wiedergabe eines charakteristischen Bauwerks den Ort, der gemeint ist, andeuten, oder durch schematische Umarbeitung bekannter Stadtansichten und Baugruppen fremde, nie gesehene Städte darstellen wollen.
2. nach der Natur gezeichnete Stadtbilder, die alle Einzelheiten beachten;
3. frei malerische Veduten;
4. Stadtbilder, die aus Grundriss- und Aufrissaufnahmen konstruiert wurden.

Natürlich sind Stadtbilder der ersten und dritten Kategorie, die dem Seh- und Gestaltungsvermögen der Künstler allein ihre subjektive Prägung verdanken, zur Feststellung ehemaliger Baubestände nur wenig verwendbar, um so mehr die unter 2 und 4 zu zählenden Aufnahmen, deren Annäherung an die Wirklichkeit mit den verschiedensten metrischen und technischen Mitteln und mit mehr oder weniger künstlerischem Gestaltungsvermögen erstrebt wird. Auch in dieser Hinsicht bieten die alten Stadtbilder von Basel eine fast lückenlose, an Höhepunkten reiche Entwicklungsreihe.

* * *

Die Basler Ansichten der Schweizerischen Chroniken, typisch gestaltete Hintergründe zu der bildlichen Darstellung des im Text Erzählten, sind nicht etwa allein durch Münster und Pfalz sondern z. B. im Zürcher und im Berner Schilling sowie in Schodolers Chronik durch einen Blick auf Rheintor und Rheinbrücke charakterisiert; sie können höchstens als Andeutungen für die damalige bauliche Gestaltung eines Teils der Stadt gelten.

Hierher gehören auch die beiden Basler Stadtveduten, die HANS HOLBEIN D. J. in zwei Bildern seiner in Lyon erschienenen Folge von Holzschnitten zum alten Testament verwendet hat, einer Ansicht der Stadt mit dem Spalentor und einem Blick nach der Stadt über die Mauer beim Birsigeinfluss und Steinentor. Mit beiden charakteristischen Bauwerken soll jedoch nicht Basel als Ort der Handlung bestimmt, sondern nur Hintergrund und Rahmen für die Darstellung der betreffenden Bibelstelle gegeben werden; die lokale Bedeutung verschwindet gegenüber der gegenständlichen. Das gleiche ist bei zweien der Monatsbilder MATTHÄUS MERIANS D. Ä. von 1620 der Fall (Februar und Dezember), die beide Partien vom Kleinbasler Ufer mit Durchblicken auf Gross-Basel zeigen, wogegen einer der 1615 entstandenen Stiche „Blick auf die St. Johannvorstadt vom Klingelberg aus" (Abb. 66) sowie der Stich „St. Albantal" von 1622 (Abb. 73) trotz ihrer biblischen Staffage zu den frei malerischen Veduten gehören, die als Stadtbilder an sich gezeichnet worden sind.

Die älteste bekannte Ansicht der Stadt Basel erscheint in Hartmann Schedels Weltchronik von 1493. Sie muss auf eine oder mehrere Aufnahmen nach der Natur zurückgeführt werden, ist aber eine jener typischen Vereinfachungen, bei der nebensächliche Dinge unterdrückt, das Charakteristische dagegen überbetont, alles leicht überschaubar zusammengedrängt und von unnatürlich gehobenem Blickpunkt aus dargestellt wird, eine bewusste Übertragung in die vulgäre Ausdrucksweise des Holzschnitts (Abb. 59).

Auch dem „alten Stadtbild", nur noch in späteren Kopien erhalten (Abb. 54) und wohl wenig vor 1500 entstanden, müssen Naturaufnahmen zugrunde gelegen haben, die in ähnlicher Weise vereinfacht worden sind.

Die genauen, streng sachlichen Aufnahmen zu diesen Stadtbildern sind nicht mehr vorhanden. Dagegen ist im Historischen Museum in Basel eine reizvolle Federzeichnung mit einer Ansicht der Stadt von Nordwesten rheinaufwärts (um 1535, Abb. 55) erhalten, die als Unterlage für eine Holzschnitt-Darstellung der Stadt Thessalonice in der 1545 in Basel verlegten Schrift „Nicolai Gerbelii in descriptionem Graeciae Sophiarii praefatio" (Abb. 56) verwendet worden ist. Ein Vergleich beider Ansichten zeigt, wie eine bis ins kleinste Detail sorgfältig nach der Natur hergestellte, als bauliche Urkunde demnach überaus wertvolle, aber in ihrer Gesamtheit wenig übersichtliche Aufnahme durch Vereinfachung und Weglassen ganzer Partien zu einem leicht erfassbaren, einprägsamen Stadtbild umgestaltet wurde (vgl. S. 136 ff.).

Die Rheinansicht Basels auf der Zeichnung von HANS BOCK D. Ä. vom Jahre 1572 ist rein künstlerisch geschaut (Abb. 57). Während die Federzeichnung um 1535 ängstlich bemüht war, zu zeigen, wie die Stadt wirklich aussah, hat sich Hans Bock nur bedingt der Wirklichkeit genähert und bewusst auf künstlerische Bildgestaltung hingearbeitet. Er hat damit bereits das Ziel angestrebt, das der Impressionismus der Kleinmeister um die Wende vom 18. zum 19. Jahrhundert erreichte. Auch die Ansicht des Grossbasler Rheinufers, die TOBIAS STIMMER auf dem Entwurf zu einer Basler Standesscheibe von 1579 anbrachte (Abb. 58), sowie die etwas dilettantenhafte, doch ungemein frische Radierung von HANS HEINRICH GLASER, „die Pfalz" (1642), vor allem aber MATTHÄUS MERIANS D. Ä. kleinere Stiche und Handzeichnungen mit Ansichten von Basel (Abb. 72—75, Tafeln 5, 6) gehören in die Kategorie der freien malerischen Veduten. Besonders die vier Handzeichnungen, zwei in Basel im Kupferstichkabinett (1622 und 1623/24), zwei im Kupferstichkabinett Berlin (1624), und unter ihnen wiederum vor allem das einzigartige Stimmungsbild des abendlichen Basels vom Turm des Hauses zum Kaiserstuhl an der Rheingasse (Abb. 75), zeigen, wie sehr Matthäus Merian selbst unmittelbar vor der Natur bildmässig zu sehen verstand.

Dagegen sind von den vier Ansichten der Stadt Basel in Merians „Topographia Helvetiae" usw. von 1642 (1654) die durch Signatur deutlich vor den zwei anderen Blättern hervorgehobenen beiden Stiche mit der Schilderung des Lebens unter den Bäumen des Petersplatzes und der malerischen Ansicht von Basel rheinabwärts gegen die Brücke mit der dunkel gehaltenen Silhouette des Münsterchors links im Vordergrund, neben aller künstlerischen Bildgestaltung doch gewollt treue Abbilder der Wirklichkeit. Künstliche Änderungen, Vereinfachungen oder Betonungen zum Zweck vermehrter Bildwirkung wurden vermieden. Mit Sicherheit ist der Standpunkt jeweils derart gewählt, dass alles Wichtige bedeutend und richtig zur Geltung kommt. Einzelheiten sind mit unbestechlicher Treue und doch ohne Kleinlichkeit wiedergegeben; auch die umgebende Landschaft wird mit Wahrhaftigkeit in das Blickfeld einbezogen. Diese Merianschen Veduten, ausgezeichnet durch die neue, zur graphischen Darstellung von Architekturen besonders geeignete Technik des Kupferstichs und epochemachend durch ihre Erweiterung des historisch-topographischen Sehens und Gestaltens vom metrisch oder architektonisch Bildhaften zum Landschaftlichen sind als Kunstwerke wie als Grundlagen für die Forschung gleichbedeutend. Sie werden darin nur noch von den vier Gesamtansichten der Stadt Basel erreicht, ja vielleicht übertroffen, die EMANUEL BÜCHEL auf Grund sorgfältigster Detailstudien und Aufnahmen in Stichen von JOHANN MARTIN WEISS 1747 herausgab (S. 126).

Zwei der Büchelschen Ansichten Basels decken sich mit Stichen der Merianschen Topographie; vor allem ist dies der Fall bei dem Bild mit dem Blick von der Rheinhalde bei St. Alban flussabwärts, die Emanuel Büchel später in David Herrlibergers „Topographie der Eydgenosschaft" 1754—1777 neben einer Ansicht von Gross-Basel von Klein-Basel her rheinaufwärts zweimal wiederholt hat, einmal fast genau von demselben Standpunkt aus, das andere Mal dem Münster näher in kleinerem Ausschnitt vom Terrassengarten des Hohenfirstenhofs gesehen. Und doch sind wesentliche Unterschiede vorhanden. Neben den künstlerisch abgerundeten, fast farbig erscheinenden Kompositionen Merians wirken die vier Büchelschen Blätter etwas matt und mit ihren gewissenhaft zusammengetragenen Einzelheiten eher ein wenig ängstlich und dilettantenhaft. Aber durch das jeweils im Vordergrund liebevoll vereinte Detail gelingt es dem Künstler doch, seinen Bildern ein Lokalkolorit zu verschaffen, das sie weit über den Begriff eines blossen Prospektes erhebt Zu solcher Frische und Vollkommenheit hat sich Emanuel Büchel in seinen späteren Arbeiten nur noch ausnahmsweise aufgeschwungen; seine vier Stadtprospekte von 1747 sind der Höhepunkt seines künstlerischen Schaffens, aber auch der malerischen historisch-topographischen Darstellung der Stadt Basel.

Die Entdeckung und zunehmende Schätzung der Natur als Schönheit an sich und die Tendenz der Künstler, Landschaft und Ortsbild als untrennbares Ganzes zu erfassen, ja, die Auswirkungen der Natur gegenüber den Schöpfungen von Menschenhand zu überschätzen, ordnete vom Ende des 18. Jahrhunderts ab die Stadtvedute der Landschaft unter. Eine Ansicht Basels von JOHANN JAKOB BIEDERMANN (1763—1830) z. B. ist ein Bild des Rheins, der an einer Baumgruppe vorbei zwischen bebuschten Ufern dahinströmt, von Basel her, dessen Silhouette im Hintergrund von fernen Bergen und Hügeln sich abhebt (Tafel 8). Dazu kam, dass die Erfindung des Steindrucks grössere Bildausmasse als Holzstock und Metallplatte gestattete und Farben in das Landschaftsbild brachte, was bisher nur durch umständliche Handkolorierung oder beschränkt mit der Aquatintamanier möglich gewesen war. Auch dies trug mit dazu bei, das Malerische und Gefühlsmässige über das Gegenständliche und Verstandesgemässe siegen zu lassen. Derartige Schaubilder sind künstlerisch wertvoll an sich, aber für das Studium des Stadtbilds und seiner Bauwerke bedeutungslos. Auch was FRANZ FEYERABEND (1755—1800), MAXIMILIAN und JOHANN JACOB NEUSTÜCK (1756—1834 und 1800—1867), ACHILLES BENTZ (geb. 1766), SAMUEL BIRMANN (1793—1847), ANTON WINTERLE (Winterlin auch Winterli) (1805—1894) oder KONSTANTIN GUISE (1811—1858), um nur einige Namen zu nennen, von Basler Stadtansichten zeichneten und malten, sind nur Ausschnitte aus dem Gesamtbild der Stadt, liebenswerte, saubere, aber etwas enge Schilderungen von Toren und Gräben, Strassen, Plätzen oder Gebäuden und wertvoll für die formale Geschichte einzelner Bauwerke. Alle diese lokalen Künstler hatten nicht mehr den Willen, die künstlerische Kraft und die Weite des Blicks, die Stadt als Ganzes zu erfassen und festzuhalten.

* * *

Neben diesen mehr oder weniger künstlerisch verarbeiteten Veduten waren schon frühzeitig Stadtansichten beliebt, die auf die kartographischen Zeichnungen des Mittelalters zurückgehen, in einer Vereinigung von Grundrissen und Aufrissen bestehen und auch heute noch verbreitet sind. Derartige Stadtprospekte wurden „vffgerissen und in Grund gelegt", d. h. in einem, durch umfassende Vermessungen gewonnenen Grundriss wurden die einzelnen Bauten mit genau aufgenommenen Aufrissen mit Hilfe eines Blickpunkts von oben „aus der Vogelperspektive" derart eingezeichnet, dass ausser den Fronten auch noch eine parallel perspektivische Seitenansicht der Gebäude gezeigt werden kann. Indem man so gewissermassen in die Stadt hineinsieht, ergibt sich Übersicht und Deutlichkeit; die Hauptbauwerke brauchen nicht mehr vergrössert, Vereinfachungen können vermieden werden.

Die Voraussetzung solcher Stadtprospekte, die Zemp a. a. O. als „Plan-Veduten" oder „Parallel-Perspektiven" bezeichnet, war das Vorhandensein einer umfassenden Planvermessung, wenn auch vielfach versucht worden ist, ohne diese kostspielige Vorarbeit auszukommen. Denn viele Stadtansichten, so auch der Prospekt Basels in der Cosmographey von Sebastian Münster von 1545 und 1546, scheinen frei, nur nach Art der Planveduten gezeichnet zu sein. Dagegen beruht die Ansicht von Basel, die Christian Wurstisen in seiner Basler Chronik (von 1580) nach einer verlorengegangenen, zwischen 1538—1548 angefertigten Tafel von SEBASTIAN MÜNSTER wiedergibt (Abb. 62), zweifellos auf einer genau vermessenen Planaufnahme der Stadt, deren Original verschwunden ist, auf der aber auch alle späteren Prospekte mit ihren zahlreichen Wiederholungen aufgebaut sind: so die wahrscheinlich von HANS ASPER gezeichnete Ansicht Basels in der Stumpfschen Chronik von 1548 (Abb. 63), das von HANS RUDOLF MANUEL DEUTSCH signierte Basler Stadtbild in Sebastian Münsters „Cosmographia universalis" von 1550 und die Prospekte der Stadt Basel in Bernhart Brandts „Vollkommener Begriff etc." (1553) sowie im „Encomium urbis Basileae" von Paulus Cherlerus von 1577 (Abb. 64).

Ist von dieser ersten Grundlegung der Stadt Basel nichts weiter bekannt, so wissen wir dagegen, dass HANS BOCK d. Ä. 1588 für einen Plan der Stadt bezahlt wurde und dass er oder sein Sohn Hans 1623 für eine weitere Planaufnahme honoriert worden ist. Beide Grundrisse sind verschollen; sehr wahrscheinlich aber hat die Vermessung von 1588 als Grundlage für die „Plan-Veduten" MATTHÄUS MERIANS D. Ä. gedient, sowohl für die Ansicht von Norden (Abb. 67—70) als auch für die Südansicht (Abb. 71). Beide Prospekte bilden im Verein mit den beiden Stichen „Basel im Grund" und „Basel im Prospekt" in Merians „Topographia Helvetiae" usw. infolge ihrer Genauigkeit und Übersichtlichkeit die hervorragendsten Dokumente für den damaligen baulichen Bestand der Stadt.

1620 hatte HANS BOCK D. Ä. vom Rat den weiteren Auftrag erhalten, zusammen mit seinen beiden Söhnen „einer Statt Basell vd zugehörigen Landtschaft Umbkreis vd Zirk geflissentlich in Grund zu legen". (Fritz Burckhardt, a. a. O., S. 299.) Das Ergebnis dieser Vermessungen von 1620 bis 1624, nach Daniel Bruckner (1705—1781) 29 Blatt im Masstab 1:4500, befindet sich mit wenigen Ausnahmen im Staatsarchiv Liestal und ist die Grundlage, auf der die Lohnherren JAKOB und GEORG FRIEDRICH MEYER ihre Vermessungen des Baselbietes aufbauen. Der Vater Jakob Meyer vollendete seine Karte (1:5000) 1653, während der Sohn 1678 zwei weitere

Karten (1 : 67500 und 1 : 81000) anfertigte, von der ihm 1678 vom Rat in Auftrag gegebenen weiteren Gebietsvermessung aber bei seinem Tode 1693 nur fünf der vorgesehenen acht Blätter abliefern konnte. Diese grosse Meyersche Karte (1 : 10000) gehört zu den wertvollsten, die Schweiz betreffenden kartographischen Arbeiten jener Zeit. Wahrscheinlich haben die beiden erstgenannten Karten Georg Friedrich Meyers, mit Verbesserungen aus späteren Vermessungen, der 1729 erschienenen Karte des Baselbiets von CHRISTOPH BRUNNER (1 : 112500) und der von EMANUEL BÜCHEL gezeichneten, von P. L. Auvray, Paris, gestochenen und von Daniel Bruckner 1766 herausgegebenen Karte (1 : 84375) zugrunde gelegen. Auch DANIEL HUBER (1768—1829), der in den Jahren 1813—1824 die Triangulation des Kantons Basel durchführte und damit die eidgenössische Triangulation wie die Herstellung der topographischen Karten der Schweiz (Dufourkarten) vorbereitete, hat (Tagebuch I, S. 733, 1816, April) G. F. Meyersche Pläne benützt. 1855 schliesslich beauftragte die kantonale Behörde den Geometer RUDOLF FALKNER (1827—1898), den späteren Vorsteher des Basler Baudepartements, mit der Ausarbeitung eines Stadtplanes, von dem bis Ende 1856 die Planaufnahmen der Umgebung der grösseren Stadt ausserhalb der alten Stadtgräben bis auf zwei Blätter vollendet waren. Den damals noch fehlenden Plan der inneren Stadt fertigte 1857/59 Geometer L. H. LÖFFEL an.

Auf diesen Vermessungen und Kartenzeichnungen bauen sich alle späteren Stadtprospekte und Stadtpanoramen auf, so u. a. der Plan der Stadt Basel von SAMUEL RYHINER von 1784 (Abb. 82, 83), jener von FRIEDRICH MÄHLY von 1847 (Abb. 84) oder das „Normalbild Basels" von J. ARNOUT von 1865 (Abb. 85).

Allgemeine Literatur: RUDOLF WOLF, Geschichte der Vermessungen in der Schweiz als historische Einleitung zu den Arbeiten der schweizerischen Geodätischen Kommission. Zürich 1879. — Die Entwicklung des Basler Stadtbildes bis auf Matthaeus Merian den Älteren. Beilage zu Heft IV (neue Folge) der Mitteilungen der historischen und antiquarischen Gesellschaft zu Basel. Basel 1894. — Die Basler Stadtbilder bis auf Matthaeus Merian den Älteren MDCXV. Herausgegeben von der historischen und antiquarischen Gesellschaft zu Basel. Den Mitgliedern der Allgemeinen geschichtsforschenden Gesellschaft der Schweiz bei deren Jahresversammlung in Basel am 19. September 1895 gewidmet. Basel 1895. — JOSEF ZEMP, Die schweizerischen Bilderchroniken und ihre Architektur-Darstellungen. Herausgegeben durch die Stiftung von Schnyder von Wartensee. Zürich 1897. — FRITZ BURCKHARDT, Über Pläne und Karten des Baselgebietes aus dem XVII. Jahrhundert. Basler Zeitschrift für Geschichte und Altertumskunde. Bd. V, S. 291—360. Basel 1906. — DANIEL BURCKHARDT-WERTHEMANN, Das altbaslerische Stadtbild und seine Maler in den Zeiten der Romantik. Beilage zum Jahresbericht des Basler Kunstvereins von 1909. Basel 1910. — PAUL HILBER, Die historische Topographie der Schweiz in der künstlerischen Darstellung. Die Schweiz im deutschen Geistesleben. Der illustrierten Reihe 8. Bd. Frauenfeld und Leipzig 1927. — R. NICOLAS und A. KLIPSTEIN, Die schöne alte Schweiz. Die Kunst der Schweizer Kleinmeister. Text von R. Nicolas. — Stuttgart, Zürich o. J.

C. H. Baer.

Die Bilddokumente.

Das Verzeichnis der Bilddokumente der Stadt Basel will eine chronologische *Übersicht über die Entwicklung des Stadtbildes* an einzelnen Beispielen geben. Vollständigkeit ist nicht beabsichtigt; vor allem wurden von den zahlreichen Arbeiten der Kleinmeister des endenden 18. und des 19. Jahrhunderts nur wenige, hier wichtige Blätter aufgenommen. Denn es wird sich Gelegenheit bieten, auf diese, oft sehr reiz- und wertvollen Einzeldarstellungen bei der Behandlung der verschiedenen Bauwerke zurückzukommen.

I. Stadtansichten in illustrierten Handschriften des XV. und XVI. Jahrhunderts.

Federzeichnungen, mit Aquarellfarben zum Teil koloriert. Die Basler Stadtansichten in DIEBOLD SCHILLINGS[1]) Beschreibung der Burgunderkriege in Zürich (um 1481, Zentralbibliothek Zürich, Ms. A. 5), in DIEBOLD SCHILLINGS Amtlicher Berner Chronik, Bd. III (vollendet 1484, Stadtbibliothek Bern, Ms. hist. helv. I. 3) und in WERNER SCHODOLERS[2]) Chronik Bd. III (um 1514, Kantonsbibliothek Aarau, Ms., Bibl. Zurl. 18) sind Phantasiegebilde, die jedoch durch erinnerungsgetreue Wiedergabe besonderer Bauwerke als baslerisch gekennzeichnet werden. So geben der „Zürcher Schilling" auf fol. 764 ein Bild der Rheinbrücke und des Rheintors mit einer Wiedergabe des „Reiters am Rheintor", und fol. 766 eine charakteristische Darstellung des Spalentors (Abb. 165, S. 244), der Berner Schilling und die Chronik Schodolers ebenfalls Ansichten von Rheinbrücke und Rheintor. Von diesen ist das Bild im Berner Schilling (fol. 416 v) nicht nur durch die Wiedergabe des „Reiters am Rheintor", sondern auch durch eine offenbar naturgetreue Darstellung des Zustands der Brückenkapelle vor dem Neubau von 1478 (Abb. 236, S. 317) bemerkenswert, während bei Schodoler (fol. 246) das Rheintor mit seinem Nebentor zwar richtig gezeichnet zu sein scheint, aber über dem Haupttor statt mit dem Reiterbild nur mit drei Baselstäben dekoriert ist. Die Bedeutung dieser gezeichneten Illustrationen für die Kenntnis des damaligen Denkmälerbestandes liegt also nicht in ihrer topographischen Wahrheit, die niemals beabsichtigt war, sondern in ihren naiv erlebten und ebenso naiv im Bilde gestalteten baulichen Einzelheiten, die dank der Unmittelbarkeit der Beobachtung historischer Zuverlässigkeit nicht ganz entbehren.

Literatur: RUDOLF RAHN, Geschichte der bildenden Künste in der Schweiz, Zürich 1876, S. 709—713. — G. TOBLER, Die Chronisten und Geschichtsschreiber des alten Bern. Festschrift zur Gründungsfeier, Bern 1891, S. 19 ff. — TH. VON LIEBENAU und W. F. VON MÜLINEN, Diebold Schillings Berner Chronik von 1424—1486. S.-A. aus dem Archiv des historischen Vereins des Kantons Bern, Bd. XIII, 3. Heft, Bern 1892. — JAKOB STAMMLER, Der Chronist Werner Schodoler.

---
[1]) Diebold Schilling, Beamter in Bern, gest. 1485.
[2]) Werner Schodoler, geb. 1490 in Bremgarten, nach 1509 Stadtschreiber in Bern und seit 1520 Schultheiss von Bremgarten, wo er 1541 starb. Vgl. J. Zemp, a. a. O. S. 127.

S.-A. aus dem Archiv des Historischen Vereins des Kantons Bern, Bd. XIII, 3. Heft. Bern 1892. — GEORG VON WYSS, Geschichte der Historiographie in der Schweiz, Zürich, seit 1895. — JOSEF ZEMP, Die schweizerischen Bilderchroniken und ihre Architektur-Darstellungen. Herausgegeben durch die Stiftung von Schnyder von Wartensee, Zürich 1897 (über den „Zürcher Schilling", S. 44—49).

In den mit Deckfarben gemalten Bildern (Umrisse in schwarzer Tinte, in Anlehnung an die Maltechnik der französischen und niederländischen Illuminatoren in Eiweisstempera bemalt und von Rahmenwerk eingefasst), mit denen der Luzerner DIEBOLD SCHILLING[1]) seine Chronik (1511—1513, Bürgerbibliothek Luzern, J. 23) illustriert hat, ist nicht nur, wie bereits R. Rahn (a. a. O. S. 714) betonte, in der getreuen Wiedergabe damals bestehender Gebäude ein gewisser Fortschritt zu beobachten, sondern auch bei den Stadtbildern, deren Silhouette und innerer Aufbau durch Erinnerungen an wirklich Geschautes wesentlich beeinflusst scheinen. So sind die von Südosten gesehenen Stadtansichten Gross- und Klein-Basels beidseitig des Rheins mit St. Jakob im Vordergrund auf den Blättern 46 und 47 (Treffen bei Pratteln und Schlacht bei St. Jakob an der Birs 26. August 1444) sowie auf fol. 113^v (Ankunft der Eidgenossen vor Basel zum Zug nach Nancy, Dezember 1476), wenn auch nicht naturgetreu, so doch durchaus charakteristisch und eindeutig (Abb. 53, S. 91), ebenso wie der Überblick über die beiden Städte von Nordosten auf fol. 51 (Belagerung von Klein-Basel durch Herzog Albrecht von Österreich im alten Zürichkrieg 1436—1450) und auf fol. 114 (Schiffbruch der auf dem Rhein nach Nancy abfahrenden Eidgenossen in der Weihnachtsnacht 1476, Abb. 132, S. 205). Der Lauf des Rheins und des Birsflusses, die Mauerzüge mit Türmen und Toren, die Rheinbrücke mit dem Rheintor, das Münster und die übrigen Kirchen und Kapellen, alles ist, wenn auch stets schematisch und unter Wiederholung bestimmter Typen, doch in einer Weise wiedergegeben, die deutlich eine entfernte Ähnlichkeit mit der erlebten Wirklichkeit gewährleistet. Dagegen sind die Teilansichten Gross-Basels von Norden auf fol. 120 (Einzug der Eidgenossen nach der Schlacht bei Nancy 5. Januar 1477) und von Süden auf fol. 179^v (Gefecht im Bruderholz im Schwabenkrieg, 22. März 1499, von anderer Hand stammend) nur noch durch je ein charakteristisches Bauwerk gekennzeichnet, einmal durch die 1422 errichtete Steinpyramide des Treppentürmchens der Predigerkirche und das anderemal durch St. Leonhard. Die Ansichten Basels schliesslich auf fol. 55^v (Einzug Kaiser Sigismunds in Basel), fol. 221^v (Erdbeben) und fol. 247^v (Ermordung eines Basler Bürgers 1507) sind reine Phantasieschöpfungen.

Diebold Schilling kannte Basel nachweisbar aus eigener Anschauung, denn er beteiligte sich als Mitstreiter am Zuge nach Nancy und hat sich selbst in seiner Schilderung der vereitelten Abfahrt als Zuschauer des Unglücksfalls auf die Rheinbrücke gestellt; er besass auch in Basel einen Freund, der seinem

---

[1]) Kaplan Diebold Schilling, geb. um 1460 in Luzern als Sohn des Unterschreibers Johannes Schilling (gest. 1491), des Bruders des Berner Chronisten Diebold Schilling; gest. zwischen 1518 und 1522.

Abb. 53. Ansicht der Stadt Basel
Aus Diebold Schillings Luzerner Chronik (295×190 mm). — Bürgerbibliothek Luzern.
Das Treppentürmchen der Predigerkirche mochte Diebold Schilling auch auf dieser Ansicht nicht entbehren,
verlegte es aber, wohl aus Mangel an Platz von Gross-Basel nach Klein-Basel.

Vater nahelegte, den Sohn auf die Hohe Schule ziehen zu lassen. Gleichwohl sind offenbar nur zwei Ansichten der Stadt, ihr erstes Erscheinen beim Einritt vom Hauenstein her und ihr Aufbau beidseits des Rheins von Nordosten gesehen, so tief haften geblieben, dass sie sich noch nach Jahren zu Bildern verdichten konnten. Des Stadtbildes von Süden und Westen erinnerte er sich nicht; eine Darstellung des so charakteristischen und zur Wiedergabe direkt herausfordernden Spalentors fehlt überhaupt.

Literatur: Diebold Schillings des Luzerners Schweizer-Chronik. Abgedruckt nach der Originalhandschrift auf der Burgerbibliothek der Stadt Luzern. Luzern 1862. Vorbericht von Dr. KASIMIR PFYFFER. — THEODOR VON LIEBENAU, Chronikschreiber Diebold Schilling von Luzern. Monatrosen des schweizerischen Studentenvereins, 15. Jahrg. 1870/71, S. 213—245. — RUDOLF RAHN, Geschichte der bildenden Künste in der Schweiz, Zürich 1876, S. 713—714. — JOSEF ZEMP, Die schweizerischen Bilderchroniken und ihre Architekturdarstellungen. Herausgegeben durch die Stiftung von Schnyder von Wartensee, Zürich 1897. — ERNST GAGLIARDI, Die Bilderchronik des Luzerners Diebold Schilling. Freie Vereinigung Gleichgesinnter Luzern, Festschrift, Zürich 1923. — PAUL HILBER, Des Luzerners Diebold Schilling Bilderchronik 1513, kulturgeschichtliche Monographie. Die Schweiz im deutschen Geistesleben Bd. 13. Frauenfeld 1928. — ROBERT DURRER und PAUL HILBER, Diebold Schilling, Luzerner Bilderchronik. Zur VI. Jahrhundertfeier des Eintritts Luzerns in den Bund der Eidgenossen, herausgegeben von der Einwohner- und Korporationsgemeinde Luzern, Genf 1932.

II. Das alte Stadtbild.

Das **Original-Ölgemälde**, eine Gesamtansicht von Klein- und Gross-Basel von Nordwesten, rheinaufwärts, befand sich ehemals im Rathaus zu Basel, nach der Vermutung Rudolf Wackernagels[1]) vielleicht in der hinteren Ratsstube. Es ist im Original verschollen, dagegen noch in mehreren Kopien erhalten. Als Entstehungszeit wird das Ende des XV. Jahrhunderts vermutet; „die ziemlich vorgeschrittene Darstellungsart dürfte allerdings kaum gestatten, viel vor 1500 zurückzugehen". (Zemp, a. a. O., S. 226). Von Wiedergaben dieser Rekonstruktion des ältesten Basels sind bis jetzt bekannt:

1. *Radierung*, signiert mit Monogramm MM, datiert 1609, ein Exemplar in Zürich, Prospektensammlung (Mappe Basel-Stadt), mit Schrifttafel 56 mm hoch, 75,5 mm breit, und ein zweites Exemplar im Kupferstichkabinett Basel (Mappe 133) mit Schrifttafel 57 mm hoch und 76 mm breit (Abb. 54). Die Aufschrift lautet: DIE ALTE STAT BASEL WIE SIE VOR ALTEN ZITEN / EHE DARIN CLÖSTER VND STIFTEN WARE GELEGEN IST. Nach Zemp (vgl. Literatur) ist dieses Blatt eine Erstlingsarbeit des jungen MATTHAEUS MERIAN (geb. 1593 in Basel), der im Alter von 16 Jahren bei Dietrich Meyer in Zürich in die Lehre trat.

Literatur: J. ZEMP, Zum alten Stadtbild von Basel, Anzeiger für schweizerische Altertumskunde, Bd. VII, 1892—1895, S. 495.

---

[1]) Albert Burckhardt und Rudolf Wackernagel, Geschichte und Beschreibung des Rathauses zu Basel. Mitteilungen der Historischen und Antiquarischen Gesellschaft zu Basel, Neue Folge IV, 1886, S. 6.

Abb. 54. „Das alte Stadtbild" von Basel.
Radierung von Matthäus Merian d. Ä., 1609. — Kupferstichkabinett Basel.

2. *Kupferstich*, signiert H. H. G. (HANS HEINRICH GLASER)[1]) datiert 1617, ohne das über dem Bild angebrachte Schriftband 41 mm hoch; 75 mm breit. Staatsarchiv Basel. Sammlung Birmann. Die Aufschrift lautet: Warhafftige Contrafactung der Statt Basell wie sie uor alten Zeitten. Ehe darinnen Clöster vnd Stiftungen Erbauwen gewasen ist.

   Literatur: Entwicklung des Basler Stadtbildes, Basel 1894, S. 3. — „Die Basler Stadtbilder", Basel 1895, Blatt X, unten.

3. *Nachstich nach der Glaserschen Radierung*, zeitlich ein wenig später, mit Schrifttafel unter dem Bild. Beides in rechteckigem Rahmen, der mit Blütenzweigen belegt ist. Bildgrösse 41 auf 74 mm. Vom Historischen Museum in Basel (Inv. Nr. 1920, 12) im Staatsarchiv Basel deponiert.

4. *Kolorierte Zeichnung* auf Pergament, Ausschnitt mit Schriftband oben rechts. Höhe 360 mm, Breite 455 mm, früher im Besitz von Herrn Dr. Paul Barth in Basel, jetzt Staatsarchiv Basel.
   Abgebildet in „Die Basler Stadtbilder", Basel 1895, Blatt II.

5. *Ölgemälde* auf Leinwand, 1707 von Maler JOHANN RUDOLF HUBER (1668—1748), auf Befehl der Häupter nach dem „alten gemähld der statt

---

[1]) Geb. vor 1595, gest. 1673. Daniel Burckhardt-Werthemann, Hans Heinrich Glaser. Ein Basler Künstler aus der Zeit des dreissigjährigen Krieges. Basler Jahrbuch 1897. S. 144—186. — Schweizerisches Künstlerlexikon, Bd. I, Frauenfeld 1905, S. 591, 592 (Daniel Burckhardt-Werthemann). — Thieme-Becker, allgemeines Lexikon der bildenden Künstler, Bd. XIV, Leipzig 1921, S. 238.

Basel copiert"[1]). Weisses Schriftband quer über den oberen Teil des Bildes mit der Inschrift: Contrafactur Basel der statt. Wie sie vor zyten gsehen hatt. Vor alten zyten und vil jahren. Eeh darin klöster und stifft warenn. Höhe 1,14 m, Breite 1,56 m. — Historisches Museum Basel, Inv. Nr. 1831, 38.

Abgebildet in „Die Basler Stadtbilder", Basel 1895, Blatt I.

Von Nachbildungen dieses Gemäldes sind zu nennen: *Tuschzeichnung* von EMANUEL BÜCHEL (1705—1775) von 1771 (310 auf 370 mm) in der „Falkeisenschen Prospekten-Sammlung" im Staatsarchiv Basel. — *Kupferstich* nach einer Zeichnung EMANUEL BÜCHELS (118 auf 168 mm) in der Brucknerschen Ausgabe und Fortsetzung der Chronik von Wurstisen. — *Holzschnitt* mit der Überschrift DIE ALTE VND ERSTE STAT BASEL (398 auf 510 mm), wahrscheinlich aus dem XVIII. Jahrhundert, in der „Falkeisenschen Prospekten-Sammlung" im Staatsarchiv Basel.

III. Handzeichnungen aus dem XVI. Jahrhundert.

Um 1535. Das Basler Stadtbild am Rhein. Blick von Nordwesten flussaufwärts mit der Rheinbrücke, leicht mit Wasserfarben kolorierte Federzeichnung (Dächer rotbraun, Schattierungen schwach grau) auf brüchigem durch Vergilben und Abnützung erheblich mitgenommenem Papier, vermutlich von CONRAD MORAND von Basel (vgl. S. 103, Anm. 1 und S. 136 ff.). Undatiert und unsigniert, Höhe 89 mm, Breite 403 mm. Historisches Museum Basel, Inv. Nr. 1870,924. — In dem nach Ankauf der Sammlung des Dr. Basilius Amerbach († 1594) durch den Basler Rat 1662 aufgestellten Verzeichnis (Inventar G) ist wahrscheinlich diese Zeichnung unter Nr. 54 angeführt als „ein Lang Täfelin darauff die Stadt Basel von freyer handt gerissen"[2]). Verkleinerte Gesamtabbildung Abb. 55, S. 95; in gleicher Grösse in zwei Hälften abgebildet auf den Tafeln 10 und 11.

Literatur: Entwicklung des Basler Stadtbildes, Basel 1894, S. 10, 19. — Abgebildet: „Die Basler Stadtbilder", Basel 1895, Blatt X, oben.

„Diese vortreffliche Zeichnung zeigt die Grossbasler Rheinhalde von etwa Mitte der Rittergasse über Münster und Pfalz, Rheintor, Blumenrain, die ganze St. Johannsvorstadt entlang bis zum ehemaligen Johanniterhaus[3]) und dem abschliessenden St. Thomasturm an der Stelle des heutigen niedrigen Aussichtsturms bei der St. Johannsschanze. Die alte Rheinbrücke überspannt den Strom, der sich in seinem Abwärtslauf nach vorne zu in stark überbotener

---

[1]) Staatsarchiv Basel. Akten Rathaus. Albert Burckhardt und Rudolf Wackernagel, Geschichte und Beschreibung des Rathauses zu Basel. Mitteilungen der Historischen und Antiquarischen Gesellschaft zu Basel. Neue Folge III, Basel 1886, S. 56, Anm. 39.

[2]) Paul Ganz und Emil Major, Die Entstehung des Amerbachschen Kunstkabinetts und die Amerbachschen Inventare. Öffentliche Kunstsammlung Basel, LIX. Jahresbericht, N. F. III, Basel 1907, S. 64.

[3]) Kirchtürme von links nach rechts: St. Klara, St. Anna vor dem Bläsitor, Klingental, Münster, ehem. Augustinerkirche, jetzt Museum (auf dem Merianschen Stadtprojekt ohne Dachreiter, Abb. 69, S. 114), St. Martin, kleiner Glockenturm, vielleicht von St. Leonhard, Predigerkirche, St. Peter, ehem. Antoniterkapelle (mit Antoniuskreuz), ehem. Johanniterkirche.

Oben: Abb. 55. Das Basler Stadtbild
am Rhein
Federzeichnung von Conrad Morand,
um 1535.
Etwa ½ natürlicher Grösse.
Historisches Museum Basel
(vgl. Tafeln 10 und 11).

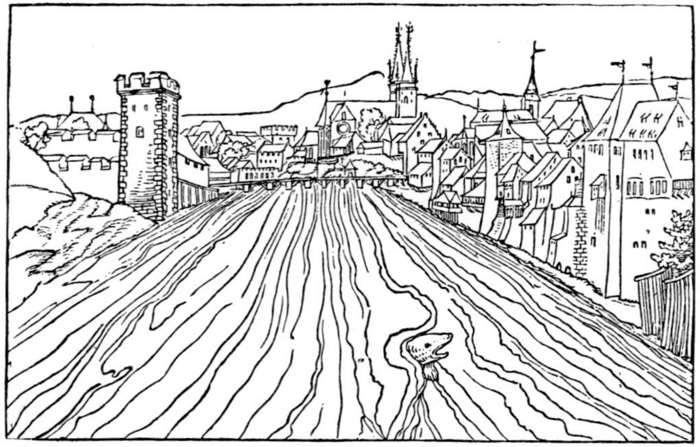

Unten: Abb. 56. Das Basler Stadtbild
am Rhein
Spiegelbild der Ansicht von Thessalonice,
Holzschnitt von Conrad Morand in „Nicolai
Gerbelii descriptio Graeciae", 1545.
⅔ natürlicher Grösse
Universitätsbibliothek Basel

Raumbreite öffnet; vom Kleinbasler Ufer ist mit dem Klingental als stärkerem Widerlager nur so viel gegeben, dass sich die Brückenbewegung vollkräftig auswirken kann und dass das Gesamtbild auch nach dieser minderen Seite Halt und Abgrenzung im Raum bekommt. Der Standpunkt ist mitten im Rhein in der nicht unbeträchtlichen Höhe gedacht, die uns heute vom Überschreiten der Johanniterbrücke geläufig ist. Über dem Stadtbild gibt aus der Ferne eine einzige Berglinie des Gempen mit dem charakteristischen Abfall der Fluh nur eine diskrete Andeutung von der Schönheit der Ortsgelegenheit im weiteren Land, von der Stadt als Tor der Schweiz. Die Raumgestaltung auf elliptischer Grundlinie, die der Naturwahrheit kaum Gewalt tut, gab durch Flügeldehnung in der rechten Bildhälfte die Möglichkeit für eine besonders ausführliche Entwicklung der ganzen Rheinfront der St. Johannsvorstadt; es scheint, dass hieran das Interesse des Zeichners mit noch engerem Heimatsgefühl gefesselt war, denn mit Erreichung der Vorstadt geht die Gestaltung des Stadtbildes mehr und mehr in ein erzählendes Ausmalen von Haus zu Haus über, und die Vorliebe für diesen Abschnitt hat augenscheinlich die Wahl des Gesichtspunktes bedingt. Wenn auch nicht an der geweihten Stelle, so ist doch Basels einzigartige Rheinlage in dieser Zeichnung des früheren 16. Jahrhunderts zum erstenmal, soweit wir wissen, von einem Künstlerauge als Bild begriffen und in einem einwandfreien graphischen Stil festgehalten worden; es ist dabei etwas wesentlich Landschaftlicheres, Künstlerischeres entstanden als bei den gleichzeitig schon vorkommenden halb kartographischen Universalprospekten ganzer Stadtkörper, die perspektivisch aus angenommener Höhe „in Grund gelegt" wurden, wie der damalige technische Ausdruck lautete. Die Möglichkeit einer Einordnung dieser einzigartigen Landschaftsdarstellung in das Werk des CONRAD MORAND von Basel in Strassburg habe ich in einem Exkurs (auf den Seiten 136—142) darzulegen versucht. *Hans Koegler."*

1572. Ansicht von Klein- und Gross-Basel von Westen rheinaufwärts mit Rheinbrücke zur Winterszeit. Datiert 1572, aber unsigniert. Höhe 210 mm, Breite 324 mm. Kupferstichkabinett Basel, U. 4. 70. d..

Das Blatt (Abb. 57) von HANS BOCK D. Ä.[1]), mit brauner Tusche auf braunrot grundiertem, weissem Papier mit dem Pinsel gezeichnet und mit Deckweiss gehöht, zeigt den z. T. zugefrorenen Rhein zwischen Klein- und Gross-Basel und im Vordergrund auf einer Terrasse eine alte Frau, die an einem Tisch sitzt und sich die Hände über einem Kohlenbecken wärmt. Die Ansicht ist aufgenommen von der „Rheinlaube" des Hauses „zum Susen" (heute Blumenrain Nr. 28), das 1567 dem Maler Hans Hug Kluber[2]), dem Meister Hans Bocks, gehörte und am 3. September 1587 von Hans Bock

---

[1]) Geb. c. 1550, gest. 1623 oder 1624. Schweizerisches Künstlerlexikon, Bd. I, Frauenfeld 1905, S. 152 f. (P. Ganz), S. 647; Bd. IV, Frauenfeld 1917, S. 44. — Thieme-Becker, Allgemeines Lexikon der bildenden Künstler, Bd. IV, Leipzig 1910, S. 157,158 (B. Haendcke).

[2]) Geb. 1535/36. Schweizerisches Künstlerlexikon, Bd. II, Frauenfeld 1908, S. 174 (D. Burckhardt-Werthemann), Bd. IV, Frauenfeld 1917, S. 262 (C. Brun).

Abb. 57. Ansicht von Basel mit der Rheinbrücke, 1572. — Hans Bock d. Ä.
Pinselzeichnung — Kupferstichkabinett Basel.

Abb. 58. Das Grossbasler Rheinufer bei der Schifflände, 1579. — Tobias Stimmer.
Aus einem Scheibenriss; getuschte Federzeichnung — Kupferstichkabinett Basel.

von der Witwe Klubers gekauft wurde. Es gehört als „Winter" zu einer Serie von vier Blättern, in denen Hans Bock den „Kurzweil der vier Jahreszeiten" zur Darstellung bringt, unterscheidet sich aber von den drei anderen Kompositionen zu „Frühling", „Sommer" und „Herbst", die sich eng an gleichzeitige niederländische Vorbilder anlehnen, durch das heimatliche Motiv.

Literatur: DANIEL BURCKHARDT-WERTHEMANN, Eine Ansicht Basels aus dem Jahre 1572. Basler Jahrbuch 1893, S. 260—262 (mit Abbildung in Lichtdruck). — Entwicklung des Basler Stadtbilds, Basel 1894, S. 10, 11; 19. — Die Basler Stadtbilder, Basel 1895, Blatt XI. — Paul Ganz, Handzeichnungen schweizerischer Meister des XV.—XVIII. Jahrhunderts, 1908, Bd. III, Tafel 13, Faksimile-Reproduktion mit Begleittext von E. MAJOR.

1579. Das Grossbasler Rheinufer bei der Schifflände. Ausblick etwas rheinaufwärts gegen die Rheinbrücke aus dem Fenster eines Hauses am Rheinufer der Kleinbasler Seite zwischen zwei Schildhaltern hindurch (Abb. 58, S. 97). Aus dem Scheibenriss zu einer Standesscheibe von Basel von TOBIAS STIMMER[1]). Schwarz getuschte Federzeichnung mit Monogramm und Jahreszahl 1579. Höhe 525 mm, Breite 375 mm. Kupferstichkabinett Basel 1911, 99. — „Ein wahrheitsgetreuer Ausschnitt aus dem Grossbasler Stadtbild mit Floss und Weidlingen auf dem Fluss".

Literatur: DANIEL BURCKHARDT-WERTHEMANN, Das altbaslerische Stadtbild und seine Maler in den Zeiten der Romantik. Beilage zum Jahresbericht des Basler Kunstvereins von 1909, Basel 1910, S. 10 (mit Abbildung S. 11).

IV. Stadtansichten in illustrierten Druckwerken
des XV. und XVI. Jahrhunderts und ihre Nachbildungen.

1493. Ansicht von Klein- und Gross-Basel von Nordosten. *Holzschnitt* in Hartmann Schedels Weltchronik, Nürnberg. Lateinische Ausgabe 1493, fol. 243 und 244, deutsche Ausgabe 1493, fol. 243b und 244. Im Bilde oben links die Bezeichnung BASILEA. Höhe 252 mm, Breite 528 mm. — Als Künstler der Bilder werden in der Chronik MICHAEL WOLGEMUT[2]) und WILHELM PLEYDENWURFF[2]) genannt. Nach den überzeugenden Darlegungen von Franz J. Stadler (a. a. O., S. 42, 43, 48 und 66) sind die „Darstellungen von Ländern, Städten, Klöstern und Baulichkeiten" allesamt von Wilhelm Pleydenwurff entworfen, vielleicht auch von ihm in Holz geschnitten. — „Stark vereinfachte und schematisierte Vedute, gleichzeitig ein frühes Beispiel lokaler Individualisierung." Nicht eine der vielen Kirchen und Kapellen ist vergessen; der Mauerring, die Tore, die Rheinbrücke mit ihren Eisbrechern, das Rheintor und der Salzturm, die Linde auf der Pfalz und auch der hinter der Stadt aufragende Gempenstollen sind im wesentlichen richtig eingezeichnet. Dass am Münster der Georgsturm als unvollendet einen hohen Aufzugskran trägt, während damals nur noch der Martinsturm seinem Ab-

---

[1]) Geb. 17. April 1539 in Schaffhausen, gest. 4. Januar 1584. Schweizerisches Künstlerlexikon, Bd. III, Frauenfeld 1913, S. 254—260 (Konrad Escher); Bd. IV, Frauenfeld 1917, S. 419.

[2]) Michael Wohlgemuth gest. 1490. — Wilhelm Pleydenwurff geb. um 1460; gest. vor 1495.

Abb. 59. Ansicht der Stadt Basel von Nordosten 1493. Wilhelm Pleydenwurff.
Holzschnitt in Hartmann Schedels Weltchronik. Fol. 243 und 244. — Etwa ⅓ natürlicher Grösse.

schluss entgegensah, mag mit der Übertragung der Zeichnung auf den Holzstock zusammenhängen (Abb. 59, S. 99).

Literatur: Basler Jahrbuch 1884. Photolithographie mit Begleittext, S. 100—103. — V. VON LOGA, Die Städteansichten in Hartmann Schedels Weltchronik, Jahrbuch der k. preussischen Kunstsammlungen, Bd. IX, 1888, S. 196. — Die Entwicklung des Basler Stadtbildes, Basel 1894, S. 4. — Die Basler Stadtbilder, Basel 1895, Blatt III. — HENRY THODE, Die Malerschule von Nürnberg im XIV. und XV. Jahrhundert in ihrer Entwicklung bis auf Dürer. Frankfurt a/M. 1891, S. 153—158; Anhang S. 239—242. — ERICH ABRAHAM, Nürnberger Malerei der zweiten Hälfte des XV. Jahrhunderts. Studien zur deutschen Kunstgeschichte 157. Heft, Strassburg 1912, S. 166—180. — FRANZ J. STADLER, Michael Wolgemut und der Nürnberger Holzschnitt im letzten Drittel des XV. Jahrhunderts. Studien zur deutschen Kunstgeschichte, 161. Heft, Strassburg 1913, S. 28—66.

Vor 1526 (um 1529). Zwei Stadtansichten von Basel, in der Folge von 91 kleinen *Holzschnitten* nach Zeichnungen von HANS HOLBEIN D. J.[1]), den sogenannten „Icones", die vollständig wohl erstmals in „Biblia utriusque Testamenti juxta Vulgata translationem... apud Hugonem à porta MDXXXVIII" (fol. 569: „excudebant Lugduni Melchior et Gaspar Trechsel fratres, 1538")[2]) und ohne den „Sündenfall" im gleichen Jahr und Verlag in „Historiarum veteris Instrumenti Icones"[3]) erschienen sind. Es handelt sich um die Holzschnitte Nr. 85 und Nr. 91 (Numerierung nach Woltmann) die, wenn sie von HANS LÜTZELBURGER, genannt Frank[4]), geschnitten wurden, vor 1526, nach H. A. Schmid[5]) aber erst um 1529 entstanden sind.

Holzschnitt Nr. 85 (Höhe 60 mm, Breite 80 mm) zeigt zwischen dem auf einem Baumstumpf sitzenden Propheten Hosea und der Gruppe seines Weibes mit drei Kindern, in der Mitte unter strahlender Sonne den Ausblick auf eine Stadt hinter betürmten Mauern mit einer getreuen Wiedergabe des Spalentors von Westen (Abb. 60).

Holzschnitt Nr. 91 (Höhe 60 mm, Breite 80 mm) illustriert die Vision, die 2. Makk. 5, 2 geschildert wird. Das Heer von Reitern „in güldenem Harnisch mit langen Spiessen" erscheint hier in der Luft über einem Stadtbild, zu dem eine Ansicht Basels von Süden, den Birsigfluss abwärts, verwendet worden ist. Die Stadtmauer, auf die der Blick fällt, zieht beidseitig von den Höhen zur Talsohle hinab, wo der Fluss seitlich des Steinentors durch ein Gatter und unter einem Wehrgang in die Stadt eindringt (Abb. 61).

---

[1]) Geb. um Neujahr 1498, gest. 1543. Schweizerisches Künstlerlexikon Bd. II, Frauenfeld 1908, S. 74—82 (Ed. His), S. 709; Bd. IV, Frauenfeld 1917, S. 222—226 (Paul Ganz), S. 539. — Thieme und Becker, Allgemeines Lexikon der bildenden Künstler, Bd. XVII, Leipzig 1924, S. 335 ff. (H. A. Schmid).

[2]) A. Woltmann, Holbein und seine Zeit, II. Aufl., Leipzig 1874 und 1876, Bd. II, S. 173, i.

[3]) A. Woltmann, v. a. a. O. II, S. 172, a.

[4]) Gest. 1526. Schweizerisches Künstlerlexikon, Bd. IV, Frauenfeld 1917, S. 289 (M). — Heinrich Alfred Schmid, Holbeins Tätigkeit für die Basler Verleger. Jahrbuch der k. preussischen Kunstsammlungen Bd. XX, Berlin 1899, S. 233—262; Hans Koegler, Ergänzungen zum Holzschnittwerk des Hans und Ambrosius Holbein, Jahrbuch der k. preussischen Kunstsammlungen, Bd. XXVIII, Berlin 1907, Beiheft S. 85—111; Paul Ganz, L'influence de l'art français dans l'œuvre de H. Holbein le jeune (Actes du Congrès d'histoire de l'Art, Paris 1921), Tome 2, partie I, 1926.

[5]) H. A. Schmid, Die Werke Hans Holbeins in Basel, Basel 1930, S. 22, 26/27, 86/87.

Abb. 60. Stadtansicht mit
dem Spalentor zu Basel
vor 1526 (um 1529).

Holzschnitte nach Zeichnungen von Hans Holbein d. J., „Icones", Nr. 85 u. 91.
Natürliche Grösse. — Nach den *Probedrucken* im Kupferstichkabinett Basel.

Abb. 61. Ansicht von Basel
mit dem Steinentor.
Der Birsig-Einlass rechts
statt links des Tores.

Bei beiden Darstellungen ist die Silhouette der Stadt derart schematisch vereinfacht, dass hier die Wirklichkeit höchstens noch angedeutet erscheint; aber die Mauerzüge, das Spalentor wie das Steinentor und der Birsig-Einlass sind bei allem Verzicht auf Einzelheiten mit der sicheren Hand des Meisters eindeutig charakterisiert. Es sind Architekturbilder „grossen Stils".

Literatur: A. WOLTMANN, Holbein und seine Zeit, II. Aufl., Leipzig 1874 und 1876, Bd. II, S. 169 f. — D. BURCKHARDT, Das altbaslerische Stadtbild. Beilage zum Jahresbericht des Basler Kunstvereins von 1909, Basel 1910, S. 6—8. — P. GANZ in Schweizerisches Künstlerlexikon, Bd. IV, Frauenfeld 1917, S. 222 f. — H. A. SCHMID, Hans Holbein d. J. in Thieme und Becker, Allgemeines Lexikon der bildenden Künstler, Bd. XVII, Leipzig 1924, S. 335 ff. — Die Werke Hans Holbeins in Basel, Öffentliche Kunstsammlung Basel, Kleiner Führer Nr. 2, Basel 1930.

Nach 1538. Ansicht von Klein- und Gross-Basel von Nordwesten, von Sebastian Münster zwischen 1538 und 1548 veröffentlicht, aber nicht mehr erhalten. Die Datierung des Blattes ist durch seine Darstellung des im August 1538 zu Basel abgehaltenen grossen Gesellenschiessens[1]) und durch das Fehlen der Bollwerke „Dornimaug" und „Wagdenhals" zu beiden Seiten des Steinentors, die nach 1547 erbaut wurden, gegeben; wahrscheinlich ist es 1538 oder direkt danach erschienen. Diese nicht mehr erhaltene Basler Stadtansicht ist u. a. benutzt worden zu

1. *Holzschnitt*, Ansicht von Klein- und Gross-Basel von Nordwesten, rechts anschliessend an eine Karte der Landschaft um Basel, in der „Bassler Chronick — Christian Wurstisen — getruckt zu Basel — durch Sebastian Henricpetri", 1580, zwischen dem ersten und dem zweiten Buche. Höhe 384 mm, Breite der ganzen Abbildung 298 und 368 mm (Abb. 62). Oben in der Mitte des Blattes, das die genaueste Wiedergabe des Stadtbildes von Sebastian Münster zu sein scheint, befindet sich eine Inschrifttafel, auf der Christian Wurstisen mitteilt, dass er es für gut erachtet habe, „diese Geographische Tafel, von Weilant dem weitberümpten Herren SEBASTIANO MVNSTERO an Tag gegeben, umb bessers berichts willen, hiebey zusetzen".

    Literatur: R. Hotz, Neuausgabe der Chronik Wurstisens, 1883. — Achilles Burckhardt, Christian Wurstisen, Vortrag, gehalten beim 50jährigen Jubiläum der Historischen und Antiquarischen Gesellschaft zu Basel, 16. September 1886. o. O. u. J. — Die Entwicklung des Basler Stadtbildes, Basel 1894, S. 4—6, 16. — Die Basler Stadtbilder, Basel 1895, Blatt IV.

2. *Kupferstich*, Ansicht von Klein- und Gross-Basel von Nordwesten in „De praecipuis, totius universi urbibus, liber secundus" von „Georgius Bruin, Simon Novellanus, Franciscus Hogenbergius, 1575, Bogen 40. Höhe 370 mm, Breite 375 mm. Die Abhängigkeit dieses Bildes von den Münsterschen Ansichten besteht darin, „dass das eigentliche Stadtbild sich geradezu als Copie der Münsterschen Aufnahme in der Chronik Christian Wurstisens (vgl. Abb. 62) darstellt (und da, wo diese Vorlage im Stiche liess, z. B. für die Gegend vor dem Äschentor, völlig phantastisch ist), dass dagegen für die Bezeichnung einzelner Gebäude und die Abfassung einer Tafel mit den entsprechenden Nachweisen das Bild in Sebastian Münsters Cosmographie von 1550 (vgl. S. 104/105) benutzt wurde."

3. *Holzschnitt*, in Cosmographia von Johann Rauw, Frankfurt 1597, S. 216. Höhe 68 mm, Breite 94 mm. — Eine unselbständige Nachbildung.

    Literatur: Die Entwicklung des Basler Stadtbildes, Basel 1894, S. 11, 16 und 14, 16. — Die Basler Stadtbilder, Basel 1895, Blatt XII und Blatt XIV unten.

4. *Kupferstich* in „Commentariorum rerum germanicarum libri IV" von Petrus Bertius, Amsterdam 1616, III. Buch, S. 474. Frei behandelter Nachstich.

---

[1]) Chronik des Fridolin Ryff mit der Fortsetzung des Peter Ryff, Basler Chroniken, herausgegeben von der Historischen Gesellschaft in Basel, Bd. I, Leipzig 1872, S. 156.

Abb. 62
Basel von
Nordwest
um 1538.

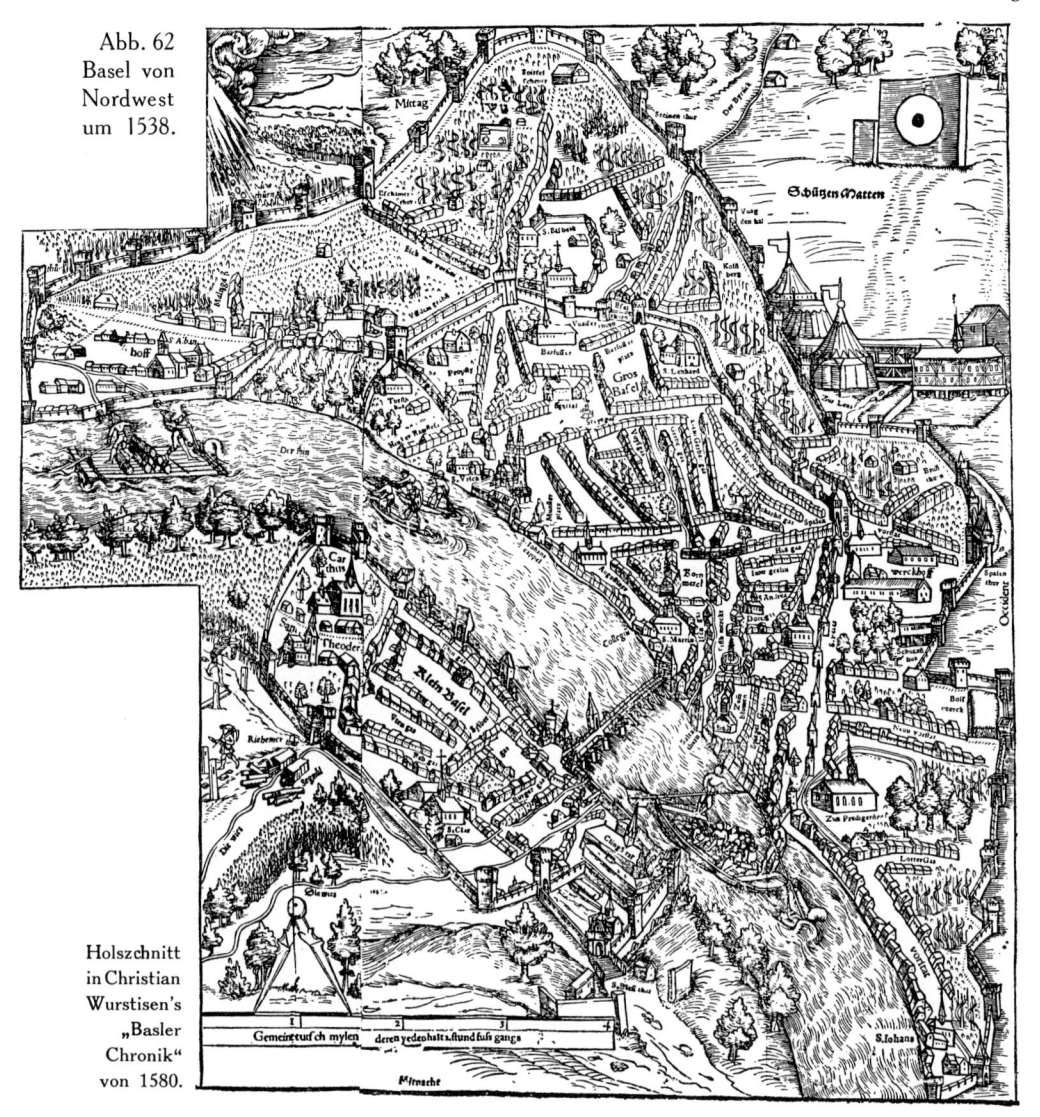

Holzschnitt
in Christian
Wurstisen's
„Basler
Chronik"
von 1580.

1545. Ansicht von Klein- und Gross-Basel von Nordwesten, rheinaufwärts mit der Rheinbrücke, im Vordergrund ein Salm. *Holzschnitt* im Spiegelbild als Ansicht der Stadt Thessalonice in „Nicolaï Gerbeleï in descriptionem Graeciae Sophiani praefatio, Basileae, ex officina Joannis Oporini". 1545, S. 40. — Höhe 84 mm, Breite 129 mm (Abb. 56, S. 95 und Abb. 87, S. 139). — Nach Hans Koegler stammt diese Ansicht Basels von CONRAD MORANDT[1]) und ist zweifellos eine für den Holzschneider hergestellte Vereinfachung seiner Federzeichnung im Historischen Museum in Basel (vgl. S. 94 u. 136 f.).

[1]) Um 1550. Schweizerisches Künstlerlexikon, Bd. IV, Frauenfeld 1917, S. 318—320 (Hans Koegler). — Thieme-Becker, Allgemeines Lexikon der bildenden Künstler, Bd. XXV, Leipzig 1931, S. 121.

Literatur: Die Entwicklung des Basler Stadtbildes, Basel 1894, S. 6, 18/19. — Die Basler Stadtbilder, Basel 1895, Blatt V, oben. — Auch: KARL SCHMIDT, Die Briefe Johann Oporins an den Strassburger Prediger Conrad Huber. Beiträge zur Vaterländischen Geschichte, herausgegeben von der Historischen und Antiquarischen Gesellschaft zu Basel, N. F., Bd. III, Basel 1893, S. 381—428.

1545 und 1546. Ansicht von Gross-Basel und einem Teil von Klein-Basel von Norden, *Holzschnitt* in „Cosmographia, Beschreibung aller Lender durch Sebastianum Munsterum — Getruckt zu Basel durch Henrichum Petri —" 1545 und 1546, S. 338. Höhe 66 mm, Breite 111 mm. — „Stark vereinfachte und abgekürzte Ansicht mit starker Übertreibung der Hauptgebäude und durchaus ungenauer Wiedergabe der Einzelheiten." (Zemp, a. a. O., S. 225.)

Literatur: Die Entwicklung des Basler Stadtbildes, Basel 1894, S. 6. — Die Basler Stadtbilder, Basel 1895, Blatt V, unten.

1548. Ansicht von Gross- und Klein-Basel von Süden. *Holzschnitt* in „Gemeiner loblicher Eydgnoschafft — Chronick — Durch Johann Stumpffen beschrieben. MDXLVIII. — Zürych — bey Christoffel Froschouer." Blatt 389 der zweiten Hälfte (Ausgabe 1586, Blatt 653; Ausgabe 1606, Blatt 699). — Höhe 132 mm, Breite 169 mm (Abb. 63). — Die Ansicht, auch originell durch den Standpunkt von Süden, „dürfte von HANS ASPER[1]) von Zürich gezeichnet sein; sie leidet an sehr starken Abkürzungen, unnatürlicher Hervorhebung der Hauptgebäude und zahlreichen Ungenauigkeiten in der Wiedergabe von einzelnen Bauten" (Zemp, a. a. O., S. 226). Gleichwohl lässt das Stadtbild vor allem in seinen Mauerzügen und Toren erkennen, dass es unmittelbaren Natureindrücken und -Aufnahmen seine Entstehung verdankt.

Literatur: Die Entwicklung des Basler Stadtbildes, Basel 1894, S. 7, 16. — Die Basler Stadtbilder, Basel 1895, Blatt VII.

Dieser Holzschnitt wurde kopiert als:

1. *Federzeichnung*, bunt ausgemalt, mit roten, rotbraunen und grünen Dächern, mattgrauen Schattierungen und gelben, braunen und grünen Bergen und Vordergründen. Höhe 178 mm, Breite 305 mm. — Staatsarchiv Basel.

    Literatur: Die Entwicklung des Basler Stadtbildes, Basel 1894, S. 6/7, 16. — Die Basler Stadtbilder, Basel 1895, Blatt VI.

2. *Holzschnitt* in „Regiment Gemeiner loblicher Eydgnoschafft: Beschriben — durch Josiam Simler von Zürych", Zürich 1576, zwischen den Blättern 98 und 99 (Ausgabe von 1608 zwischen Blättern 71 und 72; Ausgabe von 1610 zwischen Blättern 98 und 99). Höhe 111 mm, Breite 141 mm. — Ein verkleinerter Nachschnitt des Stumpfschen Holzschnitts (Zemp, a. a. O.).

    Literatur: Die Entwicklung des Basler Stadtbildes, Basel 1894, S. 12, 16. — Die Basler Stadtbilder, Basel 1895, Blatt XIII.

1550. Ansicht von Klein- und Gross-Basel von Nordwesten. *Holzschnitt* in „Cosmographiae universalis Lib. VI — Autore Sebast. Munstero. — Basileae

---

[1]) Geb. 1499, gest. 1571. Schweizerisches Künstlerlexikon, Bd. I, Frauenfeld 1905, S. 56—58 (Paul Ganz); S. 646; Bd. II, Frauenfeld 1908, S. 704; Bd. III, Frauenfeld 1917, S. 15—16 (F. O. Pestalozzi), S. 471. — Thieme-Becker, Allgemeines Lexikon der bildenden Künstler, Bd. II, Leipzig 1908, S. 185—187 (B. Haendcke)

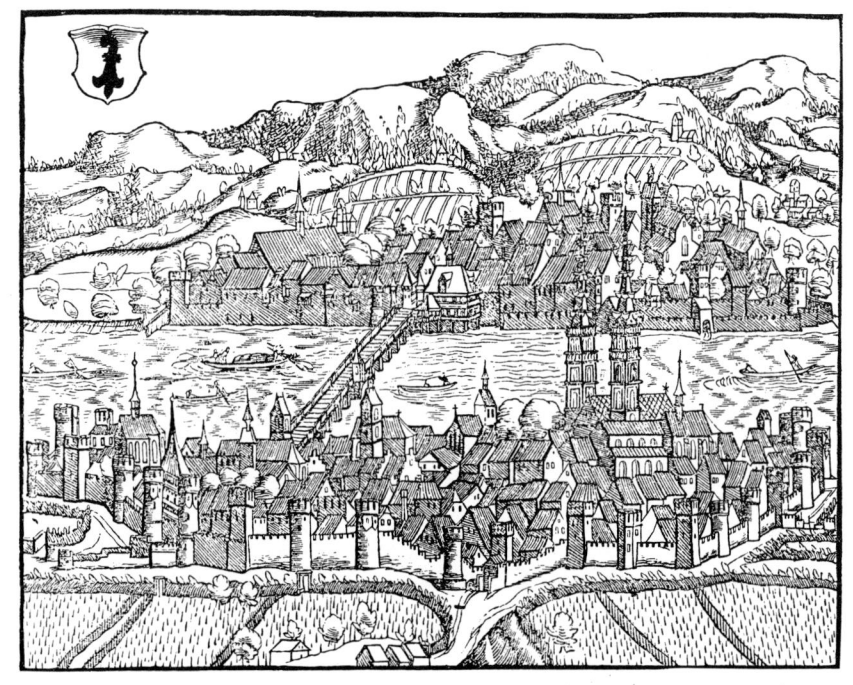

Abb. 63. Ansicht von Basel von Süden, 1548. — Wohl von Hans Asper.
Aus der Chronik von Johann Stumpff

apud Henricum Petri — MDL", S. 402 und 403. Höhe 258 mm, Breite 348 mm (Ausgaben 1554, S. 402 und 403; 1559, S. 402 und 403; 1567, S. 594 und 595; 1578, S. 582 und 583; 1592, S. 588 und 589; 1598, S. 604 und 605; 1614, S. 810 und 811). — Der Holzschnitt, den Zemp (a. a. O., S. 227) gleichfalls auf die nicht mehr vorhandene Ansicht Sebastian Münsters von nach 1538 zurückführt, ist links unten mit dem Monogramm RMD mit einem Dolch (HANS RUDOLF MANUEL DEUTSCH[1])) und links im Rhein mit dem Monogramm C S mit zwei Schneidemessern (wohl des Xylographen[2])) signiert.

Literatur: Die Entwicklung des Basler Stadtbildes, Basel 1894, S. 7—9, 16. — Die Basler Stadtbilder, Basel 1895, Tafel VIII.

1553. Ansicht von Gross- und Klein-Basel von Süden. *Holzschnitt* in „Volkumner Begriff aller lobwirdigen Geschichten und Thaten" von Bernhart Brandt, Basel 1553, S. 291b. Höhe 17 mm, Breite 77 mm. — Holzschnitt von ausgezeichneter Schärfe und Klarheit, signiert mit dem Monogramm HVB 13 und einem Schneidemesser dazwischen, möglicherweise ein umge-

---

[1]) Geb. 1525, gest. 1571. Schweizerisches Künstlerlexikon, Bd. II, Frauenfeld 1908, S. 319—321 (Conrad Escher); Bd. IV, Frauenfeld 1917, S. 294. — Thieme-Becker, Allgemeines Lexikon der bildenden Künstler, Bd. IX, Leipzig 1913, S. 171—175 (Hans Koegler).

[2]) Bei Nagler Monogrammisten 2, 264, als Christoph Stimmer von Schaffhausen, Bruder des Tobias, erklärt, wahrscheinlich aber das Zeichen des Formschneiders Meister Christoph in Strassburg (Die Entwicklung des Basler Stadtbildes, S. 19, Anm. 2). Vgl. auch Schweizerisches Künstlerlexikon, Bd. III, Frauenfeld 1913, S. 252/253 (Vogler).

arbeiteter, verkleinerter Nachstich des Basler Stadtbildes von Hans Asper in der Stumpffschen Chronik von 1548 (vgl. S. 104 und Abb. 63).

Literatur: Die Entwicklung des Basler Stadtbildes, Basel 1894, S. 9—10, 17 (vgl. dazu ZEMP, a. a. O., S. 226, Anm. 1.). — Die Basler Stadtbilder, Basel 1895, Blatt IX, oben links.

Dieser Holzschnitt wurde kopiert als

1. *Holzschnitt* in „Die Dryzehen Ort, der Loblichen Eydgenosschafft — Getruckt zu Basel bey Christoffel von Sichem formschneider, 1573. Blatt 10. Höhe 75 mm, Breite 75 mm. Er wurde wiederholt in „Bassler Chronick — Durch Christian Wurstisen", Basel 1580, S. 659, sowie in „Cosmographey" von Sebastian Münster, Basel 1629.

    Literatur: Neujahrsblatt der Stadtbibliothek in Zürich auf das Jahr 1890. — Die Entwicklung des Basler Stadtbildes, Basel 1894, S. 11, 17. — Die Basler Stadtbilder, Basel 1895, Blatt IX, oben rechts.

2. *Holzschnitt* in „Josiae Simleri Tigurini de Helvetiorum republica, libri duo". Paris 1577, auf Blatt 69 (französische Ausgabe 1578, S. 177; 1579, S. 177). Höhe 77 mm, Breite 77 mm.

    Literatur: Die Entwicklung des Basler Stadtbildes, Basel 1894, S. 13, 17. — Die Basler Stadtbilder, Basel 1895, Blatt IX, unten rechts.

3. *Kupferstich* in „Civitates orbis terrarum liber primus, von Georgius Bruin et Franciscus Hogenbergius, Coloniae Agrippinae" — 1577 auf Bogen 32 (Ausgabe 1582 auf Bogen 32). Höhe 96 mm, Breite 78 mm. — Ein geringer Nachstich, offenbar nochmals nachgestochen in „Commentariorum rerum germanicarum libri VI" von Petrus Bertius, Amsterdam 1616, lib. III.

    Literatur: Die Entwicklung des Basler Stadtbildes, Basel 1894, S. 13—14, 17. — Die Basler Stadtbilder, Basel 1895, Blatt IX, unten rechts.

1577. Ansicht von Klein- und Gross-Basel von Nordwesten. *Holzschnitt* in „Urbis Basileae Encomium — Basileae sumptu Christophori a Sichem Librarii — Authore M. Paulo Cherlero Elsterburgensi — Anno salutis 1577", auf einem beigehefteten Blatt, und in „Epitome Historiae Basilensis — Authore Christiano Urstisio — Basileae, per Sebastianum Henricpetri, anno a Christo nato MDLXXVII", zwischen Index und Text eingeheftet. Höhe 122 mm, Breite 152 mm (Abb. 64). — Das Stadtbild bei Cherlerus zeigt nach Zemp (a. a. O., S. 227) „im allgemeinen viel engere Verwandtschaft mit Seb. Münster (1550), als mit Wurstisen (1580, Münstersche Ansicht nach 1538); man vergleiche namentlich die zahlreichen Hecken in der Umgebung der Stadt —; zudem aber sind einzelne von der Vorlage abweichende Erscheinungen direkt nach der Natur gezeichnet, so dass der Abbildung ein gewisser originaler Wert nicht abzusprechen ist. So sind bei Cherlerus im Befestigungszuge die um 1577[1]), also gerade zur Zeit der Entstehung dieser Abbildung errichteten Schanzen und Bollwerke hinzugekommen; der Stadtgraben ist mit einer

---

[1]) A. Heusler, Vaterl. Mitteilungen aus den Basler Ratsbüchern aus den Zeiten des dreissigjährigen Krieges. Beiträge zur Vaterländischen Geschichte, herausgegeben von der historischen Gesellschaft in Basel, Bd. VIII, Basel 1866, S. 222.

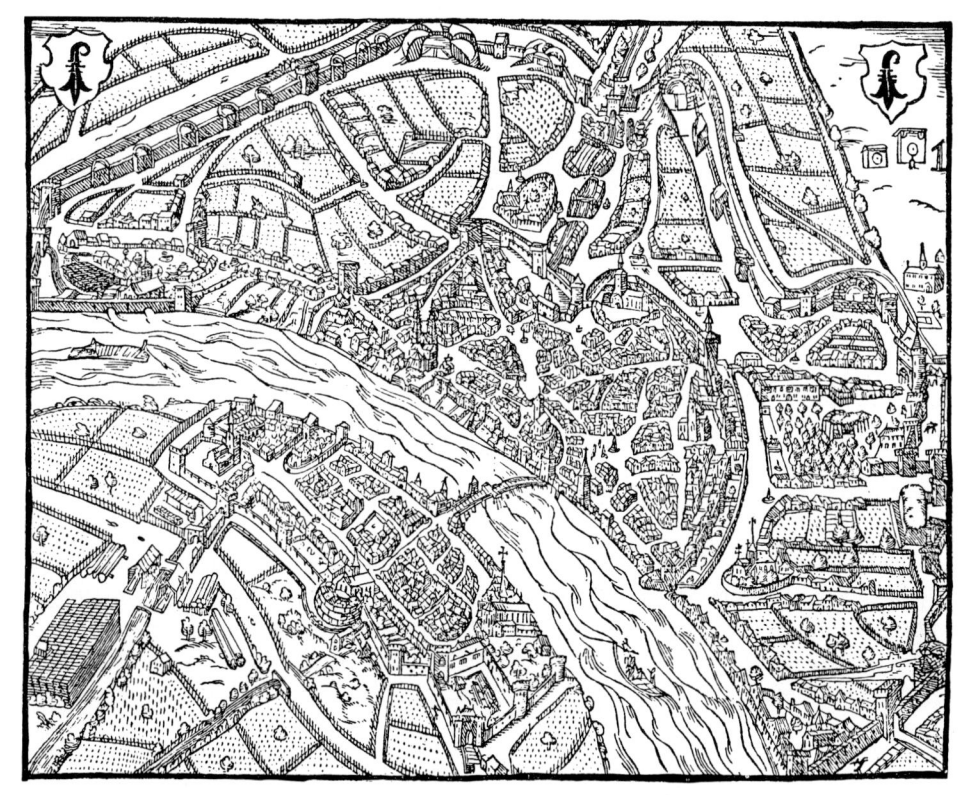

Abb. 64. Ansicht von Basel von Nordwesten, 1577
aus Paulus Cherlerus, Urbis Basileæ Encomium.

Contre-Escarpe eingefasst; hier ist nun auch der Zwinger vor dem Spalentor angegeben" (fehlt im Stadtbild bei Wurstisen).

Literatur: Die Entwicklung des Basler Stadtbildes, Basel 1894, S. 12/13. — Die Basler Stadtbilder, Basel 1895, Blatt XIV, oben.

V. „Grundlegungen", Schaubilder und Plan-Veduten
des XVI. und XVII. Jahrhunderts.

Vor 1574. Über eine „Grundlegung" der Stadt Basel heisst es in einer Eingabe von Jos. Murer[1]) an den Zürcher Rat vom März 1574 „diewil ich weyss, dass die statt Basel dis jahrs us bevelch derselbigen oberkeit in grund gelegt und in kurtzer zytt im truck usgaan und glycher wys uf ein tuch gemalet wirt."[2]) Möglich, dass diese nicht mehr vorhandene Planaufnahme Basels zur Ansicht der Stadt im „Encomium urbis Basileae" von 1577 (vgl. Abb. 64) wie zur Münsterschen Ansicht von 1550 (vgl. S. 104) verwendet worden ist.

---

[1]) Glasmaler von Zürich, geb. 1530, gest. 16. Oktober 1580. Schweizerisches Künstlerlexikon, Bd. II, Frauenfeld 1908, S. 456 (E. Reinhart).
[2]) Anzeiger für schweizerische Altertumskunde 1894, S. 368.

1588. Die erste „Grundlegung" der Stadt Basel fertigte der Maler Hans Bock d. Ä.[1]). Nach dem Ratsprotokoll vom 10. Februar 1588 hatte der Festungsbaumeister Daniel Specklin von Strassburg vom Rate einen Plan der Stadt als Grundlage für seine Vorschläge zur Erhaltung und Vervollständigung der Basler Befestigungswerke verlangt, und laut Ratsprotokoll vom 1. April 1588 erhielt Hans Bock für einen solchen Grundriss 40 fl.[2]). Dass diese Grundlegung im Auftrage des Rats in der kurzen Zeit von nur sieben Wochen angefertigt worden ist, erscheint kaum möglich. Wahrscheinlich hatte Hans Bock die Aufnahmen ohne Beziehungen auf die Befestigungsarbeiten von sich aus gemacht und dann dem Rat, entsprechend aufgezeichnet oder ergänzt, zur Verfügung gestellt. Dieser Plan ist nicht mehr vorhanden (vgl. S. 87, 109).

Literatur: Fritz Burckhardt. Über Pläne und Karten des Baselgebietes aus dem XVI. Jahrhundert. Basler Zeitschrift für Geschichte und Altertumskunde, Bd. V, 1906, S. 295.

1623. Neue Grundlegung der Stadt Basel, für die Hans Bock der Maler im Februar 1623 vom Rat 50 fl. ausbezahlt erhielt. Wahrscheinlich ist auch dieser Plan der Stadt mit den damals geplanten Erweiterungen der Befestigungswerke in Zusammenhang zu bringen. Ob mit der Bezeichnung „Hans Bock der Maler" der Vater, der 1623 oder 1624 starb[3]), oder sein (nach Fritz Burckhardt, a. a. O., S. 354) wahrscheinlich 1576 geborener Sohn Hans[4]) gemeint ist, bleibt fraglich. Ohne Zweifel ist der nicht mehr vorhandene Plan von den Söhnen des altersschwachen Vaters gezeichnet worden.

Literatur: Fritz Burckhardt, Über Pläne und Karten des Baselgebietes aus dem 17. Jahrhundert. Basler Zeitschrift für Geschichte und Altertumskunde. Bd. V, 1906, S. 304.

1615. Vogelschaubild der Stadt Basel, kolorierte *Federzeichnung* von Matthaeus Merian d. Ä. Aufgezogen und gerahmt, 116 cm hoch und 164 cm breit, im Historischen Museum in Basel (Inv. Nr. 1880, 201). 1615 dedizierte Matthaeus Merian d. Ä.[5]) dem Rate der Stadt Basel „die abcontrafactur der statt Basell" und erhielt dafür eine Vergütung von 50 fl. (Ratsprotokoll vom

---

[1]) Geb. ca. 1550, gest. 1623 oder 1624, vgl. S. 96, Anm. 1.
[2]) Staatsarchiv Basel, Ratsprotokoll vom 1. April 1588: „Hans Bockh belangend, der die statt Basell in Grundt gelegt. Ist siner Arbeit 40 fl. abzukommen."
[3]) Vgl. die Personalien S. 96, Anm. 1.
[4]) Schweizerisches Künstlerlexikon, Bd. I, Frauenfeld 1905, S. 154/155 (Paul Ganz).
[5]) Geb. 25. September 1593 in Basel, lernte 1609—1613 zu Zürich in der Werkstatt des Dietrich Meyer, ging 1613 auf die übliche Gesellenfahrt, die ihn nach Strassburg und Paris führte. 1615 weilte er in Basel, 1616/17 in den Niederlanden und 1617 zu Oppenheim in den Diensten des Kupferstechers Joh. Theodor de Bry, dessen Tochter Maria Magdalena er 1618 zu Frankfurt a. M. heiratete. Von Ende 1619 oder Anfang 1620 lebte und arbeitete Matthäus Merian d. Ä. in Basel, bis er 1624 mit Wohnsitz in Frankfurt a. M. die Verlagsanstalten und Kupferstichwerkstätten seines Schwiegervaters zu Frankfurt und Oppenheim übernahm. Er starb am 19. Juni 1650 zu Schwalbach.

Schweizer Künstlerlexikon, Bd. II, Frauenfeld 1908, S. 363—369 (Daniel Burckhardt-Werthemann); Bd. IV, Frauenfeld 1917, S. 301. — Thieme-Becker, Allgemeines Lexikon der bildenden Künstler, Bd. XXIV, Leipzig 1930, S. 413, 414 (W. K. Zülch). — Ausserdem: Probst, Matthäus Merian d. Ä., Basler Jahrbuch 1887, S. 145 ff. — H. Eckardt, Matthäus Merian, eine kulturhistorische Studie, II. Aufl., Kiel 1892. — Daniel Burckhardt-Werthemann, Matthäus Merians Jugendjahre (1593—1625) und Matthäus Merians Frankfurter Aufenthalt (1625—1650), Beilagen zu den Jahresberichten des Basler Kunstvereins 1906 und 1907, Basel 1907 und 1908.

16. Mai 1615). Diese Originalzeichnung, die zunächst gerollt im Staatsarchiv aufbewahrt wurde, dann in den 1860er Jahren auf Leinwand aufgezogen und auf einen Holzrahmen gespannt im Ratssaale aufgehängt war und sich heute im Historischen Museum befindet, besteht aus sieben zusammengeklebten Papierbögen von ungleicher Grösse (die ganzen Bogen haben das Format 53 auf 78 cm), die, als man sie aufzog, einen Rand aus aufgeklebten Streifen schwarzen Papiers erhielten. Die Zeichnung ist in brauner Tusche ausgeführt, die Dächer sind rot, die Bäume und zum Teil die Stadtgräben grün bemalt. Schwarze Tusche wurde nur zu den Inschriften und zum Baselstab verwendet. Die Schattierung bei Lichteinfall von links ist graublau oder braun. Rhein, Birsig und die Teiche sind nicht durch besondere Färbung hervorgehoben.

Das Blatt, am Rand vielfach beschädigt, hat nachgedunkelt einen bräunlichen Gesamtton, war ursprünglich aber wohl bedeutend heller. Das Grün der Bäume ist meist ausgeflossen und zu trübem Braun geworden, hie und da finden sich Einzeichnungen von späterer Hand. Aufmalungen von gelber Ölfarbe, sowie der Firnis, der das Ganze heute überzieht, stammen wohl von der Restauration um 1860.

Diese Plan-Vedute von Matthäus Merian d. Ä., eine vorzügliche Urkunde für das Basler Stadtbild des XVII. Jahrhunderts, ist sicherlich auf geometrischer Grundlage aufgebaut. Da sich jedoch im Lebenslauf des 1593 geborenen Künstlers bis 1615 kaum Zeit für eine solche Arbeit findet, spricht Fritz Burckhardt (a. a. O., S. 306) die Vermutung aus, die Grundlage des Merianschen Stadtplanes von Basel sei die Vermessung, für die Hans Bock 1588 vom Rate honoriert wurde (vgl. oben S. 108). Nach Daniel Burckhardt (vgl. Literatur) ist diese Zeichnung nicht das den Stichen von 1617 zugrunde gelegene Original, sondern eine Wiederholung desselben, „ein im Detail flüchtiges Werk, das seinen Ruf nicht ganz verdient", das Merian, als das auf die Kupferplatte zu übertragende Gesamtbild feststand, anfertigte, um den Rat über die Fortschritte des Unternehmens auf dem Laufenden zu erhalten.

Literatur: Faksimile des Planes der Stadt Basel, von Matthaeus Merian MDCXV. Ein Titelblatt, ein Übersichtsplan und neun farbige Tafeln. Mitteilungen der Historischen und Antiquarischen Gesellschaft zu Basel, Neue Folge IV, 1894. — DANIEL BURCKHARDT-WERTHEMANN, Matthäus Merians Jugendjahre (1593—1625). Jahresbericht des Basler Kunstvereins 1906, Basel 1907, Beilage S. 26.

1615. Zwei Basler Veduten, Radierungen von MATTHÄUS MERIAN D. Ä.

1. *Blick auf die St. Johannvorstadt*, die Johanniterkirche und das St. Johanntor *vom rechten Rheinufer aus* mit dem Ausfluss der beiden Teiche und der Silhouette des Klingentals und der neuen Mühle; in der Mitte des Hintergrunds der Isteiner Klotz. Nachtstück; im Vordergrund Schifferknechte auf Kähnen und am Feuer (Abb. 65, S. 110). Höhe 125 mm, Breite 162 mm; (Spiegelbild). — Erschienen in „Novae regionum aliquot amoenissimarum delineationes. Ex naturali locorum positu desumptae et aeri incisae per Mattheum Merianum Basilensem. Anno 1625. Peter Aubry excudit".

Abb. 65. Die St. Johannvorstadt Basels von Klein-Basel, 1615. — Matthäus Merian d. Ä.
Radierung. — Spiegelbild nach einem Abzug in Basler Privatbesitz.

2. *Blick auf die St. Johannvorstadt* (St. Johanntor, Johanniterkirche, Wächterhof mit Treppenturm) *vom Klingelberg aus*. Im Hintergrund weite Rheinlandschaft mit dem Blauen am Horizont. Im Vordergrund „Abraham die Engel aufnehmend" vor der Silhouette eines hohen Hauses mit Laube. Oben bezeichnet „zu Basel". Höhe 135 mm, Breite 167 mm (Spiegelbild). Offenbar Einzelblatt. — Kupferstichkabinett Basel 1922 7. (Abb. 66).
Literatur: D. BURCKHARDT, Matthäus Merians Jugendjahre (1593—1625). Jahresbericht des Basler Kunstvereins 1906, Basel 1907, S. 27—30; Abb. S. 28 u. 29.
1617. Vogelschauplan der Stadt Basel von Norden. Mit vier Platten gedruckter Kupferstich von MATTHÄUS MERIAN D. Ä., datiert 1615, angefertigt nach einer Zeichnung, deren Kopie erhalten ist (vgl. S. 108/09), mit dem Editionsvermerk auf der zu ihm gehörenden, freilich meist fehlenden gedruckten Legende „Oppenheim. Bey dem Authore 1617". Höhe 69,5 cm, Breite 107 cm. — Oben über die ganze Bildbreite oberhalb des Randes eine Aufschrift; darunter links in sorgfältig gezeichneter Kartouche mit Rollwerk, Putten, Standfiguren und Fruchtgehängen die Widmung, rechts oben in rundem, von zwei Genien mit Kranz und Palme getragenem Schild der Baselstab, unten

Abb. 66. Die St. Johannvorstadt Basels vom Klingelberg, 1615. — Matthäus Merian d. Ä.
Radierung. — Spiegelbild nach einem Abzug in Basler Privatbesitz.

links vier männliche und zwei weibliche Figuren in Basler Tracht, darüber Zirkel und Masstab (400 Passus Authoris); rechts unten die Windrose und im Rheinstrom der Flussgott (Abb. 67—70, S. 112—115)

Diese grossartige, aus der Vogelschau genommene Gesamtansicht der Stadt Basel, Matthäus Merians d. Ä. frühestes Meisterwerk, ist nicht nur ein unvergleichliches, zuverlässiges Dokument des damaligen baulichen Bestandes der Stadt, sondern auch ein Kunstwerk von ganz eigenartigem Reiz. „Was die Zeichnung nur schematisch darstellt besitzt im Stich seinen scharf ausgeprägten individuellen Charakter. Die Türme und Türmlein, die Kirchen, Häuser, Brunnen, Gärten, das Rheinufer, die Winkel und Winkelchen insgesamt sind mit einer Innigkeit geschaut und offenbaren einen Heimeligkeitssinn, wie er nur einem eben aus der Fremde heimgekehrten Basler eigen ist, der nicht müde wird, die Lieblingsplätzchen seiner Jugend der Reihe nach wieder aufzusuchen. Auch seine währschaften Mitbürger hat Merian nicht vergessen; er bevölkert mit ihren winzigen Figürlein die Gassen, lässt sie ihre Abendgänge zum Rebgärtlein vor den Toren machen, lässt die Mägde mit ihren grossen Kupferkesseln zum Brunnen schreiten, die Güterfuhrleute

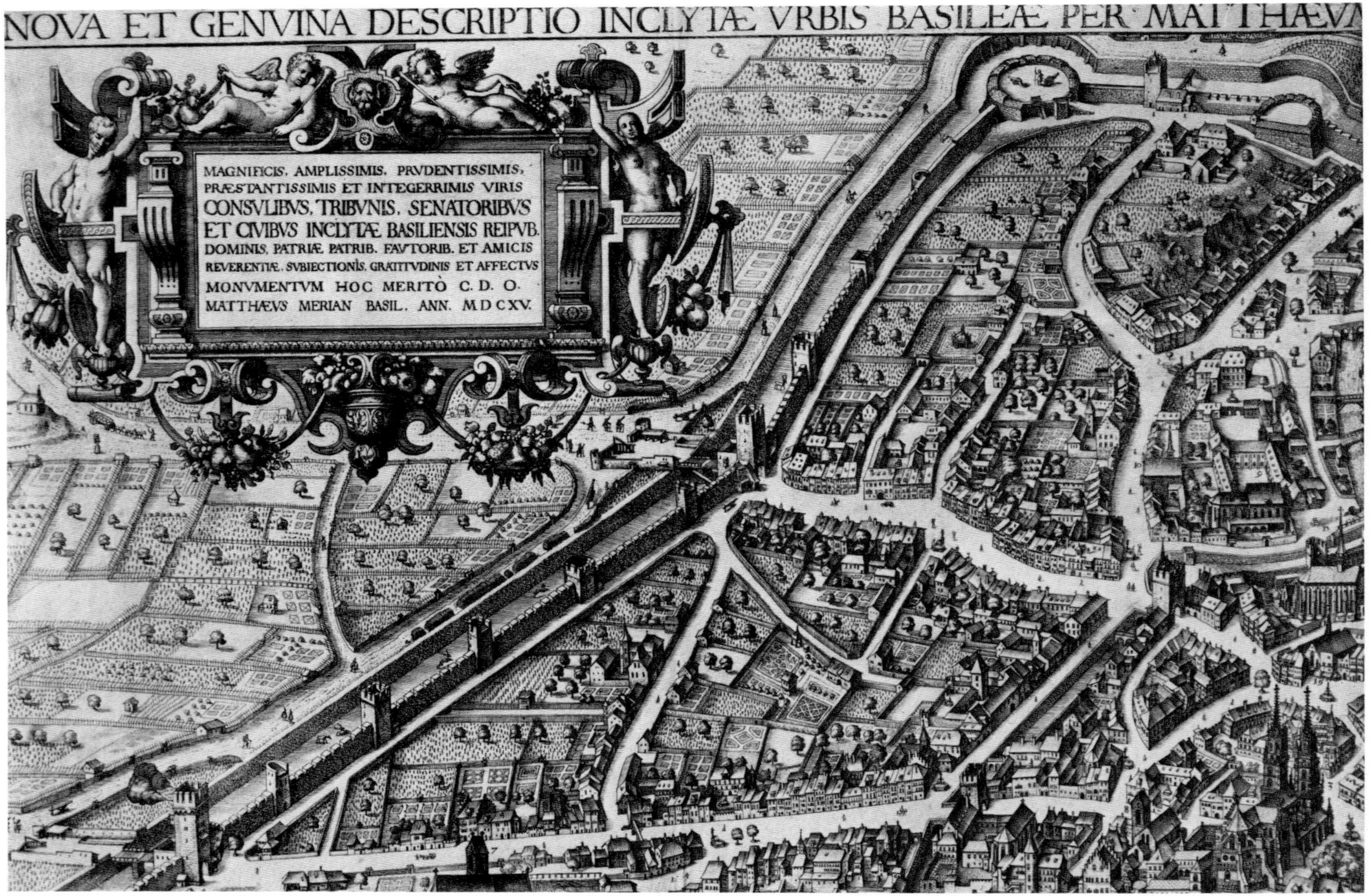

NOVA ET GENVINA DESCRIPTIO INCLYTAE VRBIS BASILEAE PER MATTHÆV[M]

MAGNIFICIS. AMPLISSIMIS. PRVDENTISSIMIS.
PRAESTANTISSIMIS ET INTEGERRIMIS VIRIS
CONSVLIBVS, TRIBVNIS, SENATORIBVS
ET CIVIBVS INCLYTAE BASILIENSIS REIPVB.
DOMINIS. PATRIAE. PATRIB. FAVTORIB. ET AMICIS
REVERENTER. SVBIECTIONIS GRATITVDINIS ET AFFECTVS
MONVMENTVM HOC MERITÒ C. D. O.
MATTHÆVS MERIAN BASIL. ANN. M D C XV.

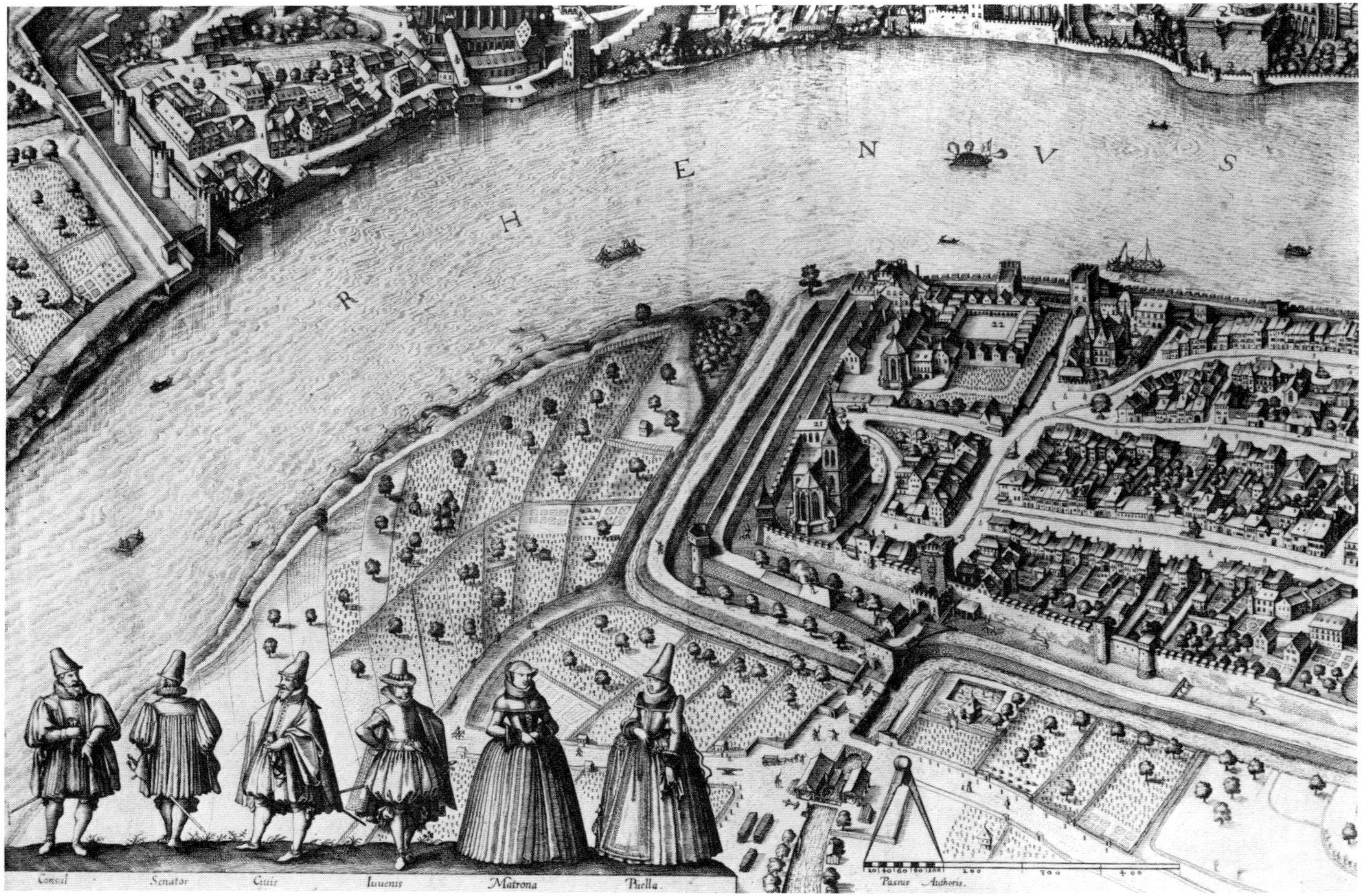

Abb. 67 und 68. Vogelschauplan der Stadt Basel von Norden, 1615. Linke Hälfte. — Matthäus Merian d. Ä. Kupferstiche — Nach den im Staatsarchiv Basel aufbewahrten Abzügen.

MERIAN FIDELITER DEPICTA ET SCVLPTA ANNO DOMINI M D C X V.

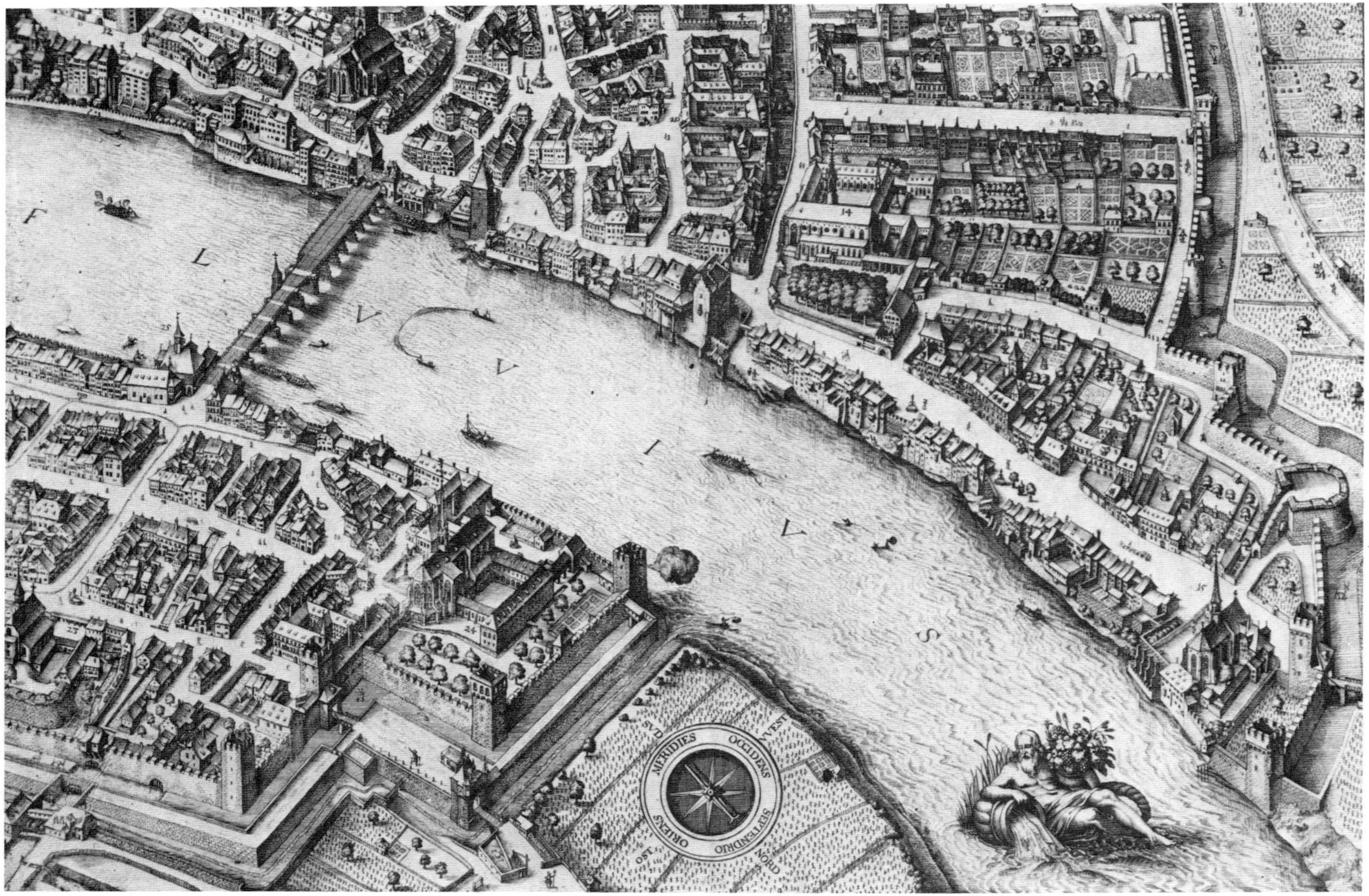

Abb. 69 und 70. Vogelschauplan der Stadt Basel von Norden, 1615. Rechte Hälfte. — Matthäus Merian d. Ä. Kupferstiche. — Nach den im Staatsarchiv Basel aufbewahrten Abzügen.

mit den schweren Wagen dröhnend übers Pflaster fahren, die Mannschaft der Stadtgarnison zum Wachtdienst aufziehen und vor allem — was für einen Klein-Basler selbstverständlich ist — auch die Rheinschiffer ihr fröhliches Wesen treiben. Diese ganz skizzenhaft ausgeführten Kleingemälde tragen ein gutes Teil zum Stimmungsgehalt dieses einzigartigen Stadtplanes bei". (Daniel Burckhardt-Werthemann, a. a. O., S. 26, 27) Die Blätter sind hier nach den vorzüglichen Abdrücken im Staatsarchiv Basel (Höhe je 35 cm, Breite je 53,5 cm, Hauptslg. 1,291) wiedergegeben (Abb. 67—70, S. 112—115).

Literatur: ALBERT BURCKHARDT, Basel zur Zeit des dreissigjährigen Krieges, I. Teil. 58. Neujahrsblatt der Gesellschaft zur Beförderung des Guten und Gemeinnützigen. 1880. — DANIEL BURCKHARDT, Matthäus Merians Jugendjahre (1593 bis 1625), Jahresbericht des Basler Kunstvereins 1906, Basel 1907, Beilage S. 26/27.

Nach 1615. Vogelschauplan der Stadt Basel von Südwesten, Kupferstich, signiert: Mathaus Merian Basiliensis fecit, ohne Jahr, aber nach 1615 und vor 1642 (ohne Bastionen und Ravelins). Höhe 33 cm, Breite 40 cm (Abb. 71). Staatsarchiv Basel (Hauptslg. 1, 7)[1]. — Einzelblatt mit verschiedenem Textaufdruck auf der Rückseite der wenigen erhaltenen Exemplare; vielleicht für das von Daniel Burckhardt (vgl. S. 124) vermutete Prachtwerk bestimmt.

1620. Ansicht Basels, *Radierung* in dem 1620 zu Frankfurt bei Eberhard Kieser erschienenen „Thesaurus Philo-Politicus, das ist: Politisches Schatzkästlein guter Herren und bestendiger Fründ" von Daniel Meisner; das Werk, das in späteren Ausgaben (so Frankfurt 1632) auch den Titel „Sciagraphia cosmica, das ist Newes Emblematisches Büchlein" usw. führt, dürfte nach Zemp (a. a. O., S. 205) aus MATTHÄUS MERIANS D. Ä. Hand hervorgegangen sein.

Nach 1620. Zwei Monatsbilder mit Kleinbasler Veduten. *Radierungen* von MATTHÄUS MERIAN D. Ä., aus einer Serie „Die zwölf Monate" (12 Blatt), die nach Naglers Künstlerlexikon 1622 veröffentlicht wurden, den starken Nachwirkungen der Frankenthaler Schule nach aber wohl zu den frühesten Werken des Basler Aufenthalts von 1620 bis 1625 gehören.

1. *Februar. Basler Fastnachtstreiben* an der stark veränderten unteren Rheingasse mit Blick auf Gross-Basel. Nachtstück mit starken Beleuchtungseffekten. Der Chor der Klingentalkirche willkürlich ins Bild gestellt. Im Vordergrund links eine Fastnachtsgesellschaft bei Fackelschein. Von der Merianschen Säge aus aufgenommen. Höhe 124 mm, Breite 167 mm.

2. *Dezember. Blick auf Gross-Basel,* gesehen durch den Pfeiler-Unterbau des alten Richthauses Im Vordergrund Metzger bei der Arbeit, daneben ein Mann, der Holz zerkleinert, und eine Frau am Brunnen. Unten links signiert: „M. Merian fecit Basilieae." Höhe 125 mm, Breite 170 mm (Spiegelbild).

Literatur: DANIEL BURCKHARDT-WERTHEMANN, Matthäus Merians Jugendjahre, Jahresbericht des Basler Kunstvereins 1906, Basel 1907, Beilage, S. 63—65; Abb. S. 64 und S. 65. — Schöne alte Schweiz. Gestochen von MERIAN, herausgegeben von Albert Baur, Basel o. J. Abb. vor Titel (Februar); Abb. 7 (Dezember).

---

[1] Auch abgebildet in „Das Bürgerhaus des Kantons Basel-Stadt", Zürich, 1926, Tafel 1.

Abb. 71. Vogelschau der Stadt Basel von Südwesten. Zwischen 1615 und 1642. — Matthäus Merian d. Ä. — Kupferstich.

Abb. 72. Schloss Klybeck mit Blick auf die St. Johannvorstadt Basels, 1621. — Matthäus Merian d. Ä. Kupferstich. — Nach einem Abzug in Basler Privatbesitz.

1621. Schloss Klybeck bei Basel, *Kupferstich* von MATTHÄUS MERIAN D. Ä. Blick auf die St. Johannvorstadt jenseits des Rheins. Im Vordergrund der Wiesefluss mit Brücke und Fischern bei der Arbeit. Oben rechts bezeichnet „Kleyben by Basel". Höhe 135 mm, Breite 162 mm (Abb. 72). — Aus der Serie „Baumreiche Gegenden" (12 Blatt).

Literatur: DANIEL BURCKHARDT-WERTHEMANN, Matthäus Merians Jugendjahre, S. 65/66; Abb. S. 66. — Schöne alte Schweiz. Gestochen von MERIAN, herausgegeben von Albert Baur, Basel o. J., Abb. 16.

1622. St. Albantal, *Kupferstich* von MATTHÄUS MERIAN D. Ä. Blick über die Gabelung des Mühlenteiches, dahinter die St. Albankirche und Holzlagerplätze, am Horizont die Türme des Münsters und von St. Martin. Im Vordergrund die Aussetzung des Mosesknaben. Höhe 115 mm, Breite 150 mm (Spiegelbild). (Abb. 73). — Aus der Folge „Novae regionum aliquot amoenissimarum delineationes"... 1625 (vgl. S. 109).

Literatur: DANIEL BURCKHARDT-WERTHEMANN, Matthäus Merians Jugendjahre, S. 57, 58, Abb. S. 58.

1622. Blick auf Basel von der St. Albanvorstadt aus. *Federzeichnung*, leicht getuscht, von MATTHÄUS MERIAN D. Ä. Höhe 190 mm, Breite 292 mm.

Abb. 73. Blick auf das St. Albantal zu Basel, 1622. — Matthäus Merian d. Ä.
Kupferstich. — Nach einem Abzug in Basler Privatbesitz.

Kupferstichkabinett Basel, Sch. 50 (Abb. 74, S. 120). — Im Vordergrund links am Abhang Gartenarbeiter, rechts in der Tiefe das St. Albantal mit der St. Albankirche, dahinter die Stadt an beiden Rheinufern mit der Rheinbrücke; am Horizont die Vogesen.

Literatur: DANIEL BURCKHARDT-WERTHEMANN, Matthäus Merians Jugendjahre, S. 59; Abb. S. 60.

1623/24. Fernsicht auf Basel vom Grenzacher Horn. *Federzeichnung*, mit wenigen Farben gelbgrün, blau und grau aquarelliert, von MATTHÄUS MERIAN D. Ä. Unten links von späterer Hand bezeichnet: Merian. Höhe 167 mm, Breite 290 mm. Kupferstichkabinett Basel, 1912, 285. Sch. 50 (Tafel 5). — Bewaldeter Vordergrund, rechts ein hoher Baum, darunter Figuren-Staffage. In der Tiefe links der Rhein und die türmereiche Stadt Basel; den weiten Horizont schliessen die Berge. Von vollendeter Raumwirkung.

Literatur: DANIEL BURCKHARDT-WERTHEMANN, Matthäus Merians Jugendjahre, S. 57, Abb. S. 56.

1624. Blick auf Gross-Basel von Klein-Basel aus, rheinabwärts, *Federzeichnung* in Braun, grünbraun laviert, von MATTHÄUS MERIAN D. Ä. Die Aufschrift links unten „Matthäus Merian Senior f." ist von späterer Hand ebenso

Abb. 74. Blick auf Basel von der St. Albanvorstadt aus, 1622. — Matthäus Merian d. Ä.
Federzeichnung. — Kupferstichkabinett Basel.

die Ziffer 202 oben in roter Tinte. Höhe 206 mm, Breite 322 mm. Reste eines Skizzenbuchs im Kupferstichkabinett der Staatlichen Museen zu Berlin. Nr. 4371 (Abb. 75, S. 122). — Dargestellt ist ein abendlicher Blick, wohl vom Turm des Hauses „zum Kaiserstuhl" an der Rheingasse in Kleinbasel, auf die Rheinbrücke und Grossbasel vom Augustinerkloster bis zur Johanniterkirche, ein Bild von einzigartigem Stimmungsreiz.

Literatur: DANIEL BURCKHARDT-WERTHEMANN, Matthäus Merians Frankfurter Aufenthalt 1625—1650. Beilage zu dem Jahresbericht des Basler Kunstvereins 1907, Basel 1908, S. 84—86; Abb. S. 85 und S. 87. — Staatliche Museen zu Berlin. Die deutschen Meister. Beschreibendes Verzeichnis sämtlicher Zeichnungen, bearbeitet von Elfried Bock, Berlin 1921, Bd. I (Text), S. 251; Bd. II (Tafeln), Tafel 173.

1624. Blick vom Riehentor in Klein-Basel nach St. Klara. *Federzeichnung* in Braun, grau getuscht, von MATTHÄUS MERIAN D. Ä. Höhe 213 mm, Breite 324 mm. Reste eines Skizzenbuchs im Kupferstichkabinett der Staatlichen Museen zu Berlin. Nr. 4372 (Tafel 6). — Der Blick streift die Klein-Basler Stadtmauer entlang, am Klara-Bollwerk vorbei zum Ketzerturm und den Häusern des Drahtzugs. Links im Hintergrund die Klingentalkirche, rechts das Klybeckschloss. Vogesenkette und Isteinerklotz schliessen den Horizont.

Literatur: siehe oben.

Vor 1642 (?) Ansicht von Gross-Basel. Teil des linken Rheinufers vom St. Albanthal bis etwa zum ehemaligen Augustinerkloster. Federzeichnung auf Papier mit späterer Aufschrift. Höhe 185 mm, Breite 545 mm. Historisches Museum Basel, 1909, 355 (Abb. 76, S. 123). — Die Zeichnung wird als Originalaufnahme oder Vorzeichnung für die linke Hälfte der Tafel „Basel im Prospekt", in „Topographia Helvetiae..." (vgl. unten) bezeichnet.

1642 (1654). Vier Ansichten Basels, *Radierungen* in „Topographia Helvetiae Rhaetiae et Valesiae, das ist Beschreibung und eigentliche Abbildung der vornehmbsten Stätte und Plätz in der Hochloblichen Eydgenoßschaft, Grawbündten, Walliss, und etlicher zugewandten Orten. In Truck gegeben und verlegt durch Matthaeum Merian 1642".

„In dieser andern Edition mit sonderm Fleiss durchgangen / und von vorigen Fehlern corrigirt / vermehrt vnd gebessert Frankfurt am Mayn / zum Truck verlegt von denen Merianschen Erben Im Jahr MDCLIV."

1. *Basel im Grund*, Gesamtplan in Vogelperspektive von Norden, nach dem grossen Vogelschaubild von 1615—1617 (ergänzt durch die inzwischen seit 1620 erbauten Bastionen und Ravelins), unsigniert. — Höhe 260 mm, Breite 360 mm (nach S. 46).

2. *Basel im Prospekt*. Gesamtansicht von Klein- und Gross-Basel von Norden, unsigniert. — Höhe 202 mm, Breite 685 mm (nach S. 46).

3. *Basel, die Bruck daselbst*. Blick rheinabwärts, malerische Aufnahme mit der schattig gehaltenen Silhouette des Münsterchores und der Münsterterrasse. Oben in der Mitte des Bildes in ovaler Zweig-Umrahmung: „Prospectus Templi Cathedralis, quod est Basileae, nec non pontis Rhenum trans-

Abb. 75. Blick auf Gross-Basel von Klein-Basel aus, 1624. — Matthäus Merian d. Ä.
Lavierte Federzeichnung. — Kupferstichkabinett der Staatlichen Museen, Berlin.

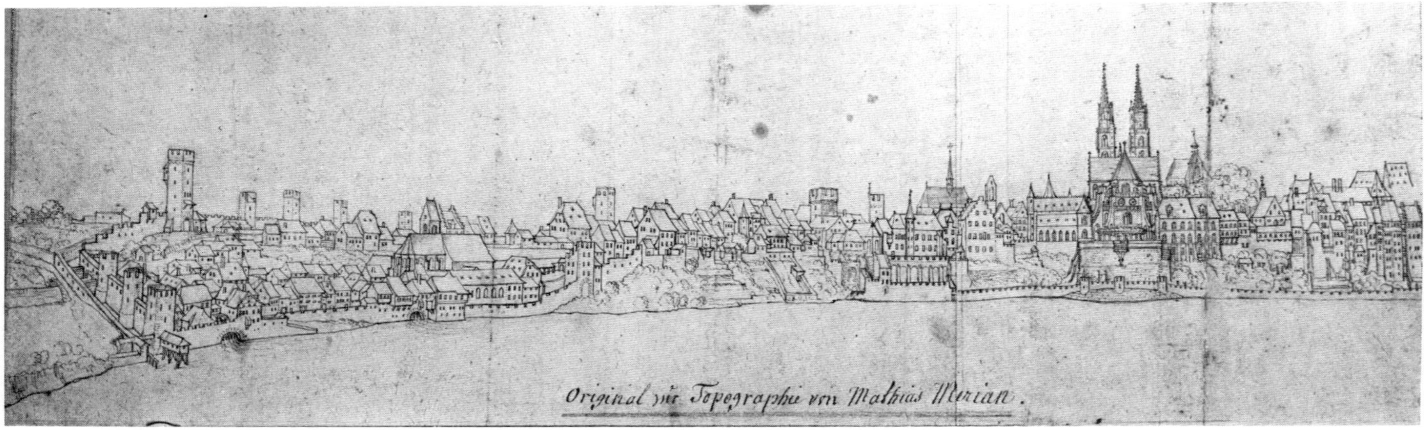

Abb. 76. Ansicht des oberen Teiles vom Rheinufer Gross-Basels. Vor 1642 (?)
Federzeichnung. — Historisches Museum Basel.

Abb. 77. Panorama von Klein-Basel vom Turm der Martinskirche aus, 1865. — Anton Winterle.
Aquarell. — Staatsarchiv Basel.

euntis, ad modum delectabilis. Ein sehr anmutiger Prospekt des Münsters und Rheinbrücke zu Basel." Rechts unten signiert „M. Merian fecit." — Höhe 210 mm, Breite 320 mm (vor S. 47).

4. *Basel S. Peters Platz daselbst.* Blick durch die Bäume, zwischen denen lebhaft Volksgruppen sich bewegen, auf Zeughaus und Stachelschützenhaus. Über dem Bildrand oben links: „Campus divi Petri, qui est Basileae"; oben rechts: „S. Peters Platz in Basel." Rechts unten signiert „M. Merian fecit." — Höhe 200 mm, Breite 315 mm (vor S. 47).

Zweifellos sind diese Blätter, vor allem aber die Ansichten der Pfalz und des Petersplatzes, während des Basler Aufenthaltes von 1620—1625 entstanden: sie scheinen nach Daniel Burckhardt, „die Reste eines ums Jahr 1622 in Angriff genommenen, aber an der Ungunst der Zeiten gescheiterten Prachtswerkes" zu sein. Jedenfalls fallen sie „durch ihr Format und ihre freie künstlerische Behandlung ganz beträchtlich aus dem Rahmen der übrigen, sachlich trockenen und zumeist nach fremden Aufnahmen gefertigten Prospekte (der Topographie der Schweiz) heraus".

Literatur: H. ECKARDT, Matthäus Merian, eine kulturhistorische Studie, II. Aufl. Kiel 1892. — DANIEL BURCKHARDT-WERTHEMANN, Matthäus Merians Jugendjahre, 1907, S. 59—61, Abb. S. 62; Matthäus Merians Frankfurter Aufenthalt, 1908, S. 132—144; Abb. S. 140. — Schöne alte Schweiz. Gestochen von MERIAN, herausgegeben von Albert Baur. Basel, o. J., Abb. 5 (Basel, ein sehr anmutiger Prospekt des Münsters....), Abb. 6 (St. Petersplatz in Basel). — Faksimile-Ausgabe der „Topographia Helvetiae".... nach der Ausgabe von 1654, Basel 1927.

1642. Die Pfalz zu Basel, *Radierung* von HANS HEINRICH GLASER[1]). Blick vom Kleinbasler Ufer auf Münster und Pfalz. Oben links Engel mit Palmzweig, Schriftband und Behang mit Baselstab. Im Rhein belustigen sich bekränzte Jünglinge mit Baden. Unten quer über das Bild eine Tafel mit Widmung und Jahreszahl 1642. — Mangelhaft ausgeführtes, aber ungemein reizvolles Basler „Sommerstimmungsbild" in Basler Privatbesitz.

Literatur: DANIEL BURCKHARDT-WERTHEMANN, Das altbaslerische Stadtbild und seine Maler in den Zeiten der Romantik. Beilage zum Jahresbericht des Basler Kunstvereins von 1909, Basel 1910, S. 12—14, Abb. S. 13.

1645. Blick in die Aeschenvorstadt, *Federzeichnung* von HANS HEINRICH GLASER[1]). Unten am Blatt quer die Aufschrift: „12. Die Escheimer vorstatt vom turmlin beim ..... hinaus gemacht. 17. Februar 1645. Monogramm." Höhe 200 mm, Breite 322 mm. Basler Staatsarchiv, Sammlung Falkeysen, A, 135. — Links erhebt sich der Schwibbogen, rechts begrenzen die Dächer der Häuser an der St. Elisabethenstrasse das Bild, geradeaus blickt man in die Aeschenvorstadt hinab mit dem Wirtshaus zum Raben links (Abb. 225, S. 300).

Literatur: DANIEL BURCKHARDT-WERTHEMANN, Hans Heinrich Glaser. Ein Basler Künstler aus der Zeit des dreissigjährigen Krieges. Basler Jahrbuch 1897, S. 144—186. — DANIEL BURCKHARDT-WERTHEMANN, Das altbaslerische Stadtbild... 1910, S. 12—14 (Abb. S. 13).

---

[1]) Geb. vor 1595, gest. 1673; vgl. S. 93, Anm. 1.

Um 1647. Ansicht von Kleinbasel, von Norden mit äusserem und innerem Bläsitor. Getuschte Federzeichnung, unsigniert, nach Analogie einer Darstellung des St. Albantores (vgl. Abb. 157, S. 236), um 1647. Bezeichnet oben rechts: „S. Bläsi Thor". Höhe 170, Breite 330 mm. — Staatsarchiv Basel, Falkeysen-Sammlung A 76, (Abb. 120, S. 191).

1653. Der mehreren Statt Basel Zwing vnd Banns geometrischer Grundriss. M. JACOB MEYER[1]) 1653. Mens. August. Scala 300 Baselruten (= 26,7 cm), Masstab 1 : 5000. Höhe 147 cm, Breite 144 cm. Im Staatsarchiv Basel aufgehängt. — Oben in der Mitte in Umrahmung Inhaltsangabe. Links am Rand und unter dem unteren Rand: Bericht über die Bann oder Hoche Herrlichkeitsstein. Rechts oben in reicher Rollkartouche mit den Wappen Hummel, Altenburger, Burckhardt und Nübling die Widmung, darunter am rechten Rand und unter dem untern Rand „Bericht über die Zehenden". In der Mitte unten Windrose und Skalen, links in der Ecke umrahmt: „Bericht über den Umbgang der Statt 13336 Schue, die machen 6668 Schritt." Die Stadt selbst ist nach Merians Plan aus der Vogelperspektive auf etwa ¼ reduziert eingezeichnet.

Literatur: FRITZ BURCKHARDT. Über Pläne und Karten des Baselgebietes im 17. Jahrhundert; III. Verzeichnis der in den Staatsarchiven Baselstadt und Baselland, sowie in der Kartensammlung der öffentlichen Bibliothek in Basel vorhandenen Pläne und Karten von Jakob Meyer und Georg Friedrich Meyer. Basler Zeitschrift für Geschichte und Altertumskunde, Bd. V, 1906, S. 329—345.

Um 1693. Die grosse Karte des Baselbietes im Masstab 1 : 10000 (Höhe 293 cm, Breite 334 cm, Staatsarchiv Basel, auf Rolle), die von GEORG FRIEDRICH MEYER[1]) begonnen und nach seinem Tode 1693 von unbekannter Hand vollendet wurde, zeigt die Stadt Basel nur in den Umrissen ihrer Befestigungen, das ganze Stadtgebiet ist leer gelassen.

Vor 1700. Blick auf die St. Johannvorstadt von Basel von Westen. *Bleistiftzeichnung* von JOHANN RUDOLF HUBER[2]). Höhe 205 mm, Breite 320 mm. Kupferstichkabinett Basel, Künstlerbuch 1, S. 17 (Tafel 7). — Diese überaus reizvolle Skizze ist von jenseits des Stadtgrabens aufgenommen und umfasst im wesentlichen nur das St. Johanntor, das Johanniterhaus und die St. Johanniskapelle. Wann die Zeichnung entstand, ist kaum genau festzustellen, entweder vor Hubers Italienfahrt, die er 1687 antrat, oder wahrscheinlicher nach seiner Rückkehr 1693 und vor seiner Übersiedlung nach Bern 1702.

---

[1]) Personalien der Lohnherren Jakob Meyer (21. August 1614—21. Juni 1678) und seines Sohnes Georg Friedrich Meyer (11. Hornung 1645—25. Dezember 1693) finden sich in „Sammlung von Leichenpredigten" in der öffentlichen Bibliothek, Bd. XXIV, Nr. 34, und Bd. XXXIII, Nr. 17, abgedruckt bei Fritz Burckhardt, a. a. O., S. 306—312. Ausserdem: Schweizerisches Künstlerlexikon, Bd. II, Frauenfeld 1908: Jakob Meyer, S. 393 (Daniel Burckhardt-Werthemann); Georg Friedrich Meyer, S. 387 (Daniel Burckhardt-Werthemann). — Thieme-Becker, Allgemeines Lexikon der bildenden Künstler, Bd. XXIV, Leipzig 1930, S. 474 und 479.

[2]) Geb. 1668 in Basel, gest. 28. Februar 1748. Schweizerisches Künstlerlexikon, Bd. II, Frauenfeld 1908, S. 96/97 (Daniel Burckhardt-Werthemann); Bd. IV, Frauenfeld 1917, S. 540 (J. Coulin). — Thieme-Becker, Allgemeines Lexikon der bildenden Künstler, Bd. XVIII, Leipzig 1925, S. 12 f.

VI. Veduten, Prospekte und Panoramen
des XVIII. und XIX. Jahrhunderts.

1747. Vier grosse Prospekte von Basel von EMANUEL BÜCHEL[1]), gestochen von JOHANN MARTIN WEIS in Strassburg. Grösse der Blätter: Höhe 395 mm, Breite 655 mm. Gute Exemplare im Historischen Museum Basel (gerahmt). Inv. Nr. 1907, 275—278.

1. Prospekt der Statt Basel von der St. Alban-Vorstatt (Basel von Osten).
2. Prospekt der Statt Basel von Seiten der Vestung Hüningen (Basel von Westen).
3. Prospekt der Statt Basel von Seiten der Schlösser Gundeldingen (Basel von Süden).
4. Prospekt der Statt Basel von Seiten der kleinen Statt (Basel von Norden).

Auf dem ersten Blatt oben in der Mitte ein von zwei Putten gehaltener ovaler Schild mit Baselstab, unter dem Bilde in der Mitte in Kartouche die Widmung, zu beiden Seiten die Legende in je drei Kolonnen; auf den Blättern 2 bis 4 jeweils unter dem Bildrand in der Mitte ein ovaler Schild mit Baselstab, seitlich davon die Legenden in je drei oder vier Kolonnen.

Zu diesen vier Blättern hatte Büchel seit 1739 sehr eingehende Studien gemacht, die sich grösstenteils im Staatsarchiv Basel befinden (Büchel-Mappe, Sammlung Falkeisen). 1743 war der erste Stich (Ansicht rheinabwärts von St. Alban aus) vollendet, aber erst am 26. Juni 1747 konnte Emanuel Büchel die vollständige Folge von vier Blättern dem Rate überreichen. Er erhielt dafür eine „Remuneration" von 600 ₵, allerdings mit der Verpflichtung, jedem Mitglied des Grossen Rats ein Exemplar der Stiche zu verehren. Alle vier Blätter sind abgebildet in „Das Bürgerhaus des Kantons Basel-Stadt" (vgl. Literatur), Tafel 2 und 3. Die den vier Blättern zu Grunde liegenden, leicht getuschten Federzeichnungen, mit Detailaufnahmen und der Quadrierung für die Übertragung (Staatsarchiv Basel, Sammlung Falkeysen F), sind mit einer weiteren Ansicht von Klein-Basel von Gross-Basel aus auf den Seiten 127—130 und 323 (Abb. 78—81 und 237) sowie Tafel 20 wiedergegeben.

Literatur: DANIEL BURCKHARDT-WERTHEMANN, Emanuel Büchel. Ein Beitrag zur Basler Kunstgeschichte des 18. Jahrhunderts. Basler Jahrbuch 1894, S. 187—219. — Das Bürgerhaus in der Schweiz, herausgegeben vom Schweizerischen Ingenieur- und Architekten-Verein. Bd. XVII, Kanton Basel-Stadt, I. Teil. Text von Karl Stehlin und Paul Siegfried. Zürich, Leipzig, Berlin 1926.

1760 Prospect von der Baar in Kleinbasel gegen St. Alban. Bleistiftzeichnung von EMANUEL BÜCHEL (1705—1775), bezeichnet und datiert (6. 7bris 1760). Höhe 150 mm, Breite 210 mm. Skizzenbuch S. 88. Kupferstichkabinett Basel, A 200 (Abb. 122, S. 191).

---
[1]) Geb. zu Basel 1705, gest. ebenda 1775. Schweizerisches Künstlerlexikon, Bd. I, Frauenfeld 1905, S. 223 (Daniel Burckhardt-Werthemann). — Thieme-Becker, Allgemeines Lexikon der bildenden Künstler, Bd. V, Leipzig 1911, S. 187, 188 (H. V. = Hans Vollmer)

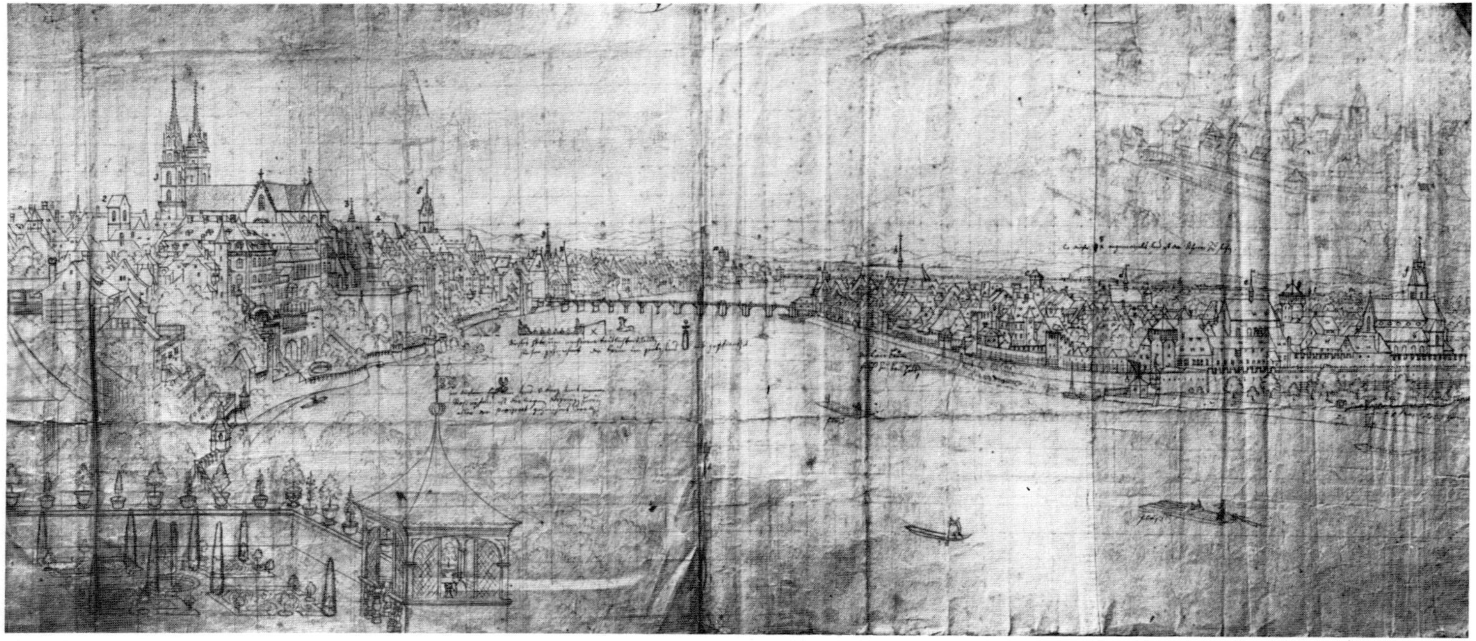

Abb. 78. Ansicht von Basel von der St. Alban-Vorstadt rheinwärts 1739. — Emanuel Büchel.
„Basel von Osten". — Getuschte Federzeichnung. — Staatsarchiv Basel.

Abb. 79. Ansicht von Basel von der St. Johannvorstadt rheinaufwärts. Vor 1747. — Emanuel Büchel. „Basel von Westen". — Getuschte Federzeichnung. — Staatsarchiv Basel.

Abb. 80. Ansicht von Basel von Gundeldingen aus. Vor 1747. — Emanuel Büchel. „Basel von Süden". — Getuschte Federzeichnung. — Staatsarchiv Basel.

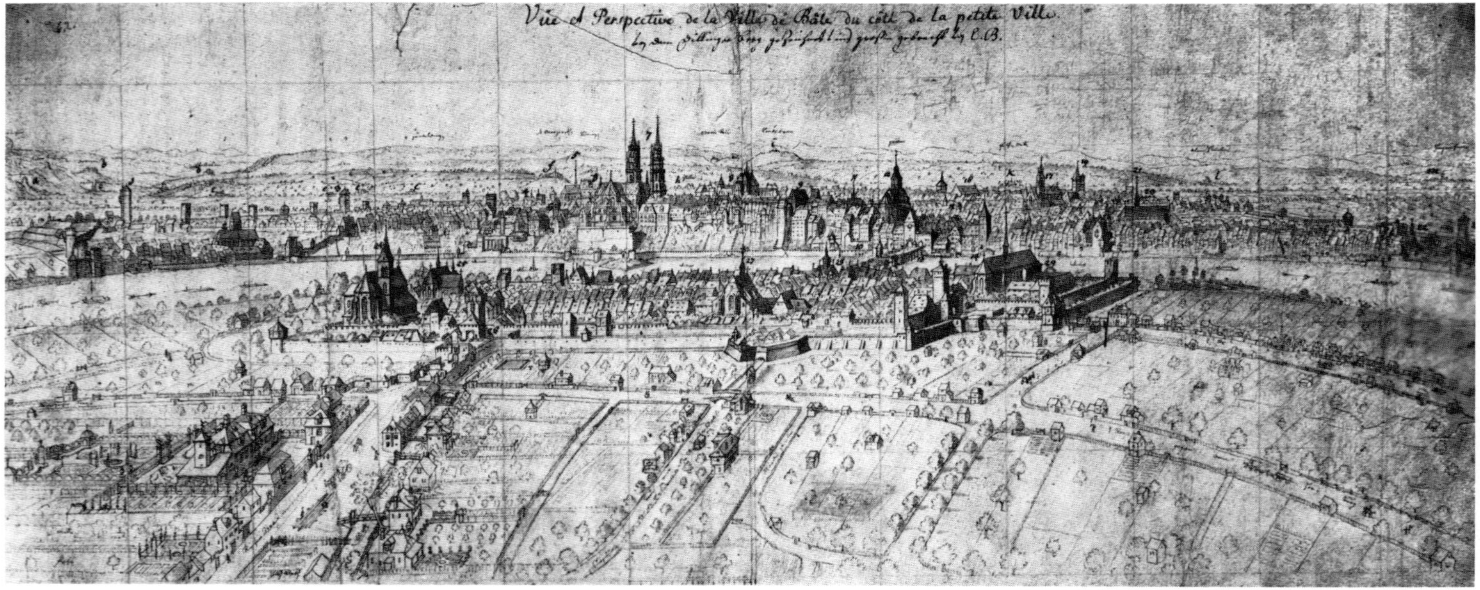

Abb. 81. Ansicht von Basel mit Klein-Basel. Vor 1747. — Emanuel Büchel.
„Basel von Norden". — Getuschte Federzeichnung. — Staatsarchiv Basel.

1754—1777. Drei Ansichten der Stadt Basel von EMANUEL BÜCHEL in „Neue und vollständige Topographie der Eydgenoßschaft", von David Herrliberger, Zürich 1754—1777.

Die erste Ansicht (I. Teil, Tafel 1 vor S. 3), ohne Signatur und Datierung, ist eine verkleinerte Wiederholung des ersten Prospektes der Folge von vier Stichen (Ansicht der beiden Basel rheinabwärts von St. Alban aus). Höhe mit Schrift 180 mm Breite 273 mm. Die beiden anderen Ansichten sind als Tafeln 254 und 255 einer späteren Lieferung, der 28. Ausgabe des vierten Hauptteils (II. Teil vor S. 383 und vor S. 385) vorangestellt, und beide unten links „Em. Büchel del. 1761" sowie unten rechts „D. Herrliberger exc. Cum Priv." bezeichnet. Die Tafel 254, Höhe mit Schrift 180 mm, Breite 269 mm, gibt eine Ansicht von Gross-Basel rheinabwärts, („Prospekt des Grossen Münsters und der Rheinbrücke zu Basel"), die Tafel 255, Höhe mit Schrift 180 mm, Breite 269 mm, eine solche rheinaufwärts („Prospekt der Rheinbrücke zu Basel von Seiten der Kleinen Stadt").

Literatur: Vgl. S. 126, Anm. 1. Ausserdem *Faksimile-Ausgabe* von DAVID HERRLIBERGERS „Topographie der Eydgenoßschaft". Frankfurt a. M. und Basel 1928.

1784. Plan de la Ville de Basle en Suisse, von SAMUEL RYHINER, Artilleriehauptmann, 1751—1787. Kolorierte Federzeichnung auf Leinwand aufgezogen, Höhe 850 mm, Breite 1005 mm. Staatsarchiv Basel, Planarchiv H 1, 16. Links: „Index pour les places et rues", unten in Schrifttafel Legende und „Notices historiques et géographiques", in der Mitte Schild mit Baselstab, gehalten von einem Greifen (Abb. 82 und 83, S. 132/133). — Darnach hat CHRISTIAN VON MECHEL, Basel, 1786 einen *kolorierten Stich* herausgegeben. Höhe 420 mm, Breite 550 mm. Staatsarchiv Basel, Sammlung Falkeysen A. 85.

1790 (nach 1815). Ansicht von Basel, rheinaufwärts, *kolorierte Radierung* von JOHANN JAKOB BIEDERMANN[1]). Gezeichnet unten links „Desiné d'après nature par J. J. Bidermann", in der Mitte „Vue de la ville de Basle" und rechts „Coloré par l'auteur Berne"; Höhe 395 mm, Breite 595 mm. —

Gehört zu der Reihe der dreizehn Kantonshauptorte, die in zwei Formaten als „mittelgrosse" und „grosse Bidermanns" erstmals 1790 herauskamen. Das hier abgebildete Blatt ist einer der „mittelgrossen Bidermann", der, wie die Verlegerfirma bekundet, auch in einer späteren Ausgabe nach 1815 erschienen ist. Der Standpunkt des Malers war nahe bei der früheren Gasfabrik. Im Vordergrund der Rhein, rechts eine grosse Baumgruppe mit ausruhenden Landleuten. Jenseits des Rheins links Klein-Basel bis zum Kloster Klingental, dann Gross-Basel vom Münster bis zum St. Johanntor. Im Hintergrund die badischen Schwarzwald-Vorberge über Grenzach (Tafel 8).

---

[1]) Geb. 7. August 1763 in Winterthur, gest. 10. April 1830 in Aussersihl-Zürich. Schweizerisches Künstlerlexikon, Bd. I, Frauenfeld 1905, S. 129 (A. Ernst). — Thieme und Becker, Allgemeines Lexikon der bildenden Künstler, Bd. IV, Leipzig 1910, S. 6, 7 (W. Kaesbach). — R. Nicolas und A. Klipstein, Die schöne alte Schweiz, Die Kunst der Schweizer Kleinmeister, Stuttgart-Zürich o. J., S. 80—82, Tafel 45. — Gedächtnis-Ausstellung für J. J. Biedermann des Kunstvereins im Museum Winterthur 1930. Illustrierter Katalog mit Einführung von Paul Fink.

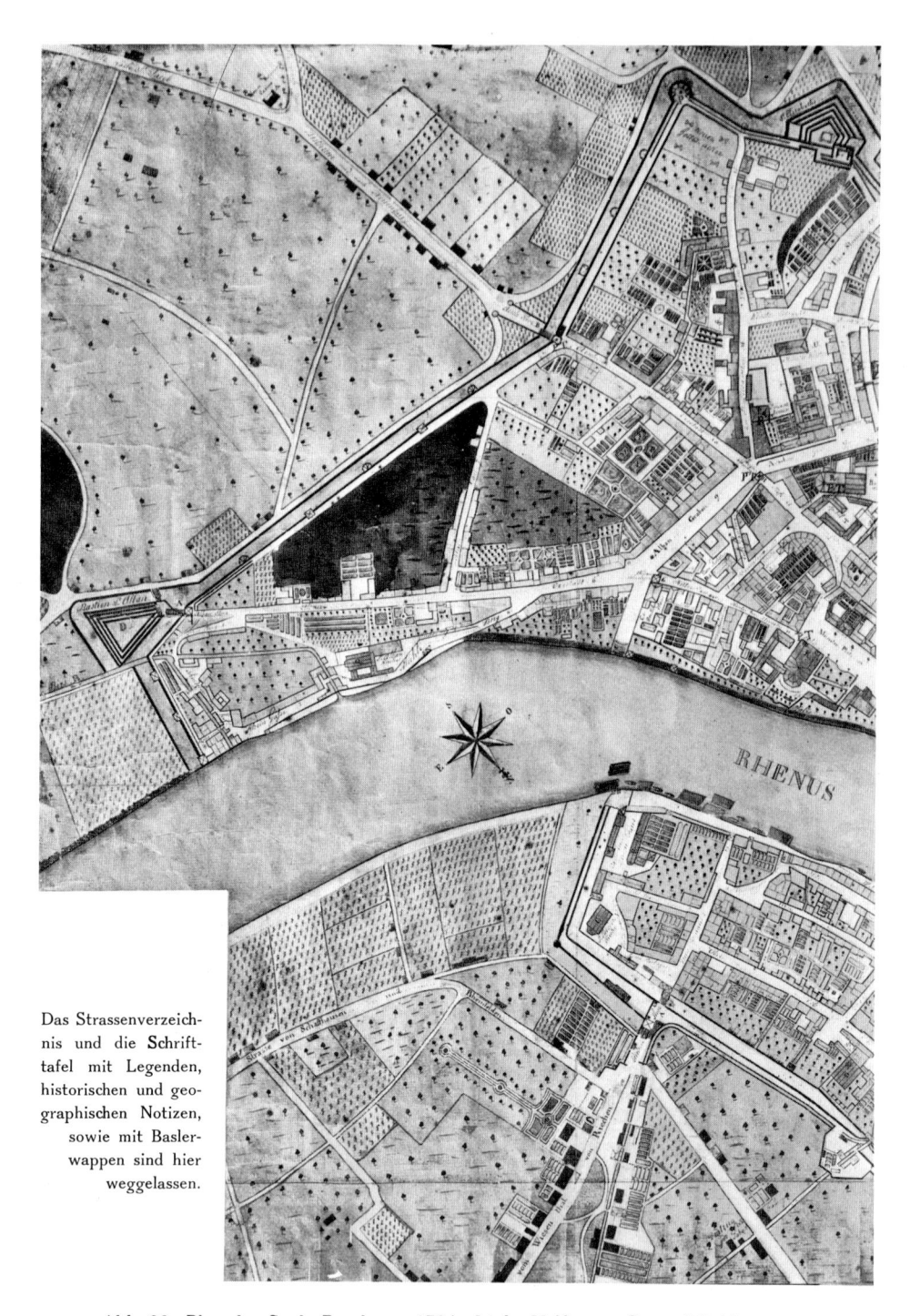

Das Strassenverzeichnis und die Schrifttafel mit Legenden, historischen und geographischen Notizen, sowie mit Baslerwappen sind hier weggelassen.

Abb. 82. Plan der Stadt Basel von 1784. Linke Hälfte. — Samuel Ryhiner.
Kolorierte Planzeichnung. — Staatsarchiv Basel.

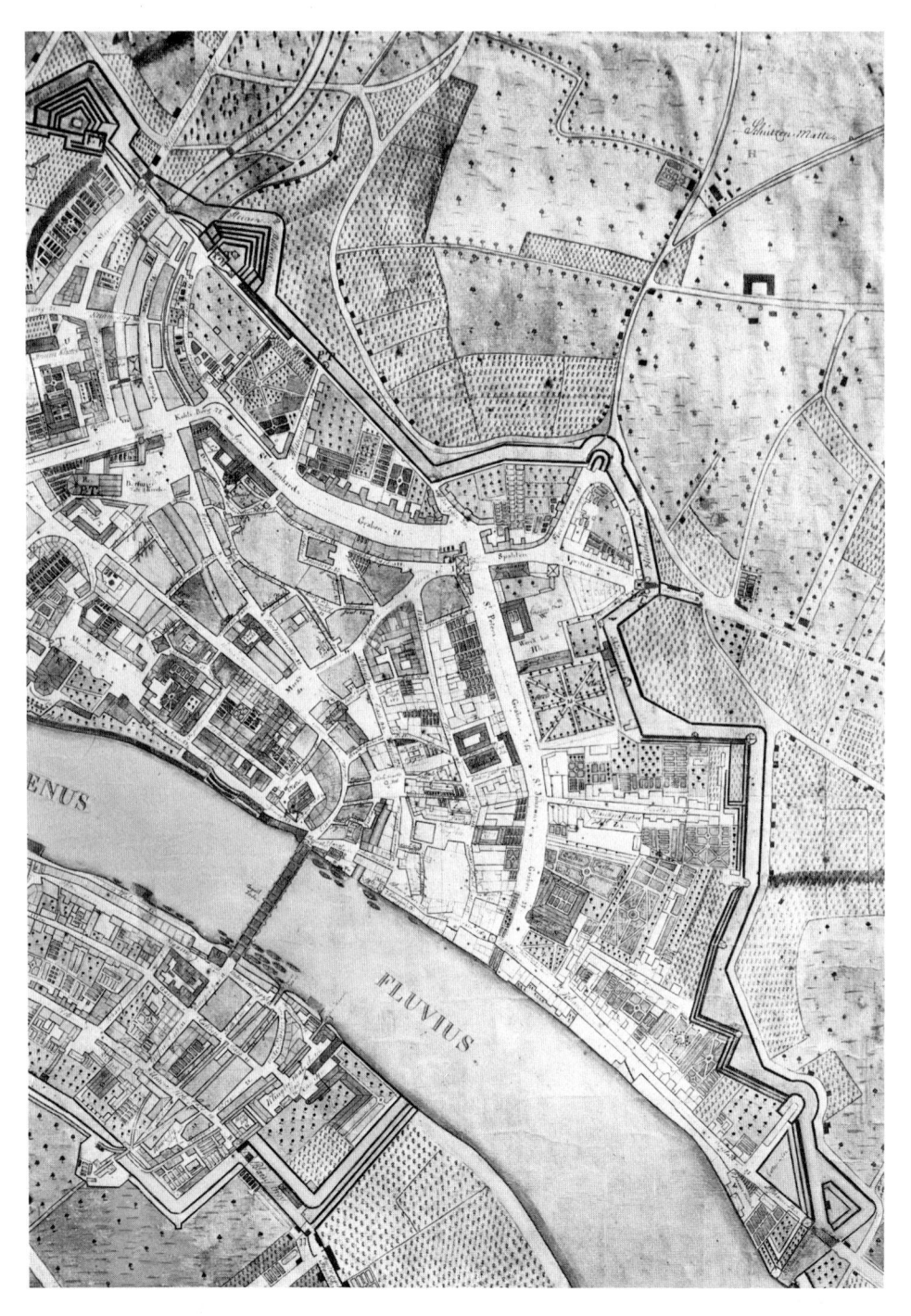

Abb. 83. Plan der Stadt Basel von 1784. Rechte Hälfte. — Samuel Ryhiner.
Kolorierte Planzeichnung. — Staatsarchiv Basel.

Abb. 84. Vogelschaubild der Stadt Basel von Norden, 1847. — Friedrich Maehly.
Die Umrahmung ist weggelassen (472×695 mm). — Staatsarchiv Basel.

Abb. 85. Ansicht Basels von Süden. Um 1865. — Jean Baptiste Arnout.
Farbige Lithographie. — Staatsarchiv Basel.

1808—1810. Grundrissplan von Basel, mit eingezeichneten Befestigungen. Plan des villes de Basle avec leurs environs fait à l'Ecole d'application à Metz. 1808—1810. *Aquarell,* Höhe 322 mm. Breite 474 mm. Staatsarchiv Basel, Sammlung Falkeysen A. 86.

1823. Blick von St. Margarethen auf Basel, *Bleistiftzeichnung,* leicht koloriert, von Samuel Birmann[1]), 1823. Höhe 210 mm, Breite 300 mm. Kupferstichkabinett Basel, Landschafts-Studien S. Birmann, Bd. I, S. 65 (Tafel 9).

1847. Vogelschaubild der Stadt Basel von Norden, von Friedrich Maehly, 1847. Lithographie, meist koloriert. Höhe 617 mm, Breite 840 mm, mit Umrahmung. Staatsarchiv Basel, Planarchiv H 1, 23 (Abb. 84, S. 134).

Um 1865. Normalbild Basels von Süden mit erhobenem Ansichtspunkt. Bâle prise au dessus de la gare de chemin de fer (jetzt Centralbahnhof), dess. par J. Arnout,[2]) um 1865. Farbige Lithographie. Höhe 283 mm, Breite 436 mm. Staatsarchiv Basel, Sammlung Wackernagel, C. 80. (Abb. 85, S. 135).

1865. Panorama von Klein-Basel vom St. Martinsturm aus, Aquarell von Anton Winterle[3]) (Winterlin) 1865. Höhe 400 mm, Länge 2860 mm. Staatsarchiv Basel, aufgehängt im Zimmer des Staatsarchivars (Abb. 77, S. 123). — Auch als Steindruck herausgegeben; ein Gegenstück „Panorama vom St. Johannstor aus" ist als Lithographie bekannt.   *C. H. Baer, Gustav Schäfer.*

VII. Das Basler Stadtbild um 1535, ein Werk von Conrad Morand.
EIN EXKURS VON HANS KÖGLER

Die auf S. 94/96 beschriebene Federzeichnung im Historischen Museum in Basel ist bisher nur einmal ziemlich klein in der „Entwicklung des Basler Stadtbildes bis auf M. Merian" reproduziert worden und hat lange nicht jene Beachtung gefunden, die sie künstlerisch verdient; sie ist bei einer Bildgrösse von 403 × 89 mm allerdings so maßstabklein und zart, dass erst eine beträchtliche Vergrösserung einem durchschnittlichen Auge die ganze Summe ihrer stillen Liebenswürdigkeiten enthüllen kann. Der Strichstil legt die Zeichnung für Geübte mühelos auf die erste Hälfte des 16. Jahrhunderts fest, eine genaue grundbuchartige Auswertung der Bauobjekte würde das sicher bestätigen; die Frage nach dem Künstler ist in der Literatur wohl noch nie gestellt worden; dass er ein Basler gewesen sei, liegt nicht nur von vornherein nah, sondern auch nach Vergleichung mit Gebäudedarstellungen in den landschaftlichen Teilen der Handzeichnungen der Brüder Holbein und ihrer örtlichen Zeitgenossen, wofür wir als Beispiel etwa das Oberbild des schönen Scheibenrisses mit einem bischöflichen Wappen zwischen zwei Löwen im Basler Kabinett, der Holbeinschule zugeschrieben, nennen möchten. Hans Holbein selbst wird,

---

[1]) Geb. 11. August 1793 zu Basel, gest. 26. September 1847 zu Basel; Schweizerisches Künstlerlexikon, Bd. I, Frauenfeld 1905, S. 137/138 (Daniel Burckhardt-Werthemann); Bd. IV, Frauenfeld 1917, S. 480/481 (Jules Coulin). — Thieme-Becker, Allgemeines Lexikon der bildenden Künstler, Bd. IV, Leipzig 1910, S. 52, 53 (D. Burckhardt). — Paul Ganz, Samuel Birmann und seine Stiftung, Beilage zum 63. Jahresbericht der öffentlichen Kunstsammlung in Basel, N. F. VII, Basel 1911.

[2]) J. (Jean Baptiste) Arnout (Arnould) geb. 24. Juni 1788 in Dijon; Thieme-Becker, Allgemeines Lexikon der bildenden Künstler, Bd. II, Leipzig 1908, S. 146.

[3]) Geb. 15. Juni 1805 zu Degerfelden (Baden); gest. 30. März 1894 in Basel. Schweizerisches Künstlerlexikon, Bd. IV, Frauenfeld 1917, S. 696/697 (J. Coulin).

wenn man nicht an die ganz frühe Zeit des Lobes der Narrheit dächte, kaum ernstlich in Frage kommen können, denn in den schönen Gebäudegruppen in den Gründen vieler seiner Scheibenrisse fasst er die Objekte mehr im Block, führt einzelne Belebungen lebhafter hinaus, hält aber mit ihrer Menge zurück, strichelt nicht so im Kleinen, zeichnet und tuscht energischer. Dass ich früher im stillen öfters an Ambrosius Holbein gedacht habe, will ich gern bekennen, denn bei ihm wäre der wenig wagemutige Strich, die bescheidene Liebenswürdigkeit, die jeder handfesten Manier abhold ist, das Hängenbleiben an den im engeren Sinn reizvollen Seiten der Objekte, kurz, die Naivität und der Feinsinn wohl vorauszusetzen. Durch eine neue interessante Beobachtung, die Herrn Dr. C. H. Baer geglückt ist, nehmen die Vermutungen über den Künstler des Blattes jetzt aber einen anderen Weg.

Der bekannte Basler Verleger und Buchdrucker Johannes Oporinus gab 1545 eine von dem Strassburger Gelehrten Nicolaus Gerbel verfasste Beschreibung Griechenlands (descriptio Graeciae) heraus, die mit meist ganz frei erfundenen kleinen Städtebildern in Holzschnitt illustriert ist. Die Bildchen sind nach Ausweis von Oporins Korrespondenz in Strassburg angefertigt worden, zwei davon, die im Stil ganz übereinstimmen, von den übrigen erfundenen aber einigermassen abweichen, stellen wirkliche deutsche Stadtansichten vor, es sind München, zur Illustrierung der griechischen Stadt Kalydon gezwungen, und eine Basler Rheinansicht für Thessalonike. Die ansprechende Basler Ansicht, in der schon zitierten „Entwicklung des Basler Stadtbildes" auf Blatt V oben und auch in dem vorliegenden Bande auf S. 139 reproduziert, ist durch einen Irrtum bei der Übertragung auf den Holzstock im Gegensinn gekommen, so dass das Münster rechtsrheinisch zu liegen scheint; abgesehen von dieser Störung ist das ungefähr 12 cm breite Holzschnittbildchen höchst einprägsam und lebendig. Nun hat Dr. Baer beobachtet, dass das kleine Holzschnittbild in direkter Abhängigkeit zu der grösseren Federzeichnung der Basler Rheinansicht im Historischen Museum steht (vgl. S. 95). Dies wird jeder nach genauer Prüfung bestätigen müssen; dem Holzschnitt liegt tatsächlich keine neue Naturaufnahme zugrunde, sondern er ist unter beträchtlichen Auslassungen und Zusammenrückungen nur aus der Federzeichnung entlehnt, die Gesamtanlage des Bildes und eine grosse Zahl getreu übernommener Einzelheiten, die nur in neuer Reihenfolge aneinander schliessen, beweisen das zur Genüge; selbst der Eckturm vom rechten Flügel ist noch da, wenn er im Holzschnitt auch auf das Kleinbasler Ufer versetzt wurde. Die Verdichtung der lückenlosen und detailreichen Vorlage auf das Bedürfnis der kleinen Holzschnittillustration, die viel rascher von einer Schlagstelle zur andern eilen muss und dennoch ein so ähnliches Erinnerungsbild hinterlässt, spricht für rühmliche künstlerische Einsicht und zugleich für Vertrautheit mit Basels Bild auch bei dem Strassburger Zeichner des Holzschnitts. Da dieser, wie als bewiesen festzuhalten ist, die ausführliche Basler Naturaufnahme ja in Händen hatte, so drängt alles um einen Schritt weiter auf den Gedanken, die Verfertiger beider Stücke seien eine Person. Als Zeichner des Holzschnittes habe ich aber schon vor Jahren (Schweizerisches Künstlerlexikon, Bd. IV, Frauenfeld 1917, S. 318) wie ich glaube, mit gutem Grund, den aus Basel stammenden, in Strassburg ansässigen Maler Conrad Morand in Vorschlag gebracht; es stellt sich also jetzt einfach die erweiterte Aufgabe, die Basler Federzeichnung direkt an den übrigen bekannten Arbeiten des Conrad Morand zu prüfen, deren allerdings leider nicht viele sind und nur Holzschnitte, keine Handzeichnungen.

Conrad Morand, der mit Vaternamen eigentlich Schweblin hiess, war ein Sohn des Basler Wannenmachers Morand Schweblin und dürfte um 1510 oder früher geboren sein. In Basel ist er als Künstler nicht überliefert, aber nach seiner Einbürgerung in Strassburg wird er seit 1544 bis zu seinem zwischen 1561 und 1564 erfolgten Ableben sehr häufig als Maler beurkundet; er lebte in guten Verhältnissen, die er noch durch Handel und Geldgeschäfte verbesserte, stand aber sehr gespannt mit seiner Strassburger Malerzunft, die ihm 1547 die Ausübung seines Berufes sperren wollte, was Pinsel und Farbe betrifft, mit anderen Worten, ihm nur die Betätigung als Graphiker frei gab, während Morand replizierte, er gebruche sich seines Handwerk ohnedies nicht. So wörtlich wird das wohl nicht gewesen sein, allerdings kennen wir ihn bisher nur aus graphischen Arbeiten, die sich um eine sicher beglaubigte Leistung gruppieren, den grossen 1548 erschienenen Holzschnitt der Rundschau auf die ganze Stadt Strassburg von der Höhe der Münsterplattform gesehen; eine gute Lichtdruckreproduktion gibt A. Seyboth in seinem Werk „Das alte Strassburg"; man liest darauf die gedruckte Bezeichnung: „Conradus Morant pictor." Zu diesem Prospekt gehörte ein Deckblatt mit der Münsterfassade, das Seyboth leider nicht beigegeben hat, obwohl es ein glänzend gelungener Aufriss in Morands straffestem Linienstil ist. Auf einer Kopie oder Wiederholung danach mit den Formschneider-Initialen M. H. steht dann die wichtige Legende: „Anno 1548 hats Conrad Morant von Basel, Burger zu Strassburg dem lieben Vatterland zu lob, und allen werckmeisteren Deutscher Nation zu besondern wolgefallen, abconterfät." Wenn man sich am Strassburger Prospekt und Münsterfassade mit des Künstlers Strich und Formeln für Gebäudedarstellung vertraut gemacht hat, so fällt ihm ohne Frage die ausgezeichnet klare, hell gehaltene Ansicht der Stadt Weissenburg im Elsass für Sebastian Münsters zwei Jahre später (1550) herausgekommene

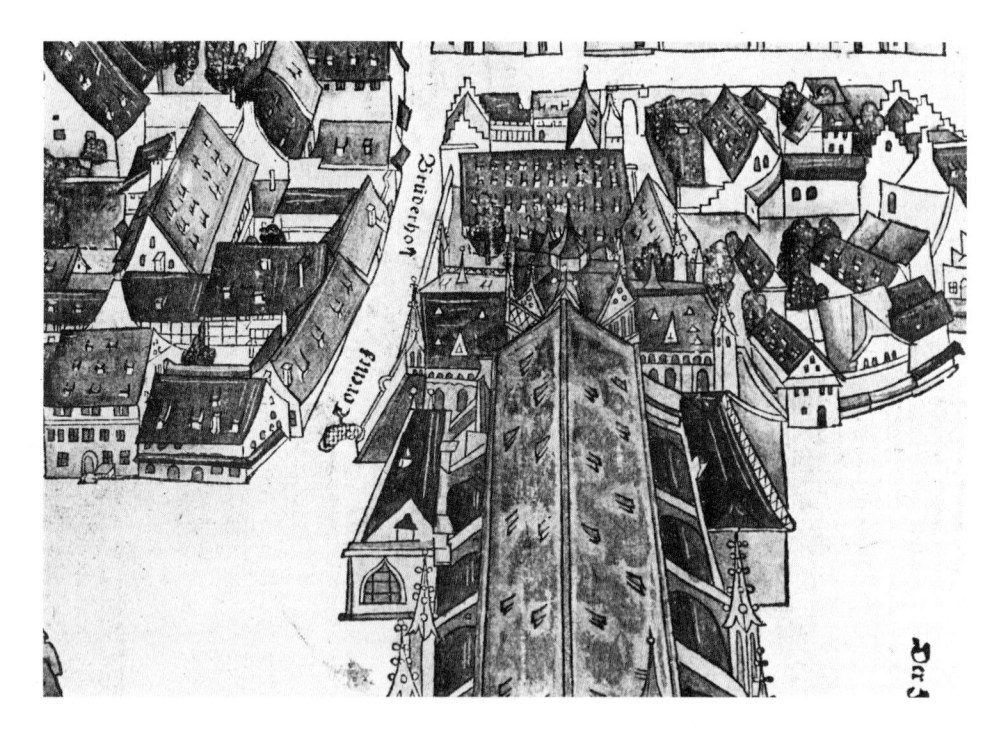

Abb. 86. Ausschnitt aus der Rundschau auf die Stadt Strassburg, 1548. — Conrad Morand.
Kolorierter Holzschnitt. — Germanisches Museum, Nürnberg.

Abb. 87. Thessalonice. Spiegelbild der Rheinansicht Basels, 1548. — Conrad Morand.
Holzschnitt. — Aus Nicolai Gerbelii descriptio Græciæ. — Universitäts-Bibliothek Basel.

Cosmographie auch zu, und ebenso leicht kenntlich das kleine Basel und das kleine München in der schon genannten descriptio Graeciae, die ja auch in Strassburg angefertigt wurden; München nicht nach originaler Aufnahme, sondern entlehnt aus dem grossen, 1530 erschienenen Flugblatt von Hans Sebald Beham, Kaiser Karls V. Einzug in München (Geisberg Nr. 292/96). Dieses kleine, aber einheitliche Werk Conrad Morands stellt ihn bezeichnenderweise als Spezialisten für Städteansichten vor, was keine geringe Unterstützung für den Glauben auch betreffs der Aufnahme seiner eigenen Vaterstadt Basel ist. Entscheiden muss aber die Ähnlichkeit der darstellerischen Manier.

Betrachtet man, meist an Hand von Geisbergs deutschen Einblattholzschnitten des 16. Jahrhunderts, die in Morands Lebenszeit fallenden, in Holzschnitt ausgeführten grösseren Städteansichten, nämlich die dem Hans Weiditz zugeschriebene Vogelschau auf Augsburg von 1521, Jörg Breus d. Ä. Schlacht von Pavia 1525, Erhard Schoens Belagerung von Wien 1529, Sebald Behams Belagerung von Wien aus dem gleichen Jahr, Behams Aufzug Karls V. vor München 1530, Anton Woensams Ansicht von Köln 1531, Schoens beide Belagerungen von Münster 1535, Schoens Vogelschau auf Tunis vom gleichen Jahr, Hans Schäufelins Landkarte von Württemberg um 1537, Niklaus Stoers Landschaft um 1540, Schoens Belagerung von Ofen 1541, Lukas Cranachs d. J. Belagerung von Wolfenbüttel 1542, Hans Mielichs Feldlager vor Ingolstadt 1546, Peter Spitzers Ansicht von Braunschweig 1547, des Monogrammisten M. S. Feldlager von Wittenberg, ebenfalls 1547, die vielen Städtebilder in Münsters Cosmographie von 1550, Donat Hübschmanns Ansicht des Wiener Stephansdomes um 1559 und andere ähnliche Blätter mehr, so zeigen sie in der graphischen Darstellung allesamt (mit einer einzigen Ausnahme von Sebald Beham) die grundsätzliche Verschiedenheit gegen Conrad Morands Strassburger

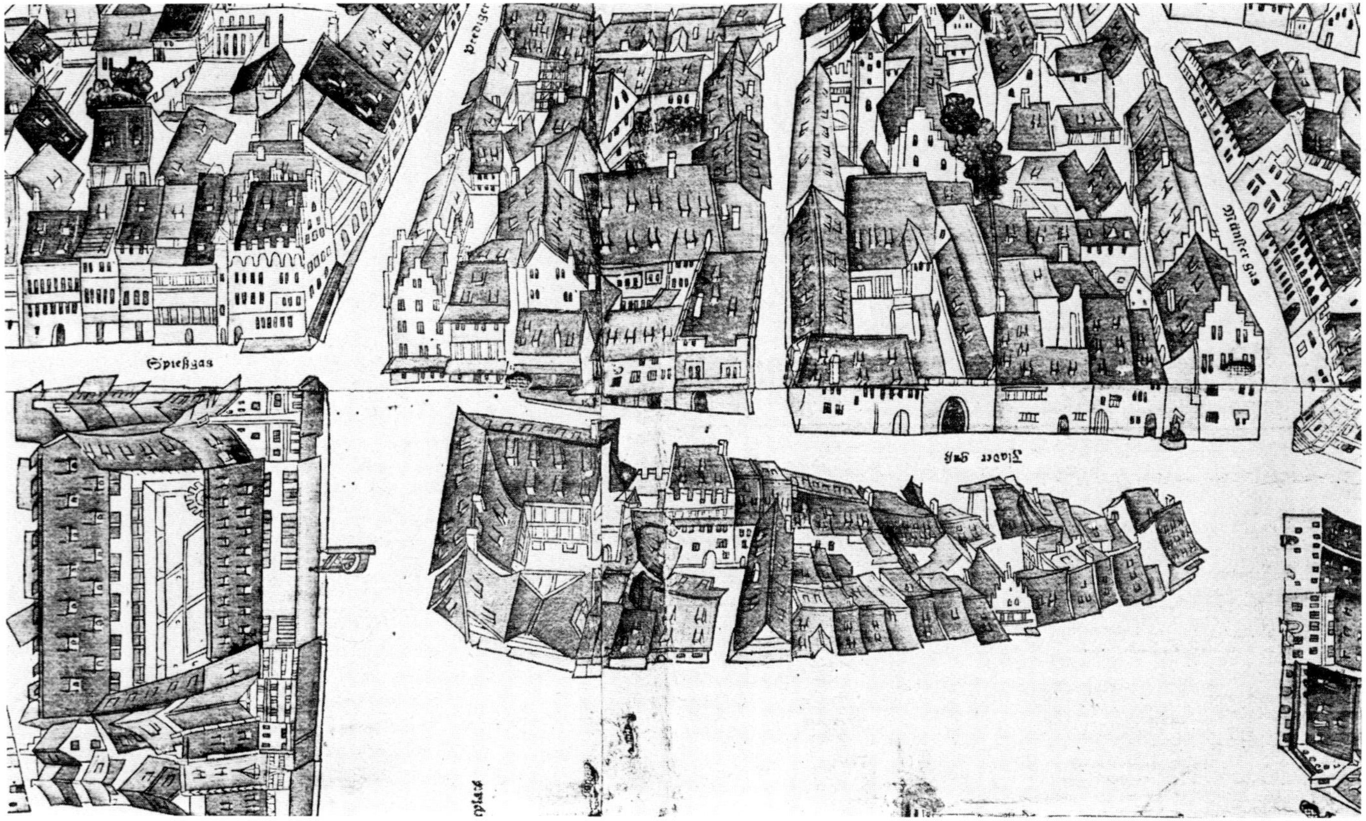

Abb. 88. Ausschnitt aus der Rundschau auf die Stadt Strassburg, 1548. — Conrad Morand.
Kolorierter Holzschnitt. — Germanisches Museum, Nürnberg.

Vogelschau von 1548, dass sie die Gebäude oder einzelne Fluchtmauern derselben, sowie die Dächer, mit Schraffierung körperlich runden, ob das nun mit reichlich gespendeter Schattierung geschehe oder mit sparsamer, verzichten auf das Mittel körperhaft wirkender Tonung will keine der Darstellungen, auch in den einzelnen Gliedern, wie Stützmauern oder Strebepfeilern, nicht. Sehr oft will man auch die Baumaterialien, ob Bewurf, Steinmauer oder Holz, durch entsprechende Strichaufwendungen deutlich machen. Nichts davon bei Morand, der nur mit rein linearem Aufriss und in der Binnenzeichnung mit den knappen Umrissen der Einzelheiten arbeitet, konsequenterweise auch mit stets weiss gelassenen Dächern. Materialandeutungen, ein wenig Holz, ein wenig Quaderwerk, ein wenig Tüpfelung für Ziegel, kommen bei Morand nur sehr spärlich an wenigen ausgezeichneten Stellen vor, aber nie in Tonlagen, immer nur in Umreissung der kleinsten Elementarteile. Im Linienwerk vermeidet er ängstlich jeden bewegten Duktus, noch mehr natürlich alles, was nach Genialität und Schmiss hinüberspielt, womit etwa Erhard Schoens Baulichkeiten in den Belagerungen von Wien und Münster prunken. Conrad Morand ist ferner nicht nur in den Körperflächen schattenlos, sondern sogar in den Linien, welche die einzelnen Bauglieder ausdrücken; er überträgt den schattenlosen Strich eines nur auf dem Reissbrett stehenden architektonischen Aufrisses auf das landschaftlich-topographische Stadtbild und steht damit am äussersten Gegenende jeder Luftperspektive. Er kennt auch kein Nah und Fern, ausser dass das Ferne etwas kleiner ist, denn die Strichpräzision und die Strichstärken sind bei den hinterst entlegenen Partien genau gleich wie bei den vorderst nächsten. In dem Willen, alles rein linear auszudrücken, hat sich der Künstler zu peinlich sauberer Ordnung und einem beständigen Fleiss erzogen, nirgends lässt er blosse Andeutungen zu, nirgends auch Flüchtigkeiten. Nun ist aber Morands Holzschnittmanier, die sich an der Strassburger Münsterfassade und an der Ansicht von Weissenburg am reinsten zeigt, schon vor ihm einmal an einer Stadtansicht entwickelt worden, nämlich an dem Fernblick auf München in Hans Sebald Behams grossem Holzschnitt der Feier des Aufzugs Karls V. vor dieser Stadt von 1530; dass sich Morand bewusst an dieses Vorbild anlehnte, kann man mit der kleinen Kopie jenes Münchner Stadtbildes von seiner Hand beweisen, die er 1545 unter dem Namen Kalydon für Gerbels descriptio Graeciae lieferte. Durch dauernde Anlehnung an dieses einmalige Vorbild Behams wird Morand dennoch nicht aller Originalität und alles Verdienstes in technischer Hinsicht beraubt, weil er es durch ernsthafte Übung bis zu einer feinfühligen Überbietung Behams in dessen eigener Manier brachte, siehe die Ansicht von Weissenburg; auch ist noch ein Jahrhundert nach Morand seine schattenlose reine Umrissmanier aufs glücklichste an Städtebildern versucht worden, wie Wenzel Hollars Ansicht von Frankfurt im Städelschen Museum zeigt.

Man könnte aus der Schilderung von Morands Holzschnittechnik vielleicht zu der Vorstellung kommen, er sei im Grunde genommen ein unkünstlerischer Pedant gewesen; das wäre irrig, weil er nicht nur ein so grosses und vielgestaltiges Objekt, wie eine Stadt, bildhaft und schön zu sehen imstande war, sondern auch die hochentwickelte Fähigkeit der Auslese im Kleinen und Kleinsten besass. Es ist nicht so leicht, der Überfülle an Gliederungen gotischer Bauten, gotischer Städte, die lebensnotwendigen und die lebhaft bezeichnenden abzulesen, intim und ausführlich zu bleiben und doch den verunklärenden Ballast abzuwehren, wenn man dabei nicht von malerischen Mitteln Gebrauch machen darf oder will, wenn alles nur in dem Trillern eines umrandenden Lineaments sich soll vernehmen lassen. Morand erreichte einen guten Teil seiner Wirkung dadurch, dass er sich für das Gewimmel der Kleindinge, der Erker, Giebel, Zinnen, Kamine, Blendbogen, Dachluken, Spitzen und Knäufe einen Schatz treffender Formeln zurecht legte, die eine wahre Musterkarte für Gebäude-Skizzierung ausmachen. Die leicht vergleichbare Holzschnitt-Vogelschau auf Augsburg von 1521 übertrifft er mit der Reichhaltigkeit und Schlagkraft seiner kleinen Musterkarte dieser Dinge bei weitem, seine Holzschnitte können sich darin sogar mit den besten zeitgenössischen Federzeichnungen von Gebäuden, Strassen- oder Stadtbildern messen, für die als Beispiele etwa die Dürer mit Vorbehalt zugeschriebene Ansicht aus Nürnberg mit der stehenden Gestalt des Domprobstes Tucher (Tafel 7, Sammlung Lahmann, Dresden) oder Melchior Feselens Krieg vor Venedig (Albertina, Zeichnungen N. F. I. Tfl. 29) genannt seien, aufs Geratewohl aus der Legion möglicher Beispiele herausgenommen. Dem Nürnberger Strassenbild auf der Zeichnung bei Lahmann gegenüber gewinnt dann erst die Federzeichnung der Basler Rheinfront einen richtigen Vorsprung an Fülle und Herzigkeit der Einzelheiten, während die besonders reizvolle Stadtansicht im Hintergrund der Zeichnung von Feselen wohl einen etwas anderen Apparat von Formeln aufweist, vor allem aber mit ihren sensibel gestuften, von Luftwirkung durchzitterten Strichen eine sehr geeignete Prüfung an die Hand geben dürfte, um wie viel näher der schattenlose gleichförmige Strich der Basler Federzeichnung der gesicherten Art Conrad Morands steht. Neben dem von Luftwirkung unbeeinflussten, zur stillen Sachlichkeit erzogenen Strich ist es vor allem der spezifische Formelapparat für die baulichen Kleindinge, der die Basler Federzeichnung so nah vergleichbar neben die Holzschnitte Morands rückt.

Aber vielleicht bindet noch mehr als technische Betrachtungsweisen ein gleichgeartetes Empfinden für die Seele einer gotischen Stadt und für die altfränkische Sprache ihrer Bürgerbauten die Basler Rheinansicht an das Morandsche Holzschnittwerk, bei dessen Charakterisierung schon das meiste gesagt sein dürfte, was auch für die Federzeichnung gute Anwendung hat, so dass direkte Hin- und Herverweise auf Einzelheiten sich erübrigen dürften. Wer sich ein paar Augenblicke in die köstliche winkelige Verschobenheit jener Freundschaftsgruppen von alten, sich gegenseitig stützenden Häuseroriginalen versenkt hat, die auf dem Strassburger Plan beim Ostchor des Münsters und an dessen Südseite bei der „Flader Gas" wohnen, und dann die Partien um den „Totentanz" auf der Basler Zeichnung ansieht, wird eine starke Überzeugung für die gleiche Auffassung auch durch das seelische Auge gewinnen.

Ein Beweis, der absolut auf die Autorschaft Conrad Morands an der Basler grösseren Rheinansicht verpflichten sollte, ist nicht zu führen, weil eine, von näherer und reichhaltigerer Naturunmittelbarkeit angehauchte Handzeichnung mit dem krauseren und spritzigen Wesen ihres Federmaterials, nur mit dem abstrahierteren, in strafferen Liniendienst gezwungenen Holzschnittstil verglichen werden konnte; dazu fällt die Zeichnung auch zeitlich offenbar früher, ehe die grammatikalische Regelhaftigkeit in des Künstlers Holzschnittmanier voll entwickelt war. Dennoch sind sowohl grundsätzliche, wie an der Oberfläche regierende Übereinstimmungen in bedeutsamer Weise vorhanden, es ist auch nicht eine Stilvergleichung an willkürlich aufeinander bezogenen Kunstwerken geübt worden, sondern es schliesst sich doch wohl vor unseren Augen ein verwandtschaftlicher Kreis:

Morand, ein Baslerkind, Morand, ein Städtezeichner, Morand, wie nicht zweifelhaft ist, von Strassburg aus die kleine Basler Rheinansicht für Gerbels Griechenland liefernd, und Morand, wie bewiesen ist, dabei im Besitz der bisher fraglichen, grösseren Federzeichnung unseres Rheinufers.

Tafel 5

Fernsicht auf Basel vom Grenzacher Horn, 1623/1624
Aquarellierte Federzeichnung von Matthäus Merian d. Ä. — Kupferstichkabinett Basel

Tafel 6

Blick vom Riehentor in Klein-Basel nach St. Klara, 1624
Getuschte Federzeichnung von Matthäus Merian d. Ä. — Kupferstichkabinett der Staatlichen Museen, Berlin

Tafel 7

Blick auf die St. Johannvorstadt von Basel, wohl vor 1700
Bleistiftzeichnung von Johann Rudolf Huber. — Kupferstichkabinett Basel

Tafel 8

Ansicht von Basel rheinaufwärts, 1790
Kolorierte Radierung von Johann Jakob Biedermann. — Privatbesitz Basel.

Tafel 9

Blick auf Basel von St. Margarethen, 1823
Leicht kolorierte Bleistiftzeichnung von Samuel Birmann. — Kupferstichkabinett Basel

Tafel 10

Das Basler Stadtbild am Rhein um 1535. Linke Hälfte

Kolorierte Federzeichnung von Conrad Morand. Natürliche Grösse. — Historisches Museum Basel

Tafel 11

Das Basler Stadtbild am Rhein um 1535. Rechte Hälfte
Kolorierte Federzeichnung von Conrad Morand. Natürliche Grösse. — Historisches Museum Basel

Kaiser Heinrich an der Pfalz zu Basel
Statue um 1515. — Teilansicht

DIE BEFESTIGUNGEN
DER STADT BASEL

Abb. 89. Blick auf den Birsigeinfluss und das Steinentor in Basel, vor 1865.
Nach einer Bleistiftzeichnung in Basler Privatbesitz.

DIE BEFESTIGUNGSANLAGEN DER STADT BASEL.

I. Überblick über Entstehung und Ausbau.

Zum Verständnis des ehemaligen und des heutigen Stadtbildes sind die Befestigungsanlagen von ausschlaggebender Bedeutung. Zur Zeit ihres Bestehens gaben sie der Stadt für längere Zeit eine feste Umfassungslinie, und ihre Rekonstruktion dient uns als Mittel zur Vorstellung der Arealverhältnisse früherer Stadtperioden.

Die frühesten Befestigungsanlagen Basels nach dem verheerenden Ungarneinfall vom Jahre 917 haben im Stadtbild keine Spuren hinterlassen. Basel war damals Stadt auf dem linken Ufer des Rheines. Seine älteste mittelalterliche Befestigung befand sich auf dem Münsterhügel, in Ausnützung der Schutzlage, die das steile Rheinbord und der Birsigtalabhang gewährten. Die genaue Ausdehnung dieses Basels, das die damalige St. Martinskirche, den damaligen Bischofshof und das damalige Münster einschloss, ist unbekannt; es kann aber angenommen werden, dass seine Befestigungen in ihrem Verlauf mit den Fundamenten der einstigen römischen Castrumsmauer zusammengingen. Diese durch die Hochlage ausgezeichnete „Burg" auf dem Münsterhügel ist der Kern der Basler Befestigungsanlagen und damit auch der ganzen mittelalterlich-barocken Stadtfläche geworden.

Die erste Stadterweiterung findet sich in Anlehnung an die Befestigungen der „Burg" dort, wo der Birsigbach, der den Münsterhügel an seinem rheinabgewendeten Gehänge begleitet, in mässig steil geböschtem Tal nordöstlich in den Rheinstrom mündet. Die Umgrenzung, die diese Birsigtalsiedlung Basels gegen Einfälle sicherte, schloss ausser dem west-südwestlichen Münsterhügelabhang den ganzen Talboden des Birsigbaches in ihren Bereich, griff also über den Birsig hinüber. So gelangten die wichtigen Frischwasserquellen am Fusse des Petersberges und der zu industriellen Zwecken vom Birsigbach abgeleitete Rümelinsbach in den Schutz der Befestigung. Wie aus verschiedenen Lokal- und Strassennamen geschlossen wird (Hinter dem „Schwarzen Pfahl", „Grünpfahlgasse", „Spalen") bestand diese Befestigung aus einer *Palisadenwand*. Ihr militärischer Schutz mochte bei der Bogenschützenkriegführung des 11. Jahrhunderts hinreichend gewesen sein.

Die Ersetzung der Palisadenwand durch einen *Mauerzug* mit Toren und Türmen geschah gegen Ende des 11. Jahrhunderts unter Bischof Burkard. Der Abstand der Turmbauten entsprach der Reichweite eines Bogenschusses. Die von der Stadterweiterung des 11. Jahrhunderts umschriebene Fläche bedeutete den Sammelboden aller zur Birsigtalmündung und zur Rheinfähre hinabsteigenden Landstrassen, der Freien Strasse, der Gerbergasse, des

Spalenberges und des Blumenrains. Aus jener Zeit soll die Namengebung der „Freien"-Strasse stammen, die damals obwohl innerhalb der Ummauerung doch teilweise noch unbebaut gewesen sei. Der bis ins 19. Jahrhundert vorhandene sogenannte *„Salzturm"* unmittelbar unterhalb der Birsigmündung in den Rhein wird als Stützpunkt der Mauer Bischof Burkards angesprochen.

Die Klostersiedlung St. Alban erwuchs um 1090 räumlich getrennt von diesem Basel im Auengebiet von Rheinstrom und Birsfluss. Auch sie war *mauerumgeben* und wandte ein Mauertor der Stadt Basel zu. Als wirtschaftliche Lebensader umschloss sie einen Industriekanal, den St. Albanteich.

Die zweite Stadterweiterung Basels war vielleicht schon im 12. Jahrhundert vorhanden; bezeugt ist sie erst im Jahre 1206. Ihre Entstehung fällt also vor den Bau der Rheinbrücke (um 1225). Anschliessend an das bogenförmige Rheinbord mit der Birsigmündung bildete sie landeinwärts eine halbkreisähnliche Figur, indem sie den Münsterhügel und das linke Gehänge des Birsigbachtales bis zur Plateaukante in ihren Bereich zog. Stadtgeographisch war diese Erweiterung überaus grosszügig. Es ist nicht nur das Ansetzen eines Wachstumsarmes, sondern das Anlegen eines geschlossenen, um das gesamte frühere Weichbild herumgreifenden Wachstumshalbringes.

Die heutigen inneren Grabenstrassen: St. Albangraben, Steinenberg, Kohlenberg, Leonhardsgraben und Petersgraben, bezeichnen den Verlauf dieses Befestigungsgürtels. An der Durchdringung von Landstrassen und Mauerzug wurden Tore erbaut, die teilweise noch bis in die Mitte des 19. Jahrhunderts (vgl. S. 170 f.) bestanden haben: St. Albanschwibbogen (Kunostor), Aeschenschwibbogen, Eseltürlein (Ausgang zur späteren Steinenvorstadt), Spalenschwibbogen, St. Johannschwibbogen (inneres Kreuztor)[1].

Die Verteilung der Türme längs des Mauerzuges geschah wie bei der ersten Ummauerung im Abstand eines Bogenschusses, sodass die Stadtbefestigung damals den Anblick eines mit Türmen dichtbesetzten Mauerzuges geboten haben muss (Abstand der beiden am Petersgraben (Nr. 35 und Nr. 45) in späterer Verbauung noch erhaltenen halbkreisförmigen Mauertürme = 55 m). August Bernoulli gibt eine Einzelheit, die die Rekonstruktion dieser Befestigungsgestaltung zu beleben vermag[2]: „Neben jedem Tor bildete die Ringmauer zur Rechten des Eintretenden einen Vorsprung, von wo aus die Angreifer um so leichter (mit Pfeilen) konnten getroffen werden, da ihre vom linken Arm geführten Schilde gegen rechts keinen wirksamen Schutz boten," eine Anordnung, die sich bei allen Wehrbauten jener Zeit findet.

Klein-Basel entsteht infolge des *Rheinbrückenbaus* im Jahre 1225 auf dem rechten, bogenrund verlaufenden Rheinufer als eine Siedlungsvergrösserung Basels, die zum Charakterzug der Stadt geworden ist: Seither

---

[1]) Schwi-Bogen, Schwibbogen, Schwiebogen = Schwebebogen, ein zwischen zwei Mauerzügen eingespannter gemauerter Bogen; Schweizerisches Idiotikon, Bd. IV, Frauenfeld 1901, Sp. 1068.

[2]) Bernoulli, August, Basel im frühesten Mittelalter, Basler Jahrbuch 1920, S. 303.

ist Basel die beidufrige Brückenstadt am Rhein. Dass das Areal von Klein-Basel von dem linksrheinischen Basel um 1225 abhängt, zeigt die Nordwest-Südost-Ausdehnung seiner alten Siedlungsfläche. Diese stimmt mit der Uferlänge des Birsigbach-Basels (Gross-Basel) zur Zeit der zweiten Ummauerung annähernd überein. Anstelle der heutigen St. Theodorskirche (Neubau seit 1420) lag schon vor der Gründung Klein-Basels ein alter Siedlungskern. Aber er ist nicht zum Ausgangspunkt der Neusiedlung geworden. St. Theodor finden wir ganz an den Ostrand des mittelalterlichen Klein-Basels gerückt. Die Lebensader der Neugründung war die Rheinbrücke. Von ihrem Ansatz aus dehnte sich Klein-Basel vor allem nach Südosten aus, seine Erstreckung nach Nordwesten ist unbedeutender (vgl. den Übersichtsplan, Abb. 90, S. 149).

Die *Befestigungen Klein-Basels* vollzogen sich nicht auf einen Wurf. Im Jahre 1255 sind erst die Gräben vorhanden; fünfzehn Jahre später (1270) wird zum erstenmal der Mauern Erwähnung getan. Diese Anlage liess zunächst die später in die Ummauerung einbezogenen Gebiete von St. Theodor (1277) und des nachmaligen Klosters Klingenthal (1278) ausserhalb der Befestigungen. Mit der Wiederherstellung nach dem Erdbeben von 1356 ist erst spät begonnen und bis 1397 daran gearbeitet worden. Die vollendete Mauerkrone zählte neun Türme, sechs Letzen und 300 Zinnen[1]). Dieser Fortifikationsgürtel Klein-Basels ist im wesentlichen bis zu seiner Abtragung im 19. Jahrhundert unverändert geblieben. Seine beiden Tore waren das *Bläsitor* (Unteres-, Isteiner Tor) im Nordwesten und das *Riehentor* (Oberes Tor, St. Theodorstor, Heiligkreuztor) im Nordosten. Einen Torabschluss gegen die Rheinbrücke hat Klein-Basel nicht besessen, dagegen vier Ausgänge in der Rheinmauer, von denen das um 1362 erbaute Obere Rheintor (Lessertürlein) der bedeutendste war (vgl. S. 232).

Die Vorstädte. Mit der Errichtung der zweiten Stadtmauer Gross-Basels war aber dem Stadtwachstum nur eine zeitlich beschränkte Grenze gezogen. In der ersten Hälfte des 13. Jahrhunderts, als Klein-Basel zu entstehen begann, waren bereits vor den damaligen Toren Gross-Basels längs den mündenden Landstrassen oder in Verbindung mit Exklaven wie St. Alban und St. Johann, Vorstädte entstanden, die ihre eigenen, auf das Ganze bezogen *uneinheitlichen Befestigungen* hatten. Im Jahre 1284 ist Basel mit St. Alban zusammengewachsen. Im Jahre 1290 hatte die grösste Vorstadt Basels, die Spalenvorstadt, ihre eigenen Mauern und Tore, und um 1300 war auch die St. Johannvorstadt, allerdings nicht im späteren Ausmass, mit Befestigungen umgeben.

1361/62—1388. Die dritte Stadterweiterung. Im Jahre 1356 wirft das grosse Erdbeben teilweise die Stadt und mit ihr auch die getrennten Vorstadtbefestigungen in Trümmer. Diese Katastrophe mochte den Anstoss zur *dritten (und mittelalterlich letzten) Stadterweiterung* gegeben haben. Der Beginn dieser Ummauerung fällt in die Jahre 1361/62. Der neue Mauerring umfasste

---

[1]) Vischer-Heusler, Basel im XIV. Jahrhundert, Basler Neujahrsblatt 1873, S. 130.

alle fünf Vorstädte, die St. Johannvorstadt mit der Ansiedlung der Johanniter, die Spalenvorstadt, die Steinenvorstadt, die Aeschenvorstadt und die St. Albanvorstadt mit dem St. Albankloster. Sie war so grosszügig angelegt, dass sie fast genau 500 Jahre lang dem, allerdings besonders im 18. Jahrhundert (vgl. S. 72) gewaltsam niedergehaltenen, Wachstum der Stadt genügte. Der neue Befestigungszug schloss alles Freiland zwischen den als Zeilensiedlungen entwickelten Vorstädten ein. Dadurch erhielt die Ringmauer eine für die damaligen städtischen Verhältnisse gewaltige Länge von etwa 4 km (innere Stadtmauer etwa 2 km). An der Rheinbordbefestigung arbeitete man gleichfalls: im Jahre 1363/64 wird das *Rheintor* beim Ansatz der Rheinbrücke am Grossbaslerufer gebaut oder erneuert[1]).

Die Arbeiten an der Ringmauer Gross-Basels dauern einige Jahrzehnte. Erst 1374 war ein geschlossener Graben vorhanden, der aber nur von einer schwachen Brustwehr begleitet wurde; ebenso standen zahlreiche Türme. Von 1365/66 bis 1368/69 stiegen die Ausgaben für „der stette baw" von 1725 auf 3921 ℔ jährlich, um dann bis 1377/78 langsam wieder bis auf eine Jahresausgabe von 1058 ℔ zu sinken[2]). 1374/75 wird einem Meister Konrad, der die Bauarbeiten ausgeführt haben könnte, ein Geschenk gemacht[3]). Um 1380 kommt das Unternehmen in der allgemeinen städtischen Ohnmacht während der kriegerischen Bedrängnis durch Herzog Leopold von Österreich ins Stocken. Dass in diesen Zeiten eine ernsthafte militärische Verwendung der Befestigungsanlagen nötig geworden sei, ist denkbar; es wäre dies aber das einzige Mal, dass Basels Mauern zu strategischen Aktionen gebraucht worden wären. Im Jahre 1384 wird von Weiterarbeiten berichtet, doch waren schon im Rechnungsjahr 1381/82 wiederum 1555 ℔ ausgegeben worden[4]). Von 1383/84 stiegen sodann die Jahresausgaben für „der stette buwe" von 2370 ℔ auf 6335 ℔ (1386/87) und 6651 ℔ (1387/88), betrugen 1388/89 noch 3247 ℔ und in den folgenden Jahren durchschnittlich 2000 ℔). Nach den Jahrrechnungen 1383/84 und 1384/85 ist damals mit HENMANN ZEM WINDE, offenbar dem Unternehmer der Erdarbeiten, „von des graben wegen" abgerechnet worden[5]). Seit 1386/87 bis 1388/89 findet sich in den Jahrrechnungen auch ein Jahrlohn

---

[1]) Bernhard Harms, Der Stadthaushalt Basels im ausgehenden Mittelalter, I. Abt. Bd. II, Tübingen 1910, Die Ausgaben, 1360—1490, S. 4: 1364/65. „Item der stette bu, der bu des thurnes ze Rine, des richtzhuses, die Rinbrugge, das holtzhuse die brunnen und ander der stette buwe DCCXXIII lb und V β."

[2]) Staatsarchiv Basel, C 1—4, Jahrrechnungsbücher 1362—1476. — Bernhard Harms, a.a.O., S. 2 ff. — W. Vischer-Heusler, Basel im XIV. Jahrhundert. Basler Neujahrsblatt 1873, S. 9.

[3]) 1374/75, Harms, a. a. O., S. 15: „Item so ist geschenckt meister Cûnrat dem werchmeister L guldin, tûnt in phenningen XXXV lb."

[4]) 1381/82, Harms, a. a. O., S. 27: „Item der stette bu MDLV lb mit dem so von dem Ryn und den thoren gevallen ist."

[5]) 1383/84, Harms, a. a. O., S. 31: „Item so sind geben und geschenket Henman zem Winde von des graben wegen X guldin tatent VIII lb." — Harms, a. a. O., S. 32: „Item so ist gerechnet mit Henman zem Winde umb alles so er ingenommen und usgeben hat von des graben wegen und blibet úns schuldig CXL lb XIII β I d."
1384/85; Harms, a. a. O., S. 35: „Item so ist gerechnot mit Hen. zem Winde von des graben wegen umb alles das er am Samstag von uns item von dem Rin und thoren, von sand messern und eynung wegen ingenomen hat und usgeben und belibet uns noch schuldig CXXV lb, V β, I d."

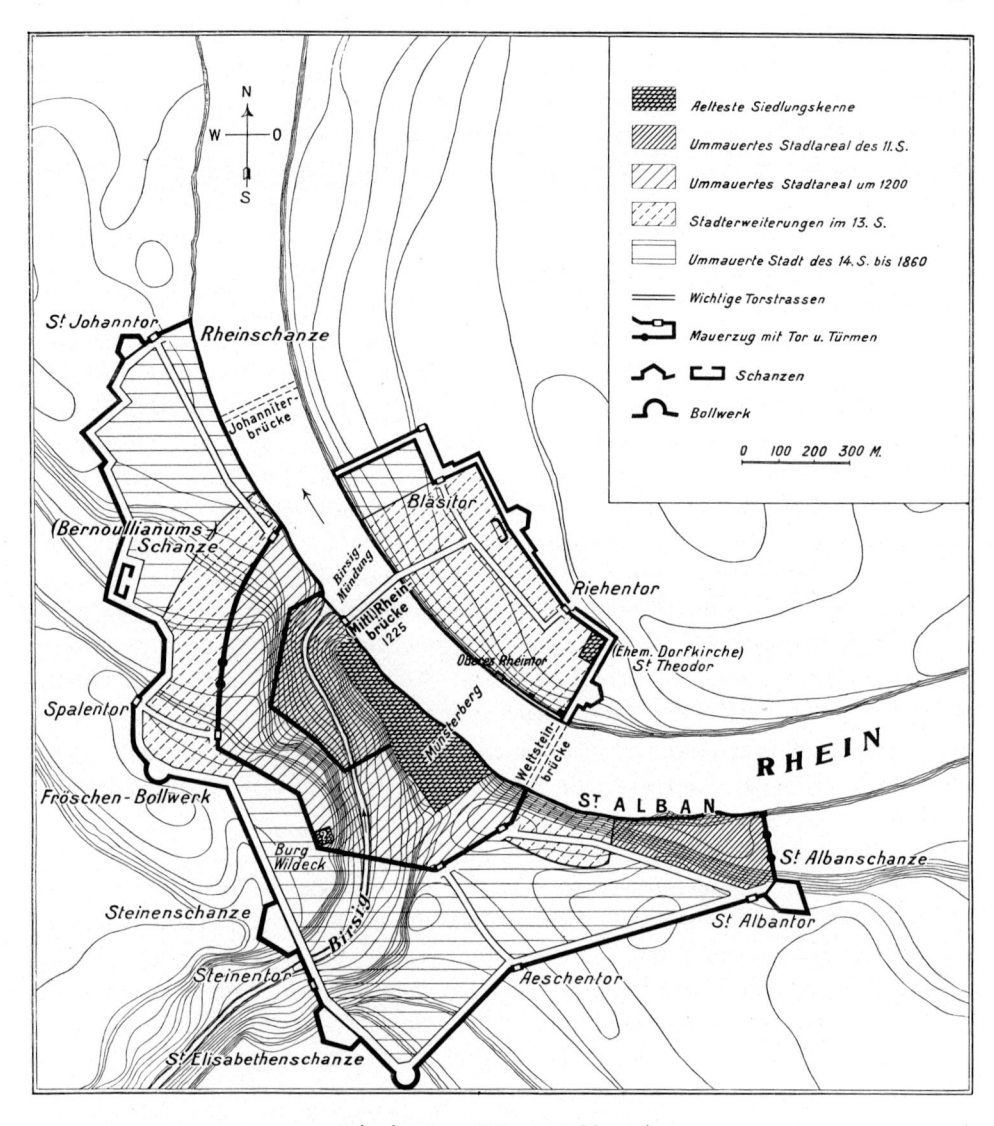

Beim innern und äusseren Mauerring
sind nur die *heute noch vorhandenen Türme*
eingezeichnet.

Abb. 90. Plan der Siedlungsentwicklung der **Stadt Basel** mit Eintragung der Befestigungsgürtel.
Masstab 1 : 20 000.

Nach Originalzeichnung von Gustav Schäfer unter Benützung des Übersichtplanes der Stadt Basel 1 : 5000, **herausgegeben** vom Grundbuchgeometerbureau der Stadt Basel (1920), und der Rekonstruktion der Basler **Terrassen** 1 : 5000 von Paul Haberbosch (1924), die vom Bearbeiter in liebenswürdiger Weise zur Verfügung gestellt worden ist.

für Meister HEINRICH PUER verrechnet und 1386/87 die Schlussabrechnung mit diesem Meister[1]), der Zimmermann und Ratsherr war[2]), offenbar im Auftrag des Rats die Bauleitung besorgte, vielleicht ausserdem ganz oder teilweise die Bauarbeiten in Akkord übernommen hatte. Im Jahre 1398 war der äussere Mauerzug Basels vollendet; ein Kranz von 40 Türmen, 42 Letzen und 1199 Zinnen umgab nun die Stadt[3]) (vgl. Abb. 90, S. 149).

Mit dieser Stadterweiterung ist Gross-Basel über seine natürliche Lage am schutzverleihenden Bergsporn und in der wirtschaftlich günstigen Talung hinausgewachsen. Jetzt wurden von der Ummauerung die weit ins Freiland sich ausdehnenden Terrassenflächen ergriffen. Der an den Altstadtkern sich anschliessende Teil des unteren Birsigtals (Steinenvorstadt) wurde ebenfalls in den Mauergürtel miteinbezogen. Die Landstrassentore waren: das äussere St. Albantor, das äussere Aeschentor (Eschemertor, Hertor), das Steinentor, das äussere Spalentor (St. Paulstor) und das äussere St. Johanntor (Kreuztor).

Seit Errichtung der zweiten Stadtmauer (1206) bis zur dritten Stadtummauerung Ende des 14. Jahrhunderts hatte sich die Kriegstechnik verändert. Anstelle der Einmannbewaffnung mit dem Bogen war diejenige der weittragenderen Armbrust getreten. Dieser Umstand findet sich in der grösseren Distanzierung der Mauertürme berücksichtigt, die jetzt der Reichweite eines Armbrustbolzens entspricht (Abstand zweier jetzt noch stehender aufeinanderfolgender Türme der Stadtmauer im St. Albantal: 70 m; vgl. S. 228).

1431—1448. Verstärkungen der Mauern und provisorische Bollwerke. Zur Zeit des Basler Konzils (1431—1448) *verstärkte man die innere Stadtbefestigung* und legte zur Begegnung innerer Wirren in allen Zugängen zum Kornmarkt (Marktplatz) eine *Sperre* für Berittene an, indem in Brusthöhe eines Pferdes Ketten die Gassen abschliessen konnten[4]); eine Sperrkette ist heute noch am Ausgang des Schlüsselberges (ehem. Rossberg) in die Freie Strasse erhalten.

Beim Heranziehen der Armagnaken (1439—1444) wurden die Basler Befestigungen kampfbereit gehalten. *Provisorische Bollwerke* wurden beim Spalentor, Steinentor und Bläsitor (Klein-Basel) errichtet, sämtliche Tore ausser dem Spalen- und Aeschentor verrammelt und neue Schusslöcher in

---

[1]) 1386/87, Harms, a. a. O., S. 40: „Item so ist bezalt meister H. Puer LXXX guldin die man im diz jars schuldig ist gewesen von sines lones wegen." — Harms a. a. O., S. 41: „Item so ist gerechnet gentzlich mit dem Puer von des buwes wegen und umb alles daz so er ingenomen hat und usgeben untz uf diz zit und ist im diz fronvasten worden MMCCCXVIIII lb. VIII β minder IIII d und eins gegen dem andern abgeslagen und sin fronvasten lon gerechnet und blibet er uns noch denne schuldig LXXXVI lb XIII β IIId.". — 1387/88, Harms, a. a. O.: ,S. 43: „Item dem Puer LXXX guldin von sins jarlones wegen." — Harms, a. a. O., S. 44: „Item mit meister Heinrich dem Puer und sint glich worden an innemmen und usgeben dis jares und sinen jarlon damitte bezalt." — 1388/89, Harms, a. a. O., S. 45: „Item so haben wir geben dem Puer LXXX guldin für sin fronfasten."

[2]) „Heinricus Puer, 1386 zum städtischen Bauherrn ernannt, leitete er den Bau der Ringmauer", und war seit 1382 Ratsherr zu Spinnwettern. Vgl. Paul Kölner, Geschichte der Spinnwetternzunft zu Basel und ihrer Handwerke, Basel 1931, S. 245.

[3]) W. Vischer-Heusler, Basel im XIV. Jahrhundert, Basler Neujahrsblatt 1873.

[4]) Ein Verzeichnis der Gassen, an deren Ausgang solche Absperrketten angebracht waren, findet sich „Liber Diversarum Rerum", fol. 96ᵛ. — Staatsarchiv Basel, Ratsbücher A 7.

die Mauer gebrochen. Die Türme erhielten Geschütz und Besatzung. Ein Schussfeld (Glacis) wurde vor dem Stadtgraben frei gemacht, zum grossen Ärger der Kleinbürger, da alle Garten- und Rebhäuschen, Zäune und Mäuerchen, Bäume und Hecken verschwinden mussten. In Klein-Basel wurde im Garten des Karthäuserklosters ein gedeckter Schützengang gebaut (vgl. S. 232).

Die imponierende Ausdehnung der Grossbasler Stadtmauer sicherte bei einer Belagerung den Bürgern das notwendige Agrargelände. Sie war aber zu weitläufig, als dass sie trotz der damals relativ grossen Einwohnerschaft von etwa 20000 Seelen von ihr mit Erfolg hätte verteidigt werden können! Doch die in Aussicht genommene Belagerung Basels durch den Dauphin (1444) unterblieb infolge des Regenwetters, für die Selbständigkeit Basels ein Zufall von vitaler Bedeutung, wenn man bedenkt, dass zu dieser Zeit Enea Silvio urteilt, die Mauern würden eine Belagerung nicht aushalten[1]).

1473. Vortore und Rheinmauer. Im Jahre 1473, als mit kriegerischen Unternehmungen von Burgund zu rechnen war, wurden die sieben Tore Gross- und Klein-Basels mit *Torvorhöfen* verstärkt. Eine besonders reiche künstlerische Ausgestaltung erhielt das Vortor des Spalentores durch JAKOB SARBACH (vgl. S. 251). Ebenfalls im Jahre 1473 wird die Rheinhalde am Münsterberg vom St. Albangraben bis zur Rheinbrücke mit einem einheitlich durchgeführten *Mauerzug* geschützt. Auch in den Achtziger und Neunziger Jahren des 15. Jahrhunderts ist von Reparaturen der Mauern die Rede.

1531. Der Bau der Bollwerke beim Petersplatz und bei St. Klara. Das 16. Jahrhundert bringt Verbesserungen des äusseren Mauerzuges. Die Kanone beginnt in der Stadtverteidigungskunst eine ausschlaggebende Rolle zu spielen. Im Jahr 1531 wird zwischen dem Spalentor und dem St. Johanntor hinter der Stadtmauer (an der Stelle des heutigen *Bernoullianums*) und ebenso hinter *St. Klara* in Klein-Basel je eine *Geschützschanze* aufgeworfen, von denen aus es möglich war, über die Mauer hinweg auf den stadtangreifenden Feind zu schiessen. Fridolin Ryff schreibt darüber in seiner Chronik[2]):

„Alsz man zalt 1531 jor noch der geburt unsersz heren Jehsu Cristi, des monet hornug, wurden etliche bolwerck angefangen zu buwen, hie zu Basel, namlich einsz am statgraben zwischen der nüwen vorstatt[3]) und dem Blatz, das ander über Rin

---

[1]) „Moenia uero et propugnacula bello structa duris guerrarum certaminibus et expugnationibus Italarum (uti censeo) minime obsisterent; neque enim alta sunt neque grosso munita muro. Robur tamen civitatis in animorum concordia existimant esse..." „Interior autem ciuitas muro meliori cingitur, quem fossa ambit undique lapidibus ab latere (Ziegelsteine) confecta, qui olim tumulis Ebreorum tegmina fuerant, inscripti omnes litteris Ebraicis, quae singulorum erant epitaphia. Quod est argumento in hac quondam urbe, sicut in Italia cernimus, plurimos fuisse Judaeorum, quibus demum exactis tumulorum saxa illi officio subiere." (Der alte Judenfriedhof lag neben dem Petersplatz an der Stelle des heutigen alten Zeughauses; er wurde anlässlich des Judenmordes vom Jahre 1349 zerstört; eine zweite Judenverfolgung veranlasste die Gemeinde 1397 auszuwandern.) Vgl. Alfred Hartmann, Basilea latina, Basel 1931, S. 42, 56.

[2]) Chronik des Fridolin Ryff (1514—1541) mit der Fortsetzung des Peter Ryff (1543—1585), Basler Chroniken. Herausgegeben von der Historischen Gesellschaft in Basel, Bd. I, Leipzig 1872, S.18–192 (S.117).

[3]) Die „neue Vorstadt", früher Pfaffenvorstadt, jetzt Hebelstrasse; der „Platz" ist der Petersplatz. Das Bollwerk hiess das „Wasenbollwerk", es ist erstmals beim Bau des physikalisch-chemischen Instituts teilweise abgetragen worden.

zu sant Kloren an dennen man alle tag vil volcks haben must zu wercken; wurden vil armer lutten dordurch ernert, die teglich do zu werchen hatten, die susz groser armut hetten musen lyden, dan der hunger zur selben zit grosz wasz, dan das korn im fierzel fünfthalb pfund galt, ein fierzel habren zwen gulden, ein sack rocken fierthalb pfund, ein sack kernen fier gulden; wurden alle tag by zweyhundert menschen an der arbeit brucht."

1547—1577. Der Bau der Bollwerke. Nach der Ansicht Basels von 1577 (vgl. Abb. 64, S. 107) bestanden damals das Aeschenbollwerk (Grosses oder „Rundbollwerk"), die Bollwerke beidseitig des Steinentors „Dornimaug" und „Wagdenhals", das „Fröschenbollwerk" und ein Bollwerk beim St. Johanntor. In der Chronik des Fridolin und Peter Ryff[1]) heisst es zum Jahre 1547:

„Glichen gestalten hatt im auch gethon SEBASTIAN SCHERTLIN[2]) ritter, so vom keiser in die ach ercleret wardt, will er der protestierenden öberster einer gewesen und sich mit sinem regiment dem keiser ernstlichen widersetzet hat. Und damit auch er den Basleren kein unwerder gast were, haben min gn. herren usz sinem anschlagen und angäben die grossen bolwerck neben dem Steinenthor beidersits uff dem berg gelegen machen und erbuwen lossenn."

Das „*Bollwerk-Büchlein 1547—1551*" im Staatsarchiv Basel[3]) gibt genaue Angaben über die Aufwendungen zur Erbauung des Bollwerks „Dorn im Aug"; die anderen Bollwerke müssen gleichzeitig oder bald darnach, jedenfalls vor 1577 entstanden sein.

1588. Von den vier Befestigungsentwürfen von DANIEL SPECKLIN[4]), dem Baumeister von Strassburg, zum mehr oder minder vollkommen Ausbau der veralteten mittelalterlichen Basler Stadtbefestigungen ist nichts ausgeführt worden. Sie sind heute noch im Planarchiv des Staatsarchivs Basel[5]) vorhanden.

Diese Serie von vier schriftlich und kartographisch eingehend behandelten Entwürfen, versucht die Befestigungsneuerungen (hauptsächlich Anwendung von Oreillon-Bastionen) dem bestehenden mittelalterlichen Mauerring anzupassen und das Neue aus dem Vorhandenen zu entwickeln.

Der erste Entwurf lehnt sich ganz an die mittelalterlichen Befestigungswerke an. In Gross-Basel bleiben die vorhandenen Bollwerke bestehen; doch wird ihre Hufeisen- und Rundform zum Polygon erweitert. Eine neue Bastion tritt bei St. Alban am Teichabhang in den Mauerzug. Zu der damals bereits bestehenden Schanze (heutiges Bernoullianum) treten hinter der Mauer neun weitere Schanzen hinzu, die mit Unterbrechung beim Petersplatz einheitlich durch einen Mauerwall verbunden sind. Das St. Johann- und das St. Albantor wie das Fröschen- und das

---

[1]) Chronik des Fridolin Ryff (1514—1541) mit der Fortsetzung des Peter Ryff (1543—1585). Basler Chroniken, herausgegeben von der Historischen Gesellschaft in Basel, Bd. I, Leipzig 1872, S. 18—192 (S. 165).

[2]) Sebastian Schertlin von Burtenbach, geb. 12. Februar 1496, in Schorndorf a.d. Rems (Württemberg) kommt 24. November 1547 nach Basel, das er 1551 wieder verliess; gest. 18. November 1577. — Rudolf Thommen, Sebastian Schertlin in Basel. Basler Jahrbuch 1897, S. 226—263.

[3]) Staatsarchiv Basel, Bauakten Z 1, Fortifikationen überhaupt 1535, 1547—1588.

[4]) Daniel Specklin, in Strassburg 1536 geboren, ist als Militärarchitekt beim Festungsbau von *Ingolstadt* und *Regensburg* beteiligt; 1576 wird er zum *Stadtbaumeister der Stadt Strassburg* ernannt. Den Städten *Basel* (1588) und *Heilbronn* (1589) ist er als Festungsberater dienlich. Seine festungstechnische Neuerung ist die Einführung des Bastionärsystems. Sein mehrmals erschienenes literarisches Erzeugnis ist: Architectura von Vestungen, erstmals 1584. Allg. Deutsche Biographie, Bd. 35, 1893, S. 82 ff.

[5]) Staatsarchiv Basel, Bauakten Z 1, Fortifikationen überhaupt, 1535, 1547—1588 und Planarchiv T 4, Nr. 1—4.

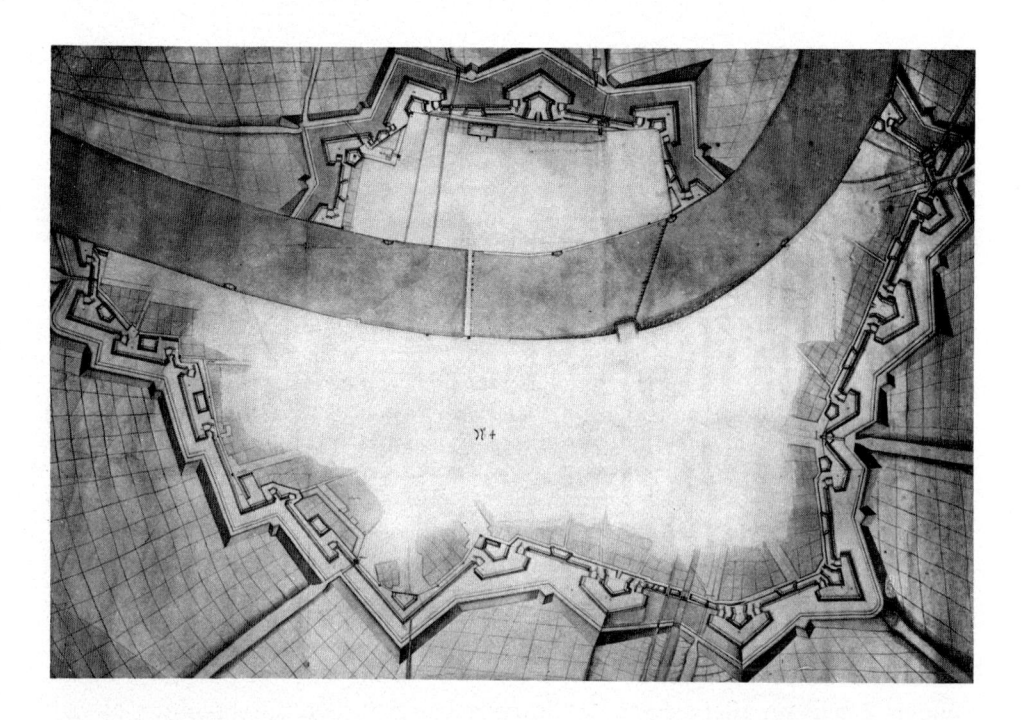

Der Entwurf Nr. 2.

Der Entwurf Nr. 4.

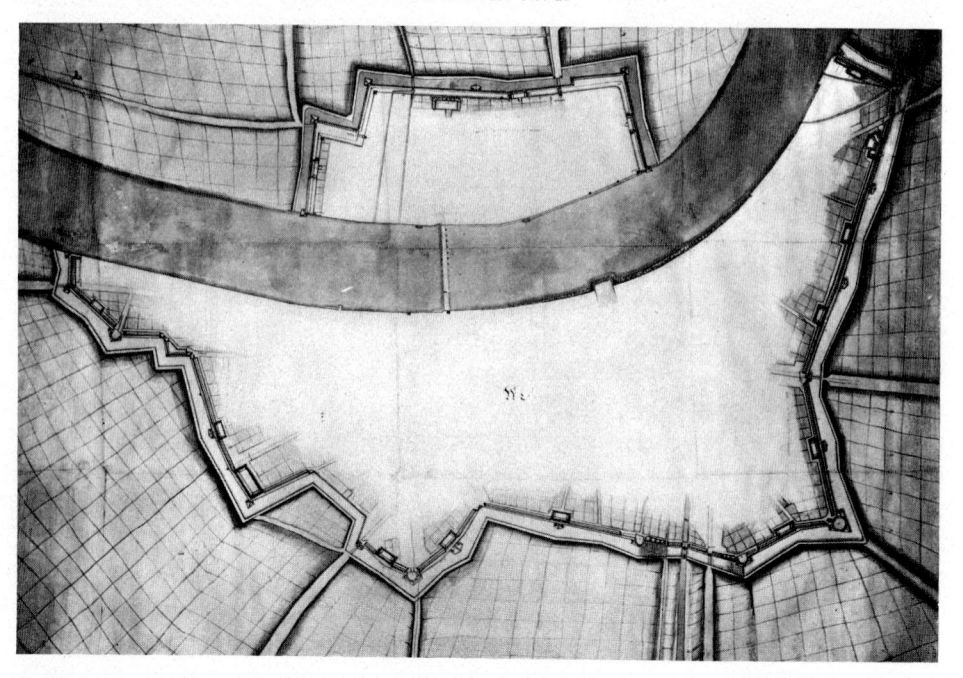

Abb. 91 und 92. Entwürfe zum Ausbau der Basler Stadtbefestigungen von Daniel Specklin, 1588.
Staatsarchiv Basel.

Grosse Bollwerk werden durch Erdwerke im Vorgelände besonders geschützt. Die Befestigung von Klein-Basel bleibt unverändert.

Beim zweiten Entwurf fallen in Gross-Basel die mittelalterlichen Mauertürme. Die äussere Grabenmauer wird verstärkt und in neuer Führung gezogen. Die Torbarrièren im Freiland verschwinden. Als Ersatz für die Mauertürme erhält die Stadtmauer zehn Bastionen, die sich jeweilen in die Zwischenräume der vor dem Stadtgebiet liegenden Schanzen verteilen. Das St. Johanntor und das Spalentor befinden sich in solchen Bastionen. In Klein-Basel treten zur Kanonenschanze bei St. Klara drei weitere Werke zwischen der ersten und der zweiten Mauer hinzu. Die zweite Befestigungsmauer wird mit einer Seiten- und fünf Eckbastionen ausgerüstet. Der dritte Befestigungsgraben, im Osten, verschwindet (Abb. 91, S. 153).

Im dritten Entwurf treten in Gross-Basel anstelle der kleinen Mauerbastionen ,,Oreillons''. Die Schanzen erhalten ebenfalls Polygonalform und sind mit gedoppelten Wällen versehen. Der Spalentorweg wird verlegt. Auch in Klein-Basel erhält die zweite Mauer Bastionen in ,,Oreillon''form. Polygonalschanzen werden in den Stadtgraben eingebaut und der Bläsitorweg wird verlegt.

Der vierte Entwurf sieht in Gross- und Klein-Basel das Aufwerfen eines Glacis (Schussfeldes) und den Einbau grosser Oreillons mit Wällen vor. Der Stadtgraben wird wesentlich erweitert. Nördlich vom Spalentor ist die Umwallung im Oreillon-System treppenartig abgestuft (Abb. 92, S. 153).

17. Jahrhundert. Der Versuch, Basel zu einer Festung auszubauen. Das 17. Jahrhundert bricht im allgemeinen im Festungsbau mit dem überbrachten Mittelalterlichen. Das sich immer mehr entwickelnde Geschützwesen mit Explosivgeschossen ruft in ganz Europa eigentliche Stadtfestungen mit Wällen, Bastionen, Gräben, Vorwerken und ausgedehntem Glacis (Schussfeld) ins Dasein. Auch in Basel bestanden kühne Pläne, die Stadt zu einer barocken Festung umzubauen. Aber anstelle einer vorwerkstarrenden Stadtfeste kam es hier nur zur Errichtung von zwei Bastionen, die ganz in Anlehnung an die bestehenden Bollwerke (rechts und links des Birsigeinflusses) errichtet wurden, nämlich die als Anlagen erhaltenen Leonhard-(,,Steinen''-)schanze und St. Elisabethenschanze. Ausserdem ist beim St. Johanntor und dem St. Albantor in den erweiterten Stadtgraben je ein Ravelin (inselartiges Vorwerk) vorgebaut worden. Um die mittelalterlich hohen Mauern gegen die vernichtende Wirkung einer Beschiessung durch Artillerie widerstandsfähiger zu gestalten, wurden Teile des Mauerzuges durch Abtragung erniedrigt und zur Festigung stadtwärts mit Erdanschüttungen versehen. Vom Rhein beim St. Johanntor bis zum Petersplatz erstreckte sich ein einheitlicher Schanzenwall. Freilich, eine kriegsgeschulte Bombardierung hätten diese gutgemeinten Befestigungswerkchen nicht im geringsten ausgehalten, und so war es für die Existenz Basels ein glücklicher Umstand, dass es die Stadt durch gewandte Politik verstand, kriegerische Aktionen zu vermeiden.

Schon gegen Ende des 16., ganz besonders aber zu Anfang des 17. Jahrhunderts versuchte man im Hinblick auf die Vorgänge im Reich, das etwas heruntergekommene Kriegs- und Befestigungswesen der Stadt in besseren Stand zu setzen. Bereits am 18. Januar 1609 hatte Andreas Ryff seine

„Bedenken" eingereicht, zunächst ohne Erfolg; das Unwesen der Bürgerwachen blieb, und eine gründliche Abhilfe wurde auch 1611 nicht erreicht, als die Wachtherren in ihrem Gutachten auf den Antrag, besoldete Torhüter anzustellen, zurückkamen[1]).

1619 am 15. März wurde „dem Lohnherren anbefohlen, was an Tor und Bollwerk zu verbessern... zu besprechen." Auch das Zumauern von Fenstern und Türen in der St. Johann-Vorstadt, in Klein-Basel und bei der Krone wurde damals angeregt und später beschlossen (22. Mai 1619, 6. September und 8. Oktober 1620).

1620 am 7. Oktober beschloss der Rat „soll nach einem Ingenieur getrachtet werden". Die Wahl fiel auf CLAUDE FLAMAND, den Festungsingenieur des Herzogs Ludwig Friedrich von Württemberg zu Mömpelgart, der, als der Herzog seine Zustimmung gegeben und dafür am 21. März 1621 Wasser zum Brunnen in seinem Hof zugebilligt erhalten hatte, mit seinem Sohne JEAN mehrmals nach Basel kam.[2]) Am 12. November 1621 beauftragte der Rat die „Dreizehn", sich über die Befestigung der Stadt zu beraten; sie wandten sich an den französischen Hugenotten THEODORE AGRIPPA D'AUBIGNÉ[3]), der sich damals in Genf aufhielt, im Januar und Februar 1622 seinen Vetter, einen Herrn DE LA FOSSE und seinen legitimierten Sohn NATHAN D'AUBIGNÉ, nach Basel schickte und selbst vom 1. bis 25. Mai 1622 in Basel war. Am 22. Mai lag d'Aubignés Bedenken dem Rate vor, am 26. Juni erstattete die Kommission ihr Gutachten. Herr de la Fosse blieb bis in den Juni in Basel; wie A. Heusler[4]) annimmt, arbeiteten die beiden Flamand mit ihm zusammen und nach seiner Abreise allein nach d'Aubignés Anweisungen.

Nach Ochs[5]) wurde von d'Aubignés umfassendem Vorschlag nur der kleinste Teil angenommen und von den 22 Bastionen seines Entwurfs nur vier zu erbauen beschlossen. Die Mauern sollten bei 13 Fuss Höhe unten 5', oben 3' dick sein, bei 20 Fuss Höhe unten 6', oben 3'. Ein Überschlag, „was ungefähr zu Ausführung des St. Alban-, Steinen- und Wagdenhals Werkes notwendig", nämlich fl. 461 für den Wagdenhals, fl. 1129 für das Steinen- und fl. 7617 für das Albanwerk, scheint keineswegs erschöpfend. 1622 am 18. September wurden 22 Türme um je 35 ℔ abzubrechen verdingt und

---

[1]) Staatsarchiv Basel 91, 135, Bd. No. 9.

[2]) Staatsarchiv Basel, Bauakten Z 1, Fortifikationen überhaupt, 1588—1806, 15. Oktober 1620 und 10. April 1623, und Planarchiv, A 1, 113.

[3]) Théodore Agrippa d'Aubigné wurde am 8. Februar 1550 bei Ponts en Saintonges geboren, kam 1620 als Hugenottenflüchtling nach Genf, kaufte das Schloss La Crête, trat als Ingenieur in städtische Dienste und war auch als Dichter und politischer Schriftsteller tätig. Er starb am 29. April 1630 in Genf, wo sein Grabmal noch heute in der Kathedrale zu sehen ist. Von d'Aubigné stammen die Pläne zu den Wällen der Genfer Vorstadt St. Gervais; 1622 entwarf er die Risse zu den grossen Schanzen am Westeingang der Stadt Bern und 1622 die Entwürfe zu den Bastionen Basels. Er wollte nach seinen eigenen Worten „aus den Schweizerstädten ein reformiertes befestigtes Lager im Dienst der evangelischen Mächte machen". Historisch-Biographisches Lexikon der Schweiz, Bd. I, Neuenburg 1921, S. 470 (A. Corbaz und E. K.).

[4]) A. Heusler, Vater, Mitteilungen aus den Basler Ratsbüchern aus den Zeiten des Dreissigjährigen Krieges. Beiträge zur vaterländischen Geschichte, Bd. 8, Basel 1866, S. 219 ff.

[5]) Peter Ochs, Geschichte der Stadt und Landschaft Basel, Bd. 6, S. 587.

mit der Bauleitung ein Ingenieur Faulhaber aus Ulm beauftragt. Als Besoldung sind ihm für 1623 fl. 600, 20 Vzl. Korn, 8 S. Wein, 6 Kl. Holz und 40 fl. Hauszins bewilligt worden samt 200 fl. für Abholung von Familie und Hausrat. Vom Oktober 1622 bis zum Juni 1623 ist ununterbrochen an den neuen Werken gearbeitet worden, vorzugsweise mit fremden Arbeitern, aber auch frohnweise durch die gesamte Bürgerschaft. Vom 14. Oktober 1622 bis zum 7. Juni 1623, also in 34 Wochen, beliefen sich die Ausgaben auf ℔ 64420.18.10, wozu dann noch diejenigen für Landkäufe, Beamte, Werkzeuge usw. zuzurechnen sind. „Nach einer Notiz, deren Richtigkeit ich nicht kontrollieren kann, betrugen die gesamten Ausgaben vom 24. Oktober 1622 bis zum 21. Februar 1624 Pfd. 101430 und vom 20. November 1624 bis 27. September 1627 Pfd. 52333.15. Eine andere Notiz gibt als Gesamtausgabe bis Januar 1630 Pfd. 171729 an, scheint jedoch keine Ausgaben seit 1627 zu enthalten, sondern nur eine Vervollständigung der früheren für Häuser und Güter, Pferde, Besoldung von Flamand, Faulhaber und fremde Baumeister und für Materialien zu sein." (A. Heusler, Vater, a. a. O.)

Die verhältnismässig grossen Kosten, die sich für die Bauarbeiten allein auf wöchentlich ungefähr 2000 ℔ beliefen, gaben dem Rat zu denken; er erwog daher schon 1622, den ersten Kriegsmann jener Zeit, den Prinzen Moritz von Oranien durch Oberst Peter Holzappel gen. Mylander um Rat fragen zu lassen und um Überlassung seines Ingenieurs v. Valkenburg zu bitten. Als der Prinz nach eingehendem Studium der Basler Befestigungsfragen, „den Wert der Pläne d'Aubignés in sehr zweifelhaftem Licht erscheinen liess"[1]), andererseits dafür hielt, dass Ingenieur Faulhaber, der im Mai 1623 zu persönlicher Besprechung nach dem Haag gekommen war, „Bequäm unndt erfahren gnug ist alles wass darzue erfordert wirdt, erheyschter nottrufft nach zue verrichtenn unndt praestieren" erlahmte das Interesse des Rats an den Befestigungsarbeiten mehr und mehr. Nachdem der Rat noch während dieser Haager Verhandlungen einem „wohlerfahrenen und kunstreichen Ingenieur Herrn Stapf" den Bau des Bollwerks am St. Johanntor übertragen hatte, wurden die anderen angefangenen Werke, vor allem der „Wagdenhals" und die Werke hinter der Spitalscheuer (St. Elisabethen) zwar fertig gestellt, dann jedoch beschlossen „weiteres zu bedenken aber nichts ohne grossen Rat." (16. Oktober, 31. Dezember 1623). Im Januar 1624 wurde Faulhaber in gutem Einvernehmen, wie es scheint[2]), entlassen und, als der Ingenieur der Stadt Basel, Herr Stapf, starb, ein Herr von Treytorrens aus Yverdon, ein Ingenieur des Prinzen Moritz, berufen, dem der Rat am 3. April 1624 ein Geschenk von 100 Goldgulden verehrte.

Die Befestigungsentwürfe von 1623 von Claude und Jean Flamand sowie von Johan van Valchenburgh, die in einem Sammelband vereinigt sind, kümmern

---
[1]) Vgl. auch Andreas Heusler, Geschichte der Stadt Basel, III. Aufl. 1918, S. 127 f.
[2]) Wie A. Heusler a. a. O. berichtet, dedizierte Faulhaber später als Ingenieur der Stadt Ulm dem Rate das Projekt einer „Rossmühle", wofür er (6. Juli 1631) einen Becher von 12 Rsthl. Wert erhielt.

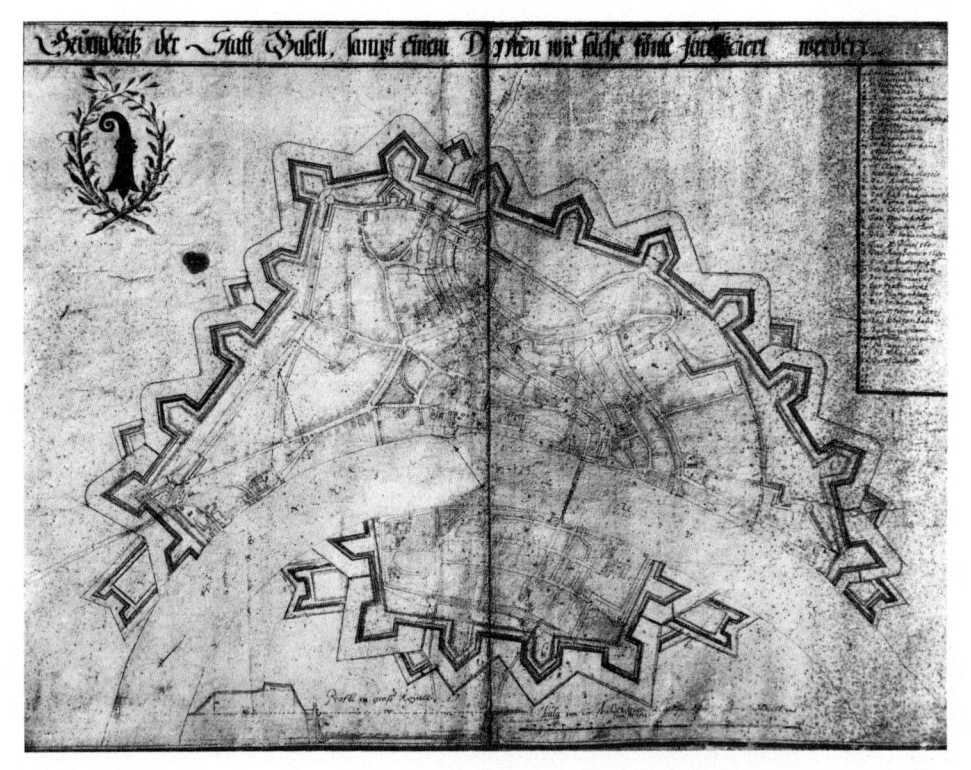

Abb. 93. Entwurf zur Befestigung Basels, 1623. Übersichtsplan.
Vorgeheftet den Detail-Entwürfen der Flamand und v. Valkenburgs. — Staatsarchiv Basel.

sich wenig um das Vorhandene[1]). Ohne auf die Form der Siedlungsfläche Rücksicht zu nehmen, wird ein noch weiterer Befestigungsring um Gross- und Klein-Basel gelegt. Gross-Basel wird mit 14 Bastionen, Klein-Basel mit sechs Bastionen ausgestattet. Die befestigungstechnische Neuerung im Vergleich zum Projekt von Daniel Specklin ist die Verwendung von Ravelin-Anlagen im Verlauf des Stadtgrabens. Als erstes Blatt ist diesem Sammelbande ein Übersichtsplan (Abb. 93) vorgeheftet, der undatiert und unsigniert ist. Im äusseren Befestigungsgürtel ähnelt er den Detailentwürfen. Der innere Befestigungsgürtel nimmt Bezug auf den bestehenden mittelalterlichen Mauerring der Stadt Basel und zeigt hier im Plangrundriss diejenigen Schanzen und Ravelins, wie sie in den Vierziger Jahren des 17. Jahrhunderts als tatsächlich bestehend bekannt sind.

Im Spätjahr 1624 schliesslich, als Tillys Völker in der Nähe lagen, ist zur Sicherung der Hammermühle (Drahtzug) nach dem Antrag des um ein Gutachten gebetenen Landvogts von Rötelen, HEMMANN VON OFFENBURG[2]), die Erbauung eines Werkes beim Ketzerturm in Klein-Basel beschlossen worden. Im wesentlichen aber scheint, auch nach den oben erwähnten Abrechnungen, bereits im Februar oder Frühjahr 1624 ein gewisser Abschluss der

[1]) Staatsarchiv Basel, Planarchiv A 1/113, Sammelband.
[2]) Vgl. S. 158, Anm. 1.

anfangs grosszügig geplanten, dann aber nur zum kleinsten Teil wirklich ausgeführten Befestigungen stattgefunden zu haben. Denn auch das Interesse und die Bemühungen des Markgrafen GEORG FRIEDRICH VON BADEN[1]), der 1626 seinen Ingenieur zu Hachberg, JOH. LUDWIG HOF, nach Basel zu einem Augenschein der Befestigungen geschickt hatte, blieb ohne Erfolg. Im Januar 1627 wurde auf eine neue Zuschrift des Markgrafen beschlossen, seinem Ingenieur zu verstehen zu geben, „dass man aus bewegenden Ursachen das Bauen aufgegeben"

Später ist nicht mehr ernstlich vom Schanzenbau die Rede, abgesehen von einigen Arbeiten in der minderen Stadt: einer Schanze an der Baar und einem Graben bei dem Rhein. Man scheint sich auf kleinere Verbesserungen und auf Herstellung von Schadhaftem beschränkt zu haben, so im Dezember 1636 beim Anzug Gallas'scher Truppen. Als im Mai 1642 Zürich von Basel einige Wallschlager für seine Schanzarbeiten begehrte, wird geantwortet, es seien keine hier, weil man seit 1628 nicht mehr gebaut habe.

Im weiteren Verlauf des 17. Jahrhunderts wurde hinter der Stadtmauer ein Wall vom St. Johanntor zum Rheineckturm gezogen und eine Schanze (Rheinschanze) errichtet. Auch die beiden Lohnherren MEYER haben mit Plänen und Vorschlägen zum Umbau und zur Instandhaltung der Basler Befestigungswerke beigetragen. So befinden sich im Staatsarchiv Basel der „Grundriss einer Bastion zwischen Riehemer und Blaesithor ausserhalb dem Stattgraben an dem Zwinger gelegen, sambt einem vnvorgreifflichen Bedenkhen, wie ein solches wider reparirt vnd in Defension gebracht werden könte"[2]), wahrscheinlich von JAKOB MEYER (1614—1678)[3]) und eine „Delineation des Presthafften Gewölbs, und der darauf gesetzten Plattform, bey dem St. Johann Thor sambt zweyen Profilen, wie derselbigen grossen Costen zu ersparen widerumb zu helfen, vnd in die Defension zu bringen wäre"[4]), bezeichnet G. F. Meyer fecit 1686 (GEORG FRIEDRICH MEYER, 1645—1693)[5]).

Für Basel bedeutet die Errichtung der Bastionen und Ravelins das grösste nachmittelalterliche Unternehmen im Bestehen seiner Befestigungswerke.

Das 18. Jahrhundert ist für die Geschichte der Befestigungen Basels bedeutungslos. **Im 19. Jahrhundert,** in den Wirren zwischen Basel-Stadt und -Land, wurden 1831 die Befestigungen nochmals verteidigungstüchtig gemacht.

---

[1]) Markgraf Georg Friedrich von Baden, der im Artillerie- und Ingenieurwesen sehr unterrichtet war, liess sein Schloss Hachberg, die Hochburg bei Emmendingen in Baden, wohin er bereits 1599 seine Hofhaltung verlegt hatte, zu einer der stärksten Burgfesten der damaligen Zeit ausbauen. Auch HEMMANN VON OFFENBURG hatte zu diesen Bauten 1618 einen Entwurf eingereicht. Franz Xaver Kraus, Die Kunstdenkmäler des Landkreises Freiburg. Die Kunstdenkmäler des Grossherzogtums Baden, Bd. VI, I. Teil, Freiburg und Leipzig 1904, S. 217.

[2]) Staatsarchiv Basel, A 1, 74. Fritz Burckhardt, Über Pläne und Karten des Baselgebiets aus dem 17. Jahrhundert, Basler Zeitschrift für Geschichte und Altertumskunde, Bd. V, Basel 1906, S. 335.

[3]) Vgl. S. 125, Anm. 1.

[4]) Staatsarchiv Basel A 1, 69, 70, 71; Fritz Burckhardt, a. a. O., S. 326 und 313.

[5]) Vgl. S. 125, Anm. 1.

Als 1844 Basel die erste Eisenbahn erhielt (Elsässer-Bahn), ist durch Erweiterungen der Befestigungen beim St. Johanntor der Bahnhof in die Mauern einbezogen worden (jetzt Areal der Strafanstalt und des Frauenspitals südlich des St. Johanntores, vgl. Abb. 117, S. 189).

Der im Vergleich zur Entwicklung der städtischen Befestigungskunst konkurrenzlose Aufschwung der Feuerwaffentechnik liess seit der Mitte des 19. Jahrhunderts jeden Versuch des stadtbaulichen Selbstschutzes als hoffnungslos erscheinen. Zugleich vergrösserten die aufblühende Industrie mit ihren massenbeschäftigenden Unternehmungen und der dadurch bedingte Zuzug und wirtschaftliche Aufschwung dermassen die Siedlungsfläche, dass jede Fixierung des Stadtbodens durch irgendeine strategische Baulinie unmöglich wurde.

Über **die Beschaffung der Materialien zu den städtischen Bauten** des mittelalterlichen Basels macht Paul Kölner in seiner „Geschichte der Spinnwetternzunft zu Basel und ihrer Handwerke" (Basel 1931) an verschiedenen Stellen (S. 108, 120, 149—150, 221—228, 228ff) auf Grund eingehender archivalischer Studien folgende Angaben:

Bausteine bezog die Stadt schon sehr früh aus zwei Steinbrüchen am Hornfelsen bei Grenzach auf einem Gebiet, das sie vom Kloster Wettingen bereits 1262 zu Erbrecht empfangen hatte, den roten Sandstein zu Architekturteilen aus der ergiebigen Grube hinter Rötteln im Wiesental. 1388, als der Bedarf an Mauersteinen infolge des Baus der weitgezogenen Stadtmauer stark zunahm, kaufte die Stadt die Weihermatte am linken Rheinufer unterhalb von Rheinfelden, auf der roter Sandstein gewonnen wurde; auch die Steinbrüche von Warmbach und Inzlingen, beide auf der rechten Seite des Rheins gelegen, lieferten rote oder rötliche Sandsteine. Den Transport der bei Grenzach und Rheinfelden gebrochenen Steine besorgte das obrigkeitliche „gefochtene" Steinschiff; die Bearbeitung erfolgte im Werkhof zwischen Petersplatz und Gnadentalkloster oder im Kleinbasler Werkhof an der Rebgasse (heute Nr. 32/34). Jurakalksteine und dem Rheinbett entnommene Kieselwacken fanden in verputztem Mauerwerk vielfach Verwendung, Jurakalksteine zu Architekturgliedern aber erst im 18. Jahrhundert[1]).

Zur Gewinnung von Gips eröffnete die Stadt 1417 nach dem Stadtbrand eine obrigkeitliche Gipsgrube, die seit 1428 der Kleinbasler Maurerfamilie Labahürlin jahrzehntelang verpachtet war[2]) und für die seit 1422 dem Markgrafen von Hachberg, Herrn zu Rötteln und Sausenburg, in dessen Hoheitsgebiet die Grube lag, ein jährlicher Zins entrichtet werden musste[3]). Zwei Gipsmühlen in der Stadt besorgten die Verarbeitung des Materials; die eine befand sich in der Spiegelmühle zu St. Alban[4]), die andere wurde 1418 in der Weissengasse eingerichtet[5]) und war bis 1601 in Betrieb.

Der älteste Ziegelhof Basels gehörte Johann von Hiltalingen; er wird 1335 zum erstenmal erwähnt und lag in der oberen Rheingasse (heute Nr. 39) Kleinbasels. Der städtische Ziegelhof, der 1404 vergrösserte „niedere" oder „innere" Ziegelhof, befand sich an der Utengasse (heute Nr. 30) und blieb bis Ende des 17. Jahrhunderts

---

[1]) Das Bürgerhaus in der Schweiz, Bd. XVII, Kanton Basel-Stadt, I. Teil, Zürich 1926, S. XIII.
[2]) Staatsarchiv Basel, Ratsbücher A 7 Libri diversarum rerum 1417—1463, 180.
[3]) Basler Urkundenbuch, Bd. VI, Basel 1902, 130.
[4]) Staatsarchiv Basel, Ratsbücher A 7 Libri diversarum rerum 1417—1463, 13.
[5]) Basler Urkundenbuch Bd. VI, Basel 1902, 104.

im Besitz der Stadt. Nach dem Stadtbrand von 1417 liess der Rat 1418 „vor St. Jodersthor uf dem graben gelegen" (also vor dem Riehentor, vgl. den Merianschen Stadtplan S. 113) einen neuen, den „äusseren" Ziegelhof anlegen, der bis 1481 ununterbrochen im Betrieb war. Beide Ziegelhöfe waren verpachtet; sie gewannen die Ziegelerde aus den im Kleinbasler Bann im „Niedern Holz" gelegenen Ziegeläckern und Ziegelmatten, später auch aus Lehmgruben bei Bottmingen und Riehen. Eine dritte städtische Ziegelhütte befand sich seit 1640 zu St. Jakob; ihr hatten die Gemeinden Muttenz, Binningen, Bottmingen und Biel-Benken mit Lehm- und Steinfuhren bis 1799 zu fronen. Für die, auch für die Stadttürme verwendete Spezialität der Basler Ziegler, die buntglasierten Dachziegel, haben sich Rezepte erhalten, die Bischof Johann von Venningen († 1478) für die Münsterbedachung angab[1]).

Zur Beschaffung des nötigen Bauholzes, das auf dem Rhein, der Lützel und der Birs herbeigeflösst wurde, kaufte der Rat bereits 1361 einen ganzen Wald bei Olsberg[2]) und schloss 1599 mit der Abtei Lützel einen Lieferungsvertrag über 3000 Klafter innerhalb von drei Jahren ab. Als Stadtsäge diente seit 1470 die der Hofstatt zu allen Winden gegenüberliegende Säge auf dem linken Teichufer vor dem Riehentor. Die „holzlüte", die Holzfäller, Flösser und Säger, waren in der Mehrzahl schon seit früher Zeit zu St. Alban in der Nähe des Teiches ansässig, auf dem sie seit 1301 das Recht der Wasserbenützung besassen[3]). Auch die „Schindelhöfe" befanden sich hier am oberen Teich bei der Scheidung der Teicharme, bis der Rat 1547 auf der Hofstatt des ehemaligen Klosters St. Alban einen neuen Schindelhof und Holzlagerplatz anlegen liess, der dann später auf die Breite verlegt worden ist.

Ursprünglich wurden städtische Bauten zumeist in Regie ausgeführt; aber bereits 1462 beschloss der Rat, grössere Bauarbeiten aus Ersparnisgründen zu vergeben. Ein festbesoldeter, lebenslänglich angestellter Werkmeister des Zimmerwerks, der nur für den Rat arbeiten durfte, stand seit 1388 dem Stadtbauwesen vor (vgl. S. 150 mit Anm. 1 und 2).

Quellen und allgemeine Literatur.
STAATSARCHIV BASEL: Ausser den Ratsbüchern die Bauakten Z 1, 3—33.
Fortifikationen überhaupt (1547—1801) Z 1.
Die Schwibbögen in Gross-Basel: St. Albanschwibbogen (1730—1879) Z 3; Aeschenschwibbogen und Staatsschreiberwohnung (1667—1841) Z 4; Eselturm (1758—1820) Z 5; Spalenschwibbogen (1657—1838) Z 6; St. Johannschwibbogen (1746—1875) Z 7.
Die äusseren Tore von Gross-Basel: St. Albantor (1750—1879) Z 8; Aeschentor (1720—1873) Z 9; Steinentor (1801—1868) Z 10; Leimentor (1812 bis 1861) Z 11; Spalentor (1800—1896) Z 12; St. Johanntor (1780—1882) Z 13.
Die „Fortifikationen" Gross-Basels: Rhein-Aeschentor (1672—1864) Z 14; Aeschentor-Steinentor (1691—1885) Z 15; Steinentor-Spalentor (1677 bis 1869) Z 16; Spalentor-Rhein (1641—1875) Z 17.
Die Tore von Klein-Basel: Bläsitor (1721—1868) Z 18; Clarator Barrière (1855—1860) Z 19; Riehentor (1798—1864) Z 20.
Die Fortifikationen Klein-Basels: Rhein-Bläsitor (1672—1864) Z 21; Bläsitor-Riehentor, Drahtzug (1636—1865) Z 21; Riehentor-Rhein (1777—1878) Z 21.
Die Fortifikationen am Rhein in beiden Basel: Rheinmauern, Ausgänge an den Rhein, Rheinhalden, Rheinufer (1534—1888) Z 24; Rheintor (1617 bis

---
[1]) Christian Wurstisen, Beschreibung des Basler Münsters und seiner Umgebung, um 1588, herausgegeben von Rudolf Wackernagel, Beiträge zur vaterländischen Geschichte, Bd. XII, S. 471.
[2]) Urkundenbuch der Stadt Basel, Bd. XII, S. 471.
[3]) E. Schweizer, Die Lehen und Gewerbe am St. Albanteich. Basler Zeitschrift für Geschichte und Altertumskunde, Bd. 26, Basel 1927, S. 5ff; Bd. 27, Basel 1928, S. 87ff.

1838) Z 25; Türkenschänzlein (1716—1855) Z 26; Oberes Rheintor und Rheinzollerstüblein (1728—1879) Z 27; Rheinmauern Letziturm-Harzgraben (1675—1871) Z 28; Rheinmauern Harzgraben-Rheintor (1593—1857) Z 29; Rheinmauern Rheintor-Thomasturm, Rheinschanze (1604—1885) Z 30; Rheinmauern jenseits Zwingelhof (1577—1869) Z 31.

Vorgeschobene Fortifikationen: Schänzlein bei St. Jakob (1688—1705) Z 32; Redoute auf dem Bruderholz (1816—1876) Z 33.

DANIEL SPECKLIN, Vier Pläne, Befestigungsprojekte für die Stadt Basel, 1588. Aquarellierte Federzeichnungen; Aufrisse, Grundrisse, Schnitte (890 × 1300 mm). Staatsarchiv Basel, Planarchiv, T 4 (Nrn. 1, 2, 3, 4) und Bauakten Z 1, Fortifikationen überhaupt 1535, 1547—1588. — JEAN FLAMAND, JOHAN VAN VALCHENBURGH, 1623. Entwürfe zu einem neuen Befestigungsgürtel der Stadt Basel. Pläne in Buchform gebunden (460 × 590 mm). Staatsarchiv Basel, Planarchiv A 1, 113 und Bauakten Z 1, Fortifikationen überhaupt, 1588—1806. — Grundrissplan und Vogelschaubild der Bastion zwischen Riehen- und Bläsitor in Klein-Basel (wahrscheinlich von JAKOB MEYER (1614—1678). Kolorierte Federzeichnung (368 × 510 mm). Staatsarchiv Basel, Planarchiv A 1, 74. — GEORG FRIEDRICH MEYER. Delineation des Bresthafften Gewölbs... bey dem St. Johan Thor...; 1686. Staatsarchiv Basel, Planarchiv A 1, 69, 70, 71.

MATTHÄUS MERIAN D. Ä., Nova et genuina descriptio inclytae urbis Basileae (Vogelschaubild von Norden), 1615, erschienen 1617. Vier Kupferstiche (Abb. 67—70). Staatsarchiv Basel, Hauptsammlung 1, 291, a—d. — MATTHÄUS MERIAN D. Ä., Vogelschaubild der Stadt Basel von Südwesten. Kupferstich (330 × 399 mm). Staatsarchiv Basel, Hauptsammlung 1, 7. (Abb. 71) — MATTHÄUS MERIAN D. Ä., Topographia Helvetiae, 1642, nach S. 46, Vogelschau von Nordosten, Kupferstich (268 × 350 mm). — Vogelschauplan der Befestigungen der Stadt Basel (Strassen und Häuser der Stadt sind nicht eingezeichnet), undatiert und unsigniert, nach 1630. Kupferstich (89 × 135 mm). Staatsarchiv Basel, Hauptsammlung 1 146.

CHRONIK DES FRIDOLIN RYFF (1514—1541) mit der Fortsetzung des Peter Ryff (1543—1585). Basler Chroniken. Herausgegeben von der Historischen Gesellschaft in Basel, Bd. I, Leipzig 1872, S. 18—192.

PETER OCHS, Geschichte der Stadt und Landschaft Basel, Bd. I. Berlin und Leipzig, Bd. 2—8, Basel, 1786—1822, Namen- und Ortsregister, Basel 1832. — (D. A. Fechter) Das alte Basel, dargestellt nach seiner allmählingen Erweiterung bis zum Erdbeben 1356. XXX. Neujahrsblatt, herausgegeben von der Gesellschaft zur Beförderung des Guten und Gemeinnützigen, Basel 1852. — D. A. FECHTER, Topographie mit Berücksichtigung der Kultur und Sittengeschichte, nebst einem Plane der Stadt Basel im vierzehnten Jahrhundert. Geschichtliche Darstellung zur fünften Säkularfeier des Erdbebens am S. Lucastag 1356. Herausgegeben von der Basler Historischen Gesellschaft. Basel 1856, S. 1. — A. HEUSLER, Vater, Mitteilungen aus den Basler Ratsbüchern aus den Zeiten des Dreissigjährigen Krieges. Beiträge zur vaterländischen Geschichte, herausgegeben von der Historischen Gesellschaft in Basel, Bd. 8, Basel 1866, S. 171—343. Besonders: 2. Basels Verteidigungsanstalten im allgemeinen, S. 188—199 und 4. Die Fortifikationsarbeiten, S. 219—235. Mit 2 Karten, Fortifikation der mehreren Stadt Basel vor und nach dem dreissigjährigen Krieg nach den Plänen von M. Merian d. Ä. von 1615 und 1642. — W. VISCHER-HEUSLER, Basel im XIV. Jahrhundert, Basler Neujahrsblatt 1873. — ALBERT BURCKHARDT, Basel zur Zeit des Dreissigjährigen Krieges, I. und II. Teil, 58. und 59. Neujahrsblatt, herausgegeben von der Gesellschaft zur Beförderung des Guten und Gemeinnützigen, Basel 1880 und 1881. —

Rudolf Wackernagel, Geschichte der Stadt Basel, Bd. 1, 1907, und Bd. 2, 1. Teil, 1911. — Rudolf Wackernagel, Beiträge zur geschichtlichen Topographie von Klein-Basel. Historisches Festbuch zur Basler Vereinigungsfeier 1892, Basel, S. 221—335; mit Karte von Klein-Basel im Anfang des 19. Jahrhunderts, Masstab 1 : 2500. — Johannes Bernoulli, Die Kirchgemeinden Basels vor der Reformation, Basler Jahrbuch 1894, S. 226—243. — Ed. A. Gessler, Die Armierung des St. Alban-, Spalen- und St. Johanntores vom Ende des XVI. bis zum Ende des XVIII. Jahrhunderts. Basler Jahrbuch 1911, S. 221—240. — Ed. A. Gessler, Torhut und Scharwache zu Basel in der zweiten Hälfte des XV. Jahrhunderts. Basler Jahrbuch 1913, S. 245—256. — August Bernoulli, Basels Stadtbewachung und Verteidigung im Mittelalter, Basler Zeitschrift für Geschichte und Altertumskunde, Bd. 17, 1918, S. 120—161, 316—343. — August Bernoulli, Basels Mauern und Stadterweiterungen im Mittelalter, Basler Zeitschrift für Geschichte und Altertumskunde, Bd. 16, 1917, S. 56—85, mit einem Plan Basels um 1200, Masstab 1 : 5000; dazu A. B., Zur Stadtmauer Bischof Burkards, Bd. 17, 1918, S. 387. — Andreas Heusler, Geschichte der Stadt Basel, III. Auflage Basel, 1918, mit Plan, Successive Erweiterungen der Stadtumfassung nach Matth. Merian. — August Bernoulli, Basel im frühesten Mittelalter, Basler Jahrbuch 1920, S. 295—307. — Paul Kölner, Geschichte der Spinnwetternzunft zu Basel und ihrer Handwerke, Basel 1931.

Ausser den Plänen bei Fechter, A. Heusler Vater, August Bernoulli, Andreas Heusler und R. Wackernagel (Klein-Basel) noch Karl Stehlin, Basel um das Jahr 1290, Beilage zum Urkundenbuch der Stadt Basel, Bd. II, Basel 1893: Plan, Masstab 1 : 5000, mit Legende S. 519—521. — Ausserdem: Max Oser, Prospekt der Stadtmauern Basels mit Benützung Buechelscher Studien gezeichnet November 1897. Staatsarchiv Basel, Architectura Basilensis 906 ff. *C. H. Baer, Gustav Schäfer.*

II. Die Befestigungen der Stadt Basel nach ihren Bilddokumenten.
Die ältesten Befestigungen.

Die Darstellungen der Befestigungen Basels auf den ältesten Stadtansichten sind keine Wirklichkeitsbilder, wenn auch Einzelheiten, wie etwa der Mauerzug am Steinentor auf dem Holzschnitt Hans Holbeins d. J. von 1526 (Abb. 61, S. 101) oder der Thomasturm auf der Zeichnung des Basler Stadtbildes um 1535 von Conrad Morand (Tafel 10 und S. 95) bereits ein genaueres Bild des damaligen Zustands zu vermitteln scheinen. Erst die verlorengegangene Stadtansicht von Sebastian Münster, wohl von 1538, die als Holzschnitt in Wurstisens Chronik 1580 veröffentlicht wurde (Abb. 62, S. 103) wie das wahrscheinlich von Hans Asper geschaffene Stadtbild in der Stumpfschen Chronik von 1548 (Abb. 63, S. 105) haben einigen dokumentarischen Wert.

Die Befestigungen der Stadt Basel um 1577

veranschaulicht das Vogelschaubild der Stadt in Paul Cherlers „Encomium urbis Basileae", Basel 1577 (vgl. Abb. 64, S. 107). Ausser den 1531 aufgeworfenen beiden Geschützschanzen (vgl. S. 151), beim Petersplatz hinter der Mauer und bei St. Klara als Bollwerk gezeichnet, und den beiden 1547 errichteten Bollwerken seitlich des Steinentors und Birsigeinlasses (vgl. S. 152) sind die Bollwerke beim St. Johanntor, beim Spalentor und am südlichsten Punkt der gesamten Befestigungen Gross-Basels, das sogenannte „Rundbollwerk", bereits als die wesentlichsten Stützpunkte der Befestigungen vorhanden; die äussere Grabenmauer Gross-Basels hat eine Contreescarpe (gemauerte äussere Grabenwand). Klein-Basel ist noch ohne Bollwerk.

Die Befestigungen der Stadt Basel um 1615.

I. Gross-Basel. Nach dem Merianschen Stadtplan von 1617 von Nordosten (Abb. 69—70, S. 112—115) und der etwas späteren Merianschen Stadtansicht von Südwesten (Abb. 71, S. 117).

1. Innere Stadtbefestigung. Ihren Verlauf bezeichnen die heutigen Strassen: St. Albangraben, Steinenberg, Kohlenberg, Leonhardsgraben, Petersgraben, ihre Elemente sind der Mauerzug mit Turm- und Toreinbauten und einem vor den Mauerzug gelegten trockenen Graben. Anno 1615 ist das Verhältnis der inneren Stadtmauer zur städtischen Verbauung so, dass der Altstadtkern mit seinen Häusern unmittelbar die Ringmauer berührt. Dass ursprünglich aber stadtwärts ein Rondenweg hinter der Mauer bestanden habe, ist anzunehmen und aus den Beobachtungen bei Neubauten am Petersgraben (Nr. 35) wenigstens für diesen Teil der Ummauerung bewiesen (vgl. S. 223). Die äussere Grabenwand war gemauert und als niedere Brüstung über das Niveau der Ringstrasse hochgeführt. Zu Futtermauern und Brüstungen fanden verschiedentlich Grabsteine aus Judenfriedhöfen Verwendung[1]). Bei allen Toren führten gemauerte Brückenbogen über den Graben; ausserdem war der innere Stadtgraben auch noch von einigen schmäleren mehrbogigen gemauerten Brücken überspannt, so bei St. Peter und St. Leonhard und zweimal zwischen dem Aeschen- und St. Albanschwibbogen. Der Grabenboden wird, besonders im Petersgraben, zu landwirtschaftlichen Zwecken benützt (Pflanzgärten). Bis 1498 war im Leonhardsgraben der Schiesstand der Büchsenschützen, und beim Kunostor (St. Albanschwibbogen) hatte der Stadtbüchsenmeister seine Werkstätte aufgeschlagen. Gegen den Rhein hin war der Graben im Nordwesten und Südosten durch je eine Quermauer abgeschlossen.

Die Strassentore-Schwibbogen der inneren Ummauerung waren mit Ausnahme des St. Johannschwibbogens in der Anlage Vierecktürme. Ausser dem Spalenschwibbogen, der ein Pyramidendach mit Glockentürmchen trug, zeigten die andern im Jahre 1615 bestehenden Tore der inneren Ummauerung einen durch kein überragendes Dach beeinträchtigten Zinnenkranz. Der Zinnenkranz des Aeschenschwibbogens war vorstadtwärts mit einem frühbarocken Glockengiebel ausgerüstet. Der St. Johannschwibbogen (inneres Kreuztor) bestand nur noch in Gestalt seiner zwei Mauerdurchgänge. Auffällig ist, dass sein äusserer Torbogen im Gegensatz zu den übrigen Toren der inneren Stadtbefestigung nicht in einer Flucht mit der Stadtmauer liegt, sondern stadtwärts zurücktritt (vgl. Abb. 70, S. 115).

2. Die äussere Stadtbefestigung. Sie war der aktuelle Lebensschutz der städtischen Siedlung im Kriegsfall. Alle diese Befestigungswerke sind von der Stadtverbauung durch einen Rondenweg getrennt, eine Anordnung, die dem Kleinbürger, der stets versuchte, im Schutze der Stadtmauer Gebäulichkeiten zu errichten, nicht einleuchten mochte. So wurde es z. B. beim Heranrücken der Armagnaken im Jahre 1444 notwendig, den Rondenweg von hinderlichen Verbauungen zu säubern.[2]) (vgl. S. 151).

Ein Schussfeld, wie es um 1444 hergerichtet wurde, ist allerdings 1615 vor dem Stadtgraben nicht mehr vorhanden; dagegen begleitet eine Ringstrasse vor dem Graben die Stadtbefestigungen. Der Stadtgraben selbst wird als Park für Rotwild benützt (seit Beginn des 15. Jahrhunderts, früher Bären[3])). Ob die Ringstrasse vor dem Graben gegen diesen durch eine Art Steingeländer geschützt war, ist aus den Darstellungen nicht klar zu ersehen.

---

[1]) Vgl. S. 151, Anm. 1. Rudolf Wackernagel, Geschichte der Stadt Basel, Bd. II, 1. Teil, S. 253.
[2]) Rudolf Wackernagel, a. a. O., Bd. I, S. 553.
[3]) Rudolf Wackernagel, a. a. O., Bd. II, 1. Teil, S. 256.

Der freiaufragende Mauerzug Gross-Basels ist durchgehend ein einfacher. Nur beim Eintritt des St. Albanteiches und des Birsigbaches in die Stadtbefestigung wird er dadurch zweifach, dass im Taleinschnitt die sonst nur einseitig sichtbare äussere Grabenmauer (contre-escarpe) freistehend wird.

Die Stadtmauer bedeutet als Mauerwand lediglich einen passiven Schutz nach aussen und ist nicht verteidigungsfähig. Diejenigen Strecken der Mauer, die durch einen stadtwärts angebauten Wehrgang verteidigungstüchtig gemacht wurden, sind, gemessen an der Gesamtlänge der äusseren Stadtmauer von etwa 4000 m, sehr klein. Die Gesamtlänge der „Letzimauern" beträgt nur 300 m (Rhein-St. Albantor, Einmündung des Birsigbaches in die Ummauerung). Der eigentliche Schutz des Mauerzuges waren die Mauertürme und die an strategisch wichtigen Punkten errichteten Kanonenbollwerke.

Die Mauertürme überragen die Stadtmauer und treten in den Stadtgraben vor. Ihre Form ist teils hufeisenförmig, teils rechteckig und polygonal. Der hufeisenförmige Turm war der am meisten verwendete. Im St. Albantal und zwischen Steinen- und Spalenbollwerk (Fröschenbollwerk) folgten ausschliesslich hufeisenförmige Türme aufeinander. Zwischen St. Albantor und dem Rundbollwerk (Aeschen) wechselten hufeisenförmige Türme mit rechteckigen ab. Die rechteckigen Turmbauten hatten zumeist grössere Bedeutung. Entweder waren sie Stadttore oder Ecktürme, wie z. B. am Rhein; Ortturm zu St. Alban, St. Thomasturm beim St. Johanntor. Durch besondere Grösse zeichneten sich die Viereckstürme des St. Johanntores, des Spalentores, des Aeschentores und des St. Albantores aus. Die meisten Türme trugen einen Zinnenkranz, der oft durch allseitiges Vorkragen zur Zinnenkanzel wurde. Zinnenkanzeln mit künstlerisch wirksamem Konsolenfries wiesen das Aeschentor, das St. Johanntor und der St. Thomasturm beim St. Johanntor auf.

Die fünf Bollwerke beim St. Johanntor, beim Spalentor, zu beiden Seiten des Steinentores und westlich davon das „Grosse Bollwerk" sind eigentliche Ausstülpungen der Stadtmauern. Ihre Form war im Grundriss hufeisenförmig; nur das Bollwerk am südlichsten Punkt der Stadtbefestigung war vollrund. Um die Bollwerke herum tritt der Stadtgraben der Halbrundform entsprechend ins Gelände hinaus.

Als Befestigungen hinter den Stadtmauern kam in Gross-Basel im Jahre 1615 einzig die Schanze beim heutigen Bernoullianum in Frage. Nach der Zeichnung des Merianschen Planes handelt es sich hier um eine Erdanschüttung ohne Mauerschalung (Name der Schanze 1531: Grundbollwerk).

Die Stadttore treten mit ihren Torhöfen in den Graben vor und greifen mit ihren sonstigen Vorbauten selbst ins Freigelände hinaus. Durch die Verwendung der aufziehbaren Fallbrücken bei sämtlichen äusseren Toren Gross-Basels ist die für Fuhrwerke bestimmte Wegverbindung der Stadt nach aussen jederzeit aufhebbar. Ausser dem Spalentor, dessen Fallbrücke des Torvorhofes unmittelbar auf der äusseren Grabenwand aufruht, führten die Fallbrücken aller Tore zunächst auf feste Grabenbrücken, die (vom Freiland her) bis etwa in die Mitte des Stadtgrabens vorgebaut waren. Den Zugang zur Grabenbrücke von aussen sperrten rechteckige Höfe mit Barrièren ab. Am Spalentor und am Aeschentor waren diese Barrièren-Höfe am äusseren Ende durch zwei zinnengekrönte Rundtürme (einstöckig) flankiert.

Dort, wo beim Fröschenbollwerk bei der Spalenvorstadt der Stadtgraben quer zur Gefällsrichtung des Geländes verläuft, überquert ein Aquädukt den Stadtgraben. Seine Durchdringung von äusserer und innerer Grabenmauer geschieht ohne Markierung durch Türme, doch ist der Ansatz des Aquäduktes auf der Freilandseite durch ein frühbarockes freistehendes Törlein gekennzeichnet. Ob diese

Grabenüberbrückung auch dem Fussgängerverkehr zugänglich war, ist an Hand der Merianschen Pläne und im Vergleich mit späteren Darstellungen[1]) nicht zu entscheiden. Die Grabenbrücke unter Geländeniveau beim Turm westlich vom Grossen Bollwerk (Aeschen) wird ebenfalls als Aquädukt aufzufassen sein.

Bei der Einmündung des Birsigbaches waren die äussere und die innere Grabenmauer mit je einem Turm und beidseitigem Wehrgang ausgerüstet. Die Ufer des Birsigbaches innerhalb des Grabens wurden von Mauerzügen begleitet. Dieselben Grabenquermauern fanden sich auch bei der Einmündung des St. Albanteiches in die Stadtbefestigung. Der Verlauf der Hauptstadtmauer bei der Birsigbacheinmündung ist stadtgeographisch bezeichnend. Der Bachturm (Birseckturm) befindet sich unmittelbar oberhalb einer Erosionsstufe des Birsig, und die Stadtummauerung schliesst somit diesen für industrielle Nutzung wichtigen Gefällsknick des Wasserlaufes in ihren Schutz (vgl. Abb. 110, S. 184).

Soweit sich dies aus den Merianschen Darstellungen erkennen lässt, hatten die Stadtmauer und die äussere Grabenmauer glatte Mauerflächen, nur bei dem Grossen Bollwerk ist die contre-escarpe (äussere Grabenmauer) mit Stützpfeilern versehen.

3. Die Rheinbordbefestigung. Da das Grossbasler Rheinbord ein ausgesprochenes Steilufer ist, bietet es an und für sich militärischen Schutz. Eine durchgehend ausgebaute Rheinbefestigung war daher nur streckenweise vorhanden. Vom Rheineckturm bei St. Alban bis zum ehemaligen Lindenturm (beim heutigen Mühlenberg, St. Alban) verläuft ein einheitlicher Mauerzug, durchbrochen durch den Ausfluss des Albanteichs. Bis zum Harzgraben (Ansatz der heutigen Wettsteinbrücke) bildeten die Gartenterrassenmauern der St. Albanvorstadt-Häuser den Abschluss gegen den Rhein hin. Vom Harzgraben bis zur Rheinbrücke bestand seit 1473 ein einheitlicher Rheinmauerzug. Beim Unteren Kollegium (Universitätsgebäude) trug diese Rheinmauer grosse steingehauene oder aufgemalte Baselstäbe[2]). Ein grosser steingehauener Baselstab, der mit den erwähnten Baselstäben in Beziehung stehen dürfte, befindet sich heute noch auf der Rheinfassadenseite des Hauses Rheinsprung Nr. 21 (früher Schreibstube für Arbeitslose).

Beim Ansatz der Rheinbrücke befand sich am Grossbaslerufer das Rheintor. Unterhalb der Brücke und des Salzturms, der den Ausfluss des Birsigbaches flankierte, war das Grossbasler Rheinufer (St. Johannvorstadt) wiederum ohne einheitliche Befestigung. Hier fallen die Hausmauern senkrecht in den Strom ab. Da wegen der immerhin bedeutenden Stromgeschwindigkeit ein Angriff rheinaufwärts sehr erschwert war, genügte die Rheinbrücke als Schutz gegen allenfalls talfahrende Feinde. Schiffländen und unverbaute Bordareale waren überall durch örtliche Kleinbefestigungen geschützt.

II. Kleinbasel. Die Landbefestigung von Kleinbasel, das von Natur mit keinem Relief ausgestattet ist, dem aber von Nordosten her der Riehenteich in zwei wasserführenden Armen zueilt, war eine von Gross-Basel grundsätzlich verschiedene. Entsprechend seiner Bedeutung als Brückenkopf von Gross-Basel wurde sein Befestigungsgürtel doppelt, ja streckenweise dreifach geführt. Der äusserste Graben war teilweise immer wasserführend und vermutlich so angelegt, dass er um ganz Klein-Basel herum mit Wasser gefüllt werden konnte.

---

[1]) Emanuel Büchel, 1758, Skizzenbuch, S. 78. Kupferstichkabinett Basel, A 200, Blick in den Stadtgraben vom ehem. Fröschenbollwerk gegen St. Leonhard. — Samuel Birmann, 1813, Kupferstichkabinett Basel, Sch. 55. Blick vom Stadtgraben gegen Westen auf das Fröschenbollwerk. — Miville (?), 19. s. Staatsarchiv Basel, Hptslg. 5/280. Blick von aussen westwärts auf das Fröschenbollwerk. — H. Meyer, 1857, Staatsarchiv Basel, Hptslg. 3/325. Blick von der Spalenvorstadt (Schützenmattstr.) auf das ehem. Fröschenbollwerk.

[2]) Vgl. S. 195 und die Abb. Nr. 126, S. 194.

Der innere und eigentliche Stadtmauerzug war 1615 noch in seiner mittelalterlichen Form erhalten. Bollwerkausbauten, wie in Gross-Basel, sind nicht hinzugetreten. Doch befand sich hinter der Mauer bei der St. Klarakirche eine mauerverschalte Kanonenschanze. Fast alle diese Turm- und Torbauten waren von quadratischem Grundriss, flach oder mit Schrägdach eingedeckt und zinnenbewehrt. Nur der Karthäuser-Eckturm und das Riehentor mit niederem Satteldach und einem Erkerausbau landwärts erweiterten ihren Zinnenkranz an den Ecken durch polygonale Zinnentürmchen. Der nordöstliche Eckturm des inneren Mauerrings (der Turm hinter den Ziegelhütten) hatte ein spitzes Zeltdach, der entsprechende Eckturm der äusseren Umwallung auf halbkreisförmigem Grundriss einen polygonalen ungedeckten Aufbau. Neben dem Blockturm überquerte ein Aquädukt den trockenen inneren Graben. Um diese innere Stadtmauer Klein-Basels herum zog sich ein, abgesehen vom Eintritt des Riehenteiches in die Stadt, trockener Graben, in den hinaus die Befestigungs-Höfe des Bläsi- und des Riehentors vortraten. Der Graben wurde als Wildpark benutzt. Bewegliche Brücken führten den Torweg über den Graben.

Auf diesen ersten Befestigungsring folgte ein zweiter mit Wall und Graben. Der Wall ist gegen aussen mit einer Brustwehr versehen. Beim Bläsitor erweiterte er sich zu einem terrassenartigen Vorwerk, das eine zweite äussere Toranlage trug. Der Graben war vom Riehentor ostwärts bis zum Rhein trocken, das mittlere Stück seiner Langseite aber dadurch wasserführend, dass es die beiden westlich und östlich parallel mündenden Arme des Riehenteiches quer miteinander verband, und der westliche Grabenlauf dadurch zum Teil, dass in ihm ein Überlauf des Riehenteicheinlasses zum Rhein abgeleitet wurde. Durch Stauung konnte auch dieser Grabenteil ganz unter Wasser gesetzt werden. Der Eintritt des Riehenteiches in die Stadt geschah in Verlängerung seines westlichen Armes bei der St. Klarakirche durch zwei rundbogige Mauerdurchbrüche, von denen der eine durch einen Überbau verteidigt werden konnte. Beim äusseren Bläsitor führte eine Fallbrücke über diesen zweiten Graben; beim Riehentor dagegen war der Torweg als fester Grabendamm mit eigenem Torbau ausgestaltet. Zur militärischen Isolierung der Einfahrt war hier ein drittes Grabenstück nötig, das dadurch gewonnen und wasserführend gemacht wurde, dass von dem seitlich vorbeiströmenden östlichen Riehenteicharm ein Kanal um die östliche Schmalseite Klein-Basels herum in den Rhein abgeleitet worden ist. Schon ausserhalb der Kleinbasler Befestigungen lagen die Barrièren-Höfe der beiden Stadttore. Ohne militärischen Schutz befand sich beim Eintritt des westlichen Riehenteicharmes eine Mühle, bestehend aus mehreren Gebäulichkeiten.

Auch die Rheinfront Klein-Basels zeigte eine doppelte Befestigung. Vom Karthäuser Eckturm bis zur Rheinbrücke zog vor der eigentlichen Stadtmauer ein zweiter zinnengeschmückter Mauerzug. Der Wandelgang hinter der zweiten Mauer, der Zwingolf, war wie der Rondenweg der äusseren Befestigung Gross-Basels der Verbauung durch bürgerliche Kleinbauten ausgesetzt[1]).

Die Befestigungen Basels nach 1615.

Nach Matthaeus Merian, Topographia Helvetiae 1642, Vogelschauplan der Stadt Basel von Norden (vgl. S. 121), sowie nach einem undatierten und unsignierten Kupferstich des Staatsarchivs Basel, Hptslg. 1/146 (vgl. S. 161).

In der Zeit von 1615—1642 hat Basel Mauerbastionen (mundartlich „Schanzen") erhalten. In Gross-Basel waren es fünf: die Rheinbastion, eine Bastion spalentorwärts des St. Johanntores, eine beim Wagdenhalsbollwerk (Leonhardsbastion,

---

[1]) Rud. Wackernagel, Geschichte der Stadt Basel, Bd. 2, 1. Teil, S. 267.

auch „Steinenschanze" genannt), eine beim Dornimaugbollwerk (St. Elisabethenbastion) und eine beim St. Albantor (zwischen Tor und Teicheinlauf). — In KleinBasel waren es zwei Bastionen: eine Bastion an der nordöstlichen Langseite beim Einfluss des Riehenteiches (westlicher Arm) zum Schutz der dortigen Mühlen, die andere an der südöstlichen Schmalseite Klein-Basels.

In Gross-Basel stand die Anlage der Bastionen in unmittelbarer Verbindung mit der Stadtmauer, in Kleinbasel mit dem zweiten Mauerring. Die Bastionen erweiterten durch Ansatz einer Fünfeckschanze den Mauerzug ins Vorgelände hinaus. Der sonst gerade verlaufende Mauergraben wurde um die Polygonform der Bastionen herumgezogen. Bezeichnend für diese frühbarocken Befestigungswerke ist, dass die Fünfeckform der Bastionen beim Ansatz an die Stadtmauer noch nicht die bereits von Daniel Specklin 1588 entworfenen und später allgemein üblich gewordenen „Oreillons" (Bollwerksohren) zeigt.

Anstelle des in Gross-Basel vorhandenen Rondenweges trat nun hinter der Mauer, allerdings nur auf gewisse Strecken, ein Wall: von der St. Johann-Bastion bis zum Petersplatz (bis etwa zum alten Zeughaus), vom St. Leonhardsturm mit Unterbruch im Birsigtal bis zum zerschlissenen Turm nördlich des Grossen Bollwerkes (Aeschen). Der Wall im genannten Ausmass erscheint dort, wo die Stadtverbauung noch nicht den äusseren Mauerring erreicht hat; wo die Häuser in dichter Verbauung, wie in der Spalenvorstadt, an den Rondenweg heranrücken, fehlt er.

Ein Versuch, sich der sich stets verfeinernden Befestigungskunst anzugleichen, ist in der Umgestaltung der St. Johannbastion und der St. Albanbastion (1647 umgestaltet) zu Vorwerken, Ravelins oder Demi-lunes zu erblicken. Diese Ravelins waren allseitig vom Graben umschlossene inselförmige Befestigungswerke. Beim St. Albantor kommt dem Ravelin eine gewisse Bedeutung als Deckung des Torweges zu, indem der ehemals gerade verlaufende mittelalterliche Torweg bei der Überschreitung des Ravelin in der Horizontalen gebrochen wird. Die befestigungstechnisch vollkommene Lösung des im Ravelin gebrochenen Torweges, wie sie bereits von Flamand in seinen Basler Befestigungsentwürfen von 1623 und späterhin um 1680 von Vauban bei der stadtnahen Festung Hüningen verwendet wurden, finden wir beim St. Albantor aber nicht. *Gustav Schäfer.*

III. Die 1849 noch vorhandenen Stadtbefestigungen

Um 1849 bestanden nach einem „Verzeichnis der sämtlichen Stadt Thore, Thürme, Bolwerke und Wachtstuben so sich an den Stadtmauern befinden"[1]) am äusseren Mauerring beider Basel noch folgende 56 Befestigungen:
1. Der obere Lindenthurm (vermittet) hat zwey Stock.
2. Der untere Lindenthurm (vermittet) hat drey Boden und unter denselben befinden sich die Brunnquellen des Lochbrunnens.
3. Rheingatter.
4. Die St. Niklaus Capelle, ist eine geräumige Wachtstube.
5. Rheinthor under obiger Wachtstube.
6. Der innere Letze Thurm.
7. Der aussere Letze Thurm und Gang.
8. Thür gen den beyden Thürmen im Fröschengraben ob der Steinernen Stege auf den Seyler Bahn.
9. Erster Thurm im Fröschengraben (benutzt) ist sehr klein.

---

[1]) Staatsarchiv Basel, Bauakten Z 1, Fortifikationen überhaupt, 1836—1871. Die Namen der Benützer: Zeugamt, Bauamt, Seiler, Töpfer, Bauhandwerker u. a. m. sind weggelassen.

10. Zweiter Thurm im Fröschengraben (benutzt) ist sehr klein.
11. Thür in Fröschengraben bey den Stempel.
8.[1]) St. Alban Thor, das Vorwerk und innere Schanz nebst den beyden Wachtstuben zwischen dem Barriere und im St. Albanthal am Thorberg.
9. Der kleine Rund Thurm so abgetragen und mit Schiesscharten versehen worden.
11. Der grosse Viereckthurm (benutzt).
12. Der kleine hohe Rundthurm, ist nicht benutzt.
13. Der grosse Rundthurm, enthaltet Vier grosse Wachtstuben.
14. Der Malzgass Thurm, welcher abgetragen wird und wie N⁰ 9 eingerichtet werden soll.
15. Das Aeschenthor nebst der äussern und innern Wachtstuben.
16. Der Bachofenthurm (benutzt).
17. Der Viereckthurm (benutzt).
18. Der Aeschenbollwerkthurm enthaltend zwey Wachtstuben.
19. Das Aeschenbollwerk samt einem Wachtstüblein.
20. Der Steinhäuser Thurm enthaltet zwey Wachtstuben.
21. Der Elisabetha Cavalier, Schanz, Pulverthurm und Casamatten.
22. Das Steinen Thor nebst den beyden Wachtstuben.
23. Die Steinen Schanz, Cavalier, Pulverthurm, Wachtstuben und Casamatten.
24. Thurm bei der Missionsgass (benutzt).
25. Ein Observazionsthürmlein ohnweit dem Leimenthor.
26. Das Fröschen Bollwerk nebst einem Wachtstüblein und Pulvermagazinlein.
27. Der Fröschen Bollwerk Thurm (benutzt).
28. Das Spalen Thor nebst den beyden Wacht und Zollstuben.
29. Der Schützenmätlein Thurm (benutzt).
30. Das Zeugbollwerkthürmlein (benutzt)
31. Der Luginsland hat oben eine Wachtstuben (der undere Boden benutzt).
32. Der Wasenbolwerk Thurm ist abgetragen und mit Schießscharten versehen (der undere Boden benutzt).
33. Der Ristenthurm.
34. Der Schabthurm.
35. Der Metzgerthurm hat oben eine Wachtstube.
36. Das Rondell nebst Wachtstüblein und Pulvermagazinlein.
37. Das St. Johan Thor nebst Wachtstuben und Thorschreiberstüblein.
38. Der St. Thomas Thurm und die Rheinschanze; der Thurm ist ausgefüllt.
39. Das Vorwerk nebst einer Wachtstube.

Kleine Stadt.

40. Der Klingenthalthurm am Eck gegen den Rhein, ist nur 1 Stock hoch.
41. Der zweite Klingenthalthurm am Eck gegen der Klibeckstrass ist drey Stock hoch (benutzt).
42. Das St. Blasius Thor nebst den beyden Wachtstuben und Thorschreiberstüblein.
43. Der Rumpelthurm (benutzt).
44. Ein Observazionstürmlein und eine Wachtstube neben dem Stemppel beim kleynen Einlauf des Deuches in den Rumppel.
45. Das St. Clara Bollwerk (benutzt).
46. Der Rundthurm oben mit Blockband.
47. Der Iltis Thurm (benutzt).

---

[1]) Die Nummern 8, 9 und 11 sind im Original doppelt.

48. Das Riehenthor nebst den beyden Wachtstuben, Officier und Thorschreiberstüblein.
49. Der Isteiner Thurm, so an der äussern Stadtmauer steht hinder der Ziegelhütte, hat eine grosse Wachtstube.
50. Ein Observazionsthürmlein nebst einer Wachtstuben an der Baar.
51. Der Waysenhaus Thurm.
52. Der Cartaus Thurm mit Waysenhausgarten.
53. Das obere Rhein-Thor, welches vom Rheinzoller benutzt wird.

IV. Die Entfestigung der Stadt Basel.

Noch um 1800 bot die Stadt Basel nach aussen wie im Innern im wesentlichen das Bild, das Matthäus Merian d. Ä. und Emanuel Büchel überliefert haben. Stadtmauern und Tore wurden erst und hauptsächlich durch die Lokomotiven der neuen Eisenbahnlinien zu Fall gebracht; die Umgestaltung und die Korrektion der inneren Stadt ist durch nötig werdende Neubauten vor allem des Staates, durch die Zunahme der Bevölkerung sowie durch sanitäre Massnahmen als Folge von Epidemien veranlasst worden. So haben die Bauten des Stadtkasinos, des ehemaligen Theaters auf dem Areal des Steinenklosters (1830/31) und des Museums anstelle des alten Augustinerklosters (1844 bis 1849) durch MELCHIOR BERRI[1]), des Gasthofes zu den drei Königen (1842 bis 1844) durch AMADEUS MERIAN[2]), des Postgebäudes (1852—1853), des Gerichtsgebäudes an der Bäumleingasse (1856 bis 1859) und der Klingenthalkaserne (1860 bis 1863), alle nach Plänen von JOHANN JAKOB STEHLIN D. J.[3]), ebenso wie die von CHRISTOPH RIGGENBACH[4]) nach Plänen FERDINAND STADLERS[5]) (nach 1856) erbaute Elisabethenkirche und zahlreiche Schulhausbauten das Stadtbild ganz wesentlich verändert. Anderseits hat das Nervenfieber, das anlässlich der Anwesenheit der Alliierten in Basel 1813/14 ausbrach, das Verbot der Begräbnisse in den Kirchen herbeigeführt; auch die Cholera von 1855 brachte einschneidende städtebauliche Sanierungen.

Diese Erneuerung der Stadt Basel leitete das Baukollegium, in dem seit 1834 JOHANN JAKOB STEHLIN D. Ä.[6]) hervorragend tätig war, mit AMADEUS LUCAS MERIAN als Bauinspektor. Als dann Ratsherr KARL SARASIN an die Spitze des Baukollegiums trat, wurde zunächst der Kantonsingenieur von St. Gallen, HARTMANN, als Stadtingenieur nach Basel berufen und 1859 nach dem Austritt J. J. Stehlins d. Ä. aus dem Baukollegium dessen Sohn Architekt JOHANN JAKOB STEHLIN D. J. zum Baudirektor ernannt. Karl Sarasin hat im Verein mit J. J. Stehlin d. J. zielbewusst und weitblickend mit schöpferischer Kraft die neuzeitliche Umgestaltung der damals noch mauerumschlossenen Stadt durchgesetzt. Da dabei oft rücksichts-

---
[1]) Geboren 20. Oktober 1801 zu Basel, gestorben ebenda 12. Mai 1854. Vgl. Schweizerisches Künstlerlexikon, Bd. I, Frauenfeld 1905, S. 114/115 (C. Brun); Arnold Pfister, Melchior Berri, Basler Jahrbuch 1931, Bd. 51, S. 59—150.

[2]) Geboren 1808 zu Basel, gestorben ebenda 1889. Vgl. Schweizerisches Künstlerlexikon, Bd. II, Frauenfeld 1908, S. 362 (D. Burckhardt-Werthemann).

[3]) Geboren 25. März 1826 in Basel, gestorben ebenda 9. September 1894. Vgl. Schweizerisches Künstlerlexikon, Bd. III, Frauenfeld 1913, S. 235/236 (D. Burckhardt-Werthemann); Bd. IV, Frauenfeld 1917, S. 267 (J. Coulin). — Vgl. auch J. J. Stehlin-Burckhardt, Architektonische Mitteilungen aus Basel, Stuttgart 1893.

[4]) Geboren 23. November 1810 zu Basel, gestorben ebenda 12. Juni 1863. Vgl. Schweizerisches Künstlerlexikon, Bd. IV, Frauenfeld 1917, S. 365 (A.-J. M.).

[5]) Geboren 23. Februar 1813 in Zürich, gestorben ebenda 24. März 1870. Vgl. Schweizerisches Künstlerlexikon, Bd. III, Frauenfeld 1913, S. 197/198 (F. O. Pestalozzi).

[6]) Geboren 20. Januar 1803 zu Basel, gestorben ebenda 18. Dezember 1879. Mitglied des Basler Baukollegiums von 1834—1858; von 1858—1873 Burgermeister von Basel. Vgl. Schweizerisches Künstlerlexikon, Bd. III, Frauenfeld 1913, S. 235 (D. Burckhardt); Bd. IV, Frauenfeld 1917, S. 627 (J. Coulin).

loses Vorgehen gegen Besitzer, Bauherren und Baumeister nötig war, erfand der Volkswitz den Reim: Behüt uns Herr in gnäd'gem Sinn
Vor Stehlin und vor Sarasin,
hat aber auch damit der überragenden Bedeutung beider Männer für die städtebauliche Entwicklung Basels Ausdruck verliehen.

* * *

1805 im August erfolgte die *Strassenkorrektion zu St. Johann*, der die Kirchhofmauern bei der Predigerkirche mit dem *Grossbasler Totentanz* geopfert wurden, einige Jahre später die Korrektion der *Sporengasse*, wobei Häuser zwischen der School und der Brotlaube niedergelegt worden sind.

1806 ist der *Thomasturm* abgetragen worden (vgl. S. 200, Anm. 3).

1821 wurden der *Eselsturm* und *Wasserturm* mit Nebengebäuden niedergerissen.

1838 ist der *Spalenschwibbogen* abgebrochen worden und 1839/40 das *Rheintor* mit den anstossenden Gebäulichkeiten, dem sogenannten Neubau und der Schiffleutenzunft (vgl. S. 218). Die *Eisengasse* wurde erweitert, die hölzernen Verkaufsbuden auf der Rheinbrücke verschwanden.

1841 ist der *Aeschenschwibbogen* mit der angebauten *Staatsschreiberwohnung* niedergerissen worden. Damit war die innere Stadt nach Kleinbasel und den grösseren Vorstädten (Aeschen-, Steinen- und Spalenvorstadt) hin geöffnet.

1840—1847. Eine besondere Eisenbahnkommission entschied nach 1840, dass der neue *Bahnhof der Strassburger Bahn* von den Befestigungsanlagen umfasst werden müsse. Infolgedessen wurden vom Hohen Wall (heute Bernoullianum) bis zum St. Johanntor neue Fortifikationen angelegt unter der Direktion von Oberst HEGNER, der dazu von Winterthur nach Basel berufen worden war. Am 11. Dezember 1845 ist der Bahnhof dem Verkehr übergeben worden; 1847 wurden die neuen Befestigungen kollaudiert.

1851 sind zur Erweiterung des Zollbezirks auf dem Lysbüchel, bei Burgfelden, beim Horn und bei der Wiesenbrücke neue *Zollhäuser* erbaut worden, bei denen der bisher an den Toren und im Kaufhaus erhobene Zoll eingezogen wurde.

1851/52 wurde eine Korrektion der *St. Albanvorstadt* beim ehemaligen Brigittator durchgeführt und 1853 die untere *Freie Strasse* erweitert.

1853—1856. Am 7. März 1853 erhielt der mit Baden abgeschlossene Staatsvertrag über den Bau der Eisenbahnlinie Haltingen—Basel die vorbehaltene Ratifikation; am 19. Februar 1855 wurde die Strecke Haltingen—Basel und am 2. Februar 1856 jene von Basel nach Säckingen dem Verkehr übergeben. Ein *Durchgangsbahnhof* ist „nordöstlich vom Bürgischen Bade" erbaut worden; um von ihm eine direkte Verbindung mit der Rheinbrücke herstellen zu können, wurde 1854 das *Klara-Bollwerk* beseitigt, der Stadtgraben hier ausgefüllt, der Riehenteich überbrückt und am Ausgang der etwas korrigierten Greifengasse, deren unterer Teil damals noch Krempengasse hiess, ein provisorischer Stadtabschluss in Form eines Gatters errichtet.

1856 wurden die *Torsperren* aufgehoben „in Betracht der stets wachsenden Bevölkerung vor den Toren und des gesteigerten Verkehrs zwischen dem Inneren der Stadt und dem Stadtbann."

1855/56 sind infolge der Cholera-Epidemie eine „Kommission zur Prüfung und Begutachtung der Vorschläge des Generalberichts für Hebung bestehender Übelstände" und ein „Sanitätsausschuss" ernannt worden; von da an beginnt die allmähliche *Sanierung der Stadt*. „Wenn infolge der Katastrophe die jetzige Zeit mit Anstrengung das in sanitätspolizeilicher Hinsicht auch hier früher Versäumte nachholt und ausdauernd die Beseitigung der erkannten Übel anstrebt, so wäre die Cholera trotz schwerer Opfer ein Segen für unsere Stadt gewesen, den einst spätere

Abb. 94. Der St. Albanschwibbogen, das Kunostor, in Basel. Vor 1873.
Photographie Varady. — Archiv der Denkmalpflege Basel.
Über dem Torbogen eingemauert das romanische Steinrelief eines Mannes, vgl. S. 202 und Abb. 131, S. 203.

Zeiten unserer jetzigen Generation danken werden." (Verwaltungsbericht von 1855 im Anschluss an den Bericht der Cholera-Kommission).

1854—1857. Am 19. Dezember 1854 eröffnete die Centralbahn den regelmässigen Eisenbahnbetrieb zwischen Basel und Liestal, wobei sie sich zunächst mit einem *provisorischen Bahnhof* an der Langen Gasse vor dem St. Albantor begnügte. Am 29. Juni 1857 ermächtigte der Grosse Rat die Regierung, mit der Centralbahn eine neue Vereinbarung über einen *Durchgangsbahnhof* zwischen dem Margarethenfeld und dem Elisabethenbollwerk abzuschliessen, unter Aufhebung der grossrätlichen Beschlüsse vom 16. Juni 1856, nach dem ein Kopfbahnhof vor dem Aeschentor auf der Thomaschen Liegenschaft vorgesehen war.

1858 wurden infolge der Bahnhofbauten der *Stadtgraben zwischen Aeschen- und Steinentor* aufgefüllt und das *Aeschenbollwerk* beseitigt. Auch am Ausgang der heutigen *Leonhardsstrasse* ist die Stadtmauer durchbrochen und der Graben überbrückt worden. Ausserdem fanden Korrektionen hinter der *Rümelinsmühle* und an der *Küttelgasse*, dem heutigen Münzgässlein, statt. Im gleichen Jahre 1858 wurde in Kleinbasel das *Obere Rheintor* abgebrochen.

1859 am 27. Juni ist das *Gesetz über die Erweiterung der Stadt* erlassen worden, dessen § 4 lautete: Zur Herstellung angemessener Verbindungen zwischen den äusseren neuen Quartieren und der inneren Stadt durch Strassen und öffentliche Plätze ist der Kleine Rat ermächtigt, da, wo es das Bedürfnis erheischt und die Verhältnisse es passend erscheinen lassen, die Stadtgräben je nach seinem Ermessen auszufüllen und neue Stadteingänge herzustellen, auch die bisherigen Stadtmauern nebst daran liegenden Schanzen ganz oder teilweise zu beseitigen." Ausdrücklich davon ausgenommen waren: die neuen Befestigungen beim französischen Bahnhof, der Hohe Wall, die Bastionen zu St. Leonhard und bei St. Elisabethen sowie die St. Albanschanze. Damit war die Möglichkeit geschaffen, die Stadt nach allen Richtungen zu erweitern und den Gürtel von Mauern, Gräben, Schanzen und Bastionen durch die Parkanlagen zu ersetzen, die für alle Zeiten eine Zierde der Stadt Basel sind.

1859 am 29. August erschien ein Gesetz „über Anlage und Korrektion von Strassen und das Bauen an denselben."

1859 ist die *Güterstrasse* angelegt und das *Nauengässchen* verbreitert worden; die *Klara-Barrière* wurde beseitigt und die Stadtmauer *hinter dem Klarahof* abgetragen.

1859/60 erfolgten die Korrektionen der *Elisabethenvorstadt* und des *Klosterbergs*, 1860 die der *Münchensteinerstrasse*, des Klingelbergs und der Mittleren Strasse.

1860 am 15. Juni ist die *Verbindungsbahn* dem Verkehr übergeben worden. Der Bahnhof zu St. Johann wurde aufgehoben und die Endstation der Strassburger Bahn in den neuen Centralbahnhof verlegt.

1861 fielen das *Aeschen-* und das *Leimentor* sowie die *Mauern bei St. Alban*.

1863 am 23. April erfolgte der endgültige Austrag des „Schanzenprozesses" durch einen Abfindungsvertrag mit dem Kanton Baselland[1]).

1863 am 2. November beschloss der Grosse Rat über die *Beteiligungspflicht der Anwänder* an der Beseitigung der Stadtmauern in der Kleinen Stadt.

1864 wurde das *Riehentor* abgebrochen sowie die Mauer zwischen Rhein und Bläsitor abgetragen.

1866 im Sommer schuf Hofgartendirektor C. von EFFNER aus München[2]), den der unermüdliche Vorsteher des Baukollegiums, Ratsherr Karl Sarasin, berufen hatte, die grundlegenden Pläne für eine allmähliche Umgestaltung der Gräben und Wälle in *öffentliche Promenaden und Parkanlagen*.

1865/66 wurden die Mauern beim Einfluss des Birsig in die Stadt geschleift.

1866 ist das *Steinentor* abgebrochen worden und

1867 das *Bläsitor* in Kleinbasel mit den anstossenden Werken.

1867/68 wurde der *Stadtgraben beim Petersplatz* ausgefüllt und

1868/69 das *Fröschenbollwerk* abgetragen.

1869—1875 fiel der *Hohe Wall*.

---

[1]) Der „Schanzenstreit" dauerte 1833—1863. „Die Tatsache, dass nach dem Entscheid des Bundesgerichts vom 28. Oktober 1862 bei Verwendung des Festungsgebietes der Stadt Basel zu Bauland zwei Drittel des Erlöses der Landschaft (Kt. Baselland) hätten abgeliefert werden müssen, hat bewusst oder unbewusst dazu geführt, dass dieses Land fast ohne Ausnahme in öffentliche Strassen und Plätze, vornehmlich aber in öffentliche Gartenanlagen umgewandelt wurde." Paul Siegfried, Basels Entfestigung, Basler Jahrbuch 1923, S. 104—116.

[2]) C. von Effner hat auch an den grundlegenden Entwürfen für die 1881—1885 ausgeführten Quaianlagen in Zürich hervorragend mitgearbeitet.

Abb. 95. Blick auf den Aeschenschwibbogen zu Basel und den inneren Stadtgraben
gegen St. Leonhard. — Constantin Guise.
Getönte Bleistiftzeichnung. — Kupferstichkabinett Basel.

1869 ist die *St. Albanschanze*, von der ein Teil bereits 1864 abgetragen worden war, zur Parkanlage umgestaltet und
1870 am 5. Dezember die Korrektur der Umgebung des St. Albantores beschlossen worden.
1873 wurden der *St. Johannschwibbogen* (vgl. S. 219) abgerissen und
1874—1877 die *Petersschanze* und die *Schanze beim St. Johanntor* abgetragen.
1877 fiel der *Isteinerturm* in Kleinbasel und
1878 der *St. Albanschwibbogen* (Kunostor) (vgl. S. 202).
1885/86 erfolgte die Umgestaltung der St. Johann-Rheinschanze mit den Resten des Thomasturms in eine öffentliche Parkanlage und
1886—1889 jene der *Elisabethen-Bastion*, womit der Park-Gürtel, der sich um das alte Weichbild legt, geschlossen war.

Quellen und Literatur: STAATSARCHIV BASEL: Bauakten Z 1, Fortifikationen überhaupt; Z. 1 bis 21, 24 bis 27, 28 bis 33, einzelne Tore, Schwibbogen, Mauern und Schanzen. — J. R. RAHN, Zur Statistik schweizerischer Kunstdenkmäler III. Canton Basel-Stadt und -Land, C. Profanbauten, Festungswerke. Anzeiger für Schweizerische Altertumskunde XIV, Zürich 1881, S. 122/123 (Dr. Rudolf Wackernagel). — ALBERT BURCKHARDT-FINSLER, Basels bauliche Entwicklung im 19. Jahrhundert: I. Teil, 1800—1850, II. Teil, 1850—1860, Basler Jahrbuch 1901, S. 259—279; 1903, S. 207—258. — PAUL SIEGFRIED, Basels Strassennamen, Basel 1921. — AUGUST VUILLEUMIER, Memoiren des letzten Wassermeisters der Kleinbasler Teichkorporation. Basler Jahrbuch 1930, Basel, S. 113—170.

C. H. Baer.

Abb. 96. Ehemalige Stadtbefestigung am Steinenberg zu Basel, 1820. Maximilian Neustück.
Kolorierte Litographie. — Staatsarchiv Basel.

BILDDOKUMENTE
DER ABGETRAGENEN BEFESTIGUNGEN BASELS.
AUS DEM XVIII. UND XIX. JAHRHUNDERT
in den öffentlichen Sammlungen der Stadt Basel.

Vollständigkeit ist nicht beabsichtigt. Dagegen wurden fast alle Darstellungen von einigem künstlerischem und dokumentarischem Wert aufgenommen, die in früheren Abschnitten erwähnten Bilddokumente teilweise wiederholt und vor dem Abbruch hergestellte Photographien wie Zeichnungen beigegeben. Im übrigen sei auf die Kapitel über die Entwicklung des Stadtbildes (S. 83—142) und die noch vorhandenen Befestigungen und Tore (S. 224—298) verwiesen.

I. Der innere Befestigungsring Gross-Basels.
St. Albanschwibbogen, Harzgraben.

1821. Grundrisse und Aufrisse des St. Albanschwibbogens. MÜLLER, 1821. Kolorierte Federzeichnung (470×360 mm). — Staatsarchiv Basel, Planarchiv D 3, 120, 4 Blätter.
1877. St. Albanschwibbogen (abgebr. 1878). H. MEYER, 1877. Lichtdruck: H. Besson, Basel (209×295 mm). — Staatsarchiv Basel, Hauptsammlung 2, 180.
1877. Ehemaliger Harzgraben. HEINRICH MEYER, 1877. Lichtdruck H. Besson, Basel (222×295 mm). — Staatsarchiv Basel, Hauptsammlung 2, 183.

Aeschenschwibbogen.

18. Jahrhundert. Aeschenschwibbogen von aussen. A(CHILLES) BENZ (Bentz, geb. 1766). Aquarell (190×140 mm). — Kupferstichkabinett Basel, M 101, 20.

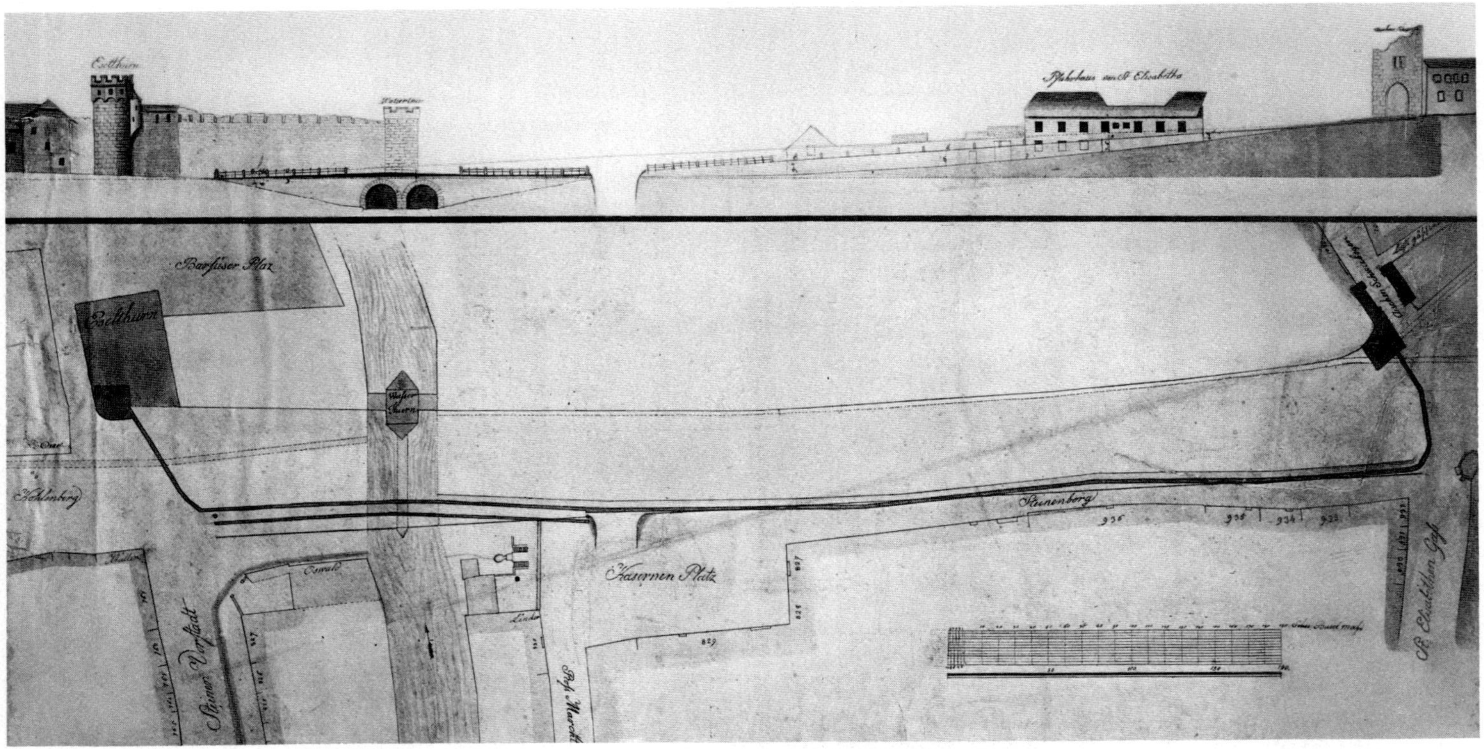

Abb. 97. Plan und Profil der alten und neu zu errichtenden Strasse vom Eselturm bis zum Aeschenschwibbogen zu Basel, gezeichnet 1818 J. J. Müller. Getuschte Planaufnahme. — Staatsarchiv Basel.

Abb. 98. Der Spalenschwibbogen zu Basel von der Vorstadt her gesehen, 1837. J. J. Neustück.
Aquarell. — Kupferstichkabinett Basel.

19. Jahrhundert. Blick auf den Aeschenschwibbogen und den Innern Stadtgraben gegen St. Leonhard. CONSTANTIN GUISE (1811—1858). Getönte Bleistiftzeichnung (250 × 367 mm). — Kupferstichkabinett Basel, Sch. 59 (Abb. 95, S. 173).

1840/1864. Ehemaliger Aeschenschwibbogen von der Vorstadt gesehen. P. TOUSSAINT, 1840 aufgenommen, 1864 gemalt. Aquarell (237 × 310 mm). — Staatsarchiv Basel, Sammlung Falkeysen, C 3.

Vor 1841. Der Aeschenschwibbogen, gesehen von der Vorstadt her. Abgebrochen 1841. P. TOUSSAINT. Lithographie H. Maurer (230 × 310 mm). — Staatsarchiv Basel, Hauptsammlung 5, 6.

19. Jahrhundert. Aeschenschwibbogen, gesehen von der Vorstadt her. Aquarell (259 × 292 mm), unsigniert und undatiert. — Staatsarchiv Basel, Sammlung Falkeysen, A 139.

19. Jahrhundert. Aeschenschwibbogen von aussen. Aquarell (189 × 139 mm), unsigniert und undatiert. — Staatsarchiv Basel, Sammlung Wackernagel F 25.

Kohlen- und Steinenberg.

1787. Grundriss mit Profilen der Inneren Stadtbefestigung am Kohlen- und am Steinenberg. L. STAEHLIN, 1787. Drei Blätter. Kolorierte Federzeichnungen (560 × 975 mm; 200 × 128 mm; 550 × 195 mm). — Staatsarchiv Basel, Planarchiv G 1, 39—41.

1819. Grundriss und Aufriss des Stadtgeländes am Steinenberg (Eselturm-Aeschenschwibbogen). J. J. MÜLLER, 1819. Kolorierte Federzeichnung (527 × 795 mm). — Staatsarchiv Basel, Planarchiv B 3, 4 (Abb 97, S. 175).

Abb. 99. Der Spalenschwibbogen zu Basel, vom Spalenberg her gesehen, 1837. J. J. Neustück.
Aquarell. — Kupferstichkabinett Basel.

Vor 1820. Innere Stadtbefestigungen am Steinenberg (nach 1820 abgebrochen).
JOHANN JAKOB NEUSTÜCK (1800—1867). Farbige Lithographie von A. Merian
(205 × 295 mm). — Staatsarchiv Basel, Hauptsammlung 2, 837.
1820. Blick auf die ehemalige Innere Stadtbefestigung am Steinenberg. MAXIMILIAN
NEUSTÜCK (1756—1834). Kolorierte Lithographie (315 × 452 mm). — Staatsarchiv
Basel, Sammlung Falkeysen A 153 und im Nachlass Vischer (Abb. 96, S. 174).

Spalenschwibbogen.

1827. Der ehemalige Spalenschwibbogen von der äusseren Seite gesehen. Blickpunkt: ehemaliges Kornhaus, jetzt Gewerbeschule. P. TOUSSAINT, 1827. Aquarell
(347 × 476 mm). — Staatsarchiv Basel, Sammlung Falkeysen C 6.
19. Jahrhundert. Spalenschwibbogen, gesehen von der Vorstadt her. H. MEYER
nach TOUSSAINT. Lichtdruck Besson Basel (203 × 291 mm). — Staatsarchiv Basel,
Hauptsammlung 5, 109.
1837. Spalenschwibbogen, gesehen von der Spalenvorstadt her. JOHANN JAKOB
NEUSTÜCK (1800—1867). Aquarell (335 × 442 mm), signiert. — Kupferstichkabinett
Basel, Sch 69 (Abb. 98, S. 176).
1837. Spalenschwibbogen, gesehen vom Spalenberg her. J. J. NEUSTÜCK (1800—1867).
Aquarell (334 × 445 mm), signiert. — Kupferstichkabinett Basel, Sch 69 (Abb. 99).
1837. Ehemaliger Spalenschwibbogen gesehen von der inneren Seite her (Blickpunkt: etwa Rosshofgasse). P. TOUSSAINT. Aquarell (367 × 475 mm). — Staatsarchiv Basel, Sammlung Falkeysen C 5.

Abb. 100. Innenansicht der inneren Stadtmauer von Basel bei der St. Peterskirche, 18. Jahrhundert.
Radierung. — Kupferstichkabinett Basel.

19. Jahrhundert. Spalenschwibbogen gesehen vom Spalenberg her. CONSTANTIN GUISE (1811—1858). Lithographie von Hasler, Basel (367 × 280 mm). — Staatsarchiv Basel, Hauptsammlung 5, 106.

19. Jahrhundert. Spalenschwibbogen nach der Altstadt. Bleistiftzeichnung (262 × 190 mm), unsigniert. — Staatsarchiv Basel, Sammlung Falkeysen, A 141.

Petersgraben.

18. Jahrhundert. Die St. Peterskirche von Süden gesehen. Blick gegen die innere Stadtbefestigung (Petersgraben). Unsigniert (DANIEL SCHMID, nach Bleistiftnotiz). Radierung (105 × 145 mm). — Kupferstichkabinett Basel, M 182 (Abb. 100).

1780. Grundriss des inneren Stadtgrabens zwischen der St. Peterskirche und dem Zeughaus. L. STAEHELIN, 1780. Kolorierte Federzeichnung (315 × 1005 mm). — Staatsarchiv Basel, Planarchiv B 3, 7 (Abb. 102).

Zweite Hälfte des 18. Jahrhunderts. Plan des Petersgrabens beim Zeughaus. Kolorierte Federzeichnung (320 × 503 mm). — Staatsarchiv Basel, Planarchiv B 3, 8.

18. Jahrhundert. Blick vom Zeughaus den „Petersgraben" hinauf gegen den Spalenschwibbogen. ACHILLES BENZ? (geb. 1766). Aquarell (190 × 285 mm). — Historisches Museum Basel, 1906, 3118.

18. Jahrhundert. Blick vom alten Zeughaus auf den „Petersgraben" gegen den ehemaligen Spalenschwibbogen. ACHILLES BENZ. Aquarell, signiert (130 × 190 mm). — Kupferstichkabinett Basel, M 101, 26.

18. Jahrhundert. Blick vom oberen „Petersgraben" nach dem Spalenschwibbogen. (N. d. Katalog des Staatsarchivs Basel: v. Candidat WEISS.) Aquarell (217 × 305 mm.) — Staatsarchiv Basel, Hauptsammlung 3, 1061.

Abb. 101. Blick vom Petersplatz zu Basel den Petersgraben entlang
zum Zeughaus und Spalenschwibbogen, 18. Jahrhundert.
Kolorierte Radierung. — Staatsarchiv Basel.

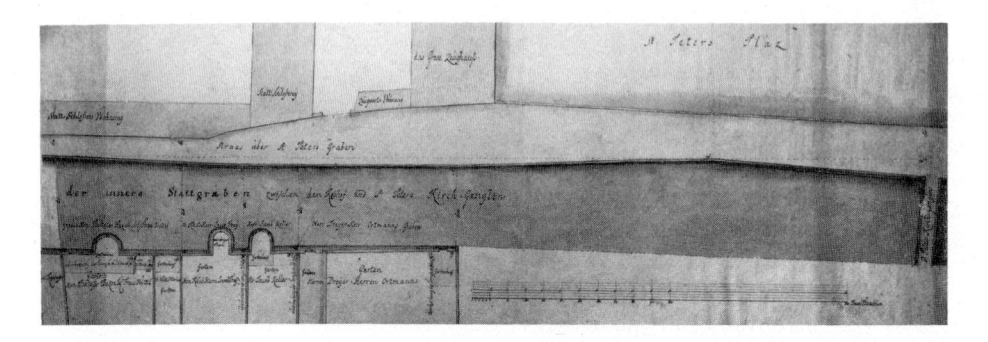

Abb. 102. Der Petersgraben zu Basel
zwischen dem Rosshof und dem „St. Peters Kirch Gänglein", 1780. L. Staehelin.
Kolorierte Federzeichnung. — Staatsarchiv Basel.

Abb. 103 und 104. Der St. Johann-Schwibbogen vom Totentanz (links)
und vom Blumenrain aus gesehen. 1836/37.
Photographien Varady. — Privatbesitz.

18. Jahrhundert. Blick von der Nordost-Ecke des Petersplatzes durch den Petersgraben zum Spalenschwibbogen. Unsigniert. Kolorierte Radierung (262 × 318 mm). — Staatsarchiv Basel, Sammlung Falkeysen A 155 (Abb. 101, S. 179).

St. Johann-Schwibbogen.

1861. St. Johannschwibbogen von aussen. H. MEYER, 1861. Lichtdruck H. Besson, Basel (205 × 295 mm). — Staatsarchiv Basel, Hauptsammlung 5, 210.

19. Jahrhundert. St. Johannschwibbogen, vom Totentanz gesehen. Farbdruck, Froese & Co., Basel (220 × 240 mm). — Staatsarchiv Basel, Hauptsammlung 3, 89.

19. Jahrhundert. St. Johannschwibbogen von der Vorstadt her gesehen. ANTON WINTERLE (1805—1894). Kolorierte Lithographie (337 × 272 mm). — Staatsarchiv Basel, Hauptsammlung 5, 327.

II. Der äussere Befestigungsring Gross-Basels.
Aeschentor, Aeschenbollwerk.

19. Jahrhundert. Grundrissplan: Barfüsserplatz-Aeschentor-Aeschenbollwerk-St. Elisabethenschanze. Kolorierte Federzeichnung (665 × 870 mm), unsigniert. — Staatsarchiv Basel, Planarchiv B 3, 1.

1841. Lageplan der Befestigungen zwischen Aeschentor, Aeschenbollwerk und St. Elisabethenbollwerk. Lithographie 1841, E. Hindermanns Wwe. (445 × 553 mm). — Staatsarchiv Basel, Hauptsammlung 2, 61.

1757. Das Aeschentor von aussen. EMANUEL BÜCHEL (1705—1775). Federzeichnung (150 × 210 mm), signiert und datiert. Skizzenbuch S. 73. — Kupferstichkabinett Basel, A 200 (Abb. 105, S. 181).

Abb. 105. Das Aeschentor zu Basel von aussen, 1757. Emanuel Büchel.
Getuschte Federzeichnung. — Kupferstichkabinett Basel.

Abb. 106. Blick in den St. Albangraben bis zum Aeschentor, um 1860.
Bleistiftzeichnung. — Privatbesitz Basel.

Abb. 107. Ansicht des Steinentors in Basel von aussen.
1866, vor dem Abbruch.
Photographie Varady.
Denkmalpflege Basel.

St. Elisabethenschanze.

17./18. Jahrhundert. Blick von der Elisabethenschanze auf die Aeschemer Rundbastion. Getönte Federzeichnung (203 × 166 mm). — Staatsarchiv Basel, Sammlung Falkeysen A 138.

1745. Blick von der Elisabethenschanze in die Befestigungsanlagen gegen die Leonhardschanze und das Spalentor. EMANUEL BÜCHEL (1705—1775). Getönte Federzeichnung (320 × 680 mm), signiert und datiert. — Staatsarchiv Basel, Sammlung Falkeysen F.

1745. Blick von der St. Elisabethenschanze auf die Rundbastion (beim heutigen Strassburgerdenkmal). EMANUEL BÜCHEL (1705—1775). Getönte Federzeichnung (237 × 480 mm), signiert und datiert. — Staatsarchiv Basel, Sammlung Falkeysen F.

1745. Blick von der Rundbastion (etwa heutiges Strassburgerdenkmal) auf die St. Elisabethenschanze und die Stadt. EMANUEL BÜCHEL (1705—1775). Federzeichnung (325 × 605 mm), signiert und datiert. — Staatsarchiv Basel, Sammlung Falkeysen F.

Abb. 108. Blick auf Steinentor, Birsigeinfluss und Leonhardschanze zu Basel,
1759. Emanuel Büchel.
Getuschte Federzeichnung. — Kupferstichkabinett Basel.

Abb. 109. Blick auf Birsigeinfluss, Steinentor und Elisabethenschanze zu Basel,
1757. Emanuel Büchel.
Getuschte Federzeichnung. — Kupferstichkabinett Basel.

Abb. 110. Birsigeinlass beim Steinentor zu Basel, 1866. Karl Eduard Süffert.
Aquarell. — Staatsarchiv Basel.

1745. Blick von der Rundbastion (beim heutigen Strassburgerdenkmal) gegen die St. Albanvorstadt. EMANUEL BÜCHEL (1705—1775). Federzeichnung (320 × 530 mm), signiert und datiert. — Staatsarchiv Basel, Sammlung Falkeysen F.
1751. Grundrissplan der Bastion beim Steinentor (St. Elisabethenschanze). Unsigniert, 1751. Kolorierte Federzeichnung (315 × 460 mm). — Staatsarchiv Basel, Planarchiv A 1, 64.

Steinentor und Steinenschanze.

17./18. Jahrhundert. Blick ausserhalb der Mauern auf das Steinentor und die Leonhardschanze. Getuschte Federzeichnung (178 × 340 mm), unsigniert und undatiert. — Staatsarchiv Basel, Sammlung Falkeysen, A 136.
1757. Blick auf die Einmündung des Birsig, das Steinentor und die Elisabethenschanze. EMANUEL BÜCHEL (1705—1775). Getuschte Federzeichnung (150 × 210 mm), Skizzenbuch, S. 74. — Kupferstichkabinett Basel, A 200 (Abb. 109, S. 183).
1759. Blick auf das Steinentor, den Birsigeinfluss und die Leonhardschanze von aussen. EMANUEL BÜCHEL (1705—1775). Getuschte Federzeichnung (150 × 210 mm). Skizzenbuch, S. 85. — Kupferstichkabinett Basel, A 200 (Abb. 108, S. 183).
1866. Blick aus dem Stadtinnern gegen den Birsigeinlass beim Steinentor. KARL EDUARD SÜFFERT[1]) (1818—1876). Aquarell (257 × 359 mm), signiert und datiert. — Staatsarchiv Basel, Hauptsammlung 2, 1273 (Abb. 110).

Fröschenbollwerk.

1753. Blick in den Stadtgraben vom ehem. Fröschenbollwerk (Spalenvorstadt) gegen St. Leonhard. EMANUEL BÜCHEL (1705—1775). Getönte Federzeichnung

---

[1]) Schweizerisches Künstlerlexikon, Bd. IV, Frauenfeld 1917, S. 635—638 (Paul Schaffner).

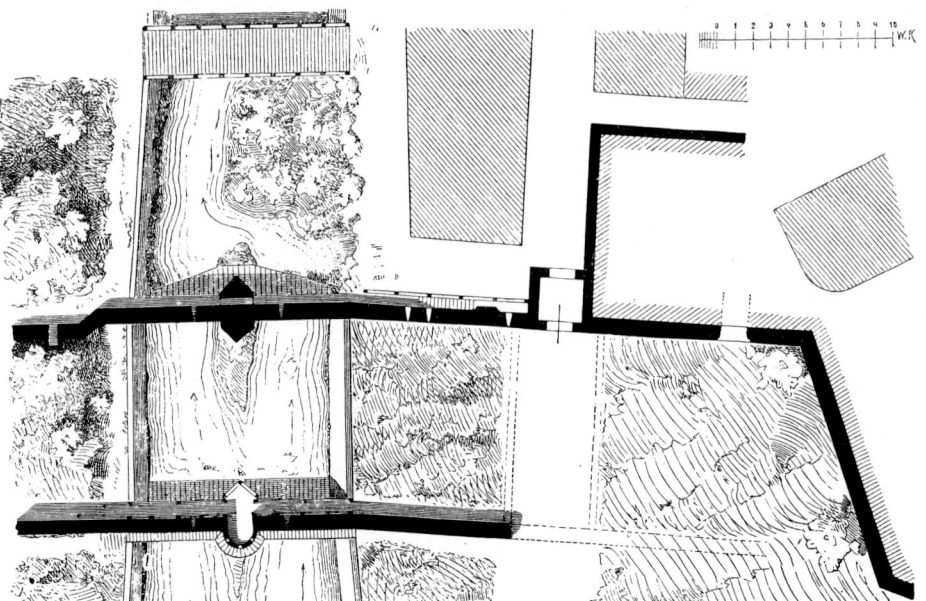

Schaubild von aussen von erhöhtem Standpunkt aus und Grundriss der Anlage.
Abb. 111 und 112. Der Birsigeinlass beim Steinentor zu Basel, 1865.
Nach Tafel II in Schulcz Ferencz, „Studien über Befestigungsbauten des Mittelalters, I in der Schweiz". Mitteilungen der K. K. Central-Kommission zur Erforschung und Erhaltung der Baudenkmale, XIII. Jahrgang, Wien 1868, S. 125—134 (Die Veröffentlichung enthält noch eine weitere Abbildung des Birsigeinlasses und zwei Aufnahmen des Steinentors.)

Abb. 113. Der Stadtgraben zu Basel zwischen Fröschenbollwerk und Spalentor, vor 1868.
Photographie Varady. — Denkmalpflege Basel.

(150 × 210 mm), signiert und datiert. Skizzenbuch, S. 78. — Kupferstichkabinett Basel, A 200 (Abb. 114, S. 187).
1813. Blick vom Stadtgraben gegen Westen auf das Fröschenbollwerk in der Spalenvorstadt. SAMUEL BIRMANN (1793—1847). Aquarellierte Federzeichnung (190 × 235 mm), signiert und datiert. — Kupferstichkabinett Basel, Sch. 55 (Abb. 115).
1857. Blick von der (jetzigen) Schützenmattstrasse in der Spalenvorstadt auf das ehem. Fröschenbollwerk (abgebrochen 1868/69). H. MEYER, 1857. Lichtdruck: H. Besson, Basel (206 × 295 mm). — Staatsarchiv Basel, Hauptsammlung 3, 325.
19. Jahrhundert. Blick von aussen westwärts auf das Fröschenbollwerk (Spalenvorstadt) (nach Katalog des Staatsarchivs Basel: von MIVILLE). Lithographie (214 × 315 mm). — Staatsarchiv Basel, Hauptsammlung 5, 280.
1860. Blick vom Leonhardsgraben gegen das ehemalige Egloffs-Tor (heutiger Holbeinplatz). H. MEYER, 1860. Lichtdruck: H. Besson, Basel (210 × 301 mm). — Staatsarchiv Basel, Hauptsammlung 3, 314.

Abb. 114. Der Stadtgraben zu Basel vom Fröschenbollwerk gegen St. Leonhard, 1753. Emanuel Büchel.
Getönte Federzeichnung. — Kupferstichkabinett Basel.

Abb. 115. Das Fröschenbollwerk zu Basel von Westen, 1813. Samuel Birmann.
Aquarellierte Federzeichnung. — Kupferstichkabinett Basel.

Abb. 116. Luginsland auf der Petersschanze zu Basel, 1813.
Samuel Birmann.
Lavierte Federzeichnung.
Kupferstichkabinett Basel.

Petersschanze.

1758. Blick von etwa der heutigen Bernoullistrasse beim Petersplatz in den ehemaligen Stadtgraben und auf das Spalentor. EMANUEL BÜCHEL (1705—1775). Getönte Federzeichnung (150 × 210 mm), datiert. Skizzenbuch, S. 84. — Kupferstichkabinett Basel, A 200 (Abb. 168, S. 247).

1813. Ehem. Wachtturm (Luginsland) auf der Petersschanze (heute Bernoullianum). SAMUEL BIRMANN (1793—1847). Lavierte Federzeichnung (Bister) (220 × 190 mm), signiert und datiert. — Kupferstichkabinett Basel, Bi 304, 137 (Abb. 116).

1813. Wachthäuschen auf der Petersschanze. SAMUEL BIRMANN (1793—1847). Lavierte Tuschzeichnung (170 × 210 mm), signiert und datiert. — Kupferstichkabinett Basel, Bi 304, S. 9.

Um 1840. Blick auf die Befestigungen der Petersschanze (beim Holsteiner-Hof). — A(CHILLES) BENZ (Bentz, geb. 1766). Aquarell (220 × 317 mm), signiert. — Kupferstichkabinett Basel M 101, 30.

1844. Blick von der Petersschanze (heutiges Bernoullianum) auf die Westpartie des Holsteiner-Hofes, den Stadtgraben und den ehemaligen Bahnhof der St. Johann-Vorstadt (145 × 230 mm). ANTON WINTERLE (1805—1894). Bleistiftzeichnung mit Aufschriften. Skizzenbuch S. 83. — Kupferstichkabinett Basel, 1927, 444. (Abb. 117.)

1858. Die alte Linde auf der Petersschanze. Blick von der nordwestlichen Ecke des Petersplatzes gegen Norden. — H. MEYER, 1858. — Lichtdruck: H. Besson, Basel (209 × 297 mm). — Staatsarchiv Basel, Hauptsammlung 3, 434.

Abb. 117. Blick von der St. Petersschanze zu Basel auf den alten Bahnhof,
1844. Anton Winterle.
Bleistiftzeichnung. — Kupferstichkabinett Basel.

Abb. 118. Blick in den Stadtgraben zu Basel von der St. Johann-Schanze bis zum St. Thomasturm,
18. Jahrhundert.
Rötelzeichnung. — Staatsarchiv Basel.

Abb. 119. Das Bläsitor zu Kleinbasel, Aussenansicht, vor 1867.
Photographie Varady. – Privatbesitz.

Die Stadtmauer der St. Johannvorstadt.

Um 1700. Blick in den Stadtgraben der St. Johannvorstadt. — JOHANN RUDOLF HUBER (1668—1748). Bleistiftzeichnung (205 × 320 mm). — Kupferstichkabinett Basel, Künstlerbuch 1, S. 17 (Tafel 6).

18. Jahrhundert. Blick in den Stadtgraben bei der St. Johannschanze von Westen. Rötelzeichnung, unsigniert und undatiert (198 × 310 mm). — Staatsarchiv Basel, Sammlung Falkeysen, A 182 (Abb. 118, S. 189).

1745—1760. Die verschiedenen Ansichten des St. Johanntors mit den Befestigungen west- und ostwärts bis zum Rhein, die EMANUEL BÜCHEL gezeichnet hat. Vgl. unter Bilddokumente des St. Johanntores, S. 285 ff.

III. Die Befestigungen von Klein-Basel.

Um 1647. Blick von Nordwesten rheinaufwärts auf den westlichen Mauerring mit dem äusseren und inneren Bläsitor. Nach Analogie mit einer Darstellung des St. Albantores (vgl. Abb. 157, S. 236), um 1647. Getuschte Federzeichnung (170 × 330 mm), unsigniert. — Staatsarchiv Basel, Falkeysen-Sammlung A 76 (Abb. 120, S. 191).

Abb. 120. Blick auf Klein-Basel von Nordwesten, um 1647.

Abb. 121. Blick vom Riehenteich auf das Riehentor zu Klein-Basel, 1760. Emanuel Büchel.

Abb. 122. Blick von der Baar zu Klein-Basel nach St. Alban, 1760. Emanuel Büchel.
Getuschte Federzeichnungen. — Staatsarchiv und Kupferstichkabinett Basel.

Abb. 123. Das Riehentor zu Klein-Basel von aussen, vor 1864.

Photographie Varady.
Privatbesitz.

1685. Grundriss und Vogelschaubilder der Bastion zwischen Riehen- und Bläsitor. G. F. Meyer, 1685 (GEORG FRIEDRICH MEYER, 1645—1693). Kolorierte Federzeichnung (368 × 510 mm). — Staatsarchiv Basel, Planarchiv, A 1, 74.

Um 1757. Blick gegen Südosten in den Stadtgraben des Riehentores und auf die St. Theodorskirche. EMANUEL BÜCHEL (1705—1775). Federzeichnung (150 × 210 mm), Skizzenbuch, S. 75. — Kupferstichkabinett Basel, A 200 (Abb. 125).

1760. Blick vom Riehenteich von aussen auf das Riehentor. EMANUEL BÜCHEL (1705—1775). Federzeichnung (150 × 210 mm), signiert und datiert, Skizzenbuch, S. 95. — Kupferstichkabinett Basel, A 200 (Abb. 121, S. 191).

1760. Blick von der Baar hinüber nach St. Alban. EMANUEL BÜCHEL (1705—1775). Federzeichnung (150 × 210 mm), signiert und datiert. Skizzenbuch, S. 88. — Kupferstichkabinett Basel, A 200 (Abb. 122, S. 191).

18, Jahrhundert. Turm und Stadtbefestigung der Rheinecke der Karthause. Die Baar. FRANZ FEYERABEND (1755—1800). Getönte Federzeichnung (290 × 400 mm). — Staatsarchiv Basel, Hauptsammlung, 4 509.

18./19. Jahrhundert. Blick auf St. Theodor und hinüber auf die St. Albanvorstadt. Aquarell (230 × 330 mm). — Kupferstichkabinett Basel, Falk. Basel-Stadt.

Abb. 124. Blick von der Claramatte nach dem Bläsitor, 1871/72. H. Meyer.
Lichtdruck. — Staatsarchiv Basel.

Abb. 125. Der Stadtgraben beim Riehentor zu Klein-Basel, um 1757. Emanuel Büchel.
Getuschte Federzeichnung. — Kupferstichkabinett Basel.

1814. Blick von der nordöstlichen Ecke des Klein-Basler Stadtgrabens auf St. Theodor (Turm und Chorpartie). SAMUEL BIRMANN (1793—1847). Lavierte Federzeichnung (Bister) (190 × 235 mm), signiert und datiert. — Kupferstichkabinett Basel, Bi 304, S. 56.

19. Jahrhundert. Blick von Nordwesten auf die Stadtbefestigungen bei der St. Theodorskirche. ED. SONNTAG. Bleistiftzeichnung (207 × 297 mm). — Staatsarchiv Basel, Hauptsammlung 4, 514.

1866. Blick von Nordwesten auf die Stadtbefestigungen bei St. Theodor (Klein-Basel). H. MEYER, 1866. Lichtdruck H. Besson, Basel (207 × 293 mm). — Staatsarchiv Basel, Hauptsammlung 4, 242.

1871/72. Blick von der Claramatte auf den Claragraben. H. MEYER, 1871/72. Lichtdruck H. Besson, Basel (207 × 292 mm). — Staatsarchiv Basel, Hauptsammlung 4, 215 (Abb. 124, S. 193).

1877. Blick von Norden auf das Waisenhaus und das Herrenmätteli (Kartause). H. MEYER, 1877. Lichtdruck H. Besson, Basel (210 × 300 mm). — Staatsarchiv Basel, Hauptsammlung 4, 241.

Gustav Schäfer.

Abb. 126. Baselstäbe am unteren Collegium zu Basel.
Ausschnitt aus dem Merianschen Stadtplan von 1617 (vgl. Abb. 70, S. 115).

SCHMUCK DER MAUERN UND TORE.
Von Rudolf Riggenbach.

I.

Die Dekorationslust des Mittelalters machte sich selbstverständlich auch beim Schmuck der Mauern und Tore Basels bemerkbar. In erster Linie galt es, der „*Stadt Wappen*" anzubringen, und „Baselsteb ze malen" war daher eine der Aufgaben, die uns in den Rechnungen der Stadt immer wieder begegnet, für die Tore der Stadt so gut wie für die der Untertanenstädte Liestal und Waldenburg[1]). Man kennt sie aus zahlreichen erhaltenen Beispielen, namentlich aus der schönen, von Löwen getragenen Tafel an der äussern Fassade des Spalentors. Im Merianschen Stadtplan von 1617 erscheinen sie noch sehr deutlich in vierfacher Wiederholung an der dem Rhein zugekehrten Mauer des „untern Kollegiums" (Abb. 126)[2]), denen um die Ecke, an der rheinaufwärts gelegenen Mauer, gleich zwei weitere Beispiele folgten. Dass sie aber auch sonst zahlreich vorhanden gewesen sein müssen, zeigt das „Memoriale" von 1673, „die eingefallene Mauer am St. Johanniter Haus und deren aufferbawung betreffend", wo an der Innenseite der Ringmauer „neben einer gattung blinder Schüsslöchern einer löbl. Statt Basell noch wohl gesichtiger Staab oder Wapen daran vor augen stehet" und „an der ersten, andern und fünfften noch stehenden Zinnen" „dess Johanniter Ordens Waapen, Item die Tauff Johannis und St. Christoffel" zu sehen waren — Gemälde, die von den Sachverständigen eines löblichen Bauamts auf wenigstens dreihundert Jahre geschätzt wurden, d. h. auf die Zeit unmittelbar nach dem Erdbeben zurückgingen. Auch auf den eingefallenen Zinnen befanden sich ähnliche Malereien[3]).

---

[1]) Die wichtigsten Stellen sind folgende: „Item Vβ lawelin maler umb ein yfelen (Inful des bischöfl. Wappens) und ein venlin ze Eschemerthor". WAB = Wochenausgabenbuch 1429, S. 441. — 1454/55: „Item VI $\mathfrak{K}$ 1 β meister Gilgenberg von dem werke zu sannt Johannesthore ze malen", Harms II 281 Z. 44. — 1455/56: „Item XXXβ meister Gilgenberg XII Baselsteb ze malen", Harms II 285 Z. 21. — 1466/67: „Item geben XLI$\mathfrak{K}$ VIIIβ Balduff dem maler vom spalenthor ze molen", Harms II 327 Z. 21. — 1467/68: „Item II $\mathfrak{K}$ XII β IIII $\mathcal{J}$. den molern under spalenthor und umb Baselstebe und davon molen", Harms II 331 Z. 92.

Noch deutlicher lauten die Nachrichten über Liestal und Waldenburg: 1498/99: „Item X β dem moler ein Baslerstab inn ein feldung an daz ober tor (in Liestal) ze mollen", Harms III 87 Z. 36. In Waldenburg wurde kein Geringerer als Holbein mit dieser Aufgabe betraut: „Item II $\mathfrak{K}$ X β gebenn Holbein dem moler für etlich schilt am stettlin Waldenburg vergangner jaren ze molenn". WAB = Wochenausgabenbuch, Samstag nach Reminiscere (3. März) 1526, S. 656 Z. 8. — Wie Rudolf Wackernagel (Basler Jahrbuch 1879, p. 223) herausgefunden hat, muss die Arbeit bereits 1522 ausgeführt worden sein. Die Waldenburger Vogtsrechnung von Montag nach Oculi (9. März) 1523 (Liestal, Staatsarchiv) führt unter den Ausgaben des Jahres 1522 folgenden Posten an: „verzert der moler unnd murer, als sy die schilt anngmacht haben 1 $\mathfrak{K}$ 11 β." Mitteilung von Dr. Ernst von Meyenburg.

Auch die kurze Herrschaft der Basler in Olten (1407—1426) scheint zu einem ähnlichen Auftrag geführt zu haben. „Item II $\mathfrak{K}$ pro pictura facta in Olten Nicolao pictori" (Lawelin). WAB Samstag ante Martini (8. Nov.) 1410, S. 12.

[2]) Sie werden noch 1673 in dem Anmerkung 3 erwähnten Memoriale als Beweismittel angeführt: „Obschon am undern Collegio gegen den Rhein 4 Baselstäb gemahlet stehn, so muss doch die Universität und nicht die Statt dieselbe Maur erhalten".

[3]) Klosterarchiv Johanniter F 7. Erwähnt bei Wackernagel, G. d. Stadt Basel II[1], S. 79* = Anm. zu Seite 472.

Abb. 127. Ansicht der Pfalz zu Basel mit den Statuen der Madonna und des Kaisers Heinrich.
Ausschnitt aus dem Merianschen Stadtplan von 1617 (vgl. Abb. 68, S. 113).

Mit dem Wappen war nun freilich nur der einfachste Schmuck, gewissermassen der offizielle Teil der Aufgabe, erledigt. Die dem Rhein zugekehrte Mauer der Grossbasler Seite, die das Stadtbild beherrschte, enthielt an den wichtigsten Stellen *Skulpturenschmuck*, den wir heute noch *an der Pfalz*, wenigstens in Resten, vor uns haben. Es sind zwei lebensgrosse Statuen aus rotem Sandstein, die der umfangreichen Renovation der Pfalz unter Ruman Fäsch (1502—1510) ihr Entstehen verdankten[1]) und ältere Statuen ersetzen mochten: die *Kaiser Heinrichs* unterhalb des vorspringenden Erkers der Pfalz und eine *Madonnenstatue* an der Ecke gegen den Bischofshof zu, die beide auf dem Merianschen Stadtplan noch deutlich erkennbar sind (Abb. 127), aber schon BÜCHEL so stark verwittert schienen, dass er sie nicht mehr abzeichnen konnte: ,,An der Pfaltz-Mauer gegen den Rhein, unter dem Erger, sihet man das Bilde Kaiser Heinrichs mit dem Münster und an dem obern Ecken diser Mauer ein Maria Bild mit dem Kindlein Jesu, beide wegen Alter so schadhaft und ungantz, dass sie zum Abzeichnen gantz un-

---

[1]) Vgl. Karl Stehlin, Baugeschichte des Münsters im Mittelalter, S. 262 ff.

Abb. 128. Madonnenstatue um 1505.
An der Pfalz zu Basel.

bequehm waren."[1]) Die Untersuchung im September 1931 ergab freilich ein ganz anderes Bild. Nach der Entfernung des Epheus, der die Madonnenstatue überwuchert hatte, und dem Zurückschneiden der Baumkronen zeigten sich zwei Plastiken von heute noch erkennbarem Kunstwert.

In der an der Ecke stehenden *Madonnenstatue* haben wir eine Originalplastik aus dem Beginn des 16. Jahrhunderts vor uns (Abb. 128). Der Eckfigur entsprechend ist die Gestalt stark bewegt. Die Art, wie Mutter und Kind zusammengeordnet sind, lässt zunächst an eine Plastik des 14. Jahrhunderts denken, allein die Gelenkigkeit der Gestalt, die starken Überschneidungen, die Art, wie sich die Figur frei vom Gewand loslöst, und namentlich die knittrigen Faltennester weisen deutlich auf die Zeit um 1510, d. h. kurz nach Vollendung der Pfalzmauer, hin. Der Künstler ist möglicherweise mit dem Meister des Utenheim-Grabmals im Münsterkreuzgang von 1502 identisch. Wir hätten dann die Weiterbildung der Frauengestalten vor uns, wie sie der Künstler ein Jahrzehnt vorher in der Mariengruppe zu Füssen des Gekreuzigten geschaffen hatte. Im Gegensatz zur bewegten linken Seite, wo die Maria ihr Kind weit hinaushält, dass es sich klar vom Hintergrund abhebt, ist auf der innern Seite gegen die Mauer zu die Plastik so angeordnet, dass sich die Strähnen des herunterfallenden Haars mit den Falten des Gewands zu e i n e r mächtigen Linie zusammenschliessen. Die zurückgebeugte Figur, die sich sichtlich anstrengt, das Kind so zu halten, dass es weithin sichtbar wird, erhält so ihren notwendigen Halt, und zugleich hat der Künstler damit erreicht, dass sich die Gestalt klar von der Mauer trennt. Die Madonnenstatue ist oben durch einen gotischen Baldachin mit Fialen eingefasst, der die reiche Ausladung der Gruppe vorbereitet. Wie die Abbildung bei Merian zeigt, war sie gegen unten durch den mächtigen Strebepfeiler begrenzt, was den Masstab der Figur bedingte und nur eine Statue in kaum Lebensgrösse zuliess. Gut erhalten sind der Baldachin und die untere Gewandpartie, stark verwittert dagegen die ausladenden Partien. Das Haupt der Madonna ist durch den Epheu abgeschrotet und das Köpfchen des Kindes herabgefallen. Deutlich erkennbar ist noch heute der Flügel des Vögelchens, welches das Kind in der Hand hält. — Masse: H. (mit Krone) 162 cm, Br. ca. 58, T. 43 cm; Gesamthöhe mit Konsole (H. 38 cm) und Baldachin (H. 88 cm) 303 cm. — Gipsabguss z. Z. im Historischen Museum Basel.

Ganz anders lag die Aufgabe bei der *Statue Kaiser Heinrichs* (Abb. 129 und Tafel 12). Der Stellung in der Mauer entsprechend, steht er fest und

---

[1]) Büchel, Monumenta summi templi. Bd. II 1775, S. 4 (Kupferstichkabinett Basel). — Das 1771 entstandene Titelblatt zu Bd. I, das die Ansicht des Münsters von der Kleinbasler Seite her zeigt, beweist immerhin, dass der damalige Erhaltungszustand von dem durch Merian überlieferten nicht allzu sehr abwich. — Auch Blainville, der Januar 1707 in Basel vorbeikam, erwähnt wenigstens eine dieser Statuen. Es ist die Kaiser Heinrichs, die er fälschlicherweise für eine Statue Karls des Grossen hielt. „In einer Mauerblinde an der Seite der Terrasse stehet eine Bildsäule, welche Carls des Grossen Abbildung seyn soll, zehn oder zwölf Fuss über der Brustwehre erhaben." Blainville, Reisebeschreibung durch Holland, Oberdeutschland und die Schweiz. Deutsche Ausgabe, Bd. II., Lemgo 1764, p. 412.

Abb. 129. Kaiser Heinrich.
Statue um 1515 an der Pfalz zu Basel.

aufrecht da. Auch die Konturen des Mantels sind einfach und geschlossen, während der schwere Stoff in dreimaligen, gleichmässigen Rythmen langsam niederfällt. Alles lebt von den starken plastischen Verschiebungen der obern Partien, wo der Arm mit dem Szepter weit vorgestreckt ist, der Mantel in Wallung gerät, während der Arm, der die Kirche trägt, so weit zurückgenommen wird, dass sich Oberkörper und Kirche zu einer ruhigen Fläche zusammenschliessen. Dem mächtigen Strudel, der wie im Zorn emporgeworfenen und wieder niederfallenden Falten entspricht die hochragende Kirche, die mit ihren stillen Formen das gewaltige Greisenantlitz vorbereitet. Es ist der Typus mit dem mächtigen langen Bart, wie er seit den Zeiten der Luxemburger auch für Kaiser Heinrich den Heiligen üblich wird[1]) und in Basel zum erstenmal am Giebel der Hauptfassade des Münsters auftaucht. Unter den zahlreichen plastischen Lösungen, wie wir sie in den Schlusssteinen des Münster-Kreuzganges und der Uhr des Rathauses heute noch vor uns sehen, ist die Statue der Pfalz bei weitem die hervorragendste. Es ist jener mächtige Menschentypus, wie er seit Niklaus von Hagenau gelegentlich auch in die Steinplastik des Oberrheins eindringt. Die Wirkung der Statue ist um so auffallender, da die Ausführung im einzelnen aussetzt und die genaue Untersuchung ergeben hat, dass das Original in späterer Zeit, namentlich am Haupt übergangen d. h. zurückgehauen wurde, um die locker gewordenen Partien zu ersetzen. — Roter Sandstein. H. 179 cm (mit Krone), Br. 70 cm, T. 47 cm. — Gipsabguss z. Z. im Historischen Museum Basel.

Dem Spürsinn E. A. Stückelbergs war ferner nicht entgangen, dass auch noch ein *Rest romanischer Skulptur* an der Pfalz eingebaut war. Ein längliches, auf der fast rechteckigen Vorderseite mit einem Löwenhaupt (15,5 × 15,5 cm) geziertes Architekturstück aus rotem Sandstein (H. 33 cm, Br. 21,3 cm; T. 49 cm), das möglicherweise vom romanischen Bischofshof herstammt und später zwischen dem ersten und zweiten Pfeiler der Pfalz gegen den Bischofshof zu vermauert wurde. (Heute im Historischen Museum Basel, Inv. Nr. 1931 716.)

Der Dekoration an der Pfalz entsprach am äussersten Ende der Stadt, dort, wo die Schiffer zum letzten Mal auf Basel zurückblickten, die *Statue des heiligen Thomas* hoch oben am Thomasturm. Sie stammte aus dem Ende des 14. oder dem Beginn des 15. Jahrhunderts und ist vermutlich 1806 beim Abbruch des Thomasturms[2]) verschwunden. 1783 wurde sie von DANIEL BURCKHARDT-WILDT in einer Zeichnung[3]) festgehalten, die den Stil der Statue auffallend genau wiedergibt (Tafel 13). Die Ansicht bei Merian (Abb. 130)

---

[1]) Vgl. E. A. Stückelberg, Zur Ikonographie Kaiser Heinrichs II. Als Anhang bei H. Günter, Kaiser Heinrich II. der Heilige. Sammlung illustrierter Heiligenleben I. Kempten und München 1904, S. 97 ff.

[2]) Dankbrief des Stadt-Bauamts an den Cantonsrath vom 11. April 1806 (Staatsarchiv Basel, Bauacten Z 30), worin E. E. und W. W. Cantonsrath „mit wahrem innigem Vergnügen" der Dank dafür ausgesprochen wird, dass er „denenselben den St. Thomas Thurm bey der St. Johann Rheinschantze zur Wegschaffung überlassen, um dadurch eine Verschönerung der daselbst angelegten Promenade zu bezwecken".

[3]) Getuschte Federzeichnung. Br. 15,1; H. 20,6. Besitzer Professor Daniel Burckhardt-Werthemann. — Über Daniel Burckhardt-Wildt (1752—1819) vgl. Schweizerisches Künstlerlexikon, Bd. I, S. 238.

Abb. 130. Der Thomasturm mit der Statue des Heiligen Thomas.
Im Hintergrund Johanniterkirche und St. Johanntor. — Ausschnitt aus dem Merianschen Stadtplan von 1617.

zeigt auch den dazugehörigen gotischen Baldachin. Als Statue des Wetterheiligen scheint sie den Schiffleuten noch über die Reformation hinaus besonders wertvoll gewesen zu sein.

Dieser Schmuck wiederholte sich in verstärktem Masse bei den *Toren*. Die gewaltige Aufgabe des Wiederaufbaus der Stadt, vor welche das Erdbeben Basel gestellt hatte, mochte Neuschöpfungen nur in den wichtigsten Fällen ermöglichen. An minder wichtigen Orten behalf man sich notgedrungen mit den Skulpturen, die namentlich beim Münster massenhaft herumlagen und an der alten Stelle keine Verwendung mehr finden konnten. Ein solcher Fall ist beim *Albanschwibbogen* noch erkennbar, wo bis 1878 an dessen äusserer Seite gegen den Graben zu eine *romanische Statue* über dem äusseren Torbogen eingemauert war (vgl. Abb. 94, S. 171), die dem Hornbläser am Eckpfeiler der Galluspforte aufs nächste verwandt ist (Abb. 131). Schon Zwinger und Wurstisen haben sie dort gesehen und entsprechend dem Namen des Tors als Bildnis Cunos bezeichnet, wobei die Haltung der Figur und die an den Hals gelegte Hand zu einer Legende Anlass gab, die von der Gründung des Tors durch einen zum Strang Verurteilten berichtete.[1])

Die heute im Historischen Museum Basel (Inv. Nr. 1878. 67) aufbewahrte Skulptur ist aus einem Block von rotem Sandstein gehauen und wohl schon ursprünglich, wie die dekorative Behandlung zeigt, zur Aufstellung in einem Architektur-Ganzen berechnet gewesen. Auch der Löwe zu Füssen, der aus einem besondern Blocke gehauen ist, möchte ursprünglich dazu gehört haben und war wohl mit der Gestalt durch einen Rundbogen verbunden, der Ornamentbänder oder eine Inschrift enthielt. Dargestellt ist eine untersetzte männliche Gestalt direkt von vorn, deren Gewand durch einen Gürtel zusammengehalten wird. Die Rechte hält einen Dolch, die Linke stützt nachdenklich das Kinn, was im 16. Jahrhundert zu der bereits erwähnten Deutung Anlass gab. Das Haupt ist bartlos, die eingeritzten Augen weit geöffnet und das lange Haar scharf beschnitten. Die Höhe der Figur liesse zur Not die Deutung als Grabstein zu, da sie mit dem Löwen und der verlorenen Umrahmung zusammen 1,80 m beträgt. Die Haltung schliesst aber diese Deutung aus; eher ist an eine symbolische Figur zu denken. Masse: Figur: H. 108,3, B. 39,5, T. 38,0 cm; Löwe: H. 32,5, B. 58,5, T. 36,5 cm. Nach Dr. Hans Reinhardt stammt die Skulptur aus dem letzten Viertel des 12. Jahrhunderts.

Mit dem 15. Jahrhundert setzten dann die Neuschöpfungen ein, bei denen von einer derartigen Verwendung alten Materials keine Rede mehr

---

[1]) Zwinger, Methodus apodemica Basel 1577, S. 199, führt sie unter den „Statuae rariores" neben denen des Münsters an: „Chunonis cuisdam molitoris, ut aiunt, supra portam Chunoniam, qui laquei supplicium exstructione turris redemerit".

Noch ausführlicher spricht sich gleichzeitig Wurstisen in seiner Epitome historiae Basiliensis, Basel 1577, S. 130, darüber aus, wobei der Zusammenhang von Legende und Haltung noch deutlicher erkennbar wird: „Postremam denique (sc. portam), ubi amplissima domus militum Teutonicorum Mariae ordinis Hierosolymitani, Chunoniam vocavere, a conditore forsan, cuius effigiem laqueo collum cingente, ostendat, referente vulgo, divitem eum capitis supplicio afficiendum, structura eius vitam redemisse".

Abb. 131. Romanisches Steinrelief mit der Darstellung eines Mannes, der auf einem Löwen steht, um 1200.

Vom ehemaligen Cunostor (Albanschwibbogen). — Historisches Museum Basel.

sein konnte. Wie prunkvoll diese Aufgaben bei dem wichtigsten Tore der Stadt, dem *Spalentor*, gelöst wurden, zeigen die heute noch erhaltenen *Statuen der Aussenfassade* (Abb. 189, S. 271), die einst wohl reich vergoldet waren[1]). Auch sonst sind uns zahlreiche Notizen erhalten, die beweisen, dass auch die übrigen Tore der Stadt keineswegs des Schmucks entbehrten. Er wird wohl vielfach aus Skulpturen bestanden haben, wie man sie auf dem Gemälde des Basler Meisters von 1445 vor sich sieht, das den Heiligen Martin darstellt, wie er zum Stadttor hinausreitet[2]).

Noch zahlreicher waren *Gemälde* zu sehen, die wir uns als Wandbilder in den Zwickeln der Torbogen, vielleicht auch als Gemälde im Innern, im Saale des ersten Stocks, vorzustellen haben, wie sie heute noch in Schlettstadt erhalten sind. Die schlechte Erfahrung, die man mit Wandbildern an ungeschützten Stellen gemacht hatte und die zu ständigen „Erneuerungen" Anlass gab, führte dann seit der Mitte des 15. Jahrhunderts mehr und mehr dazu, Wandbilder am Äussern der Tore durch „Tafeln" zu ersetzen. Von der letztern Möglichkeit gibt das Basler Stadtbild in Diebold Schillings Luzerner Chronik eine sehr lebendige Vorstellung. Es zeigt eine Kreuzigungstafel mit Maria und Johannes über dem *Riehentor* (Abb. 132), die wohl so eingerichtet war, dass sie der Torwächter des Nachts oder bei Regen abnehmen konnte. Ähnlich werden wir uns das „Crucifix an dem *Herthor*" (Steinentor) vorzustellen haben, das LAWLIN 1430 mit vier andern Bildern gemalt hatte[3]), oder die „zwei martterbild", die 1483/84 am *Eselturm* angebracht wurden[4]). Umfangreichere Gemälde waren auch am *Spalenschwibbogen*[5]), am *St. Albantor*[6]) und am *Aeschentor* zu sehn, dessen reichere Ausschmückung als eine Ehrenpflicht der Stadt erscheinen mochte, seit Basel zur Eidgenossenschaft gehörte und damit das Aeschentor zum Haupteingangstor der Stadt vorgerückt war[7]).

---

[1]) Die umfangreiche Nachricht über Vergoldungsarbeiten am Spalentor (Leistungsbuch II, S. 56ᵛ) kann sich leider des frühen Datums wegen (vor 15. März 1408) kaum auf die noch erhaltenen Statuen beziehen. Es läge sonst nahe, in dem „Cûntz niemands narr dem snetzer" den Meister der Skulpturen zu vermuten, der gelegentlich der Arbeiten am Tor mit seinem Kollegen Lawelin in Streit geraten wäre. Er ist vermutlich mit „Cunrat von Sulgen dem bildesnetzer" identisch, der 1393 gemeinsam mit Lawelin ins Bürgerrecht aufgenommen wurde (Rothes Buch, Fol. 308 Z. 29). Erwähnt wird „unser gold, so im (Clewin von Tübingen dem moler) über was beliben an dem nüwen thurn ze spalen". Meister Lawelin wird von dem Vorwurfe, das Gold hinterzogen zu haben, freigesprochen (vgl. S. 250, Anm. 4).

[2]) Basel, Öff. Kunstsammlung Nr. 32, Heiliger Martin. Abg. Basler Festschrift 1901, Taf. XXXV.

[3]) „Item meister lawlin dem moler von dem crucifix an dem herthor und den vier bilden III½ $\overline{u}$". WAB (Wochen-Ausgaben-Buch) 1430, S. 543.

[4]) 1483/1483: „Item II β IIII ₰ umb II martterbild uff den Eselthurm". Harms II, 447, Z. 86.

[5]) WAB 1428, Samstag vor Michael (25. Sept.), 1428 Samstag nach Francisci (9. Okt.) und Samstag nach dem Lukastage (23. Okt.). Die letzere Notiz (Fol. 395) nennt auch genauer den Spalenschwibbogen: „Item lawelin maler VI $\overline{u}$. zu den V $\overline{u}$, so im vormals worden sint und ist bezalt des gemeldes an dem inneren spalenthor". Wackernagel, G. v. B., Bd. II¹ 78*. Die beträchtliche Summe lässt auf grössere Arbeiten, vielleicht im Innern des Turmes schliessen.

[6]) Staatsarchiv Basel, Öffnungsbuch VI, p. 59, Dienstag vor Kaiser-Heinrichstag (9. Juli) 1842: „Ob man sannt Cristoffel am richthuse, auch das gemeld an sannt Albanthore ernewern wolle." Wackernagel II, S. 797.

[7]) 1518/1519: „Item II½ $\overline{u}$ empfangen von wilent meister walther harneschs wittiben, so sy ze stür an das gemeld an Eschemerthor geben hatt". Harms I, 431 Z. 27ff. Für Mitteilung dieser und ähnlicher Stellen ist der Verfasser Herrn Dr. Fritz Mohr, dem Verfasser des Registers zu dem Werke von Harms, Der Stadthaushalt Basels im ausgehenden Mittelalter, Tübingen 1909/13, zu Dank verpflichtet.

Abb. 132. Ansicht der Stadt Basel
mit Rheintor und Riehentor und ihrem Gemäldeschmuck.
(295×190 mm) — Aus Diebold Schillings Luzerner Chronik f. 113ᵛ, 1511—1513. (Vgl. S. 90).

Bei weitem das wichtigste Beispiel dieser Dekorationen stellt das *Spalentor* dar, von dessen Skulpturenschmuck S. 268 ff. ausführlich die Rede ist. Es gab aber noch ein zweites Tor, dessen Schmuck die Stadtväter besondere Sorgfalt angedeihen liessen, das *Rheintor*, das den einzigen Zugang zur Stadt von der rechten Rheinseite her bildete. Zwei der hervorragendsten Künstler, die Basel beherbergt hat, sind dabei zugezogen worden, und der Zufall will es, dass wir uns von ihren Werken auch heute noch eine wenigstens ungefähre Vorstellung machen können. Die Ausschmückung des Tors muss bald nach dem Erdbeben erfolgt sein, da schon die Malerei HANS TIEFFENTHALS als Erneuerung eines älteren Bildes bezeichnet wird. „Item hanss moler von Sletzstatt ist burger worden und ist im das burgrecht geschencket, umb dz er das rosz an der rinbrucken wider machen sol, dz es im erlich und der stette nützlich sie. Actum secunda ante Georii (22. April) anno etc. CCCCXX (1420)."[1] Man weiss, dass damit ein grosses Reiterbild gemeint ist, das rheinaufwärts gerichtet war und gewissermassen den Schutz der Stadt symbolisierte. Man lernt es sehr anschaulich kennen aus der schon genannten Abbildung des Luzerner Schilling (Abb. 132, S. 205), wo es in den Mittelpunkt der Darstellung gerückt ist[2]. Auf einem Schimmel, dessen lebhafte Bewegung durch die quadratische Form der Tafel aufgehoben wird und der darum wie eine Statue wirkte, war ein geharnischter Reiter zu sehen, dessen herabhängender Schild mit dem Baselstab so angeordnet war, dass er die Mitte des Bildes einnahm (Abb. 133). Wahrscheinlich handelte es sich um ein Tafelbild, im Gegensatz zu den umfangreichen Wandmalereien der Elendkreuzkapelle vor dem Riehentor, die der Rat zwei Jahre vorher (1418) dem gleichen Künstler übergeben hatte und die mit ihren Dekorationen von Pfauen und Fabeltieren in dem noch erhaltenen Vertrage eingehend geschildert werden[3]. Dem grossen Tiermaler galt wohl auch der neue Auftrag, daher

---

[1] Rathsbücher A 1 (Rothes Buch), S. 356.

[2] Luzerner Schilling, Fol. 113 V: Schiffbruch der Eidgenossen in der Weihnachtsnacht 1476. Schilling selbst war als Augenzeuge dabei gewesen: „als ich Diebold Schilling, dichter dieser chronik, das selber hört und gsach ... wann ich stuond uff der Rinbrucken". Diebold Schillings Luzerner Chronik, Luzern 1862, S. 87. Das Reiterbild des Rheintors mochte ihm als stummer Zeuge des Unglücks besonders in Erinnerung geblieben sein. Daher dessen genaue Darstellung inmitten des sonst ziemlich phantastischen Stadtbilds. Auch der Berner und Zürcher Schilling zeigen den Reiter. Die Darstellung ist sehr frisch, aber offenbar weniger genau (Abb. 236, S. 317). Vgl. Zemp, Die Schweiz. Bilderchroniken und ihre Architekturdarstellungen. Zürich 1897, S. 44ff., S. 49ff. u. S. 225.

[3] Basler Urkundenbuch VI, S. 101/102. Über Hans Tieffenthal oder, wie er gewöhnliche genannt wird, „Hans von Schlettstadt", müssen wir uns hier mit einigen Andeutungen begnügen, deren ausführliche Darstellung binnen kurzem, voraussichtlich im „Jahrbuch der preussischen Kunstsammlungen", erscheinen wird.

Die in der Urkunde von 1418 erhaltene Schilderung deckt sich beinahe wörtlich genau mit einem ähnlichen Wandbild, das 1896 beim Umbau der Rebleutenzunft für kurze Zeit sichtbar wurde und nach dem Wappen der Ramstein zu schliessen in eben den Jahren 1418—1422 gemalt sein muss, die Hans von Schlettstadt in Basel zubrachte. Das damals gerettete Fragment ist leider zugrunde gegangen, dagegen sind im Staatsarchiv (Architectura Basiliensis) und im Kupferstichkabinett zahlreiche Kopien vorhanden, die eine annähernd genaue Vorstellung vermitteln (Abb. bei Karl Stehlin und Paul Siegfried, Das Bürgerhaus in der Schweiz, Bd. XVII (Basel I), Tafel 107, Fig. 3 u. 8 und Text S. LII). Hans Tieffenthal, der nach seiner Lehrzeit in Dijon die produktivsten Jahre in unserer Stadt zubrachte, scheint das grosse dekorative Talent der Zeit kurz vor Witz gewesen zu sein. Nach seinem Entwurf ist der hervorragendste der Basler Bildteppiche (R. F. Burckhardt, Gewirkte Bildteppiche des XV. u.

Abb. 133. Der „Reiter am Rheintor" zu Basel von Hans Tieffenthal.
Vergrössert aus Diebold Schillings Stadtansicht von 1513 (vgl. Abb. 132, S. 205).

XVI. Jhdts. im Historischen Museum zu Basel. Lpz. 1923. Tafel I–IV u. Text S. 7ff.) ausgeführt, und dieser berührt sich wiederum aufs nächste mit zwei der berühmtesten altdeutschen Bilder, die sicher von der Hand des gleichen Meisters stammen, dem Frankfurter „Paradiesgärtlein" und der Solothurner „Erdbeermadonna", deren Ursprung wiederholt nach Basel verlegt wurde (Abb. bei Heidrich Ernst, Altdeutsche Malerei, Jena 1909. Abb. 1 u. 3).

Hans von Schlettstadt wohnte in nächster Nähe des Rheintors am Petersberg (heute Nr. 19), wo er wenige Tage nach seiner Aufnahme ins Bürgerrecht ein Haus erwarb, das nach einem von ihm gemalten Affen den Namen „zur Meerkatze" erhielt. Über seine Schlettstadter Zeit, wo er nach dem Erfolg in Basel auch in der Heimat ehrenvoll aufgenommen wird, vgl. Gény J., Schlettstadter Stadtrechte I 321 und II 508. Näheres bei Hans Rott, Oberrheinische Künstler der Spätgotik und Frührenaissance. Z. f. G. d. Oberrheins N. F. XLIII (1929), p. 88 ff. Die wichtigsten Nachrichten über seine Strassburger Zeit bei Meyer Hans, Die Strassburger Goldschmiedezunft von ihrem Entstehen bis 1681. Staats- und sozialwissenschaftl. Forschungen, herg. von Schmoller, Bd. III, Heft 2, Urk. 6 und 9. 1444 Ratsherr. Gemeinsam mit Gutenberg in den Mannschaftsrödeln gegen die Armagnaken angeführt (Strassburg, Stadtarchiv A A 195 II). Mit dem Goldschmied Hans von Schlettstadt nicht identisch. Gest. nach 1450. Noch in der Humanistenzeit hochberühmt. Lobspruch „excellentissimi pictoris Joannis cognomento Slestadiensis" von Johannes Sapidus 1520 in dessen Epigrammata erschienen. Wieder abgedruckt bei Gérard, Artistes de l'Alsace II p. 158.

sein Bild als das „rosz am Rheintor" schlechthin bezeichnet wurde. Etwas von dem Stil des frühen 15. Jahrhunderts glaubt man noch in der Darstellung bei Schilling durchschimmern zu sehen.

Welch grosser Beliebtheit sich das Gemälde erfreute, geht aus den verschiedenen Nachrichten hervor, die von den Restaurationen des Reiters berichten, so 1450, wo Hans Gilgenberg die „tafel am Rinthor" erneuert[1]) oder 1577, wo der Dichter-Pfarrer von Binzen, Paul Cherler, das „neulich restaurierte gemalte Pferd" mit seinem „weissen Schwanz", „goldenen Zügeln" und dem „goldgelben Haar des Reiters" in ausführlichen Versen verherrlichte[2]).

Das Bild muss ursprünglich die grosse Wandfläche über dem Toreingang eingenommen haben und wurde vermutlich im Herbst 1531 bei Anlage der Uhr an das kleinere Nebentor verlegt, wo es Matthäus Merian gezeichnet und dem gestochenen Stadtplan von 1617 eingefügt hat (Abb. 136)[3]). Es geschah dies wenige Jahre vor seiner endgültigen Zerstörung, da das Rheintor 1618/19 einer gründlichen Reparatur unterzogen wurde, wobei das Gemälde des Hans von Schlettstadt durch ein Bild von Hans Bock ersetzt wurde[4]). Die flotte Originalskizze Bocks von 1619 ist im Kupferstichkabinett Basel erhalten (Tafel 14)[5]). Es zeigte die gleiche Darstellung, nur mit dem Unter-

---

[1]) 1449/50: „Item V *U* die tafeln am Rinthor von nüwem ze molen", Harms II, 254 Z. 56. Laut Fronvastenrechnung 1450 wurde Hans Gilgenberg damit betraut. „Item meister Gilgenberg V *U* die tafeln uff der Rinbrugk ze molen".

[2]) Cherler Paul, Urbis Basileae encomium brevisque descriptio, ante numquam edita. Basel 1577, der p. XII/XIII den „eques pictus" folgendermassen beschreibt:

„....Nuper renovatus at infra
Stat Sonipes, ac frena ferox ingentia laxat
Spiranti similis, depictus et arte magistra.
Torvi barba viri flavet, volitantque capilli.
Lumina glauca micant, magnis flat naribus austros.
Praelongoque pedis pungit calcare Caballum
Horrendum, ingentem, visu mirabile monstrum.
Cum pede, quinque pedes calcar pedis esse sinistri
(Dexter namque latet) longum memoratur: equini
Crispantur villi, densissima cauda sed albet
Insurrecta pilis, aurataque cingula lucent."

Über Paul Cherler, der Pfarrer in Binzen war, vgl. Sieber Ludwig, Paul Cherlers Sendbrief über Oporins Leben und Tod. Beiträge z. vaterländischen Geschichte N. F. III, 1893, p. 429, Anm. 1.

Diese wenig glückliche Restaurierung hat jedenfalls dazu beigetragen, dass man zu Beginn des 17. Jahrhunderts zu einer radikalen Neuschöpfung, wenn auch auf alter Grundlage, schritt. Sie wurde wohl durch Matthaeus Han vorgenommen, der als Spezialist für derartige Aufgaben galt und kurz vorher (1573) auch das „Erdbebenbild" am Kaufhaus erneuert hatte. Vgl. Major Emil, Ein Gemälde aus der Basler Konzilszeit. Jahresbericht des Vereins für das Historische Museum, Basel 1926, p. 38 ff.

[3]) Im gezeichneten Stadtplan von 1615 fehlt die Darstellung. Die Übertragung auf das kleinere Nebentor hatte zur Folge, dass das Bild nun plötzlich riesengross wirkte, daher die Bezeichnung als „Gigas ad portam pontis minorem", als welche es bei Zwinger, Methodus apodemica 1577, S. 180/181 u. S. 199 auftaucht.

[4]) Rathsprotokoll 1618/1619, S. 7. 84ᵛ. 149. 150. 187 (4. Okt. 1619): „Meister Hansen Boken sollen für seine belohnung des gemälts amb Rhintor gegeben werden 200 *U*, seinen söhnen drinkgelt 10 *U*". Dass es sich dabei um unsern Reiter handelte, geht deutlich aus dem Baubericht des Lux Iselin (Bauacten Z. 25) hervor: „Undt hat M. Hans Bock der maler das pferdt sampt dem Reuther gemalet, wie es zu sechen".

[5]) U 1, 98: Bärtiger Reiter, die Basler Fahne haltend, nach rechts sprengend. Getuschte Federzeichnung, leicht mit Gelb aquarelliert. Bez. H. Bock 1619. Br. 376 × H. 330 mm.

Abb. 134. Entwurf für die Umgestaltung der Schiffleutenzunft und des Rheintors zu Basel.
Zweite Fassung mit dem „Reiter am Rheintor" um 1700 (vgl. Abb. 138, S. 215). — Staatsarchiv Basel.

schied, dass die statuarische Ruhe des alten Bilds einem sprengenden Reiter Platz machte und die Richtung geändert wurde, indem er jetzt rheinabwärts gerichtet war, wo man zu Beginn des dreissigjährigen Kriegs draussen im Reich weit eher den Feind vermuten mochte als bei den verbündeten Eidgenossen, denen er sich ehmals zugewandt hatte[1]). Damals ist auch die Deutung des Bilds aufgetaucht, für die ein junger Basler Rechtsbeflissener Jakob Russinger angeblich auf Grund historischer Erkundigungen den Namen Procops vorschlug[2]), da ein einfacher Reiter entsprechend dem Ratsboten im Rathaus und den Landsknechten auf den Brunnen nicht zu genügen schien. Die Deutung, für die sich ernsthafte Historiker wie Wurstisen und Zwinger nicht einsetzen mochten, ist aber dem Bilde geblieben und gegen Ende des 18. Jahrhunderts, als die Malereien längst ver-

---

[1]) Der neuen Fassung entsprechend, sieht er denn auch rheinabwärts auf dem zweiten länglichen Stadtplane, der 1642 der Topographia Helvetiae beigegeben wurde. Er füllte die ganze mächtige Fläche zwischen Torbogen und Turmdach.

[2]) Jakob Russinger, De vetustate urbis Basileae $\dot{\alpha}\pi o\gamma\rho\alpha\varphi\acute{\eta}$. Basel 1620, S. 21/22. „Porta pontis gemina, major et minor. Minor gigantea pictura insignis, nuper a magistratu Basiliensi amplissime renovata. Quidam historici perhibent, dictam imaginem fuisse Procopii Hussite, qui fuit successor Ziscae".

schwunden waren, durch die noch phantastischere ersetzt worden, wonach der Reiter am Rheintor den von Cäsar geschlagenen Ariovist darstellen sollte: „Es ist schwär zu bestimmen", sagt Daniel Bruckner, „da nichts mehr von diesen Gemälden vorhanden ist" (auch Büchel scheint sie nicht mehr gekannt zu haben), „was solche vorgestellt haben; einige alte Geschichtkenner haben vermeint, dass solche die Flucht des deutschen Königs Ariovists, welcher bei Volkenspurg etliche Stunden von hier von Julius Caesar geschlagen worden und bey der Schifflände über den Rhein in Deutschland zurückgeflohen, vorgestellt. Das übrige Gemählde aber die Ankunft der Hussiten zu Zeiten der Kirchenversammlung abgebildet habe."[1]

Wie das Tor als Ganzes aussah, erkennt man aus dem amüsanten *Entwurf*, der um 1700 für den *Neubau der Schiffleutenzunft* entstanden ist und im Staatsarchiv (Planarchiv F 4, Nr. 111, 425 × 480 mm) aufbewahrt wird (Abb. 134, S. 209). Er gibt zwei verschiedene Versionen wieder, von denen die eine das alte Gemälde in verkleinertem Maßstabe, aber in seiner alten, rheinaufwärts gerichteten Form wieder retten wollte.

II.

Eine einschneidende Neuerung, die für den Schmuck der Tore entscheidend werden musste, war die *Anlage von Uhren*, die bisher nur vereinzelt am Georgsturm des Münsters, zu St. Martin und am Rathaus zu sehen waren[2], mit dem Beginn des 16. Jahrhunderts aber auch an den Stadttoren allgemein üblich wurden. Die gewaltigen Entdeckungen, welche die Astronomie am Ausgang des 15. und zu Beginn des 16. Jahrhunderts zu verzeichnen hatte, mussten mit Notwendigkeit auch auf die Tore und ihren Schmuck zurückwirken. Basel hatte dabei das Glück, in Sebastian Münster einen führenden Mann auf diesem Gebiete zu besitzen[3], und seine Beobachtungen mussten um so mehr zu praktischen Versuchen führen, als er in HANS HOLBEIN D. J. die künstlerische Kraft fand, welche seine Pläne sofort in Wirklichkeit umzusetzen verstand. Wiederum ist es das *Rheintor* gewesen, wo die entscheidenden Neuerungen zuerst durchgeführt wurden. „Item XLV ℔ geben meister Hansen Holbein von beden uren am Rinthor ze malen und den zeuger, hand und mon ze vergulden und umb das gold, so darzu komen ist" steht in der Jahresrechnung 1531/32 zu lesen[4], und aus dem Wochenausgabenbuch wissen wir, dass die Zahlungen am 7. und 14. Oktober 1531 erfolgten, die

---

[1] Daniel Bruckner in seiner 1779 erschienenen Fortführung von Wurstisens Basler Chronik, Bd. IV (1610—1620), S. 174.

[2] Die früheste Uhr am Martinsturm des Münsters wird bereits 1381 erwähnt, 1407 wurde die Rathausuhr errichtet, 1436 die Uhr auf der Niklauskapelle beim Kleinbasler Rathaus und 1451 die später vielfach erwähnte Uhr am Turm der Martinskirche angebracht. Vgl. M. Fallet-Scheurer, Geschichte der Uhrmacherkunst in Basel. Beiträge z. Schweiz. Wirtschaftskunde, Heft 9, S. 70ff. Die wichtigsten Tatsachen bereits bei D. A. Fechter, Die öffentlichen Uhren in Basel während des Mittelalters. Basler Taschenbuch 1852, S. 244ff.

[3] Martin Knapp, Die neugefundene Münster-Holbein'sche Kalendertafel. Verhandlungen der Naturforschenden Ges. in Basel, Bd. XXII, 1911, S. 247 ff.

[4] Harms III, 414 Z. 66ff. Der schwer zerstörte Text aus der Fronvastenrechnung 1531, II, ergänzt.

Tafel 13

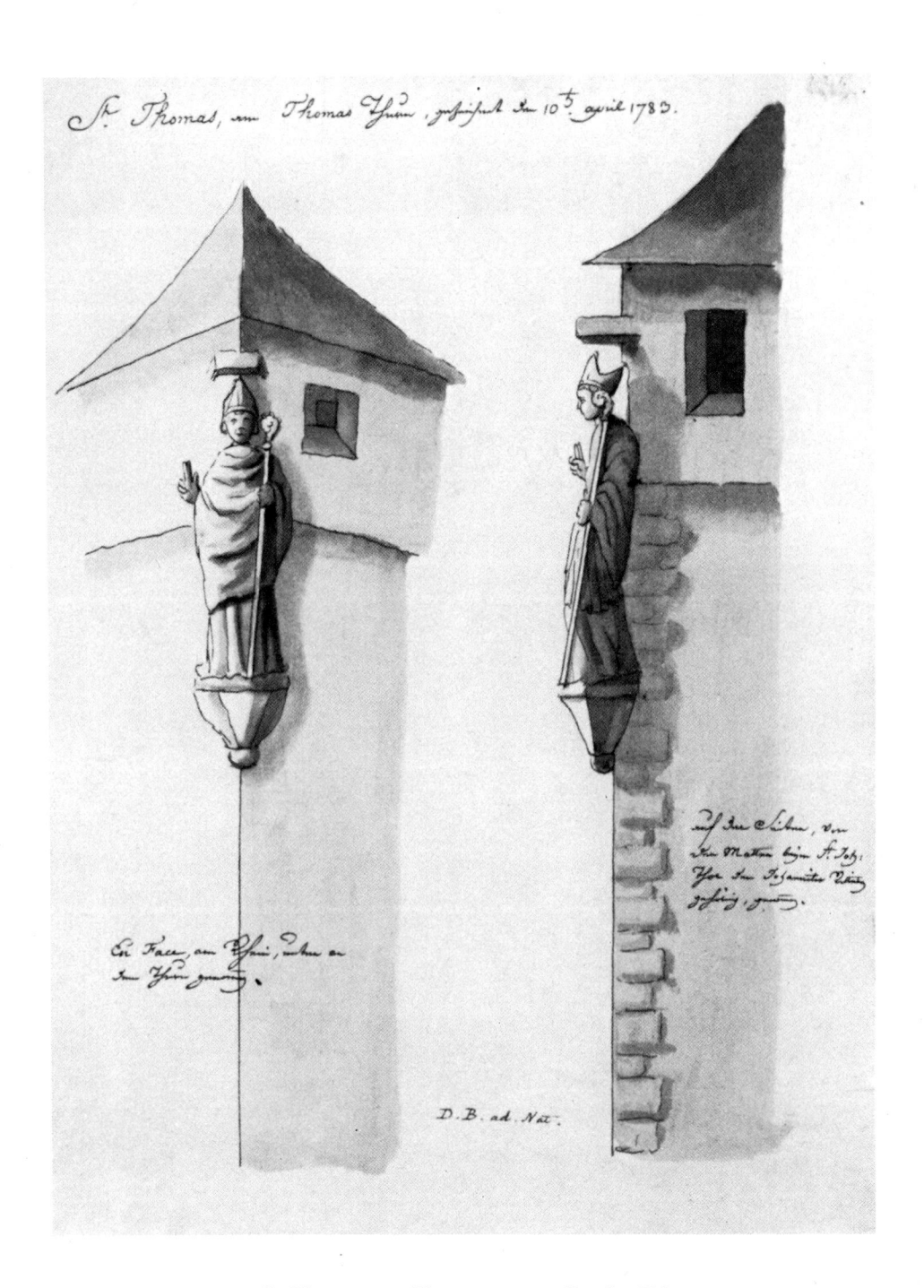

St. Thomas am Thomasturm zu Basel, 1783
Getuschte Federzeichnung von Daniel Burckhardt-Wildt. — Privatbesitz Basel

Tafel 14

Der „Reiter am Rheintor" zu Basel, 1619
Studie von Hans Bock zu seinem Wandgemälde. — Kupferstichkabinett Basel

Arbeit selbst also im Spätsommer 1531 durchgeführt wurde¹). Man pflegt gewöhnlich Holbein zu bedauern, dass er eine so handwerkliche Arbeit übernehmen musste²). Tatsächlich überragte aber die Aufgabe das meiste, was ihm die Buchdruckerherren der Stadt seit einem Jahrzehnt an Arbeiten kleinen und kleinsten Formats zugemutet hatten, und Holbein wird sich gefreut haben, seine verhaltene dekorative Kraft auch im grossen zeigen zu können. Die wichtigsten Dekorationen wurden dabei auf die uns unbekannte Innenseite³) des Tors verlegt, schon deshalb, weil der Reiter auf seinem roten Grund trotz seiner Verlegung an das Nebentor den Gesamteindruck noch immer beherrschte.

Zwinger rühmt die schöne quadratische Grundform⁴) der Zifferblätter, wie sie uns noch aus dem Merianschen Stadtplan entgegentritt (Abb. 136, S. 213) und wohl auf keinen Geringern als Hans Holbein d. J. zurückging, den der Rat 1538, wohl auf seinen eigenen Wunsch hin, auch als Berater für Bausachen in Aussicht genommen hat⁵). Man wird sich der Bedeutung der ursprünglichen Anordnung erst bewusst, wenn man die Veränderungen kennen lernt, die das Tor im Laufe des 17. Jahrhunderts erfahren hat, wo durch die Verkürzung und das Näherrücken der schmalen, seitlichen Fenster die klare Disposition der Anlage von Grund auf gestört wurde (Abb. 138, S. 215). Die Malereien scheinen schon frühe zugrunde gegangen zu sein. Vielleicht dass

---

¹) WAB (Finanzacten G 15), Samstag, 7. Okt. 1531 (S. 235 Z. 11): „Item XVII ₰ X β geben meister hansen holbein von beyden uren am Rinthor zmalen". — His, Die Basler Archive über Hans Holbein d. J. Basel 1870. S. 15.

Samstag, 14. Okt. 1531 (S. 237): „Item XXVII ₰ X β geben von den zweienn zeigern, hend und mon, an die uren zum Rinthor ze vergulden und umb das gold, so dartzu komen ist."

Schon der Umfang der Zahlungen weist auf eine grössere Arbeit hin. Wenn man bedenkt, dass das Haus „zum Tanz" „XL florenorum stipendio" (Zwinger, Meth. apodem, S. 199) gemalt wurde, kann man mit Sicherheit eine umfangreiche Arbeit, auch künstlerischer Art annehmen.

²) „Dass es ein Künstler von der Bedeutung Holbeins tief empfinden musste, auf Bestellungen so untergeordneter Art angewiesen zu sein, lässt sich leicht ermessen." Eduard His, Die Basler Archive über Hans Holbein d. J., Basel 1870, S. 16.

Ähnlich Woltmann, Bd. II, S. 200: „Also wieder eine Handwerks-Arbeit gewöhnlichster Art".

³) Richtiger so viel wie unbekannt, da ein später Stadtplan Merians existiert, der das Stadtbild von der Grossbasler Seite her aufnimmt, also auch den Blick auf die Innenseite des Tors zeigt (Abb. 71, S. 117). Der Stadtplan wurde wohl von Schülern in der Werkstatt Merians hergestellt. Es fehlt die Fülle von Einzelheiten, durch die sich der Stadtplan von 1617 auszeichnet. Man sieht bloss das Quadrat der Uhr, wie es auch durch Zwinger bezeugt ist.

⁴) Methodus apodemica 1577, S. 180/181: „Porta pontis gemina, maior cum horologio quadrigemino, ... minor gigantea pictura insignis".

Auch Paul Cherler in seinem gleichzeitig entstandenen „Encomium urbis Basileae" erwähnt die „machina horaria", leider ohne wesentliche künstlerische Elemente namhaft zu machen:

„.... turris ibidem
Pulchra stat et Rheni profugae superimminet undae.
In cuius supra spectatur machina tergo
Aequales spaciis resonans distantibus horas.
Lucentemque globum lunae, lunaeque labores
Edocet aspectu....."

⁵) Die Bestallung Holbeins vom 16. Okt. 1538 sagt deutlich, dass er das versprochene Dienstgeld erhalte „ouch umb willen, das er uns in sachen unnser stette büw ... mit raten diennstbar sin sölle". His, a. a. O., S. 17.

Abb. 135. Holzschnitt für Sebastian Münsters „Instrument über die zwei Lichter"
von Hans Holbein d. J., 1532.
Kupferstichkabinett Basel.

Abb. 136. Das Rheintor zu Basel mit der Uhr und dem „Reiter" über dem Schwibbogen.
Ausschnitt aus dem Merianschen Stadtplan von 1617 (vgl. Abb. 70, S. 115).

sie 1533 bei dem grossen Brande der Schiffleutenzunft[1]) gelitten hatten und von Unfähigen restauriert, d. h. übermalt wurden. Wenigstens werden sie weder bei Wurstisen, noch bei Zwinger erwähnt, und auch Patin und sein Gewährsmann Sebastian Fäsch kannten sie nicht mehr, als sie 1676 den „Index operum Joh. Holbenii" zusammenstellten[2]). Wie sehr aber die Arbeit die Phantasie des Künstlers entzündet hatte, zeigt die Tafel zu Sebastian Münsters „Instrument beider Lichter," die in ihren Hauptzügen schon ein Jahr nach der Arbeit am Rheintor fertig gestellt sein muss und den

---

[1]) Fridolin Ryff, Basler Chronik 1514—1541. Basler Chroniken, Bd. I, S. 142/143: „Uff fritag nach mitterfasten (28. März), alsz man zalt von der geburt Cristi 1533 jar zwuschen zwelffen und ein nach mitnacht gieng der schifflüten zünffthusz an mit für und verbran gantz und gar uff den boden, dasz nieman erlöschen mocht".

Staatsarchiv Basel (Eidgenossenschaft D 4 N⁰ 154). Schreiben des Raths an den Mitrath Bernhard Meyer in Frankfurt vom Samstag, 29. März 1533 mit der Mitteilung, „dass leijder gott erbarms uff nechst vergangenen Donstag in der nacht unser schiffleute zuüffthus gar verbrant". Er bittet um Zusendung von 20 oder 30 grossen „fürspritzen, dass Ir dan die, so es möglich, bym zentner kouffen und pringen wollten". Vgl. ferner Harms III, S. 426 Z. 73 ff.

[2]) Erasmus, Laus stultitiae figuris Holbenianis adornata. Basel 1676 enthält bekanntlich neben der „vita" auch einen „index operum Holbenii". Nach einer Notiz, die Daniel Huber dem Exemplar der Basler Universitätsbibliothek (D. J. IVa) beigeschrieben hat, stammt die „vita" von Sebastian Fäsch, dem damaligen, auch von Sandrart genannten Inhaber des Fäschischen Kabinetts. Er wird Patin auch bei Zusammenstellung des Index behilflich gewesen sein. Vgl. darüber Hans Koegler, Eine alte Nachricht über ein Holbeinbild und das aufgefundene Werk. Feierabend (Belletristische Beilage zur National-Zeitung) 1912, N⁰ 19, S. 6.

Widerhall festhält, den auch auf diesem Gebiete die Arbeit im grossen für Hans Holbein d. J. bedeutete[1]). Etwas von der Pracht rollender Ornamente, wie sie uns aus der Münsterschen Tafel (Abb. 135, S. 212) oder den Orgelflügeln des Münsters entgegentritt und für den Spätstil Holbeins charakteristisch war, muss sich einst auch in den Uhren des Rheintors entfaltet haben. Mit den Malereien des Hauses „zum Tantz" zusammen, das nur wenige Schritte vom Rheintor entfernt war, müssen sie ein Ganzes gebildet haben, wie es sonst nur südlich der Alpen zu sehen war.

Das Rheintor enthielt endlich noch eine dritte Sehenswürdigkeit, die sich freilich an künstlerischer Bedeutung mit den beiden oben beschriebenen Werken nicht im Entferntesten messen konnte, dafür an Popularität selbst den „Reiter am Rheintor" bei weitem übertraf: den *Lällenkönig*. Es war dies ein überlebensgrosser, in Kupferblech getriebener Kopf mit vorstehenden Ohren und scharf vorspringender Nase, dessen Haar in Akanthusblättern über die Stirne fiel und mit einer vielfach gezackten Krone endete, während gegen unten ein schwarzer Bart aus natürlichen Haaren die Gesichtsmaske ab-

---

[1]) Hans Koegler, Hans Holbeins d. J. Holzschnitte für Sebastian Münsters „Instrument über die zwei Lichter". Jahrbuch der kgl. preussischen Kunstsammlungen, Bd. XXXI, 1910, S. 247ff.

Ähnlich, aber von geringerer Qualität, sind auch die Sonnenuhren, wie sie sich in Sebastian Münsters „Compositio horologiorum", Basel, Heinrich Petri, März 1531, wiederfinden. Vgl. Major E., Basler Horologienbücher mit Holzschnitten von Hans Holbein d. J. Monatshefte für Kunstwissenschaft 1911, S. 77ff. Hier auch zum erstenmal (S. 81) der Hinweis, dass es sich bei den Malereien am Rheintor um künstlerische Leistungen, nicht um Anstreicherarbeiten handelte. Major nimmt seinem Funde entsprechend auch für das Rheintor an, dass Holbein Sonnenuhren gemalt habe, was aber durch den Wortlaut der Jahresrechnung „zeigern, hend und mon" und das Zeugnis Zwingers widerlegt wird, der Meth. apod., S. 180, ausdrücklich von dem „horologium quadrigeminum" spricht, was nichts anderes als die beiden Vierecke der Schlaguhr bedeuten kann. So auch die Abbildungen bei Merian (Abb. 71, S. 117 u. Abb. 136, S. 213). Eine Sonnenuhr scheint erst im 17. Jahrhundert hinzugekommen zu sein.

Abb. 137. Der Lällenkönig, ehemals am Rheintor zu Basel.
Getriebene Kupfermaske, vermutlich von Daniel Neuberger, 1641.
Historisches Museum Basel.

Abb. 138. Entwurf für die Umgestaltung der Schiffleutenzunft und des Rheintors zu Basel
mit dem Lällenkönig links oben neben der Uhr.
Erste Fassung um 1700 (vgl. Abb. 134, S. 209). — Staatsarchiv Basel.

schloss (Abb. 137)[1]). In seinem Innern war ein „künstlich Uhrwerckh" angebracht, das so eingerichtet war, dass er die Zunge weit herausstrecken und dazu drohend die dunkeln Augen rollen konnte. Der Mechanismus war ursprünglich mit der Uhr verbunden, daher man bei seiner Anbringung die seitlichen Fenster dem Uhrwerk in der Mitte nähern musste, erhielt aber 1697 durch Meister JAKOB ENDERLIN einen separaten Mechanismus, der die Künste des Lällenkönigs von dem Gang der Uhr unabhängig machte[2]). Wie die alte Abbildung aus dem Ende des 17. Jahrhunderts (Staatsarchiv Basel, Planarchiv F 4, Nr. 111) beweist, war er schon damals in dem schmalen Fenster links von der Uhr angebracht und in Butzenscheiben eingelassen (Abb. 138).

[1]) Jetzt im Historischen Museum Basel. Inv. No. 1870, 1262; h. 31 × br. 26 cm.
[2]) Sein eigenhändiger Bericht, der am 22. Mai 1697 verlesen wurde, ist im Staatsarchiv (Bauacten Z. 25) noch erhalten. Seine hauptsächlichen Vorschläge lauteten dahin: „1.) Die Haupt Uhr sollte bleiben, wie sie an sich selbsten ist und welte selbige allerdingen ausbutzen und verbessern.
2.) Mit dem Lellenkönig wolle er ein gantz new werckhlin machen, so mit der Uhr nichts zu schaffen habe und ohne gewicht mit einer federen, damit es desto komlicher aufzuziehen und alle morgen und abend ohne grosse mühe aufgezogen werden kan, damit sowohl die Uhr als die Zung des Lellenkönigs ihren freyen gang haben." Für seine Bemühungen verlangte er 15 Rth., „wie wohl er 20 Rth. verdiente". Näheres über Jakob Enderlin I bei Fallet a. a. O., S. 159 u. S. 172—175.

Sein Ursprung wird gewöhnlich ins 14. Jahrhundert verlegt, in die Zeit der bösen Fastnacht, wo der Basel feindliche Adel in dem österreichischen Kleinbasel seinen natürlichen Sammelpunkt gefunden hatte und demgemäss als Hohn der ihrer selbst sichern Stadt gegen den Feind gedeutet, der in so gefahrdrohender Nähe sich eingenistet hatte. Diese scheinbar einleuchtende Deutung, wie sie Ochs in seiner Geschichte von Basel zum erstenmal aufgestellt hat[1]), ist aber unrichtig und zwar aus dem einfachen Grunde, weil der Lällenkönig aller Wahrscheinlichkeit nach überhaupt erst im 17. Jahrhundert entstanden ist. Daher das Stillschweigen, mit dem ihn Wurstisen, Zwinger und Fischart umgehen, welch letzterer doch „Schnabel"- und „Nasenkönige" kannte und nach seiner ganzen Einstellung an einem Gebilde wie dem Lällenkönig seine besondere Freude haben musste[2]). Auch in der bekannten Abbildung des Rheintors von Merian (Abb. 136, S. 213) finden sich keine Anzeichen. Man sieht ein offenes Fenster an der Stelle, wo einige Jahrzehnte später der Lällenkönig zu sehen war. Seine früheste Erwähnung findet sich bei H. de L'Hermine, einem französischen Offizier, der in den Jahren 1674—1676 das Elsass und Basel besuchte und ihn 1675 gesehen hat[3]). In der Zeit, die Merians Darstellung des Rheintors von der Erwähnung des Franzosen trennt, muss der Lällenkönig entstanden sein. Wahrscheinlich ist er von DANIEL NEUBERGER geschaffen worden, der sich 1639 und 1641/42 in unserer Stadt aufhielt, um „künstlich uhrwerckh" zu zeigen[4]). Es ist der bekannte Wachsbossierer, den auch Sandrart als Schöpfer ähnlicher Kunststücke kennt[5]). Basel erhielt so, reichlich spät im Vergleich zu Bern und Solothurn, die schon seit langem

---

[1]) P. Ochs, Geschichte der Stadt u. Landschaft Basel, Bd. III (1819), S. 231:
„Einige haben sich verwundert, dass ich in den zwey ersten Bänden nichts vom *Lellen König* erwähnt habe. Folgendes soll diese Lücke ausfüllen. Auf dem Rheinthor in der grossen Stadt, an der gegen die kleine Stadt stehenden Seite des Thurms, befindet sich über dem Zifferblatt der Uhr ein gekrönter Kopf, der seine rothe Zunge bey jeder Schwingung des Perpendickels heraus- und wieder hineinsteckt. Diese nennt man den Lellen König von Lallen oder Lullen. Ich muthmasse, dass diese Figur zum Gespött des Adels zur Zeit, wo Herzog Leopold die kleine Stadt pfandweise besass, nach der misslungenen bösen Fassnacht von 1376 angebracht worden sey; oder vielmehr, doch in der gleichen Absicht, nach der Zeit, wo der Rath die kleine Stadt auslösete. Es ist gleichsam als wenn der gekrönte Kopf die Stifter und Helfer der bösen Fassnacht höhnte und sein strenger Blick zuwinkte: „Ich, Gross Basel, bin jetzt König und herrsche über einer Stadt, von wo aus ihr unlängst mich überrumpeltet und mich unterjochen wolltet.""
Ähnlich Markus Lutz, Rauracis 1827, S. 92.

[2]) Vgl. Wilhelm Wackernagel, Johann Fischart von Strassburg und Basels Anteil an ihm. Basel 1870, S. 200.

[3]) Mémoires de deux voyages et séjours en Alsace 1674—1676 et 1681, par LDLSDL'HP. (H. de L'Hermine). Mulhouse 1886, S. 90:
„Il faut remarquer l'horloge qui est sur une tour quarrée à l'entrée du pont, à cause d'une tête à longue barbe, qui remue les yeux et tire la langue à chaque mouvement du balancier. On m'a conté que c'était le portrait d'un magistrat, chef d'une conspiration."

[4]) Rathsprotokoll 1639, 15. Mai (S. 202): Neuburger, so wird er in den Basler Akten genannt, tritt zunächst gemeinsam mit seinem Kollegen David Stambler von Strassburg auf, wobei sie „Ihre mit grossen uncosten zur hand gebrachte künstliche uhrwerkh" zeigen. Der zweite Aufenthalt Neubergers, der offenbar der entscheidende war, dauerte volle dreiviertel Jahre, vom 19. Juli 1641 bis Frühjahr 1642, wobei er deutlich als „Wachsbossirer von Augspurg" bezeichnet wird. Rathsprotokoll 1640/41, S. 227 u. 301.

[5]) Sandrart, Teutsche Akademie 1675, II. Theil, Buch III, S. 350/351. Neuerdings hersg. von Peltzer, München 1925, S. 235/236. (Fortsetzung der Anm. S. 217).

ähnliche Spielwerke besessen hatten[1]), und in bescheidenem Umfang, wie es dem Ernst und der Not der Zeit entsprach, sein „künstlich uhrwerckh". Es ist dies um so auffallender, als sich gerade die Schweizer auf diesem Gebiete auszeichneten[2]) und ein Basler NIKLAUS LIPPE (Lippius) 1598 die berühmte Uhr der Lyoner Kathedrale geschaffen hatte[3]).

Der Lällenkönig hat während zwei Jahrhunderten das Ergötzen der Bürgerschaft gebildet, wenn sich auch gelegentlich Schullehrer und Pedanten

(Fortsetzung der Anm. [5]) S. 216). Sandrart, der Neuberger in Wien persönlich kennen gelernt hatte (Peltzer, a. a. O. S. 39), schildert Neuberger und seine Kunst folgendermassen:
„Es wollte die edle Sculptura uns auch in Teutschland einige und zwar sonderlich den DANIEL NEUBERGER erwecken . . . .

Wegen welcher grossen Gaben dann ihme Ferdinandus der dritte, Römischer in Gott hochseeligst gesegneter Kayser, viel Gnaden erwiesen und auch höchlich denselben remuneriret von seinen Werken aber sonderbare Kleinodien in seiner herrlichen Schatzkammer aufbehalten, darunter sonderlich in einem grossen Kasten des ganzen Ovidii Historien und Methamorphoses, so verwunderlich geistreich und gar klein ausgebildet, neben einer grossen Mänge schöner Contrafäten, als nämlichen Ihro Kayserl. Majestät selbsten in rechter Lebensgrösse und Ordinari-Kleidung, darinn das Haupt und die Augen sich herum wenden und der ganze Leib sich selbst in einem Sessel vermittelst innerlichen Uhrwerks nidersetzen und wieder aufstehen kan, alles dermassen natürlich, dass einest der Ungarische Canzler und Bischof von Neutra, als er in dieser Kayserlichen Schatzkammer herum geführt worden und in das Zimmer kommen, wo diese Kayserliche posirte Bildnis gesessen, die sich bey seiner Ankunft aufgerichtet, das Haupt und die Augen hin und her gewendet, sich über solche unverhofte Kayserliche Gegenwart entsetzet, auf die Knie nidergefallen und um Verzeihung gebetten, dass er sich erkühnet ohne Befehl dahin zu kommen, auch so lang kniend verblieben, biss der Schatzmeister ihne aufgehoben, gelachet und den Betrug offen- und kundbar gemacht."

Über Neuberger (geb. Augsburg um 1610, gest. in Wien um 1680) vgl. Th. Hampe, Die Augsburger Wachsbossierer-Familie Neuberger und ihre Arbeiten. Das Schwäbische Museum, Zeitschrift f. Kultur, Kunst und Geschichte Schwabens. Augsburg 1930, S. 113ff. Unter den dort abgebildeten Werken steht dem Lällenkönig das Haupt am nächsten, das auf Abb. 5 zu Füssen der Athene zu sehen ist. Die Bossierung stellt den Künstler zwischen Chronos und Athene dar (Hannover, Kestner Museum). Zu bedenken ist dabei, dass zwischen diesem Werk und dem Lällenkönig zwanzig Jahre liegen, wodurch die Veränderungen des Stils erklärbar sind. Auch die Autorschaft von Daniel Neuberger I ist für den Lällenkönig nicht ausgeschlossen.

[1] Vgl. Alfred Chapuis et Edouard Gélis, Le monde des automates. Tome I, S. 156ff. Das Uhrwerk des Zeitglockenturms in Bern wurde bereits 1518 repariert und 1527—1530 durch den spätern Nürnberger Zeugmeister Caspar Brunner neu eingerichtet. Es enthielt schon damals die wesentlichen Bestandteile des heutigen Werks, war aber von Malereien umgeben, die 1534 durch den Ulmer Handwerksburschen Sebastian Fischer abgezeichnet wurden. Über dem Zifferblatt waren unter Fialenwerk, das sich reich überschnitt, Venus, Mars und Jupiter zu sehen, dazu an der Seite unter offenen Arkaden tanzende Bären, die nach der Melodie zweier Geiger ihre Sprünge machten. Das alles, wie Fischer berichtet, „nur sunst darzu gmalet". Eine Abbildung der Zeichnung bei Tobler G., Der Zeitglockenturm in Bern im Jahre 1534. Neues Berner Taschenbuch 1897, S. 185. Die Abbildung bei Chapuis et Gélis a. a. O., S. 156, beschnitten.

Die Zeitglocke am Solothurner Marktturm war bereits 1452 mit dem Mann, „der an die Glocke schlagt", verbunden. Sie wurde 1545 durch Lorenz Liechti von Winterthur und Joachim Habrecht von Schaffhausen, dem Vater der noch bekannteren Isaak und Josias Habrecht, durch die heute noch bestehenden Figuren ergänzt. Näheres bei Rahn, Die mittelalterlichen Kunstdenkmäler des Cantons Solothurn 1893, S. 172ff., und Morgenthaler Hans, Beiträge zur Bau- und Kunstgeschichte Solothurns im 15. Jahrhundert. Anz. f. Schweiz. Altertsk. 1923, S. 142ff.

[2]) Zu erinnern ist hier vor allem an die berühmte Uhr des Strassburger Münsters, die 1571—1574 von dem Thurgauer Dasypodius (Hasenfratz) unter Mithilfe der Schaffhauser Isaak und Josias Habrecht wieder hergestellt wurde, wobei die künstlerische Ausschmückung in den Händen ihres engern Landsmanns Tobias Stimmer lag. Vgl. Ungerer Alfred et Ungerer Théodore, L'horloge astronomique de Strasbourg. Strasbourg 1922.

[3]) Bégule Lucien, Monographie de la cathédrale de Lyon. Lyon 1880, S. 96ff. Die Uhr wurde 1599 vollendet und durch einen Stich verherrlicht, der das Porträt Lippes enthält. Unter den beweglichen Figuren waren unter E „2 Lewenköpff" zu sehen, „so die augen verwenden und zungen ausstrecken". Abb. bei Bégule a. a. O. und im Jahresbericht der Freiwilligen Basler Denkmalpflege 1925/1926, S. 11.

darüber geärgert haben¹). Als 1798 Rengger als helvetischer Minister der innern Angelegenheiten im Auftrage des Vollziehungsdirektoriums die Entfernung aller, an das ancien régime erinnernden Embleme befahl, wurde auch der Lällenkönig von seinem hohen Standort heruntergeholt und durch den unvermeidlichen Freiheitsbaum ersetzt. Die Mediationszeit verhalf ihm aber nochmals zu seiner alten Würde, bis er 1839 bei Abtragung des Rheintors für immer verschwand und dem Historischen Museum übergeben wurde, während er doch nur in Gegenwart und Leben seinen wahren Wert entfalten konnte²).

Das Rheintor ist auch für die übrigen Tore der Stadt massgebend geworden. Überall zeigten sich nun wie selbstverständlich Uhren, die 1684 einem Stadtuhrmacher übergeben wurden, um die bisher fehlende Übereinstimmung nach Möglichkeit herzustellen³). Das Rund der Uhr war dabei wohl gelegentlich von gemalten Pilastern eingefasst, auch an Basilisken mit dem Basler Wappen fehlte es nicht; aber es waren meist ärmliche Gebilde, die mit den stolzen Wappentieren des 15. und 16. Jahrhunderts nur entfernte Verwandtschaft hatten. Dass es dabei nicht an Kräften fehlte, die einer solchen Aufgabe gewachsen waren, zeigt der Entwurf JOHANN RUDOLF HUBERS (1668—1748) *für eine Sonnenuhr*⁴), die angeblich am Aeschenschwibbogen angebracht war, aller Wahrscheinlichkeit nach aber für eine private Aufgabe, im Hause seines Schwagers Hoffmann, bestimmt gewesen ist (Abb. 139).

---

¹) Campe Joachim Heinrich, Sammlung interessanter und durchgängig zweckmässig abgefasster Reisebeschreibungen für die Jugend. Zweiter Theil. Wolffenbüttel 1786, S. 364/365. „In einem Thurme nemlich an dem einen Ende der Rheinbrücke ist eine Uhr und ausserhalb des Thurms ein steinerner Menschenkopf, der mit jener dergestalt in Verbindung steht, dass er in jeder Secunde eine scheusslich lange Zunge gegen die mindere Stadt ausstreckt und jedesmal wieder einzieht." Campe schlägt vor, dem Unfug möglichst bald ein Ende zu machen, „indem man dem Kopfe die hässliche Zunge ausrisse".

²) Vgl. Kölner Paul, Rheinthor und Lällenkönig. Sonderabdruck aus dem „Basilisk" (Sonntagsbeilage der National-Zeitung) 1922, N⁰ 41. Daselbst findet sich auch das Schreiben abgedruckt, das Notar Andreas Brenner an den Bürger Gysendörffer gerichtet hat, um gegen die Entfernung des Symbols der Freiheit und die Wiederaufrichtung des „berüchtigten sogenannten Lellenkönigs" zu protestieren. Dieses klassische Dokument unentwegter Borniertheit sei allen, die heute noch über den Lällenkönig lachen wollen, angelegentlichst zur Lektüre empfohlen. Bauacten Z. 25. Kölner a. a. O., S. 8.

Der Lällenkönig hat trotzdem auch nachher noch in der kurzen Zeit seiner Wiederaufrichtung wahre Wunderkuren bewirkt. Vgl. Karoline Bauer, Nachgelassene Memoiren, herg. von Arnold Wellmer, Bd. I., S. 37, wo der Lällenkönig mit seinen „vorquellenden Froschaugen" als Mittel gegen Heimweh gepriesen wird.

³) Fallet, a. a. O., S. 171/172.

⁴) Das jetzt im Besitze des Winterthurer Kunstvereins befindliche, eigenhändige Verzeichnis seiner Werke (Kopie von der Hand Daniel Burckhardts im Basler Kupferstichkabinett) erwähnt unter Nr. 683 (Basel 1711): „Herrn Schwager hofmann ein Uhrblatt gemalt." Es befand sich wahrscheinlich an der Hofseite des Hauses „zum Kaiser" (Nadelberg 18), wo sein späterer Schwager Ratsherr J. J. Hoffmann-Fäsch wohnte.

Dass es sich einst am Aeschenschwibbogen befand, wie Ganz (Katalog der Glasgemälde des Historischen Museums, 1901, Nr. 210) vermutet, ist kaum anzunehmen, da Huber eine so wichtige Arbeit sicher verzeichnet hätte. Die Inschrift des Entwurfs „Die Zeit get hin, Kombt här der Tod, O Mensch betr(a)chts, Und ferchte Gott", war allerdings, wie die Zeichnung des Aeschenschwibbogens von Toussaint beweist, mit einer kleinen Variante noch 1840 dort zu lesen, was wohl zur Bestimmung Anlass gab. Eine flüchtige Rötelzeichnung Joh. Rudolf Hubers zu dem Blatte in Basler Privatbesitz ist denn auch im Staatsarchiv Basel (Bildersammlung V 81) unter „Aeschenschwibbogen" eingereiht. Eine kleine Glasscheibe, die 1731 nach dem Entwurfe Joh. Rudolf Hubers angefertigt wurde, befindet sich im Basler Historischen Museum. Ganz, a. a. O., Nr. 210.

Das Aquarell (Dm. 174 mm) ist im Besitze von Dr. Carl Vöchting-Burckhardt.

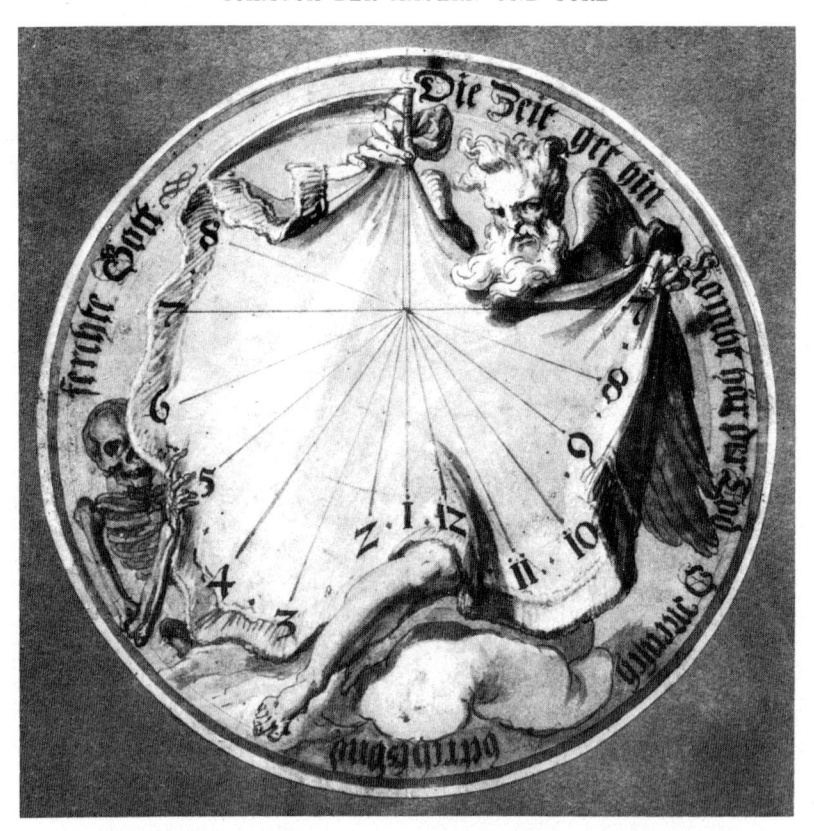

Abb. 139. Entwurf für eine Sonnenuhr von Johann Rudolf Huber.
Angeblich für den Aeschenschwibbogen. — Privatbesitz Basel.

Ein ernsthafter Versuch, dem nüchternen Charakter der Tore aufzuhelfen, ist erst wieder in den Zeiten der Romantik gemacht worden. Als 1836 die Renovation des *St. Johann-Schwibbogens* beschlossen wurde, stellte Stadtrat Hübscher den Antrag, das Tor durch L. A. KELTERBORN ausmalen zu lassen. Der umfassendere Plan, beide Torseiten auszumalen, wurde aufgegeben, dagegen die Skizze des Künstler für die Aussenseite nach der St. Johannsvorstadt genehmigt. Die Arbeiten wurden im Herbst 1836 oder Frühjahr 1837 ausgeführt und waren im Juni 1837 vollendet, wo „das *neue Gemählde* am St. Johann-Schwibbogen mit einem Firniss versehen werden sollte". Eine photographische Aufnahme, die 1873 vor dem Abbruch des Tors hergestellt wurde, lässt die Malerei deutlich erkennen (Abb. 140, S. 220).

Es handelte sich um die alte Aufgabe, das Rund der Uhr mit Malereien zu umgeben und so den Ausgleich zu den geraden Formen des Turmes zu schaffen. Auf der Höhe des Zifferblatts war breit hingelagert ein ruhender Chronos zu sehen, der deutlich an antike Göttergestalten erinnerte. Den Ausgleich bildete in der linken unteren Ecke die stark verkürzte Gestalt

Abb. 140. Wandgemälde an der Aussenseite des St. Johann-Schwibbogens
von Ludwig Adam Kelterborn, 1836/37.
Nach einer Photographie von 1873.

des trunkenen Bacchus, der in reich mit Trauben gesegnetem Laub friedlich schlafend dargestellt war, während sich rings um ihn Kinder zu schaffen machten. Besonders reizvoll muss die blonde Kindergestalt gewesen sein, die ruhig stehend hinter dem schlafenden Bacchus auftaucht. Mit wenigen Figuren hatte so der Künstler ein anmutiges Ganzes geschaffen. Die schmalen bandartigen Flächen zur Seite waren durch kleinere Szenen ausgefüllt, um die Figuren der Mitte gross erscheinen zu lassen. Im Gegensatz zu dem realistischen Laubwerk der Mitte waren hier stark stilisierte Ranken zu sehen, die an

Dürers Gebetbuch erinnerten, das eben damals durch Strixners Publikation bekannt geworden war. Sie enthielten die Darstellung der Lebensalter, die links unten mit einer Gruppe spielender Kinder einsetzten, in heitern Szenen emporstiegen und rechts unten endeten, wo man in dem mittleren Rund deutlich die Silhouette eines gebückten Greises erkennt, der mit seinem Stab mühsam dem Rankenwerk nachtastet. Von der farbigen Wirkung der Malerei gibt die Aufnahme selbstverständlich keine Vorstellung. Man weiss bloss, dass das Bauamt vernünftigerweise auf die ursprünglich für das Tor vorgesehene ,,blassrothe Farbe" verzichtete und die Bestimmung des Farbtons Kelterborn überliess, damit er dem ,,anzubringenden Gemählde" angepasst werden konnte[1]).

Trotz der glücklichen Lösung ist es bei diesem einmaligen Versuch geblieben, weil das Leben der Tore überhaupt nur noch ein kurzes sein sollte. Nur wenige Jahrzehnte, bevor die meisten derselben verschwanden, ist aber noch einmal eine alte Tradition mit Erfolg wieder neu belebt worden, die einst in dem Stadtreiter des Hans von Schlettstadt und den Malereien Holbeins am Rheintor ihren Höhepunkt erreicht hatte.

DIE NOCH VORHANDENEN RESTE DER BASLER STADTMAUERN UND -TÜRME

I. Reste der inneren Ummauerung von Grossbasel (vor 1206).

Von der Ummauerung der zweiten Stadterweiterung Basels (vgl. S. 146), bestehen heute nur noch ganz wenige Reste, deren vielfache spätere Überarbeitung fast nichts mehr vom ältesten Zustand erhalten hat. Es sind dies, der ehemaligen Ringmauer von Osten nach Westen entlang:

Reste der Stadtmauer, wo sie beim St. Albangraben an den Rhein stiess. ,,Noch steht dort oberhalb der Rheinhalde der Unterbau eines viereckigen Turms und unten hart am Ufer ein zweiter Turm, der jedoch weiter zurück steht, so dass er vom oberen Turm, der die Halde beherrscht, trotz seiner tieferen Lage gedeckt wurde." (August Bernoulli, Basels Mauern und Stadterweiterungen im Mittelalter, Basler Zeitschrift Bd. VI, 1917, S. 71). — Der Unterbau des oberen Turmes trägt heute einen offenen Pavillon, der des unteren, der einen noch erhaltenen, bis zu den Quellen in Höhe des Rheinspiegels hinabreichenden Brunnenschacht schützte, einen kapellenartigen Gartensaal.

Das Hochrelief eines Mannes vom St. Albanschwibbogen, befindet sich heute im Historischen Museum Basel, Inv. Nr. 1878, 67 (vgl. Abb. 131, S. 202 und 203).

---

[1]) Über die Malereien Kelterborns am St. Johannschwibbogen finden sich die entscheidenden Mitteilungen in den Bauamtsprotokollen 1836/1837 (Protokolle H. 1, 35/36). Über Ludwig Adam Kelterborn (1811–1878) vgl. Daniel Burckhardt im Schweiz. Künstlerlexikon, Bd. II, S. 165 und Hans Bauer, Ludwig Adam Kelterborn, Arnold Böcklins erster Zeichenlehrer, ,,Feierabend" (Belletristische Beilage zur National-Zeitung) 1915, N⁰ 12, S. 4ff. Der Merkwürdigkeit halber sei erwähnt, dass die alte Ansicht des Rheintors mit dem Stadtreiter (Abb. 134, S. 209) aus dem Besitze Kelterborns stammt.

Ein Viereckturm am Kohlenberg in den Lohnhofkomplex eingebaut, der mit der sagenhaften, einstmals für sich allein stehenden *Burg Wildeck* in Zusammenhang gebracht wird. Am Kohlenberg sind ausserdem Teile der *äusseren Escarpemauer des inneren Grabens* erhalten.

Von einem Turm am Leonhardsgraben wurden 1901 beim Neubau des Hauses am oberen Heuberg Nr. 32 Fundamente gefunden:

Mitteilung von Dr. Karl Stehlin an August Bernoulli, Basels Mauern und Stadterweiterungen im Mittelalter, Basler Zeitschrift für Geschichte und Altertumskunde Bd. 16, Basel 1917, S. 71, Anm. 2.

Stadtmauerrest im Hause *Heuberg 16* mit einem heute vermauerten, rundbogig geschlossenen Ausgang in den Graben. H. 235 cm bis zum Scheitel, B. ca. 95 cm. Ausserdem haben sich im Keller dieses Hauses an der östlichen Giebelmauer fünf Bogen eines Rundbogenfrieses auf unten abgerundeten Konsolen erhalten (Bogen: H. 27 cm, Br. 65—75 cm; Konsolen: H. 25 cm, Br. 30 cm, T. 17—18 cm), vielleicht Reste der Seitenmauer eines Turmes der inneren Stadtummauerung (vgl. Abb. 62, S. 103).

Aufnahme der Pforte: Staatsarchiv Basel III. D. Maßstab 1:30, von A. Peter für die Basler Denkmalpflege. — Abbildung des Bogenfrieses: Jahresbericht der Freiwilligen Basler Denkmalpflege 1925/26, S. 6, Abb. 2.

Vom **Spalenschwibbogen** sind 1923 anlässlich der Legung des Telephonkabels verschiedene Reste aufgefunden worden, und zwar:

Reste des Fundaments etwa 30 cm unter dem jetzigen Niveau. Das Mauerwerk war ca. 8,00 m breit, bestand aus Bruchsteinen und Kieswacken in viel Mörtel verlegt und war nach dem Petersgraben zu mit 0,46 m tief in das Mauerwerk eingreifenden Quadern von rotem Sandstein verkleidet.

Ein *halbkreisförmiges Tonnengewölbe* am Petersgraben vor dem Eingang zum Spalenberg, das mit dem Scheitel 0,56 m unter dem heutigen Strassenniveau liegt und vermutlich als Verbindungsgang zwischen den beiden Flankierungstürmen der Zugbrücke jenseits des Grabens diente. Die Gewölbekappe ist 0,95 m dick, besteht aus einer 0,50 m starken inneren Kappe aus unbehauenen Degenfeldersandsteinen sowie einer 0,43 m starken äusseren Kappe aus Bruchsteinen (Rheinwacken) und Backsteinen, die an der Oberfläche profiliert sind; darüber ein 2 bis 3 cm dicker Mörtelüberzug. In das bestehende Gewölbe ist später wohl als Stütze eine 0,60 m dicke Mauer eingezogen worden, die sich mit der Zeit gesetzt und vom Gewölbe gelöst hat. An einer Stelle ist das Gewölbe eingestürzt; es ist mit Schutt aufgefüllt.

Mauerreste aus Quadern von rotem Sandstein, etwa 6,00 m vom Scheitel dieses Gewölbes entfernt nach dem Petersgraben zu.

Ein *gemauerter unterirdischer Gang* mit einer halbkreisförmigen Tonne überdeckt, der ca. 14,80 m lang, vom Petersgraben in leichter Krümmung zum Spalenberg und diesem ein Stück entlang zieht und 0,58 m bis 0,62 m breit und 1,50 m hoch ist. Der Scheitel dieses Ganggewölbes liegt etwa gleich hoch wie der des Tonnengewölbes, mit dem der Gang aber nicht (mehr?)

in Verbindung steht; wahrscheinlich diente er zur Verbindung von Tor und Flankierungstürmen bei emporgezogener Brücke und lag unter dem Graben. Das Mauerwerk der Wände und des 0,33 m starken Gewölbes besteht aus Degenfelder Sandsteinen, Backsteinen und Dachziegeln mit viel Mörtel; der Boden ist mit Sandsteinplatten belegt, die bis zu 1,98 m lang sind. Etwa 4,00 m vom Anfang des heutigen Ganges am Petersgraben entfernt, findet sich eine Sandsteinschwelle mit vier runden Vertiefungen zur Aufnahme der wohl eisenbeschlagenen Holzpfähle eines Gatters in den Boden eingelassen. Da eine der äusseren Vertiefungen vom Mauerwerk der Gangwand teilweise überdeckt wird, muss angenommen werden, dass der Gang ursprünglich breiter war oder die Schwelle als Rest eines anderen Bauwerks hier Verwendung fand.

Nach der ersten Hälfte des 18. Jahrhunderts ist der Gang erneuert und als Wasserablaufkanal benutzt worden. Zu diesem Zweck wurde er an seinem Ende, etwa unter der Kreuzung vom Oberen Heuberg mit dem Spalenberg, zugemauert und hier mit drei Wasserabläufen versehen, zwei älteren rechteckigen in Richtung des Spalenbergs und einem neueren kreisrunden nach dem oberen Heuberg zu. Zu dieser Abschlussmauer sind Steine älterer Bauten wieder verwendet worden, darunter eine Sandsteinplatte mit romanischem Steinmetzzeichen + (senkrechter Balken 10 cm, Querbalken 9 cm lang). Bei der Durchsuchung des Ganges fanden sich nur Reste von Mauersteinen, und Ziegeln, irdene Scherben, eiserne Tragschübel und Hacken. Der Gang ist jetzt durch zwei, mit Sandsteinplatten geschlossene Einstiege zugänglich.

Quelle: Staatsarchiv Basel, III, B. 1 und 2, Aufnahmen von Fritz Lodewig vom 5. bis 7. Juli 1923, Maßstab 1 : 20 und 1 : 10, mit Beschreibung.

Ein Stück der Ringmauer und zwei halbrunde Mauertürme am Petersgraben in Nr. 35 und Nr. 43 in barocker Verbauung. Der äussere Durchmesser der Türmchen beträgt ca. 2,50 m, ihre untere Mauerdicke ca. 0,80 m; der Vorsprung in den zugeschütteten ehemaligen Stadtgraben ca. 3,80 m; der Abstand der beiden Türme von einander 55 m. Links des Turmes von Nr. 43 (Zerkindenhof)[1]) ist noch ein Stück der *alten inneren Grabenmauer* erhalten.

Ansicht, Grundriss und Aufriss dieses Türmchens mit Mauer, finden sich im Bürgerhaus des Kantons Basel-Stadt, I, Tafeln 32 und 33, Text S. XXVII—XXVIII[2]) Vgl. auch Abb. 101 und 102, S. 179.

Bei einem Anbau an das Haus Petersgraben 35 ist im November 1929 die *alte Ringmauer* durchbrochen worden. Sie war in der jetzigen Strassenhöhe 1,60 m stark und reichte von hier bis zum gewachsenen Boden 7 m tief hinab. Ihr Querschnitt zeigte rechteckig behauene Muschelkalksteine in sauber ausgeführter Lagerung zwischen reichlichem Mörtel; vereinzelt trat Buntsandstein auf. Bei der Fundamentierung des genannten Anbaus fanden sich erst in einem Abstand von 3,1 m stadtwärts der Ringmauer Reste mittel-

---

[1]) Gustav Grüninger, Zerkindenhof, Basel 1923,
[2]) Karl Stehlin und Paul Siegfried, Das Bürgerhaus des Kantons Basel-Stadt I, Das Bürgerhaus in der Schweiz, Bd. XVII, Zürich 1926.

alterlicher Hausmauern (Kieselsteine im Fischgrätenverband mit viel Mörtel), was auf einen *Umgang innerhalb der Stadtmauer* schliessen lässt. Im 18. Jahrhundert lehnten sich Fachwerkbauten an die Stadtseite der alten Mauer, wie Daniel Schmids Radierung (Abb. 100, S. 178) zeigt.

Reste eines Rheineckturms, die im *Seidenhof*, Blumenrain 34, verbaut sind.

II. Reste der äusseren Stadtmauer Grossbasels (1361/62 bis 1386)

Die Stadtmauer mit zwei Türmen im sogenannten d'Albenloch, die, ungefähr von Norden nach Süden und dem heutigen „Mühlegraben" entlang, vom St. Alban-Rheinweg zum Albanteich und zur jetzigen Weidengasse am Fuss der ehemaligen St. Albanschanze emporzieht, hat sich im wesentlichen unversehrt erhalten und ist wohl geeignet, eine Vorstellung von den eindrucksvollen mittelalterlichen Ummauerung Basels zu geben (vgl. die Abbildung 141; die Mauer, die oberhalb des oberen Turmes den Einfluss des Albanteiches überbrückte und der daran anschliessende, zum St. Albantor emporsteigende Mauerzug mit Zinnen sind nicht mehr vorhanden). Während der untere Teil des rund 160 m langen Mauerzuges ebenso wie der obere Teil am Teich auf Allmend stehen, also der Einwohnergemeinde Basel gehören, ist der mittlere Teil in Privatbesitz.

Der *Graben* westlich vor der Mauer ist ausgefüllt, doch scheint der heutige Strassenzug Mühlegraben seiner einstigen Breite ungefähr zu entsprechen.

Die *Mauer*, nur etwa 0,90 m stark, wird im Innern durch 1,30 m tiefe, in flachem Bogen geschlossene Nischen verstärkt, auf denen der etwa 1,50 m breite Rondenweg verläuft; die rund 0,70 m starken Zinnen sind ungefähr 2,20 m hoch, die Brustwehren 1,10 m (vgl. Abb. 143, S. 227); heute sind die Scharten vielfach zu Fenstern geschlossen oder vermauert. Die Mauer, die mit schwachem äusserem Anzug aus dem Graben ansteigt, ist aussen dicht verputzt, zeigt aber im Innern, dass sie aus wechselnden Schichten roh zubehauener Muschelkalksteine und grosser Backsteine vermengt mit Lagen von Kieselsteinen in fischgrätenartigem Verband, alles in viel Mörtel verlegt, aufgemauert ist (Abb. 144, S. 227).

Das noch erhaltene *Holzwerk des Wehrgangs*, aus dem 16. oder 17. Jahrhundert (Abb. 145, S. 228), entspricht wohl der ursprünglichen Konstruktion, die aufgerichtet wurde, als die vorhandenen Zinnen, in Rücksicht auf das Aufkommen der Feuerwaffen, bis auf wenige zum Schiessen nötige Scharten vermauert worden sind. Wenn auch einzelne Teile, wie die Querhölzer der Geländer, fehlen, lassen doch die Einschnitte und Zapfenlöcher an dem noch vorhandenen Balkenwerk ihre ursprüngliche Anordnung erkennen; der Dachstuhl erscheint völlig unversehrt. Besonders bemerkenswert ist, dass sich in Höhe des Wehrgangbodens rechteckige Löcher in der Brüstungsmauer finden, die ursprünglich dazu gedient haben mögen, auf durchgesteckten Balken einen, der inneren Wehrgangabdeckung ähnlichen und mit ihr konstruktiv

Abb. 141. Aussenansicht der Letzimauer im St. Albantal zu Basel vor 1869.

Links die zum St. Albantor aufsteigende Mauer, in der Mitte der Einlass des St. Albanteiches, rechts die Abschlussmauer des Grabens gegen den Rhein mit dem Letziturm. Alte Photographie. — Denkmalpflege Basel.

Abb. 142. Der obere Mauerturm der Letzimauer im St. Albantal zu Basel.
Alte Photographie. — Denkmalpflege Basel.

verbundenen, ebenfalls dachgedeckten und hölzernen äusseren Vorbau zu tragen, aus dem der am Grabenfuss der Mauer angreifende Feind wirkungsvoll bekämpft werden konnte. Derartige äussere Wehrgänge zeigt z. B. die Darstellung der Burg Dorneck (datiert 1499) auf dem grossen Holzschnitt der Schlacht bei Dornach, der um 1500 in Basel entstanden sein mag[1]).

---

[1]) Vgl. Abbildung 49 in Paul Hilber, Die historische Topographie der Schweiz in der künstlerischen Darstellung. Die Schweiz im deutschen Geistesleben, Bd. 8, Frauenfeld 1927. — J. Zemp in, „Die schweizerischen Bilderchroniken und ihre Architektur-Darstellungen", Zürich 1897, S. 77—83, schreibt den Holzschnitt dem Basler Meister Rudolf Herrin zu, während ihn H. Kögler dem Meister D S zuteilt.

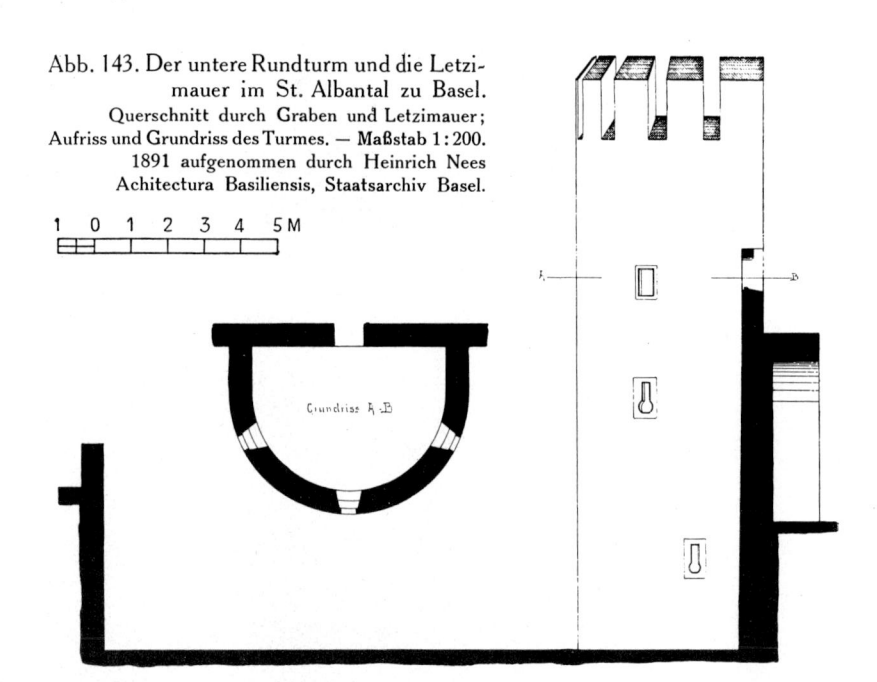

Abb. 143. Der untere Rundturm und die Letzimauer im St. Albantal zu Basel. Querschnitt durch Graben und Letzimauer; Aufriss und Grundriss des Turmes. — Maßstab 1:200. 1891 aufgenommen durch Heinrich Nees Achitectura Basiliensis, Staatsarchiv Basel.

Abb. 144. Innenansicht der Letzimauer im St. Albantal zu Basel.
Alte Photographie. — Denkmalpflege Basel.

Abb. 145. Blick in den inneren
Wehrgang der Letzimauer
im St. Albantal zu Basel.
Alte Photographie.
Denkmalpflege Basel.

Von den beiden *Mauertürmen* ist der mittlere niederer als der obere am Albanteich-Einfluss. Der Grundriss beider ist je ein um 1,20 m gestelzter Halbkreis mit 3,20 m äusserem Radius, so dass die Türme demnach etwa 4,40 m weit in den Graben vorstehen (Abb. 143, S. 227); ihr Abstand voneinander beträgt 70,00 m. Stadtwärts sind die beiden Türme in der inneren Flucht der Mauerzinnen mit Mauern in der Stärke der oberen äusseren Turmwandungen (rund 0,60 m) geschlossen; sie waren wohl vom Wehrgang aus zugänglich. Die aussen stark verputzten Turmmauern werden von hausteinumrahmten schmalrechteckigen Fenstern und Schlüsselscharten durchbrochen und mit Zinnenkränzen abgeschlossen; während beim mittleren niedrigeren Turm die rundgeführte Mauer unmittelbar in die Zinnen übergeht, entwickelt sich der obere Turm aus dem Rund in ein Vieleck, dessen Kanten, über einem Haustein-Gurtgesims in den Zinnen weitergeführt, deren Flächen brechen (Abb. 142, S. 226). Alle nach aussen abfallenden Schrägen der Zinnen und Scharten sind mit Ziegeln abgedeckt. Die Türme selbst trugen nach innen geneigte Pultdächer.

Quellen und Literatur: BASLER STAATSARCHIV, Architectura Basiliensis, Planaufnahmen durch HEINRICH NEES, 1891. — ARCHIV DER ÖFFENTLICHEN BASLER DENKMALPFLEGE, Eingabe der Sektion Basel der Schweizer. Vereinigung für Heimatschutz, der Basler Denkmalpflege und der Historisch-Antiquarischen Gesellschaft Basel an das Eidg. Departement des Innern vom 22. Januar 1930. — Gutachten der Eidg. Kommission für historische Kunstdenkmäler vom 14. März 1930, gez. Professor Dr. ALBERT NAEF, Lausanne.

Der Letziturm, zweimal mit 1676 datiert, stand nach dem Rhein vorgeschoben am jenseitigen Rand des Grabens und ist durch eine den Graben gegen den Rhein abschliessende, senkrecht auf die Stadtmauer stossende Quermauer mit dieser verbunden (Abb. 141, S. 225). Er wird heute durch den 1911 angelegten Rheinquai in seinen unteren Teilen verdeckt und dadurch in Proportionen und Wirkung stark beeinträchtigt.

Der Grundriss des Turmes ist im Untergeschoss ein längliches Rechteck, dessen eine Schmalseite mit dem Rheinufer ungefähr parallel läuft, im Obergeschoss, das stadtwärts auf vier einfachen, je zweimal im Viertelkreis endigenden Steinkonsolen vorkragt, quadratisch (vgl. Abb. 146—149, S. 230 u. 231). Die äussere Mauerdicke des mit flacher Tonne überwölbten Untergeschosses beträgt rund 1,00 m; das Mauerwerk besteht aus Bruchsteinen im üblichen Verband, während zu allen sichtbaren Architekturteilen roter Sandstein Verwendung fand. Die stromaufwärts gerichtete nordöstliche Turmecke war im untersten Teil zur Ablenkung des Stromanpralls mit einer abgeschrägten Mauervorlage verstärkt. Die Mauerflächen des Untergeschosses sind verputzt, an den Ecken mit Bossenquadern in unregelmässiger Verzahnung bewehrt und auf drei Seiten mit je einer Schlüsselscharte in rechteckiger Hausteinplatte durchbrochen. Der oberste Quader der nordöstlichen Ecke ist beidseitig mit je einem am Rande eingerollten Schild mit Baselstäben und den Zahlen 16 und 76 geschmückt. An der Westseite trugen zwei im Viertelkreis endigende Steinkonsolen eine hölzerne Brücke zur Verbindung zwischen dem Turmtürchen und einer Pforte in der Grabenabschlussmauer, die zu dessen innerem hölzernem Wehrgang führte, von dem nur noch Steinkonsolen vorhanden sind.

Das Turmobergeschoss ist über dem gekehlten Hausteingurt und unter dem reicher profilierten hölzernen Dachgesims ganz verputzt und hat auf den drei äusseren Seiten je ein niederes rechteckiges Fenster, mit einfach gefaster Haustein-Umrahmung und kräftig profilierter Fensterbank. Darunter befinden sich stromaufwärts und gegen den Rhein rechteckige Brüstungsplatten aus Haustein mit Schlüsselscharten zwischen wulstartigem Rollwerk in hohem Relief. Das vierseitige, glockenfömig geschwungene Dach ist, und war wohl immer, mit farbig glasierten Ziegeln eingedeckt; es trägt auf vier Holzsäulen ein offenes, heute leeres Glockentürmchen mit Haubendach und zierlich durchbrochener, eiserner Wetterfahne mit der Jahreszahl 1676.

Quellen: Staatsarchiv Basel, Architectura Basiliensis, Planaufnahmen durch HEINRICH NEES, 1891.

Abb. 146, 147, 148.

Der Letziturm zu Basel.

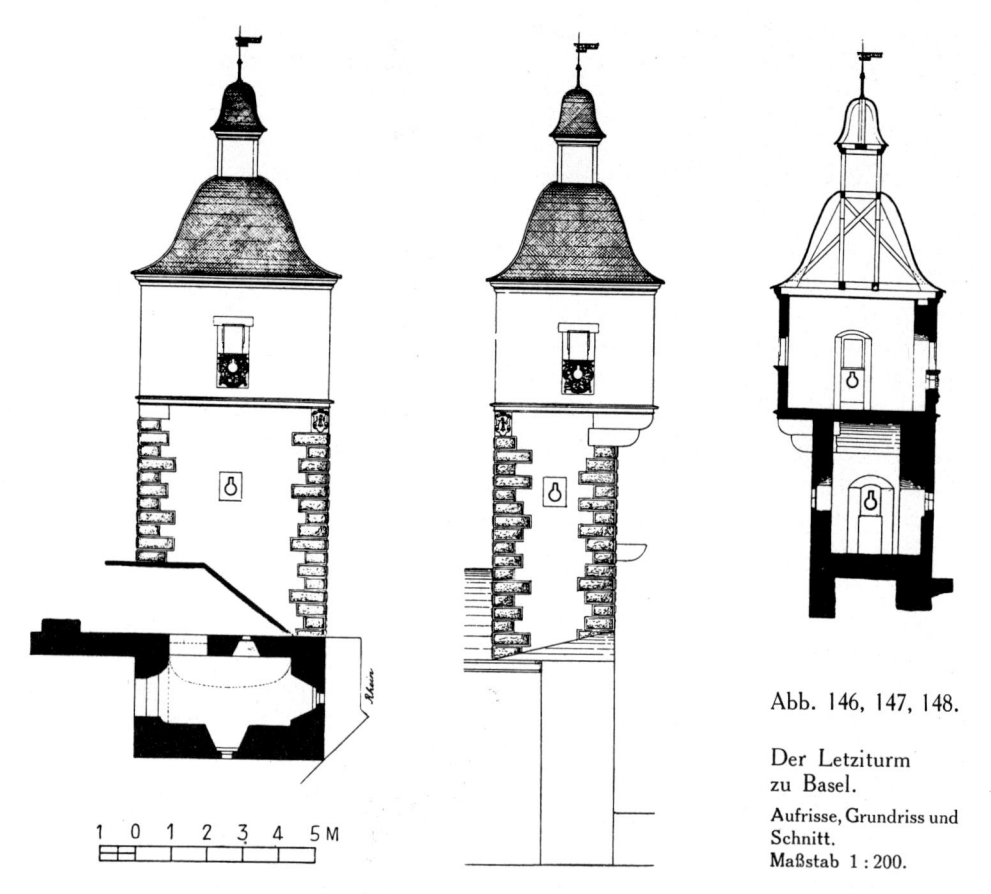

Aufrisse, Grundriss und Schnitt.
Maßstab 1 : 200.

Aufnahmen 1891 durch Heinrich Nees. — Architectura Basiliensis. Staatsarchiv Basel.

III. Reste der Rheinmauer auf Grossbasler Seite (1473).

Wie viel sich von dem zinnenbekrönten Mauerzug, der vom Harzgraben bis zur Rheinbrücke den Fuss der Rheinhalde sicherte, in den heute hier noch vorhandenen Mauern erhalten hat, ist nicht feststellbar. Allein am Fusse der Pfalzmauer bei der heutigen Badanstalt haben sich unbedeutende, nur mässig hohe Mauerreste des östlichen der drei *Rundtürmchen* erhalten, die dort den Mauerzug unterbrachen (vgl. Abb. 127, S. 196). Über den *plastischen Schmuck der Pfalzmauer* vgl. S. 196 ff., über die *Baselstäbe auf der Rheinmauer beim Unteren Kollegium* (heutiges Universitätsgebäude) vgl. S. 195.

IV. Reste der Schanzen.

Von den *Ravelin-Bauten* vor den Toren und Mauern der Stadt Basel ist nichts mehr erhalten, auch die Überreste der *Bastionen*, heute zu öffentlichen Anlagen umgestaltet, sind ausserordentlich gering und architektonisch

Abb. 149. Der Letziturm am Rhein zu Basel bis 1911
vor der Anlage des Rheinquais, der heute seinen unteren Teil verdeckt.
Alte Photographie. — Historisches Museum Basel.

belanglos. Nur von der Leonhard- und der St. Elisabethenschanze an der unteren Austrasse und am mittleren Steinentorberg haben sich einige grössere Strecken der Escarpe-Mauern (der ehemaligen inneren Grabenmauern) erhalten, die in schwachem Anzug und unverputzt in regelmässigen niederen Schichten aus verhältnismässig kleinen rechteckig behauenen Bruchsteinen hochgeführt und wie z. B. an der „Steinen-Bastion" oben, wo die Erdaufschüttung begann, mit einem wulstartigen Haustein-Gesims abgeschlossen sind.

V. Reste der Ummauerung von Kleinbasel.

Die beiden innerhalb des ehemaligen Karthäuserklosters (des jetzigen bürgerlichen Waisenhauses der Stadt Basel) gelegenen Stadttürme, der *Karthäuser Ortturm oder Eckturm* und der *mittlere Turm (Pulverturm)* sind, wenn auch vielfach verändert, in ihrem wohl aus der ersten Hälfte des 15. Jahrhunderts stammenden Aufbau[1]) erhalten, ebenso, wenigstens im Kern, die, beide Türme verbindende, ehemalige innere Stadtmauer. Dagegen ist das „Lesserstürlein"[2]), das obere Rheintörlein, das an der südwestlichen Ecke des ehemaligen Klosterbezirks lag, verschwunden, zusammen mit der Mauer zum Pulverturm und der äusseren Mauer, die in geringem Abstand vor der inneren von einem Vorbau des Lesserstürleins am Rheinufer zum Eckturm zog. Die Unverletzbarkeit dieser städtischen Befestigungen war schon in der Urkunde vom 12. Dezember 1401, in der Bürgermeister und Rat den Verkauf der Liegenschaft an die Karthäusermönche bestätigten, zur Bedingung gemacht worden[3]). Später, um 1444, zur Zeit des Einbruchs der Armagnaken, liess die Stadt zur besseren Verteidigung der gegen den Rhein schauenden Ringmauer längs derselben vom Lesserstürlein bis an den Eckturm einen bedeckten Gang[4]) bauen, der nach dem Kloster zu abgeschlossen und nur vom Lesserstürlein aus zugänglich gewesen zu sein scheint[5]). Da das an den Eckturm der Stadtbefestigung angebaute „grosse Haus", die „magna domus" des Klosters, durch Umbauten eines schon vor der Stiftung des Klosters hier vorhandenen Wohngebäudes des Bischofhofes entstand, war der Turm wohl von Anfang an nordwestlich eingebaut. Beide Türme dienten als Gefäng-

---

[1]) Rudolf Wackernagel, Geschichte der Stadt Basel, Bd. II, 1. Teil, S. 267.
[2]) Der Name stammt nach Fechter, Basel im 14. Jahrhundert, S. 135, von einem Johannes Lesser, der dort gegen Ende des 13. Jahrhunderts Häuser und Hofstätten besass.
[3]) „daz si kein thor thür noch gange wider den Rine noch wider daz velde — usz haben söllent — noch deheinen buwe uff noch durch die ringmuren daselbes tun noch machen ane unseren und des rates, der ie ze zitten ist, urlob und willen, denn die frye laszen durch behutung unser miuren stat Basel." Die Chroniken des Karthäuser-Klosters in Kleinbasel, Basler Chroniken, Bd. I, Leipzig 1872, S. 257, Anm. 1.
[4]) „Der gang an der ringmaur durch dasz closter ist gemacht worden im Schinderkrieg von Låsers thurn bisz an den Orthurn, thut 59 werckklafter oder 472 werckschu, braucht 30 gwebn, ein iedes 2 klafter weit mit pfulmenten und mauren, ist aber hernach anno 99 also gebauen worden mit gewebmen", Analecta Christi Urtisii Bas., 226 (Auszüge und Bemerkungen des Chronisten Christian Wurstisen († 1588), Basler Universitätsbibliothek, λ II, 14).
[5]) „Als im Dezember 1509 der Küster Heinrich Eelilin aus dem Kloster nach Freiburg entweichen wollte, hob er in der Stadt Gang einige Dielen aus und wollte durch seinen Bruder, der wohl vom Lesserstürlein auf den Gang kommen sollte, die Mönchskleider gegen andere austauschen," a. a. O., Basler Chroniken, Bd. I, Leipzig 1872, S. 470.

Abb. 150.
Der Karthäuser Eckturm
in Klein-Basel.
Ansicht von der Wettsteinbrücke
westwärts.

nisse des Klosters und wurden, wie aus einer Notiz in den Waisenhausakten hervorgeht, noch 1755 als solche benutzt[1]).

Der Karthäuser-Eckturm (Abb. 150) erhebt sich auf fast quadratischem Grundriss von etwa 6,30 m äusserer Seitenlänge und mit einer durchschnittlichen äusseren Mauerdicke von 1,50 m, an den Ecken mit Bossenquadern in unregelmässiger Verzahnung verstärkt aber in der äusseren Flucht der Wehrmauer, bis zu einem Kranzgesims aus Wulst und Kehle, das an den drei äusseren Ecken auch um die hier auf leicht geschwungenen Konsolen aufgebauten vier Sechseckseiten der Eckturmchen herumgeführt ist. Darüber schliesst den Turm ein Zinnenkranz ab, der sich in entsprechend verkleinerten Verhältnissen an den von kleinen Schlüsselscharten durchbrochenen Erkertürmchen wiederholt; eine rechteckige Mauerleiste, die sämtliche Zinnen umrahmt, hält den vielfach gebrochenen Umriss zusammen. Die Schrägen aller Scharten und Zinnen sind mit farbig glasierten Ziegeln eingedeckt. Das Turmdach dahinter war nach dem Stich von Matthäus Merian d. Ä. von 1615 ein Zeltdach, dessen First senkrecht zur Turmmauer

---

[1]) „Den 5 Mai 1755 haben die Inspectores (des Waisenhauses) ihren Schreiber Fridrich Stächelin, der bey einigen Tausend Pfunden in der Rechnung zu kurz blieb, in das Waysenhauss berufen, Ihne dorten eingespert und dan seine Habschaft verganthet." W. Linder, Kleinbasler Chronik, S. 149.

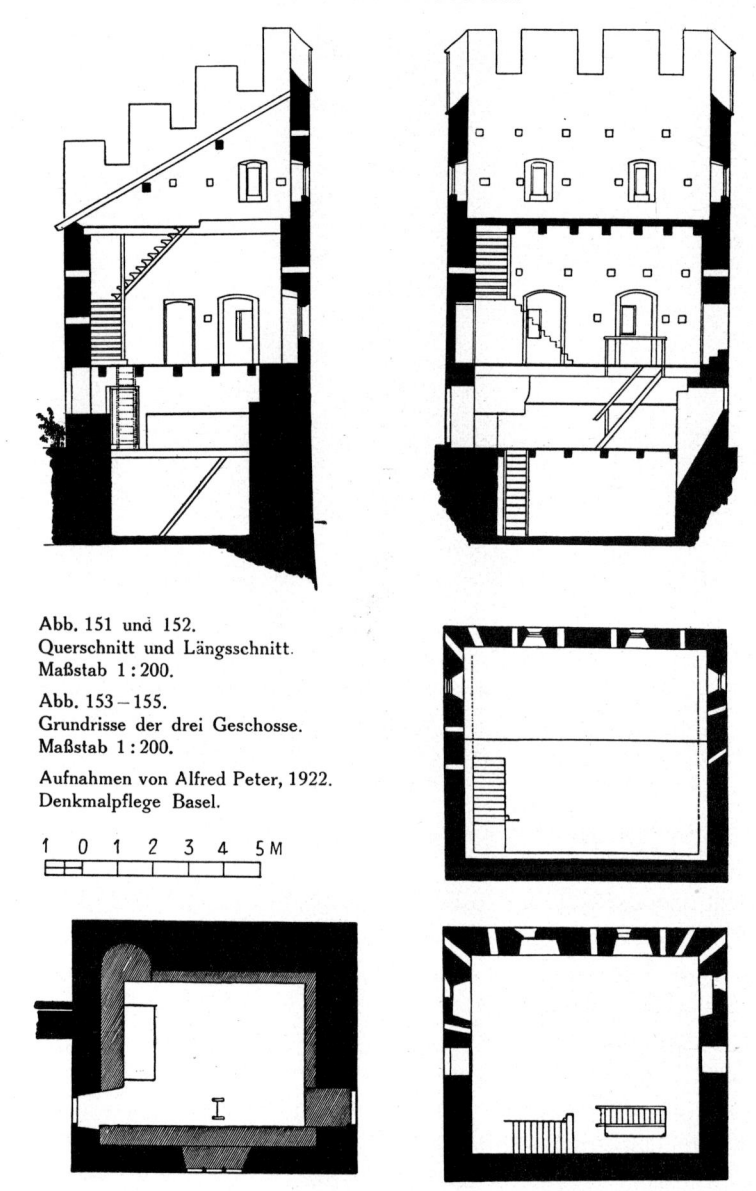

Abb. 151 und 152.
Querschnitt und Längsschnitt.
Maßstab 1:200.

Abb. 153—155.
Grundrisse der drei Geschosse.
Maßstab 1:200.

Aufnahmen von Alfred Peter, 1922.
Denkmalpflege Basel.

Der mittlere oder Pulverturm in Klein-Basel.

gegen den Rhein verlief. Alle Mauerflächen sind heute verputzt, alle Fensterstöcke modern. Der auf dem Merianschen Stiche von 1615 eingezeichnete Bogenfries unter dem abschliessenden Gurtgesims ist nicht (mehr?) vorhanden.

Der mittlere oder Pulverturm (Abb. 156, S. 235), ein rechteckiger Bau von ca. 12,00 m äusserer Länge und ca. 10,60 m äusserer Breite, durchschneidet rund 53 m stromabwärts vom Karthäuser Eckturm die Ringmauer und ragt

Abb. 156.
Der mittlere oder Pulverturm
in Klein-Basel.
Ansicht vom oberen Rheinweg
nordwestlich.

etwa 3,40 m über sie vor. Er ist auf der Innenseite vom heutigen Gartenniveau bis zum Boden des Dachstocks 9,80 m, von dort bis zur Zinnenoberkante der Aussenmauer weitere 8,00 m, insgesamt also 17,80 m hoch und ein charakteristisches Beispiel der einst sehr zahlreichen rechteckigen Türme des äusseren Mauerrings beider Basel. Seine Umfassungsmauern, im Untergeschoss später verstärkt, nehmen in den oberen Geschossen rasch ab, von ca. 1,80 auf 1,20 und 0,80 m und sind von hochrechteckigen schmalen Fenstern und Schiesslöchern in den verschiedensten Formen und Richtungen durchbrochen (vgl. Grundrisse und Schnitte, Abb. 151—155, S. 234). Der Turm ist mit einem Pultdach abgedeckt, das sich nach innen neigt; dementsprechend ist seine dem Rhein zugekehrte zinnenbekrönte Mauer am höchsten, während die Seitenmauern mit abgetreppten Zinnen zur inneren Abschlussmauer niedersteigen. Alle Zinnen, die mehr als doppelt so breit sind wie die Scharten, werden wie beim Karthäuser-Eckturm von einer zusammenfassenden rechteckigen Mauerleiste umzogen, auch alle Schrägen sind wie dort mit farbig glasierten Ziegeln eingedeckt. Das Mauerwerk des Turms, im Äussern verputzt, besteht aus Bruchsteinen in unregelmässigem Verband, durchsetzt mit Wacken, Backsteinen und Ziegeln. Die beiden äusseren Turmecken sind unten im ehemaligen Graben mit Bossenquadern verkleidet, alle Öffnungen von rotem Sandstein umrahmt; das dreiteilige abgetreppte Erdgeschossfenster nach dem Garten ist neuer.

Die Mauer zwischen den beiden Türmen, die heute mit Ziegeln abgedeckt ist, war ursprünglich höher und zinnenbekrönt; sie ist, soweit erkenntlich, in Bruchsteinen und Wacken in ziemlich unregelmässigem Verband ausgeführt und wird in ihrem unteren Teil von zwei schräg aus dem ehemaligen Zwinger ansteigenden Streben gestützt.

Quellen und Literatur: WILHELM VISCHER und ALFRED STERN, Die Chroniken des Karthäuser Klosters in Kleinbasel 1401—1532. Basler Chroniken, Bd. I, Leipzig 1872, S. 233—548. Vor allem: Beilage XII, Die Gebäulichkeiten der Karthaus, S. 537 ff., *Grundriss der Karthaus*, rekonstruiert von Architekt Eduard Vischer, Tafel nach S. 536 und *Ansicht der Karthaus*, vergrösserter Ausschnitt aus dem grossen Stadtplan von Matthäus Merian d. Ä. von 1516. — KARL STEHLIN, Baukunst, Bildhauerei, Festschrift zum vierhundertsten Jahrestag des ewigen Bundes zwischen Basel und den Eidgenossen, 13. Juli 1901, Basel 1901, S. 333 ff., vor allem Tafel XLIX. *Situationsplan der Karthaus* nach der Aufnahme von Isaac Mentzinger vom Jahre 1775. — Aus der älteren Literatur seien ausserdem erwähnt: A. FECHTER und J. J. SCHÄUBLIN, Das Waisenhaus in Basel. Seine Gründung, seine Entwicklung und sein gegenwärtiger Bestand. Eine Denkschrift aus Anlass des zweihundertjährigen Bestehens der Anstalt, Basel 1871. — W. VISCHER-HEUSSLER, Das Karthäuser-Kloster und die Bürgerschaft von Basel, Basler Neujahrsblatt 1873. — STAATSARCHIV BASEL, Archiv der erweiterten Basler Denkmalpflege, Planaufnahmen des Pulverturmes durch A. PETER 1922.   *C. H. Baer.*

Abb. 157. Ansicht des St. Albantores zu Basel von aussen, 1647.
Getönte Federzeichnung. — Staatsarchiv Basel.

Abb. 158. Blick auf das St. Albantor zu Basel und den Mauerzug bis zum Aeschentor,
1758. Emanuel Büchel.
Getönte Federzeichnung. — Kupferstichkabinett Basel.

DIE NOCH VORHANDENEN RESTE DER BASLER STADTTORE.

I. Das St. Albantor.

Die Bilddokumente.

1615, 1617, vor 1642. Ansichten des St. Albantors auf der Federzeichnung und den beiden Vogelschauplänen der Stadt Basel von MATTHÄUS MERIAN D. Ä., vgl. Abb. 67 und 71, S. 112 und S. 117.

Vor 1642. Ansicht des St. Albantors von der Stadt her gesehen auf der Federzeichnung des Historischen Museums Basel, bezeichnet als „Original zur Topographie von MATTHÄUS MERIAN", vgl. „Das Stadtbild von Basel", S. 121, Abb. 76, S. 123[1]).

1647. St. Albantor von aussen gesehen. Getönte Federzeichnung (202 × 312 mm). Unsigniert, bezeichnet oben rechts: S Dalben Tohr; unten links: St. Alban Thor d. 12 Juny 1647; unten in der Mitte mit der Zahl 22. — Staatsarchiv Basel, Sammlung Falkeysen A 129 (Abb. 157).

17. Jahrhundert. Ansicht des St. Albantores von aussen. Blick auf Tor und Schanze mit innerer Grabenbrücke und äusserer Zugbrücke. Rötelzeichnung (210 × 655 mm), unsigniert und undatiert. Oben links Zahl 19. Daneben die Aufschriften: Vive la Portet de St. Alban (et)? les deu (?) Bastions qui est une piesse de la ville de Basle. — Vive la porte Batterie et Dimilune de St. Alban qui est une piesse de la ville de basle.. Unten unleserliche Notizen. — Staatsarchiv Basel, Planarchiv A 1 109.

1757. Blick vom Stadtgraben auf das St. Albantor in der Richtung auf das Grenzacherhorn. EMANUEL BÜCHEL (1705—1755). Getönte Federzeichnung (155 × 210 mm). Aufschrift: St. Alban Thor zu Basel gezeichnet d. 16. April 1757. Skizzenbuch S. 33. — Kupferstichkabinett Basel, A 200 (Abb. 159, S. 238).

---

[1]) Die Ansichten des St. Albantores auf den beiden Tafeln der „Topographia Helvetiae..." (1642, 1654), „Basel im Grund" und „Basel im Prospekt" (vgl. S. 121), bieten nichts Neues.

Abb. 159. Blick aus dem Graben auf das St. Albantor zu Basel, 1757. — Emanuel Büchel.

Abb. 160. Blick aus der St. Albanvorstadt auf das St. Albantor zu Basel, 1758. — Emanuel Büchel.
Getönte Federzeichnungen. — Kupferstichkabinett Basel.

Abb. 161. Das St. Albantor zu Basel von aussen, vor 1844. — J. J. Neustück.
Aquarell. — Kupferstichkabinett Basel.

1758. Blick von der St. Albanvorstadt auf das St. Albantor (von innen) und auf die (heutige) St. Albantalstrasse. EMANUEL BÜCHEL (1705—1775). Getönte Federzeichnung (150 × 210 mm). Aufschrift: St. Alban Thor zu Basel von innen anzusehen, del. d. 13. Apr. 1758. Skizzenbuch S. 76. — Kupferstichkabinett Basel, A 200 (Abb. 160).

1758. Blick von aussen auf das St. Albantor und die Befestigungen bis zum Aeschentor. EMANUEL BÜCHEL (1705—1775). Getönte Federzeichnung (155 × 210 mm), datiert. Skizzenbuch S. 77. — Kupferstichkabinett Basel, A 200. (Abb. 158, S. 237).

1797. Einzug General Bonapartes durchs St. Albantor in Basel. KAISER, del. et sculp. 1797. Kolorierte Radierung, Publ. p. Chr. d. Mechel (228 × 359 mm). — Staatsarchiv Basel, Sammlung Falkeysen, A 514.

Vor 1812. St. Albantor. Blick von Südwesten auf die feste Grabenbrücke und die Schanze. Rötelzeichnung (155 × 270 mm), unsigniert und undatiert, bezeichnet: St. Alban Thor von aussen. — Staatsarchiv Basel, Sammlung Falkeysen, A 131.

Vor 1812. Blick vom Graben ostwärts gegen das St. Albantor. A(CHILLES) BENZ (geb. 1766). Kolorierte Federzeichnung (170 × 226 mm). — Staatsarchiv Basel, Hauptsammlung 5 250.

Nach 1812. St. Albantor von aussen. Kopie nach Neustück von A(MADÄUS LUKAS) MERIAN (1808—1889). Lithographie (133 × 102 mm), ed. Alb. Sattler Wwe., Basel. — Staatsarchiv Basel, Hauptsammlung, 5 28.

1832. (?) Grundriss und Aufrisse der Grabenbrücke des St. Albantores. (S. M. Bezieht sich vielleicht auf den Antrag von 1832, 10. Oktober, vgl. Bauakten Z. 8, Staatsarchiv Basel.) Kolorierte Federzeichnung (450 × 355 mm). — Staatsarchiv Basel, Planarchiv, D 3 124.

Vor 1844. St. Albantor von aussen. J(OHANN) J(AKOB) NEUSTÜCK (1800—1867). Aquarell (201 × 148 mm), unsigniert und undatiert; da jedoch die Grabenbrücke durch einen aufgefüllten Damm ersetzt ist, nach 1812 und vor 1844. — Kupferstichkabinett Basel, Sch 69 (Abb. 161, S. 239).

Um 1844. St. Albantor von aussen. ANTON WINTERLIN (Winterle, 1805—1894). Federzeichnung (145 × 230 mm), Skizzenbuch, S. 116. — Kupferstichkabinett Basel, 1927 444.

1856. St. Albantor von aussen. H. MEYER, datiert 1856. Lichtdruck H. Besson, Basel (205 × 295 mm). — Staatsarchiv Basel, Hauptsammlung 5 24.

Um 1860. Basel, gesehen von der St. Albanschanze aus. H. MAURER, nach Winterlin. (Da die Schanze bereits ausser militärischer Funktion ist, wohl um 1860.) Lithographie Hasler, Basel (65 × 191 mm). — Staatsarchiv Basel, Sammlung Wackernagel, C 141.

Um 1865. Blick innerhalb der Mauer ostwärts auf das St. Albantor. SONNTAG. Aquarell (275 × 224 mm). — Staatsarchiv Basel, Hauptsammlung, 5 252.

Gustav Schaefer.

Der heutige bauliche Bestand.

Der *Turm* des St. Albantores, der heute allein noch steht, ist, vielfach umgebaut, nur im Erdgeschoss und Kern noch alt. Seine Erhaltung, zu der Freunde des Tores s. Z. 3000 Fr. zur Verfügung stellten, ist 1871 beschlossen worden. Bis 1873 dauerten die Korrektion der Umgebung und der Umbau des Turms, dem auch das steile, schiefergedeckte Dach zu verdanken ist. Rheinwärts wurde er durch ein Wachthäuschen ergänzt, südlich durch den Anbau einer offenen Steintreppenanlage in seinen oberen Geschossen, zugänglich gemacht, die ursprünglich nur von der Stadtmauer aus betreten werden konnten.

Im *Grundriss* ist der Turm ungefähr quadratisch mit Seitenlängen von 8,00 m und Erdgeschoss-Mauerdicken von 0,95 m stadtwärts und 1,60 m landwärts. Die Toröffnungen sind 3,75 m breit. Im *Aufbau* verstärken bossierte Quadern mit Randschlag in unregelmässiger Zahnung die vier Turmkanten; auch die äussere Turmseite (heute gegen den St. Albanpark)

Abb. 162. Das St. Albantor zu Basel von der Vorstadt aus gesehen, vor 1870.
Nach alter Photographie. — Denkmalpflege Basel.

ist bis über den Torscheitel mit solchen Buckelquadern verkleidet. In gleicher Weise werden die schmalen Fensterschlitze und die hohen, in der Leibung über einfachen Kämpfern aus Platte und Schräge aufsteigenden Spitzbogen der beiden Tore aussen von bossierten Quadern umrahmt. Den Schlußstein des äusseren Torbogens der Landseite füllt ein heute leeres Wappenschild. Stadtwärts ist die Turmmauer von zwei- und dreiteiligen Fensteröffnungen durchbrochen mit wagrechten Stürzen, flach gekehlten Umrahmungen und teilweise mit gemauerten Sitzbänken in den inneren Fensternischen. Ein Bogenfries aus Haustein auf schweren, abgetreppten Steinkonsolen und mit einem, heute umgestalteten, gemauerten Zinnenkranz darüber schliesst den Turm nach oben ab. Das dahinter steil aufsteigende Pyramidendach ist modern; auch die runden Zifferblätter der Uhr und der Steinbalkon, der wohl die Stelle des ehemaligen Erkerausbaues einnimmt, stammen vom letzten Umbau. Die bossierten Quadern und sichtbaren alten Architekturteile sind in rotem Sandstein hergestellt, alle übrigen Mauerflächen verputzt.

Im *Inneren* ist der Torweg nach oben durch eine Holzbalkendecke abgeschlossen; auf der Innenseite des äusseren Tors war er nach aussen durch ein Fallgatter und dahinter durch ein Doppeltor aus Holz sperrbar. Die *Torflügel* hingen, wie beim Spalentor (Abb. 186), mit Zapfen in steinernen Zapfenlöchern, von denen die beiden oberen, zylindrisch durchbohrte Sandsteinquader, erhalten sind. Dass das *Fallgatter* des St. Albantores ein starr verbundener, also nur als Ganzes beweglicher, von oben ablassbarer Rost war, wie er sich am Spalentor bis heute erhalten hat (Abb. 182), geht aus der Beschaffenheit der beidseitig noch vorhandenen, in die Quader der Mauern eingelassenen Nuten hervor, die in einer Höhe von etwa 1,14 m über dem heutigen Torwegniveau enden. Hier war, wenn das Fallgatter herunter-

Abb. 163. Der Torbogen des St. Albantores zu Basel von aussen, 1932.

Abb. 164. Das St. Albantor zu Basel, 1932.
Blick auf das Tor aus der St. Alban-Vorstadt.

gelassen wurde, die Auflage des unteren Querbalkens, über den hinaus die senkrechten, eisenbeschlagenen Balkenzähne des Gatters gegen den Boden hinab noch etwas vorragten. Der grosse Zwischenraum von 1,14 m zwischen Querbalken und Boden ist auffällig und wohl mit einer Niveauabtragung des

Torwegs in neuerer Zeit zu erklären. Das Fallgatter ist vom Obergeschoss des Turmes aus in Bewegung gesetzt worden.

In der südlichen Leibung des äusseren Tors, also ausserhalb des Verschlusses durch Fallgatter und Torflügel, befindet sich wie beim St. Johanntor aus dem Quader herausgearbeitet eine kleine hochrechteckige *Nische*, deren Zweck nicht mehr bestimmbar ist.

Der *Geschosswerk-Ausbau* des Turmes ist neuzeitlich.

Quellen: Staatsarchiv Basel, Bauakten Z. 8. Die äusseren Tore von Gross-Basel, St. Albantor (1750—1879).   *C. H. Baer.*

II. Das Spalentor.
Die Bilddokumente.

1445. Ansicht des Spalentors von aussen (von Westen) auf dem datierten Gemälde eines Basler Meisters mit der Darstellung der beiden Heiligen Einsiedler Antonius und Paulus in der Fürstlich-Fürstenbergischen Sammlung zu Donau-

Abb. 165.
Ansicht des Spalentors zu Basel.

In Diebold Schillings Beschreibung der Burgunderkriege („Zürcher Schilling"); vor 1480.

Abb. 166. Ansicht des Spalentors zu Basel mit einem Auszug der Basler.
Oberstück einer Scheibe aus dem letzten Viertel des 16. Jahrhunderts. — Historisches Museum Basel.

eschingen (133×77 cm). ,,Vom Wiesengrund sich abhebend im Mittelgrunde Teilbild der Stadt Basel mit dem charakteristischen weissen, rotbedachten Spalentor"[1]) ohne Skulpturenschmuck und ohne das Vortor. — *Abbildung:* Festschrift zum 400. Jahresfest des ewigen Bundes zwischen Basel und den Eidgenossen, Basel 1901, Tafel XXXVII; Text S. 308 (D. Burckhardt).

Vor 1480. Ansicht des Spalentors von aussen auf Blatt 766 der Bilderhandschrift von Diebold Schillings Beschreibung der Burgunderkriege (,,Zürcher Schilling") in der Zentralbibliothek Zürich, Ms. A 5 (220×145 mm)[2]). Das Tor ist dargestellt von aussen ohne Vortor und Standfiguren, aber mit einer ziemlich getreuen Wiedergabe des Wappenreliefs über dem Torbogen (Abb. 165, S. 244).

1489. Ansicht des Spalentors von aussen, als Stadtabschluss der im Kampfe mit der Civitas Diaboli stehenden Civitas Dei; Holzschnitt im Drucke ,,Augustinus de Civitate dei cum commento". Laut Kolophon stammt der Druck aus der Offizin des Johannes Amerbach und ist im Jahre 1489 entstanden. Der Holzschnitt, 197 mm hoch, 142 mm breit, nimmt die Rückseite des ersten Blattes der ersten Blattlage des Druckes ein, der sich in der Universitätsbibliothek Basel befindet. — Die Zeichnung zerfällt in zwei übereinander angeordnete Darstellungen: Oben sitzt der heilige Augustinus schreibend an einem Schreibpult, unten verteidigen Engel die Civitas dei gegen die von Teufeln besetzte Civitas Diaboli. Vor den Städten stehen links ein Hirte (Abel), rechts ein Ackersmann (Kain); Überschriften und Spruchbänder erläutern die Komposition[3]). Das im Vordergrund links stehende Spalentor ist jenem des Donaueschinger Gemäldes von 1445 ähnlich und deutet an, dass die Civitas dei durch einen Ausschnitt aus dem Basler Stadtbild veranschaulicht werden soll.

1511. Ansicht des Spalentors von aussen im ,,Hortulus animae" auf Blatt 11 (Anrufungen der Lauretanischen Litanei bezeichnet 1511) als PORTA CELI gezeichnet von HANS HOLBEIN D. J.[4]).

Vor 1526. Ansicht des Spalentors von aussen auf dem Blatt Nr. 85 der sog. ,,Icones", Holzschnitten nach Zeichnungen von HANS HOLBEIN D. J. (vgl. Abb. 60).

16. Jahrhundert, letztes Viertel. Ansicht des Spalentors mit einem Auszug der Basler auf dem Kopfstück einer Glasscheibe im Historischen Museum Basel. Inv. Nr. 1895 69 (150×380 mm). ,,Glasmalerei aus dem letzten Viertel des 16. Jahrhunderts nach einem alten Vorbild kopiert, das in seinen Einzelheiten, namentlich in Bezug auf die Ausrüstung der Krieger, nicht mehr ganz verstanden wurde und das auf ein Glas gemalt worden ist, das wahrscheinlich noch 100 Jahre älter war"[5]). — Das Tor ist von aussen dargestellt, ohne das Vortor aber mit den drei Standfiguren, Madonna in Strahlenmandorla zwischen den beiden Propheten. Das Relief über dem Torbogen mit dem von zwei Löwen gehaltenen Schild fehlt und ist durch zwei Schilde mit Baselstäben ersetzt, die in die Zwickel seitlich des Torbogens eingefügt sind. Über den drei Standfiguren verbindet die beiden angebauten Rundtürme

---

[1]) Heinrich Feuerstein, Fürstlich Fürstenbergische Sammlungen zu Donaueschingen; Verzeichnis der Gemälde, III. Ausgabe, Donaueschingen 1921; mit Literaturverzeichnis.

[2]) J. Zemp, Die schweizerischen Bilderchroniken und ihre Architekturdarstellungen, Zürich 1897, S. 35/36 und 44ff. Die Handschrift, von dem Berner Diebold Schilling (gest. 1485) selbst geschrieben, aber von einer anderen Hand bis zu den Ereignissen des Jahres 1480 illustriert, wurde von der Witwe Diebold Schillings 1486 an den Rat von Zürich verkauft.

[3]) Freundliche Mitteilung von Herrn Dr. Carl Roth.

[4]) Hans Kögler, Hortulus animae, illustriert von Hans Holbein d. J., Zeitschrift für bildende Kunst, N. F. Jahrg. XIX, Leipzig 1908, S. 236—327 (Text S. 237); Jahrg. XX, Leipzig 1909, S. 35—41 (Tafel gegenüber S. 36).

[5]) Gutachten von Herrn Professor Dr. H. Lehmann vom 22. II. 1932. — Vgl. auch Katalog des Historischen Museums III, Glasgemälde, Basel 1901, Nr. 43.

Abb. 167. Blick auf Spalentor und Spalenvorstadt, 1758. Emanuel Büchel.

Abb. 168. Blick von der Petersschanze nach dem Spalentor zu Basel, 1758. Emanuel Büchel. Kupferstichkabinett Basel.

Abb. 169. Blick auf das Spalentor zu Basel von Süden, 1788. Franz Feyerabend.
Aquarell. — Staatsarchiv Basel.

eine Galerie mit der Jahreszahl 1398 auf der Brüstung (Datum der Erbauung des Tors?). Ein Knecht auf der Galerie ist, worauf Dr. Karl Stehlin aufmerksam machte, offenbar damit beschäftigt, an einem Seil das Fallgatter wieder herabzulassen (vgl. S. 166, Abb. 245). Auf eine gewisse Ähnlichkeit des berittenen Bannerträgers in der Mitte des Zuges mit dem Reiter am Rheintor (vgl. Taf. 14) sei hingewiesen. Auf einem der Fähnlein der Reiter findet sich die Jahrzahl 1510 (Chiasser Zug?).
1538, 1548, 1577. Ansichten des Spalentors auf Holzschnitten und Stichen mit der Gesamtansicht Basels, vgl. ,,Das Stadtbild von Basel", S. 102 ff. u. a., Abb. 62, 63 und 64, S. 103, 105, 107).
1615, 1617, vor 1642. Ansichten des Spalentors auf der Federzeichnung und den beiden Vogelschauplänen der Stadt Basel von MATTHÄUS MERIAN D. Ä., vgl. ,,Das Stadtbild von Basel", S. 108 ff.; Abb. 67—71, S. 112—117[1]).
1745. Das Spalentor von Süden. EMANUEL BÜCHEL (1705—1775). Federzeichnung (145 × 215 mm), datiert. Skizzenbuch S. 91. — Kupferstichkabinett Basel, A 203.
1758. Blick von aussen auf das Spalentor und die Spalenvorstadt. EMANUEL BÜCHEL (1705—1775). Getönte Federzeichnung (150 × 210 mm), oben in der Mitte die Aufschrift: Spalen Thor zu Basel. del. 22. April 1758. Skizzenbuch S. 79. — Kupferstichkabinett Basel, A 200 (Abb. 167, S. 247).
1758. Blick von Süden in den Stadtgraben und auf das Spalentor. EMANUEL BÜCHEL (1705—1775). Getönte Federzeichnung (150 × 210 mm), datiert. Skizzenbuch, S. 83. — Kupferstichkabinett Basel, A 200.

---

[1]) Die Ansichten des Spalentors auf den beiden Tafeln der ,,Topographia Helvetiae..." (1642, 1654), ,,Basel im Grund" und ,,Basel im Prospekt" (vgl. S. 121), bieten nichts Neues.

1758. Blick von etwa der heutigen Bernoullistrasse beim Petersplatz in den ehemaligen Stadtgraben und auf das Spalentor. EMANUEL BÜCHEL (1705—1775). Getönte Federzeichnung (150×210 mm), datiert. Skizzenbuch, S. 84. — Kupferstichkabinett Basel, A 200 (Abb. 168, S. 247).

1788. Spalentor mit Graben, von Süden gesehen. FRANZ FEYERABEND (1755—1800). Aquarell (232×319 mm), unten bezeichnet: „Franz Feyerabend Pinxit ad naturam 1788." — Staatsarchiv Basel, Sammlung Falkeysen, A 162 (Abb. 169, S. 248).

1813. Blick von einem Fenster des Markgräfler Hofes über das Gartenportal des His'schen Hauses auf das Spalentor. SAMUEL BIRMANN (1793—1847). Getönte Federzeichnung (190×235 mm), signiert, datiert. — Kupferstichkabinett Basel, Bi 304, p. 18, Sch. 55.

1821. Spalentor, gesehen von aussen (von Südwesten). DOMENICO QUAGLIO[1]) (1787—1837). Bleistiftskizze, signiert, Staatsarchiv Basel, Nachlass Vischer (Tafel 15). — Darnach Lithographie (439×379 mm), bezeichnet D. Quaglio del. fec. 1821. — Staatsarchiv Basel, Hauptsammlung, 5 7.

1836. Blick vom Hohen Bollwerk (Bernoullianum) auf die Spalenvorstadt (Gottesacker Spalentor). P. TOUSSAINT. Aquarell (242×372 mm), signiert, datiert. — Staatsarchiv Basel, Sammlung Falkeysen, C 8.

1840. Spalentor von aussen. C. WEISS. Aquarell (200×152 mm), signiert, datiert. — Staatsarchiv Basel, Hauptsammlung, 5 137.

1840. Blick vom ehemaligen Birmannischen Gut (heute Ecke Missionsstrasse/Birmannsgasse) auf das Spalentor. PETER BIRMANN, (1758—1844). Aquarell (500×720 mm), signiert, datiert. — Kupferstichkabinett Basel, Bi 366.

Vor 1842. Spalentor von aussen mit den Torbefestigungen vor dem Graben. (AMADÄUS LUKAS) MERIAN (1808—1889). Oppermann lith. Lithographie (144×105 mm). — Staatsarchiv Basel, „Architectura Basiliensis", 204.

Nach 1842. Spalentor von aussen mit den Torbefestigungen vor dem Graben. Lithographie (325×265 mm), unsigniert, undatiert. — Staatsarchiv Basel, Hauptsammlung, 5 8.

Um 1844. Spalentor von aussen. ANTON WINTERLIN (Winterle, 1805—1894). Federzeichnung (145×230 mm). Skizzenbuch 23, S. 119. — Kupferstichkabinett Basel, 1927 444.

1858. Blick von der Grabenbrücke des Spalentors gegen das Zeughaus. H. MEYER. Lichtdruck H. Besson (207×298 mm), signiert, datiert. — Staatsarchiv Basel, Hauptsammlung, 5 134.

19. Jahrhundert. Spalentor von aussen, mit knieendem Pilger (man sah noch bis zur Mitte des vorigen Jahrhunderts elsässische Pilger auf dem Wege nach Einsiedeln der Spalen-Muttergottes ihre Verehrung bezeugen). Rey, lith. d'après Guise, éd. Hasler, Basle. Kolorierte Lithographie (280×215 mm). — Privatsammlung Sch.

Aus der Baugeschichte.

Der mächtige Turm des Spalentors[2]) zu Basel sperrte die hier in die Stadt-Ummauerung einmündende Sundgauer Landstrasse, und seine Errichtung fällt sicher mit der Ummauerung der Spalenvorstadt zusammen, die zwischen 1206 und 1398 durchgeführt wurde. Wann jedoch in diesen fast zweihundert Jahren die Toranlage entstand, die wir als den Kern des jetzigen Spalentors erkennen, ist

---

[1]) R. Oldenbourg, Die Münchner Malerei im neunzehnten Jahrhundert, I. Teil, München 1922, S. 71 f.

[2]) Die französische Bezeichnung „Porte St-Paul" ist offenbar eine klangliche Umdeutung aus „Spalen", hängt vielleicht auch mit der Kirche St. Paul des nahen Klosters Gnadental (heute Gewerbeschule) zusammen. E. A. Stückelberg, Basler Kirchen, Bd. I, Basel 1917, S. 70—86.

ungewiss. Bei der von der „Basler Denkmalpflege" im Jahre 1920 vorgenommenen Untersuchung des Tores wurden Steinmetzzeichen festgestellt, „die sich ebenso im Martinsturm des Münsters und in der Eberlerkapelle zu St. Peter finden. Auch Mauerrisse, die vom Erdbeben 1356 herrühren sollen, wurden konstatiert"[1]).

Die Bezeichnung des Spalentors als „neues Tor", die aus den Jahren 1408 und 1428 überliefert ist, lässt vermuten, dass der Bau kurz vor der Vollendung der äusseren Stadtmauer 1398 entstanden sei oder doch damals die durchgreifende Umgestaltung erfahren habe, die sich im heutigen Bauwerk erhalten hat[2]). Dafür spricht auch die Jahreszahl 1398, auf der Darstellung des Spalentors auf einer im Historischen Museum zu Basel befindlichen Scheibe (vgl. S 246/47 und Abb. 166).

1408 sind am „neuen Thurm ze Spalen" von Meister CLEWIN VON TÜBINGEN[3]) (Meister LAWELIN, mit dem Familiennamen RUSCH) Vergoldungsarbeiten vorgenommen worden, wie aus einer Nachricht hervorgeht, in der Meister Lawelin von der Verdächtigung, er habe das übrig gebliebene Gold unterschlagen, freigesprochen wird[4]). Zu was das Gold damals Verwendung fand, ist nicht ersichtlich. Da aber als Ankläger „Cuntz niemants Narr der Snetzer" auftritt[5]) könnte angenommen werden, die äussere Torseite sei zunächst mit Holzbildwerken geschmückt worden, die z. T. selbst vergoldet, z. T. vor vergoldetem Hintergrund aufgestellt waren, etwa so wie die spätere Steinfigur der Madonna nach der Glasscheibe des Historischen Museums (Abb. 166, S. 245)[6]).

Auf allen älteren Darstellungen des Spalentors, auch auf der oben genannten Glasscheibe, fehlt das heutige Vortor, das nach den Rechnungen des Rats 1473/74

---

[1]) Basler Denkmalpflege, Jahresbericht 1920, Basel 1921, S. 2. — Von A. Peter wird ein romanisches Steinmetzzeichen in der Krypta des Basler Münsters, an einer der Blendsäulen des Umgangs, mit einem Steinmetzzeichen am Spalentor, an einem Buckelquader rechts oben neben dem Vorstadt-Ausgang, in Verbindung gebracht. Persönliche Mitteilung des Herrn A. Peter, Zeichner der Basler Denkmalpflege.

[2]) In den Jahrrechnungsbüchern (Staatsarchiv Basel, C 1–4) findet sich im Rechnungsjahr 1381/82 nahe bei dem Posten „Item der stette bu MDLV lb mit dem so von dem Ryn und den thoren gevallen ist", die Angabe „Item so kostent die zwen löwen xxxi lb minus vii β." (Bernhard Harms, Der Stadthaushalt Basels im ausgehenden Mittelalter, I. Abt., Bd. II, Tübingen 1910, Die Ausgaben 1360–1490, S. 27). Es könnte vermutet werden, dass sich diese Summe auf die Bezahlung der Bildhauerarbeiten an den beiden schildhaltenden Löwen des Reliefs über dem äusseren Torbogen (Abb. 187, S. 269) bezieht; bei der stilistischen Zusammengehörigkeit dieses Reliefs mit dem Schlußstein des Torgewölbes wäre damit ein allerdings früheres Datum für die damalige Fertigstellung des Um- oder Neubaus der unteren Turmgeschosse gewonnen.

[3]) Seit 1405 in Basel tätig, Schweizerisches Künstlerlexikon Bd. II, Frauenfeld 1908, S. 236/37 (D. Burckhardt). Vgl. S. 204, Anm. 1.

[4]) Staatsarchiv Basel, Ratsbücher A 3 (Leistungsbuch II), f. 56 v°.: „Sub dño Arnoldo de Berenfels magro civium Anno MCCCC° octavo wart erkennet das so hienach geschrieben statt: Item Cûntz niemantz Narr der Snetzer sol vff gnad vor der crutzen leisten, vmb daz er Clewin von Tübingen dem moler hertelklich zûgerett vnd in in lûmbden bracht hat, daz er yns vnser gold so im über was beliben an dem nüwen thurn ze spalen, entragen, vnd im selben das verstolentlich behept hette. Da sich aber an gûter kuntschaft, vor ûnserm gemeinen rate erfunden hat, an Hüglin von Louffen vnd meister Walther Wissenhorn, die zû den ziten do das gold am turn zem teil verwerket wart Bumeister warent, die ouch by iren eyden behûbent vnd seitent, das inen kunt vnd wissend war, daz alles das gold, so im über was bliben, in meister walters hus getragen vnd da gewirdiget wurde, vnd dem egen Lawelin, das gebent vmb so vil geltes, als es wert was vnd si selb darumb geben hattent, vnd im das gelt an sinem lon abschlûgent, vnd das er den räten als getrûwelich vnd erberlichen diende, daz si jn für einen frommen erbern knecht haltent" (1408 vor 15. März).

[5]) Vgl. auch die Ansicht von Rudolf Riggenbach S. 204, Anm. 1.

[6]) Die Nachricht, dass der Maler Hans Balduff 1466 das Spalentor bemalt habe, bezieht sich nach A. Fechter auf das innere Spalentor, den ehemaligen Spalenschwibbogen. (A. Fechter, Verzeichnis von Malern, Bildhauern, Goldschmieden, Steinmetzen, welche vom XIII.–XVI. Jahrhundert zu Basel gearbeitet haben... Basler Taschenbuch auf das Jahr 1856, S. 171.) — Der Maler Hans Balduff wurde 1461 Bürger von Basel. Schweizer. Künstlerlexikon, Bd. I, Frauenfeld 1905, S. 74 (D. Burckhardt, Ganz).

im Zusammenhang mit der Reparatur einer grösseren Strecke der Stadtmauer von JAKOB SARBACH[1]) erbaut wurde; ob es sich dabei um einen Neubau oder um die prunkhaftere Ausgestaltung einer älteren Anlage handelt, weiss man nicht. Jakob Sarbach erhielt für seine Arbeit 50 ₰[2]) „während die Lieferung der Steine und des übrigen Materials von der obrigkeitlichen Kasse direkt bestritten wurde.[3]) Wenige Jahre vorher war das Tor angestrichen und das Dach mit farbigen Ziegeln eingedeckt sowie mit einem kupfernen Spitzen-Knauf versehen worden." Auch 1478/79 ist nach den Jahrrechnungsbüchern[4]) am Spalentor gebaut worden.

Die Darstellungen von Matthäus Merian d. Ä. von 1615 und später (Abb. 69 und 71, S. 114 und 117) zeigen den Hauptturm wenig verändert, aber mit dem Vortor verstärkt. Die Befestigungen jenseits des Grabens bestehen aus einem doppelten Barrierenvorhof, der beidseits von niedrigen Zinnenrundtürmchen mit Plattformen flankiert wird. Der Barrierenhof ist mit dem Tor durch eine Fallbrücke verbunden.

Darstellungen des Spalentors von EMANUEL BÜCHEL aus den Jahren 1745 und 1758 zeigen im wesentlichen keine Veränderungen (Abb. 167 und 168 S. 247); nur Kleinigkeiten sind anders geworden: Die Seitentürme tragen flachgeneigte Pyramidendächer. Die beiden Zinnenrundtürme des Barrierenvorhofes sind mehrstöckig geworden und tragen mittelsteile sechseckige Pyramidendächer. Der Zugang zur Fallbrücke des Spalentores ist durch einen Quermauerzug gegen direkte Beschiessung gedeckt, die Barriere hier zur Seite verlegt. Ein Pfahlraum mit einer weiteren Barriere schliesst vor dem Vorhof die Landstrasse nochmals ab (Abb. 167).

Eine farbige Darstellung des Spalentors von FRANZ FEYERABEND vom Jahre 1788 (Abb. 169, S. 248) gibt die Farben der Rautenornamentik des Hauptturmes: grüne Streifen auf braunem Grund; alle Bauglieder (Eckkanten, Fenster- und Türrahmen) sind aus rotem Sandstein. Die Mauerfläche der Seitentürme trägt grauen Verputz. Jetzt überbrückt den Stadtgraben eine feste Grabenbrücke, unter der sich eine „Wolfsgrube" befindet. Im Graben weiden Hirsche.

Im Jahre 1800[5]) wird die mittlere Barriere vor dem Graben wegen Baufälligkeit weggeräumt. 1813 beim Durchmarsch der alliierten Truppen wurden die beiden Rundtürme der Strassensperre vor dem Graben zum Teil abgebrochen[6]). 1823 ist von der Bemalung der Heiligenbilder die Rede[7]); sie sollten mit Farb und Firnis getränkt werden (wohl Einheitsbemalung!). 14 Jahre später, 1837[8]), wird das Tor und der Vorbau in dreimaligem Anstrich mit einer passenden Ölfarbe versehen; die Seitentürme erhalten einen Besenbewurf.

---

[1]) Jakob Sarbach, genannt Labahürlin aus einem seit 1420 in Klein-Basel niedergelassenen Baumeistergeschlecht, trat 1460 als „Maurer" der Himmelzunft bei, gest. 1492, vgl. S. 159, Anm. 2. Schweizerisches Künstlerlexikon, Bd. III, Frauenfeld 1913, S. 114—15 (Daniel Burckhardt-Werthemann). — Karl Stehlin, Festschrift zum vierhundertsten Jahrestag des ewigen Bundes zwischen Basel und Eydgenossen, Basel 1901, Baukunst, Bildhauerei, S. 317 ff., 324 ff. — Karl Stehlin, Basler Baumeister des XV. Jahrhunderts, Jakob Sarbach. Basler Zeitschrift für Geschichte und Altertumskunde, herausgegeben von der Historischen und Antiquarischen Gesellschaft zu Basel, Basel 1906, Bd. V, S. 97—100.

[2]) Jahrrechnungsbücher 1473/74: „Item L ₰ Jacob Sarbachen dem murer von Spalenthor und ist gantz bezalt." Bernhard Harms, a. a. O., S. 371.

[3]) Jahrrechnungsbücher 1472/73: „Item umb platten murstein kalg sand gibsz quader und andern gezug und uff stein zů brechen zum Spalentor CXC lb VIII d." Bernhard Harms, a. a. O., S. 363. Staatsarchiv Basel, Wochenausgabenbücher G 1473: 7 Posten; 1474: 4 Posten. — Fronfastenrechnungen, H. 1473/74: 1., 2. und 4. Angarie; 1474/75: 1. Angarie.

[4]) Jahrrechnungsbücher 1478/79: „Item geben umb venster, vensterstein, zer Mugken, in das saltzhuse, an Spalenthore und in Cunrat Gesellenhuse IX lb XV β." Bernhard Harms, a. a. O., S. 408.

[5]) Staatsarchiv Basel, Bauakten Z 12; 1800, 17. Juli.

[6]) Staatsarchiv Basel, Bauakten Z 12; 1813, 10. Mai.

[7]) Staatsarchiv Basel, Bauakten Z 12, 1823, ohne Monat.

[8]) Staatsarchiv Basel, Bauakten Z 12; 1837, 15. November.

1842¹) trägt ein Sturm beide Dächer der Seitentürme fort und beschädigt benachbarte Häuser. Am 15. Juni dieses Jahres wird beschlossen, die „ehemaligen" Zinnen auf den Seitentürmen des Tores wiederherzustellen und die notwendigen Dächlein hinter die Zinnen, von aussen nicht sichtbar, zu versenken.

Im Jahre 1866 wird das Spalentor durch Abbruch der anstossenden Stadtmauern isoliert¹). (Vgl. auch S. 284, Plan zur Korrektion...) Mit dem Jahre 1867¹) setzt seine Restauration ein, bei der im nördlichen Seitenturm gegen das Vortor eine Türöffnung ausgebrochen und eine Spindeltreppe eingebaut wird, als neuer Zugang zu den oberen Turmgeschossen. Aus den Steinen der gefallenen Stadtmauer wurden kleine Gräben um die Seitentürme des Tores hergestellt. Durch einen Blitzschlag vom 24. Juli des Jahres 1867 sind etwa fünftausend alte Dachziegel vernichtet worden.

1893²) wurden die Zinnen des Vortores gänzlich restauriert. Durch Bildhauer HYM wurden neue Konsolfiguren geschaffen, anstelle der stark verwitterten Originalskulpturen, die sich jetzt im Historischen Museum Basel befinden (Vgl. S. 279f.). 1931 ist abermals eine umfassende Instandsetzung begonnen worden, die Mitte des Jahres 1932 noch nicht abgeschlossen war.   *C. H. Baer. Gustav Schäfer.*

---

¹) Staatsarchiv Basel, Bauakten Z 12: 1842, 21. März; 1866, 1. Mai; 1867, 28. Juni.
²) Staatsarchiv Basel, Bauakten Z 12: 1893, 10. April.

Abb. 170.
Entwurf zur Umgestaltung der Umgebung des Spalentors zu Basel, 1866.

Maßstab 1 : 2500.
Staatsarchiv Basel.

Abb. 171. Das Spalentor zu Basel, 1931.
Von der Missionsstrasse her gesehen.

Der bauliche Bestand des Haupttores.

Heute, wo das Spalentor sich isoliert vor modernen und altstilistischen Bauten erhebt, ist seine Wirkung im Stadtbild die eines selbstherrlichen, strassenumzogenen Triumphtores. Sein mittelalterlicher Charakter ist anders gewesen. Das Spalentor war als Haupteingang der Stadt künstlerisch und baulich ein markant hervorgehobener Teil des um die Stadt herumlaufenden Mauerringes, formal und konstruktiv mit ihm durch runde, zinnenbekrönte Ecktürme verbunden, die wie die ehemaligen anderen Mauertürme in den einstigen Stadtgraben vortraten, diese aber an Höhe um ein Beträchtliches überragten. Wie innig dieser Torbau mit der Stadtmauer verbunden war, geht auch daraus hervor, dass bis ins 19. Jahrhundert der Aufstieg zu den oberen Geschossen nur von der Stadtmauer aus erfolgen konnte, später auf einläufiger, an die Stadtmauer angebaute Holztreppe durch den südlichen Rundturm.

Die *ursprüngliche Toranlage* bis zum Jahre 1473 bestand wie bereits angedeutet aus drei aneinandergeschlossenen Türmen: einem zentralen rechteckigen Hauptturm mit zwei Rundtürmen an den stadtabgewandten Turmkanten. Diese Anlage ist heute noch vorhanden. Zu ihrer Rekonstruktion hat man sich das später (nach 1473) hinzugekommene Vortor wegzudenken. Die wichtigsten *Abmessungen* des Spalentors ohne das Vortor sind folgende:

Rechteckiger Hauptturm: Seitenlänge quer zum Torweg 9,80 m, in der Richtung des Torwegs 9,20 m; Mauerdicke in Bodenniveau stadtwärts 1,60 m, sonst 2,00 m; Breite des Torweges 4,25 m; Höhe des Torwegs 6,35 m; Höhe des Turmkörpers vom heutigen Bodenniveau bis zur Oberkante Gesims des oberen Umgangs 20,90 m; Höhe der Turmstube 3,40 m; Höhe des Daches bis Mitte Knauf 16,00 m; Gesamthöhe des Turmes 40,30 m. Runde Flankentürme: Durchmesser in Bodenniveau 6,80 m; Mauerdicke in Bodenniveau 2,10 m; Höhe mit Zinnenkranz 28,15 m.

Das Quadermauerwerk des Hauptturms und alle seine Architekturteile sind in rotem Sandstein, zumeist aus Degerfelden, ausgeführt. Das übrige Mauerwerk ist aus Steinen verschiedenen Materials und unterschiedlicher Grösse in rohem Verband in viel Mörtel verlegt und vor allem bei den Rundtürmen mit Schichten rundgeschliffener Flusswacken durchsetzt; die Leibungsbogen der Nischen, Fenster und Türen bestehen aus plattenartigen Sandsteinen und Ziegelplatten. Die Profile aller Türen- und Fensterumrahmungen zeigen einfache Schrägen oder flache Kehlen, die teilweise unten auf Schrägen auflaufen. Die äussere Turmmauer weist innen Risse auf; die meisten Türstürze sind gebrochen. Zahlreiche *Steinmetzzeichen* sind vorhanden[1]).

Das **Äussere des Hauptturmes** des Spalentores ist mit architektonischem und skulpturellem Dekor reich ausgestattet. Aber es entspricht ganz seiner ehemaligen Gebundenheit in den Zug der Stadtmauer, dass der Turm nur zwei eigentlich künstlerisch ausgestattete Seiten besitzt: die gegen die Spalen-

---

[1]) Die Steinmetzzeichen des Spalentors sind seit Jahren von Herrn Alfred Peter aufgenommen worden; leider konnte sich Herr Peter nicht entschliessen, seine Zeichnungen zu veröffentlichen.

Abb. 172. Das Spalentor zu Basel, 1931.
Von der Spalenvorstadt aus gesehen.

Abb. 173—177.
Das Spalentor zu Basel.
Aufnahmen 1900 von
R. Visscher van Gaasbeek.

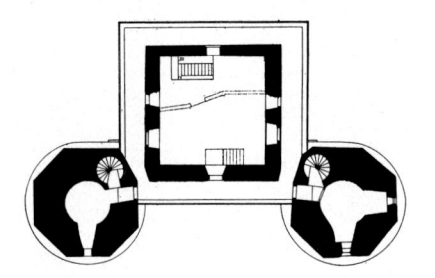

Die Grundrisse
aller Stockwerke.
Staatsarchiv Basel.
Maßstab 1 : 400.

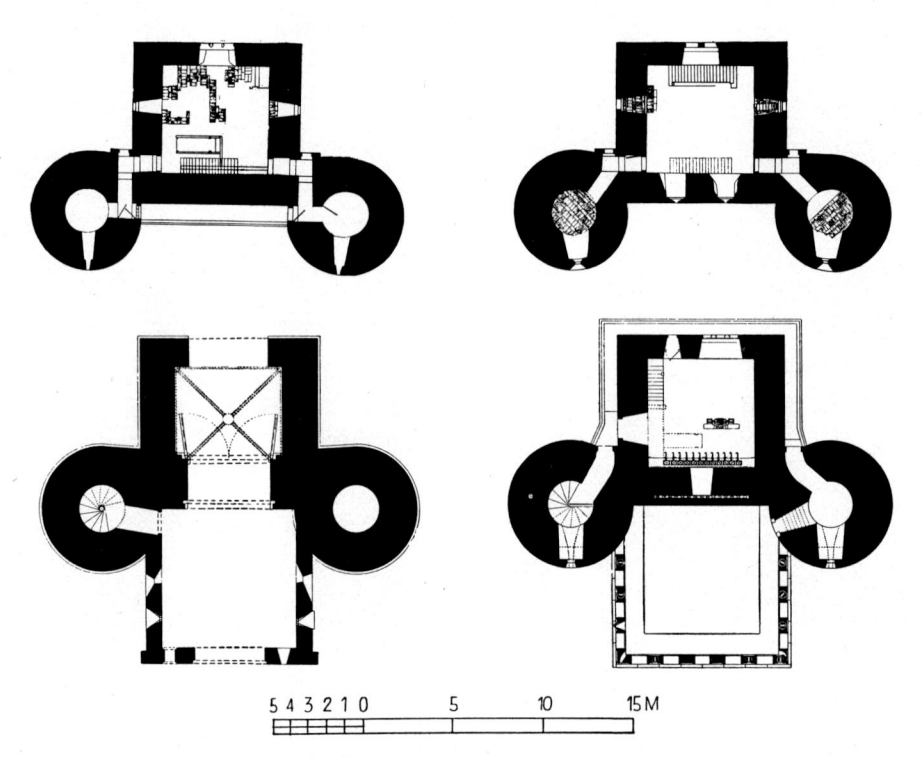

vorstadt und diejenige gegen aussen (heutige Missionsstrasse). Die beiden Turmwände gegen die ehemalige Stadtmauer sind, abgesehen von den beiden auf Bogenfriesen ruhenden, auch hier umlaufenden Galerien, sozusagen schmucklos: die Mauerkanten werden durch wagrecht gelagerte Buckelquadern mit Randschlag in ungezwungener Sprossenanordnung hervorgehoben, die übrigen Mauerflächen tragen heute einen Besenwurf. Je zwei schmale, rechteckige Fenster belichten das zweite und dritte Turmobergeschoss.

Der eigentliche Turmkörper wird oben auf allen vier Seiten von einer *Galerie* abgeschlossen, die auf einem schweren, an den Kanten abgeschrägten Rundbogenfries auf Viertelkreis-Konsolen, alles aus Haustein, aufruht, und von einem Eichenholzgeländer mit flach behandelten Balustern (18. Jahrhundert) umzogen ist. Dahinter, etwa 1,0 Meter hinter der oberen äusseren

Der Aufriss der
Aussenfassade.

Staatsarchiv Basel.

Maßstab 1 : 200.

Abb. 178.
Das Spalentor zu Basel.

Aufnahmen 1900 von
R. Visscher van Gaasbeek.

Turmwand, erhebt sich das quadratische, oberste Turmgeschoss, das ein hohes vierseitiges Pyramidendach trägt. Die Galerien selbst werden von Pultdächern überdeckt, die auf eichenen, an den Mauern befestigten Trägern mit abwärts gerichteten Zangen aufruhen und, unter das Turmdach geschoben, seine Fortsetzung nach unten bilden. Die einfache, stark dimensionierte Konstruktion des hölzernen Turmdachstuhls, der nur durch eine Lücke zugänglich ist, soll im wesentlichen alt sein. Seine Eindeckung mit farbig glasierten Ziegeln und der Turmknauf werden erstmals vor 1473 erwähnt.

Die *Turmseite gegen die Spalenvorstadt* ist über der Toreinfahrt durch eine zweite Galerie quergeteilt. Über einem Rundbogenfries, der dem oberen formal gleicht, aber mit glatten Steinplatten als Brüstung, setzt sie sich wie bereits erwähnt auch auf den beiden Seitenfronten fort und ist hier von den Rundtürmen aus zugänglich. Während sich der obere Konsolenfries aus acht ausgeglichenen Bogen zusammensetzt, besteht der untere aus nur sieben Bogen, deren einer gerade über dem Torscheitel in die Breite gezogen ist. Rücksichtnahme auf eine etwa über dem Torbogen angebrachte gewesene Skulptur scheint nicht die Ursache dieser Unregelmässigkeit zu sein, die vielmehr als Ausgleich einer missglückten Längeneinteilung anzusehen ist.

Die Toreinfahrt ist von einem hohen Spitzbogen überwölbt, der in den Leibungen jeweils auf einem aus Platte und Kehle bestehenden Kämpfer aufruht und von zentral gestellten Bossenquadern mit Randschlag umrahmt wird. Den Schlußstein deckt ein unten zugespitzter Schild, heute mit aufgemaltem Baselstab gefüllt. Die Turmwand zwischen den glatten Hausteinbändern der beiden Galerien, ganz mit bossierten Steinquadern mit Randschlag verkleidet, wird im ersten Obergeschoss von einem dreiteiligen Fenster und einer schmalen Türe, im zweiten Obergeschoss von einem dreiteiligen Fenster in „Stapfel"-Anordnung durchbrochen. Das Zifferblatt der Uhr im dritten Turmobergeschoss ist modern.

Die *Hauptseite des Spalentors* blickt nach aussen auf die ehemalige Landstrasse gegen den Sundgau, die heutige Missionsstrasse. Eingerahmt von dem vorkragenden Pultdach der oberen Galerie und den vortretenden Flankentürmen hat diese Front des Torbaus eine gewaltige dekorative Wirkung. Durch nichts in der senkrechten Entwicklung gestört, steigen die sich über dem Sockel nur noch einmal in schwacher Schräge verjüngenden Rundtürme bis zur Abschlussgalerie des Hauptturms empor, um hier, losgelöst vom Hauptturm und über einem steinernen Kranzgesims ins Achteck übergeführt, etwas über dem Beginn des Turmdachs mit zinnenüberkränzter Plattform zu endigen. Die heute vorhandenen Zinnen, über einem gotisch profilierten Traufgesims aus Haustein, stammen aus dem Jahre 1842. Auch die Flächenbehandlung dieser Flankentürme verstärkt ihren rahmenden Charakter; sie sind rauh verputzt und von Schlüsselscharten, ovalen und rechteckigen Schiesslöchern und schmalen, hochrechteckigen Fensterchen

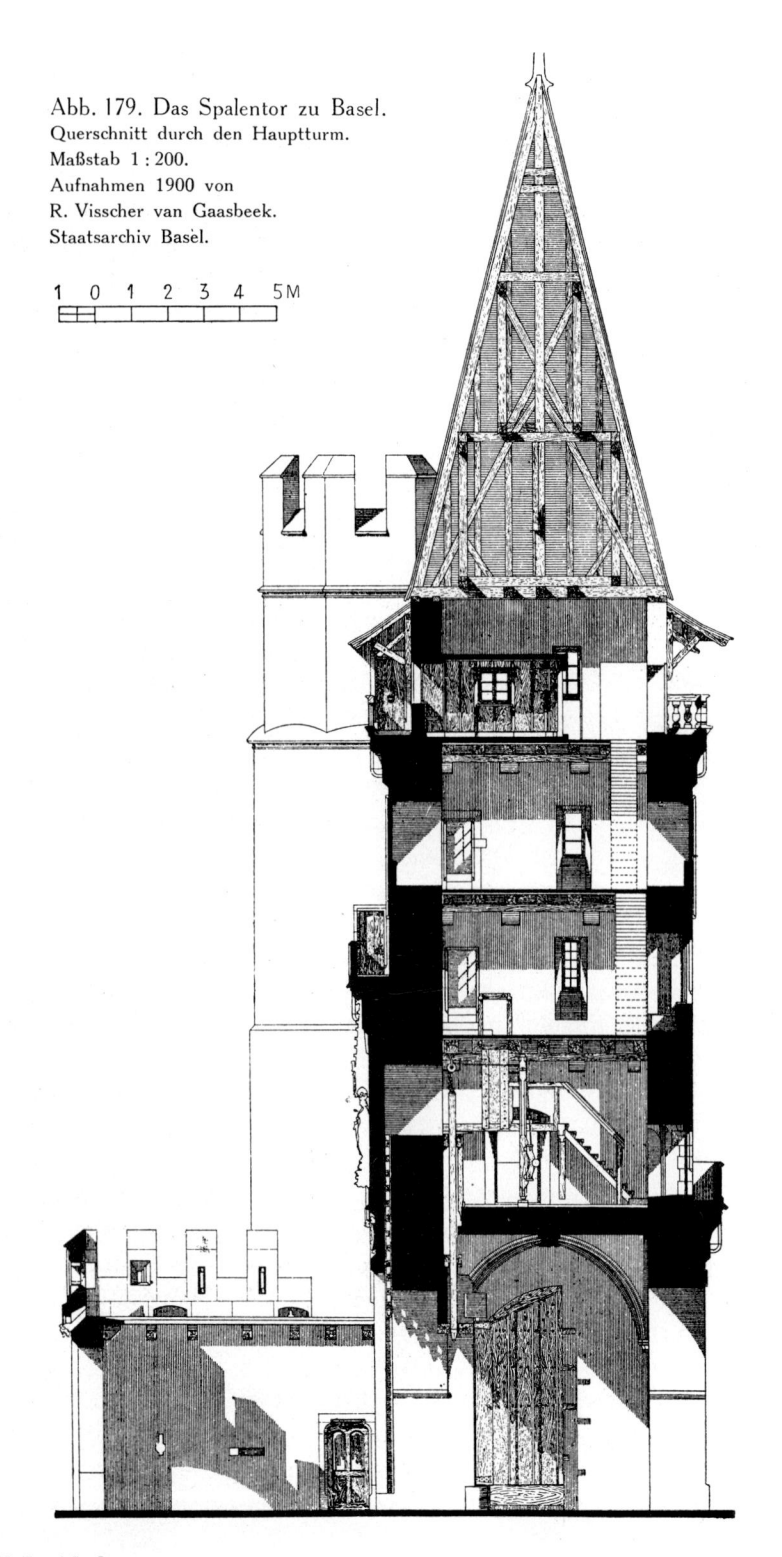

Abb. 179. Das Spalentor zu Basel.
Querschnitt durch den Hauptturm.
Maßstab 1:200.
Aufnahmen 1900 von
R. Visscher van Gaasbeek.
Staatsarchiv Basel.

nur wenig durchbrochen; da aber alle diese Öffnungen fast genau übereinanderliegen, entsteht erneut jeweils eine Senkrechte, die den aufstrebenden Rhythmus verstärkt. Die zwischen diesen Senkrechten eingespannte Mauerfläche des Hauptturms ist wie dessen stadtwärts gerichtete Front durch die abschliessende obere Galerie und eine untere quer geteilt, wobei jedoch dieser auf sieben bogenverbundenen Konsolen aufruhende untere Laufgang mit einer Brüstung aus glatten Steinplatten höher liegt als jener auf der Stadtseite und die zweiten Obergeschosse der Rundtürme miteinander verbindet. Auch hier war die ganze Mauerfläche mit Ausnahme der Bogenfriese ursprünglich mit Bossenquadern verkleidet. Als aber der Skulpturenschmuck zwischen Torbogen und unterem Bogenfries angebracht wurde, ist dieser Teil der Mauer glatt abgearbeitet worden, so dass sich jetzt nur noch zwischen den beiden Galerien im oberen Mauerrechteck, das heute mit dem modernen runden Zifferblatt der Uhr gefüllt ist, die alten Bossen erhalten haben. Doch auch hier sind sie zum Teil in schmalen Streifen abgemeisselt, um die Anbringung eines Pultdachs über der unteren Galerie zu erleichtern. Die Toröffnung, die jener auf der Stadtseite gleicht, liegt hier in einer mit flach gekehltem Stichbogen geschlossenen Nische. Darüber befindet sich ein rechteckig in die Mauerfläche versenktes Wappen-Relief (vgl. S. 268 und Abb. 187, S. 269), mit zwei mit Schneckenlocken gezierten, aufrecht stehenden Löwen als Schildhaltern; es ist oben von einem Traufgesims abgedeckt, das beidseitig etwas herabgeführt auf konsolenartig ausgearbeiteten Fratzen aufruht. Aus der Mitte seiner oberen Schräge steigt eine breite, flache Wanddienste empor, die eine mit musizierenden Engeln geschmückte Konsole trägt, auf der sich unter einem Baldachin mit krabbengeschmückter Pyramide die Figur einer Muttergottes mit dem Jesuskinde auf dem Arm erhebt. Zu beiden Seiten der Marienstatue stehen etwas niedriger Standbilder von Propheten auf Konsolen mit wappenhaltenden Engeln und unter Baldachinen, die in Fialen endigen. Zwischen den Baldachinen der beiden Propheten ist ein flacher Entlastungsbogen in das Quadermauerwerk eingespannt, das durch den Schlitz des Fallgitterrostes (vgl. Abb. 179, S. 259) hier sehr geschwächt und der eigentlichen Turmmauer fast freistehend vorgelegt ist. (Vgl. auch S. 270 ff.)

Der wohl berechnete Kontrast zwischen der flächigen Ruhe und der betonten Senkrechten der beiden vortretenden Flankentürme mit der durch Bossenquader belebten, mit reichen Skulpturen geschmückten und durch die beiden schweren Galerien quer geteilten Mauerfläche des zurücktretenden Hauptturms ist einer der Gründe des unvergleichlichen Eindrucks dieses Torbaues, der vor der Anlage des Vortors noch eindringlicher gewesen sein muss. Ein anderer Grund sind die sorgsam auf einander abgestimmten Verhältnisse. „Es ist sicherlich nicht zufällig, dass die Höhe, bis zu welcher die drei Türme miteinander verwachsen sind, genau gleich der Fassadenbreite ist (20,50 m von der Strassenebene aus gemessen, welche für die Ansicht aus

Abb. 180. Das Spalentor zu Basel. Längsschnitt durch Hauptturm u. Rundtürme. — 1:200.
Aufnahme von Alfred Peter 1920. — Staatsarchiv Basel, Denkmalpflege Basel.

der Entfernung, trotz dem Bestehen des Stadtgrabens, die Bodenlinie bezeichnet). Der geschlossene Unterbau bildet somit ein Quadrat, welches von den ins Achteck übergehenden Aufbauten der Rundtürme um etwa ein Drittel, von der Dachspitze des Hauptturmes aber um fast das Doppelte überragt wird. Mehr auf dem Gefühl als auf Berechnung mag es beruhen, dass in den eben genannten freistehenden Oberbauten der Nebentürme annähernd das gleiche Verhältnis von Höhe und Breite herrscht wie zwischen der Gesamthöhe der Türme und der Gesamtbreite der Fassade; ebenso, dass die Dachlinien des Hauptturmes in ihrer Verlängerung ungefähr die Endpunkte der Fassade zu ebener Erde treffen." (Karl Stehlin, a. a. O., S. 321 f.)

Das Äussere des Spalentors verrät seine **innere Stockwerkgliederung** nicht. Die vier Obergeschosse des Hauptturms, durch Balkenlagen auf Wanduntergzügen über schweren Viertelkreis-Konsolen aus Stein voneinander getrennt, korrespondieren in der Höhe nicht genau mit den vier in ähnlicher Weise durch Gebälk geschiedenen Obergeschossen der Rundtürme. Auch die Galerie der Aussenseite über den Standfiguren entspricht keineswegs einem Stockwerkboden des Hauptturmes, dagegen den zweiten Obergeschossen der Flankentürme, aus denen sie zugänglich ist.

Die *Tordurchfahrt* ist von einem halbkreisförmigen Kreuzgewölbe überspannt, dessen Rippen und Wanddiensten auf Eckkonsolen aufruhen, von denen die beiden an der inneren Aussenwand beim Einbau der Fallbalkensperre durch die nun notwendig gewordenen neuen Gewände der Torflügel verdeckt wurden. Die polygonalen Konsolen sind unter einem Kehlgesims aus aufsteigenden Schrägen gebildet, die Rippen und Dienste mit ziemlich tiefen Kehlen zwischen Plättchen profiliert. Der zylindrische Schlußstein, um den das Rippenprofil herumläuft, zeigt auf einer abstehend vorgelegten runden Scheibe die Figur eines Engels, der einen Schild mit Baselstab hält; dieses flache Relief bildete zusammen mit dem Wappenstein über dem äusseren Tor den einzigen Skulpturenschmuck des alten Torturms (vgl. S. 268/69).

Die Verbindung zwischen den einzelnen Stockwerken des Hauptturms vermitteln einläufige Blocktreppen. Im obersten Geschoss ist die heute als Schülerlokal benutzte *Türmerstube* eingebaut, ein einfach getäfelter Raum mit einer alten Riemendecke, die vermutlich aus dem 17. Jahrhundert stammt. Dieses Türmerstübchen war noch ums Jahr 1880 bewohnt; man liess jeweilen einen Korb herab, in den das Milchkrüglein, Esswaren u. a. m. gelegt wurden. Die obersten Geschosse der beiden Flankentürme sind durch Kreuzgewölbe geschlossen, von denen das nördliche sichtbar, das südliche verbaut ist. Die schweren, fünfflächig profilierten Rippen wachsen ohne Konsolen aus den Wänden und kreuzen sich in einem zylindrischen Schlusstein, den das Rippenprofil umzieht. Schmale Wendelstiegen steigen in den stadtwärts gerichteten Mauern von hier zu den Plattformen empor. Das Pförtchen, das zu ebener Erde aus dem Vortorhof in den südlichen Rundturm führt, und die hier eingebaute Wendeltreppe zum ersten Obergeschoss des Hauptturms sind modern (vgl. S. 252).

Die **Verschlusseinrichtungen** des Spalentors bestanden aus einer abdeckbaren Grabenbrücke, zwei Fallgattern und dem zweiflügeligen Tor.

Abb. 181. Das Spalentor zu Basel. Querschnitt durch einen Rundturm, 1:200.
Aufnahmen von Alfred Peter 1920. — Staatsarchiv Basel, Denkmalpflege Basel.

Das *äussere Fallgatter* ist ein festverzapfter Rost aus Eichenbalken, dessen senkrechte Pfähle nach unten etwas über den Rahmen hervorragen und an den zugespitzten Enden mit Eisenkappen beschlagen sind. Es liegt im Grund der flachbogig geschlossenen Nische vor dem eigentlichen Spitzbogentor, bewegte sich in Nuten, die in die Hausteinleibungen der Nische ein-

Abb. 182. Das herabgelassene äussere Fallgatter des Spalentors zu Basel.
Alte Photographie. — Denkmalpflege Basel.

gelassen sind, und konnte nach oben in einen Mauerschlitz hochgezogen werden, vielleicht von der Nische aus, die sich im ersten Turmobergeschoss in der Aussenmauer befindet und in die der Mauerschlitz mündet (vgl. Schnitt Abb. 179). Zum Heben des Gatters diente eine gleichfalls noch erhaltene Winde (Abb. 185, S. 266), über die ein am Gatter oben befestigtes Seil lief. Heute ist dieses Fallgatter unbeweglich montiert; die Abbildung 182 zeigt es anlässlich von Wiederherstellungsarbeiten herabgelassen.

Später, analog der datierten Anlage am St. Johanntor (vgl. Abb. 222/24, S. 296/97), wohl um 1582, wurde an der Innenseite der Turmaussenmauer eine

Abb. 183. Das herabgelassene innere Fallgatter des Spalentors zu Basel.
Alte Photographie. — Denkmalpflege Basel.

zweite Durchfahrtssperre eingebaut. Sie besteht aus zwölf einzeln beweglichen, an den gespitzten Enden mit Eisen beschlagenen schweren Eichenpfählen, die zwischen wagrechten Führungsbalken in einem nachträglich ausgebrochenen Schlitz des Gewölbes hängen. In Friedenszeiten waren die Fallbalken, die an ihrem oberen Ende Eisenringe tragen, mit Seilen an den Ringen eines Querbalkens aufgehängt; für die Kriegsbereitschaft wurden sie losgemacht und jeder Pfahl mittels einer Kerbvertiefung auf einen etwa 0,50 m langen eisernen Riegel aufgehakt, dessen Schwenkung den augenblicklichen Fall des Balkens auslöst (vgl. Abb. 184, S. 266).

Die aufgezogenen Fallbalken des inneren Fallgatters.   Alte Photographie.   Denkmalpflege Basel.

Die Aufzugwinde für das äussere Fallgatter. — Alte Photographie. — Denkmalpflege Basel.
Abb. 184 und 185. Von den Verschlussvorrichtungen des Spalentors zu Basel.

Abb. 186. Die Torflügel des Spalentors zu Basel von innen gesehen.
Alte Photographie. — Denkmalpflege Basel.

Das *zweiflügelige Tor* aus Eichenholz, hinter dem beweglichen Fallgatter, zwischen gemauerten, das Kreuzgewölbe des Torwegs durchschneidenden Pfeilern nach innen verlegt, steckt mit seinen Zapfen oben und unten in mächtigen Steintrommeln. Die Flügel bestehen aus je drei Bohlen mit breiten Anschlag- und Deckbrettern, die innen, unten und über den Verschlussquerbalken durch wagrechte und schräg eingelassene Hölzer mit vorstehenden Zapfen zusammengehalten werden. Im unteren Teil der Torflügel sind ein schmales Pförtchen mit noch erhaltenem Verschluss und ein Guckloch eingeschnitten.   *C. H. Baer, Gustav Schäfer.*

Der Skulpturenschmuck des Haupttores.
I. Die älteren Teile.

Der Torturm zeigte ursprünglich als einzigen plastischen Schmuck die Hoheitszeichen der Stadt. Das *Baslerwappen der Westfront* (Abb. 187), mit den ausdrucksvoll stilisierten schildhaltenden Löwen aus einer roten Sandsteinplatte (H. 109 cm, Br. 140 cm) ausgehauen, ist in einen, im Mauerwerk vertieften Rahmen (H. 140 cm, Br. 165 cm) knapp über dem Scheitel des Torbogens eingelassen[1]). Es wird von einer horizontalen, aus der Mauerbosse gewonnenen Rahmenleiste (Br. 207 cm) überdacht, die seitlich beiderseits kurz nach unten abbiegt und in Fratzen endigt. Der ursprünglich plastische Baselstab des Schildes ist, vermutlich zur Revolutionszeit, weggemeisselt und später durch einen gemalten ersetzt worden. In früherer, nicht genauer zu bestimmender Zeit hoben sich die Löwen vergoldet von blauem damasziertem Grunde ab[2]).

An der Ostfront sitzt mit der Spitze genau im Scheitel des Torbogens ein einfacher *Baselschild* (H. ca. 50 cm)[3]) mit moderner Bemalung (vgl. Abb. 186, S. 267).

Schliesslich zeigt der kreisrunde *Schlußstein* (aus rotem Sandstein; Dm. ca. 60 cm)[3]) des Kreuzgewölbes in der Durchfahrt (Abb. 188) sehr reizvollen plastischen Schmuck. Ein senkrecht gestellter, mit der westwärts gerichteten Spitze den Kreisumfang berührender Baselschild reicht bis etwa $^2/_3$ Höhe. Darüber, leicht nach rechts verschoben, erscheint der Oberkörper eines schildhaltenden Engels, dessen Kopf weich nach links neigt. Der linke Arm mit weitem Ärmel ist sichtbar; der rechte greift hinter dem Schilde durch und lässt nur die Hand am Schildrand sehen. Die Flügel folgen beiderseits der Kreislinie und reichen bis fast zur Schildspitze. Die Figur, obwohl den Engeln an den Konsolen der Westfrontfiguren in grossen Zügen verwandt, zeigt doch merklich älteren Charakter, namentlich im streng gekniffenen Mund mit den seitlichen Lächelfalten und in der strengeren Stilisierung von Haar und Gewand; deutliche Anklänge an das 14. Jahrhundert. Verschieden ist auch die Andeutung des Gewandsaumes am Halsausschnitt: plastisch am Schlußstein, durch Farbe bei den Konsolenengeln (vgl. die Abb. 190—195, S. 273—275). — Die jetzige Bemalung ist modern.

Alle drei Teile sind mit dem Mauerwerk in festem Verband, gehören also zweifellos zum ursprünglichen Bau und geben stilistisch Fixpunkte für die Zeit um 1400 ab.

---

[1]) Die Mauer ist hier (vor dem Schlitz für das Fallgitter) nur 38 cm stark. Vgl. die Aufnahmen Abb. 174, S. 256 und 179, 259. — Vgl. auch S. 260 sowie S. 250, Anm. 2.

[2]) Vgl. Anm. 3., S. 272.

[3]) Die Masse konnten hier nicht an Ort und Stelle abgenommen, sondern nur annähernd aus den Aufnahmen von R. Visscher van Gaasbeek 1900 (auch bei K. Stehlin in Festschrift zum 400. Jahrestage des ewigen Bundes zwischen Basel und den Eidgenossen, Basel 1901, Taf. XLV) und A. Peter, Staatsarchiv Basel, Basler Denkmalpflege III (vom Oktober 1920) ermittelt werden. Vgl. Abb. 173, 179 und 180, S. 256, 259 und 261.

Abb. 187. Das Baslerwappen an der Westfront.

Abb. 188. Der Gewölbeschlußstein in der Durchfahrt.

II. Die jüngeren Teile.

In etwas späterer — urkundlich nicht festgestellter — Zeit sind an der leeren Mauerfläche über dem Torbogen der Westfront drei Figuren eingefügt worden[1]) (Abb. 189). Über dem Baslerwappen steht die Stadtpatronin *Maria mit dem Kinde;* links und rechts je ein *Prophet*[2]), alle drei auf figurengeschmückten Konsolen und von Baldachinen überhöht. Die Figuren sind aus rotem Sandstein, zu drei Vierteln vollplastisch gearbeitet, an der flachen Rückseite mit einfachen Haken und Ösen an der Mauer festgehalten.

Maria: H. 218 cm; Konsole H. 48 cm, Br. 73 cm; Baldachin bis zur Kreuzblume H. 226 cm. — Prophet links: H. 186 cm; Konsole H. 52 cm, Br. 54,5 cm; Baldachin H. 224 cm. — Prophet rechts: H. 197 cm; Konsole H. 52 cm; Br. 54,5 cm; Baldachin H. 226 cm.

Maria (Tafel 16) steht in anmutig freier Haltung, frontal, das gekrönte Haupt leicht nach links dem Kinde zu geneigt, das auf ihrem linken Arme sitzend mit den Fingern ihrer Hand spielt. Mehrfach gestuftes, üppiges Faltenwerk des Mantels betont diese Seite; nach unten fliessen die Mantelfalten nach links und vollenden die weich geführte S-Linie der Figur. Diese steht auf einer Wolkenbank, an der vorn unter der abwärts gerichteten Mondsichel ein reizvolles spitziges Frauengesicht erscheint (Abb. 194, S. 275). Die Konsole (Abb. 194) ist reicher als die beiden seitlichen: fünf Engel mit Musikinstrumenten (von links nach rechts Fiedel, Portativorgel, Hackbrett, Laute und Schalmei[3])) schmücken in reichem Licht- und Schattenspiel die Flächen der Konsole. Ihre Unterseite (Abb. 195, S. 275) trägt nochmals eine Mondsichel mit einem nach der Mauer blickenden Profilkopf gröberer Art.

Die beiden Prophetenfiguren (Tafel 17) zeigen viel einfachere Haltung. Die Körper stehen gerade und unbewegt; nur die Köpfe sind, etwas abrupt, Maria zugewendet. Dazu kommt freilich die freiere Bewegung der Spruchbänder. Einfacher sind auch die Konsolen (Abb. 190—192, S. 273) mit je

---

[1]) Die spätere Einfügung konnte ich 1931 durch technische Beobachtungen feststellen: Technische Gründe: 1. Das Mittelstück der Rahmenleiste über dem Baslerwappen ist — aus anderem Stein — nachträglich eingesetzt und später (wohl durch den Druck der Figur — vor der dünnen Mauer!) aus seiner Lage verschoben (in Abb. 187 sichtbar). 2. Der Tragequader der Marienkonsole und der darunter stehenden Stütze sitzen nicht bündig im Mauerwerk (in Abb. 194 sichtbar). 3. Der Tragequader des Marienbaldachins vermeidet sorgfältig ein Anschneiden des Entlastungsbogens. 4. Seine Fugen unterscheiden sich auf der Rückseite (vom Innern des Turmes zugänglich) deutlich von den Fugen des übrigen Mauerwerks. 5. Die (separat gearbeitete) Galerie dieses Baldachins stösst mit glatter Fuge an den Bogenschlussstein (keine Mauerbosse!). 6. *Vielleicht* ist beim Anbringen der Figuren eine Rustizierung der Mauer entfernt worden, vgl. 260 und Stehlin in Festschrift, S. 322. — Stilkritische Gründe: 1. Rohes Einschneiden der Fialen über den Propheten in die Rundbogen unter der ersten Galerie. 2. Deutlich jüngere Schildform an der Konsole unter dem Propheten rechts (Schild der Konsole links falsch ergänzt) gegenüber den Schilden der älteren Teile. 3. Stilverwandtschaft der Figuren mit den nach 1421 entstandenen Figuren des Münsterwestgiebels. — Spätere Einfügung bereits von Stehlin in Festschrift S. 322 und M. Wackernagel, Basel, Leipzig 1912, S. 64, angenommen.

[2]) Der eine wohl sicher Jesaja („Ecce virgo concipiet et pariet filium", Jes. 7, 4), der andere vielleicht Micha (Mich. 5, 2)?

[3]) Eduard Bernoulli, Alte volkstümliche Musikinstrumente in deutschschweizerischen, besonders in baslerischen Darstellungen. Basler Zeitschrift für Geschichte und Altertumskunde, Bd. XVII, Basel 1918, S. 195—224 (198).

Abb. 189. Der plastische Schmuck an der Westfront des Spalentors zu Basel.

zwei schildhaltenden Engeln. Die linke weist an der Unterseite (Abb. 192, S. 273, die auch den lockeren Schwung der Gewänder recht erkennen lässt) eine sechsblätterige Rose auf; die Unterseite der rechten zeigt eine Blattwerkmaske.

An allen Figuren sind viele Teile im Jahre 1892 in weissem Sandstein ersetzt worden[1]), zwar nach Abgüssen der Originale[2]), aber in so stark vergröberten Formen, dass sie den Eindruck der Figuren stark beeinträchtigen. Namentlich stören die viel zu gross und plump ergänzten Hände.

Die Ergänzungen sind im wesentlichen folgende[3]): An der Maria beide Hände und das (früher längere) Zepter, die Hände des Kindes. Am Propheten links der Mützenzipfel, beide Hände, fast das ganze Spruchband, wenige Mantelfalten, der untere Drittel des Schildes an der Konsole. Am Propheten rechts der Bart, die rechte Hand, fast das ganze Spruchband, wenige Mantelteile. An allen Baldachinen viele Krabben. Von acht Händen der Hauptfiguren ist also nur eine — die Linke des Propheten rechts — alt! Eine weitere — die Linke des Propheten links — ist noch erhalten[4]).

Bei den Restaurierungsarbeiten im Juni 1931[5]) konnten nach Entfernung des neueren Anstrichs vielfach kleine Reste älterer Polychromierung an den Figuren und am Baslerwappen festgestellt werden; sie genügen jedoch nicht zu einer sicheren Rekonstruktion der ursprünglichen Bemalung und lassen sich auch zeitlich nicht mit Sicherheit festlegen[6]).

Der Verteilung der Figuren auf der Mauerfläche ist ein recht glücklicher Kompositionsgedanke zugrunde gelegt. Indem die Aufstellung frei dem Zuge des flachen Entlastungsbogens folgt — unterstreichen doch die Baldachine geradezu Scheitel und Ansätze des Bogens — ist für die Maria eine dominierende, über der hochgewölbten Mondsichel frei schwebende Stellung gewonnen, die durch den wechselseitigen Kontrapost in den Propheten noch gehoben wird. Die Stützpunkte, die Konsolen, stehen an leicht aufzufassenden Stellen über und neben dem Rahmen des Stadtwappens. In der riesigen Baumasse des ganzen Tores (das Vortor ist für diese Zeit wegzudenken!) wirken die Figuren freilich dünn genug. Doch muss mit der Wirkung verschwundener Malerei gerechnet werden; wenigstens ein breiter Strahlenkranz um die Maria ist nachweisbar[7]) und in Spuren 1931 auch wieder zum Vorschein gekommen. Infolge der nachträglichen Aufstellung der Figuren hat sich allerdings die eben beschriebene Komposition nicht ohne Gewaltsamkeiten durchführen lassen. Die Baldachinfialen stossen gänzlich unorganisch in die Rundbogen unter der Galerie hinein, die Maria steht viel zu dicht unter

---

[1]) Gütige Mitteilung von Herrn Dr. K. Stehlin.
[2]) Die Abgüsse fast alle erhalten; Juli 1931 in einem Gelass im Südturm des Spalentors. Sie sind höchst wichtige Zeugnisse für den früheren Bestand.
[3]) Über die Ergänzungen und die erhaltenen alten Farbspuren habe ich am 11. Juni 1931 eine genaue Bestandesaufnahme hergestellt. Ein Exemplar im Archiv der Öffentlichen Basler Denkmalpflege.
[4]) Juli 1931 bei den in Anm. 2 erwähnten Abgüssen aufbewahrt.
[5]) Die Arbeiten sind noch nicht abgeschlossen. Beabsichtigt ist 1. eine Erneuerung des Verputzes an den Seitentürmen, 2. Freilegung des Sandsteins am Mittelturm, 3. eventuell Herabnahme der drei Figuren und Aufstellung im Historischen Museum; sie würden am Tor durch Kopien ersetzt (im August 1932 noch nicht entschieden).
[6]) Vgl. Anm. 3.
[7]) Auf dem in Abb. 166, S. 245 wiedergegebenen Oberstück einer Scheibe aus der zweiten Hälfte des 16. Jahrhunderts im Historischen Museum Basel, Inv. Nr. 1895, 69, vgl. Katalog des Historischen Museums III, Glasgemälde, Basel 1901, Nr. 43 (Abb. 166, S. 245).

Abb. 190. Konsole des Propheten links.   Abb. 191. Konsole des Propheten rechts (südlich).

Abb. 192. Untersicht der Konsole des nördlichen Propheten.

Die Konsolen der Prophetenstatuen an der Westfront des Spalentors zu Basel.

ihrem Baldachin, und an den Prophetenbaldachinen stört der unvermittelte Übergang vom Sechseck zum Viereck der Fialenkörper[1]).

---

[1]) Der Prophet links ist kleiner als der rechte; um auszugleichen hat man zwischen Konsole und Figur und ebenso zwischen Baldachin und Fialenkörper je eine Platte von ca. 5 cm Höhe eingeschoben! (vgl. Abb. 190 und 191).

Abb. 193. Die Madonna am Westgiebel des Münsters zu Basel.
Untersicht auf die Konsole.

Im einzelnen ist qualitativ die Marienfigur den Propheten weit überlegen. Die zierlich spitzige, ganz leicht pretiöse Feinheit der Gesichtszüge, die meisterhaft zarte Führung der Flächen (die erst seit der Entfernung der

Abb. 194 und 195. Ansicht und Untersicht der Marienkonsole
an der Westfront des Spalentors zu Basel.

Farbe rein sichtbar geworden ist) und der sehr gross gesehene weiche Fluss der Mantelfalten sichern ihr den ersten Rang im damaligen plastischen Schaffen in Basel.

Die Prophetenfiguren, obwohl etwa ihre Köpfe recht achtbare Leistungen sind, stammen von wesentlich schwächerer Hand. Eine Vergleichung ihrer Gewandführung mit der bei der Maria lehrt das deutlich genug. Trotzdem bilden sie, und auch die Engel der Konsolen, mit der Maria zusammen eine stilistisch fest umrissene, gegen die älteren Teile am Spalentor deutlich fortgeschrittene Gruppe.

Daher ist zunächst der Schulzusammenhang der Konsolenengel mit den musizierenden Engeln am Fischmarktbrunnen nicht zu eng zu fassen[1]). Viel enger und von grösster Wichtigkeit ist dagegen die Verwandtschaft mit den Figuren am Westgiebel des Basler Münsters[2]). Der Kopf des Propheten rechts stimmt z. B. mit dem des Kaisers Heinrich fast Zug um Zug überein, der Lautenengel unter der Münstermadonna schliesst sich sehr eng an die Konsolenengel des Spalentors an, und die Faltenanordnung bei derselben Madonna, ihr Kind und das Spruchband geben unmittelbare Parallelen zu der Spalentorplastik ab, wie das neuere photographische Aufnahmen eben jetzt wieder bestätigt haben (vgl. Abb. 193, S. 274); dagegen stehen die Fischmarktfiguren doch weiter abseits. Auch die Baldachine zeigen am Münster und am Spalentor sehr ähnliche Formen. Freilich ist am Münster im allgemeinen die Qualität um mehrere Grade geringer.

Eine treffende neuere Ansicht[3]) verbindet die Spalentormadonna mit einer Gruppe mittelrheinischer Tonmadonnen[4]). Damit ist noch kein Herkunftsnachweis für den unbekannten Meister, aber doch eine sehr einleuchtende Lokalisierung seines Stils gewonnen.

Die Spalentorfiguren sind nachweislich jünger als das Tor[5]). Die nahe verwandten Münstergiebelplastiken sind urkundlich zwischen 1421 und 1428, vielleicht zwischen Ende 1421 und Anfang 1423 entstanden[6]). Die weiter

---

[1]) Die Engel am Fischmarktbrunnen sind eher noch jünger; jedenfalls verschieden. Vgl. ausser dem freieren Gesichtsausdruck namentlich die gänzlich aufgelockerten Flügelumrisse am Brunnen, während die Umrisse der Flügel bei den Spalentorengeln streng geschlossen sind. Auch ist am Brunnentambour die Architektur eher entwickelter als an den Baldachinen am Tor. Zur Frage siehe I. Futterer, Gotische Bildwerke der deutschen Schweiz, Augsburg 1930, S. 111; Stehlin in Festschrift, S. 354.

[2]) Abgeb. in Basler Münsterphotographien von Bernhard Wolf, herausgegeben von K. Escher, Basel, Serie 4, Nr. 49. Im Scheitel sitzende Maria mit Kind, auf Engelskonsole, deren Unterseite — wie beim Spalentor — eine Mondsichel zeigt! Weiter unten links Kaiser Heinrich, rechts Kaiserin Kunigunde. Der Hinweis auf die Verwandtschaft schon bei R. F. Burckhardt, Basler Plastik aus der Zeit der Spätgotik im Jahresbericht des Historischen Museums Basel, Basel 1910, S. 31, Anm. 1 b; Wackernagel, Basel, S. 66 und Futterer, Gotische Bildwerke, S. 39 und 111.

[3]) I. Futterer, Gotische Bildwerke, S. 39.

[4]) Am besten übersichtlich und mit Literatur bei H. Wilm, Gotische Tonplastik in Deutschland, Augsburg 1929, S. 64 ff. Wichtig sind namentlich: 1. „Weinschrötermadonna", Hallgarten, Kirche, aus Ton, H. 113 cm, um 1415, Abg. Wilm, Abb. 89, 90; 2. Madonna aus Kloster Eberbach, Paris, Louvre, aus Ton, H. 100 cm, um 1415, Abg. Wilm, Abb. 91; 3. Madonna aus Dromersheim, Berlin, Kaiser Friedrichs-Museum, aus Ton, H. 112 cm, um 1420, Abg. Wilm, Abb. 92. — Daneben vermögen weder Burckhardt's (Basler Plastik, S. 31, Anm. 1 b) Hinweis auf die Maria vom Südportal der Wallfahrtskirche in Hal (Abg. Belgische Kunstdenkmäler, herausg. von P. Clemen, Bd. I, München 1923, Taf. 30, bei S. 224) noch Pinder's (Die deutsche Plastik vom ausgehenden Mittelalter bis zum Ende der Renaissance, Wildpark-Potsdam o. J., S. 141) Hinweis auf Ulmer Bauplastik zu überzeugen.

[5]) Der „terminus ante quem" 1408 (Futterer, Bildwerke, S. 40) fällt also dahin.

[6]) Daten bei K. Stehlin, Baugeschichte des Basler Münsters, Basel 1895, S. 181, 187, 191, 192.

Tafel 15

Ansicht des Spalentors zu Basel von Südwesten
Bleistiftzeichnung von Domenico Quaglio. — Staatsarchiv Basel

Die Marienstatue um 1420
an der Westfront des Spalentors zu Basel

Tafel 17

Die beiden Prophetenstatuen um 1420
an der Westfront des Spalentors zu Basel

Tafel 18

Die Schildhalter an den Mittelzinnen des Vortors vom Spalentor zu Basel
Nach den Gipsabgüssen.

verwandte mittelrheinische Gruppe wird glaubhaft um 1415—1420 angesetzt[1]). Danach dürfte sich für die Spalentorfiguren eine stilkritische Datierung um 1420 rechtfertigen lassen[2]). *Fritz Gysin.*

Der bauliche Bestand des Spalen-Vortors.

Das *Vortor des Spalentors*, nach den Ratsrechnungen 1473 und 1474 von JAKOB SARBACH erbaut[3]), bildet eine mauergeschützte Fortführung des Torwegs als Damm in den Stadtgraben hinaus. Dadurch wurde an dieser Stelle die Grabenbreite verringert und die Anlage einer Fallbrücke möglich. Heute ist nur der Teil der Vortoranlage sichtbar, der über das Strassenniveau sich erhebt. Er stellt einen rechteckigen Mauerhof dar, der nach aussen, gegen die Missionsstrasse, durch Tor und Nebenpforte sich öffnet und hier, nördlich und südlich von steil ansteigenden Streben gestützt wird. Seine wichtigsten Abmessungen sind folgende:

Breite ohne die Streben 9,00 m; äussere Tiefe 8,40 m; Höhe der Mauern bis Zinnenoberkante 6,50 m; Dicke der Mauern ca. 0,90 m; Torweite 3,70 m.

Die seitlichen Mauerflächen des Spalen-Vortors sind heute verputzt; die Frontmauer besteht aus glatt bearbeiteten Quadern in rotem Sandstein aus Degerfelden in sorgfältigem Verband; auch alle Architekturteile und Skulpturen waren und sind in rotem Sandstein ausgeführt.

Das im Halbkreis geschlossene Haupttor mit glatten Gewänden liegt versenkt in einer rechteckigen Umrahmung, die zur Aufnahme der aufgezogenen Fallbrücke diente. Zum Durchlass ihrer Zugseile oder -ketten waren über den beiden senkrechten Nischenrändern zwischen je zwei Konsolen des Abschlussfrieses Öffnungen ausgespart, von denen die nördliche bei der Restauration Ende des 19. Jahrhunderts irrtümlich zu weit nach aussen versetzt wurde. Von aussen gesehen links vom Haupttor befindet sich ein gut mannshohes schmales Pförtchen mit geradem Sturz, innen und aussen nur von einer Anschlagnute umrahmt; auf der anderen Seite des Tors durchbricht eine hochrechteckige Schießscharte die Mauer. In den Flankenmauern ist jeweils eine Schlüsselscharte und nah dem Anschluss an den Torturm je eine quadratische Schussöffnung mit innen und aussen einseitig nach vorwärts abgeschrägten Leibungen eingebaut (vgl. Grundriss Abb. 174, S. 256).

Die Höhe der Vortormauer war festgelegt; einmal durften die Verhältnisse der Torturmfassade und die Aussicht auf ihren Skulpturenschmuck nicht gestört werden; anderseits bestimmte die Länge der Fallbrücke die Höhe des Tors. Der zur Verfügung stehende Spielraum zwischen der Portal-

---

[1]) Von H. Wilm, vgl. S. 276, Anm. 4.
[2]) Ähnlich urteilen Wackernagel, Basel, S. 65, Burckhardt, Basler Plastik, S. 31, Anm. 1 b. Die an sich naheliegende Annahme, die Figuren seien anlässlich des Konzils aufgestellt worden, lässt sich mit dem stilistischen Befund doch wohl nicht vereinigen. Ich hoffe, die ganze Frage später an anderer Stelle eingehend behandeln zu können.
[3]) Vgl. S. 251, Anm. 1.

höhe des Vortores und der Sockelhöhe der Statuen am Spalentor ist sehr gering (etwa drei Meter); trotzdem verstand es JAKOB SARBACH, eine vollkommene Lösung zu finden.

Unmittelbar über der wagrechten oberen Portalrahmung des Vortores setzt der Konsolenfries an, und auf ihn folgt fast unmittelbar der Zinnenkranz; der sonst übliche Mauerkörper unter den Zinnenzähnen ist auf ein schmales Band zusammengezogen. Derjenige, der das Vortor von aussen betrachtet, nimmt an, dass dort, wo der Konsolenfries nach oben mit einer waagrechten Leiste endet, in gleicher Höhe hinter den Zinnen der Laufgang (Mordgang) ansetzen müsse, eine Vorstellung, die durch die auf den beiden Mittelzinnen dargestellten schreitenden Figuren verstärkt wird. Dem ist nicht so! Wie der Schnitt (Abb. 179, S. 259) zeigt, liegen die möglichst dünnen steinernen Bodenplatten des Mordganges etwa in der Mitte des Konsolenfrieses und seine Konsolenträger unmittelbar über der Scheitellinie des Torbogens. Eine tektonische Korrespondenz der äusseren und inneren Bauglieder fehlt.

Ausser den beiden mit Figurenreliefs gefüllten mittleren Zinnen der Frontseite sind alle anderen mit komplizierten *Schiessscharteneinrichtungen* versehen: Entweder feste Schussöffnungen mit ausgeklügelten Winkelzügen (nördlichste Eckzinne der Frontseite und die erste Zinne der anschliessenden Flankenseite, die noch dazu einen erkerartigen Ausbau hat), oder Schiessscharten mit eingebauten, um ihre Axe drehbaren, von einer weiteren Scharte durchbohrten Steintrommeln (sämtliche Zinnen ausser den genannten), oder beides miteinander (südliche Eckzinne der Frontseite). Andere Scharten am Boden des Laufgangs, die schräg nach unten zwischen den Konsolen des Bogenfrieses münden, dienten zur Bestreichung des Grabens. Verglichen mit den massiven Schussöffnungen in den Seitenmauern des Vortores erscheinen diejenigen des Zinnenkranzes als zierliche Blendstücke. Für ihre militärische Bedeutungslosigkeit spricht auch der Umstand, dass die Mauer zwischen den Zinnen nur etwa die Höhe eines Meters über dem Laufgang erreicht, so dass die Verteidiger direkter Beschiessung ausgesetzt gewesen wären.

Der *Konsolenfries* ist durch senkrecht über den Konsolen aufsteigendes Stabwerk und die Querleiste unter den Zinnen in rechteckige Felder eingeteilt; sie sind durch flache Kielbogen mit Nasen- und Krabbenschmuck gefüllt, deren Spitzen das obere Hohlkehl-Gesimse[1]) durchdringen. Die Senkrechten des Frieses und der Zinnen entsprechen einander nicht. An der Frontseite des Vortors ist die Verteilung der Zinnen und Konsolen-Abstände symmetrisch zur Mittelachse angeordnet, ähnlich wie bei den Dachzinnen des Basler Rathauses; an den Seitenmauern, wo vier Zinnen mit drei Lucken fünf Bogenfeldern entsprechen, fehlt eine Korrespondenz der beiden übereinander angeordneten Bauglieder völlig. *C. H. Baer, Gustav Schäfer.*

---

[1]) Ein Stück dieses Bogenfrieses aus rotem Sandstein wird im Historischen Museum Basel aufbewahrt, Inv. Nr. 1906. 3618. Höhe = 60 cm, Breite = 116 cm.

Der Skulpturenschmuck des Spalen-Vortors.

Der *Skulpturenschmuck* des Spalen-Vortores ist ausserordentlich reich, entspricht der Bedeutung des Torbaus, lässt aber gleichzeitig wiederum erkennen, dass der Tor-Erweiterung von Anfang an weniger praktische als repräsentative Bedeutung zukam. Sämtliche Konsolen der Aussen- und Innenseite des Vortors, die profilierten wie die mit glatter Untersicht, die unter dem Bogenfries wie jene unter dem Laufgang, waren mit Bildwerk geschmückt, mit Heiligenfiguren, Schildhaltern, Tieren, Köpfen und Grotesken (Menschen und Fabelwesen). Allerdings sind alle Bildhauerarbeiten, die sich heute am Bau befinden, moderne Kopien oder Neuschöpfungen[1]); der grösste Teil der oft bis zur Unkenntlichkeit verwitterten Originale wird im Historischen Museum Basel aufbewahrt. Es sind, soweit der Erhaltungszustand die Form nicht zu sehr beeinträchtigt, Skulpturen von der ganzen Frische und Fröhlichkeit des letzten Viertels des 15. Jahrhunderts (Abb. 196—205, S. 280—281); sie lassen sich in vier Gruppen scheiden:

I. *Zwölf Konsolen* aus rotem Sandstein vom Bogenfries der Aussenseite des Spalen-Vortors, die auf der Untersicht hinter den aufgelegten Skulpturen mit Wassernase, Welle und Hohlkehle zwischen zwei Plättchen lebhaft profiliert sind. Höhe = 30 cm, Breite = 25 cm, Tiefe = 26 cm. — Historisches Museum Basel, Inv. Nr. 1906. 3619—3630. — Ihr Skulpturenschmuck ist folgender:

3619. Engel in ganzer Figur, stark zerstört.
3620. Engel in ganzer Figur mit einem Spruchband; Gesicht zerstört.
3621. Heilige in ganzer Figur, die sich mit der Rechten auf einen Turm stützt; Gesicht zerstört (St. Barbara).
3622. Kopf eines Mannes mit Vollbart und wallendem Haar (Abb. 196).
3623. Heilige, ganze Figur, mit einem Rad in der Rechten und einem Schwert in der Linken (St. Katharina) (Abb. 198, S. 280).
3624. Vogel in ganzer Figur von vorn gesehen, der Kopf fehlt (Pelikan?).
3625. Narr in ganzer Figur mit Schellenkappe und Dudelsack[2]) (Abb. 197).
3626. Vierfüssiges Tier (Esel?), ganze Figur, aufrecht stehend und nach rechts unten blickend[2]).
3627. Mann, in ganzer Figur, mit Baselschild in den Händen (Abb. 199).
3628. Menschliche Figur, fast unkenntlich verwittert.
3629. Eckstück, Oberkörper eines Mannes mit Vollbart und langem Haupthaar, der einen Baselschild hält (Abb. 200, S. 280).
3630. Eckstück, mit grotesker ganzer menschlicher Figur mit einem Baselschild in den Händen (Abb. 204, S. 281).

II. *Zwei Konsolen* aus rotem Sandstein vom Bogenfries der Aussenseite des Spalen-Vortors, bei denen die Skulpturen auf glatten Schrägen aufliegen.

---
[1]) Vgl. S. 252.
[2]) Abgebildet in noch besserem Erhaltungszustand, Festschrift, Basel 1901, Tafel LXI.

Abb. 196

Abb. 197

Konsolen-
Skulpturen am
Äusseren des
Spalen-Vortors.

Abb. 198

Abb. 199

Abb. 200

Abb. 201

Abb. 202

Abb. 203

Konsolen-Skulpturen
am Äusseren
und Inneren
des Spalen-Vortors.

Abb. 204

Abb. 205

Höhe = 30 cm; Breite = 25 cm, Tiefe = 30 cm. — Historisches Museum Basel, Inv. Nr. 1906. 3631, 3632. — Die Skulpturen zeigen:

3631. Groteske menschliche ganze Figur, die mit beiden Händen den Mund aufreisst (Abb. 205, S. 281).

3632. Kopf (Porträt) eines Mannes von vorne (Abb. 201, S. 281).

III. *Eine Konsole* aus rotem Sandstein vom Bogenfries der Aussenseite des Spalen-Vortors. Ihre Seiten laufen leicht geschwungen und glatt ohne Skulpturenschmuck unten in einer Spitze aus. Höhe = 30 cm, Breite = 26 cm, Tiefe = 26 cm. — Historisches Museum Basel, Inv. Nr. 1906. 3633.

IV. *Sieben Konsolen* aus rotem Sandstein vom Laufgang auf der Innenseite des Vortors. Die Untersichten, auf denen die Skulpturen aufliegen, sind hier einfach abgeschrägt. Höhe = 30 cm, Breite = 25 cm, Tiefe = 36 cm. — Historisches Museum Basel, Inv. Nr. 1906. 3634—3640. — Die Bilddarstellungen sind folgende:

3634. Vierfüssiges Tier (Hund?), den Rücken kehrend, den Kopf nach links gewendet; der hintere Konsolenteil fehlt (Abb. 202, S. 281).

3635. Grotesker stehender Mann in ganzer Figur, der sich mit beiden Händen den Mund aufreisst (Abb. 203, S. 281).

3636. Vierfüssiges Tier, ganze Figur, den Rücken kehrend, stark verwittert (Salamander?).

3637. Löwe, ganze Figur, den Rücken kehrend, das Haupt nach links gerichtet; der hintere Konsolenteil fehlt.

3638. Kopf eines Mannes mit Lockenhaar und Vollbart, etwas nach links gewendet; der hintere Konsolenteil fehlt.

3639. Aufrechtstehender Löwe in ganzer Figur von vorn gesehen, der den Kopf nach rechts dreht und mit den Vorderpranken einen Baselschild hält.

3640. Salamander, ganze Figur, den Rücken kehrend; stark verwittert.

Über die einstige Anordnung dieser Skulpturen gibt allein die spätere Verteilung der Kopien einigen Aufschluss, doch können Versetzungen nachgewiesen werden. Nur an der Frontseite lässt sich heute noch eine gewisse Gruppierung der Einzelmotive erkennen. Nach den beiden Eckfiguren mit Schilden folgten beidseitig Konsolen mit Pelikanen. Über der Toreinfahrt reihten sich von Nord nach Süd Heilige, Narr, Engel mit Schild, Heilige und Engel aneinander, wobei zu beachten ist, dass die zweite und dritte nördliche Konsole, Pelikan und Heilige, wie die Schießscharten, vertauscht sind[1]).

---

[1]) Grosse Ähnlichkeit mit den Konsolen-Bildwerken des Spalen-Vortors zeigt eine Deckenkonsole aus Stein im Erdgeschoss des Flügelgebäudes des Zerkindenhofes (Nadelberg 10). Auf ihrer Unterseite hält eine Engelsfigur zwei Schilde mit den Wappen des Konrad Hehl (rechts) und seiner Frau Greda Mennlin (links), die das Haus um 1480 besassen. — Abgebildet: Bürgerhaus des Kantons Basel-Stadt, I. Teil, Zürich 1926, Tafel 35, Abb. 7, Text S. XXVIII. Vgl. die Konsole mit groteskem Schildhalter (Engel), Abb. 204, S. 281.

Das Historische Museum Basel besitzt einen Bodenfund aus der Nähe des Spalentores (Inv. Nr. 925, 187), eine Konsole mit hockender Figur. Stilistisch und metrisch lässt sie sich jedoch nicht den Originalen der Vortorskulpturen zuweisen.

Die beiden Mittelzinnen der Frontseite des Spalenvortores sind mit je einer Figur in Hochrelief gefüllt, Geharnischten, von denen der eine nach rechts schreitend in beiden Händen einen leeren Stechschild trägt, der andere nach links sich bewegend mit der Rechten die Tartsche, mit der Linken ein Schwert hält. Die beiden Platten aus rotem Sandstein, deren Vertiefung seitlich einfach gekehlt, unten und oben ohne Rand und Profil gelassen ist (Höhe = 115 cm, äussere Breite = 83 cm, innere Breite = 59 cm) befinden sich stark verwittert im Historischen Museum Basel, Inv. Nr. 1906 3616 und 1906 3617. Die Abbildungen der Tafel 18 sind nach den etwas ergänzten Gipsabgüssen hergestellt.[1])

Kompositionell sind die beiden Jünglinge in ihrer Art und Haltung wie in ihrer geschickten Einpassung in die vertieften Rechteckflächen überaus interessant. Die künstlerische Mitte jedes Zinnenfeldes wird durch den Schild betont; hinter ihm ragt nach oben frontal, nach unten von der Seite gesehen, der Körper des Kriegers hervor, dessen Beine sich in der gespreizt unwirklichen Stellung, die Geisberg den „Tanzschritt" nennt, in den Diagonalen des Zinnenfeldes bewegen. Die Schildhalter erinnern in ihrer manirierten Haltung, der stereotypen Seitenneigung ihrer offenbar porträtähnlichen Köpfe, ihren langen Gliedmassen und dem aufs Knappe und Enge gerichteten Geschmack ihrer Rüstung an die Weise des Meisters E. S.[2]) und sind vielleicht nach seinen Vorzeichnungen oder nach einem seiner Stiche hergestellt worden. Die Tatsache, dass auch ULRICH BRUDER, der Tischmacher von Otwyl, der 1494 die Chorstuhlskulpturen der St. Peterskirche in Basel schnitzte, nachweisbar nach Vorlagen des Meisters E. S. gearbeitet hat[3]), lässt das durchaus wahrscheinlich erscheinen.

Die weiteren vier Zinnen der Frontseite, die Schießschartenöffnungen aufweisen, waren über diesen Öffnungen mit kleinen Schilden geziert, deren gegensymmetrische Anordnung nicht die ursprüngliche zu sein scheint.

Die elegante Detaildekoration des Zinnenkranzes in den Formen des ausgehenden 15. Jahrhunderts und der vielseitige, erzählende Schmuck der Konsolen stehen in einem gewissen, vielleicht beabsichtigten Gegensatz zu der Macht und dem Ernst des monumentalen Torturms, dürften aber auch dadurch berechtigt sein, dass sie dem Auge des Beschauers näher gerückt sind. Wie weit JAKOB SARBACH an ihrem Entwurf und ihrer Ausführung beteiligt war, lässt sich nicht bestimmen; doch ihre enge Verbundenheit mit der eigentlichen Architektur macht eine starke Anteilnahme des Baumeisters wahrscheinlich.

---

[1]) Abgebildet auch: Festschrift zum vierhundertsten Jahrestage des ewigen Bundes zwischen Basel und den Eidgenossen. Basel 1901, Tafel LXI, Text S. 353.

[2]) Dem Namen nach noch unbekannter Künstler. Kupferstecher, der in Oberdeutschland, im Elsass oder in der Schweiz tätig gewesen (1466, 1467) und gegen 1470 gestorben sein muss. — Vgl. Max Lehrs, Geschichte und kritischer Katalog des deutschen, niederländischen und französischen Kupferstichs im XV. Jahrhundert. II. Text- und II. Tafelband, Wien 1910. — Max Geisberg, Die Kupferstiche des Meisters E. S., Drei Bände, Berlin 1923, 1924.

[3]) Festschrift, a. a. O., S. 350/351, Tafel LVII (Karl Stehlin).

Quellen und Literatur.

STAATSARCHIV BASEL, Bauakten Z 12 (1800—1896); — Plan zur Korrektion der Umgebung des Spalentors, Maßstab 1:2500: I. Projekt, Verlesen im Brunn- und Bauamt 10. Juli 1866; II. Projekt, Brunn- und Bauamt 23. November 1866. Bauakten K 26, Spalengraben. — Architectura Basiliensis, Planaufnahmen von E.Visscher van Gaasbeek 1900. — Archiv der erweiterten Basler Denkmalpflege, Planaufnahmen von Alfred Peter, 1921; Photos.

SCHULCZ FERENCZ, Studien über Befestigungsbauten des Mittelalters I. In der Schweiz, Basel. Das Spalentor. Mitteilungen der K. K. Zentral-Commission zur Erforschung und Erhaltung der Baudenkmäler, XIII. Jahrgang, Wien 1868, S. 126—128; Tafel I, Abb. 1 und 2 sowie Abb. 3. — RUDOLF RAHN, Geschichte der bildenden Künste in der Schweiz, Zürich 1876, S. 431—433 und Fig. 145. — KARL STEHLIN, in: Festschrift zum vierhundertsten Jahrestage des Ewigen Bundes zwischen Basel und den Eidgenossen, 13. Juli 1901. Im Auftrag der Regierung herausgegeben von der Historischen und Antiquarischen Gesellschaft in Basel, Basel 1901. Abschnitt: Baukunst, Bildhauerei, S. 321—326, 353—354, mit Tafeln XIV—XVI (Grundrisse, Aufriss und Längsschnitt), sowie LX und LXI (Skulpturen). — BASLER DENKMALPFLEGE, Jahresbericht 1920: Basel 1921, Spalentor, S. 2—3, Tafel 1 und 2. — A. ZESIGER, Des Spalentors Lebenslauf während sechs Jahrhunderten. Nationalzeitung Basel, 7. Oktober 1928, Nr. 465, Beilage.

C. H. Baer.

Abb. 206. Mauerwerkverband am südlichen Rundturm des Spalentors.
Aufgenommen anlässlich der Restaurationsarbeiten 1901. — Photographie, Denkmalpflege Basel.

Abb. 207. Das St. Johanntor mit dem Thomasturm von Norden, um 1647.
Federzeichnung. — Staatsarchiv Basel.

III. Das St. Johanntor.
Die Bilddokumente.

1615. Ansichten des St. Johanntores auf zwei Radierungen von MATTHÄUS MERIAN D. Ä. Blick auf die St. Johannvorstadt vom rechten Rheinufer und vom Klingelberg aus. Vgl. „Das Basler Stadtbild", Abb. 65 und 66, S. 110 und S. 111.

1615, 1617, vor 1642. Ansichten des St. Johanntors auf der Federzeichnung und den beiden Vogelschauplänen der Stadt Basel von MATTHÄUS MERIAN D. Ä., vgl. „Das Stadtbild von Basel", Abb. 67—70, S. 112—115[1]).

1621. Das St. Johanntor auf einer Ansicht der St. Johannvorstadt am Schloss Klybeck vorbei, Kupferstich von MATTHÄUS MERIAN D. Ä., vgl. Abb. 72, S. 118.

Um 1647. Das St. Johanntor vom Rheinbord unterhalb der Stadt aus gesehen. Getönte Federzeichnung (198 × 320 mm), unsigniert und undatiert, bezeichnet oben rechts: „Dass S. johans Tohr". Nach Analogie der Darstellung des St. Albantores (datiert 1647, Abb. 157, S. 236) wohl um dieselbe Zeit entstanden. — Staatsarchiv Basel, Sammlung Falkeysen A 181 (Abb. 207).

1686. Grundrisspläne, Aufrisse, Schnitte und Teilansichten (teilw. Projekt) der Befestigungen unmittelbar südlich des St. Johanntores. Kolorierte Federzeichnungen. Delineation des Presthafften Gewölbs, vnd der darauf gesetzten Blattformen bey dem St. Johan Thor sambt zweyen Profilen, wie derselbigen grossen Costen zu erspahren widerumb zu helfen, vnd in die Defension zu bringen wäre. G.F.Meyer fecit 1686 (GEORG FRIEDRICH MEYER[2]), 1645—1693). — Hierzu: „Dessein

---
[1]) Die Ansichten des St. Johanntors auf den beiden Tafeln der „Topographia Helvetiae..." (1642, 1654), „Basel im Grund" und „Basel im Prospekt" (vgl. S. 121), bieten nichts Neues.
[2]) Vgl. S. 125, Anm. 1.

wie die Plattform könnte vergrössert vnd dem Presten des Gewölbes geholfen werden mit seinen Embrasuren oder Schusslöchern. Ausserdem: Grundriss der new gemachten Plattform und Gewölben bey St Johan Thor. (326 × 403, 172 × 275, 225 × 390, 325 × 405, 225 × 350). — Staatsarchiv Basel, Planarchiv A 1, 69, 70, 71, 72 (73).

Um 1700. Blick auf das St. Johanntor und in den Stadtgraben der St. Johannvorstadt. RUDOLF HUBER (1668—1748). Bleistiftzeichnung (205 × 320 mm). Vgl. „Das Basler Stadtbild", Tafel 7 und S. 125.

1745. Blick vom Stadtgraben beim St. Thomasturm (St. Johanntor) auf die Rheinschanze und auf die St. Johanniter-Kirche. EMANUEL BÜCHEL (1705—1775), signiert und datiert. Lavierte Federzeichnung (330 × 410 mm). — Staatsarchiv Basel, Sammlung Falkeysen F.

1745. Blick von der Stadtmauer (in der Gegend des heutigen Frauenspitals) gegen Norden auf das St. Johanntor und die ehem. St. Johanniterkirche. EMANUEL BÜCHEL, 1745. Getönte Federzeichnung (145 × 215 mm). Skizzenbuch, S. 90. — Kupferstichkabinett Basel, A 203.

1747. Blick vom Kleinbasler Rheinufer hinüber auf die St. Johannvorstadt mit Tor und Kirche. EMANUEL BÜCHEL (1705—1775). Getönte Federzeichnung (150 × 210 mm). Aufschrift oben rechts: St. Johannes Thor und Johanniter-Hauss zu Basel ohnweit dem Schloss Klybeck gezeichnet 1747 d 10 7bris. Skizzenbuch S. 3. — Kupferstichkabinett Basel, A 200 (Abb. 209).

1760. Blick vom Stadtgraben von Süden gegen das St. Johanntor. EMANUEL BÜCHEL (1705—1775). Getönte Federzeichnung (155 × 210 mm), oben links bezeichnet: St Johannes Thor zu Basel, gezeichnet d. 3. 8bris 1760. Skizzenbuch S. 67. — Kupferstichkabinett Basel, A 201.

1760. Blick von der Gegend des heutigen Frauenspitals in den Stadtgraben, auf das St. Johanntor und das St. Johanniterhaus mit Kirche. EMANUEL BÜCHEL (1705—1775). Getönte Federzeichnung (150 × 210 mm). Skizzenbuch S. 91. — Kupferstichkabinett Basel, A 200.

1760. Blick von der Elsässerstrasse her auf das St. Johanntor und die Stadtbefestigungen bis zum Spalentor. EMANUEL BÜCHEL (1705—1775). Getönte Federzeichnung (150 × 210 mm), oben links bezeichnet: St. Johannes Thor zu Basel, gezeichnet d. 20 7bris 1760. Skizzenbuch S. 93. — Kupferstichkabinett Basel, A 200 (Abb. 208).

1777. St. Johanntor. Blick rheinwärts. DANIEL SCHMIDT, 1777. Aquarell (110 × 150 mm). Blatt aus dem Stammbuch des Johann Rudolf Brandmüller zu Basel (Einträge von 1772 bis 1778). — Historisches Museum Basel, 1928 187.

18. Jahrhundert. St. Johanntor von Westen. ALOIS WEIS. Aquarellierte Federzeichnung (218 × 315 mm). — Staatsarchiv Basel, Hauptsammlung 5, 25.

18. Jahrhundert. Das St. Johanntor von Westen gesehen. Rötelzeichnung, unsigniert und undatiert (198 × 310 mm). — Staatsarchiv Basel, Sammlung Falkeysen, A 182 (Abb. 118, S. 189).

18. Jahrhundert. Blick vom ehem. Friedhof der St. Johannvorstadt auf das St. Johanntor. A(CHILLES) BENZ (geb. 1766). Aquarell (150 × 190 mm). — Kupferstichkabinett Basel, M 101, 35.

18. Jahrhundert. St. Johanntor von aussen. A(CHILLES) BENZ (geb. 1766). Tuschzeichnung, koloriert (168 × 215 mm). — Staatsarchiv Basel, Hauptsammlung 5. 313.

1813. Blick von Westen in den Stadtgraben und auf das St. Johanntor. JOHANN JAKOB NEUSTÜCK (1800—1867). Aquarell (320 × 257 mm), unten rechts bezeichnet: Das St. Johannesthor in Basel ad. nat. fecit. Aprile 1813. — Kupferstichkabinett Basel, Sch 69 (Abb. 210, S. 289).

Abb. 208. Blick auf die Stadtbefestigungen Basels vom Thomasturm bis zum Spalentor, 1760.
Emanuel Büchel.

Abb. 209. Blick auf die St. Johannvorstadt vom Kleinbasler Rheinufer, 1747. — Emanuel Büchel.
Getönte Federzeichnungen. — Kupferstichkabinett Basel.

19. Jahrhundert. Blick auf das St. Johanntor von aussen (Westen). Kolorierte Radierung (82 × 130 mm), unsigniert und undatiert. — Staatsarchiv Basel, Sammlung Wackernagel, F 76.
1836. Das St. Johanntor mit dem ehemaligen Gottesacker, gesehen von der St. Johannvorstadt her. P. TOUSSAINT. Aquarell (287 × 408 mm). — Staatsarchiv Basel, Sammlung Falkeysen, C 9.
1836. Blick gegen die St. Johannvorstadt von der Petersschanze. P. TOUSSAINT (295 × 413 mm). Aquarell. — Staatsarchiv Basel, Sammlung Falkeysen, C 20.
1843. Das St. Johanntor von Osten. HENRY-JOHN TERRY (1818—1880). Bleistiftzeichnung (455 × 298 mm). — Kupferstichkabinett Basel, 1915 243, Sch 74.
Um 1844. St. Johanntor von aussen. ANTON WINTERLIN (1805—1894). Federzeichnung (145 × 230 mm). Skizzenbuch S. 120. — Kupferstichkabinett Basel, 1927 444.
1861. St. Johanntor von aussen. H. MEYER. Lichtdruck von H. Besson, Basel (208 × 292 mm). — Staatsarchiv Basel, Hauptsammlung 5 189.
19. Jahrhundert. St. Johanntor von aussen. Gez. R. HÖFLE. Stahlstich v. F. Foltz, Verlag G. Lange, Darmstadt (152 × 110 mm). — Staatsarchiv Basel, Hauptsammlung 5 194.
Gustav Schäfer.

Der heutige bauliche Bestand.

Das St. Johanntor, einst ein Teil des Befestigungsgürtels der Stadt Basel, ist heute als alleinstehender Torbau erhalten; er besteht aus einem im Grundriss beinahe quadratischen Torturm mit nördlich angebautem rechteckigem Vorbau (Vortor) sowie südlich vorgelegtem schmalem und unterwölbtem Laufgang und den zu Gartenanlagen ausgestalteten Resten der östlich bis zum Rhein vorgeschobenen Schanze. Das Tor war und ist, ebenso wie das St. Albantor (vgl. S. 240 f.), architektonisch und künstlerisch einfacher als das Spalentor (S. 244 ff); seine *Hauptmasse* sind folgende:

Turm: Breite von West nach Ost 7,70 m, von Süd nach Nord 8,55 m; Mauerdicke im Erdgeschoss 1,50—1,60 m; Höhe bis zum Abschluss des Zinnenkranzes 25,60 m; Torweite 4,10 m. — *Vortor:* Breite von West nach Ost 10,00 m, von Süd nach Nord 6,60 m. — *Vorbau* (Laufgang) stadtwärts: Tiefe 3,00 m.

1862 begannen die Wiederherstellungsarbeiten am Torbau[1), in das Jahr 1873 fällt seine Isolierung[2); 1874 ist das schon früher vorgeschlagene, fast 9 m hohe Pyramidendach aufgerichtet worden. Das Vortor mit dem 1670 datierten Erker wurde 1921 renoviert.

Das Äussere. Der *Torturm*, an den vier Ecken durch Buckelquadern mit Randschlag in ungezwungener Abtreppung verstärkt, schliesst oben über einem Rundbogenfries aus Haustein auf abgetreppten Steinkonsolen mit einem heute zu einem niederen Obergeschoss umgestalteten Zinnenkranz ab und trägt das moderne, von einem quadratischen Dachreiter bekrönte, spitze Pyramidendach. Auch die kreisrunden Zifferblätter der Uhr unter dem Konsolenfries sind neu. Die ehemals landwärts, heute gegen die Elsässerstrasse schauende Turmfront ist bis in dreiviertel Höhe ganz mit Buckel-

---

[1) Staatsarchiv Basel, Bauakten Z 13, 1862, 10. April.
[2) Staatsarchiv Basel, Bauakten Z 13, 1873, 18. Juli.

Abb. 210. Das St. Johanntor zu Basel von Westen, 1813. — Joh. Jak. Neustück.
Aquarell. — Kupferstichkabinett Basel.

quadern mit Randschlag verkleidet, die übrigen Mauerflächen sind verputzt. Fenster befinden sich, abgesehen von schmalen Schlitzen, nur auf der stadtwärts gewendeten Turmseite und zwar mit flacher Kehle profilierte, gerade abgedeckte Einzel- und Reihenfenster. Die Buckelquadern und alle sichtbaren alten Architekturteile sind in rotem Sandstein ausgeführt.

Südlich, also gegen die Stadt, ist dem Torturm in ganzer Breite ein schmaler *Vorbau* vorgelegt; er trägt einen Laufgang und wird von einem im Rundbogen geschlossenen, leicht abgefasten und im Schlußstein mit einem

Abb. 211. Das St. Johanntor zu Basel; Ansicht aus der St. Johannvorstadt, 1932.

leeren Wappenschild und der Jahreszahl 1669 versehenen Torbogen durchbrochen, den bis zum Bogenanfang seitlich zwei Streben mit schwachem Anzug stützen. An der Westseite führt eine schmale und offene moderne *Steintreppe* zum Obergeschoss des Vortores empor und zum ersten Geschoss

Abb. 212. Das St. Johanntor zu Basel. Ansicht von der Elsässerstrasse, 1932.

des Turmes, das ausserdem noch über die bereits angeführte südliche Galerie vom Plateau der ehemaligen Schanze aus zugänglich ist.

Das nordwärts gelegene *Vortor* mit einem Geschoss über dem Torweg und halbem Pyramidendach überragt im rechteckigen Grundriss die Turm-

Das St. Johanntor zu Basel.
Abb. 213 und 214. Querschnitte durch den Torturm und den Vorbau.
Maßstab 1 : 200.
Planaufnahmen von Alfred Peter, 1901.

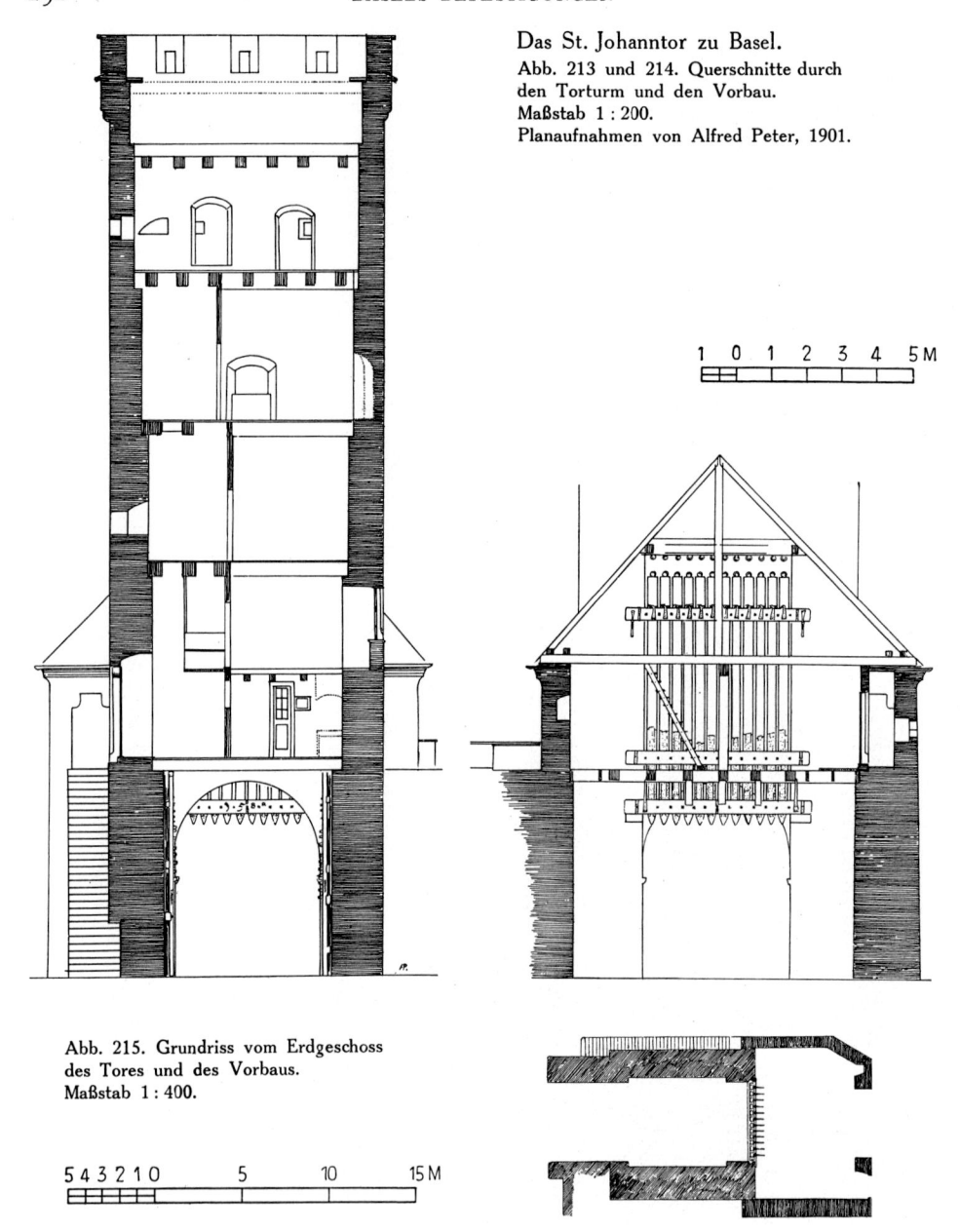

Abb. 215. Grundriss vom Erdgeschoss des Tores und des Vorbaus.
Maßstab 1 : 400.

Staatsarchiv Basel; Archiv der Denkmalpflege.

breite ostwärts und westlich, ist an der nordwestlichen Ecke abgeschrägt und hier über einer Strebe mit leichtem Anzug durch einen rechteckigen, übereck gestellten Erkerausbau betont. Auch am Vortor sind alle Mauerkanten durch Buckelquadern mit Randschlag in unregelmässiger Verzahnung

Das St. Johanntor zu Basel.
Abb. 216. Längsschnitt durch den Torturm und den Vorbau.
Maßstab 1:200.

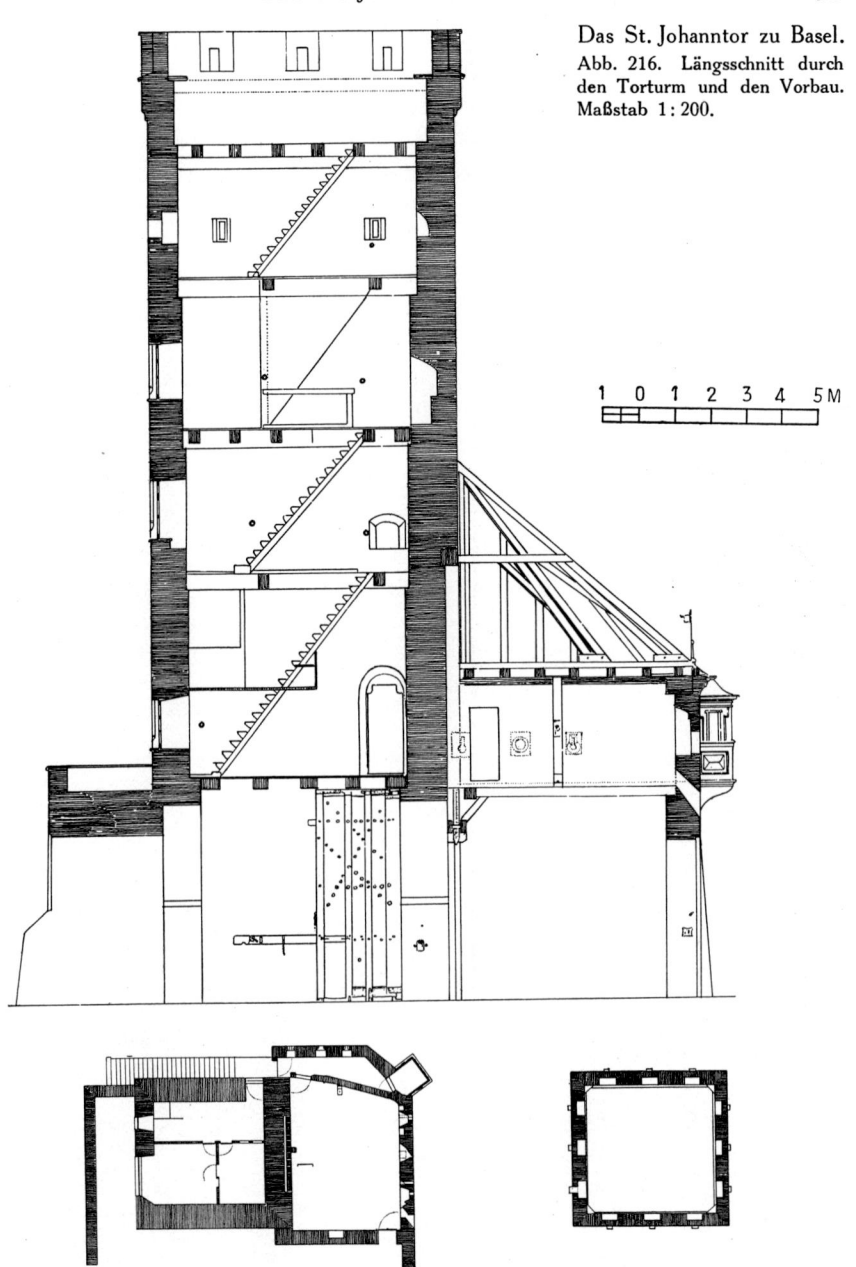

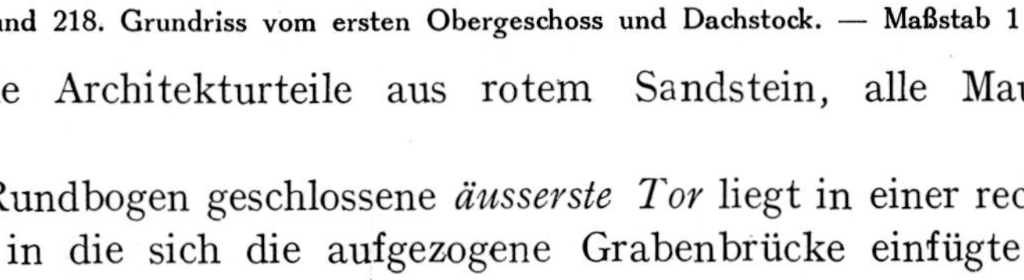

Abb. 217 und 218. Grundriss vom ersten Obergeschoss und Dachstock. — Maßstab 1:400.

verstärkt, alle Architekturteile aus rotem Sandstein, alle Mauerflächen verputzt.

Das im Rundbogen geschlossene *äusserste Tor* liegt in einer rechteckigen Mauernische, in die sich die aufgezogene Grabenbrücke einfügte; darüber befinden sich in Verlängerung der äusseren senkrechten Nischenkanten zwei schmale Mauerschlitze, in denen wohl ursprünglich die Ketten der Zugbrücke liefen. In der westlichen Leibung des Tores ist in den Stein eingelassen das Schloss der Fallbrücke noch vorhanden. Östlich des Tores öffnet sich eine schmale und niederere, rechteckig geschlossene unprofilierte Pforte, wie beim Spalen-Vortor (vgl. S. 277); in ihrem östlichen Gewände sind die drei eisernen Kloben der ehemaligen Türe erhalten. Das Obergeschoss des Vortors öffnet sich westwärts mit einer runden *Schussöffnung* zwischen zwei *Schlüsselscharten* und nordwärts über dem Tor mit einer hochrechteckigen Scharte zwischen zwei weiteren Schlüsselscharten mit grösseren unteren Kreisöffnungen; dazu kommt an der nordöstlichen Ecke eine flachbogig überwölbte breite Scharte, deren Leibungen derart gezogen sind, dass die rheinwärts angrenzende Befestigung von hier aus bestrichen werden konnte. Die sechs Schießscharten, vor allem die drei der Nordseite, waren plastisch umrahmt und als Mäuler von Rollwerkfratzen im Knorpelstil gestaltet; die heute am Bau vorhandenen Umrahmungen sind vereinfachte Kopien der Restauration von 1921.

Der rechteckige *Erkerkörper* an der Nordwestecke des Vortors wird oben und unten von sich umgekehrt ähnlichen, glockenförmigen Baugliedern abgeschlossen, von denen das eine, auf einem Knauf mit menschlicher Fratze in Rollwerk aufruhend, die Funktion der Steinkonsole, das andere diejenige

Abb. 219 und 220. Fratzenumrahmte Schusslöcher, am Vorbau des St. Johanntors zu Basel.
Nach den Gipsabgüssen.

Abb. 221. Wappenrelief vom Erker am Vorbau des St. Johanntors zu Basel.
Nach dem Gipsabguss.

des steinernen Daches ausübt und oben in kupfernem Rundknauf mit Fähnchen endigt. Die drei Erkerseiten sind etwas über der Mitte durch ein Gurtgesims quer geteilt. Die unteren Flächen zeigen kassettenartig vertiefte Felder, die an den Seiten je mit einem Diamantbuckelquader, vorne durch ein Relief mit zwei einen Baselschild haltenden Basilisken gefüllt sind. Im oberen Teil werden die Mauern von drei rechteckigen, an Gewänden und Stürzen fein abgetreppt profilierten Fensteröffnungen durchbrochen, seitlich von zwei schmäleren, vorne von einer breiteren; sie liegen in aufgehöhten Ohrenrahmen, deren abschliessende obere Leisten sich beidseitig fortsetzen und um die Eckkanten herumziehen. Auf dem Sturz des mittleren Fensters ist „1670 renoviert 1921" eingemeisselt. Konsolenfratze und Wappenrelief sind bei der Renovation durch Kopien ersetzt worden.

Reste der Architektur und Skulpturen des Erkers sowie einige Schiessscharten-Umrahmungen vom St. Johann-Vortor, alles in rotem Sandstein ausgeführt, werden im Historischen Museum Basel aufbewahrt, Inv. Nr. 1921, 266, a—f und zwar:

a. Zwei schildhaltende Basilisken in länglich rechteckigem leicht vertieftem, am Rand profiliertem Feld, Höhe 86 cm, Breite 136 cm (Abb. 221).

b. Fenstersturz vom mittleren Erkerfenster mit der Jahreszahl 1670. Höhe 26 cm, Breite 160 cm.

c. Schießscharte, von grotesker Fratze umrahmt, Höhe 69 cm.

d. Schießscharte mit Diamantschnitt. Höhe 66 cm, Breite 120 cm.

e und f. Einfache Schießscharten. Höhe 69 und 70 cm.

Gipsabgüsse der Erkerplastiken und Schießschartenumrahmungen befinden sich in einem Obergeschoss des Torturms; nach ihnen sind die Abbildungen 219—221 hergestellt worden.

Im **Innern** überdeckt den Torweg im Vortor wie im Turme selbst eine Balkendecke; das *Innere des Torturms* wird durch vier weitere Balkenlagen in fünf Geschosse geteilt, die unter sich durch einläufige Blocktreppen in Verbindung stehen. Der sonstige Ausbau der Geschosse ist neuzeitlich.

Die beiden *Tore* der eigentlichen Turmdurchfahrt sind in Spitzbogen geschlossen, die jeweils in der Leibung auf Kämpfergesimsen aus Platte und Schräge aufruhen. Das äussere Turmtor, also das mittlere der ganzen Anlage, in dessen westlicher Leibung, wie beim St. Albantor, eine eisenbeschlagene Nische ausgehauen ist, wahrscheinlich zur Aufstellung eines Lichtes, wurde stadtwärts mit zwei hölzernen Torflügeln geschlossen und aussen ausserdem noch durch eine Fallbalkensperre gesichert. Die mächtigen *Holztore* aus je drei Bohlen mit Deckbrettern zusammengefügt sind auf der Rückseite durch Quer- und Schrägbalken zusammengehalten; sie sind in die Bohlen eingelassen und ausserdem noch durch Zapfen mit ihnen verbunden, die nach aussen ziemlich weit vorstehen, um die Holzfläche gegen Stoss und Feueranlegen zu schützen. In einem der Torflügel befindet sich ein vergittertes Guckloch, in beiden je eine schmälere und niedrigere Türe, damit Einzelpersonen auch bei geschlossenem Tor eingelassen werden können. Beschläg und Schloss des Pförtchens im westlichen Torflügel sind noch vorhanden. Verschlossen wurde dieses nach innen sich öffnende Tor durch zwei Quer-

Abb. 222. Ansicht des aufgezogenen Fallgatters im Vorbau des St. Johanntors zu Basel.
Federzeichnung von Alfred Peter, 1919. — Staatsarchiv Basel; Archiv der Denkmalpflege.

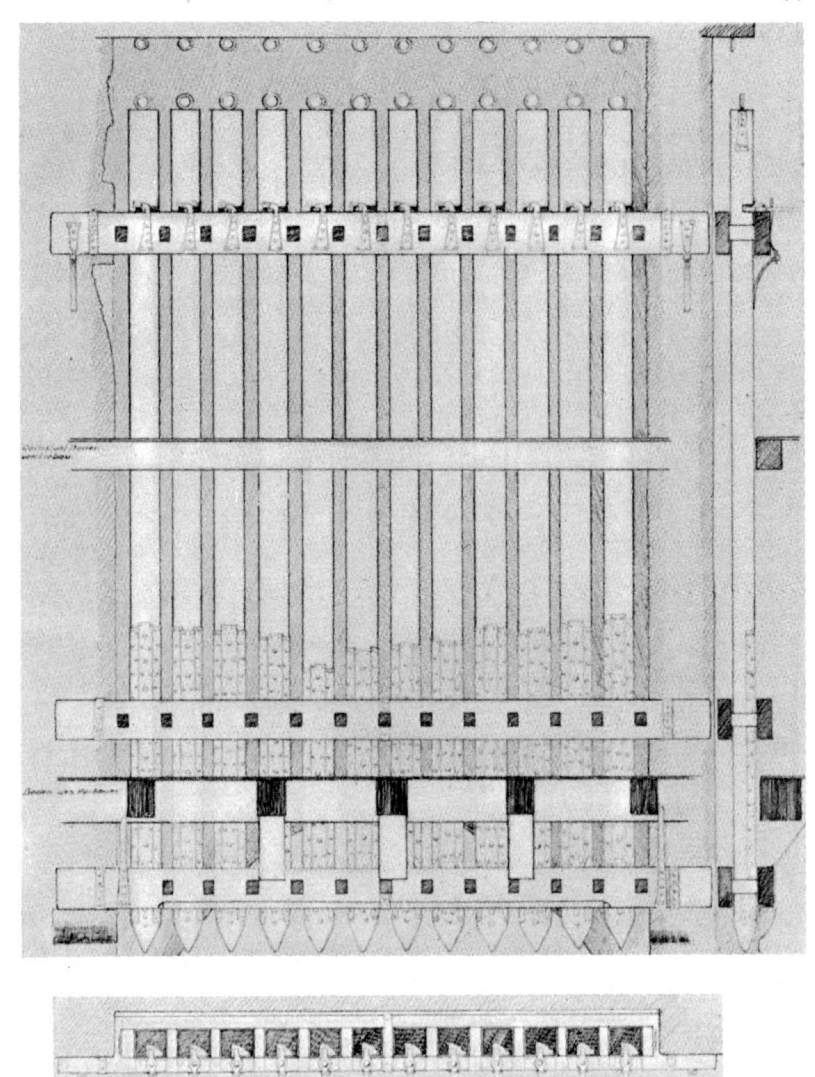

Abb. 223 und 224. Das Fallgatter des St. Johanntors zu Basel. — Aufriss und Querschnitt, 1 : 60
Aufnahmen von Alfred Peter, 1919. — Staatsarchiv Basel; Archiv der Denkmalpflege.

balken, die jeweils an der Innenseite eines Torflügels befestigt auch vor den anderen sich legten. Die Verschlussvorrichtung hat sich am westlichen Riegelbalken zum Teil erhalten (vgl. den Längsschnitt Abb. 216, S. 293).

Das **Fallgatter** war ursprünglich ein fester Rost, wie er auch beim St. Albantor vorhanden war (vgl. S. 242) und am Spalentor sich erhalten hat (vgl. S. 263 f., Abb. 182). Die aus den Quadern ausgehauene Nut, in der sich dieses Fallgatter bewegte, ist noch heute sichtbar, aber jetzt, etwas unter der Balkendecke des Vortors, durch Konsolen unterbrochen, die den unteren Leitbalken der späteren Fallbalkenanlage tragen (vgl. Abb. 222, S. 296). Diese ist nach einer auf dem inneren unteren Querbalken des Fallgatters eingehauenen Jahrszahl 1582 erstellt worden und entspricht durchaus der am Spalentor noch vorhandenen Vorrichtung. Auch hier ist zur Aufnahme der neuartigen Konstruktion in die bossierte Quadermauer des Turms eine Nische eingesenkt worden; in ihr liegen zwölf unten mit spitzen eisernen Schuhen beschlagene Balken, die etwas unter ihrem oberen Ende durch zwölf eiserne Hebel festgehalten werden und nach Auslösung dieser Hebel an Seilen, die durch zwölf am Sturz der Fallgatter-Nische befestigte Ringe liefen, herabgelassen und wieder aufgezogen werden konnten. Die Aufzugswinde ist nicht mehr vorhanden; sie stand wohl im Obergeschoss des Vorbaus. Da Aufbau und Eindeckung des deutlich als spätere Zutat erkennbaren Vortores allein die Bedienung der Fallgatter-Einrichtung und ihren Schutz vor athmosphärischen Einflüssen sicherten, muss die neue fortifikatorische Einrichtung mit dieser Torerweiterung oder seiner Eindeckung in Zusammenhang gebracht werden. Aus dem Mangel jeglicher Bauteste muss weiter geschlossen werden, dass die ursprüngliche Toranlage keine Fallbrücke besass; es ist eine abschlagbare Grabenbrücke anzunehmen. Erst die Errichtung des Vortors hat die Anlage einer Zugbrücke ermöglicht, die nach Analogie mit dem Spalentor wohl um 1473 anzusetzen ist (vgl. S. 277 ff.).

Die nordöstlich vom St. Johanntor zum Rhein ziehende *Grabenmauer*, hinter der die Bastion (heute Anlagen) aufgeschüttet ist, hat sich in Resten als ziemlich ungleichmässiges Bruchsteinmauerwerk erhalten. Sie endigt am Rheinufer im Stumpf des *Thomasturmes* (vgl. Abb. 130, S. 201), der jetzt eine Plattform mit modernem Zinnenkranz trägt. Seine alten unteren Teile bestehen aus heute unverputztem Bruchsteinmauerwerk, das die Flächen zwischen den unregelmässigen Verzahnungen der Bossenquadern der Eckkanten füllt. Es wird nordwärts von einer, gegen den Rhein von zwei übereinander angeordneten breiten und flachbogig abgedeckten gemauerten Schießscharten durchbrochen, deren seitliche Gewände in Abtreppungen nach aussen sich erweitern und deren Bänke schräg nach unten sich neigen.

Quellen: STAATSARCHIV BASEL, Bauakten Z 13 (1780—1882). — Archiv der erweiterten Basler Denkmalpflege, Planaufnahmen von Alfred Peter 1919.

Ein Demonstrationsmodell des St. Johanntores, ein zerlegbarer Rekonstruktionsversuch, den Alfred Peter nach den Darstellungen von Merian (1616) und Büchel (um 1760) und unter Benützung des baulich Erhaltenen hergestellt hat, befindet sich im Historischen Museum Basel, Inv. Nr. 1920. 33. *C. H. Baer.*

STRASSEN, PLÄTZE
UND RHEINBRÜCKE
ZU BASEL

Abb. 225. Blick in die Aeschenvorstadt vom Aeschenschwibbogen aus, 1645. — Hans Heinrich Glaser.
Federzeichnung. — Staatsarchiv Basel (vgl. S. 124).

WASSERLÄUFE, STRASSEN UND PLÄTZE.

Die Stadt Basel wurde nach der Marczalsteuer von 1453/54[1]) in „die grosse Stadt dissit dem Birsich" mit den St. Martin- und St. Alban-Ulrich-Kirchspielen, in „die grosse Stadt enhet dem Birsich" mit den St. Peter- und St. Leonhard-Kirchspielen und in die kleine Stadt eingeteilt. Dazu kamen die fünf Vorstädte, die St. Alban-, Eschen-, Steinen-, Spalen- und St. Johannvorstadt, und zuletzt die Neue oder Pfaffenvorstadt, die heutige Hebelstrasse[2]). Die Wasserläufe und Strassenzüge in allen diesen Stadtteilen sind, abgesehen von den Sanierungen am Rümelinbach und den Kleinbasler-Teichen, der Anlage der Falknerstrasse sowie den Korrekturen am Totentanz, der Quartiere um den Marktplatz, der Markt- und Eisengasse, der Freienstrasse (1883—1901) und schliesslich der Greifengasse (1930), im wesentlichen noch heute dieselben wie in der mittelalterlichen Stadt.

---

[1]) Gustav Schönberg, Finanzverhältnisse der Stadt Basel im XIV. und XV. Jahrhundert. Tübingen 1879, S. 594 ff.
[2]) Vgl. auch den Übersichtsplan der Strassenzüge der heutigen inneren Stadt Basel. Abb. 9[a] nach S. 24 oder Abb. 90[a] nach S. 748.

Abb. 226. Der Birsigfluss vom Steinenberg aus aufwärts gesehen, 1843.
Bleistiftzeichnung, 313×480 mm. — Staatsarchiv Basel, Hauptsammlung 2, 1349.
Henry John Terry, geb. 1818 in Great Marlow, England, gest. 1880 in Lausanne.
Schweizer Künstlerlexikon, Bd. III, Frauenfeld 1913, S. 301/02 (Emil Butticaz).

Gross-Basel.

Wasserläufe: Der *Birsigbach* dringt von Südwesten kommend nordwestlich des ehemaligen Steinentors in den alten äusseren Stadtbezirk ein, und fliesst, unüberdeckt nordwärts geleitet, beim Eseltürlein und Wasserturm in der Senke zwischen Kohlenberg und Steinenberg in die innere Stadt. Von dort zieht er zunächst noch nordwärts, dann leicht nach Westen abbiegend, teils offen, teils überdeckt und überbrückt, unter Barfüsserplatz (Säumarkt)[1]), Falknerstrasse und Marktplatz (Kornmarkt) zum Fischmarkt, um hier scharf nach Nordosten abzuschwenken und beim ehemaligen Salzturm, nordwestlich der Schifflände, in den Rhein zu münden.

Von den beiden Gewerbekanälen Gross-Basels wird der *Rümelinbach* (oberer Birsig, kleiner Birsig, Steinenbach) in Binningen mittels eines Stauwehrs, früher ,,Binningerschutz" genannt, vom Birsig abgezweigt und tritt bei der Steinenschanze oberhalb des Birsigeinlasses in die alte Steinenvorstadt ein. Er floss am Fuss des hier steil abfallenden linken Birsigtalrandes im Verlauf des heutigen Steinenbachgässleins und des Gerbergässleins bis zum Grünpfahlgässlein und von dort über den Rümelinsplatz durch das Münzgässlein und einen Teil der Schneidergasse. Beim ,,Gifthüttlein" bog er rechtwinklig ab und ergoss sich, unter den Häusern (von der Hutgasse aus in zwei Armen) durchgeführt, bei der ehemaligen School, wo die Metzger ihr Fleisch auslegten, unterhalb des ,,Wurstwinkels" in den Birsigbach. Der Kanal, der den verschiedensten Gewerbetreibenden, vor allem den Gerbern, Müllern und Metzgern, diente, lag im Steinenbachgässlein und im Münzgässlein offen und überquerte den Graben am Kohlenberg zunächst oberirdisch durch einen ,,Wasserkar", später unterirdisch in gemauertem Durchlass (vgl. den Merianschen Stadtplan von 1615/17, S. 112—115).

Der *St. Albanteich*, der ,,Beim Wasserhaus" südlich der ,,Neuen Welt", vom Birsfluss abzweigt, zieht über St. Jakob nördlich, biegt dann, immer ungefähr parallel der Birs, nach Westen und durchbricht unterhalb des St. Albantores die äussere Stadtmauer. Unmittelbar darnach teilt er sich im St. Albantal in zwei Arme, die sich beide in nordwärts gerichtetem Bogen östlich der St. Albankirche in den Rhein ergiessen; sie dienten der Holzzufuhr und trieben Mühlen, seit 1440 auch Papierfabriken.

Ausser diesen Gewerbekanälen floss noch der Abfluss des *Teichelweihers*[2]), eines vom Dorenbach, dem Ablauf des Allschwiler Weihers, gespeisten städtischen Fischweihers nordöstlich des heutigen Schützenhauses, beim Fröschenbollwerk in die Stadt und als offenes Bächlein durch den unteren Teil der Schützenmattstrasse (Fröschgasse) und die Spalenvorstadt.

---

[1]) Die wichtigsten älteren Bezeichnungen sind jeweils in Klammern beigefügt.
[2]) Teichelweiher genannt, weil auf seinem Wasserspiegel die hölzernen Leitungsrohre (Teuchel = Teichel) für das städtische Brunnennetz lagerten. Paul Kölner, Anno dazumal, Basel 1929, S. 344.

Strassen: Die *Hauptstrassen* Gross-Basels folgen im Tal und auf den Höhen dem Verlauf des Birsigbaches und des Rheinstroms. Auf dem Münsterhügel zieht die Rittergasse vom ehemaligen St. Albanschwibbogen zum Münster und setzt sich jenseits des Münsterplatzes als Augustinergasse fort, um sich nordwestlich des Museums (Augustinerkloster) in die auf dem Martinskirchplatz endigende Martinsgasse und in den zur Schifflände steil absteigenden Rheinsprung (Rheinhalde, der Sprung) zu gabeln. In fast geradliniger Fortsetzung steigt jenseits der Schifflände der Blumenrain nach Nordwesten zum jetzt abgebrochenen St. Johann-Schwibbogen empor; von ihm zweigt spitzwinklig in südlicher Richtung die im mittleren Teil zur Peterskirche aufsteigende Petersgasse ab, die sich auf der Höhe des linken Birsigufers als Nadelberg bis zum Spalenberg (Schmiedgasse) fortsetzt. Jenseits dieser, einst vom Spalenschwibbogen abgeschlossenen Steige zieht südöstlich der Heuberg (Schlossberg, Rufberg) weiter, der auf dem südlich und östlich nach Kohlenberg und Barfüsserplatz jäh abfallenden Plateau des heutigen Lohnhofs im St. Leonhards-Kirchplatz endet. Dies ist der Höhenstrassenzug, der ohne Unterbrechung in einer nach Südwesten, nach Steinen- und Aeschenvorstadt offenen, nordöstlich in die Länge gezogenen Bogenlinie die Talstadt vom St. Albanschwibbogen über die Senkung der Schifflände bis zum Lohnhofplateau umzieht.

In die so umschlossene Talsohle führen auf dem rechten Birsigufer die Freiestrasse vom ehemaligen Aeschenschwibbogen, am Abhang des Münsterhügels langsam abfallend, zum Marktplatz (Kornmarkt) und jenseits dieses Platzes die Eisengasse zum einstigen Rheintor und zur Rheinbrücke. Auf dem linken Birsigufer ziehen die Gerbergasse (unterer Teil Rindermarkt) vom Barfüsserplatz (Säumarkt) zum Marktplatz, von dort die neue obere Marktgasse zum Fischmarkt und die neue untere Marktgasse (Salzgasse, unter den Salzkästen) zur Schifflände. Die Querverbindungen zwischen diesen beiden Strassenzügen und über den ehemals grösstenteils offenen, heute durch die Falknerstrasse überdeckten Birsig stellen von Norden nach Süden unterhalb des Marktplatzes das Tanzgässlein (früher auch die neue Brücke, sowie „zur Brotlauben"), oberhalb des Markts die Rüdengasse, das Pfluggässlein und mit dem Barfüsserplatz Streitgasse (Lampartengasse, Spiessgasse), Kaufhaus- und Barfüssergasse (Spitalgässlein) her. Der von Streitgasse, Freienstrasse und Barfüssergasse umgrenzte Bezirk hiess „an den Schwellen"; auf ihm stand seit seiner Gründung und bis 1842, bis zur Verlegung in das markgräfliche Palais an der Hebelstrasse, das städtische „Spital an den Schwellen". Zwischen dem Birsigfluss, der heutigen Falknerstrasse, und der Freienstrasse und mit beiden parallel verläuft ausserdem noch von der Streitgasse zur Pfluggasse die Weisse Gasse, die wiederum durch die Ringgasse mit der Freienstrasse in Verbindung steht. (Vgl. Tafel 19).

Abb. 227. Blick in den Heuberg
vom Leonhardskirchplatz her.

Abb. 228. Blick in den Stapfelberg
aus dem Schlüsselberg.

Am Birsigabhang des Münsterhügels führen mehrere Treppenwege und Gassen zum Plateau empor. Zunächst steigt vom Marktplatz das Martinsgässlein zum Martinskirchplatz hinauf, von dem auf der gegenüberliegenden Seite das Elftausend-Jungfrauengässlein zum Rheinufer hinableitet, eine schmale und steile Steinstaffel, auf der nach der Legende die Heilige Ursula mit ihren Jungfrauen zum Besuch des Bischofs Pantalus zum Burghügel und seinem Münster emporgezogen sein soll. Aus der Freienstrasse ziehen Schlüsselberg (Schlossberg, Sigmundsgasse), Fahnengässlein und Münsterberg (Spitalsprung) zum Münsterplatz, die Bäumleingasse zur Rittergasse hinan. Vom Schlüsselberg zweigt der Stapfelberg zur Martinsgasse ab, von der Bäumleingasse das Luftgässlein zum ehemaligen Aeschenschwibbogen.

Noch komplizierter ist das Gassengewirr am linken Hang des Birsigtales. Hier ziehen zunächst in Fortsetzung des Gerbergässleins jenseits des Rümelinsplatzes, das Münzgässlein (Kuttelgässlein), die Schneidergasse (Krämergasse) und die untere Stadthausgasse („obwendig dem Vischmärkt", später niedere Schneidergasse) zum Fischmarkt und von dort quer über den Petersberg die Spiegelgasse zum Blumenrain. Die Querverbindungen zwischen den linksseitigen Tal- und Höhenstrassen stellen, bald beträchtlich ansteigend, bald dem Hang entlang ziehend, von Nord nach Süden folgende Gassen her: Blumengasse,

Abb. 229. Blick in die Petersgasse
vom Peterskirchplatz her.

Abb. 230. Blick in den Leonhardsberg
vom Leonhardsstapfelberg her.

mit Petersberg und Herberggasse, Kellergässlein, obere Stadthausgasse („Gäslin zur Brotlauben") und Totengässlein, Sattelgasse und Imbergässlein sowie Hutgasse und Spalenberg, der wiederum durch die Schnabelgasse mit dem Rümelinsplatz und durch Gemsberg und unteren Heuberg mit dem oberen Heuberg in Verbindung steht. Vom Rümelinsplatz führen die Grünpfahlgasse zur unteren Gerbergasse (Rindermarkt) hinab und das Trillengässlein zum unteren Heuberg hinauf; auf das Lohnhofplateau steigen das Lohnhofgässlein, und der Leonhardsberg, die beide in der oberen Gerbergasse beginnen, empor, sowie der Leonhardsstapfelberg, der im Gerbergässlein seinen Anfang nimmt. Schliesslich sei noch die neue Glockengasse zwischen Marktplatz und Schneidergasse genannt, die Sattelgasse und Hutgasse verbindet.

Harzgraben, St. Albangraben, Steinenberg, Kohlenberg, Leonhardsgraben und Petersgraben, der Zug der einstigen inneren Stadtummauerung, bezeichnen den Verlauf einer äusseren Ringstrasse, die nach Errichtung der äusseren Befestigungen von Rheinufer zu Rheinufer den inneren Höhenweg umschloss. Zwischen den beiden Mauerringen lagen die *Vorstädte*; während die fünf alten Vorstädte von je einer breiten Strasse durchzogen waren, die beim betreffenden Schwibbogen begann — in der Vorstadt zu Steinen von Theaterstrasse (Am Blömlein und Rossmarkt) und Steinentorstrasse (Hintere-

oder Torsteinen), die vom Steinenberg abzweigen — und ziemlich geradlinig durch das abschliessende Aussentor ins freie Land hinaus führten, lief sich die „Neue Vorstadt"(der Pfaffenacker), die vom Petersgraben abzweigt, an der äusseren Stadtmauer tot. Von der *St. Albanvorstadt* steigen St. Albankirchrain und Mühlenberg zum St. Albanthal (Dalbeloch) am Rheinufer hinab, während ausserhalb des Brigittentors die Malzgasse und die einst spitzwinklig umbiegende Brunngasse zur *Aeschenvorstadt* hinüberleiten. Zwischen dieser und der Steinenvorstadt zog auf der Höhe die Elisabethenstrasse („Vorstadt ze Spitalschüren") zur Mauer zwischen dem „grossen Bollwerk" und der Elisabethenschanze; sie ist durch das rechtwinklig abbiegende Sternengässlein mit der Aeschenvorstadt und durch den steil abfallenden Klosterberg mit der Steinentorstrasse und mit der jenseits des Birsig verlaufenden, einst an der äusseren Mauer endigenden *Steinenvorstadt* verbunden. Die Höhe des linken Talrandes begleitet die Kohlenberggasse (Henkersgässlein) von der Steinenschanze bis zum Kohlenberg, in den sie dort einläuft, wo er nordwärts abbiegt und die Kanonengasse, von Westen kommend, aufnimmt. Das Gartengelände in Form eines spitzwinkligen Dreiecks, das sich von hier zwischen äusserer Mauer, oberem Kohlenberg sowie Leonhardsgraben zur Spalenvorstadt hin ausdehnte, „die Lyß", war von der heutigen Leonhardstrasse durchschnitten. In der beinahe in einem Dreiviertelskreis ummauerten *Spalenvorstadt* zweigen von der Hauptstrasse südwestlich die Kornhausgasse und beim heutigen Holbeinbrunnen die innere Schützenmattstrasse (Fröschgasse) ab, die beim Fröschenbollwerk und dem Eglofstor endete. Der nördliche Häuserblock der Spalenvorstadt war von keiner Gasse durchbrochen, ihm schlossen sich Zeughaus, Stachelschützenhaus und Petersplatz an, der wiederum nördlich an die Gärten und Hinterhäuser der *Neuen Vorstadt* grenzte. Auch die Hebelstrasse hat nordwärts ausser dem Petersgraben und dem Weg innerhalb der äusseren Mauer keinerlei Verbindung mit der *St. Johannsvorstadt*, die in Verlängerung des Blumenrains ganz nahe dem Rheinbord dem Fluss entlang zieht. Das Zwischenland zwischen neuer und St. Johannvorstadt, Gärten und Rebberge, wird nur einmal westlich des Totentanzes durch die zunächst südlich, dann direkt westlich verlaufende heutige Spitalstrasse (Lottergasse) erschlossen.

Die so kurz aufgezählten Strassen der mittelalterlichen Stadt Basel schildert AENEAS SYLVIUS (Enea Silvio de Piccolomini 1405—1464) in seiner 1433 oder 1434 in Mailand verfassten Schrift über Basel[1]) folgendermassen: „Calles neque angusti sunt neque ad latitudinem nimiam, ut obuiantes inuicem currus non impediantur. Nec teruntur plaustrorum continuo transeuntibus radiis rotarum ferreis, ut stratarum spectio semper delicata sit huc

---

[1]) Die Schrift, dem damaligen Präsidenten des Basler Konzils, dem päpstlichen Legaten Kardinal Giuliano de' Cesarini, gewidmet und einzig in einer, nach R. Wackernagel aus dem 16. Jahrhundert stammenden Handschrift der Universitäts-Bibliothek Basel erhalten, ist von R. Wackernagel in „Concilium Basilense", V, 365 ff., kritisch herausgegeben worden. Vgl. Alfred Hartmann, Basilea latina, Basel 1931, S. 37 ff. (S. 41, 17—21).

Oben links: Petersgraben   Steinengraben   Kohlenberggasse   Steinenbachgässlein   Steinenvorstadt   Birsig

Abb. 231. Überblick über den südwestlichen Teil der Altstadt von Gross-Basel, 1931.
Vom Steinen- und Petersgraben bis zum Birsig. — Fliegeraufnahme aus rd. 300 m Höhe.

tendentibus atque illuc. Nec pluuiae (quamuis in hac urbe creberrimae sint) nimis officiunt."[1])

Zwei Verordnungen des Rats von 1417 und 1420, in denen von „Besetz" gesprochen wird[2]) bezeugen die Pflästerung der Gassen[3]); in späteren Zeiten aber, namentlich im 18. Jahrhundert, scheinen die Strassen der Stadt nicht überall und immer in befriedigendem Zustand gewesen zu sein, und die Verhältnisse am Birsigfluss und dem Rümelinbach waren vielfach gesundheitsschädigend und für die Anwohner lebensgefährlich (vgl. S. 170). Erst 1851/52 konnten die beiden letzten Misthaufen (Baugruben), der eine im Kirchgässlein bei St. Theodor, der andere am Anfang der St. Johannvorstadt, Überbleibsel aus der Zeit, da die Bürger noch nicht auf Landwirtschaft innerhalb der Mauern verzichtet hatten, gegen städtische Entschädigungen von 200 bzw. 400 Gulden verschwinden[2]). In den gleichen Jahren wurde die Gasbeleuchtung eingeführt, eine Gasanstalt beim Hochgericht vor dem Steinentor gebaut und die Stadt nachts mit 438 Laternen beleuchtet[4]).

Plätze: An *Plätzen* besass Gross-Basel im Birsigtal den Barfüsserplatz (Säumarkt), (Abb. 232, S. 309 und Abb. 235, S. 312), den Rindermarkt, heute innere Gerbergasse, zwischen Grünpfahlgasse und Marktplatz, den Kornmarkt, heute Marktplatz, aber nur bis etwa zum Einlauf der Sattelgasse (vgl. Abb. 257, S. 344 und Übersichtsplan Abb. 259, S. 346), den Fischmarkt und die Schifflände. Auf dem Münsterhügel liegen der Münsterplatz (Abb. 234, S. 311) mit der Pfalz über dem Rhein und am jenseitigen Talrand der Rümelinsplatz, während auf dem heutigen Andreasplatz eine Andreaskapelle stand mit einem kleinen Totenfeld. Auch jede der Pfarrkirchen hatte ihren ummauerten, oft baumbeschatteten Kirchhof. Auf dem Münsterplatz „auf Burg" standen seit ältesten Zeiten Lindenbäume, darunter die Gerichtslinde, die bereits 1259 die „grosse" genannt wurde und von Steinbänken umschlossen war. In ihrem Schatten wurde im Namen des Bischofs Recht gesprochen, aber auch Feste und Tänze sind hier abgehalten worden, bis im Herbst 1561 ein Sturm den morschen Baum niederwarf. Auf der Pfalz erhob sich gleichfalls eine Linde, deren breite Krone im Um-

---

[1]) In der zweiten Beschreibung Basels, die Aeneas Sylvius „ex Basilea, quinto kal. Nov. 1438" datierte und dem Erzbischof von Tours, Philippe de Coetquis, dem Gesandten Karls VII. von Frankreich, widmete, lautet die Stelle: „Calles neque angusti neque superflua latitudine ambiciosi. Solum duri silicis quadrigarumque rotis inuiolabile, humanis tamen pedibus asperum et noxium." Diese Schrift, aus einer schlechten Kopie des 15. Jahrhunderts auf der Universitätsbibliothek Basel bekannt, ist erstmals von E. Preiswerk in „Basler Zeitschrift für Geschichte und Altertumskunde", Basel 1905, Bd. IV, herausgegeben worden. Vgl. Alfred Hartmann, Basilea latina, Basel 1931, S. 48 ff. (S. 56, 17—19).

[2]) Albert Burckhardt-Finsler, Basels bauliche Entwicklung im 19. Jahrhundert, II. Teil 1850—1860. Basler Jahrbuch 1903, S. 207—258.

[3]) Das „Besetzwerk" der Gassen der innern Stadt bestand aus einem in Sand gebetteten Belag von zurechtgehauenen Rheinkieseln oder anderem Steinmaterial, zu dessen Kosten die anwohnenden Hausbesitzer beisteuern mussten. Für diese öffentliche Pflästerung stand seit 1417 nachweisbar ein städtischer „Besetzermeister" im Dienste des Rats. Paul Kölner, Geschichte der Spinnwetternzunft zu Basel und ihrer Handwerke, Basel 1931, S. 235—238, Gassenbesetzer.

[4]) Die alten Öllaternen erhielten die Gemeinden Altdorf und Stans auf ihr Ansuchen unentgeltlich. Vgl. Albrecht Burckhardt-Finsler a. a. O.

Abb. 232. Der Barfüsserplatz zu Basel gegen den Esel- und Wasserturm hin gesehen, 1820.
Maximilian Neustück.
Kolorierte Lithographie, 318×452 mm. — Staatsarchiv Basel, Sammlung Falkeysen A 152.

kreis von 70 Schritten laubenartig gezogen und von hölzernen Säulen und Querbalken gestützt war. 1512 wurde der Stamm dieses Baumes im unteren Teil ummauert, 1734 musste er, gänzlich verfault, entfernt werden (vgl. Ansicht der Pfalz, Ausschnitt aus dem Merianschen Stadtplan von 1617, Abb. 127, S. 196). Lindenbäume standen in der inneren Stadt auch noch auf dem Bäumlein, wo die Bäumleingasse in die Freiestrasse einmündet, auf dem Rümelinsplatz und beim Gerberbrunnen am Fusse des Gerberbergs, wo das Gerbergässlein vorüberzieht. Auch hier war die „zu einem Kranz" gezogene Lindenkrone von eichenen Balken und Stützen getragen, auch hier war eine Gerichtsstätte und ein Tanzplatz.

Zwischen dem inneren und äusseren Mauerring lagen, abgesehen vom Totentanz vor dem St. Johannschwibbogen, einem ummauerten Kirchhofe der Predigermönche, der Rossmarkt beim Steinenkloster, der Petersplatz und daneben ein Plätzlein vor dem Stachelschützenhaus (Armbrustschützenhaus) mit laubenartig gezogenem Schattenbaum. Ausserdem weiteten sich Strassenkreuzungen vielfach zu kleineren Plätzen mit Brunnen und oft mit Bäumen bepflanzt, so in der St. Albanvorstadt, in der Aeschenvorstadt, in der Steinentorstrasse und am Kohlenberg, wo unter der dortigen Linde beim Hause des Henkers der Gerichtsplatz für das in alten Zeiten hier wohnende „unehrliche

Volk", die ausserhalb der Bürgerschaft stehenden „Freiheitsknaben", war. Schliesslich lag bei der alten St. Elisabethenkapelle auf der Anhöhe, auf der heute die Elisabethenkirche steht, noch ein Totenfeld, das als Begräbnisplatz für Spitalarme und Namenlose, Landfremde und Hingerichtete diente.

Der Stolz der Stadt aber war von alters her der *Petersplatz* (Abb. 233), unter dessen schattigen Eichen und Ulmen jung und alt zu Spiel, Gesang und Tanz, zu Waffenübungen und zu allerlei Kurzweil zusammenströmten[1]). Schon AENEAS SYLVIUS rühmte in seinen beiden oben erwähnten Beschreibungen der Stadt Basel diesen grossen schattigen Lustplatz[2]). Weniger elegant in der Form, aber besonders reizvoll, ist die Beschreibung, die HULDREICH FRÖLICH 1581[3]) in seinem Lobgedicht auf die Stadt Basel gibt:

„Der Petersplatz alß ein Lustgart /
  Gantz umb vnd vmb gar wol verwart /
Damit weder Wagen noch Viehe:
  Ihm schaden zůfůgt spat vnd frůhe /
Inn seiner lenge hat hiemit
  Bey hundert / neun vnd achtzig schritt,
Darauf man Vlmenbåum vnd Linden
  Bey hundert vnd viertzig thůt finden /
Darzů so ein schőnen Eichbaum /
  Dergleichen hast gesehen kaum /
Den thůt gar mancher frembder Mann
  für ein groß Wunder schawen an:
Sieben schůh hoch ist der stamm sein /
  Darauß gehn sieben Este fein /
Die zertheilen sich widerumb
  Inn zwey / drey vnd vier Arm herumb /
Daß so der Eich vmbkreis geraht
  Hundert vnd fünffzehen schritt hat:
Darunter auch ein Brünnlein kalt /
  Gleich alß der Eichen auffenthalt /
Der macht daß noch mit grösser freud
  sie thůt erscheinen alle zeit /
Was Lustes da zu schőpfen ist /
  für gantz wahr mans geschriben list /
Daß Keiser Fridrich auff ein mal   Ann. 1474
  Mit dem Hofgesind allzumal
Vnd seim Sohn *Maximilian*
  Mit lust zů Nacht da gessen han."

---

[1]) Vgl. den Stich „S. Peters Platz in Basel" in Matthäus Merian, Topographia Helvetiae..., Frankfurt (1642) 1654, Tafel vor S. 47 (S. 124).

[2]) Alfred Hartmann, Basilea latina, Basel 1931, S. 42 f. und S. 56 f.

[3]) Lobspruch an die Hochlöblich und weitberümpte Statt Basel.... 1581 Durch Hulderichum Frőlich Plauensem / jetzt Burger zů Basel / in Teutsche Rhytmos gestellt... Getruckt zu Basel durch Lienhard Ostein / auff dem Hőwberg im jar Christi M · D · LXXXI. In Vincentii Paravicini Sammlung baslerischer Schriften 1675 (Universitätsbibliothek Basel, Falk. 1463) und in Sammelband E L IX 1 (Nr. 20) der Universitätsbibliothek Basel.

Abb. 233. Blick auf den Petersplatz zu Basel aus dem St. Peterkirchhof.
Emanuel Büchel (1705—1775).

Getönte Federzeichnung, 335 × 425 mm. — Staatsarchiv Basel, Sammlung Falkeysen F.

Abb. 234. Der nördliche Teil des Münsterplatzes zu Basel, 1932.

Abb. 235. Der Barfüsserplatz zu Basel, 1788.
„Aufführung von J. Jacob Tschudy den 29 Novemb 1788"
Aquarellierte Radierung. 258×315 mm. — Staatsarchiv Basel, Sammlung Falkeysen A 148.

Klein-Basel.

Strassen und Plätze: In Klein-Basel, dessen künstlich angelegter Stadtkern sich in länglichem Rechteck von Nord nach Süd der Krümmung des Rheinstroms anschmiegt und an der nordwestlichen Ecke vom Gebäudekomplex des Klingentalklosters, an der südöstlichen von jenem der Karthause flankiert war, durchschneidet die Greifengasse in der Verlängerung der Rheinbrücke von Südwest nach Nordost rechtwinkelig die übrigen drei in der Richtung des Rheinstroms verlaufenden Strassenzüge; sie werden unterhalb und oberhalb der Greifengasse untere Rheingasse und Rheingasse mit Lindenberg, Ochsengasse und Utengasse, untere Rebgasse und Rebgasse genannt. In dem kleinen Viertel zwischen Greifengasse und Klingentalkloster stellen Webergasse und Sägergasse mit Teichgasse die Querverbindung her, im grösseren südöstlichen Stadtteil das Schafgässlein und die vom Rheintor zum Riehentor ziehende Riehentorstrasse, aus der die Karthausgasse und, in Fortsetzung der Rebgasse, die Kirchgasse zu dem in der nordöstlichen Ecke des Stadtrechtecks gelegenen und an die Karthause unmittelbar anschliessenden, einst ummauerten St. Theodor-Kirchplatz. Charakteristisch ist bei dieser Strassenführung, dass, wer durch Klein-Basel über die Rheinbrücke nach Gross-Basel wollte, nicht auf geradem Weg sein Ziel erreichen konnte, sondern, einerlei, ob er durchs Bläsitor, Riehentor oder auch Obere Rheintor einzog, stets ein- oder zweimal im rechten Winkel umbiegen musste, um über die Greifengasse endlich zur Rheinbrücke zu gelangen.

Öffentliche *Plätze* hatte Klein-Basel keine; aber wo Lindenberg und Utengasse zusammentrafen, war eine platzartige Erweiterung, auf der eine Linde stand. Und ausserhalb der Stadtmauer am Rhein unterhalb des Karthaus-Eckturms lag hinter einem Sperrwerk, der sogenannten „Baar", eine Lände mit Werkplatz und Kranhäuschen (vgl. Abb. 122, S. 191).

Wasserläufe: Auch in Klein-Basel waren mehrere Gewerbekanäle vorhanden, die *Klein-Basler-Teiche*. Der Hauptkanal, der „Riehenteich", zweigte in den Langen Erlen von der Wiese ab, zog in Krümmungen westlich und gabelte sich ungefähr an der heutigen Kreuzung der Rosental- und Isteinerstrasse in zwei Arme. Der Hauptarm floss von hier zunächst südwestlich, um kurz vor dem Riehentor nordwestlich einen weiteren Arm abzuzweigen und nördlich des Riehentors im rechten Winkel nach Norden abbiegend und dem Stadtgraben entlang fliessend zuerst den zweiten Zweigkanal, dann den ersten, den „Krummen-Teich", wieder aufzunehmen. Die so vereinigten Kanäle wurden nun nahe der nordöstlichen Ecke der Stadtmauer in den Stadtgraben geleitet, der als Überlauf nach dem Rhein diente, und aus ihm an zwei Stellen, gegenüber und etwas nördlich des Einlaufs in den Graben, durch die Mauer in die Stadt eingelassen. Die beiden Kanäle, von denen sich der südliche, mittlere nochmals teilte und wieder vereinte, zogen hinter den beidseitigen Häuserreihen der Webergasse und den Säger- und Teichgässlein entlang zum Rhein, in den sie sich in zwei Mündungen zwischen Rheinbrücke und Klingenthal ergossen. Ein Teil des südlichen Hauptkanals wurde bereits beim Riehentor in die Stadt geleitet und durchfloss als offene Bächlein die Strassen Klein-Basels nordwärts, um gleichfalls unterhalb der Rheinbrücke im Rheine zu enden. Mit den Verhandlungen zur Verlegung und Aufhebung des Klein-Basler-Teiches wurde im Jahre 1899 begonnen, aber erst 1928 war durch die Vollendung des Riehenteich-Kraftwerkes der Klein-Basler-Teich beseitigt und ersetzt[1]).

Literatur:

L. A. BURCKHARDT, Die Freistätte der Gilen und Lahmen auf dem Kohlenberg. Basler Taschenbuch, Basel 1851, S. 1 ff. — D. A. FECHTER, Topographie mit Berücksichtigung der Kultur und Sittengeschichte nebst einem *Plan* der Stadt Basel im 14. Jahrhundert. Geschichtliche Darstellung zur fünften Säkular-

---

[1]) August Vuilleumier, Memoiren des letzten Wassermeisters der Klein-Basler Teichkorporation. Basler Jahrbuch 1930, Basel, S. 142—170.

feier des Erdbebens am St. Lucastag 1356. Herausgegeben von der Basler Historischen Gesellschaft, Basel 1856. — Aus Felix Platters Bericht über die Pest zu Basel in den Jahren 1609—1611. Festgruss der Universitätsbibliothek an die zu Basel versammelten Ärzte, Pfingsten 1880, Basel 1880. — Albert Burckhardt, Basels Baugeschichte im Mittelalter. Basler Jahrbuch 1885, S. 283 ff. — Albert Burckhardt, Baugeschichte Basels im 16. Jahrhundert. Basler Jahrbuch 1886, S. 52 ff. — F. A. Stocker, Basler Stadtbilder, Basel 1890. — Robert Grüninger, Der Kleinbasler Teich. Historisches Festbuch zur Basler Vereinigungsfeier 1892, Basel, S. 166 ff. — Rudolf Wackernagel, Beiträge zur geschichtlichen Topographie von Klein-Basel. Historisches Festbuch zur Basler Vereinigungsfeier 1892, Basel, S. 221—335. Mit *Karte von Klein-Basel* im Anfang des 19. Jahrhunderts 1 : 2500. — Karl Stehlin, Basel um das Jahr 1290. *Plan* 1 : 5000 mit Legende S. 519—521. Beilage zum Urkundenbuch der Stadt Basel, herausgegeben von der historischen und antiquarischen Gesellschaft zu Basel, Bd. II, Basel 1893. — Johannes Bernoulli, Die Kirchgemeinden Basels vor der Reformation. Basler Jahrbuch 1894, Basel, S. 220—243. — Rudolf Thommen, Basel und das Basler Konzil. Basler Jahrbuch 1895, Basel, S. 188—225. — Albert Gessler, Eine Wanderung durch Basel im Anfang des 17. Jahrhunderts. I. Teil, die Vorstädte. Basler Jahrbuch 1897, Basel, S. 48—72 (nach Stadtbeschreibung von Felix Platter 1609. 34 Blätter des 306 Blätter umfassenden Manuskripts, in dem Felix Platter sein Leben erzählt, seine Hausrechnung darlegt und drei seiner Reisen an fürstliche Höfe schildert. Universitätsbibliothek Basel, Sig. A λ III 3). — Albert Burckhardt-Finsler, Basels bauliche Entwicklung im 19. Jahrhundert: I. Teil (1800—1850), Basler Jahrbuch 1901, Basel, S. 259—279; II. Teil (1850—1860), Basler Jahrbuch 1903, Basel, S. 207—258. — Albert Burckhardt-Finsler, Die freie Strasse zu Basel, Basler Jahrbuch 1905, Basel, S. 133—188. — Albert Burckhardt-Finsler, Beschreibungen der Stadt Basel aus dem 15. und 16. Jahrhundert, Basler Jahrbuch 1908, Basel, S. 284—313. — Paul Barth, Basler Bilder und Skizzen aus der Mitte des 19. Jahrhunderts. 93. Neujahrsblatt, herausgegeben von der Gesellschaft zur Beförderung des Guten und Gemeinnützigen, Basel 1915. — August Bernoulli, Basels Mauern und Stadterweiterungen im Mittelalter. Basler Zeitschrift für Geschichte und Altertumskunde, Bd. 16, Basel 1917, S. 56—85 mit einem *Plan Basels* um 1200, 1 : 5000; dazu A. B. Zur Stadtmauer Bischof Burkards, Bd. 17, Basel 1918, S. 295—307. — Eduard Schweizer, Die Wasserrechte am Rümelinbach, Basler Jahrbuch 1921, Basel, S. 23—63. — Paul Siegfried, Basels Strassennamen, Basel 1921. — Paul Siegfried, Basels Entfestigung. Basler Jahrbuch 1923, S. 81—146. — Eduard Schweizer, Lehen und Gewerbe am St. Albanteich. Basler Zeitschrift für Geschichte und Altertumskunde, Bd. 21, Basel 1923, S. 4—74; Bd. 22, Basel 1924, S. 86—180 und S. 189—297. — Eduard Schweizer, Die Gewerbe am Klein-Basler Teich. Basler Zeitschrift für Geschichte und Altertumskunde, Bd. 26, Basel 1927, S. 2—71; Bd. 27, Basel 1928, S. 2—116, mit *Situationsplan* 1 : 5000; Bd. 28, Basel 1929, S. 2—140. — Paul Kölner, Anno dazumal, ein Basler Heimatbuch, Basel 1929. — August Vuilleumier, Memoiren des letzten Wassermeisters der Klein-Basler Teichkorporation. Basler Jahrbuch 1930, Basel, S. 113—170. — Paul Burckhardt, Rudolf Schwarz, Unser Stadtbild, Basel, Festschrift zum 25. Schweizerischen Lehrertag in Basel 1931, S. 21—31. — Alfred Hartmann, Basilea latina, lateinische Texte zur Zeit- und Kulturgeschichte der Stadt Basel im 15. und 16. Jahrhundert, Basel 1931. Mit *Plan* „Successive Erweiterungen der Stadtumfassung nach Matth. Merian". — Paul Kölner, Geschichte der Spinnwetternzunft zu Basel und ihrer Handwerke. Basel 1931. *C. H. Baer.*

Tafel 19

Leonhardsgraben Kohlenberg Lohnhof Gerbergasse Falknerstrasse Barfusserplatz Barfusserkirche

Überblick über das Stadtzentrum von Gross-Basel

Fliegeraufnahme aus rd. 300 m Höhe

Tafel 20

Blick vom Rheinsprung auf die Rheinbrücke und Klein-Basel mit Hinterland, 1767
Entwurf; Federzeichnung von Emanuel Büchel. — Staatsarchiv Basel

DIE RHEINBRÜCKE ZU BASEL
Der ehemalige Bestand.
Allgemeines.

Im ersten Viertel des 13. Jahrhunderts wurde der St. Gotthardpass dem mittelalterlichen Fernverkehr erschlossen. Dadurch, dass diese neue Alpenstrasse im unteren Hauensteinpass einen Zugang über das Juragebirge besass, eröffnete sich für Basel eine frequentierte Verkehrsroute, die der Stadt vermehrte Bedeutung als wirtschaftlicher Stapelplatz sicherte. Der durchgehende grosse Warenverkehr hielt sich zu Beginn des 13. Jahrhunderts noch ausschliesslich an das linke Rheinufer. Ein Ausdruck wirtschaftlicher Stärke und Weitsicht war der Bau der Basler Rheinbrücke um 1225, die zunächst kleinlokalen Bedürfnissen entgegenkam, im Laufe ihres Bestehens aber zum Mittler links- und rechtsrheinischer Fernbeziehungen wurde. Diese mittelalterliche Rheinbrücke zu Basel hatte an der Wende vom 19. zum 20. Jahrhundert ausgelebt und ist im Jahre 1905 durch die heutige moderne Mittlere Rheinbrücke ersetzt worden. Aber nicht nur die mittelalterliche Brücke verschwand, auch der Rhein des Mittelalters hat sich seit dem 18. Jahrhundert verändert. Brückengeschichte und Rhein sind voneinander nicht zu trennen.

Basels ältester Rheinübergang liegt fast genau im Scheitel des landschaftlich so markanten Rheinbogens, dort, wo auf der Prallhangseite Grossbasels das mündende Birsigtal einen Weg in das steilufrige Gelände eingesenkt hat. Aber die Lagebedeutung dieser Brücke beschränkt sich nicht nur auf Lokales. Oberhalb Basel floss und fliesst der Rhein in eingesenktem, festgelegtem Bett, unterhalb der Stadt pendelte er bis ins 19. Jahrhundert in ständig willkürlichen Mäandern in die damals überschwemmungsgefährdete Oberrheinische Tiefebene hinaus. Die Rheinbrücke in Basel bedeutete demnach auf weite Distanz hin die letzte sichere Überschreitungsmöglichkeit des Rheinstroms.

Der Rhein bei Basel ist Fernstrom aus den Alpen. Er zeigt die hydrographisch typischen Hochwässer im Sommer (Abschmelzen grosser Schneemengen in den Alpen) und Niedrigwasserstände im späten Winter. Bei der Konstruktion der mittelalterlichen Brücke musste man den Hochwasserstand des Rheines, seine Stromgeschwindigkeit und die Sohlenhöhe des Flussbettes berücksichtigen. Durch die Rheinregulierung des neunzehnten Jahrhunderts in der Oberrheinischen Tiefebene wurden die beiden letzten Momente verändert. Durch die Verkürzung des Stromlaufes bei gleichbleibendem Gefälle wuchs die Stromgeschwindigkeit, was sich bis oberhalb von Basel bemerkbar machte. Mit zunehmender Stromgeschwindigkeit aber trat durch stärkere Erosion eine Vertiefung des Flussbettes ein. Die mittelalterlich fundierten Rheinpfeiler wurden unterspült, und der nicht zu verhindernde Einsturz der Brücke stand am Ende des 19. Jahrhunderts bevor.

Beschleunigt wurde dieser Prozess durch die, gemessen an der heutigen Brückenbautechnik, einfache Konstruktion der mittelalterlichen Brückenpfeiler. Die Überführung des Brückenweges von einem Ufer zum andern geschah nicht mit einheitlichen Mitteln. Entsprechend der lokalen Stromgeschwindigkeit und der Tiefe des Flussbettes, die gegen die Grossbaslerseite (Prallhang) zunehmen, und der mit diesen Momenten zusammengehenden ständigen Überflutung des dortigen Flussbetteiles konnte nur die Hälfte der Brücke gegen Kleinbasel mit dauerhaften Steinpfeilern ausgerüstet werden (seit 1457 sechs Steinpfeiler). Auf der Grossbaslerseite der Brücke war mit der mittelalterlichen Technik die Absperrung des Stromes um die zu fundierenden Pfeiler nicht möglich. Hier traten sieben Holzstelzen aus Eichenpfählen anstelle der viel leistungsfähigeren und dauerhafteren Steinpfeiler.

Die mittelalterliche Rheinbrücke Basels war daher auch ständig den Launen des oft reissenden Rheinstromes ausgesetzt, ihre Geschichte ist hauptsächlich eine Folge von Katastrophen: Hochwasser haben mit ihrer unbändigen Kraft ganze Pfeiler fortgespült, Fröste haben besonders durch Eisschub Pfeiler beschädigt, endlich sind sonstige Unglücksfälle in Erinnerung geblieben.

Das Käppelijoch hat auch *kulturgeschichtlich* eine gewisse Bedeutung. Von hier aus wurden die verurteilten liederlichen Weiber und Kindsmörderinnen geschwemmt. Die im Wasser treibenden gebundenen Unglücklichen sind dann in Höhe des St. Johanntores wenn möglich aufgefischt und zum Leben gebracht worden. Da die Strafe sich in den meisten Fällen zugunsten der Verurteilten entschied, wurde sie im Jahre 1634 durch Enthaupten ersetzt. In den Umzügen der Kleinbasler Ehrenzeichen, dem Wilden Mann, dem Löwen und dem Greifen, gilt noch bis auf den heutigen Tag das Käppelijoch als Grenze, bis zu welcher die Ehrenzeichen, von Kleinbasel kommend, ihre Tänze aufführen. *Gustav Schäfer.*

Die wichtigsten Baunachrichten.

Um 1225. Bau der Basler Rheinbrücke. Der Bauherr und Förderer des Brückenbaues war Bischof Heinrich von Thun (1215—1238). Er versetzte den Kirchenschatz, sicherte sich die Hilfe der Bürgerschaft und wusste mit Erfolg die Klöster jenseits des Rheines, Bürglen und St. Blasien, an dem Bau zu interessieren; sie wurden von dem zu erhebenden Brückenzoll befreit[1]). Der Unterhalt der Brücke war Sache der Bürgerschaft (so wurden z. B. im 14. Jahrhundert die einlaufenden Gelder der Neubürgeraufnahmen — jeweilen 30 Pfund — zum Brückenunterhalt verwendet). Seit der Vereinigung Kleinbasels mit Grossbasel im Jahre 1392 ist der Transitverkehr über die Basler Rheinbrücke zollfrei.

1268, 1274, 1275, 1302, 1340 und 1343 jeweils im Sommer wurde die Brücke durch die Gewalt des Hochwassers zerrissen.

1358 im Herbst fährt ein Zürcher Schiffmann auf ein Joch der Basler Rheinbrücke auf; der Pfeiler stürzt zusammen.

1374 und 1378 wiederum im Sommer zerreissen abermals Hochwasser die Brücke, wobei 1374 zwei Pfeiler fortgeschwemmt werden.

1392 erhielt Cuntz Hukerer 14 ₰ „an die capellen vf der bruggen"[2]). Offenbar handelte es sich um eine Instandsetzung des kleinen Bauwerkes, das nach der Darstellung auf dem Bilde mit dem Schiffbruch der Eidgenossen 1476 in Diebold Schillings Amtlicher Berner Chronik (Bd. III, vollendet 1484, fol. 416 v) wohl aus Holz bestand und erst 1478 durch einen Steinbau ersetzt worden ist. Die Kapelle, die schon damals ein im vorderen Giebel abgewalmtes Satteldach trug, öffnete sich in ganzer Breite nach der Brückenbahn und zeigte unter flachem Bogen im Hintergrund den Gekreuzigten zwischen Maria und Johannes als Gemälde oder Schnitzwerk (Abb. 236).

---

[1]) Rudolf Wackernagel, Geschichte der Stadt Basel, Bd. I, Basel 1907, S. 22.

[2]) Staatsarchiv Basel, Finanzakten C 1, S. 218. 1392 „Item so haben wir geben Hukerer XIIII ₰ an die capellen vf der bruggen". Freundliche Mitteilung von Dr. E. Major. Vgl. auch Daniel Fechter, Topographie in Basel im 14. Jahrhundert, Basel 1856, S. 132.

Cuntz Hukerer war „Zoller vf der rinbrugg" und wird als solcher 1392 erwähnt in Klingenthal, Urk. Nr. 1504, vgl. Staatsarchiv Basel, Historisches Grundbuch, Riehentorstrasse 3. Freundliche Mitteilung von Dr. R. Riggenbach. — Von 1406—1409 war Cuonrat Hucker, der „saltzmeister", „der seit den 1390er Jahren den wichtigen Posten des Rheinzollers bekleidete", Ratsherr und 1410—1411 Zunftmeister zu Spinnwettern. Er starb 1419, in welchem Jahr Bürgermeister und Rat für ihn und seine Frau eine Jahrzeit bei den Augustinern stifteten. Paul Kölner, Geschichte der Spinnwetternzunft zu Basel, Basel 1931, S. 245 und 248.

Abb. 236. Ansicht der Rheinbrücke und des Rheintors zu Basel, 1484.
Aus Diebold Schillings Amtlicher Berner Chronik, Bd. III, fol. 416ᵛ.
Kolorierte Federzeichnung, 252(247)×232 mm (mit Rand). — Stadtbibliothek Bern, Ms. hist. helv. I. 3.

1408, 1421 und 1424 immer im Sommer ist die Brücke erneut durch Hochwasser zerrissen worden. Am 15. Juli 1424 wurden drei Pfeiler fortgespült[1]). Während 14 Tagen behalf man sich mit einer Schiffbrücke über die Bruchstelle. Die nachher errichtete neue Brücke stürzte zunächst infolge zu schwacher Konstruktion wieder ein.

[1]) Staatsarchiv Basel, Jahrrechnung C. 1424/25. „Item Martin Seyler CXL lb umbe seyl. Item geben XLIII guldin umbe buholtz zer Rinbrugk faciunt XLVII lb VI β". — Bernhard Harms, Der Stadthaushalt Basels im ausgehenden Mittelalter 1360—1535, I. Abt., Bd. II, Tübingen 1910, S. 157.

1433 am 23. Januar schändeten Hussiten das Bild des Gekreuzigten auf der Rheinbrücke zu Basel mit Schneeballwürfen und Faustschlägen[1]). Auch diese Meldung bestätigt den vom Berner Schilling festgehaltenen Baubestand, nach dem die Kapelle nach der Fahrbahn völlig offen war.

1457 wird das Bärenfelserjoch (letzter Steinpfeiler gegen Grossbasel) erbaut. Das „Weisse Buch" enthält darüber folgenden Bericht[2]):

„Zu ewiger gedechtnusse der dingen sol man wißen der arch halb im Ryne: Als eyn rate zu Basel in dem m IIII c l VII° jare vnderstanden hat die nuwen steynen arche hiedissit dem keppelin in dem Ryne uff das phulment so daselbs was ufzefüren vnd die werglute die waßerstuben umb das phulment setzen die verdammen vnd das phulment trucken legen soltent dz daran großlich gevelet vnd die waßerstube ze enge vnd ze schnode vnd ouch nit recht gesenkt noch uff dem grunde versorget warde dz man die trucken legen mochte deshalb fur vnd fur vil großes kostes daruber gienge biß dz zulest etlich werglute den synn funden dz sy mit geschuchten phelen eyn zwifeltige stuben ze ringeumb das phulment wol dryer schue wyt schlugen vnd die zu ringeumb uff dem grunde mit toen wol bestießent vnd durch ussher ouch mit toen vßfulltent inmaßen dz man die trucken legen vnd behebe machen mochte / Also ward ouch die arche vor wyennechten indemselben lVII° jare angefangen setzen vnd biß uff ascensionis domini darnach im l VIII° vßbereit doch mit merglichen kosten denn von vngehebe wegen der wasserstuben die zem ersten verhout was tage vnd nacht vil knechte vnd werglute haben muste biß das man fur das waßer usser kame vnd kostet dieselbe arche zem grobsten uberschlagen by II^m III^c lb vnd ward also vßbereit vnder her Hannsen von Berenfels ritter burgermeister Hannsen Bremenstein zunfftmeister vnd warent lonherren Heinrich Ysenly vnd Hanns Satler."

1478 wird die Brückenkapelle unter Beibehaltung ihres Standorts auf dem fünften, vor Errichtung des Bärenfelser-Jochs äussersten, steinernen Joch neu erbaut[3]).

1480 am 24. Juli fallen zwei Pfeiler der Hochflut zum Opfer, zwei Stunden darauf stürzt ein dritter Pfeiler zusammen.

1511—1514 lässt der Rat die Holzteile der Rheinbrücke, die im Juli 1511 durch ein Hochwasser Schaden gelitten hatten, durch den Meister MARTIN VON RAPPERSWIL, der sich in der Folge als säumig erwies, erneuern (Staatsarchiv Basel, Bauakten U 6, 1). Das Holz wurde aus der Eidgenossenschaft bezogen. ULI STUCKY lieferte Stämme aus dem Eschenbacher Forst.

---

[1]) Die Konzilsakten des Johannes de Ragusio berichten darüber wie folgt: „Eadem 23 die (23. Januar 1433) magister Johannes de Rochisana narravit, quo modo ad notitiam Bohemorum devenerat, quod nonnullis dominis de sacro concilio suggestum fuerat unum ex Bohemis projecisse de nive contra crucifixum supra pontem et unum alium percussisse imaginem de pugno, quod tamen ipsi domini Bohemi non credebant; nihilo minus si hoc posset probari, offerebat se de talibus facere bonam justitiam ad dictamen dominorum de concilio, juxta in Egra concordata." Johannes de Ragusio, Tractatus de reductione Bohemorum, Mon. Conc. Gen. sec. XV. Concilii Basilensis scriptorum t. I, Wien 1857, p. 269. — Eine ähnliche Notiz findet sich auch in Joannes de Segobia, Gesta Synodi Basil., a. a. O., tom. II, p. 320 (Dezember 1432). Freundliche Mitteilungen von Dr. Karl Stehlin und Dr. R. Riggenbach.

[2]) Staatsarchiv Basel, Weisses Buch A 3, fol. 162 (Kopie dieses Berichtes von 1838, Staatsarchiv Basel, Bauakten U 6, alte Rheinbrücke 1457—1839). — Ausserdem Staatsarchiv Basel, Jahrrechnung 1457/58: „Item geben den werklüten an der Arche im Rine umb allerhand coste schiff hudelen wasserstifel, davon ze pletzen, umb holtzen geschirre, davon ze binden, und die wasserstuben bare ze halten CXXII ₰ XI β VIII δ." — „Item meister Clawsen Meder, Hannsen Rǒly und anderen meisteren geschenckt von der Arche wegen umb ysen und bly die nehen an der arche ze vergiesen LXIX ₰ XIIII β XI δ." Nach Harms, a. a. O., Bd. II, S. 293.

[3]) Staatsarchiv Basel, Finanzakten H, Fronfastenrechnung 1478, II: „Item von der capell uff der Rinbrugk zu buwen LXVII ₰ XV β II d."

1512 erhielt die Käppelijochkapelle ihre farbige Ausstattung. Den spärlichen Ertrag des hiefür bestimmten Opferstockes erhöhte der Rat mit einem Zuschuss von 8 ₰, 4 β unter der Bedingung, dass von nun an die „Nutzung" des Opferstockes des „Käpellis" dem Staatssäckel anheimfalle[1]).

1567. „hat man hie zu Basell ein steinen joch ahn der Reinbruckhen, welches die grossen wasser in vorgemeltem jar, wie auch andere wassergebüw übel zerrissen mit einer wasserstuben ingefasst undt wider gebuwen mit grossen kosten; als aber des wasserschopfens zu vil werden wöllen, hat man die burger angesprochen zu frönen, welches sy denn auch ganz guttwillig der obrigkeit zu underthenigem gefalen gethon, und handts die zünft zum Schlüssel und Beren ahngefangen den 4. tag nach wienechten (29. Dezember 1567). Dry stundt noch mitternacht zugen sy mit drummen und pfeifen ahn das werk, zogen ahn den wasserredern under vier malen und schichten by 12 stunden. Also auch hernoch alle zünft, undt liessendt etliche zünft diser handlung gleich einem fastnachtspiel zu lieb nüwe fennlin machen, zugen also mit dem schöpfen uff die 3 wochen tag undt nacht mit den drummen uff den gassen."[2])

1577 erwähnt Paulus Cherlerus (vgl. S. 208, Anm. 2) im „Urbis Basileae Encomium" (gedruckt 1577 bei Christoph von Sichem in Basel) „duae in ponte latrinae" mit der näheren Erläuterung:

„Pons etiam secreta tenet loca bina: Coloni
In quibus exonerant olidas in flumine feces
Ventrorum quotiens sors insuperabilis urget."

1722 werden zwei der steinernen Joche repariert. Ein Schriftstück mit Planzeichnung vom 26. Dezember 1722[3]), unterzeichnet Racine, erklärt dazu u. a.:

„Erstlich versprich Ich meinen Gnädigen (zu ergänzen: Herren) Ein Wasserstuben zu machen, dass zwey Steinerne Joch in Ein Wasserstuben zu fassen laut dem Rüss (= Riss) Welcher Ich Ihnen geben habe und versprich solches in Meinem Kosten gutt und werckhaft zu machen, und nicht allein dass wasser biss an den boden und grund ausszuschepfen sondern auf dem boden 25 bis 30 Tag und nacht Trocken zu erhalten, damit dass fundament und die nöthige reparation den beiden Jochen biss über dass wasser hergestellt werden möge. 2. Wolle Ich in Meinem Kosten alle Schlagwerck die darzu nöthigen Seiler (= Taue) und andern darzu gehörigen Werkzeüg und Instrument, Wassermühlen, wie auch die hölzer „pilotis" (= Grundpfähle) fleckling "dihlen" Eyssene Schuh "Klammern" Band „Nägel und alle andern Materialia herschaffen, zimmer und andere arbeit bezahlen, den letten zurüsten In der Wasserstuben dammen und zu dero perfection alles nöthige verfertigen. Jedannoch mit dem Vorbehalt dass nach vollendter arbeit Ermeldets Schlagwerck und zugeherd Seiler-Instrument und Werckzeüge Schiff und geschirr sambt der gantzen Wasserstuben Mihr verbleiben und zustehen und wieder hinlang zumneuen Ich befügt seyn solle."

1840 musste das Bärenfelser Joch wegen Einsturzgefahr durch einen stärkeren Brückenpfeiler ersetzt werden, auf den die Käppelijochkapelle übertragen wurde.

---

[1]) Staatsarchiv Basel, Jahrrechnung 1512/13: „Item VIII ₰ IIII β von der capell vf der Rinprugen ze malon." Dazu Frohnfastenrechnung, 2 Angarie: „...nach erkantnisz eins rats ussgeben so die capel uff der Rinbruck, mer dann man im stock funden, zu malen und ze buwen costet hatt." Nach Harms, a. a. O., Bd. III, S. 223 und Anm. — Vgl. auch D. A. Fechter „Kollektaneen" Universitätsbibliothek Basel, H. IV. 79. b. „Ratsrechnungen".

[2]) Aufzeichnung von Dybold Ryff, VII. Beilage zu der Chronik des Fridolin Ryff und der Fortsetzung der Peter Ryff. Basler Chroniken, herausgegeben von der historischen und antiquarischen Gesellschaft in Basel, Bd. I, Leipzig 1872, S. 223. „Von einem steinenen joch ahn der bruckhen"

[3]) Staatsarchiv Basel, Bauakten U 6, 1, alte Rheinbrücke 1457—1839.

1853—1858 wurde die sehr baufällige Brücke mit einem Kostenaufwand von rund 290000 Franken teilweise umgebaut.

1899 entschlossen sich Rat und Volk (20. April und 1./2. Juli) nach verschiedenen Reparaturen, die abermals mehr als 200000 Franken verschlangen, zu einem Neubau.

1905 am 11. November wurde die neue Rheinbrücke dem Verkehr übergeben. Sie war nach dem 1901 in einer allgemeinen Konkurrenz an erster Stelle prämierten Entwurf von ALB. BUSS & CIE., Ingenieur J. ROSSHÄNDLER, Ingenieur J. MAST und Architekt E. FAESCH, alle in Basel, seit 1902 mit einem Kostenaufwand von 2600000 Franken erbaut worden. *C. H. Baer, Gustav Schäfer.*

Die Bilddokumente der Rheinbrücke.

Vor 1481, 1484 und 1507—1513. In Diebold Schillings Beschreibung der Burgunderkriege in Zürich („Zürcher Schilling"), in Diebold Schillings amtlicher Berner Chronik („Berner Schilling") und in Kaplan Diebold Schillings Luzerner Chronik („Luzerner Schilling") finden sich Ansichten der Rheinbrücke und des Rheintors, die hier teilweise abgebildet sind, Abb. 53, S. 91 und Abb. 132, S. 205. Vgl. „Das Stadtbild von Basel", S. 89 f., und „Schmuck der Mauern und Tore", S. 206, sowie Abb. 236, S. 317

1545, 1572 und 1579. Ansichten der Rheinbrücke und des Rheintors auf den Handzeichnungen von KONRAD MORANDT, HANS BOCK D. Ä. und TOBIAS STIMMER, vgl. „Das Stadtbild von Basel", S. 94, Abb. 55, 56 und Tafeln 10, 11, Abb. 57 und Abb. 58, S. 97.

1615, 1617, vor 1642. Ansichten der Rheinbrücke und des Rheintors auf der Federzeichnung und den beiden Vogelschauplänen der Stadt Basel von MATTHÄUS MERIAN D. Ä., vgl. „Das Stadtbild von Basel", Abb. 70, S. 115; Abb. 71, S. 117[1]); Abb. 74 und 75, S. 120 und 122.

17./18. Jahrhundert. Rheinbrücke. „Perspektivischer Grundriss der Rheinbrucken zu Basel von Mitternacht anzuschauen." Kupferstich (139 × 278 mm), unsigniert und undatiert. — Staatsarchiv Basel, Hauptsammlung, 1 266.

1724. Pfahlrost eines Rheinbrückenjochs (Grundriss). Kolorierte Federzeichnung (315 × 365 mm), signiert Werkmeister Pack 1724. — Staatsarchiv Basel, Planarchiv, A 1 112.

1738. Blick vom Rheinsprung auf die Rheinbrücke und Kleinbasel. EMANUEL BÜCHEL (1705—1775)[2]). Getönte Federzeichnung (237 × 820 mm), 1738. — Staatsarchiv Basel, Sammlung Falkeysen, F.

1742. Ansatz der Rheinbrücke am Kleinbasler Ufer. Richthaus. Kopie von P. TOUSSAINT nach einem Original von 1742. Steinzeichnung von H. Maurer, Lithographie Hasler, Basel (234 × 310 mm). — Staatsarchiv Basel, Sammlung Falkeysen, A 189.

1753. Ausblick vom Gasthof zu den drei Königen auf die Rheinbrücke und Kleinbasel (Klingenthal). Kupferstich (273 × 412 mm), bezeichnet EM. BÜCHEL ad. naturam del. 1753. — Staatsarchiv Basel, Hauptsammlung, 1 113.

1759. Blick vom Rheinsprung auf die Rheinbrücke und Kleinbasel. EMANUEL BÜCHEL, 1759. Getönte Federzeichnung (260 × 507 mm). — Staatsarchiv Basel, Sammlung Falkeysen, F.

---

[1]) Die Ansichten der Rheinbrücke und des Rheintors auf den drei Tafeln der „Topographia Helvetiae..." (1642, 1654), „Basel im Grund", „Basel im Prospekt" und „Basel, die Bruck daselbst" (vgl. S. 121, 124), bieten nichts Neues.

[2]) Ausserdem Ansichten der Rheinbrücke auf den Gesamtansichten der Stadt von Emanuel Büchel; vgl. dazu S. 126 und die Abbildungen 78 und 79.

1767. Blick vom Rheinsprung auf die Rheinbrücke (Holzbrückenpfeiler in Reparatur) und Kleinbasel mit Hinterland. EMANUEL BÜCHEL, 1767. Federzeichnung (396 × 655 mm). Dazu Entwurf, Federzeichnung, unsigniert (350 × 530 mm), Tafel 20. — Staatsarchiv Basel, Sammlung Falkeysen, F.
Undatierte Zeichnungen von EMANUEL BÜCHEL (1705—1775), alle Staatsarchiv Basel, Sammlung Falkeysen, F:
Blick vom Rheinsprung auf die Rheinbrücke und Kleinbasel. Bleistift-Skizze (230 × 355 mm).
Blick vom Rheinsprung auf die Rheinbrücke und Kleinbasel. Getönte Federzeichnung (230 × 365 mm).
Blick stromabwärts auf die Rheinbrücke und die beiden Stadtufer. Bleistift-Skizze (164 × 288 mm).
Blick stromabwärts auf die Rheinbrücke, das Grossbasler-Ufer (Hohenfirstenhof-Rheinschanze) und das Kleinbasler-Ufer (Ansatz der Brücke). Federzeichnung (400 × 670 mm).
Blick vom Hotel Drei Könige stromaufwärts auf die Rheinbrücke mit den beiden Stadtufern (Abb. 237, S. 323). Auf demselben Blatt Blick vom Hotel Drei Könige stromabwärts St. Johannvorstadt-Hüningen-Kleinbasel. Teils getönte Federzeichnung, teils Stiftzeichnung (340 × 152 mm).
Blick stromaufwärts auf die Rheinbrücke, das Grossbasler-Ufer (oberhalb des Hohenfirstenhofes — unterhalb des Salzturmes) und das Kleinbasler-Ufer (einige Häuser beim Brückenansatz). Getönte Federzeichnung (335 × 660 mm).
Blick vom Kleinbasler-Ufer (etwas unterhalb der Rheinbrücke) stromaufwärts auf die Rheinbrücke und Grossbasel (Hohenfirstenhof-Birsigmündung). Bleistift-Skizze (165 × 290 mm). (Abg. Bürgerhaus Basel-Stadt, II. Teil, Basel 1930, Tafel 1).
1776. Grundrissplan der Rheinbrücke. L. STAEHELIN, 1776. Kolorierte Federzeichnung (235 × 1965 mm). — Staatsarchiv Basel, Planarchiv, C 4 104 (Abb. 242, 243, S. 327).
1793. Grundriss des Rheinstromes bei Basel. Rheinbrücke (mit Flussprofilen). J. J. SCHAEFER, 1793. Kolorierte Federzeichnung (755 × 1980 mm). — Staatsarchiv Basel, Planarchiv, S 1 60.
1821. Blick vom ehemaligen Kloster Klingenthal auf die Rheinbrücke und Grossbasel. P. TOUSSAINT, 1821. Aquarell (292 × 420 mm). — Staatsarchiv Basel, Sammlung Falkeysen, C 1.
1840. Ansicht und Grundplan der Rheinbrücke vor 1840. — Staatsarchiv Basel, Bauakten U 6, Alte Rheinbrücke (Abb. 244, S. 329).
1844. Blick vom Rheinsprung stromabwärts auf die Rheinbrücke und das Kleinbasler Stadtufer. ANTON WINTERLIN, 1844. Federzeichnung (145 × 230 mm), Skizzenbuch, S. 84 85. — Kupferstichkabinett Basel, 1927, 444.
1846. Alte Rheinbrücke mit Kleinbasler Kasino. PEDRAGLIO, 1846. Lithographie E. Simon, Strasbourg, publ. p. Maehly-Lamy (89 × 125 mm). — Staatsarchiv Basel, Sammlung Wackernagel, C 110.
1856. Blick vom Rheinsprung (Grossbasel) stromabwärts auf die Rheinbrücke und das Universitätsgebäude. H. MEYER, 1856. Lichtdruck H. Besson, Basel (210 × 310 mm). — Staatsarchiv Basel, Hauptsammlung, 2 156.
Vor 1857. Blick auf das Käppeli-Joch (Rheinbrücke) und hinüber auf einen Teil des Münsterberg-Stadtufers. Aquarell (150 × 200 mm), unsigniert, undatiert. — Kupferstichkabinett Basel, M 101 42.
1857. „Das Käppelin-Joch zu Basel, abgebrochen im May 1857." Aufgenommen von P. TOUSSAINT 1857. Aquarell (210 × 170 mm). — Kupferstichkabinett Basel, M 101, 41.

19. Jahrhundert. Blick vom Rheinsprung (Grossbasel) auf die Brücke und auf Kleinbasel. P. TOUSSAINT. Aquarell (273 × 410 mm), undatiert. — Staatsarchiv Basel, Sammlung Falkeysen, C 2.

1858. Blick von der Höhe der Rheingasse (Kleinbasel) auf das ehemalige Richthaus und die Rheinbrücke. Nach ACHILLES BENZ. H. Meyer, 1858. Lichtdruck H. Besson, Basel. — Staatsarchiv Basel, Hauptsammlung, 4 143.

1858. Blick stromaufwärts auf das Grossbasler Ufer und die Rheinbrücke vom Unteren Rheinweg aus. ALB. KELLER, 1858. Gouachemalerei (351 × 557 mm). — Staatsarchiv Basel, Hauptsammlung, 1 126.

19. Jahrhundert. Blick auf die Rheinbrücke mit Kapelle. WEISS. Aquarell (148 × 236 mm), undatiert. — Staatsarchiv Basel, Hauptsammlung, 1 58.

19. Jahrhundert. Blick von der Rheinbrücke zum Grossbasler-Ufer hinüber (Schifflände, St. Martinskirche). LOUIS BLEULER (Johann Ludwig, 1792—1857). Farbige Lithographie (122 × 165 mm), undatiert. — Staatsarchiv Basel, Hauptsammlung, 1 174.

19. Jahrhundert. Blick von Kleinbasel (Rheinkasino) auf das Grossbasler Ufer und die Rheinbrücke. EDUARD SONNTAG. Federzeichnung (64 × 345 mm), undatiert. — Staatsarchiv Basel, Hauptsammlung, 1 478.

Im Staatsarchiv Basel befinden sich zahlreiche weitere Ansichten der Rheinbrücke aus der zweiten Hälfte des 18. Jahrhunderts, so Lichtdrucke nach K. GUISE (Hauptsammlung, 4 131), gez. HUBER (Hauptsammlung, 3 1104), gez. H. MEYER (Hauptsammlung, 1 452) und nach P. TOUSSAINT (Hauptsammlung, 4 129), eine Lithographie von A. MERIAN (Sammlung Wackernagel C, 114), farbige Lithographien von SABATIER (Hauptsammlung, 1 115) und DEROY (Hauptsammlung, 1 442), sowie ein Stahlstich L. ROHBOCK delt., J. M. KOLB sculpt. (Hauptsammlung, 1 42).

Die Bilddokumente des Rheintors.

Vor 1650. Über die Ansichten des Rheintors auf den Abbildungen der Bilderchroniken, den Handzeichnungen des 16. Jahrhunderts, den Stichen und Handzeichnungen MATTHÄUS MERIANS D. Ä. sowie in der „Topographia Helvetiae", vgl. „Die Bilddokumente der Rheinbrücke", S. 320 ff., „Das Stadtbild von Basel", S. 89 ff., und „Der Schmuck der Mauern und Tore", S. 206 ff., mit Abbildungen 132—138.

Ende des 17. Jahrhunderts. Das Rheintor mit Nebengebäuden an der Schifflände. Mit Projekten zum Brückenansatz und zur Fassadgestaltung. Darstellung des Rheintorreiters. Aquarellierte Tuschzeichnung mit Variante. Hauptblatt (480 × 425 mm). — Staatsarchiv Basel, Planarchiv F 4/III. Vgl. „Der Schmuck der Mauern und Tore", Abb. 134, S. 209; Abb. 138, S. 215.

1761. Ansicht des Rheintors auf dem Stich von EMANUEL BÜCHEL. Projekt der Rheinbrücke zu Basel von Seiten der kleinen Stadt in Topographie der Eydgenoßschaft von David Herrliberger, Bd., II, nach S. 384 (vgl. S. 131).

18. Jahrhundert. Aufriss des Rheintores (Rheinbrücke) und Schnitt durch die Fundamente. Kolorierte Federzeichnung (580 × 905 mm), undatiert. — Staatsarchiv Basel, Planarchiv A 1, 84.

1836. Blick von der Eisengasse gegen das Rheintor. Aquarell (372 × 614 mm), signiert P. TOUSSAINT, 1836. — Staatsarchiv Basel, Sammlung Falkeysen, C 13.

1838. Blick vom Richthaus (Kleinbasel) auf die Brücke und das Grossbasler-Ufer. JOHANN JAKOB NEUSTÜCK (1800—1867). Aquarell (330 × 475 mm), unten rechts signiert und datiert. — Kupferstichkabinett Basel, Sch. 69 (Abb. 239, S. 325).

Abb. 237. Blick vom Hotel Drei Könige stromaufwärts auf die Rheinbrücke und die beiden Stadtufer. — Emanuel Büchel.
Getönte Federzeichnung. — Staatsarchiv Basel.

Abb. 238. Blick von der Mitte der Rheinbrücke gegen das Rheintor vor 1839.
Aquarell. — Staatsarchiv Basel.

Vor 1839. Blick von der Schifflände auf Brücke und Rheintor. ACHILLES BENZ (Bentz, geb. 1766). Aquarell (140 × 195 mm), signiert. — Kupferstichkabinett Basel, M 101, 39.
Vor 1839. Blick vom Schiffländeplatz auf das ehemalige Schiffleutenzunfthaus und das ehemalige Rheintor. C. GUISE (Konstantin Guise, 1811—1858) del. Kolorierte Lithographie von N. Weiss (190 × 280 mm). — Staatsarchiv Basel, Hauptsammlung, 1 536.
Vor 1839. Blick vom Schiffländeplatz auf das ehemalige Schiffleutezunfthaus und das Rheintor. Kopie nach Guise von C. WEISS. Aquarell (267 × 380 mm). — Staatsarchiv Basel, Hauptsammlung, 1 538.
Vor 1839. Das Rheintor, gesehen von der Eisengasse her. Aquarell (262 × 161 mm), unsigniert und undatiert; nach dem Katalog des Basler Staatsarchivs: von Candidat WEISS zu St. Peter. — Staatsarchiv Basel, Hauptsammlung, 5 328.
Vor 1839. Rheintor von der Eisengasse her gesehen. Bleistiftzeichnung (289 × 189 mm) unsigniert und undatiert. — Staatsarchiv Basel, Sammlung Falkeysen, A 115.
Vor 1839. Blick vom Käppeli gegen das Rheintor. Aquarell (132 × 198 mm), unsigniert und undatiert. — Staatsarchiv Basel, Hauptsammlung, 1 541 (Abb. 238).
1839. Blick von der Rheinbrücke auf das ehemalige Rheintor (abgebrochen 1839), Schifflände mit Dampfer. P. TOUSSAINT, 1839. Lithographie von H. Maurer, herausgegeben von Hasler & Cie., Basel (227 × 310 mm). — Staatsarchiv Basel, Hauptsammlung, 1 540.
1839. Rheinbrücke mit Blick gegen das Rheintor. Aquarell (255 × 345 mm), unsigniert und undatiert. — Staatsarchiv Basel, Sammlung Falkeysen, A 114.

Abb. 239. Blick vom Richthaus in Klein-Basel nach dem Rheintor, 1838. — J. J. Neustück.
Aquarell. — Kupferstichkabinett Basel.

Aufbau und Konstruktion der ehemaligen Rheinbrücke.

Die Konstruktion der mittelalterlichen steinernen Brückenpfeiler ist heute noch bis in Einzelheiten feststellbar, da sich im Rheinbett auf der Kleinbaslerseite unter dem ersten und zweiten Bogen der heutigen Brücke im Schotterbett des Stromes die Fundamente dreier gekappter steinerner Brückenpfeiler erhalten haben. Bei niedrigem Wasserstand lag bis vor kurzem hier das Flussbett trocken, und die Pfeilerfundamente konnten aufgesucht werden (vgl Abb. 240, S. 326). Dann ist vor der Ersetzung des baufällig gewordenen Bärenfelserjoches (Joch = Pfeiler) im Jahre 1839 von AMADEUS MERIAN eine genaue farbige Darstellung dieses Pfeilers in Verbindung mit einem genauen Brückenplan verfertigt worden[1]), und schliesslich wurden beim Abbruch der mittelalterlichen Rheinbrücke die archäologischen Befunde aufs sorgfältigste festgehalten[2]).

Die steinernen Brückenpfeiler der mittelalterlichen Rheinbrücke zu Basel waren hervorragende technische Leistungen der damaligen Zeit. An ihren im Grundriss rechteckigen Mittelkörper sind gegen und mit dem Stromstrich Keile angesetzt, deren Spitzen genau einen rechten Winkel füllen. Das Ganze hat im Grundriss etwa die Form einer in die Länge gezogenen Bienenwabe. Ihre Längsachsen sind nicht genau senkrecht zum Brückenweg gestellt, sondern die stromaufwärts gewendete Spitze ist nach Osten geschwenkt[3]). Der Pfeiler selbst war keineswegs ein

---
[1]) Staatsarchiv Basel, Bauakten U 6, alte Rheinbrücke 1840.
[2]) E. Gutzwiller, die neue Basler Rheinbrücke, Schweiz. Bauzeitung, Bd. 47, Nr. 1, 2 u. 4, Zürich 1906.
[3]) Vergleiche: L. Staehelin, 1776, Plan der Rheinbrücke, S. 321 und Abb. 242 und 243, S. 327.

einheitlich gefügter Körper. Er bestand aus einem Pfeilergehäuse von oben beschriebener Form aus eisenverdübelten Hausteinen (roter Sandstein), der etwa 80— 90 cm tief in den anstehenden Tertiärfelsen der Unterlage eingriff und im Inneren mit Aufschüttungsmaterial gefüllt war. Der ehemalige Käppelipfeiler war als Mittelstütze der Brücke besonders stark gebaut. Die untersten vier Schichten bestanden hier aus grossen bis 6000 kg schweren Kalksteinquadern.

Die hydrodynamische Form der Pfeiler mit ihren scharfwinklig zusammenstossenden Flächen (1350) löste besonders am stromaufwärts gerichteten Teil beidseitig starke Wirbelbildungen aus, die in der Flussbettsohle neben dem Pfeileransatz tiefe Kolklöcher ausschwemmten (Abb. 241). Durch Auffüllen der Kolk-

Abb. 240. Vom ersten alten Brückenpfeiler auf Klein-Basler Seite. Winter 1932.

Kolklöcher

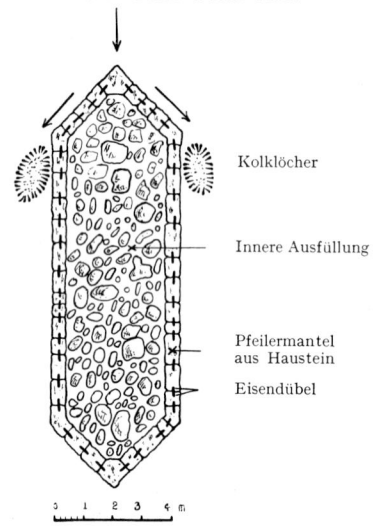

Innere Ausfüllung

Pfeilermantel aus Haustein

Eisendübel

Abb. 241. Grundriss eines Steinpfeilers der mittelalterlichen Rheinbrücke zu Basel. 1 : 250. — Aufnahmen von Gustav Schäfer.

löcher mit schweren Steinen suchte man der verhängnisvollen Unterspülung der Brückenpfeiler zu begegnen. AMADEUS MERIAN hat im Jahre 1840 anlässlich des Neubaues des Bärenfelserjoches aus diesem Tatbestand seine Konsequenzen gezogen und den neuen Brückenpfeiler in einer hydrodynamisch bereits modern anmutenden geschwungenen Linienführung gehalten! (In derselben Form, wie sie die Pfeiler der heutigen Wettsteinbrücke zeigen.)

Für das erstaunliche Feingefühl des Mittelalters im Brückenbau spricht die Tatsache, dass der Aufbau der steinernen Brückenpfeiler keineswegs nur ein einfaches Weiterentwickeln des Grundrisses war. Bei der durchschnittlichen Länge der Steinpfeiler von 10 m (mit den Spitzen 14 m) betrug die Breite des Brückenweges auf der Strecke von Kleinbasel bis zum Bärenfelserjoch (letztes Steinjoch) nur etwa 6,3 m. Ausserdem war der Brückenweg und somit auch die Gebrauchsbelastung der Steinpfeiler unmittelbar bis an den Ansatz der stromaufwärts gerichteten Pfeilerspitze verschoben, was statisch als wirkungsvolle Begegnung gegen den Stromschub bezeichnet werden darf. Der vom Brückenweg freie, stromabwärts liegende

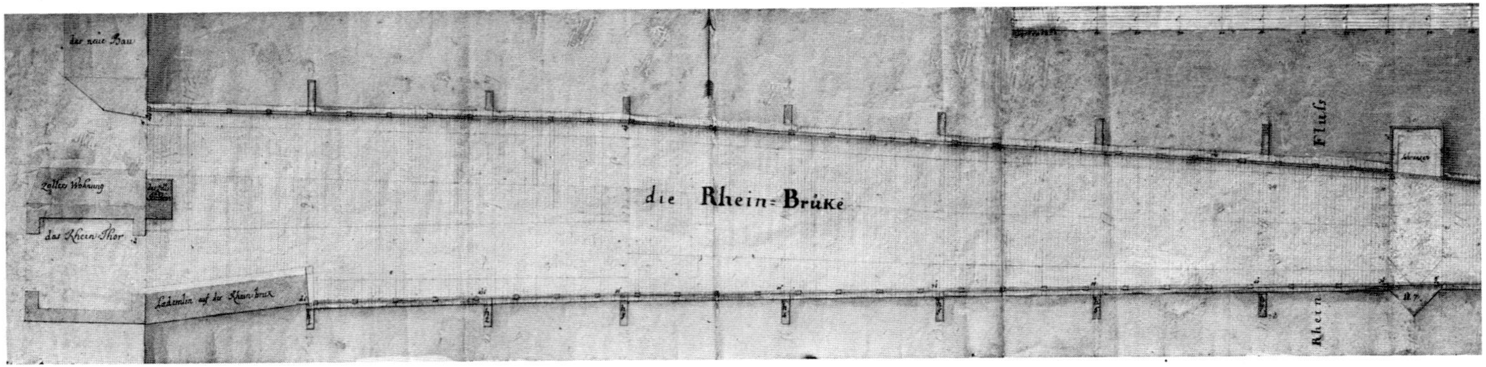

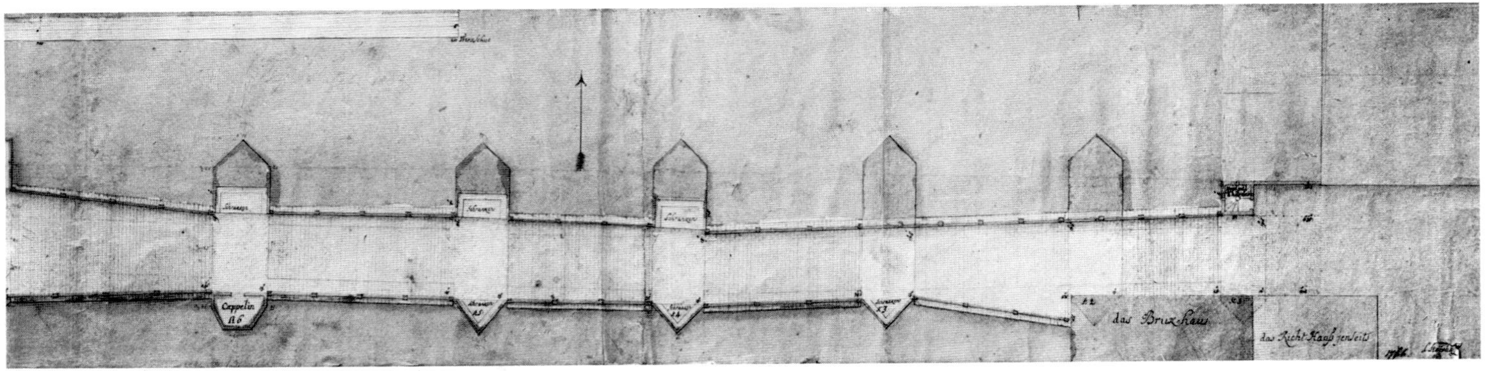

Abb. 242 und 243. Grundrissplan der Rheinbrücke 1776. — L. Staehelin.
Kolorierte Federzeichnung in zwei Teilen reproduziert. — Staatsarchiv Basel.

Teil des Pfeilers lag bedeutend tiefer als die Fahrbahn und diente nur der hydrodynamischen Funktion des Pfeilers selbst.

Das Käppelijoch, von Kleinbasel her der fünfte und bis 1457, bis zur Erbauung des Bärenfelserjochs, der äusserste Steinpfeiler, trug an der dem Strom zugekehrten Spitze schon frühzeitig einen Kapellenaufbau und war jenseits des Brückenweges mit einer kleinen Brückenkanzel ausgestattet. Auch das Bärenfelserjoch, seit 1457 von Kleinbasel her der sechste und äusserste Steinpfeiler, der die ungefähre Brückenmitte bezeichnete, war an seiner nordwestlichen Spitze mit einer grossen Brückenkanzel versehen; auf den Vorsprung gegenüber ist 1840 beim Neubau des Pfeilers die Kapelle vom Käppelijoch übertragen worden (S. 319).

In der Vertikalen war die alte Basler Rheinbrücke in einen grossen, flachen Bogen gesprengt, der beim Bärenfelserjoch seinen höchsten Punkt erreichte. Die Fahrbahn lag hier etwa 1,80 m höher als bei ihren beidseitigen Anfängen (Abb. 244).

Die Breite des Brückenweges ist nach dem ersten bildlichen Dokument von Matthaeus Merian d. Ä. von 1615 nicht auf der ganzen Brückenlänge einheitlich, da er sich gegen die Grossbaslerseite hin entsprechend den beiden dortigen Toreingängen keilförmig verbreitert. Da hier Holzpfeiler Verwendung fanden, fiel eine Erweiterung der Brückenbreite nicht schwer. Entsprechend der lichten Weite der Tordurchfahrt des Rheintors der Grossbaslerseite, die etwa 4,20 m betrug, kann der Brückenweg, da ursprünglich wohl nur ein Torweg bestand, als einheitlich etwas über 4 m breit angenommen werden. Er war vor dem Rheintor durch eine Fallbrücke zu unterbrechen, die in die rechteckige Umrahmung des spitzbogigen Tors aufgezogen werden konnte. Über den Steinpfeilern war der Brückenweg mit Katzenköpfen (grossen Kieselsteinen) gepflastert; sonst bestand er aus Holzbohlen, die auf pfeilerverbindenden Längsträgern auflagen. Nach L. Stähelin (Abb. 242 und 243, S. 327) betrug 1776 der Zwischenraum der beiden inneren Längsträger auf der Kleinbaslerseite etwa 3,90 m. Die Jochweite des Brückenweges wurde durch schräge, vom Pfeilerkörper aus aufsteigende Holzträger, gestützt. Gegen den Strom hin war der Brückenweg durch hölzerne Geländer geschützt.

Gustav Schäfer.

Die noch vorhandenen Baureste.

Ein Steinpfeiler des Brückenhauses der Kleinbaslerseite, das sich an das Kleinbasler Richthaus anlehnte und auf freistehenden Steinpfosten ruhte, ist bei der Quaiunterführung des oberen Rheinweges, noch vorhanden. Der Pfeiler besteht aus rotem Sandstein und zeigt in entsprechend verkleinerten Massen den Querschnitt der mittelalterlichen steinernen Brückenpfeiler. Den oberen Abschluss bildet ein stark verwittertes gotisches Profil.

Die Brückenkapelle ist in ihrer heutigen Gestalt das Ergebnis verschiedener und umfassender Restaurationen des 19. und 20. Jahrhunderts. Dabei wurden alle noch erhaltenen Bildhauerarbeiten durch Kopien ersetzt und nicht mehr Vorhandenes ergänzt; die Originale befinden sich im Historischen Museum Basel, Inv. Nr. 1903, 331 und 1907, 188—193.

Die ursprüngliche Brückenkapelle von 1478 war dem stromaufwärts gerichteten Dreiecksporn des fünften steinernen Brückenpfeilers turmartig aufgesetzt und diente technisch zu seiner Belastung. Ihr Grundriss besteht aus einem mit der Breitseite dem Brückenweg parallel gelegten Rechteck und

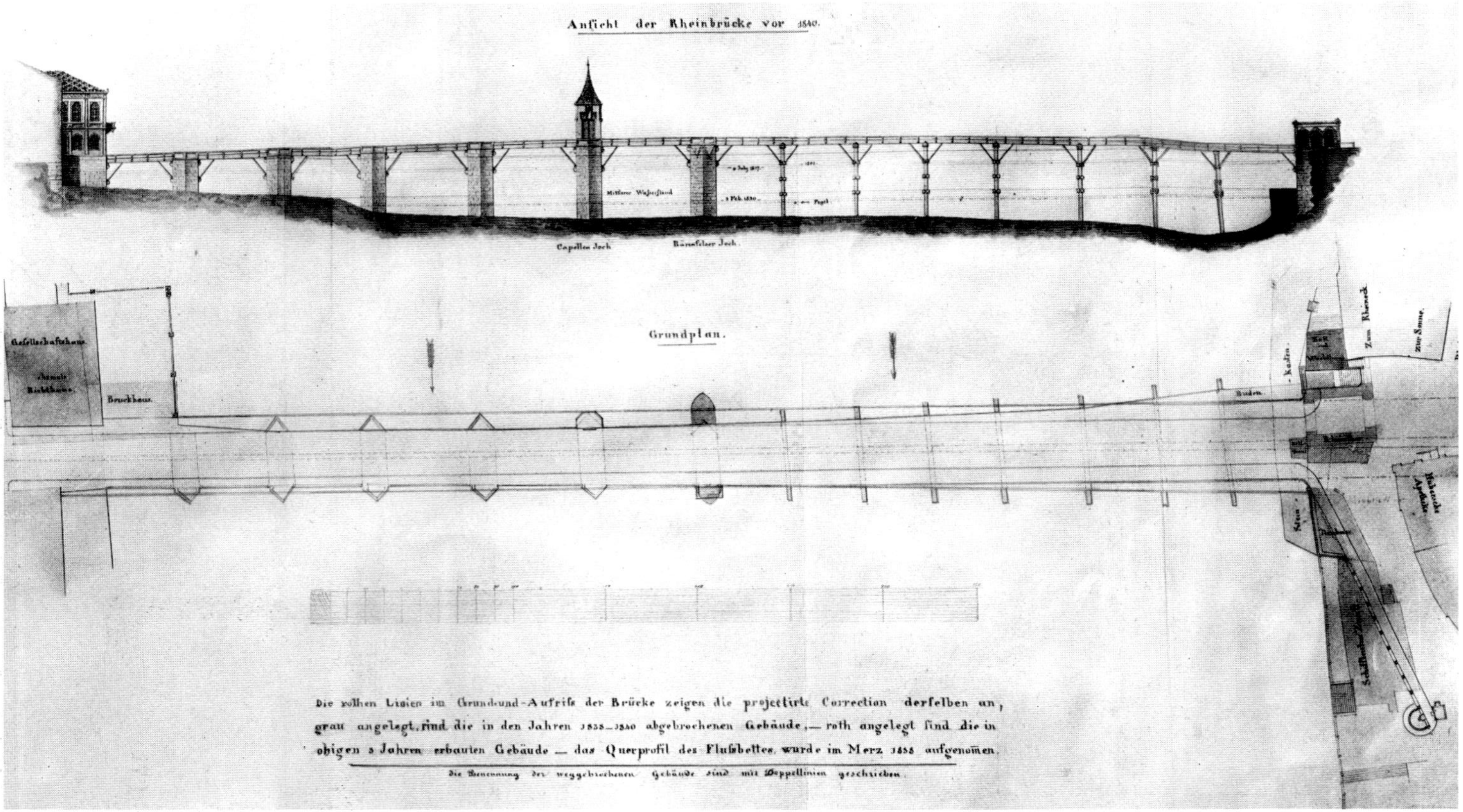

Abb. 244. Aufriss und Grundriss der Rheinbrücke zu Basel vor 1840.
Kolorierte Federzeichnung. — Staatsarchiv Basel.

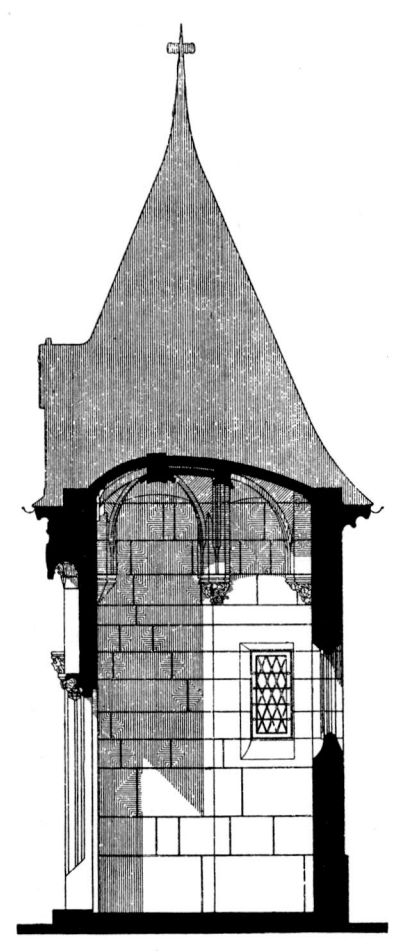

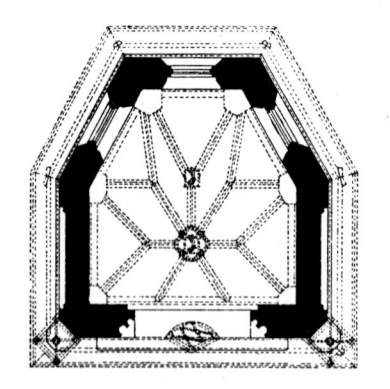

Abb. 245, 246 und 247.

Die Kapelle auf der Rheinbrücke zu Basel.
Aufriss der Vorderseite,
Längsschnitt und Grundriss. — Maßstab 1:75.
Aufnahmen von
R. Visscher van Gaasbeek, 1900.
Staatsarchiv Basel.

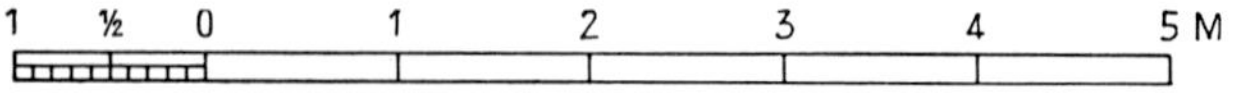

Abb. 248. Die Kapelle auf der Rheinbrücke zu Basel 1932.

einem Chörlein aus drei Sechseckseiten, die kanzelartig über die beiden Dreieckseiten der Keilspitze des Strompfeilers auskragen (Abb. 245—247, S. 330). Die Aussenmauern aus roten Sandsteinquadern stiegen an fünf Seiten glatt und ohne architektonische Gliederung[1]) zum kräftig ausladenden Dachgesims empor, dessen zwischen zwei tiefen Kehlen hinziehender Rundstab sich an den Ecken verschneidet. Darüber erhebt sich wie einst ein hochgezogenes, vielseitiges Pyramidendach mit Ziegeleindeckung, Knauf und einer offenen Dachlucke über der Breitseite, in der ein Glöcklein hing.

Aller Schmuck ist auf die Vorderseite des Kapellenhauses konzentriert. Über der gerade abgedeckten Pforte, die drei Fünftel der ganzen Mauerbreite einnimmt, ist ein querrechteckiges, etwas breiteres Relief eingelassen; in seiner, die Relieffläche oben durchstossenden Mittelnische war auf einer dem Türsturz eingefügten, korbartig durchbrochenen Blattkonsole und unter einem zwischen Relief und Dachgesims eingeschobenen Baldachin ohne Fiale ein Bildwerk aufgestellt. Flankiert wurde diese reich dekorierte Fläche von zwei weiteren Standfiguren, die vor den oben abgeschrägten Ecken der Kapellenvorderseite auf etwas höher angebrachten Konsolen sich erhoben, während ihre Baldachine in den unteren Gliedern des darüber gelegenen Dachgesimses nur angedeutet sind. Das Profil des steinernen Türrahmens, das unten auf einer Schräge aufläuft, besteht aus zwei tiefen Kehlen zwischen Plättchen, die wimpergartig geschwungen, mit Krabben geziert, die Relieffläche durchschneiden, bis zu den oberen Schnittpunkten der Nischenränder mit dem Reliefquerrahmen aufsteigen und in den sich kreuzenden, mit Krabben besetzten Kielbogen des Baldachins über der Mittelfigur ihren Abschluss finden. Dieses Bildwerk war, wie die seitlichen Statuen von Stadt- oder Brückenheiligen, wohl im Bildersturm der Reformation verloren gegangen. Das heute vorhandene Standbild des Erbauers der Brücke, des Bischofs Heinrich von Thun, ist allerjüngsten Datums (1920 von Bildhauer ALFRED PETER, Basel, geschaffen) und Ersatz einer ebenfalls modernen Bischofsfigur, die 1857 auf Beschluss des Baukollegiums von Bildhauer PRECKLE, München, entworfen und ausgeführt wurde.

Das *Relief über dem Kapelleneingang* (Historisches Museum Basel, Inv. Nr. 1903, 331, roter Sandstein, Höhe 108 cm, Breite 119 cm) in der Mitte völlig zerstört, sonst stark verwittert, wird durch die Wimpergbogen rechts und links der Mittelnische in je zwei Felder zerschnitten, die mit zwei grösseren und zwei kleineren Engelsfiguren in symmetrischer Anordnung gefüllt sind. Die oberen grösseren Engel halten Kreuz und Lanze, die unteren Schilde, jetzt mit Schweizerkreuz und Baselstab belegt. Mit den anderen Händen breiten alle vier Engel einen Vorhang oder einen Mantel aus, der hinter der Darstellung

---

[1]) Die vertieften Rechteckfelder der zur Vorderseite senkrechten Mauern und die Fensterchen der Sechseckseiten sind modern. Nach einer Zeichnung von EMANUEL BÜCHEL (Tafel 20) hatte die Kapelle stromaufwärts keine Lichtöffnungen.

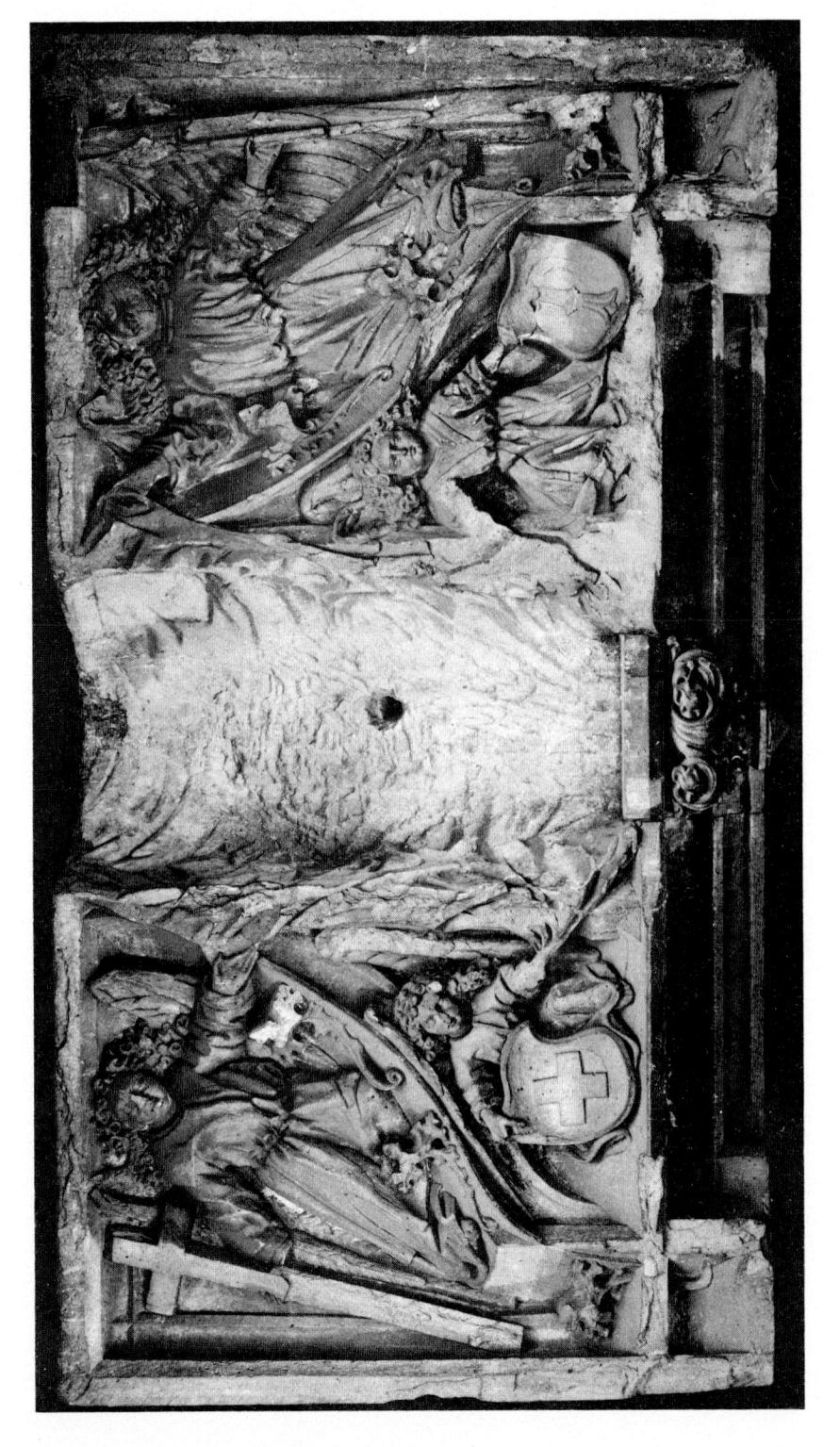

Abb. 249. Das Relief über dem Portal der Kapelle auf der Rheinbrücke zu Basel.
Roter Sandstein. — Historisches Museum Basel.

Abb. 250—253. Vier Gewölbekonsolen aus der Kapelle auf der Rheinbrücke zu Basel.
Roter Sandstein. — Historisches Museum Basel.

in der Nische angebracht war und noch an deren Rändern erkennbar ist. Bereits um die Mitte des 19. Jahrhunderts muss das Relief schon so verletzt gewesen sein, dass seine Deutung der Romantik rief[1]). Aus dem Motiv des Tuchhaltens, den Attributen der oberen Engel (Leidenswerkzeuge) und aus einigen, allerdings nicht beweiskräftigen, jüngeren bildlichen Darstellungen[2]) könnte geschlossen werden, dass in der Nische die Statue einer Madonna mit

---

[1]) P. TOUSSAINT, ein Basler Lokalmaler, füllt auf einem Aquarell von 1857 mit einer Darstellung der Kapellenfront das Relief mit den Figuren eines Mädchens und eines Reiters in Wallensteintracht und schreibt darunter auf den Türsturz: „Der Jungfern Kuss." Kupferstichkabinett Basel, Künstlerbuch M 101, 41 (vgl. S. 321).

[2]) Unbekannter Aquarellist vor 1839, Staatsarchiv Basel, Hauptsammlung I, 541; ausserdem der Berner Maler DURHEIM, 1843, nach Notiz in den Basler Nachrichten, 11. Februar 1921.

Abb. 254 und 255. Die beiden Figuren-Konsolen an der Front der Kapelle auf der Rheinbrücke zu Basel.
Roter Sandstein. — Historisches Museum Basel.

dem Kinde oder wahrscheinlicher die Figur eines auferstandenen Christus, ein „Erbärmdebild", aufgestellt war.

Von den beiden im Historischen Museum Basel erhaltenen Eckkonsolen aus rotem Sandstein mit polygonalen Deckgesimsen (Inv. Nr. 1907, 192 und 193; Höhe 27,5 cm), die an den Eckkanten der Kapellenwestwand angebracht waren, zeigt die eine in breitblättrigem Laubwerk eine Jünglingshalbfigur mit Spruchband, die andere das Brustbild eines bärtigen Mannes, der gleichfalls ein Spruchband hält; Gesichtsbildung, Haar und Barttracht wie Kopfbedeckung dieser letzteren Portraitbüste sind von auffallender Ähnlichkeit mit jenem Meisterkopf an der Nordseite vom Chorschluss des Freiburger Münsters, der hier unmittelbar über der Plattform der Kapellen als Kragstein eines Pfeilers dient und für ein Bildnis des HANS NIESENBERGER[1]) gehalten wird.

Das Innere der Kapelle war mit einem zierlichen, über dem Eingang gekürzten Sterngewölbe überspannt, dessen einfach gekehlte Rippen und Wandbogen aus Diensten auf polygonalen Wandkonsolen aufstiegen. Von diesen Konsolen (Historisches Museum Basel, Inv. Nr. 1907, 188—191; roter Sandstein; 27,5 cm hoch), deren abschliessende Gesimse teilweise einen gedrehten Stab in tiefer Kehle zeigen, waren die vier im Kapellenschluss mit Laubwerk geziert (Weinrebe, Stechpalme, Eichenblatt), die beiden an der Eingangswand einfach abgeschrägt (Abb. 250—253, S. 334). Ein Vierpassschlußstein mit aufgelegtem Baselschild deckte die Gewölbemitte, ein weiterer Schild mit Baselstab belegte den inneren Schnittpunkt der zwei äusseren Sternzacken.

Die Kapelle auf der Rheinbrücke in Basel, die durch ihre moderne Aufstellung viel von ihrer ursprünglichen künstlerischen Wirkung verloren hat, ist gleichzeitig Teil der Brücke und selbständiges Bauwerk. Ruhig in Flächen und gross im Umriss, wirkt sie aus der Ferne vom Rhein her gesehen als turmartige Verlängerung der aus dem Strom aufsteigenden Pfeilersenkrechten und als wirkungsvoller Akzent auf der langen Horizontalen der Brückenbahn. In der Nähe von der Brücke aus betrachtet, ist sie von kostbarer und reizvoller Zierlichkeit; aber auch hier fügt sich alles Detail, gefühlt wie berechnet, in den wohl proportionierten Rahmen. Der Meister dieses zweckvollen Kleinods ist noch unbekannt.

Quellen und Literatur: Staatsarchiv Basel, Bauakten U 6, 1, 2 und 3, Alte Rheinbrücke. — KARL STEHLIN in Festschrift zum 400. Jahrestag des ewigen Bundes zwischen Basel und den Eidgenossen, Basel 1901, S. 326—328 mit Blatt XLVII. — E. GUTZWILER. Die neue Basler Rheinbrücke, Schweizerische Bauzeitung, Bd. 47, Zürich 1906, No. 1, 2 und 4.   *C. H. Baer.*

---

[1]) Vgl. Abbildung z. B. in Friedrich Kempf, Das Freiburger Münster, Karlsruhe 1926, S. 76, Abb. 71. — Über Hans Niesenberger (Hans von Graz) vgl. Schweizerisches Künstlerlexikon, Bd. II, Frauenfeld 1908, S. 476. — Karl Stehlin, Festschrift zum vierhundertsten Jahrestage des ewigen Bundes zwischen Basel und den Eidgenossen, Basel 1901, S. 342 ff. — Karl Stehlin, Basler Baumeister des XV. Jahrhunderts, Basler Zeitschrift für Geschichte und Altertumskunde, Bd. V, Basel 1906, S. 116—122.

DAS RATHAUS
ZU BASEL

Abb. 256. Marktplatz und Rathaus zu Basel, 1501
mit der feierlichen Eidesleistung anlässlich des Eintritts Basels in den Bund der Eidgenossen.
Aus Diebold Schillings Luzerner Chronik. — Bürgerbibliothek Luzern.

DIE GESCHICHTE
DER RATHAUS-BAUTEN ZU BASEL.
I. Die Rathäuser bis zum Erdbeben 1356.

Das Rathaus in Basel, wie es als in sich geschlossenes Bauwerk heute am Marktplatz steht, hat beides, Individualität und Lage, im Laufe der Jahrhunderte verändert. Seit der endgültigen Platzfindung an der nach Südwesten schauenden Front des Marktplatzes und der einheitlichen Fassadengestaltung von 1504—1514 sind zu Beginn des 17. und des 20. Jahrhunderts einschneidende Wandlungen am baulichen Bestand des Rathauses vorgenommen worden. Auch der Marktplatz wurde zu Ende des 19. Jahrhunderts nach Nordwesten bis zur Nordseite der ehemaligen Stadthausgasse auf das Doppelte seiner ursprünglichen Länge erweitert und seine Raumwirkung dadurch vollständig geändert.

Die Entwicklung des Rates der Stadt Basel aus dem bischöflichen Gericht, das aus Vogt, Schultheiss und Urteilsfindern, den Gerichtsbeisitzern, bestand, zur selbständigen Regimentsbehörde der Stadt unter einem Bürgermeister[1]), die sich seit 1225 bis zu König Rudolfs Stadtfrieden von 1286 vollzog, lässt sich auch in der *Benennung* des Hauses des Rats erkennen. Zunächst 1250 wird es noch „domus judicii" das „Haus des Gerichts" genannt[2]), bald darnach 1257 aber schon „domus communitatis"[2]) oder 1290 „praetorium civium", und 1366 „domus consulum vulgo dicta das rathus"[2]). Das ursprüngliche *Richthaus* ist also zum *Rathaus* geworden; da aber das umgewandelte Vogtgericht wie das selbständig gewordene Schultheissengericht neben der städtischen Regierung und Verwaltung im Hause ihren Sitz behielten, wurden beide Bezeichnungen bis ins 16. Jahrhundert hinein nebeneinander als anscheinend gleichberechtigt verwendet.

1258 und 1259 sassen Vogt und Burgergemeinde im *Hause „zum Schlauch"* zu Gericht[3]), das dem Hause „zum Riesen" an der Birsigbrücke benachbart war und dessen Areal dem des heutigen Hauses Fischmarkt Nr. 9 entsprach. Die Lage dieses ältesten Basler Rathauses am Fischmarkt, der noch um die Mitte des 13. Jahrhunderts das Herz der Stadt bildete, ist bezeichnend für ihre frühen Besiedelungsverhältnisse. Hier, wo die alte Handelsstrasse den Birsig mit einer Brücke überschritt und wo in der Nähe die „Schifflände" lag, der Stapel- und Umschlagsplatz für den damals bedeutenden Längsverkehr auf dem Rheinstrom, trafen Verkehr und Handel zusammen. Hier herrschte dichteste Bebauung, hier „lagen Salzhaus und Fronwage, Wechsellauben und Kaufhaus und die ältesten Gastherbergen". Auch die Höfe vieler der Edlen und Achtburger, aus denen der Rat sich bildete, standen in der Nähe auf dem St. Petershügel, an den das Rathaus sich anlehnte. Die um diese Zeit bereits bestehende Rheinbrücke (vgl. S. 316) aber konnte von diesem ältesten Sitz des Gerichts und Rats nur auf Umwegen erreicht werden.

Vielleicht seit 1273, sicherlich seit 1290[4]) und bis 1344[5]) stand das Rathaus an der *Ecke der ehemaligen Sporengasse* mit dem Marktplatz, den es in der Richtung gegen

---

[1]) 1253 der erste Bürgermeister Heinrich Steinlin, Trouillat I, 592 (genauer Titel vgl. S. 74).
[2]) Fechter, Topographie 46 (genauer Titel vgl. S. 161).
[3]) Vgl. Wurstisen epitome (1577) 234 „— senatoriam domum (vulgus judiciariam appellat) —" „das Rathaus (der Pöbel nennet es Richthauss) —" (Übersetzung von Beck).
[4]) Rudolf Wackernagel, Geschichte des Rathauses zu Basel, in Albert Burckhardt und Rudolf Wackernagel, Geschichte und Beschreibung des Rathauses zu Basel, Basel 1886, S. 53, Anm. 13. — 1273: Fechter 46, Note 9; 1290. — S. Leonhards Zinsbuch von 1290, Fol. 43.
[5]) Rudolf Wackernagel, a. a. O., Anm. 18, S. 55; Urk. Prediger, 341.

die vom Marktplatz abzweigende Sattelgasse nordwestlich teilweise abschloss, auf einem Areal also, das ungefähr in der Mitte des heutigen Marktplatzes und in der Sporengasse gegenüber dem später, 1527 vom Rat zur Vergrösserung des Rathauses von 1504—1514 angekauften Hause „Windeck" lag. Es umfasste, wie mit einiger Sicherheit angenommen werden kann, die vordere Liegenschaft des späteren Hauses Marktplatz 18 („Vogtscher Glasladen", vgl. Abb. 260), eine vor derselben gegen den Markt hin gelegene zweite Liegenschaft, die hintere Hofstatt des Hauses Marktplatz 18, in der 1373 die Münze eingerichtet wurde, und seit 1306 auch die hintere, am Birsig gelegene Hofstatt des nachbarlichen Hauses „zum Pfauen", einst Sporengasse 16[1]).

Mit dieser Verlegung war der Ort der Ratsgeschäfte an denjenigen Platz gerückt worden, der durch Sporen- und Eisengasse in direkter Verbindung mit der Rheinbrücke stand und den neuen Mittelpunkt für den Verkehr aus der Schweiz, aus dem Sundgau und der Markgrafschaft bildete. Aber der Platz war nicht nur Korn- und Weinmarkt, sondern auch der erweiterte Hof des Rat- und Richthauses, die eigentliche *Richtstätte*. Hier befand sich der „heisse Stein", wohl eine aus mehreren Steinen zusammengefügte Erhöhung, auf der in ältesten Zeiten die Hinrichtungen stattfanden[2]); hier waren an der gegen den Markt gekehrten zinnenbekrönten Mauer neben dem Hause „zum Pfauenberg" die Halseisen befestigt, die zum Anschliessen der zur Schaustellung oder Züchtigung Verurteilten dienten; und hier stand die „Trille", die zusammen mit dem Halseisen erst 1609 entfernt wurde. An ihre Stelle trat dann die steinerne „Schmachsäule" und später das bis in die Mitte des 19. Jahrhunderts als Pranger dienende „Schäftli". „Trille" sowie „Galgen" und „Pferd", die zur Zeit des dreissigjährigen Krieges gleichfalls auf dem Markt aufgestellt waren, zeigt die Ansicht des Marktplatzes von Jacob Meyer von 1651 (Tafel 21).

1354 wurden die Ratsgeschäfte im *Haus zum „Angen"*[3]) erledigt, das eckseitig zum früheren Rathaus auf der anderen Seite der Sporengasse am Fuss des St. Martinshügels lag und den mittleren Teil des Areals des noch heute bestehenden Rathauses bildete. Dieses Gebäude wurde durch das Erdbeben am St. Lucastag 1356 zerstört, und da das „Rote Buch"[4]) meldet „da kam die Stadt um alle ihre Bücher und Briefe", ist wahrscheinlich, dass es ein Bau ohne gewölbte Räume war, der nach dem Beben ausbrannte.

II. Das Rathaus des XIV. Jahrhunderts und seine Erweiterungen im XV. Jahrhundert.

Der Rat benützte den durch das Erdbeben nötig gewordenen Wiederaufbau seines Rathauses zu einer Vergrösserung. Er erwarb 1359[3]) das wohl gleichfalls in Trümmern liegende, südöstlich an das Haus „zum Angen" angrenzende *Haus „zu Waldenburg"*, und errichtete auf den beiden, hinten vom Bergabhang begrenzten Hofstätten seinen Neubau. Von diesem Rathaus des 14. Jahrhunderts gibt DIEBOLD SCHILLING in seiner Luzerner Chronik (Fol. 211) eine ungefähre Darstellung (Abb. 256, S. 338). Er schildert auf diesem Blatt die feierliche Eidesleistung auf dem Marktplatz zu Basel am 13. Juli 1501 anlässlich des Eintritts Basels in den Bund

---

[1]) Vgl. die schematische Übersicht über die Lage und die Besitzer der zum heutigen Rathausareal gehörenden Häuser und ihrer Nachbargebäude bei Rudolf Wackernagel, a. a. O., S. 53, 54, Anm. 14.
[2]) John Meier, Vom Basler heissen Stein und anderen Steinen. Basler Nachrichten, Sonntagsblatt, 12. XII. 1926, Nr. 50.
[3]) Vgl. die Übersicht bei Rudolf Wackernagel, a. a. O., S. 54, Anm. 14.
[4]) Staatsarchiv Basel, Ratsbücher A 1.

(vgl. S. 361), und da der Chronist, wie er auf dem Bilde mit der vereitelten Abfahrt der Eidgenossen nach Nancy selbst angibt (vgl. S. 206, Anm. 2), an Weihnachten 1476 in Basel war, kann angenommen werden, dass die damaligen Eindrücke wie beim Rheintor auch bei der Schilderung der Marktplatzwand nachwirkten.

Das Gebäude, das auf dem Bilde durch zwei Schilde mit dem Baselstab als Rathaus gekennzeichnet ist, schaut mit hohem Zinnengiebel nach dem Platz und ist im Obergeschoss zwischen den dreiteiligen, gestaffelten Fenstern durch ein in drei Seiten des Sechsecks geschlossenes Chörlein ausgezeichnet, dessen hochgezogenes Dach der Spitze des Giebels sich einfügt. Das Erdgeschoss des Rathaus-Vorderhauses, von dem der venezianische Gesandte am Basler Konzil, Andrea Gattaro, schrieb: „der Palast der Herren ist sehr schön"[1]), war eine weite *Halle*, die den Hof mit dem Markt verband und sich nach ihm in drei *Toren* öffnete, von denen das mittlere auf dem Bilde Diebold Schillings sichtbar ist (Abb. 256, S. 338). Diesen Toren kam, wie aus der alten Ordnung des Hofgerichts hervorgeht, als den Anfängen der drei Strassen nach Rheinbrücke, Spalen- und Äschenvorstadt auch formale Bedeutung zu[2]); an ihren Pfeilern waren die erlaubten Masse für Schwert und Degen in den Stein eingelassen[3]); an ihnen wurden Mandate und Verkündigungen angeschlagen. Die Kramläden „so vor dem richthuss an beiden ortten und mitten an den sulen usswendig dessglich inwendig an beiden sulen angehefft sind", wurden erst 1501 (Beschluss vom 15. Juli) weg erkannt[4]).

Das Obergeschoss des Vorderhauses nahm die „*vordere Ratsstube*" ein, die wohl mehr zu Repräsentationszwecken als zu Sitzungen des Rates diente und vielleicht mit einer flachen oder spitzbogigen Holztonne überwölbt war.[5]) Ihr Erkerausbau an der Schmalseite nach dem Markt war vermutlich die verschiedentlich genannte *Kapelle des Rathauses*[6]), analog ähnlichen Chörlein an deutschen Rathäusern[7]). Von einem späteren *Altärlein* dieser Ratskapelle stammen möglicherweise der heute in der öffentlichen Kunstsammlung Basel befindliche Altarflügel (vgl. S. 408 f., Abb. 302) und die jetzt im Historischen Museum in Basel aufbewahrte Predella (vgl. S. 410, Abb. 303).

Am Vorderhaus des Basler Rathauses befand sich ausserdem seit 1407 eine von FRITSCHEMAN GUNTRIFEIER von Ulm angefertigte und dem Rat geschenkte *Schlaguhr*[8]).

Der *Rathaushof*, der zwischen Vorder- und Hintergebäuden lag, konnte nur an der Markt-Schmalseite der Hofstätten durch die offene Erdgeschosshalle betreten werden. Obwohl auch in ihm noch Verkaufsbänke standen[9]), war er doch im Gegensatz zum Markt ein befriedeter „ein sonderlich gefreiter Platz"[10]), gewissermassen der Vorplatz der Gerichts- und Ratsstube und der Ort des Blutgerichts; in ihm

---

[1]) Rudolf Wackernagel, Andrea Gattaro von Padua, Tagebuch der venezianischen Gesandten beim Conzil zu Basel, Basler Jahrbuch 1885, S. 19.
[2]) Ochs, Geschichte der Stadt und Landschaft Basel, Bd. VI, Basel 1821, S. 790, 792.
[3]) 1494. Rechtsquellen von Basel-Stadt und Land, Bd. I, Basel 1856, S. 225; vgl. Heinrich Gottfried Gengler, Deutsche Stadtrechtsaltertümer, Erlangen 1882, S. 311, Anm. 29.
[4]) Staatsarchiv Basel, Ratsbücher, B. 1. Erkanntnisbuch I, 208.
[5]) Vgl. Diebold Schillings Luzerner Chronik, fol. 202 v.
[6]) Vgl. die bei Fechter a. a. O. S. 47, Anm. 2 gesammelten Belegstellen.
[7]) z. B.: Rathäuser zu Nürnberg und zu Cöln, Otto Stichl, Wohnbau des Mittelalters, Handbuch der Architektur, Bd. IV, II. Teil, Leipzig 1908, S. 193—195 und S. 339; Rathaus zu Prag, ebenda, S. 273. — Otto Stichl, Das deutsche Rathaus im Mittelalter, Leipzig 1905, S. 162, 163, Rathaus zu Breslau.
[8]) Staatsarchiv Basel, Ratsbücher A 1, Rotes Buch, Fol. 369, Leibgeding an Fritscheman Guntrifeier und seine Frau, vgl. Wortlaut S. 360.
[9]) Vgl. Traugott Geering, Handel und Industrie der Stadt Basel, Basel 1886, S. 272.
[10]) Vgl. Rudolf Wackernagel, a. a. O., S. 55; Anm. 29.

nahmen die Amtleute die Reden und Klagen der Rechtsuchenden entgegen[1]), aus ihm führte die Freitreppe zu den Räten hinauf, von der die „Rufe" des Rats dem Volke bekannt gegeben wurden[2]).

Im *Hintergebäude*, das sich mit seinen rückwärtigen Erdgeschossmauern an den Martinsberg anlehnte und traufseitig zum Hofe stand, lag im Erdgeschoss die *Stube des Schultheissengerichts*[3]) (vgl. Abb. 261, 10, mit Eingang 11), im Obergeschoss neben dem Durchgang (vgl. Abb. 262, 2) zum Höflein (ebenda, 11) die Stube des Kleinen Rats, auch *mittlere oder grosse (später hintere) Ratsstube* genannt (ebenda 4, 5, 6), die so gross war, dass neben dem neuen auch der alte Rat in ihr sitzen konnte[4]). An ihren Wänden standen Tröge und Schränke, in denen die wichtigsten Urkunden und Bücher verwahrt wurden[5]); hier hing wahrscheinlich auch das sogenannte *älteste Stadtbild"* (vgl. S. 192 f., Abb. 54).

Im *oberen Höflein*, das hinter dem Hintergebäude auf einer Terrasse des Bergabhangs gegen Berg und Nachbarhäuser von Mauern abgeschlossen, im Niveau der Ratsstube lag und mit ihr durch eine Türe in unmittelbarer Verbindung stand, befand sich angebaut an die Rückwand des Rückgebäudes die *Küche* (vgl. Abb. 262, 15) und an ihrer Südwestmauer der *Rathausbrunnen*[6]). Küche und Hintergebäude hatten zunächst keine Obergeschosse; in ihren Dachräumen, „Zuggaden", war Holz gelagert, wurden Waffen und Rüstungen aufbewahrt[7]).

Auf dem Bilde des Basler Marktplatzes in der Luzerner Chronik Diebold Schillings (Abb. 256, S. 338) ist neben dem durch die Baselschilde als Rathaus gekennzeichneten Gebäude ein zweites Haus dargestellt, mit der Traufseite nach dem Platze, mit einem Obergeschoss, mit Staffelgiebeln und einem Dacherker. Nimmt man an, dass der Künstler auch hier bemüht war, die Wiedergabe der Platzfront zu vereinfachen und das Rathaus als wichtigsten Bau aufs stärkste zu betonen, könnte vermutet werden, dass beide Häuser zusammen den vorderen Teil des Rathauses darstellen sollen. Es wären dann nach dem Erdbeben von 1356, vielleicht unter Verwendung noch erhaltener Umfassungsmauern, wiederum zwei Häuser erbaut worden, das eigentliche Rathaus, ein senkrecht zum Marktplatz stehender, schmaler und tiefer Saalbau auf dem Areal des Hauses „zum Angen", sowie daneben und mit ihm verbunden ein weniger tiefer, dem Marktplatz parallel laufender Kanzleibau auf dem Gelände des ehemaligen Hauses „zu Waldenburg". Betrachtet man die Grundrisse (Abb. 261—263, S. 350/51), so entdeckt man an der gegen das ehemalige Haus „zum Hasen" gerichteten Mauer, etwa 10 m von der Platzfront entfernt, einen Mauervorsprung, der noch heute in der offenen Verbindungsgalerie des Hofes sichtbar ist und das Wandgemälde senkrecht durchschneidet. Möglich, dass dies der Ansatz der Hofmauer des alten Kanzleibaues war. Auch die Strassenbreite beider Liegenschaften von zusammen etwa 18 m spricht gegen einen darüber aufgebauten einheitlichen Giebel, wie ihn Diebold Schilling darstellt; er hätte eine beträchtliche Höhe erhalten müssen. Das Hinterhaus dagegen ist zweifellos damals ganz neu als ein Bau quer auf beide Hofstätten gestellt worden. Damit würde sich auch erklären lassen, warum 1504—1514 allein das Vorderhaus anstelle der uneinheitlichen, nur

---

[1]) Rechtsquellen von Baselstadt und -Land, Bd. I, Basel 1856, S. 70.
[2]) Vgl. Rudolf Wackernagel, a. a. O., S. 55, Anm. 28.
[3]) Vgl. Rudolf Wackernagel, a. a. O., S. 55, Anm. 34.
[4]) Vgl. Rudolf Wackernagel, a. a. O., S. 55, Anm. 35, 36 und 37.
[5]) Archivverzeichnis 15. Jahrhundert; vgl. Rudolf Wackernagel, a. a. O. S. 56, Anm. 38.
[6]) M. Birmann, Drei Blätter aus der Geschichte des St. Jakobkrieges, 3. Ein Prozess, Basler Jahrbuch 1882, S. 97. Der Brunnen wird bereits 1394 genannt. Staatsarchiv Basel, Ratsbücher, A 1, Rotes Buch, 378.
[7]) Vgl. Rudolf Wackernagel, a. a. O., S. 56, Anm. 42.

restaurierten beiden älteren Häuser von Grund aus neu erbaut worden ist und das damals neuere Hintergebäude des 14. Jahrhunderts im Kern sich bis zum letzten Erweiterungsbau (1898—1904) erhalten konnte.

1438 erfolgte eine Erweiterung dieses verhältnismässig engen Hauses durch den Aufbau der ,,oberen" oder ,,*hinteren Ratsstube*" (für den alten Rat und Kommissionen) über der Küche[1]) (Abb. 263, 6, S. 351) und einen Einbau in die Bergwand, ,,das kleine Stüblein beim Brunnen" (Abb. 262, 14, S. 351)[2]). Den Bau der Stube für den alten Rat führte Meister HANS VON STRASSBURG, Altwerkmeister, mit den vom Rat gelieferten Materialien gegen einen Lohn von 70 ₰ aus[3]); auch die Ausstattung der Stube, z. B. das Einsetzen von Glasfenstern, wurde vom Rat direkt besorgt[4]). Zugänglich war dieser neue Saal von einem hölzernen Gang an der Bergmauer[5]), zu dem wahrscheinlich eine offenbar einläufige Holztreppe an der nordwestlichen Hofmauer gegen das Haus ,,zum Windeck" emporführte.

Die Sicherung der Ratsarchive, die bisher an verschiedenen Orten im Rathaus, aber auch im Salzturm verwahrt worden waren, veranlasste weitere Bauten:

1462 im Mai beschloss der Rat zu diesem Zweck ,,eyn gwelbe im hofely ze machen"[6]), das in der Ecke zwischen der Bergmauer und der Stützmauer gegen das Haus Windeck seinen Platz fand[7]) (Abb. 262, 18). Aber auch dieser Raum konnte auf die Dauer nicht genügen; der Rat beschloss daher, das gesamte Ratsarchiv durch Meister JOHANNES GERSTER ordnen und repertorisieren zu lassen und beredete im August 1482 mit Meister HEINRICH AM REIN einen Bauakkord, nach dem er drei gewölbte Archivkammern zu erstellen hatte[8]). Die eine derselben wurde zwischen das 1462 erbaute Archivgelass und die Hintermauer der mittleren Ratsstube eingeschoben und war mit ihr durch die früher direkt in das Höflein führende Türe verbunden (vgl. Abb. 262, 19). Die beiden anderen lagen ineinandergehend über diesen beiden Räumen in Höhe des Dachbodens der mittleren Ratsstube (vgl. Abb. 263, 8) und waren auf einer steinernen Wendelstiege zugänglich, die in der Ecke zwischen Bergmauer und dem Gewölbe von 1462 lag und nach dem Abbruch der Holztreppe auch den Zugang auf die hölzerne Galerie zur hinteren Ratsstube vermittelte[9]) (vgl. Abb. 262, 17).

Das ist im wesentlichen alles, was über den Rathausbau nach 1359 und seine Erweiterungen im Laufe des 15. Jahrhunderts den Archivalien entnommen werden kann. Bauliche Reste sind davon, bis auf ein Türgewände (S. 408) keine mehr vorhanden, waren aber bis zum Neubau der Jahre 1900—1904 im Hintergebäude erhalten. So konnten beim Abbruch dieses Flügels Reste der Wandmalereien des 15. Jahrhunderts aufgedeckt werden, vor allem ein Bild des *Heiligen Christophorus*, das auf einem der breiten Fensterpfeiler der mittleren Ratsstube nach dem vorderen Hof aufgemalt war.

---

[1]) Rudolf Wackernagel, a. a. O., S. 56, Anm. 46.
[2]) Rudolf Wackernagel, a. a. O., S. 56, Anm. 47 und 48.
[3]) Staatsarchiv Basel, Ratsbücher H 7, Sammelband, ,,Ordnungen und Verträge", fol. 67 v. Verding vom Dienstag vor Othmari 1437 (November 19.); Wortlaut vgl. S. 360. — Finanz C 3, Jahresrechnung 1438/39: ,,Item so ist geben Hannsen von Strassburg 20 Pfund uff das werk der hindern stuben und ist dez gar bezalt."
[4]) Staatsarchiv Basel, Finanz C 3, Jahresrechnung 1438/39; Wortlaut vgl. S. 360.
[5]) Im Verding von 1482 (Wortlaut vgl. S. 361) ,,gang zu der obern ratzstuben dienende".
[6]) Staatsarchiv Basel, Protokolle, Öffnungsbuch III, fol. 131.
[7]) Staatsarchiv Basel, Finanz G 9, Wochen-Ausgabenbuch 1462, Juli 24: ,,Item 20 β das klein stübly uf dem richthuss ze machen." — August 21.: ,,item 5 ₰ 5 β umb stein zu dem gehalt im richthuss." — Oktober 2: ,,item 7 β umb siben sturtz zu dem gehalt im höffly."
[8]) Staatsarchiv Basel, Bau CC 1, Rathaus, 1482, Verding; Wortlaut vgl. S. 360 f.
[9]) Staatsarchiv Basel, Finanz G. 11, Wochen-Ausgabenbuch 1483, Januar 18., Januar 25. und Juni 28. Ausgaben für Glasfenster, Malerarbeit u. a. m.

III. Der Rathausbau von 1504 bis 1514
und seine Erweiterung und Ausstattung im XVI. und XVII. Jahrhundert.

Das verhältnismässig bescheidene, vor allem in seinen am Markt gelegenen Vorderbauten wenig repräsentative, hier wahrscheinlich auch baufällige Rathaus schien nach dem 1501 erfolgten Eintritt Basels in die Eidgenossenschaft der Macht und Bedeutung der Stadt nicht mehr zu entsprechen. Die Räte entschlossen sich daher, den vorderen, jedenfalls älteren und nicht einheitlichen Teil ganz neu aufzubauen; sie anempfahlen ihren Bauherren bereits am 26. Dezember 1503, zur Ausführung des geplanten Werkes zu schreiten und die Arbeiten nach Möglichkeit zu fördern[1]).

[1]) Staatsarchiv Basel, Ratsbücher B 1, Erkanntnisbuch I, 227: „uff st. Steffans tag anno 1504 ist durch beid rett einhaliklichen erkannt daz man den buwherren ernstlich bevelhen sol mit den werklüten und lonherren zu reden, alle bereytschaft so zum buw des richtsshuss dienet, es sye holz stein kalch und anders, zu bestellen und furderlich den buw des richtshuss an die hand nemen und den dermass furdern, damit der zu end komme und das richthuss wie dann das angesehen ist noch notturft gebuwen werde, und daran deheinen costen sparen als das ein rat den buwherren wol getruwen."

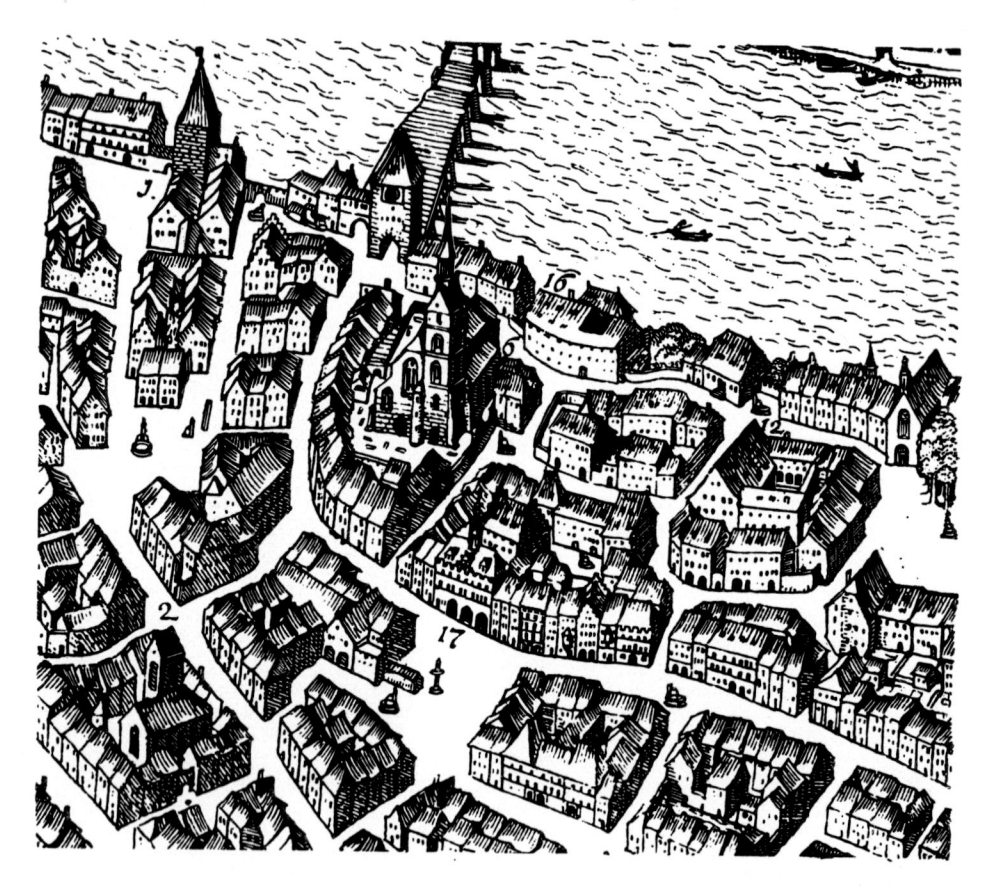

Abb. 257. Marktplatz und Rathaus zu Basel vor 1642.
Ausschnitt aus Matthäus Merians Vogelschaubild der Stadt Basel von Südwesten, vgl. Abb. 71, S. 117.

Abb. 258. Ansicht von Marktplatz und Rathaus zu Basel, Ende des 17. Jahrhunderts
mit der Hinrichtung des Dr. Fatio 1691. — Radierung. — Staatsarchiv Basel.

1504 im Sommer erfolgte der *Abbruch* der alten Vorderhäuser[1]).
1504 im Dezember ist mit der Lieferung der *Steine* begonnen worden, die meist zu Warmbach gebrochen und auf dem Rhein beigeführt wurden. Da die Baustelle eng war, die Hintergebäude auch während des Baues benutzt wurden und der Markt als Lagerplatz nicht verwendet werden konnte, sind die Bausteine gegen Zins in der Scheuer des Hauses „zum Kolben" in der Gerbergasse und beim Hause „Solothurn" an der Schneidergasse gelagert worden[2]). In den Wochen-Ausgabenbüchern wiederholt sich der Posten „umb stein zum richthuss" regelmässig bis ins Jahr 1514; es sind meist Beträge von 1 ℔ bis wenige ℔; Summen von 10 ℔ und mehr sind selten. Das erforderliche *Bauholz* wurde 1504 in den Bergen des Waldenburgeramtes gefällt[3]).

---

[1]) Wurstisen 235: „demolita priore structura, e fundamentis iterum secto lapide —" auch Zwinger190.
[2]) Z. B. Staatsarchiv Basel, Finanz G 12, Wochen-Ausgabenbuch 1507. vigilia Philippi et Jacobi: „item 5 ℔ zins Georii verfallen der Glaserin vom huss darin die gehowen stein zum richthus ligend." — 1507. Sabb. vor Petri et Pauli: „Item 2 ℔ zins dem wirt zur Cronen vom hus zum Kolben darinn stein zum richthus ligend uff ostern verfallen." — 1508, Samstag vor Jubilate: „item 2 ℔ Hanss zur Kronen von der schuren zum Kolben darein stein zum richthus ligen." „Item 5 ℔ Michel Glaser dem moler zins von sinem hus Solotorn darin ouch stein zum richthus ligen." „Item 2 ℔ dem wirt zur Cronen von dem stall zum Kolben darinn die stein zum richthus ligent."
[3]) Staatsarchiv Basel, Finanz G 12, Wochen-Ausgabenbuch 1504, Juni 22.: „1 ℔ 7 β 6 dn verzerten der lonher und der werckmeister gen Waldenburg holtz zum richthuss zu verdingen ze schniden und herab ze führen."

1505 im Frühjahr beginnen die Bauarbeiten.

1508 ist das Haus bis zum *Dachgesims* hochgeführt und auch die *Stube* im ersten Stock teilweise bereits ausgebaut[1]).

1509 wird der *Dachstuhl* aufgerichtet[2]).

1510—1512 wird an der Markt- und Hoffassade der steingeplattete *Laufgang mit Zinnenkranz* am Fusse des Dachstuhls ausgeführt[3]).

1511—1512. Das durch den Werkmeister WILHELM neu angefertigte Uhrwerk[4]) erhielt gegen den Hof ein flach umrahmtes Zifferblatt, gegen den Markt ein weit

---

[1]) Staatsarchiv Basel, Finanz G 12, Wochen-Ausgabenbuch: 1508 Samstag nach Francisci: item 2 ℔ umb 400 Schöwnagel zur nuwen stuben. — 1508 Samstag nach Othmari: item 5 ℔ 10 β Caspar Koch dem maler die nuwen stuben, den offen, die schilt, und die venlin ze molen.

[2]) Staatsarchiv Basel, Finanz G 12, Wochen-Ausgabenbuch: 1509, Samstag vor Exaudi: item 20 ℔ 16 β umb 31 grosser thanner buholtzer zum richthus und umb 36 danner holzer zum thachgerust.

[3]) Staatsarchiv Basel, Finanz G 13, Wochen-Ausgabenbuch; 1510 vigilia Michaelis: item 2 ℔ 5 β umb stein zum gang dess richthuses; 1511 vigilia Mathei item 2 ℔ umb plattenstein zum gang des richthuses; 1512 samstag vor Hilarius: item 2 ℔ 15 β 6 dn umb stein zum gang dess richthuses.

[4]) Staatsarchiv Basel, Finanz H, Jahrrechnung 1510/11: item 17½ ℔ von den zweyen zeigern an der nuwen zyttglogken in dem richthuss ze machen und ze vergulden; Item 10 ℔ 10 β umb den zug zu dem zyttglocklin in das selb horologium; Item 3 ℔ giesserlon von demselben glogklin; Item 2 ℔ 19 β umb zin so ouch zu dem selben glogklin kommen ist. — Fronfastenrechnung 1511/12 I: Item 100 ℔ geben meister Wilhelm dem werckmeister von der zyttglocken uff das richthuss ze machen; Item 10 β trinckgeld desselben meister Wilhelms knechten von der yetzgemelten zyttglogken.

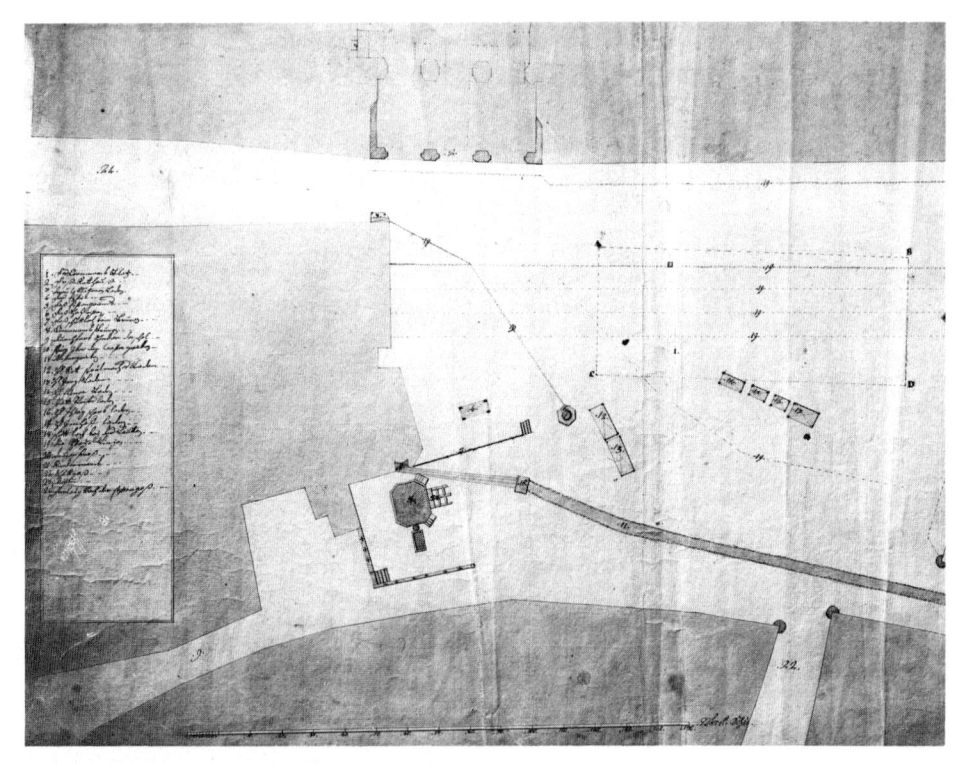

Abb. 259. Grundrissplan des Marktplatzes zu Basel, 1789. Samuel Mäglin.
Kolorierte Federzeichnung. — Staatsarchiv Basel.

Abb. 260. Ansicht des Marktplatzes zu Basel, Mitte des 19. Jahrhunderts.
Alte Photographie. — Denkmalpflege Basel.

ausladendes Gehäuse mit den Statuen Unserer lieben Frau und den Heiligen Heinrich und Kunigunde, überragt von der Gestalt eines Kriegers mit einem Baselfähnlein in der Hand, alle von HANS THURNER, dem Bildhauer, geschaffen[1]). Die übrigen Zinnen wurden mit den Wappenbildern der Eidgenossen geschmückt[2]). 1511 wird das *Glockentürmchen*, ein Werk des DIEPOLD VON ARX, aufgerichtet[3]) und das Dach von STEPHAN HASS mit farbigen Ziegeln eingedeckt[4]).

---

[1]) Staatsarchiv Basel, Finanz H, Fronfastenrechnung 1510/11 IV und Wochen-Ausgabenbuch 1511; Wortlaut vgl. S. 375, Anm. 1.

[2]) Staatsarchiv Basel, Ratsbücher B 2, Erkantnisbuch II, Fol. 47: „uff mittwochen vor judica anno 1509 haben min herren bede rete erkannt, daz die zeichen oder wappen an unser nuw richthus der obersten linien nach des muster wie dieselb liny anzeigt mit einem wepner in der mytt, der ein swerttegen an und ein Basel venly in der hand trag, gemacht und gesetzt werden sollen.

[3]) Staatsarchiv Basel, Finanz H, Jahrrechnung 1510/11 und Fronfastenrechnung 1511/1512, I; Wortlaut, vgl. S. 380, Anm. 4.

[4]) Staatsarchiv Basel, Finanz H, Fronfastenrechnung 1511/12, I: item 136 ℔ 10 β geben Steffan Hass dem haffner um glasiert ziegel so uff das richthuss kommen sind. — Finanz G 13, Wochen-Ausgabenbuch 1511 vigilia Mathei: item 16 β umb 2000 schindlen in daz richthus und daz colleigium.

1512 vom Herbst bis 1514 im Sommer arbeitete MEISTER HANS der Bildschneider, auch Tischmacher genannt, an dem Getäfer und der Decke der neuen vorderen Ratsstube, insgesamt mehr als 2000 ,,Tagwan"[1]).

1513 werden Rinnen für das Regenwasser und Ausgüsse durch die steinernen Drachen-Wasserspeier angebracht[2]).

1515 bezahlte der Rat vier Glasgemälde mit dem Schild von Basel, gehalten von verschiedenen Schildhaltern, für die Fenster der ehemaligen mittleren (später hinteren) Ratsstube (Stube des Kleinen Rats)[3]).

1519/20 war der Rat durch die Spenden der Eidgenossen[4]) in der Lage, die Scheiben mit den Wappen der 13 Orte und des Abtes wie der Stadt St. Gallen für die Fenster der vorderen Stube Meister ANTONI GLASER in Auftrag zu geben[5]).

1519 wird der Maler HANS DYG, der vom Rat den Auftrag erhalten hatte, ,,das alt Richthuss inwendig ze molen" bezahlt[6]). Es handelt sich dabei wohl um Wandmalereien auf der Hoffassade des Hintergebäudes, dann aber auch um ,,Das jüngste Gericht" gegenüber der Freitreppe auf der Rückwand der offenen Holz-Galerie, die als Verbindungsgang zwischen dem neuen Vorderhaus und dem alten Hintergebäude diente.

1517—1521 erfolgte die Erbauung des ,,neuen Saales", der *Grossratsstube*, anstelle des Dachbodens des Hinterhauses über der mittleren Ratsstube und dem Durchgang (vgl. Abb. 263, 3, S. 351); eine steinerne Wendeltreppe im Höflein in der Ecke zwischen dem Brunnen und dem hinteren Portal des oben genannten Durchgangs führte zu ihm empor (vgl. Abb. 262, 13 und Abb. 263, 4). Dieser Saalbau war nötig geworden, um den mehr als 200 Mitglieder zählenden Grossen Rat, der sich bisher in den Refektorien der Klöster, zumeist in dem der Prediger oder Augustiner, versammelt hatte, auf dem Rathaus zusammenberufen zu können. Er stand mit der alten hinteren Ratsstube (Abb. 263, 6) die jetzt als ,,Abtrittstube meiner gnädigen Herren und Oberen" und zugleich als Zimmer für die besonderen Versammlungen des alten Rates diente, durch eine Türe in Verbindung.

1520/21 wurde die reich geschnitzte Holzdecke des neuen Saales von JACOB STEINER und JOS MERKER den Tischmachern angefertigt[7]), zwei Prophetenbilder sowie an den drei freistehenden die Decke tragenden Säulen vier Schilde mit dem Wappen der Stadt von MEISTER MARTIN dem Bildhauer geschnitzt[8]) und Bestuhlung sowie sonstiges Mobiliar von den Tischmachern MICHAEL DIETRICH, JACOB STEINER und

---

[1]) Staatsarchiv Basel, Finanz N 5, 2, Dreier Herren Denkbüchlein, Fol. 183: ,,meister Hans bildschnyder"; in dem Wochen-Ausgabenbuch (Finanz G 13): ,,tischmacher".

[2]) Staatsarchiv Basel, Finanz H, Fronfastenrechnung 1512/13, III: item 10 ₰ 13 β 4 dn dem kannengiesser die bligen tafflen in dem nuwen richthuss hynden und vor ze legen, die leitkennel durch die tracken und die helmstangen ze beschlachen und zu verstangolen, ouch umb 2 zynnenkannen in den werckhof und die schenkkannen ze bletzen. — Fronfastenrechnung 1513/14, I: Item 1 ₰ 15½ β dem kannengiesser von den tracken uff dem gang des richthuses zu beschlachen und umb bly ussgeben.

[3]) Staatsarchiv Basel, Finanz G, 13 Wochen-Ausgabenbuch 1515, März 3; vgl. Wortlaut wie Anm. 4.

[4]) Staatsarchiv Basel, Finanzakten H, Jahresrechnung 1519/20 und Fronfastenrechnung 1520/21, II; vgl. Wortlaut im Abschnitt über die Rathausschreiben.

[5]) Staatsarchiv Basel, Finanz H, Fronfastenrechnung 1519/20, IV. und Jahrrechnung 1519/20; vgl. Wortlaut im Abschnitt über die Rathausschreiben.

[6]) Staatsarchiv Basel, Finanz G 13, Wochen-Ausgabenbuch 1519, und Finanz H, Summenbüchlein; vgl. Wortlaut im Abschnitt über die Wandgemälde des Rathauses.

[7]) Staatsarchiv Basel, Finanz H, Fronfastenrechnung 1520/21 IV: ,,item 150 ₰ geben Jacob Steiner und Josen Mercker den dischmacheren von wegen des gehymmels, den sy in dem nuwen saal gemacht haben, lut irs verdings."

[8]) Staatsarchiv Basel, Finanz G 14, Wochen-Ausgabenbuch 1521, August 3.: ,,item 8 ₰ geben meister Marti dem bildhouwer fur die vier schilt und zween propheten im sal und den schilt im hofflin zu schniden."

Hans Stolzenberg ausgeführt[1]). Insgesamt kostete der neue Saalbau 414 ℔, 6 β, 6 dn[2]).

1521/22. Am 15. Juni 1521 wurde mit Hans Holbein D. J. ein Vertrag über die *Ausmalung des neuen Grossratssaales* abgeschlossen; im Herbst 1522 waren diese Arbeiten durch die Bemalung der Wand gegen das Windeck und jener gegen das mittlere Höflein und die alte hintere Ratsstube zum vorläufigen Abschluss gekommen[3]).

1527 kaufte der Rat das *Haus „Windeck"*, das nördlich an das Rathaus angrenzte und aus Vorder- und Hinterhaus bestand, mit einem hinteren Ausgang am Berghang nach dem St. Martinsgässlein. Das Haus wurde zunächst unverändert verwendet, wahrscheinlich für die Archive, die Kassenverwaltung und das Stadtgericht. 1530 vom Juni bis 18. November schuf Hans Holbein D. J. die 1522 nicht ausgeführten *Wandmalereien im Grossratssaal* an der Südwand gegen das Haus „zum Hasen"[4]).

1535 wurde ein kunstvoll von Hans Schenck beschlagenes, vom Tischmacher Veltin Redner mit einem Schild versehenes und von Hans Herbster dem Maler vergoldetes und farbig gefasstes *Hirschgeweih* wohl als Leuchter in der vorderen Stube aufgehängt[5]).

1534—1538 (1541). Nachdem 1534 das Hintergebäude des Hauses „Windeck" abgebrochen worden war[6]), wurde um Ostern 1535 mit dem *Neubau der hinteren Kanzlei* angefangen[7]). Bereits im Spätherbst 1536 war das Haus soweit hochgeführt, dass der Dachstuhl aufgerichtet werden konnte[8]). Im Sommer 1536 wurde mit dem inneren Ausbau begonnen, an dem sich Mathäus Han, der Maler[9]), Balthasar Han, der Glaser[10]), sowie die Tischmacher Veltin Redner[11]) und Jacob Steiner[11]) beteiligten. Er dauerte bis August 1541. Während dieser Bauarbeiten, wohl um 1535, ist auch das Gewölblein von 1462 (vgl. S. 343 und Abb. 262, 18) unter den

---

[1]) Staatsarchiv Basel, Finanz N 5, 3. Dreieramts Denkbüchlein 1516, Fol. 226, 227, 394; Finanz H, Fronfastenrechnung 1520/21, IV.

[2]) Staatsarchiv Basel, Finanz H, Jahrrechnung 1520/21: „item so ist an dem nuwen sal uff dem richthuss verbuwen 414 ℔ 6 β 6 dn."

[3]) Staatsarchiv Basel, Finanz M 53, Des Dreieramts Denkbüchlein 1521/22. Vgl. Wortlaut im Abschnitt über die Wandgemälde des Rathauses; ausserdem Eduard His, Die Basler Archive über Hans Holbein den Jüngeren, seine Familie und einige zu ihm in Beziehung stehende Zeitgenossen, Sonderabdruck aus Zahns „Jahrbüchern für Kunstwissenschaft", III. Jahrgang, Basel 1870.

[4]) Staatsarchiv Basel, Finanz H, Jahrrechnung Joh. Bapt. 1530 bis Joh. Bapt. 1531. Vgl. Wortlaut im Abschnitt über die Wandgemälde des Rathauses; ausserdem Eduard His a. a. O.

[5]) Staatsarchiv Basel, Finanz H, Fronfastenrechnung 1535/36 I: „13 ℔ geben Hans Herpst dem moler vom hirtzhorn in der vordern stuben uf dem richthus zfassen und zu vergulden." — Wochen-Ausgabenbuch 1535, April 17.: „item 8 ℔ geben Hans Schencken von einem hirtzhorn ze beschlachen"; September 11.: 13 ℔ geben Hans Herbster dem moler von den hörnern zu fassen und vergülden, so in der nüwen rotstuben hangen"; Oktober 16: „Veltin dem tischmacher für den schilt an hirtzhörnern."

[6]) Staatsarchiv Basel, Bau C C 1, Rathaus: „denckbyechlinn von wegen der kanczlig wass sie kost zu buwen und doruff gegangen ist"; dieses Denkbüchlein ist die Hauptquelle für die Baugeschichte des Kanzleibaus von 1535/36.

[7]) Staatsarchiv Basel, Finanz G 15. Wochen-Ausgabenbücher 1535, April 3.: „item 9 ℔ 16 β 4 dn geben dem spitalmüller um 500 minder 1 sack sprüwer zu den welbsteinen in cantzly". — 1535, Juni 26.: „item 13 β 4 dn verzehrten bed lonherren und das murwerch als man das erst gwelb schloss mit dem schlossstein an der cantzly."

[8]) Staatsarchiv Basel, Finanz G 15, Wochen-Ausgabenbuch 1536, Oktober 28.: „item 9 β 9 dn verzerten lonherr und werchmeister als man das tachgericht an der cantzly uffschlug."

[9]) Staatsarchiv Basel, Finanz H, Fronfastenrechnung 1538/39 II: „item 215 ℔ 11 β geben Matheus Hanen dem moler die cantzlie ze molen und umb alles so er am richthus und koufhus gemolet und ingefasset hat."

[10]) Staatsarchiv Basel, Bau CC1, Rathaus, Denkbüchlein: „item 35 ℔ geben Meister Baltesser Han dem glasser von den fensteren zu machen in der kantzly und im gesprechhuss, im 38 jar noch mitfasten".

[11]) Vgl. S. 350, Anm. 2, 3 und 4.

alten Archivkammern (Abb. 263, 8) zur Erleichterung des Zugangs zum hinteren Höflein (Abb. 262, 21) abgebrochen und dann in seiner Nordwestecke 1538 mit der Errichtung eines steinernen *Schnecken* (Abb. 262, 22) als Zugang zum obersten Gewölbe des Neubaus (Abb. 263, 10) begonnen worden[1]). Dieser neue „*hintere Kanzleibau*", der in Höhe und Tiefe dem Hinterhaus des Rathauses entsprach, aber etwas nach rückwärts verschoben war, enthielt in drei Geschossen je einen feuerfesten, von zwei Kreuzgewölben überdeckten Raum. Dem Untergeschoss (Abb. 261, 12), das rückwärts in den Bergabhang eingebaut, von der alten Gerichtsstube (Abb. 261, 10) aus zugänglich war und später „Denkstube" hiess, war hofwärts bis in die Flucht des alten Hintergebäudes ein „gesprechhus" (Abtritt) angebaut (Abb. 261, 13). Das erste Obergeschoss, die hintere Kanzlei (Abb. 262, 24), hatte seinen Zugang vom hinteren Höflein aus, durch das noch erhaltene, mit 1535 datierte *Portal* (Abb. 262, 23, sowie Abb. 311, S. 419) und stand auch mit der daneben

Abb. 261.
Grundriss vom Erdgeschoss des Rathauses zu Basel
vor der Erweiterung von 1898—1904.

1. Fassade des alten Rathauses bis zum Ankauf des Hauses „Windeck", 1527;
2. Fassade des Hauses „Windeck";
3. Bronzetafel zum Gedächtnis der Birsighochwasser
4. Wandgemälde von H. Bock, „Josaphat"
5. Wandgemälde von Hans Bock, „Herodes"
6. Wandgemälde von Hans Bock, „Salomons Urteil"
7. Standbild des Munatius Plancus
8. Früherer Standort dieses Standbildes
9. Ehemalige Rüstkammer
10. Ehemalige Gerichtsstube
11. Alter Eingang der Gerichtsstube
12. Denkstube
13. „Gesprechhus" (Abtritt)
14. Wachtstube
15. Stube des Ratsboten

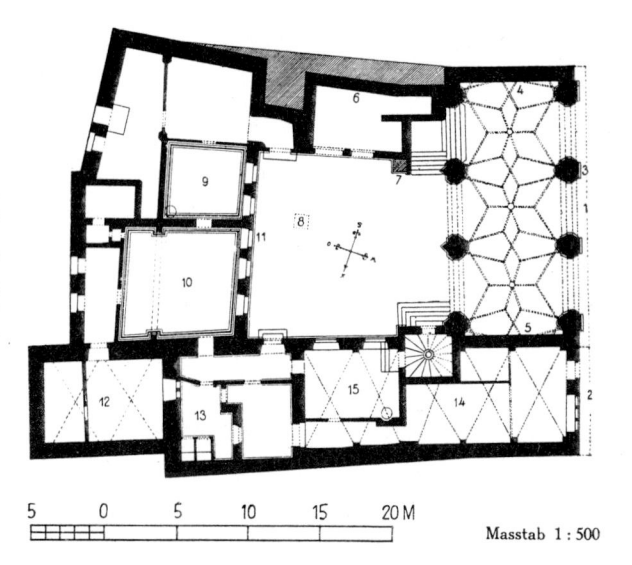

Masstab 1:500

gelegenen hinteren Ratsstube durch eine Türe in Verbindung (Abb. 262, 8), deren Stein-Umrahmung[2]) zusammen mit dem Wandgetäfer und der übrigen Ausstattung des Raumes[3]) von Meister VELTIN REDNER hergestellt worden war. Das zweite Obergeschoss diente als Archivraum, geheimes Archiv, „Dreiergewölbe" und Schatzkammer mit Schränken, die JACOB STEINER 1539 anfertigte[4]). Es war durch eine Türe (Abb. 263, 9) mit den 1483 erbauten Archivkammern (Abb. 263, 8) verbunden und vom Höflein aus auf der steinernen Wendeltreppe (Abb. 262, 22) zugänglich, von der eine Fallbrücke (Abb. 263, 11) auf einen hoch über dem Höflein auf Konsolen

---

[1]) Staatsarchiv Basel, Finanz G 16, Wochen-Ausgabenbuch 1538, September 21.: „item 1 ℔ 7 β 10 dn verzerten die lonherren und die murmeister sampt sinem volck als man den ersten Stein an dem schnecken uff dem rhathus leit."

[2]) Staatsarchiv Basel, Finanz G 15, Wochen-Ausgabenbuch 1536, Mai 6.; Wortlaut vgl. S. 420, Anm. 2.

[3]) Staatsarchiv Basel, Bau C C 1, Rathaus, Denkbüchlein; Wortlaut vgl. S. 426, Anm. 1. Derselbe Ausgabenposten findet sich auch in der Fronfastenrechnung 1538/39, II. Staatsarchiv Basel, Finanz H.

[4]) Staatsarchiv Basel, Finanz H, Fronfastenrechnung 1539/40 III: Wortlaut vgl. S. 434, Anm. 2. Vgl. auch Finanz N 1, 4. „Dreyeramtsschuldbuch Fol. 198; Zahlungen bis August 1541".

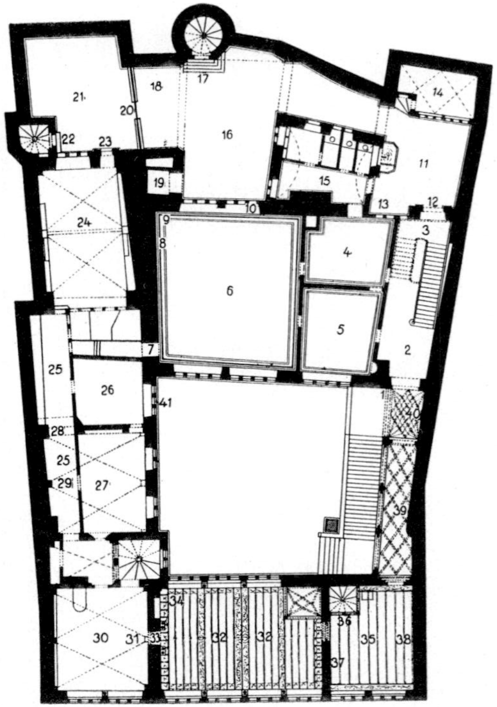

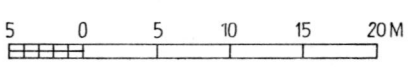

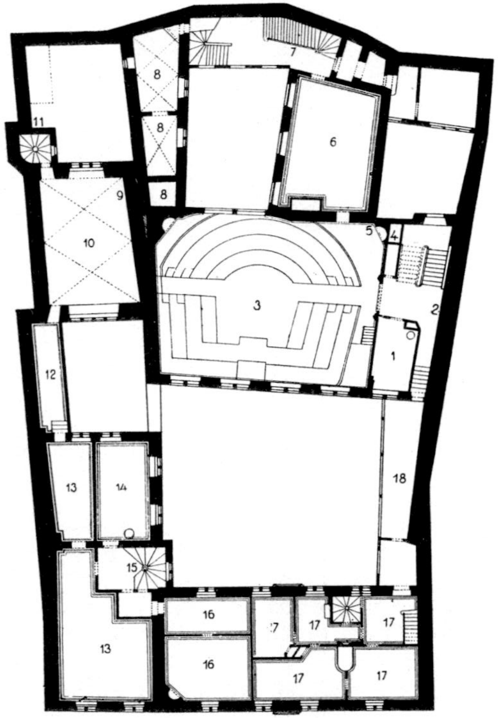

Abb. 262 und 263.

Grundriss vom ersten und zweiten Obergeschoss des Rathauses zu Basel vor den Erweiterungs- und Umbauten von 1898—1904. Nach Aufnahmen und Zeichnungen von W. Bubeck. Staatsarchiv Basel, Architectura Basiliensis.

Masstab 1:500

Legende zu Abb. 263 (rechts):

1. Vorzimmer des Grossratssaales
2. Wandgemälde von Hans Holbein
3. Grossratssaal
4. Früherer Eingang des Grossratssaales vom Schnecken
5. Wandgemälde von H. Holbein, „C. Dentatus"
6. Vorzimmer des Grossratssaales, Stube des alten Rates, Abtrittstube des grossen Rates
7. Treppe zum hintern Rathausausgang
8. Archivkammern von 1482
9. Türe zum Dreiergewölbe
10. Dreiergewölbe
11. Fallbrücke
12. Verbindungsgang
13, 14. Registratur und Staatsschreiberei
15. Kanzlei-Schnecken von 1606
16. Bureau
17. Wohnung des Rathausknechts
18. Verbindungsgang

Legende zu Abb. 262 (links):

1. Statuette des Standesläufers
2. Durchgang zu den Höflein
3. Neue Treppe zum Grossratssaal
4. Abtrittstube des kleinen Rats
5. Sitzungszimmer von Collegien, sogen. „Milzestube"
6. Stube des kleinen Rats
7. Türe auf das Gänglein zur vorderen Kanzlei
8. Türe in die hintere Kanzlei
9. Türe ins Gewölblein
10. Türe in das mittlere Höflein
11. Höflein
12. Türe von 1539
13. Ort der alten Grossratstreppe
14. Kammer von 1438
15. Küche, darnach Abtritte
16. Mittleres Höflein
17. Schnecken von 1482
18. Archivgewölbe von 1462
19. Unteres Gewölblein von 1482
20. Abschlussgitter von 1547
21. Hinteres Höflein
22. Schnecken von 1535
23. Portal der hinteren Kanzlei
24. Hintere Kanzlei
25. Verbindungsgang
26. Eingebaute Zimmer
27. Vordere Kanzlei
28, 29, 31. Gewölbeanfänger
30. Einst Vorplatz
32. Vordere Ratsstube
33. Portal von 1595
34. Statuette des „Wilden Mannes"
35. Vorsaal
36. Schnecken von 1581
37—39, 41. Wandgemälde v. H. Bock
40. „Das jüngste Gericht" v. H. Dyg

ruhenden *Laufgang* mit kunstvollem schmiedeisernem Geländer[1]) führte und auf ihm zu dem *hinteren Ausgang* in der Nordmauer nach dem St. Martinsgässlein[2]).

1537 wurde am südlichen Mittelpfeiler der Erdgeschosshalle am Markt eine *Messingtafel* zur Erinnerung an die Birsighochwasser von 1529 und 1530 angebracht (Abb. 261, 3, und Abb. 326 sowie Tafel 30), die CONRAD „der zapfengiesser" anfertigte[3]).

1539 erhielt die *Ausgangstüre* des Durchgangs vor der mittleren Ratsstube in das Höflein (Abb. 262, 12) die noch erhaltene, aber jetzt an anderer Stelle eingebaute, reiche und datierte *Hausteinumrahmung*.

1547 wurde der um 1535 (vgl. 349) geöffnete Durchgang vom mittleren Höflein 16 in das hintere Höflein 21 (Abb. 262) zur Sicherung der von hier aus zugänglichen Archiv- und Schatzgewölbe mit einem noch vorhandenen, datierten schmiedeisernen *Gitter* geschlossen (Abb. 262, 20).

1579 kopierte HANS BOCK die *Wandmalereien Hans Holbeins d. J.* an der Südwand des Grossratssaales, die sich „vom Wetter wüst geschändet"[4]) in sehr schlechtem Zustand befanden, in gleicher Grösse mit Ölfarbe auf Leinwand, die dann vor die Wand mit den Originalien Holbeins gespannt wurde[5]).

1580 im November wurde im grossen Hof des Rathauses am Fuss der Freitreppe von dem Bildhauer HANS MICHEL von Strassburg die von ihm aus Stein gehauene *Statue des Munatius Plancus* auf einem gleichfalls vom Meister angefertigten Postament aufgestellt, als Dankgeschenk für seine am 5. Juni 1574 „von seiner Kunst wegen" unentgeltliche Aufnahme in das Basler Bürgerrecht[6]).

1581 ist im Vorsaal der vorderen Ratsstube, die noch vorhandene kunstvolle steinerne *Wendelstiege mit Gehäus* zur Wohnung des Richthausknechtes von DANIEL HEINTZ, dem Werkmeister des Berner Münsters, für 162 ₶ erbaut worden. Meister HANS JACOB NUSSBAUM besorgte die Malerarbeiten[7]).

1595 erhielt die *Türe der vorderen Ratsstube*, die wohl sofort nach der Erwerbung des Hauses Windeck im Jahre 1527 in die Verbindungsmauer gebrochen worden war (Abb. 262, 33 S. 351), die noch erhaltene und datierte kunstvolle Umrahmung und Ausstattung (Tafel 29); Meister FRANZ PARREGOD von Grossbrunn (Grandfontaine bei Pruntrut), der „welsche Bildschnitzer" führte die Arbeit im Auftrag des Rats für 62 ₶ 10 β aus[8]).

1606—1608. Da sich das Vorderhaus „Windeck" am Markt nur wenig für die Unterbringung der Kanzlei eignete und ausserdem bauliche Schäden sich bemerkbar machten, entschloss sich der Rat zu einem *Neubau der vorderen Kanzlei*, der 1606 begonnen und bereits 1607 soweit fortgeschritten war, dass sein Dach einge-

---

[1]) Staatsarchiv Basel, Bau C C 1, Rathaus, Denkbüchlein; Wortlaut vgl. S. 436, Anm. 3.
[2]) Vgl. den Grundriss in „Bürgerhaus in der Schweiz", Bd. XVII, Kanton Basel-Stadt, I. Teil, Zürich 1926, Tafel 44.
[3]) Staatsarchiv Basel, Finanz H, Fronfastenrechnung 1536/37, III; Wortlaut vgl. S. 436, Anm. 1.
[4]) Staatsarchiv Basel, Bau C C 1, Rathaus „Supplication Hans Bockhen des Malers wegen Belohnung über die Contrafactur des grossen Stuck der Holbeinischen Gemälden im obern Saal" von 1579, November 23. Vgl. Abschnitt über die Wandgemälde des Rathauses. Abgedruckt in Ed. His-Heusler, Hans Bock der Maler, Basler Jahrbuch 1892, Basel, S. 140—142.
[5]) Staatsarchiv Basel, Finanz H, Fronfastenrechnung 1578/79, IV, und Finanz G 23, Wochen-Ausgabenbuch 1579, Oktober 31. Vgl. Abschnitt über die Wandgemälde des Rathauses.
[6]) Staatsarchiv Basel, Protokolle, Offnungsbuch IX, 39.
[7]) Staatsarchiv Basel, Finanz H, Fronfastenrechnungen 1581/82, I: „2 ₶ dem gybser von dem nuwen schneckhen uf dem rathuss zu gibsen"; 1581/82, II: „162 ₶ geben meister Daniel dem steinmetzen von dem schneckhen by der vorderen rahtsstuben"; 1581/82, III: „30 ₶ geben Hans Jacob Nussbaum dem moler von dem molerwerckh uf dem richthuss vor der rahtstuben ze machen."
[8]) Staatsarchiv Basel, Finanz H, Jahrrechnung 1596/97; Wortlaut vgl. S. 445, Anm. 4.

deckt und GEORG WANNEWETSCH der Maler Knöpfe und Fähnlein darauf anbringen konnte[1]).

1607 und 1608 wurden die Gewölbe geschlossen[2]), 1608 die eichene Türe zu der noch heute erhaltenen Wendeltreppe angefertigt[3]) sowie die Fenster durch Meister HEINRICH LORENTZ verglast[4]) und die Räume schliesslich von Meister HANS SUREN dem Glasmaler mit den nötigen Bezeichnungen[5]) versehen. Die Inschrift über der Hoftüre zur Kanzleitreppe ist mit 1608 datiert (vgl. S. 452 und Tafel 23).

Der dreistöckige Bau der *vorderen Kanzlei* mit steinerner Wendeltreppe setzte am Markt die alte Rathausfassade in fast völlig gerader Linie fort und lehnte sich hier wie auch im Hof und im Inneren in seiner formalen Gestaltung, in seinen Verhältnissen und allen Einzelheiten bewusst an das 100 Jahre früher erstandene Bauwerk an. Nach rückwärts war der Neubau tiefer als das alte Vorderhaus, endigte aber vor der Westseite des alten Hintergebäudes, so dass zwischen seiner Rückseite und dem Kanzleibau von 1535 ein nach dem Haupthof durch eine Verbindungsmauer abgeschlossenes Lichthöflein entstand. Das *Erdgeschoss* (Abb. 261, 14, 15, S. 350), das die Wachtstube aufnahm, und das *erste Obergeschoss*, die vordere Kanzlei (Abb. 262, 27, 30), waren mit je fünf Kreuzgewölben überspannt, während das oberste, einfacher ausgestattete Stockwerk eine flache Holzdecke besass. Der eigentliche Kanzleiraum im ersten Stock wurde durch eine Quermauer in einen vorderen und hinteren Raum geteilt und 1608 von JACOB ELSTER und ULRICH GRASSER mit Türen, Kästen und Trögen ausgestattet[6]). Die Verbindung mit der hinteren Kanzlei von 1535, die von nun an hauptsächlich zur Aufbewahrung der Akten diente, ist erst im 19. Jahrhundert hergestellt worden (Abb. 262, 25, und Abb. 262, 12).

1608 ist anlässlich des Kanzleibaus die Figur der Mutter Gottes am Uhrgehäuse der Marktplatzfassade des Rathauses entsprechend den geänderten religiösen Anschauungen in eine *Justitia mit Schwert* und Waagschalen verwandelt worden[7]).

1608 bis 1609. Nach Vollendung des vorderen Kanzleibaus ist Anfang des Jahres 1608 zwischen den Bauherren und dem Maler HANS BOCK eine Vereinbarung über eine *einheitliche Bemalung der Fassaden* am Marktplatz und im vorderen Hof getroffen worden. Er begann die Arbeit sofort, zusammen mit seinen Söhnen[8]), und beendete

---

[1]) Staatsarchiv Basel, Finanz G 28, Wochen-Ausgabenbuch: 1606, August 23 „53 ₰ 13 β 9 dn umb stabysen in den vorhabenden baw der cantzly"; 1607, Mai 16: „steinmetzen in dem baw der canzlei"; 1607, August 29 ff.: „am dachstuel der canzlei"; 1607, September 26: „zu den beden helmstangen uff die cantzley"; 1607, Oktober 10.: „Jörg Wannewetsch die knöpf uff die cantzley zu verstangieln"; 1607, November 21.: „Georg Wannewetsch dem moller von zweyen fahnen uff die cantzley."

[2]) Staatsarchiv Basel, Finanz G 28, Wochen-Ausgabenbuch 1607, Dezember 19.: „Allen werchleutten wegen beschliessung der cantzleigewölben zalt"; 1608, Juni 18.: „den werchleutten verehrt von beschliessung der cantzleigewölben."

[3]) Staatsarchiv Basel, Finanz G 28, Wochen-Ausgabenbuch 1608, Mai 21.: „von der eichenen thüren an den schnecken der cantzley zu machen."

[4]) Staatsarchiv Basel, Finanz G 28, Wochen-Ausgabenbuch 1608, Dezember 31.: „von den fensteren in der cantzley, in der Wachtstuben, und denen voraussen im gengli, item sechse im schnecken und sechs kreutzfensteren oben auf, meister Heinrich Lorentz dem glaser."

[5]) Staatsarchiv Basel, Finanz G 28, Wochen-Ausgabenbuch 1609, Januar 7.: „2 ₰ von der schrifft an der newen cantzley zu schreiben meister Hanss Suren dem glassmaler."

[6]) Staatsarchiv Basel, Finanz G 28, Wochen-Ausgabenbuch 1608, Mai 28.: „Jacob Elster von dem casten in die cantzley gehörig mit 60 schubladen"; 1608, September 10.: „von zweyen thüren, wie auch allen den ruckwenden und tröglinen in der canzlei zu machen Jacob Elstern und Ulrich Grassern."

[7]) Staatsarchiv Basel, Finanz G 28, Wochen-Ausgabenbuch 1608, Juni 4.: „für das schwerdt so der Justitia angemacht"; Juni 11.: „für ein zepter keyser Heinrichen und zwo wogschüsseln".

[8]) Vgl. Antwortschreiben des Rats vor 1608 Juni 8. an den Stand Uri, der den Maler Hans Bock zur Teilnahme an einem Schiedsgericht in Altdorf erbeten hatte. Vgl. Abschnitt über die Wandgemälde des Rathauses und Rudolf Wackernagel, Mitteilungen aus den Basler Archiven zur Geschichte der Kunst und des Kunsthandwerks. Zeitschrift für Geschichte des Oberrheins N. F. VI. 2, S. 303 f.

diese umfassende Bemalung der „vier grossen äusseren Wände", d. h. der beiden Fassaden des Vorderhauses und der Hofseiten von Kanzlei und Hintergebäude Ende 1609[1]). Er schätzt seine und seiner Söhne Arbeit auf 1200 Gld. und bittet ausserdem um ein Trinkgeld für seine Söhne, die dann 40 Gld. verehrt erhielten.

1610/11 malte HANS BOCK mit seinen Söhnen Felix und Peter[2]) die „*Historien*" und zwar nach seinen eigenen Aussagen das jüngste Gericht, die Geschichte der Susanna auf der Hofgalerie, die Verleumdung und die Parteilichkeit im Vorzimmer der vorderen Ratsstube, den Herodes und den Josaphat in der Erdgeschosshalle und das Urteil Salomonis an der Hofmauer unter der Galerie. Im Oktober 1611 wurde mit Meister Hans Bock abgerechnet, der wiederum 1200 fl. und ein Trinkgeld für seine Söhne verlangte; seit März 1608 bis dahin hatte er 2225 ₻ erhalten, ob noch weitere Zahlungen geleistet worden sind, ist ungewiss[3]).

1611 versah man die drei Bogenöffnungen der Erdgeschosshalle nach dem Markt mit *eisernen Gittertoren*[4]) (Tafel 30).

1616 erhielt die *mittlere Ratsstube* im Hinterhaus unter dem Grossratssaal von Tischmacher MATHIS GIGER ein neues geschnitztes *Getäfer* und eine kunstvolle *Umrahmung der Hauptüre* (Abb. 358—362); auch die an der Wand und im Raum stehenden Bänke wurden durch Giger angefertigt[5]) (Abb. im Abschnitt über das Staatsarchiv).

1676 wurde ein von CHRISTIAN FRISCH dem Bildschnitzer angefertigter Tisch als *Ratstisch* in der hinteren Ratsstube aufgestellt (heute im Historischen Museum in Basel, Inv. Nr. 1894, 490, Abb. 363—369).

IV. Die Instandsetzungen, Umbauten und Erweiterungen des XVIII. und XIX. Jahrhunderts.

1710 (vom Juli bis November) und 1711 vom Mai bis Dezember arbeiteten die vier Flachmaler BENEDIKT und HANS GEORG BECKER, Gebrüder, ANDREAS HOLZMÜLLER und JACOB STEINBRÜCHEL an der „Erneuerung der Gemälde vor, in und unter dem Rathaus"[6]), die schon sechs Jahre nach ihrer Fertigstellung durch HANS BOCK und seine beiden Söhne „verbessert" werden mussten[7]) und deren „Bresthaftigkeit" noch im 17. Jahrhundert verschiedentlich vermerkt worden war[8]).

1737 am 26. Juli gab das Bauamt den Lohnherrn den Auftrag, „die Wänd in dem grossen Rathssaal mit grünem Tuch tapezieren, das Tuch aber mit Blachen underlegen zu lassen", da von den „verblichenen Gemählden, die dem Ansehen nach von dem Holbein oder einem andern guten Meister gemahlt worden", das

---

[1]) Staatsarchiv Basel, Bau C C 1, Rathaus, Schreiben von Hans Bock von 1609, Dezember 27. über Schlussabrechnung und Bezahlung. Vgl. den Abschnitt über die Wandgemälde des Rathauses und Ed. His-Heusler, Hans Bock der Maler, Basler Jahrbuch 1892, Basel, S. 152.

[2]) Im Vorzimmer der vorderen Ratsstube stand zwischen den Fenstern „Hans, Felix, Peter Bock pinxit", vgl. R. Wackernagel, a. a. O., S. 59, Anm. 108.

[3]) Staatsarchiv Basel, Finanz H, Jahrrechnung 1610/11. Vgl. den Abschnitt über die Wandgemälde des Rathauses und R. Wackernagel, a. a. O. S. 60, Anm. 124.

[4]) Staatsarchiv Basel, Finanz G 29, Wochen-Ausgabenbuch 1611, August 17. Wortlaut vgl. S. 465, Anm. 3.

[5]) Staatsarchiv Basel, Finanz G 30, Wochen-Ausgabenbuch und Protokolle, Kleiner Rat 15, 1616, Mai 18.

[6]) Staatsarchiv Basel, Protokolle, Kleiner Rat 82, 1710, Juni 14.: „Die Gemälde unter dem Rathaus so vor 100 Jahren ernewert, seither aber sehr verblichen und verderbt worden, sollten wiederumb renoviert werden. — Soll geschehen und ist hierüber die gehörige Anstalt zu machen, den Herren Drey überlassen".

[7]) Staatsarchiv Basel, Protokoll, Kleiner Rat 20, 1626, April 24.: „Gemälde unterm Richthaus zu verbessern Lohnherren befohlen."

[8]) Staatsarchiv Basel, Protokolle, Kleiner Rat 35, 1645, Juli 30.; Kleiner Rat 46, 1665, Mai 24.

Abb. 264. Das Rathaus zu Basel am Marktplatz, 1932.

meiste nicht einmal mehr zu erkennen sei und das wenige übrige nicht wohl restauriert werden könne. (Bericht des Bauamts an den Rat vom 11. Mai 1737.)
1759 war eine abermalige Renovation der Wandgemälde des Rathauses nötig geworden, die im Juli dieses Jahres den Malern AWENG, WOHNLICH und HOLZACH und im August auf sein Begehren auch dem Vicarius der Gerichtsamtmannsstelle LEUCHT übertragen wurde[1]). Im Sommer 1760 wurden die Arbeiten vor gänzlicher Vollendung abgebrochen und die noch ausstehenden Ausbesserungen vom Rat bis auf weiteres verschoben[2]).

1770 wurden die steinernen Wasserspeier mit Drachenköpfen unter dem Rundbogenfries der alten Rathausfassaden entfernt und durch kupferne, an den Mauern befestigte *Ablaufrohre* ersetzt[3]).

1779 kaufte der Rat, um einen besseren hinteren Ausgang aus dem Rathaus zu erhalten, die auf der Höhe des Martinshügels an das Rathaus angrenzende *Liegenschaft*, die sich noch im Lehenbesitz der Familie von Eptingen befand, zurück und erwog die Anlage einer Treppe, die aber zunächst nicht ausgeführt wurde.

1803 bezog der *Stadtrat* auf Grund der Dotationsurkunde von 1803 den ersten Stock des Rathaus-Vorderhauses und hielt seine Sitzungen in der vorderen Ratsstube ab. Diese gemeinsame Benützung des Rathauses durch die Kantons- und Stadtbehörden dauerte bis ins Jahr 1855, bis der Stadtrat in das freigewordene Posthaus bei der Brotlaube (heute Stadthaus) umzog.

1824—1828 erfolgte eine durch Deputat FRIEDRICH HUBER geleitete umfassende *Erneuerung aller Rathausbauten* auf Grund von Plänen, die bereits seit 1822 ausgearbeitet worden waren[4]). Dabei ist über der ehemaligen hinteren Ratsstube (Stube des alten Rats, Abb. 263, 6, S. 351) ein Zimmer aufgebaut und ein hinterer Ein- und Ausgang durch den Eptinger-Hof geschaffen worden. Der Dachstuhl des Hintergebäudes wurde durch einen neuen ersetzt, der Grossratssaal bedeutend erhöht und neu ausgestaltet, zugleich aber an der Wand gegen das Haus zum Hasen ein Vorraum von ihm abgetrennt (Abb. 263, 1 u. 2) und nach Abbruch der steinernen Wendelstiege in diesen eine Holztreppe aus dem unteren Vorraum emporgeführt. Bei der Entfernung der 1737 angebrachten Tapeten kamen die letzten Reste der Wandgemälde Holbeins zum Vorschein, die dann durch HIERONYMUS HESS kopiert wurden. Das Getäfer von 1615 aus der Stube des Kleinen Rats (zuerst mittlere, dann hintere Ratsstube) kam in das obere, neu gebaute Zimmer. Die Freitreppe im Hof, die man wegen ihrer Steilheit schon 1756 „kommlicher und bequemer" umbauen wollte, ist zusammen mit dem Standbild des Munatius Plancus an die Stelle verlegt worden, an der sie sich heute noch befindet. Auf dem Vorderhaus wurde ein neuer Dachstuhl errichtet. Sämtliche Fassaden erhielten neue Anstriche, an Stelle der Wandgemälde Hans Bocks traten zum Teil neue Darstellungen, teils „Dekorationen mit architektonischen Verzierungen". Die Wandgemälde in der Halle, im Gang und im Vorzimmer des Vorderhauses wurden durch die Maler HIERONYMUS HESS, JOHANN SENN und FRIEDRICH MEYER restauriert.

1843 wurden die *Wandgemälde* aus Anlass des eidgenössischen Schützenfestes und der St. Jakobs-Schlachtfeier durch BELZ und GUTZWYLER neuerdings „erfrischt".

---

[1]) Staatsarchiv Basel, Bau C C 1, Rathaus.
[2]) Staatsarchiv Basel, Protokolle, Kleiner Rat 133, 1760, August 20.
[3]) Staatsarchiv Basel, Bau C C 1, Rathaus und Protokolle, Kleiner Rat, 1770.
[4]) Wie sehr das Rathaus damals der Erneuerung bedurfte, geht aus dem Tagebuch Ulrich Hegners (Stadtbibliothek, Winterthur) hervor, der am 17. März 1822 nach einem Besuch des Rathauses schreibt: „Denn es ist kaum zu begreifen, wie das reiche und elegante Basel, wo alle Bürgershäuser sich durch Reinlichkeit auszeichnen, so ein zerfallendes, gar nicht unterhaltenes Rathaus mit so schlechten, aller Würde und allem Geschmack hohnsprechenden Ratszimmern dulden könne." — Freundlicher Hinweis von Herrn Dr. Rudolf Riggenbach.

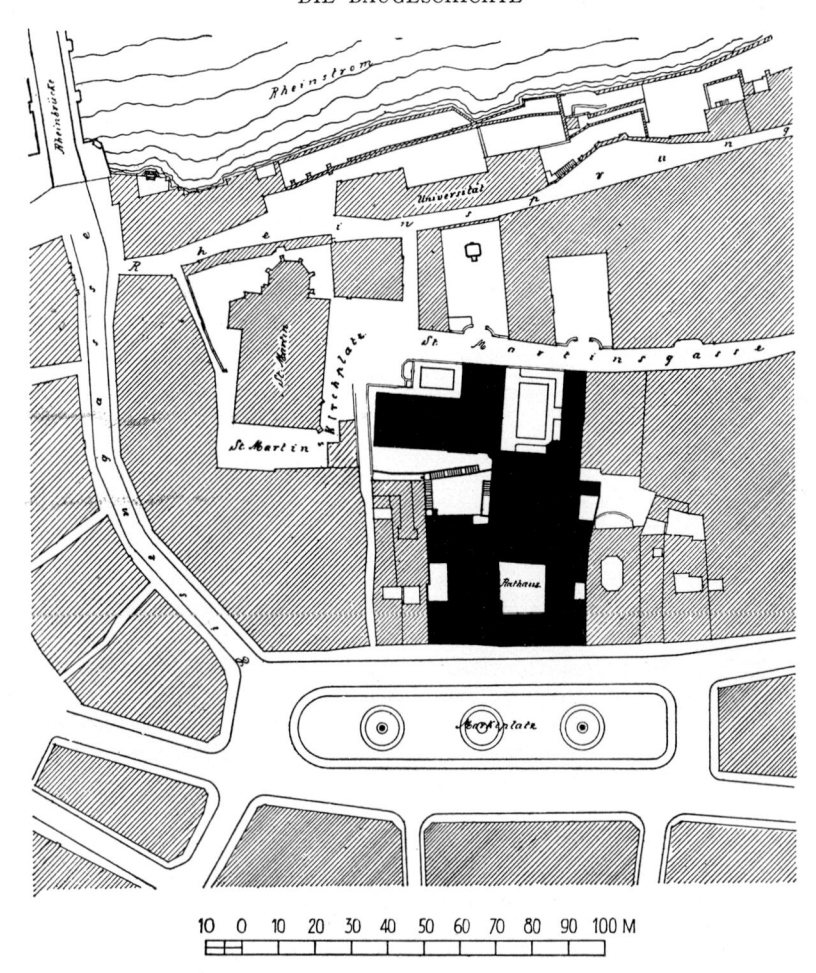

Abb. 265. Lageplan des Rathauses zu Basel, 1932
und des Marktplatzes mit der nächsten Umgebung. — Maßstab 1:2000.

1852 erhielt das Rathaus *Gasbeleuchtung*.
1854 wurden die *Wandgemälde* in Hof, Galerie und Vorzimmer durch J. G. HOCHSCHLITZ aus Koblenz gereinigt und abermals ausgebessert.
1864 Bei Erweiterungsbauten der Kanzlei ist das Wandgemälde „Moses und Aaron" unterhalb seines bisherigen Standorts an die Mauer übertragen worden.
1881 wurde die *vordere Ratsstube*, nunmehr der Regierungsratssaal, hergestellt. Dabei ist der untere Teil des Getäfers erneuert, die Türe des Pergo von Farbe- und Firnisüberzügen befreit und über der südlichen Türe an Stelle der in den Tagen der Helvetik über dem Basler Wappen angebrachte Fasces mit dem Tellenhut der ursprüngliche Zustand mit zwei Löwen als Schildhaltern wieder hergestellt worden.
1884 erhielt der *Regierungsratssaal* den in alten Stilformen gehaltenen *Kachelofen* und 1885 ein neues *Mobiliar*.
1885 erfolgte eine abermalige Restauration der *Wandgemälde* in Halle, Gang und Vorzimmer durch Maler HERMERSDORF aus Trier.

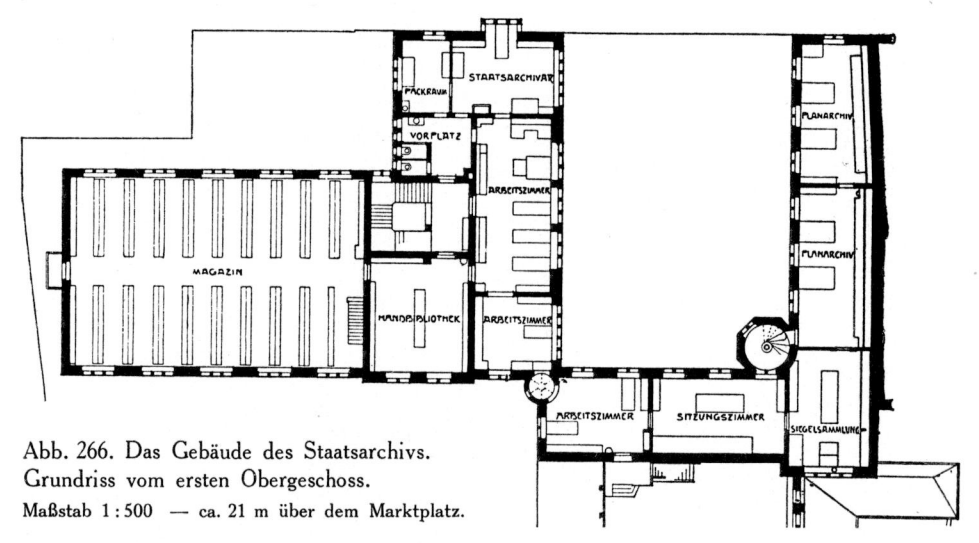

Abb. 266. Das Gebäude des Staatsarchivs.
Grundriss vom ersten Obergeschoss.
Maßstab 1 : 500 — ca. 21 m über dem Marktplatz.

1898 (31. Mai) bis 1904 (Mitte Juni) ist das Rathaus auf Grund der in einer internationalen Konkurrenz prämierten Pläne der Architekten E. VISCHER und FUETER in Basel auf der südlich und nördlich um die Liegenschaften „zum Hasen" und Marktplatz 7 und 8 vergrösserten Baustelle um- und zum grössten Teil neu gebaut (Abb. 267) und durch das Gebäude des Staatsarchivs im ehemaligen Rathausgarten (Abb. 266) erweitert worden[1]. Die in diesem Neubau oder in den staatlichen Sammlungen erhaltenen *Reste der alten Rathausgebäude und ihrer Ausstattung* werden in den folgenden Abschnitten beschrieben und abgebildet.

V. Quellen und Literatur

STAATSARCHIV BASEL. Ratsbücher A; Protokolle (Offnungsbücher, Protokolle des Kleinen Rats); Bau C C 1, Rathaus; Finanz (N 5 3 Dreieramt Denkbüchlein; G Wochen-Ausgabenbücher, H Jahr- und Fronfastenrechnungen). Planarchiv, B 5, 66—72; D 2, 155—319; 323; D 4, 64; F 2, 192—196. Architectura Basiliensis.

MARKUS LUTZ, Kurze Baugeschichte und Beschreibung des Rathauses zu Basel mit Nachtrag, in Rauracis, ein Taschenbuch für 1828 und 1829, den Freunden der Vaterlandskunde gewidmet, Basel, S. 29—53 sowie 55—63, mit zwei Ansichten des Rathauses in Basel, gezeichnet von J. Neustück; Lith. v. A. Merian. — J. R. RAHN, Zur Statistik schweizerischer Kunstdenkmäler III, Kanton Basel-Stadt und -Land, C Profanbauten: Rathaus. Anzeiger für schweizerische Altertumskunde, Bd. XIV, Zürich 1881, S. 123—125, 148—150 (Dr. Rudolf Wackernagel). — ALBERT BURCKHARDT und RUDOLF WACKERNAGEL, Geschichte und Beschreibung des Rathauses zu Basel, Mitteilungen der Historischen und Antiquarischen Gesellschaft zu Basel, Neue Folge III, Basel 1886. — KARL STEHLIN, Das Rathaus in Basel, Baukunst, Bildhauerei, in Festschrift zum vierhundertsten Jahrestage des ewigen Bundes zwischen Basel und den Eidgenossen, 13. Juli 1901. Im Auftrag der Regierung herausgegeben von der Historischen und Antiquarischen Gesellschaft zu Basel, Basel 1901, S. 329—333. — E. VISCHER, Rathaus in Basel, Umbau und Erweiterung 1898—1904. Herausgegeben im Auftrage des Baudepartements von

---

[1] Über den Umbau und die Erweiterung des Rathauses wie über die dabei vorgenommene Verwendung alter Bauteile und Einrichtungsgegenstände vgl. E. Vischer, Rathaus in Basel 1904.

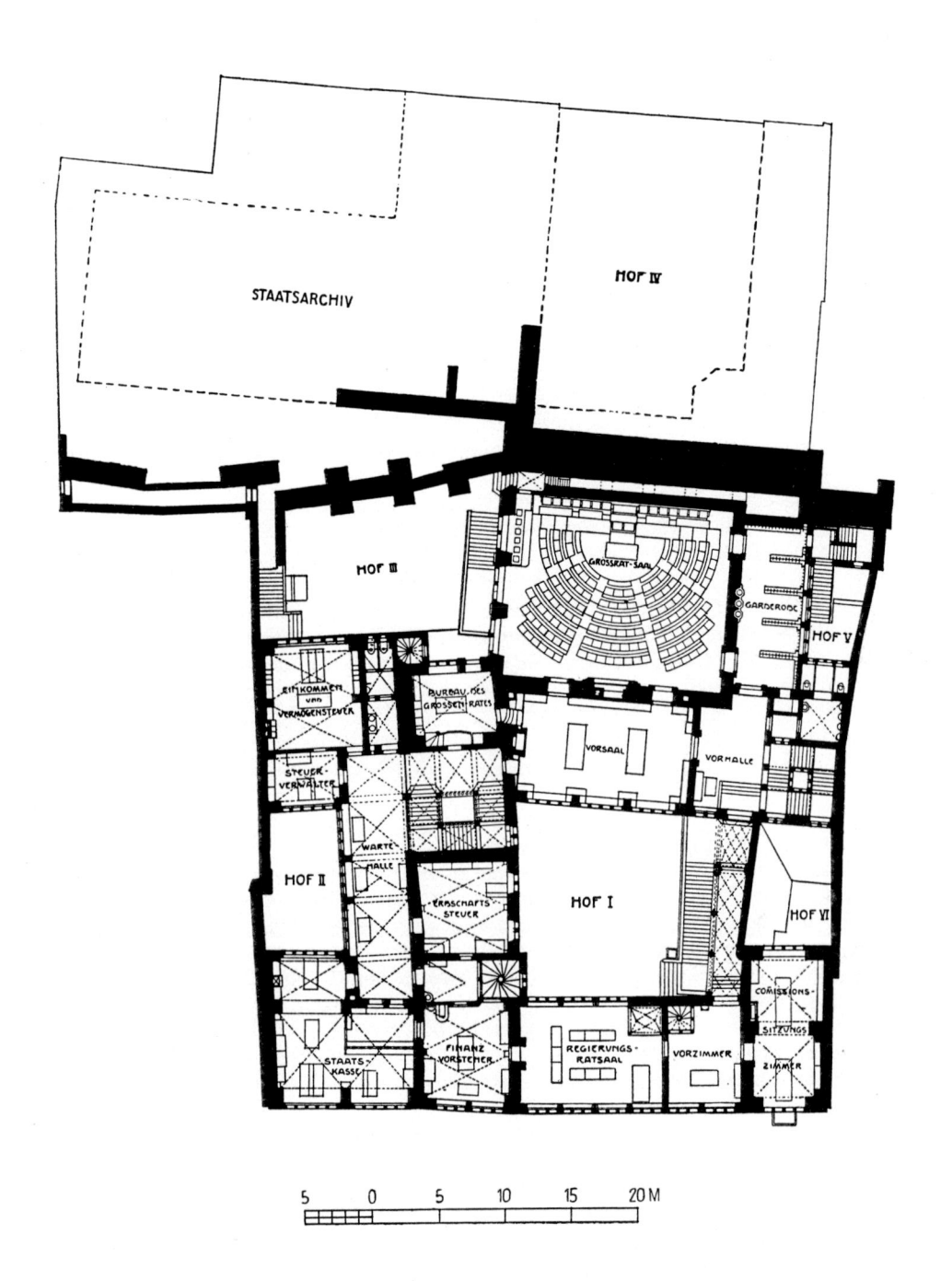

Abb. 267. Das Rathaus zu Basel nach der Erweiterung, nach 1904.
Grundriss vom ersten Obergeschoss. — Maßstab 1:500.
Grundriss vom ersten Obergeschoss des Gebäudes des Staatsarchivs, Abb. 266, S. 358.
Nach den Plänen von E. Vischer „Das Rathaus in Basel 1904".

Baselstadt, Basel 1904. — KARL STEHLIN und PAUL SIEGFRIED, Das Bürgerhaus des Kantons Basel-Stadt, I. Teil, Das Bürgerhaus in der Schweiz, Bd. XVII, herausgegeben vom schweizerischen Ingenieur- und Architektenverein, Zürich 1926, S. XXIX—XXXI, XLVII und LII, Tafel 43—56, 108.

VI. Vertragsurkunden.

1407. Ausrichtung eines Leibgedings an Fritscheman Guntrifeier
Von der zitglogken wegen uf unserem richthuse.

Wand Fritzscheman Guntrifeier von Ulm unser burger das orley zu unser zitgloken uff unserem vorderen richthuse in sinem kosten gemacht und uns geben hatt und ouch er uns gelopt hat allen gebresten den dasselbe orley und sin werk so er gemachet hat by sinem leben gewünnet ze besserend, unbresthaft ze machend und in eren ze haltend sinen leptagen und ouch einen knecht den wir dazu ordenent ze richtend leren, umb das es die stunden ze allen ziten recht schlahe, darumb so haben wir hinwider versprochen und gelopt im und Claren siner elichen frouwen ir beider leptagen drie guldin lipgdings alle jare ze richtende und ze gebende uff sant Martins tag eins helligen byschoffs ane widerrede und ane alle geverde. diese überkomnüsse beschach des nechsten donrstags nach sant Michels tag anno 1407.
Staatsarchiv Basel, Ratsbücher A I, Rotes Buch, fol. 369.

1437. Verding an Meister Hans von Strassburg
über den Bau einer Stube nebst Gang und Treppe im Rathaus zu Basel.

Es ist ze wissende, daz meister Hannssen von Straszburg dem alten wergmeister verdinget ist die stube im hofelin uf dem rathuse uf der kuchin ze machende mit dem gange, der dazů gat, ouch mit einer rechten redelichen stegen, die sich dazů wirt gehŏuschen, und daz der gang und die stege gestegkt und gehymmelcz werden sollent, ouch ob den phenstern der stuben, so werre die tachunge gat, ouch mit tilen gehymmelczt, uf dem gange und an den stegen daselbe und obenan uf der stuben machen ein bůni mit tilen daruf geslagen nach notdurft, daz man holcz daruf gelegen kŏnne. Ouch einen zug, da man holtz mit ufzicht, ob es sich also schicken wirt, ouch daz kemmy in der stuben, als wol als die stube umbefůtern und ein kěnsterlin darnebent machen oder sust in einem wingkel, da es sich also schicken wirt zem besten. So denn daz kěme vor der stuben mit dem schosz invassen und machen mit holtzwergk, so verre sich daz ouch gehouschet, und daz wergk mit tachungen und in alle wege versorgen, als sich denn der buw wirt zem aller besten nach sinen eren und der stadt nucz wirt gehouschen. Und sol im die statd holcz und allen gezůg dazů geben und im von dem allen zu lon geben LXX ₰ Baseler phenning. Und sol ouch solich wergk furderlich anevohen und daz gancz bereit und gemacht geben uncz sant Michahels tag nehst kunftig. Hieby ist gewesen Heinczeman Murer, Johann von Hegenheim und statschriber. Actum tertia post Othmari, anno etc. cccc⁰ xxxvii⁰.
Staatsarchiv Basel, ..., Konzept im liber diversarum rerum fol. 67 v. — Urkundenbuch der Stadt Basel, Bd. VI, S. 416, Nr. 423.

1482. Verding an Heinrich am Rein, den Maurer,
über den Bau von drei Gewölben im Rathaus zu Basel.

Ze wissen das úff hút datum Heinrichen am Rein dem murer durch die lonheren der statt Basel disz hienach gemelt werck ze machen verdingt ist, nemlich des ersten ein gewelbe zwüschen der ratzstuben und dem vordern gewelbe, so jm hofflin ist, so hoch und wyt das kommblichen sin mag in die vier ortt gewelbet mit zweijen fenstern in den hoff dienende, vnd das die thure vß der ratzstuben in dasselb gewelb gan soll, vnd sollent jm daran zu statten kommen, die zwey obern venster jn dem zuggaden so darinn gan werden. Item so dannen sol Er oberthalb uff dem yetzigen gewelbe zwúschen dem gang zu der oberen ratzstuben dienende vnd dem zuggaden zwey gewelbe machen, eins in das ander dienende, ouch in die vier ort gewelbet, doch mit einer schidmure, die bede gewelbe vnderscheidende von einem in das ander ze gonde jn der hohe jm die angeben sind, nemlich so sol Er jn das vorder gewelb machen zwey par fenster, vnd in das hinder gewelbe des jnganges ein par vennster. Es sol ouch derselb Heinrich am Rein die muren zu solichen gewelben dienende von die yetzigen muren vor vnderougen uffmuren, als hoch die notdurfft das vordert jn der dicke als die yetzige mur ist, vnd damit das vunder vnd die oberen gewelbe uszwendig duncken vnd jnwendig vergipssen zu allen orten deszglichen die gewelbe oben vnd jnnen mit besetzsteinen besetzen. Vnd damit man zu den obern gewelben kommen möge, sol Er einen schnegken jn dem winckel zwüschen dem yetzigen gewelbe vnd der hindern muren under dem gang bisz uff den gang uffüren, jn der wyte daz zwen nebeneinander den bruchen mögen bede zü dem gewelbe vnd zü dem gang zü der oberen ratzstuben dienende vnd solchen schnegken zü allen ortten vffmüren, ouch den gang vnd all muren, wa des not ist vnderfaren, vnd zü solichen gewelben sol Er geben nemlich vier thürgestelle, darzu dienende, ouch die drú par fenster als vorstat vnd den schnegken. Deszglichen sol Er die yetzige stegen in sinem kosten abbrechen, vnd was zebrechen not ist, es sye zu dem schnegken ouch dem jngang des nideren gewelbes gewelbes. Und umb solich verding vnd arbeit sol man jm geben sechzig pfund stebler, darzu sol man jm geben kalch sannd Esterichstein murstein welbstein vnd gibsz darzu die bögsell, doch sol Er die jn sinem nammen machen lassen vnd jm holcz darzu geben werden. Vnd sol Er solich gewelbe machen vnd vszbereit geben hie zwuschen vnd sant Martinstag schierest künfftig alles on witter verzug vnd zurede, Bescheen uff sambstag, vor sant Verenentag Anno etc. LXXXII. Vnd des zu vrkund sind die geschrifften zwo glicher lutt gemacht vnd yetwederm teyl eine geben.

Item vff sant Mathias oben A⁰ lxxxii⁰ Im geben   x ℔
Item vff Sampstag nach Francisci jm geben   x ℔
Item vff Sampstag post omm. sanctor. jm geben   xx ℔
Item vff Sampstag vor Katherine jm geben   x ℔
Item vff vigilia scti Thome jm geben   x ℔
Item vff Sampstag vor Sebastiani   iiii ℔

Auf der Rückseite: „Verding der Gewelben vff dem Richthuse".
Staatsarchiv Basel, Bauakten C C 1, Rathaus, 1482, Original, Papier, deutsch.

C. H. Baer.

DIE BILDDOKUMENTE
VOM RATHAUS UND MARKTPLATZ ZU BASEL
hauptsächlich in den öffentlichen Sammlungen der Stadt Basel.

1511—1513. Rathaus und Marktplatz zu Basel mit der feierlichen Eidesleistung am 13. Juli 1501 anlässlich des Eintritts Basels in den Bund der Eidgenossen. DIEBOLD SCHILLING, Luzerner Bilderchronik, fol. 211. Mit Deckfarben bemalte Federzeichnung (vgl. S. 90) mit der Unterschrift: „Wie die loblich statt Basel zuo den Eitgnossen kam vnd ein ort wart uff ir guotät, den Eitgnossen erzöugt." (260 × 185 mm). — Bürgerbibliothek Luzern J 23 (Abb. 256, S. 354).

Vor 1642. Vogelschaubild der Stadt Basel von Südwesten. MATTHÄUS MERIAN D. Ä. Kupferstich. — Staatsarchiv Basel, Hauptsammlung I, 7 (Abb. 71, S. 117 und Abb. 257, S. 344).

1651. Prospect des Kornmarkts zu Basel. M. JACOB MEYER (1614—1678)[1]). Kupferstich signiert und datiert (174 × 305 mm). — Staatsarchiv Basel, Sammlung Falkeysen A 482 (Tafel 21).

17./18. Jahrhundert. Der Kornmarkt mit der Hinrichtung des Dr. Fatio 1691. Radierung (200 × 272 mm). — Staatsarchiv Basel, Sammlung Falkeysen A 486 (Abb. 258, S. 345).

17/18. Jahrhundert. Ansicht des Marktplatzes und des Rathauses mit der Hinrichtung von Dr. Fatio 1691. Ölgemälde auf Leinwand, unsigniert (980 × 1240 mm). — Historisches Museum Basel, Inv. Nr. 1920, 30.

1789. Grundrissplan des Marktplatzes. SAMUEL MÄGLIN. Kolorierte Federzeichnung, signiert und datiert (585 × 945 mm). — Staatsarchiv Basel, Planarchiv B 3. 94 (Abb. 258, S. 259, S. 346).

1822. Der Rathaushof. DOM. QUAGLIO[2]). Lithographie J. Velten, Karlsruhe (476 × 379 mm). — Staatsarchiv Basel, Hauptsammlung 8, 204.

1828. Der Marktplatz zur Messezeit mit Blick gegen die Freiestrasse und den ehemaligen Rindermarkt. JACOB SENN JGR. (1790—1881)[3]). Aquarell, signiert und datiert (315 × 450 mm); Kupferstichkabinett Basel, Bi 263, 7. — (Farbige Abb. in Paul Kölner, Anno Dazumal, Basel 1929, Tafel nach S. 196).

1828. Ansicht des Rathauses. JOHANN JAKOB NEUSTÜCK (1800—1867)[4]). Aquarell, signiert (235 × 283 mm). — Staatsarchiv Basel, Hauptsammlung 8. 297.

1848. Blick auf den Marktplatz gegen Südwesten. Halbpanorama. EMILE TISSOT. Gouasche (170 × 445 mm). — Staatsarchiv Basel, Hauptsammlung 3, 1.

19. Jahrhundert. Die Rathausfassade am Markt. Kolorierte Tuschzeichnung, unsigniert (435 × 380 mm). — Staatsarchiv Basel, Hauptsammlung 8, 205.

19. Jahrhundert. Das Rathaus mit Blick gegen die Freie Strasse. J. ZIMMER und C. GUISE. Lithographie Hasler, Basel (96 × 137 mm). — Staatsarchiv Basel, Hauptsammlung 8, 7.

19. Jahrhundert. Der Rathaushof. J. ZIMMER und C. GUISE. Lithographie Hasler, Basel (137 × 112 mm). — Staatsarchiv Basel, Hauptsammlung 8, 8.

19. Jahrhundert. Das Rathaus. C. GUISE del. Lithographie R. Rey, ed. Hasler, Basel (220 × 275 mm). — Staatsarchiv Basel, Sammlung Falkeysen A 122.

19. Jahrhundert. Der Marktplatz mit Blick gegen das Rathaus. J. ROTHMÜLLER nach C. GUISE. Lithographie Hasler, Basel (190 × 280 mm). — Staatsarchiv Basel, Sammlung Falkeysen A 121.

19. Jahrhundert. Der Marktplatz. Nach NIC. WEISS lithographiert. Ed. Alb. Sattlers Wwe. (155 × 200 mm). — Staatsarchiv Basel, Hauptsammlung 2, 595.

19. Jahrhundert. Marktplatz mit Blick auf das Rathaus. Gez. von R. HÖFLE. Stahlstich von Er. Hablischeck. Verlag G. G. Bange, Darmstadt (120 × 162 mm). — Staatsarchiv Basel, Hauptsammlung 2, 18.

19. Jahrhundert. Der Rathaushof. CHAPPUY dess. lith. Asselineau (209 × 274 mm). — Staatsarchiv Basel, Hauptsammlung 8, 231.

19. Jahrhundert. Marktplatz Deroy del. St. Martin lith. Imp. Frick, Paris (159 × 230 mm). — Staatsarchiv Basel, Hauptsammlung 3, 3. *Gustav Schäfer.*

---

[1]) Vgl. S. 125, Anm. 1.
[2]) Vgl. S. 249. Anm. 1.
[3]) Schweizerisches Künstlerlexikon Bd. III, Frauenfeld 1913, S. 144 (D. Burckhardt).
[4]) Schweizerisches Künstlerlexikon, Bd. II, Frauenfeld 1908, S. 472 (R. Burckhardt); Bd. IV, Frauenfeld 1917, S. 572 (J. Coulin).
[5]) Schweizerisches Künstlerlexikon, Bd. I, Frauenfeld 1905, S. 639 (D. Burckhardt); Bd. IV, Frauenfeld 1917, S. 532 (J. Coulin).

Tafel 21

Der Kornmarkt, der Marktplatz zu Basel, 1651.
Kupferstich von M. Jacob Meyer. — Staatsarchiv Basel.

Tafel 22

Das Rathaus zu Basel am Markt
Aufnahme J. Koch vor 1898.

Blick aus der Erdgeschosshalle des Rathauses zu Basel
nordwärts nach dem Portal der Kanzleitreppe, 1932.

Tafel 24

Das Uhrgehäuse
an der östlichen Hoffassade des Rathauses zu Basel vor 1898.
Messbildaufnahme. — Staatsarchiv Basel.

ARCHITEKTURTEILE UND EINRICHTUNGSSTÜCKE DER ALTEN RATHAUSBAUTEN
VON C. H. BAER

I. Eine Übersicht aller Denkmäler nach dem derzeitigen Standort.

Zur allgemeinen Orientierung wird im folgenden eine Übersicht der im Rathaus und in den öffentlichen Sammlungen der Stadt Basel erhaltenen und aufbewahrten Bau- und Ausstattungsreste der ehemaligen Rathausbauten nach ihrem derzeitigen Standort gegeben, zusammen mit einem Verzeichnis der wertvolleren Bauteile und Einrichtungsstücke anderer, nicht mehr erhaltener Profanbauten, die im heutigen Rathaus Wiederverwendung gefunden haben. Im Gegensatz dazu sind bei der darauf folgenden Beschreibung die einzelnen Objekte nach der Zeit ihrer Entstehung zusammengefasst und aneinandergereiht worden, um ein geschlosseneres Bild der einzelnen Bau- und Stilperioden zu ermöglichen. Dabei wurden die *Wandmalereien* und *Glasgemälde* zunächst ausgeschieden; sie erfahren am Schluss eine jeweils in sich abgeschlossene Behandlung. Auch dem *Staatsarchiv* ist ein besonderes Kapitel gewidmet worden.

Aussenarchitektur.

I. Die am heutigen Rathaus noch vorhandenen baulichen Reste der alten Rathausbauten sind folgende:

1. Vom 1504—1514 erbauten *Vorderhaus am Marktplatz* die Vorder- und Hoffassade mit ihren Uhr-Umrahmungen und dem Dachreiter sowie die Erdgeschosshalle mit ihren schmiedeisernen Abschlussgittern von 1611 und der Bronzetafel von 1537 zum Gedächtnis der Birsighochwasser.

2. Von dem 1606—1608 erbauten *vorderen Kanzleibau* der nach dem Markt gelegene Teil und die Hofmauer in Hof I mit dem Wendeltreppenportal von 1608.

3. Der überwölbte *Verbindungsgang zwischen dem Vorder- und Hinterhaus* des Rathauses auf der Südseite des Hofes gleichzeitig oder im Anschluss an die vordere Kanzlei (1606—1608) erbaut. Dazu der *„Läufer"* als Bogenanfänger wohl aus der Bauperiode von 1504—1514 und die *Statue des Munatius Plancus* am Fuss der Rathaustreppe, die Bildhauer HANS MICHEL 1580 schuf.

4. Das *1539 datierte Hausteinportal*, das in der hinteren Halle in moderner Umrahmung als Eingang zur Grossratstreppe dient und ursprünglich den Ausgang aus dem Durchgang vor der hinteren Ratsstube (Stube des Kleinen Rats) in das Höflein umrahmte.

5. Das *1547 datierte schmiedeeiserne Abschlussgitter* der hinteren Halle nach Hof III, das ehemals das hintere Höflein vom mittleren abschloss.

6. Von der 1534—1538 erbauten *Hinteren Kanzlei* die westlich (marktwärts) gelegene Hälfte (Keller und erster Stock) mit zwei heute in Hof III zurückversetzten Portalen, von denen das eine 1535 datiert ist, das andere den Zugang zu der 1538 erbauten Wendeltreppe bildete.

7. Drei Felder von dem 1538 hergestellten schmiedeeisernen *Geländer* des Laufgangs zum hinteren Ausgang nach dem Martinsgässlein, jetzt mit den alten Konsolen am Balkon verwendet, der in Hof III den Zugang aus dem Untergeschoss des Staatsarchivs zur Drucksachensammlung über dem Grossratssaal vermittelt.

8. Ein *Steintisch* aus dem 17. Jahrhundert in Hof III.

9. Mehrere *Architekturfragmente* aus dem 16. und 17. Jahrhundert im Westgarten des Staatsarchivs.

10. Das *Hauszeichen* des ehemaligen Hauses „zum Hasen", heute in Hof VI an der Westmauer des Treppenhauses zum Grossratssaale eingemauert.

11. Ein einfaches *Türgewänd* aus Haustein von 1482(?), jetzt in Hof V als Eingang zur Garderobe des Grossratssaales verwendet.

II. Im Historischen Museum Basel werden folgende Reste von *Skulpturenschmuck* des Rathausbaues von 1504—1514 aufbewahrt:

1. Einzelne Teile der Bildkonsolen, des Bogenfrieses und der Zinnen der Marktfassade (Inv.-Nr. 1901, 27 und 1906, 3685).

2. Die Statuen Kaiser Heinrichs, der Kaiserin Kunigunde und der Justitia (früher Maria mit dem Kinde) sowie das Steinbild des Bannerträgers, alle vom Uhrgehäuse an der Marktfassade und von HANS THURNER 1510/11 geschaffen (Inv. Nr. 1901, 28; 1878, 68; 1901, 27).

Innenarchitektur und Ausstattung.

I. Von der einstigen Innenausstattung des Rathauses haben sich im *Rathaus* selbst erhalten:

1. Im ersten Stock des Vorderhauses das *Vorzimmer* mit dem Portal zur Ratsstube und der steinernen *Wendelstiege* von 1581 von DANIEL HEINTZ.

2. Daneben die *vordere Ratsstube*, heute der Regierungsratssaal mit Wandtäfer und Holzdecke, die Meister HANS von 1512—1514 schuf, einem steinernen *Baldachinbau* über dem Ofen, den 15 *Wappenscheiben* ANTONI GLASERS von 1519/20 in den fünf dreigeteilten Fenstern, der holzgeschnitzten *Türumrahmung* von 1595 von FRANZ PARREGOD und einer Boule-Uhr Louis XV.

3. Auf der anderen Seite des Vorzimmers im heutigen Turmzimmer das von MATHIS GIGER 1615/16 hergestellte *Wandgetäfer* der ehemaligen Stube des Kleinen Rats mit einem prunkvollen *Portal*. (Eine *Bank* der ehemaligen Einrichtung steht im Gebäude des Staatsarchivs.) Daneben eine holzgeschnitzte *Truhe*, die im 19. Jahrhundert in das Rathaus kam.

4. In der ehemaligen vorderen Kanzlei das Gehäuse der 1608 errichteten *Wendeltreppe* mit dem Rathaushund auf der Spindelendigung und im ersten

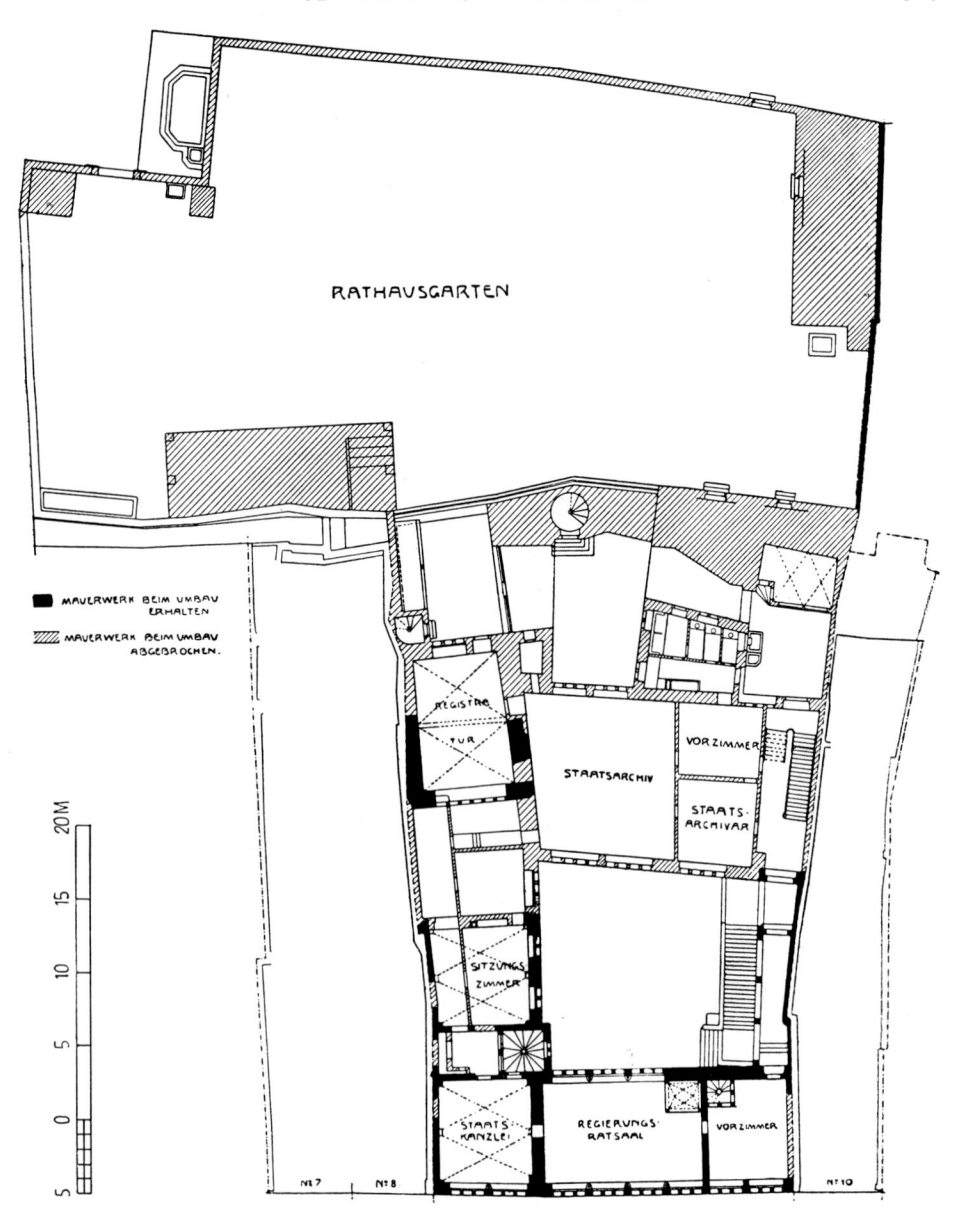

Abb. 268. Übersicht über die im Neubau des Rathauses zu Basel 1898—1904
wiederverwendeten alten Bauteile.
Maßstab 1 : 500. — Nach E. Vischer „Das Rathaus in Basel 1904".

Obergeschoss in Zimmer 4 sowie im Zimmer des Vorstehers des Finanzdepartements sechs mit Skulpturen geschmückte *Gewölbeanfänger*.

5. Im Bureau des Grossen Rats das *Portal* von VELTIN REDNER von 1536, einst Zugang aus der Stube des Kleinen Rats zur hinteren Kanzlei.

6. Im Bureau des Grossen Rats und im darüber gelegenen Zimmer 10 des zweiten Stocks der grössere Teil der *Wandvertäferung* und der *Wandschränke*, die VELTIN REDNER 1538 für das untere Gewölbe der hinteren Kanzlei herstellte. (Einige der 1539 von JAKOB STEINER für das obere Gewölbe angefertigten *Schränke* stehen im Gebäude des Staatsarchivs.)

7. Im Zimmer 21 des dritten Stockes befindet sich eine *Kassettendecke* von 1591, aus dem 1904 abgebrochenen Hause „zur Wolfsschlucht".

8. In der kleinen Staatskanzlei, neben Zimmer 11 im zweiten Stock, ist eine mit allegorischen Szenen bemalte *Felderdecke* des 17. Jahrhunderts aus dem ehemaligen Hause „zum Hasen" eingebaut.

II. Von der Innenausstattung des Rathauses befinden sich in der Öffentlichen Kunstsammlung und im Historischen Museum Basel:

1. Ein *Altarflügel* und eine *Altarpredella*, beide auf Holz gemalt, der erstere, eine „Geburt Christi" vor 1500, in der Öffentlichen Kunstsammlung, die andere aus dem Anfang des 16. Jahrhunderts im Historischen Museum Basel („Barmherzigkeitsbild", Inv. Nr. 1870, 702).

2. Zwei *Altarflügel* mit der Passion in acht Darstellungen von HANS HOLBEIN D. J., früher in der Ratsstube, später im Dreiergewölbe aufbewahrt, jetzt in der Öffentlichen Kunstsammlung Basel (Nr. 315).

3. Zwei holzgeschnitzte *Propheten-Brustbilder* von MARTINI HOFFMANN 1521 aus der ehemaligen Grossratsstube, dann im Vorsaal des Grossratssaales, z. Zt. in der Öffentlichen Kunstsammlung Basel zur Wiederherstellung.

4. Das *Bildnis des Wiedertäufers David Joris* (1500—1556) von JAN VAN SCOREL, das 1559, als der Leichnam des Joris öffentlich verbrannt worden war, ins Rathaus kam und 1714 der Öffentlichen Kunstsammlung abgetreten wurde (Nr. 561)[1]. Da es nicht zur eigentlichen Rathaus-Ausstattung gehört, ist es in die Denkmäler-Beschreibung nicht aufgenommen worden.

5. *Fragmente der vier Wappenscheiben* von 1515 aus der Stube des Kleinen Rats, im Historischen Museum Basel (Inv. Nr. 1925, 179; 1925, 62; 1925, 63 und 1926, 15) und in Basler Privatbesitz.

6. Ein *Friesstück* aus Tannenholz mit Flachschnitzerei und drei *Friesstücke* aus Tannenholz mit durchbrochenem Masswerk, Reste von Wandgetäfern (15. Jahrhundert), aus Räumen des Rathauses, jetzt im Historischen Museum Basel (Inv. Nr. 1921, 274 und 1921, 279—281).

7. Zwei *Zahltische* aus dem Rathaus, jetzt im Historischen Museum Basel (Inv. Nr. 1870, 893 und 1892, 209).

8. Die geschnitzte *Bogenfüllung* in Eiche eines der Wandschränke des unteren Gewölbes der Hinteren Kanzlei (1538); dazu ein *Kapitell* in Lindenholz. Beides jetzt im Historischen Museum Basel (Inv. Nr. 1921, 275, 278).

---

[1]) Vgl. Katalog der Öffentlichen Kunstsammlung Basel, 1926, S. 110. — Blainville, der Basel 1707 besuchte, sah das Bild im Rathaus. Blainville, Reisebeschreibung durch Holland, Oberdeutschland und die Schweiz, Deutsche Ausgabe von Johann Tobias Köhler, I. Bd., Lemgo 1764, S. 414.

9. Der *Ausziehtisch* aus Nussbaumholz, den CHRISTIAN FRISCH 1675 dem Rat verehrte, heute im Historischen Museum Basel (Inv. Nr. 1894, 490).

10. Drei *Bretter* und ein *Friesstück* von tannenen Wandgetäfern mit Ölmalereien (17. Jahrhundert) aus Räumen des Rathauses, heute im Historischen Museum Basel, Inv. Nr. 1921, 269—273.

Wandgemälde.

Von den ehemaligen Wandmalereien des Rathauses haben sich erhalten:

1. Ein *St. Christophorus* aus dem 15. Jahrhundert in Durchzeichnung, einst an der Hoffassade des Hinterhauses (Staatsarchiv Basel, Planarchiv).

2. Überreste des *jüngsten Gerichts* von HANS DYG auf dem Podest der Rathaustreppe, 1519 gemalt.

3. Elf Fragmente der *Wandgemälde*, die HANS HOLBEIN D. J. 1521/22 und 1530 in der ehemaligen Grossratsstube (über der Stube des Kleinen Rats) schuf, heute in der Öffentlichen Kunstsammlung Basel (Nr. 330, 331, 328 (zwei Stücke), 329 (zwei Stücke), 332, 714a, 715a, 716a sowie 793).

4. Reste der *Wandgemälde* von HANS BOCK und seinen Söhnen und zwar: Von der 1609 vollendeten *Bemalung der „vier äusseren grossen Wände"* Spuren an der Markt- und Hoffassade des Vorderhauses, Reste an der ehemaligen Südwand des Hofes unter dem Verbindungsgang (heute neben den Cachots) sowie das Wandgemälde „Moses und Aaron" von der Hofmauer der vorderen Kanzlei und Fragmente im Historischen Museum Basel. Von den 1610/11 gemalten *„Historien"* die fünf Wandbilder in der Erdgeschosshalle, in der Hofgalerie und im Vorzimmer des heutigen Regierungsratssaales.

II. Die Denkmäler der Bauperiode von 1504—1514.

Die äussere Architektur.

Das Vorderhaus am Markt. Will man die Rathausfassade am Markt zu Basel in ihrer ursprünglichen Wirkung erfassen, ist eine Rekonstruktion ihrer ehemaligen Lage und Eigenform nötig. Die einstige Stellung des Rathauses am Platz zeigen der Stich von JACOB MEYER von 1651 (Tafel 21) und der Plan von SAMUEL MÄGLIN von 1789 (Abb. 259). Aber das 19. Jahrhundert hat nicht nur das Areal dieses alten Kornmarkts nach Norden vergrössert, es hat ihm auch durch Trottoirs, Fahrbahnen und Rampen seine platzmässige Geschlossenheit in etwas genommen. Am Rathaus, das einst, am wichtigsten Ein- und Ausgang des Marktes gelegen, den Mittelpunkt des städtischen Lebens bildete, strömt heute das Tagesgetriebe vorüber.

Von der Marktfront des Rathauses von 1504—1513, die den Kern des heutigen Gebäudes bildet, ist keine Darstellung erhalten; sie ist aber leicht zu rekonstruieren, wenn man auf Ansichten des 17. und 18. Jahrhunderts den Kanzlei-Anbau von 1606/07 sich wegdenkt. Allerdings wollte diese

Doppel-Fassade, die bis 1898 bestand (Tafel 22), einen durchaus einheitlichen Eindruck hervorrufen, was der Architekt des 17. Jahrhunderts durch eine genaue Wiederholung der spätgotischen Formelemente zu erreichen versuchte, während die durchgehende Wandbemalung des ersten Stocks über die Zerstörung der Proportionen des Ursprünglichen hinwegzutäuschen bemüht war. Dagegen setzen sich die beidseitig anschliessenden Erweiterungsbauten vom Anfang dieses Jahrhunderts selbständig gegen die alte Fassade ab, und wenn auch der Rathausturm in dieser ausgesprochenen Form nicht zu den heimischen Bauelementen gehört, ist es doch durch ihn wie durch den nördlich höher geführten modernen Bauteil gelungen, dem alten Bestand einen vorteilhaften Rahmen zu geben (Abb. 264, S. 355).

Das Vorderhaus des Rathauses von 1504—1513, das, wenn auch in fast allen Architekturteilen erneuert, doch im wesentlichen sich erhalten hat, ist ein traufseitiges Reihenhaus; infolgedessen kamen nur die beiden Längsseiten zu architektonischer Gestaltung, und von ihnen erhielt die Schaufront gegen den Markt naturgemäss die sorgfältigere künstlerische Durchbildung. Ihr Aufbau, ausschliesslich mit den Mitteln der spätgotischen Formenwelt komponiert und in sauber bearbeitetem Buntsandstein zumeist aus Warmbach (vgl. S. 159 und S. 345) hochgeführt, ist von wohlabgewogener Klarheit. Er wirkt durch die starke Betonung der Horizontalen und das Verschwinden des wenig steilen Daches hinter dem abschliessenden Zinnenkranz vor allem als Fläche, sowohl an sich, als auch in der Platzwand.

Drei waagrechte Zonen, unter sich getrennt durch zwei gleich profilierte Gurtgesimse, die als Fensterbänke dienen, folgen übereinander: Im Erdgeschoss die Reihe von drei Spitzbogentoren, im ersten Stock die ununterbrochene Folge von sechs hohen Dreistaffelfenstern, im zweiten Geschoss vier Kreuzstockfenster gleichmässig über die Fläche verteilt (Abb. 269). Nur durch die vier Pfeiler im Erdgeschoss, durch das Uhrgehäuse, das mit seinem Pannerträger vor den Zinnen in der Mittelachse der Fassade liegt, und durch den Dachreiter darüber wird die Senkrechte zwar nicht durchgehend, aber in rhythmischem Aufbau betont und so die Stärke des flächigen Eindrucks in etwas gemildert. Sonst aber liegt in allen drei Geschossen kein Architekturteil axial über dem anderen; alle sind streng symmetrisch zur Mittelachse geordnet, selbst der fünfundzwanzigteilige Zinnenkranz über dem zwanzigteiligen Bogenfries. Dass die Fassade trotz solcher Achsenlosigkeit durchaus nicht unruhig wirkt, ist, wie Dr. Karl Stehlin erstmals nachgewiesen hat[1]), auf ihre sorgfältig studierten Verhältnisse, besonders auf die gleichmässige Verteilung der Stützen- und Öffnungsbreiten, zurückzuführen.

Die Fassade von 1504 hat die ungefähre Form eines Quadrats von 18 m Breite und fast genau derselben Höhe, wenn man die Vorderkante der Zinnen-

---

[1]) Festschrift zum vierhundertsten Jahrestage des ewigen Bundes zwischen Basel und den Eidgenossen, Basel 1901, S. 329—332.

Abb. 269. Aufriss der Marktfassade des Rathauses zu Basel, 1504—1514. — 1 : 150.
Aufnahme von R. Visscher van Gaasbeek, 1889. — Architectura Basiliensis, Staatsarchiv Basel.

verdachung als obere Quadratseite annimmt. Zieht man die Diagonalen, die sich auf dem mittelsten Fensterpfosten des ersten Stockes schneiden, zeigt sich, dass die obere Hälfte der Mittelachse in vier gleiche Abschnitte zerfällt, von denen die Quadrathöhe des Uhrzifferblatts einen, der Abstand von Unterkante Uhr bis Fassadenmitte einen zweiten, die Höhe des Uhrbaldachins den dritten und die Höhe von Unterkante Traufgesims bis Vorderkante der Zinnenverdachung den vierten Teil ergibt. Da auch die Entfernung vom Fassaden-Mittelpunkt bis zur Unterkante des Gurtgesimses vom ersten Stock einem Viertel der halben Quadratseite entspricht, ist die Erdgeschosshöhe $^3/_8$ der gesamten Fassadenhöhe. Dieses Achtel der Quadratseite (rund 2,25 m) entspricht aber auch der lichten Weite der dreiteiligen Fenster des Hauptgeschosses wie ihrer ungefähren seitlichen lichten Höhe oder der Breite von drei Zinnenteilen u. a. m. (vgl. Abb. 269, S. 369).

Der Architekt der Rathausfassade in Basel hat demnach bereits 1504 verstanden, die Geometrie der Gotik mit der Arithmetik der Renaissance in Einklang zu bringen. Er hat die „Harmonia, die aus dem Wesen der Zahl entspringt" (Vitruv) erkannt, sich eine Einheit, einen „Modul" geschaffen und damit das aus dem geometrischen Proportionskanon der Gotik übernommene Quadrat aufgeteilt. „Wo nun alle Glieder sich nach der Eurythmia also wohl reimen, und nach der Symetria in ihren Gliedmassen sich zusammenschicken, entspringt daraus Decor, d. i. das herrlich Ansehen solches Baus."[1]. Was Rivius 1575 aussprach, bereits 1504 voraus gefühlt und verwirklicht zu haben, ist die künstlerische Leistung des Basler Rathausarchitekten und die fundamentale Bedeutung seines Werkes.

Die Entdeckung der Fläche, die Entthronung der Vertikalen und die Würdigung der Horizontalen, „ein Gefühl für das Gelagerte und Räumlich-Gebreitete"[2], sind Eigentümlichkeiten der Spätgotik, die eine Anwendung südlicher Prinzipien: strenge Ordnung und Einhaltung eines bestimmten Verhältnisses, Betonung der Mitte und Symmetrie, an nordischen Bauten erleichtert. Aber während der italienische Architekt in reinen Proportionen und einheitlichem Formcharakter allein die höchste Schönheit findet, kann sich der Basler Meister damit nicht begnügen. Seine Phantasie baut inmitten der streng gegliederten Fassade, dem gewählten Verhältnis eingepasst, aber doch lebendig hinausstrebend aus der Begrenzung des Quadrats, das phantastische Uhrgehäuse auf und zeigt damit, dass er, weit entfernt, fremde Lehrer zu kopieren, südliche Anregungen und Vorbilder selbstschöpferisch zu neuer, und — was noch bedeutender erscheint — zu bodenständiger Gestaltung zu verarbeiten versteht. Es ist als nicht unmöglich hingestellt worden, dass

---

[1] Rivius, der „Deutsche Vitruv", Vitruvius, „Zehen Bücher von der Architectur und künstlichem Bawen" etc. Getruckt zu Basel durch Sebastian Henricpetri 1575. 1. Buch V. Kap. (Erste Auflage Nürnberg 1548; weitere Auflage Basel 1614.) Vgl. Wilhelm Lübke, Geschichte der Renaissance in Deutschland, Bd. I, Stuttgart 1882, S. 152 ff.

[2] Heinrich Wölfflin, Italien und das deutsche Formgefühl, München 1931, S. 57 u. a. a. O.

dem Aufbau der Basler Rathausfassade „eine Reminiszenz an den Dogenpalast in Venedig zugrunde liege"[1]). Das darf natürlich nicht wörtlich verstanden werden. Das Fehlen des Propositionsgefühls in der venezianischen Architektur, das der Zentralitaliener empfindet und mit dem der Deutsche sympathisiert, wie die strenge Gesetzmässigkeit der Basler Rathausfassade, die der nordische Mensch als fremd, als italienisch erfühlt, die Mischung also von Südlichem und Nordischem, ist das Gemeinsame, das wohl erlaubt, den italienischen Palast und das Haus am Oberrhein zu einander vergleichsweise in innere Beziehung zu bringen.

Die so gestaltete Rathausfassade, an sich ein bauliches Schaustück von eindringlicher Wirkung, fügt sich der Platzwand gleichwohl ein; sie erhebt sich nicht über die Nachbarn, selbst eine durchgehende senkrechte Abgrenzung fehlt. Nur im Erdgeschoss wurde die Rathausfront durch die hier breiteren seitlichen Wandpfeiler von den angebauten Bürgerhäusern geschieden, von denen sie sich auch in den obersten Partien wie im Dache löst. Und an Stelle der sonst üblichen vier oder fünf Wohngeschosse beanspruchen beim Rathaus drei monumentale Stockwerke die gleiche Höhe. Es ist demnach bewusst vermieden worden, nach dem Rezept des Südens Monumentalität durch Loslösung von der Umgebung zu erreichen. Die Bindung der Rathausfassade in die geschlossene Flucht der Marktplatzwand entspricht nordischem Empfinden, bedeutet hier aber zugleich auch einen konsequenten und charakteristischen Versuch zur Weiterentwicklung des Flächigen und Horizontalen über die Fassade des Einzelbaues hinaus.

Die Marktfassade des Rathauses von 1504—1513. Das Erdgeschoss des mittelalterlichen Rathauses öffnet sich nach dem Markt in drei weiten spitzbogigen Toren zwischen vier schmalen Pfeilern, die allseitig von oben leicht gekehlten Sockeln umzogen und marktwärts durch schwach geneigte, in die Wandfläche auslaufende Streben verstärkt werden. Die Portale sind ohne Betonung des Bogenansatzes innen und aussen mit breiten Schrägen profiliert und auf ihren äusseren Schlußsteinen mit Baselschilden belegt, von denen der mittlere, ein Dreiecksschild mit gerundeter Spitze, senkrecht gestellt ist, die beiden seitlichen symmetrisch in Tartschenform und nach der Mitte geneigt angeordnet sind.

Die Fenstergalerie des ersten Stockes, die auch nach aussen den Hauptsaal des Hauses, die Ratsstube, erkennen lässt, besteht aus sechs Gruppen von je drei Fenstern, die zu dreien beidseitig der Fassaden-Mittelachse verteilt sind. Ihre äussere Profilierung mit Kehlen, Plättchen und Stäben[2]) durchschneidet sich an den Ecken und läuft auf der leicht geschwungenen

---

[1]) Das Bürgerhaus in der Schweiz. XVII. Bd.: Kanton Basel-Stadt, I. Teil. Zürich 1926, S. XXX, XXXI.

[2]) Maßstäbliche Aufnahme, Aufrisse und Schnitte, Bürgerhaus Kanton Basel-Stadt, I. Teil, Zürich 1926, Taf. 52, Abb. 3.

Schräge des Gurtgesimses auf. Dem Schnittpunkt der beiden inneren Kehlen sind Dreiviertelsäulchen vorgesetzt auf kunstvoll mit kerbschnittartigen, rautenförmigen oder gerillten Verzierungen geschmückten zylinderförmigen Sockeln. Die Mauer über diesen Fenstern bis zum Gurtbeginn des zweiten Stocks, ursprünglich wohl als ruhige Fläche gedacht, ist seit 1608/09 reich bemalt.

Die vier steinernen Kreuzstockfenster darüber sind derart verteilt, dass die beiden äusseren jeweils in den Axen der darunter gelegenen Fensterpfeiler stehen, die äusseren Kanten der inneren Fenster beider Geschosse aber in einer Linie liegen; ihre Profilierung enspricht der Umrahmung der Fenstergruppen im Hauptgeschoss. Den Raum zwischen den beiden mittleren oberen Fenstern füllt das Uhrgehäuse, das in ganzer Breite das Gurtgesims nach unten durchbricht und mit der Spitze seines Baldachins das Hauptgesims durchstösst (Abb. 270).

Dieses durchlaufende Traufgesims, dessen tiefe Kehle wulstartig ein hohl gearbeitetes Rankenornament füllt, ruht auf Konsolen mit skulpturengeschmückten Tragsteinen, zwischen denen frei herausgearbeitetes Masswerk die lebhaft profilierten Rechteckfelder füllt. Aus der Gesimsschräge steigen zwölf *Zinnen* empor, deren Breite ihren Zwischenräumen entspricht; sie sind wie die Brustwehren von sich durchschneidendem Stabwerk umrahmt und wie jene mit leicht geschwungenen Schrägen mit Wassernasen abgedeckt. Hinter der Zinnenbrüstung ist in den Platten des Traufgesimses eine Rinne ausgehauen, die das Dachwasser aufnahm und durch Kanäle in den beiden vorletzten breiteren Konsolen zu den hier ehemals angebrachten Wasserspeiern in Gestalt von Drachen leitete[1]); sie wurden erst 1770 durch kupferne Ablaufrohre ersetzt[2]).

Der Skulpturenschmuck ist überaus mannigfaltig. In regelmässiger Abwechslung zieren Blattwerkbüschel und tierische oder menschliche Grotesken alle Konsolensteine[3]), in der Darstellung teilweise sehr derbe, aber vortrefflich modellierte Bildwerke (vgl. Abb. 280, S. 385), die heute ausnahmslos durch veränderte Kopien ersetzt sind. Auf den beiden äussersten Konsolen verbeisst sich je ein Fabeltier in ein nach innen eingerolltes Rankenbüschel; auch das regelmässig verschlungene Astwerk mit Zweig- und Blattansätzen in der Hohlkehle des Dachgesimses endet südlich in einer nach abwärts blickenden Fratze. Die Rechteckfelder der Zinnen schliesslich sind mit aufrechtgestellten, unten abgerundeten Schilden belegt (Abb. 270 und 276, S. 381) mit den Wappen der 1510 zum Bunde gehörenden Orte in flachem Relief[4]), und zwar von links nach rechts, also von Norden nach Süden: Freiburg, Zug, Schwyz,

---

[1]) Vgl. Abbildung Festschrift 1901, S. 332.
[2]) Staatsarchiv Basel, Bau C C 1, Rathaus, und Protokolle, Kleiner Rat, 1770; vgl. S. 356, Anm. 3.
[3]) Abbildungen dieser Konsolen-Skulpturen in Bürgerhaus, Kanton Basel-Stadt, I. Teil, Zürich 1926, Taf. 43, Abb. 1 und 3; Taf. 47, Abb. 2—6.
[4]) Maßstäbliche Aufnahmen, Aufriss und Schnitt, Bürgerhaus Kanton Basel-Stadt, I. Teil, Zürich 1926, Taf. 46, Abb. 2; Ansicht eines der Schilde (Glarnerwappen) a. a. O., Taf. 43, Abb. 2.

Zeichnung von
W. Bubeck 1885.
Architectura Basiliensis
Staatsarchiv Basel.

Abb. 270.
Das Uhrgehäuse
der Marktfassade
des Rathauses
zu Basel.

Luzern, Zürich, und jenseits des Schildners Basel, Bern, Uri, Unterwalden, Glarus und Solothurn[1]).

Das Uhrgehäuse der Marktfassade mit seinen Skulpturen. Das einzige in sich geschlossene Schmuckstück der Rathausfassade am Markt ist das Steingehäuse zu der von MEISTER WILHELM 1511/12 geschaffenen Uhr[2]). Um das von einer Masswerkrosette und dem Zahlenkreis gefüllte Rund des Zifferblatts legt sich eine quadratische, mit Kehle und Platte profilierte Rahmung, deren Zwickel mit je einem Engelsköpfchen gefüllt sind. Sie steht unten auf einem den Gurten gleich profilierten Gesims und ist oben von einem dreiseitigen, weit und frei auskragenden Baldachin überdeckt, der von zwei Wandsäulchen in Form gebündelter Stäbe mit sternförmigen Kapitellchen und Basen, ähnlich jenen der Fenstersäulchen, getragen wird (Abb. 270, S. 373). Den Baldachin formen je zwei sich kreuzende Kielbogen, die krabbengeziert in Kreuzblumen endigen und mit durchbrochenem Masswerk gefüllt sind (Abb. 271). Aus den Kapitellen der beiden Wandsäulchen wie über der vordersten Spitze des Baldachins wachsen abermals kürzere Säulchen mit breiteren Kapitellen empor, auf denen an der Wand Steinbilder der Heiligen Kaiser Heinrich und Kaiserin Kunigunde, marktwärts vorgeschoben eine zur Justitia umgearbeitete Statue der Mutter Gottes stehen. Die Spitze des Baldachins trägt über dem Dachgesims abermals auf einem Kapitell als Basis den Pannerherrn, den „Wepner", der sich, mit Schwert und Fähnlein in den Händen, an die mittlere der Zinnen lehnt. Durchdringung und Steinschnitt von Baldachin und Hauptgesims zeigen, dass Uhrgehäuse und Fassadenabschluss zusammen ausgeführt, also sicher auch vom selben Künstler geplant worden sind. Unter der Uhrumrahmung findet sich die moderne Inschrift:

RENOVATVM ET AMPLIFICATVM ANNO DOMINI MDCCCCI
auf die Wand gemalt.

Die vier Statuen aus rotem Sandstein, von denen die Justitia bereits 1878, die drei anderen beim Umbau von 1898—1904 durch Kopien ersetzt werden mussten, befinden sich heute im Historischen Museum Basel. Sie sind zusammen 1510/11 von Meister HANS THURNER, dem Bildhauer[3]), geschaffen und von Meister MARTI BERINGER mit kupfernen Kronen, der Weppner mit kupfernem Federbusch und Fähnlein ausgestattet worden, während Meister GERGEN, der Goldschmied (JÖRG SCHWEIGER[3])), den Strahlenkranz der Madonna, die Kronen und den Federbusch des Weppners verlötete, ver-

---

[1]) Staatsarchiv Basel, Ratsbücher B 2, Erkantnisbuch II, Fol. 47: „uff mittwochen vor judica anno 1509 haben mini herren bede rete erkannt, daz die zeichen oder Wappen an unser nuw richthus der obersten linien nach des muster wie dieselb liny anzeigt mit einem wepner in der mytt, der ein swerttegen an und ein Basel venly in der hand trag gemacht und gesetzt werden sollen.
[2]) Staatsarchiv Basel, Finanz H, Jahrrechnung 1510/11 I. Wortlaut vgl. S. 346, Anm. 4. — Vgl. auch J. R. Rahn, Statistik schweizerischer Kunstdenkmäler. Anzeiger für schweizerische Altertumskunde 1881. S. 124.
[3]) Schweizerisches Künstlerlexikon Bd. III, Frauenfeld 1913, S. 344 (D. Burckhardt).
[4]) Personalien vgl. S. 81, Anm. 3.

Abb. 271. Das Uhrgehäuse der Marktfassade des Rathauses zu Basel.
Während des Umbaus von 1898—1904.
Alte Photographie — Denkmalpflege Basel.

silberte und vergoldete[1]). Heute ist nur noch die Zusammengehörigkeit der beiden Heiligen und des Pannerträgers erkennbar, die Figur der „Justitia" hat durch die Überarbeitung von 1608 ihren alten Charakter fast völlig verloren.

Diese „Justitia", einst die Jungfrau mit dem Kinde auf dem linken Arm und einem Szepter in der Rechten (Historisches Museum Basel, Inv. Nr. 1878. 68; Höhe, ohne Krone, 94 cm), aus rotem Sandstein, ist zur Verringerung ihres Gewichts und zur Aufnahme eiserner Stangen für die Befestigung in Rücken und Kopf ausgehöhlt. Ihre linke obere Körperhälfte wie Arm und Hand wurden 1608 ergänzt, ihre vorderen Partien vom Halsansatz abwärts, wie um Augen, Nase und Mund, sind stark zurückgearbeitet worden. Vom ursprünglichen Bildwerk scheinen nur noch Teile der wallenden Haare, die hohe, stark gewölbte Stirne und die Gewandpartien der rechten Seite wie am Sockel einigermassen erhalten zu sein. So wird wohl die „Mutter Gottes" den damals in Basel allgemein verbreiteten oberdeutsch-schwäbischen Typus gezeigt haben, während die „Justitia", am deutlichsten in der Gewandung, durchaus den Charakter des beginnenden 17. Jahrhunderts erhielt: die Kraft, die Gewandung zu ordnen, fehlt, aber zahlreiche Gewandmotive sind wahllos über die geschlossene Grundform verteilt. Die eiserne Waage ist noch erhalten, das Schwert, das in den Knauf des Szepters gesteckt war, verschwunden (Abb. 272).

Die Statuen des Kaisers Heinrich und der Kaiserin Kunigunde (Historisches Museum Basel, Inv. Nr. 1901. 28; Höhe (ohne Kronen) des Kaisers 99 cm, der Kaiserin 98,5 cm), aus rotem Sandstein, mit Kronen und Szepter aus Eisen, sind besser erhalten und zeigen noch Reste der ehemaligen Bemalung, Blau am Mantel des Kaisers, Rot, Weiss und Blau an den Gewändern der Kaiserin (Abb. 275, S. 379). Zu ihren ausdrucksvollen Köpfen sind zweifellos Modelle verwendet worden, deren ausgesprochene Biederkeit sich unter den Händen des Meisters allerdings eher noch verbürgerlichte als veredelte. Gleichwohl sind die derben Gesichter nicht ohne Reiz und die Behandlung von Haar und Bart des Kaisers gekonnt, wogegen das Kopftuch der Kaiserin unnatürlich sich aufbauscht, weil hier heute die das Gesicht rahmenden Haarpartien allzusehr zurücktreten.

Haltung, Beinstellung und Gewandung beider Figuren, von denen der Kaiser in der Linken das Szepter, in der Rechten ein Kirchenmodell trägt, die Kaiserin mit beiden Händen ein Kreuz hält, zeigen, worauf schon

---

[1]) Staatsarchiv Basel, Finanz H, Fronfastenrechnung 1510/11 IV: item 68 ₰ 15 β meister Hans Thurner dem bildhouwer geben von sant Gergen zum brunnen uff burg, costet 28 ₰ 2½ β, und dann die uberigen 28 ₰ 2½ β von unser frouwen, sant keyser Heinrich und sant Küngold ouch vom Wepner zum richthus zu houwen und um stein geben. — Wochen-Ausgabenbuch 1511: ipsa beate Lucie: item 11 ₰ 13 β 9 dn. meister Marti Beringer umb kupffer zum vederbuschen des wapners, zu den cronen der pilden, zu dem zeiger und zum vennli; 1512 sabbato ante Letare: item 4 ₰ 10 β meister Gergen dem goldschmid von der cronen der pilden am richthus, unser frowen sonnen und des weppners federboschen zu loten zu versilbern und zu vergulden.

Abb. 272. Die „Justitia", ursprünglich Madonna.
Steinstatue vom Uhrgehäuse der Marktfassade des Rathauses zu Basel.
Historisches Museum Basel.

R. F. Burckhardt aufmerksam gemacht hat[1]), bis in alle Einzelheiten so viel Verwandtschaft mit zwei Federzeichnungen des Kupferstichkabinetts Basel (U 8.47 Kaiser Heinrich 217 × 154 mm; U 8.49; Kaiserin Helena 218 × 153 mm), dass diese Blätter als Vorlagen, zum mindesten als Anregungen für den Bildhauer angenommen werden können (Abb. 273 u. 274). Die Zuschreibung beider

Abb. 273 und 274. Die Heiligen Kaiser Heinrich und Kaiserin Helena.
Federzeichnungen. — Kupferstichkabinett Basel.

Zeichnungen an JÖRG SCHWEIGER ist nicht belegt und infolgedessen seine Zusammenarbeit mit HANS THURNER auch beim Entwurf der beiden Statuen nur Vermutung. Sicher aber scheint, dass der Bildhauer beide Blätter, die wohl dem Atelier-Material irgend eines Basler Künstlers entstammen, benutzt hat, ohne allerdings ihre Ausdrucksstärke und Anmut nur annähernd zu

---

[1]) R. F. Burckhardt, Ein mit Basler Beiträgen bezahlter Messkelch von 1515. Jahresberichte und Rechnungen des Historischen Museums Basel 1924, Basel 1925, S. 37—39.

Abb. 275. Kaiser Heinrich und Kaiserin Kunigunde.
Steinstatuen vom Uhrgehäuse der Marktfassade des Rathauses zu Basel.
Historisches Museum Basel.

erreichen. Dass die Zeichnungen auch sonst als Vorlage Verwendung fanden, zeigt die Statue Kaiser Heinrichs an der Pfalzmauer (Abb. 129, S. 199; Tafel 12), die gleichfalls auffallende Ähnlichkeiten mit dem gezeichneten Heiligen aufweist.

Der Pannerträger, in rotem Sandstein (Historisches Museum Basel, Inv. Nr. 1901. 27; Höhe = 2,00 m), entbehrt trotz seiner verhältnismässigen Grösse bei naher Betrachtung jeder Monumentalität, schliesst sich mit seinem mächtigen Haupt und kleinen Gliedmassen eher den Grotesken der Konsolenträger an, ist aber, auf Fernsicht und schattige Wirkung berechnet, als Krönung des Uhr-Baldachins und im Rahmen der Gesamtarchitektur nicht ohne Wirkung. Beachtenswert ist die Ähnlichkeit seiner Gesichtszüge mit denen der Kaiser-Statue; offenbar hat für beide dasselbe Modell Verwendung gefunden, wobei die Nase des Weppners, vielleicht dem Vorbild mehr entsprechend, noch grösser sich auswuchs als die des Kaisers (Abb. 276).

Ein bedeutender, vor allem künstlerisch eigener Meister war HANS THURNER offenbar nicht. Seine Figuren sind derbe Steinmetzarbeiten, die gar keine selbständigen Kunstwerke sein wollen, sondern, dem Kompositionsgedanken untergeordnet, ihren Hauptzweck in der Ergänzung und Ausschmückung der Architektur suchen; damit hängt wohl auch die starke Verkürzung ihrer unteren Partien und die maßstäbliche Betonung ihrer Köpfe zusammen, die für eine Betrachtung aus einiger Entfernung von unten berechnet sind. Aber als Bauplastiken, die nur im Zusammenhang mit der Architektur gewertet werden dürfen, kann ihnen eine gewisse Monumentalität nicht abgesprochen werden.

Dach- und Dachreiter. Das von jeher mit farbig glasierten Ziegeln eingedeckte Dach[1]) wird von einem, im Grundriss quadratischen, quer auf den First gesetzten und an den vier Ecken von je einer freistehenden fialenbekrönten Strebe gestützten Türmchen überragt, dessen schlanke, vierseitige Pyramide, an den Kanten krabbengeschmückt, in krauser Kreuzblume endigt (Abb. 278, S. 383). Das Glockenhaus öffnet sich in vier, im Kielbogen geschlossenen Fenstern unter masswerkgefüllten, leicht geschwungenen Spitzgiebeln über dem Abschlussgesims mit schweren Drachenköpfen als Wasserspeiern an den über dem Dachfirst liegenden beiden Ecken (Abb. 277, S. 382). Da dieser Dachreiter allein vom Dachstuhl getragen werden musste, hat ihn DIEPOLD VON ARX[2]) zur Verminderung seines Gewichts in Eichenholz konstruiert, dann aber mit Bleiblechplatten verkleidet[3]), die schindelartig übereinandergreifen, am überstehenden unteren Rande jeweils mit einer Wassernase versehen sind und darunter der Luft Zutritt zur Konservierung des

---

[1]) Staatsarchiv Basel, Finanz H, Fronfastenrechnung 1511/12, I, Wortlaut S. 347, Anm. 4.
[2]) Schweizerisches Künstlerlexikon Bd. I, Frauenfeld 1905, S. 53 (Ganz).
[3]) Staatsarchiv Basel, Finanz H, Jahrrechnung 1510/11: item 7 ₰ 3 β 7 dn. um 13 totzen stangöl zum helm uff dem richthuss — Fronfastenrechnung 1511/12, I: item 91 ₰ 12 β geben Diepold von Arx unserm lonherren von dem helm uff dem richthuss ze machen lon und bly und alle ding als mit im verkommen ist.

Abb. 276. Der „Pannerträger" und Bruchstücke des Zinnenkranzes von der Marktfassade des Rathauses zu Basel.
Historisches Museum Basel.

Kernholzes gewähren. Auch alle Gesimse, Profile, Krabben und Kreuzblumen sind wie die Drachenköpfe der Wasserspeier aus Metall geformt. So konnte trotz Holz und Blei der Eindruck einer Steinarchitektur erreicht werden, der im 19. Jahrhundert durch Vergoldung und geschickte Bemalung der Flächen mit schwarzgrundigen Masswerken noch verstärkt worden ist.

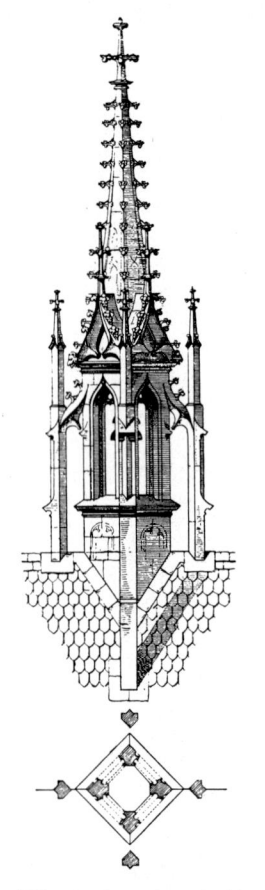

Die „zwei neuen *Schalen* von angenehmem Klang" im Dachreiter, die heute noch erhalten sind, wurden zusammen mit dem Uhrwerk im Sommer 1827 erneuert.

Vgl. Marcus Lutz, Kurze Baugeschichte und Beschreibung des Rathauses zu Basel, in Rauracis, ein Taschenbuch für 1828, Basel, S. 51.

Abb. 277.
Der Dachreiter
des Rathauses zu Basel.
Grundriss und Aufriss
Maßstab 1:100
Aufnahme von W. Bubeck, 1885
Architectura Basiliensis
Staatsarchiv Basel.

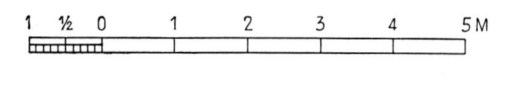

Die **Erdgeschosshalle** des Rathauses zu Basel, die, auch bei den älteren Rathausbauten nachweisbar, bis 1611 den öffentlichen Geschäften und dem Marktleben diente, vermittelt den freien Durchgang zum Hof und gehört nach Anlage und Bestimmung zur Aussenarchitektur des Hauses. Sie öffnet sich an ihren beiden Langseiten in je drei einander gegenüberliegenden spitzbogigen Arkadentoren und wird, durch Gurtbogen in drei länglich rechteckige Felder geteilt, von drei zusammenhängenden Sterngewölben überspannt. Die Gewölberippen, beidseitig mit zwei flachen Kehlen und einem Plättchen dazwischen profiliert und im Scheitel von runden, mit Baselschilden belegten Schlußsteinen zusammengehalten, wachsen unvermittelt in verschiedener Höhe aus den Rundungen der je drei Dienste, die kleeblattförmig

Abb. 278. Der kupferverkleidete Dachreiter
des Rathauses zu Basel, 1932.

Abb. 279. Blick durch die Erdgeschosshalle des Rathauses zu Basel
südwärts nach Hof und Ratstreppe. — Messbildaufnahme. — Staatsarchiv Basel.

gebündelt den Pfeilern nach innen vorgelegt sind und wie diese von oben abgekehlten Sockeln umzogen werden. Da die drei Gewölbefelder den Hallenraum nicht völlig überdecken, ist das Gewölbesystem an beiden Schmalseiten bis zu den Abschlussmauern weitergeführt, derart, dass sich die Diensten auch hier wiederholen, die Rippen in der Wandfläche verschwinden und so Nischen entstehen, die dann Hans Bock 1610/11 mit seinen Wandgemälden schmückte (Abb. 279 und Tafel 23).

Die Halle wirkt weiträumig, aber infolge der tief herabgezogenen Rippen und ihrer kapitellartigen Verschneidungen etwas gedrückt[1]). Ihre Anlage ist aus der Überlieferung wie aus den lokalen baulichen Verhältnissen zu erklären.

---

[1]) Bei Dohlenarbeiten im Jahre 1895 (21. Februar) fand sich 0,60 m unter dem Asphaltboden der Halle ein *Backsteinbelag*, wohl der Erdgeschossboden eines älteren Hauses. Staatsarchiv Basel, Archiv der Historischen und Antiquarischen Gesellschaft zu Basel, Altes Basel, 1884—1899.

Abb. 280.
Sandsteinkonsole
vom Bogenfries der
Marktplatzfassade
des Rathauses zu Basel.
Historisches Museum Basel.

Schon das älteste bekannte Rathaus, jenes zu Gelnhausen aus dem Ende des 12. Jahrhunderts[1]), öffnete sich im Erdgeschoss in drei Gewölben nach dem Markt, und bei vielen späteren Rathausbauten des Mittelalters war das Untergeschoss *eine* grosse, manchmal in Bogenarkaden geöffnete Markthalle. In Basel, wo der Rathaushof seit ältesten Zeiten als befriedeter Ort gleichsam den Vorsaal der Gerichts- wie der Ratsstube bildete, wurde diese Erdgeschoss-Laube zur offen durchgängigen Halle.

Maßstäbliche Aufnahmen: Bürgerhaus Kanton Basel-Stadt, I. Teil, Zürich 1926; Tafel 48, Abb. 1 und 2: Grundriss und Längsschnitt; Tafel 46, Abb. 1: Querschnitt. — Ausserdem A. BURCKHARDT und R. WACKERNAGEL: Das Rathaus zu Basel, Basel 1886, Tafel III: Querschnitt.

Reste alter Architekturteile und Steinmetzzeichen. Fast alle Bauglieder der Rathausfassaden am Markt wie ganz besonders im Hof mussten bei den Erweiterungs- und Umbauten der Jahre 1898—1904 erneuert oder ergänzt werden. Vom alten Bestand ist im Hof des Historischen Museums Basel ein Teil des Bogenfrieses und des Zinnenkranzes der Marktfassade seitlich des Pannerträgers aufgestellt (Inv. Nr. 1901. 27). Ausserdem findet sich dort vom Bogenfries der Marktplatzfront eine Konsole aus rotem Sand-

---
[1]) O. Stichl, Das deutsche Rathaus im Mittelalter, Leipzig 1905, S. 12 ff.

stein (Inv. Nr. 1906. 3685) mit der Rückansicht eines seine Notdurft verrichtenden Mannes, die wegen ihrer Darstellung nicht wieder verwendet wurde. Höhe 35 cm; Breite 28 cm, Ausladung 22 cm (Abb. 280, S. 385).

Die Steinmetzzeichen, die zahlreich auch am Vorderhause des Rathauses vorhanden gewesen sein müssen, sind durch vielfache Überarbeitungen, Ergänzungen und Ölfarbenanstriche verschwunden und unkenntlich gemacht[1]).

Die Hoffassade des Rathauses von 1504—1513 entspricht in Aufbau und Durchführung der Hauptfront nach dem Markt, doch ist sie heute durch den Anschluss des südlichen Verbindungsganges zwischen Vorder- und Hintergebäude, vor allem aber durch die beim Umbau 1824—1828 erfolgte Verlegung der Rathaustreppe in ihrer Wirkung stark beeinträchtigt. Auch hier folgen über den drei spitzbogigen Toren der Erdgeschosshalle jeweils über durchlaufenden Gurtgesimsen zunächst die Reihe dreiteiliger Staffelfenster, dann vier Kreuzstockfenster und darüber Bogenfries und Zinnenkranz. Aber die zwei Streben zwischen den Arkaden sind hier dreiseitig und mit leicht geschwungenen, nach der Spitze zu geneigten tartschenförmigen Platten abgedeckt, von den fünf Staffelfenstern wurden nur drei Gruppen ausgeführt, während der südliche Teil der Mauer in Rücksicht auf Raumeinteilung und -ausbau undurchbrochen blieb, und in den Zinnen fehlten die Wappenschilde (Abb. 281). Dagegen waren die Hohlkehle des Dachgesimses und die Konsolen des Bogenfrieses wie an der Marktfassade mit Skulpturen geschmückt, und vor allem ist auch hier die Mittelaxe durch ein, in der Breite zweier Konsolenfriesteile bis unter das obere Gurtgesims herabgeführtes steinernes Zifferblatt betont, das allerdings des statuengeschmückten Baldachins entbehrt (Tafel 24). Flächig, wenn auch schattenreich gearbeitet, liegt es in einem rechteckigen Rahmen, der das Profil der Konsolen fortführt. In den Zwickeln unter dem runden Zifferblatt mit Masswerkrosette und Zahlenkreis kauern Basilisken; das obere Rund ist von krabbengezierter Wimperge überragt und die Fläche darüber beidseitig mit zwei senkrecht gestellten, unten abgerundeten Schilden mit aufgemalten, einander zugekehrten Baselstäben gefüllt in einer die Spitze der Wimperge durchschneidenden, das Zifferblatt tangierenden schildförmigen Umrahmung. Der barocke Uhrzeiger endigt einerseits in einer aus Wolken auftauchenden Zeigerhand, andererseits mit nach aussen gekehrter Mondsichel. Unter der Uhr findet sich aufgemalt die Inschrift:

    DEO DEDICATA ET VIRTVTI
      ANNO MDCIIX
      RENOV. MDCCX

wobei sich das Jahr 1608 auf die Fertigstellung der Fassadenmalereien durch HANS BOCK bezieht, das Jahr 1710 auf eine „Erneuerung der Gemälde"[2]).

---

[1]) Einige der Steinmetzzeichen des Rathauses soll Alfred Peter, Basel, s. Zt. aufgenommen haben; leider konnte er sich nicht entschliessen, seine Zeichnungen zur Veröffentlichung zur Verfügung zu stellen.
[2]) Vgl. S. 354, Anm. 1 und 6).

Abb. 281. Die östliche Hoffassade des Rathauses zu Basel
vor dem Umbau von 1898—1904. — Messbildaufnahme. — Staatsarchiv Basel.

Der Zugang zu den Obergeschossen und ihre Verbindung mit dem Hintergebäude.
Karl Stehlin hat die Vermutung ausgesprochen, es möchte als Zugang zu den
Obergeschossen des Rathauses von 1504—1513 eine Schneckenstiege gedient
haben, in einem sich eng in den Südwestwinkel des Hofes einschmiegenden

Treppentürmchen; von ihm rühre der Maueranschluss her, der noch heute das Wandgemälde des offenen Verbindungsganges durchzieht, sowie ein vom Galerieboden durchschnittenes, zugemauertes Fenster nach der Nachbarliegenschaft[1]). Rein bautechnisch erscheint es kaum möglich, in den hier dafür vorhandenen Raum einen nur einigermassen bequem gangbaren Schnekken einzubauen, ohne die südliche Hofarkade noch mehr als heute, mindestens bis zur Hälfte, zu schliessen. Ein Aufgang zur Ratsstube, dem Repräsentationsraum des Hauses, hätte doch wenigstens die Massverhältnisse der gegenüberliegenden Wendeltreppe des späteren Kanzleiflügels erhalten müssen, während ein Vergleich mit der Breite des Schneckens im Vorsaal, der als Nebentreppe zur Verbindung mit der Wohnung des Ratsknechts diente, wohl kaum angängig ist. Wäre ein Treppenturm hier vorhanden gewesen, hätte er sicherlich auch zum zweiten Obergeschoss emporgeführt; das aber war wohl von jeher an der Stelle, wo sich noch heute die Wendeltreppe befindet, vom Vorsaal aus zugänglich, von dem berichtet wird, er habe als „Tanzboden" mit der gemalten Galerie in unmittelbarem Zusammenhang gestanden[2]).

Dass die grosse Freitreppe, die entlang der Hofseite des Hintergebäudes zu den Räten hinaufstieg, seit ältesten Zeiten als Ort, von dem die „Rufe" des Rats dem Volke bekannt gegeben wurden, eine wichtige Rolle spielte, steht fest. Ihr Podest vor dem Portal des Durchgangs zum „Höflein" muss mit den Vordergebäuden am Markt schon vor dem Neubau von 1504—1513 durch eine der südlichen Hofmauer entlang geführte Holzgalerie verbunden gewesen sein, die im Hof auf Pfosten oder Streben aufruhte und nur eingeschossig war, da ja auch beide Gebäudeteile nur ein Obergeschoss hatten. Das Dach der Galerie, wohl ein nach dem Hof geneigtes Pultdach, lagerte auf einem Querbalken, den Holzsäulen stützten und der beim Anschluss an die Hofmauer des Hinterhauses auf einer Steinkonsole, vielleicht auf der dort noch heute vorhandenen mit dem Bilde des „Läufers", aufruhte. Als dann die alten Vorderhäuser am Markt 1504—1513 durch einen einheitlichen Neubau mit zwei Obergeschossen ersetzt wurden, blieb gleichwohl der altüberlieferte, für Vorder- und Hintergebäude gemeinsame Zugang über die Ratstreppe bestehen. Wäre damals die Galerie abgebrochen und ein Treppentürmchen in der südwestlichen Hofecke eingebaut worden, hätte der Rat, um vom Vorderhause zum Hintergebäude zu kommen, zum Hof hinab und dann durch die Menge hindurch die Ratstreppe wieder hinaufsteigen müssen. Wäre aber eine Wendelstiege zwischen die Galerie und den Zugang zum Vorsaal des Marktplatztraktes eingeschoben worden, wäre es nötig gewesen, den Verbindungsgang durch diesen Schnecken hindurchzuführen, was bei der Verschiedenheit der Bodenhöhe beider Gebäudeteile zu konstruktiven Schwierigkeiten geführt hätte. Sie wären besonders bei den beschränkten

---

[1]) Festschrift 1901, S. 332/33.
[2]) A. Burckhardt und R. Wackernagel, Geschichte und Beschreibung des Rathauses zu Basel, Basel 1886, S. 18, Anm. 149, S. 61.

Raumverhältnissen kaum einigermassen bequem gangbar zu überwinden gewesen und hätten in jedem Falle den Aufstieg und Zugang zur vorderen Ratsstube noch mehr zu einem Schlupfweg als zu einem würdigen Eingang gemacht. Der immerhin merkwürdigen Maueransatz in der südlichen Hofmauer ist an anderer Stelle (S. 342) zu erklären versucht worden; das von Karl Stehlin hier noch gesehene, zugemauerte Fenster[1]) mag vom alten Hause „zu Waldenburg" übrig geblieben sein, das tiefer in das Grundstück hineinragte, dessen Parterre tiefer lag (vgl. S. 384, Anm. 1) und dessen Erdgeschosshöhe sicherlich niedriger war als die des Rathausneubaus von 1504—1513.

Dieser hölzerne, eingeschossige und pultdachüberdeckte Laubengang, in dem die Niveauunterschiede zwischen dem alten Hintergebäude und dem neuen Vorderhause durch Stufen ausgeglichen wurden, war durch ein niederes „Gätterlein"[2]) vom Podest getrennt und blieb wohl auch dann noch unverändert, als 1517—1521 der Dachboden des Hinterhauses zum „neuen Saal" der „Grossratsstube" ausgebaut wurde. Denn eine besondere steinerne Wendeltreppe im Höflein, zu der man wiederum über die Ratstreppe und dann durch den Durchgang gelangte, führte zu ihm hinauf. Ob in späteren Bauperioden, vielleicht in der von 1534—1539, aus der auch das spitzbogige Portal des Hinterhauses vom Podest zum Durchgang stammt, zur direkten Verbindung der Obergeschosse der beiden Rathausflügel an Stelle der Galerieverdachung ein oberer Laubengang erbaut wurde, ist wahrscheinlich, aber nicht mehr feststellbar. Jedenfalls ist die heutige zweigeschossige Steingalerie samt der einstigen, in die südliche Hofarkade der Erdgeschosshalle hineinragenden Untermauerung erst 1609 erbaut worden (vgl. S. 462—464).

Der „Läufer". Von dem ein- oder zweigeschossigen, aus Holz ausgeführten Verbindungsgang des 15. und 16. Jahrhunderts, der in Basel bei tiefen und schmalen Grundstücken zur Verbindung des Vorderhauses mit den Rückgebäuden allgemein üblich war[3]), ist nichts mehr erhalten ausser den beiden *Konsolen* in der südöstlichen Ecke des Podests und der südwestlichen des Galerieganges, sowie dem zierlichen Steinfigürchen des „Läufers" unter dem seinetwegen höher gelegten östlichen Anfänger des Arkadenbogens über dem Podest der Rathaustreppe (Abb. 282, S. 391). Das kleine Bildwerk wurde wiederholt stark überarbeitet, doch machen Einzelheiten, auch die Haarbehandlung, seine Entstehung um 1500 oder bald darnach wahrscheinlich.

Der „Läufer" ist dargestellt, wie er, im Laufe jäh unterbrochen, leicht sich verneigend mit der Mütze in der Linken grüsst und mit der Rechten die Botschaft überreicht, eine Körperhaltung, die, durch den besonderen Zweck

---

[1]) Maßstäbliche Aufnahme vom 24. August 1899; Staatsarchiv Basel, Archiv der Historischen und Antiquarischen Gesellschaft zu Basel, Delegation für das alte Basel, Protokoll 1899, 78.
[2]) A. Burckhardt und R. Wackernagel, a. a. O., S. 18.
[3]) Vgl. u. a. „Schöner Hof" Nadelberg 8, „Zerkindenhof", Nadelberg 10, und „Spalenhof". Spalenberg 12, Bürgerhaus Kanton Basel-Stadt, I. Teil, Zürich 1926, Tafel 29, Abb. 1, Tafel 30, Abb. 3 und 4; Tafel 33, Abb. 2; Tafel 85, Abb. 2 und 3; Tafel 33, Abb. 2; Tafel 55, Abb. 2 und 3.

des Bildwerks als Träger bedingt, wohl zur späteren Legende Veranlassung gab, der Läufer sei nach schnellster Erledigung seines Auftrags in Erfüllung seiner Pflicht tot zusammengebrochen[1]).

Die *Konsole*, die den Läufer trägt, mit schmalen Plättchen und tiefer Kehlung, ist sicherlich älter als die derb profilierten Arkadenbogen des beginnenden 17. Jahrhunderts. Auch die zierliche Konsole in der Südwestecke der Galerie, die heute eine der Gewölberippen auffängt und sich in abwärts gerichteter spitzer Pyramide aus drei Kehlen und drei Plättchen aufbaut, dürfte aus einer früheren Bauperiode stammen; ebenso die als Konsole dienende Steinplastik eines Basilisken in der Südostecke des Podests (vgl. S. 460). Das Portal des Vorsaals nach dem Arkadengang ist seiner Profilierung nach erst 1609 eingebaut worden (vgl. S. 462 und Abb. 352, S. 464).

* * *

Der Baumeister des Basler Rathauses von 1504—1513, dieses bedeutendsten profanen Bauwerkes jener Zeit am Oberrhein, ist unbekannt. Er muss ein ganz grosser Künstler gewesen sein, und da es damals, soviel wir heute wissen, in Basel nur einen bedeutenderen Architekten gab, RUMAN FÄSCH, liegt die Vermutung nahe, dieser Meister habe auch die Entwürfe zum Rathausneubau geschaffen. Wie Jacob Sarbach einer Kleinbasler Bauhandwerkerfamilie entstammend, war Ruman (Remigius) Fäsch[2]) (zu seiner Zeit meist Väsch geschrieben) seit 1476 in Basel tätig, hat 1488 den Chor der Karthäuserkirche eingewölbt und in den 1480er Jahren höchst wahrscheinlich die Schlüsselzunft in der Freienstrasse sowie den Engelhof am Nadelberg gebaut. Obwohl er darnach 1490/91 nach Thann i. E. übersiedelte, 1495 zum lebenslänglichen Werkmeister des dortigen Münsters ernannt wurde und seinen Wohnsitz in Thann nahm, blieb er doch, wie seine 1503 erfolgte Ernennung zum Werkmeister des Basler Münsters zeigt, in ununterbrochener und enger Beziehung zu seiner

---

[1]) Die erste Erwähnung dieser Bilddeutung findet sich meines Wissens in Johannes Müller, Merkwürdige Überbleibsel von Alterthümern an verschiedenen Orten der Eydtgenosschaft nach Originalien gezeichnet und in Kupfer herausgegeben ... zu Zürich, Theil 1—12, 1773—1783. Im VIII. Teil (Zürich 1777) wird der Läufer auf Tafel 6 abgebildet und dazu folgende Erklärung gegeben: „diese Figur befindet sich oberhalb der grossen Stege des Rathauses zu Basel, und stellet einen Standes-Botten oder Läuffer vor, welcher in wichtigen Aufträgen in 24 Stunden von Basel nach Strassburg, und wieder zurückgelaufen, bey Ablegung seiner Mission aber todt zur Erde gefallen. Eine ähnliche Figur soll sich auf dem Rathaus zu Strassburg befinden." Wann dieser Botenlauf stattfand, wird nicht angegeben; sollte er historisch sein, ist er entweder in die Zeiten der „niederen Vereinigung" 1474—1484 und 1493—1508 zu verlegen oder aber in die Jahre von 1396—1399 sowie bis und nach 1418, in denen Basel mit Strassburg einen Landfriedensbund unterhielt. Albert W. Matzinger, Zur Geschichte der niederen Vereinigung. Diss Basel. Zürich 1910. — Über Ingenieur Johannes Müller 1733—1817 vgl. Rudolf Wolf, Biographien zur Kulturgeschichte der Schweiz, Zürich 1858—1862, Vierter Cyclus, S. 304, Anm. 73. Freundliche Mitteilungen der Herren Dr. R. Riggenbach und Dr. C. Roth. — „der statt Basel louffender Bott" war 1515 Adam Strow, Heiligenmaler, Briefmaler zu Basel, der 1508 das Bürgerrecht erwarb. Schweizerisches Künstlerlexikon, Bd. IV, Frauenfeld 1917, S. 422 (E. Major).

[2]) Seit 1476, gest. 1533. Tr. Geering, Der Neubau des Zunfthauses zum Schlüssel durch Roman Fäsch 1485—1488. Basler Jahrbuch 1884. S. 170—180. — Karl Stehlin, Basler Baumeister des XV. Jahrhunderts; Ruman Fäsch. Basler Zeitschrift für Geschichte und Altertumskunde, Bd. V, Basel 1906, S. 100—106. — Paul Kölner, Geschichte der Spinnwetternzunft zu Basel und ihrer Handwerke, Basel 1931, S. 72, 248, 266. — Schweizerisches Künstlerlexikon, Bd. I, Frauenfeld 1905, S. 436 (D. Burckhardt). — Thieme-Becker, Allgemeines Lexikon der bildenden Künstler, Bd. XI, Leipzig 1915, S. 187/88 (M W).

Abb. 282. Die Steinfigur des „Läufers" im Rathaus zu Basel
über dem Podest der Rathaustreppe im Rathaushof.

Heimatstadt. Sicherlich ist schon lange vor 1504, vor dem Beschluss zum Rathausneubau, an den Entwürfen und Plänen zu diesem bedeutendsten städtischen Bauunternehmen gearbeitet worden, und so könnte Ruman Fäsch, der (nach Tr. Geering, a. a. O. S. 178) 1487 „zum Werkmeister der Stadt ernannt, d. h. mit der Besorgung der laufenden Bauarbeiten der Obrigkeit betraut worden sein soll", gut noch vor seinem Wegzug von Basel und während seines ersten Aufenthaltes in Thann die grundlegenden Pläne geschaffen haben. Dies wird um so wahrscheinlicher, wenn man die 1486 ziemlich sicher von Ruman Fäsch erbaute Fassade des Schlüsselzunfthauses vor dem Umbau des 18. Jahrhunderts mit jener des Rathauses am Markt vergleicht: Auch hier im Erdgeschoss eine durchgehende Halle, die sich nach Strasse und Hof in je drei spitzbogigen, einfach abgeschrägten Pfeiler-Arkaden öffnete; auch hier bildete den Abschluss der Front ein Bogenfries auf skulpturengeschmückten Konsolen, war die Hohlkehle des Traufgesimses mit Rankenwerk gefüllt[1]) und erhob sich darüber ein Zinnenkranz, den das Meriansche Stadtbild von Südwesten (Abb. 71, S. 117) noch deutlich erkennen lässt; alles ist zwar einfacher, vielleicht auch ein wenig unbeholfener als an der Rathausfassade, aber durchaus vom gleichen Geiste. Ob sich irgendwelche stilistischen Beziehungen zwischen dem Rathaus in Basel (von 1504—1513) und den Bauten Ruman Fäschs in Thann (von 1492—1533)[2]) nachweisen lassen, ist besonderen Untersuchungen vorbehalten[3]).

Irgend ein Zusammenhang des Basler Rathauses von 1504—1513 mit anderen Profanbauten am Oberrhein ist vorerst nicht festzustellen. Die von A. Grabar behauptete Ähnlichkeit mit dem Rathaus in Ensisheim i. E.[4]) beruht auf der falschen Voraussetzung, dass die vordere Kanzlei in Basel, die erst 1606—1608, also mehr als 60 Jahre nach dem Ensisheimer Rathaus von 1533—1547 erbaut worden ist, bereits 1534—1538 zusammen mit der hinteren Kanzlei errichtet worden sei. Die in ihrer Formensprache noch durchaus gotische Rathausfassade am Markt in Basel hatte demnach auch in ihrer Komposition keinerlei Ähnlichkeit mit den Renaissancefassaden des Rathauses zu Ensisheim; ebensowenig lässt sich in den übrigen Gegenüberstellungen Grabars (Erdgeschosshallen, Portale) Gemeinsames entdecken.

Dagegen mag auf einen anderen bemerkenswerten Profanbau dieser Zeit hingewiesen werden, auf das Haus „zum Wallfisch" in der Franziskanerstrasse (Nr. 3) zu Freiburg i/B., das der kaiserliche Rat und Generalschatzmeister Maximilians I. JAKOB VILLINGER VON SCHÖNENBURG[5]) auf Befehl seines

---

[1]) Bürgerhaus Basel-Stadt, II. Teil, Basel 1930, S. XXV, Tafel 3 und 4.

[2]) Ruman Fäsch hat nach Karl Stehlin a. a. O. S. 103/04 in Thann folgende Bauten ausgeführt: 1492 Vollendung des nördlichen Seitenschiffgewölbes des Münsters; 1493—1495 Ausbau des Strebewerks des Hauptschiffs des Münsters und seine Einwölbung; 1496—1498 Bau und Vollendung von Westgiebel und Westturm des Münsters; 1511 Abschluss der Bautätigkeit in der Kirche von Altthann (Wölbung und Ausbau des Turmes); 1508—1516 den Nordturm des Münsters; 1518 Pfründnerhaus; 1519 Schrannenhalle (Kornhaus); 1520/21 Schatzkammer und Treppentürmchen am südlichen Seitenschiff des Münsters; 1533 Münze in der Schlüsselgasse.

[3]) Hier sei u. a. nur auf gewisse Ähnlichkeiten in der Zeichnung der Netzgewölbe des nördlichen Seitenschiffs von St. Theobald zu Thann und der Rathaushalle in Basel, auf Übereinstimmungen im Aufbau der Wimpergen an beiden Bauwerken, vor allem aber auf die in die Augen springende Zusammengehörigkeit des Dachreiters vom Basler Rathaus mit dem Türmchen des Westgiebels am Thanner Münster hingewiesen. — Vgl. auch Fr. X. Kraus, Kunst und Altertümer im Ober-Elsass, Strassburg 1884, S. 631, 637 ff.

[4]) A. Grabar, L'Hôtel de ville d'Ensisheim, Archives alsaciennes d'histoire de l'art, VIIIe année, Strasbourg, Paris 1929, p. 85—113.

[5]) 1502 Buchhalter der Hof-Finanzkammer, 1512 Schatzmeister, 1513 Generalschatzmeister Kaiser Maximilians I, 1514 kaiserlicher Rat, erhielt er 1521 Wappen und Zunamen des ausgestorbenen oberelsässischen Geschlechts von Schönenburg; 1531 als verstorben erwähnt. Vgl. J. Kindler v. Knobloch, Oberbadisches Geschlechterbuch, I. Band, Heidelberg 1898, S. 352, 353; Joseph M. B. Clauss, Historisch-topographisches Wörterbuch des Elsass, Lief. 16, Zabern 1914, S. 1015.; Emil Major, Erasmus von Rotterdam, Virorum illustrium reliquiae I, Basel o. J., S. 82.

Tafel 25

Das Steinrelief der Mutter Gottes im Baldachingewölbe
des Regierungsratssaales im Rathaus zu Basel.
Nach dem Gipsabguss.

Tafel 26

Aus den beiden mittleren holzgeschnitzten Deckenfriesen
des Regierungsratssaales im Rathaus zu Basel. — Photographie 1932.

Herrn 1516 erbauen liess. Erasmus von Rotterdam, der nach dem frühen Tode des Kaisers 1519 in diesem Hause von 1529 bis 1531 wohnte, nennt es in einem Briefe an Wilibald Pirkheimer zu Nürnberg vom 9. Mai 1529 „aedes regias Maximiliano extructas pro senectutis suae nido". Auch hier ist die dreigeschossige Fassade symmetrisch aufgeteilt; auch hier wird die Mittelachse besonders betont durch Hauptportal und Erkerausbau, auf die sich aller Schmuck konzentriert[1]); auch hier eine formale Gestaltung aller Bauglieder, die, wenn auch wesentlich reicher, unruhiger und gesuchter, doch jener am Basler Rathaus verwandt zu sein scheint. Auch hier also der Gegensatz des Leeren und des Gefüllten, die Betonung der Fläche, aber auch der Bewegung.

Über den Architekten dieses bedeutenden Bauwerks ist nichts bekannt. Da aber RUMAN FÄSCH drüben in Thann laut seinem Anstellungsvertrag zum „Werkmeister Sankt Diebolds Gotteshaus" vom 11. November 1495[2]) sich auch mit „unsers gnedigsten Herrn zu Oesterreich und der Statt ze Thann" Bauten zu befassen hatte, wäre es nicht ausgeschlossen, dass der angesehene und weitbekannte Baumeister irgendwie an der Erbauung dieses kaiserlichen Ruhesitzes beteiligt gewesen sein könnte, um so mehr als auch Jakob Villinger aus Schlettstadt stammte und Zögling der Schlettstadter Schule war. In den drei Gebäuden und ihren Fassaden hätten wir dann markante Beispiele der künstlerischen Entwicklung des Baumeisters RUMAN FÄSCH, vom Jugendwerk der Safranzunft zu Basel über das Meisterwerk des Basler Rathauses zum Spätwerk, dem Haus „zum Wallfisch" in Freiburg i/B.

Innenarchitektur und Ausstattung.

Das *erste Obergeschoss* des vorderen Rathauses von 1504—1513 ist durch eine Quermauer im Verhältnis von $^1/_3$ zu $^2/_3$ in einen Vorsaal und die vordere Ratsstube geteilt, die beide die ganze Tiefe des Hauses einnehmen. Infolgedessen erstrecken sie sich jeweils in der Richtung des Eintretenden der Vorsaal von Osten nach Westen, der Ratssaal im rechten Winkel dazu von Süden nach Norden. Diese beiden Räume sind im wesentlichen in ihrer alten Ausstattung erhalten; Aufteilung und Einrichtung des *zweiten Stocks* wurden durch neue Einbauten restlos ersetzt.

Der Vorsaal, ein rechteckiger Raum von 5,80 m Breite, 7,20 m Tiefe und 4,60 m Höhe, wird in seiner südöstlichen Ecke aus der Galerie durch das spitzbogige Portal von 1611 (vgl. S. 462) betreten. Er erhält sein Licht von Westen, vom Markt her, durch zwei *dreiteilige Staffelfenster*, die, durch einen Rechteckpfeiler voneinander getrennt, die ganze Schmalseite füllen und mit flachen Leibungsbogen überwölbt sind.

---

[1]) Peter P. Albert und Max Wingenroth, Freiburger Bürgerhäuser aus vier Jahrhunderten, Augsburg 1923, S. 8—19. Mit Ansichten, Grundrissen, Aufrissen, Schnitten und Detailzeichnungen. — Emil Major, Erasmus von Rotterdam, Virorum illustrium reliquiæ I, Basel, o. J., S. 22 (mit Abbildung des Erkers vom Hause „zum Wallfisch").

[2]) Karl Stehlin, a. a. O. S. 104.

Abb. 283. Aus dem Vorzimmer des Regierungsratssaales im Rathaus zu Basel.
Messbild-Aufnahme vor 1898, vor der Bemalung. — Staatsarchiv Basel.

Die *flache Holzdecke* ist eine Leistendecke, deren Felder von Osten nach Westen laufen; sie wird an den beiden Schmalseiten wie an der Westseite des Treppengehäuses von Friesen mit flach geschnitztem, gotischem Rankenwerk auf farbigem Grund begrenzt und stammt in ihren alten Teilen aus der Zeit der Erbauung des Hauses.

In die Nordostecke ist das bis zur Decke reichende *Steingehäuse mit dem steinernen Schnecken* zum zweiten Obergeschoss eingebaut, das DANIEL HEINTZ 1581 schuf; es wird an anderer Stelle (S. 441—445, Abb. 330—332 und Tafel 28) eingehend beschrieben und dargestellt.

Abb. 284. Die Bekrönung der Türe aus dem Vorzimmer in den Regierungsratssaal des Rathauses zu Basel, 1932.

Abb. 285. Profil der Türe zum Regierungsratssaal. — 1:10.

Das *Steingewände* der breiten, gerade abgedeckten Türe nach der Ratsstube (l. H. 2,00 m, l. Br. 1,80 m) ist reich profiliert mit tiefen Kehlen, denen je ein Vierkant-Säulchen mit leicht eingezogenen Seitenflächen und zylindrischem Sockel vorgestellt ist (Abb. 285). Stäbe und Kehlen verschneiden sich an den oberen Ecken und ruhen unten auf geschwungener Schräge auf (Abb. 283). Aus dem Rahmenwerk des Türsturzes wachsen beidseitig niedere Säulchen empor, auf deren vielseitigen Kapitellen ein im Oberteil nach innen geschwungener, in einer Kreuzblume auslaufender Kleeblattbogen sowie je eine nach der Mitte geneigte und von innen gestützte Fiale mit Kreuzblume aufragen. Alle äusseren Bogenlinien sind mit Krabben besetzt, ihre Anfänger über den Kapitellen mit Tiergrotesken geschmückt. Das so umrahmte Feld wird von einem Relief gefüllt, in dem zwei aufrechtstehende Basilisken einen senkrechten Schild mit dem Baselstab halten (Abb. 284, S. 395). Gewände und Türbekrönung sind zweifellos zusammen mit dem Neubau von 1504—1508 entstanden, die hölzerne Türe ist modern.

Die übrigen Wandflächen, die grosse gegen das heutige Turmzimmer und jene kleinere zwischen den Fenstern und dem Eingang zur Ratsstube, sind vom modernen Sockel bis zur Decke 1610/11 von HANS BOCK D. Ä. mit zweien seiner *Historien* bemalt worden, auf der Südmauer mit der „Verleumdung", auf der Nordwand mit der „Parteilichkeit"; ihre Beschreibung folgt im Abschnitt über die Wandmalereien des Rathauses.

An den Wänden finden sich ausserdem bei den Umbauten von 1900—1902 wiederhergestellte lateinische *Inschriften* aufgemalt, die gleichfalls im Abschnitt über die Rathauswandmalereien im Wortlaut und in deutscher Übersetzung wiedergegeben werden. Die Inschrift der Ostwand über dem Eingangsportal von der Galerie her ist zweimal datiert: dabei bezieht sich die Jahreszahl 1611 auf die Fertigstellung der Wandgemälde durch HANS BOCK D. Ä., vielleicht auch auf die Aufrichtung der Abschlussmauer zwischen Galerie und Vorsaal, die Jahreszahl 1710 auf eine „Erneuerung" (vgl. S. 354, Anm. 6).

Der Regierungsratssaal, die ehemalige vordere Ratsstube, der 10,80 m lang, 7,00 m breit und 4,60 m hoch ist, wird von Süden aus dem Vorzimmer durch die bereits beschriebene *Türe* betreten, deren innere Profile, den äusseren gleich, den Türsturz durchdringen, sich vielfach verschneiden und oben in der Mitte nach unten gebogen ein querrechteckiges Feld umrahmen (Abb. 287, S. 398). Der Baselschild, der darin von zwei stehenden Löwen im Relief gehalten wird, war in den Tagen der Helvetik mit den Fasces und dem Tellenhut bekrönt worden und wurde erst 1881 in den ursprünglichen Zustand zurückversetzt.

Der gut proportionierte Saal erhält sein Licht von den beiden Langseiten (Abb. 286); er öffnet sich nach dem Markt (westlich) in vier, nach dem Hof (östlich) in drei *Fensterarkaden,* deren flache, auf freistehenden Steinsäulen aufruhende Leibungsbogen sieben dreigeteilte, gestaffelte Lichtöffnungen umrahmen. Die steinernen Fenstergewände sind auch nach innen mit tiefen Kehlen und je zwei vorgelegten Säulchen auf zylindrischen Basen profiliert. Die rechteckigen, nach innen halbkreisförmig abgerundeten Sockel der Fenstersäulen entwickeln sich etwas unter Fensterbankhöhe zu zwei über- und ineinandergelegte Basen von achteckigem Sterngrundriss, aus deren oberen Spitzen acht den Fenstersäulchen entsprechende Dreiviertelsäulchen herauswachsen (Abb. 288, S. 399). Sie umwinden zum Teil in Gegenrichtung und sich ver-

Abb. 286. Der Regierungsratssaal im Rathaus zu Basel, 1932.
Ehemals die vordere Ratsstube. — Blick vom Eingang, von Süden nach Norden.

Abb. 287. Türbekrönung und Detail von Wandtäfer, sowie Decke
im Regierungsratssaal des Rathauses zu Basel, 1932.

schneidend die freistehenden, runden und flachkannelierten Schäfte und verschlingen sich oben unter rechteckigen Abdeckplatten zu korbartigen Kapitellen, deren vertiefte Füllungen an den Säulen nach dem Markt mit reliefiertem Blattwerk, Schilden und einem Basilisken, an jenen nach dem Hof mit Masken (auch Totenkopf), mit pfeildurchbohrtem Herz und Baselschild gefüllt sind.

Maßstäbliche Aufnahme: Bürgerhaus Kanton Basel-Stadt, I. Teil, Zürich 1926, Tafel 52, Abb. 3: Aufriss, Grundriss und Schnitt eines Fenstergewändes.

Abb. 288. Von der Fensterwand gegen den Markt im Regierungsratssaal
des Rathauses zu Basel. — Zeichnung W. Bubeck, 1885. — Architectura Basiliensis.

Der Baldachin-Einbau. Die Eingangstüre des Saales liegt nicht in der Mitte seiner Südwand, sondern ist etwas nach Osten verschoben bis nahe zum Wendeltreppengehäuse des Vorsaals und dem Baldachineinbau der Ratsstube. Dieser Stein-Baldachin, aussen 2,10 m breit und 2,50 m lang, ruht auf zwei Wandbogen und zwei Arkadenbogen, die flach gedrückt und reich mit Kehlen und Platten profiliert an den Wänden von drei Konsolen gegen den Saal von einer freistehenden Säule mit achtseitigem Kapitell und

Abb. 289. Der Regierungsratssaal im Rathaus zu Basel vor 1898.
Blick von Norden nach Süden gegen Eingang und Baldachineinbau.
Messbildaufnahmen. — Staatsarchiv Basel.

reizvoll fazettierter Basis getragen werden. Er wird wenig unter der Decke von einem Kranzgesims mit dachartig zurückweichender Schräge abgeschlossen. Im Inneren ist der Einbau von einem einfachen Sterngewölbe überspannt, in dessen Mitte, von den zweimal flach gekehlten Gewölberippen rautenförmig umrahmt, das *Steinrelief einer gekrönten Muttergottes* eingelassen ist. Maria im Mantel und mit lang herabwallendem Haar steht in einer Strahlen-Mandorla und über einem Baselschild auf der Mondsichel und trägt in der Rechten das nackte, mit einem Apfel spielende Kind, in der Linken das Szepter (Tafel 25). Die anmutige Figur (Höhe 109 cm, Breite 63 cm) ist ein reizvolles und charakteristisches oberrheinisches Werk aus der Zeit um 1510, ist also zusammen mit dem Baldachin gleichzeitig mit der Erbauung des Hauses

DIE BAUPERIODE 1504—1514

und wohl vor 1512, vor der Herstellung von Decke und Täfer entstanden. Sie ist heute infolge des 1884 erfolgten Ofen-Einbaues nur schwer sichtbar; die Abbildung Tafel 25 musste daher nach einem z. Zt. in den Sammlungen des Gewerbemuseums Basel befindlichen Gipsabguss hergestellt werden.

Die eigentliche Bestimmung dieses Baldachins ist ungewiss; auch ist zweifelhaft, ob der Ofen von Anfang an unter ihm stand. Dass ein Ofen bereits bei der ersten Ausstattung der Stube vorhanden war, geht aus dem Wochenausgabenbuch hervor, nach dem 1508 Samstag nach Othmari CASPAR KOCH der Maler ,,die nuwen stuben, den offen, die schilt und die venlin ze molen" 5 ℔ 10 β erhielt[1]). Dieser Ofen könnte aber auch an die östliche Hälfte der Nordwand des Saales angebaut gewesen sein, dort, wo sich, wie der Grundriss (Abb. 262, S. 351 bei 34) zeigt, eine Nische befand, und wäre dann erst später, vielleicht anlässlich der Aufstellung der Portalumrahmung von 1595, unter den Baldachin versetzt worden[2]).

Maßstäbliche Aufnahme: Bürgerhaus Kanton Basel-Stadt, I. Teil, Zürich 1926, Tafel 49, Abb. 1 und 2: Aufriss, Schnitte und Gewölbe-Grundriss.

Wandgetäfer und Bälkchendecke des Saales, die vom Herbst 1512 bis zum Sommer 1514 von MEISTER HANS dem Bildschneider und Tischmacher in mehr als 2000 ,,Tagwan" für 500 ℔ angefertigt wurden[3]), sind im wesentlichen gut erhalten, wenn auch in stark bunter Fassung.

Das *Getäfer der Schmalwände* ist über einem modernen Sockel von etwa 1,80 m Höhe durch lebhaft profilierte Wandpfeiler mit vorgestellten schlanken Rundsäulchen auf kannelierten zylindrischen Sockeln in schmale Felder geteilt, die oben, unter einem ringsumlaufenden, dreimal gekehlten Fries, mit mannigfaltigem, aber etwas dünnem, aufgelegtem Masswerk gefüllt sind.

Die *Decke* wird durch vier breite, von West nach Osten ziehende und reich geschnitzte Friese, von denen die beiden mittleren nebeneinander gelegt sind, in vier Abschnitte geteilt, die wiederum durch je drei leistenartige Bälkchen mit dem Profil der Wandpfeiler in je vier Felder unterteilt werden. Wie beim Wandtäfer sind die beidseitigen Endigungen der Deckenfelder mit aufgelegtem Masswerk geziert; in der Mitte aller Bälkchen hängt je ein Zapfen abwärts, auf deren abschliessenden Rundscheiben Wappenschilde der Kantone aufgelegt sind. An den Schmalseiten der Decke sind in der Breite eines Deckenfeldes, rechtwinklig zu den Querbälkchen und in Verlängerungen der Wandpfeiler, kurze Bälkchen in der Längsrichtung eingefügt und die so entstehenden quadratischen Felder abermals mit aufgelegtem Masswerk gefüllt. In gleicher Weise werden an den Längsseiten die Bälkchen der Decke als Wandleisten durch den Abschlussfries bis zu den Stichbogen der Fenster

---

[1]) Staatsarchiv Basel, Finanz G 12, Wochenausgabenbuch, vgl. auch S. 346, Anm. 1.

[2]) Ob unter dem Baldachin bis zur Reformation 1529 ein nach Süden orientiertes Altärlein stand — bei Hausaltärchen war Ostung nie vorgeschrieben — und ob der Baldachin der Ratsstube auf diese Weise eine mit dem Rathausneubau verschwundene Ratskapelle ersetzt habe, sind Fragen, die vorerst nicht beantwortet werden können.

[3]) Vgl. S. 348, Anm. 1.

In Rücksicht auf die Übersichtlichkeit sind hier alle Friese gleichgerichtet wiedergegeben; in Wirklichkeit zieht der Fries mit den Putten als Schildhaltern in entgegengesetzter Richtung, wie angegeben von Osten nach Westen.

Abb. 290—297. Die vier geschnitzten Friese der Holzdecke des Regierungsratssaales im Rathaus zu Basel.
Nach Zeichnungen von 1885 aus dem Besitz der Historisch-Antiquarischen Gesellschaft Basel. — Architectura Basiliensis, Staatsarchiv Basel.

Abb. 298. Mittelstück des südlichsten Frieses der Holzdecke im Regierungsratssaal
des Rathauses zu Basel, 1932.

herabgeführt und die so entstehenden Wandfelder wiederum oben mit aufgelegtem Masswerk gefüllt. Die Lisenen durchdringen das Gesims der Leibungsbogen und endigen zapfenartig mit quadratischen Abschlussplättchen, die hofwärts mit Engelsköpfchen in Laubwerk, nach dem Markt zu mit Blättermasken im Relief gefüllt sind.

Ganz besonders reizvoll sind die reichen, im Figürlichen im Relief herausgearbeiteten *Flachschnitzereien der vier breiten Querfriese*, die bei aller gotischen Tradition doch schon deutlich Kenntnis und Beherrschung der neuen, modisch werdenden Renaissanceformen erkennen lassen. Die Mitte aller Friese nimmt jeweils ein Baselschild ein, in der südlichen Saalhälfte gehalten von Greifen und Basilisken, in der nördlichen von Putten und Löwen. Alle übrigen Flächen sind mit üppigem Rankenwerk gefüllt, in dem phantastische Tiere miteinander kämpfen, Hasen den Jäger und seinen Hund erlegen, nach Hause tragen und am Spiesse braten[1]), Putten mit Pfeifen und

---

[1]) Die Vorstellung einer verkehrten Welt, in der Menschen und Tiere ihre Beschäftigungen und Beziehungen zueinander tauschen, lässt sich in bildlichen und literarischen Darstellungen bis ins 13. Jahrhundert zurückverfolgen. Im 16. Jahrhundert wird insbesondere die Exekution des Jägers und seiner Hunde durch Hasen oder Hirsche von L. Cranach (1549), Glockendon, Virgil Solis und namenlosen Künstlern vielfach geschildert und 1550 von Hans Sachs in seinem Schwank „Die hasen fangen vnd praten den jeger" (Fabeln und Schwänke, ed. Goetze I, S. 346, Nr. 128) erzählt. — Vgl. Camillus Wendeler, Bildergedichte des 17. Jahrhunderts, 10. Die verkehrte Welt. Zeitschrift des Vereins für Volkskunde, 15. Jahrg., Berlin 1905, S. 158—163. Johannes Bolte, Bilderbogen des 16. und 17. Jahrhunderts. Zeitschrift des Vereins für Volkskunde, XVII. Jahrg., Berlin 1907, S. 425 ff. (Die Hasen braten den Jäger, S. 425—428). In beiden Abhandlungen finden sich ausführliche Literaturangaben. — Freundliche Hinweise von Fräulein Dr. A. Stoecklin.

In der historisch-antiquarischen Sammlung in Zug findet sich auf einer Türbekrönung aus dem Ende des 15. Jahrhunderts eine ähnliche Darstellung ebenfalls in Flachschnitzerei (abgebildet in Karl Frei, Historisch-Antiquarische Sammlung in Zug, Basel, o. J., Tafel II unten. R. Wegeli und C. H. Baer, Die historischen Museen der Schweiz, Heft 8.) Die Übereinstimmung in der Gesamtkomposition wie in Einzelheiten ist so gross, dass zum mindesten eine gemeinsame Vorlage angenommen werden muss.

Abb. 299.
Der Wildmann
als Schildhalter
im Regierungsratssaal
des Rathauses zu Basel.

Trommeln ein lustiges Spiel treiben und wilde Männer, auf Einhörnern reitend, Löwen, die nackte Frauen auf dem Rücken tragen, mit Speeren bedrohen. Alle Schilderungen sind von reizvoller Frische und Eleganz, dabei virtuos gezeichnet und geschnitten (Abb. 290—297, S. 402 u. 403; Abb. 298, S. 404 und Tafel 26).

Der *Wilde Mann als Schildhalter*, der bei den vier Baselwappen der Deckenfriese fehlt, stellt sich in einem zierlichen, 57 cm hohen, hölzernen Rundfigürchen vor, das in der Nordostecke des Saales auf einem dünnen Säulchen mit kunstvoll verschnittenem, konsolenartigem Kapitell steht. In seiner grotesken Naivität ist er eine ganz köstliche Arbeit, die zweifellos zusammen mit dem Täferwerk entstanden ist.

Täfer und Decke der vorderen Ratsstube zu Basel waren zur Zeit ihrer Erstellung ein durchaus neuartiges Werk, und zwar nicht nur hinsichtlich ihrer ornamentalen Ausschmückung, sondern auch nach ihrem ganzen Aufbau.

Mit Ausnahme des „Zschekkenbürlinzimmers", der Gaststube des ehemaligen Karthäuserklosters, des jetzigen Waisenhauses in Basel, sind in allen noch vorhandenen Raumausstattungen dieser Zeiten, ebenso wie in der offenbar jüngeren Vertäferung der gotischen Stube im zweiten Stock des „Engelhofs" (Nadelberg 4), Wände und Decke ohne formalen Zusammenhang und stehen als abschliessende, raumsichernde Elemente nur in konstruktiver Beziehung zu einander. Doch schon im „Zschekkenbürlinzimmer", das Hieronymus Zschekkenbürlin um 1509 einrichten liess, korrespondieren die Rippen des in Holz konstruierten, aus Wanddiensten aufsteigenden Sterngewölbes bei ihren Ansätzen an die Wände mit Wandlisenen, die bis zum Sockel und zur Umrahmung der flachen Fensterleibungsbogen herabgeführt sind[1]). Schon hier waren also Decke und Wände als raumumschliessende Einheit gedacht; aber die formale Gestaltung ist noch unklar und unbeholfen. Im Ratssaal zu Basel dagegen, der wenig später (1512—1514) entstand, hat eine geschickt ordnende Hand zum erstenmal beide Raumelemente nicht nur in organische Verbindung gebracht, sondern auch zu wohltuender Einheit künstlerisch zusammengeschlossen. Decken und Wandfelder sind gleich breit, Deckenbälkchen und Wandpfeiler nicht nur gleich breit, sondern auch gleich profiliert; Aufteilung, Umgrenzung und Füllung an Wand und Decke entsprechen sich; bei aller Freude an vielfältigen Einzelformen wiederholen sich doch in rhythmischer Folge gewisse Details.

Die wohlüberlegte, auf klaren Verhältnissen und Symmetrie aufgebaute Komposition dieser Raumumgrenzung ist so ausserordentlich, dass wohl angenommen werden darf, der Baumeister des Hauses, der bereits in den Fassaden sein frühes neuzeitliches Empfinden zum Ausdruck gebracht hat, habe auch hier die grundlegenden Entwürfe geschaffen; es sei denn, er habe in MEISTER HANS nicht nur einen verständnisvollen Bearbeiter seiner Pläne, sondern einen kongenialen Mitarbeiter gefunden.

Maßstäbliche Aufnahmen: Bürgerhaus Kanton Basel-Stadt, I. Teil, Zürich 1926, Tafel 49, Abb. 3. Grundriss, Tafel 50, Abb. 2—6. Aufriss, Draufsicht und Schnitte; Tafel 50, Abb. 1 und Tafel 51. Ansichten.

Die Reihe von 15 Glasgemälden, die von den 13 Orten zusammen mit Abt und Stadt St. Gallen in den Saal gestiftet und 1519/20 von Meister ANTONI GLASER ausgeführt wurde, ist in den Fenstern erhalten als seltener und ausserordentlicher Schmuck. Sie wird im Abschnitt über die Glasgemälde des Rathauses abgebildet und zusammenfassend behandelt.

Die *holzgeschnitzte Portalumrahmung* von 1595 des Meisters FRANZ PARREGOD, die heute links davon aufgestellte *Boulle-Uhr* von JOHANN JAKOB ZELLER

---

[1]) Abbildungen und maßstäbliche Aufnahmen im Bürgerhaus, Kanton Basel-Stadt, I. Teil, Basel. 1926, Tafeln 38—42 und S. XXVIII/XXIX.

Abb. 300 und 301. Ein Rechen- und Zahltisch aus dem Rathaus zu Basel.
Aus der ersten Hälfte des 16. Jahrhunderts. — Historisches Museum Basel.

(1701—1778) und das rechts vom Portal aufgehängte *Messing-Thermometer* (nach 1788) werden auf den Seiten 445—448 und 476, 478 beschrieben und abgebildet.

Der *Bundesbrief von 1501* ist in modernem Rahmen an der Südwand des Saales zwischen Türe und Fenstern zur Schau gestellt. Alles *Mobiliar des Saales* stammt aus dem Jahre 1885.

Ein Rechen- und Zahltisch aus dem spätgotischen Rathaus wird im Historischen Museum Basel (Inv. Nr. 1870. 893) aufbewahrt. Der Tisch, der aus der ersten Hälfte des 16. Jahrhunderts stammt, hat ein Blatt aus Nussbaumholz mit Gratleisten und erhöhtem Rand, auf dem drei Lineaturen mit den Zahl- und Geldzeichen M, C, X, lib, β, d eingelegt sind; ein schmales Schubkastenfach ist unten angehängt. Die beiden Böcke, auf denen die Tischplatte, das sogenannte Brett, ruht, sind breite, am Rand ausgeschnittene und auf den Sichtflächen mit flachgeschnitztem Blattwerk verzierte Bohlen mit Fuss- und Stirnleisten, die durch ein gleichfalls mit flachgeschnitztem Laubwerk verziertes Querholz ohne Schliessen zusammengehalten werden (Abb. 300). Die Masse des Tisches sind folgende: Tischplatte = Höhe 68 cm, Länge 207,5 cm, Breite 85 cm; Tischfuss = Länge 143 cm, Breite 61 cm.

Ein Friesstück aus Tannenholz aus dem Basler Rathaus des 16. Jahrhunderts befindet sich gleichfalls im Historischen Museum Basel (Inv. Nr. 1921. 274; Höhe 25 cm, Länge 252 cm). Es zeigt in Umrissen eingeschnitten, ohne ausgehobenen Grund, drei leere Renaissanceschilde zwischen gotischem Laubwerk und ist offenbar der Rest eines Wandgetäfers.

Ältere Bauteile und Ausstattungsstücke
die im Rathaus von 1504—1514 erhalten blieben.

Die Hausteintüre von 1482 (?). Im heutigen Hof V ist auf dem ersten Podest der Treppe zur Tribüne des Grossratssaales als Eingang zur Garderobe eine schlichte rechteckige Türumrahmung aus rotem Sandstein wiederverwendet worden, deren ursprünglicher Standort nicht mehr bekannt ist. Vermutlich bildete sie den Eingang zur Wendeltreppe, die Meister HEINRICH AM RHEIN 1482 als Zugang zu den beiden oberen Archivgewölben im mittleren Höflein erbaute (Abb. 262, 17). Ihr Profil, eine tiefe Kehle zwischen zwei Plättchen, läuft unten in geschwungener Spitze aus; den Sturz ziert eine aufgelegte, leicht geschwungene Tartsche mit einem Baselstab in Relief.

Maßstäbliche Aufnahmen: Aufriss und Schnitt, Bürgerhaus Basel-Stadt, I. Teil, Basel 1926, Tafel 52, Abb. 2.

Drei Friesstücke aus Tannenholz, die aus dem Rathaus stammen und dem 15. Jahrhundert angehören, werden im Historischen Museum Basel aufbewahrt, Inv. Nr. 1921. 279. Sie zeigen durchbrochenes Masswerk auf rotbemaltem Grund und sind offenbar Reste von Wandgetäfern oder Holzdecken. Ihre Masse sind: Höhe 23 cm, Länge 319 cm; Inv. Nr. 1921. 280, Höhe 21 cm, Länge 160 cm; Inv. Nr. 1921. 281, Höhe 22 cm, Länge 145 cm.

Die Geburt Christi, ein Gemälde in Tempera auf Holz, Flügel eines Altarwerks aus dem Basler Rathaus, das 1858 der Kunstsammlung überwiesen wurde und jetzt in der Öffentlichen Kunstsammlung magaziniert ist, stammt, wie R. Wackernagel vermutet[1]), aus der ehemaligen Rathauskapelle.

Das stark zerstörte Gemälde (100 × 55 cm), dessen Rückseite die rohe Holztafel zeigt, stellt Maria in rotem Mantel über blauem Rock dar, wie sie vor einer offenen Halle kniend das am Boden liegende Kind verehrt, hinter

---

[1]) Rudolf Wackernagel, Geschichte und Beschreibung des Rathauses zu Basel, Basel 1886, S. 56, Anm. 55.

Abb. 302. Die Geburt Christi, 1490—1500.
Flügel eines Altars, aus dem Rathaus zu Basel. — Öffentliche Kunstsammlung Basel.

dem Esel und Ochse sichtbar werden. Aus dem Hause links, dem die Halle vorgebaut ist, tritt unten Joseph in braunem Rock mit rotem Halstuch, roter Mütze und mit einer Laterne, während von einer Galerie darüber drei singende Engel in roten, gelben und blauen Gewändern niederschauen. Unter dem Goldgrund des Himmels wird der Hintergrund rechts durch eine sehr reizvolle Wasserlandschaft mit burgähnlichen Gebäuden auf hohen Felsen ausgefüllt; in ihr nähern sich zwei Hirten der Szene im Vordergrund.

Das Gemälde, das bereits 1821 im „Oberen Gewölbe" (Dreiergewölbe) des Basler Rathauses hing[1]), steht Martin Schongauers Werkstatt nahe und ist mit 1490—1500 zu datieren.

Das Barmherzigkeits-Bild, „Erbärmdebild" (21 × 144 cm), die Predella eines Altars aus der Kapelle des Basler Rathauses, jetzt im Historischen Museum Basel (Inv. 1870. 702) ist eine Ölmalerei auf Holz, die in der Mitte Christus mit den Wunden der Kreuzigung zeigt, links Maria, rechts Johannes, alle drei Figuren bis zu den Hüften sichtbar vor saftig grünem Grund. Die Mutter Gottes in rotviolettem Rock, blauem Mantel und weissem Kopftuch stützt den rechten Arm Christi und küsst seine durchbohrte Hand, Johannes in zinnoberrotem Rock und karminrotem Mantel hält den linken Arm des Heilands. Von dieser Darstellung durch einfache Pilaster getrennt, ist links das Wappen Salzmann, rechts das der zum Blech aufgemalt.

Die Predella wird als Arbeit der „Basler Schule um 1525" bezeichnet; Stifter könnte Adalberg Salzmann gewesen sein, „des byschofflichen hoffs zu Basel geschworener notarius", der 1550 als letzter seines Geschlechtes starb, vielleicht zum Gedächtnis seiner Eltern, des 1496 gestorbenen Johannes Salzmann von Masmünster, der gleichfalls Notarius des bischöflichen Hofes von Basel war, und der Gredanna (zum Blech?)[2]).

---

[1]) *Schreiben von Registrator Krug an den Staatsschreiber Samuel Braun* vom 12. Januar 1821: „Hochgeehrter Herr Staatsschreiber! Neulich sah ein Freund, der nicht genannt seyn will, das in dem obern Gewölbe hängende alte, aber sehr schadhafte Gemälde der Geburt unseres Heilandes und äusserte den Wunsch, dasselbe zu besitzen. Da ich nun wusste, dass dasselbe in den Augen M. H. G. A. Herren des Raths keinen Wert mehr hat, indem dessen Reparation viel zu hoch kommen würde, so versprach ich demselben bey M. H. G. A. Staatsschreiber anzufragen, ob dieses Gemälde nicht etwa zum Beneficio der Canzley-Casse gegen einen billig zu bestimmenden Preiss dürfte veräussert werden. Dürfte ich Sie daher bitten, gelegentlich bey Ihren Weisheiten den Herren Häuptern davon Erwähnung zu thun und mir geneigtest das Resultat davon wissen zu lassen. Mit dieser Bitte versichere ich Sie meiner unbegrenzten Hochachtung. Krug, Registrator. — *Entscheid von Bürgermeister Wieland:* „Erst bey meiner nach Hausekunft las ich beyligendes Schreiben, welches mir H. Staatsschreiber heut morgen im Rath zustellte. Solte dises Gemählde einen Werth haben und dessen reparatur nicht zu kostspielig seyn, so denke ich würde solches eher der Sammlung oder der Muggen zugegeben, aber niemahlen zum besten der Cantzley-Cassa verkauft werden. W." Staatsarchiv Basel, Bauakten Rathaus C C I, 1817—1857. — Freundliche Mitteilung von Herrn Dr. R. Riggenbach.

[2]) Da die Grössenverhältnisse der Predella mit denen des Altarflügels in der Öffentlichen Kunstsammlung gut zusammenstimmen, wäre es, obgleich engere stilistische Beziehungen nicht zu erkennen sind, gleichwohl möglich, dass beide Gemälde Reste *eines* Altärleins sein könnten. Vielleicht lassen sich die zeitlichen und stilistischen Verschiedenheiten beider Bilder mit der Vermutung erklären, dass ein von Johannes Salzmann von Masmünster (gest. 1496) und seiner Frau Gredanna (zum Blech?) gestifteter Altar, nach der Wappenänderung oder -Bestätigung nach 1513, im Auftrag des Sohnes Adalberg Salzmann von einem Basler Maler durch eine neue oder neu übermalte Predella zeitgemäss ergänzt worden ist. — Die Datierung der Predella mit 1525 erscheint doch wohl zu spät.

Abb. 303. Die Predella eines Altars nach 1513 aus dem Rathaus zu Basel.
„Erbärmdebild", links mit Wappen Salzmann (roter Löwe mit Mannskopf in gelbem Feld), rechts mit Wappen zum Blech (zwei schwarze, gekreuzte Pfeilspitzen (Knebelspiesse) in weissem Feld).
Historisches Museum Basel.

Spätgotische Bauteile benachbarter Häuser,
die im Rathausneubau 1898—1904 Verwendung fanden.

Das Hauszeichen des Hauses „zum Hasen" (ehemals Marktplatz 2, an der Stelle des heutigen Rathausturmes), ein länglich rechteckiges Steinrelief, das einen springenden Hasen zeigt, ist heute im Hof VI (Abb. 267, S. 358) hoch oben an der Westmauer des Treppengehäuses zum Grossratssaale eingemauert.

Abbildungen: E. Vischer, Rathaus in Basel 1904, S. 15. — Bürgerhaus Basel-Stadt, I. Teil, Basel 1926, S. XLVIII, Fig. 9.

Drei steinerne Fenstersäulen aus den Häusern Marktplatz 7, Marktplatz 10 und Freiestrasse 28. Eine davon (früher Marktplatz 10), mit sechsseitigem, gedrehtem Schaft, steht stark verwittert im Westgärtchen des Staatsarchivgebäudes; die beiden anderen mit achtseitigen, gedrehten Schäften, die in einzelnen Bruchstücken gleichfalls hier aufgestellt waren, sind als völlig verwittert und zerfallen vor kurzem beseitigt worden.

Maßstäbliche Aufnahmen: Bürgerhaus Basel-Stadt, I. Teil, Basel 1926, Tafel 82, Abb. 1, 5 und 8. Aufrisse, Grundrisse und Schnitte.

III. Die Denkmäler der Bauperiode von 1517—1530.

Der Grossratssaal und seine Ausstattung. Von dem 1517—1521 im Hinterhause des Rathauses anstelle des Dachbodens erstellten „neuen Saal", der „Grossratsstube", ist baulich nichts mehr vorhanden. Von der offenbar reichen Ausstattung sind allein die beiden holzgeschnitzten *Prophetenbilder* des MEISTERS MARTIN[1]) und spärliche Fragmente der 1521/22 und 1530 von HANS HOLBEIN D. J. ausgeführten *Wandmalereien*[2]) erhalten geblieben. Diese Wandgemälde und ihre Reste sowie die beiden Propheten, die mit dem gemalten Wandschmuck in gewissem Zusammenhang standen, werden in dem Abschnitt über die Wandmalereien des Rathauses behandelt.

Die acht kleinen Darstellungen aus der Passion, die HANS HOLBEIN D. J. nach H. A. Schmid 1524/25[3]), nach Paul Ganz aber vor dem Solothurner Madonnenbild von 1522[4]), malte, befanden sich als vielgefeierte Hauptwerke des Meisters und Hauptsehenswürdigkeiten der Stadt[5]), im Rathaus

---

[1]) Vgl. S. 348, Anm. 8.
[2]) Vgl. S. 349, Anm. 3 und 4.
[3]) Heinrich Alfred Schmid, Die Werke Hans Holbeins in Basel. Öffentliche Kunstsammlung Basel, Kleine Führer, Nr. 2, Basel 1930, S. 49 ff.
[4]) Paul Ganz, Hans Holbein d. J. Des Meisters Gemälde, Stuttgart 1912, S. XX.
[5]) A. R. Peltzer, Joachim von Sandrarts Academie der Bau-, Bild- und Malerei-Künste von 1675, München 1925, S. 105 und S. 417, Anm. 1358 (nach I. Teil, 3. Buch, fol. 55/56 über „Theure Gemälde zu unserer Zeit"), wo berichtet wird, dass Kurfürst Maximilian von Bayern ohne Erfolg 10 000 Gulden bar für Holbeins Passion geboten habe. Der Abschied des Rats lautete: „Es solle dieser Abgeordnete mit aller Freundlichkeit abgewiesen, beneben ihm der Wein verehrt, und durch etliche Herren Gesellschaft geleistet werden" (Auszug des Protokolls vom 4. Oktober 1641).

Jacob Christoff Iselin berichtet in: „Neu vermehrtes Historisch- und Geographisches Allgemeines Lexikon", Erster Teil, Basel 1726, S. 383, unter Basel, Rathhauss, ein Churfürst von Bayern habe ehemals

zu Basel, wie C. Patin erstmals 1676 angibt[1]). Der Rat wachte fast eifersüchtig über das Kunstwerk, verbot verschiedentlich, dass es kopiert werde[2]), und konnte sich erst 1770 entschliessen, seinen kostbaren Besitz an die Öffentliche Bibliothek abzugeben[3]). Hier wurden die Passionsbilder 1771 durch den Bildnismaler JOHANN NIKOLAUS GROOTH (1723—1797)[4]) restauriert; sie befinden sich heute in der Öffentlichen Kunstsammlung Basel (Nr. 315).

Diese beiden Flügel eines Altarwerks, die aus je zwei schmalen, hochrechteckigen, wandschirmartig beweglich miteinander verbundenen Holztafeln bestehen, sind auf den Rückseiten unbemalt, zeigen aber Vertiefungen und Spuren blauer Farbe. Auf den Vorderseiten finden sich auf jedem Flügelteil jeweils zwei Darstellungen übereinander, und zwar oben: Christus am Ölberg, die Gefangennahme, Christus vor dem Hohenpriester und die Geisselung, darunter: Verspottung, Kreuztragung, Kreuzigung und Grablegung. Über die alten Teile und den Erhaltungszustand der Gemälde macht H. A. Schmid genaue Angaben[5]). Beide Flügel, d. h. die vier Holztafeln zusammen in ihrer heutigen Umrahmung, messen 150 × 148,5 cm; die einzelnen Bildtafeln in der oben angegebenen Reihenfolge, obere Reihe: 68 × 32,4, 73,7 × 32,4,

---

für 30000 Gulden Salz dafür geben wollen; G. Burnet schätzt das Gemälde in seiner „Durch die Schweiz, Italien, auch einige Orte Deutschlands und Frankreichs im 1685 und 86 Jahre gethane Reise", Deutsche Ausgabe, Leipzig 1687, S. 251 (französische Ausgabe, Rotterdam 1687, p. 381) auf 10000 Taler.

[1]) Carolus Patin, Stultitiae laus Des. Erasmi. Rot. declamatio, figuris Holbenianis adornata, Basel 1676; Index operum Joh. Holbenii e. 1: „1) D. N. I. C. pro genere humano patientis et à Judaeis in crucem acti historia in octo tabellas junctas et combinatas divisa: opus incomparabile. Visitur in penettali Curiae Basiliensis, vulgo *Rathauss*. Pro hac tabula Ducem Bavariae Maximilianum aliquot millia imperialium obtulisse ferunt." — An anderer Stelle, Quattre Relations historiques de diverses voyages en Europe, Bale 1673, schreibt C. Patin: „C'est a mon sens un des plus beaux tableaux du monde, et je ne m'étonne pas que le deffunt Electeur de Baviere en ait offert a la ville pour vingt mille écus de sel." — Vgl. auch die Angaben bei Blainville, a. a. O., Bd. I, S. 414 (S. 415, Anm. 1), Peter Ochs, a. a. O., Bd. V, S. 399 (S. 414, Anm. 1) und bei Markus Lutz, Rauracis, ein Taschenbuch für 1828, Basel, S. 36, u. a. m.

[2]) 1642 wird Matthäus Merian nicht gestattet, das Gemälde durch seinen Sohn kopieren zu lassen, um „selbiges in Kupfer zu bringen dem Magistrat zu dedizieren und damit durch ganz Europa bekannt zu machen" (Staatsarchiv Basel, Ratserkenntnis, 1642, 9. März). Auch 1718 wurde ein ähnliches Gesuch des Prätors Klinzlin von Strassburg „glimpflich abgelehnt" und wenig nachher das alte Verbot erneuert, „dergleichen Copien zu bewilligen... zur Vermeidung Meiner Gnädigen Herren höchster Ungnade". Staatsarchiv Basel, Rathaus C C 1; Peter Ochs, Geschichte der Stadt und Landschaft Basel, Bd. VII, Basel 1821, S. 468, 469.

[3]) Johann Jacob Huber (Pfarrer zu Sissach, 1731—1800) berichtet in seinem Statutarium Basilense (Staatsarchiv B f 2). IX. Die Canzley 1795, fol. 161, Holbeinisches Gemählde, folgendes: 1713 Nov. 8.: „Die Regenz begehrte folgendes das Holbeinsche Passions-Gemählde auf die öffentliche Bibliothek; mochte es aber damals noch nicht erhalten, sondern es blieb, wie es bisher gewesen" (nähmlich „auf dem Rathaus, unter Aufsicht der Canzley"). — 1770 Nov. 5: „Indessen fing das Gemählde an teils weil es an einem etwas feuchten Orte verwahrt war, teils durch unsorgsame Behandlung bey öfterem Vorzeigen, etwas Schaden zu leiden. Man liess es also durch einen geschickten Künstler ausbessern und statt dass es bisher wie eine spanische Wand zusammengelegt war, und bey jeder Besichtigung der Liebhaber aufgestellt werden musste, in seiner ganzen Grösse in einem eigens dazu verfertigten Schrank verwahren, damit es desto bequemer gezeigt werden könne. Allein auch hier befand sich der Schrank nicht an dem schicklichsten Platze und hatte das gehörige Licht nicht, um alle Schönheiten des Gemähldes recht zu bemerken. Daher der Grosse Rath endlich einwilligte, dass es auf die Öffentliche Bibliothek zu den übrigen, sich allda befindlichen Holbeinischen Kunstwerken gegeben werden solle." — 1771 Nov. 9: „Da nun den Stadt-Botten durch die Versetzung dises Gemähldes etwas an Trinkgeldern abgegangen, ward jeden Jeden der damaligen einer eine NLd'or dafür zuerkannt".

[4]) Schweizerisches Künstlerlexikon, Bd. I, Frauenfeld 1905, S. 628/29 (D. Burckhardt).

[5]) H. A. Schmid, Die Werke Hans Holbeins in Basel, Öffentliche Kunstsammlung Basel, Kleine Führer, Nr. 2, Basel 1930, S. 51/52.

73,7 × 32,8, 68,8 × 32,5 cm; untere Reihe: 75,7 × 32,4, 75,7 × 32,4, 75,7 × 32,8; 68 × 32,5 cm. — Abgebildet in Paul Ganz, Hans Holbein d. J. Des Meisters Gemälde, Stuttgart 1912, S. 46—54.

Nach Peter Ochs hat Holbein die Passion für die Rathauskapelle gemalt[1]). Nach anderer, schon von Johann Jacob Huber 1795 erwähnter Überlieferung[2]) waren die Altarflügel während des Bildersturms aus dem Münster ins Rathaus geflüchtet worden, was Sulpiz Boisserée zu der weiteren Vermutung veranlasste, die beiden Flügel hätten mit Holbeins Abendmahl zusammen ein Altarwerk gebildet[3]). H. A. Schmid hat dann in Rekonstruktionen die Wahrscheinlichkeit dieser Hypothese überzeugend dargetan[4]), wobei er das aus dem Amerbachkabinett stammende und heute in der Öffentlichen Kunstsammlung befindliche Abendmahlsgemälde (Nr. 316; Holz 114,5 × 95,7 cm; abgebildet in Paul Ganz, Hans Holbein d. J. Des Meisters Gemälde, Stuttgart 1912, S. 55) rechts und links mit drei Aposteln, oben mit dem Gewölbe der Halle ergänzte und so mit den Grössenverhältnissen der Altarflügel in Einklang brachte.

Dass Holbein, der von Anfang an seine Gönner ausschliesslich in den Kreisen der Regierenden und Gelehrten gefunden hatte[5]), und bis dahin nur einmal, 1520, nachweisbar für den Bischof gearbeitet hat[6]), seinen Abendmahlsaltar für das Münster geschaffen habe, ist auch in Rücksicht auf Auswahl und Inhalt der Darstellungen wenig wahrscheinlich. Hat aber Peter Ochs Recht und war Holbeins Tryptichon, das kein eigentlicher Altaraufsatz gewesen ist, für die Ratskapelle bestimmt, müsste damals auch ein dieser Gemälde würdiger Kapellenraum im Rathause existiert haben, was jedoch in den Gebäuden nach 1504, über deren Raumverteilung wir ziemlich genau unterrichtet sind, nicht der Fall gewesen zu sein scheint. Dagegen ist merkwürdig, dass Blainville, der 1707 in Basel war, die Passion in der *Ratsstube*

---

[1]) Peter Ochs, Geschichte der Stadt und Landschaft Basel, Bd. V, Basel 1821, S. 399: „Er (Holbein) verfertigte für die Capelle des Raths (jetzt die hintere Kanzley genannt), das vortreffliche Gemälde der Leiden Christi, so nach der Reformation den Fremden auf dem Rathause gezeigt, und zu unserer Zeit auf die Öffentliche Bibliothek gebracht wurde." (Die Identifizierung der Hinteren Kanzlei mit der Ratskapelle beruht auf einem Irrtum; die hintere Kanzlei ist 1534—1538 erbaut worden (vgl. S. 349 f.; 416 ff.).

[2]) Johann Jacob Huber, Statutarium Basilense, IX, Die Canzley, 1795, fol. 161: „nemlich eine in 8 Bildern bestehende Passion, welche ehedessen ein Altar-Blatt in der Münster-Kirche war und bey dem Bildersturm vom Untergange gerettet worden."

[3]) Ludwig Schorn, Kunstblatt, Zehnter Jahrgang 1829, Stuttgart, Tübingen, Nr. 42, S. 163; Sulpiz Boisserée in einer Besprechung von Ulrich Hegner, Hans Holbein der Jüngere: „Die Meinung, dass die Passion ursprünglich auf einem Altar in der Münsterkirche zu Basel aufgestellt gewesen und bey dem Bildersturm im Jahre 1529 gerettet worden sey, ist auch die unsrige, und wir glauben, dass das Abendmahl, an dessen beyden Enden Stücke fehlen und welches überhaupt manche Spuren gewaltsamer Unbilden an sich trägt, das Mittelstück dazu gewesen. Als solches musste es auf dem Altar befestigt seyn und konnte nicht schnell von der Stelle geschafft werden; dahingegen die Flügelbilder nur aus den Angeln gehoben und weggetragen zu werden brauchten, um sie der Zerstörung zu entziehen."

[4]) H. A. Schmid, Die Werke Hans Holbeins in Basel, Basel 1930, S. 50 und Tafeln 6 und 7.

[5]) „Die Männer, die in der Regierung sassen, haben später dann bei diesem (Hans Holbein) die Altarwerke, die er vor der Reformation noch geschaffen hat, bestellt. Alle religiösen Bilder, von denen wir noch die Stifter kennen, sind wenigstens von ihnen, nicht von geistlichen, in Auftrag gegeben worden." H. A. Schmid, a. a. O., S. 10.

[6]) Bischöfliche Hofzahlamtsrechnungen vom September 1520 über Bemalung eines Steins, vgl. P. Ganz, a. a. O., S. XIX.

gezeigt wurde[1]), dass ferner die hofwärts gelegene Ostwand unter dem Baldachin der vorderen Ratsstube (vgl. S. 399—401) in ihrer inneren Breite von 220 cm fast genau der heutigen Breite der beiden Passionsflügel (oder des beidseitig ergänzten Abendmahles) von 148,5 cm zuzüglich je der Hälfte eines Flügels (ca. 35 cm), also = 35,0 + 148,5 + 35,0 = 220,5 cm, entspricht und dass schliesslich in diese Mauer von altersher in der Mitte und in Abständen von je rund 100 cm beidseitig aussen, 1,48 m über dem Boden beginnend, in drei, je 26 cm voneinander entfernten Reihen übereinander je drei eiserne, nach oben offene, 3,5 cm hohe und breite, rechteckig gebogene Haken eingelassen sind. Nimmt man an, dass das auf die Breite der beiden Passionsflügel ergänzte Abendmahl von einem Rahmen umgeben war und, bei gleicher Rahmenbreite von etwa halber Flügelbreite = ca. 35 cm auf allen vier Seiten, mit diesem ungefähr 150 + 2 × 35 = 220 cm Höhe und rund 148 + 2 × 35 = 218 cm Breite besass, so hätte das Triptychon mit geschlossenen Flügeln die ganze Ostwand, die bis zur Unterkante der Baldachinkonsolen 306 cm hoch und 220 cm breit ist, gefüllt und könnte mit Ösen in den noch vorhandenen Haken eingehängt gewesen sein. Dabei müsste nach der Verteilung der Mauerhaken angenommen werden, dass das Gemälde mit der Unterkante seines Rahmens bis etwa 100 cm über den Fussboden herabreichte und oben vielleicht mit einem Aufsatz in den flachen Wandbogen sich einfügte. Dass die ganze Wand bis zum Anschluss an die Südmauer als einheitliche Fläche benutzt werden musste, zeigt auch der Umstand, dass das Profil des Bogens der östlichen Wandnische nicht senkrecht heruntergeführt, sondern unter der Eckkonsole rechteckig abgekröpft ist und sich in der Südwand totläuft; direkt unter dieser Verkröpfung könnte die Oberkante des Rahmens eingepasst gewesen sein. Bei geschlossenen Flügeln war in der Umrahmung nur die Passion sichtbar; wurden die Flügel geöffnet, mussten sie beidseitig zur Hälfte nach innen zurückgeklappt werden, da nicht genügend Raum für ihre ganze Breite vorhanden war und so ausserdem die unbemalten Flügelrückseiten aufeinandergelegt verdeckt wurden. Es erhoben sich dann seitlich des Abendmahls flankierend die beiden inneren Flügelhälften mit den Darstellungen der Gefangennahme und des Verhörs vor dem Hohenpriester oben, der Kreuztragung und der Kreuzigung unten, den Hauptbildern der achtteiligen Passion, die durch diese sinnvolle Anordnung der teilbaren Flügel trotz der Raumenge zusammen mit dem Mittelbild sichtbar gemacht werden konnten.

Ein möglicherweise von Anfang an an der Südwand aufgestelltes oder vorgesehenes Altärchen oder Gemälde mag als unzeitgemäss vor oder bei der Aufstellung des Holbeinschen Werkes entfernt worden sein. Als dann wenige Jahre später der Bildersturm durch Basel raste, konnten die Flügel des Trip-

---

[1]) „Die Rathsstube ist sehr niedrig und dunkel. Man zeigt uns daselbst eine Malerey von dem Leiden Christi in acht Abteilungen, alle von der Hand Holbeins." — Blainville, Reisebeschreibung durch Holland, Oberdeutschland und die Schweiz, besonders aber durch Italien. Deutsche Ausgabe, Bd. I, Lemgo 1764, S. 414 (Basel 1707).

tychons leicht aus den Angeln gehoben und gerettet werden; das Abendmahl aber, mit dem an der Mauer befestigten Rahmen starr verbunden, wurde zertrümmert, da man in der Zerstörungswut nicht daran dachte, dass die ganze Tafel durch einfaches Emporheben hätte ausgehängt werden können. Die Trümmer kamen dann in die Amerbachsche Sammlung; sie werden im grossen Inventar D vor 1586 als „Ein nachtmahl vf holtz mit olfarb H. Holbein, Ist zerhöwen vnd wider zusammen geleimbt aber vnfletig"[1]) bezeichnet.

Literatur: ULRICH HEGNER, Hans Holbein der Jüngere, Berlin 1827, S. 78–83 und S. 93–95. — FRANZ KUGLERS Handbuch der Geschichte der Malerei, II. Auflage unter Mitwirkung des Verfassers umgearbeitet und vermehrt von JACOB BURCKHARDT, II. Bd., Berlin 1847, S. 279—281 (mit Angabe der älteren Literatur). — RALPH NICHOLSON WORNUM, Some Account of the Life and Works of Hans Holbein Peinter of Augsburg, London 1867, p. 68—71 (Passion, Ablehnung). — ALFRED WOLTMANN, Holbein und seine Zeit, II. Auflage, I. Bd., Leipzig 1874, S. 166—174; II. Bd., Leipzig 1876, S. 100 (Nr. 16, Abendmahl); S. 101 (Nr. 20, Passion). — HEINRICH ALFRED SCHMID, Holbeins Madonna, Sitzungsberichte der kunstgeschichtlichen Gesellschaft in Berlin, 1896, Heft IV, S. 20 und vor allem S. 21. — GERALD S. DAVIES, Hans Holbein the Jounger, London 1903, p. 65 ff. (Passion). — PAUL GANZ, Hans Holbein d. J., Des Meisters Gemälde (Klassiker der Kunst, Bd. XX), Stuttgart 1912, S. XIX—XX, 46—55 und 235—236. — ARTHUR B. CHAMBERLAIN, Hans Holbein the Jounger. Zwei Bände, London 1913, Bd. I, p. 91 ff. (Passion); Bd. I, p. 75 ff. (Abendmahl). — HEINRICH ALFRED SCHMID, Die Werke Hans Holbeins in Basel, Öffentliche Kunstsammlung Basel, Kleine Führer, Nr. 2, Basel 1930, S. 49—53, sowie Tafeln 6 und 7.

IV. Die Denkmäler der Bauperiode von 1534—1547.

Die Bauperiode von 1534—1547, in der vor allem der *hintere Kanzleibau* 1534—1538[2]) entstand, ist durch die Verwendung von Renaissanceformen charakterisiert, die hier verhältnismässig früh und plötzlich auftauchen[3]), um bereits 1581 durch die Wiederaufnahme gotischer Formelemente an allen späteren Bauten abermals völlig verdrängt zu werden. Erhalten haben sich:

Das Portal der Hinteren Kanzlei, das zusammen mit einem dreigeteilten Staffelfenster und dem Untergeschoss des 1538 errichteten Treppenturms nach dem hinteren Höflein zu lag (Abb. 304 u. 262, 22 u. 23), ist in gleicher Anordnung, wenn auch etwas nach Westen verschoben, in Hof III in den Neubau von 1904 eingefügt worden (Abb. 267). Die im Halbkreis geschlossene, weich profilierte Pforte (2,08 m hoch und 0,95 m breit; Profil Abb. 308, S. 418) wird von zwei Pilastern auf quadratischen Sockeln flankiert, die auf ionischen KompositKapitälen mit flachem Blattwerk und beidseitig vorragenden Voluten einen breiten Architrav mit der Jahreszahl MDCCCV zwischen den Verkröpfungen tragen (Abb. 311). Bei den Pilastern ist der Wechsel der stark ausladenden

---
[1]) Paul Ganz und Emil Major, Die Entstehung des Amerbachschen Kunstkabinetts und die Amerbachschen Inventare. Öffentliche Kunstsammlung Basel, LIX. Jahresbericht, N. F. III., Basel 1907, S. 42.
[2]) Vgl. Baunachrichten, S. 349 ff.
[3]) Vgl. S. 418, Anm. 2.

Abb. 304. Ansicht der Hinteren Kanzlei aus dem Hinteren Höflein
im Rathaus zu Basel, vor dem Neubau 1898—1904. — Messbildaufnahme. — Staatsarchiv Basel.

Basisgesimse mit den versenkten Flächenfüllungen reizvoll, die, wie Reste zeigen, ursprünglich mit dunkelroten Vasen und Gehängen auf grünem Grunde bemalt waren. Die Zwickel zwischen Türbogen und Architrav sind mit kleeblattförmigem Blattwerk zwischen je zwei Delphinen gefüllt. Über dem Abschlussgesims des Gebälks wölbt sich ein bis zur Mitte der Pilaster eingezogener Halbkreisbogen, vor dessen Muschelfüllung zwei langgestreckte, kreuzförmig ausgeschnittene und an den vier Enden nach innen eingerollte Baselschilde[1]), an den Rändern tief unterarbeitet, aufgehängt sind. Auf dem Bogen lagern beidseitig eines Medaillons mit Profilkopf unter Blatthelm zwei Delphine, in flachem Relief aus dem Stein herausgehauen. Am Sockel des rechten Pilasters wie in seiner vertieften Rahmenfüllung findet sich je ein *Steinmetzzeichen* (Abb. 305, links).

Dieses reizvolle Portal, das früheste einheitliche Werk architektonischer Renaissance-Kunst in Basel[2]), zeigt im Aufbau wie im Detail so grosse Verwandtschaft mit den noch vorhandenen Schränken und der Kalendertafel in der unteren Kanzlei (Abb. 314—324), dass die Annahme Albert Burckhardts[3]), VELTIN REDNER, der Tischmacher, habe auch die Entwürfe für das Kanzleiportal geschaffen, durchaus möglich erscheint[4]).

Maßstäbliche Aufnahme: ALBERT BURCKHARDT und RUDOLF WACKERNAGEL, Das Rathaus zu Basel, Basel 1886, Tafel XVII, Aufriss.

Abb. 305. Steinmetzzeichen von 1535 und 1538.

die beiden links Kanzleiportal; die rechts am Treppenturmportal.

Portal des Treppenturms 1538
Portal auf dem Podest d. Ratstreppe
Portal der Hinteren Kanzlei 1535
Fenster der
Relieftafel des Treppenturms

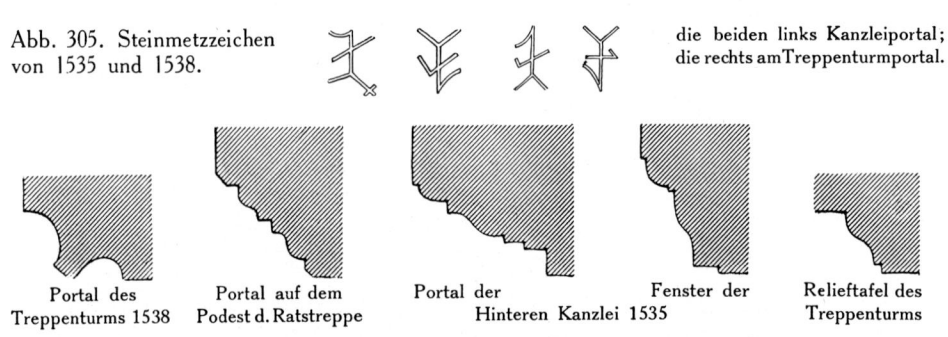

Abb. 306—310. Profile von 1535 und 1538 im Rathaus zu Basel

Das Portal des Treppenturms von 1538. Während das neben dem Portal von 1535 sich öffnende dreiteilige Kanzleifenster ähnlich der Portalumrahmung mit Welle und Viertelkreisstab profiliert ist (Abb. 309), wird der Eingang des

---

[1]) Das Vorkommen dieser Schildform schon 1535 fällt auf; doch bringt bereits Heinrich Vogtherr in seinem Kunstbüchlein, das erstmals 1538 erschien, auf der letzten Seite mit Schilden, ganz ähnliche Bildungen. (Heinrich Vogtherrs Kunstbüchlein wurde 1539 und 1540 sowie in Strassburg 1545, 1559 und 1572 neu aufgelegt; nach der letzten Ausgabe erschien in Zwickau 1913 ein Neudruck als Zwickauer Faksimiledruck Nr. 19.) — Freundlicher Hinweis von Herrn Dr. Hans Koegler.

[2]) Renaissancemotive an sonst spätgotischen Architekturteilen kommen in *Basel* erstmals 1525 vor am datierten Sturz einer Türe im Hause „Zum weissen Bären", Schlüsselberg 5 (Abbg. Bürgerhaus Basel-Stadt, I. Teil, Basel 1926, Tafel 74, Abb. 1 und 2). Das früheste Auftreten von plastischen Renaissanceformen an Bauwerken in der *Schweiz* ist mit 1517 zu datieren, in welchem Jahre Augustin Henckel, der aus Schwaben (Memmingen) stammende, von Konstanz nach Schaffhausen zugewanderte Bildhauer, die acht köstlichen Pfeilerkonsolen im äussersten südlichen Seitenschiff von St. Johann zu Schaffhausen schuf (Hans Rott, Schaffhauser Maler, Bildhauer und Glasmaler des 15. und der ersten Hälfte des 16. Jahrhunderts. Oberrheinische Kunst, Vierteljahresberichte der oberrheinischen Museen, I. Jahrg. 1925/1926. Freiburg. S. 198—216; S. 203—205). In *Luzern* sind die beiden Türen im Göldli-Hause von 1524 „vom frühesten dieser Art", in *Chur* die ehemalige Türe des Dalpischen Hauses an der oberen Gasse von 1528. (Gustav Schneeli, Renaissance in der Schweiz, München 1896, Fig. 19 und Tafel XXVIII).

[3]) Albert Burckhardt und Rudolf Wackernagel, a. a. O., S. 49.

[4]) Auf die stilistische Ähnlichkeit dieses Rathausportals von 1535 mit Einzelheiten der Renaissance-Bauteile des Hotels Ebersmünster und des „Prälatenhofes" von 1541 in Schlettstadt i. E. sei hingewiesen. Vgl. Fritz Hoeber, Die Frührenaissance in Schlettstadt, Strassburg 1911, S. 10—29, mit Abbildungen.

Abb. 311. Portal der Hinteren Kanzlei im Hinteren Höflein
im Rathaus zu Basel, vor 1898. — Photographie J. Koch. — Staatsarchiv Basel.

Abb. 312. Das Wappenrelief über dem Portal der ehemaligen Kanzleitreppe in Hof III im Rathaus zu Basel. — Zustand 1932.

1538 erbauten Treppenturms (2,0 m hoch, 0,80 m breit) von spätgotischem, sich verschneidendem Kehlenprofil rechteckig umrahmt (Abb. 306, S. 418) und ist doch offenbar von der gleichen Werkstatt hergestellt worden, da die Steinmetzzeichen auf Sturz und rechtem Gewände (Abb. 305, S. 418, rechts) jenen der Renaissancepforte ähnlich sind[1]). Auch die Welle, mit der die rechteckige Umrahmung des Wappenreliefs über der Türe profiliert ist (Abb. 310), lässt gleichzeitige Entstehung vermuten. Sie umschliesst zwei aufrechtstehende Löwen in hohem Relief, die eine Tartsche mit dem Baselstab halten (Abb. 312).

---

[1]) Eines der Steinmetzzeichen findet sich zweimal am spitzbogigen Südportal der Kirche St. Chrischona oberhalb Bettingen, die 1513 vom Basler Rat gekauft und um 1516 erneuert wurde (E. A. Stückelberg, Die Wallfahrtskirche St. Chrischona, Basler Kirchen, bestehende und eingegangene Gotteshäuser in Stadt und Kanton Basel, 1. Bändchen Basel 1917, S. 50—59). Die Profilierung dieses Südportals wie die der beiden rundbogigen Beinhausarkaden der Südfront entsprechen gleichfalls jener der Treppenturmpforte im ehemaligen Hinteren Höflein des Basler Rathauses.

Abb. 313. Portal von 1539 ehemals im Höflein
des Rathauses zu Basel, jetzt umbaut als Eingang zur Grossratstreppe in der hinteren Halle.
Vor dem Umbau von 1898—1904. — Photographie J. Koch. — Staatsarchiv Basel.

Maßstäbliche Aufnahme: Aufriss und Längsschnitt in Bürgerhaus Basel-Stadt, I. Teil, Zürich 1926, Tafel 52, Abb. 4. — Perspektivische Zeichnung von Fenster und Türe in ALBERT BURCKHARDT und RUDOLF WACKERNAGEL, Geschichte und Beschreibung des Rathauses zu Basel, Basel 1886, Tafel XIX.

Das Portal von 1539, das einst aus dem Durchgang vor der Stube des Kleinen Rats in das Höflein führte (Abb. 262, 12), dient heute, bunt gefasst und von zwei Rundbogentüren flankiert, in der hinteren Halle des Hofes I als Eingang zur Treppe des Grossratssaales. Es gleicht dem Portal der Hinteren Kanzlei von 1535 in Aufbau und Profilierung; nur sind hier, entsprechend den bedeutenderen Abmessungen der Türöffnung (2,70 m Höhe auf 1,50 m Breite), die seitlichen Pilaster verdoppelt, und der Architrav ist auch in der Mitte verkröpft. Die Zwickel über dem Bogensturz der Türe füllen Engelsköpfchen und die vertieften Rechteckfelder aller Verkröpfungen des Architravs Masken. In der Lunette wird ein lebhaft umrandeter Schild mit dem Baselstab von zwei flächig gearbeiteten Löwen gehalten, von denen der eine dem Beschauer die Zunge entgegenstreckt (Abb. 313, S. 421). Auf dem Bogen darüber kauern langgestreckt zwei Greifen, die in Haltung und Silhouette auffallend der Bekrönung auf den Blättern der Folge der ,,Hauptsünden" von HANS BURGKMAIR (1473—1530) gleichen, von denen sich Blatt 2 ,,Die Geitigkeit" (der Geiz), um 1510 entstanden[1]), im Basler Kupferstichkabinett befindet (291 × 187 mm). BURGKMAIR hat allerdings drachenartige Fabeltiere mit Widderköpfen und langen, in Menschenhäuptern endigenden Schweifen auf den Giebelhalbkreis gelegt, aber Idee und Anordnung der Bekrönung des Basler Rathausportals von 1539 scheinen doch von ihm angeregt zu sein.

Maßstäbliche Aufnahmen: Aufriss: ALBERT BURCKHARDT und RUDOLF WACKERNAGEL, Geschichte und Beschreibung des Rathauses zu Basel, Basel 1886, Tafel XVIII. — Aufriss, Querschnitt und Längsschnitt, Bürgerhaus Basel-Stadt, I. Teil, Zürich 1926, Tafel 53, Abb. 1—3.

Das vordere Portal des Durchgangs vor der Stube des Kleinen Rats auf dem Podest der Ratstreppe (Abb. 282, S. 391) stammt offenbar auch aus den Jahren 1535/38. Es ist im Spitzbogen geschlossen, trägt im Scheitel einen aufgelegten, spitz endigenden Schild mit aufgemaltem Baselstab und ist in der Leibungsschräge mit zwei flachen Wellen profiliert (Abb. 307, S. 418).

Die Ausstattung der Hinteren Kanzlei. Das erste Obergeschoss der 1535—1538 erbauten[2]) Hinteren Kanzlei, ein länglicher Raum, war von zwei gleichgrossen querrechteckigen und rippenlosen Kreuzgewölben überspannt, die durch einen kassettierten, mit Rosetten gezierten Quergurt, ähnlich dem des ehemaligen Durchgangs vom mittleren zum Hinteren Höflein (vgl. S. 437, Abb. 329, S. 439), von einander getrennt waren. Er erhielt sein Licht von den beiden Schmalseiten, durch ein sechs-, später fünfteiliges Fenster in der Westwand und gegenüber durch das dreiteilige Fenster nach dem Hinteren Höflein neben dem Portal

---

[1]) Abgebildet in Max Geisberg, Der deutsche Einblatt-Holzschnitt in der ersten Hälfte des 16. Jahrhunderts, München, o. J., Bd. VII. — Bartsch VII, 217 56; Dodgson Catalogue II, 83, 34.

[2]) Vgl. die Baunachrichten S. 349, 350.

DIE BAUPERIODE VON 1534—1547 423

Abb. 314. Das untere Gewölbe der ehemaligen Hinteren Kanzlei im Rathaus zu Basel.
Blick auf die Südwand gegen Westen vor dem Rathausumbau von 1898—1904.
Messbildaufnahme. — Staatsarchiv Basel.

von 1535 (vgl. Abb. 304, S. 417). An den beiden Längswänden waren entsprechend der Gewölbeteilung je zwei Gruppen von *Schränken* eingebaut, von denen die beiden westlichen die ganze Gewölbebreite füllten, die beiden östlichen in Rücksicht auf die hier rückwärts nach der Ratsstube führende Türe und den in der Nordostecke stehenden Ofen nur etwa zwei Drittel der Wandfläche einnahmen (vgl. Abb. 314 und Abb. 262, S. 351, Grundriss 24, in dem die Wandschränke eingezeichnet sind). Von diesem Raum und seiner Ausstattung haben sich im heutigen „Bureau des Grossen Rats" die *Umfassungsmauern und das Gewölbe* des westlichen Teiles mit dem *nordwestlichen Schrankeinbau* und das westlich versetzte, heute in den Vorsaal des Grossratssaales führende *Portal* erhalten, das einst die Stube des Kleinen Rats mit der Hinteren Kanzlei verband; ausserdem auf dem jetzigen westlichen Emporeneinbau beim Ausgang nach dem Treppenhaus, an der alten Stelle in der einstigen Fensterleibung, die *Kalendertafel*. Die beiden *Wandschränke der Südseite* sind heute im darüber gelegenen Zimmer 10 des II. Stocks aufgestellt, der östliche an der Nordwand, der westliche gegenüber an der Südmauer. Vom vierten Schrankeinbau, jenem der Osthälfte der Nordmauer, ist nur noch das mit Reliefschnitzerei gefüllte *Bogenfeld* erhalten, ausserdem ein *Kapitell* in Lindenholz, beide im Historischen Museum Basel (Inv. Nr. 1921. 275; Höhe 0,50 m, Länge 1,00 m; Inv. Nr. 1921. 278, Höhe 16 cm).

Das Hausteinportal nach der Hinteren Kanzlei gleicht in Aufbau und Profilierung durchaus den Aussenportalen von 1535 und 1538 (Abb. 315). Die gerade abgeschlossene Türöffnung (Höhe 1,95 m, Breite 0,94 m) ist einfach umrahmt von Viertelstab und weicher Welle und seitlich flankiert von Pilastern, in deren vertieften Feldern in flachem Relief aus Vasen Akanthusstiele mit Blättern, Knospen und Früchten emporsteigen. Das Gebälk, dessen Fries mit senkrechten, den Triglyphen entlehnten Furchen geziert ist, trägt über kräftig ausladendem Gesims eine nicht ganz halbkreisförmige Lunette in der Breite des inneren Pilasterabstands. In ihr halten, im Relief herausgearbeitet, zwei stehende, sich schnäbelnde Basilisken mit je einem Fuss und dem Schlangenkopf ihrer Schwänze ein etwas unbeholfen geformtes Schild mit dem Baselstab. Die ganze Architektur, durch ihre betonte Einfachheit klar und vornehm, ist heute stark farbig gefasst, wie Architekt E. Vischer s. Zt. berichtete, in der „ursprünglichen Farbenstimmung"[1]). Sie ist ein Werk des Tischmachers VELTIN REDNER[2]), umrahmte einst in der Stube des Kleinen Rats den Eingang zur Kanzlei, kam im Jahre 1876 bei der Einrichtung des Staatskassaraumes wohl hinter einer Wandverkleidung der Bauperiode 1824—1827 (vgl. S. 466) zum Vorschein und ist damals „an der Hinterwand des Archivbureaus eingefügt worden"[3]).

Die *Holztüre* dieser Portalumrahmung (heute 1,92 m hoch und 0,96 m breit) aus Eichenholz und Felderfournierung aus ungarischer Esche sowie mit kunstvollem schmiedeisernem Beschläg in Form eines Drachen ist einseitig erhalten und schliesst heute im Gebäude des Staatsarchiv den Zugang zu den Sälen der Bilder- und Siegelsammlung. Sie ist im Kapitel Staatsarchiv beschrieben (auch auf Abb. 325, S. 434 sichtbar). Da Holzwerk und Profilierung mit dem der Kanzleischränke übereinstimmen, ist der erhaltene Teil wahrscheinlich die einst nach der Kanzlei schauende Rückseite der Türe, während die der Ratsstube zugekehrte Vorderseite verloren ging.

---

[1]) E. Vischer, Rathaus in Basel 1904, S. 25.

[2]) Staatsarchiv Basel, Finanz G 15, Wochen-Ausgabenbuch 1536, Mai 6.: „item 30 ℔ geben meister Feltti Redner dem tyschmacher von dem tyrgestel mit sampt der tyren, so in der rottstuben stott als man in die kanzlyg gott, zu machen." — Ausserdem: Staatsarchiv Basel, Bau C C 1, Rathaus, Denkbüchlein.

[3]) Albert Burckhardt und Rudolf Wackernagel, Geschichte und Beschreibung des Rathauses zu Basel, Basel 1886, S. 59, Anm. 90.

Abb. 315. Das Steinportal aus dem unteren Gewölbe der Hinteren Kanzlei
jetzt im Bureau des Grossen Rats im Rathaus zu Basel; Zustand 1932.

Abb. 316. Wandgetäfer aus dem unteren Gewölbe der Hinteren Kanzlei im Rathaus zu Basel; Südostteil, 1932.

Auch die **Kanzleischränke** aus Eichenholz mit Füllungen in ungarischer Esche sind Arbeiten des Meisters VELTIN REDNER, für die er zusammen mit der übrigen Raumausstattung 590 ₰ erhielt[1]). Sie waren senkrecht durch Pilaster mit Korbkapitellen aufgeteilt, waagrecht in Höhe des Gewölbeanfangs durch ein Gurtgesims begrenzt, über dem jeweils ein weiterer Schrankteil, in gleicher Weise gegliedert und durch die Holzverschalung der aufsteigenden Gewölbekappen unterbrochen, aufgebaut ist. Er wird von einem ursprünglich gleichfalls mit Schubladen gefüllten Fries und dem Kranz-

---

[1]) Staatsarchiv Basel, Bau CC 1, Rathaus, Denkbüchlein: „item 590 ₰ geben Feltti Redner dem tyschmacher von dem tefell und schubladenn gattern trögen tyschen zu machen in der canczlyg." Derselbe Ausgabenposten findet sich auch in der Fronfastenrechnung 1538/39 II, Staatsarchiv Basel, Finanz H.

Abb. 317. Wandgetäfer und Wandschränke aus dem unteren Gewölbe der Hinteren Kanzlei
im Rathaus zu Basel; Südwestteil, 1932.

gesims etwa in halber Höhe des Wandbogenfeldes abgeschlossen. Der Raum darüber bis zum Scheitel des Spitzbogens ist mit reichem Schnitzwerk gefüllt. Über dem Gurtgesims enthalten alle Schränke in Reihen zahlreiche Schubladen; darunter waren nur die Schränke der westlichen Raumhälfte, in ihrem westlichen Teil gleichfalls mit Schubladen aufgeteilt, während ihre anderen, wenig schmäleren Teile ebenso wie die östlichen Schränke unten Nischen besassen, deren durch Wandpilaster gegliedertes und mit Füllungen belebtes Wandtäfer oben in halben, gefelderten und von schlanken Säulchen gestützten Tonnen zu den Vorderwänden der oberen Schränke auskragten. Auf diese Weise war das verhältnismässig schmale Gelass durch die Schrankeinbauten nicht allzu beengt, war Platz für Mobiliar und Verkehr geschaffen und vor allem bei der Türe von der Ratsstube und beim Ofen freier Raum gewonnen (vgl. die Abb. 262, 24 auf S. 351 und Abb. 316, S. 426).

Die *Flachreliefs* in den Schildbogen zwischen den Gewölbeansätzen und dem Kranzgesims zeigen unter Annahme ihres ehemaligen Standorts in der westlichen Raumhälfte einerseits zwei Genien, die trompetenblasend zwischen Ranken, Delphinen und Masken einen Schild mit dem Baselstab flankieren (Abb. 317 u. 321), andererseits eine männliche und eine weibliche Halbfigur, die aus reichverschlungenem Blattwerk herauswachsen und ein kreisrundes Medaillon mit dem als Pendant zum gegenüberstehenden Wappenbilde nach rechts schauenden Baselstab halten (Abb. 318 u. 320). In den Bogenfeldern der einst östlich eingebauten Schränke, die nicht die ganze Breite einnehmen, umspielen auf der Südseite Delphine, zum Teil mit menschlichen Masken, eine Vase (Abb. 322, S. 431), während das Feld des nördlichen Schrankes durch den in Blättern sich auflösenden Oberkörper eines behelmten Mannes und ein phantastisches Tiergebilde gefüllt ist (Abb. 323, S. 432).

Diese Eichenholzschnitzereien sind von so verschiedenem künstlerischem Wert, dass mehrere Hände angenommen werden müssen. Vor allem die beiden Halbfiguren seitlich des runden Medaillons fallen auf; ihre Körpermodellierung und Gesichtsbildung, der Schwung in Körper- und Kopfhaltung, aber auch das fleischige Pflanzenornament gehen vielleicht direkt auf Zeichnungen HANS HOLBEIN D. J. zurück[1]).

Bei der Suche nach weiteren Zusammenhängen der Schnitzereien mit damals vorhandenen Vorlageblättern machte Herr Dr. H. Koegler auf DANIEL HOPFER[2]) aufmerksam, und eine Durchsicht seines Werkes ergab, dass sich in den alten Beständen des Kupferstichkabinetts Basel ein Blatt von ihm befindet (M 26, Blatt 9, Nr. 20), „Altaraufsatz in Groteskarchitektur, in der Mittelnische Verlobung der h. Katharina"[3]) (Abb. 319, S. 430), das offenbar nicht nur als Vorlage für die trompetenden Genien, sondern auch als Anregung für den ganzen architektonischen Aufbau der Schrankwände gedient hat. Die Ähn-

---

[1]) Herr Dr. Hans Koegler machte auf gewisse stilistische Ähnlichkeiten mit einer Leiste aufmerksam, die erstmals aus Valentin Curios Strabo (Strabonis geographia, Basileae MDXXXIII fol. 51, 123, 370, Universitätsbibliothek Basel B c II 115 c) bekannt wurde und zweifellos nach einer Zeichnung Holbeins geschnitten ist. Sie ist 32 mm hoch und 137 mm lang und in A. F. Butsch, Die Bücherornamentik der Renaissance, Leipzig 1878, auf Tafel 49 abgebildet. Vgl. auch Hans Koegler, Kleine Beiträge zum Schnittwerk Hans Holbein d. J., Monatshefte für Kunstwissenschaft, IV. Jahrg., Leipzig 1911, S. 401/02.

[2]) Ed. Eyssen, Daniel Hopfer von Kaufbeuren, Meister zu Augsburg, 1493–1536. Diss. Heidelberg 1904. — Ausserdem: Alfred Lichtwark, Der Ornamentstich der deutschen Frührenaissance, Berlin 1888, S. 155–157. A. Haupt, Jahrbuch der preussischen Kunstsammlungen, XXVI, 1905, S. 148 ff. Thieme-Becker, Allgemeines Lexikon der bildenden Künstler, Bd. XVII, Leipzig 1924, S. 373 ff. (Th. Muchall-Viebrook).

[3]) 225 × 157 mm; Platte Berlin Kupferstichkabinett. — Ed. Eysen a. a. O. S. 57, Nr. 47; Adam Bartsch, Le Peintre graveur, vol. VIII, Vienne 1808, p. 484, N° 44; Funk 100 (Opera Hopferiana, herausgegeben von David Funck zu Nürnberg, XVII. Jahrh.); ausserdem C. W. Silberberg, Opera Hopferiana Frankfurt a. M. 1810, Stich 13. Vgl. Albert Brinckmann, Die praktische Bedeutung der Ornamentstiche für die deutsche Frührenaissance. Studien zur deutschen Kunstgeschichte, Heft 90. Strassburg 1907, S. 35/36 und Haupt, a. a. O., Abb. 24, 25. — Der Stich ist abhängig von einer nach Haupt (a. a. O. Abb. 24, 25) Peter Flettner (Flötner) zugeschriebenen Handzeichnung, die sich gleichfalls im Kupferstichkabinett Basel (Goldschmiederiss U 13. 100) befindet.

Abb. 318. Wandgetäfer und Wandschränke aus dem unteren Gewölbe der Hinteren Kanzlei
im Rathaus zu Basel; Nordwestteil. — Zustand 1932.

lichkeit in der Körperbildung und Haltung der beiden gegürteten Putten ist
überzeugend, aber auch die formale Übereinstimmung der Kranzgesimse auf
dem Stich und an den Schränken, der Pilaster mit vertieften Feldern wie
der Säulchen mit Kannelüren am unteren Teil ist gross.

Das Werk der Hopfer hat aber auch noch einen weiteren Zusammenhang aufgezeigt. Unter den Stichen von Daniel Hopfers zweitem Sohn

Abb. 319. Altaraufsatz in Groteskarchitektur. — Kupferstich von Daniel Hopfer.
Kupferstichkabinett Basel.

Abb. 320. Flachrelief des nordwestlichen Schranktäfers

Abb. 321. Flachrelief des südwestlichen Schranktäfers

Abb. 322. Flachrelief des südöstlichen Schranktäfers

Flachreliefs in den Schildbögen des Wandgetäfers aus dem unteren Gewölbe der Hinteren Kanzlei
im Rathaus zu Basel. — Zustand 1932.

432   DAS RATHAUS ZU BASEL

Hieronymus Hopfer[1]) fand sich ein um 1525 entstandenes Blatt, dessen Mittelstück, zwei auf Delphinen reitende, einen Rundschild haltende Sirenen[2]), auffallend an das Relief mit den ein Medaillon haltenden Halbfiguren erinnert (Abb. 318 S. 429 und Abb. 320, S. 431) und als Vorlage für dessen erste Anlage gedient haben könnte. Aber als der Schnitzer das runde Medaillon ausgeführt, die Figuren zu beiden Seiten angelegt und bereits die gefiederten Bockfüsse der Sirenen geschnitzt hatte, kam ihm ein anderes, besseres Vorlageblatt zur Hand, oder er ist durch einen künstlerisch fähigeren Meister ersetzt worden. Jedenfalls wurden ohne Bedenken den hässlichen Sirenenbeinen unvermittelt die vollen, wohl proportionierten Menschenkörper aufgesetzt, die wie bei dem oben erwähnten Holbeinschnitt mit energischer Hand in das auslaufende Blatt- und Rankenwerk eingreifen.

Der Kalenderrahmen, eine eichene Holztafel mit Füllungen in ungarischer Esche (mit Konsolen 110 cm hoch und ohne die Gesimsausladungen 23,5 cm breit), zeigt zwischen schwach vortretenden Pilastern zwei im Halbkreis geschlossene Arkaden und über dem vielfach verkröpften Architrav in dem von Spiralen umrandeten Giebel in flachem Relief zwei liegende Delphine beidseitig eines Rundmedaillons mit einem nach links schauenden behelmten Kriegerkopf (Abb. 324). Komposition und formale Gestaltung haben viel

---

[1]) Bis 1528 in Augsburg nachweisbar, von 1531/1533 bis 1550 in Nürnberg. — Alfred Lichtwark, Der Ornamentstich der deutschen Frührenaissance, Berlin 1888, S. 157, 58. Thieme-Becker, Allgemeines Lexikon der bildenden Künstler, Bd. XVII, Leipzig 1924, S. 477/78 (Menhall-Viebrook).

[2]) 134 × 85 mm; Adam Bartsch, Le Peintre graveur, vol. VIII, Vienne 1808, p. 524, N⁰ 73, Funk, 173. Abgebildet bei Rudolf Berliner, Ornamentale Vorlageblätter des 15. bis 18. Jahrhunderts. Mappe I Gotik und Renaissance etwa 1450—1550, Leipzig 1925, Tafel 62, Abb. 2; Textband, Leipzig 1926, S. 23.

Abb. 323. Vom nordöstlichen Schranktäfer aus dem unteren Gewölbe der Hinteren Kanzlei im Rathaus zu Basel. — Ohne die moderne Bemalung. — Historisches Museum Basel.

Abb. 324. Der Kalenderrahmen aus dem unteren Gewölbe der Hinteren Kanzlei im Rathaus zu Basel. — Zustand 1932.

Ähnlichkeit mit der Lünettenbekrönung des Portals von 1535 (Abb. 311, S. 419). Obwohl an der Kalendertafel alles künstlerisch reifer und geschlossener wirkt, muss doch auf denselben Meister oder dieselbe Werkstatt, zum mindesten aber auf dieselben Vorlagen, geschlossen werden.

Abbildungen: ALBERT BURCKHARDT und RUDOLF WACKERNAGEL, Geschichte und Beschreibung des Rathauses zu Basel. Basel 1886, Tafel XVI (perspektivische Federzeichnung des südwestlichen Schrankes mit Fenster und Kalendertafel). — E. A. STÜCKELBERG, Denkmäler zur Basler Geschichte, Neue Folge, Basel 1912, Tafel 63 mit Begleittext. — Staatsarchiv Basel, Negative der Aufnahmen der preussischen Messbildanstalt, Berlin, und Negative der Aufnahmen von Phot. Koch.

Abb. 325. Der ehemalige Ehegerichtssaal im Rathaus zu Basel
mit einem Teil der Schränke aus dem „Dreiergewölbe" und der Türe aus der Hinteren Kanzlei
zur Stube des kleinen Rats, vor 1898. — Messbildaufnahme. — Staatsarchiv Basel.

Das obere Gewölbe der Hinteren Kanzlei, das mit den 1482 erbauten Archivkammern (vgl. S. 343) über dem Durchgang vom mittleren zum Hinteren Höflein verbunden war (Abb. 263, S. 351, Grundriss 10, 9, 8), wurde als Archiv eingerichtet und diente auch als Verwahrungsort für den Schatz an Geld und edlem Geschirr (geheimes Archiv, Dreiergewölbe). Von seiner Einrichtung sind sieben *Schubladenschränke* erhalten (Abb. 325), von denen heute drei, etwas verändert, im Raume des Historischen Grundbuchs des Staatsarchivgebäudes, vier unverändert im Urkundensaal daselbst aufgestellt sind; sie werden in dem betreffenden Abschnitt beschrieben und in einem Detail abgebildet. 1539 hat sie der Tischmacher JAKOB STEINER[1]), der von 1517 bis 1520 an der Herstellung des Mobiliars und der Holzdecke für den Grossratssaal beschäftigt war, um 50 ℔ angefertigt[2]).

[1]) Schweizerisches Künstlerlexikon, Bd. IV, Frauenfeld 1917, S. 415 (E. Major).
[2]) Staatsarchiv Basel, Finanz II, Fronfastenrechnung 1539/40 III: „item 50 ℔ geben Meister Jacob Steiner dem tischmacher von dem briefkasten im oberen gwelb zuzerüsten und die alten laden wider zu ernüweren." Vgl. auch Finanz N 1, 4. „Dreyeramtsschuldbuch Fol. 198; Zahlungen bis August 1541; ausserdem den Hinweis von Dr. R. Riggenbach auf Konrad Schnitt, im Abschnitt „Staatsarchiv".

DIE BAUPERIODE VON 1534—1547

Die bronzene Gedenktafel von 1537 am südlichen Pfeiler des mittleren Portals der Erdgeschosshalle nach dem Markt ist zum Gedächtnis an zwei gewaltige Hochwasser des hier überdeckten Birsigbaches angebracht worden (Abb. 326 und Tafel 30). Ihr länglicher Schild enthält folgende Inschriften:

Anno domini MDXXVIIII uff den XIII tag brachmonats ist der
Birsich unversehenlicher wassergus halben so gros worden
Das er bitz hieher unden an diese tafel geflossen ist darvon einer
Stat Bassel un der Burgerschaft gros schad entstundt.

Darnach im MDXXX Jar uff den IIII tag hewmon-
ats ward der Birsich abermollen so groß das er biß
An disen mone flos und aber von einem berg Ann
Andern gieng got behüt unß vor ubel alle zitt.

Die dünne, oben und unten eingerollte, sonst mit nach innen gerichtetem Blattwerk gezierte Umrahmung läuft beidseits in Spiralen aus und endet nach

Abb. 326. Die bronzene
Gedenktafel von 1537
an der Marktfassade
des Rathauses zu Basel.

Aufnahme von W. Bubeck 1885.
Maßstab 1:10.
Architectura Basiliensis.
Staatsarchiv Basel.

unten in langgezogene Blattknospe über einem ovalen Knauf, an dem an zwei abwärts auseinanderstrebenden Balustresäulchen eine zunehmende Mondsichel mit nach oben gerichtetem Gesichtsprofil hängt (Abb. 326, S. 435). Die Tafel (93 cm breit, 45 cm hoch mit Endigung 116 cm hoch), für die CONRAD „der Zapfengiesser" 29 ₰ erhielt[1]), ist das wohlgelungene Gusswerk eines in Renaissanceformen erfahrenen Meisters.

Geländer und Konsolen der Galerie von 1538. Vom *schmiedeeisernen Geländer* der ehemaligen Galerie zum hochgelegenen Ausgang aus dem Hinteren Höflein nach dem Martinsgässlein (Abb. 263, 11)[2]) sind an dem Balkon, der aus dem Untergeschoss des Archivs zum Gang nach der Drucksachensammlung führt, alle drei Felder wiederbenutzt worden. Sie sind mit kunstvoll geschmiedetem Astwerk gefüllt, das um je fünf Rosen in Kreisen sich windet; im mittleren Feld ist an der Stelle der mittleren Rose ein am Rande ausgeschnittenes Schild mit getriebenem Baselstab aufgelegt (Abb. 327). Auch die schmiedeeisernen Stützen zwischen den Feldern, als Streben gestaltet und mit krausem, die mittleren Abdeckungen durchdringendem Laubwerk geziert, sind alt, ebenso wie die Passionsblumen-Ranke, die, früher an der vorderen Kante heute zwischen Seitenfeld und Mauer, aus topfartiger Vase aufsteigt. Dagegen ist die Füllung der Schmalseite neu. Der „yssen gang", der wohl um 1538, zusammen mit dem steinernen Schnecken zum oberen Gewölbe des hinteren Archivs hergestellt wurde, kostete 125 ₰[3]) (Höhe eines Feldes 1,10 m, Breite 1,25 m).

Die vier *Steinkonsolen* des Balkons, von denen drei je zweimal auskragen, eine nur einmal, sind gleichfalls wiederverwendet worden. An den geschwungenen Untersichten sind sie mit Akanthus-Blattwerk, an den rechteckigen Vorderseiten mit Pfeifen oder Diamantquadern verziert.

Maßstäbliche Aufnahmen: Aufrisse der Vorder- und Seitenansicht in Bürgerhaus Kanton Basel-Stadt I. Teil, Zürich 1926, Tafel 56, Abb. 2. — Perspektivischer Aufriss in ALBERT BURCKHARDT und RUDOLF WACKERNAGEL, Geschichte und Beschreibung des Rathauses zu Basel, Basel 1886, Tafel XX.

Das schmiedeeiserne Gitter von 1547, das früher (Abb. 262, 20) das Hintere Höflein (21) mit dem Eingang zur Hinteren Kanzlei (23) und dem Treppenaufgang zum Dreiergewölbe (22) zu sichern hatte, schliesst heute den Durchgang aus der hinteren Halle nach Hof III. Das *Gitter* besteht aus einem System von diagonal gelegten und durcheinander gesteckten Vierkanteisen, die ausserdem an regelmässig verteilten Kreuzungsstellen durch Ringe gezogen sind und durch Bandeisen einmal quer und darüber einmal senkrecht geteilt werden. In der unteren höheren Hälfte ist in der Mitte eine schmale Türe angeordnet, über der unter einer aufgelegten, schräg gestellten Tartsche die Jahreszahl 1547 aus dem Eisenband herausgetrieben ist (Abb. 329, S. 439).

---

[1]) Staatsarchiv Basel, Finanz H, Fronfastenrechnung 1536/37, III: 29 ₰ geben Conraten dem zapfengiesser von der gedechtnuss beder wassergrössinen des Birsichs wie die am richthus angemacht."
[2]) Vgl. auch Bürgerhaus Basel-Stadt I. Teil, Tafel 44, Abb. 2.
[3]) Staatsarchiv Basel, Bau CC 1, Rathaus, Denkbüchlein: „item der yssen gang kostet zu schmiden und fyr yssen 125 ₰."

Abb. 327.
Das Mittelstück mit
dem Baselschild.

Abb. 328.
Eines der beiden
seitlichen Geländerteile.

Vom schmiedeisernen Geländer von 1538, einst an der Galerie im Hinteren Höflein
des Rathauses zu Basel. — Aufnahme vor der Wiederverwendung. — Privatbesitz.

Der flache, nach aussen reich profilierte *Hausteinbogen,* den das Gitter auf der Innenseite verschliesst, ist erneuert hier gleichfalls wieder eingebaut worden. Er trägt im Scheitel der kassettierten Leibung einen abwärts gerichteten, beidseitig und unten leicht eingerollten Schild mit dem Baselstab.

Maßstäbliche Aufnahmen: Aufriss, Grundriss, Querschnitt und Projektion des Steinbogens in Bürgerhaus Basel-Stadt I. Teil, Zürich 1926, Tafel 56, Abb. 1.

V. Die Denkmäler von 1580 und 1581.

Das Steinbild des Munatius Plancus im Rathaushofe zu Basel ist ein Werk des Bildhauers HANS MICHEL[1]), das er als Dankgeschenk für seine am 5. Juni 1574 „von seiner Kunst wegen" unentgeltlich erfolgte Aufnahme in das Basler Bürgerrecht[2]) dem Rate verehrte. Denn als er zu Vergeltung solcher Guttat „durch ein von ihm gemacht bildtstückhlin seines dankbaren gemuets einichen Schein" erzeigen wollte, schlugen ihm angesehene Männer, u. a. Andreas Huber, Ludwig Ringler[3]) und Hans Jakob Hoffmann[4]) vor, er möge „des römischen Obersten, so zuvor am Kornmarkt mit Farben gemolet und beynach durch die Zeit verblichen, Bildtnis in ein Stein über des Lebens Grösse bringen"[5]), und der Bildhauer unterzog sich mit freudigem Eifer dieser Aufgabe[6]).

Die Statue wurde im November 1580 am Fuss der Ratstreppe auf hohem, gleichfalls von HANS MICHEL ausgeführtem Postament derart aufgestellt, dass sie, ungefähr in der Mittelachse von Vorderhaus und Hof, dem durch den mittleren Torbogen vom Marktplatz her Eintretenden entgegenblickte. Sie war auf diesem Standort von bedeutend eindringlicherer Wirkung als auf ihrem heutigen, den sie erst anlässlich der Verlegung der Ratstreppe bei den Neubauten von 1824—1828 erhielt (vgl. S. 356). Der Rat vergütete dem Künstler die Kosten für die Arbeit am Sockel und das Aufrichten des ganzen Werkes mit 90 fl. und gab ihm als Gegengeschenk eine Verehrung von 100 ℔[7]).

Statue und Postament sind von JACOB NUSSBAUM[8]) in Gold und Farben gefasst[9]) worden, und zwar, nach einer bei den Rathausakten liegenden Skizze von 1755, der Mantel in Rot, Helm und Panzer in Stahlgrau, Kommandostab und Schuhe in Gold, Gesicht, Arme und Beine in Fleischfarbe. Der Sockel

---

[1]) Schweizer. Künstlerlexikon, Bd. II, Frauenfeld 1908, S. 406/07 (D. Burckhardt); Bd. IV, Frauenfeld 1917, S. 309 (C. Brun). — Thieme-Becker, Allgemeines Lexikon der bildenden Künstler, Bd. X, S. 386 (Knorr). Hans Michel vielleicht identisch mit dem in Strassburg im spätern 16. Jahrhundert tätigen Bildhauer HANS MICHEL EGNER. Bildhauer Hans Michel hat auch zwei reich ornamentierte, mit Statuen bekrönte Brunnensäulen für die Stadt *Delsberg* ausgeführt, und zwar 1577 die mit der Madonna, 1583 jene mit dem Standbild des Heiligen Mauritius. Während der Marienbrunnen mit den Wappen des Bischofs Jakob Christoph Blarer von Wartensee und der Stadt im wesentlichen noch erhalten ist, musste der St. Mauritiusbrunnen ersetzt werden. Seine Überreste befinden sich im Musée jurassien. Vgl. Monuments historiques du Jura Bernois. Ouvrage publié par la Société jurassienne d'Emulation, Neuchâtel 1929, p. 88—90; fig. p. 89 et 91.

[2]) Staatsarchiv Basel, Protokolle, Offnungsbuch IX, 39.

[3]) Glasmaler und Zeichner, geb. um 1535, gest. 1605. Schweizer. Künstlerlexikon, Bd. II, Frauenfeld 1908, S. 635 (D. Burckhardt).

[4]) Goldschmied in Basel, gest. 1599. Schweizer. Künstlerlexikon, Bd. II, 1908, S. 68/69 (Major).

[5]) Schreiben Michels vom 5. November 1580, Staatsarchiv Basel, Bau CC 1, Rathaus.

[6]) In dem in Anm. 5 bereits zitierten Schreiben Hans Michels heisst es: „So hab ich gedachte Bildniss zwar nit also bald, diweil ich andere arbeit zur erhaltung meiner Haushaltung habe vornehmen müssen, dieses bild auch gross und neun schuh hoch ist, auch viele Mühe genommen, die ich durch gesellen nit versehen, sondern selbst daran bei dreissig Wochen dazu verwenden müssen, aber doch zuletzt ausgemachet, und wie das Eure Streng und Ehrenfest weisheit vor Augen sehen mag, verschiener Tagen aufgesetzet."

[7]) Staatsarchiv Basel, Finanz G. 23, Wochenausgabenbuch 1580, September 3 bis November 12.

[8]) Schweizer Künstlerlexikon, Bd. II, Frauenfeld 1908, S. 482/83 (C. Brun), Bd. IV, Frauenfeld 1917.

[9]) Staatsarchiv Basel, Finanz G 23, Wochenausgabenbuch 1580, November 5.

Abb. 329. Das schmiedeiserne Gitter von 1547
in der Hinteren Halle des Rathauses zu Basel, Zustand 1932.

war in Steinfarbe bemalt, seine Verzierungen, die schildhaltenden Löwen u. a. m., waren vergoldet. Bis zum Umbau 1898—1904 bronzefarbig angestrichen, erhielten Statue und Sockel damals ihr farbiges Gewand zurück.

Der Bildhauer hat Munatius Plancus als römischen Feldherrn in theatralischer Haltung dargestellt mit Beinen und Armen in Kontrapoststellung. Er umkleidete den wohlgeformten Körper mit reichgeziertem Panzer und mit einem von den Schultern herabwallenden Mantel, gab ihm ein Szepter aus Holz in die Linke und setzte ihm den mit einem Basilisken gezierten Helm auf das vollbärtige Haupt. Die Figur ist vollplastisch gearbeitet, aber für die Frontansicht bestimmt; den Rücken deckt der Mantel mit einfachem Faltenwurf. Auf der Vorderseite der niederen Bodenplatte findet sich die Jahreszahl 1580 eingehauen (Tafel 27).

Der hohe Sockel besteht aus zwei, durch ein umlaufendes Gesims getrennten, hochrechteckigen Postamenten. Der schmälere obere Sockelteil zeigt auf der Vorderseite unter Rollwerkfeston mit einem Engelskopf das von zwei aufrechtstehenden Löwen gehaltene Stadtwappen, auf den anderen drei Seiten in hohem Relief an Bändern aufgehängte Waffen; dabei sind die

Trophäen der hinteren Seite vom Rücken gesehen. Die untere Hälfte des Sockels ist auf drei Seiten mit beschlägartigen Bandornamenten geziert, die je einen stark vortretenden Puttenkopf umziehen; auf der Vorderseite trägt er die folgende Inschrift[1]):

HON.(ORI) ET VIRTVTI
L. MVNATII L. F.(ILII) L. N.(EPOTIS) L. PRON.(EPOTIS)
PLANCI
CO(N) S.(VLIS) IMP.(ERATORIS) ITER.(UM) VII VIRI
EPVLONVM
QVI TRIVMPH.(AVIT) EX RAETIS
AEDEM SATVRNI F.(ECIT) EX
MANVB.(IIS)
AGROS DIVISIT IN ITALIA
BENEVENTI
IN GALLIA COLONIAS DED.(UXIT)
LVGDVNVM ATQ.(UE)
RAVRICVM
CIVITAS BASILIENSIS
EX BELLICOSISS.(IMA) GENTE
ALEMANNORVM
IN RAVRICORVM FINES
TRANSDVCTA
SIMVLACRVM HOC EX
SENATVS AVCT.(ORITATE)
DICANDVM STATVENDVMQ(UE)
CVRAVIT
AN.(NO) SAL.(VTIS) CHRISTIANAE
CIƆIƆXXC

Der Munatius Plancus im Rathaushofe zu Basel, den HANS MICHEL mächtig und monumental, voll Freude an äusserer Schönheit und reicher Dekoration, mit fast virtuosenhaftem Können schuf, beruht auf der Tradition des Floris-Vredemann-Kreises und ist ein Werk jenes italianisierenden deutschen Frühbarocks, in dem die Richtung des Belgiers Giovanni da Bologna, die „das Kubisch-Volle und Kontrapostisch-schwingend-Lineargebundene erstrebte",[2]) in deutscher Abwandlung siegte. Ihr Hauptvertreter in Süddeutschland war HUBERT GERHARD von Herzogenbusch[3]), der erstmals 1581 in Augsburg auftauchte. Die Köpfe seiner vier standartenhaltenden Krieger, die, vor 1597 für das Grabmal Wilhelms V. von Bayern geschaffen, dann für

---

[1]) Die Inschrift, „die grösstenteils dem Denkmal des Plancus in Gaeta entnommen ist" (Burckhardt-Wackernagel, a. a. O. S. 40) wurde von Pfarrer Gross in seiner „Basler Chronik" S. 158 wie in seinen „Urbis Basileae Epitaphia.." S. 144 unrichtig datiert und mit der von Beatus Rhenanus 1528 verfassten und am Haus zum Pfauen aufgemalt gewesenen Inschrift verwechselt. Über die daraus in den späteren Berichten entstandenen Irrtümer vgl. Burckhardt-Wackernagel, a. a. O. S. 61, Anm. 148.

[2]) A. E. Brinckmann, Barockskulptur (Handbuch der Kunstwissenschaft), Berlin 1920, S. 145.

[3]) R. A. Peltzer, Der Bildhauer Hubert Gerhard in München und Innsbruck, Kunst und Kunsthandwerk, München 1918, Heft 3 und 4.

Tafel 27

Das Standbild des Munatius Plancus
von Hans Michel, 1580
im Hofe des Rathauses zu Basel. — Photographie 1932.

Die „Justitia" des Daniel Heintz, 1581
am Wendeltreppengehäuse im Vorzimmer des Regierungsratssaales
im Rathaus zu Basel. — Photographie 1932.

das Denkmal Kaiser Ludwigs in der Frauenkirche zu München verwendet wurden[1]), zeigen Verwandtschaft mit dem Haupt des Munatius Plancus in Basel.

Die Wendeltreppe im Steingehäus in der Nordostecke des Vorzimmers vor dem heutigen Regierungsratssaal ist 1581 von DANIEL HEINTZ[2]) für 162 ₰ geschaffen worden[3]), wohl als Ersatz für eine hölzerne Wendelstiege, die seit der Erbauung des Hauses hier die Verbindung mit dem zweiten Obergeschoss, mit der Wohnung des Richthausknechtes, herstellte. Die *Treppe* windet sich mit 25 unten glatt gearbeiteten Stufen von 21 cm Höhe, 75 cm Länge und 30 cm mittlerer Breite um eine gedrehte hohle Spindel, deren drei durch Plättchen und Kehlen voneinander getrennte Dreiviertelsäulchen aus zylindrischen Sockeln aufsteigen. Das zweiseitige *Steingehäuse* von 1,95 m Seitenlänge, das konstruktiv mit der Treppe verbunden, also gleichzeitig mit ihr entstanden ist, besteht aus je zwei spitzbogigen Arkaden, deren schlanke Wandsäulchen, mit zylindrischen Basen und zierlichen Blattkapitellchen dem Rahmenprofil vorgestellt (Abb. 330), mit diesem aus geschwungenen Schrägen emporwachsen. Die Arkadenbogen durchschneiden sich an den Scheiteln und vereinigen ihre oben leicht geschwungenen Verlängerungen

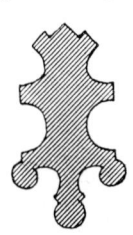

Abb. 330. Eckpfeiler des Treppengehäuses im Vorzimmer des Regierungsratssaales im Rathaus zu Basel. Querschnitt 1:10.

---

[1]) A. E. Brinkmann, Süddeutsche Bronzebildhauer des Frühbarocks, Sammelbände zur Geschichte der Kunst und des Kunstgewerbes, Bd. III, München 1923, Tafel 25 u. 43, sowie S. 6 ff., 26 f. u. 29 f.

[2]) Nach den Offnungsbüchern (Staatsarchiv Basel, Protokolle, Offnungsbücher 1—9, 1438—1610) wurde 1559, November 27., Daniel de Heenze (Henitz) „uss dem dorff Alania des thalls Sicide Meylander herrschaft der Steinmetz" als Basler Bürger aufgenommen. Er gehörte also zu jenen Prismellern (Brissmel, seit dem 13. Jahrhundert bestehende deutschsprechende Walliserkolonie im Sesiatal am Südfuss des Monte Rosa), die nach den grundlegenden Forschungen Dr. Rudolf Riggenbachs als Maurer und Steinmetzen vor allem in der zweiten Hälfte des 16. Jahrhunderts überall in der Schweiz auftauchen und allein noch die nötigen Kenntnisse im gotischen Gewölbebau besessen zu haben scheinen. 1571 erbat der Rat von Bern Daniel Heintz aus „Breismäl" zum Ausbau seines Münsters. Nachdem der Meister 1573 Mittelschiff und Turmviereck eingewölbt, 1574 den Lettner fertiggestellt und 1575 das Gewölbe des nördlichen Hauptportals geschlossen hatte, kehrte er nach Basel zurück und arbeitete dort bis 1591, mit kurzer Unterbrechung im Jahre 1588. Schon 1588 hatten ihn die Berner zum Stadtwerkmeister ernannt, aber erst 1591 siedelte er endgültig nach Bern über, wo er am 11. Februar des gleichen Jahres als Bürger aufgenommen wurde. 1592 erhielt er den Auftrag zum Ausbau des Berner Münsterturms, starb aber während diesen Arbeiten im Sommer 1596. Freundliche Mitteilungen von Herrn Dr. R. Riggenbach. — Die Basler Tätigkeit des Daniel Heintz ist noch völlig unaufgeklärt; ausser dem Rathausschnecken von 1581 lässt sich bis jetzt nur noch ein Altarstein im Münster (1580) nachweisen, der in einem Aquarell von Neustück erhalten ist, und ein Brunnen beim alten Spital. (1585; A. Burckhardt und R. Wackernagel, Geschichte und Beschreibung des Rathauses zu Basel, Basel 1886, S. 18.)

Literatur: A. Zesiger, Daniel Heintz, der Münsterbaumeister und Bildhauer, Blätter für bernische Geschichte, Kunst und Altertumskunde XV, Bern 1919, S. 31—37. R. Steck, Daniel Heinz und der Münsterturm, ebenda S. 185—190. Hans Morgenthaler, Nachträge zu Daniel Heinz, ebenda S. 190 bis 194. A. Zesiger, Die Münsterbaumeister, Blätter für bernische Geschichte und Altertumskunde, XVII, Bern 1921, S. 27—29. — Der Wortlaut zweier wegen einer neuerlichen Berufung des Daniel Heintz von Schultheiss und Rat der Stadt Bern nach Basel gerichteten Briefe vom 15. Januar und 24. November 1588 sowie der Entwurf eines Schreibens des Basler Rates nach Bern (20. November 1588, Staatsarchiv Basel, Missiven, A 20), finden sich abgedruckt in Paul Kölner, Geschichte der Spinnwetternzunft zu Basel und ihrer Handwerke, Basel 1931, S. 141—143.

[3]) Staatsarchiv Basel, Finanz H, Fronfastenrechnungen 1581/82, II: 162 ₰ geben meister Daniel dem steinmetzen von dem schneckhen by der vorderen rahtsstuben; vgl. auch S. 352, Anm. 7.

in der Mitte der Seiten, an der vorderen Ecke und an den Wandanschlüssen zu langgestreckten Kreuzblumen, die bis zur Decke ragen. Die Arkadenöffnungen, 72 cm breit, sind bis auf die westliche der Nordseite, die als Treppeneingang dient, geschlossen, in ihren Bogenfeldern mit aufgelegtem Masswerk gefüllt und auf den äusseren Schrägen ihrer Bogenlinien mit Kriechblättern besetzt. Zwischen diesen Bogen und Krabben steht an der Südwestecke auf einer, den Kämpfer der Arkadenbogen überragenden Wandsäule mit Blattkapitell das 82,5 cm hohe Steinfigürchen einer „Justitia". Das ganze kleine Bauwerk, das s. Z. von HANS JACOB NUSSBAUM bemalt worden war[1]), ist heute stark farbig gefasst (Abb. 331).

Dies reizvolle architektonische Zierstück, ein eigentümliches Gemisch später Gotik und reifer Renaissance zugleich von gesuchter Eleganz und konventioneller Schwere, ist in seiner barocken Auflösung der strengen Linie, in seiner Profilierung mit kantigen Stäben und nicht unterschnittenen Kehlen wie in der kapriziösen Durchdringung aller Glieder durchaus original, wirkt aber gleichwohl, namentlich beim Vergleich mit dem Ratstubenportal daneben, in seinen Fialen, Kreuzblumen und Krabben wie eine nicht ganz glückliche Kopie. Dieser Eindruck wird noch verstärkt durch den Gegensatz zwischen der trockenen Architektur und der einschmeichelnden Zierlichkeit des Justitia-Figürchens, mit dem sich DANIEL HEINTZ zweifellos als der begabteste Bildhauer dieser Zeit in Basel ausgewiesen hat. Mit vorgesetztem linkem Bein, das bis über das Knie entblösst ist, steht die Figur in gesammelter Ruhe da, bekleidet mit einem enganliegenden dünnen Gewande, das alle Formen des graziös geschwungenen Körpers verrät und unter dem vorgewölbten Leib kunstvoll verknotet ist. Sie hält mit den herabhängenden Armen Waage und Schwert und neigt das modisch frisierte, diadembekrönte Haupt mit geschlossenen Augen leicht nach links unten.

DANIEL HEINTZ, der Bildhauer dieses Werkes, kommt offenbar wie HANS MICHEL aus der Umgebung des GIOVANNI DA BOLOGNA. Aber während der nur ein Jahr früher entstandene Munatius Plancus diese Richtung in deutscher (süddeutscher) Abwandlung zeigt, steht Daniel Heintz in unmittelbarerem Verhältnis zu dem damals überall siegreichen Meister. Wie er ganz in dessen Sinne durch Verteilung und flüssige Linienführung der Massen die ornamental dekorative Wirkung seines Figürchens erreicht und ihre Plastik der architektonischen und räumlichen Umgebung eingefügt hat, ist meisterhaft (Abb. 332 und 333 sowie Tafel 28).

Die „Justitia" am Hauptportal des Berner Münsters, die 1575 entstand und von Heintz mit DH und seinem Steinmetzzeichen signiert wurde[2]), beweist, wie der Künstler schon damals mit den gleichen Problemen rang,

---

[1]) Staatsarchiv Basel, Finanz H, Fronfastenrechnungen 1581/82, III: „30 ℔ geben Hans Jacob Nussbaum dem moler von dem molerwerckh uf dem richthuss vor der rahtstuben ze machen".

[2]) Abgebildet bei Haendcke und Müller, Das Münster in Bern, Festschrift zur Vollendung der St. Vincenzenkirche, Bern 1898, Tafel 14.

Abb. 331. Das Wendeltreppengehäuse des Daniel Heintz von 1581
im Vorzimmer des Regierungsratssaales im Rathaus zu Basel, Zustand 1932 (vgl. Abb. 283, S. 394).

Abb. 332 und 333. Die „Justitia" des Daniel Heintz, 1581
am Wendeltreppengehäuse im Vorzimmer des Regierungsratssaales im Rathaus zu Basel.

sie in Basel aber zu vollkommenerer Lösung zwang. Das nahezu klassische Brunnenfigürchen im Hofe des Engelhofs am Nadelberg (Nr. 4) zu Basel, zweifellos gleichfalls ein Werk des Daniel Heintz und nach dem Burckhardt- schen Wappen am Brunnenstock nach 1588 entstanden[1]), versucht in Linien- führung wie Formung die gleichen Ziele zu erreichen und zeigt, zu welcher Abgeklärtheit und Reife sich dieser Bildhauer aufzuschwingen vermochte[2]).

VI. Ausstattungsstücke aus der Wende des XVI. Jahrhunderts.

Die Holz-Kasettendecke von 1590 im Zimmer 21 des Basler Rathauses stammt aus dem 1904 abgebrochenen Hause „zur Wolfsschlucht" (Gerbergasse 59) und ist beim Neubau 1904 hierher übertragen worden. Sie ist, hübsch profi- liert und in verschiedenen Holzarten ausgeführt, derart eingeteilt, dass ein übereck gestelltes Quadrat in länglichem Rechteck oben und unten von je zwei Quadraten, seitlich von je vier Rechtecken umrahmt wird. Im ver- tieften, mit Mauresken gezierten Mittelfeld findet sich seitlich einer Vierblatt- rosette die Jahreszahl 1590 eingelegt (Abb. 334, S. 447).

Das holzgeschnitzte Portal von 1595 im Regierungsratssaal. Wohl sofort nach der Erwerbung des Hauses „Windeck" 1527 war zur Verbindung der in seinem Vorderhause eingerichteten Kanzlei mit der vorderen Ratsstube die Zwischen- mauer durchbrochen worden, aber erst 1595 erhielt diese Pforte durch FRANZ PARREGOD, den welschen Bildschnitzer[3]), ihre grandiose Umrahmung[4]).

---

[1]) Bernhard Burckhardt (4. Oktober 1545—12. April 1608) siedelte 1588 nach dem „Engelhof" über, den 1608 Jakob Battier und seine Frau Gertrud, die jüngste Tochter des Bernhard Burckhardt, übernahmen. Vgl. August Burckhardt, Herkommen und Heimat der Familie Burckhardt in Basel und ihre soziale Stellung in den ersten Generationen, Basel 1925. Mit einer Abbildung des Brunnens im Engelhof. Vgl. Bürgerhaus Basel-Stadt, I. Teil, Basel 1926, S. XXIV—XXV, Tafeln 22—26.

[2]) Auch der Brunnen im vorderen Hof des „Zerkindenhofs", Nadelberg 10, stammt, wie Einzel- heiten der Brunnensäule zeigen, aus derselben Werkstatt, wenn auch das Brunnenfigürchen eine andere, schwächere Hand verrät. Abgebildet in Bürgerhaus Basel-Stadt, I. Teil, Basel 1926, Tafel 34.

[3]) Franz Pergo (Parregod) von Grossbrunn (Grandfontaine) bei Pruntrut bat nach dem Protokoll des Kleinen Rats vom 22. Oktober 1593 (S. 53, Staatsarchiv Basel, Protokolle) „unterthenig umb das Bürgerrecht. Ist zu Ehren angenommen, ist ihm dashalb von siner Kunst wegen nochgelassen übrig". Noch im gleichen Jahr ist Pergo bei Spinnwettern zünftig geworden, verheiratete sich vor 1606 mit Ameley Gutt und starb 1629 am 15. Oktober „im grossen Sterben" (Staatsarchiv Basel, Totenregister, S. 182). Über seine Tätigkeit in Basel berichtet ausführlich R. F. Burckhardt, Das Basler Büffet der Renaissance- und Barockzeit, Jahresbericht 1914 des Historischen Museums Basel, Basel 1915, S. 45—50. Ausser den „Häupterstühlen" im Münster (heute im Historischen Museum Basel, Inv. Nr. 1914. 626), die er 1597 zusammen mit den Tischmachern Hans Walter und Conrad Gyger erstellte, weist ihm R. F. Burckhardt u. a. das 1607 für Ratsherrn Johann Lukas Iselin-d'Anone verfertigte sogenannte Iselin-d'Anone-Zimmer aus dem Bärenfelser Hof (St. Martinsgasse 18), heute im Historischen Museum Basel, zu und erbringt den Nachweis, dass er 1617 den Türaufsatz für die grosse Stube des 1888 abge- brochenen Safranzunfthauses (Historisches Museum Basel, Inv. Nr. 1904. 208) schnitzte. Als Pergos Meisterstück möchte Paul Kölner einen gesäulten viertürigen Kasten ansehen, der 1593 in der Stube der Spinnwetternzunft aufgestellt wurde und sich heute gleichfalls im Historischen Museum Basel (Inv. Nr. 1882. 187) befindet; vgl. Paul Kölner, Geschichte der Spinnwetternzunft zu Basel und ihrer Handwerke, Basel 1931, S. 87, 89, 195. Ausserdem: Schweizerisches Künstlerlexikon, Bd. II, Frauenfeld 1908, S. 522 (D. Burckhardt).

[4]) Staatsarchiv Basel, Protokolle, Kleiner Rat 4, 1594, April 3.: „Ob vylichten dem jüngst ange- nomnen welschen bildschnetzler die stubenthür inzefassen bevohlen werden möchte. ist ime ze machen bevolhen, doch soll man ime das holtz im werckhoff geben." — Finanz H, Jahrrechnung 1596/97: „62 ₰ 10 β M. Frantzen dem welschen bildschnitzer von der neuwen rahtstuben thüren."

Die Türöffnung (ca. 1,98 × 1,08 m) ist von einem triumphbogenartig der Wand vorgelegten Portalbau umrahmt, dessen Architrav beidseits von je zwei auf gemeinsamem Sockel freistehenden korinthischen Säulen getragen wird. Hinter ihnen füllt je eine Frauengestalt mit Symbolen, „Hoffnung" und „Klugheit" (?), in hohem Relief die giebelbekrönten Rundbogennischen, auf deren Sockeln sich die Jahrzahl 1595 findet und über deren Giebeln Tafeln angebracht sind mit den eingelegten Inschriften:

Links:
VNDER DEN EHRENVESTEN
H * VLRICH SCHVLTHES
* NEW * BVRGER * MEISTER *
H * IACOB · OBERIET
* NEW * ZVNFT * MEISTER *
H * H * RVDOLF · HVOBER
* ALT * BVRGER * MEISTER *
H * REMIGIO . FÄSCH
* ALT * ZVNFT * MEISTER *

Rechts:
WARD DISES WERK
❖ VOLENDET GAR ❖
ALS MAN ZALT FVNF
ZEHEN HVNDERT IAR
AVCH NEVNZIG FVNFE
❀ EIGENTLICH ❀
GOT GEB SEIN SEGEN
❀ EWIGKLICH ❀

Das stark ausladende Kranzgesims ruht über den vier Kapitellen wie auch seitlich auf Konsolen, die auf den oberen Vorderseiten mit Engel- und Löwenköpfen geziert sind; dazwischen hängen Fruchtgebinde in hohem Relief, in der Mitte getragen von einem flügelschlagenden Adler, der Schlangen in den Fängen hält. Den geschweiften Giebel mit Konsolen und Akanthusranken in den Feldern unterbricht ein Aufbau, in dessen halbrund geschlossenem Mittelfeld zwischen breiten Pilastern zwei aufrecht stehende Basilisken einen Baselschild halten. Auf den Pilastern wiederholt sich der Wandschmuck hinter den Säulen: abermals stehen in halbrund geschlossenen Nischen zwei rund geschnitzte weibliche Figuren mit Emblemen, die auf den darüber angeordneten Tafeln als „Justitia" und „Fortitudo" bezeichnet werden. Auf dem schweren Schlußstein des Abschlussbogens erhebt sich als Krönung des ganzen Aufbaus eine dritte Rundplastik: eine Frauengestalt, die, bis zum Gürtel nackt, ein nicht mehr deutlich erkennbares Symbol in der Rechten hält, vielleicht die Personifikation des Friedens oder der Fruchtbarkeit, die beide durch Gerechtigkeit und Tapferkeit errungen und gesichert werden. Zeichnet sich die Portalumrahmung trotz allen Reichtums an ornamentalem und figürlichem Schmuck durch Klarheit der Komposition, gute Verhältnisse wie kraftvolle und dabei elegante Gliederung aus, erscheint die Flächendekoration der eigentlichen Türe durch die Menge ineinandergeschachtelter Motive und barocker Zwischenglieder unruhig und überladen (Tafel 29).

Der Portalbau ist in Eichenholz mit figürlichem und ornamentalem Schmuck in Linden- und Ahornholz sowie Intarsien aus verschiedenen Hölzern in erstaunlich vollkommener Handwerkstechnik ausgeführt; seine Formenwelt, die R. F. Burckhardt auf einem 1534 datierten Portalentwurf

Abb. 334. Das Mittelstück einer Holzkasettendecke von 1590
aus dem Hause „zur Wolfsschlucht", heute im Zimmer 21 des dritten Stockes im Rathause zu Basel.

des französischen Architekten JACQUES ANDROUET DUCERCEAU (um 1510 bis 1585) zurückführen möchte[1]), verrät doch wohl mehr den Einfluss der *Strassburger Schule*[2]), die in der zweiten Hälfte des 16. Jahrhunderts mit WENDEL DITTERLEIN (1550—1599), dem Schreinerarchitekten, Maler und Verfasser eines berühmten Vorlagewerkes[3]) als geistiger Mittelpunkt, ein in

---

[1]) R. F. Burckhardt Das Basler Büffet der Renaissance- und Barockzeit, Jahresbericht 1914 des Historischen Museums Basel, Basel 1915, S. 49 (auch Anm. 4). Vgl. Henry de Geymüller, Des Du Cerceau, Leur vie et leur oeuvre, Paris 1887, fig. 19. Arc gravé en 1534. Collection de M. Foule.

[2]) Albert Haupt, Baukunst der Renaissance in Frankreich und Deutschland, Bd. II, Handbuch der Kunstwissenschaft, Berlin-Neubabelsberg 1923, S. 308 f.

[3]) Architekturen. Von Austeilung, Symetrie und Proportion der Fünf Seulen. Durch Wendel Ditterlein, Nürnberg 1598.

ganz Süddeutschland und bis in die Schweiz einflussreiches Kunstzentrum gewesen sein muss[1]).

Abbildungen: STAATSARCHIV BASEL, Messbildaufnahmen, Aufnahme von Phot. J. Koch. — ALBERT BURCKHARDT und RUDOLF WACKERNAGEL, Geschichte und Beschreibung des Rathauses zu Basel, Basel 1886; Tafel XIII Aufriss. — E. A. STÜCKELBERG, Denkmäler zur Basler Geschichte. Neue Folge, Basel 1912, Tafel 64.

Ein Rechen- und Zahltisch aus dem Ende des 16. Jahrhunderts, aus dem Basler Rathaus stammend, befindet sich im Historischen Museum Basel (Inv. Nr. 1892. 209). Das Blatt aus Nussbaumholz auf Gratleisten zeigt, dunkel eingelegt, drei Lineaturen mit den Zeichen M, C, X und lib, β, d, trägt unten ein angehängtes Schubfach und ruht auf vier schräggestellten, vierkantigen und profilierten Füssen, die durch Schliessen und eine Fussbank miteinander verbunden sind (Abb. 335 und 336, S. 449). Die *Masse* des Tisches sind folgende: Tischplatte: Höhe 78 cm, Länge 129,5 cm, Breite 97 cm; Tischfuss: Breite oben 71 cm, unten 105 cm.

Ein Steintisch um 1600. Im heutigen Hof III stehen an der Brüstung des Aufgangs zum Hof IV Tisch und Bank aus rotem Sandstein, deren Böcke wohl aus der Wende des 16. zum 17. Jahrhunderts stammen. Die Schragen des Tischs, im oberen Teil durch Voluten-Konsolen verbreitert, sind an Breit- und Schmalseiten mit Rosetten, Blattgehängen, Schuppen und Diamantquadern geziert (Abb. 337, S. 451).

Vier Haustein-Architekturteile des ausgehenden 16. Jahrhunderts, eine freistehende, toskanische Fenstersäule und drei Architravstücke, alle unbekannter Herkunft, stehen stark verwittert im Westgarten des Staatsarchivs.

Eine reichgeschnitzte Truhe in Eichenholz (Höhe 96 cm, Länge 165 cm, Tiefe 68 cm), ein Geschenk von Regierungsrat G. Bischoff, die heute im Turmzimmer neben dem Vorzimmer des Regierungsratssaales steht, ist am dreigeteilten Sockel auf breiten, stark eingeschnittenen und eingerollten Schilden mit 1574 datiert. Aber schon die überreiche Gliederung des oberen Teiles der Truhe mit dorischen Säulen, Nischen mit Muschelabschluss und aufrecht gestellten Konsolen, Füllungen mit Blattwerk, Engelsköpfen, Löwenmasken und zwei unbekannten Wappenschilden, lässt erkennen, dass das Möbel aus verschiedenen alten und neuen Teilen zusammengesetzt ist.

---

[1]) Der holzgeschnitzte Portalbau in der vorderen Ratsstube des Rathauses zu Basel zeigt gewisse Ähnlichkeiten mit dem nach 1614 zu datierenden Steinportal der Kapelle des Schlosses zu Aschaffenburg (abg. in Die Kunstdenkmäler des Königreichs Bayern, Reg.-Bezirk Unterfranken und Aschaffenburg, Bd. XIX, Tafel XXXII und Fig. 144; Edwin Redslob, Das Kirchenportal, Jena 1901, Tafel 77), ein Werk in seiner Formenwelt von reinster Strassburger Schule, das Georg Riedinger von Strassburg (geb. 1568) von 1605—1614 erbaute. Die Bildwerke dieses Portals, denen des Basler Ratsstubenportals verwandt zu sein scheinen, sind nach Schulze-Kolbitz und Bruhns von Johannes Juncker geschaffen (geb. 1582, nachweisbar bis 1623), der neben Eckbert Wolff in Bückeburg und Sebastian Götz aus Chur in Heidelberg (Nischenfiguren am Friedrichsbau) der talentvollste deutsche Bildhauer des frühen 17. Jahrhunderts war. Vgl. Schulze-Kolbitz, Das Schloss zu Aschaffenburg, Studien zur deutschen Kunstgeschichte, Bd. LXV, Strassburg 1905, Tafel XVII und S. 89 ff.; Leo Bruhns, Würzburger Bildhauer der Renaissance und des werdenden Barock 1540—1650, München 1923, S. 288—291; Albert Haupt, a. a. O., S. 345.

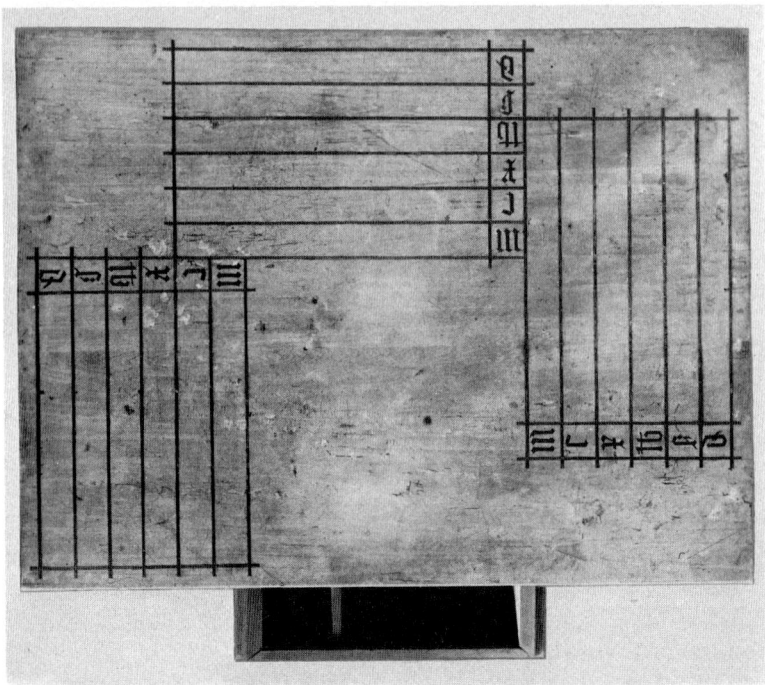

Abb. 335 und 336. Ein Rechen- und Zahltisch aus dem Rathaus zu Basel
Ende des XVI. Jahrhunderts. — Historisches Museum Basel.

VII. Die Denkmäler der Bauperiode 1606—1611.

Die Vordere Kanzlei, von 1606—1608[1]) erbaut, sollte mit ihrer *Westfront am Markt* an die bestehende Rathausfassade angeschlossen werden; Bauherren und Baumeister mussten sich daher zunächst entscheiden, ob sie im neuen Stil oder in Anlehnung an das Alte bauen wollten. Wohl unter dem bestimmenden Eindruck des alten Hauses entschloss man sich zu letzterem, übersah aber dabei, dass ein Neubau zwar durch Beibehaltung der Stockwerkhöhen und Fensterformen, durch Weiterführung der Gurtgesimse, des Konsolenfrieses und des Zinnenkranzes wie durch getreue Nachahmung aller Einzelheiten mit dem Vorhandenen zu einem einheitlichen Ganzen zusammengefügt werden könne, dessen ausgeglichene Verhältnisse aber zerstöre. Die Marktplatzfront des Rathauses, vorher ein wohlabgewogenes Kunstwerk, wurde zur willkürlich verlängerten Langfassade, in der auch für die ehemalige Mittelachsen-Betonung durch Uhrgehäuse und Dachreiter (vgl. Tafel 26) kein Gegengewicht geschaffen worden ist[2]).

Trotz aller Anlehnungen an den alten Bestand konnte gleichwohl nicht verhindert werden, dass Angliederung und Zweckbestimmung des neuen Hauses auch in seinem Äusseren bemerkbar wurden. So klafft in den Obergeschossen zwischen den alten und neuen Fensterreihen eine unverhältnismässig breite Mauerfläche, deren störende Leere selbst die Kunst des Malers nicht zu füllen vermochte. Und im Erdgeschoss, das die Wachtstube aufzunehmen bestimmt war, musste der Bogenrhythmus der Rathaushalle schroff unterbrochen werden. Zwar wiederholt sich an der nördlichen Hausecke die Pfeilerstrebe, aber die Mauerfläche war hier geschlossen und ursprünglich von einem Dreistaffelfenster, einer hochrechteckigen Türe mit Oberlicht und einer Nische für den Wachtposten durchbrochen, die später, im 18. Jahrhundert, einen Vorbau erhielt. Beim letzten Umbau (1898—1904) wurde die Türe zum Fenster verkleinert und die Nische wieder sichtbar gemacht, nachdem das barocke Wachthäuschen schon vorher entfernt worden war (vgl. Abb. 264, S. 355).

In der Ausgestaltung der *Bauglieder* lassen sich gleichfalls vielfach Änderungen und Vereinfachungen feststellen: So fehlt in der Hohlkehle des Traufgesimses das durchbrochene Rankenwerk, so sind die prismatischen Basen der Säulchen in den Fensterumrahmungen anders behandelt; ihre Kantenlinien sind geschwungen, ihre Felder teilweise mit Rosetten gefüllt. Auch die Plastik der Konsolenträger, in Einzelheiten originell, entbehrt des rhythmischen Zusammenhangs; nur die Folge der Schilde in den fünf neuen Zinnen läuft mit den Wappen von Appenzell, St. Gallen, Graubünden, Wallis und Biel ununterbrochen weiter.

---

[1]) Vgl. die Baunachrichten S. 352, 353 und S. 353, Anm. 1—6.
[2]) Vgl. auch den Aufriss in Albert Burckhardt und Rudolf Wackernagel, Geschichte und Beschreibung des Rathauses zu Basel, Basel 1886, Tafel IV.

DIE BAUPERIODE 1606—1611

Abb. 337. Der Steintisch um 1600
im heutigen Hof III des Rathauses zu Basel.

Auch die *Hoffassade*[1]) der Vorderen Kanzlei versucht sich in ihrer stilistischen Ausbildung der Hoffassade von 1504—1513 anzugleichen. Oben von einem Konsolenfries mit Rundstab und Zinnen abgeschlossen, tritt sie beim Anschluss an den alten Bauteil in der Breite der hier angeordneten Wendeltreppe etwas vor. Dieser mit einer Hausteinschräge abgedeckte Vorbau (Abb. 281, S. 387) wird vom Treppenportal mit einer Schrifttafel und drei übereinander angeordneten zweiteiligen Treppenhausfenstern durchbrochen, während die übrige Wandfläche, im Erdgeschoss modern verändert, in den beiden Obergeschossen in zwei Achsen mit je zwei Doppelfenstern aufgeteilt ist, deren Profilierung jener an den Fenstern der alten Hoffassade entspricht. Das Höflein zwischen der Vorderen und der Hinteren Kanzlei war durch eine niedere Mauer vom Rathaushof getrennt.

Das *Portal zur Wendeltreppe* (2,20 m hoch, 0,87 m breit) ist von besonderem Reiz; es wird, um fünf Stufen über das Hofniveau erhöht (Tafel 23), im Kleeblattbogen geschlossen und von sich durchschneidenden astartigen Rundstäben auf zylindrischen gerieften Basen, sowie von Kehlen und Plättchen rechteckig umrahmt (Profil, Abb. 351, S. 464).

Maßstäbliche Aufnahme: Aufriss und Längsschnitt in Bürgerhaus Basel-Stadt, I. Teil, Zürich 1926, Tafel 52, Abb. 1.

---

[1]) Vgl. die Aufrisse in Albert Burckhardt und Rudolf Wackernagel, Geschichte und Beschreibung des Rathauses zu Basel, Basel 1886, Tafel IX, und in Bürgerhaus Kanton Basel-Stadt, I. Teil, Zürich 1926, Tafel 46, Abb. 1.

Über dem Portal und in seiner ganzen Breite ist eine querrechteckige, von flachem Profil umrahmte *Platte* eingelassen, deren Inschrift in verzierter Kursivschrift lautet:

Under Herren Remigio Faeschen, New Burgermeister,
Herren Jacob Götzen, New Obristen Zunftmeistern,
Herren Jacoben Oberried, Alt Burgermeistern, Herr
Melchior Hornlocher, Alt Obriste Zunftmeistern:
Herrn Sebastian Bekh, vnd Herrn Hans Heinrich Hof-
man der Rhäten Baw- Vnd Lohnherrn, Ist dem Vatter-
land Zum beste, dise Cantzley Von grund aufferbawen
vnd vollendet worden nach Christi geburt MDCVIII.

Die Wendeltreppe der Vorderen Kanzlei. Im Inneren des Vorderen Kanzleibaus, der heute im wesentlichen modern ausgebaut ist (vgl. Abb. 268, S. 365), hat sich die alte steinerne *Wendeltreppe* erhalten. Sie steigt auf quadratischem Grundriss (innere Seitenlänge 2,65 m), um eine hohle Spindel sich drehend, mit an der Unterseite glatt gearbeiteten Stufen von 0,18 m Höhe, 1,58 m grösster Länge und 0,50 m mittlerer Auftrittiefe von Stockwerk zu Stockwerk. Das *Stufenprofil* im Hohlraum der Spindel besteht beidseitig eines mittleren Birnstabs aus Rundstäben zwischen Plättchen und Kehlen (vgl. Schnitt Abb. 338), beginnt über ornamentierten Trommelbasen, windet sich in Spiralen langsam empor und endigt an der Austrittstufe im zweiten Obergeschoss mit seinen Dreiviertelsäulchen in kantigen Kapitellchen mit sternförmigen Platten. Darüber liegt auf runder Bodenfläche (Durchmesser 0,40 m) die ausgezeichnete Steinplastik eines kauernden *Wach-Hundes* (Höhe 0,19 m), der dem Heraufsteigenden entgegen knurrt (Abb. 339).

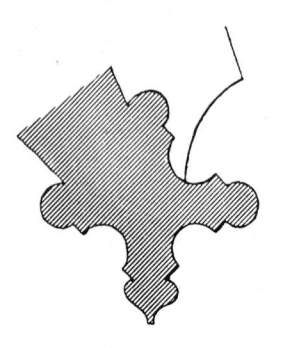

Abb. 338. Spindelprofil der Kanzlei-Wendeltreppe im Rathaus zu Basel. Maßstab 1:10.

Im Erdgeschoss öffnet sich das Treppenhaus der Eingangsseite gegenüber nach den Innenräumen mit einer Türe und einem Doppelfenster daneben, an allen Gewänden mit doppelten Kehlen und Plättchen profiliert (Abb. 354, S. 464). Im ersten Obergeschoss sind, wohl in Nachahmung des Treppengehäuses von 1581, die nördliche und halbe westliche Treppenhauswand in *Masswerkarkaden* aufgelöst (Profil, Abb. 357, S. 464). Nach der Halle ist die von sich durchkreuzenden Stäben rechteckig umrahmte Öffnung durch einen gleich profilierten Mittelpfeiler unterteilt. Beide Felder werden etwa in halber Höhe von frei eingebauten gedrückten Spitzbogen durchschnitten, deren Bogenlinien nach oben, wiederum freistehend, zu gleichen, aber abwärts gerichteten Spitzbogen sich verlängern und deren Wimpergen in schlanken, den untersten Stab des abschliessenden Querprofils berührenden Kreuzblumen

Abb. 339. Der „Rathaushund" auf der Spindelendigung
der Kanzlei-Wendeltreppe im Rathaus zu Basel.

endigen. Die Wimpergen und die oberen Schrägen der nach abwärts gerichteten Spitzbogen sind mit knolligen Krabben geziert, die unteren Spitzbogenöffnungen mit unten ausgeschnittenen Platten gefüllt, deren Masswerkrelief in Lilien endet. Die eine der beiden Öffnungen dient als Treppenzugang, die andere, die unten durch eine Brüstungsplatte mit Masswerkrelief geschlossen ist, als Fenster (Abb. 340, S. 454). Diese Fensterhälfte des Treppenumbaues wiederholt sich auf der Westseite; nur ist hier die Kreuzblume der Wimperge leicht nach vorne und abwärts gebogen, da das aufsteigende Gewölbe ihre senkrechte Entwicklung verhinderte. An der heute eingebauten, früher wohl frei in die Halle hineinragenden Ecke des Treppengehäuses trug ein Dreiviertelsäulchen auf sternförmigem Kapitell wahrscheinlich eine Plastik, ähnlich der „Justitia" von 1581 (Abb. 341, S. 455).

31 — Kunstdenkmäler, III, Basel-St. I.

Abb. 340. Die nördliche Arkade des Steingehäuses der Kanzlei-Wendeltreppe
im Vorraum vor dem Zimmer des Vorstehers des Finanzdepartements im Rathaus zu Basel.

Abb. 341. Die westliche Arkade des Steingehäuses der Kanzlei-Wendeltreppe
im Zimmer des Vorstehers des Finanzdepartements im Rathaus zu Basel.

Abb. 342. Gewölbekonsole
im Zimmer 4.
Modern bemalt, 1932.

Aus der ehemaligen Halle im ersten Obergeschoss der Vorderen Kanzlei des Rathauses zu Basel.

Abb. 343. Gewölbekonsole
im Zimmer des Vorstehers
des Finanzdepartements.
Modern bemalt, 1932.

Abb. 344—347. Gewölbekonsolen aus der ehemaligen Halle
im ersten Obergeschoss der Vorderen Kanzlei des Rathauses zu Basel. — Modern bemalt, 1932.

Alle Öffnungen waren mit *Gittern* aus durcheinandergesteckten Rundeisen geschlossen, deren hochrechteckige Felder jeweils mit vier abermals durchgesteckten Kreisen aus Rundeisen belebt sind, ähnlich wie bei dem Gitter von 1547 (Abb. 329, S. 439). Der Mittelstab der Gittertüre endigt oben in einer nach vorn und abwärts geneigten schmiedeisernen Blume.

Die Gewölbeanfänge im ersten Obergeschoss der Vorderen Kanzlei. Erdgeschoss und erstes Obergeschoss der Vorderen Kanzlei waren weite Hallen, die mit je fünf langrechteckigen, unmittelbar ineinander übergehenden, rippenlosen Kreuzgewölben überdeckt waren. Die Gewölbe sind nicht mehr vorhanden, dagegen haben sich einige der Gewölbeanfänge des ersten Obergeschosses erhalten (Abb. 262, Grundriss 28, 29, 31). Die der Südmauer befinden sich noch heute an ihren alten Stellen, zwei der Nordmauer wurden in den Raum 4 eingebaut. Es sind einfache Konsolsteine (Höhe 34 cm, Breite 39 u. 18 cm; Tiefe 27 cm), deren gekehlte Untersichten mit ziemlich derben, aber gut beobachteten Skulpturen gefüllt sind. Sie zeigen Hund und Katze, ein Löwenhaupt, die Brustbilder zweier Herren im Zeitkostüm, der eine mit einer Planrolle in der Linken, der andere mit Handschuhen, Buch und Feder in den Händen und einem Tintenfass vor sich, und schliesslich die Darstellung des wollüstigen Alten bei der Buhlerin, über dem Eingang zur vorderen Ratsstube (Abb. 342 bis 347, S. 456, 457). Offenbar stammen die heute bunt überstrichenen Bildwerke von demselben Meister, der den Rathaushund auf der Spindel der Wendeltreppe schuf.

Die Hofarkaden von 1609. Nachdem die Nordseite des Rathaushofes durch den Bau der Vorderen Kanzlei und der Abschlussmauer des Höfleins zwischen den beiden Kanzleien ihre im wesentlichen endgültige Ausgestaltung erfahren hatte, wurde auch die gegenüberliegende Südseite einer Erneuerung unterzogen und die dort die Nachbarmauer entlang ziehende, wahrscheinlich zweigeschossige Holzgalerie (vgl. S. 389) durch einen monumentalen Steinbau ersetzt. Die Rathaustreppe führte, wie verschiedentlich hervorgehoben, ursprünglich an der Hofseite des Hinterhauses empor; der Raum zwischen ihrem Podest und der Vorhalle des Hauptgebäudes wurde mit einem *Unterbau* ausgefüllt, der zur Gewinnung der nötigen Galeriebreite, an der Ecke abgerundet, etwas in die südliche Hofarkade der Rathaushalle hineinragt, aber, um diese Verengung der Arkadenbreite möglichst zu verringern, nicht parallel sondern derart schräg zur Aussenwand der Galerie gezogen wurde, dass sich das verbindende Kraggesims nach der Treppe zu in der Erdgeschossmauer allmählich totläuft (vgl. Abb. 348 und 279, S. 384). Dieser Mauerkörper enthielt eine tiefe Nische, deren Stichbogen am Rand profiliert war und auf deren Rückwand HANS BOCK sein Urteil Salomonis malte. Als dann die Steintreppe (1824—1828) an ihre heutige Stelle verlegt und mit einer Steinplattenbrüstung mit undurchbrochenem Masswerk versehen worden war, schloss man darüber die Nische mit einer Mauer und machte sie durch zwei

Abb. 348. Ansicht der Ratstreppe und der Arkaden an der Südseite des Hofes im Rathaus zu Basel
Messbildaufnahme vor 1898. — Staatsarchiv Basel.

Spitzbogenöffnungen in der Treppenwange vom Hofe aus zugänglich. Reste des profilierten Haustein-Stichbogens der Nische und der Bockschen Wandgemälde haben sich in Leerräumen erhalten, die von den Cachots der heutigen Polizeiwache aus zugänglich sind (vgl. Wandgemälde des Rathauses).

Den *Galerie-Eingang* von der Treppe zum Podest bildet ein breiter Spitzbogen, dessen östlicher Teil unmittelbar über der dort wohl schon vorhanden gewesenen Steinfigur des Stadtläufers (Abb. 282, S. 391 u. 349) konsolenartig aus der Mauer des Hinterhauses aufsteigt. Die Aussenkante des Tores ist fortlaufend und am Scheitel sich verschneidend mit Kehle, Stab und Kehle zwischen Plättchen profiliert (Abb. 353, S. 464). Die eigentliche Galerie öffnet sich zwischen schlanken Pfeilern in drei gleichen, etwas höheren spitzbogigen *Arkaden,* deren umrahmendes Profil nur aus Kehlen und Plättchen besteht (Abb. 356, S. 464) und deren Brüstungsplatten unter schattigem Gurtgesims mit Fischblasen-Masswerk in Relief gefüllt sind. Auch die *Brüstung des oberen Laufgangs* bestand aus Steinplatten mit durchbrochenen dünnrankigen Masswerkfüllungen. Über ihren ehemaligen Aufbau sind keinerlei Anhaltspunkte oder Nachrichten vorhanden. Vor dem 1904 abgeschlossenen Umbau war die Galerie wie heute seitlich offen und von einem hofwärts von Holzpfosten getragenen Dach geschützt (Abb. 348, S. 459)[1]).

Das *Gewölbe über dem Treppenpodest* ist ein reiches Netzgewölbe; seine zweimal gekehlten Rippen, in den Ecken wie an den Scheiteln der Wandbogen beginnend, bilden, sich durchschneidend, neun Quadrate, die von anderen, einmal gekehlten Rippen in S förmig geschwungenen Wellenlinien derart durchdrungen werden, dass sich ihre Scheitel jeweils im Mittelpunkt der Quadrate berühren; ihre durch die Querrippen abgetrennten Kreisbogen sind mit Masswerk gefüllt. Als Gewölbeanfänger dient in der südwestlichen Ecke die frei herausgearbeitete Steinplastik eines Basilisken ohne Deckplatte (Abb. 349), die wie die Konsole beim Anschluss der Galerie an das Vorderhaus (S. 390) aus der Zeit des Läufers stammen könnte und in diesem Falle Überrest einer älteren Deckenkonstruktion wäre.

Das *Spitzbogen-Portal des Hinterhauses* ist, wie an anderer Stelle (S. 422) gezeigt wurde, wahrscheinlich zusammen mit oder wenig nach dem mit 1539 datierten hinteren Ausgang des Ganges vor der Stube des Kleinen Rats entstanden. Darüber steht auf die Wand aufgemalt eine *Inschrift* mit der Jahreszahl CIƆDCIX, deren Wortlaut im Abschnitt „Wandmalereien" wiedergegeben wird.

Auf die Rückwand der Podesthalle gegenüber dem Ausgang der Freitreppe hatte HANS DYG 1519 „Das jüngste Gericht" gemalt, das von HANS BOCK und seinen Söhnen 1610/11 restauriert und mit seinen übrigen Wandgemälden in Einklang gebracht worden ist. Darunter standen, noch bis vor kurzem lesbar, untereinander auf den Sockel gemalt die Daten: Anno 1510(9); Ernewert 1610; RENOV. MDCCX; Erneuert 1760; RENOV. MDCCCXXV. (Vgl. den Abschnitt über die Wandmalereien des Rathauses).

Die Wand zwischen Podesthalle und Galerie ist von einem im Kielbogen geschlossenen offenen *Türchen* durchbrochen, dessen dreimal tief gekehlte

---

[1]) Vgl. Albert Burckhardt und Rudolf Wackernagel, Geschichte und Beschreibung des Rathauses zu Basel, Basel 1886, Tafel III.

Abb. 349. Blick in das Netzgewölbe über dem Podest der Ratstreppe im Rathaus zu Basel, 1932.

Umrahmung (Profil, Abb. 355, S. 464) sich im Scheitel durchdringt und, in schildförmiger Bekrönung wieder zusammengeschlossen, eine Tartsche mit dem Baselstab umrahmt (Abb. 349, S. 461). Das mittlere Plättchen des Türprofils ruht auf Sockeln, deren zylindrische Basen mit gewundenen Rillen geziert sind (Abb. 350).

Den schmalen Galeriegang überdeckt ein aus drei Feldern zusammengesetztes *„Netzgewölbe"*; seine Rippen, denen des Podestgewölbes gleich profiliert, wachsen südlich aus Wandsäulchen heraus, die den Arkadenpfeilern nach innen vorgelegt sind, das Bankgesims durchbrechen und am Boden auf zylindrischen Basen mit rechteckigen Sockeln aufruhen. Die drei runden, mit je einem Vierpass gefüllten und mit Baselschildern belegten *Gewölbeschlusssteine* liegen nicht in der Mitte des Ganges; die Gewölbemitte ist nach der Rückwand verschoben und dadurch erreicht worden, dass durch den höheren und fast geradlinigen Maueranschluss der Gewölbekappen eine höhere und durch Gewölbeanfänger nicht zerschnittene Fläche für die hier vorgesehene Wandmalerei gewonnen wurde. In der Anschlussecke der Rückwand mit dem Vorderhaus ruht die dort aufsteigende Gewölberippe auf einer Konsole auf, die, wie bereits erwähnt (S. 390), der Bauperiode von 1504—1513 angehört.

Am Ende der Galerie vermittelt ein *Spitzbogenportal* über vier Stufen den Eingang zum Vorsaal der Ratsstube im Vorderhaus. Es ist ähnlich dem Arkadenbogen des Podests mit Rundstab zwischen Kehlen und Plättchen profiliert (Abb. 352, S. 464) und infolgedessen sicher zusammen mit der Galerie ausgeführt worden; vorher war der Vorsaal, wie überliefert ist, zwischen Schnecken und Südwand in ganzer Breite nach dem Verbindungsgang offen.

Über die *Entstehungszeit dieses ganzen Baustils* herrschte bisher Unklarheit; während Rudolf Wackernagel[1]) die Datierung des Wandgemäldes von HANS DYG 1519 auch auf den Galeriebau überträgt, also annimmt, dass er „im Anschluss an die Erbauung des vorderen Hauses müsse errichtet worden sein, (auch die Bauart und Gestaltung des Ganges stimmen hiemit völlig überein)", schreibt Karl Stehlin: „Die Galerie rechts aber harmoniert mit ihren Formen so wenig mit der Bauart des Vorderhauses, dass sie unmöglich mit diesem entstanden sein kann; ihr Unterbau tritt auf plumpe Weise in die Toröffnung vor, und ihre Gesimse differieren in der Höhenlage übrigens ganz unnötiger Weise von denen des Hauptgebäudes."[2]) Irgendwelche Baunachrichten sind bisher nicht gefunden worden, wenn nicht die verschiedenen aufgemalten und datierten Inschriften, die über dem Portal des Hinterhauses von 1609, der Vermerk „Ernewert 1610" unter dem Wandgemälde des Jüngsten Gerichts und die Jahreszahl 1611 unter der Inschrift auf der Wand des Vorsaals über dem Ausgang zur Galerie (vgl. S. 396) als

---

[1]) Albert Burckhardt und Rudolf Wackernagel, Geschichte und Beschreibung des Rathauses zu Basel, Basel 1886, S. 9.
[2]) Festschrift zum 400. Jahrestage des ewigen Bundes zwischen Basel und den Eidgenossen, Basel 1901, S. 332.

Abb. 350. Blick in die Hofgalerie des Rathauses zu Basel, 1932
vom Podest nach dem Eingang in den Vorsaal des Vorderhauses.

solche anzunehmen sind. Der Bau selbst besitzt aber in seiner *Profilierung* einen viel einwandfreieren Beweis für seine Entstehungszeit.

Wie aus den Profilaufnahmen (Abb. 351—357) ersichtlich ist, entspricht das Profil des Portals zur Kanzleitreppe 1608 völlig jenen am Vorsaalportal der Galerie und am Arkadenbogen über dem Podest der Rathaustreppe. Ausser-

Abb. 351. Hofportal der Kanzleitreppe von 1608.

Abb. 352. Portal des Vorsaales in der Hofgalerie

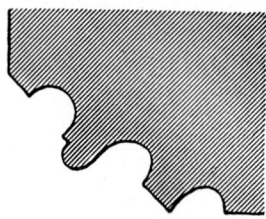

Abb. 353. Arkadenbogen über dem Podest der Ratstreppe

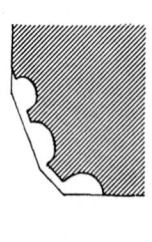

Abb. 354. Innere Türe mit Fenster der Kanzleitreppe von 1608.

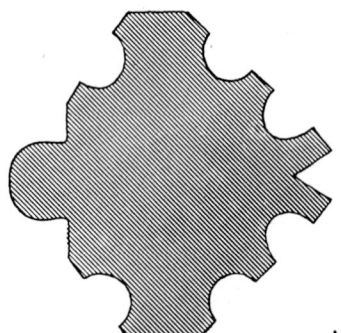

Abb. 355

Abb. 356

Abb. 355. Türe zwischen dem Podest der Ratstreppe und der Galerie mit Gewölbedienste und innerem Profil der Podestarkade.

Abb. 356. Arkadenpfeiler der Hofgalerie.

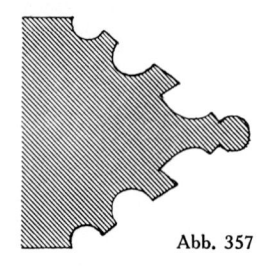

Abb. 357. Mittelpfosten der nördlichen Arkaden des Wendeltreppengehäuses in der Vorderen Kanzlei von 1608.

Abb. 357

Abb. 351—357. Profile verschiedener Bauteile der Vorderen Kanzlei von 1608 und der Hofarkaden von 1609. — Maßstab 1:10.

dem gleicht die Profilierung der Öffnungen des Gehäuses der Kanzleitreppe durchaus den Profilen der Galerie-Arkaden und des Eingangs zur Galerie vom Treppenpodest aus. Eine derartige formale Übereinstimmung macht eine gleichzeitige Bearbeitung durch dieselben Meister zur Gewissheit; die Hofgalerie des Rathauses zu Basel ist also zusammen mit der Vorderen Kanzlei 1606—1608 oder gleich darnach, jedenfalls vor 1610, dem Beginn ihrer Ausmalung durch HANS BOCK und seine Söhne (1610/11), erbaut worden.

Die schmiedeeisernen Oberlichtgitter der Marktarkaden von 1611. Nachdem HANS BOCK mit seinen Söhnen FELIX und PETER die „Historien", die Wandgemälde in der Vorhalle und im Hof des Rathauses, vollendet hatte, beschloss der Rat 1611 zu ihrem Schutz und zur Aufrechterhaltung grösserer Ordnung[1]) die drei Portale nach dem Markt mit schmiedeeisernen Gittern schliessen zu lassen[2]). Von diesen Kunstschmiedearbeiten sind die drei *oberen Bogenfüllungen*, die Meister HANS DIEBOLDER, der Schlosser, anfertigte[3]), erhalten. Sie füllen die Spitzbogen nach unten nicht ganz, sind unbeweglich eingelassen und zeigen ein Rankenwerk kunstvoll durcheinander gesteckter Rundeisenstäbe, die in Spiralen gewunden und zu kursiven Linienzügen verschlungen mit aufgesetzten, aus Eisenblech geschnittenen und einst bunt bemalten Delphinen, Greifen, Fratzen und behelmten Köpfen endigen; zuoberst, je im Scheitel des Spitzbogens, tritt eine Rosette, nach unten sich neigend, aus der Fläche heraus.

Maßstäbliche Aufnahme: Aufriss und Details in Bürgerhaus Basel-Stadt, I. Teil, Zürich 1926, Tafel 47, Abb. 1.

Die unteren schmiedeeisernen *Torflügel*, zum Öffnen eingerichtet, stammen aus neuerer Zeit. Sie sind jeweils durch vier senkrechte und vier waagrechte rosettenverzierte Schienen in 16 rechteckige Felder zerlegt, die je mit fünf, von oben nach unten durchgezogenen Vierkanteisenstäben vergittert und zwischen diesen oben mit Sförmigen Spiralen, unten mit Spitzen auf Viertelkreisbögen gefüllt sind (vgl. Tafel 30).

Durch die Bau- und Dekorationsarbeiten der Jahre 1606—1611, zu denen auch die Erneuerung der Wandgemälde an der Hoffassade des Hinterhauses durch HANS BOCK gehört[4]), hatte der Rathaushof seine im wesentlichen noch heute vorhandene Ausgestaltung erhalten. Abgeschlossen wurde diese Bauperiode und überhaupt die schöpferische Bautätigkeit am Rathaus offensichtlich durch den Abschluss der drei Hallentore am Markt. Stand einst der Rathaushof als Mittelpunkt der städtischen demokratischen Verwaltung der Allgemeinheit weit und jederzeit offen, so wurde jetzt, da das Regieren eine Angelegenheit der Herren war, der neu und kostbar ausgestattete Vorsaal der profanen Menge verschlossen.

---

[1]) Staatsarchiv Basel, Protokolle, Kleiner Rat 83, 1711; Oktober 17.: „auf Mittel bedacht zu sein, wie die Erneuerung der Gemeld des Rhathauses zu conservieren und zu verhüeten, daz selbige durch die Buben nicht verderbt werden."

[2]) Nachdem schon 1608 die Kramhäuslein aus der Halle entfernt worden waren, um an den Schmalwänden Platz für HANS BOCKS Wandgemälde zu schaffen, und auch sonst durch grössere Ordnung und Abstellung verschiedener Mißstände in Halle und Hof für grösste Schonung der „so kostbaren Gemälde" gesorgt wurde, wollte man mit den Gittertoren „allerley, Gesindlin, als Tauner, Landstreicher, welsche Maurer, Handwerksgesellen, Lieder- und andere Krämer, welche mit Ops und anderem viel Unrath verursachen und die Buben, so sich Spielens und allerley Mutwillens anmassen", fernhalten. — Nach dem am 13. September 1609 verlesenen Gutachten und dem darauf ergangenen Ratsbeschluss; vgl. R. Wackernagel, a. a. O., S. 60, Anm. 124.

[3]) Staatsarchiv Basel, Finanz G 29, Wochen-Ausgabenbuch 1611, August 17.: „389 ℔ 11 β 8 dn geben meister Hanss Diebolder dem schlosser von den 3 oberen gätteren under das rhothaus ze arbeiten."

[4]) Vgl. Abb. 348, S. 459, wo links der „Bannerträger", den Hans Bock über den Christophorus malte, noch zu erkennen ist; ausserdem den Abschnitt über die Wandmalereien des Rathauses.

VIII. Ausstattungsstücke aus dem XVII.—XIX. Jahrhundert.

Täfer und Portal von 1615/1616 im Turmzimmer. Die hintere Ratsstube, die Stube des Kleinen Rats im ersten Stock des Hintergebäudes unter dem Grossratssaal (Abb. 262, 6), erhielt 1616 ein neues, reich geschnitztes Wandgetäfer mit einem prunkvollen Portal und wurde gleichzeitig mit neuen Bankreihen ausgestattet. MATHIS GIGER[1], der Tischmacher, arbeitete meist mit zwei Gesellen vom Mai 1615 bis August 1616 an Täfer und Gestühl und erhielt dafür 580 $\tilde{u}$[2]. Bei der umfassenden Rathausrestauration von 1824 bis 1827 wurde die Vertäfelung in das neuerbaute Zimmer über der ehemaligen Stube des Alten Rates (Abb. 263, 6) versetzt. Beim Rathaus-Neubau von 1898—1904 kamen die damals noch vorhandenen Täferreste zusammen mit dem Portal in das neue Turmzimmer neben dem Vorzimmer des heutigen Regierungsratssaales, wobei sie „vollständig instandgestellt und dem Raum entsprechend ergänzt[3]) worden sind"; alt sind vor allem die Partien in der Südwestecke des heutigen Saales.

Das *eichene Wandgetäfer* wird durch Pilaster mit flachornamentierten Füllungen und toskanischen Kapitellen in Felder geteilt, die oben in Halbkreisbogen schliessen (Abb. 358). Ihre Scheitel sind mit Rosetten oder Engelsköpfchen geziert, ihre Zwickel mit Ornamenten im Metallstil gefüllt. Über den Pilasterkapitellen tragen flott modellierte, stark vortretende Masken[4]) ionische Kapitelle mit lebhaft gewundenen Voluten; auf ihnen ruht das Gebälk, das aus einem durch Perlschnüre dreigeteilten Epistyl, einem Fries mit schön geschnitzten Blattwerkranken zwischen Masken und Löwenköpfen sowie dem stark ausladenden Kranzgesims mit Zahnschnitt und Eierstab besteht. Der Sockel des Getäfers ist nicht erhalten.

Während das Wandgetäfer, als Hintergrund absichtlich ruhig gestaltet, seinen massvollen Schmuck auf Kapitelle und Fries konzentriert, zeigt die *Portalumrahmung* (Abb. 360, S. 469), in Eichenholz aufgebaut und mit Skulpturen in Linde und Ahorn geschmückt, den üppigsten Reichtum ornamentaler Dekoration. In zwei pilasterartigen Gewänden flankieren kannelierte Lisenen zwei auf Postamente gestellte weibliche Figuren in Halbrelief: „Justitia" und „Fortitudo", und tragen darüber auf je zwei Voluten-Konsolen über Masken

---

[1]) Staatsarchiv Basel, Protokolle, Offnungsbuch 8, 1556, Februar 22. wird „Mathis Gyger der Tischmacher" von Holtzeneck (bei Pfullendorf, Baden) in Basel Bürger und zu Spinnwettern zünftig. Er war wohl der Vater des Mathis Giger, der 1596 in die Spinnwetternzunft aufgenommen wurde und von dessen Bruder Conrad Giger, der 1585 in die Spinnwetternzunft eintrat. — Karl Stehlin, Baugeschichte des Basler Münsters, Basel 1895, S. 314, Anm. 2. Schweizerisches Künstlerlexikon, Bd. I, Frauenfeld 1905, S. 556 (D. Burckhardt); Bd. IV, Frauenfeld 1917, S. 173 (E. Major). Paul Kölner, Geschichte der Spinnwetternzunft zu Basel und ihrer Handwerke, Basel 1931, S. 199, Anm. 3.

[2]) Staatsarchiv Basel, Finanz G 30, Wochenausgaben und Protokolle, Kleiner Rat, 1616, Mai 18.

[3]) Die Ähnlichkeit der Pilasterköpfe mit den Kopfknäufen der Häupterstühle von 1593 lässt vermuten, dass die figürlichen Schnitzereien beider Werke von Conrad Giger stammen, der bei den Häupterstühlen genannt wird, an dem Täferwerk für das Rathaus aber unter seinem Bruder Mathis Giger könnte mitgearbeitet haben.

[4]) E. Vischer, Rathaus in Basel, 1904, S. 28.

Abb. 358. Ein Teil des eichenen Wandgetäfers von Mathis Giger von 1615/16 im heutigen Turmzimmer des Rathauses zu Basel. Erneuerter Zustand 1932.

unter ionischen Kapitellen das Gebälk (Abb. 361 u. 362, S. 470). Sein Fries ist seitlich in Gewände-Breite mit den Reliefs zweier liegender Figuren, wohl Flussgötter, in der Mitte durch eine Kartusche mit Baselstab und Fruchtgehängen, dazwischen mit Akanthusranken geziert, die Platte des auf Konsolen ruhenden Kranzgesimses mit aufgelegten beschlägartigen Ornamenten.

Die *Türe* selbst (2,15 × 1,15 m) zeigt in reichem, rechteckigem Rahmen vor perspektivisch dargestellter Rundbogennische eine Kriegerherme, die auf ionischem Kapitell eine rechteckige Kartusche trägt; darüber stellen eine Blattkonsole und weiter zwei stark ausladende Konsolen mit Masken die Verbindung mit dem Baselschild vor der Mitte des Gebälkes her (Tafel 31). Die *Rückseite* (Aussenseite) der Türe ist besonders reizvoll; sie zeigt auf rechteckig umrahmter, ruhiger Ahornfläche in kräftigem Relief ein Löwen-

Abb. 359. Von der Aussenseite der Türe des Mathis Giger von 1615/16 heute im Turmzimmer des Rathauses zu Basel. Ansicht vom Vorsaal. — Photographie 1932.

AUSSTATTUNGSSTÜCKE DES XVII.—XIX. JAHRHUNDERTS 469

Abb. 360. Türe und Türumrahmung von Mathis Giger, 1615/16
heute im Turmzimmer des Rathauses zu Basel. — Messbildaufnahme vor 1898. — Staatsarchiv Basel.

haupt mit weit aufgerissenem Maul, von dem in der Mitte Bandwerk, beidseitig elegant gezeichnete Akanthusranken, herabhängen. Die Zunge, deren länglich rechteckige Form der Füllung der Kartusche über der Herme der inneren Türe entspricht, kann umgelegt werden, wodurch sich ein Fensterchen zum Durchblick öffnet (Abb. 359).

Das prächtige Portal, an dem barocke Elemente massvoll auftreten, wirkt gross durch seinen glücklichen Aufbau, reich durch seinen meisterhaften, plastischen Schmuck, malerisch durch die virtuose, auflösende Behandlung seiner Formen. Eine Beeinflussung durch WENDEL DITTERLEIN ist offensichtlich und ein Zusammenhang mit der Strassburger Schule (vgl. S. 447, auch Anm. 2 und 3) sicher, nur dass vielleicht hier auch noch niederländische oder niederdeutsche Einflüsse spürbar geworden sind.

Abb. 361 und 362. Die beiden Seitenumrahmungen der Türe des Mathis Giger, 1615/16
heute im Turmzimmer des Rathauses zu Basel. — Messbildaufnahme vor 1898. — Staatsarchiv Basel.

Abb. 363. Der Ratstisch des Johann Christian Frisch, 1675
Historisches Museum Basel.

Abbildungen: STAATSARCHIV BASEL, Photographien — ALBERT BURCKHARDT UND RUDOLF WACKERNAGEL, Geschichte und Beschreibung des Rathauses zu Basel, Basel 1886, Tafel XXI, Aufriss. — Bürgerhaus Basel-Stadt, I. Teil, Basel 1926, Tafel 54, Abb. 1 und 2, sowie Tafel 55, Abb. 2—4, Ansicht und Schnitt des Portals; Aufriss und Schnitt des Täfers; Ansichten von drei Masken.

Von dem *Gestühl* dieses Saales, das gleichfalls von MATHIS GIGER angefertigt worden ist, hat sich in der *Eichenholzbank* im Vestibul des ersten Stockes des Staatsarchivgebäudes wahrscheinlich ein Rest erhalten. Sie ist im Abschnitt „Staatsarchiv" beschrieben und abgebildet.

Der Ratstisch von 1675 (Abb. 363). Die Ausstattung der Stube des Kleinen Rats wurde nach Albert Burckhardt (a. a. O. S. 19) 1675 durch einen kunstvollen Ausziehtisch vervollständigt, den der aus Linz gebürtige Bildschnitzer JOHANN CHRISTIAN FRISCH[1]) als Meisterstück anfertigte, um eine Basler Schreinerwitwe heiraten und deren Geschäft weiter betreiben zu können. Der Tisch, den Frisch dem Rat von Basel verehrte, worauf ihm die gezahlten 100 Gl. Bürgerrechtsgebühr zurückerstattet wurden, kam bald darauf in das

---

[1]) Staatsarchiv Basel, Protokolle, Kleiner Rat 52, 1675. 22. Mai wird Johann Christian Frisch, der Bildschnitzer von Linz aus Oberösterreich, gegen Abstattung der Gebühr Bürger und gleichzeitig zu Spinnwettern zünftig, nachdem er vor Bürgermeister und Rat den Nachweis erbracht, „dass seine eltern ehrliche und ehleuth gewesen seyen". — Schweizerisches Künsterlexikon, Bd. IV, Frauenfeld 1917, S. 163 (E. Major). Paul Kölner, Geschichte der Spinnwetternzunft zu Basel und ihrer Handwerke, Basel 1931, S. 11, 195f.

Abb. 364 und 365. Zwei Füsse des Ratstisches von Johann Christian Frisch, 1675.

Haus „zur Mücke" zu den Amerbachschen Raritäten und befindet sich heute im Historischen Museum Basel (Inv. Nr. 1894. 490)

Der Tisch aus Nussbaumholz mit geschnitzten Füssen, Flachreliefs und reichen Einlagen aus Perlmutter, Elfenbein, Ebenholz und Metall hat zwei Ausziehblätter; das Tischgestell ist 85 cm hoch und 162 cm lang, die Tischplatte 116 cm breit und 184 cm (ausgezogen 348 cm) lang. Jeden der drei Teile der Tischplatte umzieht rechteckig ein Fries mit in Silber eingelegten allegorischen Darstellungen der 12 Monate und den Wappen der dreizehn alten Orte (ohne Basel) an den dreimal vier Ecken, eingelegt in Elfenbein und Holz. Die Ausziehblätter sind in der Mitte leer; inmitten des Hauptblatts aber ist ein ovaler bandumwundener Kranz aus Perlmutter eingelassen, auf dessen Metallumrahmung die Umschrift PRAESTO EST DEVS

Abb. 366 und 367. Zwei Füsse des Ratstisches von Johann Christian Frisch, 1675.

SUPRA NATVRAM und auf dessen Rändern die Anrufungen GLORIA IN EXCELSIS DEO und CONSERVA NOS IN PACE eingraviert sind. Die Kranzmitte nimmt in der Längsaxe ein Baselschild (Ebenholz auf Perlmuttergrund) ein, auf dessen Metallrahmen BASILEA HELVETIAE FELICISSIMA RESPVBLICA und unter dem auf eingelegtem Bande PAX DEO steht. Vier weitere Schilde umgeben seitlich das Mittelstück und zeigen in Ebenholzeinlagen auf Elfenbeingrund:

1. das Wappen Krug, ein Kleeblatt auf Sparrenfuss, darunter eine Kugel; auf dem ergänzten Metallrand ist noch zu lesen: OHAN . LUD . . .
2. das Wappen Socin, ein schreitender Löwe mit schwebender Kugel zwischen den Tatzen; auf dem Metallrand steht zum Teil zerstört: EMANVEL SOCIN TRIB . PL.;

3. das Wappen Burckhardt, ein von einem S umschlungenes Kreuz, mit der Randumschrift: DOMINUS JOHANN RUDOLFUS BURCARDUS COS.;

4. dasselbe Wappen Burckhardt; auf dem teilweise zerstörten Rand ist zu lesen: DOMINUS JOHAN JACOBUS BURCARDUS.

Zwischen je zwei dieser Wappen, oben und unter dem Baselschild, sind zwei Rundscheiben aus Perlmutter eingelassen; auf der oberen ist eine Ansicht der Stadt Basel rheinaufwärts eingraviert, umgeben von der Randaufschrift NEC AURO NEC FERRO VINCI POSSUMUS, auf der unteren ein Obelisk mit der Aufschrift VERBUM DOMINI M(anet) IN A(eternum) und der Umschrift NEC APEX PERIBIT.

Durch ganz besondere Schönheit zeichnen sich die vier *Tischfüsse* aus (Abb. 364—367, S. 472 und 473), virtuose Rundplastiken von je zwei Putten, Löwen, Basilisken und Wildmännern, die Baselschilde halten und ionische Kapitele tragen. Sie werden oben durch Zargen verbunden, unten durch Fussbänke zusammengehalten, die unter den Tischfüssen auf Schildkröten aufruhen. Als Schmuck der Aufsichten dieser Fussbretter dienen jeweils in der Mitte längliche Medaillons, in denen in flachem Relief Neptun (Abb. 368), Jupiter und Vulkan sowie eine weibliche Gottheit mit Stadtkrone, Schlüssel und Szepter neben einem Löwen (Abb. 369) sich lagern.

Vier bemalte Bretter und ein bemaltes Friesstück, alle aus Tannenholz, Reste von Wandgetäfern des 17. Jahrhunderts aus Räumen des Basler Rathauses, waren ursprünglich im Staatsarchiv Basel aufbewahrt und befinden sich jetzt im Historischen Museum Basel.

Zwei dieser *Bretter* (Inv. Nr. 1921. 269 und 1921. 270) zeigen in brauner Ölmalerei, das eine (276 × 48 cm) in der Mitte ein Medaillon mit Kirche, Landhaus und Garten, darüber Rankenwerk mit Frau, darunter Ranken mit Putten, das andere (271 × 44 cm) wiederum in der Mitte ein Medaillon mit Winzern in Landschaft und oben wie unten Putten in Ranken und Fruchtgehängen, alles ziemlich verblasst.

Auf dem *Friesstück* (Inv. Nr. 1921. 271), 64 cm hoch und 196 cm lang, ist in Ölmalerei eine Säulenhalle mit dem Ausblick in einen Garten mit Springbrunnen aufgemalt; darunter steht durchlaufend der Spruch: „Ein Kauffman kan sich schwerlich hüten für Unrecht und ein Krämer für Sünden. Syr. 27." (Aus dem Brett ist rechts ein viereckiges Stück herausgesägt.)

Zwei weitere Bretter (Inv. Nr. 1921. 272 und 1921. 273) sind mit schlecht erhaltenen Ölmalereien in Grau und Schwarz bedeckt, die auf dem einen, in zwei Stücken erhaltenen Brett (176 × 55 cm) ein Medaillon über Laubwerk mit dem Spruch „Gott fürchten ist die Weisheit, die reich macht, und bringet alles gutes mit sich. Syr. I. V. 10", auf dem anderen (163 × 21 cm) Reste eines Bibelspruches über Laubwerk und Säulenstellung erkennen lässt, handwerksmässige Dekorationsmalereien.

Abb. 368 und 369. Zwei der Reliefschnitzereien auf den Fussbrettern des Ratstisches von Johann Christian Frisch 1675
Historisches Museum Basel.

Bemalte Felderdecke um 1675. Die Decke der kleinen Staatskanzlei neben Zimmer 11 im zweiten Stock stammt aus dem Hause „zum Hasen", „wo sie nebst einem fein profilierten Täferwerk in einem Raum im zweiten Stocke des Hintergebäudes unter Tapeten und dickem Ölfarbenanstrich beim Abbruch entdeckt wurde"[1]). Sie ist eine flache Bretterdecke, die durch aufgelegte Rand- und Querleisten in neun gleichgrosse Felder unterteilt und mit allegorischen Darstellungen auf blauem Grund bemalt wurde (Abb. 370). Im mittleren Felde reicht ein Herr einer Dame mit Schäferstab, beide in antikisierendem Kostüm, drei Rosen, in den übrigen acht Feldern schweben Götter und Göttinnen als Schutzpatrone zwischen plumpen Wolkenballen. Das Ganze eine virtuose aber handwerksmässige Arbeit, ist durch Übermalung stark entstellt; doch lässt sich auch heute noch erkennen, dass einzelne der Köpfe Porträtähnlichkeit anstreben. Das Haus „zum Hasen" wurde am 29. Dezember 1673 von den Erben Iselin an den Handelsmann Johann Ludwig Iselin verkauft[2]), der sich am 7. Juni 1675 mit Anna Margaretha Stupanus verheiratete[3]). Da die Iselin drei Rosen im Wappen führen und die genannten Daten auch die Entstehungszeit der Deckenmalerei bestimmen könnten, liegt die Vermutung nahe, die Figuren des Mittelbildes seien die Portraits des neuen Hausbesitzers und seiner Gattin; dann wäre die Decke bei einer zeitgemässen Ausstattung des Hauses anlässlich der Vermählung des Johann Ludwig Iselin entstanden.

Eine Boulle-Uhr Louis XV (Abb. 371, S. 478) steht auf geschwungener Konsole vor dem Westteil der Nordwand des Regierungsratssaales. Gehäuse und Konsole aus Eichenholz (48 und 35 cm hoch) sind mit Intarsien aus Messingbronze in Schiltpatt (sogenanntes „Männchen"[4])) bedeckt und von dem Bronzefigürchen eines Merkur bekrönt; auch die innere Rückseite ist mit Intarsien geziert. Das runde weisse Zifferblatt zeigt römische Stundenzahlen in blauem und arabische Minutenzahlen in schwarzem Email. Die Uhr, ein Räderwerk, hatte ein heute leider entferntes Vierviertel-Schlagwerk mit Repetition und ist durch die in Kursiv eingravierte Signatur „J. J. Zeller à Basle" als Arbeit des Gross- und Kleinuhrmachers, JOHANN JAKOB ZELLER[5]) ausgewiesen.

Ein Thermometer selon Réaumur mit gravierter Messingplatte (65 × 8,3 cm) hängt rechts des grossen Portals von Pergo im Regierungsratssaal und ist nach den verschiedenen Eingravierungen seitlich der Quecksilbersäule, die in französischer Sprache Temperaturgrenzen und ausserordentliche Temperaturen angeben, nach 1788, wohl im Anfang des 19. Jahrhunderts, hergestellt worden.

---

[1]) E. Vischer, Rathaus in Basel, 1904, S. 31.
[2]) Staatsarchiv Basel, Historisches Grundbuch.
[3]) Fried. Weiss-Frey, Heinrich Iselin von Rosenfeld und sein Geschlecht, Basel 1909, S. 113/114.
[4]) Ernst Bassermann-Jordan, Uhren, Berlin 1914, S. 46f.
[5]) 1701—1778, war Zeugwart, Zunftmeister und Obervogt; Marius Fallet-Scheurer, Geschichte der Uhrmacherkunst in Basel 1370—1874. Diss. Zürich. Bern 1917, S. 163/164.

Abb. 370. Bemalte Felderdecke um 1675
aus dem Hause „zum Hasen" heute in der kleinen Staatskanzlei
des Rathauses zu Basel. — Zustand 1932.

Abb. 371. Boulle-Uhr Louis XV von Johann Jacob Zeller
im Regierungsratssaal des Rathauses zu Basel.

Tafel 29

Das Portal von Franz Pergo, 1595, im Rathaus zu Basel
Heute im Regierungsratssaal. — Photographie J. Koch vor 1898. — Staatsarchiv Basel.

Tafel 30

Eines der schmiedeeisernen Gittertore der Marktarkade
des Rathauses zu Basel, Oberlicht von 1611.
Auf dem rechten Pfeiler die bronzene Gedenktafel von 1537. — Photographie J. Koch vor 1898.
Staatsarchiv Basel.

Tafel 31

Die Türe des Mathis Giger, 1615/1616, im Rathaus zu Basel.
Heute im Turmzimmer. — Messbildaufnahme vor 1898. — Staatsarchiv Basel.

Tafel 32

Die Standesscheibe von Zürich
in der Vorderen Ratsstube des Rathauses zu Basel.

DIE GLASGEMÄLDE
DES RATHAUSES ZU BASEL.
VON FRITZ GYSIN.

Vom Glasgemäldeschmuck des Basler Rathauses sind durch glückliche Fügung die beiden wichtigsten, in der für diese Kunstübung fruchtbarsten Zeit entstandenen Serien zum guten Teil erhalten geblieben. Zum Schmuck des eben gänzlich neu gestalteten Rathauses bestimmt, sind sie der Ausdruck eines gehobenen Standesbewusstseins und des Gefühls der Verbundenheit mit den neu gewonnenen Brüdern, den Eidgenossen.

I. Die Glasgemälde in der Stube des Kleinen Rats.
Geschichtliche Nachrichten.

Urkundliches. Über den vermutlich *ersten Glasgemäldeschmuck* der im ersten Stock des Hinterhauses gelegenen Ratsstube (vgl. S. 351, Abb. 262, 6) berichtet das Wochenausgabenbuch zum 21. Juli 1509[1]): „1 ℔ 11 β verzert der von Bern der uns ein rosen geschenckt hat in unser ratzstuben mit unser eydgenossen schilten."

Die Scheibe ist spurlos verschollen; ihr früherer Standort und späteres Schicksal sind nicht feststellbar.

Bald darauf ist von der *ersten hier zu behandelnden Serie* die Rede. Das Wochenausgabenbuch verzeichnet zum 3. März 1515[2]): „13 ℔ 15 β umb die 4 nuwen schilt in die ratstuben dem glaser". Es handelt sich also diesmal um in Basel selbst hergestellte Arbeiten. 1514/15 wird im Jahrrechnungsbuch dieselbe Zahlung nochmals verzeichnet[3]): „Item Ic II ℔ IIII β II d umb glasschyben rammen lym, vier nuw schilt und anders zu der richthuszstuben genommen."

Der ursprüngliche Standort der Glasgemälde in der Ratsstube ist durch die Urkunden gegeben und durch weiter unten behandelte Zeugnisse bestätigt. Die Beziehung auf die Ratsstube im Hinterhaus ist unmissverständlich; noch 1772 wird sie die „gewöhnliche" im Gegensatz zu der „vorderen" genannt, die in den Urkunden des 16. Jahrhunderts stets als „nuwe stuben" erscheint.

Eine genauere Standortsangabe findet sich nicht, doch hat eine neuere Vermutung[4]) die grösste Wahrscheinlichkeit für sich. Danach wären die vier Scheiben in den zwei vierteiligen Fenstern der nach dem Hofe zu gelegenen Westwand, paarweise je in den beiden überhöhten Mittelflügeln angebracht gewesen. Sie nahmen also eine ausgezeichnete Stellung ein, den Sitzen der fünfzehn neuen Ratsherren gerade gegenüber[5]).

Die äussere Geschichte der Scheiben bringt weiteres über das Aussehen der Serie zu unserer Kenntnis:

1515 erfolgt die oben erwähnte Bezahlung für die Glasgemälde.

1661 sieht sie TONJOLA am ursprünglichen Platz und nimmt in seine „Basilea

---

[1]) Staatsarchiv Basel, Finanz G 12.
[2]) Staatsarchiv Basel, Finanz G 13.
[3]) Abgedruckt bei B. Harms, Der Stadthaushalt Basels im ausgehenden Mittelalter, Abt. I, Bd. III, S. 243, Z. 39. — Vielleicht bezieht sich auch die Stelle Harms III, S. 242, Z. 78 (Jahrrechnung 1514/15) u. a. auf Arbeiten beim Einsetzen der Scheiben: „Item VIII ℔ XVIII β die venster allenthalben inn beden richthusern und uff allen thurnen ze bessern."
[4]) R. F. Burckhardt in „Basler Nachrichten" vom 13./14. Juni 1925.
[5]) Vgl. Alb. Burckhardt und Rud. Wackernagel, Geschichte und Beschreibung des Rathauses zu Basel. Basel 1886, S. 19 f.

sepulta"¹) die Inschriften ihrer Oberstücke auf. Die Texte sind ungenau notiert, doch erfahren wir die Reihenfolge der Scheiben (Texte siehe weiter unten).
1764 berichtet die Chronik eines Basler Überreiters anlässlich einer Renovation der Ratsstube vom 1. August bis 3. November²): „auch wurden neue Fenster... gemacht". Die Scheiben wurden also abgenommen und sind dann mit der für das 18. Jahrhundert charakteristischen Sorglosigkeit in künstlerischen Dingen in unrichtiger Folge wieder eingesetzt worden, wie aus der nächsten Nachricht hervorgeht.
1767 fällt das Zeugnis EMANUEL BÜCHELS, unseres Kronzeugen für die Kenntnis der Serie. Am 16., 17. und 19. Januar verfertigt Büchel vier aquarellierte Federzeichnungen unserer Scheiben „nach der Größe des Originals gezeichnet", wahrscheinlich auf Grund direkter Pausen. Sie liegen im Basler Staatsarchiv³). Durch die am Kopfe jedes Blattes eingetragenen Inschriften der Oberstücke, die — wenn auch genauer notiert — mit den Inschriften bei Tonjola übereinstimmen, ist die Identität gesichert. Zwar fehlt jeweils Oberstück, Umrahmung und Hintergrund, doch gibt Büchel das wichtigste: Baselschilde und Schildhalter. Ferner erkennt er die ursprüngliche Reihenfolge, wie sie schon bei Tonjola zu finden war: „Dise 4 Schilde sind auf dem Rahthaus nicht in der Ordnung wie sie seyn solten rangirt, welches aus der Simeterie und den darüber stehenden Verßen kan abgenom̄en werden. Sie stehen auf dem Rahthaus wie sie hier unten numerirt sind."⁴) (nämlich in der Reihenfolge 2, 4, 3, 1). Durch eigene Ziffern und Passmarken legt er die richtige Abfolge fest. Dadurch erfahren wir folgende Zusammengehörigkeit von Oberstück-Inschriften und Schildhaltern:

    1. Scheibe „von dem recht nit wich"   2 Engel
    2. Scheibe „richt glich arm vnd rich"   2 Basilisken
    3. Scheibe „bisz nit ze fast grim"   2 Wildmänner
    4. Scheibe „hör ouch des andrē stim 1514"   2 Löwen

und endlich das höchst wichtige Datum 1514 auf der vierten Scheibe. Dabei ist offenbar im Sinne eines nach dem Hof hinaus blickenden Betrachters und zwar von links nach rechts, also von Süden nach Norden zu zählen. Wenn auch in stilistischen Einzelheiten nicht getreu, sind Büchels Kopien trotzdem unschätzbare Zeugnisse; haben sie doch zur Identifizierung der erhaltenen Teile verholfen.
Die Zeichnungen waren als Vorlagen zu einem Kupferstich angefertigt, der ein weiteres Zeugnis bildet:
1772 zeigt ein von Büchel gezeichnetes Titelblatt im zweiten Bande der von Daniel Bruckner neu herausgegebenen Wurstisen'schen Baslerchronik⁵) die vier Scheiben in derselben Reihenfolge, wiederum nur Baselschilde, Schildhalter und Inschriften und diese mit denselben kleinen Transskriptionsfehlern wie auf den Zeichnungen. Ferner erscheint auf dem Blatt das sogenannte „älteste Basler Stadtbild", das ebenfalls zum Inventar der Ratsstube gehörte⁶) und zu oberst ein Baselschild mit Maria und Kaiser Heinrich II., nach einer gleichartigen fünften Zeichnung Büchels vom 28. Januar 1767, von der später zu reden sein wird⁷). Laut seiner Vorrede sah Bruckner die Glasgemälde am alten Standort „...so wie sie das Alterthum auf Glase gemahlt hat... in den Fenstern der gewöhnlichen Rathstube..."⁸).

---

    ¹) J. Tonjola, Basilea Sepulta. Basel 1661, S. 383.
    ²) Im Schatten Unserer Gnädigen Herren. Herausgegeben von P. Kölner. Basel 1930, S. 151.
    ³) Die Blätter messen: Höhe 712—723 mm, Breite 517—530 mm.
    ⁴) Notiz auf Blatt „No. 2." mit der Löwenscheibe.
    ⁵) Chr. Wurstisen, Baßler Chronik, Tom. II. Gedruckt von Emanuel Thurneysen 1772 (Blatt vor dem Titel von Bruckners „Fortführung").
    ⁶) Vgl. S. 92 f. — ⁷) Vgl. S. 492, 508.
    ⁸) Wurstisen-Bruckner, Vorrede zur „Fortführung".

DIE GLASGEMÄLDE 481

Abb. 372. Die vier Glasgemälde in der Stube des Kleinen Rats im Rathaus zu Basel.
Kupferstich nach Zeichnung von Emanuel Büchel in Bruckner-Wurstisens Basler Chronik von 1772
(55 × 170 mm)

Viel weniger zuverlässig ist die Überlieferung für die folgenden Jahre. Sei es 1798 zur Zeit der Revolution, wie man aus einer Notiz in den Kommissionsprotokollen der Lesegesellschaft geschlossen hat[1]), oder aber
1822—1824 gelegentlich eines Umbaues der Fensterwand[2]), sind die Scheiben aus dem Rathaus verschwunden[3]). Vermutlich sind sie es, die die Schreiber-Walz'sche Kunsthandlung 1837 der Lesegesellschaft zum Kauf anbietet. Sie werden aber zurückgewiesen[1]). Damit bricht die direkte Überlieferung vollständig ab. Über die Schicksale der wieder aufgetauchten Teile ist einzeln zu berichten.

Beschreibung.

1. Die Scheibe mit den Engeln. Sie ist — wie alle vier Scheiben — zerteilt worden und in zwei Bruchstücken auf uns gekommen, die jedoch zusammen noch nicht den ganzen Bestand der Scheibe ergeben.

Das *Oberstück* im Historischen Museum Basel. Inv. Nr. 1925. 179 (Abb. 373, S. 483). Höhe 23 cm, Breite 53,5 cm.

1923 am 28. Mai erscheint das von H. Messikommer in Beauvais erworbene Oberstück an dessen Auktion in Zürich als Nr. 143 des Katalogs. Es wird zurückgezogen und 1924 vom Bernischen Historischen Museum angekauft[4]).
1925 wird es in verdienstvollem Entgegenkommen dem Konservator des Historischen Museums Basel überlassen, der es seiner Sammlung schenkt[5]).

Einige neuere Sprünge ausgenommen ist das Stück intakt und wenigstens in der Breite wohl vollständig.

---

[1]) Staatsarchiv Basel. Protokoll der dirigirenden Commißion der Lesegesellschaft, Bd. II, S. 145, 148, 150/1 (Sitzungen vom 9. und 28. Okt. und 9. Dez. 1837). — Burckhardt in „Basler Nachrichten", 13./14. Juni 1925, und R. Wackernagel, Geschichte der Stadt Basel, Bd. III, Basel 1924, S. 271, Anm.
[2]) Burckhardt-Wackernagel, Rathaus, S. 22.
[3]) Möglicherweise haben sie einige Zeit dem Sammler und Antiquar Joh. Heinr. v. Speyr gehört: Im Wappenbuch der Zunft zu Gartnern (Historisches Museum Basel) lässt er 1824 sein Wappen eintragen; als Schildhalter erscheinen ein Engel und ein Wildmann, die ohne Kenntnis unserer Scheibenfolge nicht denkbar sind. — In seinen Manuskripten (Universitätsbibliothek Basel H. IV. 81) findet sich freilich nichts darüber.
[4]) Gütige Mitteilung von Herrn Dr. Rud. Wegeli, Direktor des Bernischen Historischen Museums.
[5]) Jahresbericht des Historischen Museums Basel 1925, S. 15, 28.

Dargestellt ist die bekannte Gerechtigkeitslegende von Herkinbald[1]). Dieser liegt links auf dem Krankenbett und schneidet dem ungerechten Neffen mit einem Messer den Hals ab. Links vom Bett steht die Mutter des Gerichteten. Von rechts her kommen im Zuge ein Chorknabe mit der Schelle; ein Bürger weist mit der Laterne den Weg einem Chorherrn in der Almucia, der im Ziborium dem Kranken die Wegzehrung bringt. Ein zweiter Bürger beschliesst den Zug. Auf dem Spruchband steht die Inschrift: „võ · dem · recht · nit · wich".

Die Malerei ist fast reine Grisaille und verwendet ausser Schwarzlot, das im dünnen Auftrag warm braun erscheint, nur Silbergelb (Hemd der Mutter, helle Teile der Bettstatt, Haar und Beinkleider des Neffen, Ränder des Spruchbandes, Haar und Glocke des Chorknaben, Laterne und Ziborium, Beinkleider des ersten und Wams des zweiten Bürgers). Hintermalung ist sparsam, namentlich am Bogen, verwendet.

Einer einheitlichen Komposition zuliebe ist die Legende locker erzählt. Die Pointe, das Hostienwunder, dessen Darstellung Rogier van der Weyden in den Brüsseler Rathausbildern (Vorlage zum Berner Trajansteppich) zur Zweiteilung der Szene zwang, ist einfach fortgelassen. Der Künstler stellt statt zweier getrennter Szenen zwei bildlich gleichwertige Gruppen dar, deren vorwärtsstrebende rechte immerhin den Mittelakzent — das Spruchband — nach links verschiebt. Das ist wohlponderierte, aber nicht schematische Komposition im Geist der neuen Zeit: mittelalterliche Stoffe werden durch die Formansprüche der Renaissance zersetzt. Die Zeichnung ist von grosser Schönheit, leicht und geschickt; die Handhabung der Schwarzlotradierung zeugt von überlegenem Können.

Das *Hauptstück* im Historischen Museum Basel. Inv. Nr. 1925. 62. (Abb. 374). Höhe 50 cm, Breite 48 cm.
1837 wird es vermutlich der Basler Lesegesellschaft angeboten (vgl. S. 481 u. Anm. 1). Es gelangt in englischen Besitz, nach Angabe des Zürcher Kunsthändlers, der es 1925 dem Historischen Museum Basel anbietet. Es wird mit Beiträgen der Regierung, des Kantons und der Eidgenossenschaft angekauft[2]).

Die Scheibe wurde 1925 durch Glasmaler E. SCHÄFER in Basel von neueren Zusätzen befreit und in folgenden Teilen ergänzt: Der Baselschild und die Alben von den Knien abwärts bei beiden Engeln (auf Grund der oben erwähnten Zeichnung von E. Büchel), vom Rasenboden zwei Streifen am Schildfuss, ein Stück unmittelbar links davon am Unterrand, ein Stück neben dem Fuss des Engels rechts und das Eckstück unten rechts (die Scheibe wurde so nach unten um 2 cm verlängert, um dem Baselschild Raum zu geben), am linken Flügel des Engels rechts die beiden Stücke der Innenseite. —

---

[1]) Zur Legende vgl. J. Stammler, Der Paramentenschatz im Historischen Museum zu Bern. Bern 1895, S. 67 ff.
[2]) Jahresbericht des Historischen Museums Basel 1925, S. 14, 27. — Archiv des Historischen Museums Basel.

Abb. 373 und 374. Oberstück und Hauptstück der Scheibe mit den Engeln
ehemals in der Stube des Kleinen Rats im Rathaus zu Basel.
Historisches Museum Basel.

Das Gesicht desselben Engels ist durch Sprünge entstellt. Die Scheibe ist nach beiden Seiten und namentlich nach oben unvollständig.

Die Engel erscheinen in Priestergewändern, der linke in Alba, Stola, Cappa und Humerale, der rechte in Alba, Dalmatica und Humerale, auf einer Wiese stehend, vor knapp angedeuteter Seelandschaft mit bewaldeten Ufern, die Köpfe vor grauem Grund mit leichter Wolkenzeichnung.

Die Farben sind höchst mannigfaltig und von schönster Leuchtkraft. Ein rubinfarbenes Überfangrot erscheint in den Flügelaussenseiten des Engels links und in den Querstreifen der Dalmatica, ein wundervolles Violettrot in der Cappa und den Flügelaussenseiten des Engels rechts. Der Randbesatz seiner Dalmatica zeigt abwechselnd dunkleres Überfangblau und an den ausgeschliffenen helleren Stellen Silbergelb. Hellblaues Massivglas bildet die Seelandschaft (Bäume aufgemalt) und die Flügelinnenseiten des Engels links, wo es — in den oberen Teilen — mit Silbergelb grün abgetönt ist. Schliesslich erscheint Silbergelb in Haar und Stola des linken, im Haar des rechten Engels und dominiert in dessen Flügelinnenseiten.

Die Farbengebung ist über alles Lob erhaben; gliedernd und ruhig bei allem Reichtum, wirkt sie zusammen mit der gross angelegten Zeichnung, die trotz gotischer Reminiszenzen doch die ruhige Sicherheit, die „lässige Spannung"[1]) des neuen Stils besitzt.

2. Die Scheibe mit den Basilisken. Das *Oberstück* ist verschollen. Wir kennen durch Büchel und Tonjola die Inschrift (vgl. S. 480).

Das *Hauptstück* im Historischen Museum Basel. Inv. Nr. 1925. 63. (Abb. 375). Höhe 50 cm, Breite 48 cm.

Herkunft und Erwerbungsart sind dieselben wie bei der Engelscheibe[2]).

Die Scheibe wurde 1925 durch E. SCHÄFER ergänzt. Neu sind: Der Baselschild (nach der Zeichnung von Büchel), alle weissen Stücke, die den Oberrand berühren (die Scheibe wurde um 2 cm nach oben verlängert, um sie mit der Engelscheibe in Übereinstimmung zu bringen). Alt, aber nicht zugehörig sind: drei kleine, vom rechten Flügel des linken Basilisken begrenzte Stücke, die den linken Rand berühren, der weisse Zwickel mit aufgemalter Kirche zwischen Kopf und linkem Flügel desselben Tieres, zwei Stücke zwischen den Mittelflügeln auf Kopfhöhe, das oberste weisse Stück unter der oberen rechten Ecke und die grünen Stücke in den unteren Ecken links und rechts. Einige neuere Sprünge zeigen Notbleie; die Scheibe ist nach beiden Seiten und nach oben unvollständig.

Als Schildhalter erscheinen die klassischen Basler Wappentiere[3]); sie stehen auf abfallendem felsigem Boden vor einem nur ganz wenig sichtbaren See. Der Hintergrund oben ist verloren.

---

[1]) Der Ausdruck nach H. Wölfflin, Italien und das deutsche Formgefühl, München 1931.
[2]) Vgl. S. 482 und Anm. 2.
[3]) Zum Auftreten der Basilisken vgl. Wackernagel, Gesch. St. Basel III, S. 271, Anm.

DIE GLASGEMÄLDE

Unter den Farben dominiert durchaus der einzige warme Ton, das weinfarbene stumpfe Überfangrot der Flügel des Basilisken links. Die weissen Perlen sind ausgeschliffen. Die Drachenleiber und die Flügel des rechten Tieres sind mit höchster Kunst in kalten Farben zum Schillern gebracht, indem auf hellblauem Massivglas Schwarzlotradierung und mit Silbergelb gewonnenes Grün so verwendet sind, dass im Basilisken links und in den Flügeln des rechten das Blau, im Leibe des Basilisken rechts das Grün vorherrscht. Braun erscheint im Boden, reines Silbergelb in Beinen und Krallen der Tiere, ganz helles Blau im See des Hintergrundes.

Kompositionell ist festzuhalten, dass neben demselben Prinzip der symmetrischen Ponderation, wie es bei der Engelscheibe anzumerken war, durch die Blickrichtung nach links bei beiden Basilisken das Glasgemälde mit der

Abb. 375. Das Hauptstück der Scheibe mit den Basilisken
ehemals in der Stube des Kleinen Rats im Rathaus zu Basel.
Historisches Museum Basel.

Engelscheibe zusammengebunden wird. Diese paarweise Bindung erscheint am handgreiflichsten in den nach der Mitte gewendeten Baselstäben.

3. Die Scheibe mit den Wildmännern. Das ursprüngliche *Oberstück* ist verschollen. Wir kennen durch Büchel und Tonjola die Inschrift (vgl. S. 480).

Das *Hauptstück* im Besitz von Frau L. Vischer-Burckhardt in Basel (Abb. 376, S. 487). Höhe 61,5 cm, Breite 54 cm.
Um 1900 aus der Sammlung La Roche-Ringwald von R. Vischer-Burckhardt gekauft. Früheres Schicksal unbekannt[1]).
1919—1924 als Depositum im Historischen Museum Basel[2]).

Die Scheibe ist heute aus mehreren Teilen zusammengesetzt. Das ganze Oberstück in Grisaille mit dem Datum „1519" und alle Teile des blauen Himmels mit bewachsenen Felsen im Stil früher Manuelzeichnungen gehören zusammen und bilden den oberen Teil einer Scheibe, die deutlich ANTHONI GLASERS Hand verrät (über ihre mögliche Herkunft vgl. S. 502). Das Schloss mit hellrotem Dach über der Mitte des Baselschildes ist wieder anderer Herkunft, wohl modern. Rechts vom linken Fuss des Wildmannes rechts ein kleines dreieckiges Flickstück. Dagegen sind die Säulen zugehörig.

Zwei Wildmänner halten den Baselschild. Sie stehen auf einem schmalen Bodenstreifen vor weiter Seelandschaft. Am jenseitigen Ufer zeigen sich ferne Gebäude.

Der Wildmann links ist auf ganz hell wasserblauem Glas durch virtuose Schwarzlotradierung dargestellt. Sein Baumstamm und die hellen Teile seines Rebrankengürtels sind mit Silbergelb gegeben, das in warm leuchtendem Ton auch den Körper und den Baumstamm des rechten Wildmannes bildet. Der Boden ist hellgrün, die Säulen ausser ihren silbergelben Horizontalstreifen in denselben warm braunen Schwarzlottönen ausgeführt, die auch auf der Herkinbaldszene erscheinen. Hintermalung tritt wiederum sparsam, zur Schattierung von Rundungen auf.

Für die Komposition der in hellen Tönen ungemein vornehm wirkenden Scheibe ist ausschlaggebend, dass der einzige Farbakzent — das Gold des rechten Wildmannes — nach rechts verlegt ist, also gegen die vierte Scheibe hin, mit der die unsere das zweite Paar bildete. Entsprechend lag ja in der Basiliskenscheibe der Farbakzent links. Die diesmal erhaltenen Säulen weisen einmal mehr auf das Nebeneinander von Renaissance und gotischer Überlieferung hin.

4. Die Scheibe mit den Löwen. Von ihr ist das *Hauptstück* mit dem Baselschild (Baselstab nach links) und den zwei schildhaltenden Löwen[3]) verschollen. Die Komposition im ganzen ist durch Büchels Zeichnung bekannt. (Abb. 372, S. 481).

---
[1]) R. Vischer-Burckhardt, Der Pfeffinger Hof in Basel. Basel 1918, S. 67 und gütige Mitteilung der Besitzerin.
[2]) Jahresbericht des Historischen Museums Basel 1919, S. 16, 27.
[3]) Löwen als Schildhalter auch auf einer Basler Standesscheibe aus der Kirche von Läufelfingen, im Historischen Museum Basel, Inv. Nr. 1881.75., Katalog der Glasgemälde 1901, Nr. 37.

DIE GLASGEMÄLDE

Das *Oberstück* im Historischen Museum Basel. Inv. Nr. 1926. 15. (Abb. 377, S. 489). Höhe 17,5 cm, Breite 30,5 cm.
1873 ist das Stück aus der Sammlung Joseph Vincent in Konstanz an die Wiener Weltausstellung ausgeliehen[1]). Da die Sammlung durch Josephs Vater Johann

---

[1]) Katalog der Wiener Weltausstellung 1873, Gruppe XXIV, Nr. 829,9; dort die Szene als „unbekannt" bezeichnet; keine Zuschreibung.

Abb. 376. Die Scheibe mit den Wildmännern (ohne Oberstück)
ehemals in der Stube des Kleinen Rats im Rathaus zu Basel.
Privatbesitz Basel.

Nikolaus Vincent gebildet wurde, der schon um 1816 zu sammeln begann[1]), so wäre es nicht unmöglich, dass Johann Nikolaus das Stück aus der Schreiber-Walz'schen Kunsthandlung in Basel erworben hätte, in der Engel- und Basiliskenscheibe um 1837 vermutlich lagen (vgl. S. 481). Jedenfalls muss es mindestens um die Jahrhundertmitte der Vincentsammlung angehört haben.

1883 ist das Stück aus derselben Sammlung an die Schweizerische Landesausstellung in Zürich ausgeliehen[2]).

1891 erwirbt das Zeughaus Solothurn unser Stück und zwar nicht an der Auktion, sondern durch separaten Kauf am 9. Oktober. Grund zum Ankauf war die damals durch J. R. Rahn und A. Hafner vertretene Ansicht, es handle sich um eine Arbeit des Urs Graf von Solothurn[3]).

1926 gelangt das Stück durch Tausch an das Historische Museum Basel[4]).

Das Stück ist nur ein Fragment — der Mittelteil — des einstigen Oberstückes (in der Abb. 377 verhältnismässig zu gross wiedergegeben), links und rechts fehlen je ca. 11,5 cm in der Breite. Das kleine Stück links über dem rechten Knie des Liegenden links gehört zur Scheibe, ist aber an unrichtiger Stelle eingesetzt. Die übrigen Teile sind intakt.

Dargestellt ist „Noahs Schande"[5]). Vom liegenden Noah sind links noch die Beine erhalten, zu ihm eilt von der Mitte Sem oder Japhet, die Rechte (in nicht eben zureichender Weise!) vor den Augen, die Linke ausgestreckt, um des Vaters Blösse zu bedecken. Noahs Körper und der zweite Sohn sind zu ergänzen. Rechts weist Ham spottend auf den Vater, vermutlich an zwei jetzt fehlende Zuschauer sich wendend. In der Mitte erscheint auf dem Spruchband die Inschrift: „hör · oúch / des · andrē · stim / 1514".

Technik und Farbenwahl entsprechen vollkommen denen der Herkinbaldszene; es findet sich dieselbe sparsame Verwendung von Silbergelb (der den Bogen bildende Ast, die Umschläge von Noahs Stiefeln, Haar und Wams bei Sem, die Ränder des Spruchbandes, Barett, Ärmel und Beinkleid bei Ham). Hintermalung kommt nicht vor.

Die Komposition zeigt dieselben Eigenschaften klarer und phantasievoller Symmetrie, wie das Oberstück der Engelscheibe, nur vielleicht in noch freierer, virtuoserer Art. Der Reichtum und die Beherrschung der Körperwendungen ist erstaunlich. Stecken im unverkennbar drastisch-satirischen Vortrag der Szene und etwa in den krausen Verschlingungen des Spruchbandes noch gotische Züge, so spricht die Renaissance frei in der meisterhaften Austeilung von Hell und Dunkel; sie verrät einen eminenten Graphiker. Etwas unklar bleibt freilich die Beziehung der Noahszene auf eine Gerechtigkeitsermahnung. Wiederum zeigt sich das Zerbröckeln der mittelalterlichen typologischen Tradition.

---

[1]) J. R. Rahn, Die Schweizerischen Glasgemälde in der Vincentschen Sammlung in Constanz, Mitteilungen der Antiquarischen Gesellschaft Zürich, Bd. 22 (1890), S. 179 ff.

[2]) J. R. Rahn in: Officieller Katalog der Schweizerischen Landesausstellung in Zürich. Zürich 1883. S. 55, Nr. 65.

[3]) Rahn, Glasgem. Slg. Vincent, S. 189, Nr. 20. — A. Hafner, Meisterwerke Schweizerischer Glasmalerei, Berlin, o. J., S. 14. — Archiv des Historischen Museums Basel.

[4]) Jahresbericht des Historischen Museums Basel 1926, S. 21, 30.

[5]) Gen. 9, 22 ff. — Die Deutung zuerst durch Rahn.

Abb. 377 und 378. Die Scheibe mit den Löwen
ehemals in der Stube des Kleinen Rats im Rathaus zu Basel.
Mittelteil des Oberstücks; Historisches Museum Basel. — Hauptstück nach der Zeichnung
von Emanuel Büchel, 1767; Staatsarchiv Basel.

Rekonstruktion und Würdigung.

Eine Rekonstruktion der Serie wird etwa folgendes ergeben: Die *Reihenfolge* der Scheiben ist nach den obigen Darlegungen sichergestellt. Die *Masse* der Scheiben im ursprünglichen Zustand sind nur annähernd zu ermitteln. Die Dimensionen der Fenster sind uns nicht bekannt. Für die Breite ist die der Herkinbaldszene (53,5 cm) massgebend, und da sie mit der Breite der Wildmännerscheibe übereinstimmt, so dürfen wir auch für die übrigen dieselbe ursprüngliche Breite annehmen. Die Höhe muss um 74 cm betragen haben (Engelscheibe + ihr Oberstück, oder Höhe der Wildmännerscheibe mit einem Oberstück in der Grösse der Herkinbaldszene). Nahezu dieselben Masse haben aber auch die Blätter Büchels[1]), sodass die Rechnung aufgeht. Wir haben es also mit Scheiben zu tun, die den Glasgemälden in der Vorderen Ratsstube zum mindesten gleich kamen, also Kunstwerken von mehr als gewöhnlichem Ausmass.

Weiter ist aus den Massen zu folgern, dass ursprünglich alle Scheiben eine *Umrahmung* durch Säulen oder Pilaster zeigten. Für die Scheibe mit den Löwen besitzen wir wohl sogar einen Rest einer solchen Säule in einem Fragment im Historischen Museum Basel (Inv. Nr. 1926. 57. Höhe 17 cm, Breite 4,5 cm), das früher mit dem Noah-Oberstück vereinigt war und in Stil und Technik mit den Scheiben zusammengeht[2]). Ferner werden wohl die beiden unteren Ecken der Basiliskenscheibe (heute ergänzt) die Säulenbasen enthalten haben.

Inhaltlich bildet die Serie ein spätes Beispiel der „Gerechtigkeitsbilder", wie sie im Mittelalter in Rats- und Gerichtssälen üblich waren. Deutlich äussert sich die Zersetzung der Gotik durch die Renaissance. Der Zyklus der Oberbilder, soweit wir ihn kennen, schöpft aus Legende und Schrift, nicht aus Mythologie und klassischer Geschichte wie später die reine Renaissance, und das hübsche Reimpaar der Inschriften redet eine rein gotische Sprache. Aber die Gerechtigkeitsbilder sind auf kleinen Raum verdrängt; Hauptsache sind die Standesinsignien geworden: Zeichen der neuen Zeit.

Formal prägt sich das noch deutlicher aus. Symmetrie beherrscht in dreifacher Abstufung die ganze Folge: Symmetrisch abgewogen sind die Einzelscheiben, symmetrisch schliessen sich je zwei Scheiben mit zugewendeten Baselstäben zusammen und unter sich symmetrisch sind endlich die beiden Paare, ein jedes in die Mitte eines der zwei Fenster gestellt in rein renaissancemässiger Interpretation der gegebenen Wandgliederung.

Die Würdigung der Serie ist bisher mit einer Ausnahme[3]) unter ungenügenden Voraussetzungen unternommen worden. Vor 1926 waren nur Wildmännerscheibe und Noah-Oberstück bekannt. Dass dieses dem Urs

---

[1]) Vgl. S. 480, Anm. 3.
[2]) Abgebildet bei Hafner, Meisterwerke, Taf. 51.
[3]) R. F. Burckhardt, vgl. S. 479, Anm. 4.

Graf[1]), jene, namentlich des Oberstückes wegen, Anthoni Glaser[2]) zugewiesen wurde, erscheint verständlich. Heute, da wir die ganze Serie im wesentlichen übersehen, liegen die Dinge anders. Die Scheibenfolge in ihrer einstigen Geschlossenheit erscheint als ein Werk von imponierender Grösse und wird auch im rein äusserlichen Ausmass höchstens von der sechsteiligen Scheibenfolge übertroffen, die Basel um dieselbe Zeit in die Kirche von Jegenstorf stiftete[3]).

Wir übersehen die Vielseitigkeit des Meisters, der Zeichner und Glasmaler zugleich gewesen sein muss. Denn die überlegene Handhabung der Schwarzlotradierung zeugt unweigerlich für dieselbe Hand in Entwurf und Ausführung. Dieser grosse Zeichner war zugleich ein Farbenkünstler seltener Art. Wie er in seinen beginnenden Renaissancestil das ganze Erbe der Spätgotik hineinträgt, den impulsiven Ideenreichtum, das Wissen um einen zauberhaften Schatz schillernder und gebrochener Farbtöne, die der Renaissance auf lange Zeit verloren blieben; das kennzeichnet ihn als einen Meister ersten Ranges.

Eine Untersuchung aller mit den Scheiben zusammenhängenden Fragen ist hier nicht durchführbar. Sie würde in den grossen Fragenkomplex der noch viel zu wenig erforschten vorholbeinischen Basler Kunst mitten hineinführen, sind doch die Scheiben eines der wenigen erhaltenen Denkmäler von grosser Qualität aus dieser Zeit. Von Vorschlägen zur Lösung wenigstens einer der Hauptfragen ist bisher nur R. F. Burckhardts Meinung zu nennen, der — allerdings noch ohne ausführliche Begründung — in dem unbekannten Meister der Rathausserie HANS HERBSTER vermutet[4]).

II. Die Glasgemälde in der Vorderen Ratsstube
jetzt Regierungsratssaal.

Die „Vordere Ratsstube", heute Regierungsratssaal, ein Teil des Neubaues von 1504—1514 (vgl. S. 367—408 und S. 351, Abb. 262, Grundriss, 32), enthält am ursprünglichen Standort, in den vier dreiteiligen Fenstern gegen den Marktplatz und in den drei rückwärtigen, ebenfalls dreiteiligen Fenstern gegen den Hof, eine überaus wertvolle Folge von 15 Standesscheiben. Sie sind Arbeiten des Basler Glasmalers ANTHONI GLASER und in den Jahren 1519—1521 hergestellt worden. Im ganzen wohlerhalten, bilden sie eines der wichtigsten Zeugnisse für die Kenntnis der Basler Glasmalerei.

---

[1]) Vgl. S. 488, Anm. 2 und 3.
[2]) H. Schmitz, Die Glasgemälde des Königl. Kunstgewerbemuseums in Berlin. Berlin 1913, Bd. I, S. 185. — W. W(artmann) in: Thieme und Becker, Allg. Lexikon d. bildenden Künstler, Bd. XIV (1921), S. 236 f.
[3]) Über diese H. Lehmann, Zur Geschichte der Glasmalerei in der Schweiz. Mitt. d. Ant. Ges. in Zürich, Bd. 26, S. 316. — Derselbe, Die Glasmalerei in Bern .... in: Anzeiger für Schweizerische Altertumskunde 1914, S. 55.
[4]) In den Anm. 4, S. 479 und Anm. 2, S. 482, zitierten Schriften.

Geschichtliche Nachrichten.

Urkundliches. 1513 am 13. Dezember, an der Tagsatzung in Zürich[1]): „Heimbringen die Bitte Basels, daß jedes Ort ihm in sein neu erbautes Rathhaus ein Fenster gebe."

1519/20 verzeichnet das Jahrrechnungsbuch vier Beiträge an die Schenkung[2]): „Item 10 ℔ 5 β von unsern eydgenossen von Ure für ir fenster in unser vordere ratsstuben geschenkt." „item 10 ℔ von u. e. von Switz für ir venster in derselben stuben." „item 8 gld. in gold tund in müntz 9 ℔ 8 β, denn die gulden ze lycht gwesen sind, von u. e. von Appenzel ouch an das fenster geben." „item 8 gld. in gold tund in müntz 10 ℔ 5 β 4 ₰ so der abt zu St. Gallen für sin fenster geschenkt hat."

1520 in der Fronfastenrechnung 1519/20 IV[3]), also im Frühjahr 1520, erfolgt die Zahlung: „Item 75 ℔ geben meyster Anthonio dem glaser für 15 nüwer schilt in der vordern stuben, für jeden 4 gld. (= 5 ℔) gerechnet."

Sie erscheint wieder im Jahrrechnungsbuch 1519/20[4]): „Item dem selben meister Anthonien geben LXXV ℔ für XV nuwer schilt in die venster der nuwen stuben uff dem richthusz, nemlich von yedem venster IIII gulden".

1520 im Herbst (Frohnfastenrechnung 1520/21 II)[5]) läuft noch ein Beitrag ein: „6 kronen empfangen von u. e. von Glarus fur ein venster in der vordern stuben, darunder ist eine valsch gsin, und tund die fünf in müntz 8 ℔ 15 β"[6]).

Äussere Geschichte. 1520, spätestens 1521, werden die Scheiben eingesetzt. Auf die ursprüngliche Reihenfolge erlaubt die folgende Notiz zu schliessen.

1767 am 28. Januar zeichnet E. BÜCHEL Schildhalter und Wappen der Basler Standesscheibe in der Art der Scheiben aus der Kleinratsstube (vgl. S. 480; die Zeichnung im Staatsarchiv Basel). Die Scheibe ist damals „in der vordern Rahtstuben das Erste Fenster, worauf die übrigen 12. Ort folgen"[7]) und zwar zuversichtlich in der noch heute üblichen, bereits im 16. Jahrhundert gebräuchlichen Rangfolge. Die beiden Scheiben der zugewandten Orte, Abt und Stadt St. Gallen, werden nicht erwähnt. Büchels Zeichnung dient ebenfalls zum Kupferstich, der 1772 in Daniel Bruckners Wurstisen-Ausgabe erscheint (vgl. S. 480). In der Vorrede sind die Scheiben als „in den Fenstern der vordern Rahtstube"[8]) befindlich erwähnt. Im 19. Jahrhundert, vermutlich zwischen

1824 und 1828 sind sie, während die Vordere Ratsstube dem Stadtrat diente und in ihren Fenstern die Wappenscheiben der Stadtpräsidenten hingen[9]), in den Grossratssaal im zweiten Stock des Hinterhauses übertragen worden, dessen Fenster eben damals umgebaut wurden[10]).

1868 sieht Wilhelm Lübke sie dort; sein Aufsatz belehrt u. a. auch über die dortige Reihenfolge[11]).

---

[1]) Amtliche Sammlung der älteren Eidgenössischen Abschiede, Bd. III, Abt. 2, Lucern 1869, S. 755, litt. 1.
[2]) Staatsarchiv Basel, Finanz H.
[3]) Staatsarchiv Basel, Finanz H.
[4]) Harms, Stadthaushalt III, S. 295, Z. 77.
[5]) Staatsarchiv Basel, Finanz H.
[6]) Vgl. allenfalls auch Harms III, S. 316, Z. 96 und Harms III, S. 324, Z. 1.
[7]) Notiz auf der Zeichnung; das Blatt misst: Höhe 72 cm, Breite 52,7 cm.
[8]) Bd. II, Vorrede zur „Fortführung", S. 11.
[9]) Burckhardt-Wackernagel, Rathaus, S. 21 und Anm. 181.
[10]) Dieselben, Rathaus, S. 22.
[11]) W. Lübke, Zur Schweizer Glasmalerei, in: Jahrbücher für Kunstwissenschaft herausg. von A. Zahn, I (1868), S. 24 ff.

1869, am 31. Juli, werden acht Scheiben durch ein Hagelwetter beschädigt und in der Folge von den Glasmalern F. A. BECK zu Schaffhausen und J. H. MÜLLER zu Bern restauriert[1]). Das Unglück gab wohl den Anlass dazu, dass 1873 auf Grund eines Gutachtens der „Maler Böcklin und Landerer und Kupferstechers Weber" die Scheiben wieder in die vordere Stube zurückversetzt wurden[2]) und zwar in der heutigen Reihenfolge, in der sie in der untenstehenden Beschreibung erscheinen. 1912/13 wurden sie von Glasmaler E. SCHÄFER zu Basel wiederum restauriert. „Die Renovation wurde nicht auf einmal, sondern einzeln ausgeführt."[3])

Beschreibung.
Sie gibt nur das, was aus den Abbildungen nicht ersichtlich ist.

Die Erhaltung. Die Scheiben sind heute in modernen Blechrahmen gefasst und sämtlich neu verbleit. Die grossen Ergänzungen gehören der ersten, kleinere und die Notverbleiungen an neueren Sprüngen der zweiten Restauration an. Im einzelnen lassen sich die Erneuerungen der beiden Perioden nicht durchwegs trennen und sind daher in der folgenden Beschreibung nebeneinander aufgeführt. Die Abbildungen geben den heutigen Zustand wieder[4]).

Die Masse, von den Aussenseiten der Blechrahmen genommen, betragen überall: Höhe 70 cm, Breite 54 cm. Wenige Scheiben zeigen Abweichungen, die jedoch 3 mm nicht überschreiten, sodass die Masse unten nicht einzeln aufgeführt sind.

Die Technik ist den Scheiben der Kleinratsstube gegenüber viel mannigfaltiger. Der Maler verfügt über alle Kunstgriffe seiner Zeit. Neben Schwarzlot, Silbergelb und den üblichen Aufschmelzfarben erscheint vielfältig Hintermalung. Als Überfang ist Rot durchgehend, Blau selten verwendet.

Westwand[5]).

1. Standesscheibe von Zürich (Tafel 32). *Neue Teile:* Der Hinterleib des Löwen rechts, das Weiss im Standesschild links, rechtes Drittel der linken Säulenbasis. Notbleie namentlich im Oberstück.

Hier, wie in allen Scheiben mit Ausnahme der Basler, stehen die Standesschilde unter Reichsschild und Krone. Als *Schildhalter* erscheinen die für Zürich üblichen Löwen.

Als *Farben* sprechen das helle Weinrot des Rundbogens mit aufgemalter Marmorierung, das Rubinrot zwischen den Bügeln der Krone und das tiefe Blau der Schildhälften. Die Löwen und die Krone sind mit Silbergelb und Schwarzlot mit Radierung gebildet. Den Hintergrund bildet hier, wie bei allen Scheiben, hellblaues Massivglas, auf das mit Schwarzlot und Silbergelb (zur Erzielung von Grün) die landschaftlichen Teile in natürlichen Farben aufgetragen sind (im folgenden stets mit „Blau mit natürlichen Farben"

---
[1]) Burckhardt-Wackernagel, Rathaus, S. 22 u. Anm. 186.
[2]) Ebenda, Anm. 186.
[3]) Laut gütiger brieflicher Mitteilung von Herrn Glasmaler E. Schäfer.
[4]) Photographien vor der Restauration 1912/13 im Historischen Museum Basel.
[5]) Die Scheiben durchgehend von links nach rechts gezählt.

bezeichnet). Oberstück, Säulen und Sockel sind hier, wie bei fast allen Scheiben, auf weissem Glas in Grisaille mit vielfacher Verwendung von Silbergelb für funktionell wichtige Teile — Horizontalstreifen, Schaftringe und ähnliches — und für hohe Lichter ausgeführt. Für das Auge besteht annähernd Gleichwertigkeit zwischen Weiss, Schwarz und Gelb (im folgenden stets mit „Grisaille mit Silbergelb" bezeichnet).

Durch die organische Struktur der Umrahmung, die relative Leichtigkeit des Oberstücks und den Reiz des Farbendreiklangs Rot-Gelb-Blau in Krone, Löwen und Standesschilden gehört die Scheibe zu den besten der Folge.

Die Verwandtschaft einzelner der spielenden Knaben im Sockelfries mit Zeichnungen von NIKLAUS MANUEL im „Schreibbüchlein" (Ganz Taf. 15)[1] ist nicht gross genug, um auf direkte Entlehnung hinzuweisen. Auch muss eine neuere späte Datierung der Schreibbüchlein berücksichtigt werden[2].

2. Standesscheibe von Bern (Abb. 379). *Neue Teile:* Nur das dreieckige Sockelstück unter dem rechten Bernerschild. Notbleie namentlich über dem Bogenansatz links und im oberen Zwickel rechts.

Berns übliche Wappentiere sind nicht nur als *Schildhalter,* sondern in allen anderen Teilen auf die mannigfaltigste Art verwendet.

Farben: Den einzigen Akzent bildet das Rot zwischen den Kronenbügeln und in den Standesschilden. Die Bären sind braun, mit weissen Halbarteneisen an gelben Schäften. Der linke Schweizerdolch ist gelb, der rechte schwarz mit gelbem Griff. Der Hintergrund zeigt Blau und natürliche Farben, die Umrahmung Grisaille mit Silbergelb, das diesmal stärker zur Wirkung kommt.

Dies einzige Mal innerhalb der Folge erscheint ein *Spitzbogen* als Umrahmung. Stilistisch ist nicht unwichtig, dass die Bären räumlich innerhalb dieses Rahmens stehen.

Das Motiv der an Reifen turnenden Bären in den Bogenläufen ist ohne Kenntnis der ähnlichen Darstellung im Schreibbüchlein NIKLAUS MANUELS (Ganz Taf. 16) oder anderer gleichartiger Motive kaum denkbar[3].

3. Standesscheibe von Luzern (Tafel 33). *Neue Teile:* Nur das dreieckige Stück mit einem Putto, rechts von der Mitte im Oberstück. Die untere Hälfte der Säule links ist — wohl Ende des 16. Jahrhunderts — erneuert. Notbleie im Kopf des Wildmannes links und im Sockel.

Farben: Der linke Wildmann ist hellbraun mit grünem Blattschurz und gelben Ranken unterhalb der Knie. Der rechte ist graugrün, mit grüner

---

[1]) Paul Ganz, Zwei Schreibbüchlein des Niklaus Manuel Deutsch von Bern. Berlin 1909, S. 15 f. — Ähnlich B. Haendcke, Nikolaus Manuel Deutsch als Künstler. Frauenfeld 1889, S. 61.

[2]) Hans Koegler, Beschreibendes Verzeichnis der Basler Handzeichnungen des Niklaus Manuel Deutsch. Basel 1930, S. 57, 67.

[3]) Koegler, Verzeichnis Manuel, S. 59 f., weist auf das bei Urs Graf schon um 1514 auftretende Motiv der an Reifen turnenden Kinder (Zeichnung zu einer Dolchscheide, Kupferstichkabinett Basel, U. 9. 61.) hin. Vgl. dazu Hans Koegler, Beschreibendes Verzeichnis der Basler Handzeichnungen des Urs Graf, Basel 1926, S. 31, Nr. 37 und E. Major, Urs Graf, Strassburg 1907, S. 76, Taf. XIV, 1.

Abb. 379. Die Standesscheibe von Bern
in der Vorderen Ratsstube des Rathauses zu Basel.

Laubkrone, blaugrünem Schurz und gelben Ranken am Knie. Der Hintergrund zeigt Blau und natürliche Farben. Schwarz erscheint zwischen den Bügeln der Krone, tiefes Blau in den Standesschilden. Die von der Mitte seitlich herabfallenden Laubbüschel zeigen Grün und helles Blau. Die Umrahmung ist in Grisaille mit Silbergelb gegeben, nur dass der Grund des Sockelstreifens rötlicher ist; das erneuerte Säulenstück hat gelbrötliche Töne.

In kühlen Tönen einheitlich und sehr geschlossen gehalten, gehört die Scheibe zu den besten der Serie. Im Gesamteindruck stört die weitgehende Auflösung des Tektonischen im Oberstück kaum.

Der Sockelfries stimmt mit einer namenlosen, Holbein längst abgesprochenen Zeichnung mit Datum „1517" im Kupferstichkabinett der Öffentlichen Kunstsammlung Basel[1]) völlig überein (Abb. 380).

Abb. 380. Entwurf für den Sockelfries eines Glasgemäldes.
Lavierte Federzeichnung (70 × 375 mm). — Kupferstichkabinett Basel.

4. Standesscheibe von Uri (Abb. 381). *Neue Teile:* Nur die linke Fußspitze des Schildhalters rechts. Die Marmorierung am Bogen ist später aufgemalt. Das linke Standeswappen ist alt, aber wohl kurz nach Fertigstellung der Scheibe neu gemacht (das Rot ist nicht Überfang). Notbleie besonders in Oberkörper und Kopf des Schildhalters links.

Die *Schildhalter* sind als Uristiere mit Harschhörnern gegeben. In zwei Medaillons erscheinen links oben Simson mit dem Löwen, rechts wohl der Barmherzige Samariter.

Farben: Der Schildhalter links trägt ein rotes Wams und gelbe, am linken Bein schwarzgestreifte Beinkleider. Horn und Haare sind gelb. Ebenso beim Schildhalter rechts, der ein violettes Wams und blau und gelb gestreifte Beinkleider aufweist. Zwischen den Kronenbügeln zeigt sich Weiss mit Damaszierung. Der Hintergrund ist in Blau mit natürlichen Farben, die Umrahmung in Grisaille mit Silbergelb ausgeführt, nur dass der Grund des Sockelstreifens und das Medaillon um Simson hellrötlich, das um den Samariter hellgrün ist.

Hinsichtlich des Stils sei auf die Auflösung der Pilaster und das unmotivierte Schweben der Medaillons hingewiesen.

5. Standesscheibe von Schwyz (Abb. 382). *Neue Teile:* Am linken Schildhalter der linke Oberschenkel, am rechten das Bandelier mit den Schweizer-

---
[1]) Nr. 1662. 171. — Abgebildet bei Paul Ganz, Handzeichnungen schweizerischer Meister des XV.—XVIII. Jahrhunderts, Jahrgang I, Basel 1904, Tafel 53.

Die Standesscheibe von Luzern
in der Vorderen Ratsstube des Rathauses zu Basel.

Tafel 34

Die Standesscheibe von Schaffhausen
in der Vorderen Ratsstube des Rathauses zu Basel

Abb. 381. Die Standesscheibe von Uri
in der Vorderen Ratsstube des Rathauses zu Basel.

Abb. 382. Die Standesscheibe von Schwyz
in der Vorderen Ratsstube des Rathauses zu Basel.

Abb. 383. Die Standesscheibe von Unterwalden
in der Vorderen Ratsstube des Rathauses zu Basel.

Abb. 384. Ornamentaler Entwurf.
Getuschte Federzeichnung (194 × 481 mm). — Historiches Museum Bern.

kreuzen und zwei Stücke im Rücken (rechts, ober- und unterhalb des Gurtes), der rechte Standesschild und das Stück unten zwischen den Schilden. Notbleie fast nur im Rumpf des Schildhalters links.

In einer Kartusche im Oberstück steht die Jahrzahl „1519".

Farben: Der Schildhalter links ist weiss ausser den roten Streifen seiner Beinkleider und Gelb am Barett, Halbartenschaft und Kniebändern. Der rechte hat rotes Barett und rote Beinkleider. Gelb sind seine Haare, die Schlitze der Beinkleider, der Halbartenschaft und die Kniebänder, der Harnisch stahlblau, die Federn weiss. Schwarz findet sich zwischen den Kronenbügeln, Rot in den Standesschilden. Der Hintergrund ist blau mit natürlichen Farben, die Umrahmung in Grisaille mit Silbergelb dargestellt.

Die Scheibe wirkt etwas trocken und phantasiearm in der Gesamtanlage. Zu beachten sind die sinnwidrig bis oben durchgeführten Säulen.

6. Standesscheibe von Unterwalden (Abb. 383). *Neue Teile:* Die Scheibe hat 1869 besonders stark gelitten. Neu: das Stück mit dem Säulenkapitell links, die Krone (ausser der Spitze und dem linken violetten Stück zwischen den Bügeln), vom Greifen rechts der Hinterleib, das Stück zwischen diesem und dem Schild rechts, der ganze Schild rechts, vom Schild links die obere Hälfte, das Stück Landschaft links darüber, die rechte Hälfte des Sockels[1]).

Farben: Der Greif links ist in abgetönten Nuancen gegeben, oben mehr gelbbräunlich, unten mehr gelbgrünlich. Beim rechten folgen sich Gelb, Weiss, Gelb, Weiss, in Kopf, Hals, Flügel und Flügelspitze; der Flügelrand ist gelbbraun. Der Hintergrund ist blau mit natürlichen Farben, die Umrahmung Grisaille mit Silbergelb.

Trotz starker Zerstörung ist die Scheibe namentlich zeichnerisch höchst anziehend, von grossem Schwung und pulsierendem Leben erfüllt.

---

[1]) Bei Burckhardt-Wackernagel, Rathaus, Anm. 186 wird die Scheibe irrtümlich als ganz neu bezeichnet.

Abb. 385. Die Standesscheibe von Zug
in der Vorderen Ratsstube des Rathauses zu Basel.

7. Standesscheibe von Zug (Abb. 385). *Neue Teile:* Das Eckstück oben links, der Kopf des Schildhalters rechts, das Stück Himmel rechts der Krone, das Stück rechts von der Mitte im Sockel. Notbleie im Federhut links und in der Mitte des Oberstücks.

Farben: Der Schildhalter auf der linken Seite trägt stahlblauen Harnisch, blau und weiss gestreifte Kleidung und rote Schärpe mit weissen Kreuzen. Gelb erscheinen bei ihm Haar, Fahnenstange und Schwertgurt, beim rechten Schildhalter Haar, Ärmel, Fahnenstange und die hellen Beinkleidstreifen; die dunkeln sind rot, der Harnisch stahlblau. Die Krone liegt auf Schwarz. Tiefes Blau findet sich in den unteren Streifen der Fahnen und in den Standesschilden. Der Hintergrund ist blau mit natürlichen Farben, das Oberstück Grisaille mit Silbergelb.

Eine Zeichnung der Sammlung Wyss in Bern (Abb. 384, S. 500) stimmt mit dem Oberstück so genau überein, dass sie dessen Vorzeichnung sein könnte. Ihre Zuweisung an NIKLAUS MANUEL wird neuerdings angefochten[1]).

8. Standesscheibe von Glarus (Abb. 386). *Neue Teile:* Ein Stück Landschaft rechts vom Reichsschild, der Standesschild links, das Stück Landschaft rechts von diesem, das unterste kleine Stück des linken Dalmaticasaumes beim Engel rechts, der ganze Sockel. Notbleie namentlich im Engel rechts.

Auf einer Tafel über der Krone steht die Jahrzahl „MDXIX"[2]). *Die Schildhalter,* zwei Engel, treten in Priestergewändern auf; der linke in Alba, Cappa und Humerale, der rechte in Alba, Dalmatica und Humerale.

Farben: Der sichtbare Flügel des linken Engels ist rot und weiss, der Chormantel rotviolett, die Alba bräunlich. Das Haar und am Chormantel die Randstreifen und die Schliesse sind gelb. Beim rechten Engel findet sich Dunkelgrün in der Dalmatica, helleres Grün neben Lilafarbe im Flügel, Weiss in der Alba, Gelb im Saum der Dalmatica und im Haar. Die Krone liegt auf Schwarz. Hintergrund und Umrahmung sind wie üblich blau mit natürlichen Farben und Grisaille mit Silbergelb.

Die Scheibe ist farbig sehr reichhaltig und anziehend. Formal stört das übermässige Lasten des ungebändigten Oberstückes bei gleichzeitigem Fehlen der tragenden Glieder.

9. Standesscheibe von Solothurn (Abb. 387). Die ursprüngliche Scheibe von ANTHONI GLASER ist verloren. Dass sie existiert hat, geht aus der Zahlung (vgl. S. 492) mit Sicherheit hervor.

Oberstück und Himmel der Wildmännerscheibe aus dem Kleinratssaal (vgl. S. 486) haben genau dieselbe Breite wie die Scheiben unserer Serie. Sie zeigen in Stil und Technik die grösste Ähnlichkeit mit ihnen und das Oberstück trägt das Datum „1519". Die Frage, ob uns darin ein Teil der alten

---

[1]) Historisches Museum Bern, Sammlung Wyss, Bd. I, 49a. — Vgl. Hans Koegler, Beschreibendes Verzeichnis der Basler Handzeichnungen des Niklaus Manuel Deutsch. Basel 1930, S. 101, Nr. 130.

[2]) Obwohl der Beitrag des Standes Glarus erst 1520 eingeht. Vgl. S. 492.

Abb. 386. Die Standesscheibe von Glarus
in der Vorderen Ratsstube des Rathauses zu Basel.

Abb. 387. Die Standesscheibe von Solothurn
in der Vorderen Ratsstube des Rathauses zu Basel.

Abb. 388. Die Standesscheibe von Freiburg
in der Vorderen Ratsstube des Rathauses zu Basel.

Solothurnerscheibe erhalten geblieben, sei immerhin gestellt; zu beantworten ist sie kaum[1]).

Die heutige Scheibe ist stark ergänzt.

Neue Teile: Der Bauerntanz im Oberstück, Kopf und Leib des Schildhalters links, seine Schweizerfahne, ein Stück rechts über seinem Kopf, die Landschaft links vom Reichsschild, das Stück mit der Inschrift. Notbleie namentlich im linken Drittel.

Als *Schildhalter* treten die Stadtpatrone St. Ursus und St. Victor auf. Im Panner erscheint das Julius-Eckquartier mit der Auferstehung Christi[2]). Der Bauerntanz verwendet Motive aus dem holbeinischen. Am Sockel trägt eine Tafel die Inschrift: „ · Solendūrn · MDL · ".

Die wichtigsten *Farben:* Beinkleider des Schildhalters rechts rot-weiss, Krone auf Gelb, Sockel violett, Inschrift auf Weiss (in gelber Umrahmung), Pilasterbasen und Voluten hellrot, Kapitelle und Bogenschlußstück grün, Pilaster gelb, sonst Blau, natürliche Farben, Grisaille und Silbergelb.

Die sehr bunte, durch die Erneuerungen überdies stark entstellte Scheibe fällt aus der Serie heraus und ist ein spätes Werk ohne besondere Qualitäten. Als Folie für Anthoni Glasers Kunst ist sie nicht ohne Wert!

10. Standesscheibe von Freiburg (Abb. 388). *Neue Teile:* Die Unterschenkel und Füsse des Schildhalters links, der Schildhalter rechts (ausser Kopf, Hut und rechter Hand), ein Stück Boden zwischen seinen Beinen, der Reichsschild, ein Stück Himmel links von der Krone. Notbleie namentlich im linken Drittel.

Farben: Die Kleidung des Schildhalters links ist gelb und schwarz gestreift, gelb sind auch Schwertgriff, Barett, Haar, Kragen und Halbartenschaft, weiss die Hutfedern, das Kinnband und das Hemd. Beim rechten Schildhalter ist die Kleidung hell weinrot (modern), die übrigen Teile gleich wie beim linken. Die Krone liegt auf Schwarz. Der Hintergrund ist blau mit natürlichen Farben. Die Umrahmung zeigt Grisaille mit Silbergelb.

Die Ergänzungen fälschen das Bild. Durch Zeichnung und Anlage steht die Scheibe auf mittlerer Höhe innerhalb der Serie.

11. Standesscheibe von Basel (Abb. 389). *Neue Teile:* Die linke Hälfte des Oberstücks, das Stück mit der Inschrift, Oberkörper, Kopf und rechte Hand Kaiser Heinrichs, der Baselschild, das Rasenstück darüber, der Unterteil des linken Säulensockels. Notbleie beim Zepter und im Sockel. Das Oberstück stammt von einer anderen Scheibe und ist unorganisch eingesetzt.

Als *Schildhalter* erscheinen Maria mit dem Kinde und Kaiser Heinrich II. mit dem Basler Münster. Die Scheibe zeigt nur einen Standesschild, da Basel das Reichswappen ausser auf Münzen nie geführt hat. Auf einer Bandrolle steht die Inschrift: „ANNO 1520".

---

[1]) Über Zuschreibungen der Scheibe — doch wohl eben wegen des Oberstücks! — an A. Glaser vgl. S. 491, Anm. 2. — Für die Baslerscheibe wäre das Oberstück zu hoch.

[2]) Vgl. die etwas abweichende Darstellung des Eckquartiers auf dem Zürcher Holzschnitt von 1513 („Die banern der helgen römschen kilchen 1513"; Exemplar im Kupferstichkabinett Basel).

Abb. 389. Die Standesscheibe von Basel
in der Vorderen Ratsstube des Rathauses zu Basel.

Farben: Maria trägt einen blauen Mantel; gelb sind Nimbus, Krone, Haar und Untergewand, weiss die Windel. Heinrichs Mantel ist rot mit weissem Futter, die Streifen sind gelb, wie auch Nimbus, Krone, Zepter und Taschenbügel. Der Rock ist blau, das Beinkleid weinrot. Der Hintergrund zeigt Blau mit natürlichen Farben, die Umrahmung Grisaille mit Silbergelb.

Die vielen Ergänzungen erklären den etwas harten Eindruck. Auch die Verschiedenheit des Hoheitszeichens trägt dazu bei, die Scheibe in der Reihe etwas fremdartig erscheinen zu lassen. Doch ist an ihrer Zugehörigkeit (mit Ausnahme des Oberstücks) nicht zu zweifeln.

Büchels Zeichnung von 1767 nach der Scheibe und ihre Abbildung auf dem Titelblatt in Bruckners Wurstisen-Ausgabe von 1772 sind oben erwähnt worden (vgl. S. 492). Sie sind namentlich als Dokument für das früher etwas verschiedene Aussehen von Kaiser Heinrichs Oberkörper von Wert.

12. Standesscheibe von Schaffhausen (Tafel 34). *Neue Teile:* Keine. Viele Notbleie; die wichtigsten: in der Ecke oben rechts, im Kopf des linken Schildhalters, im linken Standesschild, im Sockelfries rechts.

Im *Sockelfries* jagen sieben Bauern nach dem Fuchs, der die Gans gestohlen. In einer Kartusche im *Oberstück* steht die Jahrzahl „1519".

Farben: Die Schafböcke sind in natürlichen Farben dargestellt. Gelb sind Hörner und Genitalia des rechten, Dolchgriff und Barett des linken Bockes, dessen Barettfedern und Dolchscheide weiss gegeben sind. Die Krone liegt auf Schwarz. Der Sockelstreifen zeigt weiss und bräunliche Marmorierung und in der Grisaille der Figuren wenig gelbgrüne und gelbrötliche Töne. Der Hintergrund ist blau mit natürlichen Farben, die Umrahmung Grisaille mit Silbergelb.

Die Scheibe gehört zu den besten der Serie und verrät beim Künstler ein hohes Können, mit wenig lauten Farben vornehm zurückhaltend zu wirken.

Einzelne Motive des Sockelstreifens stimmen mit einer Titelleiste Hans Holbeins (Woltm. 231) überein. Auf die Verwandtschaft des Oberstücks einer Scheibe von 1519 mit der Anbetung des Kindes, in der Kirche von Lauperswil, mit dem Oberstück unserer Scheibe hat H. Lehmann[1]) aufmerksam gemacht (vgl. auch S. 516).

Ostwand.

13. Standesscheibe von Appenzell (Abb. 390). *Neue Teile:* Der Standesschild rechts, das Sockelstück in der Ecke unten links. Notbleie namentlich im Kopf des Schildhalters links.

Farben: Der Schildhalter links trägt ein Wams von stumpfem Weinrot und zeigt Gelb in den Beinkleidern, im Barett und im Kragenband. Hemd und Barettfedern sind weiss. Der Bär erscheint in natürlichen Farben, mit gelbem Spiess, Kinnband und abwechselnd gelb und weissem Barett, worauf

---
[1]) Anz. f. Schweiz. Altkde. 1913, S. 328, wo Abb.

Abb. 390. Die Standesscheibe von Appenzell
in der Vorderen Ratsstube des Rathauses zu Basel.

weisse Federn. Die Krone liegt auf Schwarz. Der Hintergrund ist blau mit natürlichen Farben, die Umrahmung Grisaille mit Silbergelb. Der ganze Bogen ist marmoriert (auf der Abbildung nicht gut sichtbar).

Die Scheibe erhält einen eigenen Reiz durch die einseitige Setzung des einzigen starken Farbakzentes im weinroten Wams, während alle übrigen Teile hell erscheinen.

14. Scheibe des Abtes von St. Gallen (Abb. 391). *Neue Teile:* Die Inful, das Wappen der Abtei, das Wappen Gaisberg. Notbleie namentlich im Oberstück rechts.

Als Schildhalter finden sich links der heilige Othmar, rechts der heilige Gallus mit dem Holz herbeitragenden Bären; sein Nimbus trägt die Inschrift „SANCTVS GALLVS". Unter der Inful steht links das Wappen der Abtei St. Gallen (in Gelb ein schreitender schwarzer rotbewehrter Bär), rechts das Wappen der Landschaft Toggenburg (in Gelb eine stehende schwarze Dogge mit roter Zunge und weissem Halsband), unten das Wappen des Abtes Franz Gaisberg (Abt 1504—1529; in Gelb ein schwarzer springender Steinbock). Im Oberstück sind in Medaillons links Abrahams Opfer, rechts Kains Brudermord dargestellt.

Farben: St. Othmar erscheint in rotem Chormantel; Nimbus, Inful, Mantelstreifen und -schliesse, Fass und Pedum sind gelb, die Alba hellbraun. Gelb ist der Nimbus bei St. Gallus, seine Kutte und der Bär sind hellbraun. Die Inful ist rot mit gelben Streifen und roten Bändern. Der Hintergrund zeigt Blau mit natürlichen Farben, die Umrahmung Grisaille mit Silbergelb.

Auch diese Scheibe ist in der Gesamterscheinung sehr hell; ihr Hauptakzent liegt links im Rot des Chormantels.

Die Darstellung von Abrahams Opfer erinnert deutlich an dieselbe Szene auf einer Titelumrahmung von URS GRAF (His 320), herausgegeben im März 1520[1]). Da bei ANTHONI GLASER die Szene seitenverkehrt erscheint, so mag ihm eine Vorzeichnung zu Gesicht gekommen sein.

15. Scheibe der Stadt St. Gallen (Abb. 392). *Neue Teile:* Keine. Notbleie namentlich im Oberstück links.

Auf einem Spruchband über der Krone steht die Inschrift: „ANNO 1520".

Farben: Der linke Schildhalter ist weiss, mit Gelb an Kette, Spiess und Haar; der rechte in seiner linken Hälfte gelb mit weissem Futter, in der rechten weiss und schwarz gestreift. Barett, Spiess und Schwertgriff sind gelb. Die Krone liegt auf Schwarz. Der Hintergrund zeigt etwas helleres Blau als die anderen Scheiben und natürliche Farben, die Umrahmung Grisaille mit Silbergelb.

Qualitativ verdient die Scheibe den ersten Rang in der Folge. Im lebhaft gezeichneten, solid konstruierten Bild treten als festes Gerüst die silbergelben

---

[1]) In: Paraphrases in Epistolas Pauli ad Timotheum duas...... per Des. Erasmvm Roterodamvm./ Basileae in Aedibus Ioannis Frobenii Mense Martio Anno M.D.XX.

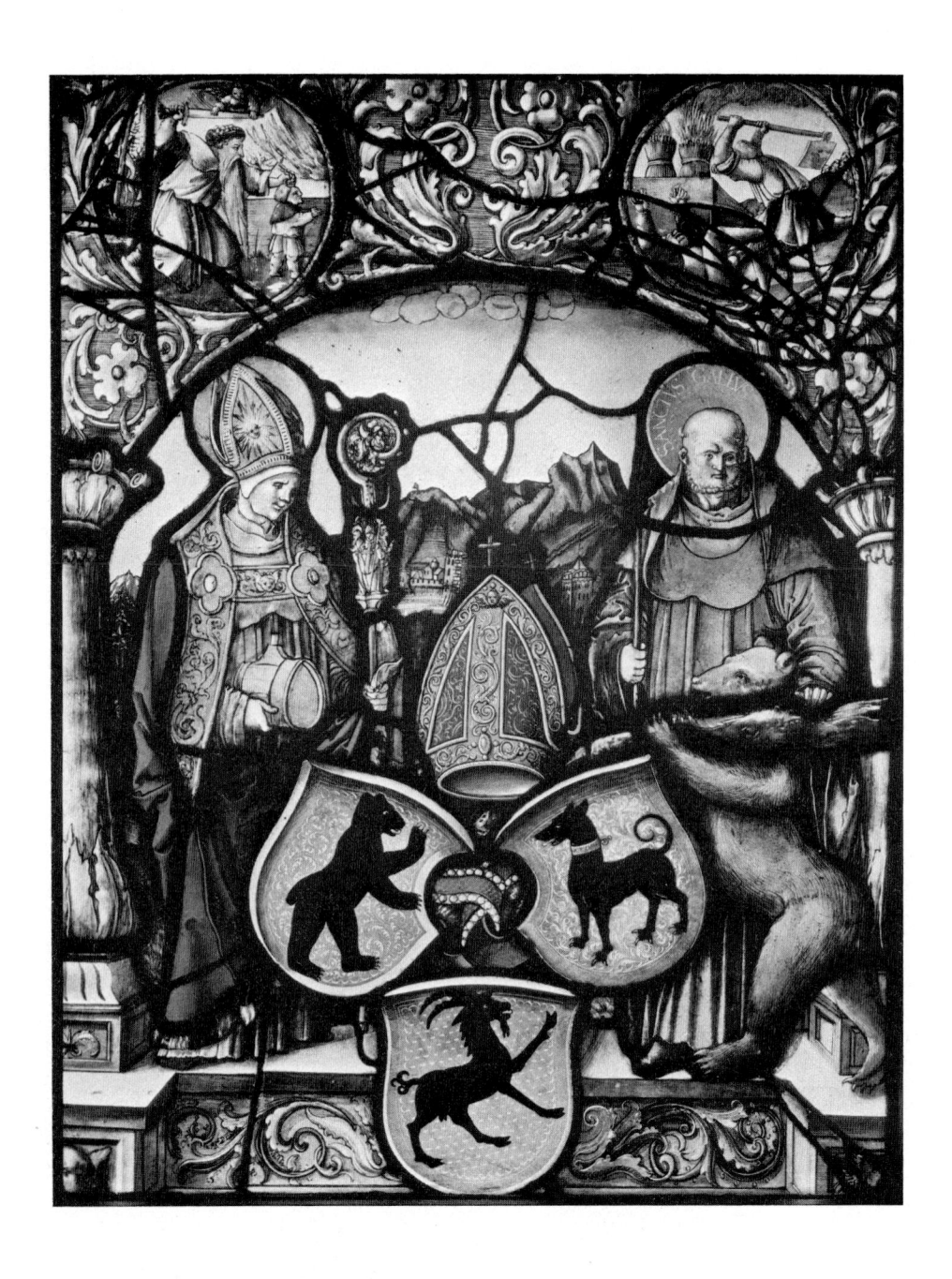

Abb. 391. Die Scheibe des Abtes von St. Gallen
in der Vorderen Ratsstube des Rathauses zu Basel.

Hauptlinien (Bogenränder, Spiesse, Sockelränder) deutlich hervor. In das vorwiegend weisse, vornehm kühle Gesamtbild setzt das helle Himmelsblau eine bestechend raffinierte Note.

Würdigung.

Unternimmt man eine Einschätzung der Folge der Basler Rathausscheiben als Gesamtwerk, so wird man ihr zweifellos einen sehr hohen Rang einräumen. Das liegt nicht nur daran, dass sie als eine der ganz wenigen fast vollständig erhaltenen Serien als Dokument für die Kunstgeschichte unschätzbar ist. Die Scheiben haben hohe künstlerische Qualitäten genug. Fast ihr höchster Reiz liegt darin, dass durch das immer wieder auftretende, ruhig leuchtende Blau ihrer Himmelspartien die ganze Reihe leicht und schön zusammengebunden, einheitlich gemacht wird. In demselben Sinn, doch weniger wirksam, sind zeichnerisch die überall durchgehenden Sockelstreifen verwendet. Die gleichmässige Reihe der Schildgruppen wirkt mit.

Damit ist das Verbindende erschöpft. Denn im einzelnen herrscht Freiheit, die bis zur Zügellosigkeit gehen kann. Dabei erscheint es als charakterisierend, dass neben wildester Phantastik in den Oberstücken doch die Variationen in den Schildhalterpaaren bisweilen von Mangel an spontan quellender Erfindungsgabe zeugen; dass neben deutlichen — und erfolgreichen — Versuchen zu tektonischer Durchgliederung (etwa Zürcher- und St. Galler Stadtscheibe) an anderen Stellen (etwa Schwyzer- und Glarnerscheibe) völlige Gefühllosigkeit solchen Aufgaben gegenüber sich findet.

Doch sind alle diese Züge und Gegensätze nötig, um diese Kunst zu charakterisieren. Als Zeichner war der Meister keiner von denen, die die neu überkommene Formenwelt aus eigener Kraft zum gebändigten Stil umzuschöpfen vermochten. Oft genug vermeint man noch Gotisches durchzufühlen und das immer wieder spürbare Anlehnen an die wirklich Starken, Holbein, Manuel, Graf, spricht deutlich genug.

Als Farbenkünstler verfügt ANTHONI GLASER über ungleich höhere Qualitäten. Zwar das urkräftige Zupacken, das etwa dem Meister der Serie von 1514 zu Gebote stand, liegt nicht in seinem Bereich. Es fehlt nicht an gelegentlichen Unsicherheiten. Aber er ist reich an feinen, ungemein reizvollen, stets aber kühlen, reservierten Farbenzusammenstellungen, mit denen es ihm einmal — wir denken wiederum an die St. Galler Stadtscheibe — gelingen kann, zu wirklich meisterhafter Leistung aufzusteigen[1]).

Das Verbindende zwischen Zeichnung und Farbengebung erkennt man in den grossen Qualitätsunterschieden innerhalb derselben Folge. Gemeinsam ist etwas Negatives, das Fehlen einer durchschlagenden Originalität. Erkennt man das, so hat die Annahme, dass Anthoni Glaser die Scheiben selbst ent-

---

[1]) Vgl. auch die Stilcharakteristik durch Paul Ganz in: Schweizerisches Künstlerlexikon, Bd. I, Frauenfeld 1905, S. 591. — Derselbe in: Basler Jahrbuch für Geschichte und Altertumskunde 1904, S. 264.

Abb. 392. Die Scheibe der Stadt St. Gallen
in der Vorderen Ratsstube des Rathauses zu Basel.

worfen habe, bis auf einen zwingenden Gegenbeweis die grösste innere Wahrscheinlichkeit.

Ein Versuch, an Hand der datierten Scheiben eine Gruppenbildung oder eine Entwicklung aufzudecken, wird schwerlich zu einem Ergebnis führen. Die Risse zur ganzen Folge sind doch wohl in einem Zug, innerhalb kurzer Zeit entstanden. Dass gerade die St. Galler Stadtscheibe am Ende der Reihe steht, ist immerhin anzumerken.

Anthoni Glaser.

Der Schöpfer der Rathausscheiben ist urkundlich ziemlich gut bekannt[1]). Kind einer Künstlerfamilie, Sohn des Glasmalers Sebastian Glaser, jüngerer Bruder des Malers Michel Glaser, wächst er in seiner Vaterstadt Basel auf, nimmt 1505 die Zunft zum Himmel an, die ihn 1509 zum Sechser macht. 1515 zieht er mit den Eidgenossen nach Mailand. 1518 kauft er mit seiner Gattin Elisabeth ein Haus am Fischmarkt, wo er bis 1541 nachzuweisen ist. Anfangs 1551 stirbt er und hinterlässt ein ansehnliches Vermögen nebst vielem Ateliergerät.

Bezeugt ist eine Reihe von Werken zwischen 1517 und 1533. Den Listen in den Nachschlagewerken seien noch beigefügt:

1519/20 ,,Item XII ℔ meister Anthoni Glaser geben so er allerley in der statt gemacht hatt"[2]).

1519/20 ,,Item XXIX ℔ XV β gebenn meister Annthonien dem glaser fur 2 vennster mitt 4 liechterenn unnd schilt darin so wir der lieben junckfrowen s. Cristianen geschennckt hand"[3]).

1523/24 ,,Item XXX ℔ XVI β VIII ₰ gebenn meyster Anthoni dem glaser umb allerley glaszwerck so er der statt allenthalb gemacht hatt lutt sins registers mit im samstags noch Nicolai anno etc. XXIII abgerechnet"[4]).

1524/25 ,,Item XL ℔ X ..... geben Anthoni Glaser von zweyen venster gon sant Johanns und eins gon Ror in die kilchenn unnd sust allerley ze machenn"[5]).

und wohl auch:

1532/33 ,,Item LIIII ℔ gebenn unnserm glaser so er in zweyen jorn in unnd uszwendig der statt uff den schlossenn unnd sonst mit glasen, ouch mit ettlichen wapen prennen verdient hatt"[6]).

Davon sind nur die Rathausscheiben mit Sicherheit nachweisbar. Sie geben die einzige, zwar genügend breite Basis für Zuweisungen ab.

Die wichtigste, bis heute nicht widersprochene Zuweisung ist die der dreiteiligen Scheibe von 1518 mit der Verkündigung und dem Baslerwappen, im Chor von St. Leonhard zu Basel[7]); sie wird im Zusammenhang mit dieser Kirche besprochen.

Weitere Zuweisungen werden bedeutend erschwert durch das Fehlen einer zusammenfassenden Untersuchung über die Basler Glasmalerei. Da sie hier nicht einzeln diskutiert werden können, folgt eine Übersicht über die wichtigsten Zuschreibungen aus der Literatur:

---

[1]) P. Ganz, Schweizerisches Künstlerlexikon, Bd. I, Frauenfeld 1905, S. 591. — W. Wartmann in: Thieme und Becker, Allg. Lexikon d. bild. Künstler, Bd. 14, S. 236 f.
[2]) Jahrrechnungen; Harms III, S. 295, Z. 74.
[3]) Ebenda; Harms III, S. 298, Z. 66.
[4]) Ebenda; Harms III, S. 337, Z. 33.
[5]) Ebenda; Harms III, S. 346, Z. 69.
[6]) Ebenda; Harms III, S. 423, Z. 51.
[7]) Ganz und Wartmann in den oben, Anm. 1, angeführten Arbeiten.

1. Wappenscheibe des Heinrich Hug von Sulz. Datiert 1516. Paris, Louvre[1]).
2. Figurenscheibe mit St. Barbara und Maria Magdalena. Stifter Bruder Andreas Wengi. Datiert 1517. Wettingen, Kreuzgang (Scheibenriss im Kupferstichkabinett Basel)[2]).
3. Figurenscheibe mit Petrus, St. Anna selbdritt und St. Barbara. Stifter Bruder Georg Brunner. Ca. 1517. Wettingen, Kreuzgang[3]).
4. Figurenscheibe mit Gottvater. Stifter Bruder Johannes de Sur. Datiert 1518. Wettingen, Kreuzgang[4]).
5. Figurenscheibe mit Johannes Bapt. St. Anna selbdritt und Johannes Ev. Stifter Bruder Johannes Ochs. Datiert 1519. Wettingen, Kreuzgang[5]).
6. Wappenscheibe mit St. Agatha und zwei Stiftern. Stifter Hans Imer von Gilgenberg und seine Gattin Agatha von Breitenlandenberg. Datiert 1519. Wallfahrtskirche Maria im Hag bei Meltingen[6]).
7. Scheibenpaar. Stifter Rat von Solothurn. Von 1519. Leuzingen, Kirche[7]).
8. Standesscheibe von Basel mit Kaiser Heinrich II. Ca. 1520. Wettingen, Kreuzgang. (Scheibenriss zum Gegenstück — von Holbein? — Kupferstichkabinett Basel)[8]).
9. Fragmente des Gegenstückes von 8. mit Maria, Standesscheibe von Basel. Ca. 1520. Aarau, Historisches Museum (zum Scheibenriss vgl. 8.)[9]).
10. Fragmente einer Scheibe mit Maria. Ca. 1520. Aus Pruntrut. Bern, Historisches Museum[10]).

Mit mehr Vorsicht sind einige *Zuweisungen* an das „Atelier" Anthoni Glasers aufzunehmen:

1. Figurenscheibe mit Aristoteles und Phyllis. Datiert 1527. Zürich, Landesmuseum[11]).
2. Vier Figurenscheiben mit Einzug in Jerusalem, Fusswaschung, Ölberg, Gefangennahme Christi. 1520er Jahre. Basel, Waisenhaus, Zscheckenbürlinzimmer[12]).
3. Standesscheibe von Basel mit Maria als Schildhalterin. Datiert 1519. Basel, Historisches Museum (Inv. Nr. 1930. 93.)[13]).
4. Wappenscheibe. Stifter Georg von Massmünster, Abt zu Murbach und Luders. Datiert 1520. Basel, Frau L. Vischer-Burckhardt. (Kopie eines Teils des Risses von Holbein in Basel, Öffentliche Kunstsammlung[14]).)

---

[1]) W. Wartmann, Les vitraux suisses au Musée du Louvre. Paris 1908, p. 42 ss. — Derselbe in: Thieme und Becker. — Lehmann, Zürcher Mitteilungen, Bd. 26, S. 325. — Derselbe, Anzeiger 1915, S. 64.
[2]) H. Lehmann, Zürcher Mitt. Bd. 26, S. 313. — Derselbe, Das ehemalige Cistercienserkloster ... Wettingen und seine Glasgemälde, 3. Aufl., Aarau 1926, S. 67 f. — Schmitz, Glasgem. Berlin I, S. 186. — Der Scheibenriss: Kupferstichkabinett Basel U. 2. 50.
[3]) Lit. = Anm. 2; kein Scheibenriss.
[4]) Lehmann, Wettingen, S. 67 f.
[5]) Lehmann, Wettingen, S. 67 f.
[6]) Lehmann, Zürcher Mitt. Bd. 26, S. 325, wo Lit. — Vgl. M. Wackernagel, Basel. Leipzig 1912, S. 168.
[7]) Lehmann, Anzeiger 1915, S. 136 f. — Vgl. derselbe, Anzeiger 1914, S. 223.
[8]) Lehmann, Wettingen, S. 70. — Schmitz, Glasgem. Berlin I, S. 186. — Zum Scheibenriss des Gegenstücks siehe P. Ganz, Die Handzeichnungen Hans Holbeins des Jüngeren. Berlin, XX, 2 (Original: Kupferstichkabinett Basel).
[9]) Lehmann, Wettingen, S. 70.
[10]) Lehmann, Zürcher Mitt., Bd. 26, S. 325.
[11]) H. Lehmann, Zur Geschichte der Glasmalerei in der Schweiz, Leipzig 1925, S. 108.
[12]) Lehmann, Zürcher Mitt., Bd. 26, S. 298.
[13]) Schmitz, Glasgem. Berlin I, S. 186. — Wartmann in Thieme und Becker.
[14]) Schmitz, Glasgem. Berlin I, S. 186. — Zur Scheibe vgl. Dan. Burckhardt in: Basler Zeitschr. f. Gesch. u. Altkde., Bd. IV (1905), S. 19 ff.

Die Frage nach dem Einfluss von Anthoni Glasers Kunst auf die Schweizer Glasmalerei ist bisher namentlich von H. Lehmann und zwar mit Hinblick auf die Berner Werkstätten untersucht worden. Nach seinen Forschungen läge „die Vermutung nahe, es sei um das Jahr 1519 ein Geselle aus der Werkstatt Meisters ANTHONY GLASER in Basel in die des LUKAS SCHWARZ in Bern eingetreten"[1]). Weiter noch geht die Frage, „ob HANS STERR (der mutmassliche Meister der Basler Scheibenstiftung in die Kirche von Jegenstorf) nicht in dessen Werkstatt gelernt habe"[2]). In weiterem Sinne käme ein indirekter Einfluss auch auf HANS FUNKS Stil in Betracht[3]). Bern gegenüber als „Konkurrenz innerhalb des Absatzgebietes der angrenzenden Staaten" — namentlich Solothurn — steht schliesslich nach demselben Forscher Glasers Werkstatt um 1519[4]).

Wie aufschlussreich eine ausführliche Untersuchung der Basler Glasmalerei in der ersten Hälfte des 16. Jahrhunderts sich gestalten müsste, liegt danach auf der Hand. Die Rathausscheiben aber sind der eigentliche Kernpunkt in dem ganzen Fragenkomplex.

Die Forschung über die Rathausscheiben.

1868 macht W. Lübke[5]) als erster auf ihre Bedeutung aufmerksam. Er verteilt die Entwürfe an Manuel, Holbein und Graf. Glaser gilt ihm nur als Ausführender.
1878 weist S. Vögelin[6]) sämtliche Entwürfe Niklaus Manuel zu. Diese Auffassung wirkt lange nach. Denn obwohl
1881 Rud. Wackernagel[7]) das Urkundenmaterial über die Stiftung veröffentlicht, führen noch
1886 Albert Burckhardt[8]) und
1889 B. Haendcke[9]) die Entwürfe im wesentlichen auf Manuel zurück.
1905 ist diese exklusive Ansicht erschüttert; für H. Oidtmann[10]) kann keiner der drei Meister als Urheber in Betracht kommen.
1905 beansprucht P. Ganz[11]) als erster ausdrücklich Entwurf wie Ausführung für Anthoni Glaser. Seither wird diese Anschauung kaum mehr diskutiert; sie ist
1913 für H. Lehmann[12]) selbstverständlich. Indessen nimmt doch
1913 H. Schmitz[13]) ein Vorwiegen des Grafschen Einflusses an.
1921 kann W. Wartmann[14]) die bestehende Rathausserie nur „vielleicht" mit der an Glaser bezahlten identifizieren.
1923 besteht für H. Schmitz[15]) und
1924 für Rud. Wackernagel[16]) kein Zweifel an Glasers Autorschaft.

---

[1]) Lehmann, Anzeiger 1913, S. 329 (vgl. auch Anzeiger 1914, S. 49).
[2]) Ebenda 1914, S. 55.
[3]) Ebenda 1915, S. 63.
[4]) Ebenda 1915, S. 136. — Auf eine Reihe weiterer, in Auktionskatalogen verstreuter Zuweisungen ist hier nicht einzugehen.
[5]) Siehe S. 492, Anm. 11.
[6]) in: Bibliothek älterer Schriftwerke der deutschen Schweiz, Bd. II, Niklaus Manuel, herausg. von J. Baechtold, Frauenfeld 1878, S. C ff.
[7]) in: Anz. f. Schweiz. Altkde. A. F. IV (1881), S. 124. — Vgl. auch ebenda S. 149.
[8]) Burckhardt-Wackernagel, Rathaus, S. 45 ff.
[9]) Niklaus Manuel, S. 58 ff.
[10]) Geschichte der Schweizer Glasmalerei, Leipzig 1905, S. 8, 139, 168.
[11]) in: Schweiz. Künstlerlexikon I, S. 591. — Vgl. auch derselbe, Schreibbüchlein S. 15.
[12]) Anzeiger 1913, S. 328.
[13]) Glasgem. Berlin I, S. 185.
[14]) In: Thieme und Becker, Bd. 14, S. 236.
[15]) Deutsche Glasmalereien der Gotik und Renaissance. München 1923, S. 7.
[16]) Geschichte der Stadt Basel, Bd. III, S. 271, 280.

DIE WANDGEMÄLDE DES RATHAUSES ZU BASEL
AUS DEM XV. UND XVI. JAHRHUNDERT
VON RUDOLF RIGGENBACH

I. Die Wandmalereien vor Holbein
Die Dekoration der Fassaden.

Die Fassade des Rathauses zu Basel, wie sie in den Jahren 1504—1513 durch Ruman Fäsch geschaffen wurde (Abb. 269), scheint mit ihrer streng symmetrischen Anlage nach dem ursprünglichen Willen des Architekten nicht für Malereien bestimmt gewesen zu sein. Die offenen Bogen der Halle und die ununterbrochene Fensterflucht des ersten Stocks boten hiefür keinen Raum und die scharfe Betonung der Mitte durch Uhr und Dachreiter schienen das bewegtere Leben auszuschliessen, wie sie umfangreiche Wandbilder voraussetzen. Tatsächlich waren denn auch die *Malereien der Fassade*, deren Reste sich 1901 unter der neuern Bemalung vorfanden, vorwiegend dekorativer Natur. Sie dienten dazu, den architektonischen Eindruck zu verstärken, indem sie die beiden mittlern Fenster des ersten Stocks mit der Uhr und den Fenstern des oberen Stockwerks verbanden und so die Mittelachse, die über Uhr und Wäppner zum Türmchen emporführte, noch stärker betonten. Auch das unschöne Zusammentreffen der Uhr mit den beiden seitlichen Fenstern war auf diese Weise ausgeglichen[1]).

Zu sehen war „ein Fries von Bändern in leuchtendem Blau mit Schriften, darunter Figuren in Goldton"[2]). Näheres erfahren wir durch die Notiz, die Karl Stehlin im Protokoll der Delegation für das alte Basel festgehalten hat[3]): „Links und rechts von der Uhr, in der Fläche zwischen dem ersten und zweiten Stockwerk, kommen unter der neuern Bemalung blaue Spruchbänder mit Goldbuchstaben von dieser Form (gemeint sind liegende gotische Spruchbänder) zum Vorschein. Darunter sind folgende Figuren erkennbar: Links König und Bauer, rechts der Papst. Auf dem Spruchband links sind in gotischer Schrift

---

[1]) Nach Paul Ganz, „Die Entwicklung der Basler Malerei im XVI. Jahrhundert", Basler Jahrbuch 1904, S. 270 sollen 1901 noch weitere Malereien sichtbar gewesen sein: „denn bei der Restauration haben sich zahlreiche Spuren einer ältern Bemalung der Wände ergeben, die Bock zum Teil nur übermalt hat, wie die goldenen Genien über den drei Eingangsthoren." Dem spätgotischen Geschmack entsprechend werden es Basilisken, wilde Männer oder Gewappnete gewesen sein, wenn überhaupt hier Malereien vorhanden waren. Genien sind in diesen Jahren ausgeschlossen.

[2]) Rathaus-Umbau. Bericht der Architekten Vischer und Fueter vom 21. März 1901. Staatsarchiv Basel, Rathausacten C C 1, S. 9/10. „Von der ältesten Periode, die in das 16. Jahrhundert fällt, sind an der Vorderfassade unter den Fenstern des zweiten Stockwerkes noch deutliche Spuren sichtbar; ein Fries von Bändern in leuchtendem Blau mit Schriften, darunter Figuren in Goldton. Dieselben sind jedoch nicht genügend, um ein Bild der ganzen Bemalung zu gewinnen. Aus der gleichen Zeit dürfte die Bemalung des Zinnenkranzes der Hoffassade stammen, Wappen mit Gewappneten, Basilisken usw. als Schildhaltern, ähnlich wie sie am Spalentor in Reliefs vorkommen."

[3]) Staatsarchiv Basel, Archiv der Historischen und Antiquarischen Gesellschaft H 2. Delegation für das alte Basel. Protocolle 1901, Nr. 3, Frühjahr 1901.

Abb. 393. Kaiser und Bauer, Wandgemälde an der Marktfassade des Rathauses zu Basel.
Nach 1511/1512. — Aufnahme von E. Vischer, 1901. — Privatbesitz Basel.

folgende Buchstaben lesbar: ....upple...protege....eque..., was mit Ausnahme des deutlichen (vom Maler verschriebenen) eque, zu dem bei Gross abgedruckten Spruch *[Tu supplex ora, tu protege tuque labora]* passt[1]). Auf dem Spruchband rechts ist nichts lesbar."

Dargestellt waren drei *Halbfiguren in Nischen*, die mit ihren Spruchbändern den Raum beidseitig der Uhr abschlossen (Abb. 393 und 394). Links der Kaiser mit langem Bart, ein Typus, wie er eben damals für Kaiser Heinrich den Heiligen aufkam und für die Basler den Kaiser schlechthin darstellen mochte. In der Statue der Pfalz (Tafel 12) hat dieser Typus kurz nachher seine klassische Gestalt erhalten, die allen Blicken weithin sichtbar war. Vor der Statue der Uhr (Abb. 275, S. 379), die ja bereits die populäre Figur des heiligen Kaisers festhielt, hatte die Malerei der Fassade den nachdenklichen Blick voraus, während bei seinem Gegenstück, einem Bauern mit mächtigem Strohhut und zurückgelehntem Haupt, mehr die humoristische Seite zur Geltung kam. Der Papst rechts, der den Stab mit dem dreifachen Kreuz in Händen hielt, erinnert auffallend an Leo X. Offenbar waren die Malereien als Ergänzung der Bildhauerarbeiten der Uhr gedacht und sind kurz nach den Statuen HANS THURNERS, d. h. um 1511/12, entstanden. Es

---

[1]) Gross, Urbis Basileae epitaphia et inscriptiones 1622, p. 449, wo als Standort der Inschrift „ante curiam Basiliensem" angegeben wird. Gross deutet die Worte als „officium ministri, magistratus et agricolae", über welche zweifelhafte Exegese schon Ochs, a. a. O., Bd. V, S. 401, spottete: „Wo hat er gefunden, dass nur der Landmann und nicht der Stadtbürger arbeiten soll?"

Es scheint, dass die Malereien zum Teil sehr drastisch und nicht ohne Humor vorgetragen waren. So war der Kaiser „mit leerem Geldbeutel" dargestellt, was zu Reklamationen von seiten des vorderösterreichischen Rheinfelden Anlass gab. Vgl. Albert Burckhardt und Rudolf Wackernagel, Beschreibung des Rathauses, Basel 1886, S. 15 mit Anm. 112 (S. 60) u. S. 34. Leider ohne Angabe der Quelle und des Jahrs.

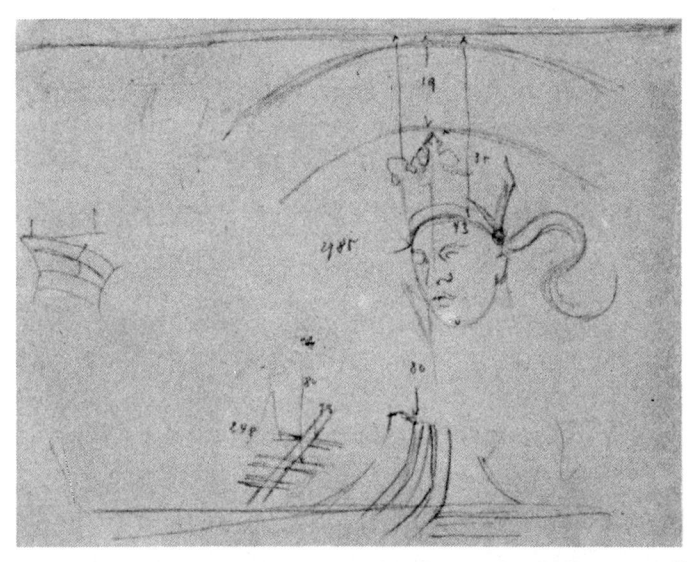

Abb. 394. Papst, Wandgemälde an der Marktfassade des Rathauses zu Basel.
Nach 1511/1512. — Aufnahme von E. Vischer, 1901. — Privatbesitz Basel.

ist die Zeit, wo der MEISTER D S seine berühmtesten Holzschnitte geschaffen hat, darunter das Titelblatt zum Brixner Missale und den Baselstab mit dem stehenden Basilisken, beide von 1511. Auf dem ersteren finden sich denn auch drei Halbfiguren heiliger Bischöfe in Nischen, die den Fassadenmalereien am Basler Rathaus auffallend nahestehen[1]). Auch die Darstellung des Papstes passt vorzüglich in jene Jahre, wo die bekannten Geschenke Julius II. an die Eidgenossen erfolgten. In der Mitte unter der Uhr prangte wohl der goldene Baselstab, den die siegreichen Truppen von den Schlachtfeldern der Lombardei nach Hause gebracht hatten[2]).

Ähnlich dekorativer Art waren die Malereien, an den hochragenden Zinnen der Hinterfassade des Rathauses, welche diesen merkwürdigen architektonischen Gebilden erst ihren rechten Sinn zurückgaben. Mit ihren lang-

---

[1]) Elfried Bock, Holzschnitte des Meisters D. S. Jahresgabe des Deutschen Vereins für Kunstwissenschaft, Berlin 1924 und Campbell Dodgson, Die Holzschnitte des Meisters D S, Jahrbuch der kgl. preuss. Kunstsammlungen XXVIII (1907), S. 21 ff. Das Titelblatt des Brixner Missale abgebildet bei Bock, Taf. XVI.

[2]) Robert Durrer, Die Geschenke Papst Julius II. an die Eidgenossen. Neujahrsblatt des Vereins für Gesch. und Altertümer von Uri XIX (1913). Über die Verleihung des Eckquartiers der Verkündigung und des goldenen Baselstabs, vgl. Robert Durrer, Die Schweizergarde in Rom und die Schweizer in päpstlichen Diensten, Teil I, Luzern 1927, S. 153. „In seiner Verlegenheit kam er (Schiner) auf den Gedanken, sie durch Ehren zu gewinnen, indem er von seiner Legatengewalt Gebrauch machte. Am 30. Juni brachte er vertraulich den Basler Hauptleuten, deren Soldaten zu den unruhigsten gehörten, das Anerbieten vor, ihr Banner mit einem religiösen Ehrenzeichen zu schmücken, wie solche die Urkantone, gestützt auf die Tradition prähistorischer Verdienste um den Heiligen Stuhl, in ihren Bannern führten — da die Basler ja in diesem Feldzuge vor allem der Politik der Länder zugestanden seien. Die hocherfreuten Offiziere wählten für das Quartier die Darstellung von Mariae Verkündigung, mit Hinweis auf das Verdienst des Basler Konzils um die Verehrung der Gottesmutter, und wünschten dazu die Verwandlung ihres schwarzen Baselstabes in einen goldenen, worauf der Kardinal sie das Feldzeichen bestellen hiess und die Bezahlung versprach."

gezogenen Rahmenprofilen stehen diese Zinnen wie Krieger in Reih und Glied da (Abb. 281, S. 387 und Tafel 24), und es lag nahe, ihre Sichtflächen mit gemalten stehenden Gestalten zu füllen. Tatsächlich fanden sich denn auch 1901 noch Reste von Malereien vor, die deutlich die Wappenschilde der Kantone zeigten und, je nach dem Wappen, von Kriegern, Wilden Männern, Basilisken, Löwen oder Heiligen gehalten waren. Die Kopien dieser Malereien, die WILHELM BALMER damals aufgenommen hat[1]), vermitteln heute noch eine deutliche Vorstellung, über welchen erstaunlichen Reichtum an Stellungen und Möglichkeiten der spätmittelalterliche Künstler verfügte (Abb. 395—397). Die Leistung ist umso auffallender, als die Gleichmässigkeit der Aufgabe und die Wiederholung ähnlicher Motive bei einem weniger frischen Temperament leicht zur Ermüdung hätte führen können. Als dekorative Füllungen der Flächen sind sie den plastischen Wappen der Marktfassade (Abb. 270) sogar deutlich überlegen.

Der Heilige Christophorus.

Weit genauer sind wir über die Malereien der rückwärtigen Gebäude unterrichtet. Wer durch den mittleren Bogen des Rathauses den Hof betrat, sah an der Fassade des Hinterhauses, dem Eintretenden direkt gegenüber, die Gestalt des *Heiligen Christophorus* in über doppelter Lebensgrösse emporragen. Es ist genau die Stelle, wo der Krieger des MARQUARD WOCHER zu sehen war (Abb. 348, S. 459), nur mit dem Unterschied, dass die Gestalt ursprünglich den ganzen Raum zwischen den Fensterstürzen des Erdgeschosses und dem Dachgesims des Hintergebäudes ausfüllte, da bis zur Erbauung des Grossratsaals nur ein Obergeschoss vorhanden war.

Wie das Gebäude selbst, ging auch die Malerei in die ältesten Zeiten des Rathauses zurück. Sie wird bereits 1390 zum erstenmal erwähnt[2]). Die Malerei war demnach kurz nach dem Erdbeben im Zusammenhang mit dem Neubau des Rathauses entstanden und zeigte wohl jenen linearen Stil, wie wir ihn heute noch in den Deckenmalereien der Krypta und den Wandbildern der Barfüsserkirche vor uns sehen[3]). Sie war gegen Ende des 15. Jahrhunderts erloschen und musste darum 1482 oder kurz nachher erneuert oder richtiger von neuem gemalt werden, wohl durch HANS GILGENBERG DEN JÜNGERN, den wir kurz

---

[1]) Es sind im ganzen 10 Kopien, die freilich, dem damaligen Zustand der Originale entsprechend, vielfach nur noch Andeutungen enthalten. Die hier abgebildeten Proben (Abb. 395—397) waren besser als die übrigen erhalten und geben auch den Charakter der Originale besonders gut wieder. Besitzer: Architekten E. und P. Vischer Basel. Über die Erwähnung dieser Malereien im Baubericht vom 21. März 1901, Staatsarchiv Basel, Rathausakten C C 1, S. 10: vgl. S. 517, Anm. 2.

[2]) „Anno MCCCLXXXXmo (1390) sub domino Heinrico Richen milite magistrocivium wart erkennet: ....Item man sol stellen uf Heintzman Endingers knecht, umb das er an sant Cristofels bilde freventlich und ubellich slug." Staatsarchiv Basel, Rathsbücher A 3 (Leistungsbuch II), fol. 3ʳ, Zeile 5/4 von unten. Wackernagel, Geschichte von Basel, Bd. II, S. 79* = Anm. zu S. 472.

[3]) August Bernoulli, Die Deckengemälde in der Krypta des Münsters zu Basel. Mitteilungen der Historischen und Antiquarischen Gesellschaft, N. F. I Basel 1878, und E. A. Stückelberg, Die Wandgemälde der Barfüsserkirche in Basel Anzeiger für Schweizer. Altertumskunde 1892, S. 146 ff. und 1893, S. 190 ff. Die letzteren sind nicht zerstört, wie Konrad Escher in seinen Untersuchungen zur Geschichte der Wand- und Deckenmalereien in der Schweiz, Strassburg 1906, S. 138, anführt, sondern hinter einer sinnvollen Vorrichtung versteckt.

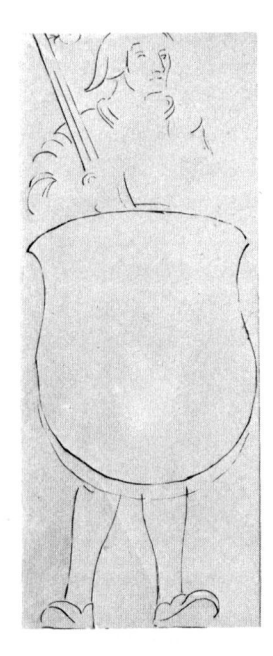

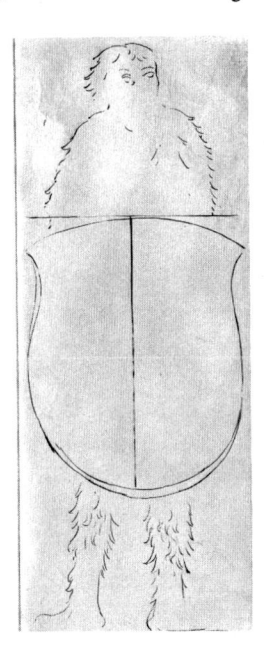

Abb. 395—397. Schildhalter mit den Wappen der Stände Schwyz, Basel und Luzern.
Wandmalereien an den Zinnen der Hoffassade des Rathauses zu Basel. Nach 1511/1512.
130 (129) × 54 (55) cm. — Kopien von Wilhelm Balmer, 1901. — Privatbesitz Basel.

vorher mit Malereien im Rathaus beauftragt finden[1]). Es ist jenes Bild, das 1901 unter den Malereien von Bock, Senn und Wocher auftauchte[2]). Es war keine Wiederholung des alten Bildes, sondern eine völlige Neuschöpfung, allerdings von einem Meister, der die monumentale Kunst des Konrad Witz in die andersartige Kunst vom Ausgang des 15. Jahrhunderts hinüber gerettet hatte (Abb. 398).

Nur die gewaltigen Dimensionen erinnerten an den Stil des 14. Jahrhunderts, während der knittrige Faltenwurf und die zierliche Gestalt des

---

[1]) „Ob man sannt Cristoffel am richthuse, ouch das gemeld an sannt Albansthore ernuwern wolle." Staatsarchiv Basel, Öffnungsbuch VI, fol. 59ʳ Dienstag vor Kaiser Heinrichstage (9. Juli) 1482. Wackernagel, a. a. O., Bd. II, S. 79* Anm. zu S. 472. Über Hans Gilgenberg d. J. vgl. Schweizer. Künstlerlexikon, Bd. I, Frauenfeld 1905, S. 576. Die Nachricht über Malereien Gilgenbergs im Rathaus im W. A. B. (Wochenausgabenbuch), Staatsarchiv Basel, Finanzakten G 11, 1478, fol. 280: „Item II ℔ V β meister Gilgenberg von dem rathuss ze molen."

[2]) Erhalten sind: 1. Eine photographische Aufnahme, die an Ort und Stelle gemacht wurde, nachdem Wilhelm Balmer die Konturen verstärkt hatte (Abb. 398, S. 523). 2. Eine Kopie Wilhelm Balmers in Originalgrösse, der wir die genauen Masse verdanken: h. 447,5, br. 150 cm. „Aufgenommen von W. Balmer." Staatsarchiv Basel, Planarchiv, Rathaus, Rolle 1. Abg. in E. Vischer, Rathaus in Basel, Basel 1904, S. 13. Diese Kopie sollte dazu dienen, die Wiederherstellung des Bildes an Ort und Stelle zu ermöglichen. E. Vischer, a. a. O., S. 13, berichtet darüber: „Der Vorschlag der Bauleitung, hier eine Reproduktion der Christophorus-Figur anzubringen, welche an der Fassade des abgebrochenen Hinterhauses war aufgedeckt worden, erhielt leider nicht die Genehmigung der Behörde." Sie ist dann einige Jahre später doch an das Rathaus gekommen, allerdings an anderer Stelle, an der Giebelfassade des Hintergebäudes und mit starken Veränderungen, namentlich am Haupte des Heiligen. Auch die blaue Farbe des Mantels entspricht den 1901 gefundenen Farbspuren.

Christuskindes deutlich den Zeitgenossen Schongauers verraten. Die Leistung war auch so eine aussergewöhnliche und gerade das Vorbild des 14. Jahrhunderts scheint den Nachfolger angespornt zu haben, auch nach der Seite einer monumentalen Wirkung hin das Mögliche zu tun. Die Gestalt war auffallend ruhig gehalten und in ihren Proportionen meisterhaft dem verfügbaren Raum angepasst, der nach oben und unten reiche Möglichkeiten des Disponierens zuliess, nach der Breite hin, wo die Fensterstöcke die Gestalt einkeilten, aber nur wenig Raum bot. Der Künstler half sich dadurch, dass er die grösste Ausladung in die Flucht der Querbalken der Fensterkreuze verlegte, wo der sich biegende Arm die Bewegung der Komposition bedingte und das reiche Faltenwerk des niederfallenden Mantels den verfügbaren Raum bis zum Rand ausfüllte. Auch gegen oben setzte die umrahmende Linie dicht über dem Heiligenschein des Christuskindes ein, während unten die ruhige Wasserfläche die Komposition einleitete und die Gestalt des Heiligen erst von den Knien an sichtbar wurde, um die Massen in der Mitte möglichst zusammenzuhalten. Dazu das gewaltige Löwenhaupt, das über den Fensterstürzen auftauchte und der mächtige Baumstrunk, der in dreimaligen Gabelungen zur feingliedrigen Gestalt des Christuskindes hinüberführte. Sein fröhlich bewegter Mantel, der von einem leichten Wind seitwärts getrieben wurde, schloss links oben mit klaren, horizontalen Linien die Komposition ab, die rechts unten mit dem Blick über die offene Wasserfläche einsetzte.

Das jüngste Gericht von Hans Dyg.

Die Hoffassaden des Rathauses boten auch sonst Flächen, die für Wandbilder wie geschaffen schienen. So die Wand auf der Höhe der Treppe, die dicht unter dem Christophorus emporführte (vgl. den Schnitt von L. Stähelin, 1780/1781). Zum Glück für den Künstler war die Malerei durch die plastische Figur des Stadtläufers von dem Riesen nebenan getrennt und zudem, vor dem Ausbau des Gewölbes (1609), durch ein Pultdach gedeckt, so dass sie wie in einem Gehäuse sass und demgemäss ihre zum Christophorus veränderten Proportionen nicht allzusehr auffielen. Neben der zierlichen Figur des Stadtläufers mochten sich die gemalten Gestalten sogar recht stattlich ausnehmen.

Mit Rücksicht auf die Gerichtsstube im Erdgeschoss des Hinterhauses war das *Jüngste Gericht* dargestellt (Abb. 399 und 401), so dass jeder, der das rückwärtige Gebäude betrat, den Blick darauf zu werfen gezwungen war. „Und eben auch zu diesem Zweck und Ende haben unsere in Gott ruhenden Vorfahren zu obrist der Rahtsstegen Euch Richtern und Regenten das Jüngste Gericht und den Prozess desselbigen an die Mauren setzen und entwerffen lassen, damit, so offt Ihr an diesen Ort kommet, Euch des Jüngsten Gerichts fleissig erinneren solt"[1]. Als „pictura Lutheranissima ante Luthe-

---

[1] Friedrich Seyler, Leichpredigt bey Bestattung des Deputaten Niclaus Weiss. 11. Januar 1706, S. 12, Exemplar Universitätsbibliothek, Basel.

Abb. 398. St. Christophorus.
Wandgemälde am Hintergebäude im Hof des Rathauses zu Basel.
Photographie 1901.

rum" erfreute sich die Malerei auch bei den neuen protestantischen Machthabern einer besondern Sympathie, weil sie, wie viele Darstellungen vom Ende des 15. und Beginn des 16. Jahrhunderts, den Papst in der Hölle zeigte[1]). Mit dem Totentanz des Predigerklosters teilte sie demnach das Schicksal, mindestens einmal im Jahrhundert übermalt zu werden, mit dem Resultat, das Küttner in seinen Briefen aus der Schweiz für den Totentanz sehr anschaulich geschildert hat: ,,Da aber an dem Bilde gelegen war, so wurde es oft repariert, übermalt und überkleistert, so dass jetzt das Hauptwesen davon eine plumpe Masse bunter Farben ist"[2]). Die Inschrift am Sockel des Bildes, die vielfach übermalt wurde, berichtet darüber:

    Anno [1510].[3])
    Ernewert 1610.
    RENOV. MDCCX.
    Erneuert 1760.
    RENOV MDCCCXXV.

Es sind genau die Daten, die auch sonst für die Renovation der Rathausbilder durch HANS BOCK, die Gebrüder BECKER, die Maler AWENG, WOHNLICH und HOLZACH und endlich im 19. Jahrhundert für die Restaurationen durch JOHANNES SENN und HIERONYMUS HESS bezeugt sind. Die ursprüngliche Wandmalerei wurde dabei, anlässlich einer der Restaurationen des 18. Jahrhunderts, mit Ölfarbe überschmiert, so dass auch nach dieser Richtung hin der Charakter des Bildes völlig verändert wurde[4]). Trotzdem sind einige Andeutungen über Bedeutung und Charakter des Werkes möglich.

Als Entstehungsjahr der Malerei wird das Jahr 1510 angegeben[5]). Da aber in diesen Jahren im hintern Teil des Rathauses nicht gebaut wurde und der Aufbau des ,,neuen Saals" 1517—1521 durchgeführt worden ist, hat

---

[1]) Von den zahlreich erhaltenen Beispielen sei hier an das Jüngste Gericht STEPHAN LOCHNERS im Kölner Museum (Karl Aldenhoven, Geschichte der Kölner Malerschule, Lübeck 1902, Taf. 38) oder an den Pfullendorfer Altar (Kraus, Kunststatistik des Kreises Konstanz, Freiburg i/B. 1887, S. 448, jetzt im Augustinermuseum zu Freiburg i/B.) erinnert, die beide den Papst in der Hölle zeigen. Zu dem Pfullendorfer-Altar, der um 1480 entstanden ist, existierte auch noch die Originalzeichnung im Kupferstichkabinett Basel. U. 16. 14. (vgl. Abb. 400). Im Gegensatz zu den altdeutschen Meistern begnügten sich die Italiener meist mit Geistlichen, Bischöfen und Kardinälen, so Fra Angelico da Fiesole in dem Jüngsten Gericht der Academie zu Florenz.
Die Bezeichnung der Malerei als ,,pictura Lutheranissima ante Lutherum" bei Ulrich Hegner, Hans Holbein der Jüngere, Berlin 1827, S. 75. Hegner ist überhaupt über das Bild, das er bei seinem Besuche im Rathaus 1822 noch in der Übermalung von 1760 sah, auffallend genau unterrichtet. Eine Hauptquelle bildete dabei das Schreiben Registrators Krug an Deputat Huber vom 25. März 1824, das der letztere an Hegner weitergab (Winterthur, Stadtbibliothek).
[2]) Karl Gottlob Küttner, Briefe eines Sachsen aus der Schweiz. I. Teil, Leipzig 1785, S. 253 (13. März 1777).
[3]) Die Jahreszahl 1510 ist heute unleserlich, aber schon 1686 durch Burnet bezeugt.
[4]) Weitere Restaurationen werden 1854 und 1885 erwähnt, vgl. J. J. Im Hof, Das Basler Rathaus und seine Bilder. Jahresbericht des Basler Kunstvereins 1885, Basel 1886, S. 19 und 25, wobei die Entfernung der Übermalungen, die Maler Hochschlitz beim Jüngsten Gericht vorgenommen hatte, besonders gerühmt werden.
[5]) Sie war wohl auf einer Tafel zu lesen, die rechts unten angebracht war, da wo man jetzt, hart am Rande der Hölle, ein Stilleben von Spielkarten und Tabakpfeife sieht, und wird neben der Jahrzahl auch das Monogramm des Künstlers gezeigt haben.

Abb. 399. Das Podest der Ratstreppe mit dem Jüngsten Gericht des Hans Dyg
im Hof des Rathauses zu Basel. — Photographie 1932.

man allen Grund anzunehmen, dass die Jahrzahl bei der Restaurierung des Bildes durch Hans Bock falsch übertragen wurde. Sie wird 1519 zu lesen sein, wo wir den Maler HANS DYG mit einem „gemeld uff dem richthuss" beschäftigt finden[1]). Da der Grossratsaal damals aufgebaut wurde, lag es nahe, gleich-

Abb. 400. Entwurf zum Pfullendorfer Altar, um 1480.
Unterer Teil des Mittelstücks. — Kupferstichkabinett Basel.

---

[1]) „Item XL ₰ Hans Dygen dem moler, das alt richthus inwendig ze molen." Staatsarchiv Basel, Finanz H, Jahresrechnung 1519/20. Dass es sich dabei um ein Gemälde, nicht um Anstreicherarbeit handelte, geht deutlich aus der Fronfastenrechnung und dem gleichlautenden Eintrag des Wochenausgabenbuchs (WAB, S. 568) hervor: „Item XL ₰ geben meyster hans dig vom gemeld uff dem richthuss." Samstag nach Lucie (17. Dezember 1519). Das Gemälde ist demnach in den Sommermonaten 1519 entstanden und war der Vollendung nahe, als Hans Holbein d. J. von Luzern zurückkehrte. Eduard His, Die Basler Archive über Hans Holbein d. J., Basel 1870, S. 6. Die Stelle aus der Jahresrechnung auch bei Harms, a. a. O., Bd. III, S. 296, Zeile 72/73. Über Hans Dyg vgl. Schweizer. Künstlerlexikon, Bd. IV, Frauenfeld 1917, S. 132/133 (Lucie Stumm), wo er als Künstler der Baldungschen Richtung bezeichnet wird.

Abb. 401. Das Jüngste Gericht von Hans Dyg, 1519
im Hof des Rathauses zu Basel. — Photographie 1932.

zeitig auch den Hauptzugang im Hof auf dem Podest der Ratstreppe mit einem neuen Bilde zu schmücken, vielleicht an Stelle einer ältern Malerei, die gleichzeitig mit dem Christophorus kurz nach dem Erdbeben vom Jahre 1356 entstanden sein mochte und in ihrer geschützten Lage etwas länger standgehalten hatte.

Im Gegensatz zu den bekannten Darstellungen des jüngsten Gerichtes, die meist breite Flächen füllen[1]), hatte HANS DYG hier eine hohe Wand vor sich, die bei einer Höhe von rd. 4,50 m nur eine Breite von 3,15 m besass. Dazu einen gemalten Sockel, dessen Höhe 1,10 m betrug. Dieses Format hatte für die oberen Partien des Bildes den Vorteil, dass sich der Künstler auf die Hauptgestalten beschränken konnte, den drohenden Weltenrichter in der Mitte und die fürbittende Muttergottes und den Johannes zu Seiten, während seine Vorgänger den ganzen Chor der Apostel und Engel aufbieten mussten, um den verfügbaren Raum auch nur annähernd zu füllen. Diese konzentrierte Fassung scheint den Künstler zu einer höchsten Anspannung der Kräfte veranlasst zu haben, und hier ist es denn auch, wo man unter den Farbschichten späterer Übermaler noch etwas von dem ursprünglichen Charakter zu erkennen glaubt, etwa in dem Mantel Christi, der mit seinen Purpurfarben den Blick sofort anzieht und die Komposition majestätisch-drohend beherrscht, oder in dem mächtigen Wallen des Faltenwurfs bei Johannes, wo auch in der Bewegung der Arme und Hände noch etwas von der Spannung zu erkennen ist, mit der die Künstler vom Anfang des 16. Jahrhunderts derartige Überschneidungen zu gestalten wussten.

Sehr viel weitgehender ist der untere Teil des Bildes umgestaltet worden. Hier zeigten sich die Nachteile der knappen, zur Verfügung stehenden Fläche. Wirklich frei entwickelt ist nur die mittlere Szene, wo sich zwei Teufel um die Leiber zweier Sünder herumbalgen. Kein Zweifel, dass in dem ursprünglichen Bilde von HANS DYG nackte Gestalten dargestellt waren, die sich mit Leibeskräften gegen die Umarmungen der Teufel wehrten, ähnlich wie wir dies auf dem Pfullendorfer Altar (Abb. 400) dargestellt finden. Sie sind 1610 von HANS BOCK zu zwei Dominikanermönchen umgestaltet worden und als ob es damit nicht genug wäre, tauchen gleich noch ein Priester und eine Nonne am Rand der Hölle auf. Das so umgestaltete Bild hat denn auch nicht verfehlt die besondere Aufmerksamkeit protestantischer Besucher zu

---

[1]) Auch aus Basel sind zwei Darstellungen bekannt: Das Jüngste Gericht Peter Malensteins von 1455 1456 in der Barfüsserkirche, das eine der zehn Nischen des Langhauses schmückte und in seinen Dispositionen dem Bilde des Rathauses nahestand, wenn der Bogen auch nicht so straff gespannt war. Abb. bei Daniel Burckhardt, Studien zur Geschichte der Baslerischen Malerei des spätern Mittelalters, Festbuch zur Eröffnung des Historischen Museums, Basel 1894, Taf. IV und Text S. 132. Die zweite Darstellung war ein Breitbild, wie die üblichen Darstellungen des Jüngsten Gerichts. Sie kam im Jahre 1839 beim Umbau der alten St. Johannskapelle beim Münster in ein Privathaus zum Vorschein und ist damals von Johann Jakob Neustück (1800—1867) kopiert worden. Aquarelle im Kupferstichkabinett Basel, Mappe 101. Die dazu gehörige Skizze J. J. Neustücks findet sich abgebildet bei E. A. Stückelberg, Basler Denkmalpflege, Beilage zum Jahresbericht des Basler Kunstvereins. Basel 1911, S. 25.

erregen, so bereits 1686 das Entzücken Burnets[1]). Einen Lichtblick mitten in dieser wüsten antipapistischen Schlägerei[2]) bildet im Hintergrund dicht über dem stehenden Teufel die kleine Gestalt eines in den Basler Farben schwarz-weiss gekleideten Bauern mit Hutte, der in seiner Todesangst mit ausgebreiteten Armen davoneilt, um dem Teufel dicht auf den Fersen und dem drohenden Höllensturz zu entgehn. Es ist eine jener humorvollen Erfindungen, wie sie die altdeutschen Meister ihren Hintergründen einfügten und wohl auf HANS DYG zurückgeht.

Dies die wenigen Nachrichten und Spuren, die wir von ältern Malereien im Rathaus besitzen. Trotzdem ist es sehr wahrscheinlich, dass der innere Hof seit dem Erdbeben mit Malereien geschmückt war, da die Flächen hiezu an den verschiedensten Stellen vorhanden waren. So die Wände des Verbindungsgangs, der, von einem Pultdach gedeckt, zum Vorderhaus hinüberführte, und am Vorderbau selbst die grosse Wandfläche des ersten Stocks, wo zuletzt eine gemalte Fensterarchitektur zu sehen war (vgl. Abb. 281).

Entgegen anderslautenden Vermutungen hat dagegen LAWELIN im Rathaus **nicht** gemalt[3]), da die Stelle „do man den rat setzet", sich gar nicht im Rathaus befand, sondern „vor dem münster heruss auf dem platz", zu suchen ist, „benantlich auf der mitnacht seiten, am pfeiler dess bischoffs von Mentz capell"[4]).

---

[1]) Gilbert Burnet, „Durch die Schweitz, Italien, auch einige Orte Deutschlands und Frankreichs im 1685. und 1686. Jahre gethane Reise". Deutsche Ausgabe, Leipzig 1687, S. 249/50: „Das Rathaus ist ein altes Gebäude und hat auff seinen Mauren einige in fresco (auff Kalkgrund) gemahlte Stücke, die sehr gut seynd. Man siehet da eines unter anderen, welches die Papisten im Hertzen kränkt, ob sie wohl nicht Ursach haben der Reformation desswegen Feind zu seyn, massen es etliche Jahr vorhero nemlich von 1510 her gemacht worden. Es ist eine Vorstellung des letzten Gerichts-Tages, in welchem nach gesprochenem Urtheil der Teuffel da ist, und einige Personen, unter welchen man einen Pabst und etliche Geistliche siehet, vor sich her in die Hölle treibet. Man gibt vor, dass, als das Concilium lange Zeit in diesem Ort gewehret, und scharff wieder den Papst gewesen, es die Stadt zu einem so grossen Hass wieder denselben gereitzet, dass sie Sinnes worden, diese Vorstellung machen zu lassen." — Über Gilbert Burnet (1643—1715), Bischof von Salisbury, vgl. Dictionary of National Biographie VII, S. 349 ff. Der fünfte Brief, der über Basel handelt, ist am Nimwegen vom 7. Mai 1686 datiert. Da der vierte Brief vom 8. Dezember 1585 aus Rom abgeschickt ist, muss Burnet anfangs 1686 durch Basel gereist sein.

[2]) Diese wüste Darstellung ist 1825 mit Rücksicht auf das katholische Birseck gemildert worden. Die Schweiz. Monatschronik, Zürich, J. J. Ulrich, 1825, S. 285, berichtet darüber: „Unter anderm, was in der jüngsten Zeit für die Verschönerung der Stadt Basel geschah, hat man auch das Rathaus bedeutend renoviert. Die Freskogemählde wurden bey dieser Gelegenheit von den Mahlern Hess und Senn wieder aufgefrischt. Eine Vorstellung des jüngsten Gerichts, wo auch ein Papst mit der dreyfachen Krone in den Flammen bratet, ist dahin abgeändert worden, dass man dem Heiligen Vater die Krone abnahm, so dass er nun gewisser Massen in der Hölle privatisiert."

Nach Antistes Jakob Burckhardt, (Sammlungen über Gemälde und Inschriften des Rathauses zu Basel 1825, Staatsarchiv Basel, Handbibliothek B q 109, S. 35) geschah dies mit Rücksicht auf die katholischen Birsecker: „Bey der jetzigen Renovation ist die goldne Papstkrone weggethan worden und zwar namentlich deswegen, weil nun auch Catholiken aus dem Bezirke Birseck in den Rath kommen, denen der Anblick eines Papstes in der Hölle hätte ärgerlich werden können." Die Übermalung ist dann 1854, als diese Rücksichten wegfielen, wieder entfernt worden. Vgl. J. J. Im Hof, Das Basler Rathaus und seine Bilder. Jahresbericht des Basler Kunstvereins 1885, S. 19.

[3]) Schweizer. Künstlerlexikon, Bd. II, Frauenfeld 1908, S. 236, wo ein angebliches Madonnenbild Lawelins im Rathause erwähnt wird. Gemeint ist die Notiz im Wochenausgabenbuch, Samstag nach Nicolai (10. Dezember) 1429, S. 472: „Item meister lawelin III ₰ uf unser frowen bilde so gemalet ist da man den rat setzet."

[4]) Wurstisen, Beschreibung des Basler Münsters und seiner Umgebung. Beiträge zur Vaterländischen Geschichte N. F. II (XII), Basel 1888, S. 472 ff. und Basler Chroniken Bd. VI, Leipzig 1902, S. 307 ff.

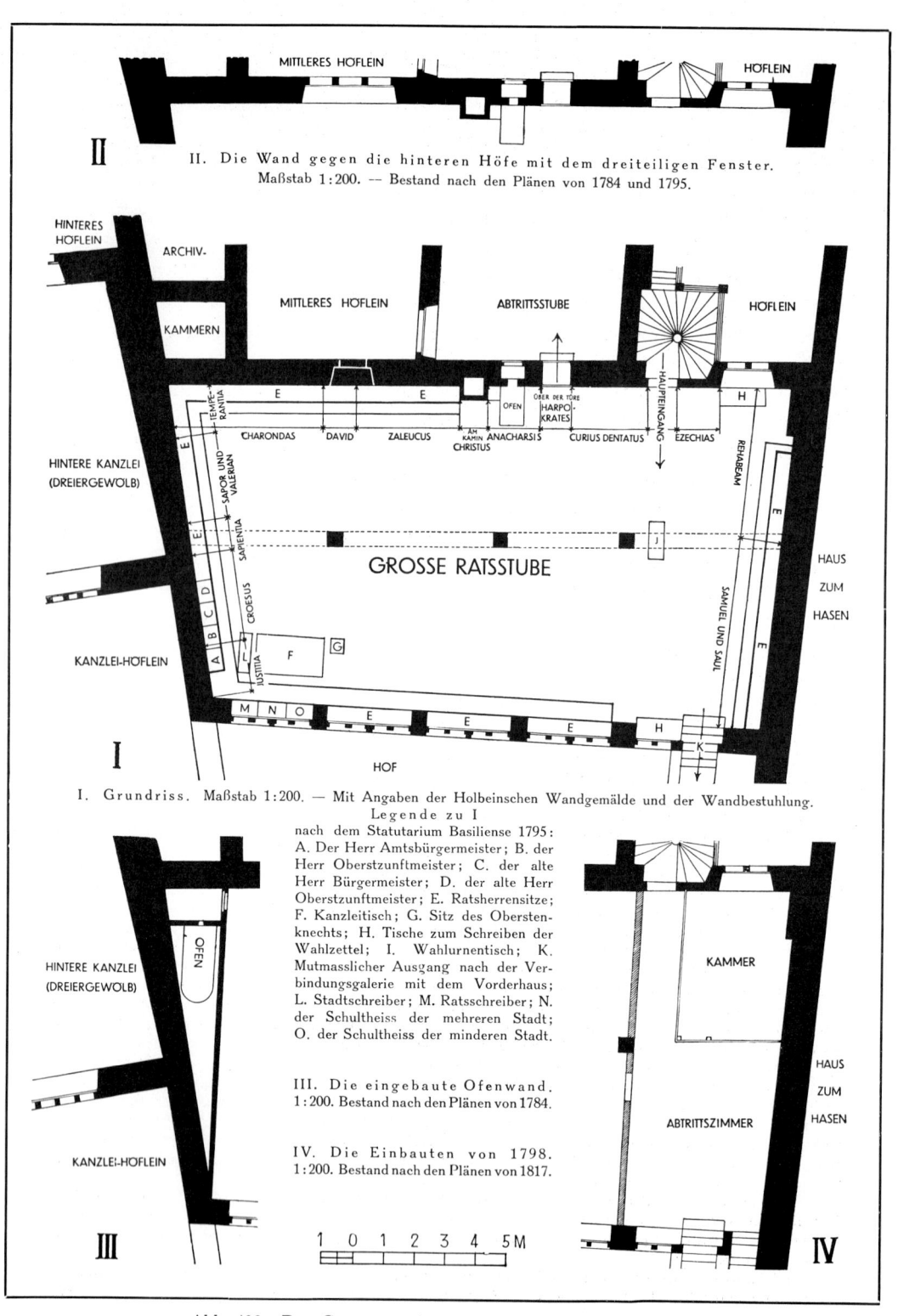

II. Die Wand gegen die hinteren Höfe mit dem dreiteiligen Fenster.
Maßstab 1:200. — Bestand nach den Plänen von 1784 und 1795.

I. Grundriss. Maßstab 1:200. — Mit Angaben der Holbeinschen Wandgemälde und der Wandbestuhlung.

Legende zu I
nach dem Statutarium Basiliense 1795:
A. Der Herr Amtsbürgermeister; B. der Herr Oberstzunftmeister; C. der alte Herr Bürgermeister; D. der alte Herr Oberstzunftmeister; E. Ratsherrensitze; F. Kanzleitisch; G. Sitz des Oberstenknechts; H. Tische zum Schreiben der Wahlzettel; I. Wahlurnentisch; K. Mutmasslicher Ausgang nach der Verbindungsgalerie mit dem Vorderhaus; L. Stadtschreiber; M. Ratsschreiber; N. der Schultheiss der mehreren Stadt; O. der Schultheiss der minderen Stadt.

III. Die eingebaute Ofenwand.
1:200. Bestand nach den Plänen von 1784.

IV. Die Einbauten von 1798.
1:200. Bestand nach den Plänen von 1817.

Abb. 402. Der Grossratssaal von 1521 im Rathaus zu Basel.

II. Der Grossratssaal und die Wandbilder Hans Holbeins d. J.

1. DAS „VERDING" UND DIE ENTWÜRFE.

Es wird immer erstaunlich bleiben, dass die wichtigste künstlerische Aufgabe, die das damalige Basel zu vergeben hatte, die Ausschmückung des Grossratssaals, einem jungen Künstler von kaum dreiundzwanzig Jahren zufiel[1]). Trotz seines jugendlichen Alters waren freilich diesem Auftrag Leistungen vorausgegangen, die dieses Zutrauen rechtfertigten und verständlich machten. Mit dem Doppelporträt des Bürgermeisters Jakob Meyer hatte sich der Neunzehnjährige in Basel eingeführt und seither hatte er in Luzern das Haus Jakob von Hertensteins mit Bildern aus dem klassischen Altertum geschmückt, deren Ruhm wohl auch nach Basel gedrungen war. Dazu kamen die zahlreichen Titelblätter für den Frobenschen Verlag, die reiche Dekorationen mit dramatischen Darstellungen verbanden und alles in Schatten stellten, was seine ältern Zeitgenossen, wie Urs Graf, auf diesem Gebiete geschaffen hatten. Das bewegte Leben, das seit dem Anschluss der Stadt an die Eidgenossenschaft auch Basel mitgerissen hatte und eben damals zu den gewaltigen Entscheidungen auf den Schlachtfeldern Oberitaliens führte, verlangte gebieterisch nach einer Kunst, die diesem erhöhten Lebensgefühl Ausdruck verlieh und nur bei dem jungen Augsburger zu finden war, der kurz vorher voll neuer Eindrücke aus Italien zurückgekehrt und seither Bürger geworden war. Trotz dieser jugendlichen Begeisterung, die den Künstler erfüllte, hat aber Holbein die Lösung nicht vorwiegend in bewegten Darstellungen gesucht, wenn auch etwas von der dramatischen Spannung der Zeit jedes dieser Bilder durchdringt. Das entscheidend Neue liegt gerade in der verhaltenen Kraft, in der Art und Weise, wie sich Holbein den Bedingungen des Wandbilds und des Orts anpasste und so dem Raum, den es zu schmücken galt, eine neue Gestalt verlieh.

Der Vertrag mit Holbein ist am 15. Juni 1521 abgeschlossen worden und wurde nach dem Gebrauch der Zeit mit einem kräftigen Trunke besiegelt[2]). Holbein hatte dabei, vor Abschluss des „Verdings" seine Pläne an Hand von Entwürfen bis in alle Einzelheiten festgelegt. Ein glücklicher Zufall hat uns die Mehrzahl dieser Zeichnungen, teils im Original, teils in Kopien erhalten, so dass wir über seinen ursprünglichen Plan genau unterrichtet sind (Abb. 403 ff.). Vorgesehen war ein reicher Wechsel von Historienbildern und stehenden Figuren, die sich der Künstler wohl als Grisaillen dachte und nur mit wenigen Farben, etwa Gold und Blau, gehöht waren

---

[1]) H. A. Schmid, Die Werke Hans Holbeins in Basel. Öffentliche Kunstsammlung Basel. Kleiner Führer Nummer 2. Basel 1930, S. 1. Darnach ist Hans Holbein d. J. in den „Wochen kurz vor, oder kurz nach Neujahr 1498" in Augsburg geboren worden.

[2]) Wochenausgabenbuch vom 15. Juni 1521: „Item V β VI d. verzert, do man den nuwen sal zu molen verdingt hat". Quellen Nr. 1 c: vgl. den Anhang, Urkunden und Nachrichten über die Wandmalerein Hans Holbeins d. J. im Basler Grossratssaale. Im Folgenden kurz als Quellen bezeichnet.

Abb. 403. „Justitia".
Kopie des Originalentwurfs Hans Holbeins für den Grossratssaal.
Kupferstichkabinett Basel.

und so die Historienbilder mit ihren Lokalfarben und dem reichen Faltenwurf der Gewänder trotz der verkleinerten Proportionen erst recht zur Geltung brachten. Entsprechend den Darstellungen aus der antiken Geschichte, wie sie Holbein an der Stirnfläche des Hertensteinhauses angebracht hatte, waren für die Historienbilder des Grossratsaals ursprünglich gleichmässige quadratische Felder vorgesehen, die durch reiche Pilaster von den Figuren nebenan getrennt waren. Den Flächen der Gestalten war der Blick in tiefe Räume gegenübergestellt, so dass jede kleine Verschiebung mit vollendeter Deutlichkeit wirken musste. In der Ferne fiel der Blick auf reiche Architekturen mit Säulenhallen, so dass sich der Saal zu weiten schien und ein festlicher Eindruck entstand, wie er von den Dekorationen Italiens her Künstlern und Zeitgenossen bekannt war. „Es sind Wellenschläge der damaligen italienischen Bildung, welche auch nach dem Norden dringen und Künstler und Besteller bestimmen helfen" (Jacob Burckhardt)[1].

---

[1]) Holbein-Vortrag, Oktober 1866. Staatsarchiv Basel, Privatarchiv 207 (Jacob Burckhardt), Nr. 171.

Abb. 404. „Sapientia".
Kopie des Originalentwurfs Hans Holbeins für den Grossratssaal.
Kupferstichkabinett Basel.

Der literarische Plan, der diesen Entwürfen zugrunde lag, war von *Beatus Rhenanus* ausgegangen[1]). Was ihn trotz seiner moralisierenden Tendenz für Holbein erträglich und vielleicht sogar sympathisch machen musste, war die klare Idee, von der er ausging. Die Wand, wo die Sitze der Bürgermeister standen und die zuerst als Ganzes übersehen werden konnte, sollte dem Eintretenden warnende Beispiele der Gefahren von Besitz und Macht vor Augen führen. Sie waren durch „Croesus auf dem Scheiterhaufen" und

---

[1]) Der Nachweis in dem Aufsatz von Salomon Vögelin: Wer hat Holbein die Kenntnis des classischen Alterthums vermittelt? Repertorium für Kunstwissenschaft, Bd. X, 1887, S. 344ff. Die Stelle über die Wandmalereien des Rathauses S. 370/371. Sein Hinweis auf Diodor (Charondas) und Aelian (Zaleucus) scheint freilich nicht richtig zu sein, obschon sie die lebendigste Schilderung der Geschichten vermitteln. Wahrscheinlicher ist Valerius Maximus als Quelle, wie schon Jacob Burckhardt auf Grund seiner immensen Kenntnisse annimmt, weil dort, wie bei Holbein, die beiden Historien unmittelbar nebeneinander erzählt werden (Valerius Maximus, Lib. VI, Cap. V, Externa 3/4). Auch Marcus Curius Dentatus und Anacharsis sind dort auf einen Schlag miteinander zu finden (Lib. IV, Cap. III 5 und Lib. VII, Cap. 2, Externa 14). Für den Crœsus ist Herodot, für „Valerian und Sapor" Lactantius (De mortibus persecutorum 5) als Quelle anzunehmen. Für die Hinweise auf diese Quellen ist der Verfasser Herrn Dr. Alfred Hartmann zu Dank verpflichtet, dem auch die Übersetzung der schwierigen lateinischen Stellen bei Gross und viele andere Hinweise zu verdanken sind.

Abb. 405. „Valerian und Sapor".
Kopie des Originalentwurfs Hans Holbeins für den Grossratssaal.
Kupferstichkabinett Basel.

„Valerian und Sapor" symbolisiert. Die Längswand gegen die hinteren Höfe zeigte Beispiele heroischer Gesetzestreue gegen das eigene Fleisch: „Den Selbstmord des Charondas" und „Die Blendung des Zaleucus". An der Fläche zwischen den Türen, die durch Kamin und Ofen getrennt an derselben Wand folgte, war „Marcus Curius Dentatus" zu sehen, der die Geschenke der Samniter zurückweist. Diesen Darstellungen aus der alten Geschichte sollten auf der Wand gegen das „Haus zum Hasen" Beispiele christlicher Tugenden entsprechen, wie sie durch die Gestalt Christi am Kamin vorbereitet waren. Unter den Zeichnungen der Holbeinschule hat sich eine Kopie erhalten, die „Christus und die Sünderin" (Ev. Joh. 8. 7) darstellt und auch stilistisch zu unserm Zyklus passt (Abb. 411). Das verlorene Gegenstück könnte etwa das Gleichnis vom „Barmherzigen Samariter" dargestellt haben. Es ist jene Mischung antiker und christlicher Vorstellungen, wie sie für den Humanismus der Zeit und den Kreis des Erasmus im besonderen charakteristisch ist.

Der Sockel und der Bogenabschluss
der Nische sind abgeschnitten

Abb. 406. „Temperantia".
Kopie des Originalentwurfs Hans Holbeins für den Grossratssaal.
Kupferstichkabinett Basel.

Dazu kam die echt humanistische Vorliebe für Inschriften und Sprüche, wie sie Beatus Rhenanus auszeichnete und durch das kurz vorher erschienene Werk des Mazochius über die Inschriften Roms aufs neue belebt worden war[1]). Sie hat später in seiner Vaterstadt Schlettstadt zu eigentlichen Orgien geführt. Eine Menge Titel und Inschriften im Stile der Alten hatte Rhenanus in den verschiedensten Teilen der Stadt, an den Säulen, Mauern und Türen der Kirche, auf der Kanzlei, dem Kaufhause und an

---

[1]) Mazochius, Epigrammata antiquæ urbis. Rom 1521 (April). Ihr entnahm Rhenanus die Inschrift, die neben dem Sapor zu lesen war und durch Gross überliefert ist:

Iratus recole, quod nobilis ira leonis
In sibi substratos se negat esse feram.

Sie war auf dem Kapitol „in egressu secundae portae et in limite" beim Bild eines zornigen Löwen angebracht, der ein zu seinen Füssen liegendes Hündchen schont. Corpus Inscriptionum Latinarum, Pars VI, Urbs Roma, Vol. V, Inscriptiones falsae Nr. 3. Den Druckfehler bei Mazochius (Fol. 130ᵛ, regule statt recole) wird Rhenanus auf Grund seiner Kenntnisse richtiggestellt haben.

Das Werk mit seinen zahlreichen Holzschnitten von antiken Inschriften hat wohl auf Gelehrte und Künstler gleichmässig anregend gewirkt. Es ist heute noch ein lebendiges Zeugnis für die Schönheit der römischen Inschriftenwelt und auch die Inschrifttafeln des Grossratssaales sind sicher davon beeinflusst.

Abb. 407 und 408. „Der Selbstmord des Charondas" und „König David".
Kopien der Originalentwürfe Hans Holbeins für den Grossratssaal.
Kupferstichkabinett Basel.

andern Orten anbringen lassen, so dass Schlettstadt noch zu Schöpflins
Zeiten „das Ansehen einer römischen Kolonie" bot[1]). Auch der Grossratssaal zeigte hievon reichliche Proben und bildete daher für Gross, der 1622
die Inschriften der Stadt sammelte, eine eigentliche Fundgrube[2]). Wie sich
der reife Künstler damit abfand, zeigen die Entwürfe zu den beiden Bildern
der Spätzeit, wo der Fries am Thronhimmel des Rehabeam und die Inschrifttafel zu Häupten des Samuel den Übergang von der Fläche zum
Raum bezeichnen. Auch die frühen Entwürfe zeigen Ansätze dazu, etwa in
der Art, wie sich die Inschrifttafel auf dem Bilde Christi mit dem „Zaleucus"
zu einer Fläche zusammenfügt, um Verkürzung und Raum noch deutlicher
zu machen. Beim König David war sie in ein flatterndes Band aufgelöst,
während sie bei der Gerechtigkeit beinahe die ganze Fläche füllte und die

---

[1]) Joh. Daniel Schoepflin, Alsatia illustrata Germanica Gallica, Tom. II. Colmariae 1761, p. 386.
Der Hinweis auf diese Stelle bei Jakob Mähly, Beatus Rhenanus. Beiträge z. vaterländischen Geschichte
VI, Basel 1857, S. 196.

[2]) Joh. Gross, Urbis Basileae Epitaphia et Inscriptiones. Basel, J. J. Genath 1622. Quellen Nr. 8.

Abb. 409 und 410. „Die Blendung des Zaleucus" und „Christus".
Kopien der Originalentwürfe Hans Holbeins für den Grossratssaal.
Kupferstichkabinett Basel.

Figur nur als Begleitung erscheinen liess. Die Inschriften waren offenbar eingeritzt, so dass man sie noch lesen konnte, als die Bilder längst verblichen waren. Sie durchzogen mit ihren hellen Flächen die Bilder und mochten Holbein zur Verdeutlichung der fremdartigen und weitentfernten Vorgänge willkommen sein. Wo sie ungelegen kamen, hat sie Holbein ausnahmsweise im Halbdunkel einer Schattenpartie versteckt. So beim Curius Dentatus die Antwort des struppigen Helden an die Samniter, während die Inschrifttafeln, die Holbein über dem römischen Feldherrn und den Gesandten angebracht hatte, deutlich die spätere Lösung, d. h. die Trennung von Fläche und Raum vorwegnimmt[1].

Der Vertrag muss eine dreijährige Frist vorausgesehen haben entsprechend den drei zu bemalenden Wänden des Grossratssaals. Nur so erklärt

[1] Auch spätere Künstler haben sich ähnlich geholfen. So Böcklin, als ihn Flörke von der Inschrift auf dem „Vita somnium breve" abhalten wollte. „Wie mir diese Vertikale gut thut, glauben Sie gar nicht", sagt er, als ich über die Inschrifttafel auf seinem Lebensbild wie über einen Abreisskalender spottete. Gustav Floerke, Zehn Jahre mit Böcklin. München 1901, S. 76.

sich die Jahrzahl 1523, die auf einem der Entwürfe zu Füssen der Gestalt Christi zu sehen ist (Abb 410) und offenbar als Abschluss des ganzen Zyklus gedacht war. Diese auffallend lange Frist war wohl mit Rücksicht auf die mächtigen Offizinen der Stadt festgesetzt worden, die Holbein für die Dekorationen ihrer Werke nicht entbehren konnten und sich Holbeins bemächtigt haben, ,,sofern man seiner nur habhaft werden konnte"[1]). Für den Künstler hatte dies den Vorteil, dass die Arbeit im wesentlichen auf die warmen Sommermonate fiel, während eine längere Arbeit in dem grossen Saal, der offenbar nur notdürftig geheizt werden konnte, in den Wintermonaten beinahe unmöglich war. Für das Werk selbst muss diese lange Frist eher nachteilig gewirkt haben. Sie zwang den Künstler zu immer neuen Anstrengungen, weil das einmal Geplante und Begonnene nicht seine sofortige Fortsetzung und Vollendung finden konnte. Es blieb so eine erstaunliche Probe für die Klarheit des ursprünglichen Plans, dass die Einheit der Wirkung trotz der wiederholten Unterbrechungen nicht gestört wurde, sondern im wesentlichen erhalten blieb.

Aus den Zahlungen an Holbein geht hervor, dass die Arbeit unmittelbar nach dem 15. Juni 1521 begann und zunächst bis zum 14. September 1521 fortgesetzt wurde, also im ersten Jahr knapp ein Vierteljahr dauerte. Am 12. April 1522 wurde die Arbeit wieder aufgenommen und bis Ende November (29. Nov.) 1522 fortgesetzt mit dem Resultat, dass zwei Drittel der Arbeit vollendet waren. Dann folgte ein jäher Unterbruch, der durch die politischen Ereignisse und den Sturz von Holbeins Gönner, des Bürgermeisters Jakob Meyer, mitbedingt sein mochte. ,,Unnd dwyl die hinder wand noch nit gemacht unnd gemolet ist unnd er vermeint, an dysem das gelt verdient habenn, sol man dieselbig hindere want bis uff wytherenn bescheit lossenn anston."[2]) Dass aber auch die neuen Machthaber die Bedeutung der Arbeit erkannten, zeigt die Auszahlung der vollen Summe von 150 Pfund, die ursprünglich für die Vollendung der ganzen Arbeit ausgesetzt war.

Die leer gebliebene hintere Wand ist erst sehr viel später von Holbein gemalt worden, als er nach vierjähriger Abwesenheit aus England nach Basel zurückkehrte. Aus den Abrechnungen des Dreieramts wissen wir, dass die Arbeit trotz der über hundert Figuren, die sie enthielt, in wenig mehr als vier Monaten durchgeführt wurde (6. Juli bis 18. November 1530)[3]). Die Vorwürfe waren unter dem Einfluss der Reformation völlig verändert worden. An Stelle der Szenen aus den Evangelien, wie sie Beatus Rhenanus geplant hatte, traten jetzt düstere Darstellungen aus der alttestamentlichen Geschichte, wie sie den schweren Entscheidungen der Zeit und den Gefahren des drohenden Bürgerkriegs entsprachen: Der Zorn des Rehabeam und die

---

[1]) H. A. Schmid, Holbeins Arbeit für die Baseler Verleger. Jahrbuch der preussischen Kunstsammlungen 1899, S. 239.
[2]) Denkbüchlein des Dreieramts. Quellen Nr. 1.
[3]) Abmachungen mit dem Dreieramt. Quellen Nr. 2.

Abb. 411. „Christus und die Sünderin".
Kopie des Originalentwurfs Hans Holbeins für den Grossratssaal.
Kupferstichkabinett Basel.

Strafpredigt Samuels, der dem Kriegszuge des siegreichen Saul entgegentritt (Abb. 422 u. 423). Die ernste Zeit hat auch den Bildern Holbeins ihren Stempel aufgedrückt. In ihrer knappen Formgebung und ihren scharfen Silhouetten müssen sich die Bilder merkwürdig genug von den heitern Szenen der Frühzeit unterschieden haben. Aus den Notizen Ludwig Iselins, des Enkels von Bonifacius Amerbach, ist uns das eigene Urteil Holbeins über seine Wandbilder erhalten geblieben. Es stammt wohl aus dem kurzen Aufenthalt von 1538, wo der Künstler, der einst bescheiden genug angefangen hatte, als Hofmaler des englischen Königs in die Vaterstadt zurückkehrte. „Er wollt, so im gott das leben hett gelengeret, fil gmeld aber und besser gemolet haben in sim kosten, als den sal uff dem richthus"[1]). Gemeint waren mit diesem Urteil wohl nicht die technischen Unzulänglichkeiten des Werks, sondern die Unterschiede der frühen Bildern von denen der Spätzeit. Unter dem Eindruck seiner Jugendwerke, die er in Basel wieder beisammen sah, muss

---
[1]) Aus den Schedae Amerbachianae. **Quellen Nr. 3.**

sich Holbeins eine Stimmung bemächtigt haben, wie sie uns ähnlich aus der Spätzeit Dürers überliefert ist, der von der Höhe seines Schaffens aus gleichfalls mit Bedauern auf die Werke seiner Jugend zurückblickte[1]).

2. DAS SCHICKSAL DER WANDBILDER.

Die Wandbilder Holbeins sind keine Fresken im italienischen Sinn gewesen. Holbein hatte wohl Stil und Anregung von Italien übernommen, sich aber technisch auf die Mittel verlassen, wie sie seit Jahrhunderten im Norden üblich waren. Mit andern Worten: die Bilder sind auf die trockene Wand, nicht auf den feuchten Kalkgrund gemalt worden. Die Farben verbanden sich demnach nicht mit der Mauer, wie dies beim Fresko der Fall ist. Holbein hat wohl auch, wie die erhaltenen Fragmente beweisen, mit Ölfarbe nachgeholfen, um den Glanz der Gewänder und Gestalten noch zu steigern. Da sich die Bilder in einem geschlossenen Raum befanden, schien ihre Dauer auch so gewährleistet. Allein gerade hierin muss sich Holbein getäuscht haben.

Schuld daran trug der hochragende Bau, wie wir ihn aus dem Merianschen Stadtplan (Abb. 257, S. 344) deutlich erkennen können. Da der Saal auf drei Seiten freistand und auf der vierten der dumpfe Raum des Dreiergewölbes lag, musste sich auch die Feuchtigkeit, die von aussen eindrang, langsam auf die Bilder übertragen, und die schlechte Lüftung in dem nur selten betretenen Saal mag das ihre dazu beigetragen haben, den Prozess zu beschleunigen.

Der Wetterseite entsprechend machten sich die Schäden zuerst bei den zuletzt gemalten Bildern von 1530 bemerkbar, denen doch die höhere technische Einsicht Holbeins zugute gekommen war. Die Malerei wird bereits 1579 als „vom wetter wüst geschendett" bezeichnet „unnd zu besorgenn, mit der Zydt genzlich abfallen werde"[2]). Die heute noch erhaltenen Fragmente des Rehabeambildes lassen die Schilderung wenigstens für diesen Teil der Wand als übertrieben erscheinen, der durch den Bergabhang gedeckt und ausserdem, wie die Pläne zeigen (Abb. 402), gegen das Höflein zu verstärkt war. Vielleicht dass Hans Bock, der an dem Auftrag interessiert war, den Zustand noch bedenklicher schilderte, als er wirklich war. Bedenklich genug muss er aber gewesen sein. Jedenfalls gab der Rat HANS BOCK den Auftrag, die beiden Bilder in Originalgrösse zu kopieren, damit die Leinwandkopien vor die Mauer gespannt werden könnten. Bock arbeitete daran von

---

[1]) Johannes Manlius, Locorum communium collectanea per multos annos pluraque ex lectionibus D. Philippi Melanchthonis, tum ex aliorum doctissimorum virorum relationibus excerpta. Basel, Joh. Oporin 1563 berichtet darüber: „Audivi a Durero, qui dicebat, se mirabiliter delectari picturis suis recens factis, postea cum ex intervallo temporis easdem aspiceret, earum ipsum valde pudere." (II, p. 22). Ähnlich a. a. O. II, p. 301: „Albertus Durerus saepe dicebat, quod cum pinxisset aliquid, qua potuisset summa cura et diligentia, ac deinde post triennium idem inspiceret, mirabiliter displiceret, ita ut vix sine ingenti dolore intueri posset." Die Nachricht ist von Melanchthon überliefert, der sie vielfach mitteilte. Vgl. Moritz Thausing, Dürer, Bd. II, 2. Aufl., Leipzig 1884, S. 284.

[2]) Supplikation des Hans Bock vom 23. Nov. 1579. Quellen Nr. 7.

Ostern (17. April) 1579 bis Ende November, obschon er nach seinem eigenen Bericht „vonn morgen frü an bis jn die nacht unnd so lang ich tags halb sechen können daran gestreckt". Bocks Arbeit beanspruchte demnach für die Kopie volle drei Monate länger, als Holbein ein Menschenalter vorher für die Ausführung der Originale selbst verwendet hatte[1]).

Die Holbeinischen Malereien sind in dem entlegenen Saal offenbar schwer zugänglich gewesen. Schon Beatus Rhenanus, der Ort und Menschen genau kannte, fügte seinem Empfehlungsschreiben, das die Besichtigung der Gemälde einem jungen Freunde ermöglichen sollte, die bezeichnende Floskel bei: „si fieri queat", „wenn es sich machen lasse" — und dabei handelte es sich um einen der Hauptinteressenten, um den Schlettstadter Architekten Stephan Ziegler, der in seinen Renaissancebauten ähnliche Wege eingeschlagen hatte und sich für die Arbeiten seines berühmten Zeitgenossen brennend interessieren musste[2]). Die Eingeweihten, wie Wurstisen und Zwinger, wussten natürlich um die Wunder, die in dem Saal eingeschlossen waren, und ihre kurzen Worte sind ein deutlicher Widerhall dieser Eindrücke[3]). Auch Matthaeus Merian hat die Bilder gesehen, und sein Kupferstich nach dem Curius Dentatus, wie ihn Gottfrieds Chronik zeigt, ist ein deutlicher Beweis dafür[4]). Ebenso hat wohl Conrad Meyer bei seinen wiederholten Aufenthalten in Basel die Gemälde aufgesucht. Die Wandbilder, die Ratsherr Johann Georg Gossweiler für den grossen Saal seines Hauses an der Augustinergasse in Zürich bei ihm bestellt hatte, zeigten ähnliche Vorwürfe, so „Croesus auf dem Scheiterhaufen" und „Marcus Curius Dentatus beim Rübenbraten"[5]).

---

[1]) Noch ungünstiger stellt sich natürlich die Rechnung für Bock, wenn wir annehmen, dass er nur den „Samuel und Saul" kopiert habe. Seine eigene Schilderung deckt sich sehr anschaulich mit der des Bildes, wie sie der Entwurf Holbeins vermittelt. Von Rehabeam ist mit keinem Wort die Rede, wohl aber von „landschaften", „vylen rossen" und „wehren", lauter Vorstellungen, die schlagend zu „Samuel und Saul" passen. Auch die Rechnungsbelege (Quellen Nr. 7 a—c) sprechen nur von *einem* Bild. Die Arbeit war dadurch freilich eher erschwert als vereinfacht, da die Kopie so in die unmittelbare Nähe des Holbeinschen Originals „der Zorn des Rehabeam" rückte.

[2]) Brief des Beatus Rhenanus an Bonifacius Amerbach vom 22. April 1543. Quellen Nr. 4.

[3]) Quellen Nr. 5/6.

[4]) Joh. Philipp Abelin (Joh. Ludwig Gottfried), Historische Chronica mit viel schönen, geschichtmessigen Kupferstücken geziert unnd verlegt durch Matthaeus Merian. Frankfurt a/M. 1630. Der Curius Dentatus Dritte Monarchie, S. 40. Auf den Zusammenhang mit Holbein hat Daniel Burckhardt, Matthaeus Merians Frankfurter Aufenthalt, 1625—1650, Beilage zum Jahresbericht des Basler Kunstvereins, Basel 1907, S. 113 f., aufmerksam gemacht. Beim Zaleucus (Erste Monarchie, S. 103) und Charondas (Zweite Monarchie, S. 72) verflüchtigt sich leider der Zusammenhang bis zur Unkenntlichkeit. Ebenso ist beim Croesus (Erste Monarchie, S. 110, „nemo ante obitum beatus") keinerlei Erinnerung an Holbein erkennbar.

[5]) Joh. Casp. Füssli, Geschichte und Abbildung der besten Mahler in der Schweitz. Bd. I., Zürich 1755, S. 97 ff., berichtet darüber: „Er mahlte mit vieler Leichtigkeit auf nassen Kalch oder in Fresco, wie darvon eine schöne Probe zu sehen an der Augustiner-Gass in Zürich, in der Behausung Herren Johann Georg Gossweilers weitberühmten Handels-Herrn, auch des grossen Rahts, woselbst in einem grossen Saal in Figuren von halber Lebens-Grösse sehr meisterhaft vorgestellt sind die Historien, wie *Croesus* am Pfahl gebunden, um verbrannt zu werden, ferner wie *Quinctius Cincinnatus* vom Pfluge zur römischen Burgermeister-Würde eingeholet wird. Item wie die Gesandten der Samniter den Römischen Feldherrn *Marcum Curium* beym Rübenbraten antroffen, von ihm aber mit ihren Geschenken zurückgewiesen werden. Diese Gemählde sind sehr freudig colorirt und noch so frisch in Farben, als wenn sie ohnlängst gemalt worden wären." Die Bilder sind 1884 für kurze Zeit wieder sichtbar geworden, leider ohne dass Abbildungen davon genommen wurden. Vgl. Joh. Rudolf Rahn, Conrad Meyer, (Schluss S. 544)

Abb. 412. Hans Holbein d. J. Der Kopf des Charondas.
Stark übermaltes Fragment aus dem „Selbstmord des Charondas"
im Grossratssaal des Rathauses.
Halbe Originalgrösse. — Öffentliche Kunstsammlung Basel.

Abb. 413. Der Selbstmord des Charondas.
Aufnahme der Reste des Wandgemäldes im Grossratssaal des Rathauses durch Hieronymus Hess, 1817.
Stark verkleinerte Skizze. — Kupferstichkabinett Basel.

Abb. 414. Hans Holbein d. J. Kopf eines erschreckten Zuschauers.
Stark übermaltes Fragment aus dem „Selbstmord des Charondas". — Halbe Originalgrösse.
Öffentliche Kunstsammlung Basel.

Wie die Holbeinschen Gemälde, waren sie in halber Lebensgrösse dargestellt und die Kombinationen des Grossratssaales haben sich ihm auch sonst eingeprägt. In seinen Radierungen der Werke der Barmherzigkeit sieht man bei der Pflege der Kranken Wandbilder über einer hohen Lamperie, genau in der Art, wie wir uns die Gemälde Holbeins im Basler Rathaus vorzustellen haben.

Gegen Ende des siebzehnten Jahrhunderts ist es um die Gemälde des Grossratssaales merkwürdig still geworden. Die Aufzeichnung der Inschriften bei Gross und die Erwähnung des Remigius Faesch[1]) sind die letzten leben-

Zürcher Taschenbuch, Zürich 1882, S. 142, 143. Bei dem grossen Interesse, das Meyer Holbein entgegenbrachte und aus seiner Kopie des heiligen Ursus der „Solothurner Madonna" und zahlreichen andern Kopien nach Werken in Basel und Luzern erkennbar ist, kann man mit Sicherheit annehmen, dass Meyer auch die Rathausmalereien gekannt hat. Vielleicht war aber die Wiedergabe verboten, bis nichts mehr zu sehen war. Die Kopie der Holbeinischen Passion ist bekanntlich auch dem Mitbürger Matthaeus Merian nicht gestattet worden. Vgl. S. 413, Anm. 2.

[1]) Humanae industriae monumenta, Fol. 35^v, Nr. II. Quellen Nr. 9.

Abb. 415. Der Selbstmord des Charondas.
Aquarell von Hieronymus Hess nach dem Wandgemälde Hans Holbeins d. J. im Grossratssaal, 1817.
Auf dem Pilaster links oben die Jahreszahl 1521. — Staatliche Kunstsammlungen, Weimar.

digen Äusserungen. Patin hat sie offenbar gar nicht gesehen und erst nachträglich seinem Verzeichnis eingefügt[1]). Keinem der zahlreichen Reisenden, welche die Merkwürdigkeiten unserer Stadt besichtigten, wurden sie gezeigt und selbst Christoph Iselin, der Verfasser des Historischen Lexikons, der die Wandbilder des Hauses zum Tanz als wohlerhalten bezeichnet, meldet nichts davon[2]). Trotzdem existierten sie noch, freilich in einem verblichenen Zustande, der entscheidende Massnahmen notwendig machte.

Man kann nicht sagen, dass das Bauamt, dem die Veränderungen im Grossratsaal unterstanden, leichtfertig vorgegangen sei. Der Lohnherr Lucas Fäsch scheint sich der Verantwortung wohl bewusst gewesen zu sein. Das Protokoll des Kleinen Rats vom 11. Mai 1737 berichtet darüber: „Memoriale eines löblichen Bauamts tragt vor, dass der Grossrathssaal zu reparieren angefangen worden. Es seye aber umb Weissgung der Wände zu thun, welche löbliches Bauamt ohne Meiner Gnädigen Herren Befehl desswegen vorzunehmen anstehn, weilen an diesen Wänden noch einige verbliche Gemähld, die dem Ansehen nach von dem Holbein oder einem andern guten Meister gemahlt worden, sich befinden. Das meiste indessen könne man nicht einmahl erkennen und das wenig übrige könne nicht repariert werden, dahero man auf die Gipsung gefallen"[3]). Auch eine Besichtigung durch die Herren Häupter in Person war angeordnet worden und es muss ein merkwürdiger Anblick gewesen sein, als die Bürgermeister und Oberstzunftmeister der Stadt mit ihren Allongeperücken vor der verblichenen Zauberwelt Holbeinscher Kunst standen. Der Entscheid über die weitern Massnahmen wurde vernünftigerweise dem Bauamt überlassen, das nur langsam vorging und zunächst das Abstauben und die Säuberung der Gemälde anordnete[4]). Auch ein Anzug, die Gemälde wenigstens teilweise zu erhalten, ist im Grossen Rat eingereicht worden. Er führte dazu, dass ein Teil der Inschriften erhalten blieb und ebenso „wenige Figuren an Camin und Säulen", die aber von einem „neueren Schmierer" übermalt wurden[5]). Die übrige Wand wurde mit einem grünen Tuch überspannt und sorgfältig mit Blachen unterlegt.

---

[1]) Index operum Holbenii 1676. Quellen Nr. 11.

[2]) Jakob Christoff Iselin, Neu vermehrtes Historisches und Geographisches Allgemeines Lexikon. Zweyter Teil, Basel 1726, S. 817: „Sonsten hat er ehe er in Engelland gegangen, auch die gantze aussere mauren verschiedener Baßlerischen häuseren, von obern biß unten gemahlet, darunter die mahlerey des hauses zum Tantz genannt, weil es zu sonderbarem glück nicht sehr von dem regen kann bewaschen werden, noch in sehr gutem stand ist, und viel von den kennern sehr hochgeschatzte bilder und stellungen vorweiset. Daß er aber auch das rathhauß zu Basel samt dem sogenannten todten-tantz gemahlt, ist falsch, wiewol verschiedene reiß-beschreibungen solches auf eine gemeine gassen-red hin gemeldet haben. Vielmehr kamen die ersten gemählde, nemlich an der mauren des rath-hauses, guten theils zu stand, ehe noch unser Holbein einen pinsel fuhren konte, dahero auch Patin in der verzeichnus der Holbeinischen arbeit davon still geschwiegen".

[3]) Protokoll des Kleinen Raths, 108, Fol. 422ʳ. Quellen Nr. 13.

[4]) Warum man nicht auf die Idee kam, die Bilder zu kopieren, ist unerfindlich. Vielleicht weil Joh. Rudolf Huber (1668—1748), als der gegebene Mann, die Sommermonate meist in Bern zubrachte. Aber die Sache wäre doch wichtig genug gewesen, ihn kommen zu lassen. Trotz der eingezogenen Memoriale war man offenbar ratlos, was zu tun sei.

[5]) Quellen Nr. 17—19.

Die Holbeinschen Gemälde sind bald vergessen worden. Schon Daniel Bruckner, der seit 1729 im Rathaus angestellt war, berichtet darüber: „Alle Gemählde hingegen, welche ehemahlen der berühmte Holbein auf die Maurwände des Grossen rathssaals gemahlt, sind schon längstens verdorben, verblichen und zum Theill abgefallen".[1]) Die Bilder hatten aber ihr zähes Leben auch hinter der Verkleidung des achtzehnten Jahrhunderts bewahrt.

Ein Zufall führte 1817 zu ihrer Wiederentdeckung. Man hatte schon lange über die Dunkelheit des Saals geklagt und darum zu Beginn des 17. Jahrhunderts ein dreiteiliges Fenster in die Wand gegen das mittlere Höflein eingebrochen. Der Übelstand wurde aber dadurch nur ungenügend behoben, so dass man jetzt zwei Fenster mit Stichbogen vorsah. Auch die Zwischenwand gegen den Kanzleiflügel, welche einen Ofen verdeckte und dazu diente, den Sitzen der Bürgermeister die nötige Wärme zuzuführen, wurde abgebrochen, so dass auch diese Wand des alten Saals wieder frei wurde. Bei der Gelegenheit sind nun plötzlich am 1. Mai 1817 die alten Bilder Holbeins wieder sichtbar geworden. Der jähe Temperaturwechsel, dem die Wand gegen den Kanzleiflügel zwischen den eiskalten Gewölben und den überhitzten Wänden der Bürgermeistersitze ausgesetzt war, hatte mit Naturnotwendigkeit zur beinah völligen Verbleichung der Bilder geführt. Nur die eingeritzten Inschriften waren stehen geblieben, wo zwischen den verschwundenen Bildern die Worte „Solon", „Solon" und „Cresus" zu lesen waren[2]). Die lebensgrosse Gestalt der Sapientia, die in der Mitte der Wand angebracht war, muss in Umrissen noch erkennbar gewesen sein. Sie veranlasste Peter Vischer-Passavant zu dem falschen Schluss, dass die Figuren durchgängig grösser als bei den Gemälden der Nebenwand gewesen seien.

Weit besser waren die Bilder an der Wand gegen den hintern Hof zu erkennen, die durch den Anbau der Abtrittstube gegen die Witterung geschützt waren. „Einige Köpfe und Gewänder" waren „noch ziemlich erhalten und von grösster Schönheit". Dies galt gerade für die Hauptfiguren des Charondas und Zaleucus, während in der Mitte durch den Ausbruch des Fensters eine Lücke entstanden war, die den Überblick erschwerte und erst allmählich durch die Worte auf dem Gewandsaum des Charondas und hinter dem Haupte des Zaleucus die dargestellten Vorgänge erkennen liess. Es waren Darstellungen „in halb-Lebens Grösse". Auch dass sie in eine grössere und eine kleinere Hälfte zerfielen, war genau festzustellen, ebenso die Jahrzahl 1521 auf einem gemalten Pilaster.

Zum Glück war nun auch der Mann vorhanden, der den Bildern mit Interesse nachging. Joh. Friedrich Huber hatte zwar damals noch nicht offiziell mit dem Umbau des Rathauses zu tun, als Ratsherr und Deputat war er aber einflussreich genug, um die notwendig erscheinenden Massnahmen

---

[1]) Daniel Bruckner, Fortführung von Wurstisens Basler Chronik, Quellen Nr. 17.
[2]) Fundbericht Peter Vischer-Passavants vom 2. Mai 1817. Quellen Nr. 21.

Abb. 416. Die Blendung des Zaleucus.
Kopie des Wandgemäldes Hans Holbeins im Grossratssaal, 1559.
Kupferstichkabinett Basel.

durchzusetzen. Da an eine Herstellung der Bilder nicht zu denken war, sollten die intakt erhaltenen Partien abgenommen und der Gesamteindruck durch Kopien festgehalten werden[1]). Auf Kosten der Birmannschen Kunsthandlung, deren Chef Deputat Huber war, wurde der junge HIERONYMUS HESS (geb. 1799) angestellt, der sich sofort ans Werk machte. Die Skizze zum Charondas (Abb. 413) zeigt deutlich, wie er den Formen der Holbeinschen Köpfe und Gewänder nachging, um aus den vorhandenen Andeutungen zur klaren Vorstellung des Gesamtbildes zu gelangen. Auch die Kontur zum Zaleucus war am 7. Mai bereits vollendet, und man schickte sich eben an, die Abnahme der wohlerhaltenen rechten Partie des Bildes zu versuchen, als am Nachmittag des 16. Mai durch die Arbeiter des Gipsermeisters Rudolf Gessler das „dortige alte und seltene Gemälde ganz vernichtet worden". Die angestellte Untersuchung ergab, „dass zwar Herr Lohnher den Herrn Gessler erinnert, dieser Gemälde zu schonen, dieser aber seine Arbeiter nicht besucht und denselben erst dann Befehl ertheilt, dieselben nicht zu verderben, als

---

[1]) Brief Deputat Hubers an Hegner vom 7. Mai 1817. Quellen Nr. 20.

Abb. 417. Die Blendung des Zaleucus.
Aquarell von Hieronymus Hess nach dem Wandgemälde Hans Holbeins, 1817.
Staatliche Kunstsammlungen Weimar.

dieses bereits schon geschehen"[1]). Die Aquarelle von Hess mussten an Hand der Kopien des 16. Jahrhunderts (Abb. 407 u. 409) ergänzt werden, was für den Zaleucus noch einigermassen anging, da sich hier Entwurf und Ausführung beinahe entsprachen, beim Charondas aber nur für die Architektur möglich war, da die Ausführung sehr weit von dem Entwurfe abwich. Wie weit diese Aquarelle trotzdem für die Erkenntnis der Holbeinschen Malereien von Wert sind, soll an einer andern Stelle ausführlich geschildert werden. „Einige Rudera" der Holbeinschen Gemälde sind damals ebenfalls gerettet worden. Hegner hat sie 1822 in der Birmannschen Kunstsammlung gesehen, vielleicht noch in ihrem originalen Zustand, bevor sie für den Verkauf zurecht gestutzt wurden[2]). Der Charondas und der Kopf eines erschreckt zurückfahrenden Zuschauers sind seither in die Öffentliche Kunstsammlung gelangt (Abb. 412 u. 414).

Zum Glück war an der Längswand noch ein drittes Gemälde zu sehen, das durch Abtrittstube und Treppenhaus geschützt war und zudem

---
[1]) Protokoll des Bauamts vom 22. Mai 1817. Quellen Nr. 22.
[2]) Bericht Hegner über die Kopien von Hess in der Birmannschen Kunsthandlung. Quellen Nr. 24.

durch den nahen Ofen auch im Winter Wärme empfing: Der Curius Dentatus. Das Bild hatte als einziges den vollen Schutz des Innenraumes genossen und war darum beinahe intakt erhalten.[1] Es ist bis zum Umbau des Grossratssaales von 1825 an Ort und Stelle sichtbar gewesen, und Hieronymus Hess hatte also die nötige Musse, seine Kopie in aller Ruhe zu Ende zu führen. Sie gibt denn auch eine schlagende Vorstellung vom Gesamteindruck. Wie weit sie sich im Ausdruck dem Originale nähert, lässt sich noch heute an Hand des Fragments der Samnitischen Gesandten genau feststellen. Der Glanz der Gewänder ist freilich nicht in die Kopie übergegangen und war im Aquarell überhaupt nicht zu erreichen. Es bleibt aber trotz allem eine Leistung, auf die der achtzehnjährige Hess mit Recht stolz sein durfte.

Die Renovation des Rathauses durch Deputat Huber (1825/1826) sollte noch zur Entdeckung eines vierten Gemäldes führen, wozu die Umgestaltung des Grossratssaals Veranlassung gab: Die Entdeckung des Rehabeambildes. Das Gemälde war offenbar erst im letzten Moment zum Vorschein gekommen. Dies erklärt das völlige Fehlen zeitgenössischer Berichte. Auch eine Kopie ist damals nicht aufgenommen worden, weil die Sache eilte und man ja auf der Bibliothek den Originalentwurf Holbeins besass. Man scheint erst nachträglich, als es zu spät war, entdeckt zu haben, wie weit Entwurf und Ausführung sich voneinander entfernen. Die volle Sorgfalt wurde der Abnahme der Fragmente gewidmet, und die Frau des Registrators, die seit 1821 das Rathaus bewohnte, erinnerte sich noch nach vierzig Jahren an das strahlende Gesicht Deputat Hubers, als der Kopf des Rehabeam wohlerhalten von der Mauer abgenommen war[2]. Auch sieben weitere Fragmente des Rehabeambildes sind damals gerettet worden[3].

Wider Erwarten sollte auch der Umbau des Rathauses von 1900 zu einigen wichtigen Feststellungen führen. Es war dieselbe Ecke des Saals wie 1825, wo im August 1900 „dürftige Fragmente von Wandmalereien zum Vorschein" kamen, „welche mit Sicherheit als die Reste des einst den Rathaussaal schmückenden Holbeinschen Gemälde-Zyklus erkannt werden konnten"[4]. Also wiederum Reste des Rehabeambildes. Die Entdeckung brachte auch gleich eine Erklärung für die Erhaltung des Bildes, nämlich

---

[1] Hegner berichtet darüber Juni 1822: „Das erstere (gemeint ist der Curius Dentatus) existiert noch in der grossen Rathstube, aber sehr verdorben und nicht mehr zu restituieren, wie ich selbst gesehen". Seinem Urteil sind aber das schlagende Aquarell von Hess und das Fragment der Samnitischen Gesandten entgegenzuhalten.

[2] Brief von His an Woltmann vom 16. Sept. 1865. „Die Frau des Registrators (Krug), welche seit 1821 das Rathaus bewohnte, sagte mir, dass ein Kopf mit vieler Sorgfalt von dieser Mauer abgenommen worden sei, über welchen Herr Deputat Huber, der den Bau leitete und ein vorzüglicher Kunstkenner war, ganz entzückt gewesen sei. Es wird dies wohl der Rehabeam gewesen sein, den wir noch besitzen und der wirklich überaus schön ist". Quellen Nr. 25.

[3] Hieronymus Hess hat auch 1825 die Arbeiten besorgt und die Fragmente abgenommen, wie er selbst in dem von ihm verfassten „Verzeichnis der Kunstwerke, welche sich auf der öffentlichen Stadtbibliothek in Basel befinden" (Basel 1831) festgestellt hat. Quellen Nr. 25.

[4] Anzeiger für Schweiz. Alterthumsk., N. F. II, Nr. 3 (Dez. 1900), S. 228. Quellen Nr. 27.

einen vorspringenden Mauerpfeiler, der die doppelte Mauerdicke aufwies und die von aussen eindringende Feuchtigkeit abhielt. Es ist der Bestand, wie er durch den Grundriss von 1825 festgelegt ist (Staatsarchiv Basel, Planarchiv D 2. 202). Für das Bild selbst hatte dies die nachteilige Folge, dass es ähnlich wie das Gemälde des Hans Bock in der Hofgalerie durch eine Mauerkante durchschnitten wurde, ein Umstand, mit dem selbstverständlich Holbein gerechnet hatte und der die auffallend symmetrische Anlage des Bildes erklärt. Auch die Maßstäbe sind damals von H. A. Schmid genau aufgenommen worden. „Die Teilung des linken Bildes in eine vortretende Hälfte von 1,65 m und eine zurückliegende Hälfte von 3,25 m kam einer starken Beeinträchtigung gleich"[1]. Es sind die einzigen genauen Masse, die uns von den Bildern überliefert sind.

Noch eine zweite wichtige Feststellung ist damals gemacht worden. Im Treppenhaus des Grossratssaalgebäudes zeigte sich „oben an der Wand gegen das hintere Höflein" eine „gemalte Inschrifttafel" (Quellen Nr. 29), die in lateinischen Majuskeln die Inschrift des Ezechias zeigte, wie sie uns durch Gross überliefert ist[2]. Sie war zwischen der Türe und dem Fenster angebracht, das auf den Plänen von 1784 verzeichnet ist und sich wohl schon zu Holbeins Zeiten dort befand. Es wurde 1817 entsprechend dem Plane von Scherb (Abb. 430) erweitert, wobei die rechte Seite der Inschrift beschnitten wurde. Ihr hoher Standort findet seine natürliche Erklärung dadurch, dass er der Inschrift am Thronhimmel des Rehabeam und der Inschrifttafel zu Häupten von Samuel und Saul entsprach.

3. DER GROSSRATSSAAL VON 1521.

Grundrisse und Schnitt auf den Seiten 530, 575 und 577.

Der Grossratssaal von 1521 (Abb. 402), der die Wandbilder Hans Holbeins d. J. aufnehmen sollte, bildete den Abschluss des Neubaus des Rathauses[3]. In den Rechnungsbüchern der Jahre 1517—1521 ist wiederholt von dem „neuen saal" die Rede, der auf das alte Hintergebäude des 14. Jahrhunderts aufgebaut wurde und die ganze Flucht des zweiten Stockwerks einnahm[4]. Zugänglich war er bis zum Umbau des Rathauses von 1825 durch

---

[1] H. A. Schmid, Die Werke Hans Holbeins in Basel. Öffentliche Kunstsammlung. Kleiner Führer Nr. 2. Basel 1930, S. 56/57. Quellen Nr. 28.

[2] Staatsarchiv Basel, Archiv der Historischen und Antiquarischen Gesellschaft H 2. Delegation für das Alte Basel, Protokoll 1901 Nr. 3 (Karl Stehlin). Quellen Nr. 29.

[3] Pläne des Grossratssaales sind erst seit dem Ausgang des 18. und Beginn des 19. Jahrhunderts erhalten. Da aber seine Umfassungsmauern im wesentlichen unberührt blieben und die späteren Einbauten bekannt sind, kann über den alten Bestand kein Zweifel bestehen (Grundriss, Abb. 402). Vgl. auch Abschnitt 6, Die Pläne des Grossratssaales, S. 574 ff.

[4] Rudolf Wackernagel, Geschichte des Rathhauses, S. 11. Aus den Jahresrechnungen der Jahre 1520/21 und 1521/22 sieht man sehr deutlich, wie es mit dem Bau zu Ende geht. Es erfolgen die Gesamtabrechnung und die Verglasung der Fenster. „Item so ist an dem nuwen sal uff dem richthusz verbuwen IIIIc XIII lb VI β VI d." (Harms, III, S. 306, Z. 94) und „Item so ist disz jars uszgeben, den nuwen sal ze verglasen unnd dem moler uff sin verding geben tut ICXXXIX lb VII β (Harms III, S. 316, Z. 96).

Abb. 418. Marcus Curius Dentatus und die Samnitischen Gesandten.
Aquarell von Hieronymus Hess nach dem Wandgemälde Hans Holbeins im Grossratssaal, 1817.
Kupferstichkabinett Basel.

Abb. 419. Hans Holbein d. J. — Die Samnitischen Gesandten.
Fragment aus dem Wandgemälde des Marcus Curius Dentatus, 1522. — Ein Drittel der Originalgrösse.
Öffentliche Kunstsammlung Basel.

eine Wendeltreppe, die aus dem Höfchen hinaufführte. Da der Grosse Rat aus nicht weniger als 250 Mitgliedern bestand, musste der verfügbare Raum bis zum letzten ausgenützt werden[1]). Daher die auffallenden Proportionen, die Länge von 20 Metern, der nur eine Tiefe von 10 Metern entsprach. Auch die Höhe war den gotischen Räumen entsprechend keine sehr hohe, sie kann nach dem Schnitte Lukas Stähelins von 1781 höchstens 4 Meter betragen haben. Es war dies die Höhe, die auch sonst bei den gotischen Sälen Basels üblich war, so bei dem noch erhaltenen gotischen Saal im Klingenthal dessen Länge sogar 32 m beträgt. Diese Höhe war aber nicht ganz für die Malerei verfügbar, weil sich die Sitze der Ratsherren den Wänden entlang zogen. Wir kennen ihre Verteilung aus Hubers Statutarium von 1795. Dass ihre Anordnung aber auch zu Holbeins Zeiten eine ähnliche gewesen sein muss, zeigt die Kopie des Hieronymus Hess nach dem Gemälde des Marcus Curius Dentatus (Abb. 418). Da an diesem isolierten Wandteil zwischen zwei Türen keine Sitze angebracht waren, hat Holbein an deren Stelle den Stadtboten erscheinen lassen, eine lebensgrosse Gestalt, die wie auf der Treppe heraufkommend, nur bis zum Ansatz der Beine sichtbar wird. Über dem gemalten abschliessenden Gewölbe setzt erst der Bildrand ein, der auch für alle übrigen Wandbilder des Saales massgebend wurde. Die Rücklehnen der Ratsherrensitze müssen demnach mit ihren Podesten etwa 1,80 m hoch gewesen sein, sodass für die Holbeinschen Gemälde eine Fläche von ungefähr 2,20 m Höhe übrig blieb. Gegen den vordern Hof wurde der Saal durch eine ununterbrochene Flucht von Fenstern beleuchtet, die keinerlei Wandfläche übrig liess, daher denn auch Remigius Fäsch berichtet, dass „drei Wände" des Grossratssaals von Holbein bemalt seien[2]). Freilich drei unter sich sehr verschiedene Wände.

Die *Längswand gegen die hintern Höfe* zeigte an sich die grösste Ausdehnung, war aber vielfach unterbrochen, so dass als zusammenhängende Fläche nur der Raum zwischen Saalecke und Kamin übrig blieb. Sie erreichte nicht die Länge der benachbarten Wand gegen den Kanzleiflügel, bot aber den Vorteil, dass Holbein hier in seinen Dispositionen freier war als bei den Schmalwänden, die der Unterzugbalken, auf dem die Deckenkonstruktion aufruhte, in zwei Hälften teilte. Möglich, dass Holbein auch aus diesem Grunde hier mit der Arbeit begann, um das in den Entwürfen festgelegte unter möglichst günstigen Bedingungen auf seine Brauchbarkeit im Grossen hin erproben zu können.

Die Wand war im übrigen mehrfach unterteilt durch ein vorspringendes Kamin, durch einen Ofen, der gleichfalls stark in den Raum hineingeragt haben muss, und endlich durch zwei Türen, deren erste in die sogenannte

---

[1]) Wurstisen, Epitome 1577, S. 250. „In supremo coenaculo, ubi Holbeinii celeberrimi Germaniae Apellis selectissimorum rerum picturae visuntur, maximum totius urbis consilium, viris supra 250 constans, considet."

[2]) Remigius Faesch, Humanae industriae monumenta, fol. 35v: „In curiae Basiliensis area superiori parietes tres divina similiter huius pictoris manu sunt picturis variis exornati."

Tafel 35

Hans Holbein d. J. Samnitische Gesandte
Fragment aus dem Wandgemälde des „Marcus Curius Dentatus" im Grossratssaal zu Basel, 1522.
Halbe Original-Grösse. — Öffentliche Kunstsammlung Basel

Tafel 36

Hans Holbein d. J.
Fragment aus dem Wandgemälde des „Rehabeam", 1530
im Grossratssaal zu Basel. — Halbe Original-Grösse. — Öffentliche Kunstsammlung Basel

Tafel 37

Hans Holbein d. J.
Fragment aus dem Wandgemälde des „Rehabeam", 1530
im Grossratssaal zu Basel. — Original-Grösse. — Öffentliche Kunstsammlung Basel

Tafel 38

Hans Holbein d. J.
Fragment aus dem Wandgemälde des „Rehabeam", 1530
im Grossratssaal zu Basel. — Original-Grösse. — Öffentliche Kunstsammlung Basel

„Abtrittsstube" führte. Dieser Raum bildete eine notwendige Ergänzung des Grossratssaales und diente den Ratsherren zum Aufenthalt, wenn sie sich aus einem der zahlreichen Gründe, wie sie die baslerischen Gesetze vorschrieben, in „Austritt" zu begeben hatten. Da die Türe zur Wendeltreppe nicht weit davon entfernt lag, begrenzten beide Türen jene schmale aber hohe Wandfläche, wie sie ähnlich sonst nirgends im Saale zu finden war und vielleicht gerade durch ihre besonderen Proportionen eine der packendsten Darstellungen Holbeins mit veranlasst hat. Zwischen dem Haupteingang des Saales und dem Wandanschluss an die Mauer gegen das „Haus zum Hasen" befand sich ein Fenster nach dem Höflein. Es trennte die knappe noch verfügbare Fläche in zwei Teile, deren grössere, zwischen Türe und Fenster, vielleicht nur eine Inschrifttafel in architektonischer Umrahmung enthielt.

Die *Wand gegen die Hintere Kanzlei* wich beim Anschluss an die Mauer der Archivgewölbe um rund 2 m zurück und bildete hier statt eines rechten einen spitzen Winkel. Schon die Entwürfe Holbeins nehmen auf diese besonderen Verhältnisse Bezug, und in der Ausführung mag dies noch in vermehrtem Masse der Fall gewesen sein. Ausserdem war hier auf die Häupterstühle Rücksicht zu nehmen, die unweit der Fensterflucht gegen den vorderen Hof angebracht.

Die ähnliche *Wand gegen das „Haus zum Hasen"* bot die grösste zusammenhängende Fläche dar, die für Malerei zur Verfügung stand. Schon das Verding muss ihre Bemalung als Abschluss der ganzen Arbeit betrachtet haben. Abgesehen von der Teilung, die auch hier der Balkenunterzug der Decke mit sich brachte, konnte Holbein frei über die ganze Wand verfügen, und seine Entwürfe zeigen, wie er allmählich zu einer immer grösseren Ausnützung der Fläche vordringt. Der vorspringende Mauerteil mit seiner die Wand senkrecht durchschneidenden Kante, mag vom reifen Künstler mehr als Ansporn denn als Schwierigkeit empfunden worden sein. Die nahe Fensterwand nach dem vorderen Hof musste freilich gerade diese Gemälde besonders stark gefährden. Der offene Verbindungsgang zum Vorderhause, und die Türe, die unmittelbar neben dem Wandbild „Samuel und Saul" aus dem Saal hinausführte, hat die rasche Zerstörung auch der Bock'schen Kopie mit veranlasst.

Da die Saalbreite von 10 m mit einer Balkenlänge nicht überwunden werden konnte, musste der Länge nach mitten durch den Raum ein *Tragbalken* eingezogen werden, der von drei freistehenden Holzpfeilern getragen wurde. Die beiden so entstehenden Saalhälften waren mit je einer flachen Holztonne überwölbt, wie sie noch auf dem Querschnitt von Stähelin (Abb. 429) zu sehen sind. Diese Deckenkonstruktion beschnitt durch ihren Gewölbeansatz die für Malereien zur Verfügung stehende Fläche der hinteren Saalwand um die Höhe der Tonne, während sie auf den Schmalwänden die Möglichkeit bot, auch ihre Wandanschlussbogen für die Malereien auszunützen. Es war dies auf der Mauer gegen das „Haus zum Hasen" auch wahrscheinlich der Fall.

Die drei *Pfeiler*, die den Blick auf die Wände begrenzten, scheinen die ursprüngliche Einteilung der Flächen mitveranlasst zu haben. Dem jungen Holbein mag der Zwang, den diese Raumgestaltung mit sich brachte, nicht unwillkommen gewesen sein, während er später die dadurch veranlasste schematische Einteilung als kleinlich empfand und bei seinen beiden Spätbildern auf die früheren Dispositionen keine Rücksicht mehr nahm.

Abb. 420. Hans Holbein d. J.
Aus dem Original-Entwurf Sapor und Valerian. — Original-Grösse.

Die *Beleuchtung des Saales* erfolgte in der Hauptsache durch die Fensterflucht nach dem Hof. Das kleine Fenster nach dem Höflein liess nur wenig Licht ein und kam höchstens für das Rehabeambild in Betracht. Da aber der Saal verhältnismässig nieder war und zudem das mächtige Dach des Vorderhauses den Lichteinfall behinderte, konnte das Tageslicht gerade den oberen bemalten Teil der hinteren Wand nur ungenügend treffen, wogegen die Schmalwände verhältnismässig günstiges Seitenlicht bekamen. Ganz dunkel muss die spitzwinkelige Ecke zwischen der Hinteren Kanzlei und dem Archivgewölbe gewesen sein. Deren Ausmalung hat denn auch Holbein besondere Schwierigkeiten bereitet und zu einer starken Änderung der ursprünglichen Entwürfe geführt.

Abb. 421. Hans Holbein d. J. — Sapor und Valerian.
Original-Entwurf zum Wandgemälde im Grossratssaal. — Öffentliche Kunstsammlung Basel.

Abb. 422. Hans Holbein d. J. — Der Zorn des Rehabeam.
Original-Entwurf für das Wandgemälde im Grossratssaal, 1530. — Öffentliche Kunstsammlung Basel.

Abb. 423. Hans Holbein d. J. — Der Prophet Samuel tritt dem Heerzug des siegreichen Königs Saul entgegen. Original-Entwurf für das Wandgemälde im Grossratssaal, 1530. — Öffentliche Kunstsammlung Basel.

Abb. 424. Hans Holbein d. J. — Die Hand des Rehabeam.
Fragment aus dem Wandgemälde des Grossratssaales.
Zwei Drittel Original-Grösse. — Öffentliche Kunstsammlung Basel.

Abb. 425. Hans Holbein d. J. Das Haupt des Rehabeam.
Fragment aus dem Wandgemälde des Grossratssaales, 1530.
Zwei Drittel Originalgrösse. — Öffentliche Kunstsammlung Basel.

4. DIE WANDBILDER HANS HOLBEINS D. J.

Als Holbein im Juni 1521 die Arbeit begann, muss der Grossratssaal mit seinen vielen leeren Wandflächen einen kahlen Eindruck gemacht haben. Dazu kamen seine unglücklichen Proportionen und die ungünstigen Lichtverhältnisse, die diesen Eindruck noch verstärkten. Auch Holbein muss ähnlich geurteilt haben. Schon die Entwürfe zeigen, wie der Künstler durch die Anordnung der Räume auf den einzelnen Bildern diesen Bedingungen entgegenzuwirken suchte. An der Wand gegen den Kanzleiflügel waren die Darstellungen dichtgedrängt, so dass sie die Wand, wie mit einer zweiten Mauer, abschlossen. Der Entwurf zum Sapor (Abb. 421) gibt hierüber schlagend Auskunft. Auf der Längswand weitete sich der Raum (Abb. 407—410), man sieht deutlich, wie die Fluchtlinien der Bilder der Tiefe zu eilen. Beim Charondas eine Säulenhalle, deren Gebälk sich schneidet, beim Zaleucus der stark verkürzte Vorhang und der Blick auf eine mächtige Palastarchitektur. Die Bilder sind deutlich auf Tiefenwirkung hin angelegt, um den Saal an der Stelle weit erscheinen zu lassen, wo sich in Wirklichkeit die gedrückten Proportionen am meisten fühlbar machten. Die Fläche in der Mitte, hinter der sich die Fluchtlinien der beiden Bilder trafen, muss diese Wirkung nochmals gesteigert haben.

Wie streng Holbein die Anforderungen erfüllte, die er sich als Grundbedingungen eines guten Wandbilds vorstellte, zeigen noch deutlicher die Figurengruppen, deren Höhe einer gemeinsamen Horizontalen untergeordnet sind. Sie füllen knapp die Hälfte der verfügbaren Fläche, um erst dann den Blick auf Architektur und Tiefe freizugeben. Es entstand so auf halber Höhe der Historien ein zweiter Bildrand, der wohl schon beim Solon einsetzte, auf dem Sapor deutlich erkennbar wird und über den Charondas und Zaleucus zum Marcus Curius Dentatus hinüberführt, wo die Linie für einmal mit den Samnitischen Gesandten abschloss. Holbein erhielt so einen einheitlichen Horizont, wo jede Bewegung sich sofort bemerkbar machte, wie die Welle am Meereshorizont, jede Verkürzung und jeder Einbruch in den Raum mit erhöhter Deutlichkeit sprach und jede auch knappe Lücke wie ein Ereignis sich auswirkte. Beim Samuel und Saul muss der plötzliche Riss in die Tiefe vollends wie ein Erdbeben gewirkt haben, doch sind dies Möglichkeiten, die Holbein vorläufig noch fernlagen und erst bei den Spätwerken zur Geltung kommen.

Zwischen den Historien standen statuenartige Gestalten, deren Bewegungen in Nischen gebannt waren und die Bilddarstellungen unterbrachen. Wahrscheinlich waren es Grisaillen, deren beschränkte Tönung mit den Lokalfarben der Historien kontrastierte. Sie überragten die Figuren der Historien beträchtlich, dafür waren sie auf Sockel gestellt und auch oben von Architektur umrahmt, so dass sie gleichwohl die Lebensgrösse nicht überschritten.

Holbein begann die Arbeit an der zusammenhängenden Wand gegen den hintern Hof, wo Licht und Farbe am meisten nottaten. Dort war an einem gemalten Pilaster die Jahrzahl 1521 zu lesen, wie sie die Fundberichte festhalten (Quellen Nr. 20 und 21) und Hess überliefert hat (Abb. 415). Geplant waren der *„Selbstmord des Charondas"* und die *„Blendung des Zaleucus"*, die von zwei stehenden Einzelfiguren, *David* und *Christus*, flankiert sein sollten (Abb. 407—410). Es sind zwei Erzählungen von Gesetzgebern aus den griechischen Kolonien Unteritaliens und Siziliens, die auch bei Valerius Maximus dicht nebeneinander stehen[1]).

Die Bilder müssen vor allem durch ihre Architekturen gewirkt haben. Beim Charondas (Abb. 415) sieht man in eine festlich geschmückte Säulenhalle mit reichen Durchblicken, wo sich schneidende Gebälke auf Säulen aufruhen. Ihre Untensicht ist mit Rosetten verziert, während an den Stirnflächen zwischen Medaillons mit römischen Imperatoren, selbst auf dem Entwurf, Aufzüge antiker Krieger und ein Triumphzug deutlich zu erkennen sind. Es sind Eindrücke, wie sie sich Holbein vor den Domen von Lugano und Como oder an der Certosa von Pavia eingeprägt hatten. Bei den Figuren unten überrascht dann das individuelle Gepräge, wo neben einem hagern jungen Mann der Kopf eines dickleibigen älteren Mannes hervorragt, ein Jüngling in Zeittracht auf einen bekümmerten Alten einredet und das lebhaft bewegte Spiel der Hände die eifrige Diskussion verrät. Im Vordergrund ein sitzender Richter, der mit dem Finger auf Charondas zeigt, weil er entgegen seinen eigenen Gesetzen die Volksversammlung mit dem Schwerte betreten hat[2]). Im Hintergrund, echt holbeinisch, zwei Männer, die unbeweglich dasitzen und trotz der unmittelbaren Nähe noch nichts von den Vorgängen begriffen haben[3]).

---

[1]) Valerius Maximus Lib. VI, Cap. 5, Ext. 3 (Zaleucus) und Ext. 4 (Charondas). Charondas, der Gesetzgeber von Thurii, hatte seinem Volke dadurch Ruhe und Ordnung gebracht, dass er das Waffentragen in den oft stürmischen Volksversammlungen bei Todesstrafe verbot. Wer sich gegen das Verbot verging, sollte sofort getötet werden. Eines Tages, als einige Zeit vorübergegangen, war er nun selbst vom Lande gekommen, wo er nach Diodor (Bibliotheca 12, 19, zum Jahre 446 v. Chr.) „Räuber vertrieben hatte". Eben war eine Volksversammlung einberufen worden, die Charondas, wie er eben kam, bewaffnet betrat. Von einem Nebenstehenden auf sein Versehen aufmerksam gemacht, stiess er sich das Schwert in die Brust mit dem Ruf: „Ich selbst werde das Gesetz erfüllen." „Er wollte weder Gründe noch Irrtum gelten lassen, sondern dem Gesetze Genüge tun."

Ähnliches wird von Zaleucus aus Locri berichtet. Neben andern nützlichen und vorzüglichen Gesetzen hatte er auch auf den Ehebruch die Strafe der Blendung gesetzt. „Was er nun freilich nicht vermutet hatte, das brachte der Dämon wider Erwarten über ihn" (Aelian, Varia historia 13, 24). Sein Sohn nämlich wurde beim Ehebruch erwischt und sollte daraufhin die vom Gesetz des Vaters festgesetzte Strafe leiden. Die Bürger von Locri wollten zwar in Anbetracht der Verdienste des Vaters dem Sohne die Strafe erlassen. Auf ihre Bitten hin liess sich Zaleucus schliesslich so weit erweichen, dass ihm und dem Sohne ein Auge ausgestochen wurde und hatte so Vaterliebe und Gesetz erfüllt.

[2]) Holbein hatte, offenbar im letzten Moment, auf eine frühere Komposition zurückgegriffen, wie er sie vier Jahre vorher für das Hertensteinhaus geschaffen hatte, wo in der Leaina vor den Richtern die stehende Heldin einer sitzenden Randfigur gegenübergestellt ist (G. 111).

[3]) Wie schon Schmid bemerkt hat, entstand so eine Situation, die den unten sitzenden Basler Ratsherren entsprach. Aus dem Statutarium Basiliense wissen wir, dass hier die Ratsherren der Safranzunft sassen und Holbein wird es sich wohl nicht haben nehmen lassen, das Porträt des einen oder andern seiner Mitbürger in den bunten Trachten der Zeit festzuhalten.

Angesichts der wirklichen Wand ist die Komposition stark verändert worden. Aus den Kopien von Hess (Abb. 413 u. 415) erkennt man, dass sie Holbein in ein mächtiges Breitformat gelegt hat, das die volle Entfaltung des Gegenstandes ermöglichte und auch auf den Zaleucus zurückwirkt. Die Folge davon war, dass eine der Nischenfiguren des Entwurfs weichen musste und ans Kamin rückte. Die Figuren sind in den Mittelgrund geschoben. Die Randfigur des sitzenden Richters ist verschwunden und hat einem herbeieilenden Freunde Platz gemacht, der, durch weite Distanz vom Charondas getrennt, das Verhängnis nicht aufzuhalten vermag.

Noch stärker sind die Lichtverhältnisse geändert. Wie der Entwurf andeutet, hatte der Künstler ursprünglich geplant, die hellsten Helligkeiten in die dunkle Saalecke zu verlegen. Holbein hat aber diesen Plan aufgegeben, offenbar, weil gegen die natürliche Dunkelheit doch nicht aufzukommen war. Charondas ist gegen die Mitte der Wand gerückt, entsprechend dem wirklichen Lichteinfall, der erst hier die Wand erreichte. Die Ansicht direkt von vorn, das zurückgelehnte Haupt, wie es uns aus dem übermalten Fragment (Abb. 412) entgegentritt, und das chromgelbe Gewand müssen die Gestalt des Helden nochmals gesteigert haben. Auch der Gegensatz des stehenden Helden in seinem einfachen Gewand zu den sitzenden Volksvertretern in der Tracht der Zeit ist erst in der Ausführung klar zum Ausdruck gekommen. Leider vermitteln die Aquarelle von Hess und die übermalten Fragmente (Abb. 412 u. 414) keine genügende Vorstellung[1]).

Für die Komposition des *Zaleucus* hatte Holbein schon im Entwurf (Abb. 409) eine endgültige Lösung gefunden. Die Doppelgruppe am vordersten Bildrand war dem Künstler jedenfalls äusserst willkommen. Sie muss wie ein Widerspiel der Doppelbilder des Saals gewirkt haben: Zaleucus und sein Sohn auf reichgeschmückten Thronsesseln, während ein Spalier von Zuschauern unbeweglich dasteht, so dass jede Bewegung, das Zusammenzucken beim Sohn und das sich Anklammern an den Sessel beim Vater, um so ergreifender wirkt. Auch die Begleitfiguren standen von vornherein fest: Die beiden Schergen, welche die Pflichten ihres Amts beim Sohne deutlich sichtbar, beim Vater mit möglichster Schonung durchführen. Ebenso der Jüngling, der sich mit einer hämischen Bemerkung zum ehebrecherischen Sohne niederbeugt, während hinter dem Thronsessel des Vaters der Weibel mit breitrandigem Hut auftaucht, der auch in dieser Situation unbeweglich bleibt.

Auch hier zeigte das ausgeführte Bild Änderungen (Abb. 417). Der Wall der Figuren, der nach dem Zaleucus hin langsam zurückweicht, ist

---

[1]) Die Situation ist bei Hess leider stark in Klassizistische umgestaltet, scheint aber trotzdem, wenn auch entfernt, eine wahre Vorstellung festzuhalten. Die Bewegung, die durch die Zuschauer geht und die Gestikulation der Hände lässt unwillkürlich an Leonardos Abendmahl denken. Auch der Vorgang ist trotz der Verschiedenheit des Vorwurfs ein ähnlicher. Es galt die Wirkung, dort eines gesprochenen Worts, hier eines völlig unerwarteten Ereignisses auf eine Versammlung darzustellen, die noch eben ruhig dagesessen war.

eindringlicher geworden. In der Mitte zwei bärtige Männer, die wie angewurzelt dastehen und die Strenge des Gesetzes versinnbildlichen. Zwischen ihren Schultern eine Fülle von Köpfen, die selbst in diesen Ausschnitten deutlich Neugierde, Bosheit oder Gleichgiltigkeit verraten. Es herrscht feierliche Ruhe, die durch den Ausblick auf den verlassenen Palasthof noch verstärkt wird, während beim Charondas eine deutliche Bewegung durch die Zuschauer geht. Auch die sonstigen Kontraste der Bilder werden nun verständlich. Beim Charondas die Säulenhalle voller Einzelheiten, die Zuschauer in den reichen Trachten der Zeit, der Held in einfachem Gewand, nur die Scheide reich mit goldenen Ornamenten verziert, der Vorgang deutlich in den Mittelgrund gerückt. Dieselben Gegensätze bei den Hauptfiguren: Charondas jäh aufgesprungen inmitten einer eben noch ruhig beratenden Versammlung. Hier die sitzenden Gruppen im vordersten Vordergrund, mit reichen, pelzbesetzten Trachten und goldenen Ketten, die Bürger von Locri in einfachen, antiken Gewändern, im Hintergrund der stille Vorhang und die verlassene Palastarchitektur.

Von der Gruppe des Zaleucus ist uns durch das Aquarell von Hess auch etwas von der farbigen Wirkung des Wandbildes überliefert (Abb. 417). Aus dem Zaleucus des Entwurfs ist ein Greis in weissem Gewand geworden, der müde vor sich hinstarrt. Der Thronsessel ist mit einem zinnoberroten Tuch ausgeschlagen und mit goldenem Beschläg verziert. Der Vorhang nicht etwa hell, wie man nach dem Entwurf glauben sollte, sondern saftig dunkelgrün, wie später im Hintergrund der Laïs. Holbein erhielt so eine grosse dunkle Fläche, von der sich der Vorgang hell abhob. Sie entsprach in ihrer Verkürzung der natürlichen Dunkelheit, die sich auf den Charondas legte, und liess auch diese wie gewollt erscheinen.

Die *Statue des David*, welche sich in der Mitte der beiden Kompositionen befand, scheint nach dem Entwurfe (Abb. 408) zu schliessen, weniger geraten zu sein. Es rächte sich hier der Umstand, dass es sich bei den Grisaillen um einen offensichtlichen Importartikel aus Italien handelte, dessen Künstler von der römischen Statuenwelt her seit Jahrhunderten an derartige Aufgaben gewöhnt waren. Wahrscheinlich ist der Plan, der den humanistischen Bestellern besonders einleuchten mochte, angesichts der sala dei maestri d'arme des Bramante entstanden, dessen stehende Krieger gleichfalls vor reichen Nischen erscheinen[1]). Wirklich überzeugend wirken nur die Ornamente mit streitenden Meergöttern und Putten, wie sie auf Sockel und Fries zu sehen sind. Ebenso die reichbewegte Inschrifttafel, deren Spruch Psalm 58,2 entnommen ist. In der Ausführung mag freilich das Gold der antiken Rüstung

---

[1]) Den Hinweis auf diese Zusammenhänge verdankt der Verfasser Herrn Professor Daniel Burckhardt-Werthemann. Abg. in Francesco Malaguzzi-Valeri, La corte di Lodovico il Moro, Vol. II, Bramante e Leonardo da Vinci, Milano, Ulrico Hoepli, 1915, p. 14/15 ff.; fig. 9/10 ff. Auch der Triumphzug auf dem Gebälk der Halle des Charondas stammt deutlich aus dem Hintergrund von Bramantes Heraclit und Democrit (a. a. O., Fig. 16 und Fig. 42).

mit Harnisch, Achseldekorationen und Beinschienen dem Eindruck aufgeholfen haben. Im Hintergrund war hinter Balustrade und Gestalt offenbar ein Stück blauen Himmels zu sehen. Der *Christus*, der nach dem Entwurfe auf der gleichen Wand erscheinen sollte (Abb. 410), ist wahrscheinlich erst im folgenden Jahre zur Ausführung gelangt.

Holbein wird sich gefreut haben, die Arbeit im Frühjahr 1522 nach mehr als halbjähriger Unterbrechung wieder aufzunehmen. Das Programm war umfangreicher als im vorangegangenen Jahr, da neben der Wand gegen den Kanzleiflügel auch der Rest der Wand gegen die hintern Höfe zu malen war. Holbein ist denn auch bis Anfang des Winters im Ratsaal tätig[1]).

An der *Wand gegen die hintere Kanzlei* war 1817, als die Tapete weggenommen wurde, alles erloschen. Nur noch die Inschriften konnte man erkennen, wo ,,Solon", ,,Solon" und ,,Cresus" zu lesen war, entsprechend dem ,,Sapor Rex Persarum" auf der Gegenseite. Wir sind daher auf die wenigen Andeutungen angewiesen, die der Fundbericht Peter Vischers (Quellen Nr. 21) enthält. Zum Glück treten hier die Entwürfe in die Lücke (Abb. 403—406), darunter der Originalentwurf Holbeins ,,Sapor und Valerian" (Abb. 421).

Die Serie begann mit der ,,*Gerechtigkeit*" unmittelbar neben der Fensterwand (Abb. 403). Hinter der Balustrade einer torartigen Nische erscheint eine untersetzte weibliche Gestalt in antiker Rüstung, die mit dem Schwerte auf eine mächtige Inschrifttafel hinweist, deren Spruch die Eintretenden ermahnt, die privaten Interessen zu Gunsten der öffentlichen zurückzustellen. Die Inschrift war stark verkürzt und darauf berechnet, von den Sitzen der Räte her gesehen zu werden, die sich der langen Nordwand entlang hinzogen. Auch die Figur ist dieser Wirkung untergeordnet und erscheint als Halbfigur, da ihr unterer Teil durch die gatterartige Brüstung verdeckt ist. Besonders wirkungsvoll muss der Schatten des Schwerts gewesen sein, der sich gespenstig von der Wand abhob, durch die Richtung der weisenden Hand und das blinkende Schwert vorbereitet. Holbein dachte sich die Figur nicht vom Fenster her beleuchtet, sondern vom Glutschein des Croesus auf dem Scheiterhaufen nebenan, und auf diesen Zusammenhang scheinen auch die Schattenflecke hinzuweisen, die auf der Inschrifttafel zu erkennen sind. Die Architektur ist auffallend hölzern. Wahrscheinlich musste hier der Künstler auf die Formen des Gestühls Rücksicht nehmen, die bereits feststanden, bevor Holbein mit seiner überlegenen dekorativen Begabung eingreifen konnte. Die Guirlanden unten waren vielleicht bereits Intarsien. Die Sockel, die wie umgekehrte Kapitäle aussehen, sind wohl in der Ausführung noch verändert worden.

In der Mitte zwischen den beiden Historien war eine aufrechte Gestalt zu sehen, die diesmal bis zum Bildrand herabreichte (Abb. 404). Es ist die ,,*Weisheit*" mit ihrem Doppelgesicht, ein offenes Buch und eine Fackel in

---

[1]) 12. April bis 29. November 1522 (Quellen Nr. 1).

Abb. 426. Hans Holbein d. J. Zwei schreitende Jünglinge.
Fragment aus dem Wandgemälde des Rehabeam, 1530.
Halbe Originalgrösse. — Öffentliche Kunstsammlung Basel.

Händen. Im Hintergrund eine Muschelnische, die von da an zu den Lieblingsmotiven Holbeins gehört und in dem Scheibenriss der Madonna mit dem knienden Ritter (G. 168) und auf der Darmstädter Madonna wiederkehrt. Sehr schön ist der untere Teil der Figur, wo ein Luftzug vom Fenster her sich in der Nische zu verfangen scheint und das Gewand zurückschlägt.

Merkwürdigerweise ist die „*Mässigung*" (Abb. 406) die lebendigste dieser „Regententugenden" geworden weil sich hier Holbein von allem allegorischen Zwang frei machte. Was wir vor uns sehen, ist ein Mädchen in der Tracht der Zeit mit geschlitzten Ärmeln, langen Zöpfen und hochgehaltenem Buckelbecher, ein Wesen der lebendigen Wirklichkeit und aus einem ganz andern Stoff als seine symbolischen Kolleginnen. Holbein wird sich auf die Ausführung in Lebensgrösse gefreut haben, um so mehr, da sie neben den Personifikationen der Gerechtigkeit und Weisheit das einzige weibliche Wesen war, das zwischen den kriegerischen Historien des Saals auftauchte. Selbst unter den zahlreichen Zuschauern der Bild-Hintergründe ist keine weibliche Gestalt zu finden[1]). Die Inschrift fehlt bei Gross[2]).

Die drei Figuren standen unter sich in engster Wechselwirkung. Bei der Justitia und der Temperantia waren die Akzente beidemal durch die Inschrifttafeln nach oben verlegt. Das weisende Schwert und der erhobene Pokal verstärkten diese Wirkung. Dagegen waren die unteren Teile ruhig gehalten, bei der Mässigkeit das unbewegt niederfallende Gewand, das der Brüstung entsprach, die vor der Gerechtigkeit den sonst offenen Raum unten schliesst. Beide Figuren wenden sich einander zu, die Justitia mehr, die Temperantia nur in leichter Körperbewegung. Auch die Fluchtlinien der äusseren Nischenwände verlaufen beidseits nach innen, um sich mit jenen des „Sapor" und wohl auch des „Croesus" zu treffen. Die Sapientia dagegen betonte die Mittelachse. Sie steht frontal in der direkt von vorn gesehenen Nische, wobei ihr flatterndes Gewand die Akzente nach unten verlegt.

Die Frische und Unmittelbarkeit dieser Gestalt ist gleichermassen in dem Historienbild daneben vorhanden, dem „*Sapor und Valerian*", der im Originalentwurf Holbeins erhalten ist (Abb. 420). Man sieht in eine enge nordische Gasse, wo ein Aufzug von Kriegern langsam vorüberzieht. Ein unerhörtes Gedränge hat eingesetzt. Es kribbelt wie in einem Ameisenhaufen. Die Offiziere im Hintergrund müssen, ihrem hohen Standpunkt entsprechend, gleichfalls auf Pferden sitzen, aber alles ist so verdeckt, dass man nicht einmal den Rücken der Pferde sieht. Hier ist es nun, wo der Perser-

---

[1]) Wenigstens nicht auf den Bildern der Jahre 1521/1522. An der Wand gegen das Haus zum Hasen sollte allerdings nach dem ursprünglichen Entwurf (Abb. 411) die Ehebrecherin erscheinen. Ebenso sieht man im Thronsaal des Rehabeam seine Gefährten und ihren Gespielinnen. Aber im ausgeführten Bilde wurde gerade diese Darstellung offenbar unterdrückt.

[2]) Die Inschrift findet sich nicht bei Gross, (Quellen Nr. 8). Wahrscheinlich stand sie nur auf dem Entwurf und wurde in der Ausführung durch die schwer auffindbare Stelle aus Mazochius, fol. CXXXv ersetzt, die Beatus Rhenanus erst nachträglich entdeckt haben mochte und sich auf den Sapor nebenan bezieht. Vgl. S. 535, Anm. 1 und Quellen Nr. 8.

könig in kühner Verkürzung den unglücklichen römischen Kaiser zum Fussschemel benützt, um auf sein Pferd zu steigen[1]). Es geschieht dies so umständlich und unpraktisch als möglich, schon die geschlitzten orientalischen Pumphosen hindern die Bewegung und die langsame Verschiebung des Gewands macht auch den Beschauer unwirsch, da er gezwungen wird, den unzähligen Falten des Rocks mit dem Blicke nachzugehen, während rings herum das frischeste Leben und Bewegung herrscht, von dem der Betrachter gerne noch einen Blick erhaschen möchte, ehe der Zug vorüberzieht. Das sinnlos erhobene Haupt zeigt dann noch einmal die Anmassung des Sassaniden.

In Wirklichkeit hat Holbein den Vorgang benützt, um einen jener kriegerischen Aufzüge festzuhalten, wie sie in der damaligen Eidgenossenschaft vielfach zu sehen waren und auch kleinere Städtchen plötzlich mit ihrem Glanz erfüllten, wenn einer dieser Heerhaufen durchzog. Es ist reichlich von den Schicksalen der Könige die Rede in diesem republikanischen Ratssaal. Die Bilder sind aber auch zu einer Zeit entstanden, als Glück und Untergang des Burgunderherzogs noch in Jedermanns Erinnerung war und über das Schicksal des mailändischen Throns haben die eidgenössischen Heerhaufen, wie sie in dem Bilde dargestellt sind, tatsächlich entschieden.

Den Gegensatz zu diesen reichen Gestalten bildet die helle Wand eines frisch getünchten Rathauses. Man sieht in drei schattige Bogenöffnungen, wie sie ähnlich am Rathaus unten zu sehen waren. Sie entsprechen den Dunkelheiten am untern Bildrand, in dessen Mitte der unglückliche römische Kaiser kauert, der auch in dieser Situation die Krone auf dem Haupt trägt. Die tiefliegenden Augen verraten die jahrelangen Qualen, denen er ausgesetzt war. Auch die rahmenden Pilaster sind in die Rechnung mit einbezogen. Unten die einfachen marmorierten Sockel mit den beiden Medaillons, die für einen Moment den Blick auf der Linie festhalten, wo auch der wirkliche Kaiser zu sehen ist, während oben, wo die kahle und frostige Architektur einsetzt, der Reichtum des Bildes plötzlich auf die umrahmenden Pilaster überschlägt. Man sieht reichdekorierte Flächen mit Grotesken, Greifen und Delphinen, die in korinthische Kapitäle mit Blätterwerk und Füllhörnern übergehen.

Von dem Croesus ist selbstverständlich nur wenig zu sagen. Aus den Resten der überlieferten Schriftbänder kann man mit Sicherheit entnehmen, dass *„Croesus auf dem Scheiterhaufen"* dargestellt war. Es ist jene bekannte, durch Herodot überlieferte Erzählung, die damals jedes Kind kannte[2]). Für den Künstler bot sie die Möglichkeit, mitten in seinen Historien einen Scheiterhaufen aufzubauen, der mit seinen veränderten Lichtbedingungen auch den übrigen Bildern des Saals eine neue Spannung vermitteln musste.

---

[1]) Lactantius, De mortibus persecutorum 5 erzählt nicht ohne Genugtuung, wie Valerian, der die Christen verfolgt hatte, von Sapor gefangen wurde. Sapor benützte ihn, so oft er ausreiten wollte, als Steigbügel. Die Leiden des Unglücklichen hatten damit aber noch nicht ihr Ende erreicht. Sapor liess ihn schinden und die rot gefärbte Haut im Tempel aufhängen. Auch dies findet die Billigung des christlichen Autors.

[2]) Montaigne, Essais 1580. Livre I, Chapitre XVIII nach Herodot I, 86.

Man kennt aus Holbeins Holzschnitten, etwa dem Tode der Söhne Aarons (Altes Testament, Petri, Christmonat 1523), wie Holbein zuckende Flammen dekorativ zu gestalten verstand und aus der Gefangennahme der Passion weiss man auch, wie Holbein derartiges im Tafelbild behandelte, wo Blattgold und Zinnober dazukamen. Ähnliches war wohl auch im Ratsaal zu sehen, und der Scheiterhaufen des Croesus musste sich wie ein Glorienschein hinter den Häupterstühlen ausbreiten[1])

An der Längswand gegen die hintern Höfe waren noch die Flächen zwischen Kamin und Eingangstüre unbemalt geblieben. Am Kamin selbst war *Christus* (Abb. 410) zu sehen, der in den Händen eine Schrifttafel hielt mit dem Gebot Matth. 7, 12, das Gesetz und Propheten umfassen sollte. Da die Gefahr bestand, dass die Gestalt zum Fenster hinausredete, hatte Holbein schon im Entwurf eine deutliche Bewegung vorgesehen, die durch den Giebeleinbau der Nische noch verstärkt wird. Christus wendet sich und die Schrifttafel deutlich den Häupterstühlen zu. Die Reihe der Einzelgestalten schloss sich auf diese Weise zu einer Gruppe zusammen, die mit dem Christus am Kamin begann und mit der Justitia an der Schmalwand endete. Für die Ratsherren, die den Saal betraten, war die Reihenfolge natürlich gerade die umgekehrte, da der Blick zuerst auf die Justitia beim Fenster fiel. Sehr wirkungsvoll muss der Lichtschein gewesen sein, der das Haupt Christi umgab und selbst im Entwurf an die ähnlichen Effekte der gemalten Passion erinnert.

Nach den Inschriften von Gross (Quellen Nr. 8) muss man annehmen, dass sich zwei weitere Figuren mit Inschriften unmittelbar anschlossen. Im Gegensatz zum Christus waren sie aber mit dem Curius Dentatus (Abb. 418) zu einer Gruppe verbunden. Die schräge Linie, die beim römischen Feldherrn einsetzt und an dem Dach des gemalten Kamins entlang hinaufführt, machte sich wohl auch beim *Harpokrates* bemerkbar, der über der Abtrittstube angebracht war. Man glaubt den aufsteigenden Arm und den Finger auf dem Munde zu sehen, die den Gott des Schweigens verraten. Die Figur hat offenbar Eindruck gemacht. Sie kommt in den folgenden Jahren als Signet Thomas Wolffs vor und der Holzschnitt (Heitz-Bernoulli 15) könnte sehr wohl die Gestalt festhalten, wie sie im Ratsaal zu sehen war[2]).

Ähnlich der *Anacharsis*, der über dem Ofen angebracht war. Der Vorwurf ging wohl auf einen Wunsch von Holbein zurück, der in dieser abgelegenen Ecke ein Spinngewebe malen wollte. Beatus Rhenanus wird dann aus seiner

---

[1]) Auch die Stellung der Figuren kann bei den engen Beziehungen, welche die Gegenbilder verbanden, mit einiger Sicherheit aus dem Sapor erschlossen werden. Offenbar war Cyrus dargestellt, wie er vom Pferde stieg und dem Croesus entgegenging, der rechts im Mittelgrund an seinen Pfahl gebunden war. Die Höhe der nackten oder halbnackten Gestalt wird die der reitenden Offiziere beim Sapor nicht überstiegen haben. Scheiterhaufen und Rauch mögen dann den Croesus, ähnlich wie das Rathaus das Saporbild, abgeschlossen haben.

[2]) Die Stelle über der Türe zur Abtrittstube, wo sie angebracht war, ist aus dem Schnitt von Scherb (Abb. 430) deutlich zu erkennen. Bei dem hohen Standort kann es sich natürlich auch um eine blosse Halbfigur oder gar nur um eine Inschrifttafel gehandelt haben, obschon Holbein Halbfiguren nach Möglichkeit vermied und für aussergewöhnliche Fälle vorbehielt.

Kenntnis der antiken Autoren den skytischen Weisen herbeigeschafft haben, der die Gesetze den Spinnengeweben verglich, in denen sich die kleinen Mücken fangen, während sie von den grossen durchstossen werden[1]). Der Nachdruck der Darstellung lag jedenfalls auf dem Stilleben, und wie subtil Holbein derartige Dinge zu behandeln wusste, geht aus der leicht aquarellierten Pinselzeichnung hervor, die eine Fledermaus darstellt (G. 140)[2]).

Die Längswand enthielt endlich noch eine letzte Fläche zwischen dem Haupteingang und der Türe zur Abtrittstube. Im Gegensatz zu den übrigen Wänden des Saals zeigte sie ein Hochformat (vgl. den Schnitt von Scherb, Abb. 430), das Holbein durch einen Scherz den übrigen Bildern anglich, indem er ein *Porträt des Stadtboten* anbrachte, der eben die schmale Treppe hinaufkommt und bis zum Ansatz der Beine sichtbar wird. Er hält die Hand am Hut, um die Ratsherren zu grüssen.[3]) Die verbleibende Fläche war so den übrigen Bildern des Saals angeglichen.

Dargestellt war *Marcus Curius Dentatus, der die Geschenke der Samniter zurückweist*[4]). Es ist das einzige Holbein'sche Bild, von dem wir auch in der Ausführung eine deutliche Vorstellung gewinnen können. Das Bild kam 1817 leidlich erhalten hinter der Tapete zum Vorschein und ist bis zum Umbau des Grossratsaals volle acht Jahre sichtbar geblieben. Hieronymus Hess hatte also Musse, die Komposition in allen Einzelheiten festzuhalten (Abb. 418).

Eine Studie ist freilich nicht auf uns gekommen und hat wohl auch nie existiert. Das Bild nimmt sich mehr als die übrigen, wie die plötzliche Eingebung des Moments aus, so kühn sind hier die verschiedenen Elemente von Figur und Landschaft kombiniert. Das lebensgrosse Brustbild des Stadtboten, die kniende Gestalt des römischen Feldherrn, die in ihrem Achsenreichtum und dem überschneidenden Arm an die Badenden des Florentiner Rathauses erinnert, und der hochragende Baum mit seiner zackigen Silhouette, die alle in eine einheitliche Vertikale zusammengefasst sind, der gegenüber die Gruppe der Samniter trotz ihrer Überzahl und den

---

[1]) Valerius Maximus Lib. VII, Cap. II, Ext. 14. Der Vers, den Beatus Rhenanus dazu gebraut hat, bei Gross (Quellen Nr. 8).

[2]) Eine Erinnerung an diese Darstellung Holbeins hält möglicherweise Christoph Murer in Radierung XL seiner Emblemata fest, die, unter Beziehung auf die Gesetze, gleichfalls ein Spinnennetz darstellt, allerdings nach Art der Zeit von Genien umgeben. Anacharsis fehlt. XL Emblemata miscella nova. Das ist XL unterschiedliche auserlesene newradierte Kunststuck mit allerley darzu dienstlichen aufferbawlichen Reymen erkläret durch Johann Heinrich Rordorffen. Zürich, Joh. Rudolf Wolff 1622. Taf. XL. Hinweis von Professor Daniel Burckhardt-Werthemann.

[3]) Im Zeitalter des Pensionswesens und -unwesens enthielt dieser Scherz zugleich eine Anspielung und Aufforderung an die Basler Ratsherren, sich gleich uneigennützig zu zeigen, wie der römische Feldherr. Eine Anspielung, die jedenfalls sehr deutlich verstanden wurde und vielleicht wirklich erst nachträglich hinzukam, wie Rudolf Wackernagel, G. d. Stadt Basel, Bd. III, S. 56*/57*, Anm. zu S. 313, vermutet. Holbein braucht den ursprünglichen Plan deswegen nicht umgeworfen zu haben, wie H. A. Schmid, Holbeins Totentanz ein politisches Bekenntnis, Schweiz. Monatshefte für Politik und Kultur, 1928/29, S. 193, annimmt. Holbein dachte sich vielleicht ursprünglich eine gemalte Dekoration, die ihm bei der Ausführung zu wenig lebensvoll vorkam.

[4]) Valerius Maximus Lib. IV, Cap. III, 5. Der römische Feldherr hiess eigentlich M'. = Manius Curius Dentatus. Wir halten uns an den Namen, wie er auf der Schrifttafel Holbeins erscheint.

blinkenden Geschenken hinfällig erscheint, um so mehr, da sich zu ihren Füssen eine gähnende Leere auftut[1]).

Die Kahlheit des Gewölbes muss den Reichtum der Gewänder und Geschenke noch gesteigert haben, die dicht daneben zu sehen waren, und ebenso müssen dies die einfachen Trachten der Begleiter getan haben[2]). Ein glücklicher Zufall hat uns von dieser *Gruppe der Samnitischen Gesandten* ein Originalfragment erhalten (Abb. 419), das gross genug ist, um einen wirklichen Einblick in das ausgeführte Bild zu vermitteln. Man sieht mit Staunen, wie eingehend Holbein die einzelnen Köpfe und Gestalten charakterisiert hat, den kränklichen Typus bei dem Führer in der Mitte, die bäurische Verschlagenheit beim zweiten, den scharf beobachtenden Blick beim dritten, der durch die Vordermänner verdeckt ist. Man wird nun mit einem Mal inne, dass Holbein auch im Wandbild seinen eigenen Weg geht. Was er darunter versteht, ist die erhöhte Klarheit der Darstellung, die sich auch der Einzelform mitteilt und dem Bilde das Miniaturhafte nimmt, das seinen Tafelbildern gelegentlich anhaftet. Holbein hat deswegen aber nicht auf das schmückende Detail verzichtet. Daher die Öllasuren und das aufgetragene Gold, das die Pracht der Bilder steigern und auch den Wandgemälden den vollen Glanz des Tafelbildes verschaffen soll. Man wird sich in diesem Zusammenhang an die starke Wirkung der Lokalfarben erinnern, welche den frühen Bildern Holbeins eigen ist. Das leuchtende Zinnober im Barett des Bürgermeisters Meyer, das helle Blau des Hintergrunds auf dem Porträt des Bonifacius Amerbach, noch gesteigert durch das tiefe Schwarz des Gewandes und das helle Weiss des Hemdes. Ähnliche Farbenwirkungen kann man nun gerade in dem erhaltenen Fragment beobachten, noch gesteigert durch das Gold der Ketten, Dolche und Kaminflammen. Beim Curius Dentatus und den Samnitischen Gesandten muss all dies doppelt stark gewirkt haben, weil das gemalte Gewölbe den Kontrast steigerte und noch mehr, weil das allzu Gedrängte der übrigen Kompositionen sich auflöste, der Blick auf eine ferne Berglandschaft mit Mühle und Strom freigegeben wurde und durch die offene Halle ein weiter Abendhimmel sich auftat.

Was noch fehlte, waren die Malereien der Schmalwand gegen das Haus zum Hasen, die erst 1530, also volle acht Jahre später, zur Ausführung gelangten[3]). Die düstern alttestamentlichen Vorwürfe beweisen, dass die Bilder

---

[1]) Man hat den Eindruck, dass das Gewölbe einkrachen könnte. Noch grösser war natürlich die Gefahr, dass ihnen der zornige Held, wenn sie noch einen Schritt weitergehen, die Rüben nachschmeisst, die er sich eben zum Mahle bereitet.

[2]) Aus dem Aquarell des Hieronymus Hess (Abb. 418) gewinnt man auch davon eine ungefähre Vorstellung. Der vorderste trug ein grünes Wams und zinnoberrote Strümpfe. Was er in der Hand trägt, sieht zunächst wie ein Käse aus, wird aber wohl als Schriftstück zu deuten sein, das die Samniter dem römischen Feldherrn nach Annahme der Geschenke zur Unterschrift vorlegen wollten.

[3]) Entwürfe waren aber sicher schon früher vorhanden und die Kopie eines solchen ist uns in einer Zeichnung des 16. Jahrhunderts noch erhalten. Dem Christus am Kamin entsprechend, waren Darstellungen aus den Evangelien geplant, welche den antiken Historien die christlichen Tugenden der Nächstenliebe und der Sündenvergebung gegenüberstellten. Dargestellt war *„Christus und die Ehebrecherin"*

erst nach Einführung der Reformation ausgeführt wurden. Der Spruch des Ezechias, der dicht neben der Eingangstüre zu lesen war, muss wie eine Rechtferigung des Bildersturms gewirkt haben, der ein Jahr vorher wie ein zweites Erdbeben über die Stadt gegangen war. Holbein selbst wird freilich anders als seine Auftraggeber gedacht haben. Was Jahrhunderte an Kunstwerken in den Kirchen unserer Stadt aufgehäuft hatten, war im Laufe weniger Tage und Wochen vernichtet worden. Auch die meisten seiner Kollegen waren brotlos geworden, weil die natürlichen Aufgaben versiegt waren, wie sie die alte Kirche vermittelt hatte. Es muss einsam um Holbein gewesen sein, als er im Sommer 1530 die abschliessende Arbeit begann[1]).

Auch seine Kunst war eine andere geworden. Schon der *Entwurf zum Rehabeam* (Abb. 422) zeigt, dass Holbein nun über ganz andere Möglichkeiten verfügt. Die Verkürzung des Sapor mochte ihm einst als kühner Versuch vorkommen und war es auch, wenn man an die Bilder seiner Zeitgenossen und seines Bruders denkt[2]). Was aber hier zu sehen ist, war ein völlig Neues. Eine ganze Figurengruppe ist in den Raum hineingeschoben und damit dieser Kubus, dem die Alten des Volks unterstellt sind, doch auch ja deutlich in Erscheinung tritt, sieht man links und rechts vom Thronhimmel nochmals auf ähnliche Raumformen in der Tiefe, wo ein reicher Kuppelsaal erscheint und die Trennung zwischen den bekümmerten Alten und den jugendlichen Gefährten des Königs mit ihren Gespielinnen bereits vollzogen ist. Die Folgen dieser Anordnung machen sich sofort bemerkbar. Jede Drehung und Abweichung wirkt mit doppeltem Nachdruck. Man sieht in einen tiefen Spalt, wo ein alter Mann nachdenklich in den Bart greift, beim zweiten die Gegenrichtung eines entschlossen ausgebreiteten Arms, während beim dritten die Abkehr vom König bereits vollendete Tatsache ist. Dieser Verschiebung gegen die Bildmitte und den Vordergrund zu, entspricht dann folgerichtig, wie das Gewicht einer Waage, der stehende Jüngling links im Mittelgrund,

---

nach Ev. Joh. 8, 1—11 (Abb. 411). Es ist bezeichnenderweise ein Längsformat, weil Holbein die Fläche nach Möglichkeit ausnützen wollte, wenn auch wohl in der Mitte damals noch eine Einzelgestalt geplant war (aber welche, da der Christus am Kamin bereits vergeben war?). Die Komposition nimmt trotz des verschiedenen Vorwurfs deutlich auf das entsprechende Bild der andern Schmalwand Bezug. Dem Blick auf das Rathaus entspricht der Blick in das Innere des Münsters, dem Zug der Reisigen, der sich langsam dem Fenster zu bewegt, die Gegenbewegung in den langsam von links nach rechts vorüberziehenden Pharisäern. Auch Christus ist weit unten zu sehen, wie Valerian auf dem Gegenbilde, entsprechend dem Text des Evangeliums, wo deutlich gesagt wird „Jesus bückte sich nieder und schrieb mit dem Finger auf die Erde." Auch der Lichtschein kam so an den untern Bildrand zu stehen, wie die Flamme am nahen Herdfeuer des Curius Dentatus. Die Gruppe mit der Ehebrecherin dachte sich Holbein links, an den vortretenden Pfeiler gerückt, der die Wand in zwei Hälften teilte, und der Pfeilerbündel der gemalten Architektur hätte diese Scheidung wohl ganz natürlich erscheinen lassen.

Die Doppelbilder des Rathauses haben ihre stille Wirkung aber auch auf die sonstige Produktion des Künstlers ausgeübt. Man sieht die Entwicklung greifbar vor sich. Besonders deutlich wird dies im Holzschnitte vom „*Ablasshandel*" (W. 196 um 1523/24 entstanden), wo ein festlich dekorierter Saal mit dem Getriebe der Welt den einsamen Gestalten der drei reuigen Sünder gegenübergestellt ist, ähnlich wie später die Gruppe von Samuel und Saul dem Thronsaal des Rehabeam.

[1]) Die Arbeit dauerte vom 6. Juli bis 18. November 1530 (Quellen Nr. 2).
[2]) Etwa an die Passionsszenen an der Nordwestwand der Ulrichskirche oder an die Darstellung der Kaiser Heinrichs-Legende, die Ambrosius Holbein 1517 im Kreuzgang des Klingenthal-Klosters gemalt hatte.

der die Schale mit Geissel und Skorpion hinhält und so die Drohworte des Königs (1. Könige 12, 10/11) erst recht verständlich macht[1]).

Der König ist auf die Höhe emporgerückt, auf der im übrigen Saal die allegorischen Gestalten zu sehen waren, und dies muss seinen Übermut mehr betont haben, als das erhobene Haupt des Sapor. Die schematische Einteilung zwischen Historien und Grisaillen ist aufgegeben zu Gunsten der zusammenhängenden Flächen, die als Ganzes wirken sollen. Man weiss denn auch, dass sich *Ezechias* (Hiskia) nicht in der Mitte der beiden Darstellungen befand, sondern die Fläche zwischen Eingangstüre und dem Fenster gegen das Höflein füllte[2]).

Die Ausführung muss vom Entwurf weit abgewichen haben. Die acht Fragmente (Abb. 424—426; Taf. 36—39) zeigen eine völlig andere Anordnung, die sich wahrscheinlich dem „Samuel und Saul" näherte, indem dem Heerzug Sauls der Aufmarsch der Kinder Israels entgegengestellt war. Der König aufgesprungen im Profil, wobei sich *Haupt und Hand* hell vom schiefergrauen Hintergrund abheben (Abb. 424, 425). Die Wirkung des gesprochenen Worts ist in seiner Nähe am deutlichsten, man sieht direkt unter dem ausgestreckten Finger zwei Köpfe von Männern, die sich betrübt abwenden. Der Thronhimmel war wohl, der veränderten Stellung des Königs entsprechend, mehr gegen rechts gerückt und vielleicht von der Seite gesehen. Und noch die Stellung eines zweiten Fragments lässt sich genauer fixieren. Es ist die *Gruppe von vier Räten des Volks* (Tafel 36). Der Vorderste im Profil erreicht beinahe die Lebensgrösse. Er stand breitgrätschig im Vordergrund, dem König direkt gegenüber, wenn auch in einiger Entfernung. Auf seinem Antlitz ist das aufmerksame Zuhören und der langsam emporsteigende Groll gleichermassen abzulesen. Der klobige Kopf zu seiner Linken macht in seiner unbeweglichen Ruhe bereits den Eindruck einer Randfigur. Bei den übrigen Fragmenten ist ihre Stellung im Bildganzen nicht mehr mit derselben Sicherheit festzustellen, obschon sie sich deutlich nach Vorder-, Mittel- und Hintergrund trennen. Die *„zwei schreitenden Jünglinge"* (Abb. 426) gehörten wohl zum Gefolge des Rehabeam. Der Angesprochene links ist ein feiner Gelehrtentypus, wie ihn Holbein aus den glücklichen humanistischen Zeiten Basels in Erinnerung behalten haben mochte. Was aber aus den Farbpartikeln der Fragmente heute noch erkennbar erscheint, ist die farbige Wirkung des Bildes. Während sich auf den Entwurf leicht spürbar ein kühler klassizistischer Hauch legt, war in dem ausgeführten Bilde diese Wirkung völlig verschwunden. Der einzelne Jüngling, Mann oder Greis war mit vollendetem individuellem Gepräge wiedergegeben. Das Bild war auch nicht kühl und zurückgehalten im Kolorit, sondern die Lokalfarben sprachen mit unverminderter Kraft. Ein Lachsrot im Gewand des Königs, ein zinnoberroter

---

[1]) Abgedruckt bei Gross (Quellen Nr. 8). Holbein dachte sie sich am Fries des Thronhimmels.
[2]) Vgl. Quellen Nr. 29. Die Inschrift nach 2. Könige 18, 3, 4 bei Gross (Quellen Nr. 8).

Mantel bei dem emporblickenden Mann links, ein mildes Blau im Mantel des Humanisten. Und noch ein zweites fällt auf. Das Lapidare des zeichnerischen Stils, die Fähigkeit, mit wenigen Linien und Konturen eine Persönlichkeit schlagend wiederzugeben. Es ist die hervorstechendste Eigenschaft von Holbeins Spätstil, die nach der Beobachtung Heinrich Alfred Schmids hier zum erstenmal zum Durchbruch kommt.

Das Bild von *„Samuel und Saul"* (Abb. 423) ist von alters her als der Höhepunkt der Rathausmalereien Holbeins angesehen worden. Schon die Supplication Bocks (Quellen Nr. 7) spricht deutlich von dem „grossen stuck" der Holbeinischen Gemälde und die eingehende Schilderung lässt erkennen, dass damit nicht nur der Umfang, sondern auch die Bedeutung der Malerei gemeint war. „Dan auch von diser arbeyt zu sagen, gibtz der augenschyn, das under allen Holbeynischen in gedachtem gemolten sal stucken, dises nitt allein an der lenge das grösest, sonder auch der arbeytt halb das müsamest und schwerest seie, als so neben landschaften by 100 angesichter gantzer oder doch zum deyl dritlich anzeygter unnd ausgemalter manspersonen inhalten, so ich allesamppt neben vylen rossen, wehren und anderem als ordenlich stück zu stück abconterfehten müsen." Die Schilderung des Gemäldes deckt sich auffallend mit dem erhaltenen Originalentwurf und so darf man wohl annehmen, dass sich Zeichnung und Bild sehr nahe gekommen sind, wenn sich auch in der Ausführung die Anzahl der Figuren, wie einst beim Zaleucus, stark vermehrt haben wird. Die Grundelemente sind sicher dieselben geblieben. Der Bettelprophet, der plötzlich hinter der Säule auftaucht, der siegreiche König, der von seinem Pferde abgestiegen ist und Samuel entgegeneilt, um sich zu entschuldigen. Der tiefe Schattenrand, der sich über Haupt und Gestalt des Königs legt. Zwischen beiden, wie ein Abgrund, der Riss in die Tiefe und oben die helle Inschrifttafel, die dem ausgestreckten Arm des Propheten folgt und den Fluch Samuels enthielt (1. Samuel 15, 22, 23)[1]. Holbein erhielt so nochmals eine klare Doppelgruppe, die durch die Inschrifttafel oben zu einem unlösbaren Ganzen verbunden ist. Sie ist nur leicht verkürzt, während der Weg unten anfänglich die gleiche Richtung einschlägt, aber mit einer plötzlichen Wendung zur Tiefe führt. Man sieht einen blauen Bergsee aufleuchten, von dessen heller Fläche sich die Hand des Königs dunkel abhebt, ferner dunkle Rinder- und helle Schafherden, die sich wie ein Bannkreis um Haupt und Gestalt des Königs legen und zum Vordergrund zurückführen, wo dunkles Gesträuch die Gestalten wie eine Mauer zusammenbindet. Saul ein machtvoller jüdischer Typus, so dass es begreiflich erscheint, dass auch Samuel nachträglich um ihn trauerte.

Dieser Doppelgruppe ist nun der Heerzug Sauls gegenübergestellt, der sich von der vordern Fensterwand her wie eine Flut in den Saal ergoss. Die

---

[1] Der genaue Wortlaut bei Gross (Quellen Nr. 8). Wie der Vergleich mit der Vulgata zeigt, musste der Text verkürzt werden, um auf der Tafel Platz zu finden.

Beleuchtung entspricht der wirklichen im Saal, so dass das helle Licht auf den Propheten fällt. Sie ist aber noch gesteigert durch die schwüle Stimmung, die sich auf das Bild legt. Der Himmel hat sich überzogen, nur hie und da leuchten helle Lichter auf, und diese Stimmung wirkt um so beklemmender, da das Bild zum Bersten gefüllt ist. Nur der Lichtstreifen am fernen Horizont mag wie ein stiller Trost gewirkt haben.

Holbein erhält so einfache Gruppen, die sich hell vom Dunkel des Heerzugs abheben und die Überfülle begrenzen. Der König selbst ist nur noch lose, durch die Spitze seines Schwerts, mit ihm verbunden. Es folgen, durch die Tiefe getrennt, zwei Gefolgsleute, die das Schlachtross des. Königs halten. Besonders schön der hintere mit der Lanze, der vom Kopf des Rosses überschnitten wird: ein hochgewachsener Jüngling, der in die Landschaft hinausspäht, ob sich noch irgendwo ein Feind zeigt. Der andere mit der Hellebarde blickt bekümmert vor sich hin, sein Haupt ist, wie das des Königs, beschattet: „er ist der treueste Geleitsmann seines Herrn, ein bejahrter Held, der hier mit Gram das Unglück ansieht, das über das Königshaus hereinbricht"[1]. In der Mitte eine neutrale Gruppe, darunter zwei Krieger in antiker Rüstung, die während des Marsches sich umsehen, der eine nach hinten, der andere bärtige nach vorn, direkt auf den Beschauer zu. Die dritte Gruppe hoch emporgehoben, dass sie beinahe den oberen Bildrand erreicht. Es ist die Reiterei, die hier einsetzt, in der Mitte der gefangene Amalakiterkönig, dem ein israelitischer Krieger zuraunt, dass es nun mit ihm zu Ende gehe.

Das Bild stand im Saal den Bürgermeistersitzen direkt gegenüber. Man wird sich nun erinnern, dass dort „Croesus auf dem Scheiterhaufen" gemalt war. Die zuckenden Flammen, die das Bild begleiteten, haben ihre Spuren auch sonst im Saal hinterlassen. Schon die brennende Fackel der Weisheit mag ähnlich gewirkt haben, ebenso der Lichtschein über dem Haupte Christi am Kamin und das Herdfeuer des Curius Dentatus. Ihre wahre Wirkung ist aber erst in dem Bild direkt gegenüber zu erkennen, wo auf den Fluch des Propheten hin ein gewaltiges Flammenmeer die Ereignisse begleitet. In dreimaligen Explosionen schlagen die Flammen empor, welche die Dörfer und Burgen des Landes zerstören und den Horizont mit Rauch erfüllen. Man sieht schon aus dem Entwurf, dass es sich um ein leuchtendes Zinnober handelt, das den obern Bildrand des „Samuel und Saul" durchzieht. Beim Rehabeam war ein ähnliches Rot, wenn auch dunkler, in dem Mantel des Mannes zu sehen, der mit offenem Mund direkt auf den König zu blickt, aber am vorderen Bildrand zu sehen war. Noch ähnlicher war das Rot im Gewande des Jünglings mit der weisenden Hand. Die Gemälde wiesen auch sonst merkwürdige Gegensätze auf. Beim Rehabeam der festliche Eindruck, ein Hymnus auf die Schönheit der menschlichen

---

[1] H. A. Schmid. Die Gemälde von Hans Holbein d. J. im Basler Grossratssaale. Jahrbuch der Kgl. preussischen Kunstsammlungen Bd. XVII, 1896, S. 95.

Gestalt, der in dem Kopfe des Königs einen hinreissenden, an antike Schönheit grenzenden Ausdruck gefunden hat. Bei „Samuel und Saul" die Konzentration der dramatischen Kraft, die wie ferner Donner wirkt und alles in Schatten stellte, was der Saal sonst an Wundern enthielt. Auf die Zeitgenossen freilich muss das Bild wie eine Sühne für die Greuel gewirkt haben, die anderthalb Jahre vorher bei dem Bildersturm über unsere Stadt gegangen sind.

Als Holbein im August 1528 nach Basel zurückkehrte, war Dürer bereits tot († 6. April 1528) und kurz darauf muss Holbein die Nachricht erreicht haben, dass auch Grünewald gestorben sei (vor 1. September 1528). Was Altdorfer und Baldung in ihrer Spätzeit geschaffen haben, konnte sich nicht mit den Werken ihrer Jugend vergleichen, und noch mehr gilt dies von den Spätwerken Cranachs. Das Schicksal der deutschen Kunst ruhte im wesentlichen auf den Augen des jungen Baslers, der das dreissigste Altersjahr eben erreicht hatte. Was Holbein damals in Basel geschaffen hat, waren nur wenige, aber entscheidende Werke: Das eigene Familienporträt, das Rundmedaillon des Erasmus, die Orgelflügel des Münsters, die Dekorationen am Rheintor und das Haus zum Tanz. Von Holzschnitten der „Erasmus im Gehäus" und die „Icones". Wie man sieht, bildeten die Malereien im Ratssaal den ausgesprochenen Höhepunkt. Ende 1532 ist Holbein wieder in London. Die elf letzten Jahre seines Lebens gehören ausschliesslich England an. Und so darf man wohl sagen, dass der „Zorn des Rehabeam" und der „Fluch Samuels", wie sie an der Wand gegen das Haus zum Hasen zu sehen waren, nicht nur den Abschluss der Malereien im Basler Ratssaal bildeten, sondern weit darüber hinaus auch den grandiosen Abschluss der altdeutschen Kunst.

5. DIE PROPHETEN MARTIN HOFFMANNS.

Die Wandmalereien Hans Holbeins d. J. haben selbstverständlich die Raumwirkung des Grossratssaales bestimmt. Aber auch die Holzschnitzereien der Decke und des Gestühls müssen mitgesprochen haben, ohne dass wir davon aus alten Abbildungen oder sonstwie eine genauere Vorstellung gewinnen können. Wir sind hier lediglich auf die archivalischen Quellen angewiesen, nach denen die Tischmacher JACOB STEINER und JOSEN MERCKER[1]) das „gehymmel" d. h. die Decke, und die Tischmacher MICHAEL DIETRICH, JACOB STEINER und HANS STOLZENBERG die Bestuhlung und das übrige Mobiliar ausführten[2]). Von allen diesen Ausstattungsstücken ist

---

[1]) Staatsarchiv Basel, Finanz H, Fronfastenrechnung 1520/21 IV. Wortlaut vgl. S. 348, Anm. 7. Über Jacob Steiner, der 1539/40 auch die Schubladenschränke für das Dreiergewölbe anfertigte, vgl. S. 434 mit Anm. 2 und S. 652. — Jos. Mercker (Merckel) hat 1518 das Frauengstühl der St. Peterskirche zu Basel hergestellt. Schweizerisches Künstlerlexikon Bd. II, Frauenfeld 1908, S. 361/62 (D. Burckhardt).
[2]) Staatsarchiv Basel, Finanz H, Fronfastenrechnung 1520/21, vgl. S. 349, Anm. 1.

nichts mehr erhalten. Dagegen sind zwei andere wichtige künstlerische Dokumente des Saalschmucks auf uns gekommen, die *beiden Propheten* des MARTIN HOFFMANN, über die das Wochenausgabenbuch vom 3. August 1521 folgendes berichtet: „Samstag vor Sixti: Item VIII ᵫ gebenn meister martij dem bildheuwer fur die vier schilt unnd zwen prophetenn im sal unnd den schilt im hefflin zu schnidenn."[1])

Dass mit dieser Notiz Martin Hoffmann aus Stolberg gemeint ist, geht mit Sicherheit aus den Angaben des Urteilsbuches 1519—1521 hervor, wonach der andere Meister Martin, MARTIN LEBZELTER, der lange Jahre neben Martin Hoffmann in Basel gelebt hatte, 1521 als die Arbeiten im Grossratssaal begannen, bereits gestorben war[2]). Martin Hoffmann dagegen ist Anfang 1507 in die Zunft zu Spinnwettern[3]) und kurz darnach in das Burgerrecht[4]) aufgenommen worden und muss vor dem 6. Mai 1532 gestorben sein[5]), hat also auch noch den zweiten Teil der Rathausmalereien Hans Holbeins gesehen.

Die beiden Prophetenbüsten waren ursprünglich wohl über den beiden äusseren Mittelpfeilern der Hoffenster des Grossratssaales angebracht und haben beim Neubau von 1904 im Vorzimmer des neuen Grossratssaales ähnliche Plätze gefunden. Ihre Belichtung war damals wie bisher eine denkbar schlechte. Es sind Gegenstücke, Brustbilder von jüdischem Typus über Spruchbändern. Beide sind aus Lindenholz geschnitzt, im Rücken abgeflacht und ausgehöhlt. Beide tragen talarartige goldene Gewänder mit pelerinenartigem Kragen und scheinen mit Worten und Handbewegungen die aufgemalten Inschriften ihrer Spruchbänder zu erklären[6]).

Der eine der Propheten (66,5 × 62,0 cm), von vorn gesehen, ist ein Mann mittleren Alters mit rotbraungrauen Schläfenlocken, Backen- und Kinnbart.

---

[1]) Staatsarchiv Basel, Finanz G 14. Wochenausgabenbuch 1521, Juni 28 — 1529 Dezember 25, S. 11. — Die vier Schilde könnten in den vier Wandbogen der beiden flachen Deckentonnen angebracht gewesen sein, ähnlich wie bei der allerdings bedeutend früheren Decke der Rotbergstube des Bischofshofes, Bürgerhaus des Kantons Basel-Stadt, I. Teil, Zürich 1926, Taf. 9, Abb. 1. Der Schild im Höflein wird das Portal der Wendelstiege zum Grossratssaal geziert haben.

[2]) Staatsarchiv Basel, Gerichtsarchiv A 54, Urteilsbuch 1519, Juli 5—1521 Juni 22: „Donnerstag nach Oculi (15. März) 1520. Da ist Ursula, Lepzelters gelassne wittwe, inn alenn iren sachen mit hannsen schmitt dem haffner rechtlich vervogtet worden."

[3]) Spinnwetternzunft-Bücher Nr. 5, S. 101: 1507. 24. Januar: „Es hatt emphangen unser zunft uff suntag vor conversionis pauli anno septimo marti hofemann von stulberg der bildschnider umb 6 Gulden 1 ᵫ und ist bezalt eodem die."

[4]) Staatsarchiv Basel, Protokolle, Offnungsbücher VII, S. 120: „Uff samstag vor Invocavit (20. Februar 1507) sind zu burger empfangen martin hoffman der bildhower von stolberg und heinrich rudin von sultz iuraverunt ut moris est." Martin Hoffmann wird im Archiv der Spinnwetternzunft noch viermal erwähnt und zwar 1507 erstmals, Heizgeld zahlend, 1511 als Stubenmeister (Spinnwetternarchiv 29, S. 270, S. 321ᵛ) 1524 als Sechser und 1526 als Hausmeister (Seckelmeister, Spinnwetternarchiv 30, S. 149ᵛ, S. 183). Freundliche Mitteilungen von Herrn Dr. Paul Kölner.

[5]) Staatsarchiv Basel, Gerichtsarchiv A 57, Urteilsbuch 1531—1533, 6. Mai 1532: „Da ist ursula, martin hoffmans des byldhouwers seligenn verlassne eeliche wyttwe, mit hansel brasel rechtlich vervögtet worden promitterunt ut moris est." Auch seine acht Kinder erhielten in Jost Brottschoch einen Vormund.

[6]) Nach dem Inhalt der allgemein gehaltenen Sprüche ist nicht festzustellen, welche Propheten gemeint sind. Ihr jüdischer Typus schliesst antike Philosophen aus, auch spricht das Wochensgabenbuch deutlich von Propheten.

Abb. 427. Einer der Propheten Martin Hoffmanns.
Holzplastik aus dem Grossratssaal des Rathauses zu Basel.

Er neigt das Haupt etwas nach links unten und trägt über weisser Ohrenkappe einen niedern und breitrandigen schwarzen Hut. Der Kragen des Mantelgewandes war blau, das Untergewand, das an der Brust sichtbar wird, lachsrot[1]). Auf dem graublauen Schriftband steht in schwarzen Buchstaben:

---

[1]) Da die Restaurierung der vielfach übermalten Figuren bei Erscheinen dieses Buches noch nicht abgeschlossen ist, können die hier gemachten Farbenangaben lediglich den bis jetzt gemachten Befund festhalten.

NE QVID, NON E REIPVBLICAE
DIGNITATE CONSTITVATVR[1])

Die linke Volute des Spruchbands und der Boden sind erneuert.

Der andere Prophet (67,0 × 48,5 cm) mit lang herabwallendem, weissgrauem Vollbart und weissem Turban über schwarzer Ohrenkappe hat die linke Schulter etwas zurückgenommen und sein Spruchband über den rechten Unterarm gelegt. Sein goldener Kaftan ist vorne mit zwei Knöpfen geschlossen, Kragen und Manschetten waren mit hellem Zinnober gefasst, die Rückseite des sonst wiederum graublauen Schriftbandes blau. Die schwarz aufgemalte Inschrift lautet:

PONDERANDAE MAGIS QVAM
NVMERANDAE SENTENTIAE

Die rechte Bandschnecke und die rechte Hand sind erneuert, der Boden ist hier noch der alte.

Von all den zahlreichen Künstlern und namentlich Bildschnitzern, die aus Deutschland nach Basel kamen, ist nur MARTIN HOFFMANN aus Stolberg ein Norddeutscher. Sein einzig beglaubigtes Werk sind die Propheten des Grossratssaales, die eine zwar nicht aussergewöhnliche, aber künstlerische Leistung eines handwerklich gebundenen Meisters darstellen. Er selbst sagt in seiner Bittschrift an den Rat, dass er bisher auch das Gewerbe als Tischmacher ausgeübt habe und ersucht, ihm das fernerhin zu gestatten, „so dan leider min handwerck (als Bildhauer) yetz gantz unbruchlich ist", eine Folge der damals einsetzenden Reformationsbewegung[2]). Ihre markige Kraft muss die Büsten auch Holbein sympathisch gemacht haben.

Neuerdings hat H. A. Schmid auf den engen Zusammenhang der Basler Prophetenbüsten mit den Figuren des „Annenaltars" für die Alexanderkapelle des Münsters zu Freiburg i. B. aufmerksam gemacht[3]) und dieses auf

---

[1]) Die hier wiedergegebene Inschrift erscheint bei Gross 1622, S. 449 (Quellen Nr. 8) als letzte der von ihm angeführten Inschriften des Grossratssaales. Da Gross seinen Rundgang an der Wand gegen das Haus zum Hasen beginnt und mit der Wand gegen die Hintere Kanzlei abschliesst, ist es wahrscheinlich, dass dieser Prophet sich an der Fensterwand in der Nähe der Häupterstühle befand. Die Inschrift vom Schriftband des anderen Propheten fehlt bei Gross.

[2]) Staatsarchiv Basel, Handel und Gewerbe R R 10. Da Martin Hoffmann in dieser Eingabe wiederholt betont, dass er „von nünzechen jaren her mit sampt siner parthy ouch hie zugezogen in all weg unangefochten bliben bitz uff dise zytt", muss das Gesuch aus dem Jahre 1526 stammen, in dem auch Hans Holbein von Basel fortgezogen ist. Auch Martin Hoffmanns Familie verzieht sich nach seiner durch den Bildersturm hervorgerufenen Katastrophe wieder nach Norddeutschland, wo einer seiner Söhne, Paulin Hoffmann, Goldschmied „Burger zu Küngsperg inn prüssen", ein anderer, Christian Hoffmann, „fürstl. Durchlüchtigkeit zu Brandenburg inn prüssenn etc. buwmeister" wird. Beide sind hervorragende Meister ihres Faches gewesen. Staatsarchiv Basel, Gerichtsakten A 63, 1545, Donnerstag 16. April. Vgl. Historisch-Biographisches Lexikon der Schweiz, Bd. IV, Neuenburg 1927. S. 263 (Paul Roth); Thieme-Becker, Allgemeines Lexikon der bildenden Künstler, Bd. XVII, Leipzig 1924, S. 250 (Christian oder Christoph † 1545) und S. 279 (Paul 1538—1559 in Königsberg nachweisbar).

[3]) H. A. Schmid, Martin Hoffmann, der Meister der Prophetenbüsten im Basler Rathaus, und der Meister H. L., der Schöpfer des Breisacher Hochaltars. Vortrag, gehalten in der Historisch-antiquarischen Gesellschaft zu Basel am 7. Dezember 1931. Referat (U) Basler Nachrichten Nr. 339, 10. XII. 31. — Die Untersuchungen H. A. Schmids sind z. Zt. noch nicht abgeschlossen; sie sollen zusammen mit den Ergebnissen der Restaurationsarbeiten an den Basler Prophetenbüsten demnächst veröffentlicht werden.

Abb. 428. Einer der Propheten Martin Hoffmanns.
Holzplastik aus dem Grossratssaal des Rathauses zu Basel.

1514/15 festzulegende Schnitzwerk[1]) Martin Hoffmann zugeschrieben. Die Basler Propheten wären demnach einige Jahre später entstanden. Auch die Heiligen Felix und Regula in der Pfarrkirche zu Reute bei Freiburg i. B. gehören nach H. A. Schmid zum Werke Martin Hoffmanns[2]).

---

[1]) Abgebildet in Gustav Münzel, Der Mutter Anna-Altar im Freiburger Münster und sein Meister; Freiburger Münsterblätter, X. Jahrg., Freiburg i. B. 1914, S. 45—72. Auf S. 47, 49 und 50 (Abb. 1, 2, 3).
[2]) Abgebildet bei Gustav Münzel, a. a. O., S. 67 (Abb. 10).

ANHANG.

6. DIE PLÄNE DES GROSSRATSSAALES.

Die Orientierung im Grossratssaal ist keine leichte gewesen. Auch His musste den alten Registrator Krug (geb. 1795) zuziehen, der seit 1821 im Rathaus wohnte, um sich über den ursprünglichen Raum klar zu werden: „Ich habe mir von dem alten Registrator Krug den frühern Zustand des Rathsaales erklären lassen, was aber noch viel besser ist, ich habe im Archiv des Baubureaus mehrere alte Pläne desselben gefunden, wovon einer der Handschrift nach aus dem siebzehnten Jahrhundert zu sein scheint. Dieselben stimmen mit Krugs Erläuterungen darin überein, dass der Saal früher bis an die Scheidemauer des Hauses zum Hasen reichte, indem später 14 Fuss davon abgeschnitten und zu einem Treppenhaus eingerichtet wurden. Auch das hatte mir der Registrator gesagt, dass die Wand gegen den Hof eine fortlaufende Fensterreihe bildete, so dass an derselben keine Gemälde sein konnten." (His an Woltmann, 16. Sept. 1865.) Über das Alter der Pläne hat sich His freilich getäuscht. Gemeint sind die Pläne von 1784, die sehr primitiv aussehen und darum tatsächlich älter scheinen, als sie in Wirklichkeit sind. Erhalten haben sich folgende Pläne, die für die Rekonstruktion des alten Grossratssaals in Betracht kommen[1]:

1) **Querschnitt des Grossratssaals von Brunnmeister Lukas Stähelin von 1780/1781** (Abb. 429). „Profil meiner Gnaedigen Raht-Hauss und der Terrassen-Hoehen gegen dem Eptinger Hof". Gelegentlich der Erwerbung des Eptingerhofes durch den Rat entstanden. Das Projekt sollte dazu dienen, das Rathaus mit der höher gelegenen Liegenschaft an der Martinsgasse zu verbinden. Der Kostenvoranschlag Stähelins vom Oktober 1780 ist bei den Bauakten C C 1 noch erhalten. Der dazu gehörige Grundriss des Eptingerhofs (Planarchiv D 4, 65) ist vom 9. März 1781 datiert. Masse in französischen Schuh (= 0,3333 m). Staatsarchiv Basel, Planarchiv D 2, 179.

Über den Brunnmeister Lukas Stähelin (1725—1796) vgl. Felix Stähelin, Familiengeschichte der Basler Familie Stehelin und Stähelin. Basel 1903, S. 34 und Bürgerhaus in der Schweiz, Bd. III. Basel 1931, S. LXXXI.

2 und 3) **Zwei Grundrisse des Grossratssaals mit verschiedener Anordnung der Sitze.** Undatiert, aber 1784 entstanden. Das Grossratsprotokoll vom 18. Oktober 1784 enthält darüber Fol. 324ʳ folgenden Eintrag: „Soll dieser Anzug (vom 20. September 1784) einer löblichen Haushaltung zugestellt werden mit dem Auftrag, sowohl einen Grundriss des grossen Rahts-Saals, als einen bezeichneten Plan, wie allenfalls die sämtlichen Sitze besser und bequemer gestellt und eingerichtet werden könnten, Mn. Gn. Herren und Oberen vorzulegen". Es ist der älteste Grundriss des Grossratssaals mit der eingezogenen Ofenwand gegen den Kanzleiflügel, wie er der Rekonstruktion bei Woltmann, Bd. I, S. 302 ff. (Abbildung a. a. O., S. 303) zugrunde liegt. Der Saal erhielt dadurch eine rechteckige

---

[1] Es ist eines der grossen Verdienste, die sich H. A. Schmid um die Holbeinforschung und die Kenntnis der Rathausmalereien im besonderen erworben hat, den Grundriss des alten Grossratssaales endgültig festgestellt zu haben. H. A. Schmid: Die Gemälde von Hans Holbein d. J. im Basler Grossratssaale. Jahrbuch der kgl. preussischen Kunstsammlungen, Bd. XVII, 1896, S. 73 ff. Auch die wichtigste Ergänzung seiner eigenen Rekonstruktion, die vorspringende Ecke an der Wand gegen das Haus zum Hasen, ist von ihm zuerst konstatiert worden (Quellen Nr. 28).

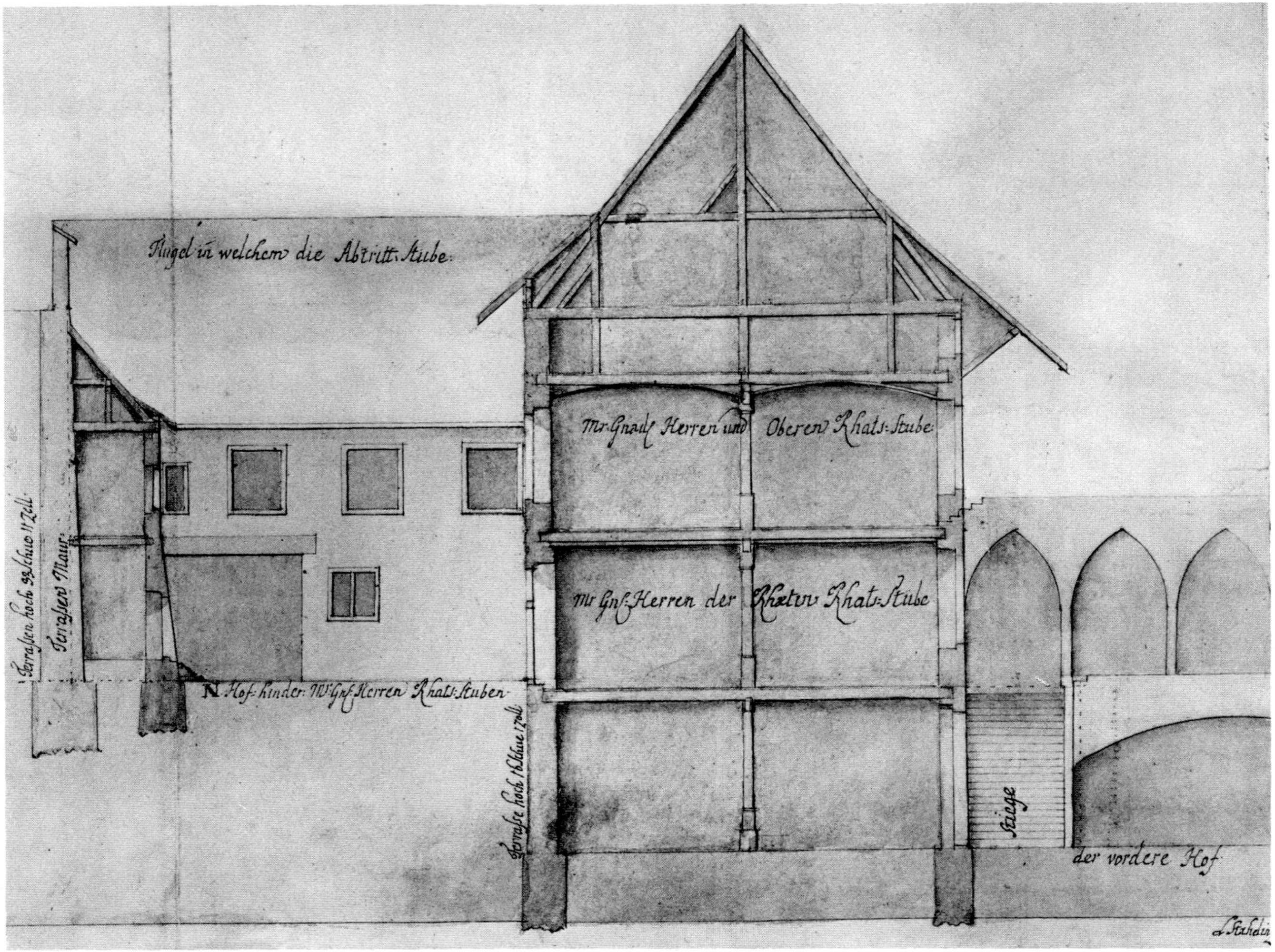

Abb. 429. Querschnitt durch das Hinterhaus des Rathauses zu Basel mit dem Grossratssaal.
Aufgenommen von Lukas Stähelin 1780/1781. — Original in französischen Schuh, reduziert auf Maßstab 1 : 200. — Staatsarchiv Basel.

Gestalt, wie er dem Geschmack des 18. Jahrhunderts, aber nicht dem ursprünglichen Zustand entsprach. Das Projekt, das nie ausgeführt wurde, ging von der Voraussetzung aus, dass die drei alten Deckenstützen entfernt und die Decke am Dachstuhl aufgehängt würde. Staatsarchiv Basel, Planarchiv D 2, 195/196.

4) **Grundriss des Grossratssaals** mit genauer Angabe der Verteilung der Sitze auf die einzelnen Zünfte. In Dekan J. J. Hubers Statutarium Basiliense. Laut Widmung 1795 entstanden. Der Saal erscheint rechteckig. Die drei Pfeiler sind aber noch vorhanden und auch die Verteilung der Sitze ist eine andere als im Projekt von 1784, das nie ausgeführt wurde. Staatsarchiv Basel, Handbibliothek B^r 2. Statutarium Basiliense, Abschnitt VI, Der Grosse Raht, S. 166.

5) **Grundriss und Längsschnitt des Grossratssaals von Heinrich Scherb.** Datiert 12. April 1817 (Abb. 430). Nach diesem Projekt sind kurz darauf die Arbeiten ausgeführt worden, die zur Wiederentdeckung der Holbeinschen Malereien führten. Es handelte sich darum, durch Erweiterung der Fenster gegen den hintern Hof dem dunkeln Saal mehr Licht zu verschaffen. Das dreifache gotische Fenster, wie es in den Grundrissen von 1784 und 1795 (Dekan Huber) verzeichnet ist, sollte durch z w e i Fenster ersetzt werden. Auch das zweiteilige Fenster gegen das Höflein wurde den neuen Fenstern angepasst, obschon es nicht mehr im Saal lag. Ebenso wurde ein neuer Ofen eingesetzt an Stelle der Einbauten des 18. Jahrhunderts, die entfernt wurden, daher die Wand gegen die hintere Kanzlei wieder in ihrem ursprünglichen Zustand sichtbar wurde. Trotz dieser relativ bescheidenen Änderungen nahm sich Scherb die Mühe, Grundriss und Schnitt beinahe pedantisch genau aufzunehmen. Sein Plan wurde so, neben dem freieren Schnitt Lukas Stähelins, das bei weitem wichtigste Dokument zur Kenntnis des Grossratssaals. Masse in Basler Schuh = 0,2873 m. Staatsarchiv Basel, Planarchiv D 2, 197.

6) **Grundriss des Grossrathssaals von J. J. Stehlin.** Datiert 16. April 1817. Da sich der Plan bis in alle Einzelheiten der Anordnung und Legenden mit dem Projekt von Scherb (Nr. 5) deckt, liegt die Vermutung nahe, dass es sich um eine vergrösserte Kopie nach dem Grundriss von Scherb handelt, die zu praktischen Zwecken angelegt wurde. Der Grundriss von Scherb eignete sich, seiner Feinheit und Kleinheit wegen, tatsächlich nicht zum praktischen Gebrauch. Staatsarchiv Basel, Planarchiv D 2, 198.

7) **Grundriss des Grossratssaals.** Projekt für den Umbau des Grossratsaals von 1825. Die Anlage des Treppenhauses in dem ehemaligen Vorraum des Grossratsaals gab Gelegenheit, gerade diese Partie auf ihren Bestand genau zu untersuchen. Der Plan gibt daher die genaueste Vorstellung der Mauer gegen das Haus zum Hasen, die gegen hinten gleichfalls leicht nach Osten auswich und bei dem Mauervorsprung endete, der das Bild des Rehabeam in zwei Hälften teilte. Es ist der Zustand der Mauer, wie er dem Befunde von 1901 (Quellen Nr. 28) entspricht und schon zu Holbeins Zeiten bestanden haben muss. Staatsarchiv Basel, Plan-Archiv D 2, 202.

Wie man sieht, reichen die erhaltenen Pläne nicht über das Ende des 18. Jahrhunderts zurück. Trotzdem lässt sich die ursprüngliche Gestalt des Grossratssaales mit Sicherheit feststellen, weil wir auch über die Veränderungen und Einbauten genau unterrichtet sind.

1. Um dem dunkeln Saal mehr Licht zu verschaffen, hatte man in die Wand gegen den hintern Hof ein *dreiteiliges Fenster* eingebrochen, wie es auf den Plänen von 1781 (Abb. 429), von 1784 und 1795 (Dekan Huber)

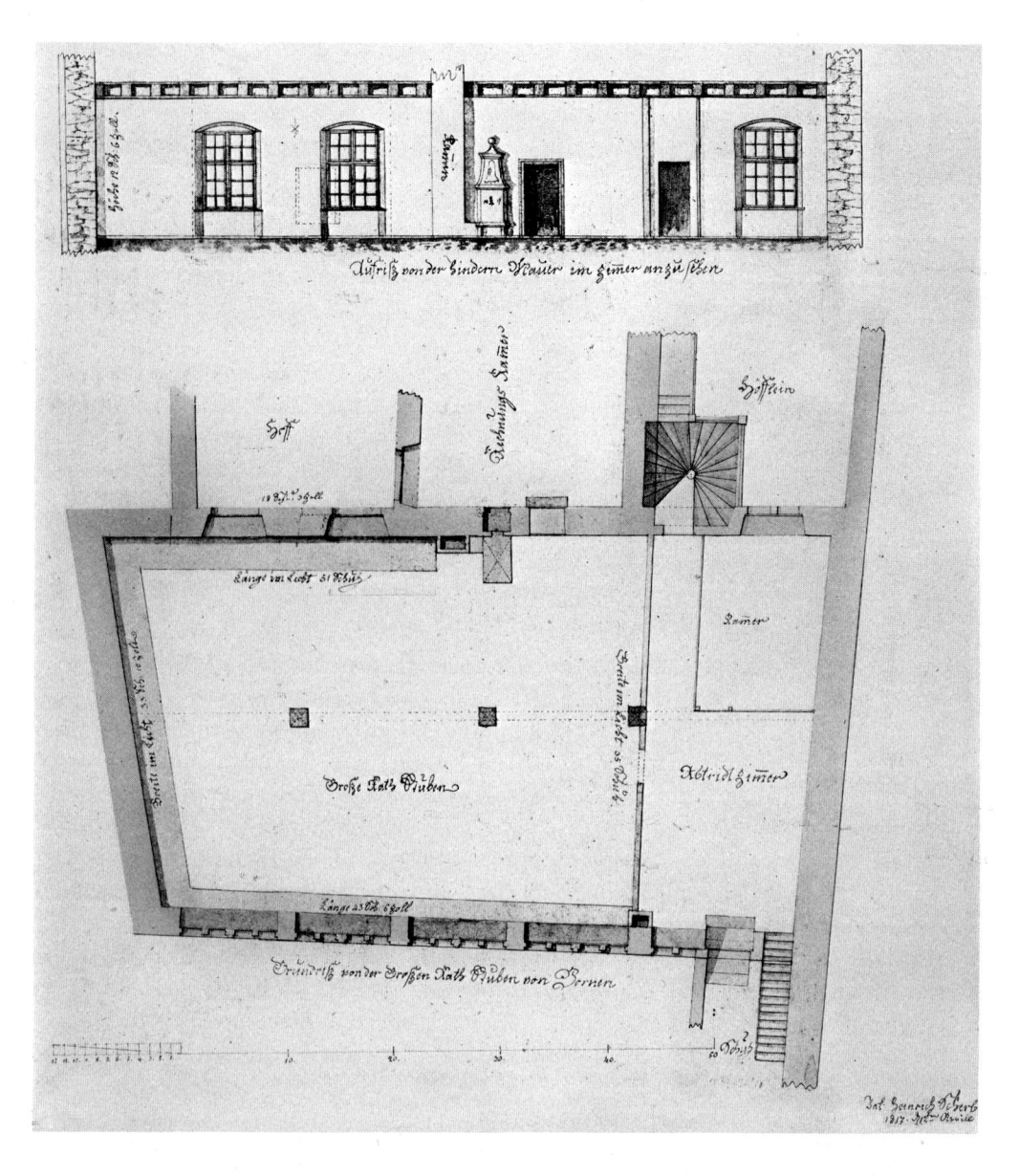

Abb. 430. Grundriss und Längsschnitt des Grossratssaales im Rathaus zu Basel
aufgenommen von Jak. Heinrich Scherb, 1817.
Original in Basler Werkschuh, reduziert auf Maßstab 1:200. — Staatsarchiv Basel.

erscheint (Abb. 402, II). Es durchschnitt die Mauer an der Stelle, wo nach den Entwürfen der David gestanden haben muss; daher denn auch die Inschrift dieses Bildes bei Gross nicht mehr erwähnt wird. Die Breite des Fensters muss, nach den Plänen zu schliessen, ungefähr ca. 2,5 m) betragen haben, so dass ihm notwendigerweise auch beträchtliche Partien des Zaleucusgemäldes (Blendung des Sohnes) zum Opfer fielen. Daher denn auch die Schwierigkeit der Kunstfreunde, sich über die ursprüngliche Darstellung zu orientieren. Die bei Scherb eingezeichnete fensterartige Lucke scheint dagegen einen Rest des *vorholbeinischen* Baues festzuhalten. Wahrscheinlich handelt es sich um ein altes Estrichfenster, das beim Aufbau des Saales zugemauert worden war[1]).

2. An der nahen Wand gegen den Kanzleiflügel war ferner eine *Zwischenwand* eingezogen worden, welche die Schräge der Mauer, die gegen den hintern Hof zu nach Norden auswich, aufhob und den Saal tatsächlich als „längliches Viereck" erscheinen liess[2]). Sie verbarg einen Ofen, der die Sitze der Herren Häupter erwärmte. Trotz der unzähligen Anzüge und Projekte waren sonst keine Änderungen vorgenommen worden. „Meine gnädigen Herren und Oberen lassen es disorts beym Alten bewenden", wie das Ratsprotokoll vom 21. Oktober 1771 lakonisch bemerkt.

3. *Weitere Zwischenbauten* brachte kurz darauf die Revolutionszeit. Da der alte Grosse Rat zu existieren aufgehört hatte, waren auch die Bedingungen verschwunden, die zur Erbauung des Saals geführt hatten. Die Vorschläge J. J. Stehlins vom 7. Mai 1798 lauteten dahin: „Diese (gemeint ist die „Grosse Rathsstube") würde durch eine Wand in zwei theil getheilt, von welchen das grössere zur gewöhnlichen Sitzung des Cantonsgerichts dienen könnte, der kleinere zum Abtritts-Zimmer und die jetzige Abtrittsstube könnte füglich zu einem Sessions-Zimmer für einige noch bestehende Collegia dienen"[3]). Das Projekt ist den raschen Entschlüssen der Revolutionszeit entsprechend kurz darauf wirklich ausgeführt worden[4]) und blieb bestehen, als fünf Jahre später die Wiederinstallierung zum Grossratssaal erfolgte[5]). Es ist die Einteilung mit ihren zahlreichen Zwischenwänden und Unterteilungen, wie sie aus dem Grundriss von Scherb (Abb. 430) erhellt.

[1]) Vgl. dazu den Schnitt von Lukas Stähelin (Abb. 429), in dem in der Hofmauer über der Decke des Grossratssaales ein ähnliches Estrichfenster eingezeichnet ist.

[2]) „Diser sogenannte Grosse Rahts-Saal ist ein oblonges, niders und nicht genügsam erhelltes Viereck". Statutarium Basiliense. Abschnitt VI, Der Grosse Raht, S. 165. Näheres über dieses wichtige Sammelwerk vgl. Quellen Nr. 19.

[3]) Staatsarchiv Basel, Bauakten C. C. 1. Vorschläge über einige Einrichtungen auf dem Rathaus von Verwalter Stehlin. 7. Mai 1798.

[4]) Das Protokoll der Verwaltungskammer vom 27. September 1798 (Protokolle A 6. 1. Fol. 332ʳ) enthält bereits die Anweisung für die ausgeführten Arbeiten an der Staatskasse.

[5]) Wiederinstallierung als Grossratssaal. Protokoll des Stadtbauamts vom 1. April 1803. Staatsarchiv Basel, Protokolle H 1. 20., S. 243.

Das Protokoll des Kantonsbauamts vom 1. Juli (nicht Juni) 1814, Protokolle H 3. 2., S. 126, berichtet, dass auch die neue Wand mit Tuch, offenbar entsprechend der alten, überspannt wurde. Eine Orientierung in diesem Gewirr mag nicht leicht gewesen sein, und die Kunstfreunde von 1817 hatten offenbar Mühe, sich zurecht zu finden. Daher das Abrupte der Entdeckungen.

7. DIE BILDDOKUMENTE.

Entsprechend den Bedingungen des Orts und den Zufälligkeiten der Überlieferung sind die Wandbilder Hans Holbeins in merkwürdig verschiedenem Erhaltungszustand auf uns gekommen. Das noch Vorhandene setzt sich aus folgenden Bestandteilen zusammen[1]):

Drei Originalentwürfe Holbeins.

Der Entwurf zu „Sapor und Valerian" stammt aus der Frühzeit und gehört wohl zu den Entwürfen, die bei Abschluss des Vertrags vorgelegt wurden. Die beiden anderen zum „Zorn des Rehabeam" und zu „Samuel und Saul" waren für die Wand bestimmt, die 1530 ausgemalt wurde. Die Verschiedenheit des Formats und noch mehr ihr Stil machen es wahrscheinlich, dass sie gar nicht gleichzeitig entstanden sind, obschon sie für die gleiche Wand bestimmt waren. Der Entwurf zum Rehabeam stammt aus einer früheren Zeit. Holbein hat ihn wohl gleichzeitig mit dem Holzschnitt des „Ablasshandels" (W. 196) geschaffen, dem er in Stil und Auffassung besonders nahe steht, um 1523/1524. Auch die starken Unterschiede zwischen Entwurf und Ausführung, wie sie an Hand der noch vorhandenen Fragmente des Rehabeam-Bildes festzustellen sind, legen diese Datierung nahe[2]). Die „Strafpredigt Samuels" muss dagegen unmittelbar vor Beginn oder sogar während der Arbeit entstanden sein und stimmt, wie die Schilderung von Bock beweist, mit dem ausgeführten Gemälde überein.

1. *Sapor und Valerian* (Abb. 420 und 421). Grauaviverte Federzeichnung mit schwarzer Tusche, die Konturen scharf betont. Die Fleischtöne mit Erdrot hervorgehoben, das sich stärker aufgetragen in der Marmorierung der Pilaster unten wiederholt, um die Farben der Gesichter weich und doch markant erscheinen zu lassen. Dasselbe Rot in den Fensterumrahmungen oben und am Torbogen links, aber aufgehellt. Blau in der Vordergrundfigur links unten und als knapper Ausschnitt der Luft rechts oben. Leichtes Olivgrün in den Gewändern der Eckfiguren, dem Mohren links und dem Jüngling mit dem angehängten Federbarett rechts, ebenso in den Medaillons der Pilaster. Auch auf der Schabracke in der Mitte des Bildes scheint ein leichter Hauch von Olivgrün erkennbar. Die verstärkenden Striche am Mantel der Randfigur und an den Torbogen muten zunächst fremdartig an. Trotzdem scheinen sie eigenhändig aber wie im Ärger hingesetzt. Über dem Perserkönig ein bewegtes helles Band mit der Inschrift: SAPOR · REX · PERSAR9 · Unter dem am Boden liegenden römischen Kaiser: VALERIANVS · IMP. Beidseitig dieser letztern Inschrift steht, von einer Hand des 16. Jahrhunderts, geschrieben: „Hans Conradt Wolleb schanckts Mathis Holzwartenn."

---

[1]) Für die folgenden Feststellungen ist der Verfasser Herrn Kunstmaler Ernst Buchner, der die Originalzeichnungen und die Fragmente mit ihm durchgangen hat, für seine Mithilfe zu besonderem Dank verpflichtet.

[2]) Den ersten Hinweis auf diese Möglichkeit verdankt der Verfasser Herrn Dr. Ernst von Meyenburg.

Näheres über diesen Vermerk vgl. Handz. Schweizer. Meister I, 13 (Daniel Burckhardt). Auch das Monogramm rechts ist ein Besitzerzeichen.

283×266 [270] mm

Kupferstichkabinett Basel, Inv. 1662, 127. Aus dem Amerbachschen Kabinett, Inventar F: „Item Valerianus et Sapor Rex persiarum getuscht auff einem quart bogen." G. 116 = Paul Ganz, Die Handzeichnungen Hans Holbeins d. J. Publikation des deutschen Vereins für Kunstwissenschaft, Vol. III, Pl. 116. Handz. Schweizer. Meister I, 13 (P. Ganz).

2. *Der Zorn des Rehabeam* (Abb. 422). Grauläviertė Federzeichnung, aber diesmal mit Sepia, der Papierton als Licht erscheinend. Die Köpfe mit leichtem Erdrot getönt. Dasselbe Rot aber verstärkt in den Balustern der Brüstung, die den Mittelgrund des Saales vom Hintergrund trennt, und auf den Fliesen des Saalbodens. Blau nur im Hintergrund, durch die Rundfenster der Halle dringend, sowie im Himmel und Bergrücken. Das ausgesparte Weiss scheint anzudeuten, dass sich Holbein den Vorgang bei bedecktem Himmel dachte. Der Farbton der Gesichter auf dem Dach des Schlosses im Hintergrund wiederholt. Auf dem leeren Sockel die Aufschrift „Rehabeam" von einer Hand des 16. Jahrhunderts. 206×382 mm
Kupferstichkabinett Basel, Inv. 1662, 141. Aus dem Amerbachschen Kabinett: „Item der Konig Rehabeam mit villen bildern tuscht auff einen kleinen bogen." G. 117, Vol. III, Pl. 17. Handz. Schweiz. Meister II, 4 (D. Burckhardt).

3. *Der Prophet Samuel tritt dem Heerzuge des siegreichen Königs Saul entgegen* (Abb. 423). Grauläviertė Federzeichnung in Sepia, grisaillenartig. Vereinfacht in grossen Licht- und Schattenpartien. Gesichter nicht gehöht. Dafür scharfes Zinnober in den aufsteigenden Flammen, die den Hintergrund durchziehen. Leichte Erdrottöne im Vieh und auf dem Weg des Mittelgrundes. Blau im Himmel stark abgestuft, am stärksten am Bergrand links und in der Luft rechts oben. Ebenso im Hirten des Hintergrunds. Zwischen Samuel und Saul Blick auf einen kleinen See, um eine ruhige Fläche zu schaffen, von der sich die Hand Sauls abhebt. Das Blau vielfach mit Sepia gedeckt, wodurch ein leichtes Blaugrün entsteht. 210×525 mm
Kupferstichkabinett Basel, Inv. 1662, 33. Aus dem Amerbachschen Kabinett: „Item der Prophet Samuell vnd Achab, getauscht auff einem langen bogen." G. 118. Vol. III, Pl. 18. Handz. Schweizer. Meister III, 23 (P. Ganz).

Neun Kopien nach verlorenen Original-Entwürfen Holbeins.

Von diesen gehören *acht zu einer Serie* (1—8), die noch zu Lebzeiten Holbeins und wohl in seiner unmittelbaren Umgebung entstanden ist. Es sind getuschte Federzeichnungen, denen aber die Tönung der Originale mit Erdrot und Blau fehlt. Sie stehen den Originalen Holbeins sehr nahe, wie man noch an Hand der Kopie „Sapor und Valerian" (vgl. Abb. 405 mit Abb. 422) feststellen kann. Wahrscheinlich geben sie mit einer Ausnahme („Solon") die

Serie wieder, die den Bauherren 1521 beim Abschluss des Verdings vorlag, und vermitteln heute noch eine unmittelbare Anschauung, wie sich Holbein den zusammenhängenden Wandabschnitt gegen den Hinteren Hof und die Hintere Kanzlei vorstellte. Die Entwürfe „Charondas" und „David" waren ursprünglich auf ein Blatt gezeichnet, ebenso „Zaleucus" und „Christus" (Abb. 407—410). Sie sind erst nachträglich auseinander geschnitten worden. Ähnlich mögen die Blätter mit den Entwürfen für die Kanzleiwand ursprünglich ein Ganzes gebildet haben. Vielleicht war eine Ausschmückung der Häupterstühle mit Holzschnitzereien bis zur Höhe der Decke geplant, die dann zugunsten des Holbeinischen „Solon" nicht zur Ausführung kam. Die Serie entspräche dann auch für diese Wand den Holbeinischen Originalzeichnungen. Die sämtlichen Blätter mit Ausnahme des „Sapor und Valerian" abgebildet bei Paul Ganz, Hans Holbein d. J., Klassiker der Kunst, Bd. XX, Stuttgart und Leipzig 1912, S. 164, 166, 169—171:

    1. *Der Selbstmord des Charondas* (Abb. 407). Auf dem Streifen des Vordergrunds die Inschrift: CHARONDA TIRIVS.   277×308 mm
Kupferstichkabinett Basel, Inv. 1662, 174.

    2. *König David* (Abb. 408). In reicher Architektur. Auf dem Sockel Meergötter; im Fries kämpfende Putten. Über dem stehenden König ein bewegtes Band mit der Inschrift (Psalm 58,2):
        IVSTE IVDICATE FILII HOMINVM.
Kupferstichkabinett Basel, U. II. 17.   274×120 mm

    3. *Die Blendung des Zaleucus* (Abb. 409). In Säulenhalle mit Ausblick auf Palast. Ein Alter in der Mitte hält ein Schriftband, auf dem LOCRENSES steht. Auf dem Sessel über dem König ZALEVCVS.   273×294 mm
Kupferstichkabinett Basel, Inv. 1662, 173.

    4. *Christus* (Abb. 410). In reicher Architektur mit Strahlennimbus. Er hält eine Tafel mit der Inschrift (Matth. 7, 12):
        QVOD TIBI NON VIS FIERI
        ALTERI NON FACIAS.
Unten zwischen Fabeltieren auf einer Tafel die Jahrzahl 1523.
Kupferstichkabinett Basel, U. II. 18.   274×115 mm

    5. *Die Justitia* mit weisendem Schwert in der Hand und Waage zu Füssen (Abb. 403). In reicher Architektur, die auf die Dekoration der Rücklehnen Bezug nimmt und unten Girlanden trägt. Auf einer Tafel die Inschrift:
        O · VOS · REIGENTES[1]) ·
        OBLITI · PRIVATORVM ·
        PVBLICA · CVRATE ·
Kupferstichkabinett Basel, Inv. 1662, 176.   276×211 mm

    6. *Die Sapientia*. Stehend mit Doppelgesicht mit offenem Buch und brennender Fackel in Händen (Abb. 404). Auf dem Buche steht (Psalm 111, 10):

---

[1]) So für REGENTES verschrieben.

INICIVM   CIE TIMOR
SAPIEN   DOMINI

Auf dem Schriftband über der Fackel:

EXPERIRI PRIVS CONSILIO
QVAM ARMIS PRESTAT

Im Hintergrund Nische mit Muschel.   277 × 123 mm
Kupferstichkabinett Basel, U. II. 16.

    7. *Valerian und Sapor* (Abb. 405). Mit der Originalzeichnung Holbeins (Nr. 1 = G. 116) übereinstimmend, nur ohne die roten und blauen Töne. Die verstärkenden Striche am Mantel der Randfigur, die das Pferd des Königs hält, fehlen. Dagegen sind die Inschriften mit dem Original übereinstimmend.
Kupferstichkabinett Basel, Inv. 1662, 175.   282 × 271 mm

    8. *Die Temperantia.* Mit hochgehaltenem Arm aus einem gläsernen Buckelbecher Wasser in eine Flasche mit Wein giessend (Abb. 406). Oben auf dem Spruchbande die Inschrift:

QVI · SIBI PLVS LICERE VVLT
QVAM · DECEAT · SVE · STVDET
RVINE.

Unten und oben beschnitten, vielleicht darum, weil die Originalzeichnung Holbeins nur wenige Andeutungen enthielt, die von dem spätern Besitzer, der die Blätter auseinanderschnitt, als bedeutungslos angesehen wurden.
Kupferstichkabinett Basel, U. II. 15.   214 × 115 mm

    9. *Christus und die Ehebrecherin* (Joh. 8,1—11). Von roherer Hand als Nrn. 1—8, aber gleichfalls noch in der ersten Hälfte des 16. Jahrhunderts nach einer verlorenen Zeichnung Holbeins kopiert (Abb. 411). Die Gesichter mit Erdrot getönt, die Gewänder mit Blau und Olivgrün, wie auf der Originalzeichnung Holbeins zum „Sapor und Valerian". (Nr. 1). Dazu kommt der rohen Haltung der Kopie entsprechend noch ein scharfes Zinnober, das wohl im Original dem roten Erdton der Marmorierung auf dem Sapor-Entwurf entsprach. Rechts an der Wand ist eine Tafel aufgehängt, deren Inschrift dadurch sichtbar wird, dass sich Christus bückt:

QVI · SINE PECCATO EST
VESTRVM · PRIMVS · IN ·
ILLAM · LAPIDEM · MITTAT ·

Am Boden hebräische Zeichen, die der sich bückende Christus auf die Platte zu seinen Füssen schreibt. Am obern Rand wahrscheinlich beschnitten und eingerissen. Von H. A. Schmid, Die Gemälde von Hans Holbein d. J. im Baseler Grossrathssaal, S. 81 und 88. Zuerst auf die Wandbilder Holbeins im Grossratssaal bezogen.   237 × 293 mm
Kupferstichkabinett Basel, I. II. 19.

Elf Originalfragmente.

Von den 1817 und 1825 geretteten Originalfragmenten stammen drei von den Arbeiten der Jahre 1521/22. Die *zwei zum „Charondas" gehörenden Stücke* wurden offenbar von der Birmannschen Kunsthandlung als ihr Eigentum betrachtet. Wenigstens hat Hegner dort „einige Rudera des Mauergemäldes" gesehn (Quellen Nr. 24), offenbar, wie seine Bemerkungen vermuten lassen, noch unübermalt. Es waren mehrere Bruchstücke, von denen zwei, leider völlig überschmiert, auf uns gekommen sind. Der Vergleich mit der Skizze von Hess (Abb. 413) zeigt aber deutlich, dass die Übermalung erst nachträglich, d. h. nach der Abnahme von der Mauer, erfolgte.

1. *Kopf des aufblickenden Charondas* (Abb. 412). Der Vergleich mit der Skizze von Hess (Abb. 413) beweist, dass der Stahlhelm mit Federbusch erst nachträglich dazukam. Auch die Inschrift MORS · F · befand sich wohl am Gewandsaum, wie die entsprechende Inschrift unten. Halblebensgross. — Näheres bei Daniel Burckhardt, Drei wiedergefundene Werke aus Holbeins Frühzeit, Basler Zeitschrift für Geschichte und Altertumskunde, Basel 1904, S. 24 ff. 328×190 mm
Öffentliche Kunstsammlung Basel, Katalog 1926, Nr. 331.

2. *Kopf eines erschreckt zurückfahrenden Zuschauers* aus dem Charondas-Bilde (Abb. 414). Nach links sehend mit pelzbesetztem Kleid und Pelzmütze; in Typus und Ausdruck noch etwas von der Holbeinschen Charakterisierung verratend. Wahrscheinlich ist das Stück ein Rest des Mannes rechts von Charondas. — Vgl. Daniel Burckhardt, a. a. O., S. 28/29. 182×234 mm
Öffentliche Kunstsammlung Basel, Katalog 1926, Nr. 793.

Alle übrigen Fragmente sind dagegen völlig unberührt erhalten und vermitteln einen unmittelbaren Einblick in Holbeins Schaffen. Einzelne Farbpartikel sind freilich abgefallen, aber gerade dies beweist, dass die Bilder im wesentlichen mit Ölfarbe auf einen fein präparierten Kalkgrund gemalt wurden. Wie das Aquarell von Hess (Abb. 415) zeigt, gehört eines der Fragmente noch der Frühzeit, der Arbeit des Jahres 1522, an, alle übrigen sind dem „Zorn des Rehabeam" von 1530 entnommen:

3. *Die Samnitischen Gesandten* (Abb. 419 und Tafel 35). Erhalten sind drei von fünf Figuren, die bis zur Hälfte des Oberkörpers sichtbar sind, so dass auch die reichen Gewänder, Ketten und Pelzkragen voll zur Geltung kommen. Zwei Drittel-Lebensgrösse. Der vorderste mit dem bäurischen Gesicht trägt ein zinnoberrotes Gewand, dessen Saum mit schwarzen Samtstreifen besetzt ist. Das miederartige Gewand wird auf der Brust durch eine grosse Schleife zusammengehalten, die mit Weiss gehöht ist. Am weissen Rand des Hemdes ist das Abbröckeln der Ölfarbe besonders bemerkbar. Die Stoppeln am Kinn und die Strähnen des struppigen Haars mit dem Haarpinsel aufgetragen, ebenso die Glanzlichter auf dem Gefässe mit Gold.

Der zweite noch reicher gekleidet, aber ein kränklicher Typus mit fahler Gesichtsfarbe. Es sind grünerdige Töne, die durch das Gold der Ketten, mit denen der Mann behängt ist, das weisse Hemd und das saftig grüne Gewand noch gesteigert werden. Er trägt einen weißseidenen Mantel mit rotbraunem Pelzkragen (Zobel), dessen Haare bald dunkel, bald hell gehöht sind. Am rechten unteren Rand sind Reste des dunkeln Damastmusters noch erkennbar. Die Gesichtsfarbe der beiden übrigen vom Wetter gebräunt. Öffentliche Kunstsammlung Basel, Katalog 1926, Nr. 330.   50×493 mm

4.—11. *Acht Fragmente aus dem „Zorn des Rehabeam":*
4./5. *Kopf und Hand des Rehabeam.* Die beiden Fragmente, offenbar unmittelbar zusammengehörend, so wie sie jetzt in der öffentlichen Kunstsammlung ausgestellt sind (Abb. 424 und 425). Erhalten ist das Haupt, das der erboste König plötzlich nach links gedreht hat, und der Brustansatz, mit der goldenen Agraffe des Gewandes. Ausserdem der noch nicht völlig ausgestreckte Arm, der den Ältesten des Volks die innere Handfläche und den warnend ausgestreckten kleinen Finger zuwendet. Unterhalb von Arm und Hand sind die Köpfe von Männern sichtbar, die sich betrübt oder ungehalten vom König abwenden. Zwischen Schulter und Arm lässt sich aus der runden Form noch ein weiterer Kopf mit braunem Haar erkennen, der sich nach rechts wendet.

Der Kopf Rehabeams noch unversehrt erhalten. Sein rotbraunes Haar stark gekräuselt. Das Gold an der Krone zum Teil überlasiert, um die Konturen noch schärfer erscheinen zu lassen. Haar, Schnauz und Bärtchen leicht mit Gold aufgelichtet, wobei die einzelnen Linien mit dem feinsten Haarpinsel haarscharf aufgetragen sind. Besonders schön, wie Holbein den rundlichen Formen des Haars mit goldenen Linien frei nachgefahren ist. Der Ansatz des weissen Hemds, wie er am Halse sichtbar wird, ist scharf konturiert und war wohl schon ursprünglich in der Helligkeit zurückgehalten. Die Farbe des Gewands ist abgefallen, dagegen sind noch goldene Schnüre erkennbar, die zum Teil gleichfalls gedeckt waren. Hinter dem Haupte erscheint die senkrechte Fläche des Baldachins, die mit einem roten Rande eingefasst ist. Eine Spur von Farbe des Gewands ist am Ärmel, links vom Bruch, noch deutlich erkennbar. Es ist ein helles Rot, das sich dem Lachsrot nähert. Wohlerhalten wiederum die weisse Rüsche des Ärmels mit deutlichen Randlinien. Die Hand wunderbar erhalten. Darunter vier Köpfe. Der erste, ein bärtiger Kopf, hochblickend, zurückgeneigt, scharf im Profil, mit spitzer Nase; das Dunkel des Auges noch klar erhalten, Vollbart mit feiner Zeichnung. Ein zweiter Kopf bekümmert nach vorn geneigt. Beim dritten das helle Braun des Haars, die scharfen Konturen, die das Gesicht vom Haar trennen, noch deutlich erkennbar, während Stirnansatz, Auge und Mund nur noch unklar erscheinen. Links oben die rote Mütze eines weiteren

Zuschauers. Im Hintergrund ein dunkler Schieferton, der das Ganze zusammenhält. 253×203 mm und 186×203 mm
Öffentliche Kunstsammlung Basel, Katalog 1926, Nr. 328.

6. *Gruppe von vier Räten des Volkes* (Tafel 36). Aus dem Vordergrund des Bildes. Köpfe nach rechts gewendet: Der vorderste im Profil, leicht unterlebensgross. Emporblickend, den Mund leicht geöffnet. Bärtig, mit kurz geschnittenem Haar, dessen Helligkeiten mit dem Haarpinsel zeichnerisch aufgelichtet sind. Mächtiger Hals, aus dem Gewand emporschiessend. Mantel togaartig, zinnoberrot. Die Zeichnung durch scharfe Kontur betont. Rechts zwei Köpfe von Jünglingen im Profil, leicht im Hintergrund, stark überschnitten. Haar und Auge des ersten deutlich erkennbar. Haar kurzgeschnitten, rotbraun, aber dunkler als bei seinem Vordermann. Der Zweite, ein Jüngling mit langen, gewellten Haarsträhnen und struppigem Pelzmantel. Nur die hintere Partie erhalten, die vordere abgeschnitten. Links klobiger Kopf mit vorgeschobenem Kinn, unbeweglich und wohl bereits Randfigur. Rotbraune Gesichtsfarbe, gegen oben und an der Nase teilweise abgefallen. Auf dem Kopf blaue Mütze. Grund zwischen den beiden Köpfen sehr gut erhalten. Offenbar Lehmplätze, die in saftig grünen Rasen übergehen. Oberhalb der beiden Köpfe ist noch das Fragment einer stark verkleinerten Hintergrundfigur, eine Hand, die sich auf einen Stock stützt, deutlich zu erkennen. Haltung und Proportionen lassen es als möglich erscheinen, dass hier Fragment Nr. 9 anschloss. Sonst Farben des Hintergrunds stark abgefallen und nur unbestimmt erkennbar. 289×289 mm
Öffentliche Kunstsammlung Basel, Katalog 1926, Nr. 329.

7. *Zwei schreitende Jünglinge, rechts Haupt eines kahlköpfigen alten Mannes* (Abb. 426). Wohl aus dem Gefolge des Rehabeam. Aus dem Mittelgrund. Die mittlere Figur, wie leicht schreitend, von vorn, Kopf im Profil, nach links gedreht, unbärtig, in antikem Gewand. Die rechte Hand vorgeschoben, mit weisendem Finger, der offenbar seinem Nebenmann, trotz des geschlossenen Munds, durch die blosse Gebärde den Vorgang klar machen will. Die Erdrotfarbe der Hand noch erhalten, ebenso die Zeichnung des Gewands. Die Farbe abgefallen bis auf zwei Stellen an Schulter und Halsausschnitt, die auf ein dunkles, zinnoberrotes Gewand schliessen lassen. Der Angeredete in Dreiviertelprofil, gleichfalls unbärtig. Ein Gelehrtenantlitz, nachdenklich vor sich hinblickend. Der Mantel ultramarinblau, am Hals durch eine hellrosa Schleife zusammengehalten. Graue Mütze, Halsansatz deutlich erkennbar. Im Hintergrund rechts, stark überschnitten, ein kahlköpfiger alter Mann, scharf nach vorn blickend, das Haupt mit gekräuseltem rotblondem Haar leicht gesenkt. Die linke Gesichtshälfte durch den Kopf des Vordermanns verdeckt. Über dem Kopf grüne Farbpartien, vielleicht zu einer Mütze gehörend. 289×240 mm
Öffentliche Kunstsammlung Basel, Katalog 1926, Nr. 329.

8. *Gesetzter Mann mit langem, blondem Haar und kurzem Bart* (Tafel 37). Aus dem Mittelgrund. Unter halber Lebensgrösse. Gegen unten blickend. Gesicht wohl erhalten. Leichtes Rot auf Wange, Lippe und Augenrand. Mantel blau, der knappe Ausschnitt des Rocks Zinnober, aber wohl lasiert. Die Hand, die sich ihm auf die Schulter legt, wohl erhalten. Ebenso der zurückgelehnte Kopf links oben. Es ist ein Mann, der offenbar Mühe hat, den Vorgang zu sehen und darum auf die Zehen gestanden ist. Im Hintergrund Farbe abgefallen, leichte Spuren von Blau und Rot. Rechts oben grauer Farbfleck mit weissem Licht, wohl Gewandstück. 175×134,5 mm
Öffentliche Kunstsammlung Basel, Katalog 1926, Nr. 332.

9. *Köpfe zweier Zuschauer* (Tafel 38). Aus dem Mittelgrund. Schwach halblebensgross. Jüngling, von hinten, mit breitrandigem grünem Hut (Chromoxyd), hinter dem das lange Haar noch hervorquillt, verlorenes Profil, das Wange und Nase dicht nebeneinander erscheinen lässt. Auf der Schulter Reste grauer Farbe, die einen Pelzkragen vermuten lassen. Gesichtsfarbe und braunes Haar noch erhalten. Im Hintergrund leuchtendes Rot (Zinnober) mit braun konturiertem Rand. Wohl vom Thronhimmel. Rechts biederer alter Mann mit spärlichem langem Bart, in brauner Pelzmütze. Die Konturlinie des Halses verrät deutlich einen Kropf. Kastanienbraunes Gewand. Bart mit Weiss gehöht. 177—149 mm
Öffentliche Kunstsammlung Basel, Katalog 1926, Nr. 714a.

10. *Kopf eines jungen bärtigen Mannes* (Tafel 39). Aus dem Hintergrund des Rehabeambildes. Von vorn gesehen, das Haupt gegen rechts gewendet. Kopf gut erhalten, dagegen Farben in Gewand und Hintergrund abgefallen. Links im Hintergrund ultramarinblauer Vorhang oder Mantel. Haltung und Proportionen lassen es als möglich erscheinen, dass die Hand mit dem Stock in der Hand, die auf Fragment 5 zu sehen ist, unten unmittelbar anschloss. 91×76 mm
Öffentliche Kunstsammlung Basel, Katalog 1926, Nr. 716a.

11. *Gruppe von zwei Köpfen* (Tafel 39). Aus dem Hintergrund des Rehabeambildes, in der Anordnung ähnlich wie die Gruppe des Mittelgrunds (Nr. 7). Links junger Mann von hinten, den Kopf leicht gegen rechts gedreht, Oberkörper nackt. Rechts alter Mann in verlorenem Profil, aufrecht gegen oben blickend. Dunkles Haar mit hellweissen Haarsträhnen, die deutlich mit Ölfarbe aufgesetzt sind. Braunes Gewand. Im Vordergrund Schulterfragmente von Vordergrundfiguren, die abgeschnitten sind. Im Hintergrund saftig grüne Matte. Rechts Rest von weissem Gewandstück, da das Bleiweiss, wie in den übrigen Fragmenten, gut erhalten blieb. Links Rest eines blauen Gewands. Beidemal sind dunkle Schuhe erkennbar. Offenbar handelt es sich um die schleppenden Gewänder von Priestern, welche Jerobeam krönen, wie sie Holbein auf seinem Entwurfe im Hintergrund dargestellt hat. 84×103 mm
Öffentliche Kunstsammlung Basel, Katalog 1926, Nr. 715a.

Vier Kopien nach den Wandbildern Holbeins.

Das Kopieren im Grossratssaal war offenbar verboten. Ein Gesuch, die Passion Holbeins zu kopieren, ist jedenfalls vom Rat abgelehnt worden, selbst einem so berühmten Mitbürger wie Matthaeus Merian gegenüber[1]). Auch Prätor Klinglin von Strassburg erhielt 1718 einen ungnädigen Bescheid[2]). Trotzdem ist 1559 eine Ausnahme gemacht worden, der wir eine noch erhaltene Umrisszeichnung nach der Blendung des Zaleucus verdanken. Es geschah dies vielleicht mit Rücksicht auf das Liestaler Rathaus, an dessen Fassade eine Darstellung des Zaleucus ausgeführt oder geplant wurde, offenbar als Symbol der gemeinsamen Leiden, welchen Stadt und Land ausgesetzt waren[3]).

1. *Kopie nach dem Wandbild des Zaleucus* (Abb. 416).

Bezeichnet links oben I Wentz mit Schweizerdolch[4]). Rechts über dem Bogen die Jahrzahl 1559. Federzeichnung auf hellem Papier. Links unten leicht eingerissen. Die Zeichnung gibt eine fortgeschrittenere Fassung als der Entwurf (Abb. 409). Die Darstellung ist weit breiter und zeigt demnach mehr Figuren, die selbst bei Überschneidungen genau kenntlich sind. Dies beweist, dass wir es mit einer Kopie nach dem Wandbilde, nicht etwa mit der Kopie nach einem verlorenen zweiten Entwurf Holbeins zu tun haben. Zaleucus ohne Krone und in sich zusammengesunken, der Fassung bei Hess (Abb. 417) sehr nahestehend. Der reichkassettierte Bogen weit heruntergezogen, als ob er feindlich auf den ehebrecherischen Sohn niederfiele. Der Arm des Schergen überschneidet den Pilaster. Der stehende schlanke Jüngling zur Seite des Sohns dagegen milder[5]). Die beiden Zugstangen der Bogenöffnung des Entwurfs sind verschwunden. Das Quadermauerwerk des Balkons sichtbar, auf ihm und der Galerie vier vereinzelte Figuren. 259 × 349 mm Kupferstichkabinett Basel, U. II. 48 b.

2.—4. *Die Kopien von Hieronymus Hess 1817.*

Die Aquarelle von HESS sind von den Basler Kunstfreunden, welche die Wandbilder eben noch gesehen hatten, überschätzt worden. Als „Nachbild jener unvergleichlichen Kunstwerke" preist sie Obersthelfer Jakob Burckhardt

---

[1]) Eigenhändiges Schreiben Merians. Rathausakten C C 1, 1642.
[2]) Bauakten C C 1 (Rathaus) 1718. Vgl. auch S. 413, Anm. 2.
[3]) Der jetzige Bestand, wie er von Wilhelm Balmer festgehalten wurde, geht freilich erst auf das Jahr 1590 zurück. Vgl. Karl Gauss, Liestal, in Walter Merz, Die Burgen des Sisgaus. Aarau 1910, Bd. II, S. 249.
[4]) Ein Künstler dieses Namens ist um diese Zeit nicht nachzuweisen. Die Familie war aber in Basel ansässig und ihre Mitglieder als Goldschmiede tätig. Der haarscharfe Stil der Zeichnung macht es nicht unmöglich, dass wir auch hier einen Goldschmied vor uns haben, der das Bild für eine Goldschmiedearbeit kopiert hat.
[5]) Auf dem Entwurf hat Holbein eine jener Naturen angedeutet, deren Freude beim Unglück anderer erwacht. Die Zeichnung von Wentz (?) zeigt, dass Holbein, vielleicht auf das Zureden des Beatus Rhenanus oder eines andern Freundes hin, den Ausdruck gemildert hat. Wahrscheinlich hat ihn diese Konzession gereut. Er hat jedenfalls in „Samuel und Saul" wieder eine ähnliche Gestalt dargestellt, die auf den gefangenen Amalakiterkönig einredet.

in seinem Briefe an Deputat Huber (Quellen Nr. 26). Kritische Beobachter wie Hegner verbargen freilich schon damals ihre Enttäuschung nicht (Quellen Nr. 24). Als Kopie im eigentlichen Sinne kann nur der ,,Curius Dentatus" gelten, weil das Wandbild noch als Ganzes deutlich erkennbar und einzelne Partien, wie die samnitischen Gesandten, sogar intakt erhalten waren. Beim ,,Zaleucus" war dagegen nur noch die rechte Seite des Bildes mit der Darstellung des Helden deutlich zu sehen und ,,von grösster Schönheit". Auch in diesen Bildteilen hält Hess einen gesicherten Tatbestand fest. Für den übrigen Teil der Bilder war er dagegen vielfach gezwungen, die fehlenden Stellen an Hand der ,,Originalzeichnungen auf der Bibliothek" (gemeint sind Abb. 407 und Abb. 409) zu ergänzen, was sich beim ,,Zaleucus" noch einigermassen verantworten liess, da Entwurf und Ausführung beinahe zusammenfielen, beim ,,Charondas" aber nur für die Architektur möglich war, da die Figurengruppen in der Ausführung völlig verändert wurden. ,,Dieses Gemäld ist zerstört und nicht alterthum" hat Hess selbst auf einem aufgeschlagenen Buch vermerkt, das einer der Bürger von Thurii auf den Knien hält (Charondas, Ex. Weimar).

Von Skizzen ist leider nur eine einzige, zum ,,Charondas" erhalten (Abb. 413) geblieben. Sie gibt den Fundbestand am genauesten wieder. Erhalten sind ferner Konturzeichnungen, leicht aquarellierte Kopien und ausgeführte Aquarelle, die den Holbeinschen Wandbildern entsprechend vielfach mit Gold gehöht wurden. Von den letztern existieren zwei vollständige Exemplare, eines in der Öffentlichen Kunstsammlung in Basel, das andere im Besitz der Staatlichen Kunstsammlungen in Weimar. Das Basler Exemplar ist stark verbleicht, da die Blätter jahrzehntelang im Vorraum der Öffentlichen Kunstsammlung ausgestellt waren, das Weimarer dagegen ist wunderbar erhalten. Es wirkt unangenehm bunt, und diese Wirkung wird durch die unnatürliche Verbindung von Aquarell und Gold noch gesteigert. Es ist eine Aufmachung für ,,reiche Fremde", wie schon Hegner konstatiert hat (Quellen Nr. 24). Auch Serien kleinen Formats sind damals von HIERONYMUS HESS im Auftrage der Birmannschen Kunstsammlung hergestellt worden (vgl. S. 589, 2. Selbstmord des Charondas, e).

2. *Der Selbstmord des Charondas.*

a. Skizze in Blei (Abb. 413, stark verkleinert). Links abgerissen. Man sieht deutlich, dass weite Partien links unten und ebenso beim Charondas die Partie zwischen Schulter und Arm nicht mehr erhalten waren. Kopf und Gewand des Helden ist Hess besonders nachgegangen. Am Saum des Gewands Inschriften: MORS F. (oben) und CHAROND TIRIVS MO (unten). Mit Notizen der Farben. Auf der Rückseite die herbeieilenden Freunde wiederholt. Bez. links unten: ,,H. Hess del. A° 1817".   406 [408] × 935 [764] mm Kupferstichkabinett Basel, Bi. 259. 4.

b. Umrisszeichnung, aquarelliert. In hellen Tönen. Auf der Rückseite die Inschrift: „Im gleichen Saal vom Zaleucus war die Geschichte von Charondas. Als er von einer Geschäfts Reiss zurückkam in den sitzenden Senat, vergessend, dass bey Lebensstrafe verbotten, mit keiner Armatur zu erscheinen, nahm sogleich seyn eigen Schwert und erstach sich. Eine Sizilianische Geschichte. Auf der lincken Seite war das Gemählt so verdorben, so dass man nur noch undeitlich sehen konte". 598 [601]×971 [974] mm Kupferstichkabinett Basel, Z. 175, alte Nummer, U. 30. 4.

c. Ausgeführtes Aquarell. „Charondas, Gesetzgeber der Thurier, opfert sein Leben der Achtung für das Gesetz". Stark verbleicht. Charondas in gelbem Gewand. Schmuck und Ornamente der Schwertscheide des Charondas mit Gold aufgelegt und zum Teil gedeckt, der Art, wie Holbein derartiges behandelt hat, nahestehend. An dem gemalten Pilaster rechts oben die Jahrzahl 1521. — Abg. bei Paul Ganz, Hans Holbein d. J., Klassiker der Kunst, Bd. XX, Stuttgart und Leipzig 1912, S. 165. 610 [613]×989 mm Kupferstichkabinett Basel, Z. 200.

d. Ausgeführtes Aquarell (Abb. 415). Sehr gut erhalten. Ausser der Schwertscheide des Charondas auch die Ringe der Ratsherren mit Gold aufgelegt. Auf dem Buche, das der stehende Mann links aufgeschlagen hat, die Inschrift: „H. Holbein mahlte dies, do er 27 (sic!) Jahr alt war, 1521. Hess copierte es als er 18 Jahr alt war, 1817 in Basel. Das Original ist auf Mauer gemahlt gewesen ist zerstört." Auf dem Buche, das ein sitzender Mann auf dem Schoss hält, die bereits erwähnte Inschrift: „Dieses Gemählt ist zerstört. es [ist] nicht alterth[um]." Auf dem Pilaster rechts oben die Jahrzahl 1521. 584 [586]×999 mm Staatliche Kunstsammlungen, Weimar.

e. Ausgeführtes Aquarell. Kleineres Format. 328×536 [537] mm Basel, Privatbesitz (Professor Paul Ganz).

3. *Die Blendung des Zaleucus.*

a. Konturzeichnung. Bleistift mit Feder nachgefahren. Gruppe des Zaleucus überzeugend, aber deutlich ins Klassizistische umstilisiert. Kupferstichkabinett Basel, Bi. 529. 5. 647 [649]×741 [745] mm

b. Umrisszeichnung, aquarelliert. In hellen Tönen. Auf der Rückseite die Inschrift: „Zaleucus und seynem Sohn, dem Vatter das recht, dem Sohn das linke Aug ausgestochen. Dieses Gemählt fast Naturgrösse. hinter einer Tapeten gefunden auf der Maur. In Öhlfarben, sehr schadhaft. Weggebrochen und Liechter dafür eingesetzt." 634 [628]×678 [680] mm Kupferstichkabinett Basel, Bi. 259. 6.

c. Ausgeführtes Aquarell „Aus Vaterliebe und Vaterlands-Liebe lässt sich Zaleucus, der Locrenser Fürst, ein Auge ausstechen." Stark verbleicht. Der thronartige Stuhl und seine Rücklehne sind mit zinnoberrotem Tuch ausgeschlagen, darauf goldene Nägel und Dekorationen. Der Vorhang im Hintergrund dunkelgrün. — Abg. bei Paul Ganz, a. a. O., S. 167. Öffentliche Kunstsammlung Basel, Z. 199. 637 [640]×733 [732] mm

    d. Ausgeführtes Aquarell (Abb. 417). Sehr gut erhalten. Nr. 3 nahestehend. Sehr eindrucksvoll der Schatten auf der Rücklehne des Throns. Rechts unten signiert H. Hess cop. 1817. 614×703 [700] mm Staatliche Kunstsammlungen Weimar.

4. *Marcus Curius Dentatus.*

    a. Grosse Bleistiftzeichnung. Der Baselstab des Ratsboten und der schwarze Samtbesatz am Gewande des samnitischen Gesandten mit Tusche gehöht. Name der Farben den Gewändern und einzelnen Gewandpartien beigeschrieben. Zwischen Skizze und Konturzeichnung in der Mitte stehend. Studie zu dem ausgeführten Aquarell. 715×510 mm Staatsarchiv Basel, Planarchiv D 2, 231.

    b. Konturzeichnung. Bleistift, meist getuscht. Nr. 1 nahestehend, aber weniger frisch. Auf der Rückseite Zeichnung des Comersees von Birmann. Kupferstichkabinett Basel, Bi. 259. 2. 745 [746]×565 [563] mm

    c. Ausgeführtes Aquarell (Abb. 418). „Genügsam weigert sich M. Curius Dentatus die Geschenke der Samniter anzunehmen." Stark verbleicht. Architektur grau. Bergzug im Hintergrund jäh, wie die Mythen bei Schwyz, emporsteigend. Das zinnoberrote Gewand, das der samnitische Gesandte auf dem Fragment trägt, ist heruntergeführt. Auch das Gewand seines reichen, aber kränklichen Vordermanns findet hier seine Erklärung: Es ist ein weissseidener langer Überwurf mit reichem Damastmuster und Pelzkragen. Die Gefährten schlichter gehalten. Der vordere grünes Gewand mit roten Strümpfen. Der Stadtbote bäurisch gekleidet mit Überwurf in den Basler Farben. Der Anhänger mit dem Baselstab zeigt dagegen goldene Fassung. Ebenso einige goldene Lichter auf dem Schweizerdolch. — Abg. bei Paul Ganz, a. a. O., S. 168. 734 [735]×556 [554] mm Kupferstichkabinett Basel, Z. 198.

    d. Ausgeführtes Aquarell. Sehr gut erhalten. Architektur nicht grau, wie in Nr. 3, sondern rötlich. Offenbar dachte sich Holbein die Halle aus rotem Sandstein ausgeführt, wie er an den Basler Bauten Verwendung fand. Die Bergkette flach und ohne die mythenartige Bergzacke. 754×513 mm Staatliche Kunstsammlungen, Weimar.

    e. Ausgeführtes Aquarell. Kleinere Version. Rechts unten signiert: „H. Hess cop. et del. Ano 1817 — Holbein pinxit Anno 1522". Die Jahrzahl war demnach auf dem Bilde oder wohl richtiger in dessen Nähe angebracht und 1817 noch zu sehen. Unten auf dem Rande mit Bleistift: „Fresco Gemähld auf dem Rathaus in Basel, beynah ganz verdorben." 545×387 mm Kupferstichkabinett Basel, Bi. 259. 3.

8. QUELLEN
URKUNDEN, NACHRICHTEN UND LITERATUR

I. Urkunden.

1. Erwähnung des „Verdings" für die Malereien im Grossratssaal und Eintragungen über die Zahlungen des Dreieramts an Holbein vom 15. Juni 1521—29. November 1522:

Holbein moler.

Ze wissen, daz meister Hannsen Holbein, dem moler, von minen herren den buwherren unnd lonherren in namen eins rats den sal uff dem richthus ze molen verdingt ist, nach lutt zweyer verdingzedlen desshalb gemacht, unnd gibt man im fur solich sin arbeitt hundert und XX gulden.
Daruff ist im uff sambstag sant Vits und Modests tag im XXI. jar *[15. Juni 1521]* durch die dryeherren gebenn XL gulden, I lb V s für den gulden, tuet L lb. Anno etc. ut supra sampstag vor Jacob *[20. Juli]* aber im gebenn X gulden. Item XVII lb V s im gebenn uff das heylig crutztag im herbst anno XXI *[14. September 1521]*. Hat her Hans Oberriet empfangenn.
Item XV lb im gebenn uff samstag vor dem palmtag anno etc. XXII° *[12. April 1522]*.
Item XII gulden im gebenn uff montag trinitate anno XXII *[16. Juni]*.
Item XV guldenn im gebenn uff samstag vor Bartholomei anno etc. XXII *[23. August]*.
Item XXI lb X s. im gebenn uff samstag vor Andree anno etc. XII *[29. November 1522]* unnd im domit die obbestimpte sum gar bezalt, unnd dwyl die hinder wand noch nit gemacht unnd gemolet ist unnd er vermeint, an dysem das gelt verdient habenn, sol man dieselbig hindere want bis uff wytherenn bescheit lossenn anston. Su̅ma I c L lb.

Staatsarchiv Basel, Finanzakten N 5. 3. Denkbüchlein des Dreieramts 1516—1530, p. 222. Von His am 22. Juni 1865 aufgefunden (Brief an Woltmann vom 23. Juni 1865). Publiziert bei Eduard His, Die Basler Archive über Hans Holbein den Jüngern, seine Familie und einige zu ihm in Beziehung stehende Zeitgenossen, Separatabdruck aus Zahns Jahrbüchern für Kunstwissenschaft, Jahrg. III. Basel 1870, S. 5/6.

a) Am Rande des „Denkbüchleins" p. 222 die Notiz: „Ist in 4ta angaria anno XXIII geschribenn." Tatsächlich findet sich die Ausgabe auch in der *Fronfastenrechnung* 1522/23 vermerkt, wo der Eintrag folgendermassen lautet:
Item I^c L lb gebenn Hannsen Holbein dem moler vonn dem sal uff der rattstubenn ze molenn.
Staatsarchiv Basel, Finanzakten H 1522/23; His, a. a. O., S. 6. — Ebenso in der *Jahresrechnung* 1522/23:

b) Item I c L lb gebenn Hans Holbein dem moler von dem sall *[uff der]* ratstubenn ze malenn.
Staatsarchiv Basel, Finanzakten, H 1522/23. — Harms III, S. 327, Z. 19 ff.

c) Die *Wochenrechnungen* der Jahre 1521/22 nennen Holbein nicht, dagegen enthalten sie einen kurzen, bisher nicht beachteten Vermerk, wonach der Vertrag mit Holbein an dem gleichen Vitus- und Modestustage *[15. Juni 1521]* abgeschlossen wurde, an dem die erste Zahlung, wohl auf Grund der eingereichten Entwürfe, erfolgte:
Item V s. VI d. verzert, do man den nuwen sal zů molen verdingt hat.
Staatsarchiv Basel, Finanzakten G 13 (Wochenausgabenbuch 1510, Sept. 28—1521 Juni 22), S. 734, Z. 6/5 von unten.

2. Zahlungen des Dreieramts an Holbein für die Gemälde an der „hintern Wand". 6. Juli—18. November 1530.

Die hauptsächliche Stelle in der *Jahresrechnung* 1530/31 lautet:
Item LXXV lb gebenn meister Hans Holbein vom saal uff dem richthuss ze malen.

Staatsarchiv Basel, Finanzakten H. Jahresrechnung 1530/31. — His, a. a. O., S. 11. — Harms III, S. 404, Z. 44—46.

a) Die näheren Angaben und Daten in den *Abrechnungen mit dem Dreieramt* 1526-1533, einem grossen Prunkband in gepresstem Schweinsleder mit der Bezeichnung: „Den tryen Herren". Auf fol. 92ᵛ findet sich eine erste auf Holbein bezügliche Eintragung, der auf fol. 93ᵛ die übrigen Eintragungen direkt untereinander folgen:

Item unns sond (sollen = schulden) unsser herren XII gulden in myncz, so wyr hend gen durch befelch Jochims uff dem richthuss dem Hans Holbein dem moller. Geschach uff mittwuchen noch ulryzi im 1530. jor *[6. Juli 1530]*. fl. 12.

Staatsarchiv Basel (Abmachungen mit dem Dreieramt 1526—1533). Finanzacten Y 3. 2. fol. 92ᵛ.

Item unns sond unsser herren XX gulden in myncz, so wyr hend gen meister Hans Holbein dem moller uff donstag noch sant Laurenczen dag im 1530 jor durch geheis Jochims uff dem richthus *[11. August 1530]*. fl. 20

Item unns sond unnser herren XXIIII gulden in myncz, so wir hend gen meister Hans Holbein dem moller by zwurett *[bei zwei Malen]* noch frene *[Verena]* im 1530. jor durch geheis Jochims uff dem richthus *[1. September 1530]*. fl. 24.

Item mer hand wyr im gen XVI gulden uff fritag noch sannt Martis dag im 1530. jor durch geheis Jochims *[18. November 1530]*. fl. 16.

Staatsarchiv Basel (Abmachungen mit dem Dreieramt 1526—1533), Finanzacten Y 3. 2. fol. 93ᵛ.

His, a. a. O., p. 11/12. His, der die Finanzakten der Jahre 1530/31 genau auf Holbein hin untersucht hatte, schreibt darüber an Woltmann am 10. Juli 1865: „Ich fürchte, dass Ihnen meine Auseinandersetzungen etwas confus vorkommen werden. Ich muss mir selbst erst die Begriffe über die alte Art des hiesigen Rechnungswesens bilden, das, wie es scheint, damals gerade in einem Übergang zu einem geordneten System begriffen war." His war dabei aufgefallen, dass die drei letzten Einträge zusammengerechnet genau der Summe von 60 fl. = 75 ₰ entsprechen, wie sie die Jahresrechnung für die Gemälde im Rathaus angibt, die Gesamtsumme der Auszahlungen aber 72 Gulden beträgt, die Auszahlung vom Mittwoch nach Ulrici (6. Juli 1520) also gewissermassen in der Luft steht. Er hatte dabei in der „Wechselrechnung mit den Dryherren" vom Samstag nach St. Johannistag (25. Juni 1530) einen weiteren Vermerk entdeckt, der die genau gleiche Summe wie die Jahresrechnung, aber in Gulden angibt:

b) Item ussgeben dem Holbein LX gulden in mincz. fl. 60.

Staatsarchiv Basel, Finanzakten Y 3. 3. Abrechnungen des Stadtwechsels mit dem Dreieramt 1529—1563.

Es ist dies aber nicht eine Auszahlung an Holbein, sondern die Anweisung des Dreieramtes an die Staatskasse, der die Abmachungen oder der Vertrag mit dem Künstler unmittelbar vorangegangen waren. Ein Mehrbetrag von 12 fl. bleibt natürlich auch so bestehen. Die naheliegende Vermutung geht dahin, dass Holbein wie 1522 auch diesmal mehr als die vereinbarte Summe bezahlt wurde.

II. Alte Nachrichten über die Holbeinschen Gemälde im Rathaus und die Fundberichte aus den Jahren 1817—1901.

3. Eigene Aussage und Urteil Holbeins über seine Bilder im Rathaus.

Wohl aus seinem Basler Aufenthalt von 1538.

Do er aus engelland wider gon Basel uff ein zit kam, war er in siden und sammet bekleidet, do er vormols must wein am zapfen kauffen. Er starb, nachdem er wider in Engelland zoch, an dem englischen schweis. Er wollt, so im gott das leben hett gelengeret, fil gmeld a(ber) und besser gemolet haben in sim kosten, als den sal uff dem richthaus. Das haus zum tantz saget er, wär ein wenig gutt.

Erhalten in den Notizen *Ludwig Iselins*, die von His unter den Amerbachschen Papieren auf der Universitätsbibliothek Basel gefunden und mit Hilfe von Fechter und namentlich Jacob Burckhardt entziffert wurden (Briefe an Woltmann vom 3. und 10. September 1867). Bei Woltmann Holbein, Bd. II, Leipzig 1868, S. 389 ff. abgedruckt und genau beschrieben, aber seither im Original unauffindbar, obschon die Stelle, wo das Blättchen hingehört (Mscr C 6ª 90), genau bekannt ist. Wir halten uns an den gedruckten Wortlaut obgleich er im Einzelnen nicht richtig sein kann: wein für win, richthaus für richthus.

Ludwig Iselin (1559—1612) kann Holbein nicht mehr gekannt haben. Da er aber der Großsohn des Bonifacius Amerbach war, spiegeln seine Notizen die Erinnerungen wieder, die sich in der Amerbachschen Familie und vielleicht noch mehr in der seines Stiefvaters Oporin von Holbein erhalten hatten. Iselin selbst berichtet, dass Holbein seinen Stiefvater Joh. Oporin (1507—1568) gemalt habe. Auch seine Mutter, Faustina Amerbach (geb. 1530, gest. 1602), konnte sich möglicherweise noch an den Aufenthalt Holbeins von 1538 erinnern, dem die Nachrichten über sein stolzes Auftreten und die Aussage über seine Rathausgemälde im besonderen angehören müssen. Da in den weitern Angaben Iselins der Februar 1578 genannt wird, mögen die Notizen aus seiner Studienzeit und eben aus diesem Jahre stammen.

Weitere Angaben über Ludwig Iselin (1589 Doctor juris utriusque und Übernahme des Lehramts für Institutionen, 1599 Professor codicis, 1597 und 1607 Rektor der Universität, seit dem Tode seines Oheims Basilius Amerbach (1591) Besitzer des Amerbachschen Kabinetts) in Jacob Christoph Iselin, Neu vermehrtes historisch- und geographisches allgemeines Lexicon, Bd. II, Basel, Joh. Brandmüller, 1726, S. 991, und bei Friedrich Weiss-Frey, Heinrich Iselin von Rosenfeld und sein Geschlecht, Basel 1909, S. 44 ff.

4. Erwähnung der Holbeinischen Rathausmalereien in einem Briefe des Beatus Rhenanus an Bonifacius Amerbach. Schlettstadt, 22. April 1543.

[Beatus Rhenanus Bonifacio Amerbachio] S. D.

....Porro Briefero scripsi, ut in primis aulam armaturae militaris, tum, si fieri queat, alteram illam aulam curiae superioris picturis Holbeini ornatam, in qua plebiscita scisci solent, et aggerem divae Clarae ad moenia architecto nostro et huius germano fratri commonstret. Vale, vir clarissime. Datum Selestadii decimo Kalendas Maias anno MDXLIII.   Beatus Rhenanus tuus.

Universitätsbibliothek Basel, Mscr. Ki Ar 18ª, p. 45/46. Horawitz und Hartfelder, Briefwechsel des Beatus Rhenanus. Leipzig 1886, Nr. 365, S. 494.

Beatus Rhenanus wollte seinem Schlettstadter Mitbürger das Neueste zeigen, was es in Basel an Architektur und Malereien zu sehen gab. So das Bollwerk zu St. Clara, das 1531 als Notstandsarbeit errichtet worden war (Basler Chroniken I, S. 117, Z. 33), und die Malereien des Kleinen Zeughauses, die kurz vorher, 1535, vollendet worden waren und nach den erhaltenen Kopien zu schliessen, von *Conrad Schnitt* herstammten. Staatsarchiv Basel, Architectura Basiliensis, Nr. 71—74. Abbildung bei E. A. Stückelberg, Basler Denkmalpflege. Beilage zum Jahresbericht des Basler Kunstvereins 1910, S. 27.

Wie aus dem Briefwechsel des Beatus Rhenanus (Nr. 366) hervorgeht, sind unter dem Architekt und seinem Bruder, *Stephan* und *Theobald Ziegler* gemeint, von denen der erstere Stadtbaumeister von Schlettstadt war. Er hatte damals seine charakteristischen Renaissancebauten, wie den Hof der Abtei Ebersmünster (1541) und sein eigenes Wohnhaus (1538) eben vollendet, musste sich also für die Frage, wie derartige Aufgaben in der befreundeten Stadt gelöst wurden, brennend interessieren. Vgl. Fritz Hoeber, Die Frührenaissance in Schlettstadt. Ein Beitrag zur Elsässischen Architekturgeschichte. Strassburg 1911, S. 7, Anm. 2.

5/6. Erwähnung der Rathausmalereien Holbeins in Wurstisens Epitome und Zwingers Methodus apodemica 1577.

5. CRISTIAN WURSTISEN, Epitome historiae Basiliensis praeter totius Rauricae descriptionem, urbis primordia, antiquitates, res memorandas... Basel, Sebastian Henric-Petri, 1577 *[März]*, p. 250:

[Am Rand: Magnus urbis senatus.] ,,In supremo coenaculo, ubi Holbeinii celeberrimi Germaniae Apellis (cuius exactum artificium Belgis atque Anglis etiam admirabile fuit) selectissimarum rerum picturae visuntur, maximum totius urbis consilium, viris supra 250 constans, considet....."

6. THEODOR ZWINGER, Methodus apodemica in eorum gratiam, qui cum fructu in quocunque tandem vitae genere peregrinari cupiunt. Basileae ex officina Hervagiana per Eusebium Episcopium 1577 [*Vorrede vom 1. August 1577 datiert*].

Unter den „picturae rarae" werden neben dem Haus zum Tantz, dem Reiter am Rheintor und dem Totentanz zu Predigern p. 199 auch die Malereien Holbeins als Hauptsehenswürdigkeit des Rathauses genannt: „Curia pulcerrimis picturis illustrata. Holbeini opus."

7. **Supplication Hans Bockhen des Malers wegen Belohnung über die Contrafactur des grossen Stuck der Holbeinischen Gemälden im obern Saal.** Oblata senatui Mentags den 23ten Novembris anno 1579.

Gestreng edel ehrenvest fürsichtig ersame weise gnedige Herren. Es haben E. G. *[Euer Gnaden]* unnd S. E. W. *[Seine Ehrsame Weisheit]* ungeforlich umb ostern *[17. April 1579]* mich gnediglich anreden lasen, diewil das grost stuck der Holbeinischen gemelden, so in E. G. unnd S. E. W. oberm sal gemalet seind, vom wetter wüst geschendett unnd zubesorgenn mitt der zydt genzlich abfallen werde, ich solte dasselb uff tuch mitt ölfarben uf das aller flysigest conterfehen unnd nochmolen. Unnd wiewol ich dahmolen andere gutte arbeyten unterhanden, so hab ich auf E. G. und S. E. W. befelch nitt allein dieselben an ein ordt gesetzt, sonder harzwüschen andere mir fürgefalne gute werck der vrsachen ausgeschlagen, dormitt ich E. G. und S. E. W. als miner oberkeydt unnd gnedigen Herren gehorsame und pflichtige dienst erzeygen möchte. Und alscbald mir die ramen unnd tuch gerüstett, obgedacht E. G. unnd S. E. W. arbeydt vorhanden genomen unnd ietz zu end bracht. Wie gutt nun ich soliche arbeyt folfürett, stadtt mir nitt zu zemelden oder min eygen werck zu loben unnd auszestreichen, mag aber lyden das verstendige unnd der molery erfarne das besichtigen, unnd ir vrtheyl dorob geben. Dises kan ich on rum unnd mitt der worheydt wol reden, das ich nitt allein al min flyss unnd müh daran gewendett, sonder auch den ganzen somer by 26 wochen mit allem stremgem beharlichen flyss vonn morgen frü an bis jn die nacht unnd so lang ich tags halb sechen können doran gestreckt, keiner andern arbeyt herzwüschen mich undernomen, sonder alein disem E. G. unnd S. E. W. gemeld aufgewartett hab. Dan auch von diser arbeyt zu sagen, gibtz der augenschyn, das under allen Holbeynischen in gedachtem gemolten sal stucken, dises nitt allein an der lenge das grösest, sonder auch der arbeytt halb das müsamest und schwerest seie, als so neben landschaften by 100 angesichter gantzer oder doch zum deyl dritlich anzeygter unnd ausgemalter manspersonen inhalten, so ich allesamppt neben vylen rossen, wehren und anderem als ordenlich stück zu stück abconterfethen müsen unnd soliches alles mitt ölfarben verichten, welche wyss zu molen (als dises alle molery verstendige wüsen) zweymol mehr arbeyt nimbt den andere gemeld so uff nass tünch oder mitt lymfarben beschehen. Auch vil mehr farben, als so gar dick unnd zwey oder drymol ufgestrichen müsen werden erforderett, die auch höchers wertte sind dan dieihenigen, so zu anderen gemelden gebrucht werden, und dorzu die zu bereyten vil mehr arbeyt, weil un zydt erforderen. Dise farben auch allesamen (deren ich dan nitt wenig gebrucht) hab ich uss dem minen dargeben unnd zugerüstett, unnd auch des khein vortheil ghan neben dem auch E. G. unnd S. E. W. sich gnedenglich zu berichten hatt, das under abmolen oder conterfehen, unnd eim schlechten aus sim sin molen ein groser underscheyd sie, dan jn diesem einer sinem sin unnd neygung schlechtlich nachvolgen, und wie im gefellig das verarbeyten

kan, aber das conterfehen erfordertt auch von eim geübten moler nitt allein grosen fleyss müh und arbeytt sonder auch lenger zydt, diewil man vom fordrigen ales erstlich durchzeichnen unnd hernoch widerum alles ordenlich nachsächen unnd abmolen unnd die augen nitt minder oder weniger an dem ersten kunststuck das abgemoldt württ, den auf dem so man abmoldt heben muss. Derhalben dan ein conterfeht eins iedlichen menschens zweymol so vil costett als ein derglichen gross unconterfehen gemeld verkaufft werden mag. Diewyl dan gnedig Herren ich vil gedachte E. G. unnd S. E. W. arbeytt auf undertenigs vertruwen unnd on gwisse abred angenomen unnd aussgemacht, auch dormitt ich gegen E. G. unnd S. E. W. im forderen keins wegs zu hoch führe zytt, müh, unnd uncosten doruff geloffen flysig by mir bedacht unnd überschlagen hab, befind ich das auff das geringeste so mir müglich ist zurechnen, ich under hundert gulden nitt verdientt, noch weniger on min wisentlichen schaden un nochtheyl nemen mag, Bitt derwegen E. G. unnd S. E. W. (wie ich die one das vetterlich gesinett sye verhoff) mich gnedenglich zu bedenken auch zehertzen führen das keine moler einiches angesicht conterfehung (wie klein die sin megen) zum aller geringsten minder dan umb ein gulden verarbeyten, do doch wie vor gsagt, in disem gemeld by hundert alle conterfeht angesicht neben anderen vil sachen begrifen seind. Dan wie ander sachen conterfehungen so vil minder arbeytt haben, zun zyten und wie vil höcher die bezaldt worden seien, unnd wie gering ich gegen denen min arbeytt anschlag, ist zemelden unvonötten. Diewyl ich underthenigs vertruwen E. G. und S. E. W. werden die billicheitt selbs betrachten un mich wie gesagt gnedenglich bedencken. Deren neben aler glücklichen regierung und wolfartt anwinschung ich alle mine gehorsamme underthenige dienst wil anbotten und mich befolhen haben.
Staatsarchiv Basel, Bauacten CC 1. — Schon bei Daniel Bruckner in den Nachträgen zu Wurstisens Chronik, Buch IV (1779), S. 119, und bei Ochs V, S. 400, erwähnt. Auch von Hegner, der eine Kopie davon gemacht hatte, ausführlich herangezogen. Publiziert bei Eduard His-Heusler, Hans Bock der Maler. Basler Jahrbuch 1892, S. 140—142.

Das Ratsprotokoll von 1579 fehlt. Dagegen finden sich in den *Rechnungsbüchern* folgende, auf die Kopie bezügliche Vermerke, welche die Angaben Bocks aufs genaueste bestätigen:

a) Item IIII lb XIX s. VIII d. geben umb zwilch zům gemäld im grossen saal uff dem richthus, so Hannss Bock abcontrafetet.
Staatsarchiv Basel, Finanzacten H 1578/79, Ausgaben der quarta angaria, fol. 1ᵛ.

Ebenso sind zwei Vermerke über den Abschluss der Arbeiten erhalten, aus denen hervorgeht, dass Hans Bocks Gesuch genehmigt wurde:

b) Item LXII lb X s. gebenn Hannss Bockhen dem maler uff rechnung dess gemälds im saal uff dem richthus.
Staatsarchiv Basel, Finanzacten G 23 W A B 31. Oktober 1579, p. 54, und ein zweiter, bisher unbeachteter Vermerk, der zugleich deutlich ausspricht, dass es sich um die Gemälde an der Wand gegen das Haus zum Hasen handelte.

c) Item LXII lb X s. geben meister Hannss Bockhen dem maler von dem gemäld im grossen saal uff dem richthus gegen dem huss zům hasen uff tůch zu renovieren. Unnd ime hiemit die hundert gulden bezallt.
Staatsarchiv Basel, Finanzacten G 23 W A B 28. Nov. 1579, p. 68. Die beiden Stellen a und b erwähnt bei Rudolf Wackernagel, Geschichte des Rathauses, Basel 1886, S. 62, Anm. 174.

Die Kopien scheinen durch die Feuchtigkeit der Wand, die sich ihnen mitteilte, gleichfalls gelitten zu haben. *Daniel Bruckner* berichtet darüber 1779: „Diese auf Tuch gemahlte Copeyen waren so dann auf die Maur vest gemacht und sind nachwerts auch verdorben, also dass davon nichts mehr übrig ist."

8. Die Inschriften des Grossratssaales in Urbis Basileae Epitaphia et Inscriptiones des Johannes Gross. 1622.

Johannes Gross, Urbis Basileae epitaphia et inscriptiones omnium templorum, curiae, academiae et aliarum aedium publicarum latinae et germanicae... cura et labore M. Johannis Grossi pastoris ecclesiae Leonardi ibidem. Basileae, Sumtibus Joannis Jacobi Genathi 1622.

Unter den Inschriften des Rathauses werden die des Grossratssaales (p. 448/449) folgendermassen angeführt:

In aula superiori ibidem:
ROBOAM ad POPULUM.
Minimus digitus meus grossior est dorso patris mei: Pater meus cecidit vos flagellis, ego autem cedam vos scorpionibus.
EZECHIAS.
Fecit, quod erat bonum coram domino, ipse dissipavit excelsa, contrivit statuas, succidit lucos, et confregit aeneum serpentem, quem fecerat Moses.
SAMUEL ad SAULEM.
Nunquid vult dominus holocausta et victimas, et non potius, ut obediatur voci domini? Pro eo quod abjecisti sermonem domini, abjecit te dominus, ne sis rex.

Ibidem:
SAMNITAS dona offerentes sic excipit MARCUS CURIUS DENTATUS:
Malo haec (*respicit ad rapas assatas*) in fictilibus meis esse, et aurum habentibus imperare.

Ibidem:
Harpocratem, quisquis huc intrat, praestet oportet:
Nam nostra arcanum promere jura vetant.

Ibidem:
ANACHARSIS de jure humano:
Muscae staminibus veluti capiuntur in istis,
Sed culices rumpunt viribus illa suis:
Legibus obstrictum sic vulgus inane tenetur,
Hasque levi infringunt impetu turba potens.

Ibidem:
Quod tibi non vis fieri, alteri non facias.

Ibidem:
Iratus recole, quod nobilis ira leonis
in sibi substratos se negat esse feram.

Ibidem:
Initium sapientiae timor Domini.

Ibidem:
Experiri prius consilio, quam armis, praestat.

Ibidem:
Ne quid non e reipublicae dignitate constituatur.

Gross nennt bei seinen Aufzeichnungen den Namen Holbeins nicht. Dass er aber die Gemälde vor Augen hatte, beweist die Inschrift zum Marcus Curius Dentatus, wo gesagt wird, dass er auf die ausgerupften Rüben hinweise, bevor er den Samnitern seine Meinung sagt. Gross ist auch nicht vollständig. Von seinen Inschriften stammt die zuletzt genannte von der Schrifttafel einer der geschnitzten Prophetenfiguren des Martin Hoffmann, die noch erhalten ist, während die gleichfalls erhaltene Inschrift des zweiten Propheten „Ponderandae, non numerandae sententiae" (Abb. 429 und 430) nicht angeführt ist, offenbar darum, weil sie in dem schlecht beleuchteten Grossratssaale nicht ohne weiteres zu lesen war. Dass die einzelnen Worte, welche beim Charondas, Zaleucus, Marcus Curius Dentatus, beim Sapor und Croesus zu lesen waren, nicht angeführt werden, entspricht der Aufgabe der Sammlung, die nur Inschriften festhalten will. Auffallend ist dagegen das Fehlen der Inschriften der Gerechtigkeit, der Mässigkeit und des David, wie sie die Kopien des 16. Jahrhunderts (Abb. 403—410) festhalten. Es liegt daher nahe anzunehmen, dass die Figuren, deren Inschriften bei Gross nicht angeführt sind, 1622 bereits zerstört waren oder dem grösseren Format der Historienbilder geopfert wurden.

Über Johannes Gross (1582—1629) vgl. Karl Gauss, Basilea reformata. Basel 1930, S. 78. — Leu, Lexikon IX, p. 262/53.

9. Erwähnung der Rathausmalereien Holbeins in den „Humanae industriae monumenta" des Remigius Faesch. Um 1630. Unter den Werken Holbeins wird fol. 35 v unter II angeführt:

In curiae Basiliensis area superiori parietes tres divina similiter huius pictoris manu sunt picturis variis exornati.

Dieses gross angelegte, als Manuskript erhaltene Sammelwerk des Remigius Faesch (Basel, Universitätsbibliothek Mscr. A R I, 12) ist 1628 begonnen und von Remigius Faesch bis kurz vor seinem Tode 1667 mit Nachträgen versehen worden. Das Titelblatt trägt das Datum 1628 und die Holbeinnotizen scheinen zu den frühesten Partien des Werks zu gehören. Sie sind wahrscheinlich 1628 und sicher vor 1648 entstanden, da aus diesem Jahre am Rande ein Nachtrag von Faeschs Hand steht, wonach ihm Joh. Sixt Ringle 1648 eine Reproduktion des Doppelbildes von Erasmus und Froben verschafft habe.

Über Remigius Faesch (1595—1667) und die Entstehung der Humanae industriae monumenta vgl. Emil Major, Das Fäschische Museum und die Fäschischen Inventare. Jahresbericht der Öffentlichen Kunstsammlung, N F. IV, 1908, S. 6 ff. und S. 26 ff.

10. Die Inschriften des Grossratssaales in Tonjolas Basileae sepulta retecta continuata. 1661.

Johannes Tonjola, Basilea sepulta retecta continuata, hoc est tam urbis quam agri Basileensis monumenta sepulchralia, templorum omnium, curiae, academiae, aliarumque aedium publicarum Latinae et Germanicae inscriptiones. Olim quidem a reverendo et clarissimo Dn. M. Johanne Grossio pastore Leonhardino ad annum 1619 sparsim collecta, nunc vero in ordinatam annorum seriem locata et ad annum MDCLXI continuata...... opera Johannis Tonjolae coetus Italici, qui Basileae colligitur, ministri. Basileae, typis et impensis Emanuelis König et filii. Anno MDCLXI.

Tonjola, der sein Werk gewissermassen als zweite Auflage der Arbeit von Gross betrachtete, gibt p. 382 die Inschriften des Grossratssaales genau nach Gross ohne jede Änderung wieder. Wahrscheinlich hat er sich eine Kontrolle am Ort erspart und einfach den Text seines Vorgängers (Quellen Nr. 8) in die Druckerei geschickt.

Über Tonjola (geb. in Zuoz 1634, gestorben als italienischer Pfarrer in Basel 1700) vgl. Karl Gauss, Basilea reformata. Basel 1930, S. 153.

11. Kurze Erwähnung der Holbeinschen Malereien in Patins Index operum Holbenii. 1676.

Die Ausgabe der Laus stultitiae des *Erasmus*, die Patin 1676 mit den Nachbildungen der Holbeinschen Figuren herausgab, enthält als Begleitung zur Vita Holbeinii auch den ersten gedruckten „Index operum Johannis Holbenii". Unter Nr. 1 werden neben der Passion (vgl. S. 413, Anm. 1) auch die Malereien im Rathaussaal kurz erwähnt:

In superiori parte ejusdem curiae tres parietes variis historiis eadem manu ornati sunt.

Wie der Wortlaut zeigt, ist die Stelle den „Humanae industriae monumenta" des Remigius Fäsch (vgl. Quellen No. 9) entnommen, die Patin durch Sebastian Fäsch, den damaligen Inhaber des Fideikommisses, zugänglich gemacht wurden. Nach einer handschriftlichen Notiz Daniel Hubers vom 22. Januar 1825 soll die Vita Holbenii von Sebastian Faesch verfasst sein. „Quae in hoc opere occurrit delineatio vitae

Holbenii, Sebastiano Faeschio tribuitur a Joh. Buxtorfio jun. in exemplari, quod theologus iste ab illo jureconsulto dono acceperat." (Basel, Universitätsbibliothek, Ausgabe der stultitiae laus von Patin D. J. IV 9). Da Charles Patin die Holbeinischen Rathausmalereien in seinen ,,Quatre relations historiques" (Basel 1673) p. 155 nicht einmal erwähnt, ist es möglich, dass er sie überhaupt nur von Hörensagen kannte.

Über Charles Patin (1633—1693) vgl. Biographie universelle XXXII, p. 252 ff. Über seine Freundschaft mit Sebastian Faesch vgl. Major Emil, Das Faeschische Museum und die Fäschischen Inventare. Jahresbericht der Öffentlichen Kunstsammlung in Basel, N. F. IV, Basel 1908, S. 20.

12.—16. Entscheidung über das weitere Schicksal der verblichenen Holbeinschen Gemälde im Rathsaal. Mai—Juli 1737.

12. Anfrage des Bauamts an den Rath, Verlesen 11. Mai 1737.
Memoriale löblichen Bauamts wegen Reparationen im Grossen Rahtsaal.
Wohlweiser Herr Bürgermeister, Hochgeacht etc., Gnädige Herren.
Als wir dem Herren Lohnherren *[Lucas Fäsch]* zufolge Grosser Rhatserkandtnis *[vom 19. März 1736]* die Commission aufgetragen, in dem Grossen Rhatsaal die Bühny malen und den Boden mit Dühlen belegen zu lassen, wovon das erstere effectuiert, haben sich J G H F Wten M G Herren die Herren Häubtern *[Samuel Merian, Neuer Bürgermeister — Dietrich Forcard, Neuer Oberstzunftmeister — Emanuel Falckner, Alter Bürgermeister — J. Rudolf Fäsch, Alter Oberstzunftmeister]* bemüht und im Grossen Rhatsaal einen Augenschein eingenommen und befunden, dass, dieweil die Gemähldt in demselben rings herumb mehrentheils verblichen, dieselben so gut möglich abgewischt und gesäubert oder völlig geybset werden könten. Welches Euwer Gnaden hocher Decision nebst pflichtschuldigster Verharrung anheimstellen als Euwer Genaden gehorsam und underthänige

Die Verordtneten an dem Bauambt.

[Laut Regimentsbüchlein 1736/37 waren damals Bauherren: Emanuel Falckner, Alter Bürgermeister — Jeremias Raillard, I. U. D. des Raths und Deputat — Jacob Christoff Frey, I. U. L. des Raths — Daniel Louis, des Raths und Deputat — Peter Merian, des Grossen Raths — Samuel Burckhardt, des Grossen Raths, — Joh. Lux Iselin, des Grossen Raths.]
Bauacten CC 1, Rathaus, 1737.

13. Entscheidung des Raths, 11. März 1737. Grossenrahtssaals Reparation.
Memoriale eines löblichen Bauamts *[Quellen Nr. 12]* trägt vor, dass der Grosserahtssaal zu reparieren angefangen worden. Es seye aber umb Weissgung der Wände zu thun, welche löbliches Bauamt ohne Meiner Gnädigen Herren Befehl desswegen vorzunehmen anstehn, weilen an diesen Wänden noch einige verblichene Gemähld, die dem Ansehen nach von dem Hollbein oder einem andern guten Meister gemahlt worden, sich befinden. Das meiste indessen könne man nicht einmahl erkennen und das wenig übrige könne nicht wohl repariert werden, dahero man auf die Gipsung gefallen.
:/: Ist löblichem Bauamt überlassen nach Gutbefinden die Reparation vorzunehmen.
Protokoll des Kleinen Raths, 108 fol. 422^r. Erwähnt bei Rudolf Wackernagel, Geschichte des Rathauses, S. 20.

14. Anordnung des Bauamts, die Gemälde an den Wänden des Grossrathssaals abzustauben und zu säubern. 17. Mai 1757.
Nachdem laut M G H Erkandtnis vom 11. März *[Quellen Nr. 13]* die Reparirung des Grossen Rhatsaals löblichem Bauamt vorzunehmen überlassen:
:/: *[soll]* der Boden in demselben all mit Dühlen belegt und noch der hand die Gemählt an den Wänden abgestäupt und gesäuberet werden.
Protokoll des Bauamts H 1, 4, S. 22.

15. Anzug im Grossen Rath, die Gemälde wenigstens theilweise wieder herzustellen. 17. Juni 1737. „Angezogen: Ein Theil der verblichenen Mahlerey in dem Grossenrahtsaal sollte, so weit möglich, hergestellt werden."
Protokoll des Grossen Raths, 6, fol. 223ʳ.

16. Entscheidung des Bauamts, die Wände mit Tuch zu überspannen. 26. Juli 1737.
Der Herr Lohnherr *[Lucas Fäsch]* soll die Wänd in dem Grossenrhatsaal mit grünem Tuch tapetzieren, das Tuch aber mit Blachen unterlegen lassen.
Protokoll des Bauamts H 1, 4, S. 29. Erwähnt bei Rudolf Wackernagel, Geschichte des Rathhauses, S. 20.

17. Mitteilungen Daniel Bruckners über die ehemaligen Gemälde Holbeins im Grossrathssaal und Erwähnung von übermalten Figuren an Kamin und Säulen. 1779.

Nachdem Daniel Bruckner kurz die Bockschen Malereien von 1610 erwähnt hat, fährt er fort:

Alle Gemählde hingegen, welche ehemahlen der berühmte Hollbein auf die Maurwände des Grossen Rahtssaals gemahlt, sind schon längstens verdorben, verblichen und zum Theile abgefallen. In dem Jahre 1579 suchte die Obrigkeit das Angedenken dieser Mahlerey einigermassen beyzubehalten und liesse selbige in gleicher Grösse auf Tuch mit Oehlfarben von dem Vater des obgemelten Bocken Hans Bock abmahlen. Die Geschichte Jerobeams hatte über hundert Angesichter oder Figuren ohne die Landschaft, er forderte 100 fl. für seine Mühe *[vgl. Quellen Nr. 7]*. Diese auf Tuch gemahlte Copeyen waren sodan auf die Maur vest gemacht und sind nachwerts auch verdorben, also dass darvon nichts mehr übrig ist.

Die Figuren, so noch an dem Camin des grossen Rahtssaals und an den Säulen stehen, zeigen nichts mehr von dem Holbeinischen Pinsel und sind übermahlt.
Daniel Bruckner, Fortführung von Wurstisens Basler Chronik, Buch IV, Basel, Joh. Schweighauser, 1779, S. 119.

Daniel Bruckner (1707—1781), der Verfasser der „Historischen und natürlichen Merkwürdigkeiten der Landschaft Basel" war seit 1729 als Accedens in der Cantzley angestellt. Er muss demnach die Holbeinischen Bilder noch vor ihrer Zerstörung gesehen haben, d. h. bevor sie 1737 mit Tuch überspannt wurden. Da er die Fortführung von Wurstisens Basler Chronik bis 1760 plante und das hiezu notwendige Material bereits in siebzehn Foliobänden gesammelt hatte, scheint er die ausführliche Schilderung der Holbeinschen Malereien für das Jahr 1737 aufgespart zu haben. Diese Sammelbände, die Peter Ochs kurz vor Bruckners Tode erwarb, befinden sich heute in Petersburg. Vgl. Peter Ochs, G. v. Basel I, S. XI, und Gustav Steiner, Eine Basler Büchersammlung aus dem 18. Jahrhundert. Basler Zeitschrift für Geschichte und Altertumskunde XXIII, 1925, S. 216/17 und 220—223.

Unrichtig sind die Folgerungen, die Daniel Bruckner aus der Bockschen Supplication zieht. Es handelt sich trotz der grossen zeitlichen Distanz um Hans Bock d. Ä., der die Kopie des Holbeinschen Gemäldes und die übrigen Wandbilder des Rathauses geschaffen hat. Die Kopien umfassten auch nur die Gemälde gegen das Haus zum „Hasen", wie aus der Bezahlung vom 28. November 1579 (Quellen Nr. 7ᶜ) deutlich hervorgeht, nicht den gesamten Cyklus, wie Bruckner irrtümlich annimmt und auf Grund seiner Angabe auch Deputat Huber (Quellen Nr. 20) und wohl auch Hegner, Holbein S. 74, voraussetzen.

Über Daniel Bruckner vgl. Leu, Lexikon Suppl. I, S. 377/378 und R. Wackernagel, Repertorium des Staatsarchivs zu Basel, Basel 1904, Geschichte des Staatsarchivs, S. XXff.

18. Erwähnung von noch vorhandenen Inschriften des Grossrathssaales durch Peter Ochs. Um 1780—1790.
Nach kurzer Erwähnung der Holbeinschen Passion, vgl. S. 414, Anm. 1, fährt Ochs folgendermassen fort:

Zweitens wissen wir von Wursteisen in seiner Epitome *[Quellen Nr. 5]*, dass die Wände des grossen Raths-Saals, noch zu seiner Zeit, mit Gemälden von Holbein prangten. Leider sieht man nichts mehr davon und alles ist mit einem grauen Tuch überhangen. Aus den Ratsbüchern weiss man nur, dass ein hiesiger Bürger und Maler namens Bock den Auftrag bekam, gedachte Gemälde zu erfrischen, welches er auch verrichtete. Mit welchem Erfolg aber ist unbekannt. Doch spricht die Notwendigkeit, die Wände mit einem Tuch zu bedecken, nicht sehr günstig für ihn aus.

In diesem Saal las man mehrere Inschriften, von welchen noch einige geblieben sind: *„Ne quid non e Reipublicae dignitate constituatur."* — *„Experiri prius consilio quam armis, praestat."* — *„Initium sapientiae timor domini."* — *„Iratus recole, quod nobilis ira Leonis in sibi substratos se negat esse feram."* — *„Quod tibi non vis fieri, alteri non facias."* Die andern Inschriften, so der Pfarrer Gross in seinen Epitaphien und Inschriften auferhalten hat *[vgl. Quellen Nr. 8]*, mögen theils auf die verderbten und bedeckten Gemälde von Holbein, theils auf die im Hofe Bezug gehabt haben. In einem Satz spricht Roboam an sein Volk, in einem andern wird Ezechias redend eingeführt, in einem dritten spricht Samuel an Saul, in einem vierten antwortet Curius Dentatus an die Samniter, die ihm Geschenke darbieten, in einem fünften wird auf Harpocratem, den Gott der Verschwiegenheit, gedeutet und in einem sechsten spricht Anacharsis von den Gesetzen.

Peter Ochs, Geschichte der Stadt und Landschaft Basel, Bd. V, Basel 1821, S. 399—401.

Peter Ochs (1752—1821) hatte wie Bruckner einen grossen Teil seines Lebens im Rathause zugebracht, dank seiner zahlreichen öffentlichen Ämter als Ratschreiber (1782), als Stadtschreiber (1790) und Oberstzunftmeister (1796). Die letzten Bände seines Werks sind seit 1819 erschienen, der fünfte Band 1821 kurz vor seinem Tode. Der geschilderte Zustand des Grossratssaales war durch die Funde von 1817 längst überholt, als der Abschnitt gedruckt wurde. Er spiegelt offensichtlich den Zustand des Grossratssaals wieder, wie ihn Ochs bei Antritt seines Amts als Ratschreiber (1782) vorfand. Er selbst hat in dem Schlussworte (Bd. VIII, S. 361) diese Zeit als die für sein Werk entscheidende bezeichnet.

Da Ochs die siebzehn Foliobände besass, die Daniel Bruckner zur Fortführung von Wurstisens Chronik gesammelt hatte, erscheint es nicht ausgeschlossen, dass die Angabe über noch vorhandene Inschriften dieser Quelle entnommen ist. Vgl. die Erläuterung zu Quelle Nr. 17.

19. Mitteilungen von Dekan J. J. Huber über die ehemaligen Gemälde Holbeins im Grossrathssaal und Erwähnung von übermalten Figuren an Kamin und Säulen. 1792.

Die Maurwände des Großen-Raths-Saals waren ehdessen mit Gemählden von dem berühmten Holbein gezieret, die aber längstens verdorben, verblichen und abgefallen sind. Gegen eine Belohnung von 100 f. ließ man Ao. 1579. dise Gemählde in gleicher Größe mit Ölfarben auf Tuch von Hans Bock, dem ältern, abzeichnen, und auf die Maur befestigen, da denn die Geschichte Jerobams allein über 100 Figuren hatte. Allein auch dise Gemählde sind verdorben und nichts mehr darvon übrig. Denn die wenigen Figuren, so noch an dem Camin des Grossen-Raths-Saals und an den Säulen stehen, zeigen nichts mehr von dem Holbeinischen Meister-Pinsel, sondern sind von einem neuern Schmierer übermahlt.

Staatsarchiv Basel, Statutarium Basiliense, Abschnitt III, Rathaus S. 14.

Die Mitteilungen über die Holbeinschen Gemälde sind nach Hubers eigener Angabe den Mitteilungen Daniel Bruckners (Quellen Nr. 17) entnommen, mit denen sie sich inhaltlich, wenn auch nicht im Wortlaut decken. Der Schlussatz zeigt aber deutlich, dass Huber die damals noch sichtbaren, wenn auch übermalten Reste der Holbeinschen Gemälde selbst gesehen hat.

Die Handschrift Dekan Hubers über die Basler Staatsverwaltung, von ihm selbst „Statutarium Basiliense" genannt (Staatsarchiv Basel, Handbibliothek B f 2) ist auch das hauptsächlichste Hilfsmittel für die Baugeschichte des Basler Rathauses (Abschnitt III, Das Raht-Haus 1792, S. 2 ff.) und die des Grossratsaals im besondern (Abschnitt III, S. 14—17, und Abschnitt VI, Der Grosse Raht 1795, S. 165—167). Dass er über die Gemälde Holbeins nur die Mitteilungen Daniel Bruckners anführen konnte, beweist, wie wenig man damals mehr von ihnen wusste.

Über Dekan J. J. Huber (1731—1800) vgl. Markus Lutz, Baslerisches Bürgerbuch 1819, S. 167, und Karl Gauss, Basilea reformata, Basel 1930, S. 89.

20. Fundbericht Deputat Hubers über die neuentdeckten Holbeinschen Gemälde im Rathsaal. Brief von Deputat J. Fr. Huber an Rathsherr Ulrich Hegner in Winterthur. Basel, 7. Mai 1817.

Wertester Herr und Freund!

Die Notizen aus dem Zunftbuch werden zwar für Sie von wenig Nutzen seyn und vermutlich ist Ihnen das Wenige, so Holbein betrift, schon bekannt. Mehr Interesse haben dieselben für uns Basler. Merkwürdiger ist die seit letztem Donnerstag *[1. Mai 1817]* bey Anlass einiger Abänderungen in unserm Grossen Rathsaal gemachte Entdeckung eines grossen, hinter mehreren alten Tapeten versteckten Gemäldes von Holbein, welches derselbe laut darauf befindlicher Jahrzahl A⁰ 1521, theils in Öhl, theils in Wasserfarb auf die Mauer mahlte. Von diesem Gemählde hatte niemand Kenntnis, obschon dessen in Wursteisens Chronick *[gemeint ist Daniel Bruckners Fortführung zu Wursteisens Chronik, Buch IV, S. 119. Quellen Nr. 17]* erwähnt und zugleich gesagt wird, dass dasselbe bereits im Jahr 1579 so verderbt und schadhaft war, dass der Raht für nöthig erachtet, durch Hans Bock den älteren eine Copie auf Tuch in gleicher Grösse davon machen zu lassen, für welche demselben 100 fl. bezahlt und auf dem nähmlichen Platz auf der Maur über das Original aufgemacht worden. Allein auch diese soll bald zu Grunde gegangen und an deren Stelle eine Tapete hingekommen seyn, die vermutlich seither öfters erneuert worden. *[Deputat Huber teilt hier den Irrtum Bruckners, dass Bock den gesamten Holbeinschen Cyclus auf Leinwand übertragen habe, während nur die Wand gegen das Haus zum „Hasen" von Bock kopiert wurde. Vgl. Quellen Nr. 7c und Quellen Nr. 17].*

Wursteisen gibt das Gemählde als eine Darstellung von ca. 100 Figuren aus der Geschichte Jerobeams an. Diesem scheint aber der gefundene Gegenstand, weder in Anzahl der Figuren, noch in geschichtlicher Rücksicht zu entsprechen. Auf der grössern Hälfte lässt sich ehender eine Versammlung von Richtern in Figuren halb Lebens Grösse vermuhten. Die kleinere Hälfte stellt den Seleucus vor, der sich ein Auge ausstechen lässt. Die erstere Darstellung ist so ruiniert, dass sich nur mit Mühe ein Contour davon nehmen lässt, hier und dort finden sich einige besser erhaltene Fragmente, die unverkennbar Holbeins Pinsel und zwar von seiner besseren Arbeit verrahten. Das kleinere Stück mit dem Seleucus ist etwas besser erhalten und von diesem ist bereits ein Contour gemacht und werden nun noch versuchen, das Gemählde selbst von der Maur abzunehmen, um womöglich etwas zu retten. Auf den andern Wänden dieses Saals befanden sich ebenfalls Gemählde, allein man bemerkt nur wenige Spuren davon und aus dem wenig sichtbaren lässt sich vermuhten, dass solche von einer andern Hand gemacht waren.

An der schnellen Zerstörung, da solche schon in einem Zeit Raum von ca. 50 Jahren geschah, ist ohne Zweifel die zu selbiger Zeit gantz frische Maur schuld, der Kalch löste vermuhtlich die Öhlfarben auf, wie wir das Exempel an einem erst neulich gemachten Gemählde dieser Art sahen.

Mich Ihrer ferneren Freundschaft empfehlend beharre hochachtend

Ihr Ergebener J. Fr. Huber.

Winterthur, Stadtbibliothek. Nachlass Hegner. Erwähnt bei H. A. Schmid, Die Gemälde von Hans Holbein d. J. im Baseler Grossratsaale. Jahrbuch der kgl. preussischen Kunstsammlungen XVII, 1896, S. 81 *[Quellen Nr. 34]*.

Joh. Friedrich Huber, der Sohn Dekan J. J. Hubers, von Beruf Graveur und Mitinhaber der Birmannschen Kunsthandlung (1766—1832), war der eigentliche Mittelpunkt des damaligen Basler Kunstlebens. Als solcher erscheint denn auch seine hochgewachsene Gestalt auf dem Aquarell, das Hieronymus Hess 1818 von der Basler Künstlergesellschaft gemalt hat (Blätter zur Erinnerung an die Basler Ausstellung 1885, herg. vom Basler Kunstverein, Taf. 17/18). Ratsherr und Deputat L. August Burckhardt rühmt von ihm: „Er ordnete die Kunstschätze der öffentlichen Bibliothek, leitete den Bau des Lesegesellschaftsgebäudes, die Herstellung des Rathauses und war überhaupt für alles Gute und Schöne in der Vaterstadt thätig." Sein umfangreicher literarischer Nachlass, der entscheidende Nachrichten über die Holbeinischen Bilder enthalten haben muss, ist leider den zahlreichen Logiswechslen seiner Grossnichte Julie Schnell zum Opfer gefallen.

Über Deputat Huber vgl. Markus Lutz, Baslerisches Bürgerbuch. Basel 1819, S. 166. — August L. Burckhardt, Notizen über Kunst und Künstler zu Basel, Basel 1841, S. 65/66. — Schweizer. Künstlerlexikon, Bd. II, Frauenfeld 1908, S. 95 (D. Burckhardt).

21. Fundbericht von Peter Vischer-Passavant. Mai 1817.

Freitag den 2. May 1817, als in der Grossen Rathstube die alte Tapete weggerissen worden, um zwei neue Kreuzstöcke in die Mauer gegen das hintere Höfli zu bauen, wurden alte Malereien in Oehl und Wasserfarben auf Gipsgrund von H. HOLBEIN entdeckt, womit vorzeiten die Mauer des Saals geziert gewesen. Sie waren sehr schadhaft — es waren Figuren halb Lebensgrösse des Zeleucus (Zaleucus) und andere, wovon einige Köpfe und Gewänder noch ziemlich erhalten und von grösster Schönheit waren. Eine alte Inschrift an ebenderselben Mauer, die vermuthlich auf das Ganze Licht geworfen hätte, wurde von den Arbeitern vernichtet bevor sie Jemand gelesen hatte. Jedoch fand sich an einer gemalten Säule noch die Jahrzahl 1521.

Auf der anderen Mauer gegen der Eingangsthüre über, wo die Tapete auch weggenommen wurde, müssen ebenfalls Malereien in Wasserfarb gewesen sein, wovon aber fast nichts mehr zu sehen war. Die Figuren waren grösser als bei obigem Gemälde. Man las die Worte „Solon. Solon" und „Cresus". Wahrscheinlich war da Cresus auf dem Scheiterhaufen abgebildet.

Ungedruckt. Vischersches Familienarchiv im Blauen Haus. Mitteilung von Herrn Peter Vischer-Burckhardt und Frau E. Schlumberger-Vischer.

Peter Vischer-Passavant (1779—1851) war der eigentliche Holbeinkenner unter den damaligen Kunstfreunden. Er selbst besass eine umfangreiche Sammlung Holbeinscher Holzschnitte, darunter seltene Probedrucke, die schon Hegner gekannt hat und die seither in die Öffentliche Kunstsammlung Basel übergegangen sind. Sein Hauptstück bildete die Zeichnung Holbeins zu den Händen des Erasmus (heute im Louvre). Auch literarisch hat sich Peter Vischer-Passavant auf diesem Gebiete mit Erfolg betätigt, wie sein Aufsatz Noch einige Gedanken über Hans Holbein und Hans Lützelburger in ihrem Verhältnis zur Formschneidekunst, Kunstblatt 1838, Nr. 50—54, S. 197 ff., sowie Kunstblatt 1843, Nr. 15, S. 63, beweisen.

Über Peter Vischer-Passavant vgl. Gottlieb Bischoff, Peter Vischer. Neujahrsblatt der Basler Künstlergesellschaft für das Jahr 1864 und E. Schlumberger-Vischer im Schweiz. Künstlerlexikon Bd. III, Frauenfeld 1913, S. 390/391. Über die Kunstsammlung Peter Vischers, die nach seinem Tode versteigert wurde, vgl. Charles Le Blanc, Catalogue des livres d'heures, dessins et estampes formant le cabinet de feu M. Pierre Vischer de Bâle. Paris 1852.

22. Zerstörung der neugefundenen Gemälde durch die Arbeiter des Gipsermeisters Rudolf Gessler (16. Mai 1817) und Untersuchung des Bauamts über den Vorfall. 16. bis 22. Mai 1817.

Aus den im Staatsarchiv aufbewahrten Akten ergibt sich, dass das Unglück am Nachmittag des 16. Mai erfolgte, wo durch Arbeiter des Gipsermeisters Rudolf

Gessler „dortige alte und seltene Gemälde ganz vernichtet worden". Schon das erste Schreiben des Lohnherrn Spreng meldet, „dass wenn Herr Gessler die Gesellen an dieser Arbeit würde besucht haben, das Verderben der Mahlerey nicht geschehen und alles dissorts Unangenehme unterblieben wäre", und noch deutlicher spricht sich das Protokoll des Bauamts aus, „dass zwar H. Lohn H. den H. Gessler erinnert, dieser Gemälde zu schonen, dieser aber seine Arbeiter nicht besucht und denselben erst dann Befehl ertheilt, dieselben nicht zu verderben, als dieses bereits schon geschehen."

Die Akten des Staatsarchivs enthalten darüber folgende Dokumente: Zwei Schreiben von Lohnherr Spreng an Ratsherrn Stehlin als Präsidenten des Bauamts vom 17. und 19. Mai 1817 (Bauacten CC 1), das Protokoll des Bauamts vom 22. Mai 1817 (Protokolle H 3, 2, S. 368/359) und das Konzept des Schreibens des Bauamts an Bürgermeister Wieland „wegen vergipsten Gemälden in dem grossen Raths-Saal" vom 22. Mai 1817 (Bauacten D 20 S. 178/179).

23. Notizen von Daniel Burckhardt-Wildt über die im Grossrathssaal entdeckten Gemälde, 1817. Auf einer Zeichnung des Stadtboten nach Holbein (Abbildung 431, S. 608).

A⁰ 1817 entdecktenn 3 Gemaehlde von Holbein in der Grossen Raths Stube unter den Tapeten, welche aber meistens von der Feuchte ruiniert waren. Das Einzige von Marcus Curius Dentatus, worunter der Stadt Bott, ist noch conservirt und dato noch zu sehen. Das 2te war Saleucus, wie er sich und seinem Sohn die Augen ausstechen laesst und das 3te: Einer ersticht sich vor dem sitzenden Senat, an seinem Kleid steht „Mors" und unten am Saum „Charonda Tirius". *[Über der Zeichnung]* Oberhalb diesem Stadt Bott ist die Geschichte von Marcus Curius Dentatus, wie er Rüben bratet und ihm Geschenke angebotten werden.

Die Skizze ist offenbar an Ort und Stelle mit Bleistift abgezeichnet und nachher mit Tusche übergangen. Br. 12,5 × h. 14 cm. Bezeichnet links unten: D. B. f. Besitzer Professor Daniel Burckhardt-Werthemann.

Über Daniel Burckhardt-Wildt (1752—1819) vgl. Daniel Burckhardt, Die Baslerischen Kunstsammler des 18. Jahrhunderts. Beilage zum Jahresbericht des Basler Kunstvereins 1901, S. 32 ff.

24. Bericht Hegners über die Kopien von Hess in der Birmannschen Kunsthandlung. Juni 1822.

Ibidem *[d. h. bei Huber und Birmann in Basel]* drei grosse Zeichnungen, sehr fleissig gemacht, von den erst vor einigen Jahren entdeckten Gemälden al fresco von dem jungen Holbein auf dem Rathhause, die hinter einer Tapete waren. *[Am Rand]*: Das erste existiert noch in der grossen Rathstube, aber sehr verdorben und nicht mehr zu restituiren, wie ich selbst gesehen. *[Am Rand, aber durchgestrichen]*: Die Gemälde können wohl ein Werk des alten HH gewesen sein.

Die eine *[Zeichnung]* stellt vor Marcus Curius Dentatus, der bey einem Feuer sein Essen kocht, indessen ihm die Samnitischen Gesandten Schüsseln mit Geld darbieten. Unterhalb ist der Stadtbote von Basel, wahrscheinlich ein Porträt angebracht. Die andere ist Saleucus und sein Sohn, denen die Augen ausgestochen werden. Charakteristische, sehr bestimmt gezeichnete Köpfe. — Die dritte: Charonda Tirius überschrieben? sich erstechend. Soll heissen Charondas Thurius.

Von allen drey Gemählden, die etwas unter Lebensgrösse gewesen, muss wenig mehr zu sehen gewesen seyn, indem nur die Farben, die dick aufgetragen gewesen, geblieben, die dünnen aber verloschen sind, so dass der grösste Theil der Kleidung und die reichen Accessorien der Architectur hinzugekommene Erfindungen des Copisten sind, der sie suchte im Holbeinischen Geschmack anzubringen. *[Am Rand]:* Sie sind nach Originalzeichnungen von HH, die sich auf der Bibliothek befinden, gemacht, also nicht Erfindungen des Copisten. Nur die Farben hat der Copist meist willkürlich gewählt. Alles ist ol qnyrd aora spacymetoar dan kyrsthemd mycg doa doasa cipoar er vinrahla fnalda verkauft. Einige Rudera des Mauergemäldes wurden mir noch vorgewiesen, die obbemerktes vollkommen bestätigen. Ungedruckt. Stadtbibliothek Winterthur, Hegner-Nachlass.

Die in Geheimschrift abgefassten Zeilen sind nach Dr. André Langie in Lausanne folgendermassen aufzulösen: „Alles ist im Grund eine Speculation der Kunsthandlung, die diese Copien an vornehme Fremde verkauft." Da Hegner bei Deputat Huber, dem Inhaber der Birmannschen Kunsthandlung, zu Gast war, ergibt sich ohne weiteres der Grund, warum diese Zeilen in Geheimschrift abgefasst wurden. Das etwas mildere Urteil Hegners über die Aquarelle von Hess vgl. Hegner, Holbein, S. 72, Anmerkung 2.

25. Fundbericht über die Auffindung des Rehabeambildes 1825. Erhalten in einem Briefe von Eduard His-Heusler an Woltmann vom 16. September 1865. Die Tuchtapete, womit diese Wand überzogen war, wurde erst bei der Hauptrenovation des Saals 1825 weggenommen, bei welcher Gelegenheit die Holbeinischen Gemälde entdeckt wurden und die Frau des Registrators, welche seit 1821 das Rathaus bewohnt, sagte mir, dass ein Kopf mit vieler Sorgfalt von dieser Mauer abgenommen worden sei, über welchen Herr Deputat Huber, der den Bau leitete und ein vorzüglicher Kunstkenner war, ganz entzückt gewesen sei. Es wird dies wohl Rehabeam gewesen sein, den wir noch besitzen und der wirklich überaus schön ist. Hissches Familienarchiv. Korrespondenz His-Woltmann z. Zt. auf der Öffentlichen Kunstsammlung deponiert. Erwähnt bei H. A. Schmid, a. a. O., S. 82.

Wie die erwähnte Briefstelle zeigt, sind wir über diesen Teil der Fundgeschichte höchst mangelhaft unterrichtet. Trotzdem unterliegt es keinem Zweifel, dass das Bild bei Anlage der neuen Treppe wieder aufgefunden und damals zugleich die Fragmente des Rehabeambildes abgenommen wurden, die heute noch auf der Öffentlichen Kunstsammlung zu sehen sind. Hieronymus Hess, der die Arbeiten besorgte, beschreibt sie im Verzeichnis der Kunstwerke, welche sich in der öffentlichen Stadtbibliothek in Basel befinden, Heft 1, o. O. und J. (Basel 1831) folgendermassen:

Nr. 21—26. Überbleibsel von den Frescogemälden, welche auf dem dasigen Rathause waren und wegen Erbauung eines neuen Grossrath-Saales unter der Direktion des Hrn. Deputat Huber durch den dasigen Maler Hieronymus Hess abgezeichnet und abgenommen worden.

26. Sammlungen über die Gemählde und Inschriften des Rathhauses zu Basel nebst einem Anhange über die Bildsäule des Munatius Plancus. Von Obersthelfer Jakob Burckhardt. 1825.

Diese umfangreiche, handschriftlich erhaltene Sammlung (Staatsarchiv Basel, Handbibliothek Bq 109) galt offenbar als die offizielle Darstellung der Funde oder war doch als solche gedacht. Wie aus der Widmung hervorgeht, hatte sie Obersthelfer Jakob Burckhardt (1785—1858) auf Veranlassung Deputat Hubers verfasst. Diese Widmung, die in Form eines Briefes der Sammlung vorangestellt ist, hat folgenden Wortlaut:

Hochgeachter Herr Deputat! Sie haben sich bey dem Bau des Rathshauses den Dank aller wohldenkenden Bürger erworben. Mir war es besonders wohlthuend zu sehen, wie sehr Sie bedacht sind, die alterthümlichen Kunstwerke vor dem Untergange zu retten. Mit weit mehr Vorliebe als Geschick übernahm ich, von Ihnen ermuntert und unterstützt, die in dieser Schrift enthaltenen unvollkommenen und unvollendeten Erläuterungen zu verfassen. Beurtheilen Sie dieselben mit gütiger Nachsicht und zürnen Sie mir nicht, wenn ich mir die Freyheit gestatte, Ihnen hochgeachter Herr Deputat, die angelegentliche Bitte vorzulegen, sich dahin zu verwenden, dass unsere hohe Regierung die vor etlichen Jahren von unserm hiesigen Mahler Hess verfertigten Copien der im grossen Rahtssaal gewesenen Holbeinischen

Gemählde ankaufe, um sie der auf der öffentlichen Bibliothek befindlichen Sammlung Holbeinischer Gemählde einzuverleiben. Es wäre sehr zu bedauern, wenn diese einzigen Überbleibsel dessen, was Holbein im Rathhause gearbeitet hatte, in fremde Hände kämen und den Baselern nicht einmahl das Nachbild jener unvergleichlichen Kunstwerke eines ihrer grössten Mitbürger bliebe.

Möge der Gott unserer Väter Sie unserm Vaterlande noch lange erhalten und Ihre Arbeiten mit seinem reichen Segen krönen!

Mit diesem wohlgemeinten Wunsche empfiehlt sich Ihnen hochachtungsvoll
Ihr ergebenster
Basel, 10. Oct. 1825.   J. Burckhardt, Obersthelfer.

Obschon hier Obersthelfer Jakob Burckhardt von „unvergleichlichen Kunstwerken" spricht, deren Bedeutung ihm also keineswegs entgangen war, enthält seine Sammlung keine Schilderung der Kunstwerke, sondern lediglich eine Zusammenstellung der „ehemals im Saale des grossen Rathes befindlichen Holbeinischen Gemählde, Inscriptionen und noch davon vorhandenen Skizzen und Copieen" und zwar nach folgenden Gesichtspunkten:

Der grosse Rathssaal, wie er A° 1521 war. Dazu ist zu bemerken:
 a) seine Gemälde nebst den dazu gehörenden Inschriften.
 b) Inschriften, wozu die Skizzen noch vorhanden.
 c) Inschriften, wozu weder Gemälde noch Skizzen bekannt sind.

Unter der ersten Kategorie werden die Bilder des Rehabeam, Curius Dentatus, Zaleucus und Charondas aufgeführt, wobei auf die Originalskizze und die im Besitze von Herrn Birmann befindlichen Kopien von Hess hingewiesen wird. Offenbar war es das Verdienst von Burckhardt, die genaue Darstellung der Holbeinschen Bilder festgelegt zu haben, wie er denn auch von dem unglücklichen Valerian wusste, dass er nachmals lebendig geschunden und mit Salz bestreut wurde. Von den Originalfragmenten ist auffallenderweise nicht die Rede und vom Rehabeam sagt er sogar: „Sonst (d. h. ausser der Originalskizze) ist nichts mehr davon vorhanden." Der Schrift ist eine merkwürdige Scheu eigen, sich über die Bilder als solche auszusprechen, was um so mehr auffällt, da der Verfasser der Vater Jakob Burckhardts gewesen ist. Auch jede Mitteilung, wann oder in welchem Zustande die Bilder gefunden wurden, fehlt.

Trotzdem ist die Schrift von den Zeitgenossen sehr geschätzt worden, wie die zahlreichen noch vorhandenen Kopien und Auszüge beweisen. Eine solche, wohl von der Hand des Registrators Krug (Bauacten C C 1), enthält die wichtige Ergänzung, dass der Curius Dentatus „zwischen den zwei Thüren neben dem Ofen" angebracht war. Die Notiz: „wurde von Hess abgenommen und copirt" bezieht sich nur auf das Hess'sche Aquarell, nicht etwa auf die Abnahme der Originalfragmente durch Hess, da das Gleiche für den Zaleucus festgestellt wird. Weitere Kopien von Peter Vischer-Passavant (im Archiv des Blauen Hauses) und von Ratsherr S. Burckhardt-Sarasin (Besitzer: Professor Daniel Burckhardt-Werthemann).

Der Wunsch von Obersthelfer Burckhardt, dass die Hess'schen Kopien angeschafft werden möchten, ist dagegen kurz darauf in Erfüllung gegangen. Nach Vollendung der Arbeiten am Rathaus legte sie Deputat Huber am 2. Januar 1826 der Haushaltung vor (Protokolle G 5, 6, S. 136/137), die noch am gleichen Tage dem Rate deren Erwerbung zum Preise von fünfzehn Louis d'or vorschlug, da die jetzige Umgestaltung des Grossrathsaales die Zerstörung dieser Bilder notwendig gemacht habe (Bericht der Haushaltung vom 2. Januar 1826 bei den Bauacten C C 1 und Ratsprotokoll 1826, S. 4).

Über Obersthelfer (seit 1838) Antistes Jakob Burckhardt (1785—1858) vgl. Karl Gauss, Basilea reformata, Basel 1930, S. 57.

27. Fundbericht von Daniel Burckhardt-Werthemann über die Reste der Holbeinschen Gemälde gegen das Haus „zum Hasen". August 1900.

Bei Anlass des Rathaus-Umbaues kamen im August des Jahres dürftige Fragmente von Wandmalereien zum Vorschein, welche mit Sicherheit als die Reste des einst den Ratssaal schmückenden Holbeinschen Gemälde-Cyklus erkannt werden konnten. Das einzige Wandbild, dessen Bruchstücke zur Stunde aufgedeckt sind, befindet sich zu äusserst links auf der dem Hause „zum Hasen" zugekehrten ehemaligen Schmalseite des Ratssaales. Die erhaltenen Reste weisen darauf hin, dass das Bild die Geschichte des Rehabeam enthielt und nicht, wie nach neueren Untersuchungen *[gemeint sind die Forschungen von H. A. Schmid]* zu erwarten gewesen wäre, die „Begegnung Samuels mit Saul". Es steht zu hoffen, dass der Fortschritt der Bauarbeiten weitere Überraschungen bringen wird.

Anzeiger f. Schweiz. Altertumskunde N. F. II, Nr. 3 (Dezember 1900), S. 228.

28. Bericht von H. A. Schmid über die Reste des Holbeinschen Rehabeambildes. Frühjahr 1901.

Hatten nun schon die Überreste des Rehabeambildes, die 1824 aus der Wand gebrochen worden und auf uns gekommen sind, gezeigt, dass die Ausführung vom Entwurfe ganz erheblich abgewichen ist, so zeigten sich im Frühjahr 1901 noch Spuren an dem vortretenden Pfeiler, die nur auf eine Episode aus der Erzählung von dem Übermut des Rehabeam gedeutet werden konnten. Es war ein Thronbaldachin zu sehen und links davon ein Ausblick auf eine Stadt, gegen den die Köpfe zweier Männer, anscheinend links ein stehender und rechts der König auf dem Throne sitzend, hinausschauten. Der König schien die Geissel in Händen zu halten, die auf Holbeins Entwurf vorkommt..... Die Teilung des linken Bildes in eine vortretende Hälfte von 1,65 m und eine zurückliegende Hälfte von 3,25 m kam einer starken Beeinträchtigung gleich.

H. A. Schmid, Die Werke Hans Holbeins in Basel. Öffentliche Kunstsammlung, Kleiner Führer Nr. 2, Basel 1930, S. 56/57.

29. Fundnotiz Dr. Karl Stehlins über die gemalte Inschrifttafel des Ezechias. 2. Mai 1901.

Rathaus: Gemalte Inschrifttafel im Treppenhaus des Grossrathssaalgebäudes, oben an der Wand gegen das hintere Höflein.

Masse der Zeichnung: Höhe 83, Breite 144 mm.

Die Inschrift ist die des Ezechias, die Gross, S. 448, und Tonjola, S. 382 anführt, vgl. Quellen Nr. 8 und 10. Sie lautet: „Fecit quod erat bonum coram Domino, ipse dissipavit excelsa, contrivit statuas, succidit lucos et confregit aeneum serpentem, quem fecerat Moses." Staatsarchiv Basel, Archiv der Historischen und Antiquarischen Gesellschaft H 2. Delegation für das Alte Basel. Protokoll 1901, Nr. 5.

III. Literatur.

30. Ulrich Hegner, Hans Holbein d. J., Berlin, G. Reimer, 1827.

Die „Gemälde am Rathhause" hat Hegner in einem besonderen Kapitel seines Werkes S. 68—77 behandelt. Die Hauptquelle bildete dabei der „Bericht eines sachkundigen Freundes". Gemeint ist das Schreiben Deputat Hubers vom 7. Mai 1817, Quellen Nr. 20. Hegner vermengt es aber willkürlich mit Erinnerungen aus seinem Basler Aufenthalt von 1822, so dass der Zusammenhang völlig unklar wird. Der Curius Dentatus erscheint als Gegenstück zum Zaleucus!

31. G. F. Waagen, Kunstwerke und Künstler in Baïern, Schwaben, Basel, dem Elsass und der Rheinpfalz. Leipzig 1845.

Waagen beklagt S. 264/65 den Untergang der Malereien im Rathaus: „Das einzige in einem öffentlichen Gebäude noch vorhandene Werk, Frescomalereien in einem Saal des Rathauses, wurde im Jahre 1817, als der Bau eines neuen grossen Saales nötig geworden, ebenfalls zerstört." S. 279/80 werden an Hand des gedruckten Kataloges von 1831 (Quellen Nr. 25, Anmerkung) unter Nr. 21—26 „die kläglichen Überreste der Frescomalereien" geschildert, „welche bei dem Abreissen des Saals im Rathause haben gerettet werden können. Am meisten zogen mich darunter zwei Köpfe an, aus welchen ungeachtet ihrer Verdunkelung noch immer eine hohe Meisterschaft, ein seltener Geist hervorleuchtet."

32. Jacob Burckhardt in Franz Kugler, Handbuch der Geschichte der Malerei seit Constantin dem Grossen. II. Auflage unter Mitwirkung des Verfassers umgearbeitet und vermehrt von Jacob Burckhardt. II. Band. Berlin 1847, S. 277/78:

Der Vergleich mit der ersten Auflage des Kuglerschen Werkes von 1837, Bd. II, S. 141 ff., zeigt deutlich, dass Jacob Burckhardt den ganzen Abschnitt neu bearbeitet hat. Die Möglichkeit, dass es sich um „mehrere" von Holbein geschmückte Räume des Rathauses handeln könnte, ist später von Jacob Burckhardt auf Grund der Forschungen von His aufgegeben worden, ebenso die alte, schon von Hegner vertretene Meinung, dass Holbein d. Ä. oder Ambrosius Holbein an der Ausschmückung des Rathauses mitgearbeitet haben könnten.

33. Alfred Woltmann, Holbein und seine Zeit. Erster Theil. Lpz. 1866, S. 293—311. Der Grundriss des Ratsaals mit der Rekonstruktion, S. 303.

Wie in vielen Teilen seines Werks gehen auch hier die entscheidenden Mitteilungen auf die Briefe von Eduard His zurück, die im Besitze der Familie noch erhalten und im Kupferstichkabinett deponiert sind. Besonders wichtig ist das Schreiben von His an Woltmann vom 16. September 1865 (vgl. S. 578 und Quellen Nr. 25). His hatte dabei auf dem Baudepartement die alten Pläne von 1784 gefunden, die er für älter hielt, als sie wirklich sind. Dies hat Woltmann veranlasst, auf seinem „Grundriss des Ratsaales" (a. a. O. S. 303) die eingezogene Ofenwand (Abb. 402, II) gegen den Kanzleiflügel für ursprünglich zu halten. Dagegen fehlen das alte Kamin und der Ofen daneben. Ebenso Anacharsis, Harpokrates und Ezechias, deren Inschriften Gross in seiner Sammlung (Quellen Nr. 8) anführt. Die Verteilung der Einzelfiguren wird dadurch eine völlig willkürliche. An Hand des Grundrisses von Woltmann wird erst deutlich, wie viel H. A. Schmid zur Kenntnis der Holbeinschen Malereien beigetragen hat.

34. Heinrich Alfred Schmid, Die Gemälde von Hans Holbein d. J. im Baseler Grossratsaale. Jahrbuch der kgl. preussischen Kunstsammlungen, Bd. XVII. Berlin 1896. S. 73—96.

Die Lösung der Aufgabe. Es herrscht völlige Klarheit über das Verhältnis der alten Einbauten zum Grossratsaal von 1521. Der Aufsatz bringt aber darüber hinaus die entscheidende künstlerische Schilderung der Bilder und hält ihre Bedeutung für Holbeins Kunst fest. In einzelnen Partien ist die Charakterisierung für alle Zeiten gelungen. Die Reihenfolge der Bilder an Hand der Inschriftensammlung von Gross (Quellen Nr. 8). Mit Grundriss des ehemaligen Grossratssaales und Rekonstruktionen der hinteren Langwand (Charondas, David, Zaleucus, Christus) und der linken Hälfte der Schmalwand gegen das Haus zum Hasen. Von der Wirkung der Bilder im Saal geben die Rekonstruktionen eine anschauliche Vorstellung.

35. Daniel Burckhardt - Werthemann. Drei wiedergefundene Werke aus Holbeins früherer Basler Zeit. Basler Zeitschrift für Geschichte und Alterthumskunde, Bd. IV, Basel 1905, S. 18 ff.

Gibt unter II, S. 24—32 das wiedergefundene Fragment des Charondas (Abb. 412) wieder, das sich damals noch in Basler Privatbesitz befand. Sein Vorschlag, dass Hieronymus Hess die nachträgliche Übermalung vorgenommen hat, ist wenig wahrscheinlich, da Hess seine eigenen Kopien kaum so weit diskreditiert hätte. Die Unterschiede des Entwurfs (Abb. 409) zur Kopie von Hess (Abb. 415) sind S. 28 einleuchtend charakterisiert.

36. Heinrich Alfred Schmid. Die Werke Hans Holbeins in Basel. Öffentliche Kunstsammlung Basel. Kleiner Führer, Nummer 2, Basel 1930.

Schildert S. 45—49 die früheren Rathausmalereien, S. 55—58 die Malereien von 1530. Dabei wird auch auf die Mauerverstärkung hingewiesen, die sich 1901 vorfand (Quellen Nr. 28). Mit verkleinerten Abbildungen der Rekonstruktionen von 1896 (Quellen Nr. 34), aber mit der ganzen Wand gegen das Haus zum Hasen.

Abb. 431. Der Stadtbote nach dem Curius Dentatus Holbeins.
Getuschte Bleistiftzeichnung von Daniel Burckhardt-Wildt. — Privatbesitz Basel.

Tafel 39

Hans Holbein d. J.
Fragmente aus dem Wandgemälde des „Rehabeam", 1530
im Grossratssaal zu Basel. — Original-Grösse. — Öffentliche Kunstsammlung Basel

Tafel 40

Hans Bock d. Ä. — Der „Bauer" aus dem Wandgemälde „Moses und Aaron", 1612 im Rathaushof zu Basel. — Historisches Museum Basel

DIE WANDGEMÄLDE DES RATHAUSES ZU BASEL
AUS DEM XVII.—XIX. JAHRHUNDERT
VON C. H. BAER

I. Die Fassadenmalereien von Hans Bock d. Ä. und ihre Schicksale.

Die Erweiterung des 1504—1513 erbauten Rathauses durch den Neubau der Vorderen Kanzlei in den Jahren 1606—1608[1]) hatte trotz formaler Angleichung der neuen Teile an die alten am Markt wie im Hof keine einheitlich wirkenden Fassaden geschaffen. Die Bauherren entschlossen sich daher, die verschiedenen Bauteile durch umfassende Übermalung zusammenzuschliessen und übertrugen die Arbeit, das Rathaus „in und auswendig zu bemalen"[2]), zu Anfang des Jahres 1608 dem Maler HANS BOCK D. Ä.[3]). Es handelte sich bei diesem Auftrag wie aus den Protokollen, Rechnungsbüchern und den wiederholten Eingaben, die Bock wegen seiner Bezahlung an den Rat richtete, hervorgeht, einmal um einen Ölfarbenanstrich der grossen Wände im ganzen und dann um die malerische Belebung und Ausschmückung dieser Flächen mit einzelnen Figuren und Bildern, wobei schon Vorhandenes nur aufgefrischt, anderes neu dazu komponiert worden ist[4]). „Die vier grossen ußeren übermahlten wend"[5]) (d. h. die Marktfassade und die Hofseiten von Vorderhaus, Kanzlei und Hintergebäude), an denen auch Hans Bocks Söhne HANS, FELIX und PETER BOCK[2]) mitarbeiteten, waren Ende des Jahres 1609 vollendet.

Von diesen Fassadenmalereien vom Anfang des 17. Jahrhunderts, die erstmals bereits 1710 und dann 1759 ausgebessert und übermalt werden mussten, wahrscheinlich bereits im 18. Jahrhundert auch ergänzt worden sind und bei den beiden grossen Umbauten von 1824—1828 und 1898—1904 zum Teil eine völlige Neugestaltung erfuhren[6]), ist fast nichts mehr erhalten. Allein die allgemeine Anordnung der Malereien auf der Markt- und Hoffassade

---

[1]) Über die Erweiterungsbauten am Rathaus 1606—1608 vgl. S. 450—458.

[2]) Staatsarchiv Basel, Finanzakten H, Jahresrechnung 1610/1611; vgl. auch S. 625, Anm. 3.

[3]) Über Hans Bock und seine Söhne Hans, Felix, Peter und Nikolaus: Buxtorf-Falkeisen, Baslerische Stadt- und Landgeschichten aus dem Siebzehnten Jahrhundert. Erstes Heft 1610—1634, Basel 1872, S. 30 und 131. — Ed. His-Heusler: Hans Bock der Maler, Basler Jahrbuch 1892, Basel, S. 136—162. — Rudolf Wackernagel, Mitteilungen aus den Basler Archiven zur Geschichte der Kunst und des Kunsthandwerks. Nachrichten über Hans Bock. Zeitschrift für Geschichte des Oberrheins. N. F. VI, 2 . . ., S. 301. — Berthold Haendcke, Die schweizerische Malerei im XVI. Jahrhundert, Aarau 1893, S. 220—237. — Schweizer Künstlerlexikon, Bd. I, Frauenfeld 1905, S. 152—155 (P. Ganz), S. 647. — Thieme Becker, Allgemeines Lexikon der bildenden Künstler, Bd. IV, Leipzig 1910, S. 157 ff. (B. Haendcke). Ausserdem S. 96 f. und S. 208 dieses Buches.

[4]) Vgl. Albert Burckhardt und Rudolf Wackernagel, Geschichte und Beschreibung des Rathauses zu Basel, Basel 1886, S. 14, 15.

[5]) Bittschrift Jch. Bocks von 1609, Staatsarchiv Basel, Bauakten C C 1, Rathaus 1482—1816, vgl. S. 642 f.

[6]) Vgl. S. 354—358. Bei dem Umbau von 1824—1828 erhielten sämtliche Fassaden neuen Anstrich und an Stelle der Wandgemälde Bocks treten zum Teil neue Darstellungen, teils „eine Dekoration mit architektonischen Verzierungen". A. Burckhardt und R. Wackernagel a. a. O., S. 22.

des Vorderhauses, die Wappenhalter beidseitig des Uhrgehäuses am Markt, die Justitia daselbst und die Genien in den Zwickeln aller Arkadenbogen der Erdgeschosshalle entsprechen der ursprünglichen Bemalung durch Hans Bock, deren Reste bei der Umgestaltung der Fassaden im Jahre 1902 zwar festgestellt, aber leider nicht aufgenommen werden konnten[1]). Die jetzigen Wandmalereien der alten Rathausfassaden, bei denen die Verwendung von Ölfarben beibehalten werden musste, lehnen sich im Figürlichen, das Kunstmaler W. BALMER[2]) schuf, wie in der Architektur und Ornamentik, die Dekorationsmaler F. BAUR[3]) ausführte, im wesentlichen an die damals vorgefundenen Darstellungen an, die aber eine „Erneuerung" erfuhren[4]).

Die Wandmalereien der Marktfassade.

Die früheste Wiedergabe der Bockschen Wandmalereien an der *Marktfassade* des Rathauses findet sich auf dem Stich von M. JACOB MEYER von 1651 (Abb. 432 und Tafel 21), der allerdings ungenau ist, da im zweiten Obergeschoss eine Fensteraxe fehlt. Darnach werden der alte und der neue Bauteil unter dem durchlaufenden Fensterbankgurt des zweiten Obergeschosses durch eine einheitliche Balustergalerie zusammengehalten, deren Sockel unter dem Uhrgehäuse durchzieht. Hinter ihr stehen auf den beiden mittleren Fensterpfeilern bärtige Krieger mit federgeschmückten Hüten, die Hellebarden und Baselschilde halten, auf den übrigen Fensterpfeilern einzelne Figuren. Die Staffelfenster des ersten Stocks sind mit gemalten Verdachungen geziert, deren Giebel das Sockelgesims der Galerie berühren, während die breitere Wandfläche zwischen den Fenstern des alten und neuen Hauses durch die im wesentlichen noch heute erhaltene Darstellung einer thronenden Justitia gefüllt ist. Im Erdgeschoss werden in den Zwickeln über den drei Spitzbogenarkaden die gleichfalls noch vorhandenen sitzenden Genien angedeutet und zwischen dem nördlichen Strebepfeiler und dem Eingang zur Wachtstube an der Stelle, an der später eine Nische in die Mauer eingelassen und ein Schildhäuschen davorgestellt worden ist, ein stehender, auf seine Hellebarde gestützter Kriegsknecht[5]).

---

[1]) E. Vischer, Rathaus in Basel 1904, S. 9. „Der alte Mittelbau wurde baulich sorgfältig restauriert und dessen malerischer Schmuck *vollständig erneuert*. Bei der genauen Untersuchung fanden sich noch deutliche Spuren der ursprünglichen Bemalung aus dem 16. Jahrhundert, die jedoch für eine Rekonstruktion nicht genügten. Dagegen konnten die Malereien Hans Bocks von 1608, die später mannigfache Übermalung erlitten hatten, in allen Teilen genau festgestellt werden; ihr Zustand war aber derart, dass von einer Restaurierung abgesehen und die Erneuerung vorgenommen werden musste."

[2]) Paul Friederich Wilhelm Balmer, 1855—1922, Schweizerisches Künstlerlexikon, Bd. I, Frauenfeld 1905, S. 77/78 (H. Trog); Bd. II, Frauenfeld 1908, S. 704; Bd. IV, Frauenfeld 1917, S. 471—473 (J. Coulin).

[3]) Franz Baur, 1864—1931, Schweizerisches Künstlerlexikon, Bd. I, Frauenfeld 1905, S. 94/95 (Geßler).

[4]) E. Vischer, a. a. O. S. 13.

[5]) R. Wackernagel, a. a. O. S. 60, Anm. 13. „Neben der Türe der Wachtstube war ehedem die Gestalt eines schlafenden Kriegers an die Wand gemalt", der (nach E. Vischer a. a. O. S. 10) 1902 „in Erinnerung an das Jahr 1501" im oberen Teil durch eine spinnende Frau ersetzt wurde.

Abb. 432. Die Marktfassade des Rathauses zu Basel, 1651.
Vergrösserter Ausschnitt aus dem Stich „Prospect des Kornmarkts zu Basel"
von M. Jacob Meyer, Tafel 21.

Darstellungen der Marktfassade des Rathauses aus dem Ende des 17. Jahrhunderts, so der Stich (Abb. 258, S. 345) und das Ölgemälde (S. 362) mit der 1691 erfolgten Hinrichtung des Dr. Fatio, verzichten auf eine Wiedergabe oder Andeutung der damals wohl schon stark verblichenen Malereien. Dass diese aber im 18. Jahrhundert erneuert und wohl auch ergänzt worden sein müssen, ergibt sich aus einem *Verzeichnis*, das einer in zwei Exemplaren im Staatsarchiv Basel vorhandenen Abschrift der von Obersthelfer Jakob Burckhardt 1825 (Oktober 10) verfassten „Sammlungen über die Gemälde und Inschriften des Rathauses zu Basel..."[1]) beigefügt wurde; ferner aus einem gleichfalls im Staatsarchiv Basel aufbewahrten, aus dem Archiv des Baudepartements stammenden *Fassadenaufriss* (Abb. 433), der in den 1820er Jahren für die Wiederherstellung der Malereien angefertigt worden zu sein scheint[2]); darin sind die vorhandenen Bilder zum Teil verändert, zum Teil durch neue ersetzt worden.

Jene Liste der „Gemälde von H. Bock und Söhnen, die in keinem Verzeichnis vorhanden", die wohl wenig nach 1825 aufgestellt worden ist, nennt als Bocksche Arbeiten an der Marktfassade ausser den unter 7 genannten Genien (vgl. S. 616):

„*8. Gerechtigkeit vor der Face.* Eine sitzende Frau hält in der Linken die Gesetze Gottes, darauf in hebräischer Sprache die Worte Exod. XX. 1 stehen und eine Waage, in der Rechten ein blosses Schwerdt. Zu ihren Füssen sind 2 Kronen.

9. Auf der obersten Gallerie Figuren in Lebensgrösse, eine Dogge.

10. Schöne Frauensperson, prachtvoll gekleidet und ein grosses Baret auf dem Kopf.

11. Jüngling mit Papagey; dieser hält einen Papagey in der Hand.

12. neben der Uhr zwei Schildhalter in weiss und schwarzer schweizerischer Kleidung, in der Hand eine Hellebarde und ein Basler Wappen mit Baret und Bart.

13. neben dem Hasen. Vor einem König bückt sich ein Mann in knieender Stellung; im Hintergrund Zuschauer ab einer Galerie.

14. Neben dem Schilterhause ein geharnischter schlafender Soldat."

Die Zeichnung des Baudepartements (Abb. 433) zeigt von diesen Darstellungen abweichend auf der oberen Galerie ganz links nur noch Kopf und Brust der Dogge, neben dem Pagen eine Gruppe von zwei reich gekleideten älteren Herren, die durch Minen und Handbewegungen eine Verbindung mit der Dame zwischen den beiden Fenstern des Kanzleianbaues herstellen und auf der Seite gegen das Haus „zum Hasen" an Stelle des Knienden vor dem König eine Familiengruppe, Mann, Frau und Töchterchen, die

---

[1]) Staatsarchiv Basel, Handbibliothek B q 109; die Abschriften mit Ergänzungen, Bauakten Rathaus C C 1, 1817—1857.

[2]) Staatsarchiv Basel, Planarchiv D. 2. 228 Rathaus-Marktfassade, Federzeichnung 1 = 100; 83,0 × 94,5 mm.

Abb. 433. Aufriss der Marktfassade des Rathauses zu Basel mit Entwürfen für die Neubemalung. Nach 1825. — Maßstab 1:150. — Staatsarchiv Basel.

aufmerksam auf den Markt herniederschauen. Die Balustersäulchen der Galerie-Brüstung sind durch Masswerke ersetzt mit verschiedenen Mustern für den alten Bauteil und den Kanzleianbau und die nun in gleicher Höhe hinziehenden Sockel der Uhr und der Galerie von Konsolen und Spitzbogenfriesen gestützt. Im Erdgeschoss ist über dem Schilderhäuschen noch der obere Teil des stehenden Kriegers sichtbar, die Fläche aber zwischen dem Fensterbankgurt des ersten Obergeschosses und den Stürzen von Fenstern und Türe der Wachtstube mit einem Fries gefüllt (Abb. 434), in dem, reliefartig gelb in gelb gemalt, ein „Triumpfzug der Kinder" dargestellt wird, 20 Figuren „zum Teil im Kostüm der Zeit Maximilians I., zum Teil in antiker Auffassung fast unbekleidet, zum Teil etwas steif, zum Teil von lebendigster freier Bewegung"[1]).

Da das obengenannte Verzeichnis vom Jahre 1825 diese Malerei nicht erwähnt, kann sie erst nach 1825 ausgeführt worden sein und zwar wahrscheinlich durch HIERONYMUS HESS[2]), wofür, wie R. Wackernagel berichtet, „persönliche Erinnerungen noch lebender Personen sprechen"[3]). Nach J. J. Im Hof rührt „diese hübsche gutgezeichnete Komposition wahrscheinlich vom Maler SENN[4]) von Liestal her"[5]), jedenfalls also aus dem Anfang des 19. Jahrhunderts. Auch die figürlichen Darstellungen auf der gemalten Galerie unterscheiden sich in ihrer episodenhaften Haltung, Portraitähnlichkeit und reichen Tracht der zweiten Hälfte des 17. Jahrhunderts so sehr von der Darstellungsart der mit Sicherheit von Hans Bock stammenden „Justitia" wie der „Genien" und tragen in ihrer offensichtlichen Anlehnung an Arbeiten Hans Holbeins d. J. ebenso wie in der Architektur der Galeriebrüstung so sehr den Charakter der romantischen Historienmalerei der Jahre 1815—1848, dass sie nicht vorher entstanden sein können. Zudem ist kaum anzunehmen, dass schon Hans Bock oder einer seiner Nachfolger im 18. Jahrhundert in der Dame des Kanzleibaus die „Adelige Dame" aus der 1516/1517 entstandenen Folge von fünf getuschten Zeichnungen mit „Basler Frauentrachten"[6])

---

[1]) S. Vögelin, Fassadenmalerei in der Schweiz, Basel. Anzeiger für Schweizerische Altertumskunde XIII. Jahrg., Zürich 1880, Nr. 4, S. 77. — Der auf dem Fassadenaufriss eingezeichneten Kinderfries (Abb. 433) entspricht in seiner Komposition nicht völlig der Ausführung wie sie Abb. 434 zeigt, auch ein Beweis dafür, dass die Zeichnung des Aufrisses nur einen Entwurf vorstellt. Eine weitere getuschte Federzeichnung dieses Kinderfrieses (85×214 mm; Abb. 439, S. 624), die mit der Ausführung übereinzustimmen scheint, befindet sich im Staatsarchiv Basel, Architectura Basiliensis, 440, Rathaus Nr. 39, A 11.

[2]) 1799—1850; J. J. Im Hof, Der Historienmaler Hieronymus Hess von Basel, Geschichte seines Lebens und Verzeichnis seiner Werke, Basel 1887. — Schweizerisches Künstlerlexikon, Bd II, Frauenfeld 1908, S. 53, 54. (D. Burckhardt); Bd. IV, Frauenfeld 1917, S. 537/538 (J. Coulin).

[3]) A. Burckhardt und Rudolf Wackernagel, Geschichte und Beschreibung des Rathauses zu Basel, Basel 1886, S. 60, Anm. 114.

[4]) Jakob Senn 1790—1830. Schweizerisches Künstlerlexikon, Bd. III, Frauenfeld 1913, S. 144 (D. Burckhardt).

[5]) J. J. Im Hof, Das Basler Rathaus und seine Bilder. Ein Vortrag gehalten im Basler Kunstverein. Basler Kunstverein-Vortrag nebst Berichterstattung über das Jahr 1885. Basel 1886, S. 21.

[6]) Kupferstichkabinett Basel, Ino 1662, 145. Reichgekleidete Dame mit Federhut, getuschte Federzeichnung (271×183 mm); Woltmann Nr. 76; abgebildet in Paul Ganz, Handzeichnungen schweizerischer Meister des XV.—XVII. Jahrhunderts, III. Jahrgang, Basel 1908, Tafel 11 (G) und Paul Ganz, Die Handzeichnungen Hans Holbeins des Jüngern Nr. 145, Vol. III, Pl. 44.

Abb. 434. „Justitia" und „Triumphzug der Kinder"
an der Marktfassade der Vorderen Kanzlei des Rathauses zu Basel.
Photographie von J. Koch. — Privatbesitz Basel.

kopiert habe, oder dass damals schon der „Kinderkampf", den Holbein 1517 auf einen schmalen Streifen zwischen den Fenstern des ersten und zweiten Obergeschosses des Hertensteinschen Hauses zu Luzern malte[1]), als Vorbild für den „Triumphzug der Kinder" am Basler Rathaus benutzt worden sei.

---

[1]) Kupferstichkabinett Basel, Rekonstruktion der Fassadenmalerei am 1825 abgebrochenen Hertensteinhause zu Luzern von Albert Landerer aus Basel (1833—1893). In Rahmen ausgestellt; abgebildet in Paul Ganz, Hans Holbein d. J. Des Meisters Gemälde in 252 Abbildungen, Klassiker der Kunst Bd. XX, Stuttgart 1912, S. 153 (Text S. 246). — Über Albert Landerer, Schweizerisches Künstlerlexikon, Bd. II, Frauenfeld 1908, S. 220 (D. Burckhardt).

Die Wandmalereien der Hoffassaden.

Von den Wandmalereien Hans Bocks an den *drei Hoffassaden* sind vor 1825 weder Nachrichten noch Abbildungen vorhanden. Nach den Zusätzen zu dem Verzeichnis von Obersthelfer Jakob Burckhardt[1]) waren um 1825 folgende Bilder zu sehen:

„1. *Pannermeister* an der vord. Face des hintern Rathauses.

2. *Moses und Aron über der Höflein Thür*. Beide weisen auf die Gesetzes-Tafeln, auf denen die Anfangsworte der X Gebote stehen, aus Exod. XX. Zu ihnen kommt ein Landmann mit einem Karst auf der Achsel, sein Haupt entblößend.

3. *Der entdeckte Betrug unter den Kanzleifenstern*. Sinn: Ein Mann war einem andern Geld schuldig, leugnete weg. Daher citiert vor Gericht und beeidigt. Während dem gab er seinen Stock dem Creditor zu halten, welcher hohl, das Geld aber darin verborgen war. Nach abgelegtem falschem Eidschwur warf der Creditor den Stock auf die Erde, dass er zerbrach und das Geld herausplatzte, wodurch der Betrug entdeckt wurde.

4. *Die Religion zwischen den Kanzleifenstern* hält die Heilige Schrift unter dem Arm und in der Rechten ein brennendes Herz.

5. *Ein König auf dem Thron*, dessen Sinn ist unbekannt.

6. *Die Planeten* Saturn, Jupiter, Mars, Venus, Merkur und Sonne als Apollo und weiter unten der Mond als Diana in Lebensgrösse.

7. *Die Genien, Schildhalter* haben Palmzweige in der Hand."

Die *Aufrisse* der Rückfronten des Vorderhauses und der Hoffassade des Kanzleibaus aus dem Archiv des Baudepartements[2]), wie der Aufriss der Marktfassade aus den 1820er Jahren, sind wiederum als Entwürfe zur Wiederherstellung zu bewerten, bei denen Vorhandenes ergänzt und verändert worden ist.

Die Galeriebrüstung an der *Rückfassade des Vorderhauses* beidseitig der Uhr, mit ihrem zweifachen Masswerk und ihren Konsolen und Spitzbogenfriesen ähnlich jenem der Marktfassade, gehört zweifellos zu den neugotischen Vorschlägen aus den Jahren des Umbaus von 1824—1828. Dagegen sind die bronzefarbenen Genien oder Viktorien in den Zwickeln der Arkadenbogen sicherlich im wesentlichen von Hans Bocks Hand und auch die drei gleichfalls in Bronzefarben gemalten Götterfiguren zwischen den Fenstern des zweiten Obergeschosses Saturn, Jupiter und Mars werden im wesentlichen auf ihn zurückzuführen sein. Was Hans Bock auf die Wandfläche zwischen der Hofgalerie und dem südlichen Hoffenster der Vorderen Ratsstube gemalt hat, ist nicht mehr genau feststellbar. S. Vögelin sah da „eine Scheinarchitektur angemalt: grosse Fenster mit Kreuzstöcken; in den Scheiben

---

[1]) Vgl. S. 612, Anm. 1.
[2]) Staatsarchiv Basel, Planarchiv D 2. 227. Rathaus, Aufriss der Hoffassade des Vorderhauses. Federzeichnung 1 : 100 (965 × 548 mm) und D 2. 229, Rathaus, Aufriss der Hoffassade der Kanzlei, Federzeichnung 1 : 100 (855 × 650 mm).

Abb. 435. Aufriss der Hoffassade des Rathauses zu Basel
mit Entwürfen für die Neubemalung, nach 1825. — Maßstab 1:150. — Staatsarchiv Basel

spiegelt sich die hintere Hoffaçade" (Abb. 281, S. 387) und fügt bei: „In dieser Form ist diese Malerei modern; vielleicht aber lag ihr ein ähnliches älteres Motiv zu Grunde"[1]). Dazu weiss R. Wackernagel noch folgendes zu berichten: „Ein Denkmal der Anwesenheit der Stadtcanzlei im Rathause ist das an der Hinterwand des vorderen Gebäudes gemalte Vexierbild, welches den Fleiss der zum Fenster hinausschauenden Stadtcanzlisten Wierz und Dickenmann verewigt"[2]). Beim Umbau von 1902 entdeckte man unter dieser naiven Architekturmalerei, die wohl erst nach 1824 entstand, Spuren eines

[1]) S. Vögelin, a. a. O. S. 77/78.
[2]) Albert Burckhardt und Rudolf Wackernagel, a. a. O. S. 63, Anm. 182. In der Dotationsurkunde von 1803 war ein Teil des Rathauses, und zwar der erste Stock des Vorderhauses, zur Verfügung der Stadt gestellt worden. Diese Verwendung dauerte bis 1855 in welchem Jahr der Stadtrat das freigewordene Posthaus bei der Brotlaube bezog.

älteren Gemäldes, das einen König darstellte, „welcher in einer reichen architektonischen Umgebung Gericht hält"[1]). Wahrscheinlich ist das der König, der in dem wiederholt zitierten Verzeichnis der Bockschen Rathausmalereien unter 5. angeführt wird (vgl. S. 616); heute deckt ein nach den alten Spuren von WILHELM BALMER gemaltes Bild die Fläche; auch die Balustersäulchen der Bockschen Galeriebrüstung sind wieder eingefügt und die Götterbilder in halbkreisförmig geschlossene Nischen gestellt worden.

Der Entwurf des Baudepartements für die Bemalung der *Hoffassade des Kanzleigebäudes* (Abb. 436) zeigt offenbar starke Veränderungen gegenüber der Bockschen Gemäldeanordnung. Zwar stehen auf der Galerie, die auch hier eine Masswerkbrüstung mit Konsolen und verbindenden Spitzbogenfriesen erhielt, noch immer Venus und Merkur, auf dem mittleren Fensterpfeiler des ersten Obergeschosses die Religion und rechts davon der Mond als Diana, aber Apollo als Sonne fehlt, der „entdeckte Betrug" unter dem Bankgurt der Obergeschossfenster ist durch zwei gleichartige Füllungen mit kränzehaltenden Putten ersetzt, und unter dem Gemälde „Moses und Aaron", eine Kopie des Holbeinschen Wandbildes im Grossratssaal „Curius Dentatus weist die Gesandten der Samniter zurück", eingefügt. Ed. His-Heusler[2]) vermutet, dass an Stelle der Diana als Mond ursprünglich Apollo als Sonne aufgemalt gewesen sei und dass die als Religion erklärte Figur wohl Luna-Diana dargestellt habe, „denn die (christliche) Religion als siebenten Planet einzureihen, konnte einem Hans Bock unmöglich einfallen. Übrigens ist diese Figur, wenn auch arg verblasst, noch vorhanden und macht einen ursprünglicheren und daher günstigeren Eindruck als die fetten Weiber in den grossen Wandgemälden, welche Bock die Historien nennt. Von einem Buch unter dem Arm ist nichts zu sehen, sondern in ihrer Linken hält sie einen Stab oder Scepter. Die in einem älteren Verzeichniss dieser Malereien vorkommende Bezeichnung als Religion wäre demnach nicht zutreffend".

Die heutige Bemalung dieser 1902 neu aufgeführten Mauer ist völlig modern. „Von den Malereien des linken Flügels war nur noch die mittlere Figur erhalten, doch existierten gezeichnete Aufnahmen der übrigen figürlichen Darstellungen. Die Architektur konnte auf Grund der Farbenspuren rekonstruiert und nach jenen Zeichnungen ... vervollständigt werden"[3]).

Erhalten hat sich von den Bockschen Malereien das *Gemälde „Moses und Aaron"*, das, 1901 in das Historische Museum verbracht, auf die Aussenwand des südlichen Seitenschiffs der Barfüsserkirche übertragen wurde (Inv. Nr. 1901. 261). Über die früheren Schicksale des Gemäldes, das 214 cm hoch und 326 cm breit ist (Abb. 437), berichtete 1885 J. J. Im Hof, der damalige Präsident des Basler Kunstvereins, in einem Vortrag[4]), dass es

---

[1]) E. Vischer, a. a. O. S. 12.
[2]) Ed. His-Heusler, Hans Bock der Maler. Basler Jahrbuch 1892, Basel, S. 151.
[3]) E. Vischer a. a. O. S. 12.
[4]) J. J. Im Hof, Das Basler Rathaus und seine Bilder. Ein Vortrag gehalten im Basler Kunstverein, Basel 1886, S. 19.

Abb. 436. Aufriss der Hoffassade der Vorderen Kanzlei des Rathauses zu Basel
mit Entwürfen für die Neubemalung; nach 1825. — Maßstab 1:150. — Staatsarchiv Basel.

„im Jahre 1854 durch Maler HOCHSCHLITZ, der wohl mit grösster Geschicklichkeit die Übermalungen beim ‚jüngsten Gericht' und ‚Herodes' entfernte, mit Leinöl erfrischt und an einigen Stellen ungeschickt repariert wurde. Da zum Bau eines Kanzleizimmers und um ein Fenster zu gewinnen, dasselbe sollte zerstört werden, so erbot ich mich solches 1860 von der Wand abzulösen, was auch mit der Beihülfe von Maler STEPHAN GUTZWILLER[1]) und Stuccator MÄGLIN glücklich gelang und ist dasselbe nun etwas unterhalb seinem früheren Platz, in eine eiserne Rahme eingefasst, sicher angebracht."

---

[1]) Wohl Sebastian Gutzwiller, 1800—1872, der auch die Holbeinschen Orgelflügel restaurierte. Schweizerisches Künstlerlexikon, Bd. I, Frauenfeld 1905, S. 642 (D. Burckhardt). Nach E. His-Heusler (a. a. O., S. 152) handelte es sich um eine völlige Übermalung, wofür Gutzwiller 1200 fl. erhielt.

Es war schon immer aufgefallen, dass der Bauersmann zur Rechten von Moses und Aaron nicht recht in diese „ehrwürdige Gesellschaft" passe und dass die Komposition auf der linken Seite unvorteilhaft angeschnitten ist. J. J. Im Hof behauptet[1]), der Augenschein zeige, dass „beim Bau des Kanzleiflügels die linke Seite etwas verkürzt wurde, indem neben Moses noch eine Figur vorhanden war, wie rechts der Landmann mit dem Karst". Daraus zu schliessen, das Gemälde sei älter als das vordere Kanzleigebäude, scheint aber zu weit gegangen; das Bild ist unverkennbar eine Arbeit des Hans Bock, die sich bei irgendeiner späteren baulichen Veränderung am Obergeschoss der vorderen Kanzlei, vielleicht auch erst als die Diana auf die Mauer daneben gemalt wurde, die Verkürzung gefallen lassen musste. Die sicherlich hier fremdartig wirkende Figur des Bauern (Tafel 40) lässt sich aber vielleicht durch ihre überraschende Ähnlichkeit mit dem Bauersmann erklären, der um 1512 zusammen mit dem Kaiser links der Uhr auf die Marktfassade des Rathauses gemalt worden war (Abb. 393, S. 518). Als Hans Bock diese unscheinbar gewordenen Bilder mit seiner Galeriebrüstung zudecken musste, hat er die beiden populären Halbfiguren, die ihm wohl besonders gut gefielen, auf sein Gemälde beidseitig des Urpropheten und Urpriesters übertragen und damit dartun wollen, dass Kaiser und Bauer den göttlichen Gesetzen in gleicher Weise unterstehen.

Auf der *Hoffassade des Rathaus-Hintergebäudes* sah der Verfasser des verschiedentlich angeführten Verzeichnisses von 1825 den „Pannermeister" (S. 616, Nr. 1), den Hans Bock über das Christophorus-Bild (vgl. S. 520 und Abb. 398) malte und der wohl in Haltung und Ausrüstung seinen Schildhaltern beidseitig der Uhr an der Marktfassade und seinem Reiter am Rheintor (Tafel 14) entsprochen haben mag.

Dieses Bild hat JOHANN SENN[2]) anlässlich des Umbaus von 1824—1828 nach einem Entwurf von MARQUARD WOCHER[3]) mit einem „gepanzerten Basler Krieger" in neugotischer Umrahmung al fresco übermalt. Ein Aquarell von JOHANN JAKOB NEUSTÜCK[4]) und eine darnach angefertigte Lithographie[5]) von A. Merian[6]) zeigen die Fassade mit ihrer spätromantischen Architekturbemalung (Abb. 438). Die heutige Hoffassade des Rückgebäudes stammt in Architektur und Bemalung vom Neubau 1902.

---

[1]) Vgl. S. 618, Anm. 4.

[2]) J. Coulin nennt Schweizerisches Künstlerlexikon, Bd. IV, S. 700 (im Abschnitt Marquard Wocher) Joach. Senn — 1810—1847; Schweizerisches Künstlerlexikon, Bd. III, Frauenfeld 1913, S. 144/145 (H. Appenzeller) — als den Maler, der Wochers Entwurf al fresco ausgeführt habe; doch ist wahrscheinlich Johann Senn von Liestal gemeint, der ältere Bruder von Jakob Senn. Schweizerisches Künstlerlexikon, Bd. III, Frauenfeld 1913, S. 145 (D. Burckhardt).

[3]) 1785—1830. Schweizerisches Künstlerlexikon, Bd. IV, Frauenfeld 1917, S. 456/457 (Alb. Huber); S. 698—700 (J. Coulin). Der Entwurf befindet sich im Kupferstichkabinett Basel.

[4]) 1800—1867. Schweizerisches Künstlerlexikon, Bd. II, Frauenfeld 1908, S. 472 (D. Burckhardt).

[5]) Marcus Lutz, Kurze Baugeschichte und Beschreibung des Rathauses zu Basel, in Rauracis, ein Taschenbuch für 1828 den Freunden der Vaterlandskunde gewidmet, Basel, vor S. 29.

[6]) Amadäus Lukas Merian 1808—1889, Bauinspektor von Basel 1835—1859. Schweizerisches Künstlerlexikon, Bd. II, Frauenfeld 1908, S. 362 (D. Burckhardt).

Abb. 437. „Moses und Aaron", Wandgemälde von Hans Bock d. Ä. ehemals an der Hoffassade der Vorderen Kanzlei zu Basel. — Historisches Museum Basel.

Die Fassadenmalereien Hans Bocks.

Die Bemalung der Fassaden des Basler Rathauses 1608/1609 wurde, wie aus einem Schreiben des Rats an den Stand Uri[1]) hervorgeht, mit Ölfarben ausgeführt, die offenbar auf den feuchten Kalkputz aufgetragen worden sind. Für diese Arbeiten verlangte Hans Bock, wohl auf Grund eines nicht mehr vorhandenen Vertrags, in einem Schreiben vom 27. Dezember 1609[2]) 1200 fl., wovon er bereits 618 fl. an Geld, sowie 16 Vierzel Korn und 2 Vierling Wein erhalten habe; ausserdem bat er um ein Trinkgeld für seine Söhne. Es wurde darauf den Dreierherren befohlen, mit ihm abzurechnen und seinen Söhnen eine Verehrung von 40 fl. auszurichten.

In ihrer ernsten Monumentalität müssen Hans Bocks Fassadenmalereien von eindrucksvoller Wirkung gewesen sein. Wenn alles Episodenhafte, das etwa im dritten Jahrzehnt des 19. Jahrhunderts in seine Kompositionen hineingedichtet worden ist und heute noch die Wände mehr als gut belebt, weggedacht wird, zeigt sich Bocks sicheres architektonisches Empfinden, sein Gefühl für Grösse und seine nicht geringe zeichnerische und wohl auch farbige Gewandtheit.

Die in ruhigen Tönen gemalten Architekturen beschränkten sich an allen Fronten offenbar auf die Verdachungen der Fensterreihen im ersten Obergeschoss und auf die Baluster-Galerie des obersten Stockes. Auf ihr standen jeweils vor Fensterpfeilern in aufgemalten, rundbogig geschlossenen Nischen am Markt neben den beiden Wappenhaltern Standfiguren in Gelb oder Bronzefarbe, vielleicht Personifikationen christlicher Regententugenden, im Hof die Planetenbilder in gleicher Farbengebung. Diesen gemalten Statuen entsprachen im Erdgeschoss über allen Arkadenbogen Genien oder

---

[1]) Staatsarchiv Basel, Missiven B 94, 1607—1609, Fol. 234—235, 1608, Juni 8: Ewr schreiben vom $\frac{12}{2}$ dis haben wir anheut wolleingeantwort empfangen vnd daraus verstanden, wie zu entschuldigung des streits, entzwischen einem Baumeister von Appenzell, und M. Heinrich Geßner, wegen des maalerwerkhs an ewerem newerbawendem kirchenthurm zu Altorff sich haltend, Ihr des unserem M. Hans Bockhen des maalers aufn. $\frac{13}{23}$ dis, begehren.

Nun seyen wir gleichwoll, sambt den unseren, Euch und den eweren beliebende freündtschafft zuerweisen, und nach möglichkeit zu willfahren gantz geneigt: Weill vnd aber gesagter unser burger der Bockh, welchen auf sein außgestandene kranckheit und leme, wir kümmerlich zuwege bringen mögen, jetzo an unserem Rhathause maalend arbeitet, und darvon ohne merckhlichen schaden und verderben bereits zugerüsteter und angemachter farben nit füeglich abkhommen khan: und dann seine söhn, mit öllfarben, zwahr gutte maaler, aber des naßen dings nit sonders bericht, also zu obangeregter handlung nit tauglich, so köden wir Euch auf angesetzten tag nit zu willen werden. Fals aber dis gescheft noch ein wochen vier oder fünff anstehen verbleiben mag, wirt gedachter unser burger, inzwischen mit maalung unsers Rhathaußes vorderer wand verhoffentlich fertig, und als dan auf ferner erforderen in des eweren kosten sich begertermaßen gutwillig einstellen, und der streittigkeit bester seiner verstendnus nach entscheid geben helffen. Wolten wir Euch hinwider unangefüget nit laßen, und seyen denen alle Eydgenoßische vertrawte freündtschafft zuerzeigen geneigt.

Abgedruckt in Rudolf Wackernagel, Mitteilungen aus den Basler Archiven zur Geschichte der Kunst und des Kunsthandwerks. Zeitschrift für Geschichte des Oberrheins, Bd. 45, N. F. Bd. VI, 2, Freiburg i/B. 1891, S. 301 ff. I. Nachrichten über Hans Bock.

[2]) Bittschrift Joh. Bocks um Belohnung wegen gemalten Rathaus. Staatsarchiv Basel, Bauakten C C 1. Rathaus 1482—1816. Vgl. S. 642 f.

Abb. 438. Die Bemalung der Hoffassade des Hintergebäudes des Rathauses zu Basel, nach 1828
Aquarell von J. J. Neustück (260×322 mm). — Staatsarchiv Basel, Bildersammlung, Nachträge 2.

Viktorien mit Palmzweigen, die, wiederum als Bronzebilder dargestellt und vorzüglich in die Dreieckform der Zwickel hineinkomponiert, je zu zweit einen Kranz über die Basler Wappen der Bogenschlusssteine halten. Farbig scheinen an der Vorderfassade allein die schwarz-weiss gekleideten Schildhalter, die thronende „Justitia" im Hauptgeschoss und der Kriegsknecht neben der Türe zur Wachtstube gehalten gewesen zu sein; aber auch hier war alles gedämpft, um die architektonische Einheit der mächtigen, breit gelagerten Front nicht zu zerreissen. Zudem hatten diese Gestalten wohl noch eine besondere tektonische Bedeutung; in den verschiedenen, sich wiederholenden Senkrechten der Standbilder und Wappenhalter mit ihren Hellebarden, der Justitia mit Gesetzestafel und aufgerichtetem Schwert und in dem auf seinen Spiess gestützten Krieger scheint Hans Bock versucht zu haben, die Betonung der Vertikalen, wie sie in den Streben, dem Uhrgehäuse und dem Dachreiter der ehemaligen Fassade zum Ausdruck gekommen, aber durch die Verlängerung der Front beeinträchtigt worden war, aufs neue zur Geltung zu bringen.

Die gemalte Dekoration der Hofwände war weniger streng in Haltung und Farbe. Schon die Viktorien über den Arkaden sind lebendiger behandelt und auch die Planetenfiguren bewegter gezeichnet. Möglich, dass Hans Bock auf der geschlossenen Wandfläche zwischen der Hofgalerie und den Hoffenstern der vorderen Ratsstube jenes figurenreiche Bild, das bei der Wiederherstellung des Hauses 1902 zum Vorschein kam, selbst geschaffen oder wieder aufgefrischt hat, möglich auch, dass er mit diesem Bilde, mit der Darstellung des „entdeckten Betrugs" auf der Kanzleifassade und mit dem „Urteil Salomonis" unter der Hofgalerie den Vorhof der Gerichtsstube sinnvoll schmücken und durch diesen bunten Bilderkranz von den Wandgemälden der Vorhalle zu jenen der Galerie und des Vorzimmers der Ratsstube überleiten wollte. Auffallend ist nur, dass der Maler, der selbst das, von ihm sicherlich nur restaurierte, „Jüngste Gericht" als eigene Arbeit bezeichnete, zwar das „Urteil Salomonis", aber nicht die beiden anderen, diesem wohl gleichwertigen Gemälde des Hofes unter seinen „Historien" oder sonst besonders aufgezählt hat. Es ist daher nicht ganz ausgeschlossen, dass die Gerichtsszene an der Hofwand des Vorderhauses, von deren Resten keinerlei Aufnahmen existieren, schon von Hans Bock mit einer Fensterarchitektur übermalt worden war und „der entdeckte Betrug" erst nach seiner Tätigkeit entstand. Dagegen hat Hans Bock die statuarischen Halbfiguren des Moses und Aaron über der Türe des Kanzleihöfleins zweifellos selbst geschaffen und wohl als Gegenstück zum gegenüberliegenden „Jüngsten Gericht" gedacht. Beide, Prophet und Priester, stehen nicht in Ruhe, sondern sie handeln, sie sind, wenn auch gedämpft, so doch farbig behandelt, und sie waren mit anderen Halbfiguren zu einer erzählenden Gruppe vereint: Einerseits die Aufforderung zur Befolgung der göttlichen Gesetze des alten Bundes, andererseits Lohn und Strafe des neuen Bundes für Gehorsam und Gesetzesübertretung. Und in der Mitte, auf der Wand des Saalbaus hinter dem Standbild des sagenhaften Gründers der Stadt, der überlebensgrosse *Pannerherr* als Verkörperung des Standes und der ihm übertragenen Macht, über die Befolgung der Gesetze zu wachen.

Abb. 439. Entwurf zu dem „Triumphzug der Kinder"
an der Marktfassade der Vorderen Kanzlei des Rathauses zu Basel. Getuschte Federzeichnung, anonym.
Staatsarchiv Basel, Architectura Basiliensis, vgl. S. 614, Anm. 1.

II. Die „Historien" von Hans Bock d. Ä.

Im Frühjahr 1610, im unmittelbaren Anschluss an die Vollendung der Fassadenmalereien, begann HANS BOCK wohl auf Grund des bereits 1608 abgeschlossenen Verdings mit der Ausführung seiner *Wandgemälde* in den Hallen und Sälen des Rathauses. Es handelte sich dabei, nach Bocks eigenen Angaben, um die „Geschichten von Herodes und Josaphat" in der Erdgeschosshalle, um das „Urteil Salomonis" unter der Hofgalerie, um das „Jüngste Gericht" und die „Historie von Susanna" auf der Galerie, sowie um die Gemälde der „Verläumdung" und „Bestechlichkeit" im Vorzimmer der Vorderen Ratstube. In welcher Reihenfolge diese Wandbilder entstanden sind, steht nicht fest; Bock selbst hat in seinen Bittschriften verschiedene Angaben darüber gemacht (vgl. S. 643 ff.). Wahrscheinlich wurden die Arbeiten mit den Gemälden des Vorzimmers abgeschlossen, auf dessen mittlerem Fensterpfeiler der Künstler seinen vollen Namen anbrachte: „Hans Felix Peter Bock pinxit". Die monumentale Signatur ist heute verschwunden; ob der Maler, der sonst nur Hans Bock signierte, wie Ed. His-Heusler meint[1]), damit in stolzer Freude über das ihm wohl gelungen scheinende Werk nur sich selbst nannte oder auch seine beiden Söhne Felix und Peter[2]), ist ungewiss. Feststeht, dass alle *vier* Söhne: Hans, Felix, Peter und Nikolaus, des „alt Hanß Bockh" mitgearbeitet haben (vgl. S. 645 „selbfinft") und dass es sich beim „Jüngsten Gericht" nicht um eine Neuschöpfung, sondern nur um die Überarbeitung eines vorhandenen älteren Gemäldes handeln kann. Ob Bock dabei auch die Bekleidung der ursprünglich nackten Figuren des Höllensturzes ausgeführt hat, scheint bei seiner Vorliebe für die Darstellung des Nackten eher fraglich; wahrscheinlich ist diese Verhüllung menschlicher Blössen schon gleich nach der Reformation angeordnet worden.

Ende des Jahres 1611 waren die sechs Wandgemälde mit zum Teil überlebensgrossen Figuren und die Übermalung des „Jüngsten Gericht" vollendet. Nach der Jahresrechnung 1610/1611 hatte Hans Bock „vom 22 martio 1608 bis auf den 2. octobris 1611"[3]) ingesamt 2225 ₰ für seine Malereien erhalten; er verlangte jedoch auch für den zweiten Teil seiner Arbeit wiederum 1200 fl. mit einem Trinkgeld und scheint seine Forderung die er ausführlich in seinen Supplikationen begründete (vgl. S. 644 ff.), nach langwierigen, bis 1613 dauernden Verhandlungen endlich auch durchgesetzt zu haben.

Alle diese Malereien waren, im Gegensatz zu dem Malen „auf nassem Tünch" (al fresco), in der nicht sehr haltbaren Technik der Ölmalerei auf

---

[1]) Ed. His-Heusler, Hans Bock der Maler. Basler Jahrbuch 1892. Basel. S. 155.
[2]) Albert Burckhardt und Rudolf Wackernagel, Geschichte und Beschreibung des Rathauses zu Basel. Basel 1886. S. 14 und Anm. 108, S. 59.
[3]) Staatsarchiv Basel, Finanzakten H, Jahrrechnungen 1610/1611: 2225 ₰ ist meister Hanss Bocken vom Rathause in- und auswendig ze mahlen von dem 22 martio 1608 bis auf den 2 octobris 1611 bezahlet worden.

Mauer- und Steinwerk ausgeführt, das „offt über die 5 oder 6 mahl mießen geöllthrenkt werden" und „demnach erst mit dickhen Farben ein mahl 3 oder 4 übermahlt werden" konnte (vgl. S. 646). Die Erhaltung der Wandbilder namentlich an den dem Wetter stark ausgesetzten Mauern bildete daher auch eine stete Sorge der Bauherren[1]). Schon 1710 und 1711 arbeiteten die Gebrüder BENEDIKT und HANS GEORG BECKER[2]) zusammen mit ANDREAS HOLZMÜLLER[3]) und JACOB STEINBRÜCHEL[4]) an der „Erneuerung der Gemälde vor, in und unter dem Rathaus" und 1759—1760 war eine abermalige Renovation der Wandgemälde nötig, die von den Malern HANS RUDOLF AWENGEN[5]), WOHNLICH, HIERONYMUS HOLZACH[6]) und dem Vicarius der Gerichtsamtmannstelle, dem Maler-Dilettant FRIEDRICH LEUCHT[7]), durchgeführt wurde. Beim Umbau von 1824—1828 restaurierten die Maler HIERONYMUS HESS[8]), JOHANN SENN[9]) und FRIEDRICH MEYER[10]) die Gemälde, die 1843 durch BELZ und SEBASTIAN GUTZWILLER[11]) neuerdings erfrischt, 1854 durch J. G. HOCHSCHLITZ aus Koblenz abermals gereinigt und ausgebessert und 1885 von Maler HERMERSDORF aus Trier erneut restauriert wurden. Ihre heutige Fassung erhielten sie beim Umbau von 1902—1904.

Die Wandgemälde in der Halle, im Hof und auf der Galerie.

Nachdem schon 1608 aus Hof und Erdgeschosshalle des Rathauses die Verkaufsbuden entfernt worden waren (vgl. S. 465 mit Anm. 2), konnten die so frei gewordenen beiden Stirnseiten des Gewölbes mit Wandgemälden geschmückt werden. Hans Bock schuf hier zwei figurenreiche Darstellungen: links, an der Mauer gegen die Wachtstube, eine Episode aus der jüdischen Geschichte, wie Herodes, Antipaters Sohn, wegen ungerechter Hinrichtungen vor den Grossen Rat unter dem Makkabäer Hyrcanus zur Verantwortung geladen, mit seiner Leibwache erscheint und alle Richter mit Ausnahme des gerechten Sameas einschüchtert[12]), rechts, an der Wand gegen das „Haus

---

[1]) Vgl. auch S. 354—358.
[2]) Schweizerisches Künstlerlexikon, Bd. I, Frauenfeld 1905, S. 100 u. 101 (D. Burckhardt).
[3]) † 1728. Schweizerisches Künstlerlexikon, Bd. II, Frauenfeld 1908, S. 86 (D. Burckhardt).
[4]) Kaufte 1686 Zunftrecht zum Himmel. Schweizerisches Künstlerlexikon, Bd. IV, Frauenfeld 1917, S. 414 (L. Stumm).
[5]) 1704—1772. Schweizerisches Künstlerlexikon, Bd. I, 1905, S. 64 (D. Burckhardt).
[6]) 1733—1793. Schweizerisches Künstlerlexikon, Bd. IV, 1917, S. 226/227 (R. Riggenbach).
[7]) 1728—1792. Schweizerisches Künstlerlexikon, Bd. II, 1908, S. 251 (D. Burckhardt).
[8]) 1799—1850. Schweizerisches Künstlerlexikon, Bd. II, 1908, S. 53/54 (D. Burckhardt); Bd. IV 1917, S. 537/538 (J. Coulin).
[9]) 1780—1861. Schweizerisches Künstlerlexikon, Bd. III, 1913, S. 145 (D. Burckhardt).
[10]) 1802—1834 in Basel tätig. Schweizerisches Künstlerlexikon, Bd. II, 1908, S. 386/387 (D. Burckhardt).
[11]) 1800—1872. Schweizerisches Künstlerlexikon, Bd. I, 1905, S. 642 (D. Burckhardt).
[12]) Die Geschichte wird erzählt in Flavii Josephi Antiquitatum Judaîcarum libri XX, liber XIV, cap. IX, 4. Ed. von Benedictus Niese, Bd. I—VII, Berlin 1887—1895; Bd. III, 1882, S. 271—272. — *Deutsche Übertragung:* Flavii Josephi / des Hochberühmten Jüdischen Geschichtsschreibers / Historien und Bücher: Von alten Jüdischen Geschichten / zwentzig / sambt eynem von seinem Leben. Übersetzt und herausgegeben von Conrad Lautenbach, Strassburg 1591. Mit Illustrationen von Tobias Stimmer. XIII. Buch, S. 229ᵛ: „Herodes für Gericht erfordert / erscheint mit gewehrter hand." — Des fürtrefflichen Jüdischen Geschichts-Schreibers Flavii Josephi Sämmtliche Werke, Tübingen 1735, S. 436. Vierzehendes Buch von den alten jüdischen Geschichten, IX. Capitel, 4.

Abb. 440. Josaphat ermahnt die Richter. Wandgemälde von Hans Bock d. Ä.
in der Erdgeschosshalle des Rathauses zu Basel. — Zustand 1932.

zum Hasen", Josaphat, den König von Juda, wie er die von ihm bestellten Richter zur Gerechtigkeit, Gottesfurcht und Unbestechlichkeit ermahnt[1]). Dieses Gemälde (Höhe = rd. 4,0 m, Breite = 6,60 m) hatte stark gelitten und wurde 1826 von Maler JOHANN SENN[2]) aus Liestal derartig überarbeitet, dass von Bocks Komposition vielleicht die Gesamtanordnung, sonst aber

Abb. 441. Herodes vor Hyrcanus. Holzschnitt von Tobias Stimmer
in Conrad Lautenbachs deutscher Übertragung von Flavii Josephi „Jüdischen Geschichten", 1591.

kaum viel übrig geblieben ist[3]). Das Bild, das beim Umbau des Hauses zum Hasen zu einem Teil des Rathauses 1902 auf die neue Turmmauer übertragen

---

[1]) Das andere Reich der Chronika, XIX, 5—7: Und er bestellete Richter im Lande in allen festen Städten Judas, in einer jeglichen Stadt etliche;
Und sprach zu den Richtern: Sehet zu, was ihr tut; denn ihr haltet das Gericht nicht den Menschen, sondern dem Herrn; und er ist mit euch im Gericht.
Darum lasst die Furcht des Herrn bei euch sein, und hütet euch, und tut es; denn bei dem Herrn, unserm Gott, ist kein Unrecht noch Ansehen der Person, noch Annehmen des Geschenks.

[2]) Vgl. S. 626, Anm. 9.

[3]) A. Burckhardt und R. Wackernagel a. a. O., S. 36: „Freilich ist dieses Kunstwerk, soweit es von Hans Bock herrührt, vollkommen untergegangen, und was jetzt noch die Wand ziert, ist eine sehr geschickte, auf wenigen Resten und Andeutungen beruhende Rekonstruktion aus dem Jahre 1826, welche wir dem Maler Senn aus Liestal verdanken. Fast alle Figuren sind seine Erfindung, und das Wenige, was er noch vorfand, legte ihm, nach dem gleichzeitigen Bericht des kunstverständigen Antistes Jakob Burckhardt, eher Fesseln an, als dass dadurch seine Arbeit erleichtert worden wäre." Vgl. Jakob Burckhardt, Sammlungen über Gemälde und Inschriften des Rathauses zu Basel..., Abschrift, Staatsarchiv Basel, Bauakten Rathaus C C 1, 1817—1857: „Im Jahre 1826 verwandte der Maler Hans Senn von Liestal während 4½ Monaten allen nur möglichen Fleiss auf die Wiederherstellung desselben, denn es war so schadhaft, dass gar kein Zusammenhang mehr existierte."

Abb. 442. „Herodes vor Hyrcanus." Wandgemälde von Hans Bock d. Ä.
in der Erdgeschosshalle des Rathauses zu Basel. — Zustand 1932.

werden musste[1]), entbehrt des monumentalen Zugs und löst sich in Einzelheiten auf; auch die an ägyptische Bauten erinnernde Tempelarchitektur, die den Versammlungsplatz abschliesst, ebenso wie die an JOSEPH ANTON KOCH (1768—1839) anklingende bewaldete Hügellandschaft des Hintergrundes weichen stark von Bocks Art ab (Abb. 440, S. 627).

Das Bild gegenüber, „Herodes vor Hyrcanus" (Höhe = rd. 4,0 m, Breite = 6,60 m), hat sich in etwas besserem Zustand erhalten, obwohl die verschiedenen Reinigungen und Wiederherstellungen des 18. und 19. Jahrhunderts auch an ihm nicht spurlos vorübergegangen sind. Immerhin sind die Komposition, die mächtigen Figuren mit prunkhaften Gewändern und lebhaften Gesten, die Architektur der Gerichtshalle und der Ausblick in die weiche Berglandschaft durchaus kennzeichnend für Hans Bocks theatralische, etwas schematische und vielfach nicht ganz selbständige, aber sichere und gewandte Malerei. Wie skrupellos Hans Bock Kompositionen anderer verwendete, zeigt ein Vergleich seines Gemäldes mit einem Holzschnitt von TOBIAS STIMMER (1539—1584), der den gleichen Vorgang schildert und um 1591 erschienen ist. (Abb. 441, S. 628). Die Architektur der Halle, Herodes und die Richter, wie die Gruppe von Hyrcanus und Sameas sind fast ohne Änderungen übernommen, nur die Leibgarde des Herodes und einige Personen des Vordergrundes hat Bock aus eigenem hinzugefügt. (Abb. 442). Das Bild ist 1825 durch HIERONYMUS HESS und JOHANN SENN erneuert worden.

Auch das Wandbild das „*Urteil Salomonis*[2]" (Höhe = 3,80 m, Breite = 7,85 m), das Hans Bock auf die Rückwand der flachbogig geschlossenen Nische im Sockel der vor 1610 erbauten Hofgalerie (vgl. S. 464) malte, war sehr schadhaft, als man bei den Umbauten von 1824—1828 die Ratstreppe vor die Nische verlegte und diese mit einer Mauer schloss[3]). Bei den Neubauten von 1902—1904 sind die heute in einem Nebenraum zu den Cachots der Polizeiwache nur noch zum Teil vorhandenen Überreste in den Umrissen sorgfältig gepaust worden, um mit Zuhilfenahme einer aus früherer Zeit stammenden Farbenskizze (von F. BAUR 1895 aufgenommen; Abb. 443) zu der von WILHELM BALMER[4]) im zweiten Stock des neuen Saalbaus auf die Nordwand des Grossratstreppenhauses al fresco gemalten Reproduktion des alten Bildes verwendet zu werden[5]).

Zwei Fragmente dieses Wandgemäldes befinden sich im Historischen Museum, und zwar ein Löwenhaupt (Inv. Nr. 1921. 276; 27 × 21 cm) und die Halbfigur eines Löwen (Inv. Nr. 1921. 277; 44 × 35 cm), beide in Gips gefasst, aber stark verblichen, wohl Reste der Löwen, die beidseitig auf den Stufen des Thrones sassen. An Ort und Stelle selbst haben sich an der Mauer

---

[1]) E. Vischer, Rathaus Basel, Basel 1904, S. 11.
[2]) Das erste Buch von den Königen, Kap. 3, 16—28.
[3]) Abschrift von Jakob Burckhardts Sammlungen (vgl. S. 612, Anm. 1): „War sehr schadhaft, daher nicht zu bedauern, dass es verbaut ward, doch zeugte es von vielem Fleiß."
[4]) Staatsarchiv Basel, Architectura Basiliensis 416, Rathaus, Nr. 15 (278 × 596 mm).
[5]) E. Vischer, Rathaus Basel, Basel 1904, S. 12 und 26.

Abb. 443. Das Urteil Salomonis. Wandgemälde von Hans Bock d. Ä. im Hof des Rathauses zu Basel in der Nische unter der Galerie. Aufnahmen von F. Baur, 1895. — Staatsarchiv Basel.

Teile der linken Hintergrund-Architektur, der Gewappneten davor und von dem Kriegsknecht erhalten, der das Kind zu zerteilen sich anschickt. Diese spärlichen Überreste lassen keine Schlüsse auf die Bedeutung des Bockschen Gemäldes zu; die farbige Aufnahme von 1895 aber zeigt, dass das Bild in seinem zentralen Aufbau der sonst bei Bock üblichen, durch das meist langgestreckte Bildformat hinziehenden Kompositionsmethode nicht entspricht, in Haltung und Proportionen seiner Figuren gemässigter war und in seiner Hintergrund-Architektur stark an ältere Darstellungen der 1530er Jahre erinnert. Gewisse Ähnlichkeiten mit dem 1902 an der Hoffassade des Vorderhauses unter der gemalten Fensterarchitektur zum Vorschein gekommenen Resten eines Bildes mit einem rechtsprechenden König (vgl. S. 618 u. 624) geben erneut Anlass zu der Vermutung, Hans Bock habe dieses, aus älterer Zeit stammende Gemälde in Rücksicht auf die Einheitlichkeit seiner Fassadengestaltung mit Architekturmotiven übermalt, die Darstellung selbst dann aber, entsprechend umgestaltet, in die Nische der südlichen Hofmauer übertragen[1]).

Auf die Rückwand der Hofgalerie, die vom Hinterhaus und dem Podest der Ratstreppe zum Vordergebäude führt, malte Hans Bock die Geschichte, *wie Susannas Unschuld durch des jungen Daniel Klugheit ans Licht gebracht wird*[2]). Die Handlung des nach seinen Abmessungen umfangreichsten Bildes der Rathausgemälde (Höhe = rd. 4,50 m, Länge = rd. 8,90 m) geht in einer weiten Säulenhalle vor sich (Abb. 444), die nicht ungeschickt mit den Arkadenbogen, den Netzgewölben und dem senkrecht durch die Bildfläche ziehenden Mauerabsatz in Zusammenhang gebracht ist und links den Ausblick auf Treppen, Galerien und barocke Palast-Architekturen, rechts in eine Landschaft mit hohen Felsbergen offen lässt. Gewaltige, überlebensgrosse Figuren teilen im Vordergrund der von rechts nach links gerichteten Komposition die einzelnen Gruppen, die sich um den Thron Daniels und in der Mitte um Susannas Eltern und Ehemann scharen, rechts aussen von Zeugen und Zuschauern gebildet werden. Die Berge im rechten Hintergrund, zu deren Füssen auf einer Wiese die überführten Verleumder die Strafe der Steinigung erleiden, sind in ihrer Silhouette den Mythen ähnlich, die Hans Bock, als er Ende 1608 als Gutachter nach Altdorf fuhr (vgl. S. 622, Anm. 1), skizziert haben mag. Auf der Galerie links hinter dem Throne Daniels stehen zwei Männer mittleren Alters auf einer Galerie als Zuschauer, auf der Terrasse rechts im Hintergrund wird ein bärtiger Greis von einem blonden Jüngling gestützt.

[1]) Im Kupferstichkabinett Basel befindet sich eine grosse schwarzgetuschte Federzeichnung, die ein Urteil Salomonis darstellt und nach der Aufschrift von „Josepfus Heintz 1582 siner lehr im 4 Jar" stammt (U 4. 60). Diese Zeichnung, die der junge Heintz zweifellos als Schüler Hans Bocks in dessen Atelier anfertigte, hat mit dem Rathausgemälde gemein, dass beide an Holbeins Fresken im Grossratssaal, vor allem an die Blendung des Zaleucus erinnern. Hans Bock, der 1578/79 Holbeins Wandgemälde mit Samuel und Saul kopiert hatte, unterlag damals einer nachhaltigen Beeinflussung durch Hans Holbein d. J., die er auch auf seinen Schüler Joseph Heintz übertrug.

[2]) Biblia, das ist die ganze Heilige Schrift alten und neuen Testaments durch Doktor Martin Luther in das Deutsche übersetzt.... Schaffhausen 1772, S. 892/893: „Historia von der Susanna und Daniel", die sich nicht in allen Bibelausgaben findet.

Abb. 444. „Daniel bringt Susannas Unschuld ans Licht." Wandgemälde von Hans Bock d. Ä. in der Hofgalerie des Rathauses zu Basel. — Zustand 1932.

Diese vier Personen tragen, nach Albert Burckhardt[1]), die Kleidung des 17. Jahrhunderts, gehören also offenbar nicht zu der Szene, die sich vor ihnen abspielt, und könnten Hans Bock mit drei seiner Söhne darstellen. Das Gemälde ist 1825 von Maler FRIEDRICH MEYER[2]) wiederhergestellt und ergänzt worden[3]).

Über der Türe nach dem Vorzimmer der vorderen Ratsstube ist in rundem Medaillon ein Kopf in Profil als Bronzerelief aufgemalt; über dem Portal des Hintergebäudes auf dem Podest steht neben dem Wandgemälde des „Jüngsten Gerichts" folgende Inschrift[4]):

D. S.
QVICVNQVE PERARDVAM
GERENDAE REIP. PROVINCIAM ADIS,
PVBLICI BONI VBIQ. MEMOR
PRIVATOS ADFECTVS,
INVIDENTIAM, FAVOREM, ODIVM, VIOLENTIAM,
DEPONITO:
PIETATEM DEO,
PRVDENTIAM, IVSTITIAM, INTEGRITATEM REIPVBLICAE
CONSVLENDO IVDICANDOQVE PROBATO:
SEDEBIT OLIM TREMENDVS IVDEX,
OMNIVMQVE DICTORVM, FACT. COGITATVVM
RATIONEM EXPOSCET.
CIƆ IƆ CIX

In deutscher Übertragung[5]):

Wenn du das sehr schwere Amt der Führung des Staates übernimmst, denke überall an das öffentliche Wohl, und von persönlichen Interessen, von Neid, Gunst, Hass, Gewalttätigkeit halte dich frei: Frömmigkeit sollst du Gott, Klugheit, Gerechtigkeit, Unbestechlichkeit dem Gemeinwesen durch Raten und Richten beweisen: Denn einst wird ein furchtbarer Richter zu Gericht sitzen und über alle Worte, Taten und Gedanken Rechenschaft fordern.

Die Wandgemälde im Vorzimmer des Regierungsratssaales.

Die *Wandgemälde im Vorzimmer* des heutigen Regierungsratssaales gehören, wohl auch infolge ihrer verhältnismässig guten Erhaltung, zu den besten Arbeiten Hans Bocks. Vor allem die Darstellung der „Bestechlichkeit" oder „Parteilichkeit" (Höhe = 3,50 m, Breite = 2,95 m) (Abb. 445) auf der nördlichen Wand ist ernst und deutlich, von monumentaler Grösse und

---

[1]) Albert Burckhardt und Rudolf Wackernagel a. a. O., S. 39.
[2]) Vgl. S. 626, Anm. 10.
[3]) Obersthelfer Jakob Burckhardt a. a. O., S. 38.
[4]) Gross, Urbis Basileae Epitaphia et inscriptiones, Basel 1625, p. 447. Tonjola, Basilea sepulta retecta continuata, Basel 1661, p. 381; Jakob Burckhardt a. a. O., S. 35/36.
[5]) Die Übersetzungen der Inschriften zu den Wandgemälden Hans Bocks hat Herr Dr. Alfred Hartmann verfasst. Übersetzungen finden sich auch in den „Sammlungen..." von Obersthelfer Jakob Burckhardt, Staatsarchiv Basel, Handbibliothek B q 109.

Abb. 445. Die „Bestechlichkeit". Wandgemälde von Hans Bock d. Ä.
im Vorzimmer des Regierungsratssaal zu Basel. — Zustand 1932.

frei von Übertreibungen, dabei von ungemeinem Liebreiz in der Landschaft des Hintergrundes. Am oberen Rand des Bildes steht die Aufschrift[1]:

IVSTITIAE TITVLO VEXATVR EGENVS ET INSONS
LEGIBVS AT MAIVS MVNERA PONDVS HABENT

In deutscher Übertragung:

Unter dem Schein der Gerechtigkeit wird der Arme geplagt, auch wenn er schuldlos ist; denn Geschenke haben mehr Gewicht als Gesetze.

---

[1] Gross a. a. O., p. 446; Tonjola a. a. O., p. 381; Jakob Burckhardt a. a. O., S. 53.

Abb. 446. Die „Verläumdung". Wandgemälde von Hans Bock d. Ä.
im Vorzimmer des Regierungsratssaales im Rathaus zu Basel. — Linke Hälfte. — Zustand 1932.

Dem grossen Gemälde an der Südwand des Vorzimmers, der heutigen Turmmauer (Höhe = 3,50 m, Länge = 7,20 m; Abb. 446 u. 447), das Hans Bock selbst als „Calumnia" bezeichnet hat, liegt die Erzählung des Lucian zugrunde[1]), nach welcher der Maler Apelles, bei König Ptolomäus verleumdet, beinahe wegen Hochverrats zum Tode verurteilt wurde, dann aber, als seine Unschuld sich erwies, reich beschenkt und mit dem Verleumder als Sklaven entlassen worden ist. Unter dem Eindruck der Gefahr, in der er geschwebt, schuf Apelles ein grossartiges Gemälde, das die Laster der Verleumdung

---

[1]) Luciani Samosatensis Opera, Graece et Latine. Tomus Tertius. Amsterdam 1743, p. 125—161: Luciani Samosatensis Dialogi: De Calumnia. Non temere credendum esse delationi (2—5). — In deutscher Übersetzung: Luciani von Samosata sämtliche Werke, übersetzt und mit Anmerkungen und Erläuterungen versehen von C. M. Wieland, Leipzig 1788—1789, Sechster Teil, S. 97—122: Gegen die Verläumdung oder dass man denen, die anderen Böses nachsagen, nicht zu leicht glauben müsse(S.98—102).

Abb. 447. „Die Verläumdung". Wandgemälde von Hans Bock d. Ä.
im Vorzimmer des Regierungsratssaales im Rathaus zu Basel. — Rechte Hälfte. — Zustand 1932.

allegorisch darstellte: ein Thema, das von vielen Künstlern des 17. Jahrhunderts nach der ausführlichen Schilderung Lucians behandelt worden ist. Hans Bock verwendete zu seiner Komposition einen Stich nach dem Gemälde des FEDERIGO ZUCCARI[1]) (Abb. 448), den er ausserdem, wohl kurz

---

[1]) Über Federigo Zuccari vgl. Hermann Voss, Die Malerei der Spätrenaissance in Rom und Florenz, Bd. II, Berlin 1920, S. 451—468. Sein Gemälde „Die Verleumdung des Apelles" wird heute in Hampton Court aufbewahrt (eine schlecht erhaltene Replik im Palazzo Gaetani, Rom) und bereits von Giovanni Baglione in Le Vite de Pittori, Scultori ed Architetti del 1572 nel 1642, Rom 1642 erwähnt. Es ist öfters im Stich wiedergegeben worden und, wie der datierte Stich von Cornelis Cort (Nagler XXII, München 1852, S. 334) beweist, vor 1572 entstanden.

Ein anderer Stich nach diesem Gemälde, den Giacomo Franco (1550—1620) für den Verleger Luca Bertelli angefertigt hat (330 × 436 (438) mm), befindet sich im Kupferstichkabinet Basel (M 7, Bl. 75). Vgl. Thieme-Becker über Bertelli: Bd. III, Leipzig 1909, S. 487 f. (Paul Kristeller); über Franco: Bd. XII, Leipzig 1916, S. 365f. (Paul Kristeller).

Abb. 448. Die Verläumdung des Apelles.
Kupferstich von Giacomo Franco nach dem Gemälde von Federigo Zuccari.
Kupferstichkabinett Basel.

vorher auch in einem Gemälde auf Leinwand kopiert hatte[1]). Auf beiden Kompositionen sitzt in einer, bei Bock nach dem Hintergrund ganz geöffneten Halle links Ptolomäus mit den Eselsohren, von Pallas Athene als Weisheit zurückgehalten, von Unwissenheit und Verdacht aber aufgehetzt auf dem Thron, vor dem ein angeketteter Mann mit verbundenen Augen den gefesselten Gerechtigkeitssinn des Königs symbolisiert. Die mittlere Gruppe hat Bock wahrscheinlich nach einer anderen Vorlage seinem Vorbild eingefügt, um den Raum zu füllen. Vom Neid herbeigezerrt, steht hier die Verleumdung mit brennender Fackel, die aufgereizt durch Hinterlist und Falschheit einen bittenden nackten Knaben, die Unschuld, zurückstösst. Die rechte Gruppe entspricht wieder genau jener auf dem Gemälde

---

[1]) In der Öffentlichen Kunstsammlung Basel (Katalog, Basel 1907, S. 17, Nr. 92; H. = 1,24 m, B. = 1,68 m [wohl 2,68 m]) befindet sich ein mit Leimfarben auf Leinwand gemaltes Bild, das zweifellos von Hans Bock stammt und „in fast ganz genauem Anschlusse" an das Gemälde des Federigo Zuccari ausgeführt ist. Nach Berthold Haendcke (Die schweizerische Malerei im XVI. Jahrhundert. Aarau 1893, S. 234 f.) ist das Leinwandbild vielleicht schon früher entstanden und hat später für das in den Dimensionen viel bedeutendere Wandgemälde als Vorlage gedient. Dabei ist zu beachten, dass im Rathausbilde der Aufbau, die Anordnung der Personen und die Schilderung der Landschaft selbständiger geworden sind, die Komposition aber an Ernst und dramatischer Spannung verloren hat.

des Zuccari. Es wird hier die Reue dargestellt, nach der Erzählung des Valerius Maximus verkörpert durch den Jüngling Polemon[1]), der nach durchschwärmter Nacht die Vorlesung des Xenokrates stören wollte, aber durch des Weisen Vortrag bekehrt, sein wüstes Leben bereute und schliesslich Nachfolger des Philosophen wurde; Hermes führt ihn zur Wahrheit. Die weite Landschaft im Hintergrund ist wiederum von besonderem Reiz; abermals erscheinen den Mythen ähnliche Berggipfel (vgl. S. 632) und auch das wellige Land davor mit Siedlungen und Baumgruppen erinnert an die Umgebung von Schwyz, wie sie sich zur Rigi hinüberzieht. — Beim Umbau von 1902—1904 musste auch dieses Gemälde auf die neue Turmmauer übertragen werden[2]); ausserdem ist es damals durch die Türe nach dem Turmzimmer durchbrochen worden.

Als Erläuterung zu dem Gemälde der Verleumdung findet sich an der Ostwand über dem Eingangsportals von der Galerie die *Inschrift*[4]):

IVDEX PRO TRIBVNALI, QVEM CONSPICIS, REX ILLE SVM PTOLOMAEVS,
QVI SVSPICIONE ET IGNORANTIA SEDVCTVS, CALVMNIAE DECLAMATIONIBVS
QVAS DE INVIDIA, FRAVDE ET INSIDIIS FECERAT, INFLA̅MATVS, APELLEM
INNOCENTEM PRAECEPS DAMNAVI QVONDAM: VERITATE DEMVM VIX CITO SATIS
COGNITA ERROREM AGNOVI ET EMENDAVI CAVTIOR: MEO EXEMPLO, QVISQVIS IVDICAS,
NON AVRES MODO SED PRVDENTIAM IMPRIMIS EXTENDE, ET VTRIVSQVE PARTIS CAVSAM
DILIGENTER EXCVTE; HAVD ENIM TVRPIVS IN PALATIO TEMERITATE PIACVLVM
MDCXI   MDCCX

Die *deutsche* Übersetzung lautet:

Der Richter auf dem Tribunal, den du siehst, bin ich, der bekannte König Ptolomaeus, der ich, durch Misstrauen und Unwissenheit verleitet, durch die verlogenen Reden der Verleumdung, in welchen sie von Anfeindung, Betrug und Hinterlist geschwatzt hatte, zum Zorn gereizt, den Apelles, einen Unschuldigen, unbesonnen einst verurteilt habe. Als endlich, zu spät, die Wahrheit an den Tag kam,

---

[1]) Die Geschichte von der Bekehrung des Jünglings Polemon findet sich in Valerii Maximi Dictorumque Factorumque Memorabilium Libri IX, Amsterdam 1626, p. 198: Liber sextus, caput IX, De mutatione morum aut fortunae. Externa 1.
In *deutscher* Übertragung: Valerii Maximi / Des Weitberümbten Hochgelehrten alten Historienschreibers / Neun Bücher / von namhaften wunderbaren Geschichten und Exempeln / beide der Römer vnd anderer außländischer Völcker / als nemlich / der Persier / Medier / Griechen / Afern / Flemming vnd Teutschen. Durch den vielerfarnen wolgelehrten Herrn Peter Selbeth ... erstlich verdeutscht / Jetzt aber widerumb ... an den tag gegeben / Durch Niclas Heiden Eifflender von Dhaun. Franckfurt am Mayn 1565, p. 150/151: VI. Buch, IX. Capitel, Frembde Exempel vnd Historien, 1. — Valerius Maximus, Sammlung merkwürdiger Reden und Thaten, übersetzt von D. Friedrich Hoffmann, Stuttgart 1829, S. 424/425: VI. Buch, 9. Kapitel, Auswärtige, 1.
[2]) E. Vischer a. a. O., S. 27.
[3]) Gross a. a. O., p. 446; Tonjola a. a. O., p. 380; Jakob Burckhardt a. a. O., S. 50/51.

erkannte ich meinen Irrtum und büsste ihn. Gewitzigt durch mein Beispiel sollst du und jeder andere Richter nicht nur die Ohren, sondern vor allem deinen gesunden Verstand anstrengen und beider Parteien Sache sorgfältig prüfen. Denn eine ärgere Sünde im Richthaus gibt es nicht als Unbesonnenheit.

Darunter stand zwischen der Türe und dem Wendeltreppengehäuse die heute verschwundene deutsche Inschrift[1]):

PTOLOMAEUS.

Richter und Weyse Rahtschlåg geben /
    Erfordert b'sinnt und nůchter Leben.
Rein G'wissen sorgt fůrs Vatterland /
    Vnd reicht der Vnschuld trewe Hand.
Recht hören / vnd erwegen wol /
    Von mir man fleissig lehrnen soll.
Mit Vrtheil fellen gar nicht eyl /
    Es seyen dann g'hőrt beyde Theil.
Gleiches Recht theil mit menniglich /
    Vnd nicht nach Gunst das Vrtheil sprich:
Dann wo du halt'st vnrecht Gericht /
    Wirdt dir s' gwiß Gott schencken nicht.

Auch die Fensterwand wurde mit Sprüchen geziert[2]); hier ist über dem linken (nördlichen) Fenster aufgemalt:

VOS, QVIBVS RECTOR MARIS ATQ · TERRAE
IVS DEDIT MAGNVM NECIS ATQ · VITAE,
PONITE INFLATOS TVMIDOSQVE VULTVS,
QVICQVID A VOBIS MINOR EXPAVESCIT,
MAIOR HOC VOBIS DOMINVS MINATVR.

Über dem rechten (südlichen) Fenster steht zu lesen:

OMNE SVB REGNO GRAVIORE REGNVM EST:
QVEM DIES VIDIT VENIENS SVPERBVM,
HVNC DIES VIDIT FVGIENS IACENTEM:
NEMO CONFIDAT NIMIVM SECVNDIS;
NEMO DESPERET MELIORA LAPSIS.

In *deutscher* Übertragung lauten beide Inschriften:

Ihr, denen der Beherrscher des Meeres und der Erde das gewaltige Recht über Leben und Tod verlieh, setzt ja keine aufgeblasene, geschwollene Miene auf. Alles, was von euch der Schwächere zitternd befürchtet, das habt ihr von einem stärkern Herrn zu erwarten.

Jedes Regiment steht unter einem noch stärkeren Regiment. Wen der Morgen auf stolzen Rossen sah, den kann der Abend am Boden erblicken. Keiner traue zu sehr dem Glück, keiner verzweifle an einer Besserung, wenn es abwärts geht.

---

[1]) Gross a. a. O., p. 446; Tonjola a. a. O., p. 381; Jakob Burckhardt a. a. O., S. 51.
[2]) Gross a. a. O., p. 447; Tonjola a. a. O., p. 381; Jakob Burckhardt a. a. O., S. 53/54.

Die „Historien" als Bilderfolge.

Hans Bocks „Calumnia", wie sein „Herodes vor Hyrcanus" zeigen, dass der Künstler, nicht immer die Kraft besass, Fremdes zu Eigenem zu verarbeiten. Auch seine Kompositionsmethoden sind nicht original und wiederholen sich oft. An den Bildrändern stehen zumeist gewaltige Krieger, die unruhige und gedrängte Mittelszenen rahmen, und dahinter öffnen sich zwischen prunkhaften Bauwerken weichliche Landschaften, in denen sich die Motive häufen. Die Zeichnung ist hart und schematisch, die Modellierung geschieht in vollem Licht, das Kolorit aber scheint warm und frei von zu starken Schatten gewesen zu sein (B. Haendcke). Gleichwohl ist Hans Bock d. Ä. auch als Historienmaler bedeutend durch sein sicheres Gefühl für Form und Monumentalität, wie durch sein virtuoses Können, mit dem er, dem Geschmack jener Zeiten entsprechend, gewaltige Ereignisse in theaterhaftem Pomp auf mächtige Flächen zu bannen verstand.

Die Bockschen Wandmalereien bilden, erläutert durch Inschriften ähnlich wie die Gemälde Hans Holbeins im Grossratssaal, einen umfassenden Zyklus allegorischer und historischer Veranschaulichungen von Regenten-Tugenden und Pflichten in Beispielen und Gegenbeispielen: Josaphat als Vorbild eines gottesfürchtigen Königs, Hyrcanus als Beispiel eines Fürsten, der Macht vor Recht ergehen lässt, Salomo der Weise, Daniel, der von Gott erleuchtete Richter, dazu die warnenden Allegorien der Verleumdung und Bestechlichkeit und endlich das Gesetz und das Gericht Gottes, fürwahr eine gewaltige Folge erschütternder Ereignisse in imponierender Grossartigkeit dargeboten.

Hans Bock selbst hat seine Rathausgemälde in seiner Supplikation von 1613 (vgl. S. 645) „Kosthliche, Statliche, Fürstliche gemehl" genannt, und in der Tat besass keines der Rathäuser, „von den Niederlanden rheinaufwärts bis Eglisau", „einen auch nur annähernden Reichtum solcher Vorstellungen. Die Rathäuser von Augsburg und Nürnberg können sich mit dem Basler an Menge, aber von ferne nicht an Bedeutsamkeit der Bilder messen; und das Basler Rathaus ist zudem das einzige unter denselben, das *Fassadenmalerei* hat, d. h. dessen Bilder nicht nur zu den im geschlossenen Raum versammelten Richtern, sondern zu allem Volke redeten"[1].

III. Quellen und Literatur.

STAATSARCHIV BASEL, Bauakten C C 1, Rathaus ... 1482—1816; 1817—1857; Planarchiv D 2; Architectura Basiliensis. — Obersthelfer Jakob Burckhardt, Sammlungen über die Gemälde und Inschriften des Rathauses zu Basel, A⁰ 1825. Handbibliothek B q 109.

---

[1] S. Vögelin in Fassadenmalerei in der Schweiz, Basel (Anzeiger für Schweizerische Altertumskunde, XIII. Jahrgang, Zürich 1880, Nr. 4), S. 79, unter Hinweis auf Professor G. Kinkels Untersuchung über Rogier van der Weyden und seine Brüsseler Rathausbilder in Beilage zum Programm des Eidgenössischen Polytechnikums für das Schuljahr 1867/1868 und in „Mosaik zur Kunstgeschichte", 1876.

S. Vögelin, Fassadenmalerei in der Schweiz, Basel, Anzeiger für Schweizerische Altertumskunde XIII. Jahrg., Zürich 1880, Nr. 4, S. 75—79. — J. J. Im Hof, Das Basler Rathaus und seine Bilder. Ein Vortrag, gehalten im Basler Kunstverein, Basler Kunstverein, Vortrag nebst Berichterstattung über das Jahr 1885. Basel 1886, S. 11—30. Mit Lichtdrucktafel „Moses und Aaron". — Albert Burckhardt und Rudolf Wackernagel, Geschichte und Beschreibung des Rathauses zu Basel. Mitteilungen der Historischen und Antiquarischen Gesellschaft zu Basel. Neue Folge III, Basel 1886, S. 14—15, S. 33—35. — Ed. His-Heusler, Hans Bock der Maler. Basler Jahrbuch 1892. Basel, S. 149—156. — Berthold Haendcke, Die Schweizerische Malerei im XVI. Jahrhundert. Aarau 1893, S. 232—235. — Schweizerisches Künstlerlexikon, Bd. I. Frauenfeld 1905, S. 153/154 (Paul Ganz). — Thieme-Becker, allgemeines Künstlerlexikon, Bd. IV, Leipzig 1910, S. 158 (B. Haendcke).

IV. Bittschriften des Malers Hans Bock d. Ä.

1609. Bittschrift Joh. Bocks um Belohnung wegen gemalten Rathaus.
Verlesen 27. Dezember 1609 (Original).
Edel, Gestreng, Ehrenvest, fromm, fürnehm, fürsichtig, Ehrsam vnd Weis, E. Gn. st. vnd E.wt. seyen mein vnderthenige vermögliche dienst jederzeit ohngesparten fleißes zuvor,
Gnedig Herren, vnd Obern.
   E. Gn. St. vnd E.wt. gnedigen bevehl zu würklicher volg, haben die verordneten Bawherren, mir zu eingang abgelauffenen 1608ten Jahrs, das Richthaus zu malen anvertrauet, vnd hab zwar ich (mögen E. Gn. st. vnd E.wt. ohnzweifelich darfür halten,) mich dahin befließen; wie es alles mit wenigsten kosten, vnd abkürtzung vnd gewinnung der zeit, ins werck gerichtet werden können, weil aber, (wie jetweder erfahrner bey sich zu ermeßen) es mit Ölfarben nicht so fertig vnd schleümig, als auf einem naßen Tuch zu mahlen, von statten gehet, vnd ohne das, weegen des zun Zeiten eingefallenen Regenwetters, vnd dannenhero an den Mauren gevolgter Feüchtigkeit, der gelegte Ölgrund, vnd farben nicht wohl trocknen mögen: So hab ich mit meinen vier Söhnen biß in die zwen Somer zubringen müeßen, vnd bin der tröstlichen vnderthenigen Zuversicht: E. Gn. st. vnd E.wt. werden mich fürsetzlich gesuchter Verlengerung in vngnaden nicht verdencken: sondern vielmehr eingeführte Vrsachen bey sich erheblich befünden, vnd jhnen mein vnd meiner Söhnen ohne Zumeßung vngebeürenden ruhms, getreẅ vnd statliche arbeit zu gnedigem belieben gereichen, auch den hierzu erforderten Fleiß vnd emsiges nachgedencken, schwerer arbeit fürziehen, vnd viel fürtreffenlicher halten, vnd es in gnaden erkennen. Wiewohl uns die anvertrawte arbeit nicht völliglich außgefertiget ist, vnd (wie jhren etliche vermeinen möchten,) ich mit der forderung noch zur Zeit inhalten, vnd es vordrist alles Zuendbringen solte: So stelt doch der augenschein an tag; daß es noch anwenig, vnd allein an dem, was die vier grossen ußeren übermahlten wend soviel als nichts angehet erwunden ist. Derowegen, vnd damit ich theils das, so in Zeit ich, vnd meine Söhn vns der arbeit am Richthaus vnderzogen, an Kleidung vnd sonsten aufgewendet worden, abrichten, vnd theils sie meine Söhne, als die auf jhr alter komen, vnd anderer orthen leichtlich etwas fürgeschlagen hetten, etlicher maaßen ihrer mühe ergötzen möge: thuen E. Gn. st. vnd E.wt. ich mein, vnd jhrer meiner Söhnen liedlohn in Vnderthenigkeit anmelden, vnd bestendiglich verhoffen; dieselben werden in bedenckung; daß aufn fahl ich frömbde gesellen brauchen müeßen, viel ein mehrers darauf gangen were, mit 1200 fl. die ich, vnd sie meine Söhn vorbestimbte zwen

Soṁer über, wohlverdient haben, sich nicht bevielen; sonderen vns als dero gehorsaṁe burger, vnd die über billiches zu forderen scheẅ tragen, gnedig bedenckhen, vnd das jenige, so nach abzug der albereit empfangenen 618 fl. gelts, 16 viertzel korn, vnd 2 vierlingen Wein, welche in zimlichen preis anzuschlagen sindt, überig vnd vorstendig ist, gnedig lüffern laßen. Soviel aber gesagter meiner Söhnen Trinckgelt, das sie zubekoṁen bißhero beharlich verhofft, anbelangen thut: Will E. Gn. st. vnd E.wt. ich hiermit nichts fürgeschriben: sondern solches zu ihrem gnedigen gefallen gestelt, vnd beyneben dieselb vergewißert haben: daß nach außfertigung der wenig noch vorstendigen arbeit, E. Gn. st. vnd E.wt. sie nichts weiteres anmuthen: sonderen mit dem, was an jetzo ihnen auß Gnaden gereicht werden möchte, billich wohl ersettiget sein, es für ein große erwiesene gnad erkennen, vnd auf gewartenden Soṁer, neben mir, mit außmahlung übriger historien desto eyfriger vnd gefließener sich erzeigen, vnd finden laßen werden. Vnd bin ich mit ihnen meinen Söhnen, alles das, was zu der Statt Basel vnsterblichen ruhm dienet, alles möglichsten, vngesparten fleißes zubefürderen so schuldig, vnd willig; als ich den algewaltigen Gott vnabläßlich bitte; daß er ob derselben wie bishero, also auch künftiglich seinen gnadenreichen segen walten laßen, vnd E. Gn. st. vnd E.wt. bey erwünschter bestendiger leibsgesundtheit lang fristen, vnd in glücklicher vnd friedlicher Regierung Väterlich erhalten wölle; Bevihle darmit denen ich mich vnd meine Söhn zu beharlichen gnaden gantz vnderthenig. E. Gn. St. vnd E.wt.

                        Vndertheniger gehorsamer burger
                        Hans Bockh der Mahler.

Staatsarchiv Basel, Bauakten C C 1, Rathaus 1482—1816.

1609. 27. Dezember. Hans Bokh supplicirt, daß man Ihme für das bisharo am Richthaus gemacht mahlwerkh wölle 1200 fl. geben.
    ://: Ist den Herren Dreyen befohlen mit Ihme abzurechnen. Seinen sohnen sindt 40 Gulden fürs drinkgelt verehrt.
Staatsarchiv Basel, Protokolle Kleiner Rat 1609, Fol. 67.

1612. Supplication des Malers Hans Bock,
verlesen 7. November 1612.
    Edel, Gestreng, Ehrenvest, from, fürnehm, fürsichtig, Ehrsam vnd weyß. Ew. Gn. St. vnd Ehr. weis. seyen mein vnderthenig gehorsam, schuldig vnd willige Dienst jeder Zeit zuvor, gnedig gebiethende Herren vnd Obern. Es hatt Ew. Gn. streng vnnd Ehr. Wht. mir abgeloffener Zeit gnedig anbefohlen, in Ew. Gn. Diensten, mich an dem Rhathauß allhie brauchen laßen welle. Welches ich dan (wie ich mich deßen schuldig in aller underthenigkeit allso gegen meine gnedige Herren vnd Obern erkenne.) Habe auch ihm selbigen (so vil in meinem Vermegen) mit allen Threien ins werckh gerichtet, vnnd mererley, auch nutzliche Arbeiten hindangesetzt auff daß ich Ew. Gn. Streng u. Ehr. wsht. schuldige Gehorsame leisten mege.
    Habe auch jeder Zeit auf mein undertheniges Begehren in Gelt vnnd Früchten gnedige Handtreichung gehabt. Ist also das werckh soweidt gebracht, für welches dan auch ich zue guettem Beniegen bezahlt. Biß an das jüngste gricht, vnnd die Historia mit der Susanna ob dem gang; als dan inwendig gegen dem Cornmargt, wie der klein Schneckhen vnd die Callumnia gemolt ist. Demnach das Urtheil Salamonis. Welchem nachfolgt die Historia des Königs Josopakt (Josaphat), vnnd gegenüber die Historia Herodis thrutzige erscheinung, allso er vor Recht citiert wordten, für welche meine gehabt meig vnnd gewiß große threie Ich wohl zwelfhundertd Gulden verdient, gantzlichen Zuversicht E. Gn. Streng

vnnd Ehr. eht. werden mich wie auch mein Sen vnnd Kinder in allen gnaden befohlen seyn laßen. Aber der alt Hanß Bockh, welcher von dißer meigselligen großen Arbeit kein Trinckhgelt niemollen empfangen, der bitendt alls ein Vndertheniger Burger Ew. Gn. Streng vnnd wsht. wollen seiner ietz im Alter auch eingedenckh sein nach Ew. Gn. Streng vnnd Ehr. wsht. Guttachten im in Gnaden zu bedenckhen, vnnd da Ew. Gn. Streng. vnd Ehr. Wsht. ins Zukünfftige etwas weiteres begehren mechten, wil ich mich deßen in aller vnnderthenigkeit angebotten haben. Hiemit mich Ew. Gn. Streng vnnd Ehrsam wsht. in aller vnderthenigkeit Befehlendte

Ew. Gn. Strg. vnnd Ehrs. Weisheit
vnndertheniger und gehorsamer Burger
Hanns Bock.

Zu diesem Schreiben gehört eine von der Kanzlei aufgestellte und von Hans Bock unterschriftlich beglaubigte *Abrechnung*, aus der hervorgeht, dass Bocks Forderung noch 174 fl. betrage.

1612. 7. November. M. Hans Bokh der kunstreiche Mahler supplicirt, daß man ihme für beeder jahren 10 vd 11 an dem Rhathause gemachte Arbeit 1200 fl. geben wölle.
:*//*: Ist diese sach denen Herren Dreien befohlen.
Staatsarchiv Basel, Protokolle Kleiner Rat 1612, Fol. 199 v.

1612. 5. Dezember. Mit M. Hanß Boken, seiner Forderung wegen am Rhathauße gemachten Mahlerwerks abzuhandlen sind geordnet H. Beat Hagenbach, H. Lux Iselin der Elter, H. Theodor Burkhart vnd H. Lux Iselin d. Jüng.
Staatsarchiv Basel, Protokolle kleiner Rat 1612, Fol. 211 v.

1613. 16. Januar. M. Hans Boken sollen über bereits gelieferte summen gelts, item wein vd frücht, für seine mahler arbeit, die er amb richthauße verdient, noch per rest bezahlt werden 175 fl. vd zur Verehrung 25 fl. doch daß er seine wechsellschuldt abrichte.
Staatsarchiv Basel, Protokolle Kleiner Rat 1613, Fol. 227.

1613. Supplication von Hans Bock dem Maler,
von ihm selbst aufgesetzt und eigenhändig auf die Rückseite eines Kanzleibogens niedergeschrieben:

Auß befelh unserer gnedigen Herren folgendte Historien am rahthuß gemaldt. das iüngste gericht, die histori Susana, Salomons urtheil, der Kinig iosaphat uff der anderen seidten wie Herodis vor gericht stott vndt zulettst das gemach vor der großen stuben gegen dem Korn marckt. fir diße obvermeldte malwerck ist mein wolverdiendte forderung 1200 fl, auff erst gedachte arbeitt zu undterschidenlichen molen am predt empfangen 780 fl, uß dem stadt wechsel 120 fl, suma in gelt 900 fl vndt in frichten 7 omen weins, korn 24 firtzel, lautt meines ibergebenen rechnung Zedul beneben ingelegter suplication den 11 november 1612 von eim ersamen raht abgehördt worden.
Da nun die fricht j firtzel um 6 ℔ (wie in der ersten rechnung) angeschlagen undt mir verrechnet worden so hette ich in alem empfangen 1026 fl Rest mir noch 174 fl. Die schuldt im wechsel undt was ich am predt empfangen hab ich als in eins auß unwissenheidt in mein zedul gesetzt, deswegen da ich die 120 fl in wechsel zalen sole, so bleiben unser Gd. Herren mir solche 120 fl noch schuldtig
ist also min ustentiger rest noch 294 fl, hien gegen so hab ich den wechsel.

Gedachte schuldt im wechsel hab ich den 26 mertzen Ao 1611 in vorstendter rahthus arbeidt empfangen auch gleich dennoch das vorgemach gegen dem Kornmarck angefangen undt in die 3 monadt, biß uff den 29. iunii daran gearbeidt, ehe dan ich was weitters in gelt empfangen, wie dan in mim rechnung Zedul zu finden da nun ich erstgedachtes gelt nitt in handten, hette man mier doch am predt geben mießen, dan solche große werck selbfinft zu verrichten hab aleinig ich den unkosten empfunden.
vndt ist ietz sit dem 12 weinmonadt ein gantzes iahr auch ettliche monadt das ich an obgemelter arbeitt fertig, meines wohlverdienten lones in mangel standte.
Solte dan mier widter verhoffen abgebrochen werden mieste ich beneben großer gehapter mieg min eigen gelt an dißer arbeitt einbießen.
     E. Gnaden
        undterdeniger gehorsamer
        Burger Hans Bock der moler.

Zusatz [auf der Rückseite ebenfalls von Hans Bocks Hand]: 1200 fl ist mein forderung daran ich in frichten und gelt empfangen — 1026 fl. aber die 120 fl uß dem wechsel sindt auch in min rechnung zedul gesetzt dan ichs an der schuldt so unser g. H. mier noch austentig, abgan laßen. hiemitt hedt ich den wechsel zaldt, also wer noch ein rest 174 fl. Da aber ich den wechsel zalen sole so pleiben unser g. H. die 120 fl mier noch schultig, ist also mein rest noch 294 fl.
Staatsarchiv Basel, Bauakten C C 1, Rathaus, 1482—1816.

1613. Vnnderthenige Supplication des Hans Bock
an die Herren Burgermeister vnnd Rhat der Statt Basel.
Edel, Gestreng, Ehrenvest, from, fürnehm, fürsichtig, Ehrsam vnnd weyß, Ew. Gn. Strg und Ehrsam weyßheit, seyen mein underthenig gehorsam Dienst Eydersten meinem Vermögen nach jeder Zeit bereit zuvor,
Gnedig gebietende Herren vnnd Oberen,
Ich hab die Arbeit auff gut Verthrauen, forgender Verthrestung, Beneben der bezahlung ein gunstig Trinkhgelt zuverlangen, angenummen. Auß welchen Ursachen ich dann andere gunstige arbeiten fahren laßen, Insunderheit dazumahlen Ertzhertzog Maximilian zu Insbruckh mich zum zweyten mahl wegen Geometrischen Künsten vnnd Lanndtmeßungen anmahnen laßen. Auch mir ein vnnd alle Thag, so lang ich gebraucht wurde, beneben allem Unkosten, ein Ducaten zuegeben angeboten. Welches aber weil ich an der Rahthaußarbeit verhafftet, haab mießen fahren laßen. Dann ich in dergleichen Künsten zuethuen, das nun viel Jahr hero wenig Weil worden, was zuemahlen. Deßwegen ich Ew. Gn. Streg. vnnd Ehr. Wsht. vnnd dem Vatterlandt zu Ehren zu dienen gedachte. Meine Geometrischen Geschäfte ingestelt, da dann ich die lannge Zeit hero, so ich an der Rhathauß Arbeit angewent, weit ein mehrers verthiennen kennen. Da auch mir großer Unkosten auffganngen, dieweil ich also selb Fünff dißer arbeit obligen mießen, welches ich sunst in meinen Geometrischen Künsten einsam mit weit ringeren Costen verrichten kan.
So haben auch Ew. Gn. Streng. vnnd Ehr. Wsht. ihn der ersten Abrechnung Anno 1609 genugsam erfahren, was für Unkosten das Öllvarben Mallen auff Mauren vnnd steinwerckh erfordert. Unnd hab auch ich niemahlen was für mich selbsten gehanndlet, sonnderen allwegen auff Ew. Gn. Stregl. vnnd Ehrl. wth. guettachten, die Vysierung ihnns werckh gericht. Da nun unßere Gn. H. die überige sachen schlechter begert, da hatte ich auch schuldige gehorsame geleistet, aber solche große Feldung mit Historia ja Köstliche, Statliche, Fürstliche gemehl

zue vbermahlen, nicht zue schimpfen ist. Welches dan weit mehr Arbeit, dan das Überige mahlwerckh, am Rhathauß hat, solle billich deßen so solches vericht, auch Rechnung gethragen werden. Angesechen, da auch ich daß mittel, mit meinen Söhnen nicht beyhanden vnnd mich umb Frembde Mahler bewerben mießen, wurdt sich der Unkosten vil weiter eingerißen haben.

Deßwegen solte mir an meiner Forderung von 1200 fl. abgebrochen werden, so hete ich beneben Verabsumung beßerer Arbeiten, vnnd großer gehapter mieg, meinen gewißen schaden geschafft, dan ich nach darzu in schulden kummen, Sunsten hab ich Ew. Gn. Strg. vnnd Ehrl. wthl. mit großen Threien in dißem werckh gedient, dan aber vil Farben auffgangen, Sonderlich ihm Bleiweiß welches schwehr wie Pleye, dan es auß Bleie gemacht würt, ist in einem allso großen werckh, da dan alle Überige Varben mit dem bleiweyß vermist vnnd heüßer [heiter] gemacht worden, wie dan ich solches gleich Anfangs, vor allem ergannenen Unkosten, genugsam angezeigt habe. Alles ich zu einkauffung der Varben nach Franckfurt ein Verzeichnuß der Varben, zusampt mösterly von meinen Varben geben. Da ist nun licht zuerkennen, dan das Bleiweyß am meisten herhalten mießen, was dan in Farben übergebleiben, soll vnnd würt nach vorhanden sein, dan von mir nichts geendert worden hab auch noch zuletst an dem Vorderen gemach wie die Caluauia (sic!, Calumnia) gemahlt, meiner Arbeit zue Ehren mein Eygen Blau vnnd Lackh, so weder zue Franckhfurt nach anterswo geringer alls ein Latt (Lot) umb ein gulden zubekummen, dargeben, dan deßen nichts vorhanden geweßen. Hab auch nach verfertigung daselbsten alles beschloßen, vnnd die schleßel dem Hannßen auff dem Richthauß geantwortet worden. Anlangt daß Ehl vnnd bensel. Soll niemandten wundern, da Mauren vnnd steinwerck offt über die 5 oder 6 mahl mießen geöllthrenkt werden, welche demnach erst mit dickhen Farben ein mahl 3 oder 4 übermalt werden mießen. So haben auch die Farbreiber die großen Bensel zum anstreichen haben mießen. (dan mit denselbigen kan man wegen jhrer große nichts) mahlen. Ist dan etwas nebenaußgeschlagen, mießen die Farbreiber darum wißen, dan dißes schwartz gehl Lein Öhl, So zum mahlen nichts nutzen ist, Hab auch niemahlen gebraucht, besonder Laütt nuß Öll in die Farben haben mießen[1]). Wan auch Ew. Gn. Strg. vnnd Ehrm. wsht. gescheften etwas zu verarbeiten geweßen, da haben groß vnnd klein Bensel herhalten mießen. Daran ich dan kein schult.
Hiemit Ew. Gn. Strg. vnnd Ehrst. wsht. mich in allen mir möglichen vnnderthenigen diensten befehlen

Ew. Gn. Strg. vnnd Ehrst. Wsht.

vnndertheniger vnnd gehorsamer Burger

Hannß Bockh der Mahler.

Staatsarchiv Basel, Bauakten C C 1, Rathaus, 1482—1816.

1613. 3. Februar. M. Hans Book hat fernere supplication eingelegt, vd gebetten zu ergänzung seiner fordernden 1200 fl. jhme noch manglenden 120 fl. gegeben werden. ://: Bleibt bei voriger rhatserkantnus, allein sollen ihme des Stattwechsells zins wider guttgethan werden.

Staatsarchiv Basel, Protokolle Kleiner Rat 1613, Fol. 236 v.

---

[1]) Obersthelfer Jakob Burckhardt berichtigt in seinen Sammlungen über die Gemälde und Inschriften des Rathauses zu Basel, Staatsarchiv Basel, Handbibliothek B q 109, S. 73, die durch den Kopisten verunklärte Stelle wie folgt: denn dieses schwarzgelb Leinöhl, so niemalen nichts nutz ist, hab ich auch niemalen gebraucht, sondern lauter Nussöhl in die Farben haben müssen.

DAS STAATSARCHIV
BASEL

Abb. 449. Das schmiedeeiserne Hofgitter des Staatsarchivs an der Martinsgasse
Vom Reinacherhof, St. Johannvorstadt Nr. 3.

DAS STAATSARCHIV
UND SEINE KUNSTDENKMÄLER
VON AUGUST HUBER

I. Im Neubau verwendete alte Architekturteile und Ausstattungsstücke.

Bei dem in den Jahren 1898 und 1899 auf dem Areal des Rathauses gegen den Martinsplatz und die Martinsgasse errichteten Archivgebäude (vgl. Grundriss Abb. 226, S. 358) fanden an seiner Aussenseite wie in seiner innern Ausstattung einige alte Objekte von gewissem Kunstwerte Verwendung

Das schmiedeiserne Gitter, das den Hof gegen die Martinsgasse abschliesst (Abb. 449), stammt aus der Liegenschaft zum Reinacherhof[1]), St. Johannvorstadt Nr. 3, die mit dem benachbarten Hause St. Johannvorstadt Nr. 5 Mitte des 18. Jahrhunderts von ihren damaligen Besitzern, den Gebrüdern Johannes Ryhiner-Iselin und Samuel Ryhiner-Werthemann, umgebaut und nach den Formen des Louis XV-Stiles eingerichtet worden war. Dem entsprach das im gleichen Stile gehaltene elegante und graziöse Gitter, das den Eckhof von St. Johannvorstadt Nr. 3 in einzigartiger Weise abschloss[2]). Im Jahre 1898 konnte dieses Meisterwerk der in jener Zeit des 18. Jahrhunderts so hochstehenden Basler Kunstschlosserei für den Staat erworben werden, bevor es ins Ausland wanderte. Es fand eine seiner hohen Qualitäten würdige Verwendung als Abschluss des Hofes des Staatsarchivs und als würdiges Gegenstück zu dem benachbarten, in gleichem Stile gehaltenen wundervollen Gitter des Blauen Hauses an der Martinsgasse.

Wandschmuck im Treppenhaus. Die weissen Wände des Treppenhauses wurden zunächst durch einige dekorativ wirkende *Depotbilder der Kunstsammlung*[3]) belebt. Es sind Ölgemälde des 17. und 18. Jahrhunderts mit Darstellungen des Raubes der Helena, der Hagar in der Wüste, der Bekehrung des Paulus und der Heimkehr Jakobs. Dazu kommt der mächtige, dank seinen eingefügten Wappen und Figuren dekorative *Stammbaum der Deszendenz des Frankenkönigs Chlodowech,* der als Holzschnitt im Formate von 4,25 m Höhe und von 1,29 m Breite bei Johannes Oporin 1556 gedruckt worden ist[4]).

---

[1]) Das Bürgerhaus in der Schweiz, Bd. XXII, Zürich 1926: Kanton Basel-Stadt II. Teil S. LIX und Tafel 122—123. — Staatsarchiv Basel, Historisches Grundbuch.

[2]) Staatsarchiv Basel, Bauakten C C 1. Rathaus.

[3]) Die Depositen der öffentlichen Kunstsammlung im Staatsarchiv sind hier nur kurz erwähnt; sie werden a. a. St. bei der zusammenfassenden Behandlung der Bestände der Staatlichen Museen einlässlicher beschrieben werden.

[4]) Ferner findet sich über dem zweiten Podest der Treppe auf einer in der Seitenwand eingelassenen Konsole eine gute, von Verwandten und Freunden gestiftete *Bronzebüste Rudolf Wackernagels,* des Organisators des Basler Staatsarchivs, ein Werk der Bildhauerin Brunhilde Kind (1927).

Eine Bank von Eichenholz[1]), 2,30 m lang, aus dem Ende des 16. Jahrhunderts, steht im Vestibül des ersten Stocks. Ihre durchbrochene Rücklehne ist in Renaissanceformen geschnitzt, und die mit flachgeschnitzten Masken dekorierten Seitendoggen laufen in gutgeschnitzte Köpfe aus (Abb. 450). Die Bank stammt aus dem alten Ehegerichtssaale des Rathauses und ist vermutlich dorthin gekommen, als in den 1870er Jahren dieser Raum für Regierungsrat Gottlieb Bischoff, Vorsteher des Departements des Innern, eingerichtet wurde.

Die eichene Türe[2]), die vom Vestibül in den Benützersaal führt, stammt aus der St. Leonhardskirche und gehört ihrem Stile nach dem Anfang des 17. Jahrhunderts an. Sie weist zwei Füllungen auf, die eingerahmt sind von flachen Barockornamenten.

Wandschmuck in Garderobe und Arbeitsraum des Staatsarchives. In der Garderobe hängen das *Porträt des Thomas Platter des Jüngern* vom bekannten Basler Porträtisten JOH. RUDOLF HUBER, ein Depotbild der Kunstsammlung, und eine aus dem frühern Ehegerichtssaale stammende hübsche *Vedute Basels* von Süden, ein Ölbild des 18. Jahrhunderts.

Im Arbeitsraum des Staatsarchivars hängen an den Wänden als *Depotbilder* der Kunstsammlung eine Kopie des 16. Jahrhunderts des Mariä Tempelgangs von Albrecht Dürer, die Anbetung der Hirten des Basler Malers HUG KLUBER (1535/36—1578) frei nach Holbeins Freiburger Altarbild[3]), die Anbetung der Könige aus dem 15. Jahrhundert und das Porträt des Professors und Pfarrers zu St. Theodor, Johannes Brandmüller (1533—1596)[4]).

Eine eichene, mit Eisen beschlagene Truhe[5]) aus der zweiten Hälfte des 16. Jahrhunderts ziert eine der Seitenwände des Arbeitszimmers des Staatsarchivars. Ihre Länge beträgt 93 cm, ihre Breite 44 cm und ihre Höhe 62 cm. Die Füllungen der Vorderseite wie der beiden Schmalseiten zeigen fein geschnitztes Renaissancerankenwerk. Die Truhe stammt aus dem Rathauskeller.

Als Wandschmuck des Benützersaales dienen zehn *Ölporträts aus dem 16. bis 18. Jahrhundert* von bekannten und unbekannten Männern. Zu den erstern gehören Melanchthon, Antistes Werenfels, Blaise Méliand, französischer Gesandter bei der Eidgenossenschaft in den Jahren 1635—1640, und Karl Friedrich Drollinger, badischer Dichter und Archivrat (1688—1742)[6]).

---

[1]) Albert Burckhardt und Rudolf Wackernagel, Das Rathaus zu Basel, S. 51. — A. Huber, Das neue Archivgebäude in Basel in Archival. Zeitschrift N. F., Bd. XI, S. 243.

[2]) A. Huber, l. c. S. 243.

[3]) Schweizerisches Künstlerlexikon, Bd. II, Frauenfeld 1908, S. 174 (D. Burckhardt).

[4]) Ausser diesen Bildern sind noch aufzuführen ein gutes *Porträt von Rudolf Wackernagel*, eine Originalhandzeichnung des Basler Malers Rudolf Löw (1920), das *Porträt eines Basler Mädchens* von 1689, interessant als Kostümbild, sowie eine hübsche *Ölstudie* mit der Darstellung des Pavillons im frühern Reberschen Gute vor dem St. Johanntor von Joh. Bapt. Weissbrod, gewesenem Lehrer an der Basler Gewerbeschule.

[5]) A. Huber, l. c., S. 244.

[6]) Diesen Depotbildern der Kunstsammlung gliedert sich an ein dem Staatsarchiv von der staatlichen Kunstkreditkommission anvertrautes *Porträt Rudolf Wackernagels* von der Hand des Basler Malers Paul Basilius Barth.

Abb. 450. Geschnitzte Eichenholzbank im Vestibule des Staatsarchivs Basel.

Als weiterer Wandschmuck fanden über dem Eingang zum historischen Grundbuch Verwendung zwei *holzgeschnitzte farbige Basilisken*, die als Schildhalter des über der Türe des früheren Grossratssaales bei der Renovation desselben in den 1820er Jahren angebrachten Wappens Basels gedient hatten[1]). Der heraldisch gut stilisierte Baselstab, der überhöht ist von einem Liktorenbündel mit einem mit Straussenfedern besetzten Hute, die die Farben Basels schwarz und weiss führen, fand Unterkunft im Raume der Handbibliothek.

Zwei spätgotische Fenstersäulen mit charakteristischen gewundenen Kannelüren und kannelierten Basen gliedern wirkungsvoll die Fensterseite des

---

[1]) Albert Burckhardt und Rudolf Wackernagel, Das Rathaus zu Basel, Basel 1886, S. 21 und Tafel III.

Benützersaales. Sie gehören der zweiten Hälfte des 16. Jahrhunderts an und stammen aus dem frühern Gasthause zum Engel in der Spalenvorstadt[1]).

Archivschränke. In dem an den Benützersaal sich anschliessenden Raume des historischen Grundbuches ist bemerkenswert der auf der rechten Seitenwand aufgestellte Teil der aus dem einstigen geheimen Gewölbe oder geheimen Registratur im frühern hintern Teile des Rathauses stammenden Archivschränke. Diese Schubladenkästen, ein Werk des tüchtigen Basler Tischmachers und Bildschnitzers JAKOB STEINER[2]) aus dem Jahre 1536, zeigen einfache, schöne Renaissanceformen. Sie sind gegliedert durch geschnitzte Pilaster, die jeweilen vier Reihen von je zwei oder vier Schubladen einrahmen. Die jonischen Kapitelle sind in der Mitte dekoriert mit allerlei gutgeschnitzten Köpfen. Auf den Pilastern wie auf den Bordüren, die die Kästen gegen oben und unten abschliessen, ist in der Mitte eine geschnitzte Rose angebracht. Auf Grund stilistischer Verwandtschaft darf wohl angenommen werden, dass der Basler Maler KONRAD SCHNITT die Vorlagen für die Dekors und überhaupt für die Schränke entworfen habe[3]). Drei der Schränke wurden in den 1870er Jahren aus dem geheimen Gewölbe entfernt und fanden Aufstellung in dem frühern Ehegerichtssaal, der damals, wie schon bemerkt, für das Bureau des Vorstehers des Departements des Innern eingerichtet wurde. Dabei erfolgte eine Reduktion im Umfang der Kästen, indem die Schubladen in ihrer Breite vermindert wurden. Zugleich erhielten sie, die ursprünglich dunkelbraun gebeizt waren, eine helle, gelblichbraune Lasur. Aus dem frühern Ehegerichtssaal brachte man sie ins neue Archivgebäude, wo sie für das historische Grundbuch Verwendung fanden. Die übrigen vier Schränke, die von fünf Pilastern eingerahmt sind, bewahrten ihren ursprünglichen Umfang und ihre Tönung und fanden später Verwendung im Urkundensaal des Staatsarchivs, wo sie die Rückwand in der Länge von sieben Meter bedecken und dem Besucher einen Begriff geben von dem hohen Stande des Basler Kunsthandwerkes des 16. Jahrhunderts (Abb. 451 und S. 434 mit Abb. 325).

Türen. Ebenfalls ein Meisterwerk der Basler Schreinerkunst ist die *Türe*, die vom historischen Grundbuche nach den Räumen der Bilder- und Siegelsammlungen führt. Sie bildete einst die Verbindung der frühern Ratsstube mit der hintern Kanzlei und wurde 1536 von VELTIN REDNER hergestellt[4]). Als jene 1876 für die Staatskassaverwaltung eingerichtet wurde, stiess man auf die Türe und verwendete sie im frühern Ehegerichtssaal als Wandbekleidung neben den alten Archivkästen. Die Türe besteht aus zwei kräftig profilierten Füllungen, die mit Intarsien eingefasst sind. Als Beschlag dient ein fein ausgeführter Drache, ein treffliches Produkt des Basler Kunstschmiede-

---

[1]) A. Huber, l. c., S. 244.
[2]) Schweizerisches Künstlerlexikon, Bd. IV, Frauenfeld 1917, S. 415 (E. Major).
[3]) Freundliche Mitteilung von Herrn Dr. Rudolf Riggenbach.
[4]) Vgl. S. 424 und S. 351, Abb. 262, Grundriss 8. — Albert Burckhardt und Rudolf Wackernagel, Das Rathaus zu Basel, Basel 1886, S. 12 und Anmerkung 90.

Abb. 451. Detail der Archivschränke
von 1536
im Urkundengewölbe des
Staatsarchivs Basel.

handwerkes. Schliesslich fand im Raume der Siegelsammlung ein ebenfalls aus dem 16. Jahrhundert stammendes *Türgewände* Verwendung, das eine gute Intarsienarbeit aufweist. Zwei nach unten sich verjüngende Pilaster mit einfachen Kapitellen tragen das Gebälk.

II. Die Goldbullen und silbervergoldeten Siegelschalen.

Den künstlerisch wertvollsten Bestand des Staatsarchivs bildet die Serie von elf Goldbullen und silbervergoldeten Siegelschalen und Kapseln, die aus der Zeit von 1218 bis 1810 stammen. Es handelt sich dabei vornehmlich um die Besiegelung von Privilegien und Rechten, die teils für die Stadt, teils für den Bischof von Basel ausgestellt worden sind.

I. Eine Goldbulle von König Friedrich II. (Abb. 452, 453), befindet sich an einer Urkunde vom 13. September 1218, durch die der Kaiser auf Bitte des Bischofs von Basel, Heinrich von Thun, das der Stadt Basel früher gegebene Privileg hinsichtlich eines Rates widerruft[1].

---

[1] Staatsarchiv Basel, Städtische Urkunden Nr. 5. — Abgedruckt bei Rud. Wackernagel und Rud. Thommen Urkundenbuch der Stadt Basel, Bd. I, S. 61, Nr. 92. — Trouillat, Monuments de l'histoire de l'ancien évêché de Bâle T. I, Porrentruy 1852, S. 475, Nr. 315. — J. F. Böhmer und J. Ficker, Regesta Imperii V, S. 225.

Im Verlaufe des 12. Jahrhunderts hatte sich nämlich in Basel ein selbständiger städtischer Rat konstituiert[1]). Als nun Friedrich II. im Herbste 1212 von Verona her über die Alpen zog und Ende September in Basel eintraf, erklärte sich die Stadt für ihn, indessen sein Gegner, Kaiser Otto IV., der sich in Breisach aufhielt, von dort vertrieben wurde. Wahrscheinlich während dieser Anwesenheit König Friedrichs in Basel, stellte er der Stadt ein Privileg aus, das eine Anerkennung des bestehenden Rates enthalten haben muss. Als dieser einige Jahre später 1215 eine städtische Steuer ausschrieb, erhob sich der damalige Bischof Heinrich von Thun, eine kräftige und energische Natur, als Herr der Stadt dagegen, während sich Basel auf das Privileg Friedrichs berief. Der Bischof benützte daher die Gelegenheit auf dem Reichstage zu Ulm im September 1218, da Friedrich auf die Unterstützung der geistlichen Reichsfürsten angewiesen war, und erreichte bei ihm die Aufhebung des Privilegs zugleich mit dem Verbot an die Basler, je wieder einen Rat aufzustellen noch sonst eine neue Institution zu schaffen ohne Zustimmung und Wissen des Bischofs. Das Bestehen des Rates an sich wurde nicht bestritten, sondern nur seine Unabhängigkeit vom Bischof. Die Urkunde gelangte zugleich mit ihrer weiter unten zu erwähnenden Bestätigung durch Karl IV. vom 14. September 1366, an der ebenfalls eine goldene Bulle hängt, dadurch in den Besitz Basels, dass gemäss dem Schiedsspruch[2]) der eidgenössischen Boten zu Baden vom 1. April 1585 zur Beilegung der Streitigkeiten zwischen der Stadt und dem Bischof Jakob Christoph Blarer von Wartensee dieser sie Basel im Spätjahr 1587 ablieferte[3]).

Die Königsbulle[4]) besteht aus zwei dünnen, getriebenen Goldblechen, die auf einem Goldblechstreifen aufgelötet sind. Der Durchmesser = 62 mm.

Avers: Der König ist dargestellt sitzend auf einem verzierten Stuhle mit Rücklehne, die oben auf beiden Seiten mit einer Lilie geschmückt ist. Er trägt eine einfache Alba und darüber das nur mit einem Perlrande eingefasste Pallium. Auf dem beschädigten Kopfe des Königs ruht eine niedere Krone mit Pendilien. In der rechten Hand hält er ein belaubtes, in einem Kreuze endendes Szepter, in der linken den Reichsapfel mit dem Kreuz. Das Siegelbild ist eingefasst von zwei konzentrischen Perlenkränzen, innerhalb deren sich die folgende aus Majuskeln, vermischt mit Minuskeln und Unzialen, bestehende Umschrift findet:

✠ : FRIDERIC͛ DI·GRA·ROMANOR͛ REX ✠ SEMP·AGVSTVS · REX SICILIE

Revers: Als Symbol von Rom findet sich innerhalb eines mit Zinnen gekrönten und in der Mitte mit einem Tor ausgestatteten Mauerkranzes ein

---

[1]) Rudolf Wackernagel, Geschichte der Stadt Basel I, S. 17 ff.
[2]) Rudolf Thommen, Urkundenbuch der Stadt Basel, Bd. X, S. 561 ff, Nr. 581, und S. 592 ff, Nr. 600.
[3]) Staatsarchiv Basel, Bistum Basel B 3, „Verzeichnus der briefen so der bischof d. 4. novemb. geliefert", und Bischöfliches Archiv XXXI, Nr. 383, 1589 April: „Wegen irer fürstl. gnaden im october a⁰ 1587 vergebener brieffen verzeichnisz."
[4]) Otto Posse, Die Siegel der deutschen Kaiser und Könige von 751 bis 1806, Dresden 1909, Bd. I, S. 19, und Tafel 28, Nr. 4 und 5. — Posse V, S. 28, Nr. 7.

Abb. 452. Avers.

Die Goldbulle von König Friedrich II., 1218.
Original-Grösse. — Staatsarchiv Basel.

Abb. 453. Revers.

romanischer Bau, der von zwei gekuppelten runden Türmen und zwei kleinern Spitztürmen flankiert ist. Über dem Mittelbau erhebt sich ein mit einer Rosette geschmückter Turm. Der mittlere Stock zeigt zwei gekuppelte Rundbogenfenster; darunter steht in einer Öffnung mit dreifachem Bogen die Aufschrift in drei Zeilen:

**AV
REA
ROMA**

Das Ganze ist eingefasst von zwei konzentrischen Perlenkränzen mit der aus der Zeit Konrads II. stammenden Umschrift[1]:

✠ ROMA · CAPVT · MVNDI · REGIT · ORBIS · FRENA · ROTVNDI :

Die goldene Bulle hängt an roten Seidenfäden[2].

II. Eine Goldbulle von Kaiser Karl IV. (Abb. 454, 455) befindet sich an einer vom Kaiser zu Prag am 1. April 1357 ausgestellten Urkunde[3]. Der Kaiser gibt darin der Stadt Basel die Freiheit, dass niemand einen Basler irgendwohin laden oder beklagen könne und dass kein Basler zu Recht stehen solle als vor dem Schultheissen zu Basel. Er bestätigt ferner der Stadt alle ihre Freiheiten, Rechte und guten Gewohnheiten.

Durch das Erdbeben im Jahre 1356 war das städtische Archiv zugrunde gegangen. Die Urkunde wurde daher ausgestellt als Ersatz der verlorengegangenen Dokumente[4]. Der Kaiser handelte dabei jedenfalls aus Zweckmässigkeit und nicht bedingt durch eine bestimmte Einstellung gegenüber der Stadt.

Die beiden getriebenen Goldblechscheiben, aus denen die Bulle[5] besteht, sind mit Goldblechstreifen versehen, wobei derjenige des Averses über den des Reverses greift. Dadurch fügen sich die beiden Teile ineinander. Auf der Rückseite des Averses sind im Innern oben und unten zwei Ösen angebracht, während auf der Innenseite des Reverses in der Mitte eine solche angelötet ist. Durch dieselben ist die Schnur, an der die Bulle befestigt ist, durchgezogen. Der Durchmesser des äussern Perlenkranzes beträgt 59 mm, der Gesamtdurchmesser 63 mm.

---

[1]) Percy Ernst Schramm, Die deutschen Kaiser und Könige in Bildern ihrer Zeit, Leipzig 1928, Bd. I, S. 122.
[2]) Aloys Meister, Sphragistik, S. 339, in Grundriss der Geschichtswissenschaft, Bd. I, Leipzig 1906.
[3]) Staatsarchiv Basel, Städtische Urkunde Nr. 311. — Rudolf Wackernagel, Urkundenbuch der Stadt Basel, Bd. IV, S. 218, Nr. 233. — J. F. Böhmer, Regesta Imperii, Bd. VIII: Die Regesten des Kaiserreichs unter Karl IV. 1346—1378, herausgegeb. von Alphons Huber, S. 214.
[4]) Rudolf Wackernagel, Geschichte der Stadt Basel, Bd. I, S. 257. 271 ff.
[5]) Vgl. Posse, Bd. II, S. 4, Tafel 3, Nr. 6—7 und Posse, Bd. V, S. 41, Nr. 13. — Karl Heffner, Die deutschen Kaiser- und Königssiegel, Würzburg 1875, S. 22, Nr. 107, Tafel XI und X, Nr. 86 und 87. — F. Philippi, Siegel in Urkunden und Siegel in Nachbildungen für den akadem. Gebrauch, herausgegeb. von G. Seeliger IV, Tafel III, Nr. 8a—b.

Abb. 454. Avers.

Eine Goldbulle von Kaiser Karl IV., 1357.
Original-Grösse. — Staatsarchiv Basel.

Abb. 455. Revers.

Avers: Der Kaiser sitzt auf einer unten mit Spitzbogen verzierten Bank mit doppelten Sitzkissen und trägt den kaiserlichen Krönungsornat. Über dem bärtigen Haupte, das auf Porträtähnlichkeit schliessen lässt[1]), erhebt sich die hohe Bügelkrone mit der Mitra. Die Rechte hält einen Laubszepter, die Linke den Reichsapfel mit dem Kreuz. Die Bank wird flankiert rechts vom einfachen Reichsadler, links vom Böhmischen Löwen (Luxemburg) in zwei Dreiecksschilden. Vornehmlich unter den luxemburgisch-böhmischen Herrschern wurde es üblich, die Familien- und Landeswappen der Kaiser in die Reichssiegel aufzunehmen[2]). Das Siegelbild ist eingefasst von zwei konzentrischen Perlenkränzen, innerhalb denen sich die Umschrift findet:

Die letzten drei Worte sind im Siegelfelde zur linken und zur rechten Seite des Kaisers längs dem innern Perlenkranz angebracht. Die Schrift besteht aus gotisierender Kapitale, vermischt mit Unzialen und Minuskeln:

✠ KAROLVS · QVARTVS · DIVINA · FAVENTE · CLEMENCIA · ROMANOR · IMPERATOR · SEMP · AVGVSTVS

· ET · BOE · MIE · RAX ·

Revers: Als Symbol von Rom dient ein Torgebäude, das flankiert ist von zwei in einem Kreuz endenden Rundtürmen mit Kuppeldächern. Der Mittelbau mit Giebel (Spitzdach) hat drei Stockwerke mit je drei Spitzbogenfenstern und weist daher neben den überlieferten romanischen Bauformen auch Anklänge an den gotischen Baustil auf. Unten findet sich ein offenes Rundbogentor, in dem in drei Zeilen die Inschrift angebracht ist:

AVR
EA · R
OMA

Die äussern Türme sind oben durch schräglaufende Galerien, unten durch niedere Querbauten mit dem Mittelbau verbunden. Das Siegelbild ist eingefasst von zwei konzentrischen Perlenkränzen mit der Umschrift:

✠ ROMA · CAPVT · MVNDI · REGIT · ORBIS · FRENA · ROTVNDI

Die Goldbulle hängt an einer modernen Schnur.

---
[1]) F. Philippi, Siegel IV, Einleitung S. 4.
[2]) E. Geib, Siegel deutscher Könige und Kaiser, in Archivalischer Zeitschrift, N. F. Bd. II, S. 130

III. Eine zweite Goldbulle, von Kaiser Karl IV. gehört einer Urkunde[1]) an, die vom Kaiser zu Frankfurt am 14. September 1366 ausgestellt worden ist. In derselben bestätigte er dem damaligen Bischof von Basel, Jean de Vienne, die Privilegien Friedrichs II. von 1218 und sein eigenes Privileg vom 20. Dezember 1347 betreffend die der Kirche Basels verliehenen Rechte, speziell Recht und Gericht in Kleinbasel[2]).

Jean de Vienne[3]) entstammte einem der vornehmsten Geschlechter der Grafschaft Burgund, wurde 1361 Bischof von Metz, wo er als sehr energischer Mensch die durch Räuber, durch den disziplinlosen Klerus sowie durch die Übergriffe der Metzer Bürgerschaft eingerissenen Misstände kräftig zu bekämpfen suchte. Infolge der dadurch entstandenen Streitigkeiten wünschte er eine Versetzung. So kam Jean de Vienne nach Basel, er, der als welscher Herr den dortigen Gebräuchen und Verhältnissen wesensfremd gegenüberstand. Als der Rat 1366 von ihm die Ausstellung einer Handfeste forderte, erhielt er sie nicht. Dagegen zeigte der Bischof seine leidenschaftliche und zufahrende Art in heftigen Anklagen gegen den Basler Rat wegen verschiedener Übergriffe, deren er ihn beschuldigte, wie z. B. der Ausschreibung eines neuen grossen Umgeldes, die der Rat das Jahr zuvor vorgenommen hatte und der auch die Geistlichkeit und die Gotteshausdienstleute sich unterziehen mussten. Da die Stadt nicht nachgab, ging der Bischof zu einem weitern Angriff über, er erstrebte die ungeschmälerte bischöfliche Stadtherrschaft. Er griff daher zurück auf die Urkunde Friedrichs II., die er sich in Frankfurt durch Karl IV. bestätigen liess. Einen Ausgleich zwischen der Stadt und dem Bischof vermittelten die Vorgesetzten des Landfriedens im Elsass. Am 23. Januar 1367 erteilte der Bischof Johann der Stadt die Handfeste in alter Form. Der ganze Konflikt hatte sachlich keine Wirkung. In Besitz der Stadt kam das Privileg, wie schon bemerkt, zu gleicher Zeit mit demjenigen von 1218, laut Schiedsspruch vom 1. April 1585 zwischen Basel und Bischof Jakob Christoph.

Die goldene Bulle ist gleich derjenigen von 1357 (vgl. Nr. II, S. 656 ff.). Sie hängt an einer modernen Schnur.

IV. und V. Zwei gleiche Goldbullen[4]) **Kaiser Sigismunds** (Abb. 456, 457) finden sich an Urkunden, in denen er die Privilegien Basels bestätigt. Sie sind datiert von Rom den 12. August 1433. In der einen[5]) handelt es sich um alle Rechte, Freiheiten, Zölle, Umgeld, Pfandschaften, Briefe und Handfesten der Stadt, in der anderen[6]) um die Privilegien Karls IV. vom 1. April 1357 und Wenzels vom 16. Oktober 1379 über die Befreiung der Basler von fremden Gerichten sowie um alle ihre Briefe, Privilegien, Rechte, Gnaden und guten Gewohnheiten.

---

[1]) Rudolf Wackernagel, Urkundenbuch der Stadt Basel, Bd. IV, S. 278, Nr. 305. — Trouillat IV, S. 233, Nr. 104. — Böhmer, Regesta Imperii, Bd. VIII, S. 357.

[2]) Rudolf Wackernagel, Urkundenbuch der Stadt Basel, Bd. IV, S. 167, Nr. 177. — Trouillat, Bd. III, S. 607, Nr. 369.

[3]) Rudolf Wackernagel, Geschichte der Stadt Basel, Bd. I, S. 277 ff. — Heusler, Andreas, Verfassungsgeschichte der Stadt Basel, S. 334 ff.

[4]) Vgl. Monumenta conciliorum generalium saeculi decimi quinti Johannes de Segovia, gesta synodi Basiliensis IV, c 7, p. 294.

[5]) Staatsarchiv Basel, St. Urk., Nr. 1124. — August Huber, Urkundenbuch der Stadt Basel, Bd. VI, S. 338, Nr. 321. — Regesta Imperii XI: Die Urkunden Kaiser Sigismunds 1410–1437, von Wilh. Altmann II, S. 245.

[6]) Staatsarchiv Basel, St. Urk. Nr. 1122. — August Huber, Urkundenbuch der Stadt Basel, Bd. VI, S. 340, Nr. 322. — Altmann II, S. 245.

Am 31. Mai 1433 wurde Sigismund in Rom zum Kaiser gekrönt[1]). Der Ratsherr Henman Offenburg, einer der besten Basler Diplomaten des 15. Jahrhunderts und Vertrauensmann Sigismunds, weilte ebenfalls daselbst und erreichte beim Kaiser die Bestätigung der städtischen Privilegien. Die Ausstellung derselben erfolgte aber erst in Basel, wo Sigismund wegen des Konzils von Oktober 1433 bis Mai 1434 sich aufhielt. Die Urkunden wurden nach Rom auf den 12. August 1433 zurückdatiert. Die Kosten für die Ausfertigung der beiden Urkunden beliefen sich auf 534½ Gulden oder 614 ℔ 13½ β [2]). Dazu kamen noch die Auslagen für zahlreiche bedeutende Geschenke an den Kaiser und seinen Hofstaat[3]). Auch erhielt Sigismund verschiedene Darlehen von der Stadt, wie zu Beginn seines Basler Aufenthaltes 250 Gulden und bei seiner Abreise 1000 Gulden. Jedenfalls hat sich Basel die Bestätigung der Privilegien etwas kosten lassen.

Die getriebenen Goldbullen haben einen Gesamtdurchmesser von 67 mm und einen Durchmesser des äussern Perlenkranzes von 64 mm.

Avers[4]): Der Kaiser sitzt im Krönungsornate auf einem Stuhl, der zu beiden Seiten mit zwei gotischen Fialen, die in einer Kreuzblume enden, geschmückt ist. Er trägt einen auf der Brust durch eine grosse Schliesse zusammengehaltenen Mantel, der von einer Bordüre eingefasst ist. Die kaiserliche Stola tritt unter dem Mantel hervor. Das porträtähnliche bärtige Haupt trägt die kaiserliche Bügelkrone mit Mitra und Pendilien. Die Rechte hält einen Laubszepter, der in einem Kreuz endet, die Linke den Reichsapfel mit dem Kreuz. Das Siegelbild ist eingefasst von drei konzentrischen Perlenkränzen, innerhalb denen die Legende angebracht ist. Die Umschrift, gotisierte Kapitalschrift vermischt mit Unzialen und Minuskeln, lautet:

SIGISMVNDVS DEI GRA ROMANORV IMPERATOR SEMP AVGVST'AC HVNGARIE BOHEMIE DALMACIE CROACIEZ REX

Revers: Als Symbol von Rom ist ein traditionell in romanischen Bauformen gehaltenes Torgebäude dargestellt, das flankiert ist von zwei runden Türmen mit Kuppeldächern, deren Abschluss mit Kreuzen versehene Knöpfe bilden. Der dreistöckige Mittelbau mit Spitzdach, dessen Giebel ebenfalls mit einem Knopf und einem Kreuze abschliesst, enthält im Torbogen in drei Zeilen die Inschrift:

AVR
EA·R
OMA

---

[1]) Rudolf Wackernagel, Geschichte der Stadt Basel, Bd. I, S. 501 ff. — Basler Chroniken, Bd. V, Chronik Henman Offenburgs, S. 230 f. — Andreas Heusler, Verfassungsgeschichte, S. 325 ff.
[2]) Bernhard Harms, Der Stadthaushalt Basels im ausgehenden Mittelalter I, 2, S. 192.
[3]) Harms, l. c.
[4]) Vgl. O. Posse II, S. 9, Tafel 18, Nr. 2 und 3, und V, S. 47, Nr. 20. — Heffner, S. 26, Nr. 128, Tafel XIII und XIV, Nr. 102 und 103.

Abb. 456. Avers.
Eine Goldbulle von Kaiser Sigismund, 1433.
Original-Grösse. — Staatsarchiv Basel.
Abb. 457. Revers.

In den Raum zwischen den beiden konzentrischen Perlenkränzen, die das Schildbild abschliessen, ragt das Kreuz des Mittelbaues hinein und bildet so den Anfang der Legende:

ROMA × CAPVT × MVNDI × REGIT × OR BIS × FRENA × ROTVNDI

Die Goldbullen hängen an roten geflochtenen Seidenschnüren.

VI. und VII. Zwei gleiche Goldbullen Kaiser Friedrichs III. (Abb. 458, 459) hängen an den beiden Urkunden[1]), die in Rom am 24. März 1452 ausgestellt sind und in denen Kaiser Friedrich die von Kaiser Sigismund 1433 August 12 bestätigten Privilegien Basels bekräftigt.

Basel beteiligte sich am Zuge Friedrichs III. nach Rom, der sich dort zum Kaiser krönen liess, und damit am Dienste „über Berg" in der Absicht, nach den Wirren der Konzilszeit ihrem guten Einvernehmen mit der Kurie im persönlichen Verkehr Ausdruck zu geben[2]). Zu diesem Zwecke zogen am 10. November 1451 34 Reisige unter Ritter Bernhard von Rotberg, dem Bruder des damaligen Basler Bischofs Arnold, aus und brachten bei ihrer Heimkehr am 1. Juni 1452 die kaiserlichen Bestätigungen der Privilegien und Stadtfreiheiten mit. Basel musste für die Ausstellung derselben eine ansehnliche Summe zahlen, ungefähr den gleichen Betrag wie für die Urkunden Sigismunds. In der Jahresrechnung von 1451/52[3]) finden sich folgende Ausgabeposten: „Item VI^C gulden umb die keyserlichen fryheitten in die kamer geben tut VI^C LXXXX ℔. Item umb die gulden bullen und sust in die Kantzlye, thorhütern und spielluten des keysers geben und geschenkt C^{LI} gulden I ort tůt CLXXIII ℔ XVII β IX ₰ ."

Von den beiden getriebenen Goldbullen hat die eine (St. Urk., Nr. 1494) einen Gesamtdurchmesser von 78 mm und einen Durchmesser des äussern Perlenrandes von 73 mm, die andere (St. Urk., Nr. 1496) wegen Beschädigung des Aussenrandes nur einen Gesamtdurchmesser von 75 mm.

Avers:[4]) Der Kaiser ist in üblicher Weise sitzend dargestellt auf einem einfachen, mit einem Kissen belegten Stuhle. Die Rücklehne und der Sitz desselben sind mit einem reichgestickten Teppiche bedeckt. Der Kaiser trägt den Krönungsornat mit verbrämtem Mantel, der durch eine verzierte Schliesse zusammengehalten wird, und mit gestickter Stola. Auf dem porträtähnlichen Haupte ruht die mitraförmige Kaiserkrone; in der rechten Hand hält er einen Laubszepter, in der linken den Reichsapfel mit dem Kreuz. Auf der

---

[1]) Staatsarchiv Basel, St. Urkunden, Nr. 1494 und 1496. — Johannes Haller, Urkundenbuch der Stadt Basel, Bd. VII, S. 474, Nr. 341, und S. 475, Nr. 342. — Joseph Chmel, Regesta chronologico-diplomatica Friderici III Romanrum imperatoris 1440—1493, Wien 1859, S. 288, Nr. 2813 und 1814.

[2]) Rudolf Wackernagel, Geschichte der Stadt Basel, Bd. II. 1, S. 24. — Christian Wurstisen, Basler Chronik, S. 420. — Chronik des Heinrich von Beinheim, in Basler Chroniken, Bd. V, S. 427. — Chronik Erhards von Appenwiler, in Basler Chroniken, Bd. IV, S. 309, und Anonymus bei Appenwiler, in Basler Chroniken, Bd. IV, S. 426.

[3]) Bernhard Harms, Der Stadthaushalt Basels im ausgehenden Mittelalter, Bd. I, 2—S. 266.

[4]) Vgl. Posse V, S. 52, Nr. 17, und Posse II, S. 12, Tafel 26, Nr. 2—3. — Heffner, S. 28/29, Nr. 138, und Tafel XVII, Nr. 115 und 116.

Abb. 458. Avers.
Eine Goldbulle von Kaiser Friedrich III., 1452.
Original-Grösse. — Staatsarchiv Basel.
Abb. 459. Revers.

Rücklehne befinden sich rechts der Reichsschild mit dem doppelköpfigen Adler, links das Wappen von Steiermark; im Siegelfelde rechts dasjenige von Österreich, links dasjenige von Tirol. Das Siegelfeld ist wie bei den Goldbullen Sigismunds eingeschlossen von drei konzentrischen Perlenkränzen, innerhalb denen die Legende angebracht ist. Die äussere Umschrift lautet:

**FRIDERICVS: DEI: GRA: ROMANO IPATE SE
MP: AVGTS: AVSTRIE: STIRIE: KARINTHIE:
ETIALE: I: O V**

Die innere Schrift:

CARNIOLE: DVX COMES O3: TIROLIS

Wie bei den Bullen Sigismunds handelt es sich hier um gotisierte Kapitalschrift, vermischt mit Unzialen und Minuskeln.

Revers: Als Symbol von Rom dient ein traditionell in romanischem Stile gehaltenes Torgebäude, das flankiert ist von zwei Seitentürmen mit Kuppeldächern. Der Mittelturm endigt in einem Spitzdache. Alle drei Türme sind gekrönt mit Knöpfen und Kreuzen. Sie sind durch Zwischenbauten unter sich verbunden. Auf den beiden äussern Seiten der Aussentürme schliesst sich die bezinnte Stadtmauer an. Der offene Torbogen enthält in drei Zeilen die bekannte Inschrift:

**AVR
EAR
OMA**

Über dem Torbau steht auf einem Schriftband die Legende : A : E I : O : V. als Devise Österreichs. Innerhalb der zwei konzentrischen Perlenkränze, die das Schildbild abschliessen, steht der bekannte Spruch:

**ROMA CAPVT MVNDI REGIT ORBIS ERE
NA ROTVNDI**

Zierliche gotische Blumenarabesken verbinden die einzelnen Worte.

Die beiden goldenen Bullen hängen an roten und grünen geflochtenen Seidenschnüren.

VIII. Die goldene Bulle Karls V. (Abb. 460, 461) hängt an einer Urkunde, in der der Kaiser der Stadt Basel die frühern Freiheitsbriefe bestätigt[1]). Ausgestellt wurde das Dokument zu Regensburg am 24. Juli 1541.

Zur Erreichung dieses Privilegs wusste Basel sich die geeignete Persönlichkeit in dem damaligen diplomatischen Vertreter Karls V. in der Schweiz, Nicolas de

---

[1]) Staatsarchiv Basel, St. Urk., Nr. 3064. — Rudolf Thommen, Urkundenbuch der Stadt Basel, Bd. X, S. 279 ff, Nr. 247.

Gilley, Baron de Franchemont und Seigneur de Marnoz, der aus der Franchecomté stammte, zu verschaffen. Am 31. März 1541 gewährte ihm die Stadt ein bedeutendes Anleihen[1]) von 5000 Goldsonnenkronen gegen Verpfändung der Herrschaften Barmont und Lemnys bei Salins sowie eines jährlichen Zinses von 2000 Franken von den Salzpfannen und Salzbrunnen zu Salins. Schon am 25. Juli 1541 konnte der Basler Rat seiner Gesandtschaft in Genf, die dort als Schiedsrichter zur Beilegung von Streitigkeiten zwischen Genf und Bern weilte[2]), berichten, Marnoz sei am 20. Juli in Basel eingetroffen, nachdem er bei Karl V., der damals auf dem Reichstag in Regensburg weilte, ,,unsere frygheiten mit einem guldinen sigel unangesehen viler widerfechten" erlangt habe. Da er sich aber nur vier Tage in Regensburg aufgehalten und die Ausfertigung des Privilegs ,, in so schneller il mit dem guldinen sigel, so eben gros und schinbar werdth", nicht habe abwarten können, werde er dasselbe, sobald es bei ihm eingetroffen sei, dem Rate zustellen. In Erwartung eines baldigen Eintreffens der goldenen Bulle dankte der Rat schriftlich Marnoz für seine Bemühungen[3]) und zahlte ihm am 6. August jedenfalls zur Deckung der Unkosten 495 ₰ aus[4]). Die Geduld Basels wurde aber auf eine harte Probe gestellt, da die Ausfertigung des Privilegs sich lange hinzog. Der ganze Winter 1541 auf 1542 verging, ohne dass das ersehnte Dokument eingetroffen wäre. Im Frühjahr 1542 erinnerte daher der Rat Marnoz an die Angelegenheit und ersuchte ihn, in der Annahme, die Bestätigung der Privilegien mit der daran hängenden goldenen Bulle sei beim ihm endlich angelangt, dieselbe bis Pfingsten Basel zu übermitteln, da der Rat die Absicht habe, kurz nach diesem Zeitpunkte sie bei Anlass der Neubesetzung des Regimentes verlesen zu lassen[5]). Der Wechsel des Rates erfolgte nämlich jeweilen an Johannes Baptist (24. Juni). Trotzdem sah sich der Rat genötigt, ein neues Gesuch um Übersendung der Bestätigung im Juni 1542 an Marnoz abgehen zu lassen. Aber noch verliefen einige Wochen, bis dieselbe mit der goldenen Bulle in Basel, begleitet von einem Schreiben Marnoz' in dem er die Verzögerung entschuldigte, eintraf. Am 3. August 1542 konnte der Rat den Empfang bestätigen und zugleich seinen Dank aussprechen[6]). Der Bote des Herrn Marnoz, der die goldene Bulle brachte, erhielt als Trinkgeld ,,III guldin in goldt thund IIII ₰ XIII β "[7]). Während seiner Anwesenheit in Basel wurde er freigehalten, wie folgende Notizen es erweisen: ,,Item I ₰ VI β dem wurt zum Wildenmann ... umb zerung des herren von Marnollts diener"[8]) — ,,Item XII β demselben wirt umb des hern von Murnolt diener gsellschafft ze halten."[9]).

Die gut erhaltene, vom Goldschmiede sorgfältig ausgearbeitete, getriebene und ziselierte Goldbulle hat einen Gesamtdurchmesser von 95 mm und einen Durchmesser des äussern Randes von 93 mm.

Avers:[10]) Der Kaiser sitzt in hergebrachter Weise auf einem Stuhl mit rechteckiger Rücklehne, deren Innenseite mit Rankenwerk geschmückt ist.

---

[1]) Rudolf Thommen, Urkundenbuch der Stadt Basel, Bd. X, S. 273, Nr. 239. — St.-A. Basel, Finanzakten Z. 2.
[2]) Eidgenössische Abschiede IV, 1 d., S. 52 ff. — St.-A. Basel, Missiven B 3, Fol. 127.
[3]) Staatsarchiv Basel, Missiven B 3, Fol. 130 v, 1541, Juli 30.
[4]) Staatsarchiv Basel, Finanzakten H, Jahrrechnung 1541/42.
[5]) Staatsarchiv Basel, Missiven B 3, S. 181 v und 182. 1542, April 1.
[6]) Staatsarchiv Basel, Missiven B 3, Fol. 214 v, 1542, August 3.
[7]) Staatsarchiv Basel, Finanzakten H, Jahrrechnung 1542/43.
[8]) Staatsarchiv Basel, Finanzakten H, Jahrrechnung 1542/43. — Summenbüchlein, primae angariae.
[9]) Staatsarchiv Basel, Finanzakten H, Jahrrechnung 1542/43, Kerbbüchlein primae angariae 1542.
[10]) Vgl. Posse V, S. 60, Nr. 24, und Posse III, S. 15, Tafel 18, Nr. 1 und 2. — Carl Heffner, S. 33, Nr. 165.

Abb. 460. Die Goldbulle von Kaiser Karl V., 1541. — Revers.
Original-Grösse. — Staatsarchiv Basel.

Den Abschluss des Stuhles bildet oben ein niederer Baldachin mit Masswerk. Der Kaiser trägt den kaiserlichen Ornat mit Mantel, der eine verzierte Einfassung und Schliesse aufweist, und mit gestickter Stola. Auf dem porträtähnlichen Haupte mit der charakteristischen vorstehenden Unterlippe erhebt sich die mitraähnliche Kaiserkrone. Die Rechte hält das Schwert, während die Linke das mit einem Kreuze abschliessende Szepter und den Reichsapfel mit dem Kreuz umfasst. Der Stuhl, auf dem der Kaiser thront, ist flankiert von zwei wachsenden runden Säulen — vielleicht als die Säulen des Herkules gedacht —, auf denen zur Rechten das Reichswappen mit dem Doppeladler, überhöht von der Kaiserkrone, ruht, zur Linken ein von der Königskrone überhöhter gevierteter Schild sich erhebt, der folgende Wappen aufweist: 1. Kastilien und Leon, 2. geviertet von Aragon, beiden Sizilien, Jerusalem und Navarra, 3. Österreich-Neuburgund, geteilt, 4 Altburgund-Brabant,

Abb. 461. Die Goldbulle von Kaiser Karl V., 1541. Avers.
Original-Grösse. — Staatsarchiv Basel.

geteilt. Davon sind 3 und 4 belegt mit Habsburg und Tirol. Die Säulen sind umschlungen von je einem Bande, auf denen als Devise die Worte PLVS VLTRA stehen. Das Siegelfeld ausserhalb der Säulen ist ausgefüllt von Rankenmasswerk. Zwei konzentrische Profile umschliessen dasselbe, innerhalb denen die Legende angebracht ist in Kapitalschrift:

CAROLVS Q·D·F·C L·ROMN·IMP·SEMPER·AVG·AC· REX·GERMAN·HISP·V'RI·SICIL·HIERL'M·HVN·

Der *Revers*[1]) enthält den heraldisch gut stilisierten, von der mitraartigen Kaiserkrone überhöhten Doppeladler mit Heiligenschein, zu dessen Füssen

---

[1]) Das herkömmliche Symbol der Roma aurea wurde mit Maximilan I. durch den doppelköpfigen Reichsadler ersetzt. Vgl. Alois Meister, Sphragistik, S. 352.

die Feuereisen des Ordens des goldenen Vliesses liegen. Hinter den Köpfen des Adlers sieht man die fallenden Pendilien der Krone. Der von der Königskrone überhöhte Brustschild enthält die gleichen Wappen wie der Schild zur Linken des Kaisers im Avers. Der Doppeladler ist flankiert von den beiden wachsenden runden Säulen, die wie auf dem Avers auf Bändern die Devise Karls V. PLVS VLTRA tragen. Der Raum zwischen den Säulen und dem innern Siegelrande enthält leichtes Ranken- und Masswerk (Abb. 461). Innerhalb der beiden konzentrischen Profile, die das Schildbild einfassen, folgt in Kapitalschrift die Fortsetzung der Umschrift des Averses:

DALM·CROA·EC· ARCHID·AVST·DVX·BVRG·BRAB· ECCOMES·HABSP·FLAND·TIROLIS·FERIT ⊟

Die Goldbulle hängt an einer geflochtenen, mit Golddrähten durchwirkten Seidenschnur.

IX. Die goldene Bulle Kaiser Ferdinands I. (Abb. 462, 463) hängt an einer in Innsbruck ausgestellten Urkunde[1]) vom 1. März 1563, die einen vom 28. Oktober 1431 datierten Freiheitsbrief[2]) des Königs Sigismund enthält und bestätigt, wonach Basel das Recht erhält, Umgeld und Steuern seinen Bürgern aufzulegen und Weg- und Brückengelder zu erheben. Zugleich werden die Basler Grundstücke in fremden Gebieten von Gewerf und Steuern befreit.

Der Rat benützte die Gelegenheit, sich dieses Privileg bestätigen zu lassen, als der Kaiser zu Beginn des Jahres 1563 von Freiburg i/Br., wo er einen Landtag abgehalten hatte, nach Basel kam, um von da den Rhein hinauf über Konstanz nach Innsbruck zu reisen[3]). Obwohl die Stadt durch ihren Gesandten beim Kaiser, Johann Basilius Held, einen Besuch Ferdinands zu verhindern suchte wegen ihrer schwierigen politischen Lage, da ihre Stellung als Glied der Eidgenossenschaft und damit ihre Losgelöstheit vom deutschen Reiche von diesem nicht anerkannt war, blieb der Kaiser in Anbetracht der ungünstigen Jahreszeit bei dem Entschlusse, über Basel zu reisen. Daraufhin beschloss der Rat, nachzugeben und ihn durch eine besondere Gesandtschaft einzuladen. Unter grossen Feierlichkeiten wurde Ferdinand am 8. Januar 1563 beim Zollhaus an der Wiesenbrücke und beim Bläsitor empfangen, um dann durch die Stadt in die Rittergasse geführt zu werden, wo er im Utenheimerhof, dem spätern Hohenfirstenhof, und im grossen Ramsteinerhof — jetzt Rittergasse Nr. 17 und 19 — sein Quartier bezog. Er und seine Begleitung erhielten reiche Gaben von der Stadt. Nach altem Herkommen wurde ihm ein silbervergoldetes Trinkgeschirr im Werte von 150 ℔, das mit 1000 rheinischen Goldgulden gefüllt war, überreicht. Die Gesamtausgaben Basels für den Besuch des

---

[1]) Staatsarchiv Basel, St. Urk. Nr. 3195. — Rudolf Thommen, Urkundenbuch der Stadt Basel, Bd. X, S. 477, Nr. 445.

[2]) Staatsarchiv Basel, St. Urk., Nr. 1102. — August Huber, Urkundenbuch der Stadt Basel, Bd. VI, S. 285, Nr. 285.

[3]) Rudolf Luginbühl, Der letzte Kaiserbesuch in Basel, Basler Jahrbuch 1903, S. 49 ff. — Peter Ochs, Geschichte der Stadt und Landschaft Basel, Bd. VI, S. 225 ff. — Staatsarchiv Basel, Ratsbücher A 5, kleines Weisses Buch fol. 201 ff; Oesterreich B 2.

Kaisers beliefen sich auf die erhebliche Summe von 2362 ℔ 15 β 4 ₰[1]). Der Rat durfte daher erwarten, dass Ferdinand seinem Wunsche entgegenkommen und ihm die Privilegien bestätigen werde. Der Kaiser, der am 9. Januar schon weiterreiste verschob aber die Bewilligung, daher Basel zur Betreibung der Angelegenheit eine Gesandtschaft, bestehend aus Ratsherrn Bernhard Brand, Stadtschreiber Heinrich Falkner und Johann Basilius Herold, an ihn abordnete, die am 18. Januar sich auf den Weg machte. In Innsbruck, wo die Basler Gesandten den Kaiser erreichten, versprach dieser die Bestätigung der Privilegien. Die Basler warteten die Ausstellung derselben nicht ab, sondern verliessen den Hof am 22. Februar, um nach Basel zurückzukehren. Damit die Ausfertigung der Urkunde keine Verzögerung erleide, liessen sie aber ihren Gefährten Herold beim Hofe zurück, der noch volle fünfzig Tage warten musste, bis er endlich das Dokument erhalten konnte[1]). Die Gesamtauslagen für die Gesandtschaft nach Innsbruck und für den Freiheitsbrief mit der goldenen Bulle beliefen sich auf die bedeutende Summe von 1111 ℔ 17 β 8 ₰ [2]).

Die getriebene und fein ziselierte Goldbulle hat einen Gesamtdurchmesser von 96 mm, die äussere Umfassung einen solchen von 92 mm.

Avers[3]) Der Kaiser sitzt auf einem mit zwei gegen oben sich verjüngenden Säulen versehenen, verzierten Renaissancethron, dessen Rücklehne bedeckt ist mit einem gestickten Teppich. Er trägt den Krönungsornat mit einem durch eine Schliesse zusammengehaltenen, mit Renaissancedekor reichgeschmückten Mantel. Auf dem porträtähnlichen bärtigen Haupte ruht die mitraförmige Kaiserkrone. Die Rechte hält den in Renaissanceformen gehaltenen Szepter, die Linke den Reichsapfel mit dem Kreuz. Über dem Thron schwebt, durch einen Blattkranz eingefasst, der Doppeladler des Reichs. Zu beiden Seiten ausserhalb der Säulen finden sich auf Postamenten des Thrones rechts das Wappen von Ungarn, links dasjenige von Böhmen. Beide tragen die Königskrone. Zwischen zwei konzentrischen Kränzen, die das Schildbild einschliessen, steht in schöner Capitalis die Legende:

FERDINANDVS: D: G: ELEC·ROM·IMP· SEM PER·AVG:GER·HVNG·BOH·DAL·CROA·SCLA· EC·REX

Der *Revers* wird ausgefüllt mit dem heraldisch prächtig stilisierten Doppeladler des Reichs, dessen Köpfe vom Nimbus umgeben sind. Über ihnen schwebt die mitraähnliche Kaiserkrone. Der von der Königskrone überhöhte und von der Kette des goldenen Vliesses umgebene, gevierteete Schild des Adlers weist auf in 1 und 4 das Wappen von Ungarn und in 2 und 3 dasjenige von Böhmen, und ist belegt mit einem von Österreich, Kastilien, Burgund und Aragon quadrierten Schilde, dessen Herzschild gespalten die

---
[1]) Staatsarchiv Basel, Finanzakten H, Jahrrechnung 1562/63. — Über die Kosten, die die Herstellung der Urkunde und der goldenen Bulle verursachten, s. Rudolf Luginbühl, Der letzte Kaiserbesuch in Basel, Basler Jahrbuch, Bd. VI, S. 68 ff.
[2]) Staatsarchiv Basel, Finanzakten H, Jahrrechnung 1562/63.
[3]) Vgl. Posse III, S. 17, Tafel 23, Nr. 1 und 2, und Posse V, S. 62, Nr. 15.

Abb. 462. Die Goldbulle von Kaiser Ferdinand I., 1563. — Revers.
Original-Grösse. — Staatsarchiv Basel.

Wappen von Tirol und Habsburg zeigt (Abb. 462). Der Doppeladler ist ebenfalls eingefasst von zwei konzentrischen Kränzen, innerhalb deren die Legende als Fortsetzung derjenigen des Averses steht:

:INFANS·HISP·ARCHIDVX·AVSTRIÆ·DVX· BVRG·EC·MARCHIO: MORAVIÆ·EC·COMES·TI ROL·EC·✠

Dieses Prachtstück einer goldenen Bulle hängt an einer geflochtenen, mit Golddraht durchwirkten gelben Seidenschnur, die in zwei verzierten Knöpfen endet.

X. Die sogenannte goldene Bulle König Ferdinands I. (Abb. 464—466) befindet sich an einer Urkunde, in der er, wie schon Kaiser Sigismund und Kaiser

Abb. 463. Die Goldbulle von Kaiser Ferdinand I., 1563. — Avers.
Original-Grösse. — Staatsarchiv Basel.

Friedrich III., alle Rechte, Freiheiten, Zölle, Umgeld, Pfandschaften, Briefe und Handfesten der Stadt Basel bestätigt[1]). Sie ist datiert von Bozen, den 3. September 1536. Die Bulle kann aber nicht gleichgestellt werden mit den andern, denn sie ist eigentlich kein in Gold ausgeführtes Siegel, sondern besteht aus einem Wachssiegel, das, statt wie gewöhnlich in eine Holzkapsel, in eine silbervergoldete, reichverzierte Schale mit Deckel eingeschlossen ist. Der Durchmesser des roten Wachssiegels beträgt 80 mm, derjenige der äussern gelben Wachsschale 123 mm, der Durchmesser des Averses der silbervergoldeten Schale bis zum innern Rande 90 mm, bis zum äussern Rande 135 mm, derjenige der äussern Seite der Schale 160 mm.

Über die Entstehungsgeschichte des Privilegs gibt uns Auskunft ein auf Ratsbeschluss hin verfasster Bericht des damaligen Stadtschreibers Heinrich Ryhiner

---

[1]) Staatsarchiv Basel, St. Urkunde Nr. 3014. — Rudolf Thommen, Urkundenbuch der Stadt Basel, Bd. X, S. 217, Nr. 189.

vom 24. September 1536[1]), der den Titel führt: „Wie der stat Basel fryhytten im jar 1536 widerum ernuwert sind". Nach dem Beitritte Basels zur Eidgenossenschaft im Jahre 1501 war in den nächsten Jahrzehnten eine Bestätigung seiner Privilegien und Freiheiten weder durch Maximilan I. noch durch Karl V. und König Ferdinand erfolgt. Die politische Lage, bedingt durch den Unwillen, der im Reiche gegen die Stadt wegen ihres Vorgehens herrschte, war zu ungünstig, als dass sie es gewagt hätte, um eine Bestätigung ihrer Freiheiten einzukommen. Als Folge davon machten sich im Laufe der Zeit allerlei Beschwerden geltend über Verletzungen der Privilegien Basels, wie z. B. über Vorladung von Baslern vor fremde Gerichte. Der Rat wandte sich daher im Jahre 1535 durch Vermittlung des Grafen Gabriel von Ortenburg an König Ferdinand mit dem Gesuch, der Stadt ihre Privilegien zu bestätigen[2]). Zugleich machte er ihm den Vorschlag, die Privilegien Sigismunds und Friedrichs III. durch den Abt von Lützel vidimieren zu lassen, der von jeher die Vidimus der Freiheitsbriefe auszustellen pflegte, obgleich Ferdinand hierfür die Ensisheimer Regierung bezeichnet hatte. Der König[3]) bevollmächtigte aber dazu den Abt Georg von Murbach und Luders und die Anwälte der Ensisheimer Regierung. Dabei überliess er es den Baslern, die Wahl unter diesen zu treffen. Basel liess nun durch den Abt von Murbach die Vidimus ausstellen[4]), die als beglaubigte Abschriften zur Vorlage für die Bestätigung dienen sollten, und schickte Ende Januar 1536 eine Gesandtschaft[5]) zu Ferdinand nach Innsbruck, um von ihm die Erneuerung der Privilegien zu erlangen und zu diesem Zwecke die Vidimus zu übergeben. Die Gesandtschaft bestand aus Oberstzunftmeister Balthasar Hiltprand, Ratsherrn Bernhard Meyer und dem Stadtschreiber Heinrich Ryhiner, die Basel am 27. Januar 1536 verliessen. In Innsbruck, wo sie am 12. Februar eintrafen und gute Aufnahme fanden[6]), überreichten sie am 17. Februar in einer Audienz dem König die vidimierten Privilegien. Der Erfüllung ihres Auftrages aber, die Bestätigung der Privilegien zu erhalten, setzten sich verschiedene Bedenken und Hindernisse entgegen, die bedingt und hervorgerufen waren durch den langen Zeitraum seit der letzten Bestätigung, durch den Anschluss Basels an die Eidgenossenschaft und die dadurch verursachte Lossage vom Reich, durch die die Freiheiten in Verlust geraten seien, sowie durch die Glaubensänderung. Demgegenüber betonten die Basler Gesandten, dass Basel als eine freie Stadt im Reich von diesem nicht losgetrennt sei, sondern dass man im eidgenössischen Bunde das heilige Reich und der Stadt Freiheiten, die sie von jenem besitze, vorbehalten habe[7]). Auch wiesen sie darauf hin, dass im damaligen Kriege zwischen dem Kaiser und Frankreich Basel seine Angehörigen nicht in französische Dienste habe treten lassen, sondern sie zurückbehalten habe. Zu einer weitern Verzögerung diente der Umstand, dass König Ferdinand, der geneigt war, dem Wunsche Basels nachzukommen, sich dennoch nicht entschliessen konnte, die Bestätigung von sich aus auszustellen und damit seinem kaiserlichen Bruder vorzugreifen, da er, wie es in der von seinem Sekretarius Neuner abgefassten Antwort an die Gesandtschaft heisst, bisher alle derartigen Gesuche abgelehnt und die Bittsteller an den Kaiser gewiesen habe. Um aber Basel entgegenzukommen, versprach Ferdinand, das Gesuch an den Kaiser in empfehlendem Sinne weiterzuleiten

---

[1]) Staatsarchiv Basel, Verfassung A 1, Bericht des Stadtschreibers Ryhiner vom 24. September 1536.
[2]) Staatsarchiv Basel, Missiven B 1, S. 438 ff., Basel an König Ferdinand 1535, September 11.
[3]) Staatsarchiv Basel, Verfassung A 1, Ferdinand an Basel, 1535, Oktober 8.
[4]) Staatsarchiv Basel, Missiven B 1, S. 482, Basel an Abt Georg von Murbach, 1535, November 27.
[5]) Staatsarchiv Basel, Missiven B 1, S. 504, Creditiv für die Basler Gesandten, 1536, Januar 25.
[6]) Staatsarchiv Basel, Verfassung A 1, Basler Gesandtschaft an den Rat, 1536, Februar 21.
[7]) Rudolf Thommen, Urkundenbuch der Stadt Basel, Bd. IX, Nr. 272, S. 196 ff.

und, sobald er die Einwilligung Karls V. erhalten habe, die Bestätigung auszuführen[1]). Die Basler warteten daher den Entscheid in der Angelegenheit nicht ab, sondern verliessen Innsbruck am 24. Februar, um nach Hause zurückzukehren[2]). In einem Schreiben vom 10. April dankte Basel dem König Ferdinand für seinen guten Willen und ersuchte ihn zugleich um Mitteilung, wann man die ersehnte Bestätigung durch einen Gesandten abholen lassen könne[3]). Zugleich wandte sich der Rat um weitere Unterstützung an alle diejenigen, die am Hofe Ferdinands für die Interessen Basels eintraten, wie Graf Gabriel von Ortenburg, der als Rat und Schatzmeister Erzherzog Ferdinands ihm aus Spanien nach Deutschland gefolgt war und von ihm am 10. März 1524 die Belehnung der Grafschaft Ortenburg in Kärnten erhalten hatte[4]), wie Hofmarschall Freiherr Leonhard von Felss und Bischof Johann von Wien, Hofrat Ferdinands[5]). Da Karl V., der damals in Italien sich aufhielt, völlig in Anspruch genommen war von dem drohenden Bruch mit Frankreich, das im Februar 1536 Savoyen und Piemont besetzt hatte, verzögerte sich die Erledigung der Basler Sache[6]). Anfangs Juli 1536 richtete der Rat direkt an den Kaiser die Bitte, seine Zustimmung zu geben, dass König Ferdinand die Bestätigung der Basler Privilegien ausstelle[7]). Wenige Tage vor seinem Einfalle in die Provence, der am 25. Juli erfolgte, teilte der Kaiser Basel mit, da er durch den Feldzug gegen Frankreich in Anspruch genommen sei, habe er in Anbetracht der Haltung der Stadt in seinem Kriege gegen Franz I. seinem Bruder den Auftrag gegeben, die Privilegien zu bestätigen[8]). Daraufhin ordnete Basel als Gesandte nach Innsbruck ab, die die Bestätigung bei Ferdinand abholen sollten, Oberstzunftmeister Balthasar Hiltprand und Stadtschreiber Heinrich Ryhiner. Wohl wurde ihnen in Innsbruck dieselbe in Aussicht gestellt; aber da Ferdinand wie seine Kanzlei bereits nach Trient aufgebrochen waren, mussten die Basler Boten ihnen nachfolgen und erhielten endlich das langersehnte, zu Bozen am 3. September 1536 ausgestellte Dokument. Die Ausgaben für die beiden Gesandtschaften und die Herstellung der Bestätigungsurkunde waren gemäss den Jahrrechnungen 1535/36 und 1536/37 folgende[9]):

„Item 297 ℔ haben her Balthasser Hilprand, altoberster zunfftmeister, Bernhart Meyger des rhats und Heinrich Richner, stattschriber, verzert, verschlagen und verletzt, als sy umb bestätung unser frigheiten dis 1536 jar zů röm. kön. mt. gen Ynsbruck verritten sind.

Item 29 ℔ inen allen drigen gaben ritgeld für 39 tag.

Item 12 guldin in gold und dann 1 fl in gold thůt in müntz 18 ℔ 19 β gschennck rom. kön. mt. secretari Neuner und des frighern von Felz diener ires flisses halb in usbringung der frigheiten.

---

[1]) Staatsarchiv Basel, Verfassung A 1, Antwort an die Basler Gesandtschaft, ausgestellt in concilio regis von Neuner, Innsbruck, den 20. Februar 1536.
[2]) Staatsarchiv Basel, Verfassung A 1, Die Basler Gesandten an den Rat, 1536, Februar 25.
[3]) Staatsarchiv Basel, Missiven B 1, S. 534, Basel an König Ferdinand, 1536, April 10.
[4]) Gabriel von Ortenburg gehörte dem spanischen Hause Salamanca an und nahm den Namen und das Wappen von Ortenburg an. Als reicher Grundbesitzer auch in den vordern Landen (Elsass, Mömpelgard, Héricourt) heiratete er 1533 die Elisabeth von Baden-Durlach, Tochter des Markgrafs Ernst von Baden-Durlach. Diese Linie Ortenburg starb in der vierten Generation 1640 aus mit dem Tode des Grafen Johann Georg. Vgl. Johann Ferdinand Haschberg, Geschichte des herzoglichen und gräflichen Gesamthauses Ortenburg, Sulzbach 1828, S. 336 ff.
[5]) Staatsarchiv Basel, Missiven B 1, S. 535 ff. 1536, April 10.
[6]) Staatsarchiv Basel, Verfassung A 1, König Ferdinand an Basel, Innsbruck, den 20. April 1536.
[7]) Staatsarchiv Basel, Missiven B 2, Fol. 12, Basel an Karl V., 1536, Juli 5.
[8]) Staatsarchiv Basel, Verfassung A 1, Karl V. an Basel, Borgo 1536, Juli 20.
[9]) Staatsarchiv Basel, Finanzakten H, Jahrrechnung 1535/36. 1536/37.

Abb. 464. Die sog. Goldbulle von König Ferdinand I., 1536. — Revers.
Zwei Drittel der Originalgrösse. — Staatsarchiv Basel.

Item 225 ℔ geben umb ein trinckgeschier, hat gewegt 79 lot, ist der gravin von Ortenburg geschenckt.

Item[1]) usgeben, so her Balthasser Hiltbrannd oberister zunfftmeister und Heinrich Richiner stattschriber verzert haben, als sy zů der rom. kön. mt. geritten, uns unsere frigheiten widerumb ernůwert und ussgebracht haben, thůt 173 ℔ 13 β 9 ₰.

Item inen beyden ritgelt und minem hern zunfftmeistern rosslon 13 ℔ 2 β 6 ₰.
Item ussgeben in die cantzlie in die tax unsere frigheiten zu bestäten 250 ℔.
Item den schriberen in die cantzlie trinckgelt 15 ℔.
Item der cantzlie diener 15 ℔ 5 β.
Item umb silbere unnd guldin schnůr an die brieff 7½ ℔.
Item uszgeben, so hin und wider gůtenn gönnern und frúnden, so uns in dieser handlung befúrderet haben, vereret worden 136 guldin in gold, thůt jeder guldin pro 70 crutzer gerechnet 198 ℔ 6 β 8 ₰."

Unter diesen letzten Posten sind wohl zu rechnen die von Stadtschreiber Ryhiner in seinem Bericht aufgeführten Geschenke von 100 Gulden an den Hofmarschall Leonhard von Felss und von 30 Gulden an den Sekretär Ferdinands, Neuner[2]).

---

[1]) Staatsarchiv Basel, Finanzakten H, Jahrrechnung 1536/37.
[2]) Staatsarchiv Basel, Verfassung A 1, Bericht Ryhiners vom 24. September 1536.

Abb. 465. Die sog. Goldbulle von König Ferdinand I., 1536. — Avers.
Zwei Drittel der Originalgrösse. — Staatsarchiv Basel.

Auch erhielt nach Ryhiner jeder der drei Basler Gesandten ,,ein silberin trinckgeschirr uff trissig guldin wert, innen und ussen verguldet"[1]).

Auf dem *eingebuchteten obern Teil der silbervergoldeten Schale*, der mit dieser durch Scharniere mit silbernen Stiften zusammengefügt ist, befindet sich auf einem erhöhten gepunzten Rundschild der einfache, ebenfalls fein stilisierte und getriebene Adler mit Nymbus. Zwei konzentrische, erhabene Einfassungen, mit eingravierten Blumengewinden zwischen sich, umgeben das Schildbild; der äussere Rand ist mit graviertem Blattdekor geschmückt.

Die *Schale selbst* ist mit reicher Verzierung ausgestattet. Auf gepunztem Hintergrunde bietet sich dem Auge ein prächtig gravierter Renaissanceschmuck dar. Ein reizender hornblasender Putto, der auf einem schwimmenden Delphin reitet, ist umgeben von einem durch drei konzentrische Kreise eingefassten wunderbaren Dekor von Rankenwerk, dem im innern Kreise in kunstvoller Weise das Motiv von Delphinen beigegeben ist (Abb. 464).

---

[1]) Staatsarchiv Basel, Verfassung A I, Bericht Ryhiners vom 24. September 1536.

Im *Innern der Siegelschale* befindet sich das mittlere römische Königssiegel[1]) in rotem Wachs mit gelber Wachsschale, das den heraldisch schön stilisierten einfachen Adler mit Heiligenschein aufweist (Abb. 466). Seine Brust ist bedeckt mit einem gevierteten Schild, der folgende Wappen enthält: 1. Ungarn, 2. Boehmen, 3. quadriert Kastilien und Leon, 4. gespalten a) Burgund, b) geteilt Habsburg und Tirol. Der Herzschild zeigt das Wappen von Österreich. Der ganze Schild ist eingefasst von der Ordenskette des goldenen Vliesses. Zwischen den zwei konzentrischen Ringen, die das Schildbild umgeben, steht die Legende in Kapitalis:

✠ Ferdinandvs : D : G : Romanorvm : Rex : semper : Avg : Hvng : Bo em : ʓc : Rex : Archid : Avst : Inf : Hisp : Com : Tiroli : ʓc

Diese einzigartige Siegelschale von hohem Kunstwerte hängt mit dem darin eingeschlossenen Wachssiegel an einer mit silbernen und goldenen Drähten durchwirkten, geflochtenen Seidenschnur. Basel wurde für sein langes Warten belohnt.

XI. Das rote Wachssiegel Napoleons I., in einer silbervergoldeten Kapsel, bildet ein spätes Gegenstück zu dem Siegel König Ferdinands mit silbervergoldeter Schale (X.). Es hängt an einem zwischen Basel und Frankreich am 24. Juli 1810 abgeschlossenen und von Napoleon am 7. August gleichen Jahres ratifizierten Vertrage, in dem die Stadt das für die Errichtung eines Brückenkopfes erforderliche Stück Basler Territoriums auf der Schusterinsel an Frankreich abtritt[2]).

Kurz vor Ausbruch des Krieges mit Österreich im Jahre 1809 benützten französische Truppen vom 11. März bis 9. April die Basler Rheinbrücke, um auf das rechte Rheinufer zu gelangen, da laut der 1797 zwischen Erzherzog Karl und dem französischen General Dufour abgeschlossenen Kapitulation der Hüninger Brückenkopf geschleift worden war und daher bei der Festung Hüningen keine Rheinbrücke mehr existierte. Aber auch nach dem Friedensschluss zwischen Napoleon und Österreich hörten diese Grenzverletzungen nicht auf. Bis zum 8. Januar 1810 benützte heimkehrendes französisches Militär die Basler Rheinbrücke. Um dies fernerhin zu vermeiden, beabsichtigte Napoleon die Errichtung einer Brücke bei Hüningen. Nun zeigte es sich, dass für die Anlage des Brückenkopfes auf der Schusterinsel die nahe schweizerische Grenze hinderlich sein würde. Napoleon wünschte daher von Basel die freiwillige Abtretung des nötigen Gebietes. Diese erfolgte durch einen am 24. Juli 1810 zwischen dem französischen Gesandten in der Schweiz, Auguste de Talleyrand, und dem Delegierten Basels, Bürgermeister Bernhard Sarasin, abgeschlossenen Vertrag, der von Napoleon zu Trianon am 7. August ratifiziert worden ist. Zur Ausführung aber kam der Vertrag nie, und Basel behielt seine bisherige nördliche Grenze.

Das Siegel hat einen Durchmesser von 12 cm, während derjenige der silbervergoldeten Kapsel 13 cm beträgt. Die Mitte des roten Wachssiegels

---

[1]) Vgl. Posse, Bd. III, S. 17, Tafel 22, Nr. 2, und Bd. V, S. 62, Nr. 12.
[2]) Staatsarchiv Basel, Staatsverträge 1810, August 7. — R. L. Luginbühl, Grenzvertrag mit Napoleon I. im Basler Jahrbuch, Bd. 1889, S. 86 ff.

Abb. 466. Die sog. Goldbulle von König Ferdinand I., 1536. — Avers.
Das mittlere römische Königssiegel im Inneren.
Originalgrösse. — Staatsarchiv Basel.

nimmt ein nach links blickender Adler ein, der in seinen Krallen Blitzstrahlen hält. Der Adler ist eingefasst von der Ordenskette der Ehrenlegion. Über dem Adler ruhend auf der Ordenskette erhebt sich ein Helm mit geschlossener Krone. Zwischen dem reichgestickten Helmmantel und dem Adler ragen zwei sich kreuzende Szepter hervor. Am äussern Rande des Schildbildes, das von einem Perlenkranze eingefasst ist, findet sich die Umschrift: NAPOLEON ✤ EMPEREUR ✤ DES ✤ FRANÇAIS ✤

Von künstlerischem wie heraldischem Standpunkte kann sich das Siegel in keiner Weise messen mit demjenigen König Ferdinands. Die silbervergoldete Kapsel, die einen übergreifenden Deckel besitzt, ist in ihren Empireformen sehr diskret gehalten. Als einziger Schmuck dient an den obern und untern Rändern ein von Perlen eingefasster Kranz von Lorbeerblättern.

Das Siegel mit der Kapsel hängt an einer aus silbernen und goldenen Drähten sowie aus schwarzer Seide geflochtenen Schnur, die in zwei Quasten ausläuft. Ebenfalls in den Formen des Empirestiles ist die Umhüllung des auf Pergament geschriebenen Vertrages gehalten. Sie besteht aus einem inwendig mit blauer Seide, im Äussern mit schwarzem Samt überzogenen

Kartonumschlag. Die beiden äussern Seiten sind von einer Goldschnur und Goldpailletten eingefasst und tragen in der Mitte ein goldenes N auf einem mit Silberpailletten belegten Hintergrund, der von einem goldenen Sternenkranz umgeben ist. Diese Goldzierden heben sich wirkungsvoll ab vom schwarzen Samt[1]).

III. Die Wappenbücher.

Das Wappenbuch von Konrad Schnitt[2]) ist unter den auf dem Staatsarchiv aufbewahrten Wappenbüchern in erster Linie aufzuführen.

SCHNITT, der von Beruf Maler war, stammte aus Konstanz, wurde 1519 in die Himmelzunft aufgenommen. Im Jahr 1528 betraute ihn der Rat mit der Schaffnei des Augustinerklosters, 1530 bis 1534 bekleidete er die Würde eines Meisters der Zunft zum Himmel und wurde dadurch Mitglied des Rates. Seine wichtigste Funktion, die ihn als einen einsichtigen und gebildeten Mann ahnen lässt, war das Amt eines Deputaten, denn als solcher beteiligte er sich an der obersten Leitung der Universität und des Kirchenwesens in den Jahren 1531 bis 1533 und 1538. Er starb wenige Jahre nachher 1541. Über seine künstlerische Tätigkeit als Maler ist wenig bekannt. Bezeichnenderweise tritt er erst nach dem Weggang Holbeins deutlich greifbar als Künstler hervor, wo er seit Beginn der 1530er Jahre von den Basler Buchdruckern als Zeichner für den Holzschnitt zugezogen wird. Als Hauptwerke sind die mit seinem Monogramm C. S. versehene Folge der Bannerträger und die Holzschnitte zur Notitia dignitatum von 1536 zu erwähnen[3]). Wahrscheinlich stammen auch die Wandmalereien von seiner Hand, die 1882 beim Abbruch des sogenannten „Kleinen Zeughauses" von E. A. Stückelberg und Hans Lendorff aufgenommen wurden und Helden aus der antiken Sage und Geschichte darstellten[4]). Seine hauptsächliche Tätigkeit als Künstler fällt demnach zeitlich mit seiner Arbeit am Wappenbuch zusammen. Dieses und die von ihm verfasste Chronik[5]), sowie seine verantwortungsvollen Ämter zeigen einen Menschen, der in sich den Handwerker mit dem Künstler und den Gelehrten mit dem Staatsmanne vereinigt.

Das Wappenbuch zählt 279 Blätter in Folio von 35 cm Höhe und 24 cm Breite. Auf ein alphabetisches Register folgen zunächst die Wappen der Dreiheiten und Vierheiten, wie die drei besten Christen, die drei besten Juden, die vier Herzöge, Markgrafen usw., ferner die Wappen fremder fabelhafter Fürsten und Könige sowie einiger Städte und Orden. Ihnen schliesst sich der Hauptbestandteil an, den die Wappen von Fürsten, Grafen, Herren, Edlen und Bürgern bilden. Unter ihnen befinden sich die heraldischen Abzeichen der XIII alten Orte der Eidgenossenschaft, der Bischöfe von Basel und der bei Sempach im Dienste Österreichs Gefallenen. Die Zahl der Wappen

---

[1]) Die freundliche Mithilfe des Herrn Dr. H. G. Wackernagel verdankt der Autor bestens.
[2]) Rudolf Wackernagel, Wappenbücher in Basel, Deutscher Herold 1891, S. 159 ff.
[3]) Hans Koegler, Der Meister C. S., Monatshefte für Kunstwissenschaft IV, 1911, S. 403 ff. und Die Holzschnitte des Basler Malers Conrad Schnitt, Monatshefte für Kunstwissenschaft V, 1912, S. 91 ff.
[4]) Eine Abbildung aus dieser merkwürdigen Folge bei E. A. Stückelberg, Basler Denkmalpflege, Beilage zum Jahresbericht des Basler Kunstvereins 1910, S. 27. — Auch die Wandmalereien im Haus zum Pflug, mit denen Robert Winter 1540 den Saal des oberen Stockes seines Hauses an der Freienstrasse schmücken liess, waren von Hans Schnitt gemalt. Abbildung bei Karl Stehlin, Die Wandgemälde im Hause „Zum Pflug", Anzeiger für Schweizer Altertumskunde, VII, 1892, S. 150 f. — Freundliche Hinweise von Herrn Dr. R. Riggenbach.
[5]) August Bernoulli, Die Chronik Konrad Schnitts 1518—1533 in Basler Chroniken, Bd. VI, S. 89 ff.

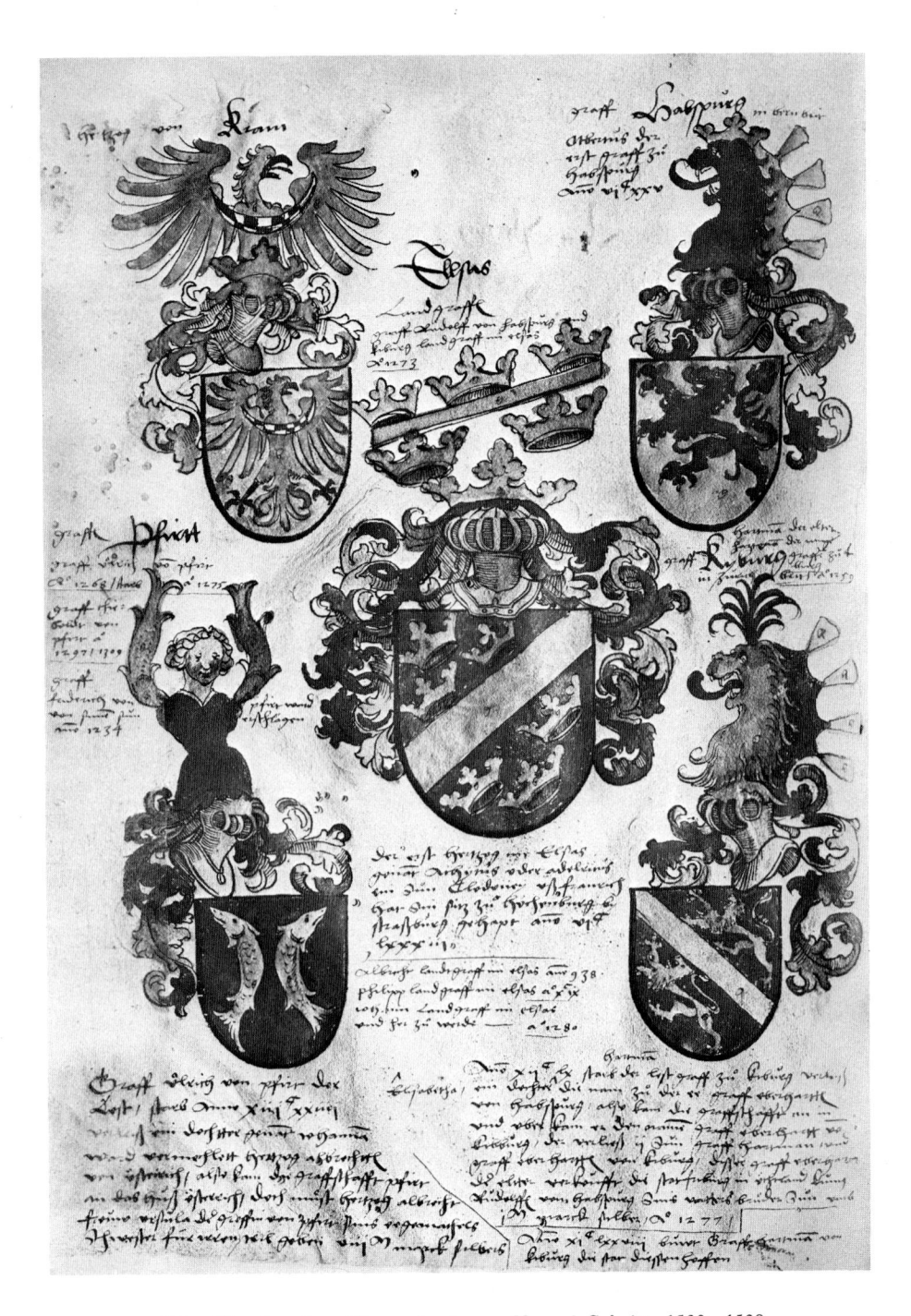

Abb. 467. Aus dem Wappenbuch von Konrad Schnitt, 1530—1539.
Fol. 42ᵛ (350×240 mm). — Staatsarchiv Basel.

beläuft sich auf ca. 3750, von denen die meisten auf Basel, die oberrheinischen Gebiete und die Schweiz Bezug haben. Aber auch Schwaben, Bayern, Österreich, Franken, Rheinland und Sachsen usw. sind zahlreich vertreten. Die Ausführung ist im ganzen eine vorzügliche. Für die Wappenbilder werden mit einigen Ausnahmen vorgedruckte Schablonen benützt. Die Zeichnung der Wappen und der Helmzierden zeigen die Hand eines tüchtigen und gewandten Meisters (Abb. 467). Einzelne Wappenbilder sind in ihrer künstlerischen Ausführung heraldische Meisterwerke. Gegenüber der Zeichnung tritt die Kolorierung stark zurück. Kleine, eingetragene Buchstaben zeigen, dass die Bemalung später und dann zugleich bei einer grössern Zahl von Wappen vorgenommen wurde. Schon der mächtige Umfang des Buches weist auf eine allmähliche Entstehung hin. Dazu kommt, dass die Zeichnung der Wappen nicht gleichmässig durchgeführt ist. So zeigen einzelne Partien eine gewisse Nachlässigkeit in der Ausführung gegenüber den übrigen Beständen. Auch erscheint die Zusammenstellung der Wappen mit Ausnahme einzelner Teile als eine willkürliche. Begonnen wurde das Wappenbuch nach einem Eintrage im Jahre 1530. Die Arbeiten zogen sich hin bis 1539, stammen also aus dem vierten Jahrzehnt des 16. Jahrhunderts.

Das älteste Wappenbuch der Schlüsselzunft[1]) stammt ebenfalls aus der ersten Hälfte des 16. Jahrhunderts. Dasselbe besteht aus 46 Folioseiten im Formate von 30,5 cm Höhe und 21,5 cm Breite, von denen 27 im ganzen 53 gemalte Wappen von Zunftvorgesetzten aus der Zeit von 1447 bis 1514 enthalten. In diesem letztern Jahre mag wohl das Wappenbuch entstanden sein. Die kolorierte, mit schwarzen Konturen versehene Silberstiftzeichnung der Wappen scheint von derselben Hand eines tüchtigen Meisters in einem Zuge geschaffen zu sein. Sie weisen neben einer naturalistischen Auffassung der Figuren eine kräftige und gute heraldische Stilisierung auf (Abb. 468).

Das Wappenbuch des Direktoriums der Kaufmannschaft[2]) gehört einer spätern Zeit, dem 18. und dem beginnenden 19. Jahrhundert an.

Diesem Direktorium, das seit 1680 bestand und sich aus dreizehn Basler Handelsherren zusammensetzte, war der Handel und der Verkehr Basels unterstellt. Es bestand bis 1798; nach dem Zusammenbruch der Helvetik trat an seine Stelle die Postkammer, die bis zum Übergang des Postwesens an den Bund amtete.

Dieses Wappenbuch besteht aus ca. 100 Pergamentblättern, die 31 cm hoch und 20 cm breit sind, in rotem, mit Goldpressung und Silberbeschlag reichverziertem Saffianeinbande. Das Titelblatt enthält ein von ANDREAS HOLZMÜLLER[3]) gemaltes, hübsches Aquarell mit der Ansicht Basels von Osten, auf der, vom Merkur überschwebt, die verschiedenen Transportmittel wie Warenschiff, Lastwagen, Maulesel sowie ein reitender Kurier und ein Postbote als Staffage dargestellt sind (Abb. 469). Da im Jahre 1716 mit dem Buche

---

[1]) Staatsarchiv Basel, Archiv der Schlüsselzunft, Bücher Nr. 36. — E. A. Stückelberg, Das älteste Wappenbuch der Schlüsselzunft zu Basel; Anzeiger f. Schweizer. Altertumskunde, Bd. VII, 1892/95, S. 59 ff.
[2]) Rudolf Wackernagel, Wappenbücher in Basel, Deutscher Herold, 1891, S. 178.
[3]) Schweizerisches Künstlerlexikon, Bd. II, Frauenfeld 1908, S. 86 (D. Burckhardt)

Abb. 468.
Aus dem ältesten
Wappenbuch der
Schlüssel-Zunft.
Fol. 3 (305×215 mm)
Staatsarchiv Basel.

begonnen wurde, stammen infolgedessen alle frühern Wappen von 1683 an aus jener Zeit. Die spätern Eintragungen erstrecken sich bis zum Jahre 1832. Zeichnung und Malerei sind entsprechend dem Stile der Zeit mit grosser Sorgfalt und Geschicke durchgeführt. Einzelne Maler lassen sich aus den den Wappen beigefügten Initialen bestimmen, wie MARQUARD WOCHER aus M. W. (Abb. 470, S. 685).

IV. Die Hilfssammlungen.

Die Bildersammlung ist unter den Hilfssammlungen des Staatsarchivs zunächst zu nennen. Ihren wichtigsten Bestandteil bildet die sogenannte *Hauptsammlung*, die vornehmlich Ansichten von Basel und seiner engern und weitern Umgebung enthält, so dass die Entwicklung des Stadtbildes an Hand der Darstellungen durch mehrere Jahrhunderte hin bis in die neueste Zeit verfolgt werden kann. Aber auch Bilder von politischen Ereignissen, von Festen, von Trachten, von Militär usw. finden sich da. Die Bilder gehören ihrer Ausführung nach den verschiedenen Arten der graphischen Kunst und Technik an, wie Handzeichnung, Aquarell, Holzschnitt, Kupferstich, Radierung, Stahlstich, Lithographie, Lichtdruck, Photographie usw. Besonders wertvolle Bereicherungen erfuhr die Sammlung durch die 1909 erfolgte Erwerbung der Kollektion von Basler Ansichten aus dem Besitze von Herrn Dr. Paul Barth und durch 476 Bilder, eine im Jahre 1929 geschehene Schenkung der Erben Herrn Dr. Wilhelm Vischers aus der Sammlung des Verewigten. Der Hauptsammlung, die gegenwärtig über 10000 Bilder zählt, gliedern sich einige wertvolle selbständige Nebensammlungen an, nämlich die aus 245 Aquarellen bestehende *Sammlung J. J. Schneiders*, der diese Ansichten des alten Basels in den 1860er und 1870er Jahren malte. Sie wurden Mitte der 1880er Jahre erworben. Ferner die 1337 Nummern umfassende *Sammlung Wackernagel* von Ansichten der Stadt und Landschaft Basel, die 1899 der damalige Staatsarchivar Rudolf Wackernagel, der eigentliche Organisator des Staatsarchivs und Gründer seiner Sammlungen, stiftete, und die *Sammlung Billeter*, die von alt Zeichnungslehrer J. Billeter in den Jahren 1926 und 1930 geschenkt wurde und ausser einer Reihe von Tage- und Skizzenbüchern mit schweizerischen Landschaftsbildern ca. 800 lebensvolle Skizzen von Evakuierten und Rapatriierten aus der Zeit des Weltkrieges enthält.

Schliesslich sind noch zu nennen die zugleich mit dem für die internationale Binnenschiffahrtsausstellung geschaffenen *Fliegerbild des Rheines zwischen Basel und Konstanz* 1927 vom Staate erworbenen 712 photographischen Aufnahmen, die als Grundlage für das Fliegerbild dienten. Der gegenwärtige Bestand der dem Staatsarchiv gehörenden Bilder beläuft sich demgemäss auf gegen 14000 Stücke.

In wertvoller Weise ergänzt und bereichert werden diese Bestände durch die von Behörden und Gesellschaften auf dem Staatsarchiv deponierten Bildersammlungen. An erster Stelle ist zu nennen die ca. 1000 Blätter umfassende *Falkeysensche Sammlung* von Basler Prospekten, die als Eigentum der evangelisch-reformierten Kirche Basels von dieser dem Staatsarchiv als Depositum übergeben worden ist. Einen besonders wertvollen Bestandteil dieser Sammlung bilden, ausser den Zeichnungen und Aquarellen von P. Toussaint aus der ersten Hälfte des 19. Jahrhunderts, die Zeichnungen von Emanuel Büchel[1]) aus dem 18. Jahrhundert, die neben den Originalvorlagen zu den Stichen in Daniel Bruckners Merkwürdigkeiten der Landschaft Basel zahlreiche sorgfältig ausgeführte Aufnahmen der Kirchen von Basel und speziell des Münsters enthalten.

An die Falkeysensche Kollektion schliesst sich in würdiger Weise die *Bildersammlung der historischen und antiquarischen Gesellschaft* an, die dieselbe dem Staatsarchiv zur Verwahrung übergeben hat. Ihren Hauptbestandteil bildet die „Architectura Basiliensis", die Aufnahmen von profanen und kirch-

---

[1]) Schweizerisches Künstlerlexikon, Bd. I, Frauenfeld 1905, S. 223 (D. Burckhardt).

Abb 469. Aus dem Wappenbuch des Direktoriums der Kaufmannschaft.
Titelblatt, 1716. — Andreas Holzmüller, Aquarell (310 × 200 mm). — Staatsarchiv Basel.

lichen Bauwerken der Stadt und der Landschaft Basel enthält. Daneben sind noch zu nennen die Abteilung Augst mit Aufnahmen der Überreste von Augusta Rauracorum, die Abteilung „Delegation des alten Basels" mit Plänen und Aufnahmen von Basel und dessen Bauten und schliesslich die Abteilung „Verschiedenes" mit Zeichnungen von Bauwerken der engern und weitern Umgebung Basels. Die ganze Sammlung zählt 1356 Stücke.

Ein weiteres Depositum bilden 118 Aufnahmen von *Basler Architekturen, Fresken* usw., die die *Basler Denkmalpflege* hat herstellen lassen. Ferner hat im Jahre 1929 der *schweizerische Ingenieur- und Architektenverein* dank der gütigen Vermittlung der Herren Architekten Ernst und Paul Vischer als erwünschte Ergänzung der übrigen Sammlungen die *zeichnerischen Aufnahmen* der in den Bänden 17, 22 und 23 des Bürgerhauses in der Schweiz, Kanton Basel-Stadt, publizierten Basler Wohnhäuser dem Staatsarchiv zur Aufbewahrung übergeben. Die Sammlung zählt 1250 Nummern.

Die Sammlung photographischer Platten, die das Staatsarchiv neben der Bildersammlung besitzt, ist sehr umfangreich. Durch Schenkungen[1]) der Herren Professor Fritz Burckhardt und Rudolf Fechter, sowie durch Abtretungen des Baudepartements hat sie sich seit dem Jahre 1902 herangebildet. Sie enthält in der Hauptsache Aufnahmen von *Bauwerken Basels und seiner Umgebung,* daneben aber auch von *Ereignissen* wie Feste, Fastnacht, Messe usw. Eine bedeutende Bereicherung erlebte die Sammlung durch die 1925 erfolgte Schenkung der zahlreichen Negativplatten aus dem Besitze des verstorbenen Herrn Otto Stuckert und durch die umfangreichen Bestände von Platten, die Herr Alfred Kugler in den Jahren 1924 bis 1926 dem Staatsarchiv als Geschenk überwies; während die Stuckertschen Platten sich auf die *Kriegsgeschichte Basels* beziehen, weisen die Kuglerschen Negative Aufnahmen von *Altbasel,* sowie von *Festen,* von der Fastnacht und von der Messe auf. Einen weiteren beträchtlichen Zuwachs nach Umfang und Qualität erfuhr die Sammlung durch ca. 800 photographische Negative mit *Aufnahmen von Basel und seiner Umgebung* sowie von anderen Schweizerstädten, die Herr Dr. H. Geiger-Otto 1927 aus dem Nachlasse von Herrn F. Otto dem Staatsarchiv stiftete und durch den ungefähr gleich grossen Bestand von Negativen der Aufnahmen des *Fliegerbildes,* der im gleichen Jahre mit den Abzügen in Besitz des Staatsarchivs überging. Die Plattensammlung umfasst nunmehr ca. 8000 Stück.

Hierzu kommen noch wie bei der Bildersammlung Bestände, die als Deposita dem Staatsarchiv anvertraut worden sind: so die 699 Stück zählende *Plattensammlung der historischen und antiquarischen Gesellschaft* mit Aufnahmen von Basel und seiner Umgebung; ferner die 199 Negativplatten der von Herrn W. R. Stähelin beim Verlag Frobenius A.-G. 1919 bis 1921 herausgegebenen *Basler Porträts* aller Jahrhunderte und die 555 Platten mit Auf-

---

[1]) Rudolf Wackernagel, Repertorium des Staatsarchivs zu Basel, S. L.

Abb. 470. Eine Seite aus dem Wappenbuch des Direktoriums der Kaufmannschaft
Nach 1716. — (310×200 mm). — Staatsarchiv Basel.

nahmen für die Publikation des *Basler Bürgerhauses*. Schliesslich ist noch aufzuführen die vielbenutzte *Diapositivsammlung*, die 526 Stück mit Aufnahmen von Basler Ansichten umfasst.

Die Siegelsammlung[1]**,** deren Grund der Basler Historiker Benedikt Meyer-Kraus durch die 1878 erfolgte Schenkung einer Kollektion von ca. 2000 Siegelabgüssen legte, ist ein weiterer wichtiger Bestand der Hilfssammlungen des Staatsarchivs. Sie enthält neben einer fast vollständigen Reihe der *Siegel der deutschen Könige und Kaiser* solche von Dynasten- und Adelsgeschlechtern, von Städten, Korporationen, Bistümern und Klöstern der Schweiz und der ihr benachbarten Gebiete. Eine starke Vermehrung erfuhr die Sammlung durch weitere Gaben, so dass sie 1904 bereits 12000 Siegel aufweisen konnte. Eine wichtige Ausgestaltung erfuhr sie im Jahre 1900, als ihr auf Anregung mehrerer Schweizer Historiker die Funktion einer *allgemein schweizerischen sphragistischen Zentralstelle* zugewiesen wurde. Die Sammlung erfreute sich auch späterhin eines kräftigen Wachstums. Die Zahl der Siegel ist daher um mehr als das Doppelte seit 1904 gestiegen. Als Donatoren von wertvollen Beiträgen sind zu nennen die Herren Professor E. A. Stückelberg, Professor Paul Ganz, Eduard Burckhardt-Zahn, Dr. Walther Merz in Aarau, W. R. Stähelin, Dr. Wilhelm Vischer und dessen Erben, Erzherzog Eugen, Professor Fritz Lieb, Alphons Bischoff und die Erben des Herrn E. Riggenbach-Stückelberger.

Neben der Siegelsammlung und als Ergänzung derselben bildete sich auch eine *Sammlung von über 14000 Matrizen*. Besonders verdient um dieselbe machten sich die Herren Dr. W. Merz in Aarau und Dr. D. Galbreath in Baugy sur Clarens, deren reiche Geschenke einen grossen Teil der Sammlung bilden.

An der Ordnung der Siegel- und der Matrizensammlung betätigten sich seit 1882 in höchst verdankenswerter Weise freiwillige Hilfskräfte, unter denen zu nennen sind die Herren Dr. Johannes Bernoulli, Dr. Paul Ganz, Dr. Ernst Weidmann, Dr. Emil Major, Frau Professor Stückelberg und die Herren Dr. Ludwig Freivogel und Dr. Rudolf Bernoulli. Während die Siegelsammlung alphabetisch geordnet ist, gibt über die Matrizen ein Zettelkatalog die erwünschte Auskunft.

Die Wappensammlung, die schliesslich zu erwähnen ist, enthält als Grundstock eine Kollektion von ungefähr 6250 Blättern mit Zeichnungen von Basler Wappen, die 1889 durch Vermächtnis des schon genannten Herrn Benedikt Meyer-Kraus in Besitz des Staatsarchivs gelangte. Ihr schliesst sich an die *Sammlung von Schweizer Wappen*, die von der *schweizerischen heraldischen Gesellschaft* unter dem Titel „Monumenta Heraldica" geschaffen und 1918 dem Staatsarchiv als Depositum anvertraut worden ist. Sie zählt gegenwärtig 4870 Stücke.

---

[1] Rudolf Wackernagel, Repertorium des Staatsarchivs zu Basel, S. XLVIII f.

NACHTRÄGE UND VERZEICHNISSE

Nachtrag zu S. 320 und 322.

Abb. 471. Ansicht der Rheinbrücke und des Rheintors zu Basel.

Untere Hälfte eines Scheibenrisses von Hans Holbein d. J. um 1520. Schwarze Tuschzeichnung, grau laviert und mit Wasserfarben teilweise grünlich-gelb bemalt auf weissem Papier (242 [234]×382 [387] mm). Bern, Historisches Museum, Sammlung Wyss I, 13a. P. Ganz vermutet, Hans Holbein d. J. habe etwa gleichzeitig mit dem Beginn der Ausmalung des Grossratssaales im Rathaus zu Basel auch für die Glasgemälde in die Fenster dieses Raumes Entwürfe gemacht, von denen dieses Blatt ein Fragment sein könnte. — P. Ganz, Handzeichnungen Hans Holbeins Nr. 194, Vol. IV, Pl. 38; P. Ganz, Handzeichnungen schweizer. Meister, Jahrg. III, Taf. 49.

NACHTRÄGE

Zu S. **37**, Anm. 2 und S. **162**, 26. Zeile von oben lies statt Basilensis *Basiliensis*.

Zu S. **46**, ,,Funde und Denkmäler aus gallorömischer und römischer Zeit" ist am Schluss des Abschnitts über ,,Bronzen" einzufügen:
Griff eines Säbelschwerts aus Bronze mit Papageienkopf und eingegrabenen ornamentalen Verzierungen. Bodenfund Neubadstrasse, Historisches Museum Basel (Inv. No. 1931. 660). — Länge (des Griffs allein) 11,5 cm (Abb. 472).

Zu S. **50**, 19. Zeile von oben, statt (Tafel 3) *(Abb. 473)*.

Zu S. **53**, 3. Zeile von oben, lies statt Hattop *Hatto*.

Zu S. **121**, ,,Grundlegungen, Schaubilder und Plan-Veduten.." ist nach dem Abschnitt 1624 ,,Blick vom Riehentor.." einzufügen:
Vor 1624 (?). Blick auf Klein- und Grossbasel rheinaufwärts, im Vordergrund rechts der Thomasturm. Federzeichnung leicht laviert, vielleicht von MATTHÄUS MERIAN D. Ä. Höhe 160 mm, Breite 392 mm. Privatbesitz Basel (Abb. 474, S. 691).

Zu S. **172**, 5. Zeile von oben, statt Küttelgasse *Kuttelgasse*.

Zu S. **198**, Anm. 1, letzte Zeile statt Bd. II Bd. I.

Zu S. **200**, 13. Zeile von unten nach Skulptur einfügen *(Abb., S. XVI)*.

Zu S. **222**, Zeile 13 von unten und S. **223**, Zeile 4 von oben statt Degenfelder Sandstein *Degerfeldener* Sandstein.

Zu S. **249** (Baugeschichte des Spalentors) 2. Zeile von unten ist nach ,,wurde" einzufügen: Die älteste, bis jetzt bekannte Nachricht über das Spalentor, die wir einem freundlichen Hinweis des Herrn Dr. E. Major verdanken, stammt aus dem Jahre *1393* und findet sich Staatsarchiv Basel, Ratsbücher A 3, Leistungsbuch II, S. 11ᵛ. Sie lautet: *1393*. ,,Quinta ante Natiuitatem beate marie virginis wart verlichen NÜWENDÖRFLIN vnser herren diener der Thurn ze Spalenthor daruf ze sitzende der gefangen ze behůtende vnd ze besorgende, vntz uf die zit daz HEINTZIMAN ZER SENSE wider daruf ziehen vnd selber besitzen wil als vormols, vnd wenne daz ist So sol Nuwendörflin Im den thurnen wider Rumen vnd darab ziehen, wider uf sin thor daruf er vormols gesessen waz, eb er wil der Im ouch denne gerumet sol werden von dem der denne daruf ist, Vnd das habent Inen Rat vnd meyster beden gegunnet, die wile si Ir diener sint als nu."

Zu S. **272** (Der Skulpturenschmuck des Spalentors), 17. Zeile von oben ist einzufügen: Die drei grossen Figuren der Westfront sind im November 1932 abge-

Abb. 473.
Massivsilberne
Gürtelschnalle.
Länge 5,9 cm. — Aus dem alamannischen
Gräberfeld am Bernerring.
Historisches Museum Basel. Inv. No. 1932. 216.
Nachtrag zu S. 50.

nommen und ins Historische Museum verbracht worden. Bei der Entfernung der Marienfigur wurde hinter ihrem Nacken unmittelbar unter dem Baldachinquader eine bisher übersehene Maueröffnung sichtbar (H. heute 60 cm, Br. 15 cm, auf dem Querschnitt Abb. 179 S. 259 noch nicht eingezeichnet), die gerade über dem Fallgitter liegt und bei der Bedienung desselben als Auslug gedient haben muss. Nach dem Zustand der anschliessenden Mauerquadern zu schliessen, gehört die Öffnung zur ersten Anlage des Tores. Durch die Marienfigur wurde sie verdeckt und verlor ihren Sinn; ein sicherer Beweis für die nachträgliche Aufstellung der Figuren. Ein in der Rückseite des Baldachinquaders verbleites Vierkanteisen verlief schräg nach vorn und unten durch die Maueröffnung. In seinem als Haken gebildeten Unterende hing der Eisenring im Nacken (1,45 m über der Konsolenfläche) der Marienfigur. Die drei Figuren zeigen an den Rückseiten im unteren Drittel je eine Querrinne zum Festhalten der Aufziehstricke. (F. Gysin.)

Zu S. **298**, „St. Johanntor" ist vor „Quellen" einzufügen:
Der heutige *Polizeiposten* südlich des St. Johanntors wurde im Jahre 1807 erbaut, als die innere Wachtstube an St. Johannthor schadhaft geworden war. Es ist ein schlichtes, eingeschossiges Gebäude von fast quadratischem Grundriss, dessen nach allen Seiten abgewalmtes Dach auf der Strassenseite, von vier toskanischen Säulen getragen, eine schmale Vorhalle überdeckt (Abb. 211, S. 290). *Maßstäbliche Aufnahmen:* Grundriss, Aufrisse und Schnitt in Bürgerhaus Kanton Basel-Stadt III. Teil und Basel-Land, Zürich 1931, Tafel 81, Abb. 4—7.

Zu S. **303**, 2. Zeile von unten statt die Ringgasse *das Ringgässlein*.

Zu S. **308**, 20. Zeile von oben (Marktplatz) hinter S. 346 einfügen *sowie Abb. 475, S. 692*), und 21. Zeile von oben hinter Fischmarkt (Abb. 476, S. 693).

Zu S. **312**, Abb. 235. Die Ansicht des Barfüsserplatzes mit der „Aufführung von J. Jacob Tschudy" 1788 ist von REINHARDT KELLER (1759—1802) radiert. Schweizerisches Künstlerlexikon Bd. II, Frauenfeld 1908, S. 164 (D. Burckhardt).

Zu S. **320**, „Bilddokumente der Rheinbrücke", ist vor 1545 einzufügen:
Um 1520. Ansicht der Rheinbrücke und des Rheintors auf der unteren Hälfte eines Scheibenrisses von HANS HOLBEIN D. J. (Abb. 471, S. 688).

Abb. 474. Blick auf Klein- und Grossbasel rheinaufwärts. Vor 1624.
Federzeichnung leicht laviert (160 × 392 mm). — Privatbesitz Basel.
Nachtrag zu S. 121.

Abb. 475. Blick auf den Marktplatz zu Basel aus der Gerbergasse, 1743 oder 1745 datiert am Portal der Geltenzunft. — Federzeichnung laviert (420 × 807 mm). — Privatbesitz Basel. Nachtrag zu S. 308.

Abb. 476. Der Fischmarkt zu Basel. Zweite Hälfte des 17. Jahrhunderts.
Getuschte Federzeichnung (535 × 1030 mm). — Privatbesitz Basel.
Nachtrag zu S. 308.

694   NACHTRÄGE

Zu S. **369**, Abb. 269 ,,Aufriss der Marktfassade des Rathauses zu Basel''. Zu dieser Abbildung ist die Aufnahme von R. Visscher van Gaasbeek 1889 verwendet worden, obwohl auf ihr der Dachreiter zu nieder aufgezeichnet ist, wie der Fassadenaufriss in Bürgerhaus Basel-Stadt Bd. I, Zürich 1926, Tafel 45 zeigt. Aber die in dieser Aufnahme in die Arkadenbogen eingezeichneten späteren Abschlussgitter schliessen die Fläche nach der Breite und verwischen dadurch die für die Fassade von 1504—13 charakteristische Betonung der Senkrechten fast völlig. Andererseits ergibt der Aufriss des ,,Bürgerhauses'', dass, noch jetzt nach den Erneuerungen des ursprünglichen Dachstuhls, auch den Höhen von Dachfirst und Dachreiter ein Achtel der Quadratseite der Fassade als ,,Modul'' zu Grunde gelegen hat, und zwar, soweit dies mit Hülfe der verfügbaren Aufnahmen ermittelt werden konnte, für die Höhe von Vorderkante Zinnenverdachung bis Dachfirst zweimal, für jene des Türmchens von Dachfirst bis Kreuzblume viermal.

Zu S. **372**, letzte Zeile von unten, ist vor Freiburg einzuschalten *Schaffhausen*. Die Standeswappen waren also, wenn man von Basel, dessen Schild auf der ersten Zinne rechts des Bannerträgers angebracht war, absieht, streng heraldisch jeweils links und rechts (vom Beschauer) abwechselnd folgendermassen angeordnet: Zürich, Bern, Luzern, Uri, Schwyz, Unterwalden, Zug, Glarus, Freiburg, Solothurn, Schaffhausen. Es ist dies die von der Tagsatzung beschlossene Standesfolge der 12 Orte, die damals die Eidgenossenschaft bildeten; durch die Plazierung des Baselschildes wird ausserdem zum Ausdruck gebracht, dass Basel als ein mit den acht alten Orten gleichberechtigter Ort in den Bund aufgenommen worden war.

Abb. 477. Die Gerichtsstube im Rathaus zu Basel
(vgl. S. 350, Abb. 261, 10) mit einer Darstellung des Schultheissengerichts von 1593.
Nach einem Gemälde von Hieronymus Vischer (um 1590) von Reinhardt Keller (1759—1802) kopiert.

ORTSVERZEICHNIS

Die verschiedenen Örtlichkeiten der Stadt Basel sind nicht unter dem Sammelwort Basel zusammengefasst, sondern *alphabetisch* in das Gesamtregister eingeordnet. Die Sternchen bezeichnen *Abbildungen*, die den Seitenzahlen beigefügten Zahlen *Anmerkungen*.

AARAU 55; 55,1; 57; 58*; 89; 515; 686.
AESCHENBOLLWERK 152; 164; 165; 167; 168; 172; 180.
AESCHENBOLLWERKTURM 168.
AESCHENTOR 102; 150; 164; 168; 171; 172; 180; 181*; 195,1; 204; 204,7; 237*; 239.
AESCHENVORSTADT 11; 23; 124; 148; 170; 300*; 301; 303; 306; 309; 341.
AESCHEN-SCHWIBBOGEN 124; 146; 163; 170; 173*; 174; 175*; 176; 218; 218,4; 219*; 300*; 303; 304.
ALANIA 441,1.
ST. ALBAN 65; 85; 152; 159; 160; 164; 165; 172; 191*; 192.
ALBANANLAGE 240.
ALBANBOLLWERK 155.
ALBANGRABEN 20,3; 146; 151; 163; 181*; 221; 305.
ALBAN-KIRCHSPIEL 301.
ALBANKIRCHE 118; 302.
ALBANKIRCHRAIN 306.
ALBANKLOSTER 146; 147; 148.
ALBAN-RHEINWEG 224.
ALBANSCHANZE 167; 172; 173; 224; 240.
ALBANSCHWIBBOGEN 146; 163; 171*; 173; 174; 202; 203*; 221; 303.
ALBANTAL 59; 84; 118; 119*; 121; 126; 131; 150; 164; 168; 224; 225*; 226*; 227*; 228*; 302; 306.
ALBANTALWEG 239.
ALBANTEICH 12; 118; 146; 164; 165; 224; 225*; 228; 302.
ALBANTOR 125; 150; 152; 154; 164; 166; 167; 168; 171; 173; 190; 204; 204,6; 224; 225*; 236*; 237—244; 285; 288; 296; 297; 302; 521,1.
ALBANVORSTADT 11; 20; 118; 120*; 126; 127*; 148; 165; 170; 184; 192; 238*; 239; 241*; 243*; 301; 306; 309.
ALLSCHWIL 69.
ALLSCHWILER WEIHER 302.
ALTDORF 308,4; 353,8; 622,1; 632.
ALTENBURG 22,6.
ALTRIPP 19,4.
AMSTERDAM 440.
ANDLAUERHOF 19,4; 38.
ANDREASPLATZ 308.
ANDREASKAPELLE 308.
ANGEN, HAUS ZUM 340; 342.
ST. ANNA KIRCHE 94,3.
ANTISTITIUM 38.
ANTONITERKAPELLE 94,3.
ANWIL 71.
ARIALBINUM 20; 27.
ARISDORF 71.
ARLESHEIM 71.
ARTALBINUM 20; 27.
ASCHAFFENBURG 448,1.
ASTURIEN 51.
AUGSBURG 19; 20; 78; 139; 142; 216,4; 216,5; 432,1; 440; 641.
AUGST 17; 17,6; 19; 23; 71.
AUGUSTA RAURICA 17,6; 19; 20; 37.
AUGUSTINERGASSE 36*; 303.
AUGUSTINERKIRCHE 94,3.
AUGUSTINERKLOSTER 121; 169; 303; 348.
AUSTRASSE 232.
AUTUN 18.
AVENCHES 22; 22,6.
AVENTICUS 22,6.
AVIGNON 66.

BAAR (Kleinbasel) 126; 158; 191*; 192; 313.
BACHOFENTURM 168.
BACHTURM 165.
BADEN (Schweiz) 654.
BÄRENFELSER HOF 445,3.
BÄRENFELSER JOCH 318; 319; 325; 326; 328.
BÄREN, HAUS ZUM WEISSEN 418,2.
BÄUMLEINGASSE 19,4; 20; 20,3; 26; 35; 36; 37; 37,1; 37,2; 46; 47; 169; 304; 309.
BAHNHÖFE
 Badischer Bahnhof 12.
 Centralbahnhof 12; 172.
 französischer B. 170; 172.
 Lange Gasse 171.
 St. Johann 159; 172; 188; 189*.
BARFÜSSERGASSE 303.
BARFÜSSERKIRCHE 520; 520,3; 528,1. Taf. 19.
BARFÜSSERPLATZ 180; 302; 303; 308; 309*; 312*. Taf. 19.
BATTERIE 6.
BAUGY 686.
BEAUVAIS 481.
BELLINZONA 69.
BERLIN 85; 121; 122*; 276,4; Taf. 6.
BERN 35; 67; 82; 89,1; 155,3; 216; 217,1; 334,2; 352; 441,1; 442; 479; 481; 493; 502; 515; 516; 546,4; 665; 688*.
BERNERRING 23; 26; 49*; 50*; 689*; Taf. 3.
BERNOULLIANUM 151; 152; 164; 170; 188; 249.
BERNOULLISTRASSE 188; 249.
BESANÇON 22; 22,6.
BETTINGEN 6; 7; 8; 12; 13; 14; 69; 420,1.
BIBRACTE 18; 35.
BIEL-BENKEN 71; 160.
BINNINGEN 17,10; 69; 71; 160; 302.
BINZEN 208; 208,2.
BIRMANNSGASSE 249.
BIRMANN'SCHES GUT 249.
BIRS 6; 90; 146; 160; 302.
BIRSECK 70; 71; 529,2.
BIRSECKTURM 165.
BIRSFELDEN 71.
BIRSIG 7; 9; 11; 49; 65; 145; 146; 147; 154; 164; 167; 172; 183*; 184*; 185*; 301*; 302; 303; 304; 306; 307*; 308; 315; 321; 340; 352; 363; 435.
BIRSIGBRÜCKE 44; 339.
BIRSIGTAL 19; 20; 21; 22.
BISCHOFSHOF 145; 200; 232; 570,1.
BLÄSITOR 94,3; 125; 147; 150; 158; 166; 168; 172; 190*; 192; 193*; 313; 668.
ST. BLASIEN (Kloster) 316.
BLAUES HAUS 73; 649.
BLÖMLEIN, AM 305.
BLUMENGASSE 304.
BLUMENRAIN 20; 94; 96; 146; 180*; 224; 303; 304; 306.

ORTSVERZEICHNIS

BÖCKTEN 71.
BÖRSE 44.
BÖTZBERG 4; 19.
BOLLWERK, grosses 152; 154; 164; 165; 167; 306 hohes 249.
BOTTMINGEN 69; 71; 160.
BOZEN 671; 673.
BRAUNSCHWEIG 139.
BREGENZ 20.
BREISACH 654.
BREISGAU 70; 77.
BREITE 160.
BREMGARTEN 89,2.
BRIGITTATOR 170; 306.
BRISSMEL 441,1.
BROTLAUBE 170; 356; 617.
BRÜCKENKAPELLE 328; 330*; 331*; 333*; 334*; 335*; 336.
BRUDERHOLZ 6; 90.
BRUGG 22,6.
BRUNNGASSE 306.
BÜRGISCHES BAD 170.
BÜRGLEN, Kloster 316.
AUF BURG 23; 37; 145; 304; 308; 376,1.
BURGFELDEN 170.
BURTENBACH 152,2.
BURGWEG 22.

CAMBETE 20.
CASTRUM EBRODUNENSE 22,6.
  RAURACENSE 22,6.
  VINDONISSENSE 22,6.
CENTRALBAHN 171.
CIVITAS BASILIENSIUM 22,6.
  EQUESTRIUM 22,6.
  HELVETICORUM 22,6.
  VESONTIENSIUM 22,6.
CHIASSO 69; 248.
CHINON, St. Mesme 58.
CHRISCHONA 6; 8; 12; 420,1.
CHUR 418,2; 448,1.
CRÊTE, SCHLOSS LA 155,3.
CUNRAT GESELLENHUSE 251,4.

DALBELOCH 224; 306.
DARMSTADT 288; 362.
DEGERFELDEN 136,3; 222; 254; 277.
DELSBERG 66; 67; 70; 438,1.
DEUTSCHER HOF 73.
DIEGTEN 68.
DIESBACHER HOF 37,1.
DIJON 69; 206,3.
DINKELBERG 3; 6.
DOMHOF 37; 37,1; 37,2; 40; 45.

DONAUESCHINGEN 244; 246.
DORENBACH 302.
DORNACH 226.
DORNECK 226.
DORNIMAUG 152; 167.
DRAHTZUG 121; 157.
DREI KÖNIGE, Gasthof 169; 320; 321; 323*.
DRESDEN 142.
DROMERSHEIM 276,4.

EBERBACH, Kloster 276,4.
EBERLERKAPELLE 250.
EGLISAU 641.
EGLOFFS TOR 186; 306.
EIMELDINGEN 39,2.
EINIG 19,4.
EISENGASSE 82; 170; 301; 303; 322; 324; 340.
ELISABETHENBOLLWERK 156; 167; 168; 171; 173; 180; 206.
ELISABETHENKAPELLE 310.
ELISABETHENKIRCHE 169; 310.
ELISABETHENSCHANZE 26; 27*; 154; 180; 182; 183*; 184; 232; 306.
ELISABETHENSTRASSE 18; 23; 124; 306.
ELISABETHENVORSTADT 172.
ELSASS 6; 11; 72; 216; 659; 673,4.
ELSÄSSER RHEINWEG 29*.
ELSÄSSERSTRASSE 286; 288; 291.
EMMENDINGEN 158,1.
ENDINGEN 64.
ENGELHOF 69; 390; 406; 445; 445,1.
ENGEL, Gasthof zum 652.
ENSISHEIM 392; 672.
EPTINGEN 68; 71.
EPTINGER HOF 356; 574.
ERGOLZ 4; 11.
ESCHENBACHER FORST 318.
ESCHEMERTOR 150; 195,1.
ESCHENVORSTADT 301.
ESELTÜRLEIN 146; 302.
ESELTURM 170; 175*; 176; 204; 204,4; 309*.
ETTINGEN 69.

FAHNENGÄSSLEIN 304.
FALKNERSTRASSE 301; 302; 303; Taf. 19.
FARNSBURG 67; 71.
FISCHMARKT 51; 82; 302; 303; 304; 308; 339; 514; 693*.
FISCHMARKTBRUNNEN 69; 276; 276,1.

FLUGHAFEN 12.
FRANKFURT a. M. 78; 108,5; 116; 141; 206,3; 213,1; 659.
FRAUENSPITAL 159; 286.
FREIBURG i. Br. 66; 232,5; 336; 392; 393; 393,1; 524,1; 572; 668.
FREIENBERG 70.
FREIESTRASSE 2*; 37; 145; 146; 150; 170; 301; 303; 304; 309; 362; 390; 412; 678,3.
FRÖSCHENBOLLWERK 52; 164; 165,1; 168; 172; 184; 186*; 187*; 302; 306.
FRÖSCHENGRABEN 167.
FRONWAAGE 339.
FÜRSTENGÄSSLEIN 35.

GAETA 440,1.
GALGEN 340.
ST. GALLEN 348; 406.
GALLUSKAPELLE (Münster) 53; 54*.
GASANSTALT b. Steinentor 308.
GASFABRIK 18; 19; 19,4; 20; 20,3; 26; 27; 29*; 30*; 30,1; 31*; 33*; 131.
GASTHERBERGEN, älteste 339.
GELNHAUSEN 385.
GELLERTSTRASSE 20.
GELTENZUNFT 70; 692*.
GEMPEN 96; 98.
GEMSBERG 305.
GENF 34; 155,3; 665.
GENUA 69.
GERBERBERG 309.
GERBERBRUNNEN 305; 309.
GERBERGASSE 145; 303; 305; 308; 345; 366; 445; Taf. 19.
GERBERGÄSSLEIN 302; 304; 305.
GERICHTSGEBÄUDE 37,1; 169.
ST. GERMAIN 30,1.
GIEBENACH 71.
GIFTHÜTTLEIN 302.
GLOBUS, Warenhaus 82.
GLOCKENGASSE 305.
GNADENTAL, Kloster 159; 249,2.
ST. GOAR 18,1.
GOTTERBARMWEG, ehemaliger 22; 22,8; 26; 47; 48*; 50.
GOTTHARDPASS 315.
GRANDFONTAINE 352; 445,3.
GREAT MARLOW 301*.
GREIFENGASSE 170; 301; 312; 313.
GRENZACH 39,2; 131.
GRENZACHER HORN 39,2; 119; 159; 170; Taf. 5.

GROSS-BASEL 8; 9; 11; 67; 84; 85; 90; 91*; 96; 98; 102; 103; 104; 105; 106; 116; 119; 121; 122*; 123*; 131; 147; 148; 151; 154; 162; 163; 164; 166; 167; 196; 211,3; 216,1; 221; 224; 301; 302; 303; 307*; 308; 313; 315; 321; 322; 328; 689; 691*. Taf. 5; 7; 8; 9; 10; 11; 19; 21.
GROSSBRUNN 352; 445,3.
GRUNDBOLLWERK 164.
GRÜNPFAHLGASSE 145; 302; 305; 308.
GUNDELDINGEN 126; 129*.
GÜTERSTRASSE 172.
GYMNASIUM 37; 38; 39.

HAAG 156.
HACHBERG 158; 158,1; 159.
HAL (Belgien) 276,4.
HALLGARTEN 276,4.
HALTINGEN 39,2; 170.
HAMMERMÜHLE 157.
HAMPTON COURT 637,1.
HARD 17,10.
HARZGRABEN 165; 230; 305.
HASEN, HAUS ZUM 342; 356; 358; 364; 366; 412; 476; 477*; 530*;. 534; 554; 568,1; 568IV; 572,1; 574,1; 576: 578; 595; 599; 601; 606; 612; 626; 627.
HAUENSTEIN 4; 19; 92; 315.
HEBELSTRASSE 151,3; 301; 303; 306.
HEIDELBERG 448,1.
HEILBRONN 152,4.
HEILIGKREUZTOR 147.
HENKERSGÄSSLEIN 306.
HERBERGGASSE 305.
HÉRICOURT 67; 673,4.
HERRENMÄTTELI 194.
HERSBERG 71.
HERTOR 150; 204; 204,3.
HEUBERG 222; 223; 303; 304*; 305; 310,3.
HERZNACH 55; 55,1; 56; 57*; 58.
HIRTENTURM 26; 27*.
HIS'SCHES HAUS 249.
HOCHGERICHT 308.
HOHENFIRSTENHOF 85; 131; 321; 668.
HOHER WALL 172.
HOLBEINBRUNNEN 306.
HOLBEINPLATZ 186.
HOLEE 49.
HOLSTEINERHOF 188.
HOLTZENECK 466,1.
HOMBURG 67.
HRADISCHT (b. Stradonitz) 35.

HUTGASSE 302; 305; 308.
HÜNINGEN 4; 71; 73; 126; 167; 321; 676.

ILTIS TURM 168.
IMBERGÄSSLEIN 305.
INGOLSTADT 139; 152,4.
INNSBRUCK 645; 668; 669; 672; 673.
INZLINGEN 159.
ISTEIN, Schloss 66; 67.
ISTEINER KLOTZ 109; 121.
ISTEINERSTRASSE 313.
ISTEINER TOR 147; 169; 173.
ITINGEN 71.
ST. JAKOB 67; 90; 302.
JEGENSTORF 491; 516.
ST. JODERSTOR 160.
JOHANNITERBRÜCKE 96.
JOHANNITERHAUS 94; 125; 195
JOHANNITERKIRCHE 94,3; 109; 110; 121; 201*; 286.
ST. JOHANNISKAPELLE, alte, 125; 528,1.
ST. JOHANNSCHANZE 94; 167; 173; 189*; 190; 200,2.
ST. JOHANNSCHWIBBOGEN 146; 163; 173; 180*; 219; 220*; 221,1; 303; 309.
ST. JOHANNTOR 109; 110; 125; 131; 136; 158; 159; 162; 164; 166; 168; 170; 190; 195,1; 201*; 244; 264; 285*; 285—298; 650,4.
ST. JOHANNTOR, äusseres 150; 151; 152; 154; 156; 294*; 295*.
ST. JOHANNTOR, Polizeiposten 690.
ST. JOHANNVORSTADT 11; 20; 66; 84; 94; 96; 109; 110*; 111*; 118*; 128*; 147; 148; 155; 165; 170; 190; 219; 285; 286; 287*; 288; 290; 301; 306; 308; 321; 514; 648*; 649; Taf. 7.
ST. JOHANNVORSTADT, Friedhof 286; 288.
JUDENFRIEDHOF, alter 151,1
JUNGFRAUENGÄSSLEIN, 11000 304.

KAISERAUGST 22,6; 37.
KAISER, HAUS ZUM 218,4.
KAISERSTUHL, HAUS ZUM 85; 121.
KAMEL, HAUS ZUM 37,2.
KANONENGASSE 306.
KÄPPELIJOCH 316; 318; 319; 321; 326; 328.
KARLSRUHE 362.
KARTHAUSE 151; 192; 194; 232; 312; 313; 390; 406.

KARTHAUSGASSE 312.
KARTHÄUSER ECKTURM 166; 169; 233*; 235; 313.
KASINO, Kleinbasler 321.
KAUFHAUS 70; 208,2; 339; 349,9.
KELLERGÄSSLEIN 51; 305.
KEMBS 20.
KESSEL, HAUS ZUM 82.
KETZERTURM 121; 157.
KIRCHGASSE 308; 312.
KLARABARRIERE 172.
KLARABOLLWERK 121; 151; 152; 168; 170; 593.
KLARAGRABEN 194.
KLARAHOF 172.
KLARAKIRCHE 14; 94,3; 121; 166; Taf. 6.
KLARAMATTE 193*; 194.
KLEIN-BASEL 8; 10; 11; 22; 65; 67; 84; 85; 90; 91*; 96; 98; 102; 103; 104; 105; 106; 110*; 116; 119; 121; 122*; 123*; 125; 126; 130*; 131; 146; 147; 151; 154; 155; 157; 162; 165; 166; 167; 170; 172; 190*; 191*; 192*; 193*; 194; 198,1; 210,2; 216; 216,1; 232; 233*; 234*; 235*; 251,1; 286; 287*; 301; 312; 313; 315; 316; 320; 321; 322; 325*; 326; 328; 390; 689; 691*. Taf. 6; 10; 20.
KLEINHÜNINGEN 12; 14; 71.
KLINGELBERG 84; 110; 111*; 172; 285.
KLINGENTAL 45; 94,3; 96; 109; 116; 121; 131; 147; 168; 169; 312; 313; 316,2; 320; 321; 552; 568V,2.
KLOSTERBERG 172; 306.
KLYBECK 19.
KLYBECKSCHLOSS 118*; 121; 285; 286.
KLYBECKSTRASSE 19; 37.
KOBLENZ 357.
KÖNIGSBERG 572,2.
KOHLENBERG 9; 146; 163; 176; 222; 302; 303; 305; 306; 309; Taf. 19.
KOHLENBERGGASSE 306; 307*.
KOLBEN, HAUS ZUM 345; 345,2.
KOLLEGIUM, unteres 165; 195; 195,2; 230.
KÖLN 341,1; 524,1.
KONSTANZ 418,2; 486; 668; 678; 682.
KORNHAUS 177.
KORNHAUSGASSE 306.
KORNMARKT, vgl. Marktplatz.
KRÄMERGASSE 304.
KREMPENGASSE 170.

ORTSVERZEICHNIS

Kreuztor 146; 150; 163.
Krone, Haus zur 155.
Kronengässlein 44.
Krummer Teich 313.
Kunostor 146; 171*; 202; 203*.
Kuttelgässlein 82; 172;304.

Lampartengasse 303.
Lange Erlen 313.
Lange Gasse 171.
Laufen 69; 70.
Lauperswil 508.
Lausanne 301*.
Läufelfingen 486,3.
Leimental 7.
Leimentor 168; 172.
Leonhardsgraben 146; 163; 186;222; 305; 306; Taf. 19.
Leonhardskirche 14; 90; 94,3; 163; 165,1; 172; 173*; 176; 184; 187*; 514; 650.
Leonhardskirchplatz 30 ; 304*.
Leonhardskirchspiel 301.
Leonhardschanze 154; 166; 182; 183*; 184.
Leonhardsstapfelberg 9; 305*; 309.
Leonhardstrasse 172; 306.
Leonhardsturm 167.
Lesegesellschaft, 38; 481; 482.
Lessertürlein 147; 232; 232,4; 232,5.
Lettengut 49.
Letziturm 167.
Liestal 67; 73; 87; 171; 195; 195,1; 587; 620,2; 628; 628,3.
Lindenberg 312; 313.
Lindenturm 165; 167.
Linz 471; 471,1.
Lohnhof 222; 303; Taf. 19.
Lohnhofgässlein 305; 395*.
Lottergasse 306.
St. Louis 30; 30,1.
Löwen, Haus zum 82.
Luders (Luneville) 515; 672.
Luftgässlein 20,3; 304.
Luginsland 168; 188*.
Lurley 18,1.
Lützel 160.
Luzern 90; 91*; 338*; 361. 418,2; 494; 526,1; 531; 563,2; 615; 615,1.
Lyon 217; 217,3.
Lyss, die 306.
Lyssbüchel 170.

Mailand 21; 69; 514.
Maisprach 71.
Malzgasse 168; 306.

St. Margarethen 171, Taf. 9.
Markgräfler Hof 249; 303.
Maria im Hag (Meltingen) 515.
Marignano 69.
Marktgasse 301; 303.
Marktplatz (Kornmarkt) 69; 150; 301; 302; 303; 304; 305; 308; 338*; 339; 340; 341; 342; 344*; 345*; 346*; 347; 355; 357*; 358*; 361; 362; 363; 412; 611*; 692* Taf. 21.
Martinsgasse 303; 445,3; 574; 648*; 649.
Martinsgässlein 304; 349; 352; 364; 436.
Martinshügel 340; 342; 356.
Martinskirche 21; 23; 38; 94,3; 118; 123*; 136; 145; 210; 210,2; 322.
Martinskirchplatz 303; 304; 649.
St. Martinskirchspiel 391.
Masmünster 410; 410,2.
Meerkatze, Haus zur 206,3.
Meltingen 515.
Memmingen 418,2.
Mentelinhof 39.
Merian'sche Säge 116.
Mersen 17; 24.
Metz 659.
Metzgerturm 168.
Missionsstrasse 249; 253*; 256; 258; 277.
Mittlere Strasse 172.
Mömpelgart 155; 673,4.
Moutier-Granval 17,10.
Mücke, Haus zur 19,4; 37,2; 251,4; 410,1; 472.
Mühle, neue 109.
Mühlegraben 224.
Mühlenberg 165; 306.
Mülhausen 69.
München 137; 139; 141; 332; 441.
Münchenstein 69; 71.
Münchensteinerstrasse 172.
Münchenwyler 55,1.
Münster (Elsass) 23.
Münster (Graubünden) 51; 58; 59.
Münster-Granfelden 17,10; 67.
Münster (Westfalen) 71; 139; 141.
Münster z. Basel 13; 14; 38; 41; 42; 58; 83; 85; 90; 94; 94,3; 98; 118; 121; 131; 145; 198; 200; 202; 202,1; 210; 210,2; 250; 250,1; 274*; 276; 303; 304; 414; 414,2; 414,3; 441,1; 445,3; 520; 528,1; 529; 569.

Münsterberg 9; 23; 304; 321.
Münsterhügel 16*; 18; 18,1; 19; 20; 21; 22; 23; 35; 36; 36,1; 37; 38; 145; 146; 151; 303; 304; 308.
Münsterplatz 19,4; 20; 21; 37; 38; 303; 304; 308; 311*.
Münzgasse 82; 302; 304.
Murbach 515.
Museum 169; 303.
Muttenz 69; 71; 160.

Nadelberg 51; 69; 218,4; 282,1; 303; 389,2; 390; 406; 445; 445,2.
Nancy 90; 341.
Narasnes, St. Maria von 51.
Nauengässchen 172.
Neubadstrasse 689*.
Neue Vorstadt 151; 151,3; 301; 306.
Nieder Holz (Riehen) 160.
St. Niklauskapelle 167; 210,2.
Nimwegen 529,
Nördlingen 78.
Novara 69.
Nürnberg 138*; 140*; 142; 217,1; 341,7; 393; 432,1; 641.
Nusshof 71.
Nyon 22; 22,6.

Oberes tor 147.
Ochsengasse 312.
Ofen 139
Olsberg 160.
Olsbergerhof 39; 46.
Olten 67; 195,1.
Oppenheim 108,5; 110.
Ortenburg 673.
Ortturm 164; 232; 232,4.
Otwyl 283.

Paris 75*; 88; 108,5; 276,4; 362; 515.
St. Paulstor 150; 249,2.
Pavia 69; 139.
Petersberg 51; 145; 206,3; 304; 305.
Petersgasse 51; 303; 305*.
Petersgraben 146; 163; 178; 179*; 180; 222; 223; 305; 306; 307*.
Petershügel 339.
Peterskirche 14; 94,3; 163; 178*; 250; 283; 303; 324; 569,1.
St. Peters Kirch Gänglein 179*.
Peterskirchhof 311*.

PETERSKIRCHPLATZ 305*.
ST. PETERS KIRCHSPIEL 301.
PETERSPLATZ 85; 124; 151; 151,1; 151,3; 152; 154; 159; 162; 167; 172; 179*; 180; 188; 249; 306; 309; 310; 310,1; 311*.
PETERSSCHANZE 173; 188*; 189*; 247*; 288.
PFAFFENACKER 306.
PFAFFENLOHWEG 39.
PFAFFENVORSTADT 151,3; 301.
PFALZ 83; 85; 94; 98; 124; 196*; 197*; 198; 199*; 200; 230; 308; 309; 380; 518; Taf. 12.
PFAUEN, HAUS ZUM 340; 440,1.
PFAUENBERG, HAUS ZUM 340.
PFEFFINGEN 17,10.
PFLUG, HAUS ZUM 678,3.
PFLUGGÄSSLEIN 303.
PFULLENDORF 466,1; 524,1; 526*; 528.
PLAUEN 310,3
PONTS EN SAINTONGES 155,3.
POSTGEBÄUDE 169; 356; 617.
PRAG 656.
PRATTELN 71; 90.
PREDIGERKIRCHE 14; 90; 91*; 94,3; 170.
PREDIGERKLOSTER 348; 524.
PRUNTRUT 66; 352; 445,3; 515.
PULVERTURM 232; 234*; 235*.

RABEN, HAUS ZUM 124.
RAETIEN 17.
RAMSTEIN 69; 206,3.
RAMSTEINERHOF 668.
RASTATT 73.
RATHAUS 70; 116; 148,1; 200; 204,6; 210; 210,2; 278; 320; 322; 325*; 337—646; 649; 650; Taf. 22—40.
  Abtrittstube des grossen Rates 351*; 549; 554; 568II; 568II,2; 568III.
  Abtrittstube des kleinen Rates 351*.
  Archivgewölbe 351*
  Archivgewölbe, obere 408.
  Archivkammern 351*; 530*.
  Bureau des Grossen Rates 365; 366; 423.
  Dach 346; 380; 382*; 383*.
  Denkstube 350*.
  Dreiergewölbe, siehe Hintere Kanzlei.
  Ehegerichtssaal 434*.
  Erdgeschosshalle 354; 357; 382; 384*; 385; 386; 389; 392; 465; 465,2; 624; 625; 626; 627*; 629*; 631*; Taf. 23.
  Freitreppe 348; 352; 356; 363; 367; 384*; 386; 388; 389; 391*; 418*; 422; 438; 459*; 461*; 464*; 525*; 528; 630.
  Galerie 346; 348; 352; 354; 357; 363; 367; 386; 388; 389; 390; 436; 437*; 458; 460; 462; 463*; 464*; 529; 551; 555; 624; 625; 626; 630; 632; 633*.
  Gang 357.
  Gerichtsstube 350*; 522; 624; 694*.
  Gesprechhus 350*.
  Gewölblein, unteres 351*.
  Grossratssaal, Vorsaal 364; 366; 423; 570.
  Grossratsstube 348; 349; 351*; 354; 356; 366; 367; 389; 412; 434; 466; 526; 530*; 531—608; 618; 632,1; 688*; Taf. 35—39.
  Grossratstreppe 351*; 363; 364; 408; 412; 421*.
  Halle, hintere 363; 421*; 436; 439*.
  Hausteintüre 148,2; 408.
  Hintergebäude 348; 366; 387; 388; 389; 412; 460; 465; 520; 522; 523*; 524; 551; 575*; 577*; 609.
  Höfe 350; 351*; 352; 353; 357; 362; 363; 364; 367; 384*; 385; 388; 389; 391*; 408; 416; 417*; 419*; 420*; 420,1; 421*; 422; 436; 437*; 438; 440; 448; 451*; 459*; 465; 523*; 525*; 527*; 529; 530*; 563; 576; 626; Taf. 27; 40.
  Hoffassaden 367; 385; 386; 387*; 451; 519; 521,2; 512*; 522; 609; 616; 617*; 618; 619*; 620; 621*; 623*; 624.
  Kanzlei, Hintere 349; 350; 351*; 353; 364; 365; 366; 392; 410; 410,1; 416; 417*; 418*; 419*; 422; 423*; 424; 425*; 426*; 427*; 429*; 431*; 432*; 433*; 434*; 436; 451; 530*; 555; 580; 566; 569,1; 572,1; 576.
  Kanzlei, Vordere 351*; 352; 353; 363; 364; 367; 392; 420*; 450; 451; 452*; 453*; 454*; 455*; 456*; 457*; 458*; 464*; 609; 612; 615*; 616; 624*.
  Kanzleiflügel 388.
  Marktfassade 347; 356; 362; 364; 367; 368; 369*; 370; 371*; 373*; 374; 375*; 377*; 379*; 381*; 385*; 386; 392; 435*; 465; 517; 517,2; 518*; 519*; 520; 609; 610; 611*; 612; 613*; 615*; 615,1; 620; 623; 624*; 625; 694; Taf.22; 30.
  Milzestube 351*.
  Munatius Plancus 350*; 352; 356; 363; 438; 439; 440; 440,1; 442; 604; Taf. 27.
  Portal des Durchgangs 422.
  Rathausausgang, hinterer 351*; 352; 364.
  Rathausgarten 358.
  Rathausturm 412.
  Ratskapelle 401,2; 408; 410; 414; 414,1.
  Ratsstube 348; 371; 388.
  Ratsstube, hintere 356; 363; 422; 424; 466.
  Ratsstube, vordere (Regierungsratssaal) 346; 351*; 352; 356; 357; 364; 388; 395; 396; 397*; 400*; 402*; 403*; 404*; 405*; 406*; 414; 445; 448,1; 476; 478*; 617; Taf. 25; 26; 29; 32; 33; 34.
  Registratur 351*.
  Rüstkammer 350*.
  Saal, neuer 412; 524.
  Staatskanzlei, kleine 366; 476; 477*.
  Staatsschreiberei 351*.
  Stube des alten Rates 351*; 356.
  Stube des kleinen Rates 348; 351*; 354; 356; 363; 364; 365; 367; 422; 425*; 434*; 466; 471.
  Stube des Ratsboten 350*.
  Treppenhaus der Grossratsstube 549; 551; 570,1.
  Treppenturm 418*.
  Turmzimmer 364; 396; 466; 467*; 468*; 469*; 470*; 639; Taf. 31.
  Uhr (Hof) Taf. 24.
  Uhrwerk 382.
  Vorderhaus 348; 352; 363; 367; 368; 387; 388; 393; 555; 609.
  Vorzimmer der vorderen Ratsstube, 352; 354; 356; 357; 364; 367; 388; 390; 393; 394*; 395*; 396; 441*; 443*; 444*; 466; 625; 634; 635*; 636*; 637*; Taf. 28.

Wachtstube 350*; 353; 610; 610,5; 623.
Wohnung des Ratsknechtes 351*; 388.
Zimmer des Vorstehers des Finanzdepartements 365; 454*; 455*; 456*.
Zimmer Nr. 10 und Nr. 21 366.
REALSCHULE, untere (Realgymnasium) 45; 46.
REBER'SCHES GUT 650,4.
REBGASSE 159; 312.
REBLEUTENZUNFT 206,3.
REGENSBURG 152,4; 664; 665.
REICHENAU 55; 62.
REICHENWEIER 64.
REINACH 69.
REINACHERHOF 38; 648*; 649.
REUTE (Baden) 573.
RHEIN 4; 6; 7; 20,3; 86; 90; 96; 146; 154; 158; 160; 163; 166; 172; 190; 195,2; 196; 210; 225*; 229; 231*; 232; 235; 250,2; 288; 298; 303; 304; 305; 306; 308; 312; 313; 315; 336; 345; Taf. 8; 10; 11.
RHEINBRÜCKE 11; 69; 73; 83; 89; 90; 92; 94; 96; 97*; 98; 121; 146; 147; 148; 148,1; 151; 165; 166; 170; 206; 206,2; 218,1; 230; 303; 312; 313; 315— 336; 339; 340; 341; 676; 688*. Taf. 20.
RHEINECKTURM 158; 165.
RHEINFÄHRE 145.
RHEINFELDEN 159; 518,1.
RHEINGASSE 85; 116; 121; 131; 159; 312; 322.
RHEINGATTER 167.
RHEINHAFEN 12.
RHEINKASINO 322.
RHEINSCHANZE 158; 166; 168; 200,2; 286; 321.
RHEINSPRUNG 38; 165; 303; 320; 321; Taf. 20.
RHEINTOR 83; 89; 90; 94; 98; 148; 148,1; 164; 167; 170; 205*; 206; 206,2; 207*; 208; 208,1; 208,4; 209*; 210-211,1; 213*; 214*; 214,1; 215*; 216; 216,1; 218; 221; 221,1; 248; 303; 312; 317*; 320; 320,1; 324*; 324; 328; 341; 569; 620; 688*; Taf.14.
RHEINTOR, oberes 147; 169; 172; 232; 313.
RHEINTOR-SCHWIBBOGEN 213*.
RHEINUFER 84; 85; 145; 151; 165; 221; 230; 303.
RHEINWEG 235*; 322.

RIEHEN 6; 7; 8; 12; 13; 14; 39; 39,2; 160.
RIEHENTEICH 165; 166; 167; 170; 191*; 192; 313.
RIEHENTOR 121; 147; 158; 160; 166; 169; 172; 191*; 192*; 193*; 204; 205*; 312; 313; 594; Taf. 6.
RIEHENTORSTRASSE 312.
RIESEN, HAUS ZUM 339.
RINDERMARKT 303; 305; 308; 362.
RINGGÄSSLEIN 303.
RISTENTURM 168.
RITTERGASSE 20; 35; 37,1; 39; 46; 94; 303; 304; 668.
ROBUR 21; 21,8; 22.
ROLLERHOF 38.
ROM 67; 529,1; 535; 637,1; 659; 660; 662.
RÖMERGASSE 22.
ROR 514.
ROSENTALSTRASSE 313.
ROSSBERG (Schlüsselberg) 150.
ROSSHOF 179*.
ROSSHOFGASSE 177.
ROSSMARKT 305; 309.
RÖTTELN 159.
ROTENFLUH 71.
RÜDENGASSE 303.
RUFBERG 303.
RÜMELINBACH 82; 145; 301; 302; 308.
RÜMELINSMÜHLE 172.
RÜMELINSPLATZ 302; 304; 305; 308; 309.
RUMPELTURM 168.
RUNDBOLLWERK 152; 162; 164; 182.

SÄCKINGEN 170.
SAFRANZUNFT 445,3.
SÄGERGASSE 312; 313.
SALINS 665.
SALZGASSE 303.
SALZHAUS 251,4; 303; 339.
SALZTURM 98; 146; 165; 302; 321; 343.
SATTELGASSE 305; 340.
SÄUMARKT 302; 303; 308.
SAUSENBURG 159.
SCHABTURM 168.
SCHAFFHAUSEN 217,1; 418,2; 493.
SCHAFGÄSSLEIN 312.
SCHIFFLÄNDE 3; 97*; 98; 210; 302; 303; 308; 322; 324; 339.
SCHIFFLEUTENZUNFT 170; 209*; 210; 213; 213,1; 215*; 324.

SCHLAUCH, HAUS ZUM 339.
SCHLETTSTADT 204; 206,3; 393; 418,4; 535; 593.
SCHLIPF 6.
SCHLOSSBERG 303; 304.
SCHLÜSSELBERG 37,2; 150; 304*; 418,2.
SCHLÜSSELZUNFT 390; 391; 680; 681*.
SCHMIEDGASSE 303.
SCHNABELGASSE 305.
SCHNEIDERGASSE 302; 304; 305; 345.
SCHÖNER HOF 389,2.
SCHOOL 170; 302.
SCHORNDORF 152,2.
SCHÜTZENHAUS 70; 302.
SCHÜTZENMÄTTLEIN TURM 168.
SCHÜTZENMATTSTRASSE 165,1; 186; 302; 306.
SCHUSTERINSEL 676.
SCHWALBACH 108,5.
SCHWARZWALDALLEE 47.
SCHWELLEN, AN DEN 303.
SCHWYZ 492; 639.
SEGERHOF 73.
SEIDENHOF 224.
SEMPACH 67; 678.
SEYLER BAHN 167.
SIGMUNDGASSE 304.
SISSACH 71.
SISSELNBACH 4; 11.
SPIESSGASSE 303.
SOLOTHURN 14; 67; 68; 206,3; 216; 217,1; 488.
SOLOTHURN, HAUS ZUM 345; 345,2.
SPALENBERG 146; 177*; 178; 222; 223; 303; 305; 389,2.
SPALENBOLLWERK 164.
SPALENHOF 389,2.
SPALENSCHWIBBOGEN 146; 163; 170; 176*; 177*; 178; 179*; 180; 204; 204,5; 222; 250,6; 303.
SPALENTOR 84; 89; 92; 100; 101*; 150; 151; 154; 162; 164; 168; 182; 186*; 188; 195; 195,1; 204; 204,1; 204,5; 206; 242; 244—284; 286; 287*; 284*; 288; 297; 298; 517,2; Taf. 15; 16; 17; 18.
SPALENTOR, Gottesacker 249.
SPALENTORWEG 154.
SPALENVORSTADT 11; 145; 147; 148; 165,1; 170; 177; 184; 186; 247*; 248; 249; 255*; 256; 258; 301; 302; 306; 341; 452.
SPALENVORTOR 277—284.
SPIEGELGASSE 304.

ORTSVERZEICHNIS

Spiegelmühle 159.
Spiesshof 70.
Sporengasse 82; 170; 303; 304; 305; 339; 340.
Spital, alter 2*; 441,1.
Spital an den Schwellen 303.
Spitalgässlein 303.
Spitalscheuer 156; 306.
Spitalsprung 304.
Spitalstrasse 306.
Staatsarchiv, 647—688.
Staatsschreiberwohnung 170.
Stachelschützenhaus 306; 309.
Stadthaus 356.
Stadthausgasse 304; 305; 339.
Stadtkasino 169.
Stans 308,4.
Stapfelberg 304*.
Stege, eiserne 167.
Stein, Heisser 340.
Steinen, hintere 305; 306.
Steinenbach 302.
Steinenbachgässlein 59; 302; 307*.
Steinenberg 146; 163; 174*; 176; 177; 301*; 302; 305; 306.
Steinenbollwerk 155; 164.
Steinengraben 307*.
Steinenkloster 66; 169; 309.
Steinenschanze 154; 167; 168; 184; 232; 302; 306.
Steinentor 84; 100; 101; 101*; 144*; 150; 152; 162; 164; 168; 172; 182*; 183*; 184*; 185*; 204; 204,3; 302; 308.
Steinentorberg 232.
Steinentorstrasse 305; 306; 309.
Steinenvorstadt 11; 146; 148; 150; 170; 301; 302; 303; 305; 306; 307*.
Steinhäuser Turm 168.
Sternengässlein 306.
Stolberg 570; 570,3 u. 4; 572.
Strafanstalt 159.
Stradonitz 35.
Strassburg 20; 55; 66; 96; 108; 108,5; 137; 138*; 140*; 141; 152; 152,4; 206,3; 216,4; 217,2; 321; 390,1; 413,2; 418,1; 438,1; 447; 448,1; 469.
Strassburgerdenkmal 182; 184.
Streitgasse 303.
Sulz 515; 570,4.
Susen, Haus zum 96.

Tanzgasse 303.
Tanz, Haus zum 211,1; 214; 546; 546,2; 569; 592; 594.
Teichelweiher 302; 302,2.
Teichgasse 312; 313.
Thann 390; 391; 392; 392,2; 392,3; 393.
Theater, ehem. 169.
Theaterstrasse 305.
Theodorskirche 14; 47; 65; 147; 192; 194; 308.
Theodorskirchplatz 313.
Theodorstor 147.
Therwil 69.
Thomas'sche Liegenschaft 171.
Thomasturm 94; 162; 164; 168; 170; 173; 189*; 200; 200,2; 201*; 285*; 286; 287*; 298; 689; 691*; Taf.13.
Thorberg 168.
Totenfeld b. d. Andreaskapelle 308.
Totenfeld b. d. Elisabethenkirche 310.
Totengässlein 305.
Totentanz 142; 170; 180*; 301; 306; 309; 546,2; 594.
Trianon 676.
Trier 357.
Trient 673.
Trille 340.
Trillengässlein 305.
Tüllingerhügel 6.
Tunis 139.

Ulm 156; 156,2; 217,1; 276,4; 341; 360; 654.
Ulrichskapelle 42; 44.
Ulrichskirche 37,1; 568K,2.
Ulrichskirchspiel 301.
Uri 353,8; 492.
St. Ursanne 66.
St. Ursitz 70.
Universitätsgebäude 165; 195,2; 230; 321.
Unteres Tor 147.
Utengasse 159; 312; 313.
Utenheimerhof 668.

Venedig 142; 371.
Verbindungsbahn 172.
Verdun 17; 24.
Verona 654.
Vindonissa 36.
Vogtscher Glasladen 340.
Volkenspurg 210.

Wächterhof 110;
Wagdenhals 152; 155; 156; 166.
Waisenhaus 194; 232; 233,1; 406; 515.
Waldenburg 67; 73; 195; 195,1; 345; 345,3.
Waldenburg, Haus zu 340; 343; 389.
Waldshut 39,2.
Wall, der hohe 172.
Warmbach 159; 345; 368.
Wartenberg 69.
Wasenbollwerk Turm 151,3; 168.
Wasserfallen 302.
Wasserturm 170; 302; 309*.
Webergasse 312; 313.
Wechsellauben 339.
Weidengasse 224.
Weihermatte (Rheinfelden) 159.
Weil 39,2.
Weimar 588; 589; 590.
Weinsberg 69.
Weisse Gasse 159; 303.
Weissenburg 138; 141.
Wettingen 159; 515.
Wettsteinbrücke 165; 233*; 326.
Wien 66; 139; 141; 216,5; 486.
Wiese 6; 118; 313.
Wiesenbrücke 170; 668.
Wiesental 159.
Wildeck, Burg 222.
Windeck, Haus 340; 343; 349; 350*; 352; 445.
Winden, Hofstatt, zu allen 160.
Windisch, 19,1; 20,3; 22,6.
Wintersingen 71.
Winterthur 17,8; 170; 217,1; 356,4.
Wittenberg 139.
Wolfenbüttel 139.
Wolfsschlucht, Haus zur 366; 445; 447*.
Worms 20.
Wurstwinkel 302.

Yverdon 22,6; 156.

Zerkindenhof 223; 282,1; 389,2; 445,2.
Zeugbollwerktürmlein 168.
Zeughaus, altes 151,1; 167; 178; 179*; 306; 678.
Zeughaus, kleines 593.
Ziegelhütte (Klein Basel) 166.
Zschekkenbürlinzimmer 406; 515.
Zülpich 17,5.
Zürich 66; 69; 89; 92; 104; 158; 169,5; 246,2; 316; 390,1; 481; 488; 492; 515; 541; 541,5.
Zug 404,1.
Zunzgen 71.
Zwingen 70.

NAMENVERZEICHNIS

Künstler und Handwerksmeister S. 706—709 und 710—711.

ABELIN, JOH. PHILIPP 541,4.
ADALBERO I., Bischof 55.
ADALBERO II., Bischof 17; 77.
ADELRICH, Bischof 77.
ALBRECHT, Herzog von Oesterreich 90.
ALBRECHT II., Kaiser 78.
ALEXANDER, Kaiser von Russland 73.
ALTENBURGER, Familie 125.
AMERBACH, BASILIUS 71; 94; 593.
AMERBACH, BONIFACIUS 71; 539; 541,2; 593.
AMERBACH, FAUSTINA 593.
AMERBACH, JOHANNES 246.
AMERBACHKABINETT 414; 416; 472; 580; 593.
AMADEUS, Herzog von Savoyen 67.
AMMIANUS MARCELLINUS 17,2; 21; 21,8.
ANNA, Königin 66.
ANASTASIUS I., Kaiser von Byzanz 50.
ARIOVIST 210.
ASPELT, Bischof Peter II. von 77*.
AUGUSTUS, Kaiser 19; 20; 21; 46.
AUBRY, PETER 109.
AUVRAY, P. L. 88.

BADEN, Markgraf von 69.
BADEN, Markgraf GEORG FRIEDRICH 158; 158,1.
BADEN-DURLACH, ELISABETH VON 673,4.
BADEN-DURLACH, Markgraf ERNST VON 673,4.
BADUILA, Ostgotenkönig 50*.
BÄRENFELS, ARNOLD VON 250,4.
BANGE, G. G. 362.
BARTH, Dr. PAUL 93; 682.
BATTIER, GERTRUD 445,1.
BATTIER, JACOB 445,1.
BAUER, CAROLINE 218,2.
BAUHIN, JOHANNES 72.
BEKH, SEBASTIAN 452.
BERENFELS, HANNSEN VON 318.
BERINGER, Bischof 23.
BERNOULLI, Familie 72.
BERNOULLI, Dr. JOHANNES 686.
BERNOULLI, Dr. RUDOLF 686.
BERTIUS, PETRUS 102; 106.

BESSON, H. 174; 177; 186; 188; 194; 240; 249; 288; 321; 322.
BIRMANN'SCHE KUNSTHANDLUNG 549; 549,2; 583; 588; 602; 603; 604; 608.
BISCHOFF, GOTTLIEB, Regierungsrat 448; 650.
BISCHOFF, ALPHONS 686.
BLAINVILLE 198,1; 414.
BLANKENHEIM, Bischof FRIEDRICH VON 67.
BLARER VON WARTENSEE, Bischof JAKOB CHRISTOF 70; 78; 438,1; 654; 659.
ZUM BLECH, GREDANNA 410; 410,2.
BOISSERÉ, SULPIZ 414, 414,3.
BONAPARTE, General 240.
BRAND, BERNHARD 669.
BRANDMÜLLER, JOHANN RUDOLF 286; 593.
BRANDT, BERNHARD 105.
BRASEL, HANSEL 570,5
BRAUN, SAMUEL, Ratschreiber 410,1.
BREITENLANDENBERG, AGATHE VON 515.
BREMENSTEIN, HANNSEN 318.
BRENNER, ANDREAS, Notar 218,2.
BROTTSCHOCH, JOS. 570,5.
BRUCKNER, DANIEL 87; 88; 210; 210,1; 480; 481*; 492; 508; 547; 595; 599; 600; 601; 682.
BRUIN, GEORGIUS 102; 106.
BRUNNER, CHRISTOPH 88.
BRUNNER, GEORG 515.
BRY, MARIA MAGDALENA 108,5
BURCKHARDT, Familie 125.
BURCKHARDT, L. AUGUST, Deputat 602.
BURCKHARDT, BERNHARD 445,1.
BURCKHARDT, FRITZ 684.
BURCKHARDT, JACOB 593; 607.
BURCKHARDT, JAKOB, Obersthelfer 529,2; 587; 604; 605; 612; 616; 628,3; 646.
BURCKHARDT, JOHANN RUDOLF 474.
BURCKHARDT, SAMUEL 598.
BURCKHARDT-SARASIN, S., Ratsherr 605.
BURCKHARDT-WERTHEMANN, DANIEL 565,1; 568III,2; 606; 608.

BURCKHARDT-ZAHN, EDUARD 686.
BURKARD, Bischof 145; 146.
BURKHART, THEODOR 644.
BURNET, GILBERT, 524,3; 529,1.

CADULUS, Bischof von Parma 65.
CAESAR 18; 210.
CAMPE, JOACHIM HEINRICH 218,1.
CESARINI, GIULIANO DE' 306,1.
CHARONDAS, 563,1.
CHERLERUS, PAULUS 106*; 162 208; 208,2; 211,4; 319.
CHRIST (CHRETIEN), Familie 72.
CLAIRVAUX, BERNHARD VON 65.
CLAUDIUS, Kaiser 46.
COETQUIS, PHILIPPE DE 308,1.
CURIO, VALENTIN 428,1.

DE BARY, Familie 72.
DECENTIUS, Kaiser 47.
DICKENMANN, Stadtkanzlist 617.
DIOCLETIAN 21.
DOMITIAN, Kaiser 39.
DRUSUS 19.
DUFOUR, franz. General 676.

ECKLIN, HEINRICH 232,5.
ENDINGER, HEINTZMANN 520,2
EPTINGEN, Familie VON 356.
EUGEN, Erzherzog 686.
EUGEN III., Papst 77
EUGEN IV., Papst 67.
EULER, LEONHARD 72.

FATIO, Dr. JOHANNES 72; 345*; 362; 612.
FAESCH, JOHANN RUDOLF 70; 598.
FAESCH, LUCAS, Lohnherr 546; 598; 599.
FAESCH, REMIGIUS 446; 452; 544; 554; 554,2; 597.
FAESCH, SEBASTIAN 213; 312,2; 597; 598.
FAESCHISCHES KABINETT 46.
FALCKNER, EMANUEL 598.
FALKEYSEN 682.
FALKNER, HEINRICH 669.

FALKNER, RUDOLF 88.
FECHTER, RUDOLF 592; 684.
FELIX V., Papst 67.
FELSS, LEONHARD, Freiherr VON 673; 674.
FERDINAND, Erzherzog 673.
FERDINAND I., Kaiser 668; 670*; 671*; 672; 673; 674*; 675*; 676; 677*.
FERDINAND III., Kaiser 216,5.
FISCHART, JOHANNES 216.
FLECKENSTEIN, Bischof JOHANN VON 67.
FORCART, Familie 72.
FORCARD, DIETRICH 598.
FRANCHEMONT, Baron DE 665.
FRANZ, Kaiser von Oesterreich 73.
FRANZ I., König von Frankreich 673.
FREIVOGEL, Dr. LUDWIG 686.
FREY, JACOB CHRISTOFF 598.
FRICK (Paris) 362.
FRIEDRICH I., Kaiser 77.
FRIEDRICH II., Kaiser 65; 653; 654; 655*; 659.
FRIEDRICH III., Kaiser 68; 78; 310; 662; 663*; 671; 672.
FRIEDRICH WILHELM, König von Preussen 73.
FROESE & Co. 180
FROHBURG, Bischof ORTLIEB VON 65.
FRÖLICH, HULDREICH 310; 310,3.
FROSCHAUER, CHRISTOFFEL 104.
FÜESSLI, JOH. CASPAR 541,5.

GAISBERG, FRANZ, Abt 510.
GALBREATH, Dr. G. 686.
GALLA, General 158.
GANZ, Prof. PAUL 589; 686.
GATTARO, ANDREA 341.
GATZ (CACZEN), PETER 77.
GEIGER-OTTO, Dr. H. 684.
GERBEL, NICOLAUS 137, 139*; 141.
GERSTER, JOHANNES 343.
GESSLER, RUDOLF 548; 602; 603.
GESSNER, M. HEINRICH 622,1.
GILGENBERG, HANS IMER VON 515.
GILLEY, NICOLAS DE 644; 645.
GLASER, ELISABETH 514.
GOSSWEILER, JOH. GEORG 541; 541,5.
GROSS, JOH. 536; 544; 568; 568,2; 568II; 568III,1; 568VI,1: 568VI,2; 568VII,1; 572,1; 576; 596; 597.

GÖTZ, JACOB 452.
GUNTRIFEIER, CLARA 360.
GUTENBERG 206,3.
GUTT, AMELEY 445,3.
GYSENDÖRFFER 218,2.

HADRIAN, Kaiser 391.
HADRIAN II., Papst 550,
HAGENBACH, BEAT 644.
HARNESCH, WALTHER 204.
HARTMANN, Bischof 78.
HASENBURG (ASUEL), Bischof BURCHARD von 23; 65.
HASLER & Co., Lithographie 178; 240; 249; 320; 324; 362.
HATTO (HAITO) 17; 17,7; 53; 62.
HEGENHEIM, JOHANN von 360.
HEGNER, Oberst 170.
HEGNER, ULRICH 356,4; 548,1; 549; 550,1; 588; 599; 603; 606.
HELD, JOHANN BASILIUS 668.
HEINRICH II., Kaiser 11; 17; 17,10; 65.
HEINRICH IV., Kaiser 65; 77.
HEINTZIMAN ZER SENSE, 689.
HENRICPETRI, SEBASTIAN 102; 104; 105; 106; 370,1.
HERMINE, H. DE L' 216; 216,3.
HERRLIBERGER, DAVID 85; 131; 322.
HERTENSTEIN, JAKOB VON 531.
HILTALINGEN, JOHANN VON 159.
HILTPRAND, BALTHASAR 672; 673; 674.
E. HINDERMANNS Wwe. 180.
HIS, EDUARD 550,2; 574; 578; 591; 592; 604; 607.
HOFMANN, HANS HEINRICH 452.
HOFFMANN, CHRISTIAN 572,2.
HOFFMANN, HANS JAKOB 438.
HOFFMANN, PAULIN 572,2.
HOFFMANN, URSULA 570,5.
HOFFMANN-FÄSCH, J. J., Ratsherr 218; 218,4.
HOGENBERGIUS, FRANCISCUS 106.
HOLZAPPEL, PETER 156.
HOLZWART, MATHIS 580.
HONORIUS, Papst 65.
HORNLOCHER, MELCHIOR 452.
HUBER, ANDREAS 438.
HUBER, DANIEL 88; 213,2; 597.
HUBER, FRIEDRICH, Deputat 356; 524,1; 547; 548,1; 550; 550,2; 588; 599; 601; 604; 605; 606.
HUBER, H. RUDOLF 446.

HUBER, HEINRICH 55,1; 515.
HUBER, JOHANN FRIEDRICH 602; 603.
HUBER, Dekan J. J. 413,3; 414; 554; 574; 576; 600; 601.
HÜBSCHER, Stadtrat 219
HUMMEL, Familie 125.
HUSSITEN 318.

IM HOF, J. J. 614; 529,2.
INNOCENZ II., Papst 77.
ISELIN, HANS LUDWIG 476.
ISELIN, ISAAC 72; 73.
ISELIN, JACOB CHRISTOFF 412,5; 546; 546,2; 593.
ISELIN, LUDWIG 539; 591; 593.
ISELIN, LUX D. Ä. 208,4; 644.
ISELIN, LUX D. J. 644.
ISELIN-D'ANONE, JOHANN LUKAS 445,3; 598.
JOCHIM VFF DEM RICHTHUSS 592.
JOHANN, Erzherzog von Oesterreich 73.
JORIS, DAVID 366.
JOVINUS, Kaiser 47.
JULIANUS APOSTATA 26.
JULIUS II., Papst 78; 79; 519.
JUSTINIAN, Kaiser 50.

KARL, Erzherzog 676.
KARL DER GROSSE 17.
KARL IV., König 66.
KARL IV., Kaiser 654; 656; 657*; 659.
KARL V., Kaiser 139; 141; 664; 665; 666*; 667*; 668; 672; 673.
KARL VII., König von Frankreich 308,1.
KARL DER KÜHNE 68.
KIESER, EBERHARD 116.
KLINGLIN (KLINZLIN), Prätor 413,2; 587.
KÖLNER, Dr. PAUL 570,4.
KOLOPHON 246.
KÖNIGSTEIN, EBERHARD VON 78.
KONRAD II., Kaiser 65; 77; 656.
KONRAD II., König von Burgund 76, 76*.
KONRAD III., König 77.
KRUG, JOHANN LUDWIG 473.
KRUG, Registrator 410,1; 524,1; 550; 550,2; 574; 578; 605.
KÜTTNER, KARL GOTTLOB 524; 524,2.
KUGLER, ALFRED 684.

LANDELOUS, Bischof 55; 56; 57*; 62.
LANGE, G. 288.
LA ROCHE-RINGWALD, Sammlung, 486.
LEGRAND, JOHANN LUKAS 73.
LEOPOLD, Herzog von Oesterreich 148; 216,1.
LEOPOLD III., Herzog von Oesterreich 66; 67.
LEO X., Papst 518.
LEPZELTER, URSULA 570,2.
LESSER, JOHANNES 232,2.
LIEB, Prof. FRITZ 686.
LOTHAR, Kaiser 17; 24; 77.
LOUIS, DANIEL 598.
LUDWIG, Kaiser 441.
LUDWIG DER BAYER, König 66.
LUDWIG DER DEUTSCHE, König 24.
LUDWIG IV. DAS KIND, König 75, 76*.
LUDWIG FRIEDRICH, Herzog von Württemberg 155.
LÜTZEL, Abt VON 672.

MAJOR, Dr. EMIL 686.
MANLIUS, JOHANNES 540,1.
MARC AUREL, Kaiser 39; 41.
MARNOZ, Seigneur DE 645.
MASSMÜNSTER, GEORG VON 515.
MAXIMIAN 21.
MAXIMILIAN I., Kaiser 78; 310; 392; 392,5; 393; 614; 667,1; 672.
MAXIMILIAN, Erzherzog 645.
MAXIMILIAN, Kurfüst von Bayern 412,5.
MAZOCHIUS 535; 535,1; 568,2.
MECHEL, CHRISTIAN VON 131.
MEISNER, DANIEL 116.
MELANCHTHON, PHILIPP 540,1.
MERIAN, PETER 598.
MERIAN, SAMUEL 598.
MERZ, Dr. WALTER 686.
MESSIKOMMER, H. 481.
MEYENBURG, Dr. VON 579,2.
MEYER, BERNHARD 213,1; 672; 673.
MEYER, JAKOB, zum Hasen 69; 531; 538.
MEYER-KRAUS, BENEDIKT 686.
MINNIUS 46.
MORIS, JOHANN KONRAD 72.
MORITZ, Prinz von Oranien 156.
MÜLLER, JOHANNES, Ingenieur 390,1.

MÜLLER, JOHANN, Weissgerber 72.
MÜNSTER, SEBASTIAN 87; 102; 104; 106; 138; 139; 162; 210; 212*; 213; 214,1.
MURBACH, Abt GEORG VON 672.
MURER, HEINCZEMAN 360.
MYLANDER, Oberst PETER HOLZAPPEL 156.

NAPOLEON I, 73; 676.
NEUENBURG, Bischof HEINRICH VON 66.
NEUENBURG, GRAF DIEBOLD 67.
NEUNER, Sekretarius 672; 673; 674.
NEUTRA, Bischof VON 216,5.
NÜBLING, Familie 125.
NÜWENDÖRFLIN, 689.

OBERRIET, HANS 591.
OBERRIET, JACOB 446; 452.
OCHS, JOHANNES 515.
OCHS, PETER 73; 216; 216,1; 414; 414,1; 599; 600.
OEKOLAMPAD, JOHANN 69.
OFFENBURG, HEMMANN VON 157; 158,1; 660.
OPORINUS, JOHANNES 103; 137; 593; 649.
OPPERMANN, Lith. 249.
ORTENBURG, GRAF GABRIEL VON 672; 673; 673,4.
ORTENBURG, Graf JOHANN GEORG VON 673,4.
ORTENBURG, Gräfin VON 674.
ORTLIEB, Bischof 77.
OSTEIN, LIENHARD 310,3.
OTTO, F. 684.
OTTO IV., Kaiser 634.

PANTALUS, Bischof 304.
PARAVICINI, VINCENZ 310,3.
PASSAVANT 72.
PATIN, CHARLES 213; 213,2; 413; 546,2; 597; 598.
PETRARCA 68.
PFIRT, Bischof BERTHOLD VON 66.
PICCOLOMINI, ENEA SILVIO 67; 151; 306,1; 308,1; 310.
PIRKHEIMER, WILLIBALD 393.
PIUS II., Papst 67.
PLANCUS, LUCIUS MUNATIUS 19, 79*; 604; Taf. 27.
PROKOP 67; 209; 209,2.

RACINE 319.
RAGNACHARIUS 17; 17,6; 23.
RAGUSIO, JOHANNES DE 318,1.
RAILLARD, Familie 72.
RAILLARD, JEREMIAS 598.
RAMSTEIN, Bischof IMER VON 67.
RAUW, JOHANN 102.
RAVENNA, Geograph VON 23.
RENGGER 218.
RHEIN, Bischof KASPAR ZU 68.
RHENANUS, BEATUS 440,1; 533; 535; 538; 541; 541,2; 555; 568,2; 568III,1; 587,5; 593.
RICHEN, HEINRICUS 520,2.
RIGGENBACH, CHRISTOPH 169; 169,4.
RIGGENBACH-STÜCKELBERGER, E. 680.
RINGLE, JOH. SIXT 597.
RINGLER, LUDWIG 438.
RIVIUS, WALTER 370.
ROCHISANA, JOHANNES DE 318,1.
RÖTELEN, Landvogt von 157.
ROTBERG, Bischof ARNOLD VON 642.
ROTBERG, Ritter BERNHARD VON 642.
ROTTERDAM, ERASMUS VON 70; 213,2; 393.
RUDIN, HEINRICH 570,4.
RUDOLF II., Bischof 17; 53; 54*; 55.
RUDOLF I., König von Burgund 75; 76.
RUDOLF II., König 17; 17,8; 24; 65.
RUDOLF III., König 17,10.
RUDOLF, König (Habsburg) 66; 339.
RUSSINGER, JAKOB 209; 209,2.
RYFF, ANDREAS 70; 154.
RYFF, DIEBOLD 319,2.
RYFF, FRIDOLIN 102,1; 151; 151,1; 152; 152,1; 213,1; 319,2.
RYFF PETER 102,1; 151,2; 152; 152,1; 319,2.
RYHINER, HEINRICH 671; 672; 673; 674; 675.
RYHINER-ISELIN, JOHANNES 629.
RYHINER-WERTHEMANN, SAMUEL 629.

SACHS, HANS 404,1.
SALZMANN, ADALBERG 410; 410,2.
SALZMANN, JOHANNES 410; 410,2.
SALAMANCA, Haus 673.

NAMENVERZEICHNIS

SANDRART, JOACHIM VON 213,2; 216; 216,5.
SAPIDUS, JOHANNES 206,3.
SAPOR 568 I,1.
SARASIN, Familie 72.
SARASIN, BERNHARD Bürgermeister 676.
SARASIN, KARL Ratsherr 169; 170; 172.
SATLER, HANNS 318.
SATILER, ED. ALB. Wwe. 240; 362.
SCHAEFER, E. 482; 484; 493; 493,3.
SCHAEFER GUSTAV 326*.
SCHEDEL, HARTMANN 84; 98; 99*.
SCHERTLIN, SEBASTIAN 152. 152,2.
SCHILLING, JOHANNES 90,1.
SCHINER, Kardinal 519,2.
SCHLUMBERGER-VISCHER, Frau E. 602.
SCHMID, H. A. 572; 572,3; 606; 607; 608.
SCHMITT, HANNS 570,2
SCHNEIDER, J. J. 682.
SCHÖNENBURG, JAKOB VILLINGER VON 392; 392,5; 393.
SCHÖPFLIN, JOH. DAN. 536.
SCHREIBER-WALZ'SCHE Kunsthandlung 481; 488.
SCHULTHESS, ULRICH 446.
SCHWARZ, LUKAS 516.
SEGOBIA, JOANNES DE 318,1.
SENN, Bischof JOHANN 66.
SENTI 46.
SEXTUS 45.
SEYLER, FRIEDRICH 522,1.
SEYLER, MARTIN 317,1.
SICHEM, CHRISTOPH VON 106; 319.
SIGISMUND, Herzog von Oesterreich 68
SIGISMUND, Kaiser 67; 77*; 78; 90; 659; 660; 661*; 662; 664; 668; 670; 672.
SIMLER, JOSIAS 104; 106.
SPRENG, Lohnherr 603.
SOCIN, Familie 72.
SOCIN, EMANUEL 473.
SOLLIUS, L. 44.
VON SPEYR, JOHANN HEINRICH 481,2a.

STÄCHELIN, FRIDRICH 233,1.
STÄHELIN, W. R. 684; 686.
STEFATON 55; 56; 57*.
STEHLIN, Ratsherr 603.
STEHLIN, KARL 517; 551; 606.
STEINLIN, RITTER HEINRICH 66; 339,1.
STERR, HANS 516.
STÜCKELBERG, Prof. E. A. 686.
STÜCKELBERG, Frau Prof. 686.
STUCKERT, OTTO 684.
STUCKY, ULI 318.
STUMPF, JOHANN 87; 104; 105*; 162.
STUPANUS, ANNA MARGARETHA 476.
SUR, JOHANNES DE 515.

TALLEYRAND, AUGUSTE DE 676.
THUN, Bischof HEINRICH VON 65; 316; 332; 653; 654.
TIBERIUS, Kaiser 46.
TIBERIUS INGENUVIUS SATTO 44.
TILLY, Marschall 157.
TITUS LUCRETIUS 45.
TONJOLA 479; 480; 484; 485; 597.
TOURS, Erzbischof von 308,1.
TOTILA, Ostgotenkönig 50; 50*.
TRAJAN, Kaiser 41.
TRECHSEL, MELCHIOR und CASPAR 100.
TSCHUDY, J. J. 690.

VALENTINIAN 21; 21,8.
VALERIAN, 568 I,1
VENNINGEN, Bischof JOHANN VON 68; 160.
VIENNE, Bischof JEAN DE 66; 78; 659.
VILLINGER, JAKOB 392; 392,5; 393.
VINCENT, JOSEPH 486.
VINCENZ, JOHANN NIKOLAUS 488; 684.
VISCHER, ERNST 520,1; 518*; 519*.
VISCHER, PAUL 684; 520,1.
VISCHER, Dr. WILHELM 682; 686.

VISCHER-BURCKHARDT, Frau L. 485; 515.
VISCHER-BURCKHARDT, PETER 602.
VISCHER-BURCKHARDT, RUDOLF 486.
VISCHER-PASSAVANT, PETER 547; 602; 566; 605.

WAAGEN, G. F. 607.
WACKERNAGEL, RUDOLF 649,4 682.
WALAU, Bischof 23.
WEIDMANN, Dr. ERNST 686.
WEINSBERG, KONRAD VON 78.
WEISS, HEINRICH 82.
WEISS, NICLAUS Deputat 522,1.
WENGE, ANDREAS 515.
WENZEL, König 67; 659.
WETTSTEIN, JOHANN RUDOLF 70; 71.
WICHARD, Bischof 55.
WIELAND, Bürgermeister 410,1; 603.
WIEN, Bischof JOHANN VON 673.
WIERZ, Stadtkanzlist 617.
WILHELM V. VON BAYERN 440.
WINTER, ROBERT 678,4.
WOLFF, THOMAS 568 II.
WOLLEB, HANS CONRADT 580.
WOLTMANN, ALFRED 592; 574; 604; 607.
WURSTISEN, CHRISTIAN 87; 102; 103*; 106; 162; 202; 202,1; 209; 210,1; 213; 216; 232,4; 480; 529,4; 541; 554,1; 593; 600; 601.
WYSS, Sammlung 502.

YSENLY, HEINRICH 318.

ZALEUCUS 563,1.
ZIEGLER, STEPHAN 541; 593.
ZIEGLER, THEOBALD 593.
ZSCHEKKENBÜRLIN, HIERONYMUS 406.
ZUNFT ZU GARTNERN 481,3.
ZWINGER 202; 202,1; 208,3; 209; 211; 213; 214,1; 216; 541; 593; 594.

VERZEICHNIS DER KÜNSTLER UND HANDWERKSMEISTER
(Alphabetisch geordnet.)

Das Verzeichnis der Künstler und Handwerksmeister nach Berufsgruppen folgt S. 710.

ALTDORFER, ALBRECHT 569
AM RHEIN, HEINRICH 343; 360; 361; 408.
AQUARELLIST, unbekannter 334,2.
ARNOUT, JEAN BAPTISTE 88; 135*; 136; 136,2.
VON ARX, DIEPOLD 347; 380; 380,3.
ASPER, HANS 87; 104; 104,1; 105*; 106; 162.
ASSELINEAU 362.
ATEIUS 46.
AUBIGNÉ, NATHAN D' 155.
AUBIGNÉ, THEODORE AGRIPPA D' 155; 155,3.
AWENGEN, HANS RUDOLF 356; 524; 626; 626,5.

BALDUFF, Meister 195,1; 250,6.
BALDUNG, HANS 569.
BALMER, WILHELM 520; 521*; 521,2; 587,3; 610; 610,2; 618; 630.
BARTH, PAUL BASILIUS 650,6.
BASLER MEISTER VON 1445 204; 244.
BAUR, FRANZ 610; 610,3; 630; 631*.
BECK, F. A. 493.
BECKER, BENEDIKT 354; 524; 626.
BECKER, HANS GEORG 354; 524; 626.
BEHAM, HANS SEBALD 139; 141.
BELZ 356; 626.
BENTZ, ACHILLES 86; 174; 178; 188; 240; 286; 322; 324.
BERINGER, MARTIN 374; 376,1.
BERRI, MELCHIOR 169; 169,1.
BERTELLI, LUCA 637,1.
BEYER, JUSTINUS DE 81.
BIEDERMANN, JOHANN JAKOB 86; 131; 131,1; Taf. 8.
BILLETER, J. 682.
BIRMANN, PETER 249.
BIRMANN, SAMUEL 86; 136; 136,1; 165,1; 186; 187*; 188*; 194; 249; 590; 603; 605; Taf. 9.
BLEULER, LOUIS 322.
BÖCKLIN, ARNOLD 493; 537,1.
BOCK, FELIX 353; 354; 354,2; 367; 460; 464; 465; 609; 609,3; 625.
BOCK, HANS d. Ä. 84; 87; 96; 96,1; 97*; 98; 108; 108,1; 108,2; 109; 208; 208,4; 320; 350*; 351*; 352; 352,4; 353; 353,8; 354; 354,1; 354,2; 356; 367; 384; 386; 396; 458; 459; 460; 464; 465; 465,2; 465,4; 517,1; 521; 524; 526; 528; 540; 540,2; 541; 541,1; 551; 555; 568VII; 594; 595; 599; 600; 601; 609—646; Taf. 14; 40.
BOCK, HANS d. J. 87; 108; 208,4; 609; 609,3; 625.
BOCK, NIKOLAUS 609; 609,3; 625.
BOCK, PETER 353; 354; 354,2; 367; 460; 464; 465; 609; 609,3; 625.

BOCK, SÖHNE 612; 622; 642; 643; 644; 646.
BOLOGNA, GIOVANNI DA 440; 442.
BREU, JÖRG d. Ä. 139.
BRUDER, ULRICH 283.
BRUNNER, CASPAR 217,1.
BRUNNER, THOMAN 82.
BRY, JOHANN THEODOR DE 108,5.
BUBECK, W. 350*; 373*; 382*; 435*.
BÜCHEL, EMANUEL 85; 86; 88; 94; 126; 126,1; 127*; 128*; 129*; 130*; 131; 165,1; 169; 180; 181*; 182; 182*; 184; 187*; 188; 190; 191*; 192; 193*; 196; 237*; 238*; 239; 247*; 248; 249; 251; 286; 287*; 298,1; 311*; 320; 320,2; 321; 322; 323*; 332,1; 480; 481*; 482; 484; 485; 486; 489*; 492; 508; 682; Taf. 20.
BUCHNER, ERNST 583.
BURCKHARDT-WILDT, DANIEL 200; 200,3; 603; Taf. 13.
BURGKMAIR, HANS 422.
BUSS & CIE. 320.

CHAPPUY 362.
CLERC, DANIEL DE 81,5.
CLERC, GABRIEL DE 81.
CLEWIN VON TÜBINGEN, siehe LAWELIN.
CONRAD DER ZAPFENGIESSER 352; 436; 436,1.
CORT, CORNELIUS 637,1.
CŮNTZ NIEMANDS NARR DER SNETZER 204,1; 250; 250,4.
CRANACH, LUKAS d. Ä. 404,1.
CRANACH, LUKAS d. J. 139.

DASYPODIUS 217,2.
DEROY 322; 362.
DEUTSCH siehe MANUEL.
DIEBOLDER, HANS 465; 465,3.
DIETERLEIN, WENDEL 447; 469.
DIETRICH, MICHAEL 348; 569.
DÜRER, ALBRECHT 142; 221; 540; 540,1; 569; 650.
DURHEIM 334,2.
DUCERCEAU, JACQUES ANDROUET 447.
DYG, HANS 348; 367; 460; 462; 522; 525*; 526; 526,1; 527*; 528; 529.

EFFNER, C. VON 172; 172,2.
EGNER, HANS MICHEL 438,1.
ENDERLIN, JAKOB 215; 215,2.
ELSTER, JACOB 353; 353,6.

FAESCH, E. 320.
FÄSCH, RUMAN 196; 390; 390,2; 391; 392; 392,2; 393; 517.
FAULHABER, 156; 156,2.
FESELEN, MELCHIOR 142.
FEYERABEND, FRANZ 86; 192; 248*; 249; 251.
FISCHER, SEBASTIAN 217,1.
FLAMAND 167.
FLAMAND, CLAUDE 155; 156; 157*.
FLAMAND, JEAN 155; 156; 157*.
FLORIS 440.
FOLTZ, F. 288.
FOSSE, DE LA 155.
FRANCO, GIACOMO 637,1; 638*.
FRANK (HANS LÜTZELBURGER) 100.
FRISCH, CHRISTIAN 354; 367; 471*; 471,1; 472*; 473*; 475*.
FUETER 358.
FUNK, HANS 516.

GERGEN, Meister (JÖRG SCHWEIGER) 374; 376,1.
GERHARD, HUBERT 440.
GIGER, CONRAD 445,3; 466,1; 466,3.
GIGER, MATTHIS 354; 364; 466; 466,1; 466,3; 467*; 468*; 469*; 470*; 471; Taf. 31.
GILGENBERG, Meister 195,1; 208; 208,1; 520; 521,1.
GLASER, ANTONI 345; 345,2; 348; 304; 406; 486; 491; 492; 502; 506; 510; 512; 514; 515; 516; Taf. 32; 33; 34.
GLASER, HANS HEINRICH 85; 93; 93,1; 124; 124,1; 300*.
GLASER, MICHEL 514.
GLASER, SEBASTIAN 514.
GLOCKENDON 404,1.
GÖTZ, SEBASTIAN 448,1.
GRAF, URS 79; 81; 488; 491; 510; 512; 516; 531.
GRASSER, ULRICH 353; 353,6.
GRAZ, HANS VON siehe NIESENBERGER.
GROOTH, JOHANN NIKOLAUS 413.
GRÜNEWALD, MATTHIAS 569.
GUISE, CONSTANTIN 86; 173*; 176; 178; 249; 322; 362.
GUNTRIFEIER, FRITSCHEMAN 341; 360.
GUTZWILLER, SEBASTIAN 626; 626,11.
GUTZWILLER, STEPHAN 619; 619,1.
GUTZWYLER 356.

HABLISCHECK, FR. 362.
HABRECHT, ISAAK 217,1; 217,2.
HABRECHT, JOACHIM 217,1.
HABRECHT, JOSIAS 217,1; 217,2.
HAGENAU, NIKLAUS VON 200.
HAN, BALTHASAR 349; 349,10.
HAN, MATTHÄUS 208,2; 349; 349,9.
HANDMANN, JOHANN JAKOB I 82.
HANDMANN, JOHANN JAKOB II 82.
HANS MICHEL 438; 438,1; 438,5; 438,6; 440; 442.
HARTMANN 169.

HASENFRATZ 217,2.
HASS, STEPHAN 347; 347,4.
HEINZ, DANIEL 352; 352,4; 364; 394; 441; 441,1; 441,2; 442; 443; 444*; 445; Taf. 28.
HEINTZ, JOSEPH 632,1.
HENCKEL, AUGUSTIN 418,2.
HENMANN ZEM WINDE 148; 148,5.
HERBSTER, HANS 349; 349,5; 491.
HERMERSDORF 357; 626.
HERRIN, RUDOLF 226,1.
HESS, HIERONYMUS 356; 524; 529,2; 543*; 545*; 548; 549*; 550; 550,1; 550,3; 552*; 554; 563; 564; 564,1; 565; 568^{III}; 568^{IV},2; 583; 587; 588; 589; 590; 602; 603; 604; 605; 608; 614; 614,2; 626; 626,8; 630.
HOCHSCHLITZ, J. G. 357; 524,4; 619; 626.
HOF, JOHANN LUDWIG 158.
HÖFLE, R. 288; 362.
HOFFMANN, MARTIN 348; 348; 366; 412; 569—573*; 596.
HOLBEIN, AMBROSIUS 137; 568^{V},2.
HOLBEIN, HANS d. J. 70; 83; 100; 100,1; 101*; 136; 162; 195,1; 210; 211; 211,1; 211,2; 211,5; 212*; 213; 213,2; 214; 214,1; 221; 246; 349; 352; 352,4; 354; 356; 366; 367; 412; 412,5; 413,1; 413,3; 414; 415; 416; 428; 428,1; 491; 496; 508; 512; 515; 516; 517; 526,1; 530*; 531—608; 614; 615; 618; 619,1; 632,1; 641; 650; 678; 688*; 690; Taf. 35—39.
HOLLAR, WENZEL 141.
HOLZACH, HIERONYMUS 356; 524; 626; 626,6.
HOLZMÜLLER, ANDREAS 354; 626; 626,3; 680; 683*.
HOPFER, DANIEL 428; 429; 430*.
HOPFER, HIERONYMUS 429; 432; 432,1.
HUBER, JOHANN RUDOLF 93; 125; 125,2; 190; 218; 218,4; 219*; 286; 322; 546,4; 650; Taf. 7.
HÜBSCHMANN, DONAT 139.
HÜGLIN VON LAUFEN 250,4.
HUKERER, CUNTZ 316; 316,2.
HYM 252.

JUNCKER, JOHANNES 448,1

KAISER 240.
KELLER, ALBERT 322.
KELLER, REINHARDT, 690; 694*.
KELTERBORN, LUDWIG ADAM 219; 220*; 221; 221,1.
KIND, BRUNHILDE 649,4.
KLUBER, HANS HUG 96; 96,2; 98; 650.
KOCH, CASPAR 346; 401.
KOCH, JOSEPH ANTON 630.
KOLB, J. M. 322.

LABAHÜRLIN 159; siehe ferner SARBACH, JAKOB.
LANDERER, A. 493; 615,1.
LAUFEN, HÜGLIN VON 250,4.
LAWELIN, Meister 195,1; 204; 204,1; 204,3; 204,5; 250; 250,4; 529; 529,3.

LEBZELTER, MARTIN 570.
LEUCHT, FRIEDRICH 356; 626; 626,7.
LIECHTI, LORENZ 217,1.
LIPPE, NIKLAUS 217; 217,3.
LOCHNER, STEPHAN 524,1.
LÖFFEL, 88.
LORENTZ, HEINRICH 353; 353,4.
LÖW, RUDOLF 650,4.
LÜTZELBURGER, HANS 100.

MÄGLIN, SAMUEL 346*; 362; 367.
MÄGLIN, Stuccator 619.
MÄHLY, FRIEDRICH 88; 134*; 136.
MÄHLY-LAMY 321.
MALENSTEIN, PETER 528,1.
MANUEL, HANS RUDOLF 87; 105; 105,1.
MANUEL, NIKLAUS 494; 502; 512; 516.
MARTIN, ST. 362.
MAURER, H. 176; 240; 320.
MAST, J. 320.
MEDER, CLAUS 318,2.
MEISTER CHRISTOPH IN STRASSBURG 105,2.
MEISTER D S 226,1; 519.
MEISTER E S 283; 283,2.
MEISTER HANS 348; 364; 401; 406.
MEISTER HANS VON STRASSBURG 343; 343,3; 360.
MEISTER KONRAD 148; 148,3.
MEISTER MARTIN siehe HOFFMANN.
MEISTER DES UTENHEIM-GRABMALS 198.
MERIAN, AMADEUS LUCAS 169; 169,2; 177; 240; 249; 322; 325; 326; 620; 620,6.
MERIAN, MATTHÄUS d. Ä. 84; 85; 87; 92; 93*; 108; 108,5; 109; 110*; 111*; 112*; 113*; 114*; 115*; 116; 117*; 118*; 119*; 120*; 121; 122*; 123*; 124; 166; 169; 208; 211,3; 213*; 216; 233; 237; 248; 251; 285; 298,1; 309; 310,1; 320; 322; 328; 344*; 361; 413,2; 541; 541,5; 587; 587,1; 689; 691*; Taf. 5; 6.
MERKER, JOS. 348; 348,7; 569; 569,1.
MEYER, CONRAD 541; 541,5.
MEYER, DIETRICH 92; 108,5.
MEYER, FRIEDRICH 356; 626; 626,10; 634.
MEYER, GEORG FRIEDRICH 87; 88; 125; 125,1; 158; 192; 285.
MEYER, HEINRICH 165,1; 174; 177; 180; 186; 188; 193*; 194; 240; 249; 288; 321; 322.
MEYER, JACOB 87; 125; 125,1; 158; 340; 367.
MEYER, M. JACOB 362; 610; 611*; 612; Taf. 21.
MICHEL, HANS 352; 363.
MIELICH, HANS 139.
MIVILLE 72; 165,1; 186.
MONOGRAMMIST HVB 13 105.
MONOGRAMMIST MH 138.
MONOGRAMMIST MS 139.
MORAND, CONRAD 94; 95*; 96; 103; 103,1; 136; 137; 138*; 139*; 140*; 141; 142; 162; 320; Taf. 10; 11.
MÜLLER, J. J. 174; 175*; 176.
MÜLLER, J. H. 493.
MURER, CHRISTOPH 568III,2.
MURER, JOS. 107; 107,1.

NEES, HEINRICH 227*; 230*.
NEUBERGER, DANIEL 214; 216; 216,4; 216,5*;
NEUSTÜCK, JOHANN JACOB 86; 176*; 177,1; 239*; 240; 286; 289*; 322; 325*; 362; 444*; 528,1; 620; 620,4; 623*.
NEUSTÜCK, MAXIMILIAN 86; 174*; 177; 309.
NICOLAUS, pictor 195,1.
NIESENBERGER, HANS 336; 336,1.
NIKLAUS VON HAGENAU 200.
NUSSBAUM, HANS JACOB 352; 352,7; 438; 442; 442,1.

PARREGOD (PERGO), FRANZ 352; 357; 364; 406; 445; 445,3; 445,4; Taf. 29.
PEDRAGLIO 321.
PERGO siehe PARREGOD.
PETER, ALFRED 222; 234*; 250,1; 254,1; 261*; 263*; 268,3; 292*; 293*; 296*; 297*; 298,1; 386.
PETER, ALFRED Bildhauer 332.
PLEYDENWURFF, WILHELM 98; 98,2; 99*.
PRECKLE 332.
PUER, HEINRICH 150; 150,1; 150,2.

QUAGLIO, DOMENICO 249; 362; Taf. 15.

RAPPERSWIL, MARTIN VON 318.
REDNER, VELTIN 349; 349,5; 350; 365; 366; 418; 424; 424,2; 426; 426,1; 652.
REY 249; 362.
RIEDINGER, GEORG 448,1.
RIGGENBACH, CHRISTOPH 169.
ROGIER VAN DER WEYDEN 482.
RÖLY, HANNS 318,2.
ROHBOCK, L. 322.
ROSSHÄNDLER, J. 320.
ROTHMÜLLER, J. 362.
RUSCH (Meister LAWELIN) 250.
RYHNER, SAMUEL 88; 131; 132*; 133*.

SABATIER 322.
SAMSON, JOHANN ULRICH 82.
SARBACH, JAKOB 151; 251; 251,1; 251,2; 277; 278; 283; 390.
SCHAEFER, J. J. 321.
SCHÄUFELIN, HANS 139.
SCHENCK, HANS 349; 349,5.
SCHERB, JAK. HEINRICH 545*; 551; 568II,2; 568III; 574; 576; 577*; 578.
SCHILLING, DIEBOLD, Bern 83; 89; 89,1; 90,1; 206,2; 246,2; 316; 317*; 318; 320.
SCHILLING, DIEBOLD, Zürich 83; 89; 206,2; 244*; 246; 246,2; 320.
SCHILLING, KASPAR DIEBOLD, Luzern 90; 90,1; 91*; 204; 205*; 206; 206,2; 207*; 208; 320; 338*; 340; 341; 342; 361.
SCHLETTSTADT, HANS VON siehe TIEFFENTHAL.
SCHMID, DANIEL 178; 224; 286.

SCHNITT, KONRAD 434,2; 593; 652; 678; 679*.
SCHODOLER, WERNER 83; 89; 89,2.
SCHOEN, ERHARD 139; 141.
SCHONGAUER, MARTIN 410; 522.
SCHWEBLIN, MORAND 137.
SCHWEIGER, HANS 79; 81.
SCHWEIGER, JÖRG 79; 81; 374; 376,1; 378.
SCOREL, JAN VAN 366.
SENN, JAKOB 614; 614,4; 620,2.
SENN, JAKOB jgr. 362.
SENN, JOHANN 356; 521; 524; 529,2; 608; 620; 620,2; 626; 626,9; 628; 628,3; 630.
SIMON, E. 321.
SISENNAE 46.
SOLIS, VIRGIL 404,1.
SONNTAG, E. 194; 240; 322.
SPECKLIN, DANIEL 108; 152; 152,4; 153*; 157; 167.
SPITZER, PETER 139.
STAEHELIN, LUKAS 176; 178; 179*; 321; 325,3; 327*; 328; 554; 555; 574; 575*; 576; 576,1.
STADLER, FERDINAND 169; 169,5.
STAMBLER, DAVID 216,4.
STAPF, Ingenieur 156.
STEHLIN, JOHANN JAKOB d. Ä. 169; 169,6; 576; 578.
STEHLIN, JOHANN JAKOB d. J. 169; 169,3; 170.
STEINBRÜCHEL, JACOB 354; 626; 626,4.
STEINER, JACOB 348; 348,7; 349; 350; 366; 434; 434,2; 569; 569,1; 652.
STIMMER, CHRISTOPH 105,2.
STIMMER, TOBIAS 84; 97*; 98; 98,1; 217,2; 320; 630.
STOER, NIKLAUS 139.
STOLZENBERG, HANS 349; 569.
STRASSBURG, HANS VON 343; 343,3; 360.
SÜFFERT, KARL EDUARD 184*.
SULGEN, CŮNRAT VON 204,1.
SURREN, HANS 353; 353,5.

TERRY, HENRY JOHN 301*.
THURNER, HANS 347; 364; 374; 376,1; 378; 380; 518.
TIEFFENTHAL, HANS 206; 206,3; 207*; 208; 221.
TISSOT, EMILE 362.

TOUSSAINT, P. 176; 177; 218,4; 249; 288; 320; 321; 322; 324; 334,1; 682.
TREYTORRENR, VON 156.
TSCHUDY, J. JACOB 312*.

VÄSCH, RUMAN siehe FAESCH.
VALCHENBURGH, JOHAN VAN 156; 157*.
VAUBAN 71; 167.
VELTEN, J. 362.
VEPOTALUS 46.
VISCHER, E. 358.
VISCHER, HIERONYMUS 694*.
VISSCHER VAN GAASBEEK, R. 256*; 257*; 259*; 268,3; 330*; 369*; 694.
VITULUS 46.
VOGTHERR, HEINRICH 418,1.
VREDEMANN 440.

WALTER, HANS 445,3.
WANNEWETSCH, GEORG 353; 353,1.
WEBER, Kupferstecher 493.
WEIDITZ, HANS 139.
WEIS, ALOIS 286.
WEISS, Candidat 178; 249; 322; 324.
WEISS, JOHANN MARTIN 85; 126.
WEISS, NIC. 362.
WEISSBROD, JOH. BAPT. 650,4.
WENZ, J. 587; 587,4; 587,5.
WILHELM, Werkmeister 346; 346,4; 374.
WINTERLE (WINTERLIN, WINTERLI), ANTON 86; 123*; 136; 136,3; 180; 188; 189*; 240; 249; 288; 321.
WISSENHORN, WALTHER 250,4.
WITZ, KONRAD 206,3; 521.
WOCHER, MARQUARD 520; 521; 620; 620,2; 620,3; 681.
WOENSAM, ANTON 139.
WOHNLICH 356; 524; 626.
WOLFF, ECKBERT 448,1
WOLGEMUT, MICHAEL 98; 98,2.

ZELLER, JOHANN JACOB 406; 476; 476,5; 478*
ZIMMER, J. 362.
ZUCCARI, FEDERIGO 637; 637,1; 638*; 638,1; 639.

VERZEICHNIS DER IN BASEL TÄTIGEN KÜNSTLER UND HANDWERKSMEISTER NACH BERUFSGRUPPEN

(Seitenzahlen siehe im alphabetischen Künstlerverzeichnis S. 706—709.)

Architekten, Baumeister, Bauhandwerker

AM RHEIN, HEINRICH
BERRI, MELCHIOR
BUSS ALB. & CIE.
EFFNER, C. VON
FAULHABER
FAESCH, E.
FAESCH, RUMAN
FUETER
HARTMANN
HENMANN ZEM WINDE
HÜGLIN VON LAUFEN
HUKERER, CUNTZ
MAST, J.
MEDER, CLAUS
MEISTER, KONRAD
MERIAN, AMADEUS LUCAS
PUER, HEINRICH
RIGGENBACH, CHRISTOPH
RÖLY, HANNS
ROSSHÄNDLER, J.
SARBACH, JAKOB (LABAHÜRLIN)
STADLER, FERDINAND
STEHLIN, JOHANN JAKOB d. Ä.
STEHLIN, JOHANN JAKOB d. J.
STRASSBURG, HANS VON
VISCHER, E.
WISSENLOHN, WALTER

Bildhauer, Bildschnitzer, Steinmetze

CÜNTZ NIEMANDS NARR DER SNETZER
CUNRAT VON SULGEN
FRISCH, CHRISTIAN
HEINTZ, DANIEL
HOFFMANN, MARTIN
HYM
LEBZELTER, MARTIN
KIND, BRUNHILDE
MICHEL, HANS
MEISTER DES UTENHEIMGRABMALS
PETER, ALFRED
PRECKLE
THURNER, HANS

Dachdecker, Ziegler

HASS, STEPHAN
HILTALINGEN, JOHANN VON

Festungsingenieure

AUBIGNÉ, NATHAN D'
AUBIGNÉ, THEODORE AGRIPPA D'
FLAMAND, CLAUDE
FLAMAND, JEAN
HOF, JOHANN LUDWIG
SPECKLIN, DANIEL
STAPF
TREYSTORRENS, VON
VALCHENBURGH, JOHAN VAN

Glaser, Glasmaler

GLASER, ANTONI
HAN, BALTHASAR
LORENTZ, HEINRICH
SURREN, HANS
VISCHER, HIERONYMUS

Goldschmiede, Stempelschneider

BEYER, JUSTINUS
CLERC, GABRIEL DE
GRAF, URS
HANDMANN, JOHANN JAKOB I
HANDMANN, JOHANN JAKOB II
SAMSON, JOHANN ULRICH
SCHWEIGER, HANS
SCHWEIGER, JÖRG

Kartographen

BOCK, HANS d. Ä.
BOCK, HANS d. J.
LÖFFEL
MÄGLIN, SAMUEL
MÄHLY, FRIEDRICH
MEYER, GEORG FRIEDRICH
MEYER, JAKOB
RYHINER, SAMUEL

Lithographen

ARNOUT, JEAN BAPTISTE
ASSELINEAU
DEROY
HASLER
MAURER, H.
REY, R.
ST. MARTIN
SABATIER
SATTLER, E. A.
SIMON, E.
VELTEN, J.

Maler

BALDUFF, MEISTER
BALMER, WILHELM
BARTH, PAUL BASILIUS
BASLER MEISTER VON 1445
BOCK, FELIX
BOCK, HANS d. Ä.
BOCK, HANS d. J.
BOCK, NIKOLAUS
BOCK, PETER
DYG, HANS
GILGENBERG, HANS
HAN, MATTHÄUS
HEINTZ, JOSEPH
HERBSTER, HANS
HESS, HIERONYMUS
HOLBEIN, HANS d. J.
HUBER, JOHANN RUDOLF
KELTERBOORN, LUDWIG ADAM
KLUBER, HANS HUG
KOCH, CASPAR
LANDERER, A.
LAWELIN (CLEWIN VON TÜBINGEN)
MALENSTEIN, PETER
NICOLAUS, PICTOR
NUSSBAUM, HANS JAKOB
SCHNITT, KONRAD
TIEFFENTHAL, HANS (HANS VON SCHLETTSTADT)
WANNEWETSCH, GEORG
WOCHER, MARQUARD

Meister der Basler Stadtansichten

ASPER, HANS
BENTZ, ACHILLES
BIEDERMANN, JOHANN JAKOB

BIRMANN, PETER
BIRMANN, SAMUEL
BLEULER, LOUIS
BÜCHEL, EMANUEL
BURCKHARDT-WILDT, DANIEL
FEYERABEND, FRANZ
GLASER, HANS HEINRICH
GUISE, CONSTANTIN
HUBER, JOHANN RUDOLF
KELLER, ALBERT
KELLER, REINHARDT
MÄHLY, FRIEDRICH
MERIAN, MATTÄEUS d. Ä.
MANUEL, HANS RUDOLF
MEYER, HEINRICH
MEYER, M. JAKOB
MEYER, GEORG FRIEDRICH
MEYER, FRIEDRICH
MIVILLE
MONOGRAMMIST HVB 13
MORAND, KONRAD
NEUSTÜCK, JOHANN JAKOB
NEUSTÜCK, MAXIMILIAN
PEDRAGLIO
QUAGLIO DOMENICO
ROTHMÜLLER, J.
RYHINER, SAMUEL
SCHILLING, DIEBOLD (Bern)
SCHILLING, DIEBOLD (Zürich)
SCHILLING, KASPAR DIEBOLD (Luzern)
SCHMID, DANIEL
SCHODOLER, WERNER
SENN, JAKOB jgr.
SONNTAG, EDUARD
STIMMER, TOBIAS
SÜFFERT, KARL EDUARD
TERRY, HENRY JOHN
TISSOT, EMILE
TOUSSAINT, P.
TSCHUDY, J. JAKOB
WEIS, ALOIS
WEISS, CANDITAT
WEISS, NIKOLAUS
WINTERLE, ANTON
ZIMMER, J.

Münzmeister

BRUNNER, THOMAN

Restauratoren

AWENGEN, HANS RUDOLF
BAUR, FRANZ
BECK, F. A.
BECKER, BENEDIKT
BECKER, HANS GEORG
BELTZ
GROOTH, JOHANN NIKOLAUS
GUTZWILLER, SEBASTIAN
GUTZWILLER, STEPHAN
HERMERSDORF
HESS, HIERONYMUS
HOLZACH, HIERONYMUS
HOLZMÜLLER, ANDREAS
LEUCHT, FRIEDRICH
MEYER, FRIEDRICH
MÜLLER, J. H.
SCHÄFER, E.
SENN, JAKOB
SENN, JOHANN
STEINBRÜCHEL, JAKOB
WOHNLICH

Schlosser, Schmiede

BERINGER, MARTIN
DIEPOLDER, HANS
SCHENCK, HANS

Schreiner, Kunsttischler, Intarsisten

BRUDER, ULRICH
DIETRICH, MICHAEL
ELSTER, JAKOB
GIGER, KONRAD
GIGER, MATHIS
GRASSER, ULRICH
MEISTER, HANS
MERKER, JOS.
PARREGOD (PERGO), FRANZ
REDNER, VELTIN
STEINER, JAKOB
STOLZENBERG, HANS
WALTER, HANS

Stecher, Zeichner, etc.

CHAPPUY
FOLTZ, F.
HABLISCHECK, F.
HERRIN, RUDOLF
HÖFLE, R.
KAISER
KOLB, J. M.
LÜTZELBURGER, HANS
MEISTER D S
ROHBOCK, L.
WEISS, JOHANN MARTIN

Stukkateur

MÄGLIN

Töpfermarken

ATEIUS
SENTI
SISENNAE
VEPOTALUS

Uhrmacher

GUNTRIFEIER, FRITSCHEMANN
MEISTER WILHELM
ZELLER, JOHANN JAKOB

Wachsbossierer

NEUBERGER, DANIEL

Zimmerleute

VON ARX, DIEPOLD
PUER, HEINRICH
RAPPERSWIL, MARTIN VON

VERZEICHNIS DER ABBILDUNGSQUELLEN

Zu den Abbildungen des Bandes I der Kunstdenkmäler des Kantons Basel-Stadt wurden ausser dem Plattenmaterial der *staatlichen Sammlungen* eine grosse Anzahl von *Neuaufnahmen* verwendet, die im Auftrage der „Schweizerischen Gesellschaft für Erhaltung historischer Kunstdenkmäler" hergestellt worden sind. Die *Aufbewahrungsorte* aller dieser Negative sind in dem nachstehenden Verzeichnisse angegeben. Die Abbildungen, deren Nummern sich darin nicht finden, wurden ohne Zwischenaufnahmen direkt nach den Originalen klischiert. Ausserdem haben photographische Aufnahmen der folgenden Museen, Privatpersonen und Photographen Verwendung gefunden:

Aarau, KANTONALES ANTIQUARIUM: Abb. 39.
Basel, AVIATIK BEIDER BASEL: Abb. 8; 231; Taf. 19.
HUGO BEIN, Waisenvater: Abb. 156.
C. KLING-JENNY, Photograph: Abb. 89; 106.
MÜNSTERBAUKOMMISSION: Abb. S. XVI; 193.
Dr. GUSTAV SCHÄFER: Abb. 240.
Dr. E. SCHEIDEGGER: Abb. 6; 7; 234; 312. Taf. 27.
ROB. SPRENG, Photograph: Abb. 128; 129; 133; 399; 401; 437; 440; 442. Taf. 2 (oben); 35; 37—40.

Berlin, KUPFERSTICHKABINETT DER STAATLICHEN MUSEEN: Abb. 75; Taf. 6.
Bern, FRANCO SUISSE, Edition photographique: Abb. 171.
STADTBIBLIOTHEK: Abb. 236.
München, F. BRUCKMANN A.-G.: Abb. 419; 424; 425; 426. — Taf. 36.
Zürich, SCHWEIZERISCHES LANDESMUSEUM: Abb. 40; 53; 132; 256; 379; 381—383; 385—392. Taf. 32—34.
Zürich-Kilchberg, WEHRLI-VERLAG: Abb. 229; 230.

DIE AUFBEWAHRUNGSORTE DER PHOTOGRAPHISCHEN NEGATIVE

STAATSARCHIV BASEL:
Negative der Plattensammlung: Abb. 189; 258; 279; 281; 283; 284; 289; 304; 311; 313; 314; 325; 348; 360; 361; 362. — Taf. 24; 29—31.
Negative der Aufnahmen der Schweizerischen Gesellschaft für Erhaltung historischer Kunstdenkmäler: Abb. 3; 6; 7; 54; 58; 65; 66; 72; 73; 77—85; 91—93; 96; 97; 101; 102; 118; 120; 124; 134; 138; 157; 164; 165; 169; 170; 172; 207; 211; 212; 219; 220; 225—228; 232—235; 237; 238; 242—244; 248; 259; 264; 278; 282; 286; 287; 298; 299; 312; 315; 316—318; 320—324; 329; 331; 334; 337; 339—347; 349; 350; 358; 359; 370; 371; 372; 439; 441; 444—447; 449; 450—470. — Taf. 15; 20; 21; 23; 25—27.

HISTORISCHES MUSEUM BASEL:
Negative des Museums: Abb. 1; 10; 11; 18—20; 24; 28—38; 41—43; 55; 131; 137; 166; 272; 275; 300; 301; 303; 335; 336; 364—367; 368; 369; 373—377; 472; 473. Taf. 2 (unten); 3.
Negative der Aufnahmen der Schweizerischen Gesellschaft für Erhaltung historischer Kunstdenkmäler: Abb. 45—52; 76; 187; 188; 190—192; 194—205; 249—255; 276; 280; 323; 363. — Taf. 4; 16; 17.

ÖFFENTLICHE KUNSTSAMMLUNG BASEL: Abb. 302; 412; 414; 427; 428.

KUPFERSTICHKABINETT BASEL:
Negative der Sammlung: Abb. 57; 380.
Negative der Aufnahmen der Schweizerischen Gesellschaft für Erhaltung historischer Kunstdenkmäler: Abb. 60; 61; 74; 95; 98—100; 105; 108; 109; 114—117; 121; 122; 125; 158—161; 167; 168; 206—210; 239; 273; 274; 319; 400; 403—411; 413; 415—418; 420—423; 448. — Taf. 5; 7; 9; 14.

VERZEICHNIS DER PRIVATPERSONEN
die Blätter ihrer Sammlungen zur Reproduktion zur Verfügung stellten.

Prof. Dr. DANIEL BURCKHARDT-WERTHEMANN: Abb. 431; Taf. 13.
Staatsarchivar Dr. AUGUST HUBER: Abb. 65; 66; 72; 73.
Frau M. ISELIN-MERIAN: Abb. 474; 475; 476.
Maler EMIL SCHILL: Abb. 103; 104; 119; 123.

Architekt E. VISCHER: Abb. 327; 328; 393—398.
Prof. Dr. WILHELM VISCHER: Abb. 71.
Dr. KARL VÖCHTING-BURCKHARDT: Abb. 139.
Dr. ERNST STÄCHELIN: Taf. 8.
Prof. Dr. PAUL GANZ: Abb. 163.

NACHTRÄGE 1971

VON FRANÇOIS MAURER

HERKUNFT DER BILDER

P. Armbruster, Basel: 629.
L. Berger, Basel: 496 (siehe S. 737, «Literatur»).
Bodenforschung Basel-Stadt: 497.
P. Heman, Basel: 577, 579, 581, 681.
Graphische Sammlung, München: 674.
Historisches Museum Basel, zumeist A. Weder: 478–484, 486–495, 624, 628, 629, 670, 677.
H. Isenschmid, Basel: 630, 633.
Kunstdenkmäler Basel-Stadt: 485, 501–573, 582–623, 634–668, 675f., 678–680.
Kupferstichkabinett Basel: 578, 672.
J. Müller: 632 (siehe S. 759, «Quellen»).
H. A. Schmid: 627 (siehe S. 757, «Literatur»).
R. Spreng, Basel: 580, 671, 673.
Staatsarchiv Basel-Stadt, zumeist R. Friedmann: 498–500, 574–576, 631, 669.
B. Wolf, Basel: 625f.
Farbtafel: R. Jantz, Kunstmuseum Basel-Stadt.

Die Hasen braten Hunde und Jäger; Kupferstich des Israhel van Meckenem. Text S. 774.

VORWORT DES VERFASSERS DER NACHTRÄGE 1971

Anfänglich war eine kommentarlose Reproduktion des längst vergriffenen kostbaren Bandes vorgesehen. Seit dem Frühjahr 1971 haben sich jedoch die Redaktionskommissionen der Gesellschaft und des Kantons Basel-Stadt für einen Nachtrag eingesetzt, nicht nur im Sinne einer Dankesschuld gegenüber den Autoren; denn diese haben 1930/1932, besonders C. H. BAER und R. RIGGENBACH, über den kantonalen Rahmen hinaus wissenschaftliche und gestalterische Pionierarbeit geleistet. Nicht oft dürfte man die Auseinandersetzung mit einem beinahe vierzig Jahre alten Inventarband ein ungeteiltes Vergnügen und Quell der Bereicherung nennen. Nebst der knappen Frist verlangten nun freilich mehrere Gründe eine Konzentration auf die eigentlich kunsthistorischen Belange, die Forschung insbesondere, und die Denkmäler selbst. Die Ausführlichkeit des Bandes, gerade in historischer Hinsicht, mußte hier preisgegeben werden. Auch in der Frühzeit wurde das Gewicht aufs Ästhetische verlegt. Wo die Autoren explicite eine Auswahl getroffen haben, etwa im uferlosen Gebiet des Stadtbildes, ist nur weniges nachgetragen. Hingegen sind gewisse Akzentverschiebungen des Inventarisationswerkes berücksichtigt; Verschwundenes, Geplantes und «Heimzuführendes», Hoheitszeichen, Siegel und Ähnliches sind nun eingehender behandelt; Fragen der Baugeschichte genossen einen Vorrang. Nicht leicht fiel der Verzicht auf ein Höherrücken der Zeitgrenze, die etwa die Entwürfe M. BERRIS, A. LANDERERS und M. WOCHERS einzubeziehen erlaubt hätte. Einen wesentlichen Teil bilden die Entdeckungen oder die Veränderungen, Wiederherstellungen des schon Bekannten. Vom Inventar des Rathauses ließ sich derart viel beibringen, daß von einer systematischen Suche in diesem oder in anderen Fällen noch mehr zu erwarten ist. Desgleichen stellten sich manche Künstlernamen ein, deren Kenntnis freilich nur gelegentlich auszuwerten war. Gerade die Bedeutenderen, wie JERG ROUBER und HANS HARPOLT, kamen zu kurz; doch soll dies später nachgeholt werden. Auch die mit den Wandgemälden HANS HOLBEINS d. J. verknüpften Probleme sind nur untersucht, sofern sie ortsgebunden sind; immerhin ergaben sich daraus neue Rekonstruktionsmöglichkeiten.

Mehr als sonst ist man bei einem Buch, das man nicht selbst verfaßt hat, auf die Hilfe und das wissenschaftliche Urteil der Kollegen vom Fach und – in diesem Fall ausgeprägt – von den Nachbardisziplinen angewiesen. Selbstlos trugen so U. BARTH, PROF. DR. L. BERGER, DR. P. BOERLIN, DR. P. CADORIN, DR. R. DEGEN, DR. R. FELLMANN, PD DR. G. GERMANN, DRES. A. und R. KAUFMANN-HAGENBACH, DR. H. LANZ, DR. R. MOOSBRUGGER, DR. E. MURBACH, PROF. DR. H. REINHARDT, PROF. DR. A. STAEHELIN und DR. R. SUTER aus ihren reichen Kenntnissen bei. – Auf den Spuren von DR. R. LAUR-BELART und DR. R. FELLMANN hat das Institut für Basler Bodenforschung unter seinen Leitern PROF. DR. L. BERGER und DR. R. MOOSBRUGGER der Archäologie der Stadt ihren Stempel aufgedrückt; deren Tätigkeit, die auch wissenschaftliche Auswertung einschließt, ist bei allen neueren Bodenfunden vorauszusetzen, angesichts der Fülle und der Verästelung der Ergebnisse allerdings nicht immer ausdrücklich genannt. Ähnliches gilt für die Denkmalpflege, im Zeitabschnitt 1932/1971 getragen von W. R. STAEHELIN, DR. R. RIGGENBACH, DR. F. ZSCHOKKE und F. LAUBER, welch letzterer die Dokumentation seines Amtes zuvorkommenderweise mündlich ergänzte. DR. P. CADORIN, Restaurator, und DR. P. BOERLIN, Leiter der Alten Abteilung des Basler Kunstmuseums, setzten dem Nachtrag ein Glanzlicht auf, indem sie die Freilegung der Holbeinfragmente aus dem Rathaus soweit vorantrieben, daß eines davon nun der Öffentlichkeit vorgestellt werden kann.

Allen Helfern von Herzen dankend *François Maurer-Kuhn*

ABKÜRZUNGEN

AHS	Archives Héraldiques Suisses, Schweizer Archiv für Heraldik
ASA	Anzeiger für Schweizerische Altertumskunde
BERGER AB	L. BERGER, Die Anfänge Basels, in Basel, Eine illustrierte Stadtgeschichte, herausgegeben von E. A. MEIER, Basel 1963
BERGER PB	L. BERGER, Die Ausgrabungen am Petersberg in Basel, Ein Beitrag zur Frühgeschichte Basels, Basel 1963
FELLMANN BRZ	R. FELLMANN (mit einem Beitrag von E. VOGT), Basel in römischer Zeit, Basel 1955
BN	Basler Nachrichten
BZ	Basler Zeitschrift für Geschichte und Altertumskunde
FBD	Freiwillige Basler Denkmalpflege
FS	Festschrift
GAB	Gallische Ansiedlung mit Gräberfeld bei Basel, herausgegeben von E. MAJOR mit Beiträgen von K. STEHLIN, E. MAJOR, W. MOHLER, O. SCHLAGINHAUFEN, H. G. STEHLIN und P. REVILLIOD, Basel 1940
GANTNER KS	J. GANTNER, Kunstgeschichte der Schweiz 1 und 2, Frauenfeld 1936 u. 1947
HARMS	B. H., Der Stadthaushalt Basels im ausgehenden Mittelalter, Quellen und Studien zur Basler Finanzgeschichte 1, Die Jahresrechnungen 1360–1535, Bände 1–3, Tübingen 1909–1913
HSB	A. GLASER (Katalog) und H. REINHARDT, Historische Schätze Basels, Basel o. J.
HM	Historisches Museum Basel
Jber.	Jahresbericht
KAUFMANN BEB	R. KAUFMANN, Die bauliche Entwicklung der Stadt Basel, Basler Njbl. 1948 und 1949
KAUFMANN-HAGENBACH BP	A. KAUFMANN-HAGENBACH, Die Basler Plastik des 15. und frühen 16. Jhs., Basel 1952
Kdm.	Kunstdenkmäler der Schweiz
KKB	Kupferstichkabinett Basel
MHB	Die Malerfamilie Holbein in Basel, Ausstellungskatalog des Kunstmuseums Basel, 1960, mit Beiträgen von P. H. BOERLIN, H. LANDOLT, M. PFISTER-BURKALTER, H. REINHARDT, E. TREU und A. WYSS
MOOSBRUGGER SM	R. MOOSBRUGGER-LEU, Die Schweiz zur Merowingerzeit, Die archäologische Hinterlassenschaft der Romanen, Burgunder und Alamannen, Bern 1971
ÖBD	Öffentliche Basler Denkmalpflege
Njbl.	Neujahrsblatt
NZ	National-Zeitung
REINLE KS	A. REINLE, Kunstgeschichte der Schweiz, Fortsetzung und Neubearbeitung von GANTNER KS, Frauenfeld 1958–1968
RIGGENBACH RRS	R. RIGGENBACH, Festschrift zur Restaurierung des Basler Regierungsratssaales durch Gewerbe und Gewerkschaften, Basel 1957
ROTT	H. ROTT, Quellen und Forschungen zur Südwestdeutschen und Schweizerischen Kunstgeschichte im XV. und XVI. Jh., 3. Teil: Der Oberrhein, Quellenband 2 (Schweiz), Stuttgart 1936
SGU	Jber. der Schweizerischen Gesellschaft für Urgeschichte
SMB	Schweizerische Münzblätter
StAB	Staatsarchiv Basel-Stadt
STAEHELIN SRZ	F. STAEHELIN, Die Schweiz in römischer Zeit, Basel 1948[3]
STÜCKELBERG DBG	E. A. STÜCKELBERG, Denkmäler zur Basler Geschichte 1 und 2, Basel 1907 und 1912
US	Ur-Schweiz
ZAK	Zeitschrift für Schweizerische Archäologie und Kunstgeschichte

Die Randzahlen verweisen auf die Seitenzahlen des Textes von 1932 und – *kursiv* – auf die Bildnummern.

ZU DEN HOHEITSZEICHEN

Die Herkunft des *Basler Hoheitszeichens* ist nur im Prinzip deutlich, im einzelnen umstritten. Dies hängt mit seinem doch wohl zufällig so späten ersten Auftreten zusammen (etwa in der Zürcher Wappenrolle, 2. Viertel des 14. Jhs.). Der rote Krummstab könnte an sich als Bischofsstab zu verstehen sein. Wie im Falle des Bistums Eichstätt, dessen später aufgegebenes Zeichen auf den Stab des Bistumsgründers Bonifatius bezogen wird (745, heute im Domschatz Fulda in einer Gestalt des 11./12. Jhs.), kann das Basler Stabzeichen von einer bedeutenden, frühverehrten Reliquie des Bistums herzuleiten sein: dem in Delsberg verwahrten Stab des Germanus, des Gründers von Moutier-Grandval. Bereits zu Lebzeiten des Heiligen (also nicht nach 640), spätestens bald danach im letzten Viertel des 7. Jhs. kostbar gefaßt, scheint der Stab in der Tat schon früh als Wahrzeichen gegolten zu haben. Die damals von der Mutterabtei Luxueil und von Besançon ausgehenden oder gesteuerten monastischen Unternehmen dürften sowohl den Romanen des Bistums entgegengekommen sein als auch den seit mindestens zwei Generationen in Basel präsenten Franken gedient haben (vgl. S. 734). Ein Reliquiengeschenk Columbans, des Gründers von Luxueil, an die Kathedrale des nun erstmals auch mit dem Namen Basel verbundenen Bistums am Rheinknie scheint dazu den Auftakt zu geben. Ob aber der Germanusstab – wie doch wohl vorauszusetzen – je zum Domschatz gehört hat, ist ganz ungewiß.

Literatur: E. A. STÜCKELBERG in ASA 1891, 430, und DBG 1, Tf. 18; H. REINHARDT in Basler Njbl. 1942, 32; D. HUMMEL und G. SCHÄFER in AHS 1947; H. G. WACKERNAGEL in Denkschrift zur Gründung der Colonia Raurica, Basel 1957, 58; R. MOOSBRUGGER in US 1962 und SM 2, 71; G. HASELOFF in Germania 1955, 210; A. HEITZ, Grenzen und Grenzzeichen der Kantone Basel-Stadt und Basellang, Liestal 1964, 79.

Banner. Sie waren als militärische Embleme zumeist im Zeughaus aufbewahrt. Ein im Dreiergewölbe des Rathauses eingeschlossenes Banner zeichnete sich durch das von Papst Julius II. verliehene Eckfeld mit der Verkündigung an Maria aus. Die beiden erhaltenen, in Reliefstickerei ausgeführten Eckquartiere sind durch das Engelsszepter als baslerische Arbeiten gesichert: Sie finden sich unter den Goldschmiedemodellen des Amerbachkabinettes wieder; auf Grund einer von R. F. Burckhardt gezeigten möglichen Werkstatt-

Abb. 478–479. Vom Juliusbanner, wohl 1513; Bannwartschild, um 1470/80. HM. Text oben und S. 718.

kontinuität könnte es von BALTHASAR ANGELROT stammen (der ohnehin öfter für den Rat gearbeitet hat, 1507–1545); doch nennen die Rechnungen des Jahres 1513 nebst einem «fremden» Seidensticker den Goldschmied JÖRG SCHWEIGER (1507 zünftig, 1534 verstorben). Der blütenbesetzte Astrahmen, der mit Zweigen angedeutete flache Bogen und das Maßwerk des mit Pailletten und Perlen aufgeputzten Textilreliefs scheinen so wenig etwas vom Eindruck des 1512 in Mailand bestellten (verlorenen) ursprünglichen Juliusbanners zu verraten wie die vom Faltengeschiebe beherrschten Figuren oder die gedrängte Komposition, es sei denn, man nehme den Schwung des Schriftbandes und die freie Haltung der ebenmäßig-glatten Köpfe dafür. Dieser Stil, die festliche Eleganz insbesondere, erinnert an den Maler MARTIN KOCH und läßt mithin – ohne daß gesicherte Werke dies zu prüfen erlauben – an seinen damals mehrfach für den Rat tätigen, auch politisch erfolgreichen Sohn CASPAR als Entwerfer denken (1488–1525). HM 1882, 92.

Literatur: WURSTISEN, Chron. 56; R. F. BURCKHARDT in Kdm. Basel-Stadt II, 293; R. DURRER, Die Geschenke Julius II. an die Eidgenossen, Njbl. Ver. für Geschichte und Altertümer von Uri 1913; HSB, 25; A. BRUCKNER, Schweizer Fahnenbuch, St. Gallen 1942; W. SCHNEEWIND, Historisches Museum Basel, Die Waffensammlung, Basel 1958, 74; F. MAURER in Kdm. Basel-Stadt V, 134.

Amtsschilde. *Botenbüchse* und *Weibelschild* sind seit dem 16. Jh., vermutlich schon zuvor, vereint in der Form kleiner, mit dem Basler Schild gezierter Metallbüchsen, die auf der linken Brustseite getragen wurden. Die älteste Version, wohl kaum den Prototyp, gab HANS HOLBEIN d. J. auf seinem Bild des Manius Curius Dentatus im verschwundenen Großratssaal wieder (S. 771): Der Wappenschild diktiert die Büchsenform und motiviert deren kronenähnlichen Deckel, der wohl einst dem Reichsschild zugehörte, wie am ältesten Weibelschild St. Gallens (1484?). Die knappe Genauigkeit der Form könnte zum Jahr 1522/23 passen, in welchem Goldschmied BALTHASAR ANGELROT zwei Botenbüchsen
480 fertigte (Harms 1, 3, S. 324). – Die älteste der erhaltenen Botenbüchsen ersetzt die Krone durch einen niedrigen Vasenhals und bedeckt die Oberfläche mit zierlich eingerollten Ranken. HM 1870, 891; silbervergoldet; vermutlich von HANS MEYER d. J., der 1553 zwei alte Büchsen erneuerte und eine dritte hinzufügte (StAB Wochenausgaben 17. Nov.,
481 freundlich mitgeteilt von U. Barth). – Unter den Händen des HIERONYMUS WIX (1568
482 zünftig, †1607) dehnte sich der Büchsenkörper beutelförmig und durchsetzten sich die Ranken mit Beschlägmotiven. HM 1870, 1128; Meistermarke und Basler Beschau. – Eine weitere, 1726 datierte Botenbüchse rundet sich, von gegenständigen S-Ranken unterstützt, noch straffer; gotisierendes Gittermuster am Hals. HM 1876, 8; eine unvergoldete Nach-
482 ahmung ohne Zeichen oder Datum: HM 1876, 9. – 1770 wurde das Büchsenmotiv preisgegeben: ABEL HANDMANN (zünftig 1745, † 1788) begnügte sich mit einfachen Schilden, deren Ovale von Rocaillen eingefaßt sind. HM 1891, 85. Ein Amtsschild von J. J. PFAN-
479 DER (1823 zünftig, † 1861); HM 1904, 586. – *Bannwartschild.* Dieses Zeichen des großbaslerischen Flurgerichtes wurde ebenfalls an der linken Brustseite angeheftet. Der hochgestellte Sechspaß, der hinter dem Baslerschild durchwachsende Akanthus und die gemessen verschränkte Haltung der zierlichen Wildleute legen ein Datum im Jahrzehnt 1470–1480 nahe. HM 1875, 78; ziselierter, teilweise vergoldeter Silberguß, Email des Basler Schildes herausgefallen; Dm. 15 cm. – 1561 kopierten die Goldschmiede ANDREAS KOCH (1542 zünftig, † 1572) und THEODOR MERIAN (zünftig 1542, † 1564) den Schild
483 des 15. Jhs. mit Varianten des Blattwerks. HM 1875, 77 und 61, beide Meisterzeichen.

Literatur: HSB 26; E. POESCHEL, Kdm. St. Gallen II, Basel 1957, 23; U. BARTH, Verzeichnis der Basler Goldschmiede, Manuskript 1964; R. E. J. WEBER, De Bodebus als onderscheidingsteken van de lopende bode, Bull. koninkl. nederl. oudheidkund 1966, 10; Kat. Karlsruhe 1970, Nr. 245.

Abb. 480–482. Botenbüchsen, von H. Meyer d. J. (?) und H. Wix; Richterstab, von J. U. Fechter III. HM.
Text nebenan.

Richterstäbe zeigen an ihrem Knauf einen elfenbeinernen Totenkopf, der auf Röhrenknochen und toskanischem Kapitell ruht (Blutgericht, 17. Jh.? HM 1876, 13), oder eine silbervergoldete Justitia (Schultheiß; JOH. ULRICH FECHTER III. zugeschrieben; zünftig 1741, † 1765; HM 1870, 1151). – Die Klinge eines *Richtschwertes* scheint dem 3. Viertel des 13. Jhs. und einer böhmischen Werkstatt zu entstammen; HM 1870, 259; eingraviert die Wappen des Reichs und Habsburgs, ferner eine ungedeutete Folge gotischer Majuskeln. – Ein weiteres, 1819 noch gebrauchtes Richtschwert trägt die Gravur zweier Hinrichtungsszenen, der Madonna und der Kreuzigung; HM 1906, 2933; 17. Jh.?

Literatur: W. SCHNEEWIND, Historisches Museum Basel, Die Waffensammlung, Basel 1958, 25.

Das große *Stadtsiegel* ist in vier Varianten nachzuweisen. Die älteste Ausformung (1256, Klingental Urk. 10) könnte einen Prototyp der ausklingenden Romanik wiederholt haben; die Vierpässe der Türme und der Zinnenkranz der Apsis sprechen nicht unbedingt dagegen, obschon die Baugeschichte eine frühe Veränderung des Chorhauptes nicht ausschließen kann; Umschrift: SIGILLVM . CIVIVM . BASILIENSIVM. Zwischen 1262 und 1265 (Alban Urk. 32) wird der Vierpaß gegen einen Dreipaß ausgewechselt und die Quaderzeichnung vereinfacht. Seit 1319 (Peter Urk. 204) wird ein Stempel gebraucht, der die bisher konvexen Dachumrisse einbuchtet, die Fenster zuspitzt und bei den Türmen mit Maßwerk vergittert. 1350 schließlich (Städt. Urk. 281, 3) erscheinen die nun durchwegs genasten Fenster wieder abgestumpft. – 1778 ließ sich JOH. ULRICH SAMSON von Münzbildern zu einem SIGILLVM REI PUBLICAE BASILIENSIS mit Schild und Basiliskenpaar anregen. Datiert und SAMSON signiert.

Etwas deutlicher wandelte sich das *Sekretsiegel* der Stadt. Seine erste, nur in einem einzigen undatierten Abdruck bekannte Version mag in Analogie zum Hauptsiegel auf ein Wahrzeichen der Stadt, vielleicht den hochgotischen Fronaltar des Münsters zurückgehen. Um 1300 (?) entstanden, scheint seine Marienkrönung eine ganze Reihe zu beginnen. Die Gestalten wirken monumental und der flache Giebel erinnert an altertümliche Retabelumrisse. Undeutlicher Abdruck im StAB; s : SECRETUM : CIUIUM BASILENSIUM. Seit 1356 (Städt. Urk. 305; Tf. 1, 3) löst ein neues Siegel die großen Gebärden in zartes, distanziertes Segnen und Anbeten auf; Blütenranken und Gittergrund. Ein vielgliedriger, waagrecht lastender Baldachin engt von 1404 an (Peter Urk. 778a) den Raum zu einer Kammer ein, den direkteren Dialog der beiden Gestalten gleichsam fordernd. Umschrift nun in Minuskeln, zuletzt 1611 (Städt. Urk. 3644); barocke Kopien in zwei Varianten, die eine zuerst 1621 belegt, die andere 1664 (Tf. 1, 4; Lehensarchiv 128, Städt. Urk. 3892). – 1780 fügte JOH. ULRICH SAMSON zu seinem Hauptsiegel ein ähnliches SIG(ILLVM) MIN(VS) REI P(VBLICAE) BASILIENSIS hinzu; datiert und mit S signiert. – Ein kleineres *schriftloses Sekretsiegel* von etwa 33 mm Durchmesser ist zwar erst 1549 nachzuweisen (StAB Slg. E. Burckhardt), dürfte aber als Typus mittelalterlich sein. Der spitzblättrige Vierpaß der ältesten bekannten Version, der den Basler Schild samt vier haltenden Engeln birgt und von kauernden Tieren umspielt ist, deutet einen Ursprung im späten 14. Jh. an. Eine weitere Fassung ist 1685 belegt (Städt. Urk. 3920), eine dritte schuf 1686 gemäß erhaltenem Stempel «GABRIEL LE CLERC». Eine verwandte Funktion erfüllen wohl ein etwas größeres Basiliskensiegel in der Art des JUSTIN DE BEYER (1757 nachweisbar, Webern Urk. 21) und ein kleineres Rund mit der Darstellung der BASILEA, 1767 datiert und JOH. ULRICH «SAMSON» signiert.

Das älteste *Gerichtssiegel* zeigt in seinem Rund einen frontalen Bischofskopf und die Majuskelumschrift s'. IVDICVM BASIL... und betraf wohl das Amt an sich (1265–1275, Maria Magd. Urk. 3 und Kling. 62). Die danach folgende Reihe persönlicher Schultheißensiegel, des Peter (1273–1315), Conrad junior (1288f., 1311, 1321), Werner (1315–1325) und Rudolf Schaler (1329–1348), des Conrad (1349–1371) und Werner von Bärenfels (1371–1384) endete 1384 mit einem Siegel, das den Basler Stab und die Wappen des Bischofs Imer von Ramstein mit der Schrift s' * IVDICII * SCVLTETI * BASIEN umringte (Peter Urk. 639). Da Bischof Imer schon im folgenden Jahr das Schultheißenamt der Stadt versetzte, erhielt – laut U. Barth – Goldschmied HENMAN SNÜRLER, der vielleicht schon das Ramsteinsche Siegel geschnitten hatte, den Auftrag für ein neues Siegel, dem sich spätestens 1386 (Städt. Urk. 619) ein besonderes Siegel mit gleichlautender Umschrift S'CONSVLVM CIVITATIS BASILIENSIS für das Kleinbasler Gericht anschloß (wohl ebenfalls von der Hand SNÜRLERS). – Nur wenig später setzte eine Folge kleinerer Gerichtssiegel mit dem Basler Schild und der Umschrift «S'DENU(N)CIACIONIS : IUDICII : BASILEENSIS» ein, zunächst lediglich mit einem Paßdreieck (belegt 1473, Domstift Urk. 373, jedoch wahrscheinlich älter, vielleicht sogar von SNÜRLER), danach mit Astrahmen und schildhaltenden Löwen (1506, Augustiner Urk. 263) und schließlich mit Beschlägwerk und dem Datum 1610. 1533 beschaffte sich das Ehegericht – bei JÖRG SCHWEIGER? – ein eigenes Siegel; um die Mitte des 18. Jhs. erneuert, Basilisk in der Art des älteren JOH. JACOB HANDMANN.

Quellen und Literatur: Die Sammlung des StAB und die neuerdings damit geschenkweise vereinigten privaten Sammlungen G. Webers (mit Herkunftsnachweisen) und E. Burckhardts. E. SCHULTHESS und X. KELLER, Die Städte- und Landessiegel der Schweiz, in MAGZ 2, 1853, 86–92; A. HEUSLER, Verfassungsgeschichte der Stadt Basel, B. 1860, 507; P. KÖLNER, Unterm Baselstab, kulturgeschichtliche Skizzen, Basel 1918, 28–32; G. WEBER in Basler Njbl. 1947; P. ROTH in Wappen, Siegel und Verfassung der Schweizerischen Eidgenossenschaft und der Kantone, Bern 1947, 761.

Abb. 483. Basler Beschau und Marken der Goldschmiede H. Wix, A. Handmann, J. J. Pfander, A. Koch, Th. Merian. Text S. 718f.

ZUR PRÄHISTORISCHEN, RÖMISCHEN UND FRÄNKISCHEN ZEIT

Die *Funde der Frühzeit* sind *bis zum Ende der mittleren Bronzezeit* weiterhin spärlich geblieben; nur wenig gesellte sich seit 1932 zum größeren Komplex von Geräten des Magdalénien, die am Nordostabhang des Bruderholzes entdeckt worden sind; kupferzeitliche Glockenbecherleute hinterließen Spuren am Westfuß des Grenzacher Horns (und in Allschwil?); Keramik der Hügelgräberzeit fand sich am Bruderholz (um 1500 v. Chr.).

Literatur: L. BERGER in BZ 1963, S. XIX; R. D'AUJOURD'HUI, Eine Fundstelle der Linearbandkeramik bei Basel, in SGU 1965; K. GERHARDT, Neue Schädel- und Skelettreste von Glockenbecherleuten aus dem Raume Basel, SGU 1965; BERGER AB, 8; E. SCHMID in BZ 1970, 250.

Dank neuen Funden und Forschungen hat die *späte Bronzezeit* seit 1932 in Basel an Profil gewonnen. Die Verbreitung eines im Rheinhafen zu Kleinhüningen gefundenen massiv bronzenen Messertyps ließ vermuten, das Gebiet am Rheinknie sei die Drehscheibe der *frühen Urnenfelderzeit*, das heißt etwa des 12. Jhs. v. Chr. Der Ring und die welligen Lappen des Heftes, die eine wohl hölzerne oder beinerne Einlage festhielten, sind ähnlich sicher und selbstverständlich ästhetisch verwertet wie die Konstruktion eines völlig glatten, von R. Laur wiederentdeckten Bronzehelmes, dessen zwei Hälften sich in einem gleichsam organisch herausgetriebenen Kamm treffen. Aus annähernd gleicher Zeit ein vermutlich rituell verbogenes Schwert des Typs «Rixheim», gefunden an der Burgstraße in Riehen, und ein Grabhügel in der Nähe von St. Chrischona.

Literatur: F. HOLSTE in Prähist. Zs. 1939/40, 413; G. V. MERHART in 30. Ber. Röm. Germ. Komm. 1940, 4; W. KIMMIG in Revue archéol. de l'Est et du Centre-Est, Dijon 1951–1953, 19; R. LAUR-BELART in SGU 1949/50, 202; H. MÜLLER-KARPE, Beiträge zur Chronologie der Urnenfelderzeit nördlich und südlich der Alpen, Berlin 1959, 93; BERGER AB, 9; C. FREULER und R. MOOSBRUGGER in BZ 1970, 250.

Siedlungsfunde der ausklingenden Urnenfelderzeit, also wohl des 9. und des 8. Jhs., auf dem Nordsporn des Münsterhügels, werfen auf die Anfänge Basels neues Licht (im Garten des Staatsarchivs und im Keller von Martinskirchplatz 3). Die Schutzlage könnte durchaus künstlich verstärkt gewesen sein durch Wall und «Halsgraben», freilich kaum durch jenen von R. Laur und R. Fellmann als spätrömisch angesprochenen Graben nahe der Nordseite des Münsterplatzes: Im diesseits gelegenen, zusammenhängend erforschten Hof des Augustinermuseums sind bronzezeitliche Funde ausgeblieben (vgl. dazu S. 723). Bei St. Alban scheint eine bis ins hohe Mittelalter benützte Quelle sowie eine Schifflände die Urnenfelderleute angezogen zu haben. Weniger zwingend ordnen sich Grabfunde (?) im Gundeldinger Quartier der Stadtgeschichte ein (Sempacherstrasse 6–12).

Literatur: FELLMANN BRZ, 59; L. BERGER in BZ 1963, S. XXf.; R. MOOSBRUGGER-LEU in BZ 1967, S. XVI; BERGER AB, 10.

Der hohe künstlerische Rang der Armspangen aus der Elisabethenschanze gewährt ihnen im Rahmen der *spätesten Bronze- und der frühen Eisenzeit* eine wachsend genaue Position. Nahezu identische Ringe im Elsaß, recht ähnliche in Lothringen und Baden sowie an den westschweizerischen Seen stecken ein geschlossenes Gebiet ab und legen eine Entstehung im 8. Jh. nahe. In der westschweizerischen Fundfülle sind schmalere und weniger komplex gezierte Reifen als Vorstufen zu erahnen und leiten einige üppig übersteigerte, aber auch strenger orthogonal gestriefte Beispiele (das geographisch nächste in Pratteln) im Laufe des 7. Jhs. (?) stilistisch zu einer oberrheinischen Gruppe über, die das straff geknotete Netz und die Randzacken zerteilt und zunehmend dichter nach flächenfüllen-

Abb. 484. Gallische Gefässe des 1. Jhs. v. Chr.; eh. Gasfabrik und Augustinermuseum. HM. Text S. 724.

den Prinzipien zusammenfügt (ein Beispiel aus Reinach BL auch motivisch den Basler Ringen vergleichbar). Eine im Mittelland, im Unterelsaß und in Württemberg verbreitete, wahrscheinlich etwas jüngere Gruppe von tonnenförmigen Armbändern, die der Gravur neue Möglichkeiten der Zentrierung, ja der Schichtung eröffnen, verdeutlicht die wechselweise sich akzentuierende Randlage Basels in dieser zunehmend regional sich gliedernden Kunst weiterhin. R. Degen vermutet denn auch für die oberrheinische Gruppe einen noch unbestimmten Zusammenhang mit den erst Jahrhunderte später genannten Raurikern, die das gleiche Gebiet bewohnt zu haben scheinen (vgl. S. 725).

Literatur: R. KAUFMANN in Basler Njbl. 1940, 11; E. VOGT, Der Zierstil der Pfahlbaubronzen, in ZAK 1942, bes. 203; V. GESSNER, Die Verbreitung und Datierung der hallstattzeitlichen Tonnenarmbänder, in ZAK 1947; W. KIMMIG in Revue de l'Est et du Centre-Est, Dijon 1951–1953, 104; H. MÜLLER-KARPE, Beiträge zur Chronologie der Urnenfelderzeit, Berlin 1959, Taf. 176; W. DRACK, Die hallstattzeitlichen Bronzeblecharmbänder aus der Schweiz, in SGU 1965; H. ZUMSTEIN, L'âge du bronze dans le département Haut-Rhin, Bonn 1966, 128; R. DEGEN, Ein späthallstattzeitlicher Armspangentypus am Oberrhein, in FS R. Laur-Belart, Basel 1968, 253, und in SGU 1968/69, 117.

27 Nur einige wenige Gräber der frühen und mittleren *Latène-Periode* (an der Grenzacherstraße in Kleinbasel) leiten zu den beiden *Siedlungen* am Ende des Zeitabschnittes über. Die Zahl der bekannten Gruben im Gebiet der einstigen *Gasfabrik* bei der ursprünglichen Mündung des Allschwiler Baches in den Rhein – heute von den Firmen Sandoz und Durand-Huguenin belegt – hat sich inzwischen auf über 200 vermehrt. Ohne daß eine Ordnung ersichtlich wäre, bedecken sie eine Fläche von etwa 11 ha; die gelegentlichen Gräben scheinen das Wasser abgeleitet zu haben. Die Gründe dafür, daß die Gruben selbst wahrscheinlich als Keller für Vorräte, auch Abfälle, vielleicht auch für einzelne Gewerbe, jedoch kaum zum eigentlichen Wohnen dienten, haben sich verdichtet; doch fehlen stets noch Grundrisse der zu erwartenden Pfostenhäuser. – Gehörte die spätgallische

Keramik auf dem *Münsterhügel* bisher stets zu den südwärts bis an den Albangraben reichenden frühkaiserzeitlichen oder jüngeren Fundkomplexen, so förderte die erste ausgedehntere Grabung in seiner nördlichen Hälfte eine Grube «unvermischten Inhalts», vielleicht sogar den Grundriß eines Pfostenhauses zutage (im Hof des Augustinermuseums, dabei eine tonnenähnliche bemalte Flasche und ein importierter Präsigillata-Teller). – Damit stellte sich erneut die Frage, ob nicht der weitgehend offene und vom Güterumschlag lebende Ort bei der einstigen Gasfabrik durch eine Niederlassung auf dem kaum 1,5 km entfernten, zwar wesentlich engeren, aber natürlich bewehrten Sporn des Münsterhügels ergänzt gewesen oder ersetzt worden sei. Vielleicht hat man mit dem genannten vermutlichen Grabenrand in Augustinergasse 6 eine zugehörige Wehranlage entdeckt: *485f* Die mitgeteilten prekären Fundumstände haben eine spätrömische Anlage vermuten lassen, doch scheinen sie einer Datierung in spätgallische oder gar ältere Zeit nicht zu widersprechen. Immerhin ist zu bedenken, daß die Art, wie sich die gallische Keramik bisher mit römischen Produkten vermischt gezeigt hat (in Gruben), bis zum Albangraben rein gallische Straten keineswegs ausschließt. Funde am Petersberg und im Kleinen Klingental sind wie jene an der Klybeckstraße vereinzelt geblieben.

Während der Drucklegung dieses Nachtrages hat R. Moosbrugger auf dem Gebiet von 35 Rittergasse 3/5 unter und neben den Fundamenten des Langhauses der einstigen Ulrichs- *485g* kirche die Basis einer bedeutenden *Wehranlage spätkeltischer Konstruktion* entdeckt und freigelegt: Der ungefähr im rechten Winkel zur Rittergasse verlaufende, aus kiesiger Erde geschüttete Wall ist mit mehreren Lagen genagelter Balkengitter von etwa 6 m Breite armiert und an seiner Südstirne mit trocken geschichteten Bruchsteinen verkleidet. Die Wange eines durch hölzerne Vorbauten gedeckten Durchlasses an der Rittergasse – also an der Stelle römischer und mittelalterlicher Tore – zeugt für eine nördlich der Alpen ungewöhnlich früh begründete und lückenlose Traditionskette. Demzufolge dürften die Anfänge des 1922–1932 mit unzureichenden und deshalb von späteren Forschern (besonders R. Fellmann) verworfenen Gründen als spätgallisch betrachteten Grabens nördlich neben der Bäumleingasse ebenso mit dem neuentdeckten Wall zusammenhängen wie der Straßenzug Augustinergasse/Rittergasse. Die umfänglich untersuchte Schichtenfolge an der Südseite des Walls scheint auch in mehreren nach dem Einsturz des Wehrbaus abgelagerten Straten nur spätkeltische Keramik zu enthalten. Wenn die künftige Auswertung der Funde bestätigen sollte, daß die Nordbasler und «Basler» Siedlung zu gleicher Zeit bestanden haben, könnte letzteres die Rolle einer Art Residenz gespielt haben. Doch wird man sich hüten müssen, den für die spätrömische Zeit überlieferten Namen «Basilia» in der Bedeutung von «königlich» ohne weiteres darauf zu beziehen.

Die reichen *Funde* sind erst zum kleinsten Teil erarbeitet; es ist auch nicht geglückt, 30 schichtenmäßig eine zusammenhängende relative Chronologie zu gewinnen. Anhaltspunkte geben die importierten italischen Weinamphoren. G. Uenze verteilt sie auf die Zeitspanne zirka 130–50 v. Chr. Gewiß ist lediglich der Ausklang: Die charakteristische *Gefäßmalerei* zog sich bis ins 1. Jh. n. Chr. hin. Eine über knappem Fuß flach ausladende, 32 steilwandige Schale aus den Gruben von Bäumleingasse 10/12 (Fellmann BRZ, Tf. 15, 824) wurde nicht nur mit datierbaren Scherben der ersten Jahrhunderthälfte gefunden, sie scheint auch einen geläufigen Typus tiberianischer Sigillata (Abb. 30, Fellmann, Tf. 13, 8) gleichsam gallisch zu formulieren. Diese Schalenform fehlt in der Nordbasler Siedlung. Hingegen scheint deren schönste Schale sogar auf die reliefgeschmückte Version des tiberischen Schalentypus einzugehen, deren Ranke in schwellende Bänder und geteilte Kreise und deren sperrigen Kranz in eine Folge geschachteter Rauten zu zerlegen. Der Schritt zum rankenhaft gezierten kugeligen Topf (Abb. 22) mutet noch kleiner an; die ornamentalen Motive sind fraglos verwandt. Wie groß die stilistische Distanz in Wirklichkeit ist, zeigt eine Schale aus Klein-Steinheim (Kreis Offenbach). Hier erst finden sich die aufreizend lässig-eleganten Linienschwünge, die nervösen Begleitlinien, das Flächenhafte, das Spiel mit positiver und negativer Form und die schneidende Gerade wieder, die leere und belebte Fläche auf der Kulmination der Wölbung trennt; und vor allem: eine ganz andere Schalenform. Ihre Gliederung in gewölbten Körper und zurückgesetzte steile Halspartie läßt eine ganze Reihe schmuckärmerer Basler Schalen als Bindeglieder zur scharfkantig ganzheitlichen Rautenschale verständlich erscheinen und eine längere Entwicklung erschließen. Einen eigentlichen Gegenpol setzt ein typenverwandtes Schälchen des Marnegebietes (Jacobsthal, Tf. 412): Mit seinen weich modellierten Volutenranken entspricht es stilistisch dem oft zitierten Kugeltopf von Prunay, den emphatisch kreisende Ranken ohne jede Zäsur ganz umspielen. Vor diesem frühlatènezeitlichen Hintergrund rückt die Ornamentik des Kugeltopfes nah zu gewissen toreutischen Erzeugnissen vom Ende der mittleren Latènezeit (um 120 v. Chr.; vgl. besonders eine Schwertscheide aus Wangen in Zürich). – Den Zusammenhang mit den ausschließlich *geometrisch verzierten Gefäßen* stellen die Schalen her. Beim hervorragendsten Erzeugnis dieser Art, der genannten tonnenähnlichen Flasche, ist die Horizontale innerhalb des Schmuckbandes schraffenähnlich der kräftigsten Vertikale einverleibt, wohl ein Fingerzeig für relativ späte Entstehung. – Die zukünftige Analyse der zahllosen, über den ganzen Münsterhügel verteilt gefundenen Bruchstücke dieser Keramik dürfte das Verhältnis der beiden Basler Siedlungen klären helfen.

Die skizzierte Stilentwicklung der bemalten Gefäße vermag vielleicht auch der wenig beachteten Gattung der *geschwärzten Keramik* gerechter zu werden als bisher. Die vielen Schalen der Nordbasler Siedlung überschneiden sich typologisch mit den altertümlichsten Ausprägungen der bemalten Schalen; betont körperhafte Umrisse kommen dort nicht vor. Eingeglättete, oft geschlängelte Glanzlinien gliedern – bandähnlich gruppiert und gelegentlich zu diagonal gespaltenen Metopen abgeteilt – relativ gleichmäßig die vielen kugeligen Krüge. Die belebenden einzelnen Wellenlinien erinnern an den kugeligen Rankentopf, sind aber freier hingeworfen; ähnlich selbstverständlich herrschen die Horizontalen vor. Hingegen erreichen die ausschließlich mit plastischen Bändern gegürteten Tonnen eine Formspannung, die der pointierten Bewußtheit der bemalten Gefäße nahekommt. – Der Motivschatz könnte teilweise von der pseudo-ionischen Keramik Südfrankreichs herrühren. Die Verbreitung deckt sich nahezu mit jener der bemalten Ware (Böhmen, Mittelrhein, Südfrankreich). Ob diese Gattung insgesamt eine ältere Stufe verkörpert, ist damit freilich nicht entschieden.

Entgegen vielen Bedenken betrachten E. Major und O. Uenze einen frühen Beginn der Nordbasler Siedlung, nämlich in den Jahren um 130 v. Chr., und ein Ende um 50 v. Chr. als wahrscheinlich. Die Ausbreitung und Gleichartigkeit der Keramik während entsprechender Zeit setzen eine gewisse kulturelle Einheit voraus, und sei es nur eine Vorliebe für dieselben Lieferanten. In der Frühzeit und während der größten Verbreitung könnte das Oberrheingebiet eine Art Mitte – Mittler? – gewesen sein. Das Ende hängt vielleicht mit einem Massengrab von Erschlagenen bei der Siedlung und vor allem mit dem Münzschatz von Saint-Louis zusammen. Der große Anteil boischer Münzen aus den Jahren 90–70 v. Chr. kann mit Caesars Bericht von 32 000 Boiern, die 58 am helvetischen Exodus teilnahmen, zu verbinden sein. Da sie nach der Niederlage als einzige nicht «nach Hause» zurückkehren wollten und offenbar auch nicht konnten, kamen sie möglicherweise vom Oberrhein, wo im gleichen Jahr der seit etwa 72 v. Chr. in gallischen Händeln tätige Söldnerführer Ariovist einrückte, um bei seinen einstigen Auftraggebern, den Sequanern, Gebietsansprüche durchzusetzen. Hatte er sich diese unter anderem mit einem Sieg über (eingedrungene?) Boier verdient? Caesars Zug gegen Ariovist könnte insgeheim von jenen wahrscheinlich nicht wenigen Teilnehmern des Helvetierzuges mitbestimmt gewesen sein, die sich ungeschlagen rheinwärts «in fines Germanorum» abgesetzt hatten. Konnte Caesar damit rechnen, daß diese heimkehrenden Rauriker (?) – deren Schicksale nach Bibracte er zu erwähnen «vergißt» – nach Ariovists Ausschaltung das explosive politische Vakuum am Oberrhein füllen würden? Sechs Jahre danach stellten sie jedenfalls, die 58 nur knapp einen Zehntel der Helvetierzahl aufzubringen vermocht hatten, ein ganzes Viertel. Die Nachricht des Claudius Ptolemaeus (Mitte 2. Jh. n. Chr.), wonach die Rauriker die Städte Augusta Raurica und Argentovaria (Horburg bei Colmar) besaßen, könnte also allenfalls die Zustände im 3. Viertel des 1. Jhs. v. Chr. spiegeln; die raurachische Macht beruhte zum Teil wohl auch auf zugewandten Splittern anderer Stämme und einem seßhaften Substrat und dürfte unter anderem gerade ihrer Zerbrechlichkeit wegen die fraglos von Caesar konzipierte, stets noch nicht genauer lokalisierte Koloniegründung des L. Munatius Plancus um 44/43 v. Chr. herausgefordert haben.

Literatur: F. Behrens, Denkmäler des Vangionengebietes, Frankfurt 1923; G. Kraft in Bad. Fundber. 1933-1936, 278; F. Behn, Urgeschichte von Starkenburg, 1936², Tf. 47a; R. Laur-Belart in SGU 1939, 74, US 1942; GAB; P. Jacobsthal, Early Celtic art, Oxford 1944; Kaufmann BEB 1, 10; Staehelin SRZ, 43; O. Tschumi in SGU 1949/50; E. Ettlinger, Die Keramik der Augster Thermen, Basel 1949, 3; C. A. Moberg in Acta archeologica 23, 1952; G. Behrens in FS R. Egger 1, Klagenfurt 1952, und in Carinthia 1953, 191; F. Fischer, Chronologie der jüngeren Latènezeit in Südwestdeutschland, Stuttgart 1954; Fellmann BRZ, 3; R. Wyss, Aus dem Schweizerischen Landesmuseum 8, Bern 1957, Abb. 9; R. Laur-Belart in BZ 1960, S. VI; K. Castelin in Schw. Münzblätter 1959 und 1961; R. Degen in SGU 1962, 52; L. Berger in BZ 1962, S. XX und 1963, S. XVIII; G. Mahr, Die jüngere Latènekultur des Trierer Landes, Berlin 1967, 189; L. Lerat in Gallia 1968; R. Moosbrugger in BZ 1969, 356; L. Berger AB, 12; C. Freuler in BZ 1970, 237; F. Maier, Die bemalte Spätlatène-Keramik in Manching, Wiesbaden 1970, 130.

Die zunehmend verfeinerte *Stratigraphie der römischen Schichten* rechnet mit drei wesentlichen Phasen: 1. *Ein frührömischer Horizont* umfaßt die Jahre zwischen etwa 15 v. Chr. bis zum Ende des 1. Jhs. n. Chr. Unterschiedlich dichtes und beständiges Schichtwachstum; die anscheinend nur leichten, größtenteils hölzernen Gebäude sind oft erneuert worden. Auf dem kleinen Münsterplatz hat R. Laur-Belart vier Straten herausgearbeitet, die laut R. Fellmann für das ganze Gebiet zwischen Münsterplatz und Albangraben gelten, nämlich um 15 v. Chr., 12–9 v. Chr., 10–50 n. Chr. und 50 bis gegen 100 n. Chr. Auch wenn man mit beträchtlich schwankendem Schichtenwachstum rechnet, erscheint der älteste Horizont unverhältnismäßig mächtig. Es könnte dies eine Frage der Datierung sein. Die in ihm (spärlich) gefundene italische Terra-Sigillata-Keramik, die dank R. Fellmann erstmals exakter mit römischen Funden verglichen werden kann, gehört dem anscheinend erst vage bestimmbaren Beginn der Gattung an und könnte meines Erachtens wesentlich früher als zum spätest möglichen Termin «15 v. Chr.» eingesetzt haben (siehe unten). Die älteste Schicht dürfte die zwanzig Jahre von etwa 40 bis um 20 v. Chr., umfassen. Daß in nachaugusteischer Zeit die Funddichte abnimmt, belegen auch die Zahlen der am Fuß der Pfalz geborgenen Münzen: 27 gallischen und 10 aus den Jahrzehnten um Christi Geburt entsprechen 7 im ganzen restlichen Jahrhundert. – 2. In der *hochrömischen Zeit* scheinen

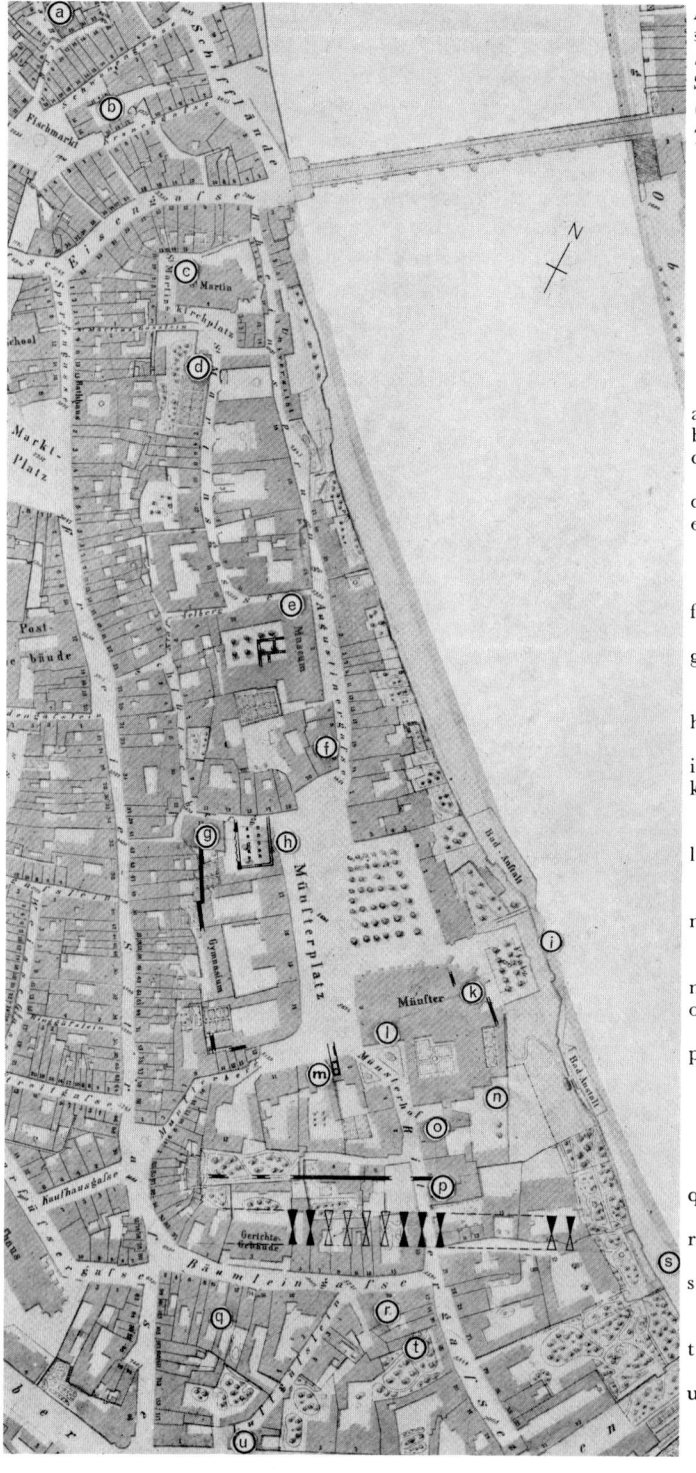

Abb. 485. Plan der römischen Funde im Gebiet der Altstadt, eingetragen in den Stadtplan von A. L. Löffel (1859); 1 : 4000. Text S. 725–729.

a Petersberg, Münzfunde
b Birsigbrücke?
c Martinskirche, Wehrmauern
d Martinsgasse 2, Straße?
e Augustinermuseum (Natur- und Völkerkunde), großes Gebäude, Gruben
f Augustinergasse 6, Graben?
g Schulhaus zur Mücke, frührömische Gebäude und Kastellmauer (?)
h Vermutlicher Getreidespeicher
i Pfalz, Münzfunde
k Chorpartie des Münsters, Hypokaustgebäude und «Kastellmauer», Grube
l Südseitenschiffe des Münsters, Straße und Platz?
m Münsterplatz/Rittergasse 2, Hypokaustgebäude
n Bischofshof, Graben?
o Rittergasse 3, frührömische Gebäude
p Ulrichskirche, murus gallicus, «Kastellmauer», Quergraben unter dem Chor (November 1971); südlich der Kirche der große Spitzgraben
q Bäumleingasse 10, frührömische Gruben
r Bäumleingasse 20, frührömische Gruben
s Rittergasse 27/29, Pfostenlöcher am Rheinufer
t Rittergasse 16/18, großes Gebäude
u Albangraben/Luftgäßlein, Graben?

die archäologischen Quellen beinahe zu versiegen. Die Jahre zwischen etwa 100 und 260 n. Chr. sind in der aus dem Rhein gefischten Münzreihe mit ganzen vier Münzen vertreten. Doch auch dies kann auf einem erklärlichen Zufall beruhen: War der Münsterhügel zuvor kleinteilig und dicht überbaut, so könnte sich die hohe Zeit, wie andernorts, monumentaler, das heißt auch dauerhafter und vielleicht auf weniger Stellen beschränkt, geäußert haben. In der Tat haben sich in neuester Zeit ergiebigere Schichtfolgen beobachten lassen, wahrscheinlich auch Gebäudereste, zu wenig freilich für eine eigentliche städtische Siedlung. Die Fundstellen schließen nun auch, so dünn sie gesät sind, den westlichen Abhang des Münsterhügels ein. – 3. Weitaus fündiger stellt sich die *spätrömische Phase* dar. Trotz all ihren Unsicherheiten punkto Hortung und Intensität der Ausgabe setzen die Münzlisten zwei deutliche Schwerpunkte. Vom Jahrzehnt 260–270 enthielt das Rheinbett am Fuß der Pfalz 64 Münzen, vom knappen Jahrhundert bis zum Regierungsantritt Valentinians (364–375) ganze 55 und vom anschließenden halben Jahrhundert 72 (bis 408). Die zweite Ballung zeichnet sich am Petersberg noch schärfer ab: die Jahre 350–375 ergaben etwa zwei Drittel der bestimmbaren Geldstücke (295). Das Fundgebiet weitet sich einerseits – ohne gesicherte Baureste – gegen Nordwesten knapp über die Mündung des Birsigs hinweg und anderseits – vielleicht mit einer Zäsur im Gebiet Bäumleingasse/Albangraben – gegen Süden in einer vergleichbar unfesten Form: Zwischen Aeschenvorstadt und Elisabethenstraße breitet sich ungefähr seit konstantinischer Zeit ein Gräberfeld aus, das bis in frühmittelalterliche Zeit – wohl andauernd – benützt wird; vom frühen 5. Jh. an scheinen während vieler Generationen die Beigaben auszusetzen (siehe S. 730), eine Periodengrenze gleichsam aufzwingend.

485 a

Literatur: R. LAUR-BELART in SGU 1932, 64; A. GANSSER, Die frühzeitliche Handwerkersiedlung am Petersberg in Basel, in ZAK 1940, 10; H. A. CAHN in SGU 1942, 136; R. LAUR-BELART in SGU 1944, in BN 1944 Nr. 167 und NZ Nr. 116, 200, 302; E. VOGT, Vom ältesten Basel, in NZ 1944 Nr. 260; STAEHELIN SRZ; R. LAUR-BELART in NZ 1948 Nr. 113; KAUFMANN BEB 1, 9; R. FELLMANN in BN 1950 Nr. 36 und NZ Nr. 37, sowie Mayener Eifelkeramik aus der Schweiz, in SGU 1951; R. LAUR-BELART, in BN 1951 Nr. 553, ferner BN 1952 Nr. 1, 14 und SGU 1952, 95; mit R. MOOSBRUGGER in SGU 1954/55, 120; R. FELLMANN, Basel in römischer Zeit, B. 1955; in NZ 1958 Nr. 238; R. LAUR-BELART in BZ 1956, S. VI, in Schaffendes Basel, B. 1957, in US 1957, in BN 1958 Nr. 218, 501, 548 und NZ Nr. 546, 596, in BZ 1958, S. VII; R. DEGEN in SGU 1958/59, 184; R. LAUR-BELART in NZ 1960 Nr. 5, 248; R. FELLMANN, Neue Funde und Forschungen zur Topographie und Geschichte des römischen Basel, in BZ 1960; R. FELLMANN, Römische Funde beim Umbau des Antistitiums in BZ 1961; L. BERGER in BZ 1962, S. XXI; R. DEGEN in SGU 1962; L. BERGER in BZ 1963, S. XX; R. MOOSBRUGGER in BZ 1964, S. XXI; L. BERGER, Spätrömisches Castrum und bischöflicher Immunitätsbezirk in BZ 1965; K. BÖHNER, Spätrömische Kastelle und alamannische Ansiedlungen in der Schweiz, in FS E. Vogt, Zürich 1966; R. MOOSBRUGGER in BZ 1965, S. XVI, 1967, S. XXI, 1969, 356 und 365; L. BERGER PB, 87, 104; BA 14; R. MOOSBRUGGER in Geschichte Riehens (erscheint 1972, herausgegeben von A. BRUCKNER).

Die am ehesten dauernd und planmäßig aufs Ganze oder größere Einheiten bezogenen Teile der Siedlung, die *Verkehrswege*, ergeben in ihrer Summe ein ausnehmend folgenreiches Bild. Die ältesten zeitlich begrenzbaren Kieselpflästerungen in den südlichen Seitenschiffen des Münsters und im Ostteil des Münsterplatzes scheinen einem Platz anzugehören oder Höfe gebildet zu haben. Die teilweise darüber festgestellte Straße folgt der Achse Augustinergasse/Nordhälfte Rittergasse und hat sich – zum Teil in zwei Straten beobachtet – geraden Laufs bis in die Liegenschaften Rittergasse 22/24 fortgesetzt. Die ältesten in ihrem Graben gefundenen Münzen und Scherben legen eine Entstehung spätestens am Ende des 3. Viertels des 1. Jhs. nahe; die darunterliegende Platz- und Hofanlage braucht nicht wesentlich älter zu sein, doch ist gerade in ihrem Bereich die Straße von Schichten mit Feuerstellen und Gebäude(?)lehm noch desselben Jahrhunderts überdeckt.

485

485 l

Eine verlängernde Parallele zum Straßenzug Rittergasse/Augustinergasse scheint am
485 d Nordende der Martinsgasse angeschnitten worden zu sein. Ob sich die im Luftgäßlein
beobachtete südwärts strebende Diagonale auf beide oder nur eine dieser Hauptachsen
bezog, ist ebenso fraglich wie ihre Entstehungszeit. Dem nahen Gräberfeld zufolge diente
sie in spätrömischer Zeit als Ausfallstraße. Ihr Gegenstück ging vielleicht von der in römi-
485 b scher Art konstruierten Birsigbrücke zwischen Fischmarkt und Schiffländ aus. Zahlreiche Pfahllöcher in den Molasseplatten des Rheinufers unterhalb der Liegenschaften
485 s Rittergasse 27 und 29 sind wohl weder zeitlich noch funktionsmäßig genauer zu bestimmen. Hält man sich aber die 8 m über dem heutigen Pegel bei St. Alban beobachteten
Erosionsspuren frühmittelalterlicher Zeit vor Augen, so kann außer dem festen Grund das
hier relativ hohe Gegenufer den Ausschlag für diese (überaus hypothetische) Brückenstelle
gegeben haben (im oberen Kleinbasel ist mehrfach eine befestigte Schiffländ valentiniani-
scher Zeit vermutet worden; die Spuren eines Walls, die Merian auf seinem großen Vogelschauplan südlich der Kartause vor den Mauern zeigt, sind zeitlich kaum festzulegen;
Anderes deutet – vgl. S. 744 – auf eine befestigte Lände mittelalterlicher Zeit). Die in
einem mittelalterlichen Brückenrest bei St. Jakob festgestellten römischen Quaderspolien
erinnern wohl weniger an die Nähe der bekannten Villa als eines römischen Flußüber-
gangs, den man sich angesichts der am nördlichen Fuß des Bruderholzes nachgewiesenen
Überlandstraße eher flußaufwärts gelegen vorstellen möchte, etwa in der Nähe Brüglin-
gens (wo übrigens die verlängerte Achse des Straßenzuges Augustinergasse/Rittergasse
den Flußlauf schneidet). Rechts des Rheins führte eine Straße von Grenzach nach Weil.

Literatur: H. STOHLER, Über die Orientierung der Stadtpläne von Augusta Raurica und Basilea
Romana, in BZ 1939; KAUFMANN BEB 1, 11 (mit einem Beitrag von J. Maurizio); R. LAUR-BELART und
R. MOOSBRUGGER in SGU 1954/55, 120; FELLMANN BRZ, 18, 39; R. LAUR-BELART in BZ 1956, S. VI;
L. BERGER in BZ 1962, S. XXI und 1963, S. XX; ders. PB, 106; J. MAURIZIO in Regio Basiliensis
1966, 129; R. MOOSBRUGGER in BZ 1969, 348 und 1970, 259, 264.

37   Die Zahl der irgendwie greifbaren *Befestigungsgräben* ist – von nur erschlossenen abge-
485 sehen – auf vier angewachsen. Es folgen sich von Norden: der bereits genannte vermutliche Grabenrand nördlich des Münsterplatzes, ein erst in der Neuzeit eingefüllter Einschnitt vor der Kapelle des Bischofshofes, die 1932 als Keltengraben akzeptierte künstliche
Furche, die neben der Bäumleingasse den Münsterhügel überquerte, und schließlich der
in hochmittelalterlicher Form überlieferte Albangraben. Könnten die Spuren beim
485 n Bischofshof äußersten Falls ein Tälchen sein, so scheiden der offenbar gerade Rand, die
gleichmäßige Neigung und das Abreißen der untersten (augusteischen?) Schicht am
485 f Grabenrand eine natürliche Erklärung für den nördlichsten Einschnitt aus, ohne freilich
den angetroffenen Zustand genauer als «frühestens augusteisch» zu datieren. Die Fund-
kette beidseits des Grabens scheint bis zum Ende der römischen Zeit zu reichen, seine von
den benachbarten Häusern des Münsterplatzes ungefähr aufgenommene Richtung läßt
sich ebenso zu einem südwärts vorgewölbten Halbrund wie zu der von den Ausgräbern
vorgeschlagenen Diagonalen ergänzen. Die Schwierigkeit, die Geschichte eines keilförmig ohne weitere Zutaten ins Gelände eingekerbten und vielleicht mehrfach veränderten Grabens anhand eines schmalen Schnittes zu beurteilen, erwies sich wieder bei
485 p der einzigen gezielten Untersuchung des Grabens bei der Bäumleingasse. Einerseits gehörten die weit hinab – das heißt früh? – in den offenen Graben gekollerten Gegenstände
dem 4. Jh. an, anderseits gelangten an dieser Stelle in den halbgefüllten Graben als
jüngste Funde Münzen Gratians (375–388). Einziges vages Indiz für ein vor-spätromani-

sches Alter des Harz- und Albangrabens ist – abgesehen von der Fundtopographie – eine *485 u*
rätselhafte Senke von 22 m Breite und 4,5 m Tiefe bei der einstigen Einmündung des
einstigen Luftgäßleins; mit geringen römischen Einschlüssen in der Füllschicht.

Auch im Falle der *Wehrmauern* überwiegen noch die Fragen. An den seit 1932 unter- *38*
suchten Partien – Freie Straße 45, Münsterplatz 18/Schulhaus zur Mücke und Pfalz/ *485*
Niklauskapelle – erhob sich die Mauer in der Nähe der Böschung und war aus kleinen,
regelmäßig gereihten Bruchsteinen und Kieseln zu einer Dicke von 105 bis 120 cm gefügt. Dies stimmt mit den Schilderungen der Südmauer nicht überein. Die allein auf der
Pfalz aufgespürten Schichtzusammenhänge lassen einen Spielraum zwischen frührömisch
und karolingisch. Außer der geringen Dicke und Fundierung stimmt das Ausbleiben von
Türmen auch an über 45 m einigermaßen zusammenhängend wiedergegebenen Partien
der Südseite etwas bedenklich: Insgesamt ist man vorläufig auf so zerbrechliche Argumente wie «topographische Situation» und «Richtungsgleichheit» mit dem Graben bei der
Bäumleingasse und sicher spätrömischen Gebäuden auf der Spornfläche angewiesen (wobei im letzteren Fall stets damit zu rechnen ist, die periphere Mauer sei Teil des Gebäudes).
Unanfechtbar fortifikatorisch ist lediglich eine knapp 2,5 m dicke, mit dünnen Parallel-
mauern und einem Mörtelboden zusammenhängende Mauer vor der Westfassade von
St. Martin zu nennen. Da der kleine Aufschluß zudem nur (?) Keramik des 4. Jhs. zutage *485 c*
förderte, mag auch die Entstehungszeit enger als sonst zu fassen sein.

Den deutlichsten Befund haben oder werden die seit 1932 auf dem Münsterhügel frei-
gelegten *Gebäudereste* ergeben. Die Grundrisse der für die römischen Anfänge zeugenden
Gebäude auf dem Münsterplatz, beim Schulhaus zur Mücke und unter Rittergasse 3 sind *485 o*
unvollständig geblieben; ihre leichte Bauweise scheint innert kürzester Zeit eingreifende
Richtungswechsel erlaubt zu haben. Die Zahl der erforschten Kellergruben hat sich
vervielfacht und reicht bis in die spätrömische Zeit. – Eine weitläufige Anlage mit Keller, *39*
Hypokaust und Säulenhof (?) umfaßte im Gebiet von Rittergasse 27 und 16/18 ohne *485 t*
Rücksicht auf den Lauf der hier festgestellten Straße ein Areal von mehr als 51 × 18 m.
Die bevorstehende Analyse der Einzelfunde dürfte mit exakten Daten für die beiden
Haupthorizonte aufwarten (frühes 2. Jh.?). Wichtig wäre dies auch für einen im nörd-
lichen Chorseitenschiff des Münsters angeschnittenen Hypokaustraum, nimmt er doch die *485 k*
Richtung der benachbarten und im Untergrund der Niklauskapelle mit Quermauern
verbundenen Böschungsmauer auf. Für weitere Mauerzüge der Randzonen, etwa in
Rittergasse 4 und Schlüsselberg 13, wird man auf neue Aufschlüsse hoffen müssen. Vereinzelt bleibt vorderhand auch das schmale Gebäude Münsterplatz/Rittergasse 2; ein *485 m*
bodengeheizter Raum und Säulenfragmente deuten auf Ansprüche; Stratigraphie und
Funde gewähren eine Zeitspanne zwischen der 2. Hälfte des 1. Jhs. und wahrscheinlich
300–305. – Größeren Atem lassen zwei monumentale Bauwerke der Spätzeit wahrnehmen.
Vor dem Schulhaus zur Mücke bedeckte ein mehrschiffiger, von Strebepfeilern dicht um- *485 h*
ringter und wohl mehrstöckiger Steinbau eine Grundfläche von mindestens 70 × 20 m.
Die Längsachse dieses vermutlichen Horreums folgte bis auf 1 Grad genau der Richtung
eines streng nach Quadrat und gleichseitigem Dreieck konzipierten Gebäudes im Hof des
Augustinermuseums; mehr noch: Die verlängerte (ergänzte) Ostwand des vermutlichen
Getreidespeichers streift dessen Westwand. Die Bauzeit ist auf «frühestens 1. Hälfte 3. Jh.»
und «spätestens 4. Jh.» eingeengt.

Literatur: E. VOGT in NZ 1944 Nr. 260; R. LAUR-BELART in BN 1951 Nr. 553 und BZ 1958, S. VII;
R. FELLMANN in BRZ, 44–60, 77 und BZ 1960, 24 und 1961, 9; L. BERGER PB, 106 und in BZ 1963,
S. XXV; R. MOOSBRUGGER in BZ 1965, S. XVI und 1969, 365.

39 Zu den ergrabenen *römischen Bauwerken außerhalb des engeren* Stadtgebietes sind nachzutragen: 1. eine unveröffentlichte Villa bei St. Jakob; 2. ein schlichtes Rechteckgebäude des 1. Jhs. n. Chr. auf dem Maienbühl über Riehen, das sich auf Grund seines beherrschenden Ortes und seiner geometrisch konstruierten Maßverhältnisse in größere, vielleicht militärische Zusammenhänge eingegliedert haben mag, und 3. ein Gutshof oder aber Vicus beim heutigen Hörnligottesacker, der vom 1. bis ins 4. Jh. bewohnt war und dessen von riesigem Platz und Horreum umgebener Peristylhof (67,5 × 35 m) flächenmäßig dem Augster Südforum nicht nachsteht. – Während der gleichen Zeit ist der an derselben nach Weil führenden Straße gelegene Kultbezirk am Pfaffenlohweg besucht worden. Der verschleierte Gebrauch des gleichseitigen Dreiecks für die Proportionen wie für die wertende Abwinkelung des Priesterhauses (?) und die wahrscheinliche Einbeziehung der Landschaft sprechen für hohe Qualität und hadrianische Entstehungszeit.

Quellen und Literatur: StAB, Dossier H2c der Historisch-Antiquarischen Ges. Basel; H. KOETHE, Die keltischen Rund- und Vierecktempel der Kaiserzeit, 23. Ber. der Röm. Germ. Komm., 1933; STAEHELIN SRZ, 574; M. BIEBER, The history of the Greek and Roman theater, Princeton 1961; W. SCHLEIERMACHER, Zu den sogenannten Kulttheatern in Gallien, in Röm. Forsch. in Niederösterreich 5, 1966; R. MOOSBRUGGER in BZ 1966, S. XXVII und 1967, S. XXXIV, ferner in der Geschichte Riehens, die A. Bruckner herausgeben wird; H. BATSCHELET-KREBSER, Der Raum Basels als militärische Basis im 1. Jh. n. Chr., Mscr. 1969 (in der Bodenforschung Basel-Stadt).

40 Die umstrittene Frage der Herkunft der monumentalen *Skulpturen*, die auf dem Münsterhügel wiederverwendet worden sind, kann solange nicht entschieden werden, als sie und die vielen erhaltenen oder überlieferten Architekturfragmente nicht genauer untersucht, das heißt auch datiert sind. Als eigentliches Monument war das sogenannte Kriegerrelief ohnehin nicht an eine Siedlung, sei es nun Augst oder Basel, gebunden, und her-
41 vorragende Grabmäler – wie etwa das vielleicht noch bedeutendere Relief mit der fernhin skopasisch inspirierten Nischengestalt – können bei kleinen Orten errichtet worden sein, freilich von zugezogenen Meistern. Eine Handhabe für die stilistische Analyse und Datie-
45 rung – gegen 150 und um 190? – wird der Katalog der Augster *Bronzen* geben, den A. Kaufmann-Heinimann vorbereitet. Den drei 1932 genannten Figürchen ist noch ein gerüsteter, späthellenistisch sich haltender Mars aus dem vermutlichen Vicus am Hörnli beizugesellen (Lanze und Schild verloren; HM 1922, 61).

Literatur: SGU 1923, 103; C. SIMONETT, Die römischen Bronzestatuetten der Schweiz, Diss. Basel 1939; R. LAUR-BELART in SGU 1944, 74, 77, und Führer durch Augusta Raurica, Basel 1966⁴, Abb. 44, 96; STAEHELIN SRZ, 44; FELLMANN BRZ, 33; BERGER AB, 15, 19.

Mehrere armbrustförmige bronzene *Fibeln* mit Zwiebelknöpfen scheinen die Entwicklung in der 2. Hälfte des 4. Jhs. zu belegen. Plastische Peltenformen verbreitern zunächst andeutend die Mittelfläche des facettierten oder gerundeten Fußes zur Seite hin (unter anderem ein Beispiel aus dem rechtsrheinischen germanischen Friedhof am einstigen Gott-
486 erbarmweg), schrumpfen allmählich und wandeln sich zu Dellen oder gravierten Kreisen auf vollends abgeplattetem Fibelfuß (Exemplare vom Petersberg und aus der Aeschenvor-
487 stadt). Höhepunkte bilden zwei vergoldete und niellierte Fibeln aus Gräbern des Kastellfriedhofs; die eine noch mit einfachem Zweigmotiv, die andere mit gleichsam textilen
488 Bändern, dem Christusmonogramm und vier Büstenmedaillons (geflügelte Genien?), wohl um 370–380; Parallelen anscheinend vor allem in Pannonien.

Literatur: R. LAUR-BELART in SGU 1957, 156, 163, in US 1957; 1959, 57; 1963, 77; in BZ 1958, S. VI; BERGER PB, 36; R. DEGEN in FS E. Vogt, Zürich 1966, 267; R. MOOSBRUGGER SM 2, 81.

Abb. 486–488. Fibeln: Aeschenvorstadt, Gräber 317, 243 und 379; 2. H. 4. Jh.; stark verkleinert. HM. Text nebenan.

Die Bestände der feineren römischen *Keramik*, die in der Regel aus Italien und Gallien importiert ist, haben sich seit 1932 sehr vermehrt und sind vor allem analysiert worden.

Literatur: E. VOGT, Der Lindenhof in Zürich, Z. 1948, 151; FELLMANN BRZ, 85–137 (mit Beitrag von E. VOGT) und BZ 1961, 15; BERGER PB, 32–36; R. MOOSBRUGGER in BZ 1969, 366.

Die dornenvolle *Interpretation der römischen Funde* kann sich sozusagen nur auf Wahrscheinlichkeiten stützen. Frühzeit und Ende sind mit einem eigenen Gesicht begabt. Die Vielzahl der ins 1. Jh. v. Chr. datierbaren Schichten und Konzeptionen läßt sich wohl schwerlich – wie vorgeschlagen – in den beiden letzten Jahrzehnten zusammendrängen. Es zeichnet sich die Möglichkeit ab, die um 44/43 v. Chr. vollzogene Gründung der Colonia Raurica als nicht nur nominell zu betrachten und die Art der Einbeziehung der gallischen Bevölkerung, die in der gleichaltrigen Schwesterkolonie Lugudunum (Lyon) im vorletzten Jahrzehnt derart hohe Formen erlangen sollte, genauer zu charakterisieren. Die in der zweiten Münsterplatzschicht herausgearbeitete und bald wieder überlagerte Akzentuierung des Straßenwesens – besonders dessen wahrscheinlicher systematisch-theoretischer Einschlag – könnte mit der gesamtgallischen, in Lyon zentrierten Straßenkonzeption des Agrippa zusammenhängen, die freilich gewiß auch Vorhandenes einbezogen hat (39/38 v. Chr.). Die weiteren Geschicke des anscheinend stagnierenden Ortes sind überschattet vom glänzenden Augusta Raurica, das mit seinem größeren natürlich begrenzten Plateau den kaiserzeitlichen Vorstellungen einer Stadt eher entsprechen konnte und den von den Villen bezeichneten landwirtschaftlichen Schwerpunkten näher war. Um 280 war der Ort am Rheinknie – das Arialbinnum des Itinerarium Antonini? – eine Etappe zwischen dem über Brüglingen aufgerundet sechs Leugen entfernten Augst und dem reichlich sieben Leugen rheinabwärts gelegenen Cambete (Kembs). Die um 233 begonnenen Plünderungen der Alamannen werteten die eingeengte Situation auf. Doch ist noch recht unsicher, wann und wie genau der Münsterhügel befestigt worden ist. Die Schildmauer und der tiefe Graben längs der Bäumleingasse scheinen sich als spätere Etappe herauszuschälen (der 1. Hälfte des 4. Jhs.?). Die vielleicht ursprünglicheren Teile, die gegen außen weitgehend glattwandigen Böschungsmauern, die beziehungsreich einzeln plazierten, vermutlich nur an der Peripherie gereihten Gebäude und die großen Platzräume verkörpern wohl ebenso spezifische Funktionen wie einen bestimmten Stil,

46

der zwischen den Augster Fortifikationen etwa des 2. Drittels des 3. Jhs. und der diokletianischen Zeit (Augster Rheinkastell/Halsgraben?) die Mitte hält. Die schwere zitadellenähnliche Ausbildung an der Spitze des Sporns erfüllt nach heutiger Kenntnis die Mehrzahl der Bedingungen, die Quellen und Forschung billigerweise an das 374 erbaute «monumentum ... Robur» des Valentinian stellen: Festigkeit, Entstehungszeit, Residenzcharakter, Nähe einer seit etwa 350 förmlich umlagerten Schifflände und eines laut Fundstatistik hektisch aufblühenden Ortes, der mit dem im gleichen Satz erstmals genannten und um 400 als civitas bezeichneten Basilia – auch der Name vielleicht eine Aufwertung – gemäß Ortstradition identisch sein dürfte. Zu keineswegs damit ausgeschlossenen weiteren Deutungsmöglichkeiten – auch punkto Arialbinnum – vgl. das Schrifttum.

Literatur: Vgl. S. 727 und außerdem N. NIEDERMANN in FS A. Oeri, Basel 1945; STAEHELIN SRZ, 284, 301; P. VUILLEUMIER, Lyon, Paris (1963), 13; FELLMANN BRZ, 28, 40, 73, und Das Grab des Lucius Munatius Plancus bei Gaeta, Basel 1957; D. VAN BERCHEM, Die Gründung der Colonia Raurica und die älteste Geschichte von Basel, in Basler Schulblatt 19, 1957; R. KAUFMANN in Schaffendes Basel, B. 1957, 28; L. LAUR-BELART, Über die Colonia Raurica und den Ursprung von Basel, B. 1959[2]; R. FELLMANN in BZ 1960, 32; BERGER PB, 81, 97; R. LAUR-BELART, Die Römerbrücken von Augst im hochrheinischen Straßennetz, FS E. Vogt, Zürich 1966, und Führer durch Augusta Raurica, Basel 1966[4]; H. BOEGLI, Studien zu den Koloniegründungen Caesars, Murten 1966; L. BERGER, Die Gründung der Colonia Raurica und die Bedeutung der Mittelland–Hauenstein-Straße in FS R. Laur-Belart, Basel 1968, und BA, 14.

47 Farbe und Kontur haben neuere Funde im 1932 bereits bekannten Gräberfeld Bernerring und im neuentdeckten zu Kleinhüningen, aber auch die Forschungsarbeit von R. Laur-Belart, H. Kühn, R. Fellmann, J. Werner, R. Moosbrugger und M. Martin der *Kunst der Völkerwanderungszeit* verliehen.

Literatur: R. LAUR-BELART, in BN 1932 Nr. 39 und NZ Nr. 66; 1933 in BN Nr. 106 und NZ Nr. 175; Eine alemannische Goldgriffspatha aus Kleinhüningen, in Jb. f. prähist. u. ethnograph. Kunst 12, 1938, 126; in US 1946 und 1947; in BN 1946, Nr. 490 und NZ Nr. 535; in US 1948, 9; in BN 1948, Nr. 43; Betrachtungen über das alamannische Gräberfeld am Bernerring in B., in FS O. Tschumi, Frauenfeld 1948, 112; H. KUHN in NZ 1937, Nr. 432; F. KELLER-TARNUZZER in SGU 1933/34, 123; 1935, 66; 1936, 81; 1938, 41; J. WERNER, Münzdatierte austrasische Grabfunde in Germanische Denkmäler der Völkerwanderungszeit 3, 1935; Beiträge zur Archäologie des Attilareiches, München 1956, 26; Zu den donauländischen Beziehungen des alamannischen Gräberfeldes am Gotterbarmweg in Basel, FS E. Vogt, Zürich 1966; Das Messerpaar aus Basel-Kleinhüningen Grab 126 in FS R. Laur-Belart, Basel 1969; H. KÜHN, Die germanischen Bügelfibeln der Völkerwanderungszeit in der Rheinprovinz, Bonn 1940; R. KAUFMANN in Basler Njbl. 1940, 16; O. TSCHUMI, Die völkerwanderungszeitlichen Reihengräberfelder des Aaregebietes, in SGU 1940/41; Burgunder, Alamannen und Langobarden in der Schweiz, Bern 1945; STAEHELIN SRZ, 321; FELLMANN BRZ, 77; L. BERGER in BZ 1962, S. XXIV; R. MOOSBRUGGER, Die frühmittelalterlichen Gürtelbeschläge der Schweiz, Basel 1967, und in BZ 1966, S. XVII; M. MARTIN in FS R. Laur-Belart, Basel 1969, und in ZAK 1971, 52; in Vorbereitung ein Beitrag zur Monographie über das Gräberfeld am Bernerring.

48 Die künstlerische Aussage ist beinahe ausschließlich auf Schmuckstücke, in erster Linie *Fibeln und Gürtelschnallen,* sowie kostbaren *Hausrat* beschränkt.

Die wohl etwas vor der Mitte des 5. Jhs. entstandenen, noch von Männern getragenen *ältesten Bügelfibeln* kennen zwei ausgesprochen gegensätzliche Schmuckweisen: Die auf

491 den flachen, länglichen Fuß und die einknöpfige halbrunde Kopfplatte aufgesetzten Grate, ja Blattfächer der einen Bügelfibel muten angesichts der eingelegten römischen Fibeln des späten 4. Jhs. hellenistisch artikuliert an (*Gotterbarmweg* Grab 23), indes die

489 geometrischen Gravuren der anderen, förmähnlichen Fibel oder die tief und isoliert ein-
490 gelassenen Almandinplättchen einer im gleichen Grab gefundenen Gürtelschnalle sich – ebenso «unrömisch»? – ganz der blechhaften Silberfläche unterordnen (*Kleinhüningen*

Abb. 489–492. Gürtelschnalle und Fibeln: Kleinhüningen, Grab 108, und Gotterbarmweg, Gräber 23 und 33; 5./6. Jh. Maßstab etwa 1:1. HM. Text nebenan und unten.

Grab 108). Beide Fibeln weisen aber auf südrussische, das heißt wohl gotische Anfänge (eine verwaschene Parallele zur «hellenistischen» am rechten Ufer des Mittelrheins), die Gürtelschnalle wahrscheinlich auf persische Vorbilder (die aber im Falle des Pektorals von Wolfsheim an den Mittelrhein gelangt sind). – Die *zweite Gruppe* der Bügelfibeln verschmilzt plastischen Schmuck – Parallelen zum Rand, Fächergebilde und Spiralranken – und Fibelkörper kerbschnittartig, vermehrt die Zahl der Knöpfe und nähert den Fußumriß meist einer Rautenform (Gotterbarmweg Gräber 6, 13, 24, 33; Kleinhüningen 30, 74, 102); der zählebige Typ gehört zumeist in die 2. Hälfte des 5. Jhs. und ist am Nordufer des Genfersees und im ungarischen Tiefland verbreitet. Spätere, zunehmend massige Formen ziehen den Fuß balkenähnlich zusammen (Kleinhüningen 191) und lassen ihn schließlich – gegen 500? – mit einem Tierkopf enden (Gotterbarmweg 10,18). – Die vom sogenannten Kertschertyp abzuleitende *dritte Gruppe* lockert den Umriß ins Phantastische: Fünf Knöpfe fächern die Kopfplatte auf, runde Einlagen, Schnäbel und Ähnliches säumen den Rautenfuß. Eine schier barocke Sonderform, von der allein ungarische Gegenstücke gefunden worden sind, scheint um 450 den Auftakt zu geben (Gotterbarmweg 20); die anfangs scharf und zusammenhängend geschnittenen Spiralranken zerfallen zusehends, Schachbrettmotive treten auf und schließlich – bereits im 2. Viertel des 6. Jhs.? – füllen Wellenringe die disziplinierte Form (Gotterbarmweg 26; Kleinhüningen 75, 126, 101; Bernerring 42); zu den älteren Stadien Vergleichbares wieder in Ungarn, vor allem im Gebiet der Gepiden, um 500 in Oberitalien (Typ Aquileja) zuletzt in Nordfrank- reich.

Die Gruppe der auch am Nordufer des Genfersees vertretenen *Almandinfibeln* weiß die zunehmende Straffung der Form am vollkommensten auszudrücken: Die plangeschliffenen roten Steine ebnen bis zum Rand den geraden Fuß, den Bügel, die Kopfplatte und Knöpfe aus; das Goldgitter der dünnen Stege, eine Raute, oder ein Dreipaß setzen sparsame Akzente. Dieser kostbare Fibeltyp des frühen 5. Jhs. ist begleitet von ähnlich eingelegten Schnallen der Männertracht (Kleinhüningen 63, 212) und gefolgt von gleichgeformten silbernen Fibeln, die noch deutlicher spätrömische Tendenzen wieder aufleben lassen und mit ihrem Verbreitungsgebiet die Grenzen zwischen alamannischem und rein fränkischem Machtbereich weitgehend verwischen (Gotterbarmweg 3, 12; Kleinhüningen 94, 115, 120).

495 Ein *vereinzeltes Bügelfibelpaar* charakterisiert die mit der Gattung verknüpften Probleme; Tiere hängen und kriechen an den Rändern und machen sich auch – hingegeben einer alles auflösenden Schwingung – auf den Flächen breit. Eine einmalige, bald nachgeahmte – namentlich in Südengland – weiterentwickelte Leistung scheint den Anfang zu bilden, der entsprechend schwierig zu fassen ist. Die Basler Exemplare gehören mit solchen in Enger (Mittelrhein) und Finglesham in die Nähe des Prototyps. Das allgemeinere Stilmerkmal der kleinteilig schwungvollen Flächenbildung datiert wohl ins 2. Viertel des 6. Jhs.

49 Wie bereits die einzige Bügelfibel andeutet, entstammen die Grabbeigaben des Friedhofs am *Bernerring* durchweg fränkischen Kerngebieten, überwiegend der Kölner Gegend; so der reichgeformte Eimer (im 3. Viertel des 6. Jhs. nahezu identisch in Müngersdorf, Schwarzrheindorf und Soest) und die mit bronzenen Reliefblechen beschlagene Schatulle (in Köln und Umgebung bereiten Kästchen des 2. Jahrhundertviertels die zentrierende Schichtung des Kreismotivs vor). – Im Gräberfeld der *Aeschenvorstadt* treten frühmittelalterliche Beigaben erst am Ende des 6. Jhs. und zudem sporadisch auf: etwa eine almandinbelegte Scheibenfibel und massive bronzene Gürtelschnallen dezidiert fränkischer Prägung. Später verzichtete man nach heutiger Kenntnis auf dauerhafte Schmückung der Toten in der Stadt und ihrem Weichbild.

Literatur zu den Vergleichen: G. Behrens, Merowingerzeit, Kat. Röm.-Germ. Zentralmus. Mainz 1942, 22, 56; E. Th. Leeds, A corpus of early anglo-saxon great square-head brooches, Oxford 1949, 7; F. Frenersdorf, Das fränkische Gräberfeld von Köln-Müngersdorf, Germ. Denkm. der Völkerwanderungszeit 6, 1955; J. Werner, Beiträge zur Archäologie des Attulareiches, München 1956, 126; O. Doppelfeld, Das fränkische Frauengrab unter dem Chor des Kölner Doms in Germania 1960, 89; D. Csallány, Archäologische Denkmäler der Gepiden im Mitteldonaubecken, Budapest 1961; F. Garscha, Die Alamannen in Südbaden, Berlin 1970.

Aus dem Befund ist zu folgern, daß die Bewohner der Civitas Basiliensium mit jenen von Raurica und großen Teilen des jurassischen und sundgauischen Hinterlandes auch nach dem Abzug der mobilen römischen Truppen zu Beginn des 5. Jhs. sich eine eigene, freilich nur in verschwommenen Umrissen erkennbare postum-römische Kultur bis zum Ende der Völkerwanderungszeit bewahrt haben. Sie unterschied sich zumindest im Totenkult dauernd und wesentlich von jener der Germanen, die seit dem 2. Viertel des 5. Jhs. unmittelbar jenseits des Rheins und im Laufe des 2. Viertels des 6. Jhs. auch diesseits archäologisch nachweisbar sind. Deren kostbare, ins Jenseits begleitende Kunst entwickelte sich rasch in weithin verflochtenen Zusammenhängen; nach knapp sechs Generationen versiegt sie, in krassem Gegensatz zur ferneren Nachbarschaft. Verkörperten die Leute vom Bernerring die seit spätestens 523–536 gefestigte fränkische Herrschaft und drückten sie dies in erprobter, vielleicht nicht ganz freiwilliger Weise durch gutsherrliche Distanz von der Stadt aus, so dürfte es sich *vor* der fränkischen Präsenz komplizierter verhalten haben. Möglich erscheint die übliche, jedoch hier dauerhaftere Ansiedlung eines

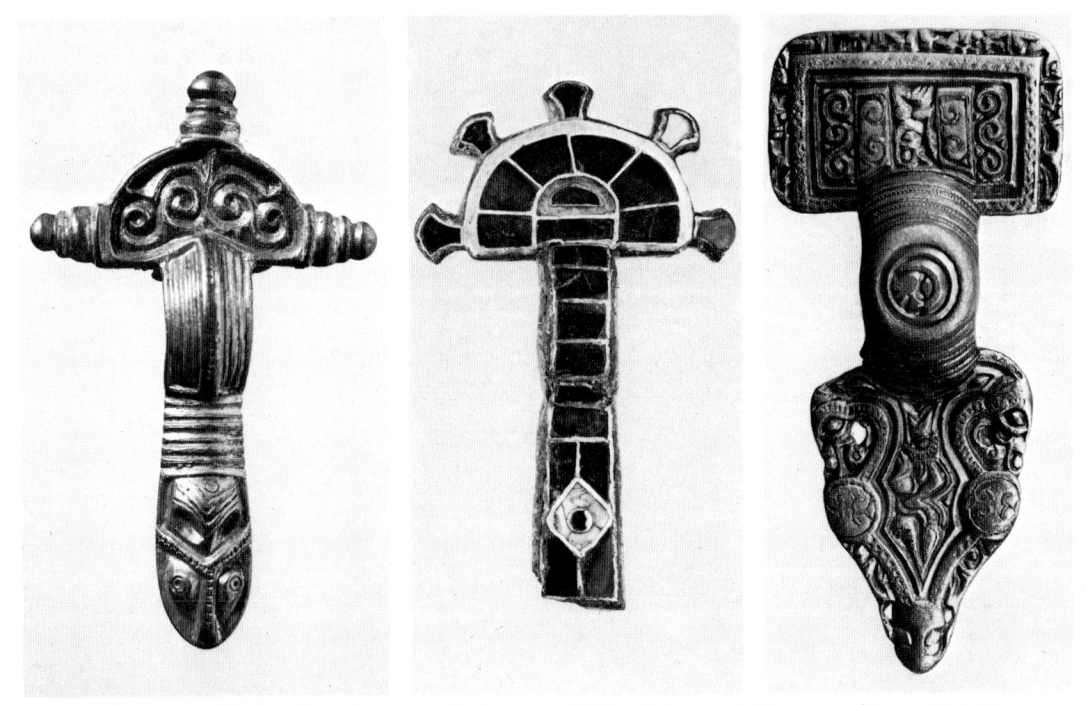

Abb. 493–495. Fibeln: Gotterbarmweg, Grab 10, und Kleinhüningen, Gräber 35 und 74; 1. H. 6. Jh., Maßstab etwa 1:1. HM. Text S. 733f.

im gotisch-hunnischen Bereich geprägten und später analog ergänzten Stammessplitters als besoldeter Schutztruppe gegen die Alamannen, das heißt vielleicht gegen andere Alamannen. Der im Lauf der 2. Hälfte des 5. Jhs. sich verstärkende, eventuell politisch und ethnisch begründete und im frühen 6. Jh. fränkisch gefärbte Gleichklang mit den seit 443 in der Sapaudia und wohl zugleich am Nordufer des Genfersees eingenisteten Burgundern scheint im fortschreitenden 6. Jh. überlagert worden zu sein von den alten Verbindungen zum seit Jahrhundertbeginn fränkischen, ehemals alamannischen und burgundischen Gebiet des Mittelrheins. Das offene Eingreifen der Franken mag also von den Augster und Basler «Romanen» als Triumph der eigenen Sache begrüßt worden sein und die Massierung der nachgerade schmarotzenden Schutztruppe am Rhein hinfällig gemacht haben.

Literatur: R. LAUR-BELART, Römer und Germanen in der Schweiz, in Congrès int. des sciences préhist. et protohist. 1950, Zürich 1953; M. MARTIN, Das Fortleben der spätrömisch-romanischen Bevölkerung von Kaiseraugst und Umgebung im Frühmittelalter auf Grund der Orts- und Flurnamen in FS R. Laur-Belart, Basel 1969; H. KUHN, H. JÄNICHEN und H. STEURER im Reallexikon der Germanischen Altertumskunde 1, 137; MOOSBRUGGER SM 2, 16, 19.

Seit 1932 wurde die Kenntnis der *frühmittelalterlichen Siedlung* – auch abgesehen von den an anderer Stelle behandelten oder zu behandelnden Kirchengebäuden – wesentlich vertieft, hauptsächlich dank der Grabung am *Petersberg* und deren Auswertung durch L. Berger. Die einst zur sogenannten unteren, durch Keramikfunde neuerdings ins 8. Jh. datierbaren Lederschicht gehörigen Bauwerke scheinen zugunsten der nachfolgenden Stabbauten des 11./12. Jhs. systematisch abgeräumt und zum Teil wiederverwendet worden

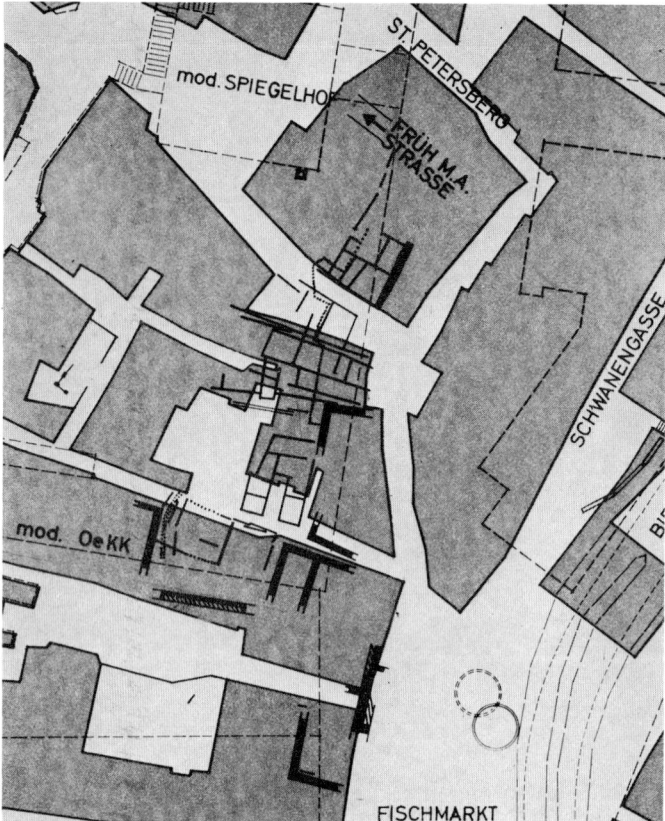

Abb. 496. Früh- und hochmittelalterliche Siedlung am Petersberg; 1:1000. Nach L. Berger (auf der Grundlage des Stadtplanes von A. L. Löffel, 1859). Text S. 753f.

zu sein. Ein mit sinnlos gewordenen Nuten und Löchern versehener Balken diente im 10. Jh. als Zuganker eines Turmfundamentes zu St. Peter und entspricht einem Haus-Schwellbalken der oberen Lederschicht. Die am Petersberg bis ins späte Mittelalter und damit in die Neuzeit mit Händen zu greifende, gewissermaßen elementare Kontinuität der Gebäudegrundrisse (und damit der sozialen Stellung der darin hausenden lederverarbeitenden Handwerker) verspricht viel für eine Forschung, die auf den Spuren von R. Kaufmann eine funktionelle und morphologische Analyse der überlieferten Bauzustände zu unternehmen wagt; sie legt zugleich dar, daß die eingehende Bearbeitung vom einzelnen Haus oder Gebäudekomplex auszugehen hat, also Sache der den Bürgerhäusern gewidmeten Kunstdenkmälerbände sein wird. Ein bezeichnendes Beispiel dazu liefert der 1932 genannte Fensterpfeiler (Abb. 35): Er stammt aus einer undefinierten Mauer, die sowohl mit einem Fundament der oberen Lederschicht wie mit einer als spätrömisch angesprochenen, jedoch schichtenmäßig nicht erfaßten Mauer einen rechten Winkel bildete; da aus zwei Stücken gefügt, stand der Pfosten wahrscheinlich in situ und könnte also eine absolute Datierung begründen (die gesporntre attische Basis und das über zwei Säulen gelegte Würfelkapitell dürften eher als lässige Varianten denn als frühmittelalterliche Vorstufen von Formen des späten 11. Jhs. aufzufassen sein).

Eine analoge Situation ist an einer rätselhaften Baugruppe abzulesen, die im südlichen Winkel zwischen *Nadelberg* und Roßhofgasse ausgegraben worden ist. Diese drei zwischen dem 8. und dem 12. Jh. entstandenen Rundbauten von etwa 3 bis 3,5 m Durchmesser scheinen sich zeitlich zu folgen: Wirken die dichtgereihten, einst vermutlich mit Ruten verflochtenen Pföstchen bei zweien wie nachträglich ummauert, so ist der steinerne Sockel beim dritten notwendiger Teil der Konstruktion. Etwas kleinere und lediglich mit Mörtel beworfene Rundbauten verwandter Art im Lindenhof zu Zürich sind denn auch stratigraphisch als «vorkarolingisch» eingestuft worden. Den bisherigen Deutungsversuchen sei ein überaus profaner beigefügt: Auf dem wahrscheinlich vom Basler Bischof Hatto um 820 veranlaßten St. Galler Klosterplan sind zwei stattliche Rundgebäude als Federviehställe bezeichnet. Insofern als die einzigen näheren Vergleichsbeispiele zu einer königlichen Pfalz und einem bedeutenden Kloster gehörten, die Baugruppe also den Rahmen einer Hausgeschichte sprengen könnte, mag sie hier zu Recht genannt sein. – Weitere, geringe Reste frühmittelalterlicher Zeit sind am Blumenrain, in der Sattelgasse und in der mittleren Freien Straße aufgespürt worden.

Eine erste grobe *Gesamtskizze* zeigt bei aller Zufälligkeit die Stadt im 8. Jh. (und vielleicht erst seit damals) weit ausgedehnt. Im Birsigtal reichen nun die Spuren von der Mündung an beiden Ufern aufwärts bis etwa zur halben Länge des Münsterhügels. Die spezialisierte Handwerkergruppe ist im einen bekannten Fall zu groß, um allein den Eigenbedarf der Stadt gedeckt haben zu können. Ihr Quartier erschließt planmäßig, doch ohne Zwang die offene Hangmulde am Petersberg und ist mit ihrem kleinteiligen Maßstab ganz auf den Stabbau und die Selbständigkeit der bescheidenen Häuser eingerichtet. Auf der beherrschenden Anhöhe des linken Talhanges scheint sich – beim bequemsten Aufstieg – ein feudaler Zug bemerkbar zu machen. Die Wahl des Ortes mag von ferne an die (einzig bekannte) Stelle intensiverer fränkischer Präsenz erinnert haben. Mit der einen Ausnahme der Befestigung erscheinen also die wesentlichen Linien der späteren Entwicklung vorgezeichnet.

Literatur: A. GANSSER, Die frühzeitliche Handwerkssiedlung am Petersberg in Basel, in ZAK 1940; KAUFMANN BEB I, 123; E. VOGT, Der Lindenhof in Zürich, Z. 1948, 64; BN 1957 Nr. 398, NZ Nr. 231; E. POESCHEL in Kdm. SG III, 25; L. BERGER, Die Ausgrabungen am Petersberg, Ein Beitrag zur Frühgeschichte Basels, B. 1963 (zit. als PB, besprochen von W. HÜBNER in Zs. f. Geschichte des Oberrheins 1964, 255, W. SCHLEIERMACHER in Hist. Zs. 201, 459, H. HINZ in Bonner Jb. 1964, 572; R. PATEMANN in ZAK 1965/66); R. MOOSBRUGGER in BZ 1964, S. XXIV, XXXI; R. PATEMANN, Die Stadtentwicklung von Basel bis zum Ende des 13. Jhs., in Zs. f. Gesch. des Oberrheins 1964, 43; F. MAURER in Kdm. Basel-Stadt V, 27, 28, 201; BERGER AB, 24.

Zum *Sarkophag des Bischofs Rudolf* vgl. Moosbrugger SM 1, 39, und Kdm. Basel-Stadt VI (Münster, in Vorbereitung). 53

Abb. 497. Rundbauten an Nadelberg/ Roßhofgasse; 1:100. Nach R. Moosbrugger/W. Geiger. Text nebenan.
Auf dem gleichen Areal entdeckte 1971 die Basler Bodenforschung zwei gemauerte Rundkeller mit Einstiegen in der Form eines Flaschenhalses (Eiskeller?).

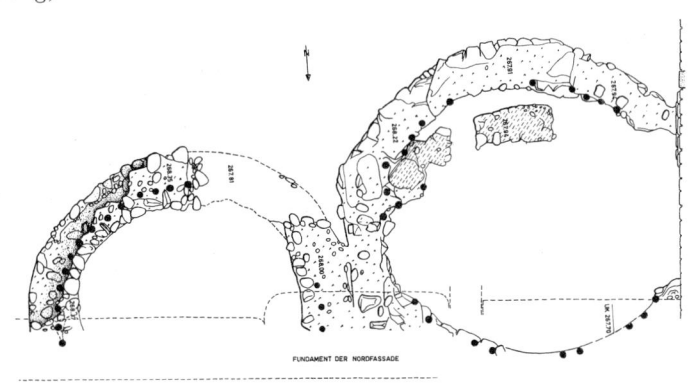

738   NACHTRÄGE 1971

55 Es haben sich keine neuen Argumente dafür ergeben, das *Kreuzigungsrelief des Bischofs Landelous* stamme aus Basel. Die Datierung auf das eine Jahr 961 einzuengen, in dem Landelous genannt ist, mißachtet den von der Bischofsliste gewährten Spielraum von mehr als einem halben Jahrhundert (948–999). Die beiden im einzelnen verwandten, zu *Weih-*
59 *wasserbecken umgearbeiteten Kapitelle* sprechen für eine relativ späte Entstehung, sind sie doch nach neuerer Ansicht zu Beginn des 11. Jhs. gemeißelt worden. Freilich ist bei den Kapitellen das Prinzip der organischen Schichtung und des atmosphärischen Hintergrundes, auch alles Mollige und Unscharfe getilgt zugunsten klarer Verhältnisse in Körper und Linie und nahezu abstrakt-architektonischer Gesamtform.

Literatur: H. FOCILLON, L'art des sculpteurs romans, Paris 1931, 53; GANTNER KS 1, 97; R. KAUFMANN in Basler Njbl. 1940, 20; L. GRODECKI in Bulletin monumental 1950, 28; REINLE KS 1, 210; F. MAURER, Romanische Kapitellplastik in der Schweiz, Bern 1971, 11, 13.

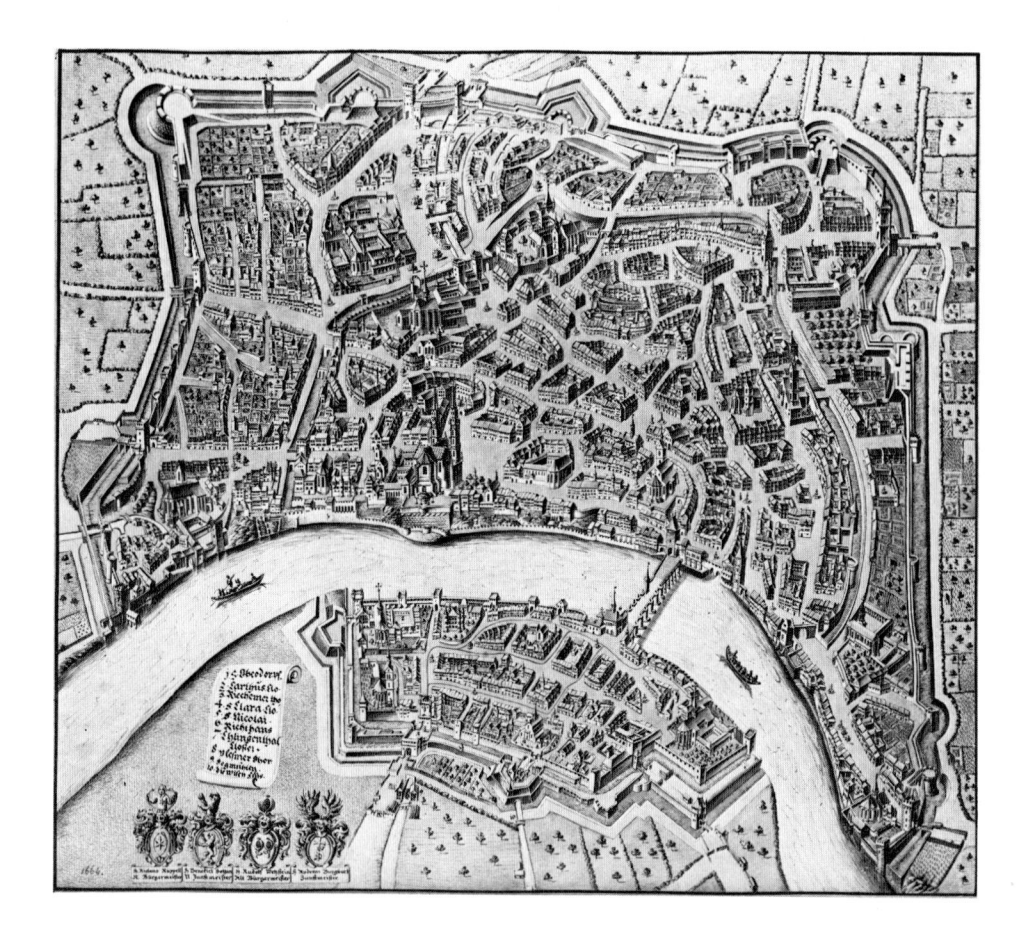

Abb. 498. Basel aus der Vogelschau von Norden; Scheibenriß um 1664. StAB. Text S. 740 und 761.

ZUR GESCHICHTE UND ZUM BILD DER STADT BASEL

Literatur zu den Münzen und Medaillen des Mittelalters und der Neuzeit: F. WIELANDT, Die Monetarmünzen der oberrheinischen Merowingermünzstätten, in Deutsch. Jb. f. Numismatik 1939, 70; J. HOLLER, Ein Fund mittelalterlicher Goldmünzen aus Britzingen, in Schauinsland 1938/39; W. CESANA, Basler Brakteaten, in Basler Jb. 1941, 44; C. W. SCHERER, Brakteatenfund auf dem früheren jüdischen Friedhof zu Basel, in Schw. Numism. Rundschau 1941; H. REINHARDT, Eine Neuerwerbung des Historischen Museums, in BN 1945 Nr. 488; E. WIELANDT, Der Breisgauer Pfennig und seine Münzstätten, Numismatische Studien 2, Hamburg 1951; TH. VOLTZ, Denare des Basler Bischofs Theoderich (1041–1055), in SMB 1954; Ein Fund von Pfenningen des Basler Bischofs Beringer, in SMB 1953; Denare des Basler Bischofs Burkard von Fenis, in SMB 1953/54; Denare des Bischofs Adalbero (999–1025), in SMB 1954/55; F. WIELANDT, Ein kleiner Fund früher Basler Dünnpfennige aus Istein, in SMB 1957; R. LAUR-BELART, Münzfunde auf dem Storchenareal, in BN 1957 Nrn. 156, 209; E. CAHN, Der Münzfund vom «Storchenareal», Jber. HM 1957, B. 1918; H. REINHARDT in Ciba-Blätter 1959 Nr. 160; C. BERNOULLI, Reichsstadt- und Residenz-Städtebilder auf Münzen und Medaillen, in FS J. Burckhardt, München 1961, 43; E. B. CAHN, Der Brakteatenfund vom Schönen Haus in Basel, Jber. HM 1966; MOOSBRUGGER SM 2, 32.

Seit 1939 entstand eine dritte, stets wachsende Sammlung von Basler *Stadtansichten* und Modellen, überwiegend mit Werken des 19. und des 20. Jhs. im neugeschaffenen Stadt- und Münstermuseum.

Weshalb die Holzschnittkopie des *alten Stadtbildes* (zum Beispiel HM 1957, 34, koloriert, Schriftband beschnitten) am reinsten das verschollene einstige Original überliefert und weshalb dieses im 2. Viertel des 14. Jhs. geschaffen worden sein dürfte, wird in Kdm. Basel-Stadt VI (Münster) zu zeigen sein.

Zu den *Stadtansichten in illustrierten Druckwerken*: H. REINHARDT, Eine unbekannte Basler Stadtansicht vom Jahre 1518, in BZ 1936, 355; R. BERNOULLI, Eine Folge von schweizerischen Stadtansichten, Heinrich Vogtherr d. Ä. zugeschrieben, in ZAK 1944.

Von den neugefundenen oder -bewerteten *Stadtbildern des 17. Jhs.* sind hervorzuheben:

1. Eine lavierte Federzeichnung der *St.-Johann-Vorstadt vom Rhein her* erfaßt vor allem – locker und schwungvoll hingeworfen – die duftige Stimmung, das heißt den Gegensatz von Häusermasse und Weite. Skizzenbuch in der Herzog-August-Bibliothek zu Wolfenbüttel, mit weiteren Bildern vom Oberrhein und römischen Veduten.

2. Ein Ölgemälde mit der *Stadtsilhouette vom Bruderholz her* (115 × 59 cm), das vom Ehegerichtssaal im Rathaus (vgl. S. 761) ins Staatsarchiv gelangte und jetzt im Kunstmuseum deponiert ist, könnte von der Hand MATTHÄUS MERIANS d. Ä. stammen, vorausgesetzt, es handle sich um ein Frühwerk aus der Zeit vor 1615: Die Kuben sind wenig herausgearbeitet, es sind keine Diagonalen eingesetzt, die Vordergrundsgestalten – ein Paar und der (?) Maler – sind einfach gereiht. – 3. Zum Merianschen Stich der *St.-Johann-Vorstadt vom Klingelberg* herab fand sich die bis in Einzelheiten entsprechende Vorzeichnung im Kupferstichkabinett der Württembergischen Staatsgalerien, Inv. Nr. 280. Sie entstand – da der Ravelin von St. Johann noch fehlt – vor 1623 und erschien als Kupfer in Novae regionum aliquot Amaenissimarum Delineationes als Nr. 9 im Jahr 1625. – 4. Mehrfach läßt Merian in seine *Historienbilder*, die Basel betreffen, die damalige Wirklichkeit einfließen; so empfängt Rudolf von Habsburg die Nachricht von seiner Königswahl vor den Mauern der rheinaufwärts gesehenen Stadt oder ragen über der Schlacht von St. Jakob in freierer Anordnung die Türme Basels. In Johann Ludwig Gottfried, Historischer Chronicken Sechster und Römischer Monarchey dritter Theil, Frankfurt 1632, 183 und 333. – 5. Die

121   Federzeichnung der *Großbasler Ufersilhouette* dürfte aus stilistischen und topographischen Gründen (ohne die 1622 aufgeschüttete Schanze bei St. Alban) um 1615 entworfen und von einem Späteren mit der Feder übergangen worden sein.

        6. Ein Blatt in der Art des WENZEL HOLLAR schildert – etwas aufgeputzt – die Stadt, wie sie sich von *Nordosten* um 1625 darbot. In der Albertina zu Wien, Inv. Nr. 3457.

499   7. Knapp vor der Mitte des 17. Jhs. schuf JOHANN JACOB ARHARDT eine *Folge Baslerischer Stadtansichten*, groß gesehene Federzeichnungen von festem gleichmäßigem Strich.

500   1647 ist «Basel, wie selbiges bey St. Margrethen anzusehen» entstanden (eine weitere Südansicht der Stadt soll verschollen sein), im gleichen Jahr hielt Arhardt den Blick auf das Obere Kleinbasel fest, etwa vom Rheinsprung her. 1648 schließlich folgte der «Prospect zu Basel vor der Iohannes Porten», vom Annentor in Kleinbasel bis zur Johanniterkapelle. 1956 in Privatbesitz zu New York.

498   8. Eine lavierte Federzeichnung von etwa 1664 modelt anscheinend das in der Topographie erschienene Meriansche Vogelschaubild der von Norden gesehenen Stadt (1642) für die Bedürfnisse eines (erhaltenen) Glasgemäldes um. StAB Bildslg. 1, 866; vgl. S. 761.

    Literatur: C. H. BAER in Kdm. Basel-Stadt III, 7; A. BOVY, La peinture suisse de 1600 à 1900, Basel 1948, 17; H. LANZ, in Die Tat 1950 Nr. 162; A. R. WEBER, Wenig bekannte Basler Ansichten aus dem 17. Jh., Arbeiten des Elsässers J. J. Arhardt (1613–1674), in Basler Staatskalender 1956; E. F. TREU, Basel, Ansichten aus alter Zeit (Honnef 1957); F. THÖNE, Ein deutsch-römisches Skizzenbuch von 1609–1611, Berlin 1960; L. H. WÜTHRICH, Die Handzeichnungen des Matthaeus Merian d. Ä., Basel 1963, 32, 36, 61; A. R. WEBER, Matthaeus Merian d. Ä., Vogelschauplan der Stadt Basel von Nordosten, Basel 1964; L. H. WÜTHRICH, Das druckgraphische Werk von Matthaeus Merian d. Ä. 1, Basel 1966.

    Literatur zum Stadtbild des 18. und 19. Jhs.: R. KAUFMANN, Das Stadtbild nach den ältesten Photographien seit 1860, Basel 1936; A. HAGENBACH, Basel im Bilde seiner Maler, Basel 1939; C. A. MÜLLER, J. J. Schneider, Jber. FBDP 1958–1960, Basel 1962; Emanuel Büchel, Bäckermeister und Zeichner, in Die Zunft zu Brotbecken in Basel, herausgegeben v. A. Bruckner, Basel 1956; E. A. MEIER, Johann Friedrich Mähly und sein Vogelschauplan der Stadt Basel, Jber. StAB 1967, 21; Das verschwundene Basel, Basel 1968; E. BACHMANN, Die Basler Stadtvermessung, Basel 1969; E. MURBACH, Basel vor hundert Jahren, 12 Faksimile-Reproduktionen nach Aquarellen von J. J. Schneider, Basel o. J.

ZU DEN STÄDTISCHEN BEFESTIGUNGEN

221   *Reste mittelalterlicher Befestigung im inneren Mauerring* Großbasels sind bis heute keine mit Sicherheit archäologisch nachzuweisen. Von den vielleicht vier Gräben des Münsterhügels ist nur jener längs der Bäumleingasse mit höherer Wahrscheinlichkeit in spätrömischer Zeit zumindest teilweise aufgegeben worden. Für alle anderen und vielleicht auch Teile des bis in die Neuzeit offenen inneren Ring-Grabens ist die Möglichkeit früh- und hochmittelalterlicher Entstehung oder Wiederverwendung nicht außer acht zu lassen; sie können auch wie im quellenmäßig belegten Fall der «Domfreiheit», die im wesentlichen den Münsterplatz und die umgebenden Häuser einschloß, bestimmte Bezirke eigenen Rechts oder besonderer Herrschaft ausgeschieden, vielleicht auch locker angegliedert haben, bis zu den Extremen des hier außer Betracht fallenden Geschlechterturms und des weit rheinaufwärts gelegenen, mit einem jüngstens frühkarolingischen Gotteshaus verbundenen «suburbium Basiliensis civitatis supra ripam Reni» bei St. Alban. Auch die den Ballungszentren nahe, betont regelhafte Quartieranlage rings um die einstige Andreaskapelle – dunklen Ursprungs – kann ganz ähnlich zu verstehen sein. Komplexer liegen die

Abb. 499 und 500. Basel von St. Margrethen und rheinaufwärts, 1647 und 1648 von J. J. Arhardt. Privatbesitz. Text nebenan.

Verhältnisse im Falle der wahrscheinlich im 9. Jh. entstandenen Peterskirche. Ihre Lage am Rande des Westplateaus hat fortifikatorische Aspekte, und zu ihren Füßen scheint eine vielleicht frühromanische Mauer im einstigen Kellergäßlein, die sich nicht zu einem Haus ergänzen lassen will, zur Talsohle hinabgestiegen zu sein.

Noch näher an den scheinbar so einheitlichen *inneren Befestigungsgürtel* rückt die burgähnliche Anlage bei St. Leonhard mit ihrem seit jeher beachteten massiven Rechteckturm am Kohlenberg und dem völlig verballhornten schlankeren Rechteckturm beim Chor der Kirche. Sie ist durch die systematische Grabung R. Moosbruggers in der Leonhardskirche ergänzt worden: Parallel zur sichtbaren Mauer am Kohlenberg fanden sich in einem Abstand von durchschnittlich 6,9 m die Reste einer tiefgegründeten 1,15 m dicken Befestigungsmauer älterer Zeit (aus grobgebrochenen Kalksteinen und Füllkieseln). Auf ihr stehen offensichtlich die östlichen Fundamente der Friedhofhalle und eingebaute Mauern des Lohnhofes, die bis an den schweren Rechteckturm heranführen. Rechnet man anstoßende Parzellengrenzen gleicher Flucht hinzu, so ergibt sich eine Strecke von rund 106 m. Das Verhältnis zur romanischen Leonhardskirche, die wohl noch vor 1082 konzipiert worden ist, ließ sich schichtenmäßig nicht festlegen. Die jüngere Befestigungsmauer dürfte spätestens in der 2. Hälfte des 14. Jhs. vorgeblendet worden sein, der von ihr getragenen Westmauer der erweiterten Leonhardskirche zufolge (die Mauertechnik ihrer Sockelpartie wirkt aber wesentlich älter). Ob nun die innere Wehrmauer zu einer Burg gehört hat (der laut später Quelle 1135 dem neu gegründeten oder erneuerten Kloster St. Leonhard geschenkten Burg Wildegg?) oder von Anfang an greifbar Teil eines Stadtmauerrings spätestens des ausgehenden 12. Jhs. gewesen ist, sie warnt jedenfalls davor, den inneren Mauerring der Stadt ohne weiteres als homogen zu betrachten. Genau besehen, ist außer den mit Buckelquadern überlieferten, wohl spätromanischen Mauertürmen des Birsigtals und den drei genauer bekannten Tortürmen kein Teil stilistisch zuverlässig zu erfassen. Die recht unterschiedlichen Formen deuten im Gegenteil auf eine bewegte Baugeschichte. – Die kargen Reste des inneren Mauerkranzes sind in neuester Zeit weiter verringert worden: 1956 fiel der eine der beiden Rundtürme am Petersgraben (Nr. 35, an seinen Grundriß erinnert eine Vorgartenmauer). An den Einmündungen des Spalenberges, der Roßhof- und der Herbergsgasse ist die Mauer archäologisch nachgewiesen worden.

Literatur: Kaufmann BEB 1, 23; C. A. Müller in BN 1951 Nr. 76; Die Stadtbefestigung von Basel ... in ihrer geschichtlichen Entwicklung, in Basler Njbl. 1955; in BN 1956 Nr. 327; Berger PB, 11; F. Maurer in Kdm. Basel-Stadt IV, 264, und V, 28, 201; R. Moosbrugger in BZ 1965, S. XXI; 1968, 12; 1969, 343; 1970, 244.

501 *Reste der einstigen Vorstadtmauern.* Ein Mauerwinkel in St.-Johann-Vorstadt 6/8 könnte zur einstigen Vorstadt «ze crüze» zu rechnen sein. An einem Teilstück einer Vorstadtbefestigung zwischen dem inneren Mauergürtel und St. Alban ließ sich auf einer Länge von 40 m in St.-Alban-Vorstadt 36 ein älterer, steilwandiger Graben von mindestens 10 m Breite und 5 m Tiefe und flach muldenförmiger Sohle ablesen, den die späteren Ablagerungen ins 12. Jh. zu verweisen scheinen. Noch vor der Mitte des 13. Jhs. wurde die innere Wand mit einer Mauer und Schalentürmen von nahezu regelmäßigem Halbkreis-Grundriß (Durchmesser 5,2 m) verstärkt. Die typologisch vergleichbaren Türme des inneren Rings am Petersgraben sind kleiner und kräftig gestelzt.

Literatur: Kaufmann BEB 2, 28; W. Meyer in BZ 1961, 145; L. Berger in BZ 1962, S. XXVIII; M. Martin und R. Moosbrugger in BZ 1966.

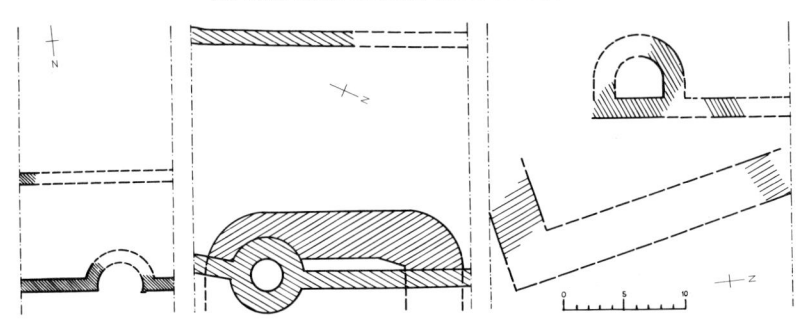

Abb. 501–503. Wehrtürme: Alban-Vorstadt, Bollwerke Wag-den-Hals und St. Johann; 1:500. Nach
W. Meyer, R. Moosbrugger/W. Geiger. Text unten und nebenan.

Die Reste der äußeren Stadtmauer sind seit 1932 mehrfach angeschnitten worden, vor allem am Petersplatz und beim St. Johannstor. Bei St. Alban ist das Mauerwerk weiterhin freigelegt und teilweise instand gestellt worden. 1971 kam ein Wandstück des im Grundriß quadratischen, etwas abgewinkelten Rheinturms zum Vorschein (Ecken aus Bossenquadern, Wandfläche einst verputzt, wohl in jener dem verwendeten Degerfelder Haustein in Struktur und Farbe angenäherten Weise, die neuerdings am Albantor unter dem zerfallenden Verputz des 19. Jhs. zu beobachten ist). Es ließ sich auch der Grundriß der beiden seit 1548 im Bollwerk «Wag-den-Hals» und seit 1554 im «pollwerk by St. Johannsen» (bei der Einmündung der Kohlenberggasse in den Steinengraben und bei Johanniterstraße 11) aufgegangenen Türme des 14. Jhs. ermitteln: ersterer ein hälftig in die geknickte Mauer gesetztes Rund (6,2 m Durchmesser, 1,75 m Mauerstärke), letzterer ein gestelztes und bündig in die Mauer eingelassenes Halbrund (mit einer Basis von 7 m und einer Mauerdicke von 1,6 m). Verkörpert der Rundturm einen in Basel bisher unbekannten Typus, so berührt der andere, recht genau den bei St. Alban erhaltenen Türmen entsprechende Turm insofern merkwürdig, als er auf die markante Mauerecke, an der er steht, nicht eingeht. War ursprünglich geplant, die Richtung des ersten, 71 m langen Mauerabschnittes zwischen diesem Turm und dem St. Johanntor in ähnlich großzügiger Weise wie am Süd- und Ostabschnitt des äußeren Mauerrings fortzusetzen? Mit einem Knick von etwa 4 Grad hätte diese gestreckte, genau die Südachse einhaltende Wehrmauer in fünffacher Entfernung das Spalentor getroffen.

Literatur: R. RIGGENBACH in Jber. ÖBD 1939 und 1940; L. BERGER in BZ 1962, S. XXX; R. MOOSBRUGGER in BZ 1965, XII, 1967, S. XXVIII (mit M. MARTIN), 1969, 343 und 1971.

Reste der Rheinmauer auf der Großbasler Seite. Zu Füßen des kleinen Münsterkreuzganges hat die Bodenforschung neben und unter angehäuftem Schutt und massiven, abgestürzten Trümmern zur Hauptsache spätgotischer Zeit eine Wehr- oder Stützmauer freigelegt (1, 9 m stark fundiert); sie ist von der Ostecke der Pfalz knapp 30 m rheinaufwärts und danach offenbar – Degerfelderblöcke lösen die nur inwendig erhaltenen schalenden Kalkbruchsteine ab – hangwärts zu verfolgen. Nachträglich eingesetzt ein Türmchen des 14., allenfalls frühen 15. Jhs. (Pfostenfragment). Die Mauertechnik erinnert an die Apsis der romanischen Peterskirche (spätes 11. Jh.; Genaueres, auch zur Baugeschichte der Pfalz, in Kdm. Basel-Stadt VI). – Die sich neben der genannten Mauer und zu Füßen der Pfalz hinziehende, zum Teil mit Quadern geflickte und einst bezinnte Bruchsteinmauer ist 1966 um einige Quaderlagen erhöht und mit Sandsteinplatten abgedeckt worden. An der Rheinmauer zwischen Pfalz und Wettsteinbrücke die Daten 1735, 1790, 1809.

Abb. 504–510. Steinmetzzeichen: Albanschwibbogen (504, nach K. Stehlin), «Brückenkopf» Kleinbasel (506–508), St. Johann-Tor (509) und Steinenschanze (510). Text S. 740 und unten.

230
510
502

1967 sind die beiden letzten *Schanzen* bis auf Teile der Steinenschanze abgetragen worden. Das bei dieser Gelegenheit aufgesprengte Bollwerk «Dorn-im-Aug» ist in der Folge wieder zusammengefügt und unter der Aufsicht der Denkmalpflege ergänzt worden.

Literatur: R. Moosbrugger in BZ 1966, S. XII; M. Martin in BZ 1967, S. XXVII; Akten der Basler Denkmalpflege.

232

506–
508

Die Anfänge der *Kleinbasler Mauer* rücken durch die in Rheingasse 4 entdeckten Überreste einer massiven Mauer von etwa 15,5 m Länge in ein helleres Licht. Die Steinmetzzeichen der Buckelquader kehren an Teilen des spätromanischen Münsters wieder, die den beiden letzten Jahrzehnten des 12. Jhs. angehören. Wie auch das 1255 zum Sockel der Niklauskapelle gewordene Fragment zu ergänzen ist, es bieten sich zwei Deutungen an: Als Wehrbau hütete das einstige Ganze entweder den Brückenkopf (der in diesem Fall eine Generation vor dem Datum «etwa 1225» entstanden wäre, das die Quellen nahelegen) oder aber eine Schifflände (für Fähren, die beim Lindenturm, einem mächtigen, mit Kapelle und Brunnen versehenen Torturm bei St. Alban, ablegten? Eine Analogie könnte der Kleinbasler Pulverturm bei der Kartause, das heißt beim einstigen Kleinbasler Bischofshof, dargestellt haben: Ähnlich wie der Lindenturm geformt und gleichfalls mächtiger als seine Nachbarn, mag er mit dem Salzturm an der Großbasler Schifflände unterhalb der Mittleren Brücke ein Paar gebildet haben). – An der einstigen Ecke der Stadtmauer beim Kleinen Klingental ließ sich ein vor 1274 errichteter Rechteckturm und eine längere Strecke der Rheinmauer nachweisen; die Ecken sind mit (zeichenlosen) Buckelquadern bewehrt, ebenso der spitze Bogen eines 1278 genannten Tors. – 1970/71 ist der in die einstige Kartause einbezogene Eckturm neu verputzt worden.

Literatur: C. H. Baer in Kdm. Basel-Stadt III, 360; F. Maurer in Kdm. Basel-Stadt IV, 73 und V, 332; R. Moosbrugger in BZ 1971; Akten der Denkmalpflege.

237

511–
533

534

Die *Baugeschichte* des 1931–1933 von Isidor Pellegrini unter der Ägide W. R. Staehelins und C. Roths gründlich wiederhergestellten *Spalentors* ist dank der archäologischen Beobachtung der Gelenkstellen und der von A. Peter aufgenommenen Steinmetzzeichen zu klären. Bis unters Dach bilden Mittelturm und Flankentürme eine Einheit. Am Laufgang des Vortors und am Gesims des Hauptdaches belegten einst die Jahrzahl 1541 und Steinmetzzeichen, dabei vermutlich jenes des Stadtwerkmeisters Hans Harpolt, kleinere Flickarbeiten. Eine gewisse Anzahl von meist auf rauhen Quaderbuckeln angebrachten Zeichen wirkt romanisch; diese Marken verkörpern entweder eine altertümliche Tradition oder sind – naheliegender – wiederverwendet (stammen etwa von einer durch die neue Ringmauer ersetzten Vorstadtbefestigung). Einen Terminus-ante-quem geben die zur Zeit der Baumeister Hüglin von Laufen und Walter Wissenhorn vorgenommenen Vergoldungen: Die Baumeister amteten nur 1388/1399 bis 1401/1402 zusammen (A. Kaufmann-Hagenbach) und längst beobachtete Spuren einer teils gemalten, teils in anderem Material gefertigten und mit Dübeln (?) befestigten «Aura», die bildlich als Strahlenkranz überliefert ist (Abb. 166), zeichnen sich noch heute rings um die Madonna als hellere (gelbe?) Zone ab; ihretwegen ist auch der Konsolstein der Madonna nicht bündig in die Wand eingelassen. Die vor allem mit stilistischen Argumenten von A. Kaufmann-

Hagenbach verfochtene und somit bekräftigte Vordatierung in die Zeit der Jahrhundertwende gilt allein für die drei nachgewiesenermaßen später angebrachten *Statuen*. Flechten diese in die parlerische Tradition mittelrheinische Anregungen ein, so erinnert der schon von F. Gysin als stilistisch älter charakterisierte *Engel des Torgewölbes* derart an die Handschrift und Zeitstufe gewisser meisterlicher Skulpturen des 1381 erneuerten Münsterlettners, daß spätestens die ersten Jahre der offiziell für den eigentlichen Mauerbau benötigten Zeitspanne «1386-1398» für ihn und damit den Baubeginn des Turms in Frage kommen dürften. Der Engel bildet einen Höhepunkt der von parlerischen Einflüssen geprägten Stilphase der Basler Skulptur: Noch klingt die aus der asymmetrischen Form des Basler Stabs entwickelte grandiose Gebärde spontan und volltönend mit dem einfassenden Rund zusammen und ist das Lächeln in Mundwinkeln und Augen frisch. – Ist nun das an der oberen Torbalustrade bildlich überlieferte Datum «1398» wahrscheinlich auf den hinzugefügten Statuenschmuck, den man gleichsam als Schlußakkord aufgefaßt haben mag, zu beziehen, so bleiben für den Anfang manche Fragen offen. Betraf die um 1365-1369 kulminierende erste Kampagne des Befestigungsbaues überwiegend die Gräben oder einen bestimmten Abschnitt? Galt die laut Angaben 1381/82 anhebende Schlußphase vor allem den Mauern und Toren? Am zuversichtlichsten darf man die weitaus höchsten Aufwendungen der Jahre 1386-1388 für das teuerste Glied der Kette, das Spalentor, in Anspruch nehmen. – Seit 1594 spätestens scheint das Spalentor auch *Glocken* getragen zu haben: 1. Durchmesser 87,5 cm; als einziger Schmuck das Schriftband SEBALT HOFMAN ZV BASELL GOS MICH 1594 AVS DEM FEVR FLOS ICH; 2. und 3., Durchmesser 44 und 59 cm; Palmetten, Girlanden, Basler Stab und die Umschrift: GEGOSSEN VON I I SCHNEGG BASEL 1869 STADTGEMEINDE BASEL.

268

Literatur: StAB Privatarchiv 88 H 2a; Akten der Denkmalpflege; A. BAUR in Heimatschutz 1932; R. RIGGENBACH in NZ 1932 Nr. 456; C. ROTH in Basler Jb. 1933; A. KAUFMANN-HAGENBACH BP, 10, 14; R. RIGGENBACH in BN 1952 Nr. 60; NZ Nr. 67, BN 1953 Nr. 25; I. GEISSLER, Oberrheinische Plastik um 1400, Berlin 1957; F. MAURER in Kdm. Basel-Stadt V, 84, 181.

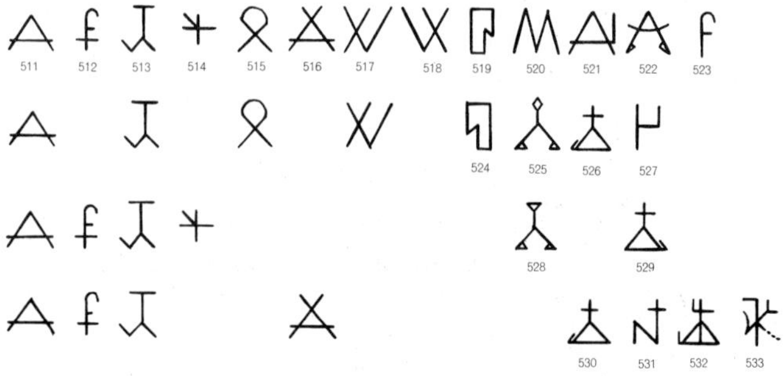

Abb. 511–534. Steinmetzzeichen des Spalentors; am Hauptturm lokalisiert. Nach den Geschoßen aufgeteilt: Erdgeschoß, 1. Stock, 2. Stock, 3./4. Stock. Text nebenan.

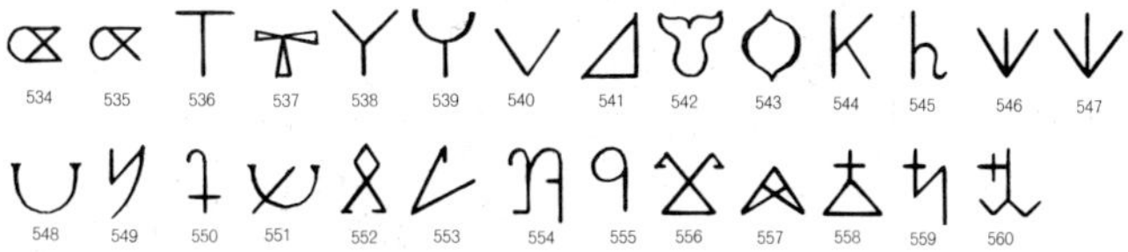

Abb. 534–560. Steinmetzzeichen des Spalentors, Hauptturm. Nach A. Peter.

Abb. 561–573. Steinmetzzeichen des Spalentors, Vorwerk. Nach A. Peter. Text S. 746.

51 – Kunstdenkmäler, Basel-Stadt 1

279

561–
573

Das *Vortor*. C. H. Baer und A. Kaufmann-Hagenbach beziehen in das Werk des JAKOB SARBACH († 1492) das Wappenrelief des Antonius Lyasse de Torre Pini aus dem Kleinbasler Antönierhof ein (1462?). Von Sarbach stammt außerdem ein Sakramentshäuschen aus Hochwald und das Grabmal der Adelheid Bidermann zu St. Peter (1471).

Literatur: ROTT, 129; C. H. BAER in Kdm. Basel-Stadt III, 160; KAUFMANN-HAGENBACH BP, 25; G. LOERTSCHER in Kdm. Solothurn III, 303; F. MAURER in Kdm. Basel-Stadt V, 181.

ZU DEN STRASSEN, PLÄTZEN UND DER RHEINBRÜCKE

315

Mittlere Rheinbrücke. Von der Pfeilerhalle im Untergeschoß des Kleinbasler Richthauses führten eine Pforte und ein tonnengewölbter Gang von etwa 4 m Breite unter dem Ufermassiv der Rheinbrücke hindurch. Über dem unteren Ausgang sah K. Stehlin 1904 ein umranktes Oval mit dem Basler Stab und der Jahrzahl 163(?)4; 1624 wäre etwas wahrscheinlicher, begann man doch damals an der Rheinbrücke ein «werck», vermutlich unter der Leitung von BALTHASAR GESSLER, dem damaligen Steinwerkmeister der Stadt. – Zur benachbarten spätromanischen Wehranlage, die den Zeitpunkt des ersten Brückenbaus berühren könnte, vgl. S. 744. – A. Kaufmann-Hagenbach betrachtet die Skulpturen der Brückenkapelle als formverwandt mit Lettnerkonsolen zu St. Alban, einer Fensterkonsole des Zerkindenhofs und – R. Riggenbach folgend – dem Sakramentshäuschen in Iglingen.

Quellen und Literatur: Strübinsche Chronik, in BZ 1893, 124; StAB Privatarchiv 88 H 2a zum 12. September 1904. W. KIEFER in BN 1934 Nr. 1; R. RIGGENBACH in Jber. ÖBD 1946, 45; KAUFMANN-HAGENBACH BP, 25.

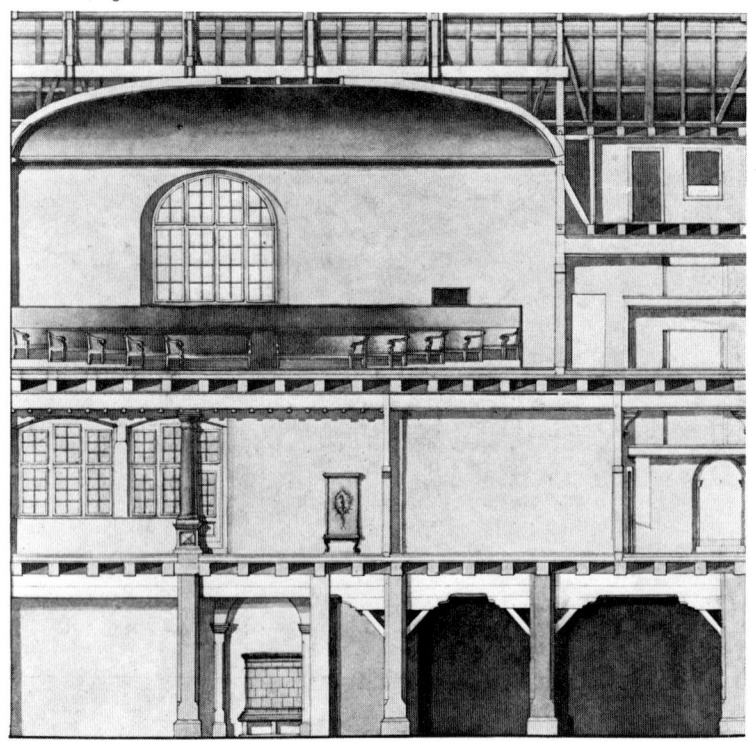

Abb. 574. Schnitt durch das eh. Hintere Rathaus, 1824 von J. H. Scherb. StAB. Text S. 747f., 761.

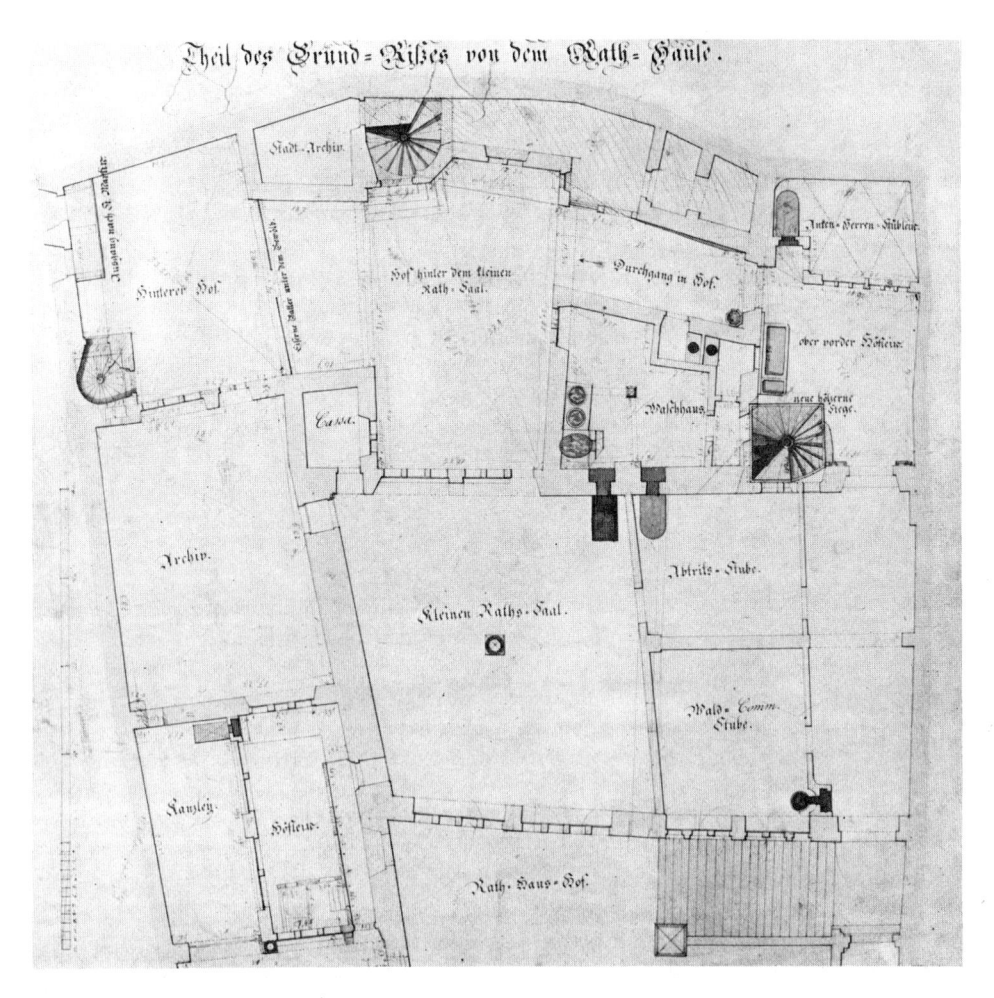

Abb. 575. Grundriß des eh. Hinteren Rathauses im 1. Stock, wohl von J. H. Scherb, 1817. StAB. Text unten.

ZUM RATHAUS

Zur Baugeschichte des Rathauses im 13., 14. und im 15. Jh. Gemäß neu verstandenen Urkunden dürfte jenes Haus «*zum Riesen*», das 1259/1260 neben dem Richthaus stand, am Kornmarkt dem jetzigen Rathaus talwärts schräg gegenüber zu suchen sein, dort wo eine Brücke über den Birsig führte. – Die Rückwand des 1359 erworbenen und wahrscheinlich veränderten Hauses «*zum Waldenburg*» blieb den Plänen zufolge wahrscheinlich bis ins 16. Jh. und inwendig als Pilaster an der südlichen Giebelwand bis zum Abbruch im späten 19. Jh. aufrecht. Das bereits 1354 als Richthaus benützte nördliche Nachbarhaus «*zum Angen*» scheint im wesentlichen bis zuletzt noch weniger verändert worden zu sein. Die geknickte Rückmauer dieser zum *Hinteren Rathaus* zusammengefaßten Häuser erklärt die schiefe Richtung der 1431 rechtwinklig an das einstige Haus «zum Waldenburg» ange-

343

576

setzten «*oberen*» oder «*hinteren*» *Ratstube*. Die verschiedenen Hausbreiten erlaubten es Meister HANS VON STRASSBURG immerhin, etwa gleich breite Hinterhöfe auszuscheiden und die Mittelachse seines Anbaues auf das Hauptportal des Hinteren Rathauses einzupendeln. Die in dessen etwas bauchiger Fassade überlieferten ältesten Fensterfragmente lassen sich zu einer vollständigen Reihe von zu zweit gekuppelten Fensterpaaren ergänzen; mangels Einzelheiten sind sie nur ungenau zu datieren. Eine größere Zahl von Quadern etwa der 2. Hälfte des 14. Jhs., im 19. Jh. unter die Hofarkaden gesetzt, stammt am ehesten von der Treppe an der Fassade des Hinterhauses und gibt somit einen vagen Fingerzeig für die Schwerpunkte der Baugeschichte. Die in den Quellen mehrfach erwähnten Statuen – Maria und Christophorus sind genannt – schmückten im 16. Jh. das Hintere Rathaus, und zwar vermutlich die südliche Hälfte des 1. Stockes, da nur dort gebaut wurde, als deren Bezündung aussetzte; von einer Kapelle ist nie die Rede. – Die Nachricht von einer neuen *gewölbten Stube* im Jahr *1462* betrifft der Zahl der Fenster zufolge ein kleines Gebäude an der Bergwand des südlichen Hinterhofes. – Der Bautätigkeit des Jahres 1482/83 im nördlichen Hinterhof läßt sich das um 1900 versetzte Portal im heutigen Treppenhaus anhand von Plänen als Eingang der Wendeltreppe zuweisen.

Literatur: W. D. WACKERNAGEL, Wo stand das älteste Basler Rathaus?, in BZ 1959.

344

574

346

Die Bautätigkeit des frühen 16. Jhs. im Rathaus ist in einigen Punkten schärfer zu fassen. Die 1508 von CASPAR KOCH auszumalende, bereits mit einem Ofen ausgestattete «nüwe stube» kann schwerlich im Vorderhaus zu suchen sein, ist doch dessen Dachstuhl 1509 begonnen und dessen Hauptraum im ersten Stock erst 1512–1514 vertäfert worden. Am ehesten ist an die spätere *Stube des Kleinen Rates* im Hinteren Rathaus zu denken. Ihre Folge von zwei gestaffelten Viererfenstern kommt stilistisch jenen des Vorderhauses bis ins Einzelne sehr nah (bereits damals scheint die rechts benachbarte ältere Fensterreihe ihretwegen gekürzt worden zu sein; wahrscheinlich gleichzeitig die von zwei Drillingsfenstern gegliederte Rückfassade; das Innere ist nur in späteren Formen überliefert). Diesem neuen Raum, der eine größere Grundfläche aufwies als die große Stube des späteren Vorderhauses, galten der Baubeschluß des Jahres 1503 und – abschließend – die Entwürfe CASPAR KOCHS für «schilte», wohl Glasgemälde, sowie die von Bern 1509 verehrte «rose mit unser eydgenossen schilden». Das Christophorusbild in der Mitte der Fassade dürfte im gleichen Zusammenhang um 1506/07 gemalt worden sein (vgl. S. 763). – Hingegen müssen die 1507/08 in großen Mengen eingelagerten Hausteine bereits für das neue, überaus anspruchsvoll geformte *Vordere Rathaus* bestimmt gewesen sein. Dessen Vorgänger fiel erst, als die Steinvorräte ein schnelles Versetzen gewährleisteten, nämlich im Jahr 1508 gemäß dem formellen Zeugnis Wurstisens. 1510 bis 1511, als die Gerüste noch standen, erhielt der Maler HANS FRANCK laufend stattliche Summen für die Fassung der Fassaden (vgl. S. 764). Das Innere folgte erst 1514/15: Bevor die Zimmerleute sowie Tischmacher und «bildschnyder» HANS (vermutlich «STELTZENBACH») die Riegelwände gesetzt und die Vertäferungen angeschlagen hatten (1512–1514; StAB Finanz N5, 2 fol. 184; Rott irrtümlich mit dem Datum 1517), hatte der Maler hier nichts zu suchen. Die Folge von vier Standesscheiben mit dem Datum 1514 dürfte nach allem den krönenden Abschluß gebildet haben, dem freilich noch die Wappen der verbündeten Orte fehlten (um die man sich bereits 1513 bemüht hatte; 1514 scheint man – vorläufig – resigniert zu haben). Bauleiter war der 1506 als Stadtwerkmeister verpflichtete und noch 1513 im Amt nachweisbare Steinmetz JERG ROUBER von Durlach.

Abb. 576. Fassade des eh. Hinteren Rathauses, 1824 von J. Tschudy. StAB. Text nebenan.

Ungewöhnlich lückenhaft bleiben die Nachrichten zum Bau des *Großratssaals* im Hinteren Rathaus. 1514/15 bis 1517/18 wurden die «ampelen uff dem richthuß» nicht mehr bezündet. 1517 lieferte Hans Steltzenbach Bank und Kasten in die «große ratstube». 1520/21 wurden die Tischmacher Jacob Steiner und Jos Mercker für die Decke im «nüwen saal» und – mit Michel Dieterich – für die Bänke und weiteres Mobiliar bezahlt. Das Fehlen eigentlicher Baunachrichten dürfte zu einem Teil darauf beruhen, daß an den Mauern des vorhandenen Baus verhältnismäßig wenig zu verändern war und die Arbeit also von den ohnehin im Dienste der Stadt tätigen Meistern allein bewältigt werden konnte. Das Äußere gab sich betont zurückhaltend: Ein dichtes, zweifach rhythmisiertes Band recht schmaler und niedriger Schartenfenster (ursprünglich wohl 20) legte sich ohne Rücksicht über die zweigeteilte Gliederung des übernommenen Erdgeschosses und ersten Stockes.

Die Entstehung der vielleicht um 1519 und in den zwanziger Jahren gebauten *Galerie*, die auf der Südseite des Haupthofes Vorderes und Hinteres Rathaus verbindet, scheint archivalisch nicht faßbar zu sein (vgl. S. 760).

Eine auf die Grundsteinlegung der Wendeltreppe im Hofe der 1535/36 erbauten Hinteren Kanzlei bezogene Nachricht aus dem Jahr 1538 gehört auch aus stilistischen Gründen in einen anderen Zusammenhang (vgl. S. 757).

Die dichte Reihe der größeren *Wiederherstellungen* endet vorläufig mit jener der Jahre 1951 und 1953, die unter der Aufsicht von R. Riggenbach und F. Lauber, der auch die Pläne zeichnete, dem Regierungsratssaal und seinem Vorzimmer galt. Die Fußböden wurden erneuert, die Haussteine und das Getäfer freigelegt und auf Grund der geringen Spuren neu gefaßt, ferner den Fensterpfeilern eine durchlaufende Truhenbank in Formen des 15. Jhs. untergeschoben. Die Glasgemälde im Regierungsratssaal wurden im Einklang

750   NACHTRÄGE 1971

578 mit zwei historisierenden Aquarellen von J. J. Neustück neu auf gleicher Höhe angeordnet; biedermeierlich inspirierte Möbel von A. Baur ersetzten das 1885 geschaffene Mobiliar (heute im Rathaus Altdorf); Carl Gutknecht gestaltete das Relief des Bogenfeldes; der gezeichnete und gemalte Vogelschauplan des Matthäus Merian, der Bundesbrief, die beiden Propheten Martin Hoffmanns und ein Leuchterweibchen (siehe S. 756) be-
579 reichern nun die Ausstattung. – Im Vorzimmer schloß ein von den Bogenfeldern der Erdgeschoßarkaden (um 1540?, vgl. S. 760) abgeleitetes Rankengitter die rechteckigen Öffnungen des Treppengehäuses von Daniel Heintz (Entwurf F. Lauber; vgl. dagegen die kraftvollen Gitter der von Heintz abhängigen Kanzleitreppe, Abb. 340) und restaurierten Heinrich Müller zusammen mit V. Stöcklin und J. Hauser die zum Teil neu entdeckten, zum Teil wiedergefundenen Wandgemälde des frühen 16. Jhs., reinigten jene des 17. Jhs. und faßten auf Grund aesthetischer Argumente Profile und Krabben der Architektur. – Das 1904 notdürftig untersuchte und sogleich wieder mit einer Kopie übermalte Gerichtsbild an der Hofseite des Vorderen Rathauses haben Paul Cadorin und M. Ludwig unter der Leitung von F. Zschokke wieder freigelegt, gesichert und in den großen Maßen rekonstruiert. – 1964 befreiten Hans Behret und Paul Hefel die Gitter der Arkaden des Vorderen Rathauses unter der Aufsicht der Denkmalpflege von jüngeren Farbkrusten.

Quellen und Literatur: Akten der ÖBD; Harms 1, 3 S. 259, 261; Rott, 56, 129; Riggenbach RRS, 45, 77, 83; E. Murbach, Schweizerische Kunstführer, Das Rathaus zu Basel (1963).

361 *Weitere Bilder des Rathauses:* 1. Marktfassade, mit dem Entwurf für eine neue Bemalung klassizistischer Art, Feder- und Wasserfarben, wohl Ende 18. Jh.; StAB Bildslg. 8, 205. 2. Reinhard Keller, Bildnis des «Obristwachtmeisters» Bernhard Faesch vor dem Rathaus, kolorierte Radierung in einer Bilderfolge der eidgenössischen Zuzüger 1793; HM 1912, 661. 3. Jacob Christoph Bischoff(?), Blick aus der Erdgeschoßhalle des Vor-

Abb. 577. Fensterpfeiler der Vorderen Ratstube (Regierungsratssaal); 1507/12. Text S. 748 und 753.

Abb. 578. Vordere Ratstube, 1850 von J. J. Neustück. KKB. Text unten und S. 749.

derhauses auf Hinteres Rathaus und Galerie, spätestens 1824; Bleistiftskizze im Besitz von A. R. Weber, Basel. 4. J. J. NEUSTÜCK, Historisierende Aquarelle des Regierungsratssaales, von seiner südlichen Türe her: a) 1833, vermutlich Privatbesitz, Photographie StAB Bildslg. 8, 402; b) 1850, Grisaille, Ofen und Mobiliar in prononcierterer Neugotik, KKB Inv. Nr. 1951, 36.

Die vier von HANS DÜRR 1510/11 geschaffenen *Statuen der Fassade des Vorderhauses* haben die Bildhauer ROLF und FRITZ BEHRET 1968 – als sie aus dem Historischen Museum wieder ins Rathaus, unter die hinteren Arkaden, gelangten – gefestigt und behutsam ergänzt. Der allein einigermaßen ursprüngliche Kaiser Heinrich ist seit alters am Mantelsaum, linken Ärmel und Kirchenmodell ergänzt; der rechte Ärmel und die Finger der Hand sind zurückgearbeitet. Kaiserin Kunigunde hat die Feinnervigkeit beider Hände eingebüßt und ihr – vermutlich um 1600 – neu eingesetztes Gesicht läßt von der einstigen Spannung so wenig mehr ahnen wie die vielen zurechtgestutzten Säume und Faltengrate (Teile aus Gips). Auch der Wäppner, dem offenbar erst nachträglich von DÜRR(?) die jetzige Größe zugestanden wurde, dürfte die expressive Verschiebung wie auch manche Einzelheiten des Kopfes einer frühbarocken Wiederherstellung verdanken. Weder die gleichfalls wieder ins Rathaus verbrachte Zinne mit dem Glarner Wappen, noch das einhellig Dürr zugeschriebene, wohl etwas ältere Madonnenrelief des Ofengewölbes im Innern dürften ohne weiteres den originalen Partien der Fassadenstatuen zur Seite zu stellen sein.

Literatur: ROTT, 56; KAUFMANN-HAGENBACH BP, 26; RIGGENBACH RRS, 82.

Abb. 579. Vorzimmer der Vorderen Ratstube, nach der Renovierung 1951/53. Text unten und S. 764.

386
582
608
616
618f.

Die Hoffassade des Vorderen Rathauses erweist sich bei näherer Prüfung als nahezu unverändert. Namentlich die beiden als später eingesetzt geltenden Türen gehören zur ursprünglichen Konzeption. Ihre Steinmetzzeichen sind auch sonst im Vorderhaus anzutreffen, und Unregelmäßigkeiten der beiden Fensterfolgen sowie des Bogenfrieses bereiten auf sie vor: Die Fenster des ersten Stockes sind so nahe an die Mittelachse gerückt, daß sie nicht gespiegelt werden könnten; dafür sind die beiden linken Fenster des zweiten Stockes zusammengerückt und ist die Stelle des linken Wasserspeiers um einen Friesbogen einwärts verschoben. Dieses spannungsvolle Kräftespiel verlangte als weiteren Akzent wohl den von K. Stehlin vermuteten Treppenturm. Der Wandknick in der angrenzenden Hofmauer und eine Nische (Fenster?) zwischen Erdgeschoß und erstem Stock, das Fehlen einer Innentreppe zum zweiten Stock bis zum Jahre 1581 und ferner die Möglichkeit, das durchbrochene Treppengehäuse habe die Hallenarkade – deren Wandpfeiler vollständig ausgearbeitet ist – ganz sichtbar gelassen, liefern weitere Argumente.

393
579

622f.

Das ursprüngliche Innere des Vorderen Rathauses hat sich dank den Wiederherstellungen im ersten Stock verdeutlicht. Die gekalkten Wände des Vorsaals waren der Decke entlang vermutlich ringsum mit gemalten Girlanden und Ästen behängt (siehe S. 764); sie rechneten nicht mit einer Wendeltreppe; zum Hauptraum führte eine vielleicht hölzerne Türe. Das erhaltene steinerne Portal ist von zwei Steinmetzen signiert, deren Zeichen unter der großen Schar der am Vorderhause Werkenden sonst fehlen. Es bildet eine Einheit; der Kontrast zwischen Rechtecktür und schwungvoll ausladender Bekrönung setzt geistreich ein renaissancemäßiges Körpergefühl in ausschließlich gotische Formen

Abb. 580. Vordere Ratstube, nach der Renovierung 1951/53 (Regierungsratssaal). Text S. 748f, 753f.

um. Zwar hängt es mit den postum-gotischen Grabtafeln der 1560er Jahre und letztlich auch mit dem benachbarten Treppengehäuse des Daniel Heintz (1581) zusammen. Doch wirken die Profile noch derart belebt und die Einfälle so spontan, daß das Portal wohl nur als Auftakt oder Vorbild im weiteren Sinne – mit noch unbestimmtem Zeitabstand – zu denken ist (um 1530?). Die Rückseite scheint die geschilderte Auseinandersetzung der Holzarchitektur zuliebe gedämpft oder doch nach innen, aufs Bogenfeld gelenkt zu haben (für seine Wappenlöwen hielt sich Carl Gutknecht 1951 an das Türrelief der Hinteren Kanzleitreppe, Abb. 312).

Die seit 1951 ganz auf Sandsteinrot gedunkelte Tannenholzfarbe und einige mit Rot vermischte Edelmetallakzente gestimmte *Architektur der Vorderen Ratsstube* hat schon früh Einbußen erlitten: 1. Die zylindrischen Sockel der Fensterpfeiler, heute auf durchlaufenden gotisierenden Bänken aufruhend, zeigen die Ansätze hervordringender Pyramiden- und Blockformen, vielleicht auch von Gesimsen, die auf die heute glatten Brüstungen übergriffen. 2. Die Pfeiler der Querachse setzen dem Basler Schild der Hofseite zwölf heute leere Schilde an der Platzseite gegenüber; die Farben der zwölf verbündeten Orte dürften nicht die einzigen der Steinarchitektur gewesen sein (bei den teils plastischen, teils farbig ergänzten Schilden der Decke ist merkwürdigerweise der Stand Solothurn zweimal vertreten). Der Baldachineinbau im Winkel neben der Türe schirmte wohl kaum – wie mehrfach vorgeschlagen – ein Altarbild, sondern schützte, seit Jahrhunderten in Refektorien an gleicher Stelle, die hölzerne Decke vor der Hitze eines von außen geheizten Ofens; dessen Maße und Farbigkeit dürfte sowohl auf der anderen Seite des einst vielleicht

396
580

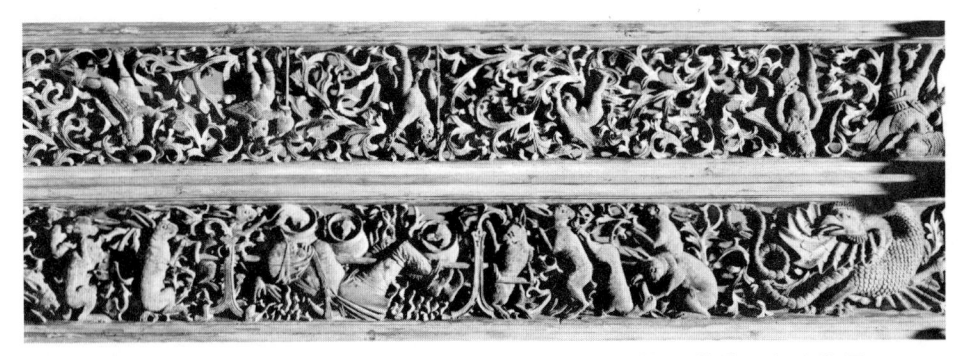

Abb. 581. Decke der Vorderen Ratstube, Ausschnitt; 1512–1514 von Hans (Steltzenbach?). Text unten.

581

hölzernen Portals wie an der Schmalwand gegenüber in der von den Getäferleisten ausgesparten Sockelzone und in den drei freien Ecken von kleinen Säulenstatuen in der Art des erhaltenen Wildmannes aufgefangen gewesen sein. – Insgesamt war also das Prinzip der strengen Verklammerung ursprünglich stärker ausgeprägt gewesen. So eigenwillig und schöpferisch sich die vom Baumeister wohl mitbestimmte Holzarchitektur aus den vielen zeitgenössischen Beispielen heraushebt, so sehr stützt sich der Tischmacher und Bildhauer im einzelnen auf Vorlagen, für die «verkehrte Welt» etwa – wie E. Murbach nachwies – auf den Kupferstich des ISRAHEL VAN MECKENEM (L 603). R. Riggenbach glaubt im nur mit Vornamen überlieferten Tischmacher-Bildhauer HANS VON COLMAR zu erkennen. Die schlagende Verwandtschaft der Rankenfriese mit solchen des Jahres 1511 im Georgskloster zu Stein am Rhein schließt eine Parallele der Nachfolge ein, die wohl kaum einem Zufall entspringt: Hier wie dort setzt sich etwas später (1515 und 1517) unvermittelt ein neuer Stil durch, der die Ranken sowohl verdichtet wie abflacht und das Maßwerk wieder geometrisch strenger definiert. Im Rathaus läßt sich diese auch sonst in Basel erfolgreiche Art mit dem Namen des HANS STELTZENBACH verbinden (siehe S. 755). In den gleichen Zusammenhang scheint das Auftreten des Ambrosius Holbein hier wie dort zu gehören. Ob der Rathaus-Auftrag Hans Holbeins d. J. damit zusammenhängt?

Literatur: STÜCKELBERG DBG 1, Tf. 31 f.; RIGGENBACH RRS, 32 (van Meckenem), 69; F. MAURER in Kdm. Basel-Stadt V, 407.

Ein Plan des frühen 17. Jhs. (StAB D2, 183) bestärkt den Verdacht, der *zweite Stock* habe einst einen ungeteilten großen Saal gebildet, vielleicht den in späten Quellen zusammen mit der Hofgalerie genannten Tanzsaal. Die acht großen Kreuzstockfenster, der an den Langwänden durchlaufende wuchtige Kielbogenfries und die schwere Balkendecke (?) entsprachen im Innern wohl am reinsten dem Naturell des Architekten.

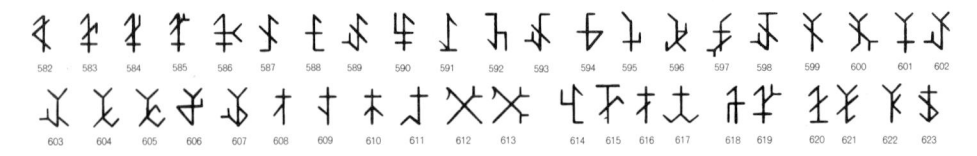

Abb. 582–623. Steinmetzzeichen des Vorderen Rathauses: Erdgeschoß (582–613), 1. Stock (614–617), 2. Stock (618f., auch 585), Zinnen (622f., auch 584), Portal der Ratstube (622f.). Text S. 752ff.

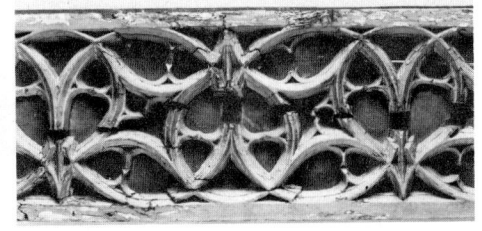

Abb. 624. Vereinzelte Maßwerkfriese, vielleicht von Hans Steltzenbach, 1517. HM. Text unten.

Ausstattungsreste des frühen 16. Jhs. Ein in der Tribünengarderobe des Großratssaales von 1900 wiederverwendeter und von E. Bezler entdeckter *Fliesenboden* ordnet weiß, braunrot, dunkelgrün, ockerfarben und violettgrau glasierte Rautenplatten im Zickzack zu gleichsam wechselnd beleuchteten, übereck eingelassenen Würfelreihen. Das antikisierende Motiv scheint in dieser Form auf die Jahre 1515–1520 zu deuten, mithin also möglicherweise aus dem 1520 als Bau vollendeten einstigen *Großratssaal* zu stammen.

Die drei unbestimmt dem 15. Jh. zugewiesenen durchbrochenen *Maßwerkfriese* des Historischen Museums wiederholen wörtlich Motive des Gestühls in der Leutkirche zu St. Leonhard und der 1515 datierten Decke des Festsaales im Georgskloster zu Stein am Rhein. Dies paßt am ehesten zu den 1517 von HANS STELTZENBACH für 50 lb gelieferten Möbeln (banck... kensterlin und ettlich laden); in der ältesten erkennbaren Fassung hebt sich das Maßwerk weißlich-grün von dunkel grau-grünem Grund ab.

Das als Wandgetäfer angesprochene, in gekerbten Umrissen gezierte Brett des Historischen Museums ist zur kielbogig begrenzten Zarge einer zweigeteilten Bank von etwa 279 cm Länge zu ergänzen. Drei von der gleichen Hand stammende, falsch zusammengesetzte *Bänke* identischer Größe gehören im Münster zu einer Gruppe von 25 Bänken (das heißt 25 Zargen; dazu 12 alte brettförmige Rücklehnen; die in dezidiertem Bogen zur Lehne zurückweichenden Wangenbretter sind wohl alle erneuert). Da sich die 24 kleinen Bänke außerdem stilistisch in drei gleich große Gruppen aufteilen, handelt es sich fraglos um jenes «gestielte in der großen stubenn», das MICHEL DIETERICH, JACOB STEINER und JOS MERCKER zu gleichen Teilen im Jahr 1521 geliefert haben; die beiden längeren Bänke zählen wohl zu jenen vier, die dem Meister Dieterich zusätzlich verdingt waren. Die bloß umrissenen oder flach herausgehobenen, unerschöpflich variierten Gewächse, Wappen-

Abb. 625. Bank aus dem eh. Großratssaal im Hinteren Rathaus, Ausschnitt; 1521. Heute im Münster. Text S. 755.

756 NACHTRÄGE 1971

Abb. 626. Bank aus dem eh. Großratsaal im Hinteren Rathaus; 1521. Heute im Münster. Text S. 755.

schilde, Schriftbänder und gelegentlichen Vögel waren auch in der Farbe ganz dem Brett untergeordnet, mußten doch einige höhende rote Linien genügen. Verschämt melden sich an einzelnen Rückenlehnen renaissancehafte Kassettenmotive.

Literatur: F. MAURER in Kdm. Basel-Stadt IV, 234; R. FRAUENFELDER in Kdm. Schaffhausen II, 114.

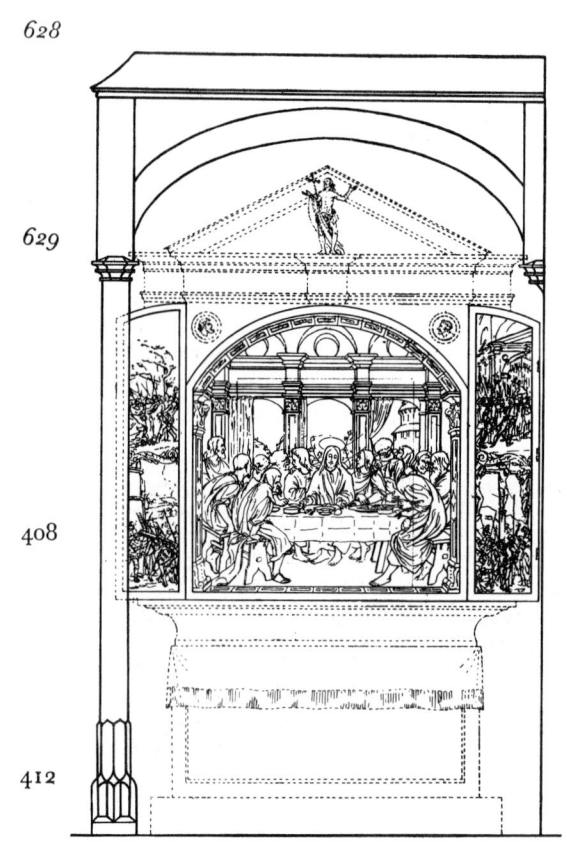

628

Ein dreiarmiger eiserner *Kerzenstock*, der für seine Spiral- und Balustermotive mehrere kraftvolle Volumenformen findet, nähert sich stilistisch der 1536/37 bezahlten Hochwassermarke (S. 435). HM 1874, 129; 33 cm hoch.

629

In der Vorderen Ratstube hängt seit 1970 ein farbig gefaßtes *Leuchterweibchen* der spätesten (mittelrheinischen?) Gotik, in dessen Geweih ein mit flachgehämmerten mascarons durchsetztes Gittergeflecht in der Art der Rathaustore seine Spiralen zieht. Geschenk der Sandoz AG; für die Denkmalpflege renoviert von O. Denfeld und P. Hefel.

408

Der im Jahrzehnt 1490–1500 entstanden geglaubte *Altarflügel* mit der Geburt Christi war einst auch auf der Rückseite bemalt (sie ist geglättet, getränkt und weist eine Rahmenfarbkante auf) und dürfte etwa drei Jahrzehnte älter sein.

412

Abb. 627. Abendmahls- und Passionsaltar H. Holbeins d. J.; Rekonstruktion von H. A. Schmid. Text unten.

Abb. 628 und 629. Kerzenstock und Leuchterweibchen; 2. Viertel 16. Jh. Regierungsratssaal und HM.
Text nebenan.

Außer dem *Passionsaltar* HANS HOLBEINS d. J. hat man neuerdings auch seine vermutliche *Predella mit Christus im Grab* unter dem Ofenbaldachin der Vorderen Ratstube zu plazieren versucht, unter anderem auf Grund ähnlicher Maße und überlieferter Mauerhaken (H. Klotz). Zu denken wäre der Daten wegen auch ein Zusammenhang mit Holbeins vom Sommer 1521 bis zum Herbst 1522 dauernden Ausmalung des Großratssaales. Wie H. Reinhardt, E. Treu und F. Zschokke dargelegt haben, ist die gelegentlich auch auf ein Heiliges Grab bezogene Tafel wahrscheinlich bereits 1521 geschaffen, jedoch 1522 in ihrer «Architektur», einer elementar geformten Nische, abgewandelt worden. Verschiedene Anzeichen eines intensiveren Entwicklungsprozesses während der Arbeit an den Wandgemälden im Rathaus, die Holbein übrigens zeitlebens nicht mehr loslassen sollten, könnten mehr sein als Wachstumsparallelen. Zudem wäre das Thema einer Kreuzigung, die doch wohl zum Grab-Christus gehörte, einem Ratssaal gemäß und auch das Übliche. Die Stelle wäre durch den Lichteinfall von rechts und die Blickführung von links gegeben. Die westliche Hälfte der zweigeteilten, erst nach der Reformation 1530 bemalten Südwand erfüllte diese Bedingungen umso mehr, als Holbein sie 1521/22 nicht – wie ausgemacht – bemalen will, weil er das Geld am bereits Geschaffenen verdient habe. Vgl. S. 773.

Literatur: H. A. SCHMID, Hans Holbein d. J. 1, Basel 1948, 157, 183; P. GANZ, Hans Holbein d. J., Köln 1949, 203; W. PINDER, Holbein der Jüngere und das Ende der Altdeutschen Kunst, Köln 1951, 27; RIGGENBACH RRS 23; W. ÜBERWASSER in ZAK 1958 und FS W. Noack, Konstanz-Freiburg 1959; H. REINHARDT in ZAK 1958, 90; H. VON EINEM in Abh. der Geistes- und sozialwissenschaftlichen Klasse, Mainz 1960; H. REINHARDT, Das Entstehungsjahr des toten Christus..., in ZAK 1960; E. TREU in MHB, 204; H. VON EINEM in Jber. Öffentl. Kunstslg. Basel 1961; H. KLOTZ, ebendort 1962.

Die stilistisch einheitliche Gruppe der *Portale von 1535 und 1539* trug am Scheitel gemäß Photographien des 19. Jhs. jeweils jenes Zeichen, das in meisterlicher Größe 1545 am Haus zur Mücke, ebenfalls einem Gebäude der Stadt, wiederkehrt. Da in den Rechnungen

Abb. 630 und 631. Gitter der Arkadenhalle, um 1535? Basler Wappen, einst Hintere Kanzlei, 2. Stock.
Text unten und S. 760.

keine Namen genannt sind, mag es sich um HANS HARPOLT handeln, seit 1532 Werkmeister der Stadt. Die Nachricht, daß 1538 eine Wendeltreppe begonnen worden sei, betrifft laut C. H. Baer das Treppenhäuschen an der 1535/36 errichteten und bereits ausgemalten Hinteren Sakristei. Dessen noch dem späten 15. Jh. verpflichtete, am ehesten mit der 1516 vollendeten Chrischonakirche vergleichbare Formensprache hat nichts mit den Renaissanceportalen von 1535 und 1538 zu tun; auch trägt es weder das Zeichen HARPOLTS oder eines seiner Gesellen; sein zurückhaltender und mit großen Flächen arbeitender Stil erinnert an den Großratssaal. Nun hat das 1539 datierte Prunkportal mit einem einfacheren, bisher übersehenen Rundbogenportal, an dem zwei der Gesellen HARPOLTS beteiligt waren, die zum Großratssaal emporführende, in späterer Gestalt überlieferte Wendeltreppe im südlichen Hinterhof eingefaßt (Rundbogenportal seit ca. 1900 am Keller des Staatsarchivs). Da außerdem noch im 19. Jh. die Ansatzspur der hochgotischen Rückfassade des Hinteren Rathauses im Dachstock über dem 1514–1517 eingepflanzten Großratssaal bemerkt worden ist, scheint die feierliche Grundsteinlegung vom 21. September 1538 nebst der neuen Wendeltreppe und den beiden Portalen dem Schmuck der bereits hinausgerückten und begradigten Hinterfassade gegolten zu haben. Da die Wendeltreppe von 1538 im 18. Jh. – wohl der Bequemlichkeit halber – ausgewechselt (?) worden ist, bleibt diese zweite und anscheinend reicher als die erste (an der Hinteren Kanzlei) dotierte Renaissancefassade Basels für uns schattenhaft. Grosso modo haben sich Prunkportal und darüber gesetztes Staffelfenster (?) neben der Vertikalen des mit zwei Pforten und mit einem dreiteiligen Erdgeschoßfenster verquickten Treppengehäuses wohl etwa zu behaupten vermocht.

Die *Ausstattung der Hinteren Kanzlei* erfolgte zunächst in einfachen Formen. Über die Stichbogentür, die den zweiten Stock mit dem älteren Hofgebäude verband, malte MATTHÄUS HAN, wie eine alte Photographie lehrt, in kräftigen Strichen zur Jahrzahl 1536 einen gleichsam hingehängten Basler Schild. StAB Bildslg. 8, 364. – Zwei Stabellen, deren eine vom «Registratorswitwe Krug» den Städtischen Sammlungen vermacht worden ist (HM 1870, 204; Kopie, datiert 1653), sind vielleicht zum einstigen Mobiliar zu rechnen. Die undatierte ältere Stabelle (HM 1905, 8) scheint die einfache, aus Bretterpfosten und

Abb. 632 und 633. Kapitell des Munatiuspfeilers (1580, nach J. Müller) und des Portals von 1535.
Text S. 757, 759.

-traverse gebildete Rückenlehne mit Säulenclementen, Voluten, Akanthusblättern und bekränztem Basler Stab im Sinne des MATTHÄUS HAN zu beschwingen.

Am versetzt teilweise erhaltenen *Stichbogen*, der *1547* den neuen Hof bei der Hinteren Kanzlei zum einstigen nördlichen Hinterhof – fortan der Mittelhof – öffnete, haben stets noch Gesellen HARPOLTS gearbeitet. Das zurecht gestutzte Fragment eines mit dem Basler Schild gezierten Scheitelsteins an der modernen Wendeltreppe des Staatsarchivs belegt – unterstützt von Bilddokumenten – für die Südseite des Bogens identische Formen.

Abb. 634–647. Steinmetzzeichen: Treppenturm Hintere Kanzlei (634f., auch 305), Portal und Fenster von 1535 (636–641, auch 305), Portal von 1539 (642–644, auch 636; übermalt), «schiefes» Portal (645f., auch 644), Bogen von 1547 (647, auch 644f.; übermalt). Text S. 757f.

Die ursprüngliche Gestalt des heute größtenteils verdorbenen Pfeilers der *Statue des Lucius Munatius Plancus* ist – was zuerst E. Murbach ausgesprochen hat – aus Plänen und Bildern zu erschließen. Diamantierte Quader brachen einst die Flächen des untersten Blockes und als Krönung fehlte das übliche, kräftig ausladende Kapitell korinthischer Art nicht.

Quellen und Literatur: HANS BALTHASAR HÜGLIN, Projekt einer neuen Ratstreppe, Grundriß und Ansicht, StAB Bau CC 1, 19. Juli 1755; Kupferstich der Statue und des halben Pfeilers in J. MÜLLER, Merkwürdiger Überbleibsel von Althertümern der Schweitz VIIter Theil, Zürich 1776, Tf. 9; DOMENICO QUAGLIO, Ansicht des Rathaushofes, 1822 (vgl. S. 262); N. MÜLLER, Projekt einer neuen Hoftreppe, Grundrisse und Aufrisse, 1823, StAB Plan D2, 165f.; F. ZSCHOKKE in Unsere Kdm. 1957, 44.

1964 erwarb der Regierungsrat einen *Schrank* aus Rittergasse 7; dessen in zwei Stockwerke gegliederte Fassade häuft – auch überschneidend – in der Art des frühen 17. Jhs. die kanonischen Säulen-, Arkaden- und Giebelmotive. Im Hintergrund melden sich erste Knorpelgebilde.

Eine alte Photographie (StAB Bildslg. 8, 266) vermittelt eine bessere Vorstellung vom Können der in der *Vorderen Kanzlei* wirkenden Bildhauer als der heutige überschmierte

Zustand der Konsolen. Die Figuren des geilen Alten und der Buhlerin spielen mit spritziger Verve auf die späteste Gotik an, ohne die eigene Zeit, das weibliche Schönheitsideal insbesondere, zu verleugnen. Der Bau der Kanzlei dürfte vom damaligen Stadtwerkmeister, HANS JACOB KLAUBER, geleitet worden sein.

Abb. 648–662. Steinmetzzeichen: Wendeltreppe von 1581 (648 f.), Vordere Kanzlei (650–657 Marktfassade; 658–662 Wendeltreppe, auch 654, übermalt). Text oben.

Ungelöst bleibt das Problem der *Hofarkaden*. Die dicke Farbkruste läßt nur wenige der Steinmetzzeichen zuverlässig erkennen. Eine freilich wenig charakteristische Marke findet sich an der Treppe der Vorderen Kanzlei wieder, C. H. Baers Datierung ins frühe 17. Jh. stützend; ein anderes, selteneres Zeichen ist am Portal von 1535 beobachtet worden (heute verloren). Das Kopistentalent der Meister von 1606–1608, die beispielsweise mit derart viel Fingerspitzengefühl zu ihrer Version der Architektur von 1507–1512 eine passende Wendeltreppe zu erfinden wußten, verlangt mehr Mißtrauen als üblich. Die im Quadrat herumgewirbelten Fischblasen der oberen Balustrade der Hofarkaden verkörpern die Stilstufe von etwa 1515–1520 bis in die Nuance der nur in vorderster Ebene gekreuzten Nasenstäbe, indes die untere Balustrade zwar sichtlich das Grundmotiv übernimmt, jedoch die skandierenden Paarbildungen zu einem fließenderen Rhythmus auflöst, der darüber hinaus durch die inkongruente Zweischichtigkeit der Maßwerkstäbe raffiniert verzögert oder beschleunigt wird. Diese verfeinerte Bewegtheit ist aber durchdrungen – besonders auch beim östlichen Netzgewölbe – von strengen Rahmenmotiven und überhöht von der glatt präzisen Eleganz der Arkaden. Die Reste des Sakramentshäuschens zu St. Theodor, 1521–1526 von HANS MENZINGER und HANS DÜRR geschaffen, scheinen zwischen den älteren und jüngeren Teilen der Hofarkaden stilistisch zu vermitteln. Da das einzige erhaltene Figürchen der Arkaden die Handschrift Dürrs zu entwickeln scheint, und Menzinger seit 1519 als Stadtwerkmeister bezeugt ist, möchte man letzterem mit allem Vorbehalt die Hofarkaden zuschreiben und eine Entstehung in zwei Etappen vermuten. Von der ersten Fassung, die wohl mit einem Treppenturm am Vorderhause zu rechnen hatte, stammen das Wandbild des Jüngsten Gerichts (1519) und damit das Maß des östlichen Jochs, ferner die obere Balustrade.

Abb. 663–668. Steinmetzzeichen: Hofarkaden, 1. Stock (668 Brüstung, übermalt) Text oben.

Gitter der Arkaden des Vorderen Rathauses. Die von jüngeren Farbschichten befreiten Blattmasken im Bogenfeld kommen dem Stil des MATTHÄUS HAN nahe, zwar der Öltechnik wegen pastoser und sonst wohl auch dichter. Um 1535?

Die bemerkte Ähnlichkeit gewisser Pilasterköpfe des *Getäfers von 1615/16* mit solchen des Häuptergestühls im Münster ist zu einem Teil darauf zurückzuführen, daß MATTHIS GIGER, der einen Frauenkopf seines Getäfers mit einem Medaillon seines Wappens und der Umschrift MATI... GIGER 1616 ziert, nach dem Ausweis eines sehr ähnlichen Anhängers mit der Umschrift MG 1597 bereits im Münster als frischgebackener Meister mitgearbeitet hat. – Vom Ehegerichtszimmer, dem sicher sekundären Herkunftsort des Getäfers von 1615/16, gelangte die gleichzeitige oder wenig ältere, vielleicht von der Hand des MATTHÄUS MERIAN stammende Ansicht der Stadt von Süden ins Staatsarchiv (siehe S. 739).

Abb. 669 und 670. Konsole der Vorderen Kanzlei, alte Aufnahme; Ofenplatte von 1745. HM. Text
S. 759, 761.

Der *Ausstattung des 17. und 18. Jhs.* ist ein monolithes *Glasgemälde* beizufügen, das in warmen Grautönen die Stadt aus der Vogelschau von Norden wiedergibt. Die Besteller, deren kleine Wappen im Vordergrund aufgereiht sind, ergeben ein Datum 1663/64 und lassen als ursprünglichen Ort die Kleine Ratstube vermuten, deren gotische Struktur auch eine toskanische Mittelsäule vielleicht der gleichen Zeit übertönen half. Es sind die neuen und alten Bürgermeister «Niclaus Rüppell .. Rudolf Wetzstein» und die beiden Zunftmeister «Benedict Sotzin .. Andreas Burgkart». Die zu den im Großbasel verteilten Nummern gehörige Legende fehlt und mit ihr vermutlich ein Rahmen. HM 1870, 535; 35,5 × 38,5 cm. Die Vorzeichnung dazu siehe S. 740. – Zwei wenig jüngere *Stühle* mit teils gedrechselten, zangenförmig verstrebten Beinen, geraden gepolsterten Sitz- und Rücklehnenflächen runden das seit 1675 vom Tisch des Christian Frisch beherrschte Bild der Stube ab (eine zum Teil freie Kopie des Tisches, 1878–1882 von HEINRICH HARTMANN, neuerdings im Vorderen Rathaus). – Der gemäß einem Plan von 1824 (StAB Plan D2, 185) beim Eingang stehende *Ofen* hatte seit 1745 die Gestalt eines auf dünnen Füßen lastenden Eisenblocks, dessen große Flächen von bekränzten Basler Stäben und Basilisken in zartem Relief aufgelockert waren. Die Platten HM 1896, 100.

498

574
670

Literatur: F. GYSIN bei J. WILHELM, Eiserne Ofenplatten am Oberrhein in Oberrheinische Kunst 5, 1932, 230 Nr. 56; 50 Jahre Historisches Museum Basel, Basel 1945, 20.

Der ursprüngliche Ort der vier Basler *Scheiben von 1514* muß nicht, wie E. Gysin anhand des neutralen Rechnungsvermerkes annimmt, in der Kleinen Ratstube zu suchen sein. Es ist dagegen einzuwenden, daß diese bereits 1508/09 mehrere neue Scheiben erhielt, daß man 1513 an eine vollständige Folge der zwölf Orte, also an insgesamt mindestens 16 Scheiben gedacht hat (indes die Stube nur 14 Öffnungen bot), daß die zu errechnenden Maße der Scheiben (70 × 54 cm) jene der Folge von 1519/20 sind und die Plazierung der 1515 bezahlten Schilde in den vier höheren Westfenstern des 1514/15 vollendeten Hauptsaales im Vorderen Rathaus Konflikte der heraldischen Diplomatie elegant vermieden hätte. – Zur verlorenen Löwenscheibe vgl. auch die 1568 datierte Zürcher Standesscheibe im Schützenhaus.

479

52 – Kunstdenkmäler, Basel-Stadt 1

486   Das *1519* inschriftlich datierte, mit der Wildleutescheibe von 1514 nachträglich verbundene *Kopfstück* (Abb. 376) verrät nicht GLASERS Hand, sondern jene HANS FRANCKS auf der Höhe seines Könnens. Die schwungvoll kugelige Ballung der Ranken vereint sich mit einem Ideenreichtum, der auf dem HF signierten kleinen Holzschnitt des Cratandersignets von 1519 zu ahnen ist, und kulminiert in einer schier leonardesken Beweglichkeit der Reiterfiguren im Raum. Die Summe von XVI β VIII d, die Franck 1519 vom Rat «für das so er gemalt» erhielt, entspricht dem für Entwürfe Üblichen.

491
672   Die 1951 in der einfachen kanonischen Reihenfolge neu, das heißt auch ungestuft und tiefer gehängte *Standesfolge von 1519/20* war wohl – wie oben dargelegt – bereits 1513 konzipiert. Das Datum 1517 auf dem ausgeführten Karton des Frieses unter dem Luzerner Wappen deutet vielleicht auf einen neuen Entwurf oder gar einen Planwechsel. Der von H. Koegler und R. Riggenbach entdeckte ursprüngliche Karton der *Solothurner Scheibe* macht den Verlust der Scheibe selbst noch schmerzlicher: Die Architektur ist gelöster als sonst den schildhaltenden Figuren dienstbar gemacht, zwei bis auf Barett, Schleier und Kniebinden entkleideten Frauen. Deren freie, gleichsam exemplarische Haltung, Profil und Vorderansicht, die bei den mythologischen oder allegorischen Frauengestalten der Pfeiler ausgesponnen wird, erinnert ebenso deutlich an NIKLAUS MANUEL wie zahlreiche motivische Eigentümlichkeiten. KKB U6, 30.

498   Zu einer *Stadtbildscheibe* von 1663/64 siehe S. 761; das Verzeichnis der 1951 von den Kantonen geschenkten Standesscheiben bei Riggenbach RRS, 14.

Literatur: ROTT, 57; H. A. SCHMID, Der Monogrammist HF und der Maler Hans Franck, in Jb. d. Kgl. Preuß. Kunstslg. 1898 Nr. 21; T. H. GLOOR, Die Glasgemälde im Schützenhaus Basel, Basel 1902, 27; H. KOEGLER, Beschreibendes Verzeichnis der Basler Handzeichnungen des Niklaus Manuel, Basel 1930, Nr. 83; A. GLASER, Die Basler Glasmalerei im 16. Jh. seit Hans Holbein d. J., Diss. Basel, Winterthur 1937; R. RIGGENBACH, Die Zeichen der Orte und die Scheiben des Basler Rathauses von 1519/20, in Jber. FBD 1941/42, Basel 1943; W. R. STAEHELIN, in Archivum Heraldicum 1954; P. BOESCH, Die Schweizer Glasmalerei, Basel 1955; RIGGENBACH RRS, 40–67; R. SUTER, Alte Basler Glasmalkunst, Basel 1964; P. L. GANZ, Die Basler Glasmalerei der Spätrenaissance und der Barockzeit, Basel-Stuttgart 1966; A. M. CETTO, Jber. Bern. Hist. Mus. 1963/64, Bern 1966.

Abb. 671. Vorderes Rathaus, Ranken des H. Franck im Vorzimmer, unrestauriert; 1514/15. Text S. 764.

Abb. 672. Riß der Solothurner Standesscheibe, wohl 1517 und von A. Glaser. KKB. Text nebenan.

Dem verlorenen *Wandgemälde* des *Christophorus* am Hinteren Rathaus gewährt die Baugeschichte wahrscheinlich weniger Spielraum, als R. Riggenbach angenommen hat (siehe S. 748). Ein Datum im ersten Jahrzehnt des 16. Jhs. wird auch durch den Vergleich mit den Vorzeichnungen zu den Passionsbildern der einstigen Ulrichskirche gestützt, deren einer Meister noch freiere Pinselhiebe und auseinanderfahrende Strichlagen gewagt hat.

Abb. 673. Vorderes Rathaus, Ranken im Vorzimmer, unrestauriert; 1514/15. Text S. 764.

522   Das Datum 1519, das R. Riggenbach für das *Weltgerichtsbild* erschließt, hat durch die Chronologie der Hofarkaden eine Stütze erhalten und damit auch die Zuweisung an HANS DIG. Da der ursprüngliche Zustand nur zu ahnen ist, kann der Vergleich mit der Leinwandpassion, die ich Hans Dig zuschrieb und 1516 entstanden glaube, übers Allgemeinste nicht hinausgehen. Der Sinn für das Erzählerisch-Dramatische, die prägnante Gebärde, das wellige und gleichsam pastose Flattern von Gewandzipfeln stimmen überein; auch die geschickte, die Raumtiefe ausnützende Massenregie bereitet sich in der Passion vor.

Die zum zweiten Male aufgedeckten *dekorativen Wandmalereien* im Vorderen Rathaus sind durch die archivalischen Quellen und die Baugeschichte auf die Jahre 1514/15 und
671   auf den Namen HANS FRANCK festgelegt. Die letzte nur spurweise vorhandene Ziffer des Jahrzahltäfelchens «151.» im Vorzimmer des Regierungsratssaales ist wahrscheinlich als eine 4 zu lesen (heute ergänzt zu 5), jedenfalls nicht als eine 0 (Riggenbach). Die den Photographien zufolge beinahe lückenlos wieder zum Vorschein gekommenen, 1951 etwas intensiv ausgebesserten Gewächse dürften zum Rückgrat eines Franckschen Werk-
673   katalogs auserstehen sein. Diese zwiespältig-grüblerische Art, die sich in alle Windungen und Rauheiten der knorpeligen Äste verliert und unversehens in zügigem Schwung ausbricht, ohne das Dekorative der Aufgabe aus den Augen zu verlieren, wächst im ersten Jahrzehnt zu St. Peter (Fassadenbilder), vielleicht auch im Passionszyklus von St. Ulrich heran, glättet sich 1510/11 mit den Fassadenbildern des Vorderen Rathauses und findet am Ende des zweiten Jahrzehnts die Synthese ihres Wesens.

Literatur: RIGGENBACH RRS, 68; F. MAURER in Kdm. Basel-Stadt V, 110, 436, 451.

Abb. 674. Die Verleumdung des Apelles, aus einem Scheibenriß der Vischer-Werkstatt. Staatliche Graphische Sammlung München. Text S. 776.

ZU DEN RATHAUSBILDERN HANS HOLBEINS D. J.

Die erhaltenen *Entwürfe oder Entwurfkopien* der Jahre 1521/22 weisen einige bisher unbeachtete oder anders gedeutete Eigentümlichkeiten auf, die deren Entstehungsgeschichte erhellen dürften. Die trotz fehlender Verkürzung gemeinhin als Pfeilerrücklagen verstandenen schmalen weißen Streifen längs der vordergründigen Rahmenstützen möchte ich als Spuren des Arbeitsprozesses deuten, das heißt als die Ränder einzelner Blätter, die bei einer *Montage* nicht überdeckt worden sind (zu unterscheiden von den Nähten der Kopisten, die eine eindeutige Blattfolge erzielten, indem sie die rahmenden Säulen halbierten; etwa zwischen dem Charondas-Bild und David). Könnte man die beidseitigen Streifen auf dem Charondas-Bild zur Not als Hinweis auf die handgreifliche Bildhaftigkeit einer gleichsam unbeschönigt eingesetzten Tafel verstehen, so versagt dieses Argument sowohl beim Zaleucus- wie beim Saporbild, da dort die Streifen jeweils auf *eine* Stütze beschränkt sind. Die einhellig als eigenhändig betrachtete Federzeichnung des Sapor-Bildes könnte demzufolge eine Kopie sein (die freilich dem Stil des Meisters ungleich näher kommt als alle anderen): Das Blatt ist nicht zusammengesetzt.

Inkonsequenzen in der *Perspektive* sind vielleicht ebenso zu erklären. Es ist nicht einzusehen, weshalb Holbein – bei allen seinen bekannten Freiheiten oder Unsicherheiten – den Fluchtpunkt über die entscheidende Fußbodenhöhe der Figurennischen hätte wandern lassen sollen, von einer Aufsicht bei Christus, Temperantia und Prudentia zu einer knappen Untersicht bei David und Justitia (deren Nischenarchitektur außerdem als eine besondere sich abhebt dank Geländer, Ausblick und markant asymmetrischer Verkürzung). Bei den szenischen Darstellungen ist durchwegs, wenn auch verschieden anschaulich, der Fußboden von oben zu sehen; er liegt ja auch mit einer Ausnahme (Dentatus-Bild) tiefer. Auf dem Entwurf zu «Christus und die Ehebrecherin» stellt der Mönch vorne links, indem er auf die Schwelle der Rahmenkonstruktion tritt und auch einen Schatten auf deren Pfosten wirft, einen Zusammenhang her zwischen dem szenischen Bild und der vordergründig ordnenden Architektur, zu der auch die «Statuennischen» mehr oder minder eng gehören. Dies ist sonst vermieden (lediglich bei der jüngeren Kopie des Sapor-Bildes könnte man im Zweifel sein).

Insgesamt bilden also die Entwürfe – vielleicht mit «Christus und Ehebrecherin» – eine provisorische Einheit, die zwei oder drei Entwicklungsstufen der architektonischen Konzeption kaum verhüllt: Von einer ersten Phase, die eine gemeinsame, wenn auch recht freie Perspektive motivisch-anekdotisch herausstreicht, führte der Weg anscheinend über eine zurückhaltendere Version, die den Betrachter durchwegs auf das Bodenniveau herabblicken läßt, zu einer nur teilweise im Entwurf durchgeführten letzten Fassung, die den Fluchtpunkten der «Statuengehäuse» eine Höhe gibt, die mit der Augenhöhe des stehenden Betrachters übereinstimmt (etwa 165 cm). Folgt man den erhaltenen Entwurfkopien, so könnte dies auch noch für die szenischen Darstellungen gegolten haben; deren Entstehungszeit scheint aber auf diesem Wege nicht ohne weiteres zu eruieren zu sein.

Einen Terminus-ante-quem gibt das nur ausgeführt bekannte Dentatus-Bild; 1522 gemalt, verkörpert es eine vierte Stufe: Es scheidet unmißverständlich Bild- und Rahmenperspektive. Die etwas über Augenhöhe gelegene Krone der vordergründigen Brüstungsmauer schneidet, ohne daß ihre Dicke gezeigt wäre, den Blick auf die schräg ansteigende Kaminstufe herausfordernd hart ab. Der Aufsicht des eigentlichen Bildes, die ein Betrachter nicht auf seine eigene Person zu beziehen vermochte, ist die «natürliche» Verkürzung der in der tatsächlichen Mauerfläche verankerten Rahmenarchitektur gegenübergestellt;

Abb. 675. Ehemaliger Großratssaal; Entwurf für die nördliche Hälfte der Ostwand, 1521/22 von H. Holbein d. J.; Rekonstruktion des Verfassers; Maßstab 1:80. Text unten.

der in voller Lebensgröße aus dieser heraussteigende Stadtbote ist als potentieller Betrachter des Bildes zu begreifen; er bezieht den eigentlichen Beschauer in hohem Grade ein.

675   Die *Grundzüge der Abfolge im erhaltenen Entwurfszustand* sind von H. A. Schmid und G. Kreytenberg nochmals untersucht worden. Eine *Rekonstruktion* hat vom ganz und genauer gesicherten Nebeneinander des *Charondas-Bildes* und Davids sowie des *Zaleucus-Bildes* und *Christi* auszugehen. Wahrscheinlich bildete Christus einen gewissen Abschluß; er wendet sich wie keine der bekanntgewordenen Einzelgestalten nur einer Seite zu, nämlich nach links hin. Auch formal ist alles getan, ein Ende zu finden: In der Beuge seines linken Armes sammeln sich – auf halber Bildhöhe inmitten der rechtsexzentrischen, stärksten Vertikale – die beherrschenden, mehrfach parallelisierten Schrägen, die oft bereits im Nachbarbild einsetzen. Anzunehmen ist ferner eine Überlieferungslücke zwischen David und Zaleucus. Nicht nur richtet sich David, obschon eindeutig mit dem Charondas-Bild verbunden, in Haltung und Blick, also auch mit seiner drängenden Frage nach rechts, auch die Nischenarchitektur verlangt eine Fortsetzung dorthin. Könnte man noch hinnehmen, daß der Künstler sich dort im Entwurf eine Säule erspart habe, da sie anhand der Partnerin links auszuführen war (Rekonstruktion H. A. Schmid), so läßt sich der Säulenumriß im Zaleucus-Bild nicht damit vereinbaren: Der Wechsel einer wiederholten Säulenform an einer engen Figurennische zerbricht wohl jedes im Sinne der Renaissance angelegte architektonische Rahmensystem. Auch das Hinzufügen einer zweiten Figurennische löst das Problem nur, wenn sich eine übergeordnete architektonische Einheit zwischen das Nischenpaar schiebt, das heißt deutlich macht, daß die identischen Stützen beidseits eines szenischen Bildes jeweils nur für dieses gelten. Damit wären auch die Figurennischen diesem zugeordnet und zwar paarweise. Also ist auch links neben Charondas eine statuarische Einzelgestalt zu vermuten. – Thematisch stellen beide szenischen Bilder die Härte des Gesetzes in letzter, persönlicher Konsequenz für die gleichsam überraschten Gesetzgeber dar. Dies verdichtet und erweitert sich bei den statuarischen Gestalten zu einem Wahrspruch, der die Sprecher ausweist als Gesetzgeber, die sich der Folgen bewusster sind, aber doch – wie sich aus dem Zusammenhang der Zitate noch deutlicher ergibt – verschieden reagieren. Indes David die Richter an sich in Frage stellt und verdammt, ergründet Christus den Mechanismus mit hellenisch klarer Logik und Menschlichkeit, freilich auf Moses und die Propheten sich berufend. In der Tat ist aus den erläuterten formalen

Gründen sowohl neben Charondas wie neben Zaleucus eine statuarische Einzelgestalt erfordert. *Moses*, «das Gesetz», dürfte als erster in Frage kommen und zwar, da Christus bildlich als ein Letzter gekennzeichnet und zeitlich auch ist, am Anfang der Wandbild-Reihe. Der inschriftlich überlieferte skythische Weise *Anacharsis* könnte ebenfalls dazugehören; er weist auf einen sozialen Aspekt der Rechtsprechung, den Schutz, den hoher Rang oft vor der Härte des Gesetzes verschafft. Dies kann einen wesentlichen Unterschied der beiden dargestellten Ereignisse hervorgehoben haben: Charondas, dargestellt als einer der Ratsherren, im Dienste des Gemeinwesens gerüstet, vollzieht sein Gesetz ohne zu zögern an sich selbst; dem Sohn des fürstlich geschilderten Zaleucus wird mit Erfolg nahegelegt, die Hälfte seiner an sich unteilbaren Strafe abzuwälzen; da der Vater und Gesetzgeber aus Liebe die halbe Sühne übernimmt, ist zugleich die Verbindung zu Christus hergestellt. Auf dem also sich anbietenden Platz links neben dem Zaleucus-Bild hätte Anacharsis der allgemeinen Frage Davids, der ja zu ihm hinblickt und dessen bittere Erläuterung vertraut war, auch eine zeitgenössische Resonanz verliehen. Damit ist ferner denkbar, daß der Weise im Gefolge des stürmischen Herbstes 1521 eine «blassere» Gestalt ersetzt hat (wie dies bei Manius Curius Dentatus wahrscheinlich der Fall gewesen ist). Da König David in seiner perspektivischen und stilistischen Konzeption eine jüngere Schicht verkörpert als Christus, könnte er des Anacharsis wegen neu gefaßt worden sein, das heißt vielleicht auch, diesem seinen ursprünglichen Platz eingeräumt und selbst einen anderen, wohl einen Propheten, verdrängt haben. Ebenso wahrscheinlich sind aber drei Stufen der Entwicklung; jedenfalls ist vom vermutlichen Datum des Anacharsis (1521/22) nicht ohne weiteres jenes des David abzuleiten. Die teilweise durch die Kopienserie überlieferte und teilweise vom Gehalt her zur Abfolge «Moses-Charondas-David-Anacharsis-Zaleucus-Christus» ergänzte Entwurfphase ist nur versuchsweise festzulegen auf die Winterpause 1521/22 und insofern vielleicht als eine nachträgliche zu verstehen, als bei Arbeitsbeginn im Sommer 1521 gewiß gültige Entwürfe vorlagen.

Den im 19. Jh. gefundenen Überresten zufolge war als Ort des untersuchten Zyklus-Abschnittes *die Nordhälfte der Ostwand* vorgesehen. Deren Länge betrug von der Nordostecke des Saales bis zum Ofen (der freilich nur in späterer Gestalt bekannt ist; jüngeren Datums auch das Abzugskamin) ungefähr 1025 cm. Die Entwürfe ergeben mit den beiden erschlossenen Statuennischen zusammen eine Länge von 842 cm (sie sind, wie H.A.Schmid nachgewiesen hat, im Maßstab 1:8 gehalten). Für die drei übergeordneten, das heißt wohl vorgeblendeten Stützen bleiben mithin höchstens etwa 183 cm, 61 cm für jede (der Ofennähe wegen weniger, falls sie in Holz ausgeführt waren). Die dritte Stütze kommt der halben Wandlänge (975 cm) zu nahe, um an einen Zufall zu glauben, umsomehr als diese Mitte in der Längsachse des Saales von einem freistehenden Pfeiler verkörpert war und die gleiche Entsprechung für das Architekturglied rechts neben David galt. Daraus läßt sich eine Pfeilerstärke von 53 cm errechnen.

Erst die archäologische Untersuchung der beiden erhaltenen Fragmente wird über den gewiß beträchtlichen *Anteil Bocks am überlieferten Charondas-Bild* genauer Auskunft geben. Dessen Räumlichkeit ist dem 1522 gemalten Dentatus-Bild vergleichbar: Die Bindung der Figuren an plastisch hintereinander gestaffelten Vertikalen, die verhaltene Bewegung und viele Einzelmotive sind kaum von Bock erfunden, ihre Herkunft ist aber angesichts seiner Kompilationstechnik und mangels verläßlicher Kenntnis der Bild-Handschrift nicht zu ergründen. Die Ausdehnung der Szene könnte auf Holbein zugeschnitten sein: Die thematisch unverfängliche Ratsversammlung war anscheinend zu einem grandiosen Gruppenbildnis ausgestaltet, zum Teil auf Kosten der peripheren Einzelgestalten des Entwurfs (deren eine im Abgewandten ganz links weiterlebte?). Die Ausmasse der Kopien, der durch deren Vergleich zu erahnende tatsächliche Bildzustand im Jahr 1817 und die schriftliche Überlieferung lassen zwischen Charondas- und Zaleucus-Bild nurmehr Raum für ein einziges Statuengehäuse, das zudem durch die wahrscheinlich beibehaltene Hauptgliederung geteilt worden sein mag. Dieses müßte wie die Ädicula des Justitia-Entwurfs in die Rahmenarchitektur eingespannt gewesen sein.

676   Die formalen Anhaltspunkte für den Zusammenhang der gemäß Groß und den Fundberichten des 19. Jhs. *an der nördlichen Schmalwand* in unbekannter Weise ausgeführten *Entwürfe zu Sapor und Prudentia*, zu denen ein nur inschriftlich als hier ausgeführt belegtes *Croesus-Bild* beizugesellen ist, sind an sich gering. Schwerer wiegt die Analogie der vordergründigen Rahmenarchitektur des Sapor-Bildes zu den beiden szenischen Bildern der Ostwand. Man wird mit zentralen szenischen Bildern und begleitenden statuenähnlichen Einzelgestalten in Nischen rechnen dürfen. Der erhaltene Entwurf zu einer Prudentia zeigt an seinem linken Rand Spuren eines angrenzenden Architekturgliedes; dieses Gesimsprofil sitzt zu tief, um unmittelbar den Sturzbalken des Rahmens getragen zu haben, und ermangelt einer entsprechenden Basis. Wenn diese unter der Bildschwelle zu suchen ist, deuten alle Anzeichen auf eine Stütze der postulierten übergeordneten Architektur. Prudentia stand nicht an einem Ende, sondern – nach beiden Seiten blickend in perspektivisch indifferenter Nische – bei einer Mitte, die nach dem Befund der Nachbarwand vom angedeuteten Pfeiler besetzt war. Zu ihrer Linken, wo auf jede gezeichnete Verbindung verzichtet ist, müßte also ein szenisches Bild gefolgt sein, ausgestattet mit einem rahmenden Säulenpaar. Da die Ausmaße der ganzen Wand (995 cm) und der erhaltenen Entwurfkopien mit den entsprechenden Dimensionen der Nachbarwand übereinstimmen, dürften die für die Nordwand weitgehend gesicherten drei Darstellungen durch drei statuarische Nischengestalten zu ergänzen sein. Da es sich bei der belegten Einzelgestalt außerdem um Prudentia, eine der vier kardinalen Regententugenden handelt (nicht Sapientia, wie durchwegs vorgeschlagen worden ist) können *Justitia*, *Temperantia* und *Fortitudo* um so weniger gefehlt haben, als die beiden ersteren im Entwurf vorliegen. Die von Groß unmittelbar vor den Worten der «Vorsicht» wiedergegebene Inschrift vom Löwen, der trotz seines Zornes ein Hündchen schont, könnte mit der «Stärke» zu verbinden sein, die oft mit einem Löwen auftritt. Nun ist aber Justitia wesentlich mehr Platz eingeräumt. Wohl war die Westhälfte der Wand – stellt man auf die gebaute Architektur ab – etwas breiter (ungefähr 40 cm) und genügte, um ein szenisches Bild von der Breite des Sapor-Bildes und eine Mittugend in der Dimension der beiden andern bildlich überlieferten aufzunehmen. Sowohl Hauptbild wie Begleitfigur dürften aber eingeengt gewirkt haben. Die Architektur des Justitia-Gehäuses deutet darauf hin, daß sich Holbein mit einem Wechsel des Rahmensystems geholfen hat: Das Gehäuse hat sich die Rahmenstütze des szenischen Bildes gleichsam einverleibt, notwendigerweise für seine entferntere Seite wiederholt und trägt nun als Ganzes den durchlaufenden Bildsturz. Die Szene wird zu einem Ausblick zwischen zwei Statuengehäusen. Das Sapor-Bild und die beiden bildlich überlieferten Mittugenden scheiden also für das westliche Wandfeld aus. Sie finden ihren Platz im etwas schmaleren nördlichen Wandfeld bei Prudentia. Die aus den Entwürfen zu errechnende minimale Länge dieser Abfolge «Prudentia-Sapor-Temperantia» beträgt 396 cm, was 25 cm unter dem Durchschnittswert der Ostwand liegt und genau zur verfügbaren Wandfläche paßt, falls man den vorgeblendeten Stützen jeweils etwa jene 53 cm zubilligt, die sich bei der Ostwand ergeben haben. Von Fortitudo läßt sich kein genaueres

Abb. 676. Rekonstruktion eines Entwurfes von H. Holbein d. J. für die Nordwand des Großratssaals, 1521/22; Maßstab 1:80. Text nebenan.

Bild gewinnen. Da Justitia als Erste einer in Leserichtung laufenden Reihe charakterisiert ist, bleibt der «Stärke» der rechte Rand des westlichen Wandfelds; die Nachbarschaft der Prudentia dürfte sich auch formal ausgewirkt haben, noch stärker aber wohl die Zugehörigkeit zur Reihe der Regententugenden. Deren Verkürzungen streben zur Mitte der Nordwand und die Ausgestaltung der Gehäuse steigert sich von rechts her: Den elementaren Auftrakt gibt der rechteckige, von oben durch das Schriftband verkürzte Mauerkasten der Temperantia; mit Basis und Kämpfer gegliedert, ragt die Nische der Prudentia mit ihrem Rund höher; bei Fortitudo mag der Wechsel zum System der als Ganzes tragenden Nischenarchitektur, das heißt der Verzicht auf eine Rahmensäule den steigernden Akzent gesetzt haben, vielleicht auch eine den Blick hebende Horizontale (lagernder Löwe als Attribut); eine breitere, frei- und höherstehende, wohnlichere und durchsichtigere Aedicula hebt zu Häupten des Ratsvorsitzes Justitia als Hauptperson hervor, die sich außerdem als Einzige von der Gehäuseachse, das heißt auch aus der Randsituation zu lösen vermag. – Die Verteilung des Lichts rechnet mit dem natürlichen Einfall von der westlichen Fensterfront her; künstliche Quellen lockern aber diese Einseitigkeit: Die Fackel der Prudentia deutet innerhalb des Wandfelds eine gewisse Lichtsymmetrie an. Daß Justitia in gleicher Absicht grell von rechts oben beschienen ist, bewirkte – so bereits R. Riggenbach – das Croesus-Bild, wie sein genauester Reflex (oder seines Entwurfes) auf der bisher nicht beigezogenen Wappenscheibe des Hans Laux Isely und des Hans Jacob Beckh darlegt (1613, Vischer-Werkstatt, HM). Allein in dieser Kopie ist die Lichtquelle, langstielige Harzpfannen, genügend hoch gehoben und nach vorn geschoben. Dort ist auch der über die Kriegermassen ragende senkrechte Akzent des Marterbaumes durch einen weiteren Baum verdoppelt und so ein genauerer Gleichklang mit der Architektur des Sapor-Bildes erzielt. Vielleicht ist auch der Luftzug, der bei Justitia und Prudentia Bänder und Zipfel flattern läßt, von der Croesusgeschichte – dem Regensturm – verursacht.

Die *Gesamtthematik des Nordwandentwurfes*, die im Sinne eines natürlichen Ablesens den Auftakt des Gemäldezyklus für den Eintretenden gegeben haben muß, lebt mehr noch als der anschließende, gleich lange Wandabschnitt von einem gewissen Gegensatz der beiden Bildgattungen, der sich aber allmählich – nun in der von den Regententugenden angezeigten Gegenrichtung – ausgleicht. Schildert das Sapor-Bild die Hinfälligkeit der Macht als hoffnungslos und ausgelöst von der Mißachtung der buchstäblich abseits stehenden

Tugenden «Vorsicht» und «Mäßigung», so gibt das Nachbarbild den Augenblick der spätest-möglichen Einsicht – den Tod vor Augen erinnert sich Croesus der Warnung Solons – und damit der Rettung in der Form eines löschenden Regensturms göttlichen Ursprungs und der schließlichen Milde des gerade Starken, nämlich Cyrus, wieder; Justitia und Fortitudo sind denn auch bildmäßig einbezogen.

Die thematische Datierung des aus formalen Gründen in zwei Phasen gegliederten Nordwandentwurfs scheint lediglich für die Inschrift der Justitia, die auch stilistisch zur jüngeren Phase gehört, aktuelle Anhaltspunkte zu haben und diese in die Zeit nach Oktober 1521 zu datieren: Die im Bildzusammenhang etwas unpassende Ermahnung, private Ambitionen den öffentlichen Interessen unterzuordnen, dürfte wieder auf den damals im letzteren Sinne entschiedenen Pensionenstreit anspielen. Da diese aktuelle Note nur die leicht veränderbare Inschrift zu betreffen scheint, mögen die Würfel für das Bildliche bereits gefallen, das heißt dieses zur Hauptsache oder ganz ausgeführt gewesen sein, was die beiden formal geschiedenen Entstehungsphasen des Entwurfs in die Zeit vor Arbeitsbeginn verweist.

Kein Strich des *ausgeführten Gemäldes der Nordwand* hat die Zeiten überdauert (die übrigens den Umbauplänen des späten 19. Jhs. zufolge noch teilweise bestehen könnte). Immerhin sind drei Viertel der Wand inschriftlich als im thematischen Sinne des Entwurfs verwirklicht belegt und verteilt sich das fehlende letzte Viertel auf die beiden «Randbilder», deren eines, Justitia, als erste der Regententugenden kaum gefehlt haben kann. Mit hoher Wahrscheinlichkeit war also Holbein in den drei Arbeitsmonaten des Sommers 1521 hier tätig und wich wenig vom überlieferten Entwurf ab.

Die umfassende inhaltliche und formale Symmetrie der Bilder der nördlichen Saalhälfte verlangt für die Entwürfe der südlichen Saalhälfte und des Ganzen Ähnliches. Der eine erhaltene Entwurf ist durch Rückschlüsse aus dem Vorgefundenen und Analogen an den Nordwänden zu ergänzen. Für die erst 1530 bemalte Südwand ist es 1521/22 beim nicht realisierten Entwurf geblieben. Die *Südhälfte der Ostwand* scheint 1522 ausgeführt, 1530 oder später teilweise übermalt oder ergänzt worden zu sein.

Von den unterschiedlich überlieferten Themen sind zunächst als wahrscheinlich nachreformatorisch auszuscheiden die Darstellung eines *Hiskia*, der laut Inschrift Götzenbilder zertrümmerte. Die im Wandbild bekannte Geschichte des *Manius Curius Dentatus* bezieht sich derart nachdrücklich als Ganzes auf die Entscheidung im Pensionenstreit, daß sie schwerlich zu den vor Herbst 1521 geschaffenen Entwürfen zu rechnen ist. Die Rolle des Geldes verbindet zwar allgemein mit dem Croesus-Bild und den Worten der dabeistehenden «Gerechtigkeit» (die aber vom komplexen Geschehen nur gerade die persönliche Bereicherung anprangert; dies wirkt nachträglich, das heißt vom vermutlich später konzipierten Dentatus-Bild des Zusammenhangs wegen aufgezwungen). Nun ist die Dentatus-Geschichte von Conrad Meyer d. Ä. (1618–89) in seinem verlorenen Wandgemäldezyklus im Hause des Zürcher Ratsherrn Gossweiler (vgl. S. 541–545) mit einem Bild des Croesus und einem weiteren des L. Quinctius Cincinnatus verbunden, der vom Pflug zur «römischen Bürgermeisterwürde eingeholt» wurde, aber stets wieder zu diesem zurückkehrte. Dieses republikanische Verhältnis zur Macht scheint auf eine Nuance des Nachbarbildes der Croesus-Darstellung, nämlich Sapors gleichsam persönlichen Machtmißbrauch anzuspielen, auch dies vielleicht mit dem Blick auf die Ereignisse im Herbst 1521. Immerhin sind für die vorangegangenen Entwürfe vorderhand nur ähnliche Themen, vielleicht etwas unverbindlicher vorgetragen, zu erschließen. Denn auch der einzige einigermaßen unverdächtige Zeuge der älteren Entwurfsphase in diesem Wandabschnitt, *Harpocrates*, mahn-

Abb. 677. Croesus auf dem Scheiterhaufen, aus einer Scheibe der Vischer-Werkstatt; 1613. Schmiedenzunft. Text S. 769.

te an eine mit der Gesetzestreue vergleichbare Ratsherrentugend, an die Verschwiegenheit. Er war der Inschrift zufolge in der Nähe einer Tür zu sehen und könnte also vielleicht auch deswegen bemüht worden sein. Damit ist zudem, wie schon oft bemerkt, ein genauerer örtlicher Anhaltspunkt gegeben, umsomehr als der Großratsaal ursprünglich nur eine Türe aufgewiesen haben dürfte. Die hier auswändig angebaute Wendeltreppe könnte erst 1538 entstanden sein, ist jedenfalls damals von Grund auf verändert und nochmals im 18. Jh. erneuert worden. Zudem wäre eine indirekte Verbindung von Wendeltreppe und Großratsaal über die als Vorzimmer dienende Ratsstube von 1438 denkbar, jedenfalls bequemer, und die Stelle und Bewegungsrichtung des Stadtboten plausibler gewesen: Ein Bogen zu dessen Häuptern hätte in der Tat den Blick auf den letzten, geradlinig durch die Südmauer der Ratsstube von 1438 führenden Treppenabschnitt freigegeben. Die südliche Tür wie auch das benachbarte Fenster könnten sogar erst im 17./18. Jh. ausgebrochen worden sein (als man das südliche Viertel des Saals zu Vorzimmer und Kammer umgestaltete?). Die ursprüngliche Gestalt des Großratsaals hätte nach diesen Überlegungen eine Einheit aufgewiesen, die nicht nur für das Fortlaufen des Gemäldezyklus entscheidend gewesen wäre. Das Wandfeld mit Türe und Ofen hätte als Bindeglied der im Prinzip quadratisch bemessenen, jedoch rauten- und trapezförmig verzogenen Saalhälften dienen und im Einklang damit einen Systemwechsel motivisch überzeugend einleiten können: Die über der Tür erscheinende Gestalt könnte – falls sie nach holbeinischer Gepflogenheit ganz dargestellt war, thronend das Wandfeld beherrscht und damit die Haltung weiterer Einzelgestalten bestimmt haben, die im letzten, vierten Feld dieser Wand in der üblichen Weise ein szenisches Bild flankiert hätten (mit Cincinnatus im ausgeführten Zustand?); die Wandfeldgröße hätte genau den übrigen der Entwurfphase entsprochen und die spätere Türe hätte den Sockel der thronenden Einzelgestalt ausgenützt. Das Gehäuse des Harpocrates dürfte, bei der Mitte des Türwandfeldes aufgerichtet, als Ganzes den durchlaufenden Bildsturz mitgetragen haben; deshalb fehlt auf dem rechts angrenzenden Dentatus-Bild jede Spur einer Stütze mit Rahmenfunktion. Die Analogie zu Justitia, die gleichfalls einen Auftakt gibt und dennoch die Peripherie flieht, springt in die Augen.

Das *ausgeführte Dentatus-Bild* hebt, was bisher entgangen ist, den Fußboden der szenischen Darstellung um etwa 50 cm in die Nähe des Türsturzes. Die Stelle und die Ausmaße

Abb. 678. Großratssaal; Wandbilder der südlichen Hälfte der Ostwand, 1522 von H. Holbein d. J.;
Rekonstruktion des Verfassers; Maßstab 1:80. Text S. 770.

sind durch das erhaltene Fragment und die Position des Bildsturzes auf den Kopien festgelegt. Die Oberkante der Brüstungsmauer teilte die Wandhöhe in gleiche Hälften und der Stadtbote fixierte den Betrachter Aug in Aug. Er trat gleichsam aus dem Bild heraus und konnte so ein fiktives Gegengewicht zum Ofen auf der anderen Seite der Türe bilden. Die Türe scheint in den Quaderverband eingeschnitten gewesen zu sein wie der Bogen hinter dem Stadtboten. Die Säule am rechten Rand der Szene ist auch an ihrer Basis von unten gesehen; sie gehörte also perspektivisch zum Vordergrund und dürfte mittels eines einfachen Sockelblocks auf der Brüstung gestanden sein. Die Filiation der Kopien läßt die vordere Kaminwange als der Vollständigkeit halber rekonstruiert erkennen im Gegensatz zu Änderungen der Landschaft, die ein erneutes Untersuchen der Bildreste bedingen: Der anfangs flach gezeichnete Berg in der Bildmitte wird etwa in der letzten, schönsten Kopie (KKB Z. 198; Abb. 418) zwar so skizziert, dann aber überhöht (Ähnliches bei den flatternden Bändern, den Quadern des Bogens). Sogar die Farben scheint Heß nun genauer beobachtet zu haben: Das hinhaltende Spiel von weißen, hellgelben, goldenen, graubraunen und schwarzen Tönen im Vordergrund ist durch ein winziges Dreieck ersehnten Rots im Westenausschnitt des Stadtboten in der «Bedeutungsachse» des Bildganzen akzentuiert. Die farbliche Spannungslosigkeit des erhaltenen Fragments dürfte aber auch – entgegen Riggenbach – einem späteren Pinsler anzukreiden sein, sind doch wesentliche, noch 1817 vorhandene Elemente des Hintergrunds in einer trüb-graugelben Fläche aufgegangen, die auch die Gestalten nicht ganz verschont haben wird.

679 Wie erst G. Kreytenberg bemerkt hat, haben die drei *theologischen Kardinaltugenden* Fides, Spes und Caritas im Entwurf schwerlich gefehlt. Zudem mußte ihre kultische Unverbindlichkeit 1521, da man sich von der politischen Hoheit des Basler Bischofs löste, willkommen sein. Als ihr Ort ist die *Südwand*, als ihre Erscheinungsform – stets in Analogie zur Nordwand – die belebte Nischenstatue gegeben. Ihre Dreizahl mag durch eine verwandte Tugend, etwa Patientia, erweitert und damit der Raumgliederung angepaßt gewesen sein. Auch szenische Bilder und zwar solche aus dem biblischen Bereich sind zu erwarten. Die etwas forsche Kopie des holbeinischen Gemäldes mit Christus und der Ehebrecherin erfüllt auch spezifische Bedingungen, falls man sie mit R. Riggenbach für das Entwurfsstadium der Südwand in Anspruch nimmt: Sie läßt einen schon 1522 altertümlichen Stil durchscheinen; ergänzt man den abgeschnittenen oberen Rand, so fügt sich das Format

Abb. 679. Entwurf für die Südwand des Großratssaals, 1521/22 von H. Holbein d. J.; Rekonstruktion des Verfassers; Maßstab 1:80. Text S. 772.

im Maßstab 1:8 in die Mitte des *östlichen Wandfelds*, links an den pilasterförmigen Mauervorsprung stossend (dieser den Plänen zufolge ursprünglich etwa 100 cm breit) und rechts Raum für eine reguläre Statuennische lassend; die Lichtverhältnisse, das heißt ohnehin auch die durch den strahlenden Nimbus Christi angedeutete Lichtsymmetrie, sind auf die Südwand abgestimmt; der elementare Rahmen nimmt dem angrenzenden Mauervorsprung seine Schärfe, korrespondiert mit der Nische der gegenüberstehenden Temperantia und vermeidet den Konflikt mit der überwiegend inhaltlich geforderten mittelalterlichen Architektur des Bildes, ohne seinen Renaissance-Charakter zu verleugnen.

Das *westliche Wandfeld* ist mehrfach ausgezeichnet. Es ist flächenmäßig das größte; es bildet einen Schluß und damit – auch räumlich – ein Pendant zur Wand beim Ratsvorsitz; die gleichsam gotische Asymmetrie des benachbarten Feldes hebt seine Regelmäßigkeit hervor, die architektonische Einfachheit des Christus-Bildes könnte wie an der Nordwand eine Steigerung eingeleitet haben und die christlichen Akzente häufen sich, akzeptiert man auch die Lokalisierung der theologischen Tugenden, zu ihm hin. Wenn der Großratssaal über einen – an sich üblichen – Altar verfügte, dann stand er hier. Sein Thema dürfte im Gemäldezyklus anvisiert gewesen sein, in erster Linie naturgemäß von Christus, der sicher einmal, wahrscheinlich aber zweimal auftrat. Vom weisesten aller Gesetzgeber, der jede Handlung gegenläufig geprüft wissen will, scheint der Gedankengang über jenen mildesten aller Richter, der das Recht zu strafen in Frage stellt, da jeder schuldig sei, zum schuldlos Gekreuzigten zu führen, der die Schuld für alle auf sich nimmt, «Glaube» und «Hoffnung» zur Seite. Der schlagende Bezug zum Croesus-Bild hätte den Gemäldezyklus über die Zäsur der Fensterwand hinweg verklammert. Als formale Gemeinsamkeiten bieten sich an: die von Waffen und Ähnlichem überragte Menschenmasse, der Reiter, die Dunkelheit des Himmels und davor die nahezu bewegungslose nackte Hauptgestalt, die beim Altar aber – eine weitere Feinheit – die Mitte einnimmt. Der auch mit dieser Kreuzigung geringe Anteil kirchlicher Themen im Ratssaal von 1521/22 ist in einem Grade durch die objektivierte Wesentlichkeit des vorgetragenen christlichen Gedankenguts aufgefangen, daß die bereits genannte Predella mit Christus im Grab auch ohne das Datum 1521/22 gedanklich engstens einzubeziehen ist. Hier war der Rahmen weit genug gespannt, um die schmucklose, auch ohne Verwitterungs- oder Perspektivepathos wiedergegebene Mauernische mit ihrem Leichnam wirklich zu begreifen.

Die spätestens 1530 entstandenen *Entwürfe mit Rehabeams Härte und Sauls Beutegier* sind in einem einheitlichen Maßstab gehalten. Die Höhen weichen zwar voneinander ab; doch schmolz die Höhe des Rehabeamentwurfs erst im Laufe der Arbeit auf zuletzt mehrheitlich 201,5 mm (gegenüber 208–212 mm beim Saul-Entwurf). Damit hängt eine Veränderung am rechten Bildrand zusammen: Die dort noch schattenhaft erkennbare Rahmensäule stand tiefer als ihre mit der Feder ausgeführte Partnerin; im Verein mit der anfänglich etwas breiter skizzierten Hintergrundshalle ließ sie nur einen Spalt für den Blick in die Tiefe frei. Die Krönung Jerobeams könnte also erst während des Entwerfens konzipiert worden sein. Der Wegfall der rechten Halbsäule streckte nicht nur den Bildstreifen, sie verlangte einen Ersatz: die ganze Säule auf dem Blatt mit Saul (daß Holbein nicht einfach einen Streifen angestückt hat, könnte durch jene vorgeblendete Mittelstütze der Wand begründet gewesen sein, die an der Gegenwand nachzuweisen war; die zusätzliche Stütze versetzt bei einem Maßstab von 1:8 die linke Säule des Saul-Bildes in die Mitte des ganzen Bildbandes und schiebt die in der Form eines Aufrisses wiedergegebene, aber wohl perspektivisch – oder plastisch? – ausgeführt gedachte Rahmung in die Tiefe, das Übergreifen der Bilder, die Einheit der Landschaft weiterhin fördernd). Zwei seitliche Streifen faßten in beiden Rekonstruktionen ihrerseits die drei Szenen zusammen und motivierten durch ihre unterschiedliche Breite die Achsenverschiebung der mittleren Rahmensäule (die gegenüber den Plänen des 1. Stockes und des Dachraums gesteigerte, jedoch von H. A. Schmid um 1900 gemessene Breite des Wandpilasters bei der linken Ecke stimmt mit dem erschlossenen Streifen überein, scheint also von Holbein verlangt worden zu sein). Deren Darstellungen dürften – in szenischer Auflockerung? – an die statuarischen Einzelgestalten angeknüpft haben und dienten somit als Bindeglieder zur zentralen Samuelgestalt, die als einzige ganz in einer Hauptszene aufgeht; die Blattnaht zwischen ihr und Saul mag an eine additivere Vorstufe erinnern. Die Bildschwelle lag wie beim Dentatus-Bild über Augenhöhe; Rahmen- und Bildarchitektur folgten also wie dort evident anderen Gesetzen. Dem Lichteinfall von rechts wirken – stets noch im Sinne der Bilder von 1521/22 – die Halle des Rehabeam und die Feuersbrunst im Land der Amalekiter entgegen.

Das charakteristische Verhältnis der Gestalten zum Raum hält beim Rehabeam-Entwurf die Mitte zwischen dem opfernden Salomo der Icones, wo die zusammengefaßten Menschenmassen schräg in die Tiefe geschoben sind, die Hauptgestalt aber altertümlicherweise einen plastischen Rückhalt benötigt (Woltmann 55), und dem stilistisch jüngeren lehrenden Moses dort, wo die vereinfachte und bildparallele Räumlichkeit in sowohl evidenterem wie natürlicherem Einklang eine «profilierte» Gegenüberstellung von Hauptperson und Schar erlaubt (Woltmann 28).

Das *ausgeführte Rehabeam-Bild* scheint in der angedeuteten Richtung weiterentwickelt gewesen zu sein. Von Architektur ist auf den Bruchstücken nichts zu sehen und alles Figürliche ist der einen, vom räumlichen Ballast befreiten Gebärde, dem ausgestreckten kleinen Finger Rehabeams zugeordnet, wohl mit der Hilfe eines aus der Masse gehobenen Gegenspielers (in Analogie zum Saul-Entwurf oder zum elementaren Gegenüber von David und Uria beim wahrscheinlich letzten, unvollendeten Icones-Bild; Woltmann 39). Auf diesen dürften jene Beiden vorbereitet haben, deren erhaltene Köpfe nun Paolo Cadorin von allen schummerig tastenden Rekonstruktionsversuchen des 19. Jhs. gereinigt hat (Farbtafel). Ein Drittel der ursprünglichen Malschicht, hauchdünn aufgetragene Temperafarbe, genügt, die Dichte und Verflochtenheit der Charakterisierung zu ermessen. Die Aussage drängt zum Umriß, ohne die in großen Flächen angelegten Massen der tiefsten Schicht oder die zuletzt aufgesetzte kalligraphische und zarte Binnenzeichnung zu

Abb. 680. Entwurf für die Südwand, 1529/30 von H. Holbein d. J.; Rekonstruktion des Verfassers; Maßstab 1:80. Text S. 774.

vernachläßigen. Im messerscharfen Profil des Bärtigen ist die ganze Wachheit des Auges enthalten; im allein übriggebliebenen Profil seines Hintermannes, seines psychischen Schattens gleichsam, verwandelt sich dies in stammelnde Ratlosigkeit und dumpfes Unbehagen (ein im Hintergrund auf seine Worfel gestützter Bauer deutet witzig und bezeichnend den Ausgang der Sache an). Die sichtlich ebenso differenzierten und zugleich typisierten Farben haben durch den Verlust des Ganzen am meisten gelitten; immerhin ist noch das im schwachen, behutsam modellierenden Licht sich entfaltende Zusammenspiel der braunen und grünen Töne nachzuempfinden.

Die Wendung des Königs nach links und der in unbekannter Weise erzeugte Lichteinfall von links gäben dem im Entwurf angestrebten Überspielen der vordergründigen Mittelstütze eine neue Note, falls der Saul-Entwurf nicht ebenso verändert worden ist. Von der Mittelachse her hätte jeweils eine mächtige Einzelgestalt eine in offener Landschaft nahende oder dastehende Schar zu bändigen versucht, aus der ein Anführer heraustrat. Die vereinzelten, in Architektur gefangenen Gestalten in den Ecken – überliefert nur links – vermittelten zu den «Statuen» der Bilder von 1521/22 und verdeutlichten damit die motivische Herkunft der Hauptpersonen Rehabeam und Samuel. In diesem Gleichklang gewann der Wechsel der thematischen Vorzeichen an der Südwand für das Ganze des Zyklus Bedeutung. Er faßte zusammen, und dies in der Sprache und mit Anliegen der Reformation. Denn die einsichtslose Härte des Rehabeam, die zu seinem Nachteil das Spreu vom Weizen trennt (vor dem Hintergrund seines noch etwas milderen Vaters Salomo, falls der Thronende ihm gegenüber wirklich Geisseln hielt), und Samuels Zorn über den Beute- und Opfertaumel konnten 1530 nur aktuell verstanden werden.

Weitere Kopien nach den älteren Rathausbildern Holbeins: 1) Blendung des Zaleucus, lavierte Federzeichnung, wohl von HIERONYMUS HESS und 1817; StAB Architectura Basiliensis 441. 2) Gruppe des Zaleucus, Aquarell, bezeichnet HHess cop. f. 1817; KKB Bi 259, 7. – Vgl. ferner die Reflexe bei Matthäus Merian und den Basler Kabinettscheiben: L. WÜTHRICH, Jacob Burckhardt und Matthäus Merian, in BZ 1960, 65, 79; P. L. GANZ, Die Basler Glasmalerei der Spätrenaissance und der Barockzeit, Basel-Stuttgart 1966, 61, 65, 66, 117, 129; Photos im Archiv für Schweizerische Kunstgeschichte, Basel.

Literatur: D. BURCKHARDT-WERTHEMANN, Drei wiedergefundene Werke aus Holbeins früherer Basler Zeit, in BZ 1905, 18; H. A. SCHMID, Gesammelte kunsthistorische Schriften, Leipzig-Straßburg-Zürich 1933, Taf. 6 (Fragment auf dem Pilaster der Südwand); P. GANZ, Die Handzeichnungen Hans Holbeins d. J., Kritischer Katalog, Berlin 1937, 27, 35, 80; M. NETTER, H. H. d. J., Bilder zum Alten Testament, Basel 1944, 122; H. A. SCHMID, Hans Holbein d. J. 1 und 2, Basel 1948, 163, 398; P. GANZ,

Abb. 681. Das Hintere Rathaus, um 1824 von J. C. Bischoff (?). Privatbesitz. Text unten.

H. H. d. J., Die Gemälde, eine Gesamtausgabe, Basel 1950, 256, und The paintings of H. H., London 1950, 276; H. REINHARDT in MHB, 30, 33; E. TREU in MHB, 190; M. PFISTER-BURKHALTER in MHB, 241; REINLE, KS 3; G. KREYTENBERG, H. H. d. J., Die Wandgemälde im Basler Ratsaal, in Zs. für Kunstwissenschaft 1970, 77.

609
624
681
Freilegungen, neue Bilddokumente und Vergleiche haben die Kenntnis der *nachholbeinischen Wandgemälde* erweitert. Im Gegensatz zu den Fassadenmalereien des Vorderen Rathauses scheinen jene des einstigen *Hinteren Rathauses* der Skizze des Jacob Christoph Bischoff (?) zufolge (im Besitz von A. Weber-Oeri, Basel) eine durchgehende Säulenordnung angewendet zu haben. Deren Rhythmus war von den Intervallen des 2. Stocks bestimmt. Die wie am Vorderhaus übergiebelten Fensterrahmen waren in einer vordersten Ebene gedacht, konnten also die Säulen überschneiden. Die manierierte Imponierhaltung des Fähnrichs, der einzigen größeren Gestalt, ihre Torsionen und kühnen Umrißbogen bestärken den Verdacht, Hans Bock habe 1608/1609 manches Ältere übernommen (vgl. die Verspottung Christi in der Ulrichskirche, um 1510). Das restaurierte Gerichtsbild

624
an der *Hofseite des Vorderhauses* zerreißt auf Kosten des sonst allgegenwärtigen Balkons die Kontinuität der Scheinarchitektur, scheint also wie die wahrscheinlich zum ursprünglichen Baubestand gehörende Wandfläche ein Vorgängerbild zu fordern: Die nutznießende Prunkdecke entspricht ganz dem Stil des frühen 17. Jhs. (das formlose dunkelbraune Etwas auf der Rücklehne des Throns könnte auf die Sisamnes-Geschichte zu beziehen sein; vgl. einen Scheibenriß des Hans Jacob Plepp, mit dem Wappen des Ludwig Iselin). –

674
634
Wie geschickt Hans Bock zu kompilieren verstand, deckt ein weiterer Scheibenriß auf; er verschafft nun auch der Mittelgruppe der «*Verleumdung des Apelles*» ein (spiegelverkehrtes) Vorbild. Die Auffassung des Gemäldes als einer Tapisserie kommt dieser Art entgegen.

Literatur: RIGGENBACH RRS, 102; F. MAURER in Kdm. Basel-Stadt V, 435; P. L. GANZ, Die Basler Glasmalerei der Spätrenaissance und der Barockzeit, Basel-Stuttgart 1966, 77; REINLE KS 3, 108.

9783764305857